Jean Lombard

La face cachée de l'histoire moderne

Tome I

*La montée parallèle
du capitalisme et du collectivisme*

JEAN LOMBARD COEURDEROY

LA FACE CACHÉE DE L'HISTOIRE MODERNE

TOME I

*La montée parallèle
du capitalisme et du collectivisme*

1964

Publié par
OMNIA VERITAS LTD

www.omnia-veritas.com

*À Henri Massis qui avait accepté
de le préfacer en 1964 ce volume est dédié.*

« *Nous naissons en Dieu ; nous mourrons en Jésus ;
nous revivrons par le Saint-Esprit* »

JEAN LOMBARD

Jean Lombard, qui signait « Jean Lombard Cœurderoy » est l'auteur d'une œuvre capitale dont la totalité n'a pu être publiée intégralement en français. Voici une réédition du tome 1 de « *La Face Cachée de l'Histoire Moderne* » qui n'est en fait que le tome 1 et une partie du 2 de la traduction espagnole de « *La Cara Oculta de la Historia Moderna* » dont l'ensemble comporte 4 tomes.

Il est bon de savoir que Jean Lombard n'ayant pas réussi à trouver une seule maison d'éditions française pour publier son œuvre monumentale, se résolut avec la plus grande déception à faire traduire ses volumes en espagnol. Quatre gros tomes parurent ainsi aux éditions franquistes « *Fuerza Nueva* » à la plus grande joie des espagnols et sud-américains avertis des questions subversives. La Divine providence ne pouvait qu'agir ainsi. Sans cette résolution, il est évident que ces ouvrages aurait disparu et son travail d'une vie réduit à néant.

Mais qui était Jean Lombard ?

Diplômé de l'École des Chartes en 1927, Jean Lombard s'est orienté vers une carrière diplomatique en intégrant l'École des Sciences Politiques d'où il sortit lauréat du concours des Ambassades. Peu avant la deuxième guerre mondiale, on lui confia le poste de bibliothécaire-archiviste de la ville d'Alger avant de devenir administrateur de la Bibliothèque de la même ville, ce qui lui per- mit d'être plongé pendant 10 ans dans les affaires musulmanes en Algérie. Pendant la Guerre, il fut affecté aux services de renseignements. Inquiété à la « *Libération* » pour avoir dépouillé les bibliothèques et les archives des loges maçonniques en Algérie, il fut incarcéré pendant quelque temps et radié de la Bibliothèque. Après la guerre, il fut nommé secrétaire général du Comité des Banques d'Algérie, directeur de l'enseignement bancaire en Afrique du Nord et professeur d'économie politique, avant de retrouver sa place d'administrateur de la Bibliothèque d'Alger (le Conseil d'État ayant levé la sanction qui l'avait touché auparavant). Mis en congé spécial après l'abandon de l'Algérie en 1962, il vint s'installer en Espagne comme beau- coup de pieds-noirs ou de pro-Algérie Française scandalisés par ce largage inique ! Jean Lombard fut ensuite nommé '*chargé de missions*' de l'Unesco en Amérique Centrale et au Liban, ce qui lui permit d'en apprendre beaucoup sur la subversion mondiale. Cette carrière bien remplie lui a donné l'occasion de parfaitement prendre connaissance des arcanes financières et bancaires et de consulter par sa formation et ses fonctions une exceptionnelle documentation confidentielle ou peu connue, dont il a su tirer le meilleur profit pour mener à bien son œuvre absolument remarquable, servie par un don exceptionnel de synthèse.

AVANT-PROPOS 21

INTRODUCTION 23

PREMIÈRE PARTIE

Les étapes du capitalisme : Istamboul, Venise, Amsterdam, Londres........................ 33

CHAPITRE PREMIER..**35**

À l'aube de l'ère moderne… Où l'on voit les capitaux espagnols émigrer vers Constantinople 35

    La chute de Byzance coupe la route des épices.. 35
    Des capitalistes aident Colomb à ouvrir la route de l'Ouest............................. 36
    Le peuple soulevé contre l'influence des hétérodoxes...................................... 37
    L'Inquisition frappe les faux convertis et les autres sont expulsés 40
    Le Portugal leur ouvre un asile précaire.. 41
    La Turquie leur offre un paradis 42
    Financiers des Sultans, ils leur livrent Alger et construisent la flotte perdue à Lépante . 44
    Les Mendes-Nassi, puissance internationale... 46

CHAPITRE II..**47**

À la faveur de la renaissance, pénétration des académies néo–platoniciennes en Italie 47
    Les réfugiés de Byzance, promoteurs d'une Renaissance laïque..................... 47
    Florence, une République oligarchique, protectrice des humanistes et des hétérodoxes 48
    Pic de la Mirandole, prodige propagateur des fumées de la Cabbale............. 50
    Bien vus des Princes, les usuriers pressurent le peuple 51
    Un moine franciscain se dresse contre les usuriers... 52

CHAPITRE III...**53**

François Ier, champion des banquiers réduit au rôle de brillant second des Turcs 53
    Banquiers et réfugiés italiens poussent les rois de France dans la Péninsule 53
    Dominé par les femmes et les gens de négoce, François Ier voit ses ambitions impériales déçues.. 54
    Engloutit à Pavie sa fortune 55
    Mendès-Nassi le mène à l'alliance turque... 56
    Henri II, dégagé de l'influence de sa femme, Catherine de Médicis, par Diane de Poitiers 57
    Henri II liquide la lourde succession de son père 58

CHAPITRE IV **61**

Despote *évangélique* François Ier fait le lit de la réforme et de la révolution 61
    Précurseurs prudents des novateurs, Érasme par son ironie.......................... 62
    … Rabelais par sa gauloiserie... 63
    Raniment la lutte ancestrale contre l'Église.. 63
    François Ier domestique la hiérarchie ecclésiastique 64
    Sa sœur protège les novateurs de l'école évangélique de Meaux.................... 65
    Le roi n'ose pourtant pas se proclamer patriarche.. 66
    Son double jeu jette la France dans les guerres de religion 67

- *Crise du Clergé* 69
- *Ruine de la noblesse* 70
- *Un Fossé se creuse entre gens de robe et de finance et Tiers État*.............................. 71
- *Brimades contre corporations et confréries* 71

CHAPITRE V **75**

Tandis qu'Henri VIII joue les pontifes et rompt avec Rome... 75
- *En liaison avec Prague, John Wiclef sème la révolte religieuse en Angleterre*............ 75
- *La guerre des Deux Roses décime la noblesse anglaise* 76
- *Les parvenus Tudor, alliés aux marchands de la Cité et aux novateurs d'Oxford* 77
- *Wolsey, corrompu et déçu, dresse Henri VIII contre Rome* 78
- *La coquetterie d'Anne Boleyn l'emporte* 79
- *L'honnête Thomas More sacrifié* 80
- *Agent des banquiers de Venise et d'Anvers, Thomas Cromwell conduit Henri VIII au divorce et au patriarcat*.. 81
- *Cromwell engraisse la gentry des dépouilles de l'Église*... 82
- *Son maître sacrifie Cromwell à ses désordres matrimoniaux* 83
- *Sanglant bilan d'un règne* 84
- *Détente jusqu'au mariage de Marie Tudor avec Philippe II* 85

CHAPITRE VI **89**

Les pontifes jouent aux rois... Et scandalisent la chrétienté... 89
- *L'Église est femme : elle s'appuie sur le pouvoir temporel*... 89
- *Hildebrand et les Normands, instruments des PierLéoni contre l'Empereur*................ 90
- *Un Pape converti, Anaclet II... et une République à Rome* 91
- *Hiérarchie et démocratie aux prises : Cluny et Citeaux* 92
- *Croisades et contacts ésotériques entre Templiers et Ismaéliens* 93
- *Effondrement des prétentions du synarque Boniface VIII à l'Empire*........................... 94
- *Désordres du Sacré Collège et des Conciles* 94
- *Pontifes ou Princes ? Humanistes, bâtisseurs et dépensiers* 95
- *Des Papes rongés par des familles avides* 96
- *Des Papes plus politiques que pasteurs*.. 97
- *Défenseurs de la Chrétienté contre les Turcs* 98
- *Les Papes, mangés par les Cardinaux, demeurent sans force contre l'hérésie* 99

CHAPITRE VII **103**

Animée par les rose-croix la réforme divise la *catholicité* 103
- *L'Église aux prises avec les Gnostiques, les Manichéens et les Cathares* 104
- *Lutte contre les Albigeois, hétérodoxes*... 105
- *Infiltrations des sectes : Templiers et spirituels*... 105
- *Un précurseur, Roger Bacon*... 106
- *Origines de Rose-Croix : alchimistes et cabbalistes*.. 107
- *Le procès de Jean Reuchlin ou les préliminaires de la Réforme* 108
- *Luther, introduit par les Rose-Croix*.. 109
- *Wiclef et le précédent hussite* 110
- *La campagne contre Rome mène à une Église subordonnée aux princes*................. 112

    Inspiré d'abord par le judaïsme, Luther se retourne contre lui 113
    Comme Mahomet l'avait fait des siècles auparavant 114
    François Ier aide les Protestants allemands contre Charles-Quint 114
    La théocratie calviniste, maîtresse intolérante de Genève 116
    Un protestantisme cosmopolite, complaisant pour les gens d'affaire bénis du Seigneur 117

CHAPITRE VIII 121

LA RÉVOLTE DES PAYS-BAS OUVRE L'EUROPE DU NORD AUX BANQUIERS INTERNATIONAUX 121

    Anvers, centre cosmopolite de trafic 121
    Subversion anabaptiste ; révolte de Gand ; intrigues des Grands 122
    Guillaume d'Orange conduit la rébellion des nobles 123
    Les gueux et la répression 124
    Des brigades internationales : les Gueux de mer 124
    Antonio Perez démasqué 125
    La pacification échoue ; retrait des troupes espagnoles 126
    La wallonisation réussit 126
    Amsterdam supplante Anvers 127
    Ainsi naquit le capitalisme moderne 128
    Une nouvelle Jérusalem 129

CHAPITRE IX 133

LES ROSE-CROIX À L'ŒUVRE DANS LES RÉVOLUTIONS D'ANGLETERRE 133

    Élisabeth et son équipe : William Cecil et Walsingham 133
    La lutte pour l'Écosse 134
    L'élimination de Marie Stuart 135
    Élisabeth, providence de la Réforme 136
    Souveraine de la mer et de la traite 137
    Thomas Gresham, parrain d'un capitalisme à la hollandaise 138
    Barnaud, messager des Rose-Croix 139
    Jean-Valentin Andreas : leur théoricien 140
    Les Roses-Croix sortent de l'ombre 141
    Paracelse, alchimiste et rénovateur de la médecine 143
    Pénétration en Angleterre : Michel Maïer, Robert Fludd, Jean Amos Komenski 145
    La voie ouverte par Francis Bacon 146
    Elias Ashmole organise les académies pré-maçonniques 147

CHAPITRE X 151

CROMWELL NÉGOCIE AVEC MANASSEH BEN ISRAËL. LONDRES DEVIENT LE CENTRE DU CAPITALISME INTERNATIONAL 151

    La Cité et John Pym animent la révolte parlementaire 152
    Olivier Cromwell nouveau Macchabée 152
    Défaite et exécution de Charles Ier 154
    Dictature impitoyable contre les Irlandais et les Niveleurs 154
    Par la bouche du Protecteur, Dieu manifeste sa volonté ! 156
    Un échec : l'union du protestantisme autour de Londres 157

  Une réussite : le retour des Juifs en Angleterre *158*
  L'alliance avec Manasseh ben Israël ouvre à la Cité les marchés du monde *159*
  Charles II restauré avec l'argent d'Amsterdam *160*
  Se défend contre Shaftesbury et la réaction protestante *161*
  Guillaume III d'Orange l'emporte sur Jacques II *162*
  La collusion Marlborough-Salomon Medina *163*
  La spéculation est reine *164*
  Locke, théoricien d'un parlementarisme oligarchique, intolérant et corrompu *166*
  Le contrat remplace la légitimité *167*

CHAPITRE XI **171**

 Série d'échecs en France : *grand dessein* d'Henri IV, menées anti-espagnoles de Richelieu, la fronde, révolution ratée *171*
  Le bon roi Henri ramène la paix et la prospérité *171*
  Mais traîne derrière lui les dettes de roi de Navarre *173*
  Barnaud et Sully l'entraînent dans le grand dessein qui cause sa perte *174*
  Bien qu'entouré d'intrigants, Louis XIII maintient la détente *175*
  Richelieu, nationaliste ambitieux manipulé par Fancan *176*
  L'équilibre par la division de l'Allemagne *178*
  Débouche sur une guerre malheureuse *179*
  Un despote impitoyable *180*
  Complaisant aux seuls ennemis de l'Espagne *181*
  De mauvaises finances : Alonso Lopez et Bullion *182*
  Gondi fomente la Fronde contre Mazarin *183*
  Condé, et son inquiétant entourage, dressent les princes contre le Roi *185*
  Bordeaux, réduit de la révolution manquée *186*

CHAPITRE XII **189**

 Coalitions et croisade orangiste contre Louis XIV *189*
  Le Roi s'attache les écrivains *189*
  Impose l'ordre et la justice *190*
  Fait rendre gorge aux profiteurs *191*
  Ramène la noblesse à la Cour et à l'armée *191*
  Soutient l'Église gallicane contre jansénistes et protestants *192*
  L'Angleterre neutralisée, Louis XIV s'agrandit aux Pays-Bas et en Flandre *193*
  Mais les réunions inquiètent l'Europe *195*
  La croisade protestante contre l'hégémonie française *195*
  La coalition orangiste se reforme à propos de la Succession d'Espagne *196*
  Isolé, Louis XIV résiste à l'invasion *197*
  Impose Philippe V à Madrid *199*
  La France, financièrement épuisée *200*
  Fermiers et traitants s'engraissent. Samuel Bernard et les banquiers protestants davantage encore *201*
  Faillite de la place de Lyon *203*
  Desmaretz redresse la situation *204*

CHAPITRE XIII **207**

LA CORRUPTION DE LA RÉGENCE LIVRE LA FRANCE ET L'EUROPE AUX INTRIGUES DES SOCIÉTÉS SECRÈTES 207
   Deux héritiers aux prises : les ducs du Maine et d'Orléans 207
   Lord Stairs joue et gagne 208
   Entente cordiale : Hanovre-Orléans, Dubois-Stanhope 209
   Une Régence à la mode anglaise 210
   Corruption et spéculation : John Law et le Mississipi 211
   Triomphe de l'argent et des sociétés secrètes 213

DEUXIÈME PARTIE

La franc-maçonnerie étend son règne 219

CHAPITRE XIV 221

DE LONDRES, ISRAËL PARLE À L'UNIVERS : LA MAÇONNERIE TISSE SA TOILE 221
   La F∴M∴ introduite par les ex-agents français à Londres 221
   Les Loges∴ spéculatives sous contrôle orangiste 222
   Dotée de Constitutions, la F∴M∴ essaime 223
   La Propagande du Club de l'Entresol 225
   Montesquieu répand les idées anglaises 225
   Le libertin Voltaire admirateur intéressé de Londres 227
   Spéculateur et ami malheureux des banquiers 228
   L'essor des Loges en France 229
   Ramsay propage les hauts grades 230
   Premiers pas de la F∴M∴ allemande 231
   Hund et la Stricte Observance templière 232
   Brunswick le supplante 233
   G∴L∴ de Zinnendorf et R. C. la concurrencent 233
   Le G∴O∴ unifie la F∴M∴ en France 233
   À l'heure de l'indépendance américaine 234
   Loges d'Anciens et Franklin inspirent les Insurgents 235

CHAPITRE XV 239

LES PÈRES DES IDÉES FRANÇAISES : SPINOZA, MENDELSSOHN, WEISHAUPT 239
   Spinoza, père des philosophes 239
   Apôtre de la démocratie 241
   Un Juif moderniste et dissident 242
   L'ennemi de la théocratie et du cléricalisme 243
   Origine maçonnique de l'Encyclopédie 244
   Frédéric II associé des banquiers internationaux 244
   Le protecteur des philosophes 245
   Sa brouille avec Voltaire 247
   Débandade de l'Encyclopédie 248
   Succès de Choiseul contre les Jésuites 249
   Pénétration maçonnique en Espagne 250
   Pombal, persécuteur du Portugal 251
   Campagne de pamphlets philosophiques 252
   Rayonnement des Neuf Sœurs 253

    Despotisme éclairé et banquiers de la Cour 253
    Les banquiers, rois de Berlin 254
    Moïse Mendellsohn et les salons à la mode 255
    Weishaupt et les Illuminés 256
    Leur action révolutionnaire souterraine 259
    Les complots des convents et Mirabeau 260
    Rose-Croix contre Illuminés 260

CHAPITRE XVI **263**

  Le sabotage d'un état : la monarchie française au XVIIIe siècle 263
    Un État pauvre dans un pays riche 264
    Les privilégiés contre les réformes 264
    Le prudent Fleury, entraîné dans la guerre 265
    ... au plus grand profit de Frédéric II 266
    ... et de l'Angleterre 267
    ... embarras des Finances 268
    ... Extension du conflit aux Colonies 269
    La France bien accrochée en Europe 270
    L'Angleterre s'empare du Canada 271
    Une politique d'expédients 272
    Face à l'opposition nobiliaire et parlementaire 273
    Enfin, un réflexe d'autorité 275
    À l'économiste Turgot succède le cosmopolite banquier, Necker 277
    ... ni économies, ni réformes, des emprunts à jet continu 279
    L'appui aux Insurgents, affaire de prestige 282
    La noblesse libérale, enthousiaste des vertueux républicains 283
    La guerre, même victorieuse, coûte cher 285
    Plutôt la faillite que des réformes 287
    Mirabeau : agent des banquiers et des Illuminés 287

CHAPITRE XVII **289**

  Comment faire la grande révolution ? À l'anglaise ? À l'américaine ? Ou à l'allemande ? 289
    Orléans, G∴ M∴ riche et décoratif 289
    Saint-Germain, agent secret Rose-Croix 290
    Cagliostro, agitateur des arrière-loges 291
    Les Directoires secrets préparent la Révolution 292
    Comités et Clubs spécialisés à l'œuvre 293
    Prolifération des Loges 294
    Noyautage de l'administration et de l'armée 294
    Notables et Parlement bloquent les réformes 295
    Necker, inerte devant les troubles 296
    La F∴ M∴ orchestre la campagne pour les États-généraux 297
    L'Assemblée prépare l'émeute du 14 juillet 298
    La grande peur justifie la création de la Garde nationale 299
    La Fayette, arbitre et Protecteur 300
    Des revendications financières raisonnables 301

- *Au refus de l'impôt* 302
- *La confiscation des biens du Clergé* 302
- *La razzia des bandes noires cosmopolites* 303
- *Rivalité entre sephardim et aschkenazim* 305
- *Émancipation des premiers, puis des seconds* 306
- *Domestication du Clergé, accompagnée d'un essai de paganisation* 307
- *La monarchie aux abois* 308
- *Achète Mirabeau* 309
- *Le roi prisonnier pour délit de fuite* 310
- *Combien coûte une journée populaire ?* 311
- *Guerre girondine et confiscations* 312
- *L'émeute allemande du 10 août emporte la royauté* 313

CHAPITRE XVIII 315

PAR LE FLAMBEAU ET PAR LA TORCHE LA TERREUR JACOBINE EMBRASE L'EUROPE 315

- *Une guerre idéologique de conquête* 316
- *Par la propagande* 317
- *L'Autriche se défend* 318
- *L'Espagne aussi* 318
- *L'Angleterre travaillée, l'Irlande insurgée* 319
- *La F∴M∴ en garde contre les Illuminés* 319
- *Les intellectuels allemands gagnés à la subversion* 321
- *La révolution sauvée à Valmy par les Prussiens* 321
- *La 5ème colonne en Rhénanie* 322
- *Débâcle de Dumouriez en Belgique* 323
- *À qui la Dictature ? à la Convention ? à la Commune ?* 324
- *Danton compromis* 325
- *Mara échappe* 326
- *Impuissance des Girondins* 327
- *Robespierre et la dictature jacobine* 328
- *L'Assemblée intimidée par les journées révolutionnaires* 329
- *Robespierre règne par la Terreur* 330
- *Mais se retourne contre les enragés* 332
- *... et les fripons* 333
- *Robespierre périt de son isolement* 334
- *Cambon contre la gabegie et la débâcle des assignats* 335
- *Écrasement des extrémistes* 337
- *Thermidor : détente économique* 338
- *Apaisement politique* 339
- *L'armée au secours des nantis* 340
- *Carnot reforme l'outil militaire* 341
- *La Belgique razziée* 341
- *Frontières naturelles et annexions* 342
- *La Rhénanie pillée* 343
- *La Hollande, République-sœur, ménagée* 344
- *5ème colonne maçonnique en Italie* 345

    Bonaparte, nourrisseur du Trésor 347
    Étend et organise ses conquêtes 348
    Écarte extrémistes et unitaires et fait sa paix 349
    Une République hostile aux hétérodoxes : l'Helvétique 350
    Coalition des opprimés contre leurs libérateurs 351

CHAPITRE XIX **353**

  Napoléon, restaurateur de l'État vaincu par la haute banque et la trahison des nantis 353
    L'Armée, arbitre d'un équilibre instable 354
    La réaction jacobine brisée par l'appel au sabre 355
    Bonaparte rappelé d'Égypte 356
    Talleyrand, Fouché et les banquiers préparent le coup d'État 357
    Gaudin restaure les finances 358
    Bonaparte met au pas les banquiers 360
    Fonde la Banque de France 360
    Ni inflation, ni emprunt 361
    Ouvrard et ses trafics 361
    Sieyès et sa constitution à la Spinoza 363
    Fouché, défenseur de l'héritage jacobin 364
    Parrain, avec Talleyrand, d'un Empire maçonnique 366
    Se retourne contre Napoléon, allié de Vienne 368
    La paix religieuse compromise par l'occupation de Rome 369
    Napoléon, hostile aux hétérodoxes 370
    Prétend les contrôler par son Sanhédrin 372
    Coalition contre l'hégémonie française 373
    Lunéville, la frontière du Rhin 374
    Embarras financiers de Londres 374
    Trafics de Talleyrand 375
    Désastre de Trafalgar 376
    L'Autriche sacrifiée à l'unité italienne 376
    Une Confédération du Rhin, maçonnique 377
    La réaction prussienne jugulée 378
    Fallacieuse réconciliation avec le Tsar 379
    Deux legs de Talleyrand : le blocus continental, la guerre d'Espagne 380
    Une préparation-maçonnique soignée 382
    La révolte contre Joseph, animée par la F∴ M∴ anglaise 383
    La défaite de Joseph effacée par l'Empereur 384
    Talleyrand au service de la coalition 385
    Défaite de l'Autriche 385
    Mariage avec Marie-Louise. Metternich et l'équilibre 386
    Lutte farouche en Espagne 387
    Échecs de Soult et de Masséna 387
    Entêtement de Napoléon 388
    L'Angleterre sauvée par le relâchement du blocus 389
    Préparatifs de la Russie 390
    Moscou : objectif illusoire 390

- Soulèvements nationalistes en Allemagne 391
- Rentrée en lice de la Prusse 392
- Échec de la médiation de Metternich 393
- Les Nations contre la France : Leipzig 393
- Chef-d'œuvre sans issue : la campagne de France 394
- Talleyrand gagne le Tsar à la Restauration 396
- Les royalistes conquièrent le pouvoir 397

TROISIÈME PARTIE

LA HAUTE BANQUE DOMINE LE MONDE 403

CHAPITRE XX 405

SAINTE ALLIANCE OU INTERNATIONALE DE LA FINANCE ? 405
- Une paix anglaise et maçonnique 405
- Un roi libéral, compromis par des maladresses 407
- Rentré, Napoléon n'apporte que la division 408
- Mais reforme contre lui la coalition 408
- Fouché maquignonne le retour de Louis XVIII 409
- La France en quarantaine 410
- L'Empire des Rothschild grandit 411
- À l'ombre des Hesse-Cassel 411
- ... prospère à Londres 412
- ... transfère les subsides anglais 413
- ... manipule le Congrès de Vienne 414
- ... s'engraisse dans les emprunts d'État 414
- Une puissance supranationale 416
- Contre l'administration ibérique en Amérique... 417
- L'Angleterre pousse les créoles à la révolte 418
- La Cité les finance, la F∴ M∴ les encadre 420
- L'Amérique centrale résiste à l'agitation 422
- Le Brésil, refuge de la dynastie portugaise 422
- Bolivar reprend la lutte dans le nord 423
- Et San Martin dans le sud 424
- Vassalité économique, prix de la liberté 426
- Pénétration yankee au Mexique 426
- L'Espagne, neutralisée par la F∴ M∴ 427
- Malgré l'échec des complots militaires 428
- La Maçonnerie fait sa révolution 429
- L'intervention française arrête le désordre 431
- Docilité envers la Haute Finance 433
- Ménagements pour les nantis 436
- Abandon du programme national 438
- Charles X. réagit contre l'anti-cléricanisme 439
- Puis, tend la main aux libéraux 440
- Absence de réalisations sociales 441
- Timidités diplomatiques 442

Premier succès en Grèce 442
Un défi : l'expédition d'Alger 443
Renouveau des Loges 443
Agitation des Philadelphes en Italie 444
Puis, des Carbonari en France 446
Fatale pusillanimité de la répression 447
La Fayette relance la campagne 448
Talleyrand réussit sa révolution à l'anglaise 449

CHAPITRE XXI **451**

DEUX RONGEURS DE LA SOCIÉTÉ : HAUTE BANQUE ET INTERNATIONALE MARXISTE 451
Prépondérance de la Cité 452
À la pointe de l'industrialisation 454
Exploitation et révolte ouvrière 455
Agitation whig et chartiste 456
Tories sociaux et organisation syndicale 457
Nicolas Ier contre la Révolution 458
L'indépendance accordée à la Belgique 460
Refusée à la Pologne 460
L'Autriche ramène l'ordre en Italie 461
Modération de Louis-Philippe 462
Les Rothschild, banquiers et rois 464
Conflits sociaux et agitation révolutionnaire 465
Attentats et reconstitution des Clubs 466
Médiation des Rothschild entre Londres et Paris 468
La dynastie menacée par Louis-Napoléon 468
Disparition d'un prince social 469
La Réforme à la mode 470
Promoteurs de l'État industriel 470
Spéculation débridée sur les chemins de fer 471
L'emprise capitaliste dénoncée 472
Contre les libéraux et les Rothschild 474
Soulèvement carliste 474
Mendizabal, dictateur marrane et maçon 475
Fin de la lutte civile 475
Narváez rétablit l'ordre 476
À qui marier la reine Isabelle ? 477
Échec à Palmerston 478
À l'aube d'une ère nouvelle 479
L'Internationale de Londres 479
Le Néo-Messianisme prépare la Révolution européenne 481
La Pologne sacrifiée 482
Crise sociale en France 483
La campagne des banquets 483
... tourne à l'émeute 484
Triomphe maçonnique 486

- *Lamartine freine la révolution* 486
- *Et la guerre* 487
- *La République sociale, ruine de l'économie* 488
- *Louis-Napoléon : prétendant en réserve* 490
- *Lord Minto, agitateur de l'Italie* 491
- *... secondé par les hétérodoxes* 492
- *L'ordre rétabli : dans le nord par l'Autriche et à Rome, par la France* 492
- *Les hétérodoxes allemands émancipés* 493
- *À la tête des émeutes et des assemblées* 495
- *Meneurs de la révolte en Autriche* 495
- *Le nationalisme magyar écrasé* 497

CHAPITRE XXII **499**

- LE BINÔME : GUERRE-RÉVOLUTION 499
  - *Le Prince-Président contre une Assemblée divisée* 499
  - *Un coup d'État sans bavures* 501
  - *Un Sultan mené par ses vizirs* 503
  - *Relève des Rothschild par Fould et les Pereire* 504
  - *Prospérité saint-simonienne* 505
  - *Des finances de facilité* 506
  - *Place aux spéculateurs cosmopolites* 507
  - *... et aux exportateurs britanniques* 509
  - *Gonflement de budget et de la Dette* 509
  - *Vassalité envers Londres en Crimée* 511
  - *... et en Chine* 513
  - *Au service de l'Unité italienne* 514
  - *... sans autre bénéfice...* 517
  - *... que Nice et la Savoie...* 518
  - *Remous maçonniques à propos de Rome* 519
  - *L'insurrection polonaise étouffée* 521
  - *Au profit des créanciers du Mexique* 521
  - *L'aventure de Maximilien* 522
  - *... S'effondre avec la défaite sudiste* 523
  - *Ayant sacrifié l'Autriche...* 524
  - *... à l'ambition de Bismarck...* 526
  - *Au plus grand profit des « F∴ M∴ » et des hétérodoxes* 527
  - *Napoléon III, empêtré dans l'affaire romaine* 528
  - *Isolé devant la Prusse* 529
  - *Face à une opposition renaissante* 530
  - *Et à des préparatifs de révolution* 531
  - *Machination de la candidature Hohenzollern* 532
  - *Tête baissée dans la guerre !* 534
  - *Avec une armée mal préparée* 535
  - *La République, née de la défaite...* 536
  - *En aggrave les conséquences...* 537
  - *Débouche sur les excès de la Commune* 539

Et sa répression sanglante... 541
BIBLIOGRAPHIE..**551**
Première partie... 551
Deuxième partie 561
Troisième partie... 568

AVANT-PROPOS

L'auteur a conçu ce livre lorsque — assistant aux préparatifs idéologiques et financiers de la Seconde Guerre Mondiale pendant tout l'été de 1939 aux États-Unis — il eut la bonne fortune, à la lecture d'ouvrages de synthèse, tels que les Selected Essays de James Darmestetter, de pénétrer les intrigues, causes de tant de guerres et de révolutions.

Il a donc résolu de confronter ces données, apportées par les promoteurs des évènements, avec l'histoire générale et d'étendre ses investigations aux discours, écrits et biographies des acteurs principaux, afin de reconstituer la trame du drame et le rôle joué tant par la Haute Finance que par les sectes (Rose-Croix, Illuminés de Bavière, Franc-Maçonnerie, Sociétés Secrètes islamiques et asiatiques) dans son déroulement.

Tâche essentielle à la défense de notre civilisation chrétienne occidentale contre la peste des idéologues (cette vermine dénoncée par Napoléon lui-même), qui dérèglent les esprits, corrompent les âmes par le goût du lucre et du libertinage et gangrènent les corps, par l'usage de drogues de toutes sortes.

Dans les jugements qu'il a portés sur les hommes, leurs idées et leurs actes, l'auteur n'a obéi qu'à la passion de la vérité, évitant avec soin tout préjugé racial et toute partialité politique ou religieuse, pour s'attacher à pénétrer avec toute la lucidité possible, à travers leurs discours et leurs écrits, leur véritable caractère, leurs attaches, leurs inspirations et leurs desseins.

Il se considérera largement payé de sa peine s'il parvient à éveiller l'intérêt des curieux, de ceux qui répondent à l'appel de Bossuet : Et nunc erudimini !, et surtout à aider les jeunes — qui disposent rarement du temps nécessaire pour se former une opinion valable sur le passé à mieux comprendre et organiser, dans le sens de la tradition et du progrès, ce monde malade que nos malheureuses générations leur ont légué.

INTRODUCTION

Le présent ouvrage, couvrant la période de 1492 à nos jours, mais remontant à l'origine des forces en présence, offre aux lecteurs en trois volumes la saga des origines du capitalisme et du marxisme, le premier ; les préparatifs et le déroulement des Ière et IIe des trois guerres mondiales suivies de révolutions prévues dès 1871, le second, et le dernier les intrigues des Directoires semi-secrets, actifs à préparer la IIIe et à déclencher le cataclysme social qui doit en être la conséquence.

L'unité de l'Empire romain ayant été rompue par les invasions barbares, Charlemagne avait tenté de la restaurer, et saint Augustin de lui substituer la Cité de Dieu. Ces efforts ayant été brisés par les intrigues de Judith, la faiblesse de son époux Louis le Pieux et la division de l'Empire (843), l'Ordre de Cluny (fondé en 910 sur les principes hiérarchiques, la cooptation de ses Grands Maîtres et l'union des pouvoirs civils et religieux), tenta de reconstituer l'Occident, d'abord dans la reconquête de la péninsule ibérique avec l'aide des comtes de Bourgogne contre les Maures et par son repeuplement grâce au pèlerinage de Saint Jacques de Compostelle.

Mais il se heurta au mouvement de Réforme des moines lorrains et de leur chef Hildebrand (élu au pontificat sous le nom de Grégoire VII en 1073, manœuvré à Rome par la famille Baruch-Pier Léoni), champions des réformes démocratiques chères à l'Ordre de Citeaux (élection des prieurs, des abbés et finalement des Papes par les seuls cardinaux en 1059). Mouvement qui aboutit à la rupture avec l'Église orthodoxe (1054) au conflit du Sacerdoce et de l'Empire (1076-1085), à l'élection d'un Pierléoni au pontificat, Anaclet II (1130-1138), grâce au soutien des Normands de Robert Guiscard, à l'expulsion des papes et à la proclamation d'une République dans la Ville Éternelle par son frère Giordano (1143), toujours avec l'appui de Roger de Sicile, marié à sa sœur, à l'intervention de l'Empereur Frédéric Barberousse et finalement au sac de Rome.

Et les Cisterciens, protégés par les comtes de Champagne, et organisés en 1112 par saint Bernard de Clairvaux, se tournèrent vers les traditions ésotériques de Jérusalem et patronnèrent la création des Chevaliers du Temple (1119), sur le modèle des Assacis, musulmans ismaéliens. Répondant à l'appel de leurs amis Fatimides du Caire contre les Turcs Seldjoukides, ils détournèrent les croisades de l'Espagne vers le Proche-Orient, où ils traitèrent séparément avec les princes arabes et compromirent la conversion des Mongols, qui eut pu changer la face du monde !

Au siècle suivant, l'empereur Frédéric II de Hohenstaufen, petit-fils de Barberousse et héritier des Normands de Sicile par sa mère Constance de Hauteville, prit l'initiative d'une première tentative mondialiste d'union des religions et de fédération des états. Vivant au château des Monts en Apulie et au palais de Palerme en Sicile, entouré de ses astrologues et occultistes, de son harem et de sa garde maure, il transforma sa croisade en tournée de paix et réunit à Saint Jean d'Acre en 1228 les délégations des Ordres de Chevalerie tant chrétiens que musulmans. Bien que soutenu par l'Ordre Teutonique, il fut excommunié et déposé par le pape Innocent IV en 1245.

Une seconde tentative templière et pontificale d'établissement d'une Synarchie en trois Ordres : spirituel, politique et économique, échoua lorsque Philippe IV le Bel brisa la puissance financière et militaire supranationale du Temple (1307-1311) et que la prétention de leur allié Boniface VIII à l'Empire (au jubilé de 1300) sombra lamentablement.

Notre premier volume rappelle brièvement ces intrigues, avant d'aborder la relation de celles qui, à travers des luttes religieuses et des mouvements subversifs visant à instaurer une nouvelle Jérusalem (lollards d'Angleterre, hussites de Prague, anabaptistes de Münster, Jacques du Bundshuh allemand) ont permis à une oligarchie financière de renverser les dynasties légitimes et de conquérir le pouvoir réel. Non pour libérer les peuples mais pour abolir les restrictions à l'usure, au prêt à intérêt, la notion du juste prix, les entraves apportées par les règlements corporatifs, en privant les travailleurs de leurs confréries, fraternités, et compagnonnages et en les écartant de la gestion des villes pour les réduire à la condition de prolétaires exploités.

À travers ses précurseurs, les franciscains anglais Roger Bacon (1214-1294), catalan Raymond Lulle (1234-1315), l'alchimiste et astrologue Arnaud de Villeneuve (1240-1313), la Fraternité des Rose-Croix, fondée selon la légende par le chevalier allemand Christian Rosenkreuz (né en 1378 probablement dans la famille von Roesgen, mêlée au meurtre du légat Pierre de Castelnau au moment de la croisade contre les Albigeois, en 1208), mais révélée au grand jour seulement par Jean Valentin Andreæ de Tubingen, dans ses livres publiés à Cassel en 1614 et 1619, a joué un grand rôle dans ces évènements, au début de l'ère moderne.

En divisant la Chrétienté par l'institution de Patriarcats nationaux (réussie par Henri VIII, manquée par François Ier) et en préparant la Réforme. Martin Luther, comme le révèlent sa bague, ses principaux lieutenants, le nationaliste l'Ulrich von Hutten, comme les novateurs Philip Melanchton (Schwarzerd, petit-neveu de l'hébraïsant Reuchlin), Andreæ Carlstadt (Bodenstein), Crotus Rubianus (Jan Jaeger), etc, appartenaient à la secte. Et si l'influence de Luther, prophète des Allemands, vengés par lui en quelque sorte de leur conversion forcée sous Charlemagne, s'est limitée aux pays nordiques, celle de Calvin, cosmopolite et lié aux gens de commerce et de finance, levant l'interdiction du prêt à intérêt, a ouvert les voies au capitalisme moderne.

Ainsi grâce à la révolte des Pays-Bas, les capitaux émigrés d'Espagne vers Istamboul et Venise purent-ils contribuer à établir, sinon à Anvers (demeuré catholique) du moins, à Amsterdam, à partir de 1561-79, une Banque (1609) et une Bourse (1611) qui devint le modèle du capitalisme moderne, avec ses engagements impersonnels, ses sociétés anonymes, ses trafics à découvert, ses valeurs fictives et ses spéculations sans frein. Avant de s'installer à Londres, à la faveur des révolutions d'Angleterre tandis que la même tentative échouait en France avec la Fronde du cardinal de Retz et de Condé (1649), comme au temps d'Élisabeth Ière avait échoué le grand dessein d'Henri IV, inspiré par le Rose-Croix Barnaud.

Préparent le mouvement les puritains de la Cité, avec l'intervention directe du tchèque Johannes Amos Komensky, dit Comenius, principal lieutenant de Valentin Andreæ, dès 1641, et de ses amis Robert Fludd, les allemands Michel Maïer et plus tard par Francis Bacon dans sa Nova Atlantis (1675). Dans une première phase, Cromwell exécute le roi Charles Ier (1649) et, traitant avec Manassé ben Israël d'Amsterdam obtient — moyennant le retour des Juifs expulsés d'Angleterre depuis 1290 — que leurs coreligionnaires lui livrent les marchés hispano-portugais de par le monde. Et dans une seconde — la restauration de Charles II ayant été financée par Suasso et autres hommes d'affaires des Pays-Bas — la substitution aux Stuart décidément trop catholiques, de la famille d'Orange, d'un zèle éprouvé (1688), liée par un contrat constitutionnel (berith en hébreu) permet l'établissement d'une place financière de premier ordre, avec sa Banque (1694) et sa Bourse (la première, datant de 1571 ayant été reconstruite en 1668 et transformée en 1697). Ainsi Londres devient le centre, non seulement du capitalisme international, mais aussi la Mère-Loge de la Franc-Maçonnerie, destinée à propager l'idéal et les institutions de cette plouto-démocratie. Les premiers ateliers, créés pendant la révolution (1646) par le Rose-Croix Elias Ashmole, comme Salomon's House (réplique de la Maison des Sciences des Fatimides à Alexandrie), fondée en 1653, après s'être infiltrée à Mason's Hall en 1682 et dotée de Constitutions par Anderson (1723-38), elle peut se permettre d'essaimer à l'étranger.

Elle diffuse les idées exposées par Baruch Spinoza (disciple du réformiste médiéval espagnol Maïmonide et de Manassé ben Israël) dans son Tractatus Theologo-politicus (1670). Idées généralement considérées comme françaises parce qu'elles ont été répandues par Montesquieu, Voltaire et les Encyclopédistes (avec Grimm et le baron d'Holbach). Et elle engage la lutte contre la superstition d'abord, la tyrannie ensuite. La superstition, en expulsant les Jésuites du Portugal (où Carvalho, marquis de Pombal, lance une sauvage persécution contre eux en 1759), de France, à l'instigation du duc de Choiseul en 1764 et d'Espagne, sur l'initiative du comte d'Aranda et de ses amis.

Selon les besoins de ses projets politiques, elle crée de nouvelles obédiences, le Grand-Orient par exemple, détaché de Londres en 1771-73, en prévision de la guerre d'Indépendance américaine, préparée par la dissidence des Loges d'Anciens de l'Irlandais Lawrence Dermott en Angleterre, avec l'aide de Benjamin Franklin (initié à Philadelphie en 1730), qui réussit à instaurer un État fédéral, d'apparence démocratique mais où l'Argent est roi et les financiers sont maîtres, ce que symbolise parfaitement la statue où Washington figure à Chicago, la main dans la main avec son secrétaire au Trésor Morris d'un côté et de l'autre avec Haïm Salomon, payeur général des subsides hollandais (à travers Grand et Honegguer), français et espagnols, qui financèrent la lutte.

À ce moment la Monarchie française, affaiblie par la croisade et les coalitions orangistes contre Louis XIV, rongée par les fermiers-généraux qui retiennent le quart et parfois le tiers des impôts qu'ils collectent, longtemps sabotée par l'opposition des Parlements à toute réforme, sort victorieuse mais dangereusement endettée de son intervention contre l'Angleterre. Et les remèdes du banquier cosmopolite Necker en font une proie facile pour la Révolution.

Dans sa première phase, le duc d'Orléans (soutenu par les banquiers anglais Boyd et Kerr et par le syndicat Cerf-Beer et Korneman de Strasbourg) et son triumvirat modéré — Barnave et les deux-frères Lameth — s'efforce d'instaurer un régime constitutionnel sur le modèle de celui de 1688 en Angleterre. Cependant que le Suisse Clavière, derrière Mirabeau, et Panchaud, derrière Talleyrand, livrent les biens du Clergé au pillage de vols de corbeaux cosmopolites.

Dans sa seconde phase, Brissot et les Girondins, s'inspirant du modèle américain et suivant les consignes d'Adrien du Port et de l'Abbé Sieyès, déclenchent la guerre contre les tyrans à travers l'Europe. Le banquier Clavière les appuie, comme des Anglais, des Hollandais (Kock et Vandenyver), des Belges (Walkiers) et le bordelais Pereira soutiennent Danton, tandis que Benjamin Veitel Ephraïm et ses confrères de Berlin financent les journées révolutionnaires (celle du 8 avril 1791 a coûté 500.000 Livres). Tant il est vrai que « l'histoire des révolutions est inscrite dans les livres de compte des banquiers » comme le remarque Henri Malo, l'historien de la Fronde.

Avec la journée du 10 août 1792, le renversement de Louis XVI et la Terreur jacobine s'ouvre la troisième phase — allemande — de la Révolution. Les Illuminés de Bavière entrent alors en scène avec Bonneville. En frappant Jacob Lang, la foudre avait révélé leur existence en 1785. Il se trouvait aux côtés de son chef Adam Weishaupt, professeur à Ingoldstadt, fondateur de l'Ordre en 1776. Les adeptes de cette Maçonnerie parallèle et secrète, porteurs d'une tunique blanche avec ceinture écarlate (comme les Assacis, les Templiers et plus tard les Boxers chinois) et coiffés du bonnet phrygien, étaient conduits par leurs trois séries de grades initiatiques d'une image vraie de la religion à l'athéisme et de l'idéal démocratique à l'anarchie. En visite à Berlin, Mirabeau s'était laissé attirer par eux et leurs meneurs, Zwack, von Knigge et Bode avaient joué un grand rôle dans les Congrès de Willemsbad (1782) et de Paris (avec les Philalèthes en 1785 et 1787) qui fixèrent le schéma de la Révolution. Craignant qu'ils n'infiltrent leurs loges, après la dissolution du Grand-Orient par les Jacobins le 13 mai 1793, les obédiences régulières allemandes cessèrent leurs activités en 1796 et les Anglais gelèrent leurs ateliers en 1799.

Lorsque le régime jacobin — dont le Trésor ne se nourrissait plus que du sac des pays libérés par les Carmagnoles — s'effondra dans la misère et la banqueroute des assignats (dévalués au 142e de leur valeur officielle, l'index des prix grimpant de 100 en 1790 à 5.340 en Novembre 1795), un groupe de banquiers français, pour en sortir, aida Talleyrand à monter le coup d'État du 19 Brumaire (10 novembre 1799). Alors Napoléon entreprit de restaurer l'État et ses finances (en fondant la Banque de France en 1800, en la réformant en 1806 et en créant le franc-germinal en 1803). Il réussit à faire face aux coalitions sans déficit, sans inflation et sans emprunt, tandis que William Pitt (menacé de banqueroute en 1793 et 1797) dut laisser signer la paix d'Amiens (25 mai 1802) et, celle-ci rompue, ne fut sauvé que par le relâchement du blocus en 1809 et 1810.

Aussi longtemps que l'Empereur — qui avait tenté de domestiquer la Maçonnerie sous l'autorité de Cambacérès et de Murat — contribua à jeter bas les princes et à redessiner l'Europe selon les plans de Sieyès, il fut soutenu par les sectes, mais celles-ci se retournèrent contre lui dès qu'il prétendit aussi dominer le Judaïsme en convoquant son Sanhédrin (1807), faire la paix avec les dynasties légitimes en épousant Marie-Louise de Habsbourg (1810) et échapper à l'emprise des banquiers internationaux. Trahi par les hauts-dignitaires Fouché et Talleyrand, jeté dans le guêpier espagnol et dans les steppes glacées de la Russie, il fut finalement vaincu par le Syndicat des Rothschild, Baring et Boyd de Londres, Hope et Labouchère d'Amsterdam, Parish de Hambourg et Bethmann de Francfort.

Et le Congrès de Vienne de 1815 — comme le relate notre IIIe Partie — en guise de la SainteAlliance proclamée par le naïf tsar Alexandre, confirma la prépondérance de la Haute Banque sur l'Europe. L'hégémonie britannique s'étendit à l'Amérique du Sud, décolonisée, grâce aux intrigues maçonniques dans la péninsule et sur place. Et la dynastie des cinq frères Rothschild, rois des banquiers et banquiers des rois, régna sur le vieux continent, et spécialement sur la France, lorsque la révolution de 1830, montée par Talleyrand et le banquier Laffitte, y instaura un régime de type britannique sous Louis-Philippe.

L'importance de la Révolution de 1848, qui y mit fin ne saurait être trop soulignée. Avec elle devait s'ouvrir une ère nouvelle. Dans son livre « Paris-Rome-Jérusalem » (2 vol. 1860), Joseph Salvador indique que, — le rôle de Paris étant d'amener Rome dans les voies de Jérusalem — l'année 1840 devait en être le tournant. L'heure était venue, en effet, pour les banquiers, tout puissants sur les gouvernements, d'imposer le régime de leur choix, capable de soumettre les peuples à leur hégémonie (à l'exemple de Joseph au temps des Pharaons). Ce régime, Heinrich Heine, fils de banquier, le définit en ces termes dans la « Französische Zeitung » (du 12 juillet 1842) : « Le communisme, qui n'a pas encore vu le jour, paraîtra dans toute sa force... et s'identifiera avec la Dictature du Prolétariat ». Et le philosophe Moïse Hess (père du Néo-Messianisme et du Sionisme) en tisse la trame en mettant en contact Frédérich Engels et Karl Marx, ses prophètes, en 1842-44. Mais l'agitation chartiste tourne court en Angleterre (grâce à la reconstitution de syndicats, les Trade Unions, par les lois de 1844-46-47 soutenues par des tories sociaux) et la France et l'Autriche, appuyées par la Russie, ayant conservé intactes leurs forces militaires, la révolution généralisée échoue en Europe, tandis que bon nombre de ses meneurs trouvent refuge aux États-Unis.

Désignant les responsables de cet échec, Joseph Mazzini condamne d'un doigt vengeur en premier lieu l'Autriche : Delenda est Austria !. Agent des sectes et protecteur de la nouvelle équipe saint-simonienne des Fould et des Pereire, rivale des Rothschild, Napoléon III en est le bras exécuteur, en expulsant les Habsbourg de l'Italie et en les abandonnant à la vindicte de Bismarck. La France paye cher cet aveuglement, par sa défaite militaire (1870) et les horreurs de la Commune (1871). Mais la formule du binôme « Guerre-Révolution » ayant également échoué, Joseph Mazzini et le général sudiste et haut-dignitaire Albert Pike (de la Maçonnerie écossaise fondateur du Palladian Rite, Luciférien et gnostique) dirigeants du World Revolutionary Movement en conçoivent une nouvelle, celle d'un cycle de trois Guerres mondiales, au rythme « Crise-Guerre Révolution », qui marquera le XXe siècle (échange de lettres du 22 janvier 1870 — 15 août 1871).

Ce cycle fait l'objet de notre second volume.

Maintenant qu'à la faveur de la guerre de Sécession (1860-64) — un conflit pour le contrôle de la politique douanière et la prépondérance industrielle du Nord, déguisé en croisade pour l'émancipation des Noirs — les grandes dynasties ashkenazim, rivales des Rothschild, les Seligman, Lazard, Guggenheim, Gould et Kuhn-Lœb, ont assis grâce à Abraham Lincoln et au général Grant, leur prépondérance sur l'économie américaine, les meneurs du jeu, également renforcés en Europe centrale par le Kulturkampf de Bismarck et leur rôle éminent dans la mise en place des structures bancaires de la région, sont à même d'entreprendre la lutte contre l'ennemi N.° 1, la Russie des Tsars, responsable de l'échec du grand mouvement de 1848.

Avec la guerre de Crimée (1854-55), Napoléon III lui a porté le premier coup, pour le compte de Londres. Conseiller du chancelier Gortchakov, Hamburger attisant ses visées sur Constantinople, le pousse à intervenir dans les Balkans — travaillés par Simon Deutsch, par la création du parti jeune Turc, par les tentatives d'émancipation de l'Alliance Israélite Universelle (créée par Crémieux en 1863-65, soutenue par les fonds du baron Hirsch de Vienne et de sir Moses Montefiore, de Londres), couronnées par le Congrès de Berlin de 1878, où Benjamin Disraeli utilise pour ses fins Waddington, le très étranger ministre français des Relations Extérieures.

Tandis qu'à Moscou, le tsar Alexandre II est récompensé de son libéralisme : émancipation des serfs, imprudemment regroupés dans des communes collectives ou mir (1861) et adoucissement du régime imposé aux Juifs dans leur zone de résidence de l'Ouest (conséquence des partages de la Pologne en 1791, 1794 et 1795) par une flambée de terrorisme dont il est la victime, les chefs nihilistes Bakounine, Alexandre Herzen et Paul Axelrode, échappent à la répression d'Alexandre III (1861) en trouvant refuge aux États-Unis.

C'est de New-York et de Londres, en effet, que monte et grossit la tempête qui emportera le tsarisme. La guerre étant, selon Hegel, la grande accoucheuse des révolutions, le financier Jacob Schiff (de Kuhn-Lœb) aide de ses crédits le Japon, comme de ses subsides la tentative révolutionnaire malheureuse de Trostky (Bronstein) en 1905-1908. Contre la Russie l'alliance anglo-saxonne, scellée dans la guerre des Boers par l'équipe de Cecil Rhodes (R. Oppenheim, Alfred Beit et Barney-Barnato) se resserre.

Inspiré par son professeur d'Oxford, John Ruskin (1819-1900), disciple de Platon et partisan de sa République collectiviste, Cecil Rhodes fonde (le 5 février 1891) le groupe de la Round Table, société organisée en trois cercles concentriques, un triumvirat directeur,[1] un cercle intérieur[2] et un autre d'assistants (helpers), répartis entre sept et bientôt huit pays, créé par lord Milner (successeur de Rhodes en 1902) avec pour centre Chatham House (siège de l'Institute of International Affairs en 1919). L'ensemble vivant des subsides des Banques Lazard, Morgan et Midland, comme aussi le Rhodes Trust, le Rhodesian Institute et la revue « Round Table » (de Novembre 1910 et 1961), contrôlée par le secrétaire général lord

---

[1] William T. Stead (1840-1912), journaliste, qui mit le premier groupe d'Oxford en contact avec un second de Cambridge ; Reginald Baliol Brett (lord Esher) homme de confiance et pensionné (5.000 £. par an jusqu'en Juillet 1904) de Sir Ernest Cassel (cousin germain d'Édouard VII, par la mère du Prince consort, Albert de Saxe-Conhourg-Gotha) qui contrôle le cabinet pour lui ; et lord Milner, l'énergique gouverneur du Cap, depuis 1897.

[2] Dont font partie : Arthur, lord Balfour ; Arthur, lord Grey ; sir Henry Jonhston, lord Nathaniel Rothschild ; Arnold Toynbee (historien d'Oxford) sir John Seeley (de Cambridge).

Lothian3 entre 1923 et 1939. À lord Miller succédèrent à la tête de la Société : Lionel Curtiss (1925-55), Robert, lord Brand (beaufrère de lady Astor, administrateur de la Banque Lazard) de 1955 à 1963, puis Adam Manic (fils de William, également de la Banque Lazard).

La Round Table s'était tracé comme objectifs, dans une première phase l'organisation de l'Empire britannique en Commonwealth et son extension aux États-Unis, grâce à l'appui du groupe de la New Republic (1914), animé par William Straight (lié à la puissante famille Whitney) et de Walter Lipmann. Ayant réalisé ainsi leur unité les peuples de langue anglaise pourraient facilement imposer au monde leur hégémonie. Chef de la communauté séphardite américaine, Mendez Pereira exposa ces plans de manière très explicite dans son livre « England and America, the Dream of Peace » (1898), avant d'annoncer, l'année suivante dans « Looking Ahead » — quinze ans avant les évènements — la Première Guerre Mondiale, ses conséquences et les résultats qui en étaient attendus (y compris l'établissement d'un Foyer juif en Palestine).

Dans la première phase de la révolution russe (Mars 1917), ce groupe de la Round Table, auquel appartenait George Buchanan, ambassadeur de S. M. à Pétrograd, un assez nef démocrate, joua un rôle important en mettant 21 m. de roubles de subsides à la disposition du prince Lvov, pontife de la Maçonnerie russe, et de Kerenski. Mais lorsque l'Intelligence Service tenta de s'opposer au retour de Trostsky en Russie, en l'arrêtant à Halifax (Canada) le 27 mars, il fut contraint de le relâcher, sous la pression du Colonel House, de Jacob Schiff et des amis de la banque KuhnLœb, menaçant de couper leurs crédits aux Alliés... permettant ainsi aux Bolcheviks de se débarrasser de Kerenski en Octobre et de soumettre la Russie au joug de leur tyrannie collectiviste. Alors la conclusion d'une paix européenne entre les adversaires épuisés, souhaitée par le pape Benoît XV et tentée par le jeune empereur d'Autriche Charles de Habsbourg, fut empêchée par la Haute Finance et ses puissants agents maçonniques (Ribot et Lloyd George). Et Woodrow Wilson, obéissant à ses managers Louis Brandeis et le colonel House, promoteurs de son élection, préparée par la crise de Wall Street de 1909-1911, au moment où, les financiers Paul Warburg, Aldrich, Vanderlip, Rockefeller, H. Dawson et Benjamin Strong, prenant leurs dispositions pour la guerre imminente, réunis dans l'île de Jekyll (Georgie) mettaient sur pied le Système de Réserve Fédéral (1911-1913), dut jeter dans le conflit le peuple américain, qu'il avait juré de maintenir hors de la guerre. Car, après la Russie, l'Empire d'Allemagne devait être aussi écrasé, afin que, selon les plans de Mazzini et de Pereira Mendez, la chute des trônes prépare l'instauration des Soviets partout.

Autour du tapis vert de Versailles, derrière les représentants des Quatre Grands siégeaient les principaux responsables de ce pacte de famille : derrière Wilson, le colonel Mandel House,4 derrière Lloyd George lords Milner et Balfour (de la Round Table), flanqués de leurs secrétaires Isaac Kerr et, Philip Sassoon, (de la fameuse firme de Bagdad) derrière

---

[3] Isaac Kerr, secrétaire de Lloyd George, délégué à Versailles et plus tard ambassadeur officieux aux Etats-Unis au moment du déclenchement de la Seconde Guerre Mondiale, en 1939-40.

[4] Adepte des *Masters of Wisdom* le colonel House avait écrit en 1912, sous le titre *« Philip Dru, administrator »* un livre anonyme tout à la louange de la collectivisation socialiste. Déçu par le refus du Sénat de lier les Etats-Unis à la Société des Nations, il lança le fameux *Council on Foreign Relations* avec Christian Herter et les frères Dulles (Allen et Foster). sous le patronage de Robert Cecil et de Lionel Curtis, à l'Hotel Majestic à Paris les 19 et 30 Mai 1919. Organisé en 1921, le *Council* commença à publier l'année suivante sa revue trimestrielle *« Foreign Affairs »*. En 1929, les Rockefellers le logèrent à Harold Pratt Flouse (Park Avenue. New-York). où l'on retrouve non sans surprise le siège voisin du *World Revolutionary Movement* des successeurs de Mazzini ! Il est financièrement soutenu par les Fondations (Rockefeller, Carnegie, Ford) et par les banquiers, Nelson Aldrich (Chase), Morgan. Vanderlip (National City Bank), Jacob Schiff (Kuhn Loeb), Bernard Baruch, les Warburg, etc. *Le Club*, qui comptait déjà 1.400 membres en 1960, a été présenté par le représentant Reece en 1954 comme une *agence gouvernementale poursuivant ses propres objectifs internationaux*, par Dan Smoot (ex-assistant d'Edgar Hoover au F.B.I.) en 1961, comme un *Gouvernement invisible* et par le sénateur Jenner en 1962, comme *une élite bureaucratique... préparant l'établissement d'un Socialisme mondial, collectiviste*.

Clémenceau, son ministre des Finances Klotz et son conseiller Georges Mandel, et derrière Orlando, son ministre des Affaires étrangères Sonnino. Une étroite coopération existait entre les frères Warburg — les Américains Paul et Félix et leur frère Max, de Hambourg (qui amena la délégation allemande, dont son directeur Melchior faisait partie, à signer le diktat de Versailles). Comme aussi entre les tsars de l'Économie, Bernard Baruch aux États-Unis (du 11 octobre 1916 au 5 mars 1918) et ses homologues allemands Walter Rathenau (magnat de l'électricité, au contrôle de la production de guerre dès 1914) et Albert Ballin de Hambourg (armateur et banquier personnel de Guillaume II, (au contrôle du commerce extérieur depuis 1915). Ainsi tout était en place pour que l'industrie allemande, la plus forte du continent, rationalisée à fond, serve à établir l'hégémonie de la Finance américaine sur une Europe affaiblie et hypothéquée par l'écrasant fardeau des dettes de guerre et des réparations.

Cependant que les plus grands espoirs s'ouvraient en Russie. La pause de la N. E. P., décrétée par Trotsky, la mise sur pied des Gos-plans quinquennaux et de la Gos-Bank en 1931, et la conclusion des accords de Rapallo avec l'Allemagne (11 avril 1922), comblaient d'aise les commanditaires de la Révolution empressés à se porter au secours de leurs protégés bolcheviques et de les ramener au bercail. D'un voyage d'inspection en Russie, Félix Warburg rentrait plus que satisfait en 1927. Lorsque soudain tout s'effondra, avec l'assassinat de Walter Rathenau par les nationalistes allemands (24 juin 1922) et l'élimination de Trotsky par Staline, farouchement décidé à repousser tout vasselage financier.

Tout était à recommencer. Selon le même scénario. Première phase : un krach à Wall Street, entretenu de 1929 à 1931, ouvre la voie à Franklin Delano Roosevelt et aux mesures socialisantes du New Deal. L'échec de la Conférence économique de Londres en 1933, provoquée par le retrait américain, contraint l'Europe à pratiquer l'autarcie. Tandis que l'infiltration du marxisme dans la Franc-Maçonnerie suscite des réactions contre les Fronts populaires d'où naissent les Fascismes. Ainsi Hitler pourrait-il être utilisé pour renverser Staline, avant d'être détruit lui-même, laissant le champ libre à la révolution.

Deuxième phase : la Haute Finance yankee, maîtresse de l'économie américaine s'empare du portefeuille des Alliés dans l'hémisphère occidental et fait pression sur la Grande-Bretagne pour jeter la Pologne et la France dans une guerre infernale, destinée à mettre l'Europe en pièces selon la menace proférée par l'American Hebrew (le 3 juin 1938). Enfin, troisième phase, aucune paix ne venant mettre fin à la Seconde Guerre Mondiale, l'Europe humiliée est simplement partagée entre deux zones d'influence, l'orientale soumise à l'esclavage du knout soviétique et l'occidentale, appauvrie et systématiquement démolie, réduite à la mendicité du plan Marshall. Non par suite d'une fatalité stratégique, ni même en conséquence des engagements pris à Téhéran ou à Yalta, mais par la trahison délibérée de Franklin Roosevelt, qui a lui-même proposé de la dépecer dans la lettre, transmise par Zabrousky, qu'il a adressée à Staline, le 20 février 1943.

Grâce au monopole de la bombe atomique, dont dispose Bernard Baruch « Jupiter tonnant », le Gouvernement mondial, but suprême de la Haute Finance, semble à portée de la main en 1945. « Nous aurons un gouvernement mondial, que nous le voulions ou non, qu'il soit imposé ou consenti ! » proclame James Paul Warburg au Sénat de Washington (le 17 février 1950). Mais tant de fuites se produisent que Staline relève le défi. À partir de ce moment les Directoires semi-secrets s'efforcent de rétablir par tous les moyens leur influence à Moscou. Par un rapprochement ou détente, une coopération technologique, une limitation des armements ou un condominium entre les deux Supergrands.

Car l'objectif final est toujours le même, tel que le décrit Arthur Schlesinger Jr (futur conseiller de John Kennedy et de Lyndon Johnson) dans « Partisan Review » (Mai-Juin 1947) : « introduire le socialisme chez nous pas à pas — à la manière de Lassalle — et démocratiquement par une série de New Deals » (interviewé par Harold Laski, mentor du Labour Party, Staline lui-même a approuvé ce projet). La concentration industrielle ayant pour rôle de frayer la voie au collectivisme (comme l'écrit David Lilienthal dans « Big Business » en 1953). Quant aux pays étrangers, poursuit Schlesinger, « nous ne devons tenter ni de l'emporter sur le communisme, ni de libérer les pays asservis par lui, ni même leur permettre de se libérer ! ». Telle sera la thèse de Walter Lipmann, face à la révolte de Budapest en 1956, celle aussi de Clarence Streit (l'auteur d'» Union Now » en 1939, et d'» Union Now with Britain » en 1941), dans son troisième livre en 1961, de Lincoln P. Bloomfield dans son rapport commun aux Départements de la Défense et d'État (le 24 février 1961) et des instructions données par Sonnenfeldt (collaborateur de Kissinger) aux diplomates américains réunis à Londres en Décembre 1975.

C'est pourquoi, malgré le coup de Prague, le Conflit de Berlin, suivis de l'opposition OTAN-Pacte de Varsovie, en dépit de la guerre froide — et même chaude en Corée et en Indochine — en dépit des prédictions annonçant une Troisième Guerre mondiale (du frère Riandey, Grand Commandeur du Suprême Conseil de France, dès 1946, dans « le Temple », pp. 50-51), du rabbin Emmanuel Rabinovitch, vaticinant à Budapest (le 12 janvier 1952), des incidents systématiques provoqués par les exaltés de Kahane contre les représentants soviétiques aux États-Unis (197071)... en dépit des prophéties du Zohar (pour l'an 5.728 – 1968) et d'Isaac, Abrabanel (1487-1508), coïncidant sur la même date, la confrontation nucléaire directe entre les deux Superpuissances a été ajournée et remplacée par la vague de subversion trotskiste et maoïste de 1966-70... vraisemblablement parce que la réunion secrète tenue (les 15-17 février 1957) au même hôtel King and Prince de Saint-Simon, dans l'île de Jekyll (Georgie) que celle précédant la Ière Guerre mondiale en 1913, avait décidé de poursuivre la politique de détente.

Afin de mener à bien cette politique, tout une série de succursales du Council on Foreign Relations ont été créées ; L'Institute of Pacific Relations (1925-26), réunissant dix groupes appartenant aux pays riverains de cet Océan, organisés par Parkins, Lionel Curtiss (de la Round Table) et Jerome D. Green (Rockefeller), responsable de l'échec de Tchang-Kai-chek et de la conquête de la Chine par Mao, grâce aux intrigues des progressistes Owen Lattimore, Philip Jessup, Alger Hiss et Henry Dexter-White et au double jeu du général marshall.

Le groupe de Pugwash, formé entre savants atomistes à Vienne en 1954, présenté, avec l'accord d'Einstein, par un manifeste de Bertrand Russell (9 juillet), organisé à Londres (3-5 août 1955) et constitué (le 7 juillet 1957) dans le domaine possédé dans l'île de Pugwash (Nouvelle Écosse au Canada) par le magnat Cyrus Eaton (frère du G∴ M∴ des B'nai B'rith et premier protecteur de Kissinger), conçu pour préparer la voie à un accord nucléaire avec les Soviets (avec la collaboration des frères Rostow, de Jerome Wiesner et autres) et qui intervint activement (grâce à Markovitch et à Raymond Aubrac) pour aider Nixon à se dégager du guêpier du Vietnam. Conformément à la ligne tracée par les Conférences de milliardaires tenues (en Avril-Mai 1968 et à la fin de Juin 1969 à Jérusalem), ligne imposée au Président américain par le krach artificiel de Wall Street des 25-27 mai 1970), l'entraînant, lui, anticommuniste, dans un virage vers l'Est, la Chine, et l'U.R.S.S., impliquant l'abandon de l'Indochine à son destin fatal.

Dans l'intervalle, en Mai de la même année 1954, le groupe de Bilderberg s'était chargé de contrôler les premières tentatives d'Union européenne, dues à l'initiative de Conrad Adenauer et de Robert Schuman, afin que grâce à l'aide de Jean Monnet (l'homme des Lazard), d'Henri Spaak et de van Zeeland (socialistes, mais très liés au grand capital), l'Europe résiduelle ne puisse échapper au grand dessein atlantique, conçu par Clarence Streit dès 1939-41, défendu par l'Institut atlantique créé à Paris en 1961. Le promoteur de ce club, derrière le paravent du prince Bernard von Lippe, mari de la reine Juliana, n'était autre que Joseph Retinger, fils d'un converti polonais, adepte de l'obédience maçonnique de Swedenborg, ami du colonel House depuis 1913, plus tard conseiller du général Sikorski (G∴ M∴ de la Maçonnerie polonaise), qu'il accompagna en exil à Paris en 1939.

Alors le Second Concile du Vatican, convoqué par le Pape Jean XXIII pour renforcer l'œcuménisme, a été engagé par son successeur Paul VI dans la voie tracée par James Darmestetter (dès 1892) appelant l'Église catholique « Religion de la Foi », à conclure un nouveau bail de vie (comme au temps d'Hildebrand) avec les sectes secrètes en suivant, parallèlement avec la Maçonnerie, « Religion de la Science », la voie des Prophètes, c'est-à-dire celle du Progrès et de la Justice. En conséquence, les chrétiens-démocrates entamèrent le dialogue avec les marxistes et coopérèrent avec eux dans les cabinets occidentaux.

Jusqu'à ce qu'une crise financière et économique, plus grave que les précédentes car elle éclate à l'époque où, comme l'a dit Paul Valéry, le monde fini commence, donne le signal d'un nouveau cycle « Crise-Guerre-Révolution ». Premier stade de cette crise : à l'instigation des Conférences des milliardaires de Jérusalem (1968-69). la Grande Bretagne et les États-Unis abandonnent l'étalon-or (14 août 1971) et pour compenser le trou creusé dans la balance des paiements américaine par les investissements excessifs des Compagnies multinationales lancées à la conquête des industries les plus prospères, le Fonds monétaire international (1946), sortant de son rôle, crée des Droits de Virements spéciaux (1976) nouvelle forme d'inflation, celle de réserves. Tandis que pour internationaliser le crédit et étouffer ses institutions nationales, Sir George Boulton (Dr, de la Banque d'Angleterre) lançait les eurodollars (à raison de 50 pour 1 de dépôts) dont le volume atteint actuellement 1,7 trillion.

Deuxième stade : pour alimenter la pompe à phynance et ses trafics en Iran, la Chase Manhattan — et non les pays arabes — déclenche, avant et après la guerre du Yom Kippour (1er janvier 1973 et 1er janvier 1974) une hausse effrénée des prix du pétrole qui ruinera les économies des pays industrialisés et plus encore celle des pays en voie de développement. Enfin, troisième stade, la spéculation sur les changes, alimentée par les taux d'intérêt usuraires qui ont dépassé 20%, draine artificiellement vers Wall Street cette énorme fortune anonyme et vagabonde et les capitaux fuyant le chaos politique et économique, de sorte que, les dettes du Tiers Monde s'étant accrues jusqu'à 700 Mrds — celles de l'Amérique du Sud menaçant d'entraîner une saisie de ses ressources naturelles — celles de l'Europe occidentale atteignant 427, 5 Mrds et celles des États-Unis, 1,5 trillion ; c'est le gouffre de la banqueroute qui s'ouvre sous nos pas.

Ou, dans les années cruciales 1984 (année d'Apocalypse selon le calendrier hébraïque, 5.744) à 1990, la catastrophe d'une destruction planétaire ? Déjà les foyers de conflit sont allumés au Moyen et au Proche-Orient, du Liban au Golfe Persique, comme en Amérique centrale et un affrontement majeur est en cours entre les Supergrands. À l'équilibre de la Mutually Assured Destruction, qui a servi à endormir sous Carter les réflexes de défense américains, Ronald Reagan réussira-t-il à opposer valablement celui du Mutually Assured Survival, c'est-à-dire de la survie, l'emploi des rayons laser rendant désuètes les armes nucléaires (23 mars 1983) ? Ou sa tentative qui bouleverse les plans stratégiques de l'U.R.S.S. autant que ceux du groupe de Pugwash et de la Commission Trilatérale, sera-t-elle étouffée, à moins qu'elle ne provoque une réplique précipitée des dirigeants nationalistes de la IIIe Rome soviétique, cherchant à exploiter leur supériorité actuelle ? Créée, à L'instigation des Rockefeller en 1973, afin de resserrer les liens de l'Europe et du Japon avec les États-Unis et de réduire à trois (avec la Chine) au lieu de cinq, le nombre des Supergrands avant voix au chapitre, la Commission Trilatérale n'a d'ailleurs jamais eu pour objectif autre chose qu'une sorte de démocratie du tunnel, ne laissant aux partis soi-disant opposés, d'autre voie ouverte que celle des paramètres fixés par les technocrates de la Haute Finance, experts du F.M.I. et autres les conduisant à la servitude d'un collectivisme sans faille. Il suffit de lire les discours et les écrits de ses maîtres à penser Zbigniev Brzezinsky et Huntingdon par exemple et ses propres papers pour s'en convaincre. C'est pourquoi la Trilatérale et les autres Directoires secrets contrôlent de si près les leaders politiques : Sir Edward Heath et Mme Thatcher, comme Harold Wilson et Denis Healey en Angleterre (soumis aux avis de conseillers inamovibles comme Lord Nathaniel Rothschild, Sir Solly Zuckerman, sud-africain, ou les Hongrois Nicholas Kaldor et Thomas Balogh). Valéry Giscard d'Estaing et ses collaborateurs Lionel Stoleru ou Raymond Barre, comme Mitterand et les siens, Pierre Uri, Jacques Attali, Michel Rocard et autres. Les conseillers de Felipe Gonzalez (Boada, Miguel Boyer, etc.) comme Fraga et les siens (Pedro Schwarz) en Espagne, etc. Autant de démocraties frauduleuses, pratiquant le capital-socialisme, vouées à réaliser les plans d'Adam Weishaupt, symbolisés par la pyramide des Illuminés de Bavière et leur devise mondialiste « Novus Ordo Saeclorum mdcclxxvi », Nouvelle version de la mainmise de Joseph sur l'Égypte des Pharaons, dans laquelle les technocrates du Nouvel Ordre Mondial remplaceraient les anciens scribes.

Statue de Washington à Chicago - Illinois.
La main dans la main avec son secrétaire au Trésor Morris et Haym Salomon.
En arrière-plan les deux tours Marina City.

PREMIÈRE PARTIE

Les étapes du capitalisme : Istamboul, Venise, Amsterdam, Londres

Le siège de Constantinople en 1453
Miniature – Lille 1455 (*manuscrit de Bertrandon de la Broquière*, BNF, MS fr. 9087, f. 207v).

CHAPITRE PREMIER

À L'AUBE DE L'ÈRE MODERNE... OÙ L'ON VOIT LES CAPITAUX ESPAGNOLS ÉMIGRER VERS CONSTANTINOPLE

La chute de Byzance coupe la route des épices — Des capitalistes aident Colomb à ouvrir la route de l'Ouest — Le peuple soulevé contre l'influence des hétérodoxes — L'Inquisition frappe les faux convertis et les autres sont expulsés — Le Portugal leur ouvre un asile précaire — La Turquie leur offre un paradis — Financiers des Sultans, ils leur livrent Alger et construisent la flotte perdue à Lépante — Les Mendes-Nassi, puissance internationale.

La chute de Byzance et la découverte des Amériques marquent pour les historiens le début de l'ère moderne. Mais un autre évènement contemporain, l'expulsion des Maures et des Juifs d'Espagne, entraînant un énorme exode de capitaux vers Constantinople, était appelé à exercer une influence non moins décisive pour l'avenir de l'humanité.

LA CHUTE DE BYZANCE COUPE LA ROUTE DES ÉPICES

Lorsqu'elle s'écroula en 1453, depuis un siècle Byzance agonisait.

Sa position exceptionnelle à la jonction de deux continents avait fait sa fortune, mais elle l'obligeait à faire face à la fois sur deux fronts, en Europe et en Asie, à ses adversaires. Ainsi exposé, c'est miracle que l'empire grec ait survécu un millier d'années à la débâcle de son frère d'Occident.

Menacés en Europe par les Bulgares d'abord et, au milieu du XIVᵉ siècle, par les Serbes d'Étienne Douchan comme ils l'avaient été en Asie par les Perses et par les Arabes, les Basilei étaient sans force pour résister aux attaques des Turcs Osmanlis. Depuis la conquête de Constantinople et d'autres établissements en Grèce et en Morée par les Latins ils craignaient à tel point ces alliés que l'empereur Michel IX avait fait égorger dans un banquet le chef de ses auxiliaires catalans, Roger de Flor, qui prétendait déjà au titre de César, en 1311.

Les Vénitiens étaient de dangereux rivaux en Méditerranée. L'appui des Génois avait été payé par la création, ruineuse, d'un port franc à Galata. Le commerce languissait. Des compagnies étrangères, de France, d'Italie ou d'Espagne contrôlaient le trafic international. Le trésor était aux abois : reconstituer une flotte devenait chose impossible. Suprême humiliation : de passage à Venise l'empereur Jean V avait été arrêté pour dettes à la requête de ses créanciers.

Restait l'appel classique à la Chrétienté : la Croisade. Profitant de la défaite infligée à Angora en 1404 aux Turcs de Bajazet par Tamerlan et ses Mongols, Manuel II effectua un pèlerinage de deux ans en Europe pour réclamer des secours mais il n'obtint que de bonnes paroles. Introduits dans la péninsule de Gallipoli (1354) par Jean Cantacuzène qui paya leur appui en donnant sa fille à leur chef, les Turcs établirent leurs bases le long des rivages de l'Europe est occupant Salonique en 1430 et ils refermèrent leur étau sur la capitale.

Jean VIII lança alors un suprême appel au Pape Eugène II : une dernière croisade, danubienne et balkanique, s'ébranla : elle aboutit au désastre de Varna en 1444. Les derniers Empereurs Paléologue comprenaient parfaitement que pour obtenir une aide plus efficace ils devraient consentir à l'union des églises orthodoxe et catholique. Mais leurs sujets fanatiques étaient assez aveugles pour préférer le joug turc à la soumission à la Home abhorrée. Il ne restait donc plus d'espoir lorsque le blocus commença.

Installée le long de la côte, dans une solide forteresse construite, au nord, entre le 15 avril et le 31 août 1452, une puissante artillerie turque prenait la ville sous son feu. Lorsque quelques vaisseaux génois porteurs de ravitaillement forcèrent le barrage d'une flotte ottomane de 300 navires, nombreux mais peu efficaces, et rejoignirent les quelque 26 navires byzantins réfugiés dans la Corne d'Or. Mahomet IIs furieux, fit transporter par terre 72 galères pour assurer le blocus de la rade. Au troisième assaut, la faible garnison, formée de 6.000 miliciens grecs, renforcée seulement de petits contingents génois et pisans — 3.000 étrangers en tout- succomba sous le nombre. Sur les corps du chef génois, Giustiniani, blessé et de l'empereur Constantin XI, mort.

12.000 janissaires turcs, grossis d'une cohue d'auxiliaires *bachi-bouzouk*, envahirent la ville, qu'ils livrèrent au massacre et au pillage.

C'était le 29 mai 1453. Les rhéteurs politiques de l'époque auraient pu proclamer que la route de la soie et des épices était coupée.

DES CAPITALISTES AIDENT COLOMB À OUVRIR LA ROUTE DE L'OUEST

La domination turque sur Byzance et sur la Méditerranée orientale troubla profondément les courants commerciaux de l'époque. Vers Barcelone par Venise et Gênes, comme vers Bruges, centre commercial international, et vers Augsbourg, Nüremberg et Lubeck sur la Baltique. Bien que Venise en tira une prospérité éphémère, grâce aux convention, commerciales qu'elle passa avec la Turquie (18 avril 1454 et 15 janvier 1479).

Mais la nécessité de rétablir une voie normale d'échanges, libre de l'hypothèque musulmane, se faisait impérieusement sentir, On se lança donc à la recherche du passage vers l'Ouest. L'Espagne et le Portugal, intéressés au premier chef par ce commerce, possédant avec Cadix et Lisbonne, au débouché de la Méditerranée et face à l'Atlantique, les ports les alleux placés pour rayonner vers les (cites d'Europe et d'Afrique, disposant est outre d'important capitaux, prirent l'initiative de l'opération c'est ainsi que Christophe Colomb ouvrit à l'Occident le nouveau monde.

À propos de sa nationalité d'origine, on a beaucoup discuté. Était-il d'une famille israélite établie à Gênes pendant un siècle. Venant de Majorque, où le roi du Portugal. Henri le Navigateur petit-fils de Jean de Gand. Duc de Lancaster, avait recruté ses conseillers cartographes Cresques, Abraham et son fils Yehuda, Mestre Jacome, installée par lui à Vila do

Infante, près du port de Lagos ?[5] Peu importe, car le roi Joâo lui ayant refusé son appui en 1484, son entreprise fut purement espagnole.

Organisée par les rois catholiques, elle bénéficia de l'aide active de beaucoup de convertis du judaïsme, intéressés à la recherche de cette future Terre promise. Aide scientifique de Joseph Vecuho, astronome et médecin de Joâo II, qui améliora l'invention de l'astrolabe nautique (1484), de Moïse, mathématicien et de ses deux assistants chrétiens, travaillant sur les tables de l'*»Almanach perpetuum»*, d'Abraham Zacuto, professeur à l'Université de Salamanque. Aide sociale : prêtée par les *marranes* qui l'introduisirent à la cour, Diego de Deza, dominicain, archevêque de Salamanque, le Frère Hernando de Talavera, confesseur de la reine, et Juan Cabrera, Chambellan du roi. Aide financière enfin : de Luis de Santangel, banquier et secrétaire du roi, trésorier de la Santa Hermandad et de Gabriel Sanchez, trésorier d'Aragon, à qui Colomb reconnaissant adressa sa première lettre, le 15 février 1493. À ses côtés, le premier Marin à crier *« Terre »* devant le littoral de San Salvador, le premier membre de l'équipage à mettre le pied sur le sol américain, son interprète (en hébreu et en arabe) Luis de Torres, et son médecin, maestre Bernai (qui complota plus tard contre lui) étaient aussi des convertis. Mais, s'il fut le promoteur de l'expédition, les frères Pinzon en furent les vrais navigateurs dans la découverte du nouveau continent.

Il est curieux de remarquer comme le souligna Colomb, dans une lettre aux rois catholiques, mentionnée dans son journal de bord, que ce fut le même secrétaire royal, Juan de Coloma, qui signa le décret d'expulsion des juifs d'Espagne, le 31 mars 1492, et le 17 avril suivant, le contrat de l'expédition, qui mit à la voile le 3 août, lendemain du délai de leur exode. Et aussi que la seconde expédition a été financée avec leur argent. Mais il n'y a, pas lieu de s'en étonner si l'on veut bien se rappeler quelle position prépondérante ils occupaient dans les deux états péninsulaires depuis, des siècles.

LE PEUPLE SOULEVÉ CONTRE L'INFLUENCE DES HÉTÉRODOXES

Selon l'historien Graetz, 850.000 juifs se réunirent à Huete en Castille (1280), afin de remplacer par une contribution globale la capitation de 3 maravédis qui leur était imposée, évaluée à 2.780 maravédis. Ils représentaient donc une population de 4 à 5 millions de personnes sur un total d'environ 25 millions, au commencement du XIV$_e$ siècle, avant l'hécatombe de la peste noire. Certains avaient été en faveur à la Cour d'Alphonse XI (1325-1350) : Joseph lbn Ephraim Benveniste Hallevi, d'Ecija trésorier et conseiller intime ; Samuel Ibn Wakar, médecin, astronome et astrologue. Les Cortès de Zamora (1312), non plus que celles de Valladolid (1329) ne parvinrent à réduire leur influence. L'un de leurs protégés, Gonzalo Martinez d'Oviedo, s'étant retourné contre eux en essayant de soulever l'Ordre d'Alcantara dont il était le grand Maître, fut brûlé sur le bûcher. Plus tard, en 1348, les édits d'Alcala, interdisant l'usure, et réduisant d'un quart les créances, demeurèrent lettre morte.

Sous Pierre le Cruel, qui monta sur le trône en 1350, la situation empira au point de provoquer une guerre civile. Le jeune roi, âgé de quinze ans[6] était soumis à l'influence

---

[5] Cecil Roth, Salvador de Madariaga et Kayeserling (New York, Longmann. 1894) appuient leur opinion sur les faits suivants : 1.° son profil hébraïque sur la seule médaille authentique conservée de lui ; 2.° Son nom : Colombo en Italie, puis Colom au Portugal (1484), Colomo et Colon en Espagne (1480 à-1492) ; 3.° Sa langue, jamais l'italien mais l'espagnol ; 4.° Son messianisme cosmographique : (les Îles de la Mer, septième partie de la Planète, inspiré d'Isaïe (xi, 11) et d'Esdras (iv, chap 6, § 42 et 47) et par l'*Ymago Mundi* du cardinal Jean d'Ailly ; 5.° son appétit de privilèges exorbitants : amiral de la Mer Océane, vice-roi anobli, gouverneur des Îles et de la Terre Ferme, et 6.° l'appui des Marranes de la Cour.

exclusive de son trésorier et premier ministre, Samuel ben Meir Halévi, et de son médecin et astrologue, Abraham ibn Zarzal. Tous deux convoquèrent un congrès juif à Tolède et ils incitèrent le roi à prendre la tête d'une croisade à Jérusalem, à travers l'Afrique du Nord. Samuel, qui ambitionnait de devenir le chef indiscuté du judaïsme, fit construire à ses frais la synagogue du Transito mais il fut dénoncé plus tard et accusé d'avoir outrageusement pillé le Trésor royal. Lorsqu'il mourut sous la torture et que sa fortune fut saisie, elle consistait en 230.000 doublons, 4.000 marcs d'argent, 125 caisses de tissus précieux, et de l'or enterré (1360).

Maîtres du Royaume de Castille (*« tant de juifs vivaient à la Cour de Pedro, écrit Graetz, que, pour marquer leur mépris, ses détracteurs la qualifiaient de Cour juive »*), les Israélites étalaient un luxe scandaleux : *« ils élèvent des Palais, sortent dans des carrosses somptueux, couvrent leurs femmes et leurs filles d'or, de perles et de pierres précieuses »*, écrit Salomon Alami dans son *« Miroir moral »*. En tant que communauté, représentée par un Alcalde, juge, ils bénéficient d'une juridiction spéciale. Leurs décisions de haute-justice sont soumises à une simple ratification royale, facilement obtenue en jouant de l'influence de quelques favoris. Mais ils dépassent la mesure en faisant empoisonner don Juan de Alburquerque, le tuteur du roi, assassiner l'évêque et le doyen de Santiago, l'abbé Maestre de San Bernardo et ébouillanter un prêtre de Santo Domingo de la Calzada et un autre de Miranda de Ebro (dont le compagnon fut *rôti*), puis en bannissant les évêques de Calahorra et de Lugo.

Contre tant d'excès, la reine mère, Dona Maria de Portugal, Henri de Trastamare, et ses demi-frères, bâtards de Léonora de Gunman, concentrés à Medina del Campo avec 7.000 chevaliers, tendirent une embuscade au roi et à ses conseillers à Toro, et massacrèrent un millier de juifs dans un pogrom à Tolède (1355). Mais les prisonniers s'échappèrent en achetant leurs gardiens. Cependant lorsque Pierre, amoureux de Marie de Padilla, bien en cour auprès de ses amis, délaissa sa femme Blanche de Bourbon, sœur de la reine de France, épousée le 3 juin 1353, et la fit emprisonner à Siduena en Mai 1355, et pendre dans sa prison en 1361, parce qu'elle prétendait faire place nette dans son entourage, le Pape Urbain V s'émut, excommunia le tyran, et invita Henri de Trastamare, proclamé roi le 16 mars 1366, à conquérir le trône avec l'appui de la France, de l'Aragon et de la Navarre. Aidé des *compagnies* de Bertrand Du Guesclin, Henri expulsa Pierre de Burgos, de Tolède, de Cordoue (Mai 1366). Sentant sa cause perdue, ses amis négocièrent avec Henri la reddition de Séville, d'où Pierre n'échappa que grâce à une maîtresse qui le prévint. Réfugié au Portugal, puis en Guyenne anglaise, il reprit cependant la campagne avec l'appui du *Prince Noir* et du roi maure de Grenade, infligea à Nâjera, le 13 avril 1367, une défaite à ses adversaires, mais abandonné en Août par ses contingents anglais, privés de solde, il eut le dessous à Montiel (14 mars 1369) et périt le 22.

Est-ce à dire que les Juifs perdirent toute influence avec la victoire de Trastamare ? Non point, Certes les Cortès de Toro (1371) les obligèrent à porter la rouelle, mais, à côté de Samuel Abrabanel, trésorier, Don José Pinchon, de Séville, était des leurs. Condamné d'abord par Henri à payer 40.000 doublons d'amende pour malversations, il fut, à l'avènement de Jean I en 1379 condamné et exécuté par les rabbins sans en référer à l'autorité royale. En conséquence le nouveau roi enleva à ces derniers la juridiction pénale. Et, après la mort d'Henri III en 1406, Catherine de Lancastre, régente, à l'instigation d'un renégat, Paul de Santa Maria, archevêque de Burgos, rétablit en 1412 les restrictions que le roi Alphonse X le Savant avait jadis apportées au statut des Juifs.

Lorsque Jean II atteignit sa majorité, il rappela à la Cour Abraham Benveniste, comme grand Rabbin et juge suprême, et Joseph Ibn Schem Tob et Joseph Nassi, comme

---

[6] Ses ennemis prétendaient qu'il avait été substitué à une infante, qui épousa un juif et donna naissance au rabbin Salomon Halévi. Qui, s'étant converti sous le nom de Pablo de Santa Maria, devint archevêque de Burgos.

administrateurs des Finances royales. Prince impuissant et dépravé, Henri IV (1457-1474) prit pour médecin Jacob Ibn Nunes, grand Rabbin, et comme conseillers des descendants de familles juives, Juan Pacheco, Marquis de Villena, son frère don Pedro Giro qui devint Maître de Calatrava et Diego Arias d'Avila.

Dans le royaume d'Aragon — à part la Navarre soumise à un régime français beaucoup plus strict — l'attitude des souverains à leur égard est aussi bienveillante qu'en Castille. C'est le cas notamment de Pierre III, d'Alphonse III, — qu'ils soutiennent dans ses luttes contre les barons de l'Union, en lui prêtant de fortes sommes — et de Pierre IV. Ils occupent des fonctions de conseillers, tels Hasdai ben Abraham Cresco sous Jean I$_{er}$, de médecins, de trésoriers, d'astrologues, voire des postes de bayles et de secrétaires dans l'administration locale. Une administration d'ailleurs très libérale. En Catalogne, en effet, depuis 1064, les délégués des villes occupaient un siège dans les assemblées, ce qui prouve en passant que l'Angleterre n'est pas vraiment la mère des régimes représentatifs ou démocratiques. Comme en Aragon, l'équilibre était difficile à maintenir entre les rois et ses barons, on eut l'idée de recourir à un arbitre. Ce fut à partir de 1255 un *justicia mayor* ou juge suprême. D'aucuns pensent que cette institution d'inspiration hébraïque serait à l'origine de la future Cour Suprême (collégiale) des États-Unis.

Quant au Portugal, les Juifs y formaient un véritable État dans l'État. À leur tête, le grand Rabbin — *ar rabbi mor* —, nominé par le roi, rendait la justice, promulguait des ordonnances, possédait un sceau. Lorsqu'il se déplaçait, un juge — *ouvidor* —, un chancelier, un secrétaire et un exécuteur l'accompagnaient. Dans les sept districts du pays, d'autres juges exerçaient leur autorité sur la communauté. Le roi Fernand (1367-1383) était entouré de Juifs ; tels son conseiller et confident David Negro et don Juda son trésorier général. À la fin du XIV$_e$ siècle, le roi Jean I$_{er}$ prit sous sa protection les Juifs réfugiés d'Espagne, où ils avaient été les victimes d'émeutes et de massacres. Car si les souverains les protégeaient, le commun peuple les détestait et ils étaient périodiquement en butte aux dénonciations des renégats et aux tentatives de conversion des missionnaires et des prédicateurs. Au début du XIV$_e$ siècle en Aragon, le général des Dominicains, Raymond de Peñaforte avait vivement encouragé l'étude de l'arabe et de l'hébreu. À son instigation, Raymond Martin qui possédait cette langue mieux que Saint Jérôme, avait dépouillé la littérature biblique et rabbinique afin d'y découvrir l'annonce de la mission de Jésus dans les textes relatifs à la venue du Messie. Il publia ses conclusions en deux ouvrages aux titres vengeurs : *« Capistrum Judæorum »* (la muselière des Juifs) *« Pugio Fidei »* (le Poignard de la Foi).

Mais leur situation empira bientôt. Les troubles sociaux qui marquèrent la crise économique de la fin du XIV$_e$ siècle, s'accompagnèrent d'émeutes, de pillages et de massacres dont ils furent les victimes. C'est ainsi qu'à Séville, la population, excitée par l'archidiacre Ferran Martinez attaqua la communauté juive qui comptait alors 7.000 foyers (1394 Les troubles gagnèrent ensuite Cordoue, puis Tolède, Valence — dont la communauté forte de 7.000 membres ne résista pas à l'orage — Barcelone — où plusieurs centaines périrent et où 11.000 demandèrent le baptême —, Lerida et Gérone. Par contre, en Aragon et au Portugal, l'énergique vigilance des souverains suffit à prévenir les désordres.

Par la voix de San Vicente Ferrer, un immense effort fut alors tenté pour convertir les Juifs et les Musulmans de la péninsule. Encouragé par le Pape Benoît XIII d'Avignon, et par la régente Catherine de Lancatre, prêchant dans les synagogues et les mosquées, provoquant des colloques pour discuter du Messie et du Talmud, de 1412 à 1415, il réussit à convertir plus de 20.000 Juifs de Castille et d'Aragon. Mais dans quelle mesure ces conversions étaient-elles sincères ? Ou bien les renégats, ou marranes combattaient leurs anciens coreligionnaires avec l'ardeur des néophytes, — tel Paul de Santa Maria, recommandé par Benoît XIII à Henri III, ou Jerome de Santa Fe, médecin du même Pape — ou bien jouant sur les deux tableaux ils se poussaient aux plus hauts postes de l'État ou de l'Église, sans rompre pour autant les liens qui les attachaient à leur milieu d'origine. Non sans risques pour la sécurité de l'État. C'est grâce à l'influence de deux d'entre eux, don Pedro de la Caballeria et surtout Abraham Senior, qu'Isabelle la Catholique parvint à braver l'opposition de son frère Henri IV, en épousant l'Infant d'Aragon Ferdinand, dont la bisaïeule, Paloma, avait été séduite par Frédéric Enriquez, Amiral de Castille. Abraham, qui gérait les finances de l'État avec son associé Isaac Abrabanel, fournit une aide puissante aux souverains dans la campagne contre les Maures de Grenade.

L'INQUISITION FRAPPE LES FAUX CONVERTIS ET LES AUTRES SONT EXPULSÉS

Aussi, les Rois catholiques étaient-ils parfaitement avertis, lorsqu'ils succédèrent à Henri IV le 12 décembre 1474, du danger que représentaient un si grand nombre de pseudo-convertis dans les plus hautes sphères de l'Église et de l'État. Alors que des incidents avaient mis aux prises Chrétiens et Juifs à Tolède le 21 juillet 1467, à Cordoue le 14 mars 1472, et à Ségovie le 16 mai 1474. Lors d'un séjour d'Isabelle à Séville en Juillet 1477, le dominicain Alonso de Ojada avait réclamé le rétablissement de l'Inquisition, moins pour persécuter les Juifs déclarés que pour déceler les faux convertis, dissimulés sous la robe même des prêtres et des évêques. Sur une population totale d'environ 20 millions d'habitants l'Espagne comptait en effet, 200.000 Juifs fréquentant les synagogues pour 3 millions de marranes. L'évêque de Cadix fut chargé d'un rapport sur la question. L'autorisation pontificale accordée par Sixte IV le 1$_{er}$ novembre 1478 ne fut utilisée par Isabelle que le 26 septembre 1480. Dans l'intervalle, Otrante était tombée entre les mains des Turcs le 11 août 1480. Rhodes était attaquée. La menace ottomane pesait sur toute la Méditerranée. Et le royaume de Grenade s'offrait au Sultan comme une tête de pont possible. Au danger intérieur s'ajoutait, pressant, le péril extérieur. L'heure était venue d'agir.

C'est à Séville que l'Inquisition fonctionna d'abord. Il y eut quinze mille arrestations. L'expulsion des Juifs des diocèses de Séville et de Cordoue fut ensuite décrétée en 1482. Les convertis ripostèrent par des complots et les premières exécutions suivirent. Celles de Diego de Susan, riche à 10 millions de maravédis, et de ses complices (Février 1481) qui avaient préparé une émeute à Séville, celle de six conjurés à Tolède en 1485. Des protestations ayant été adressées au Pape par l'évêque de Ségovie, Arias d'Avila, un converti, Sixte IV refusa d'étendre l'Inquisition à l'Aragon et en exigea la réforme en Castille. C'est ainsi que le Dominicain Tomas de Torquemada, d'esprit plutôt modéré, fut appelé aux fonctions d'inquisiteur général en Octobre 1483. Sixte V permit alors l'introduction du Saint Office en Aragon. Dans cette province, aux mains d'une ploutocratie contrôlée par les convertis, l'un des inquisiteurs, Pedro Arbues périt victime d'un attentat (14 septembre 1485), châtié par trois cents exécutions. Mêlé à la conjuration, le riche banquier Luis de Santagel, l'un des commanditaires de Colomb, bénéficia de la grâce royale en reconnaissance des services rendus.

Le bilan de l'Inquisition, pendant les treize années où les 11 tribunaux du Saint Office fonctionnèrent jusqu'à la fin du règne d'Isabelle la Catholique, se solde par les chiffres suivants : 100.000 poursuites, 17.000 condamnations au bannissement, et 2.000 exécutions. Ce qui ne témoigne pas d'une sévérité excessive, à une époque où la tolérance n'était pas de mise et où les procès de sorcellerie firent 30.000 victimes en Angleterre et 100.000 en Allemagne. À l'actif de l'institution, il est équitable de reconnaître qu'elle a épargné à l'Espagne les horreurs des guerres de religion, sans compromettre son développement culturel, ni son équilibre économique et financier, puisque le siècle qui suivit est resté dans l'histoire comme un siècle d'or.

Bien que converti lui-même, le successeur de Torquemada, le dominicain Diego de Deza. Archevêque de Séville, eut la main plus lourde. La conquête de Grenade, où beaucoup d'irréductibles avaient trouvé refuge, posait aux Rois catholiques un problème crucial d'assimilation, tant en ce qui concernait les Juifs que les Musulmans. Boabdil avait capitulé le 25 novembre 1491. Le 31 mars 1492, l'édit de l'Alhambra laissait aux Juifs d'Espagne un délai de quatre mois pour se convertir ou quitter le pays. Ni l'offre de 300.000 ducats, faite au roi par Isaac Abrabanel, ni les démarches d'Abraham Senior auprès de la reine n'avaient pu fléchir les souverains.

Cinq mois plus tard, le 3 août 1492, Christophe Colomb abordait aux rivages du nouveau monde. De sorte qu'on a pu dire que sa première expédition avait été financée par les Juifs d'Espagne et la seconde (Octobre 1493 au printemps 1496) avec les fonds qui leur avaient été confisqués.

LE PORTUGAL LEUR OUVRE UN ASILE PRÉCAIRE

Environ 50.000 Juifs reçurent le baptême, À leur tête les Abraham Senior, qui remplirent plus tard sous le nom de Coronel des charges importantes. Nombre de ces *marranes*, traqués par les rigueurs croissantes de l'Inquisition sous Philippe II, émigrèrent au cours et surtout à la fin du XVIe siècle.

Les autres, environ 2 ou 300.000, cherchèrent un refuge provisoire ou permanent au-delà des frontières. Mais les plus grands états d'Occident leur étaient fermés. L'Angleterre les avait expulsés en 1290. La France, où ils avaient été traqués pendant tout le XIVe siècle avait suivi cet exemple le 17 septembre 1394. Beaucoup de villes allemandes dont Cologne (1424), Augsbourg (1439), Strasbourg (1438), Erfurt (1458), en attendant Nüremberg (1498) et Ratisbonne (1519) en avaient fait autant.

La Navarre n'offrit qu'un abri provisoire à 12.000 d'entre eux, qui, sous la pression du roi Ferdinand d'Aragon, durent bientôt reprendre la route. En France, seuls les états du Pape (Avignon, le Comtat Venaissin) et la Provence leur étaient accessibles. En Italie, si Gênes les reçut fort mal, d'autres villes les accueillirent, Pise, Rome — où le Pape Alexandre VI Borgia les admit, malgré l'opposition de leurs coreligionnaires — Naples surtout où Ferdinand Ier reçut Abrabanel, lequel se dirigea plus tard vers Venise.

En Afrique du Nord, les Juifs d'Andalousie, fuyant les émeutes de la fin du XIVe siècle, s'étaient déjà établis à Fez et à Alger. On évalue respectivement à 20 et à 10.000 le nombre de ceux qui trouvèrent refuge au Maroc et en Algérie. À Fez, la communauté allait compter 5.000 familles : à Alger, elle avait à sa tête un Espagnol, Simon Duran. D'autres exilés gagnèrent l'Égypte et la Tripolitaine. Mais les deux principaux courants de l'exode portèrent des groupes compacts de 95.000 personnes vers le Portugal et la Turquie.

Au Portugal, bien que le roi Joao II, fort intéressé par les grandes entreprises maritimes, appréciait leurs connaissances en mathématiques et en astronomie, et qu'il envoya certains d'entre eux à la découverte du pays du *prêtre Jean*, il astreignit les réfugiés à payer un droit d'entrée et limita leur séjour à huit mois. Son cousin Emmanuel, qui lui succéda (1495-1521), plus libéral, accueillit Abraham Zacuto avant son départ pour Tunis et la Turquie mais son mariage avec l'Infante Isabelle d'Espagne le conduisit à aligner sa position sur celle des Rois catholiques. Il les expulsa le 24 décembre 1496 en leur laissant trois mois de délai pour quitter le pays par Lisbonne, où 20.000 se firent baptiser. Cependant beaucoup de ces Marranes jouèrent un grand rôle dans le commerce maritime et dans les monopoles portugais : le commerce des esclaves avec la Guinée (12.000 noirs importés par an), la Casa de India (1502), les fermes des épices ainsi que dans les très importants courants d'échange (draps des Flandres et tissus de luxe d'Italie contre des denrées coloniales), avec Anvers, (200 ou 300.000 ducats par an) et Venise (d'où des soieries et des marchandises d'Asie étaient importées pour un montant de 10 millions de ducats par an).

Telle est la raison pour laquelle les Marranes portugais émigrèrent surtout vers les Pays-Bas, Amsterdam, Hambourg et plus tard Londres lorsque l'Inquisition fut étendue au Portugal. Non sans de grandes difficultés d'ailleurs. L'envoyé du roi Joao III (1521-1557) à Charles-Quint fut assassiné à Badajoz, ce qui amena le Pape Clément VII à autoriser d'abord l'introduction de l'Inquisition en 1531, avant de changer d'idée en 1534, à la suite d'une intervention de Duarte de Paz, Commandeur de l'Ordre du Christ, héritier de l'Ordre du Temple au Portugal, qui parvint à obtenir, en achetant les services du Cardinal Pucci, la libération de 1200 Marranes objet de poursuites, par le Pape très libéral Paul III (1534-1549). Finalement, Charles-Quint profita de l'affichage d'un pamphlet anti-chrétien sur le portail de la cathédrale pour imposer l'inquisition au Portugal, qui d'ailleurs fusionna avec l'Espagne sous Philippe II (1588).

LA TURQUIE LEUR OFFRE UN PARADIS

Le groupe aussi important de réfugiés qui s'était dirigé vers la Turquie ne connut pas de pareilles vicissitudes.

Pour la communauté juive de Constantinople, la chute de l'Empire d'Orient avait été ressentie comme une bénédiction du Seigneur. Dans un milieu d'affaires peuplé de Grecs, de Syriens (descendants des Phéniciens) et d'Arméniens, leurs chances étaient précaires et la concurrence rude. L'Empire les tenait depuis toujours en suspicion. Alliés des *bleus* du Général Bonose, n'avaient-ils pas massacré 10.000 chrétiens à Antioche, et fait périr le Patriarche Anastase en Septembre 610 ? Participé au carnage des chrétiens de Jérusalem, après la prise de la Ville par les Perses en Mai 614 ? Fourni des indications aux Arabes au moment de l'invasion de la Syrie, trafiqué avec eux d'esclaves et de butin, voire combattu dans leurs rangs ? Mis au courant de leurs méfaits, l'Empereur Heraclius les avait contraints au baptême ou à l'exil en 634.

En Occident, cet exemple avait été suivi par Dagobert, roi des Francs (en 629), et par les rois Wisigoths d'Espagne, Sisenand (633), Chintila (638) et surtout Wamba (681). En 694, le XVIIe Concile de Tolède confirmait et aggravait cette législation, en dénonçant le complot ourdi par les communautés de la Péninsule, avec leurs coreligionnaires de La Tingitane (la province africaine dont Tanger était la capitale) pour introduire l'Islam en Espagne. Un complot qui réussit au-delà de leurs espoirs. Après avoir incité le roi libéral Witiza à démanteler les villes (702) son Ministre Eudon, un converti, l'abandonna (709), le fit exécuter (710) et le remplaça par un Comte hispano-romain, Rodrigue (fils d'un rival de Witiza, aveuglé sur l'ordre de son père Egica, dont il devint le Ministre d'État, ou protonotaire). Bientôt le complot se précisa, tandis qu'une partie de l'armée était confiée au commandement de Sisbert et de l'évêque Oppas, frères de Witiza, le Comte Julian de Ceuta, d'origine berbère, livra passage au lieutenant de Moussa, Tank ben Ziyad (un descendant de la *Kahena* converti à l'Islam) et à quatre mille guerriers berbères. Renforcée jusqu'à 25.000 hommes, l'armée musulmane se heurta au Guadalete, près de Jerez, à une armée chrétienne deux fois supérieure. Mais, le 2e jour de la bataille (20 juillet 711), l'évêque Oppas et les nobles Wisigoths se retournèrent contre Rodrigue et l'écrasèrent. Laissant les cités à la garde de leurs alliés juifs, les envahisseurs gagnèrent Tolède dont les portes leur furent ouvertes aux Rameaux de 712. Les Sénateurs s'étant enfuis à Amaya, dans les Monts Cantabriques, le Pouvoir était vacant et il leur suffit de le prendre, tout en reconnaissant la suzeraineté de la dynastie Ommeyade de Damas.[7]

Pour en revenir à Byzance, n'avaient-ils pas été les instigateurs de la querelle des *images* ? Le *Basileus*, Léon l'Isaurien qui avait repoussé en 717 la deuxième attaque arabe contre Constantinople (la première ayant eu lieu en 673) et qui avait renouvelé l'édit d'Heraclius contre les Juifs en 722, écoutant les conseils du renégat syrien Beser, ami d'un juif de Tibériade, qui avait déjà incité le calife Yazid à interdire et détruire les images en 713 — en invoquant les interdictions de l'*Ancien Testament* (Exode, XX, 4, 5) et l'exemple d'Ezechias incitant en pièces le serpent de bronze du Palais sacré, au début de 727 et leur interdiction par le Sénat, le 17 janvier 730 et plus tard par le Conseil. Alors Constantin V (740), un fanatique à tendances monophysites s'appuyant sur les décisions du Concile de Hiera (754) déclencha une sévère persécution contre ses adversaires, notamment les moines de Stoudion. Interrompue à la mort de Léon le Kazare en 780, pendant le règne de l'Impératrice Irène, la lutte iconoclaste reprit sous Léon V l'Arménien, de 815 à 842. Tenus pour responsables de ces divisions et de ces troubles qu'ils avaient suscités, les Juifs étaient aussi mal considérés à Byzance par les Empereurs que par le peuple. Ils étaient cependant nombreux, notamment à Constantinople (près de 2.000 familles), à Salonique et à Thèbes (où ils fabriquaient la soie et la pourpre), mais ils subissaient le poids de lourds impôts et l'accès aux emplois publics leur était interdit.

Tout autre était à leur égard l'attitude des Turcs. Médecin privé du Sultan Mourad II à Andrinople, l'un de leurs coreligionnaires Jacopo né à Gaëte vers 1425, devint le conseiller intime du conquérant Mehemet II pendant 30 ans. Pendant le siège de Constantinople, il l'aida, avec Cirinéo d'Ancone à construire la forteresse dominant le Bosphore et recruter les fondeurs de canons (Jörg de Nüremberg, un Transylvanien, et plusieurs Italiens, qui fabriquèrent la pièce géante et autres bouches à feu qui martelèrent la ville et plus tard les 27 grosses pièces, les 7 mortiers et les quelques 300 canons employés contre Belgrade (en Juillet 1456 ; ... une formidable artillerie turque !

En reconnaissance des services rendus, la communauté juive du quartier de Balat fut pratiquement la seule épargnée dans le sac de Byzance. Moise Capsali, grand rabbin formé dans les écoles allemandes, fut admis au Divan, avec le titre de Kahiya, et sa préséance fut reconnue sur le Patriarche grec. Les Juifs furent autorisés à nommer leurs rabbins et à répartir eux-mêmes leurs taxes, tin vrai paradis s'ouvrait à eux. Dans une circulaire, adressée dès 1454 à ses coreligionnaires des pays rhénans, de Souabe, de Styrie, de Moravie, et de Hongrie, Isaac Sarfati en vantait les délices. Avant même les réfugiés d'Espagne, nombreux furent ceux qui répondirent à son appel. Ainsi la communauté de Constantinople compta bientôt trente mille membres, celle de Salonique fut plus que triplée. Les réfugiés s'établirent en Grèce, à Thèbes, Patras et Negrepont et en Asie Mineure à Amasieh. Brousse etc. ...

Parfait maître-Jacques, Jacopo de Caéte profita de la faveur croissante de Mehemet II qui l'exempta de taxes et le nomma successivement *defterdou* (chambellan ou trésorier) Pacha et Vizir, pour leur procurer de profitables fermages, comme les marais salants d'Enos, qui rapportaient 90.000 ducats par an. Le quasi-monopole des eunuques et des esclaves etc. ... Cependant, à l'exception de quelques Florentins à Pera, Génois à Galata, et de quelques Vénitiens, la communauté grecque, réduite à quelques opposants fanatiques à l'union avec Rome, comme le nouveau Patriarche, le moine Gennadios ou l'ancien grand Amiral Luco Nota-ras, qui ayant préféré le turban turc à la mitre romaine n'en eut pas moins la tête tranchée, ne comptait plus que peu d'éléments. Symbole de l'influence juive croissante à Istamboul, l'étoile se levait à côté du croissant sur les étendards de l'Islam et la flotte turque sortait de l'onde.

---

[7] Maurice Pinay donne un récit détaillé de cette machination dans son livre *« Complot contre l'Église »* (Mundo libre. Mexico 1968). Réédité chez Omnia Veritas Ltd – 2015.

Cette vocation soudaine des cavaliers ottomans pour les choses de la mer n'a pas manqué d'intriguer les historiens. Pour l'un des récents biographes de Mehemet II, Monsieur Bebiger *« l'on est amené à penser qu'une influence étrangère a dû procéder à la création et au perfectionnement de la marine de guerre ottomane »*. Les péripéties du siège de Constantinople en avaient clairement illustré l'insuffisance. Créée, sur les avis de Jacopo, d'après des modèles byzantins, la flotte turque, perfectionnée plus tard sous le règne de Soliman le Magnifique, comprend en 1455, 25 trirèmes (et en 1464, 45), 40 birèmes et une centaine de petits bâtiments. Des ports sont construits pour les galères, à Istanbul en 1462 et à Gallipoli en 1459. Des Juifs, des Grecs et quelques Turcs composent les équipages ; les combattants sont des *azab*, des affranchis, les rivaux des janissaires ; l'Amiral est en 1465 Younous Pacha, un renégat español ou catalan, mais en 1469 c'est un grand vizir, Mahmoud Pacha. En 1480, deux flottes ottomanes sont ensemble à la mer : tandis que l'une s'empare d'Otrante, l'autre échoue contre Rhodes.

Dans le domaine diplomatique, l'activité de Yacoub Pacha n'est pas moins grande, entretenant des rapports suivis avec le *Balle* de Venise, il utilise volontiers des Juifs comme intermédiaires. Mais la fidélité de Yacoub est plus que douteuse. En 1471, il conspire avec le réfugié florentin, Lando degli Albizzi, pour empoisonner le sultan qui cette fois échappa, comme en Mai 1472 et en 1475 lorsqu'un autre de ses médecins juifs fut soudoyé pour cette besogne. Ce n'est qu'en 1481, le 4 mai, qu'il périt par le poison des mains d'un médecin persan, à l'instigation de son fils Bajazet, aussi dévot et ami des derviches que son père était sceptique en matière de religion. Yacoub ne put sauver son maître, ni dissimuler son décès assez longtemps pour permettre à son autre fils Djem d'occuper le trône. Fatal contre-temps, car il tomba en compagnie du grand Vizir sous les coups des janissaires, ces prétoriens, conduits par le grand derviche Achik, Pacha, Zade qui, proclamèrent Sultan Bajazet II tandis que le Prince Djem cherchait refuge en Italie. Par un juste retour des choses le nouveau Sultan connut le 26 mai 1512, du fait de son médecin juif et de son fils Selim I$_{er}$?, la même mort qu'il avait réservée à son père.

L'expansion de la puissance ottomane en Méditerranée orientale fut l'œuvre de Selim. Victorieux des Mamelouks à Alep en 1517, il étendit son pouvoir sur la Syrie, sur la Palestine et l'Égypte. Les Juifs, qui avaient dénoncé à la Porte les complots des Mamelouks, profitèrent largement de cette expansion turque. Abraham de Castro fut chargé de frapper les nouvelles monnaies égyptiennes. Un réfugié espagnol, David Ibn Abi Zimra, accueilli au Caire par le Prince — Naguid ou Raïs — Isaac Schalal, prit la tête de la colonie, tandis que la communauté de Jérusalem était reconstituée et agrandie, et qu'un groupe important s'établissait à Damas. Bajazet II, Selim I$_{er}$ et Soliman appelèrent à la Cour des médecins juifs de Salamanque, comme Joseph Hamon et son fils.

Ainsi les brillants *Séphardim* (de *Sepharda*, Espagne en hébreu) comprenant des descendants directs de la famille de David, beaucoup de philosophes — comme le célèbre rationaliste médiéval de Cordoue, Maïmonides, ou de mystiques cabalistes, des savants, des médecins, des mathématiciens, des astrologues et des astronomes, bien entraînés aux intrigues politiques, purent exercer, de Constantinople, une très large influence, car, malgré les pertes qu'ils avaient souffertes, ils étaient encore très riches. En effet, les sommes dont ils disposaient s'élevaient à plus de 30 millions de ducats, alors que les ressources du Trésor de Venise n'excédaient pas 800.000, que la Turquie, d'après Bessarion, n'en recevait pas plus de 2 à 3 millions et que l'Espagne ne disposait que de 13 millions de réaux en 1482.

FINANCIERS DES SULTANS, ILS LEUR LIVRENT ALGER ET CONSTRUISENT LA FLOTTE PERDUE À LÉPANTE

Solidement établi à Istanbul, centre de leurs activités internationales, ils fortifièrent l'Empire ottoman, afin d'utiliser ses forces militaires et navales au service de leurs luttes futures contre l'Espagne et l'Empire. Dans ses campagnes contre la Hongrie, Soliman le Magnifique put se vanter de posséder la meilleure artillerie de l'époque, ainsi que la meilleure des flottes de la Méditerranée. Sur le littoral méridional de cette mer, les communautés juives inquiètes de la progression irrésistible de l'Espagne, entraînée par l'élan de la reconquête à occuper successivement Oran (1503-1509), Bougie (1510), Tripoli (1511) et à construire un îlot fortifié commandant la baie d'Alger, cherchaient un protecteur et tournaient leurs regards vers la Turquie.

Elles favorisèrent donc l'entreprise du corsaire Khaireddine Barberousse, fils d'un spahi et d'une mère grecque de Lesbos, qui transféra de l'île de Djerba (dans le golfe de Gabès) à Alger son nid de pirates, juste à temps pour que son *odjak*, une junte de corsaires et de janissaires, puisse repousser une plus sérieuse attaque du port par une escadre espagnole de 30 navires et de 8 galères, commandée par le Marquis de Moncada, qu'une tempête dispersa en 1518. Gratifié du titre de *Beylebey* par Selim Ier, Barberousse étendit son autorité jusqu'à Tlemcen, mais craignant les réactions des habitants d'Alger qui s'étaient révoltés contre les Turcs, il se retira pendant trois ans à Djijelli ; d'où il revint pour chasser les Espagnols de leur forteresse du *Denon*.

Alors Soliman le rappela à Istanbul et l'envoya chercher par son lieutenant Sinan Tchaouch, un juif de Djerba, en Août 1533. Nommé *kapoudan pacha*, grand amiral, il réorganisa d'abord la flotte, avec l'aide du grand vizir Ibrahim, en construisant rapidement 84 galères d'un type nouveau à 6 rameurs par rame, et des galiotes à 20 bancs de rameurs. Alors commença entre le Génois Andrea Doria et le barbaresque une sorte de carrousel marqué par tant de feintes et de dérobades qu'on les accusa de se ménager mutuellement afin de se rendre indispensables à leurs maîtres. Néanmoins Charles-Quint réussit à conquérir Tunis, le 30 mai 1535, avec 500 navires et 30.000 hommes commandés par le Marquis del Guasto, rencontre dans laquelle Barberousse n'échappa que de justesse.

Deux ans plus tard, 2 escadres turques fortes de 150 et 120 galères devaient faire leur jonction à Valons pour y embarquer 100.000 hommes destinés à envahir le Napolitain, tandis que 50.000 Français attaqueraient le nord de la péninsule. Mais au dernier moment. François Ier, retenu par le connétable de Montmorency, recula devant le risque qu'il allait faire courir à la Chrétienté. Alors les Turcs se retournant contre les Vénitiens, tentèrent de s'emparer de Corfou. Dans le golfe d'Arta, les deux amiraux se trouvèrent face à face. D'un côté une lourde coalition formée de 80 vaisseaux de Venise, 36 galères pontificales, 80 espagnoles, 10 de Malte, 60 de Gênes, 50 portugaises et 60.000 hommes. De l'autre, Barberousse entouré de ses lieutenants, Sinan et Tourgout (Dragut) disposant d'une flotte homogène mais réduite à 122 navires. — Le 25 septembre 1538, après avoir perdu quelques unités devant Prévéza, Doria se retira sans gloire. Devant Alger, défendu para Hassan Pacha, protégé de Barberousse, une fois encore une série de tempêtes dispersa la flotte de Charles-Quint (65 galères, 460 transports, 37.000 hommes).

Sa dernière expédition conduisit Barberousse à Marseille, où il se présenta en 1543 avec 110 galères et 40 galiotes. Fort embarrassé de son encombrant allié, François Ier dut faire évacuer la population de Toulon pour lui permettre d'hiverner. Alors, craignant de s'aliéner la Papauté, le roi détourna l'activité des Barbaresques sur Nice, possession de Charles de Savoie. La ville capitula, mais la forteresse résista. À l'approche d'une armée de secours, Barberousse leva le siège et renonça même à affronter Doria, afin de ne pas compromettre les pourparlers engagés pour le rachat de son lieutenant Tourgout, tombé aux mains des Génois.

À la mort de son chef, survenue deux ans plus tard, ce même Tourgout infligea près de Djerba à la flotte commandée par le Duc de Médinaceli, un désastre qui coûta la vie à 18.000 chrétiens. Il tomba à Malte en 1565, lorsqu'une poignée de chevaliers de Saint Jean, opposa une résistance héroïque à l'assaut de 30.000 Turcs soutenus par 180 vaisseaux. Autrement grave que cet échec, la victoire remportée par don Juan d'Autriche à Lépante en 1591 aurait dû être fatale à la flotte turque, qui perdit 200 bâtiments et 30.000 hommes. Ce fut pour elle un coup d'arrêt décisif. Mais deux années suffirent à la reconstituer. Ce qui permet de mesurer l'ampleur des moyens mis à la disposition de l'Empire ottoman par les Juifs dont l'influence se trouvait renforcée par l'émigration de riches et puissantes familles.

LES MENDES-NASSI, PUISSANCE INTERNATIONALE

Parmi celles-ci, les Mendès-Nassi connurent une fortune exceptionnelle. En 1553, débarquait à Istanbul Dons Gracia Mendesia, de la famille portugaise Benveniste, veuve d'un riche banquier de François Ier, François Mendes-Nassi, accompagnée de son neveu Joao Miques et d'une suite de 500 Séphardim. Après le refus d'Henri II de rembourser 150.000 ducats aux Mendes, suivi de la confiscation de leurs biens, Dona Gracia s'était d'abord rendue à Anvers, où Marie de Hongrie, sœur de Charles VI, l'avait bien accueillie, puis à Venise et à Ferrare avant de gagner la Turquie où son parent Joseph Nassi, protégé par les diplomates français, jouissait de la faveur du Sultan Soliman.

Il épousa la fille de Dona Gracia, Reyna, et fut nommé par le nouveau Sultan Selim II (1561), Duc de Naxos et des Cyclades (dont il confia l'administration à un Coronel, descendant d'Abraham Senior). Il devint alors une véritable puissance internationale, échangeant une correspondance avec le Pape et plusieurs souverains. Décidant de la guerre et de la paix. Agissant comme, médiateur entre le roi Ferdinand Ier de Hongrie vaincu, et la sublime Porte. Suggérant une expédition contre Chypre, et alors que les Turcs attaquaient Nicosie et Famagouste, s'arrangeant pour faire exploser l'arsenal de Venise, ce qui provoqua l'expulsion des Juifs de la Sérénissime République en 1571.

Une mesure dont un rival de Mendes-Nassi, Salomon Aschkenazi, obtint l'abolition deux ans plus tard. Ancien médecin du roi de Pologne, Salomon était le conseiller du grand Vizir, Mohamed Sokolli. Lorsqu'était mort le dernier représentant de la dynastie nationale polonaise des Jagellon, Sigismond-Auguste, c'était Salomon qui avait disposé du trône (1572). Maximilien II d'Autriche et Ivan le Cruel de Russie convoitaient la couronne pour leur famille. C'est le Duc d'Anjou, Henri, fils de Catherine de Médicis qui l'obtint. Grâce à Aschkenazi *« votre Majesté doit en grande partie à notre intervention d'avoir été placé sur le trône, car mon action ici a été prépondérante »*, écrivit-il modestement au futur Henry III (Mai 1573). Le régime électif, introduit en Pologne à cette époque, se révéla fatal à ce pays dont il entraîna la décadence rapide. Mais il offrait aux nombreuses communautés juives locales et à leurs bailleurs de fonds extérieurs des possibilités de manœuvre inespérées.

L'exode des Juifs hispano-portugais a donc abouti à l'installation en Turquie d'une base d'opérations de premier ordre contre l'Espagne, l'Empire et la Chrétienté. L'importance de ce phénomène historique ne saurait être minimisée.

Au moment où les grandes découvertes, où l'exploitation de nouveaux continents vont entraîner de profonds bouleversements dans la vie économique, financière et sociale du monde, l'action des forces ainsi regroupées, utilisant comme points d'appui provisoires ou permanents, Venise et plusieurs autres villes italiennes, Anvers puis Amsterdam, et en dernier lieu Londres, va s'exercer à la fois sur les plans intellectuel, religieux et politique.

À travers la Renaissance, la Réforme, la Révolte des Pays Bas, les Révolutions d'Angleterre, elles travailleront sans désemparer à la destruction de l'ancien édifice social et à l'établissement de sociétés d'apparence pseudo-démocratique, étroitement soumises en réalité à la prépondérance des oligarchies financières internationales.

CHAPITRE II

À LA FAVEUR DE LA RENAISSANCE, PÉNÉTRATION DES ACADÉMIES NÉO-PLATONICIENNES EN ITALIE

Les réfugiés de Byzance, promoteurs d'une Renaissance laïque — Florence, une République oligarchique, protectrice des humanistes et des hétérodoxes — Pic de la Mirandole, prodige propagateur des fumées de la Cabbale — Bien vus des Princes, les usuriers pressurent le peuple — Un moine franciscain se dresse contre les usuriers.

Sur le plan littéraire et artistique, on désigne sous le nom de Renaissance la période de transformation profonde qui, chevauchant sur le XVe et le XVIe siècle, marque le début de l'ère moderne.

Perçant des brèches dans les murailles et détruisant les donjons, le canon fait place nette pour des châteaux, des palais dont la construction obéit surtout, à un souci d'art et d'élégance. L'arquebuse rend désuète l'armure du chevalier. L'afflux des métaux précieux, la multiplication des espèces monétaires, l'expansion du commerce international ruinent les classes dirigeantes de la société féodale. Marchands et banquiers sont les rois de l'époque. Généreux Mécènes, ils encouragent et entretiennent d'autant plus volontiers les érudits et les écrivains que ceux-ci les aident à saper les cadres sociaux, religieux et politiques, susceptibles de gêner l'essor de leurs affaires.

L'exode des lettrés byzantins, fuyant l'invasion turque, permet l'éclosion des académies néo-platoniciennes en Italie. L'imprimerie favorise la diffusion des textes anciens et des idées nouvelles. L'étude des lettres antiques, l'humanisme, tend à laïciser la culture, à substituer la cité de l'Homme à la cité de Dieu. Le déchaînement des passions marque le triomphe de l'individualisme sur les contraintes sociales. Les princes et les souverains d'Occident, sous la pression des nationalismes, disloquent l'armature fragile de la Chrétienté.

Travaillée par d'insidieuses propagandes, rongée par l'ambition politique, le népotisme, la simonie, la corruption, l'Église, compromise par les scandales de la Papauté, se révèle impuissante à dominer ses adversaires. La Réforme sera l'aboutissement logique, le résultat le plus clair de la Renaissance.

LES RÉFUGIÉS DE BYZANCE, PROMOTEURS D'UNE RENAISSANCE LAÏQUE

Appliqué au domaine de l'art, le terme de Renaissance se justifie assez. Dès qu'on l'étend par contre à l'érudition, à la culture, à l'étude de l'Antiquité, ce n'est plus la *Renaissance* qu'il faudrait dire mais plutôt la dernière d'une série de renaissances, le Moyen-Âge pouvant être considéré sans paradoxe comme une Renaissance continue. L'époque de Charlemagne, d'Alcuin et des moines irlandais, celle de saint Thomas d'Aquin, d'Albert le Grand et de la synthèse scolastique, celle de Roger Bacon, celle d'Alphonse X de Castille, le *lettré* puisant aux sources byzantines, arabes et juives afin de retrouver le legs d'Athènes, de Rome et d'Alexandrie, n'étaient-elles pas autant d'authentiques renaissances ? Ce qui distingue la dernière des autres, sa seule originalité, ne réside-t-elle pas dans le fait qu'elle répudie la tutelle de l'Église, qu'elle rompt l'unité spirituelle de l'Occident tandis que les précédentes s'étaient intégrées au patrimoine commun de la Chrétienté ?

La tradition des études latines et grecques était restée vivante au moyen-âge. Précurseurs de la Renaissance, Dante et Pétrarque au XIV$_e$ siècle, considérant avec dédain le parler vulgaire avaient remis à la mode la langue de Cicéron. Le premier n'en avait pas moins puisé son inspiration, par exemple, dans les divines comédies de Raoul de Houdan. Quant au second, étudiant à Bologne, à Montpellier et à Rome, en 1337, ce sont précisément ses œuvres italiennes, plus spontanées, qui lui valurent l'immortalité. Chez Dorasse (1313-1375), on sent déjà percer des pointes contre l'Église. Le conte des *« Trois anneaux »*, tiré des *« Cent vieilles nouvelles »* (mimera 72) et repris dans le *« Decameron »* (nov. 3) met en présence un Juif, un Musulman et un Chrétien. Il sert de prétexte à railler la morale chrétienne et l'activité *diabolique* des serviteurs de la religion.

Mais le mouvement ne prit toute son ampleur qu'au contact des hellénistes amenés en Italie par l'ouverture des pourparlers sur l'Union des Églises entre Byzance et la Papauté. Florence, capitale de la Banque, comme Venise et Gênes l'étaient du commerce péninsulaire, devint alors le berceau des Académies néoplatoniciennes. Dès 1396, Coluccio Salutati, chancelier de la Seigneurie, avait retenu dans la ville comme professeur de grec. Manuel Chrysoloras, Son successeur, Léonardo Bruni, baptisera la culture néo-classique du nom d'*humanitas*, employé par Ciceron pour désigner l'hellénisme.

La réunion du Concile entre orthodoxes et catholiques, transférée de Ferrare en 1439, provoqua l'afflux vers Florence de 700 Byzantins accompagnant l'Empereur Jean II Paléologue et le Patriarche de Constantinople. Si l'Assemblée échoua sur des questions aussi épineuses que le *filioque* du Credo de Nicée et sur la Primauté du Pape, elle laissa derrière elle en Italie des lettrés, retenus dans la Seigneurie par Cosme de Médicis, dont l'influence se révéla considérable.

FLORENCE, UNE RÉPUBLIQUE OLIGARCHIQUE, PROTECTRICE DES HUMANISTES ET DES HÉTÉRODOXES

Alors peuplée de 150.000 habitants, dont 30.000 vivaient du commerce de la laine et de la transformation des draps bruts en tissus de luxe, Florence comptait autour du marché neuf 80 comptoirs de changeurs dont le mouvement d'affaires était de l'ordre de 2 millions de Florins. Ayant éliminé tour à tour la noblesse et la bourgeoisie moyenne, l'oligarchie financière ou *popolo grasso*, dominait la cité avec l'appui du menu peuple. Depuis que Sylvestre de Médicis, vrai ploutocrate démagogue, était parvenu à lancer la pègre à l'assaut des maisons rivales des Albizzi et des Pazzi, en Juin 1378.

La protection des Papes fit ensuite la fortune de la famille. Banquier et trésorier du Pape Jean XXII, Jean de Médicis se chargea des mouvements de fonds nécessités par le Concile de Constance (1414-1418) au cours duquel le nouvel élu Martin V confirma les privilèges accordés aux Juifs d'Allemagne et de Savoie par l'Empereur Sigismond. Le même Pontife intervint à nouveau (le 23 février 1422) en faveur de ceux d'Autriche expulsés deux ans plus tôt par le Duc Albert, à la suite du soulèvement hussite. Élu gonfalonnier de justice en 1421,

Jean de Médicis disposait d'une fortune de 180.000 Florins. Sa Banque possédait 16 succursales en Europe.

Son fils, Cosme l'Ancien, s'enrichit par les mêmes moyens, lors du Concile de Bâle de 1431, Sa part dans la maison atteignait 235.000 Florins en 1440. Gouvernant par personnes interposées, cauteleux et retors, Cosme se montrait fort respectueux des formes démocratiques du Gouvernement de Florence. République de Métiers, les Arts, la Seigneurie était en effet administrée en apparence par des Conseils dont la multiplicité paralysait l'action : un Suprême Conseil des Douze (4 représentants des Quartiers, 2 des arts mineurs, et 6 des autres-sur un total de 21, 7 sont majeurs), élus pour deux mois et non rééligibles pendant deux ans. À côté de la Seigneurie siégeaient : un podestat de Justice criminelle (noble), un capitaine des Finances (plébéien), entourés chacun d'un Conseil ; un Grand Conseil de 109 Prud'hommes ; un Conseil des 16 gonfaloniers, à la tête des 4 compagnies de milice de quartiers ; et d'autres conseils encore les 8 puis les Dix des prêtres, de la Guerre, de la Paix ; les Huit de garde, les Six de la marchandise, Six des revenus. L'Assemblée qui désigne les éligibles, tirés au sort ensuite dans les urnes (détient le pouvoir effectif. Ce peut-être une *balla*, réunion des anciens gonfaloniers et magistrats ou bien, au temps de Laurent de Médicis, une assemblée de deux cents membres, choisis par quarante électeurs désignés par cinq fidèles des Médicis. Et enfin, une sorte de sanhédrin de 70 membres renouvelés par cooptation, chargés de nommer, pendant quatre ans, tous les magistrats.

En outre de ces moyens d'action politique, Laurent dispose de moyens fiscaux (une taxe proportionnelle *scala* remplaçant l'impôt progressif ou *catasto*, évaluée arbitrairement par ses agents, *estimo*). qui lui permettent d'écraser ses adversaires et de recourir aux expédients financiers les plus modernes, tels que la conversion des rentes, le moratoire des intérêts de la Dette, une dévaluation du 5_e etc. ...

La faction adverse relève-t-elle la tête, comme en 1433, où Cosme de Médicis doit s'exiler pour un an à Padoue et à Venise, le maître attend pour rentrer que ses séides exercent une répression impitoyable, (1434). Dix ans plus tard, une assemblée dégage l'atmosphère. Laurent procède de la même manière en 1476. À la suite de la conjuration des Pazzi, machinée avec le concours du Pape Sixte IV et du roi Ferrant de Naples, son frère Julien tombe en plein chœur de la cathédrale sous le poignard des assassins et lui-même est blessé (le 26 avril 1478). En représailles, les fidèles des Médicis procèdent jusqu'au 18 mai à 270 exécutions. Complice, l'Archevêque, pendu avec les conjurés, balance ses bas violets en haut des murs de la Seigneurie.

Lorsque se réunit le Concile de 1439 (du 16 février au 6 juillet), la République ploutocratique de Florence est donc solidement tenue par les Médicis. Bien qu'il soit plutôt un collectionneur de manuscrits anciens (chaldéens, grecs, syriaques, arabes) et de bibliothèques, comme celle de Nicolo Nicoli, plutôt qu'un lettré, Cosme l'Ancien, vrai Mécène, appelle aux chaires de son Université du *Studio* des réfugiés hellénistes, comme Francesco Filelfo, de Venise, gendre de Chrysoloras, qu'il devra exiler plus tard pour s'être rallié à la faction adverse des Albizzi. Pourtant cette Université, que son fils Laurent allait transférer à Pise estjoin d'occuper tous ses soins.

L'académie platonicienne jouit de toute sa prédilection. Elle tient cénacle chez lui, dans les jardins de Careggi, au palais de la Via Larga. Son fondateur, Georghios Gemistos, dit Pléthon, a accompagné l'empereur au concile. Disciple de Proclus, il avait organisé sur le modèle de l'Académie de Platon, une société secrète près de Sparte dans laquelle Bessarion de Trébizonde, archevêque de Nicée, promu cardinal par le Pape Eugène IV avait été initié. Établi à Venise, Bessarion répandit l'œuvre de Platon en Occident ; ses collections sont à l'origine de la bibliothèque de Saint Marc. Au départ de Gemistos, retiré comme juge suprême d'un despote grec à Mistra, où il mourut vers 1552, le fils du médecin de Cosme, Marcile Ficin, lui-même traducteur de Platon, lui succéda à la tête de l'académie. Théologien et philosophe, auteur de *« Dialogues »* et des *« Instituciones platonicæ »*, ce chanoine de San Lorenzo, qui n'était ni athée, ni incrédule, tenta sous le titre *« De la Religion chrétienne »* une ambitieuse symbiose des religions et des doctrines. Zoroastre, Mercure, Trismegiste, Orphée, Aglophane, Pythagore, Platon, Porphyre, Denis l'Aréopagite, Plotin, la Gnose, l'Astrologie, la Théorie des nombres, eurent tous droit à l'encens de ses autels. Mais son enseignement n'est qu'une mosaïque. Il ne parvient pas à refaire la synthèse opérée par l'Église, lors des controverses d'Origène contre Celse et les auteurs juifs de l'époque, au temps de Saint Augustin et de Saint Thomas d'Aquin, en assimilant Platon et en intégrant Aristote.

Grand amateur de manuscrits comme son père, Laurent de Médicis lance-Jean Lascaris à leur recherche. Poète et fin lettré, le Magnifique retient au *Studio* de Florence, Andronico de Thessalonique et Demitrius Chalcondyle. Il admet dans son intimité deux humanistes, Luigi Pulci, et Angelo Poliziano, son secrétaire, précepteur de son fils Pierre.

PIC DE LA MIRANDOLE, PRODIGE PROPAGATEUR DES *FUMÉES* DE LA CABBALE

En 1484, à vingt-et-un ans, le Comte Jean Pic de la Mirandole entre à son tour dans le cénacle. Il avait étudié à Bologne et à Ferrare, appris l'arabe et l'hébreu à Padoue, l'Université vénitienne renommée en Médecine, fondée par Pietro d'Albano (Pomponat) imbue des doctrines rationalistes et sceptiques d'Averroës, Ibn Rosh, médecin arabe célèbre vers 1150. Son école fut au XVIe siècle une pépinière de penseurs modernes, fondant leur science sur la seule expérience : Cardan, Cremonini, Giordano Bruno.

Deux hétérodoxes, protégés de Laurent de Médicis, contribuèrent à la formation du jeune prodige. Elia del Medigo, d'une famille allemande émigrée en Crète, professeur à Padoue et à Florence, l'aida à pénétrer les doctrines des philosophes juifs, grecs et arabes du moyen-âge tels Maimonide et Avicenne et Yohan Allemani Ben Izsak l'initia à la Cabbale, tradition orale tardivement transcrite au XIIIe siècle par le rabbin Moise de Léon. Mis en contact, par lui et par son maître en araméen. Flavius Mithridate, autre cabbaliste rencontré à Pérouse, avec quelques études ésotériques, telles que le commentaire de Menachen di Recanati sur le Pentateuque, le traité d'Eleazar de Worms sur Platon, Pythagore, la Cabbale, les Écritures, le *« livre des Degrés »*, d'initiation à la sagesse suprême de Phalaquera, le jeune comte de la Mirandole se crut en possession de la tradition ésotérique, chaldéenne et égyptienne, transmise par Abraham et par Moise, avant d'être transcrite dans les volumes (apocryphes) d'Esdras.

Animé du désir de tenter sa propre synthèse des religions de l'Antiquité, du Judaïsme et du Christianisme, *« Concordia »*, Pic présenta à Rome une thèse en 900 articles, précédée d'un discours sur la dignité de l'homme, en Novembre 1496. Le Pape Innocent VIII en condamna 113 l'année suivante, Il s'inclina mais prépara avec le concours d'Alemanni, sous le nom d' *» Heptaplus »* une étude sur les sept jours de la création, inspirée du *« Sepher Yetsirah »*, ce livre antérieur au Zohar, dont la doctrine ésotérique d'après Eliphas Levi ne peut-être déchiffrée qu'à l'aide des hiéroglyphes d'Henoch.

Alors Pic, accusé d'hérésie, parce que sa maison servait de rendez-vous à Jehuda Abrabanel, Abraham Farissol, et au converti Raimondo de Moncada, se réfugia en France où on l'interna à Vincennes. De retour à Florence, il y mourut à 32 ans, empoisonné par son secrétaire alors qu'il venait d'abandonner les Médicis pour se rallier au parti de Savonarole, le moine agitateur qu'il avait lui-même contribué à rappeler dans la ville.

Premier chrétien initié à la cabbale, Pic de la Mirandole contribua, avec le converti allemand Paulus Riccius, professeur à Pavie, à en répandre les doctrines dans le monde catholique. Parmi ses disciples, se trouvèrent Egidio de Viterbe (1472-1523), général des

Augustins, élève d'Elias del Medigo et d'Elia Levitas, ainsi que les précurseurs de la Réforme, Reuchlin en Allemagne (1490), et Lefèvre d'Étaples en France (1491-92).

Les Médicis accueillaient dans leur palais de la Via Larga beaucoup d'autres hétérodoxes et cabbalistes. Entre autres, la plus chère favorite de Lorenzo, Bartolomea di Nassi, d'une célèbre famille de banquiers. Les deux médecins qui l'assistèrent dans sa dernière maladie, Pierre Léoni et Lazaro, le soumirent à un traitement original, lui faisant absorber une potion à base de perles broyées, qu'il ne put supporter (9 avril 1492). Mais bientôt le centre de la Finance se transporta de Florence à Pise, où Yehiel, ami intime d'Isaac Abrabanel, s'enrichit au point de se rendre maître du marché d'argent de la Toscane.

BIEN VUS DES PRINCES,
LES USURIERS PRESSURENT LE PEUPLE

Tout en exerçant leur influence sur les humanistes, ces financiers saisissant l'importance de la découverte de l'imprimerie s'en firent immédiatement en Italie un moyen d'action sur les intellectuels de l'époque. Comme ce nouveau métier échappait au contrôle des corporations et nécessitait une mise de fonds relativement importante, il prirent l'initiative de créer des imprimeries à Regio, Mantoue, Ferrare, Pieva de Sacco. Bologne, Soncino, Iscia et Naples, contrôlant ainsi la diffusion des textes anciens et des idées nouvelles. À Venise, l'imprimeur Aide Manuce publia les textes grecs du Cardinal Bessarion et fonda une académie platonicienne, mais, si le Doge Andreæ Gritti accepta que son médecin Jacob Mantino lui dédie ses travaux et si des financiers comme les Nassi, liés avec les Albizzi de Florence, gagnèrent un grand crédit, la Sérénissime République, fermement gouvernée par le Conseil des Dix qui contrôlaient les Doges et 480 sénateurs, grâce à une police et à une diplomatie sans rivales, était assez forte pour se défendre. C'est là qu'un ghetto fut créé en 1516 et que les Juifs furent expulsés deux fois, en 1550 et en 1571.

Cependant, dans l'ensemble de la péninsule, les Princes les accueillaient volontiers. Ne procuraient-ils pas à leurs maîtres les fonds nécessaires à l'entretien des Condottieri et mercenaires et à la satisfaction de leurs goûts de luxe ? Alors que considérant la Papauté comme un rival souvent dangereux, les Princes étaient naturellement portés à encourager les humanistes dans leurs tendances hostiles à l'Église.

À Ferrare, qu'il s'agisse de Léonelo, bâtard crépu de Nicolas d'Este, élevé par l'humaniste Guarino de Vérone ou de l'héritier légitime Hercule, connu pour sa cupidité, les ducs protègent indistinctement les gens de lettre et les usuriers. L'un d'eux, Buono Aiuto (bon secours) dont le nom seul est tout un programme, prête à 30%. À ce taux les gentilhommes soucieux de paraître à la Cour, sont vite réduits à la mendicité. À Mantoue, les Gonzague, dont la fortune est modeste, ont beaucoup de considération pour eux et gardent comme médecin le rabbin Messer Léon entre 1450 et 1490. Pour cette raison au milieu du XVIe siècle, c'est là que le Zohar est publié comme le Talmud à Crémone. À Milan, où les rudes Sforza ont éliminé le tyran sanguinaire Philippe Visconti, Galeas protège aussi son médecin Guglielmo (Benjamin) dit Porta Léone. Mais le duc joue de malheur avec son ancien précepteur Cola Montanus, qui, émule de Brutus, fomente des complots républicains contre lui.

Pourtant, après les Médicis le plus grand Mécène des humanistes est le roi Alphonse d'Aragon, qui a expulsé de Naples la dynastie angevine depuis 1443. Parfait libertin aux deux sens moral et intellectuel du mot, il protège Lorenzo Valla, disciple d'Épicure et auteur de « *Dialogues sur la Volupté* ». Pour servir son maître contre le Pape Eugène IV, Valla dénonce l'authenticité de la donation de Constantin, principal titre du pouvoir temporel du Saint-Siège. C'est dans son livre du « *Libre arbitre* » qu'Érasme puisera l'essentiel de son inspiration. En

1458, Ferrant, bâtard d'Alphonse, succède à son père. Violent et athée, sous son règne les fêtes alternent avec les révoltes et les exécutions. Il a pour médecin Porta Léone, tandis que Samuel Abrabanel, conseiller financier du vice-roi don Pedro de Toledo bâtit à Naples une fortune de 250.000 sequins et fait de sa maison le lieu de rencontre des lettrés et savants, orthodoxes ou non, de l'Italie du Sud.

Protégés des financiers, attachés aux Princes comme le sont leurs banquiers, la plupart des humanistes de la Renaissance ne brillent pas par leur originalité. Leurs œuvres sont des imitations plus ou moins serviles de l'antiquité, encombrées de rhétorique et souvent aussi prétentieuses que superficielles. Les moindres sont des pédants et des cuistres qui se posent en esprits libres et en gens-de-lettres affranchis, dont le non conformisme très à la mode en Italie, corrompt les mœurs de la jeunesse.

En intellectuels supérieurs, ils considèrent avec dédain les gens du commun : *« il est vil de sentir avec le peuple »*, osera écrire le délicat Érasme.

UN MOINE FRANCISCAIN
SE DRESSE CONTRE LES USURIERS

Ce peuple d'ailleurs, lorsque par hasard il a son mot à dire, apprécie peu les républiques ploutocratiques et les despotes éclairés de l'époque, car sous les uns et les autres, il est livré aux usuriers. Au moment même, où Érasme et Rabelais se moquent des moines gros et gras, ce sont les moines mendiants de saint François qui prennent en pitié ses misères et pour bâillonner l'usure s'improvisent financiers.

À la voix de Bernardin de Feltre (1484), le Tiers-ordre imagine d'organiser des Monts-dePiété, dont le premier avait été créé à Pérouse au capital de 1200 florins en 1463. Au début les prêts furent gratuits, mais l'on dut prélever un intérêt modique pour couvrir les dépenses d'administration. Le chapitre des Franciscains de 1493 et le Pape Léon X (Médicis) en 1515 approuvèrent quêtes et processions provoquant des offrandes et des dons ; les corporations soutinrent le mouvement ; des fraternités se constituèrent en mutuelles, L'institution se répandit dans toute l'Italie, non sans soulever de sérieux orages. À Milan, Galeas Sforza imposa silence à Bernardin de Feltre. Des troubles s'étant produits à Padoue, le Doge Moncenigo et le Sénat de Venise ordonnèrent au Podestat de rétablir l'ordre avec vigueur. À Florence, le Prince et la Seigneurie ayant interdit sa campagne sur l'initiative des Huit, Bernardin les accusa de s'être faits acheter par Yehiel de Pise. On chercha même à l'empoisonner en lui offrant des fruits.

Il fallut attendre la fuite de Pierre de Médicis pour instituer dans la ville un Mont-de-Piété. Maître de la cité, Savonarole y rétablit un régime populaire. Dénonçant les usuriers, qui par le jeu des intérêts composés retiraient jusqu'à 33% de leurs créances, le farouche Dominicain, déchaîné à la manière des prophètes, décréta leur expulsion du territoire de Florence à la Noël 1495. Mais trois ans plus tard, le 23 mai 1498, Savonarole était exécuté. Au préalable, Alexandre VI (Borgia) l'avait excommunié pour avoir laissé deux moines se provoquer avec une hostie à l'épreuve du feu, ce qui avait entraîné une échauffourée. Les usuriers rentrèrent.

CHAPITRE III

FRANÇOIS Ier, CHAMPION DES BANQUIERS RÉDUIT AU RÔLE DE BRILLANT SECOND DES TURCS

Banquiers et réfugiés italiens poussent les rois de France dans la Péninsule — Dominé par les femmes et les gens de négoce, François Ier voit ses ambitions impériales déçues — Engloutit à Pavie sa fortune — Mendès-Nassi le mène à l'alliance turque — Henri II, dégagé de l'influence de sa femme, Catherine de Médicis, par Diane de Poitiers — Henri II liquide la lourde succession de son père.

Même en dehors de l'Italie, les idées modernes de la Renaissance faisaient leur chemin. En Europe centrale, l'Empereur Charles IV de Luxembourg avait fondé l'Université de Prague. Son fils l'Empereur Sigismond avait appelé auprès de lui Pier Paolo Vergerio et un élève de Chrysoloras, Aeneas Sylvius Piccolomini. L'Université de Heidelberg suivit le mouvement. Sous l'influence d'Aeneas le fils de Frédéric III, Maximilien, se fit aussi le protecteur des humanistes. Cependant, en France et en Angleterre, François Ier et Henry VIII portaient les espoirs des novateurs.

BANQUIERS ET RÉFUGIÉS ITALIENS POUSSENT LES ROIS DE FRANCE DANS LA PÉNINSULE

Entreprises sous l'impulsion de puissants intérêts italiens en France, et dans l'enthousiasme de la jeunesse, les campagnes des Valois dans la Péninsule tendirent à réaliser, de part et d'autre des Alpes, l'union des deux peuples sous l'autorité du roi de France, souverain éclairé et ami des humanistes.

Lorsqu'il franchit les monts en 1494 pour faire valoir les droits qu'il tenait de René d'Anjou sur le royaume de Naples, le jeune Charles VIII, appelé par Ludovic le Maure de Milan et par le Pape Innocent VIII à l'instigation du cardinal della Rovere, futur Jules II, caressait peut-être le rêve de délivrer Constantinople et de ceindre la couronne impériale grâce à une nouvelle Croisade. Bien que les objectifs des banquiers et des marchands qui financèrent ces expéditions étaient autrement terre à terre : détruire la prépondérance économique de Venise afin de reconquérir le marché du Levant.

Les marchands et réfugiés italiens formaient un groupe très puissant à Lyon. La cité du Rhône, antique capitale des Gaules, n'était pas seulement, en effet, un carrefour stratégique des voies conduisant à Paris, aux villes du Rhin et des Pays — Bas, à Genève, en Italie et en

Espagne, à travers le Languedoc, mais aussi un centre financier et commercial où des foires de change renommées se tenaient quatre fois l'an depuis 1463.

Chassés de leur pays par des luttes civiles, les émigrés florentins, attirés par Louis XI y avaient afflué si nombreux qu'en 1470 leur communauté était administrée par un Consul et quatre procureurs. Ils entretenaient des relations suivies avec Venise, Rome, Nüremberg, Bruges, Anvers et Londres, où ils possédaient des comptoirs. Ils étaient les banquiers des rois de France comme leurs rivaux d'Augsbourg, les Fugger, étaient ceux des Empereurs. À côté des deux banques Médicis (dont l'une dirigée par Cosimi Sasseti), leurs rivaux Pazzi, Casini, Portinari, financèrent l'expédition de Charles VIII, avec les Capponi, qui reçurent des Français le gouvernement de Florence, Agostino Chigi, de Sienne, qui occupera à Rome une position importante sous Jules II et les Sauli, grands commerçants en Provence et en Bourgogne.

Vaines parades de gloire et de prestige, ces entreprises italiennes se révélèrent très vite décevantes. Elles commençaient par des entrées, triomphales : celles de Charles VIII à Milan, Florence et Naples, en 1494 ; celles de Louis XII venu soutenir les droits de sa grand-mère Valentine Visconti, à Milan en 1499, Naples en 1503, et Gênes en 1507. Mais, à peine débarrassés de leurs rivaux du moment, les princes italiens ou les papes qui avaient appelé les Français, estimant ces alliés encombrants, se retournaient contre eux et formaient autour de Venise (1509) ou du Pape, des ligues vite transformées en menaçantes coalitions auxquelles participaient l'Empereur, les rois d'Espagne et d'Angleterre, Abandonnant d'éphémères conquêtes, il ne restait plus aux troupes royales qu'à se frayer passage au fil de l'épée, à travers un pays qui risquait de se refermer sur elles. Le même scénario, chaque fois, recommençait.

Cependant la fille de Louis XI, Anne de Beaujeu, et la reine Anne de Bretagne étaient toutes deux assez femmes de tête pour mettre en garde Charles VIII et Louis XII contre les risques de cette politique. Et la France assez forte pour en supporter le fardeau. Restaurée par Charles VII, définitivement unifiée sous Louis XI grâce au renforcement de l'autorité royale sur les féodaux, elle était alors, avec ses quelques 20 millions d'habitants, la nation la plus peuplée de l'Europe. Malgré les déboires des campagnes d'Italie, Louis XII, souverain d'un peuple heureux, est passé dans l'histoire comme le *Père* du Peuple.

DOMINÉ PAR LES FEMMES ET LES GENS DE NÉGOCE, FRANÇOIS I_{er} VOIT SES AMBITIONS IMPÉRIALES DÉÇUES

Le règne de François I_{er} s'ouvrait donc sous les meilleurs auspices (1515). Fringant cavalier, fougueux chasseur, valeureux au combat, galant avec les dames, fin lettré, brillant causeur, ami des artistes et poète à ses heures, François d'Angoulême était le type même du parfait chevalier, du gentilhomme accompli. Prince charmant, il a séduit par son panache la plupart de ses biographes. La fortune n'aurait-elle pas dû lui sourire, dans ses pires aventures ? Malheureusement rares étaient dans son entourage les influences susceptibles de l'en détourner. Ambitieuse, autoritaire, d'une âpreté légendaire qui lui permit d'amasser une fortune d'un million et demi de couronnes, sa mère Louise de Savoie, *régente* en tout temps et pas seulement en l'absence du roi, dominait l'esprit de son fils, autant par ses avis personnels que par les conseils du chancelier Duprat, ancien précepteur devenu Premier Ministre. Sa sœur Marguerite l'adorait comme son Dieu, communiant avec lui dans le culte des idées nouvelles, protégeant humanistes et hérétiques contre les foudres de la Sorbonne et des Parlements, et les sauvant du bûcher. Personne ne pouvait lutter contre cette emprise de sa famille, agrandie du Duc d'Alençon, qui épousa Marguerite le 9 octobre 1509, ni contre les Grands Commis comblés de dotations, tels que Robertet (secrétaire d'État depuis Charles VIII), le financier

Gaillard, dont les Maisons étaient alliées entre elles, et même, par une bâtarde du Comte d'Angoulême, à la famille royale.

Personne n'était de taille à contrebalancer l'influence de sa mère et de sa sœur. Ni les reines, la douce et effacée Claude de France, la digne et dévouée Eléonore de Portugal, sœur de CharlesQuint. Ni les maîtresses en titre : Françoise, Comtesse de Châteaubriant, Duchesse de Valentinois, et plus tard Anne d'Heilly, Duchesse d'Etampes. Seul au Conseil, en face des Lescun, des Lautrec, frères de Madame de Châteaubriant, le Connétable Anne de Montmorency s'efforcera de faire prévaloir des avis de sagesse, préférant aux lointaines conquêtes de Milan et de Naples, le Piémont et la Savoie, glacis et frontière naturelle, retenant son souverain que son alliance avec les Turcs risquait de jeter au banc de la Chrétienté.

Mais dès la première campagne, illustrée par la brillante victoire à Marignan des lances de la gendarmerie royale contre la forêt des piques suisses, la main était dans l'engrenage, où roi de France et banquiers se laissaient entraîner pour culbuter ensemble, sous Henri II, dans la banqueroute de 1557, prélude à la liquidation des ambitions italiennes, consommée au traité de Cateau Cambrésis (1559). La conquête du Milanais en 1515, engloutit 10 millions de couronnes, dont Jacques de Beaune, ex-trésorier d'Anne de Bretagne, le futur Semblançay, négocia les emprunts. Aux Albizzi de Florence, de nouveaux bailleurs de fonds s'ajoutèrent sous François I$_{er}$: les Salviati, les Guadagni, et les Mendès Nassi. En vue de préparer la prochaine succession de l'Empereur Maximilien, s'ouvrant par un duel entre François I$_{er}$ et Charles-Quint, rien n'était ménagé pour gagner de nouveaux appuis. C'est pourquoi Lorenzo di Médicis se présenta à Amboise au printemps de 1518 pour épouser Madeleine de Boulogne, qui lui donna une fille Catherine de Médicis, future reine et régente.

Au moment où la grande foire de l'élection impériale ouvre ses portes à Francfort en 1519, un trésor de 3 millions de Florins a été réuni pour appuyer les promesses de Bonnivet, qui *travaille* en Allemagne les Sept électeurs, avec le concours de Joachim Von Moltzen, d'Ulrich Von Hutten, et de Franz Von Sickingen. Devant l'Ambassadeur d'Angleterre, Thomas Boleyn, l'ambitieux roi de France se vante s'il est élu d'être *dans trois ans à Constantinople*. Mais les Princes allemands voient d'un mauvais œil l'appui que lui apporte le Pape Léon X (Médicis) ; ils l'accusent de diviser l'Allemagne. Leur confiance est d'autant plus ébranlée que les fonds attendus n'ont pas été transférés. Charles d'Autriche, dont la campagne a été menée par sa tante l'astucieuse Marguerite, gouvernante des Pays-Bas, paie comptant et l'emporte facilement (28 juin 1519). Ses banquiers les Fugger et les Wesser d'Augsbourg, étant à pied d'œuvre, ont avancé le coût de l'opération : 850.000 Florins.

Dépité par son échec, François I$_{er}$ saisit en 1521 les biens de quelques banquiers florentins Lyon, Bordeaux et Paris ; il les leur restituera quatre ans plus tard. Et c'est encore à la finance lyonnaise qu'il emprunte les 200.000 livres nécessaires pour couvrir les frais du Camp du Drap d'Or. Poudre aux yeux bien inutile d'ailleurs. Au cours de deux entrevues plus discrètes, avant et après, à Canterbury et près de Calais, Henri VIII et Charles-Quint se mettent d'accord sur le dos de l'infortuné François.

ENGLOUTIT À PAVIE SA FORTUNE

Pour reprendre la campagne, il faut trouver 2 millions pour payer une armée composée presqu'entièrement, à part les Compagnies d'ordonnance et les bandes de gens de pied, de mercenaires étrangers, piquiers suisses et lansquenets allemands. Un emprunt de 250.000 livres est émis en rentes 10% sur l'hôtel de Ville de Paris, La reine mère, Louise de Savoie fournit une contribution de 107.000 livres et offre d'épouser le riche connétable de Bourbon, qui lui fait l'affront de refuser. Menacé de procès, le dernier des grands féodaux ne tardera pas à passer à l'ennemi.

Sur ces entrefaites, Semblançay n'ayant pas transféré la paie des troupes (400.000 couronnes), le Maréchal de Lautrec, battu à la Bicoque (1522) perd le Milanais. Le malheureux trésorier, coupable d'avoir confondu ses comptes, ses prêts personnels, ceux de Louise de Savoie et de l'État, jalousé par le Chancelier Duprat, sera exécuté en 1527 et sa fortune, 900.000 couronnes, sera confisquée. En attendant, Henri VIII a envahi la Picardie. Et 2.400.000 Livres sont nécessaires pour ouvrir en Italie la campagne prématurément terminée par le désastre de Pavie (23 février 1525).

Blessé, prisonnier de Lannoy, l'un des plus valeureux capitaines de Charles-Quint, à Pizzigettone, le premier geste de François I$_{er}$ est de confier sa bague à Frangipani pour la faire passer au Sultan Soliman II. Pris au piège, le roi très Chrétien concluait un pacte avec le Diable en s'alliant avec l'Infidèle. Tandis qu'à Madrid, Charles-Quint tente de l'obliger à livrer la Bourgogne, et qu'avec la connivence de Bourbon, Impériaux, Anglais et Espagnols s'apprêtent à dépecer le royaume, le roi prisonnier ne dispose guère d'autre moyen pour faire pièce à l'Empereur que la menace que le Sultan peut faire peser sur ses arrières.

MENDÈS-NASSI LE MÈNE À L'ALLIANCE TURQUE

Le premier réflexe de François I$_{er}$ est peut-être choquant mais ne saurait surprendre. Dès 1511, sa mère n'avait-elle pas envoyé le cordelier Jean Thenaud accompagné de Marranes au Caire et au Proche — Orient ? Des Ambassadeurs turcs n'avaient-ils pas été reçus au Camp devant Pavie ? Comme le banquier du roi, Francisco Mendès-Nassi, entretient des relations suivies avec le Sultan et avec ses coreligionnaires d'Istanbul, cet honnête courtier peut facilement s'entremettre. Le moment est d'ailleurs propice, à d'une mère française. Soliman sait qu'une coalition des nations européennes risquerait d'abattre la Porte. Les banquiers de Lyon et les marchands de Marseille sont directement intéressés aux privilèges accordés au roi de France, ou *capitulations* qui, le reconnaissant comme protecteur des chrétiens, leur accordent une réduction de 5% des droits de Douane et une exemption d'impôts pendant cinq ans, ce qui leur permet de rivaliser avec leurs concurrents de Venise. Quant aux Nassi, le cousin Joseph et la veuve de Francisco bénéficieront de l'appui total des représentants français au jour de l'émigration en Turquie. La tractation profitait donc à tout le monde. Amorcée par un réfugié espagnol, Rincon, en 1528, poursuivie en 1532 par Marillac et La Forest et en 1535 par une Ambassade extraordinaire, elle aboutit à la conclusion d'une alliance en Février 1536. L'année suivante des envoyés turcs se présentèrent à la Cour de France.

Désormais, jusqu'à la fin du règne d'Henri II, le général des galères royales apportera le concours de sa modeste flotte au *Kapoudan Pacha* en Méditerranée. Une alliance contre nature, dont les avantages seront plus apparents que réels, car elle répugne à beaucoup et elle aliène à la France non seulement la Papauté et les puissances catholiques mais aussi les Luthériens allemands, directement menacés par les Asiatiques, après la déroute de Ferdinand d'Autriche à Mohacs, la même année que Pavie (29 août 1526). Alors Soliman, soutenant les prétentions de Szapolyia, Voïvode de Transylvanie, au trône de Hongrie, assiégea Vienne, tandis que ses redoutables fourrageurs, les *Akindjis*, émules des Huns, dévastaient les campagnes. La résistance des Autrichiens et l'intervention de Charles-Quint éloignèrent le fléau (29 septembre 1531).

Rentré en France après avoir signé sous la contrainte le traité de Madrid, François I$_{er}$ en avait fait dénoncer les clauses léonines par le Parlement et les notables, qui contribuèrent largement au rachat de ses fils !le Clergé pour 1.300.000, et le Tiers pour 1.200.000 couronnes).

Par le traité de Cambrai, librement négocié ensuite par Marguerite d'Autriche, et Louise de Savoie, Charles Quint renonça à ses prétentions sur la Bourgogne. Remis à l'Espagne comme otages, le Dauphin et son frère avaient été rendus, après paiement de leur rançon le 2 juillet 1530. Le mariage de François I*er* avec Éléonore de Portugal consacrait la détente entre les deux antagonistes. Dans un tel climat, le roi de France ne pouvait refuser de s'associer à l'expédition préparée contre Alger par son beau-frère ; il lui prêta le concours de 20 vaisseaux. Lorsque Charles-Quint débarqua à Tunis le 30 mai 1535, force lui fut aussi de lui laisser les mains libres. Mais afin d'éviter une rupture avec la Porte, un Ambassadeur extraordinaire. La Forest, Chevalier de Saint Jean de Jérusalem, s'en fut trouver Soliman.

La collaboration reprit d'ailleurs, lorsque le conflit se ranima deux ans plus tard avec des croisières communes en Méditerranée. Collaboration diplomatique, qui transportée sur le terrain militaire serait un désastre pour la Chrétienté, ce dont le Connétable de Montmorency réussit à persuader François I*er* en 1537. En faisant le vide devant les Impériaux en Provence, le Connétable parvient à dégager seul son pays de l'invasion. Mais une nouvelle crise surgit en 1543. À la suite du meurtre de l'émissaire de François I*er* Rincon, par les affidés du Marquis del Vasto, lieutenant de Charles-Quint en Italie, la guerre reprend et avec elle, l'invasion. L'Empereur atteint Château Thierry et menace la capitale. Henri VIII, prenant part à la curée, assiège Boulogne. Par bonheur la victoire remportée par le Duc d'Enghien à Cérisoles (1544) rétablit quelque peu la situation. Mais, une fois de plus, l'on a appelé les Turcs à la rescousse et il faut leur permettre d'hiverner à Toulon, avant de les lancer à l'attaque de Nice pour s'en débarrasser. L'alliance survit d'ailleurs au dépit de Barberousse. Car des difficultés remettent en cause l'arrangement négocié à Crespy avec Charles-Quint le 18 septembre 1544. Gabriel de Luitz, Seigneur d'Aramon reprend le chemin d'Istanbul. À l'avènement d'Henri II, en Avril 1548, l'entente sera encore renforcée.

HENRI II, DÉGAGÉ DE L'INFLUENCE DE SA FEMME, CATHERINE DE MÉDICIS, PAR DIANE DE POITIERS

Devenu Dauphin, à la mort de son aîné (1536), dont les idées s'apparentaient davantage à celles de son père, Henri, pondéré d'esprit, assez tenace de caractère, sagement conseillé par sa maîtresse Diane de Poitiers, représentait déjà à la fin du règne un élément modérateur. Au Conseil, il combattait la dangereuse influence de la famille de Lorraine, le Cardinal et François de Guise, qui nourrissait des ambitions sur Naples, et celle de la reine, protectrice des banquiers et réfugiés italiens. Lorsque son père mourut le 31 mars 1547, il hérita d'une dette de 2.000.000 d'écus envers les banquiers lyonnais, et Albizzi del Bene, l'agent des Guadagni, qui avait donné sa garantie aux emprunts royaux, était le mari d'une des dames d'honneur. D'autre part, tous les fonds destinés à la diplomatie et aux armées françaises en Italie passaient entre les mains des frères Nassi, banquiers florentins établis à Venise. De là, on les transférait à Ferrare, où le Duc hercule d'Este, beau-père de François de Guise à qui on les confiait parfois se faisait tirer l'oreille pour les rendre. Un évêque trésorier les répartissait ensuite selon les besoins entre cardinaux, ambassadeurs et chefs d'année, vers Rome, La Mirandole, Parme ou Sienne.

Catherine de Médicis avait été élevée par sa tante Clarisse, qui avait épousé Philippe Strozzi, le plus riche marchand d'Europe après les Fugger, mort en prison en 1538. Devenue reine, elle ne pouvait que témoigner sa reconnaissance aux représentants de cette famille qui, lors de son mariage, avait avancé les 80.000 ducats de sa dot. Venus tenter fortune en France, trois des quatre fils Strozzi y firent carrière. Tandis que Roberto dirigeait la banque à Rome, à Venise et à Lyon, Pierrot — athée, prétentieux, insupportable — devint Maréchal de France.

Léone, Capitaine général des galères, et Lorenzo, Cardinal. Selon l'expression de Lucien Romier ces bannis tenaient synagogue dans la maison du poète Luigi Alemanni, conseiller intime de Catherine. La *magicienne florentine* aimait en effet s'entourer de cabbalistes et d'astrologues. Gardant quelque rancune aux Espagnols qui l'avaient détenu, Henri II ne sut pas se dégager à temps des aventures italiennes. Sous le prétexte de défendre les droits d'Ottavio Farnèse sur Parme, menacés par le Pape Jules III, un nouveau conflit éclata dans la Péninsule. Mais Alemanni échoua dans sa mission d'obtenir de Gênes libre passage pour l'armée française et pour ses alliés turcs le droit de mouiller dans le port une flotte de 137 navires, sous Dragut et Sinan (Juillet 1551). Le mois suivant, la pression exercée par d'Aramon, Ambassadeur de France à Istanbul sur les Chevaliers de Saint Jean, afin qu'ils rendent aux Turcs la place de Tripoli, fit scandale. L'opposition des Vénitiens contraignit à abandonner de nouveaux projets de campagne contre Naples, avec le concours militaire des Turcs.

Ces manœuvres soulevaient la réprobation générale, mais les banques florentines de Venise et de Lyon offraient sans cesse des fonds et poussaient à l'action. À la fin de l'été 1553, les troupes françaises débarquèrent en Corse avec l'appui de la flotte turque ; elles s'emparèrent de l'île, placée par la Banque génoise de Saint Georges sous l'autorité des Doges, puis elles occupèrent l'île d'Elbe, dépendance de la Seigneurie. Ces entreprises, inopportunément engagées, dressaient à la fois Gênes et Florence contre les Français. Par ailleurs les maladresses de Piero Strozzi à l'égard des Siennois révoltés contre Florence et ses échecs militaires (1554) amenèrent la capitulation de Sienne (17 avril 1555). À la suite de l'abdication de Charles-Quint, la trêve de Vaucelles permit à la France de conserver les Trois Évêchés de Metz, Toul et Verdun et de continuer d'occuper la Savoie et le Piémont. Néanmoins les financiers continuaient à lever des fonds afin de prolonger le conflit. Après avoir tenté de créer une banque royale, soit à Lyon (1544) soit à Paris (1548) ils lancèrent un emprunt dit *du Grand parti* en 1555, et l'année suivante Nicolo Alemanni et Strozzi recueillirent 300.000 écus émirent un emprunt d'un million de francs.

HENRI II LIQUIDE LA LOURDE SUCCESSION DE SON PÈRE

Parce que, le Pape Paul IV s'était attaqué aux Colonna, clients de l'Espagne, le Duc d'Albe avait envahi les états pontificaux en Septembre 1556 et parce que les Farnèse, abandonnant le clan français s'étaient réconciliés avec l'Empereur, qui leur restitua Plaisance et Novare, le Duc François de Guise, qui s'était couvert de gloire en défendant Metz contre les Impériaux en 1553, se lança dans une démonstration contres Naples. Alors le Connétable de Montmorency subit une défaite écrasante devant Saint-Quentin le 10 août 1557, qui ouvrit la route de Paris aux Impériaux commandés par Emmanuel Philibert de Savoie. François de Guise, rappelé en toute hâte, concentra une armée de secours à Compiègne, et sur initiative d'Henri II s'empara de Calais le 13 janvier 1558.

Le péril avait été si grand, que cette fois la leçon porta. D'autant mieux qu'elle avait coûté cher. En 1557 déjà, l'on avait dû convertir des obligations à 10% et 14% à courte échéance en rentes perpétuelles 5%. La note fut présentée aux États Généraux réunis à Paris le 5 janvier 1558, qui consentirent une contribution de 7 millions d'or. Et aux banquiers lyonnais, qui réclamaient 1.600.000 livres d'arrérages d'intérêts et n'en reçurent que 400.000 Comme Charles-Quint en 1552, et Philippe II en 1556 (en attendant 1575 et 1596), Henri II faisait faillite. Lorsqu'il mourut en Juillet 1559 ses dettes étaient de l'ordre de 40 millions de livres. La déconfiture de ses bailleurs de fonds, les Guadagni, les Albizzi, entrains des banqueroutes en chaîne et une véritable crise financière internationale.

Au traité de Cateau-Cambrésis, négocié par le Connétable de Montmorency et le Maréchal de Saint-André, prisonniers, et signé le 3 avril 1559, le roi de France ne conservait que Calais et quelques places en Piémont. Il restituait le Luxembourg, la Savoie, le Piémont qui s'était accoutumé à l'administration française, la Corse et les quelques places de Toscane encore occupées.

Liquidateur des ambitions italiennes de ses prédécesseurs, Henri II s'était décidé à conclure la paix à tout prix car il enregistrait également sur le plan intérieur la faillite de la politique de son père.

CHAPITRE IV

DESPOTE *ÉVANGÉLIQUE* FRANÇOIS Ier FAIT LE LIT DE LA RÉFORME ET DE LA RÉVOLUTION

Précurseurs prudents des novateurs, Érasme par son ironie... — ... Rabelais par sa gauloiserie... — Raniment la lutte ancestrale contre l'Église — François Ier domestique la hiérarchie ecclésiastique — Sa sœur protège les novateurs de l'école évangélique de Meaux — Le roi n'ose pourtant pas se proclamer patriarche — Son double jeu jette la France dans les guerres de religion — Crise du Clergé — Ruine de la noblesse — Un Fossé se creuse entre gens de robe et de finance et Tiers État — Brimades contre corporations et confréries.

Mécène et grand bâtisseur, François Ier réunit à Fontainebleau autour de Léonard de Vinci et de Benvenuto Cellini nombre d'artisans italiens. Aux influences méditerranéennes, à la mode des thèmes classiques, l'architecture, tributaire du climat et qui tendait déjà à la simplification du style gothique, résista pourtant mieux que la peinture et la sculpture.

Les études classiques s'étaient développées même à l'Université de Paris, citadelle de la scolastique, depuis qu'elle avait accueilli comme son chef en 1513, Girolamo Aleandro le Jeune, qui dès 1508 enseignait le grec au collège La Marque, avec un tel succès qu'il comptait 2.000 auditeurs. Mais le roi François Ier redoutait les tendances trop orthodoxes de la Sorbonne. À l'instar des princes italiens et des banquiers de Lyon, il créa parallèlement des chaires de lecteurs royaux, embryon du Collège de France. Guillaume Budé, élève de Jean Lascaris, devint le premier helléniste de l'Europe, tandis que son rival Érasme en était le premier latiniste, et Agagio Guidacerio et Paolo Paridisi, dit Canossa, se chargèrent de l'enseignement de l'hébreu.

Cependant, écrivains et poètes reçoivent à la Cour ambulante des Valois le plus encourageant accueil : les Ronsard, les du Bellay (neveu du Cardinal), les Marot, et leurs émules de la Pléiade illustrent cette société brillante, dont les souverains s'entourent à l'instar des princes italiens. Leur talent n'est pas moins apprécié si leur ironie narquoise s'attaque aux travers de leur époque et tourne en dérision les plus vénérables institutions et en particulier, l'Église. Les plus illustres. Érasme et Rabelais, comme Ficin le Philosophe, portent pourtant l'habit religieux.

Précurseurs prudents des novateurs, Érasme par son ironie...

Fils de prêtre, élevé chez les Frères de la Vie commune de Deventer, Herasmus de Rotterdam entra au couvent des chanoines célestins de Stevin avec l'idée d'en sortir au plus vite. Moine » de naissance, mais sans vocation, il préfère l'étude à la prière, le confort à l'austérité, les voyages à la claustration. La routine du collège Montaigti, où l'évêque de Cambrai l'envoya perfectionner sa formation classique, lui parut également insupportable. Le rôle de desservant ou de pédagogue ne pouvait convenir à son caractère.

Démuni de ressources personnelles, il trouva dans les fonctions de précepteur le moyen de satisfaire à la fois son humeur vagabonde et son goût pour la vie aisée, le premier de ses élèves, Lord Montjoy -qui le pensionna toute sa vie- l'emmena en 1499 à Londres, puis à Oxford et à Cambridge : De 1507 à 1509, les fils d'un médecin italien et le jeune Alexandre Stuart le conduisirent en Italie, à Bologne, Venise, Padoue, Sienne et Rome où il rencontra presque tous les humanistes de son temps. Très lié en Angleterre avec Thomas More, John Colet, John Fischer, Richard Pace et avec l'Archevêque Warham — qui lui accorda son premier bénéfice — Il fit la connaissance d'Aide Manuce, de Jean Lascaris, d'Aeneas Sylvius et d'Egidio de Viterbe dans la péninsule. Par contre, il ne sympathisa guère, ni avec Guillaume Budé, son rival en érudition, ni avec Jérôme Aleandro dont la science théologique et philologique était autrement sûre que la sienne.

Les faiblesses d'un caractère marqué d'une certaine servilité, insinuant, flatteur, égoïste, quémandeur, d'une prudence confinant à la lâcheté, décevaient et lassaient ses meilleurs amis. Elles étaient compensées par les dons les plus remarquables de l'esprit, la pénétration, la finesse et la souplesse. Maître dans l'art épistolaire, brillant dans la conversation, il excellait surtout dans le dialogue. Étudiant à Louvain, en 1504, les œuvres de Lorenzo Valla avaient produit sur lui une impression profonde. Secrétaire du roi Alphonse d'Aragon, l'épicurien auteur du *« De Voluptate »* avait exercé sa verve critique contre Aristote et la scolastique et soulevé déjà la question du libre arbitre. Pour sa part, Érasme s'était fait surtout connaître par la publication à Paris (1509), puis à Venise d'un recueil *d'adages* et par un ouvrage, les *« Antibarbares »* opposant la culture des humanistes à l'ignorance des moines. Maniant la satire, à la manière de Lucien, contre la société de son temps, il avait composé en Angleterre, en s'inspirant de la *« nef des fous »* de Sebastien Brandt de Strasbourg, un *« Éloge de la folie »* dédié à Thomas More (1509). Toujours prudent Érasme attendit une occasion favorable — le conflit entre Louis XII et le Pape Jules II — pour publier à Paris, deux ans plus tard, ce pamphlet qui fit scandale.

Chargé d'une chaire de grec à Cambridge avant de s'établir à Louvain, il prépara une édition du *Nouveau Testament*, s'inspirant des commentaires de Lorenzo Valla et présentent le texte grec des évangiles en regard d'une traduction latine faisant apparaître certaines erreurs dans la version de la *« Vulgate »*. Avant de faire paraître cette œuvre chez Froben à Bile en 1516, Érasme prit la précaution de la dédier au Pape Léon X. Mais il n'en souleva pas moins les critiques des théologiens, de l'anglais Lee, de l'espagnol Stunica, et de ses collègues de Louvain, d'autant plus qu'il continuait à exercer son ironie contre le Clergé dans un recueil de Dialogues ou *« Colloques »*, de 1518 à 1533.

Les Luthériens dont il frayait la voie, Melanchton, Luther, Ulrich Von Hutten s'efforçaient de l'attirer à eux et tentèrent de le compromettre en publiant sa correspondance. Mais il se raidit dans sa neutralité, conseillant à Luther de renoncer à ses violences et aux Princes et à l'Empereur de traiter avec modération les dissidents.

... RABELAIS PAR SA GAULOISERIE...

Par bien des côtés, la position de Rabelais s'apparente à celle d'Érasme : mêmes critiques chez ces deux moines en rupture de couvent contre l'Église et la société du temps, même tendance à l'évangélisme et à la liberté de conscience, même réticence devant les outrances luthériennes, même réprobation des guerres civiles ou étrangères.

Fils d'un avocat de Chinon, le jeune Rabelais apprit le latin, le grec et l'hébreu chez les Franciscains de Fontenay-le-Comte. En relations épistolaires avec Budé, le jeune Cordelier fut admis par l'évêque Geoffroy d'Estissac, de tendance évangéliste et gallicane, dans l'Abbaye bénédictine de Maillezais. Il entreprit alors un tour de France universitaire qui le mit en rapport avec les juristes de Poitiers (4.000 étudiants), à Bordeaux avec un conseiller au Parlement, Briand Vallée du Douhet, disciple de Pythagore, à Agen avec Scaliger qui avait rapporté de Padoue des idées averroïstes voire athées, à Toulouse avec Étienne Volet, l'imprimeur adepte de la Réforme, puis à Bourges, à Orléans et à Paris où il hanta le pays latin.

Il avait trente-six ans lorsqu'il étudia la médecine à Montpellier. Bachelier, il se fit une réputation en expliquant les principaux ouvrages d'Hippocrate et de Gallien (en 1530 et en 1537), contribuant ainsi à diminuer le prestige d'Avicenne et des auteurs arabes sur les élèves. Nommé médecin de l'Hôtel-Dieu de Lyon, il publia chez Gryphe les œuvres de ses maîtres grecs et rencontra, lors d'un séjour de la Cour, l'évêque de Paris. Jean du Bellay, diplomate et futur cardinal, qu'il accompagna deux fois à Rome, en Janvier 1534 et en Juillet 1535, l,a protection de ce prélat libéral allait d'ailleurs s'avérer nécessaire.

Depuis l'affichage de *placards* par les Réformés en 1535, la surveillance de la Sorbonne et des Parlements étant devenue plus stricte, sa farce de *« Pantagruel »* avait été condamnée par la Sorbonne comme obscène en 1532, comme son *« Gargantua »* deux ans plus tard. Comme Rabelais fréquentait un cercle d'humanistes où se retrouvaient un Marrane, Antoine de Gougea, converti par Pomponace aux idées rationalistes à Padoue. Bonaventure des Periers et Etienne Dolet, il dut quitter Lyon et expurger ses deux premiers livres. Et il attendit d'être nommé, grâce à la protection du Cardinal du Bellay, Maître des Requêtes au Parlement en 1543, pour publier avec privilège royal en Septembre 1545, son *« Tiers Livre »* dédié à la Reine de Navarre, puis son *« Quart Livre »*, en Août 1555, dédié au Cardinal de Chatillon. Bien qu'édulcorés, les deux ouvrages furent condamnés et Rabelais dut s'enfuir à Metz en Mars 1546, mais il put rentrer plus tard et termina sa vie comme curé de Meudon.

On l'a parfois présenté comme un précurseur de l'athéisme moderne, pourtant il ne se montra sur aucun point plus hardi que son maître Érasme. De tempéraments fort différents, leur génie s'exprime de toute autre manière. À l'ironie mordante de l'érudit aimable, esprit délicat et cosmopolite s'oppose la verve bouffonne, le rire gaulois de Maître Alcofribas, homme du terroir poitevin, clerc de basoche, praticien d'hôpital, franc buveur et gai compagnon. Mais leurs idées se rejoignent, lorsqu'ils dénoncent les moines ignorants et inutiles, les évêques casqués, les Papes cupides, le culte de la Vierge et des Saints, les pèlerinages et les indulgences, tout ce qui, disent-ils, à pu corrompre la pureté de la religion. Rabelais condamne dans son *« Quart Livre »* autant que les *Papimanes* et le tribut annuel de 400.000 ducats versé par la France à Rome, les *Papefigues*, les *démoniaques calvins* et imposteurs de Genève qui le traitent d'athée, comme des Périers, comme Gouvea, écrit Calvin, dans son *« De Scandalis »* en 1550.

RANIMENT LA LUTTE ANCESTRALE CONTRE L'ÉGLISE

Érasme et Rabelais chacun à sa manière, s'inscrivent dans une manœuvre de grand style tendant à déconsidérer l'Église, sa hiérarchie et ses représentants. Lucien leur a appris à manier le sarcasme, ils ont emprunté à Origène ces critiques insinuantes qui sèment le doute sur les textes sacrés. À Origène, opportunément traduit du latin par Jacques Meclin (publié à Paris par dosse Bade en 1512 et à Lyon par Jacques Ginuta en 1536). Prolongeant l'action de Lorenzo Valla et des sceptiques italiens, de Pogge (auteur des *« Facéties »*), de Castiglionchio, de Bruno, du prétentieux publiciste Filelfe, de Platina, de Pomponius Leto, de Pontana, de Pomponazzi, membres des Académies néo-platoniciennes de Naples, de Florence ou de Rome, ils jettent le discrédit sur les dignitaires de l'Église et sur les moines. Aux esprits les moins prévenus, cette propagande menée sans répit depuis deux siècles — de 1350 à 1550 — apparait savamment orchestrée. À leur question sur l'action souterraine d'une contre-Église, le philologue Darmestetter répond en ces ternies dans son *« Essai sur l'Histoire du Peuple Juif »* (pag. 186) :

« Le Juif s'entend à dévoiler les points vulnérables de l'Église. Il est le docteur de l'incrédule ; tous les révoltés de l'esprit viennent à lui, dans l'ombre ou à ciel ouvert. Il est à l'œuvre dans l'immense atelier de blasphème du grand empereur Frédéric II[8] et des princes de Souabe et d'Aragon ; c'est lui qui forge tout cet arsenal meurtrier de raisonnement et d'ironie qu'il léguera aux sceptiques de la Renaissance, aux libertins du grand siècle et tel sarcasme de Voltaire n'est que le dernier et retentissant écho d'un mot murmuré six siècles auparavant, dans l'ombre d'un ghetto et plus tôt encore, au temps de Celse et d'Origène, au berceau même de la religion du Christ. »

Tout commentaire affaiblirait la portée de ce texte.

FRANÇOIS I$_{er}$ DOMESTIQUE
LA HIÉRARCHIE ECCLÉSIASTIQUE

L'action conjuguée des Académies néo-platoniciennes et des humanistes ayant suffisamment discrédité l'Église et jeté le doute dans les esprits, l'attention du peuple est attirée sur les textes bibliques de telle sorte que l'on oppose à l'Église constituée les Évangiles d'abord, la *Bible* ensuite, tandis que Princes et Souverains dominant leurs Églises nationales s'érigent en rivaux du Pontife romain sur le terrain religieux.

Dans cette phase de l'opération, nul n'était mieux placé que François I$_{er}$ pour jouer le premier rôle. Tout l'y prédisposait. L'ambition de sa mère, pour son *César* qui compensera son échec à l'élection impériale en exerçant dans son royaume, au détriment des Corps et des institutions les plus nécessaires, un véritable pouvoir absolu. Les convictions et les tendances

---

[8] L'empereur Frédéric II de Hohenstaufen (1194-1250). petit-cils de Frédéric Barberousse et fils d'Henri II et d'une Normande. Constance de Hauteville, de Sicile, était un disciple d'Averroës. Il vivait dans son nid d'aigle du Castel des Monts, près d'Andrin dans les Pouilles, comme dans ses palais de Palerme et de Foggia en Sicile, sous la protection d'une garde Maure, et entouré d'une Cour d'occultistes, d'astrologues et d'hétérodoxes. Il s'efforça d'organiser l'Empire en constitution fédérale par son code de lois promulgué à Melfi. Et lorsqu'il fut obligé de partir pour la Croisade, et négocia avec les Princes arabes, toujours accompagné de sa garde Maure. Il convoqua alors à Saint Jean d'Acre en 1228, en une espèce de Table Ronde, les principaux représentants Musulmans et Chrétiens des Ordres de Chevalerie (Templiers, Hospitaliers, R'abita espagnols, Frimas, Batingiuls) dans le but de jeter les bases d'une religion universelle. Son amitié pour le Sultan du Caire al-Khamil et l'Emir Fahr-ed-Din, ses contacts avec le successeur d'Hassan Sabah (G ∴ M ∴ des *Assassins* ses intrigues tantôt avec les Templiers et le Sultan de Bagdad, tantôt avec les Teutoniques et le Sultan du Caire lui valurent de sérieux avertissements des Papes : Grégoire IX qui dénonça le 20 avril 1236, les accords conclus par les Templiers avec le Sultan de Damas, puis avec les *Assassins* contre le prince chrétien d'Antioche) Innocent III et Honorius III. Malgré intervention en faveur de l'Empereur, du G ∴ M ∴ des Teutoniques Herman de Salza, Innocent IV excommunia Frédéric II et le fit déposer par le Concile de Lyon en 1245.

de sa sœur, Marguerite d'Angoulême, protectrice des Réformés comme il l'est des humanistes. L'influence enfin et les visées du clan de finance auquel il est lié.

Et pourtant, dans ce domaine religieux, son premier acte est la conclusion d'un accord avec Rome. À la Pragmatique Sanction de Bourges, ordonnance promulguée par Charles VII le 7 juillet 1438, garante des libertés gallicanes, François substitue un concordat, négocié à Bologne, avec Léon X (Jean de Médicis) le 11 décembre 1515, dans l'euphorie de la victoire de Marignan. [;ne combinaison très profitable pour les deux parties. La Pragmatique Sanction, écho du Concile de Bâle de 1431, bridant l'autorité du Saint Siège en rendant aux chanoines l'élection des évêques et aux moines celle des abbés, le Pape avait perdu le bénéfice des droits d'annates perçus lors des vacances des sièges.

En alléchant l'évêque Gouffier, conseiller du roi, par la promesse d'un chapeau de Cardinal, Léon X récupéra ces droits mais abandonna au roi le droit de nommer dix archevêques, quatrevingt trois évêques et 527 abbés, et toléra le régime de la *commende*, qui autorisait les titulaires des bénéfices à se faire remplacer dans leurs fonctions ecclésiastiques (15 décembre 1515, ratifié par le Concile de Latran le 19 décembre 1516). Ainsi le roi prenait-il en charge le Clergé et disposait-il de toute une manne de dignités et de prébendes à distribuer. Le Parlement de Paris qui s'était déjà élevé contre les créations d'offices, les nominations de bénéficiaires incompétents, les donations de toute espèce faites à la reine mère (plusieurs duchés), au Duc d'Alençon (l'héritage d'Armagnac) et aux financiers, parents des Angoulême, n'enregistra ce Concordat que contraint et forcé, le 22 mars 1518.

Du point de vue du Saint-Siège, peut-être ces concessions retinrent-elles François I$_{er}$ de rompre avec Rome, à l'instar d'Henri VIII. Mais l'Église de France en fit les frais, qui se trouva démantelée sous les assauts des Réformés. Désormais, la feuille des bénéfices ecclésiastiques devient un véritable *rôle des pensions*, récompensant les serviteurs du souverain, ses conseillers, ses diplomates, ses favoris italiens, des prêtres parfois suspects d'hérésie, Caracciolo à Troyes, Marillac à Vienne, Jean de Monluc à Valence. Le cumul des bénéfices, la pratique de la *commende* généralisent l'absentéisme et dressent le bas clergé, misérable, contre les prébendiers. S'ils ne sont pas tous indignes, les pasteurs désertent le troupeau, négligent la formation des prêtres, dont la discipline se relâche, laissent tomber en ruines les églises. La tâche des prédicants de la Réforme s'en trouvera singulièrement facilitée.

SA SŒUR PROTÈGE LES *NOVATEURS* DE L'ÉCOLE *ÉVANGÉLIQUE* DE MEAUX

Sous la protection efficace de Marguerite, sœur du roi, la première vague de la Réforme, celle des *Évangéliques*, des *Bibliens*, est officiellement encouragée. Mariée d'abord à l'insignifiant duc d'Alençon (du 9 octobre 1506 au 11 avril 1525) puis à Henri d'Albret (le 3 janvier 1527) lettrée en latin, en grec, en hébreu, cultivée et mystique auteur elle-même d'un livre, le *« Miroir de l'âme pécheresse »* qui sera condamné par la Sorbonne, la future reine de Navarre est entièrement acquise à l'idéal des novateurs.

Lefèvre d'Étaples est l'inspirateur de ce groupe qui gravite autour de Guillaume Briçonnet, abbé de Saint Germain-des-Prés, puis évêque de Meaux. Comme la plupart des humanistes, Lefèvre a beaucoup voyagé : à Pavie et à Padoue, il a étudié Aristote avec Argyropoulos (1485), à Venise, il a fréquenté Alde Manuce, Ermolado Barbaro et Guarino ; Rome et Florence ont reçu à diverses reprises sa visite ; marsile Ficin l'a initié au néoplatonisme. Pic de la Mirandole à la Cabbale, et aux doctrines ésotériques (1492-1500) ; il a rencontré à Bologne le chef de la Renaissance allemande. Nicolas de Cuse (1509). Bon logicien de formation mathématique, et poète, ce n'est pas un exégète très sûr. Il n'en commente pas moins les

Saintes Écritures, et diffuse surtout les psaumes (1509), et les épîtres de Saint Paul (1512) textes de prédilection des Réformés, dont il se révèle un précurseur en exposant la doctrine de la justification par la foi.

Briçonnet, son chef de file, appartient précisément à cette oligarchie de robe et de finance, si puissante à la Cour de François I*er*. Devenu abbé de Saint Germain-des-Prés en 1507, il s'entoure d'humanistes comme Guillaume Budé ou l'hébraïsant Vatable et des novateurs les plus hardis, Gérard Roussel, prédicateur, aumônier de Marguerite, Pierre Caroli, Michel d'Arande, Guillaume Petit, confesseur du roi, Josse Chichtove, venu des Pays-Bas et même le dauphinois Guillaume Farel, qui se révèlera le plus acharné des luthériens français. Dans la querelle qui oppose l'hébraïsant Reuchlin, précurseur de Luther, aux inquisiteurs allemands, Lefèvre et Guillaume Petit, soutenus par le roi, s'emploient dès 1514-1515 à bloquer l'action de la Sorbonne, consultée par le Vatican.

Suivant la fortune de Briçonnet, nommé évêque en Mars 1516, le groupe se reforme à Meaux où Lefèvre le rejoint en 1521, comme Vicaire général, avant de traduire le *Nouveau Testament* en français en 1523, ce qui vaudra aux propagateurs de ces doctrines, le surnom de *Bibliens*. Les évêques de la nouvelle vague, nommés par le roi, du Bellay à Paris et au Mans, Lenoncourt à Châlons, Sadolet à Carpentras, leur apportent leur concours, tandis que leurs prédicateurs, Caroli, Michel d'Arande parcourent le pays. Le diocèse de Meaux devient le modèle du mouvement *évangélique*, l'on y interdit les quêtes, le culte des saints, et certaines réjouissances, l'on y introduit l'usage du français dans la liturgie, l'on y diffuse la doctrine de la Foi, comme unique voie du Salut. Cette activité réformatrice est l'objet d'une condamnation de principe, fort modérée, de la Sorbonne en 1523.

LE ROI N'OSE POURTANT PAS
SE PROCLAMER PATRIARCHE

Comme François I*er*, en conflit avec la Papauté, a fait défense d'envoyer des espèces d'or et d'argent à Rome, le 28 juin 1523, Briçonnet sentant le moment propice, multiplie les intrigues afin d'amener le roi à se proclamer chef de l'Église de France. L'appui de Marguerite lui est acquis ; son ami l'augustin Michel d'Arande est maintenant attaché à elle comme aumônier. Dès le 11 novembre 1521, l'évêque admonestait la sœur du roi : « *procurez l'affaire de Dieu* (Opus Dei), *à ce qu'il soyt autrement servy et honnoré qu'il n'est en ce royaulme* » lui écrivait-il, en Janvier 1522, Marguerite lui ménage un entretien avec le roi, en mars, on convoque des Assemblées provinciales, mais la tentative avorte. Décidément François I*er* ne s'engagera pas dans la voie d'Henri VIII.

Mais il n'en tolère pas moins une propagande qui tourne de plus en plus au luthéranisme. Depuis 1519, les pamphlets d'Ulrich von Hutten, traduits par Nicolas Berquin, auteur de la « *farce des théologastres* » sont répandus en France. Sous l'impulsion du normand Nicolas Beda, qui mène la lutte contre les hérétiques, la Sorbonne réagit, fait arrêter Berquin (8 juillet 1523), condamne en Novembre Caroli et Mazurier, qui se rétractent, interdit la traduction des livres saints (25 août 1523). Mais Marguerite veille : le roi réclame Berquin. Ses domaines, Bourges, Alençon se transforment en foyers d'hérésie. Lorsqu'elle rejoint la Cour à Lyon (Août 1524) les prêcheurs redoublent leur propagande, Maigret à Lyon, Sébiville à Grenoble.

Pour être arrêtés de nouveau, en Août et en Décembre, lorsque le roi, sous la contrainte des évènements extérieurs, se rapproche en Octobre 1524, puis s'allie avec le Pape Clément VII (le 12 décembre), car il ne peut rester sourd à l'écho des évènements d'Allemagne, où l'agitation religieuse tourne à la guerre sociale. Le 23 février 1525, c'est Pavie, et le roi est prisonnier. Libres de leurs mouvements, le Parlement et la Sorbonne s'empressent de sévir. Le

3 octobre 1525, Briçonnet est sommé de s'expliquer ; le groupe de Meaux se disperse, Lefèvre, Roussel et Caroli s'enfuient à Strasbourg. En Janvier 1526, Berquin est à nouveau incarcéré, ses écrits condamnés le 12 mars. Sera-ce la fin des *« Évangéliques »* ?

Point encore. Délivré le 17 mars 1526, le roi revient. Le 19 novembre, Berquin est relâché. Les émigrés rentrent et sont récompensés. Lefèvre est promu précepteur des enfants de France, Gérard Roussel, aumônier de Marguerite, Caroli, prédicateur à Paris, Michel d'Arande évêque de Saint Paul Trois Châteaux. Mais cette revanche est éphémère, car il faut ménager le Vatican. Autour de Clément VII, la Ligue de Cognac rassemble les Princes italiens contre l'Empereur (21 mai 1526). Faute de l'appui promis par la France, l'entreprise aboutira d'ailleurs à un désastre, au sac de Rome par les lansquenets de Fründsberg que le Connétable de Bourbon est incapable de retenir. L'Empereur pourtant libère les enfants royaux gardés comme otages à Madrid. En Février 1529, la paix est conclue à Cambrai entre Louise de Savoie et Marguerite d'Autriche. Les petits princes rentrent. François Ier, qui pour obtenir la contribution du Clergé au paiement de leur rançon s'est engagé à extirper la secte luthérienne (le 20 décembre 1527) épouse Eléonore de Portugal, sœur de Charles-Quint.

SON DOUBLE JEU JETTE LA FRANCE
DANS LES GUERRES DE RELIGION

Désormais le double jeu n'est plus possible. Aux provocations des Réformés, qui ont mutilé des images à Paris (2 juin 1528), le roi furieux répond par une procession expiatoire. Repris et jugé en Mars 1529 pour recel de livres luthériens, Berquin est exécuté avec une telle célérité que le roi ne peut intervenir (17 avril). Cette fois le groupe de Meaux est brisé. En 1530, Lefèvre trouve refuge à Nérac auprès de Marguerite devenue reine de Navarre. À Lyon, la panique règne dans le groupe fréquenté par Rabelais où figurait le marrane portugais, Antoine de Gouvéa.

Des novateurs, tandis que les tièdes se terrent, les plus zélés se tournent résolument vers la Réforme luthérienne. Ils en aident la diffusion en France par les étudiants étrangers, les imprimeurs, les marchands, les colporteurs, les mercenaires. En sens inverse, des étudiants français fréquentent les universités réformées de Bâle, Strasbourg, Wittemberg où Lambert d'Avignon se lie au plus virulent, au plus illuminé des luthériens, Carlstadt (Bodenstein 1523-24). De Bâle, de Neuchâtel (1530) et de Genève (1535). Guillaume Farel, dauphinois, qui a étudié l'hébreu et le grec à Avignon en 1517, et devint le disciple le Lefèvre d'Etaples et de Luther dirige une organisation occulte dont les agents préparent en France l'avènement de l'Église de l'Évangile. Il n'a rien d'un érudit mais ses harangues enflammées lui donnent de l'ascendant sur les foules.

Quant à Marguerite, dont l'influence sur le roi devient prépondérante à la mort de sa mère (22 septembre 1531), elle oriente plutôt son activité vers l'extérieur. Elle nourrit dans son sein Anne Boleyn avant que celle-ci soit appelée à jouer un rôle déterminant auprès d'Henri VIII. Elle vole au secours du roi d'Angleterre dans son affaire de divorce en appuyant Budé, Sadolet, Guillaume Petit, Guillaume Roussel, et du Bellay — que le roi nomme évêque de Paris en Septembre 1532 — contre la Sorbonne. Béda, le recteur qui continue de protester est banni en Mai 1533 et la Sorbonne réplique en condamnant le livre de Marguerite. Profitant d'une visite de Clément VII à Marseille (1er novembre 1533) et des imprudences de langage du nouveau recteur Nicolas Cop qui s'enfuit avec Calvin, le malheureux Béda rentre à Paris en Janvier 1534... pour être incarcéré à nouveau en Mars 1535. On l'envoie méditer au Mont Saint Michel sur les risques qu'encourent sous certains souverains *éclairés* les défenseurs de l'orthodoxie.

Toujours sur l'initiative de Marguerite, providence des Réformés, des contacts plus étroits s'établissent avec les Luthériens allemands. De Strasbourg, Hohenlohe était entré en relations avec elle en 1526. L'année suivante une alliance est conclue avec le Landgrave de Hesse, en vue de rétablir Ulrich de Würtemberg dans ses États. Quelques mois plus tard, Hohenlohe est envoyé en Allemagne afin de pousser les Princes à la révolte. Et après la Diète de Spire (19-22 avril 1529) des encouragements sont adressés à ceux que l'on désigne maintenant sous le nom de *protestants*. Aussi n'est-ce pas en vain que Melanchton en appelle à François Ier comme à Henri VIII (16 février 1531) pour apporter leur concours aux Réformés qui concluent la Ligue de Smalkalde le 27 février. Alors, les meilleurs diplomates de la France, les du Bellay, Gervais Wain, Jean Gunther, Ulrich Geiger, Jean Sturm, vont déployer pendant trois ans, de 1532 à 1534, de persévérants efforts tendant à un rapprochement avec les plus modérés des Réformés, Bucer de Strasbourg et Melanchton, l'éminence grise de Luther. Mais ils se heurtent à l'intransigeance du Suisse Zwingli et de ses disciples *sacramentaires* et à l'opposition violente des réfugiés français dirigés par Guillaume Farel.

Pour torpiller les négociations, ils provoquent la fureur du roi en affichant dans la nuit du 17 au 18 octobre 1534, un violent pamphlet contre la messe, écrit par Marcourt de Neuchâtel, auteur d'un *« Livre des marchands »* contre le Clergé, simultanément à Paris, dans plusieurs grandes villes et à la porte même de la chambre du roi à Amboise. Cette fois, François Ier se décide à frapper fort. Tandis que des processions expiatoires se succèdent, deux cents personnes sont arrêtées et vingt exécutées. Agent de Farel, Étienne de la Forge, qui a hébergé Calvin, est brûlé le 15 janvier 1535, Caroli est poursuivi. Marot cherche refuge, à Ferrare auprès de Renée de France, Comtesse d'Este. Calvin trouve l'abri le plus sûr chez Marguerite à Nérac avant de passer la frontière suisse. Le roi pourtant finit par pardonner. Le 16 juillet 1535, l'Edit de Coucy suspendit les poursuites et accorda une amnistie.

Mais il ne put éluder les ouvertures du Pape, décidé à le réconcilier avec l'Empereur. Après Paul III à Nice, (18 juin 1538) il rencontra Charles-Quint à Aigues-Mortes le 14 juillet afin d'organiser la lutte contre l'hérésie. À la tête de l'Inquisition, plus douce que le bras séculier, est placé Mathieu Ory, dominicain de Paris, qui utilise comme critère un formulaire de la Foi en 24 propositions et un index des livres condamnés. Une série d'édits (16 décembre 1538, 24 juin 1539 et édit de Fontainebleau du 1er juin 1540) étend la compétence du Parlement des cas de sédition à l'ensemble de la répression.

Néanmoins, la *Chambre ardente* relaxe à Paris les 2/3 des 1.500 à 2.000 luthériens appelés devant la justice en dix ans de 1540 à 1550. Par mesure d'humanité les quelques rares condamnés au bûcher sont préalablement étranglés. Les Parlements de province se signalent par leur modération. Sauf celui d'Aix en Provence que sa sévérité contre les Vaudois a rendu fâcheusement célèbre. Le décret de Mérindol (18 octobre 1540) condamne à mort par défaut le balle et 21 villageois. Mais après un délai de quatre ans, le président d'Oppède fait intervenir les troupes qui rasent Mérindol et brûlent deux villages. Villelaure et Lourmàrin, en faisant un millier de victimes. Il sera d'ailleurs sacrifié lorsqu'Henri II reprit la lutte contre Charles–Quint en 1549, ce qui l'amena à rendre aux tribunaux d'Église la connaissance des affaires d'hérésie, hormis les cas de sédition (10 novembre 1549).

Mais le répit fut court. Avec la mort de Marguerite, en 1549 les Réformés perdirent leur protectrice. Diane de Politiers leur était hostile. L'édit de Châteaubriant (11 juin 15.51) et celui de Compiègne (1557) renforcèrent les mesures contre l'hérésie, fuis survinrent tout à coup, la défaite de Saint Quentin (10 août 1557) et la banqueroute. L'influence des Guise grandit au Conseil. Le Cardinal de Lorraine, qui s'est rendu à Rome en Décembre 1555, appuyé par le Pape Paul IV (Jean Caraffa) inspiré par Ignace de Loyola et ses Jésuites, obtient que l'inquisition soit introduite en France (13 février 1557).

Il est temps : déjà deux à trois millions de personnes, le sixième de la population, ont été touchées par la Réforme. Une série d'incidents très graves révèlent au roi atterré l'étendue du mal : Assemblée de protestants rue Saint Jacques (5 septembre 1557), ralliement d'Antoine de Bourbon, roi de Navarre, aux Réformés (Mars 1558) démarches intempestives des Princes luthériens allemands — Comte palatin. Duc de Saxe. Marquis de Brandebourg. Ducs de Deux-Ponts et de Würtemberg en faveur de leurs coreligionnaires de France (19 mars 1558), soupçons contre d'Andelot, frère de l'Amiral de Coligny, resté cinq ans prisonnier en Espagne, accusé d'avoir partie liée avec les Allemands, processions de plusieurs milliers de Réformés, chantant des psaumes au Pré aux Clercs, aux portes de Paris, sous la protection de nobles à cheval et en armes, provoquant une échauffourée avec le police le 19 mai 1558. Quelques parlementaires, dont le Conseiller Anne du Bourg, critiquent ouvertement la répression dont ils ralentissent l'action ; Henri II les fait arrêter le 10 juin 1559.

CRISE DU CLERGÉ

Ces prodromes de guerre civile dénoncent un malaise social profond. Dans ce domaine aussi, le legs de François Ier est fort lourd. De ses entreprises folles, de ses continuels besoins d'argent et de sa soif d'absolutisme, toutes les classes ont pâti. Le désordre est partout.

Le Concordat n'a fait qu'aggraver la crise du Clergé. À la fin du XVe siècle, comme le révèlent les assemblées de Tours en 1485 et en 1493, l'Église de France n'a plus de chef. Le Primat de Lyon et l'Archevêque de Reims se neutralisent par leur rivalité mutuelle. Les Archevêques ne jouent plus leur rôle de métropolitains. Seul le Légat, Cardinal d'Amboise, représente en fait le Clergé français devant la Papauté, en 1501 et 1510. Depuis le Concordat, les Évêques sont dans la main du roi qui les nomme ; beaucoup sont favorables aux idées nouvelles. Le Cardinal de Tournon a pour secrétaire un Marrane, Denys Coronel ; gouverneur de Lyon, il protégera l'incrédule Étienne Dolet qui sera exécuté en 1542. Après quoi cependant, il luttera contre l'hérésie à partir de 1540. En fin de compte, le nombre des Évêques qui passeront à la Réforme est assez limité : un Cardinal (Chatillon), quatre Évêques — et cinq suspects — sur 113.

Les chanoines constituent l'élément le plus sain du Clergé séculier. Un tiers des bénéfices continue d'ailleurs d'être réservé aux gradués de l'Université et la Sorbonne n'est guère atteinte : sur 8.000 étudiants, environ un millier de *mal sentants* en 1560. Les Facultés de Droit et de Médecine sont plus touchées, surtout à Orléans, Toulouse et Montpellier, où d'importantes communautés juives entretenaient l'hérésie depuis le Moyen-Âge. Des ordres religieux, les Bénédictins de Cluny et Citeaux ont rétabli leur discipline intérieure, mais les ordres mendiants n'ont que trop souvent tendance à aggraver le désordre par leurs rivalités continuelles et leurs invectives contre les séculiers. Avec les régents de collège, les Augustins et les Franciscains fourniront à la Réforme son plus gros contingent de ministres.

Financièrement, la monarchie est aux abois. Ses recettes sont absorbées par le service de la Dette. Il a été émis pour 8 millions de Livres de Rentes sur l'Hôtel de Ville et 19 millions — à 16% — ont été empruntés aux banquiers. À la veille de la guerre civile, l'État doit au total 44 millions de Livres, dont Catherine de Médicis aux États de Pontoise de 1541 fera supporter la charge par le Clergé. La crise atteint la monnaie : de 1520 à 1560, la valeur des pièces divisionnaires est tombée de 8 à 11/2 ; les écus *au soleil* absorbés par les règlements extérieurs et la spéculation disparaissent ; des monnaies étrangères adultérées les remplacent. Seuls les banquiers en profitent. Comme le constate le Parlement de Paris en Décembre 1553 : *« la marchandise d'argent augmente. C'est la fin de l'honnête trafic, la ruine de la noblesse et du travail »*, car elle est surtout aux mains des *étrangers*, Italiens et Allemands.

RUINE DE LA NOBLESSE

Des diverses classes sociales, la noblesse a été la plus touchée par la banqueroute de l'État. Elle est rentrée des guerres d'Italie, ruinée et amoindrie. Gentilshommes et gens de guerre impayés réclament et s'agitent, s'enrôlent chez les Espagnols ou se joignent aux mercenaires huguenots. La hausse du coût de la vie, la dépréciation des cens et rentes foncières ont réduit les nobles à la pauvreté. Leurs droits de justice disparaissent. Leur exemption fiscale n'est quelquefois plus respectée : exemple, une contribution extraordinaire d'une année de revenus en 1558. La division des héritages amoindrit leurs biens. Depuis le Concordat, leurs cadets trouvent de moins en moins de débouchés dans l'état ecclésiastique. Tout commerce leur est interdit sans déroger, ce qui soulève les protestations de la noblesse de Touraine en 1560. Par contre, les nouveaux riches, gens de robe et marchands, s'anoblissent en rachetant des fiefs, en payant des lettres patentes ou en acquérant des charges à prix d'argent.

Sur cette noblesse appauvrie et mécontente, l'action de la Réforme, souvent bien accueillie par les dames, s'est exercée avec succès. Désormais deux clans s'affrontent : les Guise et les Montmorency contre les Bourbon-Chatillon. Deux clans dont les chefs s'appuient sur l'étranger, provoquant dans le pays une scission fatale. Les premiers, se rapprochant de la Ligue catholique et de l'Espagne, tentent de porter secours à la Reine-mère d'Écosse, Marie de Lorraine, assiégée dans Leith en Janvier 1560 et de soutenir Marie Stuart. Les autres s'efforcent de paralyser cette politique en déclenchant à point nommé la conjuration d'Amboise (16 mars 1560), sollicitent la protection des Princes luthériens d'Allemagne, s'abouchent avec l'Angleterre, essaient d'entraîner la France dans la libération des Pays-Bas révoltés contre l'Espagne, reçoivent, tel Condé, des subsides d'Élisabeth à qui ils n'hésitent pas à livrer le Havre en 1552 en échange de son appui. La guerre civile internationale est allumée. Elle a pour champ clos la France.

À la tête de la noblesse protestante, l'Amiral de Coligny, trop raisonnable, s'est trouvé rapidement débordé. Par sa modération, la sincérité de ses convictions religieuses et son loyalisme à l'égard de la couronne, il avait su se faire apprécier de Catherine de Médicis. Rallié aux Réformés, après la dénonciation de la Trêve de Vaucelles, qu'il avait aidé son oncle Montmorency à négocier, il avait obtenu la reconnaissance implicite de la liberté de conscience individuelle par un Édit de Mars 1560 et l'Édit de tolérance du 7 janvier 1562, consécutif au colloque de Poissy (Automne 1561).

Mais il dut céder le pas aux Bourbons, Princes du sang. Poussé par sa femme Jeanne d'Albret, fille de Marguerite d'Angoulême, plus fanatique encore que sa mère, Antoine de Bourbon, roi de Navarre, avait rejoint les Réformés, en Mars 1558, à la suite de la maladresse du Pape Jules II, qui ayant excommunié Jean d'Albret en 1512 avait fait envahir la Navarre par Ferdinand d'Aragon. Personnage hésitant et falot, il se laissa vite dominer par Condé. Prince téméraire et ambitieux, ce dernier est de tous les complots, participe à la conjuration de la Renaudie et à la folle équipée d'Amboise, tente de surprendre Lyon pour y constituer un Canton à la mode suisse, (Août 1560) pousse les États de Pontoise à instaurer une monarchie constitutionnelle. Pour lui, représentant de la branche cadette, la Réforme n'est qu'un moyen de conquérir le trône. Après l'édit de Janvier et le massacre de Vassy, il est proclamé *protecteur général des églises de France* et prépare ouvertement la guerre civile.

Dans l'ensemble du pays, il est suivi par environ 2.000 gentilshommes pour la plupart jaloux des richesses de l'Église et dont l'influence locale a gagné certaines régions à *l'évangile*. C'est le cas de son frère François de la Rochefoucauld à Poitiers, de François d'Andelot frère de Coligny à Nantes, de Marguerite de France mariée au Duc de Savoie à Bourges, du Prince d'Orange dans son fief, de Jeanne d'Albret en Béarn. Oubliant sa mission, qui est de défendre le royaume contre les entreprises de l'étranger, la noblesse divisée apporte son épée à la guerre civile.

UN FOSSÉ SE CREUSE ENTRE GENS DE ROBE ET DE FINANCE ET TIERS ÉTAT

Au sein du Tiers État, c'est la guerre sociale qui, à plus au moins longue échéance, se prépare. Entre l'oligarchie financière et marchande appuyée sur une clientèle privilégiée de gens de robe, et la classe moyenne, bourgeoise et artisanale, grossie des gens du commun, un fossé de plus en plus profond se creuse.

Une classe de gros marchands, détenteurs des capitaux monétaires, s'est constituée. Quelques familles s'en détachent : les Poncher, les Briçonnet, les Beaune (Semblançay) à Paris et à Tours, les du Peyrat à Lyon, les Pincé à Angers, les Bonald et les Vigouroux à Rodez, les Roquette et les Assézat à Toulouse. Liées entre elles par mariage, (Briçonnet, Semblançay. Gaillard, Robertet, Bohier) elles contrôlent l'administration des finances et, grâce à leur compétence et à l'appui des gens de robe, s'emparent du Gouvernement des villes d'abord dans le Midi, puis dans les capitales, Lyon. Rouen, Paris, et dans le Nord.

Tandis que la bourgeoisie moyenne souffre du lourd fardeau des taxes, particulièrement intolérable en Normandie et en Languedoc, et de la perte des débouchés consécutive à la guerre, un 4$_e$ État naît, aux États de 1558, l'État de Robe, gens de Justice et de Finance, acquéreurs des charges, que la monarchie met à l'encan. Le nombre des Conseillers au Parlement est tel qu'ils siègent par semestre. Bailliages et sénéchaussées sont doublés par des présidiaux. Avocats et procureurs fourmillent dans les mêmes proportions. Même situation dans les finances, à la Cour des Aides, à la Chambre des monnaies. On dédouble les receveurs et trésoriers en deux équipes, l'une pour les années paires et l'autre pour les impaires. Le nombre des *élus* chargés de la répartition des impôts est doublé ou triplé. La vénalité des offices fait de l'administration de la Justice et des Finances une foire publique mi le trafic des fonctions est officiel et l'abus des *épices*, dons, cadeaux et autres menus pots-de-vin légitime. Elle détourne enfin une partie de la bourgeoisie d'activités économiques infiniment plus utiles à la société.

BRIMADES CONTRE CORPORATIONS ET CONFRÉRIES

C'est encore par la création d'offices que le pouvoir central manifeste son ingérence dans la vie des métiers, créant des percepteurs de taxe, des jurés chargés du contrôle, des courtiers spécialisés, dont les fonctions sont octroyées moyennant finances. Un tel pullulement d'intermédiaires administratifs entraine la hausse des prix, la formation de monopoles, une tendance à rogner les salaires pour défendre le profit et la multiplication des procès.

Dispensé de toutes ces mesures tatillonnes, un secteur créé en dehors du cadre corporatif et principalement aux mains des étrangers bénéficie d'un privilège de fait. Il comprend les mines, la métallurgie, la verrerie, les textiles, la papeterie, la savonnerie, les constructions navales. Dans cette économie pré-capitaliste, les groupes concessionnaires, formés de bailleurs de fonds italiens ou de seigneurs, de drapiers et de marchands, font face aux communautés ouvrières.

L'action personnelle du souverain contribue à saper les prérogatives des corporations en accordant des lettres de maîtrise non seulement aux artistes et artisans étrangers, mais aussi à des gens qui sans apprentissage, sans examen, et sans chef d'œuvre, les acquièrent de leurs deniers. Cependant l'autorité royale s'attaque directement aux confréries, sociétés d'entre-aide et d'assistance dont l'action complète celle des corporations. Dès le 28 juillet 1500, le Parlement de Paris s'était opposé à la création de nouvelles associations fraternelles. Prenant prétexte de réduire les frais de réception et de banquets, l'édit du 15 mars 1524, confirmé par celui de Villers-Cotterets de 1539, interdit les confréries dans tout le royaume. La riche et puissante corporation des drapiers protesta tant que deux ans plus tard la mesure fut rapportée en ce qui la concernait. Les autres, si nécessaires, renaquirent en dépit des ordonnances de plus en plus sévères de 1560, 1566, et de 1576-79.

Cependant, les conditions de vie n'avaient cessé d'empirer pendant toute cette période. Le pouvoir d'achat était tombé de 100 en 1330 à 65 en 1480, 30 en 1550-60, et 16 en 1598 et les salaires n'avaient pas suivi. Entre les revenus de la classe marchande du 4_e État et ceux des artisans et ouvriers l'écart n'avait cessé de grandir. Dans le même temps, des ordonnances royales excluaient les travailleurs manuels, les *gens mechaniques* comme on les appelait à l'époque, des conseils de ville c'est-à-dire en fait de l'administration communale, puisque les assemblées générales tendaient alors à disparaitre.

Tandis que dans les campagnes les paysans profitent de la gêne de la noblesse pour se libérer de leurs entraves et s'enrichissent par la hausse des denrées, dans les villes au contraire le paupérisme augmente. La peste reparaît. L'insécurité est grande. Des émeutes se produisent. À Paris, en 1500, à propos du blé. En Juillet 1514 à Agen, les séditieux révoltés contre l'impôt, demeurent maîtres de la ville. Mais la révolte la plus symptomatique est la *grande Rebeine* de Lyon, en Avril 1529. Une trentaine d'agitateurs avaient été expulsés lorsqu'à l'instigation des ouvriers imprimeurs et teinturiers, une révolte fut déclenchée contre la cherté de la vie et les accapareurs de blé. On s'attaque au couvent des Cordeliers de l'Île Barbe, et on refuse de payer les dîmes. Sans attendre l'intervention royale, le Consulat de la ville réprime l'émeute et fait exécuter l'un des meneurs, Jean Mussy, qui s'était d'abord réfugié chez le Duc de Savoie. Ce n'est qu'une alerte. Les agitateurs se font la main.

D'autres mouvements se produiront plus tard, à l'instigation de l'Angleterre. En 1542, au moment où Henri VIII et Charles-Quint s'apprêtent à se partager les dépouilles de la France, les anciennes provinces des Plantagenêts commencent à bouger. Une révolte contre la gabelle se produit à La Rochelle ; à Bordeaux, le Lieutenant du Roi est massacré. De nouvelles émeutes contre la gabelle accompagnent en 1548 la seconde guerre contre l'Angleterre pour la reprise de Boulogne. Cependant dans l'ensemble, à Paris notamment, les corporations de métiers soutiendront vigoureusement la Ligue et se dresseront contre les Huguenots.

Devant la guerre civile qui s'organise, à la mort de Henri II (10 juillet 1559), Catherine de Médicis est impuissante. Sans convictions religieuses bien marquées, son tempérament l'incline à la modération. Exploitant son inquiétude de femme longtemps stérile, Marguerite d'Angoulême l'avait amenée à sympathiser avec les Réformés. Marguerite de France, sœur d'Henri II, Duchesse de Savoie en 1559, marquée de la même empreinte, exerce sur elle une réelle influence. Elle lui ménage des entrevues secrètes avec des représentants des protestants à Paris. C'est elle qui lui procure comme Chancelier, Michel de l'Hospital, son confident, connu pour ses tendances libérales. Mais Catherine n'a aucun goût pour le fanatisme de Jeanne d'Albret.

Elle souhaite restaurer l'unité dans la tolérance. Entre les deux clans qui se défient, elle s'efforce de créer un tiers parti qui lui permette de sauvegarder l'autorité royale en exerçant un rôle d'arbitre, mais elle est dépassée par les évènements et elle échoue. Ainsi la France paie le lourd héritage de François I_{er} par les horreurs et les massacres des guerres de religion, par la rupture de son unité spirituelle et par une fêlure sociale, grosse de conséquences pour l'avenir.

Sur un point cependant, l'objectif des *novateurs* n'a pas été atteint : Sa Majesté très Chrétienne n'a pas rompu avec Rome. C'est au *Défenseur de la Foi*, Henri VIII d'Angleterre, qu'il était réservé de le faire.

CHAPITRE V

TANDIS QU'HENRI VIII JOUE LES PONTIFES ET ROMPT AVEC ROME

En liaison avec Prague, John Wiclef sème la révolte religieuse en Angleterre — La guerre des Deux Roses décime la noblesse anglaise — Les parvenus Tudor, alliés aux marchands de la Cité et aux novateurs d'Oxford — Wolsey, corrompu et déçu, dresse Henri VIII contre Rome — La coquetterie d'Anne Boleyn l'emporte — L'honnête Thomas More sacrifié — Agent des banquiers de Venise et d'Anvers, Thomas Cromwell conduit Henri VIII au divorce et au patriarcat — Cromwell engraisse la gentry des dépouilles de l'Église — Son maître sacrifie Cromwell à ses désordres matrimoniaux — Sanglant bilan d'un règne — Détente jusqu'au mariage de Marie Tudor avec Philippe II.

Aux entreprises dirigées contre l'Église et la Papauté, l'Angleterre en ces premières années du XVIe siècle, offrait un terrain plus propice que la France. Depuis 150 ans déjà, l'hérésie y poussait ses racines. Elle avait engendré une grave agitation sociale. Accablée par le contre-coup de ses défaites en France, et déchirée par la guerre des *Deux Roses*, la noblesse féodale s'était entre-égorgée, entraînant dans un bain de sang le dynastie légitime. Poussé par une classe de parvenus sans scrupule, louchant avec avidité sur les biens d'Église, le roi, parvenu lui-même, tendait de plus en plus à faire figure de chef de l'Église.

EN LIAISON AVEC PRAGUE, JOHN WICLEF SÈME LA RÉVOLTE RELIGIEUSE EN ANGLETERRE

Dès la seconde moitié du XIVe siècle, John Wiclef, élève d'Ockham, et professeur de philosophie à Oxford, lié avec les futurs milieux *hussites* de Prague par des personnages de la suite d'Anne de Bohême, première femme du roi Richard II, s'était révélé l'un des précurseurs les plus hardis de la Réforme. Avec une habileté consommée, il profita de l'intervention intempestive du Pape Urbain V, qui avait osé réclamer à l'Angleterre 33 années d'arrérages du tribut promis au Saint Siège par l'infortuné Jean sans Terre, pour publier en 1378 un ouvrage contre l'Église *« De Ecclesia »*, dans lequel il niait le libre arbitre, opposait l'Assemblée des *élus* à la hiérarchie des prêtres, dénonçait (bien que cumulard de diverses prébendes) les abus du Clergé, et attaquait la Papauté. On le ménagea cependant, car dans un autre ouvrage *« De officio Regis »* il avait soutenu la théorie de indépendance du pouvoir souverain, considéré comme de droit divin, à l'égard du Pape. Plus hardis encore, certains de ses disciples, animateurs du groupe des *lollards*, s'inspirant de l'*Ancien Testament*, prétendaient rétablir l'observance du Sabbat et interdire la consommation du porc.

Toute cette agitation religieuse, soutenue par les *poor preachers*, avait bientôt dégénéré en révolte sociale ouverte. À la tête de cette Jacquerie, dont le chef était Wat Tyler, l'on retrouve un prêtre, disciple de Wiclef, John Ball, l,a levée d'une capitation impopulaire, destinée à financer la guerre de France, avait servi de prétexte à la rébellion qui s'était propagée dans 28 comtés du Sud-Est avant de déferler sur Londres, où les émeutiers décapitèrent l'Archevêque Sudbury, Chancelier, et s'emparèrent de la Tour. Pour apaiser les révoltés, le jeune Richard II dut leur proposer l'octroi de chartes municipales et le rachat des droits serviles. Promesses que le Parlement s'empressa de dénoncer dès que Wat Tyler put être abattu.

LA GUERRE DES *DEUX ROSES* DÉCIME
LA NOBLESSE ANGLAISE

Mais de l'épreuve la royauté était sortie humiliée, battue en brèche par sa noblesse, elle-même déchirée par une lutte de clans inexpiable. L'affaire avait commencé sous la minorité de Richard II, fils du Prince Noir et de la belle Jean Plantagenêt, âgé de sept ans à la mort de son grand père, Édouard III. Ses deux oncles. Jean de Gand, Duc de Lancastre, et Édouard Langley, Duc d'York, s'étaient partagés sa tutelle. Mais le fils de Jean, Henri Bolingbroke, exilé pour ses intrigues et soutenu par le Clergé et les bourgeois de Londres, s'était révolté contre Richard qui l'avait défait et fait prisonnier à Flint en 1399. L'usurpateur Lancastre avait occupé le trône sous le nom d'Henri IV (1er octobre 1399). Grâce à ses conquêtes en France, son fils Henri V consolida son trône tandis que les nobles se gorgeaient de butin sur le continent, laissant à une milice de tenanciers libres, les *yeomen*, le soin d'assurer l'ordre en Angleterre et de contenir les Écossais sur leur frontière. Mais le miracle de Jeanne d'Arc et le redressement national effectué par Charles VII sonnèrent le glas du clan des Lancastre et des Beaufort.

Pour comble de malheur, la dynastie illégitime se trouvait représentée par un souverain dont la lucidité était entrecoupée de fréquentes éclipses. Singulière revanche du destin. La défaite qu'un roi fou, Charles VI, avait jadis apportée à la France, la fille de ce même roi et d'Isabelle de Bavière, Catherine de France, l'apportait à son tour à l'Angleterre, en transmettant cette tare héréditaire à son fils Henri VI. Enfermée dans une forteresse du pays de Galles, mais consolée par un compatissant geôlier, elle avait ainsi donné le jour à Owen Tudor, l'ancêtre de la future dynastie. Henry VI, bien que son épouse Marguerite d'Anjou, de souche aragonaise et lorraine, fut aussi énergique qu'il était faible — mais étant française elle demeurait suspecte, — fut bien incapable de maintenir son autorité.

C'est ainsi que de 1450 à 1485 sous la rose rouge des Lancastre et des Beaufort, ou sous la rose blanche des York et des Neville, la noblesse féodale anglaise aussi cupide que cruelle s'entre-égorgera sans rémission. Aux défaites de France succédaient les soulèvements en Angleterre. À l'annonce de la capitulation de Rouen et de l'échec de Formigny (15 avril 1450), Richard d'York déclenche le premier. Un agitateur, Cade, marche sur Londres à la tête d'une horde de 20.000 paysans qui pillent les boutiques ; furieux, les bourgeois réagissent et les expulsent. Après la reddition de Bordeaux (23 juin 1451) nouvelle menace conjurée par la détention de Richard. Un mois après la défaite de Talbot à Castellon (17 juillet 1453). Henri IV perd ses facultés. Nommé *protecteur* ou régent du petit Édouard (27 mars 1454), Richard, poussé par son beau-frère Warwick, refuse d'abandonner ses pouvoirs quand le roi, l'année suivante recouvre la raison. Le 23 mai 1455 la noblesse lancastrienne subit un désastre à Saint Albans. Et le scénario recommence.

En 1459, Richard réclame la couronne, défait les lancastriens à Blare-heath et à Northampton, où le roi est pris (14 juillet 1460). Mais le Parlement n'accorde à Richard que le titre de *protecteur* et la reine en personne écrase son armée et le tue à Wakefield (30 décembre 1460). Le Parlement ayant proclamé roi Édouard IV (14 mars 1461), le 28 les deux clans en reviennent aux mains à Towton et Saxton. Bilan de deux jours de massacre : 36.000 cadavres dont 28.000 lancastriens, et le bain de sang continue devant la forêt d'Exham (8 mai 1463), à Nottingham, à Barnet où Warwick est tué, jusqu'à ce que le parti de Lancastre succombe à Tewkesbury le 4 mai 1471 ; le prince de Galles est assassiné, le roi Henri VI tué dans son cachot (23 mai).

Pour un temps, la confiscation des biens de leurs adversaires affermit le pouvoir des Yorkistes. Mais les excès de Richard III, qui usurpe le trône (22 juin 1483) et fait assassiner ses neveux, le conduisent au désastre de Bosworth (22 août 1485). Les Gallois vainqueurs, sous leur étendard au dragon rouge, portent sur le trône Henri Tudor, le petit neveu d'Owen. Par son mariage avec Élisabeth d'York, fille d'Édouard IV, Henri VII s'efforce à la fois de légitimer son usurpation et de réconcilier les deux clans.

LES PARVENUS TUDOR, ALLIÉS AUX MARCHANDS DE LA CITÉ ET AUX *NOVATEURS* D'OXFORD

Parvenu lui-même, le nouveau roi, avide et rusé, s'entoure de parvenus. Protégé par un efficace réseau d'espions contre les intrigues des Yorkistes, il sait ruiner par d'habiles mesures économiques et de sévères amendes les restes de l'ancienne aristocratie, de sorte qu'il devient le premier propriétaire du royaume — après l'Église qui possède un tiers des terres — et le principal créancier de la Cour. Les marchands de Londres, qui se sont tenus soigneusement éloignés de la guerre des *Deux Roses*, peuvent compter sur son appui : les Douanes ne constituent-elles pas les principales ressources du Trésor royal ? Or, l'activité commerciale avec l'étranger est en plein développement : avec les Flandres (Anvers, Bruges) liées par un traité de commerce de 1496, l' *» Intercursus Magnus »* ; avec l'Italie (Venise, Florence et Pise) et avec les villes hanséatiques.

Depuis la seconde moitié du XIVe siècle, l'on exporte non seulement les laines de la Compagnie de l'*Étape* mais aussi des draps bruts, fabriqués grâce aux mesures protectionnistes d'Édouard II et d'Édouard III, par l'entremise, de *mercant adventurers* et de banquiers comme les Frescobaldi de Florence, où les produits sont transformés en tissus de luxe. Soucieux de protéger les intérêts de la Cité, Henri VII apporte un soin particulier à la Marine marchande et à la Flotte royale.

Et ce souverain n'est pas moins ouvert aux idées nouvelles, défendues par son principal conseiller Richard Fox et le Chancelier Warharn. Archevêque de Canterbury, d'abord avocat, puis Ambassadeur en Bourgogne, dont le Palais de Londres, Lambeth House, devient le centre de la culture nouvelle *(New Learning)*. L'étoile la plus brillante de ce groupe est John Colet, fils d'un Lord-Maire, étudiant Florence, professeur de grec à Oxford, commentateur des épîtres de Saint Paul, qui s'efforce de transformer les méthodes pédagogiques de l'époque. Cinq ans avant Luther, il ose attaquer les abus de l'Église, avec d'autant plus d'audace qu'il se sent puissamment soutenu, le roi lui avant confié l'éducation de son fils.

Aussi l'avènement d'Henri VIII (26 avril 1509) ouvre-t-il aux humanistes anglais un avenir plein de promesses. Thomas More est nommé Shériff du Comté de Londres. Le futur auteur de « *L'Utopie* », publiée à Louvain en 1516, et son ami Colet appellent auprès d'eux Érasme, qui se voit doter d'un chaire à Cambridge. Grocyn et Linacre complètent le groupe, qui remet à la mode l'exégèse des textes sacrés, tandis que William Tyndale les popularise, en traduisant la *Bible* en anglais. Le jeune prince, riche de deux millions de livres amassées par son père, et dont la Cour rivalise avec les plus brillantes du temps, celles de Bourgogne et de Portugal, établit ainsi sa réputation de souverain éclairé.

S'il a hérité des York une certaine indolence et de son père le goût de la culture intellectuelle, Henri reproduit dans son tempérament le type gallois au poil roux de son ancêtre Owen Tudor, le fils du geôlier de la reine Catherine. Bouffi d'orgueil, il crève de peur à la moindre alerte contre son trône et sa personne, se sauve devant le révolte des apprentis de Londres (1er mai 1517), comme devant la *suette*, une grippe maligne. Il découvre alors — en faisant exécuter Buckingham par exemple, le 13 mai 1521 — sous une apparence volontiers débonnaire, une cruauté sans mesure accompagnée du plus bas cynisme.

Respectueux des dernières volontés de son père, soucieux de ménager l'alliance espagnole, et de ne pas laisser échapper une dot de 200.000 écus d'or, il avait épousé Catherine d'Aragon, mariée pendant quelques mois en premières noces à son frère aîné Arthur, mort le 2 avril 1502 et il avait accordé sa confiance à l'un des agents le plus actifs de la couronne, parvenu comme lui, intrigant et cupide, mais plein de ressources, Thomas Wolsey.

WOLSEY, CORROMPU ET DÉÇU, DRESSE HENRI VIII CONTRE ROME

Après avoir accompli une délicate mission auprès de l'Empereur Maximilien à Gand, Wolsey, fils d'un marchand de bestiaux d'Ipswich, et secrétaire de Fox avait connu un avancement rapide : chapelain du roi en 1507, doyen de Lincoln, archevêque d'York (1514), Cardinal, Chancelier (1515), légat permanent en Angleterre de 1518 à 1529. Dans ses somptueuses demeures de Hampton Court et de Whitehall, plus tard Palais royaux, il mène la vie à grandes guides entretenant concubines et enfants, et servi par 800 domestiques. Sa rapacité est proverbiale : il fait argent de tout. L'armée anglaise prend-elle Tournai, après la dérobade des Français à la *journée des éperons*, Wolsey reçoit les revenus de la ville. Après l'exécution de Petrucci en Mai 1517, c'est à lui que reviennent les revenus de l'Évêché de Bath. Il empoche indifféremment les subsides du roi de France (2.800 livres) et ceux de l'Empereur. Il n'est pas de négociation qui ne lui rapporte. Sur la contribution de 1.700.000 écus *au soleil* reçue par l'Angleterre pour sa paix avec la France au traité de Moore (30 Mut 1525), il empocha une gratification de 130.000 écus. Il alla encore plus loin lorsqu'ers dissolvant 29 établissements religieux, il amorça lui-même la spoliation des monastères.

Afin d'obtenir l'appui de son maître dans ses ambitions vers la tiare, il soutient à fond la suprématie de la juridiction royale lorsque survient le scandale de la mort suspecte du libre-penseur Richard Horne, trouvé pendu dans sa cellule de la tour *Lollard* de Saint Paul, à la fin de 1514. À cette occasion, Warham et Fox quittent le Conseil, mais lui demeure et en récompense Henri VIII lui obtient le chapeau de Cardinal, avant d'appuyer sa candidature à la succession de Léon X (1er décembre 1521) par une distribution de 100.000 ducats au Sacré Collège, puis à celle d'Adrien VI (14 septembre 1523). C'est à cette occasion qu'Henri VIII écrit avec l'aide de Thomas More, l'*»Assertio Septem Sacramentorum »*, bruyante réponse aux attaques de Luther contre l'Église, dans la *« Captivité de Babylone »*. Paré du titre flatteur de *Défenseur de la Foi* en récompense de cette courageuse attitude, Henri n'enregistre pas moins l'échec de son candidat auquel les cardinaux préfèrent Jules de Médicis ou Clément VII.

Déçus dans leurs ambitions romaines, le souverain et son ministre continuent en Europe leur politique de bascule. Réduite à quelque trois millions d'habitants, l'Angleterre ne saurait imposer sa volonté ni à la France qui en compte 14, ni à l'Espagne qui en possède 8. Elle ne peut agir qu'en se plaçant en position d'arbitre. Henri VII l'avait déjà compris. Henri VIII et

Wolsey restent fidèles à cette politique. Louis XII se trouve-t-il en mauvaise posture au moment où il tente en vain de réunir un Concile à Pise, qu'une armée débarque en France. Mais Ferdinand d'Aragon ralentit sa pression après avoir occupé la Navarre, alors Wolsey se rapproche de la France et conseille à Henri de marier sa sœur Marie avec Louis XII. Vienne l'entrevue du Camp du Drap d'Or, la balance penche à nouveau vers Charles-Quint, mais les voix des 17 ou 18 cardinaux dont dispose l'Empereur s'étant portées sur Jules de Médicis, l'armée anglaise qui menaçait Paris s'arrête et fait demi-tour. Le refus de Charles-Quint d'épouser la Princesse Marie d'Angleterre et son mariage le 10 mars 1526 avec l'Infante de Portugal, riche héritière, sonnent le glas de l'alliance espagnole.

Ces fluctuations diplomatiques entraînent des répercussions matrimoniales dont la reine Catherine d'Aragon fait les frais. Soucieux de ne laisser échapper à la mort d'Arthur, son premier mari, ni la dot, ni le gage d'alliance avec l'Espagne qu'elle représentait, Henri VII avait décidé en 1503 ses fiançailles avec le nouvel héritier du trône. Bien que l'union de sa fille avec Arthur n'ait probablement jamais été consommée, la reine Isabelle de Castille, avant de mourir en 1504, avait obtenu du Pape Alexandre VI une dispense en vue de ce mariage. Quant à Henri VII, il avait réservé une porte de sortie à son fils en lui faisant signer une protestation contre ses fiançailles. Et jusqu'à son mariage, en 1509, Catherine avait vécu dans le plus sombre dénuement des années difficiles. Plus âgée de cinq ans que son royal époux, bien que sa beauté n'eut rien pour le séduire, elle lui donna beaucoup d'enfants dont seule la Princesse Marie survécut. Mais elle subit le contrecoup du dépit d'Henri et de Wolsey à l'égard de l'Empereur, de leur ressentiment contre l'Espagne et du rapprochement avec la France consécutif au traité de Moore (30 août 1525).

Dans l'entourage du roi, plus soumis que jamais à l'influence du groupe d'Oxford, Thomas More et autres, partisans de la paix, on сент poindre de nouvelles visées politiques et religieuses. Déçu dans ses ambitions pontificales, Wolsey nourrit un moment le projet de se proclamer patriarche et encourage son souverain à se considérer de plus en plus comme le chef de l'Église d'Angleterre. Au point de lui suggérer une union matrimoniale avec Marguerite d'Angoulême, veuve du Duc d'Alençon et protectrice des Réformés. L'alliance du groupe d'Oxford et de celui de Meaux : tout un programme ! Et voilà lancée du même coup l'idée du divorce.

LA COQUETTERIE D'ANNE BOLEYN L'EMPORTE

À la Cour, d'aimables compagnons formés à la culture italienne et aux manières françaises entourent le jeune souverain. Ils se nomment Francis Bryan, Thomas Wyatt et Georges Boleyn. Ces Boleyn ou Bolhen ou Boullan, des négociants en laine, liés avec la Hollande, comptaient un Lord Maire de Londres parmi leurs ancêtres. Thomas ayant été fait Chevalier par Richard III, son fils Georges fut reçu à la Cour après son mariage avec Élisabeth Howard, fille du comte de Surrey. Leurs descendants jouirent de la faveur continue et de la singulière fidélité d'Henri VIII qui eut successivement pour maîtresses, la mère d'abord, puis la fille aînée, Marie, avant de s'attacher à la cadette Anne, qui assurèrent la fortune de la maison.

Les deux filles avaient accompagné en France Marie, la sœur du roi, promise à Louis XII en 1514. Rentrée la première en 1520, Marie Boleyn bonne fille sans ambition sût plaire à son souverain, qui la maria ensuite à Georges Carey. Restée en France, auprès de Claude de France puis de Marguerite d'Angoulême, Anne reçut une éducation très poussée qui la prépara parfaitement à son rôle. Elle avait 20 ans en 1522 lorsqu'elle rentra en Angleterre. Brune piquante, elle attirait l'attention par l'éclat de ses yeux et la vivacité de son esprit. De 1523 à 1525, elle sut attiser la passion de Henri tout en lui résistant ; ce n'est qu'en faveur de quelques intimes, Henri Percy, futur Duc de Northumberland ou Francis Wyatt qu'elle se départissait de sa réserve. Redoutant son influence croissante, Wolsey, qui avait évincé Percy, tenta en vain de la marier.

De plus en plus épris, exacerbé par les coquetteries et les prudentes retraites de sa dame, Henri se sentit soudain après 20 ans de mariage tourmenté par sa conscience, qui lui reprochait de cohabiter avec celle qui avait été peut-être la femme de son frère. Une telle union n'était-elle pas formellement condamnée par le Lévitique ? La malédiction dont semblait poursuivie sa progéniture légitime — alors qu'il avait eu un fils d'une fille d'honneur, Élisabeth Blount — n'en étaitelle pas la preuve ? Divorcer lui paraissait un devoir, devoir politique, devoir religieux même, il s'en persuadait sans peine.

Alors commença cette longue procédure qui, habilement exploitée par des conseillers de sac et de corde, aboutit à la rupture avec Rome. En Mai 1527, Warham et Wolsey préparent le dossier. Après un premier échec de Knight (Février 1528), Gardiner et Fox au cours d'une 3e mission obtiennent du Pape Clément VII qu'une enquête soit menée par les Cardinaux Campeggio et Campana à Blackfriars, le 18 juin 1529. La reine refusant de répondre et l'Évêque Fisher se récusant, la manœuvre réduite à l'audition de ragots de serviteurs s'efforçant d'établir les relations de Catherine avec Arthur, dut être ajournée à la suite d'une intervention de Charles-Quint. Alors Wolsey, qui avait dénoncé Anne à Rome comme *une enragée luthérienne*, tomba en disgrâce. Il dut abandonner sa charge, en attendant de voir ses biens confisqués par le roi, qui le fit arrêter comme traître pour avoir violé le statut de *Praemunire* en tenant sa Cour de Légat en Angleterre. Il mourut à Leicester le 29 novembre 1530, sur le chemin de la Tour.

L'HONNÊTE THOMAS MORE SACRIFIÉ

Une nouvelle équipe s'installe, dans laquelle Thomas Cromwell s'empare du pouvoir, tandis que Thomas More prend, très provisoirement, les Sceaux. Idéaliste et pacifiste, il s'était associé à l'œuvre des novateurs en publiant à Louvain, en 1516, son *« Utopie »* singulier mélange de rêveries à la Platon et de conseils pratiques, voire cyniques, où se révélait l'expérience du syndic de Londres chargé de négocier à Bruges, en compagnie de Tunstall, un traité de commerce avec l'Espagne (1515).

Son livre lui avait été inspiré par un certain Raphaël Hytlodée à Anvers, centre international d'affaires où grouillaient les agitateurs de toute espèce. Il y décrit une société égalitaire, dont les chefs et le prince sont élus. L'institution du travail forcé en a éliminé la misère. La propriété individuelle y a été supprimée. Les repas s'y prennent en commun. On y pratique la tolérance religieuse, en rendant à l'Être suprême, sous le nom de Mithra, le culte dû à la nature, à qui appartient *le souverain empire de toutes choses*. Mais l'auteur est plus terre-à-terre, lorsqu'il prodigue des recettes de gouvernement, non plus à son Île imaginaire mais à l'Île britannique. Qu'on en juge : au point de vue économique, suivant la plus pure orthodoxie mercantiliste, faire rentrer grâce aux exportations une masse considérable d'or et d'argent. Ces espèces monétaires étant déposées au Trésor, on se chargera de les faire valoir financièrement en mettant en circulation des billets comme seuls moyens de paiement. En matière d'expansion coloniale, il énonce les principes suivants : *« Si les colons rencontrent un peuple qui accepte leurs institutions et leurs mœurs, les Utopiens forment avec lui une même communauté sociale, mais s'ils se heurtent à une nation qui repousse les lois de l'Utopie, ils la chassent de l'étendue du pays qu'ils veulent coloniser »*. Ne sera-ce pas plus tard le cas de l'Amérique ?

La guerre est cependant condamnable en soi. Le pacifisme consiste à ne s'y engager que si les négociants d'une nation amie, ont subi à l'étranger des vexations injustes, c'est-à-dire pour des raisons économiques, et à la soutenir, certes avec son argent, mais seulement avec le sang des autres. Les Utopiens louent donc les services de mercenaires *Zapoletes*. Ils commencent à les séduire par de brillantes promesses, puis les exposent aux postes les plus dangereux. *« Outre les Zapoletes, les Utopiens emploient encore, en temps de guerre, les troupes des États dont ils prennent la défense, puis les légions auxiliaires de leurs autres alliés, enfin leurs propres concitoyens. »* ... Avec le recul du temps, il semble que ces leçons d'un pur idéaliste n'aient pas été perdues.

Néanmoins, par son attitude intransigeante à l'égard de ceux qui s'ingéniaient à détruire l'unité chrétienne en provoquant la rupture avec Rome, Thomas More mérite le respect. En 1532, il rejette la limitation des pouvoirs des évêques et se démet de ses fonctions. Lorsqu'il refuse de reconnaître le Roi comme Chef Suprême de l'Église d'Angleterre, on l'interroge à Lambeth House, on l'incarcère à la Tour, et en Juillet 1535, la hache tranche cette tête vénérable qui a refusé de s'incliner devant l'arbitraire royal. En même temps que lui périt l'évêque Fisher, qui avait préalablement échappé à une tentative d'empoisonnement.

AGENT DES BANQUIERS DE VENISE ET D'ANVERS, THOMAS CROMWELL CONDUIT HENRI VIII AU DIVORCE ET AU PATRIARCAT

Promu Chancelier de l'Échiquier le 12 avril 1533, Thomas Cromwell était à présent bien placé pour mener à bien son programme de démolisseur. Fils d'un cardeur de laine de Putney, connu pour son ivrognerie, ce jeune vaurien avait dû s'exiler pour échapper à la justice de son pays. On le retrouve à Florence, où il sert comme mercenaire contre les Français avant d'être chargé par le banquier Frescobaldi d'une mission à Anvers. Dans cette riche cité cosmopolite, il devient le commis de *marchands anglais*. Puis il retourne en Italie, comme comptable chez un trafiquant vénitien, d'où il gagne Rome, puis les Pays-Bas, à Middlebourg en Zélande, avant de reparaître à Londres, à vingt-sept ans en 1512, comme courtier et agent d'affaires. Son mariage avec une riche veuve, dont le père est négociant en laine, lui procure les moyens qui lui manquaient.

C'est en prêtant de l'argent à des gens de la maison de Dorset et de l'Archevêque Warham, qu'il parvint à s'introduire chez le Cardinal Wolsey (1514), qui l'employa comme procureur, intendant de l'Archevêché d'York et finalement comme inspecteur des ordres mineurs dont la dissolution devait permettre la fondation de nouveaux collèges à Ipswich et à Oxford (1525). Mors, le duc de Norfolk, oncle d'Anne Boleyn, qui s'apprêtait à enlever à Wolsey le contrôle des services secrets, s'attacha le concours de Cromwell. Il lui obtint un siège au Parlement, comme représentant de Taunton, lui fit poursuivre des études de droit à Gray's Inn et l'introduisit auprès du roi comme secrétaire. Le drôle se trouvait à pied d'œuvre pour réaliser sa mission : rompre avec Rome ; soumettre l'Église d'Angleterre à l'arbitraire royal en brisant les résistances de sa hiérarchie, en réformer les dogmes, en confisquer les biens.

Certes les richesses de l'Église sont alors impopulaires, mais aucun courant profond ne pousse le pays vers la Réforme ; la tradition des *lollards* ne suscite plus guère de martyrs. Le mouvement vient d'ailleurs, l'action de Cromwell et des Boleyn est inspirée de l'extérieur par les gens de commerce et de finance avec lesquels il est entré en rapport à Florence, à Venise et à Anvers. Ils opèrent en liaison avec les novateurs de France. En Angleterre, on joue auprès du roi de son désir violent d'épouser Anne, de la soif de domination qui le pousse à devenir le maître spirituel du royaume, et enfin de l'appât des richesses.

CROMWELL ENGRAISSE LA *GENTRY* DES DÉPOUILLES DE L'ÉGLISE

On mise aussi sur la cupidité des parvenus de la *gentry* et de la grande bourgeoisie marchande, qui, une fois compromis dans le partage des dépouilles du clergé, constitueront le plus ferme soutien du régime. Mais on redoute des réactions populaires, qui surviendront lors du soulèvement des comtés de Lincoln et d'York et du pèlerinage de grâce (1536). Afin de les prévenir, Cromwell, s'inspirant des méthodes italiennes, implante un réseau policier partout présent *« dans les tavernes, les églises, les moulins, les fermes, les forges des campagnes et dans les villes, sur le seuil des boulangers, tailleurs, marchands de chandelle, au coin des rues, des ponts, des enclos, sous les porches et sur les bateaux »* (Richings p. 130). La terreur policière et l'appel aux mercenaires étrangers, permettront de briser les résistances.

Cromwell peuple les plus hauts postes de l'État de ses créatures : à Thomas More, exécuté succède Thomas Audley (1532) et à la mort de Warham (Août 1532), Thomas Cranmer, chapelain du roi, est promu archevêque de Canterbury en Mars 1533. C'est un prêtre marié qui étudiant la doctrine de Luther à Nüremberg a épousé la nièce du théologien Hosmer, il peut donc être très utile dans l'affaire du divorce, qu'il a désormais le droit de prononcer en qualité de Primat d'Angleterre. Après l'échec de la sixième mission à Rome, où Thomas Boleyn avait été envoyé, le Pape avait sommé Henri de comparaître à Rome, et riposté à la reconnaissance du roi comme Chef suprême de l'Église par le Parlement de 1531, par un refus solennel de consentir au divorce (début de 1532).

Alors le dénouement se précipite, Henri éloigne définitivement Catherine. Anne reçoit le titre de Marquise de Pembroke (1er septembre 1532), rejoint le roi à Hampton Court, et Cranmer régularise cette situation par un mariage secret (25 janvier 1533). Une cour réunie à Dunstable proclame la nullité de l'union du roi avec Catherine ; après quoi Anne est solennellement couronnée le 31 mai. Il était plus que temps. En voyant le jour le 4 septembre 1533, Élisabeth, la future reine, naquit encore deux mois trop tôt pour être considérée comme légitime, ce qui lui valut le surnom de *petite bâtarde*, sous lequel le rusé Chapuis. Ambassadeur de Charles-Quint, la désigne dans ses rapports.

Avec le triomphe des Boleyn, l'œuvre de réforme bat son plein. Le Clergé tout entier, accusé comme Wolsey d'avoir violé le statut de *praemunire* en permettant à la juridiction pontificale de s'exercer en Angleterre, se voit imposer une amende de 400.000 couronnes, et doit reconnaitre le roi comme *Protecteur et Chef Suprême de l'Église d'Angleterre*. Les Parlements de 1533 et 1534 aggravent ces mesures et déclarent la jeune Élisabeth, comme la seule héritière du trône. En 1535 les lois réprimant les crimes de haute trahison déclenchent les persécutions : les moines réfractaires de Charter House et de Sion, horriblement torturés, les évêques Fisher et Thomas More, dont la tête tranchée est exposée au pilori, ouvrent la voie à de nouveaux martyrs. Cependant de purs *évangéliques* pénètrent dans les évêchés : Latimer à Worcester, Shaxton à Salisbury, Édouard Fox à Hereford. Les loups sont maintenant travestis en pasteurs.

Sa tardive vocation ecclésiastique ayant porté Cromwell aux fonctions de *vicaire général du Chef Suprême de l'Église anglicane* c'est lui qui préside l'Assemblée, présente les évêques à l'élection et contrôle le Clergé. Mais il est surtout préposé à la liquidation des monastères. Le Parlement de 1536 en déclare 327 dissous et plus tard, en cinq ans, les 1200 monastères que comptait l'Angleterre sont confisqués et mis à l'encan, le dernier étant celui de Waltham (23 mars 1540). Coupables de résister les abbés de Reading, de Colchester, et de Glastonbury furent exécutés. La *Cour des augmentations des revenus de la Couronne* (*sic*) se garda bien d'en attribuer les ressources à des œuvres de bienfaisance. Fidèle au programme tracé, elle les liquida à vil prix, ce qui rapporta tout de même un million et demi de livres au Trésor. Les 2/3 des terres allèrent aux prébendiers qui se précipitèrent à la curée : banquiers, marchands, *yeomen*, les plus fermes soutiens des parvenus Tudor.

Parallèlement à la liquidation des biens de l'Église se poursuivait l'épuration de la liturgie et du dogme. L'évêque Latimer déclencha en 1536 la lutte contre les *images* avec les *injonctions* de Cromwell elle s'étendit aux reliques, aux offrandes, aux pèlerinages. En revanche la *Bible* traduite en anglais par Thomas Matthew, dans la version de Tyndale pour le *Nouveau* et de Coverdale pour la plus grande partie de l'*Ancien Testament*, dut être exposée dans toutes les Églises. La déclaration en 10 articles de 1536 ne conserva comme sacrements que le baptême, la pénitence et l'eucharistie. Mais le livre des évêques de 1537 revint à sept car dans l'intervalle 35.000 paysans des comtés de Lincoln et d'York révoltés à l'appel de Robert Aske ont tenu tête à Doncaster à 8.000 hommes de troupes royales commandés par Norfolk. Alors, le statut des Six articles de 1539 fit de telles concessions que Cranmer fut contraint de quitter sa femme et que Latimer et Shaxton démissionnèrent.

Henri VIII, excommunié à la suite de l'exécution de Thomas More et de Fisher, redoute en effet qu'à l'instigation du Pape, une coalition de l'Empereur et du roi de France ne se forme contre lui. Et voici maintenant que l'Œuvre dévore successivement ses ouvriers. Anne Boleyn, la première menacée, est abandonnée par son parti. À la suite d'une fausse-couche, le roi a acquis la conviction qu'elle non plus ne peut lui donner d'héritier mâle. Il se détache d'elle, qui pour éviter le pire, lui tolère une maîtresse de son choix, Miss Shelton. Survient la mort subite de la Reine Catherine (6 janvier 1536) ; l'ambassadeur Chapuys raconte que l'embaumeur a découvert son cœur tout noir. Le bruit se répand qu'elle a été empoisonnée. On accuse Anne, toujours fort impopulaire, d'avoir cherché à se défaire de sa rivale et de la Princesse Marie.

SON MAÎTRE SACRIFIE CROMWELL
À SES DÉSORDRES MATRIMONIAUX

Et voici qu'Henri s'amourache d'une sèche haquenée, Jane Seymour, qu'il installe avec ses parents au Palais. Prompt à deviner les désirs du maître, Cromwell tisse lui-même la trame qui perdra Anne Boleyn. Sur une dénonciation de Sir Thomas Percy, il torture le musicien Mark Smeaton pour lui faire avouer ses relations et celles de Norris, de Brereton et de Wyatt avec la reine. Le 2 mai 1536, Anne est conduite à la Tour, où Cromwell, Cranmer et Norfolk l'interrogent. Après un simulacre de jugement, auquel son père a la honte de participer, elle est exécutée le 15 mai 1536. Le lendemain, Henri, en blanc, épousait Jane Seymour. Déjà enceinte du futur Édouard VI, elle mourut en le mettant au monde (12-24 octobre).

Cromwell lui-même devait être la prochaine victime. Profitant des relations relativement bonnes de Jane Seymour avec les Impériaux et avec la princesse Marie, il avait tenté en vain d'amener cette dernière à reconnaître la suprématie religieuse de son père. Et jouant des craintes que son souverain avait d'une coalition pour conclure une alliance avec les Princes protestants d'Allemagne, il l'engagea à épouser Anne de Clèves (Décembre 1539), mais loin de sceller cette entente cette manœuvre ne scella que le sort de Cromwell. La Princesse était décidément trop laide. Henri l'épousa à contre-cœur, tout en cédant de plus en plus au charme de la nièce de Norfolk, la coquette Catherine Howard, âgée de 18 ans. Cromwell eut beau confisquer les biens des Chevaliers de Saint Jean de Jérusalem pour les donner en pâture au Moloch royal, Norfolk l'arrêta en plein conseil de 10 juin et le fit exécuter, malgré ses supplications le 28 juillet 1540. Henri s'empressa de confisquer ses biens et d'épouser Catherine Howard, après avoir dédommagé par une rente de 4.000 livres, Anne de Clèves, qui accepta le divorce, heureuse de s'en tirer à si bon compte.

Catherine Howard, assez mal vue des Réformés, fut la victime suivante. Dénoncée par un courtisan protestant pour ses infidélités avec le jeune Culpeper (Henri VIII qui selon Anne Boleyn n'avait jamais été un Casanova, était maintenant d'âge à jouer les Géronte), son intrigue se termina par la série d'exécutions habituelles (1er décembre 1541). Cette fois, le roi attendit jusqu'au 12 juin 1543 pour se remarier avec Catherine Parr, deux fois veuve, qui joua surtout vis-à-vis des héritiers royaux, la Princesse Marie, la jeune Élisabeth, le petit Édouard, un rôle de gouvernante et d'amie. Bien qu'apparentée aux Essex catholiques, elle professait des tendances résolument novatrices, cependant, « *Les Instructions de tout chrétien* » préfacées par Henri VIII en Mars 1543, marquèrent quelque recul sur les précédentes. Des concessions étaient en effet nécessaires pour faire face aux réactions catholiques qui se produisaient autant à l'intérieur — autour de l'évêque Gardiner — comme à l'extérieur : la convocation du Concile de Trente, le traité de Crépy entre l'Empereur et le roi de France, prélude possible à une invasion (Juillet 1544). Afin de prévenir cette attaque, Henri VIII s'empara de Boulogne, le 14 septembre 1544, Conquête éphémère et ruineuse pour le Trésor : la ville qui sera cédée deux millions de couronnes, en 1546, en avait coûté cinq.

Mais ayant ainsi fait la paix avec la France, Henri VIII, qui n'avait pas cessé de protéger Cranmer ni d'exercer sa vengeance contre Reginald Pole, réfugié en France et devenu Cardinal, en faisant exécuter sa mère la Comtesse de Salisbury et Lord Grey, tandis que le Cardinal écossais Belon avait péri sous le poignard des affidés du roi (1546) pouvait reprendre sa politique, en confisquant les biens des *chantreries*, des chapellenies, des hôpitaux et des œuvres corporatives de bienfaisance (1545) comme il l'avait fait des monastères.

Tombé sous l'influence d'Hertford et Lisle, le souverain propose d'abolir la messe. Pour eux, Norfolk parait trop modéré. Les imprudences de langage de son fils, Surrey, suffisent à éveiller la crainte des complots toujours latente chez Henri. Le 19 janvier 1547, on exécute le soi-disant conspirateur. C'est à la mort du roi, survenu le 28 janvier, que Norfolk, condamné ce même jour, dut d'échapper au billot qui n'épargnait pas le plus fidèle serviteur de la couronne.

SANGLANT BILAN D'UN RÈGNE

Ainsi prenait fin un règne sanglant dont le bilan-prix de la rupture avec Rome s'établissait comme suit. En vies humaines : 2 cardinaux, 18 évêques, 13 abbés, 575 prêtres, 50 docteurs, 12 lords, 20 barons, 335 nobles ; 124 bourgeois ; 110 femmes de condition, dissidents de toute classe sociale et de toute confession, des catholiques aux anabaptistes immolés sur l'autel du pontificat national et du Veau d'or. En exactions financières : après avoir dilapidé les fonds provenant de la confiscation des biens des monastères d'abord, de ceux des *chantreries* ensuite, le souverain a alimenté son trésor en dépréciant la monnaie. Conséquence : entre 1 500 et 1560, les prix ont plus que doublé, le coût de la vie presque triplé. En désordres sociaux enfin : enrichissement d'une classe de petits gentilshommes, les *squires*, de tenanciers libres, les *yeomen* et de marchands acquéreurs des biens du Clergé, qui clôturent leurs propriétés pour se consacrer à l'élevage, plus rémunérateur, au détriment des paysans réduits à de maigres salaires fixés par le Parlement, lorsqu'ils ne sont pas jetés à la rue, où ils rejoignent les 5000 moines, les 1600 frères, les 2000 nonnes expulsés de leurs cloîtres. La confiscation des biens des guildes corporatives et le limitation des salaires des artisans vont aggraver encore ces mesures anti-sociales et développer à tel point le chômage et la mendicité qu'une loi des pauvres deviendra bientôt nécessaire.

La minorité d'Édouard VI, enfant malingre de neuf ans, livre en effet le Pouvoir à une clique de luthériens sectaires et rapaces, dominée par les Seymour, les Dudley et dont les exactions font pâlir celles du règne précédent. Falsifiant le testament d'Henri, Hertford se proclame *Protecteur* c'est-à-dire Régent et Duc de Somerset. Tandis que les évêques de Winchester et de Londres, Gardiner et Bonner, prennent le chemin de la Tour, Cranmer rappelle Latimer, invite l'allemand Bucer à professer à Cambridge et sollicite les conseils de Calvin. On abolit les Six articles, on autorise le mariage des prêtres, on prohibe les *images*, on impose un livre uniforme de prières strictement protestant (9 juin 1549)... On supprime les associations, guildes, collèges ou fraternités de métier à caractère religieux.

C'en est trop. Pour des raisons sociales autant que politiques les paysans du Norfolk et de six comtés de l'Ouest dont le Devon et la Cornouailles, se révoltent. John Dudley, Comte de Warwick, les écrase avec une armée de mercenaires (Juillet-Août 1549), puis il renverse Somerset en Décembre, l'envoie à la Tour, le fait exécuter (22 janvier 1552) et reprend les persécutions. Sous l'influence de l'évêque Hooper, de John Knox et des chefs protestants suisses, le nouveau Protecteur, devenu Duc de Northumberland, fait arrêter l'évêque Tunstall, promulgue une confession de foi en 42 articles de tendance radicale (la présence réelle est rejetée ; il n'y a plus ni messe, ni autel, une simple table, ni ornement) pour la rouvrir en 1553.

Mais la mort précoce du faible Édouard, épuisé par le surmenage intellectuel (6 juillet 1553) déjoua les plans des Réformés. Northumberland eut beau dissimuler pendant quelques jours le décès pour proclamer Jane Grey, petite-fille de la sœur d'Henri VIII, qu'il venait de marier à son 4e fils, ses partisans se dispersèrent à l'approche de la Princesse Marie, héritière légitime d'Henri et de Catherine d'Aragon, qui fit sans opposition son entrée dans Londres.

DÉTENTE JUSQU'AU MARIAGE DE MARIE TUDOR AVEC PHILIPPE II

Suivant en cela les conseils de prudence de l'ambassadeur de Charles-Quint, Renard, Marie sut faire preuve d'abord de mansuétude et de tolérance. Northumberland paya seul de sa vie sa folle équipée, Jane Grey fut épargnée. Dans un pays demeuré catholique dans la proportion de 75% le rétablissement de la messe et du célibat des prêtres ne rencontra aucune opposition. Seuls, les réfugiés protestants, flamands, français allemands au nombre de 15.000 s'agitaient à Londres. Sous le règne d'Édouard VI l'Angleterre leur avait été ouverte comme une Terre Promise. Marie les bannit. Ils s'en vengèrent en déclenchant contre elle une campagne de libelles, prélude aux futurs déchaînements de la *conscience universelle*. Par contre, les possesseurs de biens ecclésiastiques, reçurent l'assurance que le *statu quo* serait respecté. Cette politique modérée de restauration religieuse ne provoqua pas de réelle opposition : le Parlement accepta même en 1554 la réconciliation avec Rome (à l'unanimité à la Chambre des Lords et avec un seul vote hostile aux Communes) de sorte que le Cardinal Reginald Pole rentra comme Légat en Angleterre le 30 novembre 1554 et put accorder l'absolution pontificale.

Ne se sentant pas très forte sur le terrain religieux, l'opposition préféra jouer des sentiments nationaux des Anglais exacerbés contre l'Espagne. Dans l'intervalle ses chefs, se cachèrent et s'efforcèrent de conserver dans leurs mains quelques leviers de contrôle afin de mieux protéger Élisabeth, principal atout de leurs intrigues futures. Officiellement, l'évêque catholique Gardiner contrôlait en tant que chancelier le service secret de la Couronne. Mais son directeur, William Cecil, Secrétaire d'État tout dévoué à Édouard Seymour, Duc de Somerset et protestant convaincu, réussit à conserver son poste et employa ses agents à la défense des intérêts d'Élisabeth, tandis que l'ambassadeur de France, Duc de Noailles, l'incitait à épouser Courtenay.

C'est alors que la Reine Marie, préoccupée de donner un héritier à la couronne, écoutant les conseils de l'ambassadeur d'Espagne Renard et de Luis Vives, son précepteur comme celui du Prince, décida d'épouser Philippe II. Une erreur tragique. Alors qu'elle était déjà sur le trône, le Parlement s'était opposé à tout mariage espagnol. En vain Philippe essaya-t-il de gagner à sa cause la *gentry* on amenant à la Tour, ostensiblement, de grandes quantités d'or et en faisant miroiter de fructueux avantages commerciaux avec les Pays-Bas. Excitée par les ambassadeurs de France et de Venise, la haine des Anglais contre l'Espagne fut la plus forte. Suffolk appela les Midlands à la révolte, comme Carey le Devon, et Sir Thomas Wyatt amena les Réformés du Kent et du Sussex jusque sous les murs de Londres. Mais le mouvement échoua et la répression commença : Wyatt et Jane Grey furent exécutés, Élisabeth incarcérée à la Tour, et plus tard reléguée à Woodstock. Mais, après une fausse-couche, Philippe II s'étant convaincu que Marie ne pourrait pas avoir d'héritier, libéra Élisabeth dans l'espoir de la marier à son général, Emmanuel Philibert de Savoie, afin de couper à Marie Stuart la route du trône.

Alors, une persécution religieuse prolongea cette répression politique. La Reine, traquée dans sa jeunesse, abandonnée par son mari et vieillie prématurément, ne sut pas résister à la vague de vengeance qui submergeait le pays. À l'instigation de Gardiner et de Bonner, eux-mêmes victimes des Réformés sous Édouard VI et poussés par le Légat Reginald Pole, le statut du Parlement du 20 janvier 1555, déclencha la *punition des hérétiques*. Les uns après les autres, les chefs protestants périrent sur le bûcher : Hooper, Taylor, Saunders, Rogers, suivis de Ridley de Latimer et de Cranmer le 21 mars 1556. Ces exécutions, au nombre de 277, dont 102 pour le seul évêché de Londres, ont valu à Marie Tudor le surnom de *Marie la Sanglante*. Son père Henri VIII, qui en comptait 1259 à son actif, aurait mieux mérité ce qualificatif. L'histoire officielle bonne fille le lui a épargné, estimant sans doute qu'elles s'étaient exercées *dans le bon sens*.

La maladresse du Pape Paul IV (Caraffa), ennemi juré de l'Espagne, qui proféra des menaces contre les détenteurs de biens ecclésiastiques, et l'intervention des troupes anglaises en France, imposée par Philippe II et aboutissant au cruel désastre de la prise de Calais par le duc de Guise, compromirent définitivement l'œuvre de restauration catholique en Angleterre. À la mort de Marie (17 novembre 1558) la voie était largement ouverte aux Réformés. Sous le règne d'Élisabeth ils allaient y disposer d'une base solide pour leur action en Europe.

Charlemagne
Charles Ier le Grand Carolus Magnus
(742 ou 747-Aix-la-Chapelle 814), roi des Francs (768-814), roi des Lombards (774-814) et empereur d'Occident (800-814).

Roi franc devenu le maître de l'Europe, Charlemagne fonda l'empire d'Occident au sein duquel s'élaborèrent les nations française, allemande et italienne. Figure tutélaire du monde chrétien de l'époque, il fit de son action au service de la foi l'essence même de sa politique.

CHAPITRE VI

LES PONTIFES JOUENT AUX ROIS...
ET SCANDALISENT LA CHRÉTIENTÉ

L'Église est femme : elle s'appuie sur le pouvoir temporel — Hildebrand et les Normands, instruments des PierLéoni contre l'Empereur — Un Pape converti, Anaclet II... et une République à Rome — Hiérarchie et démocratie aux prises : Cluny et Citeaux — Croisades et contacts ésotériques entre Templiers et Ismaéliens — Effondrement des prétentions du synarque Boniface VIII à l'Empire - Désordres du Sacré Collège et des Conciles — Pontifes ou Princes ? Humanistes, bâtisseurs et dépensiers — Des Papes rongés par des familles avides — Des Papes plus politiques que pasteurs — Défenseurs de la Chrétienté contre les Turcs — Les Papes, mangés par les Cardinaux, demeurent sans force contre l'hérésie.

Tandis que les souverains jouaient aux Pontifes, les Pontifes, déchus de leur rôle d'arbitres du monde chrétien, s'exerçaient à celui de souverains, sur le plan restreint de l'Italie. Leur prétention à la suprématie temporelle leur avait été fatale. En opposant le Pape et l'Empereur, selon le vœu des ennemis de l'Église, elle avait eu pour unique résultat de diviser la Chrétienté.

L'ÉGLISE EST FEMME : ELLE S'APPUIE
SUR LE POUVOIR TEMPOREL

À l'exemple de Constantin son modèle, Charlemagne avait travaillé à l'édification de la *Cité de Dieu*, en réalisant l'unité dans la prépondérance de l'Empereur. Son œuvre ne lui survécut pas. La faiblesse sénile de Louis le Pieux, à l'égard de son infidèle épouse Judith, entraîna le morcellement de l'Europe, source de guerres incessantes, origine des nationalismes modernes.

L'Église suivit l'Empire dans sa décadence et ne fut restaurée qu'avec lui par Othon I$_{er}$, couronné le 2 février 962. L'ordre revint dans les évêchés et les monastères, et sous la protection des armes impériales la conversion des marches orientales put être reprise par les missionnaires. Grâce à la parfaite entente, régnant entre l'Aquitain Gerbert, devenu le Pape Sylvestre II et l'Empereur Othon III, l'union des peuples chrétiens parut un moment retrouvée sous la direction commune de leurs chefs spirituel et temporel (999-1003), malgré les intrigues et les révoltes des Crescenzi.

Mais de nouveau les désordres de l'Église menacèrent la Chrétienté et contraignirent l'Empereur à intervenir. Trois Papes avaient été simultanément élus : Benoît IX (des comtes de Tusculum, élu à 12 ans en 1032, déposé en 1044, réélu et redéposé de Mars à Mai 1046) ; Sylvestre II (romain, de Janvier à Mars 1045) et Grégoire VI (1045). Ce dernier, Giovani Graziano, se disant réformateur, n'en avait pas moins acheté la tiare à Benoît IX, grâce à l'appui de son parent Baruch, banquier de la Papauté converti sous le nom de Benoît Chrétien, souche de la famille PierLéoni (1er mai 1045). Henri II, appuyé par Odilon, de Cluny, obtint du Concile de Sutri, le 20 décembre 1046, que les 3 antagonistes soient déposés en faveur de Clément II. Une mort prématurée ayant interrompu l'œuvre de ce dernier, l'empereur consentit à l'élection de Bruno (de Egisheim Dagsburg) évêque de Toul, sous le nom de Léon IX (1049-1054). Avec ce pontife, les moines lorrains, partisans avec Pierre Damien et Hildebrand d'une réforme profonde de l'Église, entraient en scène.

HILDEBRAND ET LES NORMANDS, INSTRUMENTS DES PIERLÉONI CONTRE L'EMPEREUR

Hostiles au *césaro-papisme*, leur action tendait à l'établissement de la suprématie pontificale. Champion de cette doctrine, Hildebrand l'exposa dans son *dictatus Papae* lorsqu'il ceignit la tiare. Ancien secrétaire de Grégoire VI, il l'avait accompagné dans son exil à Cologne, redevenu influent à la Curie, soutenu par Léon, fils de Baruch, qui élargissait son parti par d'opportuns mariages de ses coreligionnaires avec des patriciens, il agit d'abord par personnes interposées. En 1057, il assura l'élection — irrégulière par défaut de consentement de l'Empereur — du Pape Etienne IX, Fréderic Gozzelen, frère du Duc Godefroy de Lorraine (qui le nomma administrateur de l'Église) et le 24 janvier 1059, celle d'un autre protégé de ce prince, Nicolas III (Gérard de Bourgogne).

Toujours à son instigation, à Pâques 1059, le Concile de Latran prit deux décisions capitales : celle de réserver aux seuls cardinaux, choisis par les prêtres et le peuple parmi le Clergé romain, l'élection du Souverain Pontife, et celle d'interdire l'investiture laïque des évêques et des abbés qui dans la hiérarchie féodale détenaient cependant de leur suzerain direct leur pouvoir temporel. Ces décisions n'avaient été possibles que grâce à l'appui militaire de Robert Guiscard, chef des Normands d'Italie, qui s'était reconnu vassal du Saint-Siège, afin de faire légitimer ses conquêtes par le titre de Duc (*Traité de Melfi*, juillet 1059). À la mort de Nicolas II (27 juillet 1061), Alexandre II (Anselmo di Baggio évêque de Lucques) fut élu dans les mêmes conditions, tandis que l'Impératrice Régente, Ines, les Crescenzi et les Tuseulum soutenaient l'anti-pape Honorius II, plus tard déposé par le Concile de Mantoue en 1064.

C'est alors, que toujours sous la protection de l'épée normande, Hildebrand en personne, parvint au Pontificat après une élection scandaleuse (22 avril 1073). Une manifestation *spontanée*, aux obsèques de son prédécesseur l'a imposé aux cardinaux. L'un des buts de la Réforme, soulignons-le, était précisément de soustraire la Papauté à de telles factions de la noblesse et du peuple de Rome. Mais Hildebrand, ancien collaborateur d'un anti-pape à la fois réformiste et simoniaque, n'est pas homme à se laisser arrêter par de tels scrupules : *« Vox populi, vox Dei ! »* La voix populaire sera la voix de Dieu. Comme il n'est pas prêtre, il reçoit à la fois les ordres… et la tiare !

Grégoire VII développe alors son attaque contre l'Empire, affaibli par la minorité d'Henri 1V, et plus tard par la tentative de divorce de ce Prince. Lui, si tolérant à l'égard de Guillaume de Normandie qu'il avait vivement encouragé à conquérir l'Angleterre en 1066, se montre intraitable envers l'Empereur. Au synode de Rome (24-28 février 1075) il interdit aux souverains d'investir les évêques. Déposé par la Diète de Worms (24 janvier 1076) il excommunie Henri IV et le traîne à Canossa solliciter son pardon (25 janvier 1077). Mais, le 7 mars 1080, il l'excommunie à nouveau et lui oppose un rival, Rodolphe, tué le 5 octobre suivant. L'Empereur réplique alors en déposant le Pape à Mayence, en suscitant contre lui l'élection de l'archevêque de Ravenne, Guibert (Clément III) à Bressanone (Juin 1080), en attaquant Rome (22 mars 1081) où il pénètre le 3 juin 1083 dans la Cité et le 21 mars 1084 au Latran, tandis qu'Hildebrand se réfugie au Château Saint Ange, sous la protection de PierLéoni et appelle à son aide les Normands. Suivi de 6.000 cavaliers et de 30.000 hommes de pied, qui mettent la ville au pillage, Robert Guiscard le libère le 28 mai pour l'emmener à Salerne où il mourra le 25 mai 1085.

Les initiatives des Lorrains, qui s'affirment sous son règne, revêtent parfois une tournure des plus hardies. L'ordre des chanoines de saint Augustin, créé par Nicolas II et Grégoire, reprenant des projets conçus sous Louis le Pieux par Chrodegang et Amalaire de Metz, se signale particulièrement dans cet ordre d'idées. C'est ainsi qu'en 1083, Manegold de Lautenbach, prévôt des Augustins de Marbach, en Allemagne, ramène le pouvoir royal à un contrat avec le peuple, ce qui confère à ce dernier le droit de destituer le roi. Un Tiers Ordre va plus loin, qui vise à établir la communauté des biens.

Fort justement décrié de son temps, Hildebrand demeure pour l'histoire Grégoire VII *le Grand*. Ses prétentions à la suprématie temporelle, symbolisées par l'adjonction d'un cercle de couronne à la tiare ont entraîné cependant des conséquences désastreuses. Schisme d'Orient, provoqué le 16 juillet 1054 par l'intransigeance des Légats, Imbert de Marmoutier et Frédéric de Lorraine, à l'égard du Patriarche de Constantinople : Michel Cérulaire. Querelle des Investitures, jusqu'au Concordat de Worms (23 septembre 1122) et au Concile de Latran (1123) ranimée entre 1154 et 1177 par la lutte entre le Sacerdoce et l'Empire. Et pour finir, après 44 années de troubles à Rome, l'expulsion des Papes de la Ville Éternelle.

UN PAPE CONVERTI, ANACLET II… ET UNE RÉPUBLIQUE À ROME

L'influence des Pierléoni n'avait cessé de grandir. Fils de Léon, Petrus Léonis s'était vu confier la garde du château Saint-Ange par Urbain II (1088-1099), Il fut l'animateur du parti de Pascal II (1099-1118) et mourut (consul des Romains) le 2 juin 1128. Tandis que sa fille épousait le Normand Roger de Sicile, son deuxième fils, Pierléoni II, disciple d'Abélard (aryen de tendances) à Paris, nommé Cardinal par Pascal II en 1116, puis légat en France et en Angleterre, osa prétendre à la tiare. En vain, six cardinaux tentèrent-ils de le gagner de vitesse en élisant Gregorio Papareschi, sous le nom d'Innocent II (1130), il répliqua en enfonçant les portes de Saint Pierre et du Latran et en se faisant proclamer Pape, sous le nom d'Anaclet II par vingt-trois cardinaux. Ainsi un converti, resté fidèle à ses origines, occupa-t-il le Siège de Saint Pierre.

Réduit à se réfugier au palais Frangipani, Innocent II obtint cependant l'appui de saint Bernard de Clairvaux, et de saint Norbert de Magdebourg. En France, l'Abbé Suger et le roi Louis VI décidèrent le Concile d'Etampes à se prononcer pour lui. En Allemagne, le Concile de Wurzbourg fit de même. Et le Concile de Reims lui apporta l'adhésion des Églises d'Angleterre, de Castille et d'Aragon, à la fin de 1131. À la tête d'une armée, l'Empereur Lothaire pénétra à Rome, où il se fit couronner par Innocent II. Mais PierLéoni résistait au Château Saint-Ange et l'intervention de Roger de Sicile le délivra. L'année suivante, une nouvelle expédition impériale échoua de la même manière. De sorte qu'Anaclet II mourra le 25 janvier 1138, sur le trône pontifical. Son successeur le Cardinal Gregorio (de Tuscolum) Victor IV, se laissa cependant convaincre par saint Bernard de renoncer à ses prétentions (Mars-Mai 1138). Mais tandis que le deuxième Concile œcuménique du Latran annulait en

1139 les actes d'Anaclet II, le bouillant abbé, trop prompt à pardonner, incita Innocent II à faire montre de clémence à l'égard des PierLéoni.

Fatale faiblesse : le frère d'Anaclet, Giordano, qui préparait depuis 10 ans un mouvement révolutionnaire, le déclencha en 1143, supprima la préfecture urbaine, reconstitua le Sénat, et proclama la République romaine. En tentant de fuir sa capitale, le successeur d'Innocent II, Lucius II fut blessé mortellement. Élu en 1145, un humble moine, Bernard Paganelli, Eugène III, réfugié à Viterbe, parvint à affamer Rome et à négocier un compromis. Mais, provoqué par Arnaud de Brescia, à l'instigation d'Abraham Meir Ibn Ezra, de Tolède, qui séjournait à Rome depuis 1140, un sursaut de révolte le chassa à nouveau. Le 28 novembre 1149, un corps expéditionnaire français, envoyé par Louis VII, lui rouvrit la Ville Éternelle, Cette fois, Roger de Sicile, tournant casaque et décidé à contraindre les hétérodoxes à se convertir, renonça à défendre son beau-frère. Mais sept ans plus tard le pauvre Eugène se retrouva réfugié à Anagni, où il mourut (1153).

Après le pontificat éphémère d'Anastase IV (1153-54), le Cardinal anglais Nicolas Beakspeare, élu Pape sous le nom d'Adrien IV (1154-59) parvint enfin à dompter la révolte. Le Cardinal Guido ayant été blessé par les émeutiers, il jeta l'interdit sur Rome et fit appel à l'Empereur Frédéric Barberousse, qui s'empara d'Arnaud de Brescia (lui aussi disciple d'Abélard), et le fit pendre à Rome (1155).[9]

Tels furent les fruits amers de la *Réforme* soi-disant destinée à libérer la Papauté de l'influence impériale et des rivalités de la noblesse italienne, le bilan négatif de son promoteur Hildebrand, grand diviseur de la Chrétienté. L'explication de la singulière bienveillance des historiens à son égard nous est peut-être fournie par Darmestetter qui soucieux d'engager l'Église dans la voie des Prophètes, loue le moine Hildebrand d'avoir fait contracter jadis à celle-ci un *bail de vie* avec les puissances occultes et le cite en exemple dans l'un de ses *essais* (1892).

Hiérarchie et démocratie aux prises :
Cluny et Citeaux

Son œuvre de division, Grégoire VII l'avait poursuivie jusqu'au sein du mouvement monastique. L'ordre de Cluny était authentiquement acquis à la Réforme, mais dans l'union des pouvoirs. Hildebrand s'employa à y susciter des dissidences. En Allemagne, son légat Bernard de Marseille encouragea Guillaume, abbé d'Hirschau, à en détacher 150 communautés qui combattirent l'Empereur dans la querelle des Investitures. En France, une scission provoquée à Molesmes par le Champenois Robert, supérieur désigné par Grégoire VII, aboutit à la création de l'Abbaye de Citeaux (les Roseaux) sous la protection d'Hugues de Champagne en 1098. La nouvelle fondation périclitait lorsqu'en 1112 Bernard de Clairvaux la réorganisa. L'austérité farouche et l'ardeur mystique de prophète du futur Saint Bernard donnèrent à l'institution un grand rayonnement et l'orientèrent vers l'étude de l'hébreu et la recherche des doctrines ésotériques du Temple de Jérusalem.

Engagés à fond, dans la voie tracée par Grégoire VII et les *Lorrains*, les moines blancs de Citeaux établirent partout le principe de l'élection : élection des prieurs par les moines, du grand Abbé par le chapitre général, du Pape par les seuls Cardinaux. Leurs tendances à l'ascèse et à la contemplation s'opposaient à celles des moines noirs de Cluny, ordre fondé le 11 septembre 910 par Guillaume d'Aquitaine et des Chevaliers bourguignons, fortement hiérarchisé, dont les grands Abbés, selon un excellent principe, désignèrent eux-mêmes leurs

---

[9] On trouvera une étude approfondie de ces troubles dans *« Complots contre l'Église »* de Maurice Pinay.

successeurs jusqu'en 1109. Cette continuité, le souci constant de maintenir l'union entre le spirituel et le temporel, comme la paix entre les Princes, et de défendre l'art, la culture et la civilisation, avaient fait de Cluny qui groupait en 1100, 1.450 maisons peuplées de 10.000 moines, le grand héritier de l'entreprise carolingienne, le grand organisateur de l'Occident.

Sous son impulsion, de premiers croisés avaient fait reculer l'Islam en Espagne et consolidé la reconquête par un repeuplement alimenté notamment par le pèlerinage de Compostelle. L'élan donné, cette action proche de ses bases, se serait normalement développée vers l'Afrique du nord, avec cinq siècles d'avance, si l'effort de la Chrétienté n'avait été détourné vers le Proche-Orient par les grandes Croisades.

CROISADES ET CONTACTS ÉSOTÉRIQUES ENTRE TEMPLIERS ET ISMAÉLIENS

Ému par la grande pitié des pèlerins de Terre Sainte, comme par les appels à l'aide du *Basileus*, Alexis Comnène, un Pape clunisien, Urbain II, se laissa entraîner dans l'aventure (27 novembre 1095), dont une expédition normande avait déjà reconnu les voies en Asie Mineure. À la foi ardente qui animait la *Geste de Dieu par les Francs* se mêlaient de hautes ambitions et des intérêts plus terre-à-terre : espoir de réunir sous l'autorité du Saint-Siège souverains et féodaux, de caser les cadets de famille et de trouver un exutoire aux excès des barons, mais aussi désir moins avouable de briser la féodalité en l'endettant et d'exploiter le zèle des Croisés pour le plus grand profit des grands ports italiens. Mieux averti, le Grand Abbé de Cluny, Pierre le Vénérable, refusa de paraître à l'Assemblée de Vézelay, qui, le 31 mars 1146, préparait la seconde croisade, à l'instigation du Pape cistercien Eugène III et de Bernard de Clairvaux, fort imprudemment engagé depuis le début du siècle dans les affaires islamiques.

Menacés comme les Byzantins par la poussée des Turcs Seldjoukides, les Sultans fatimides du Caire avaient en effet encouragé les Croisés dans leur entreprise. Arabes de race, mais musulmans dissidents, appartenant au rite chiite, fidèle aux descendants d'Ali et à la secte ismaélienne pénétrée d'influences ésotériques et judaïques,[10] ces souverains *éclairés*, conseillés par de grands vizirs persans, nourrissaient de grands desseins universalistes auxquels ils s'efforçaient d'attirer les chrétiens. Dans des conditions fort suspectes, Bernard, auteur d'un « *Éloge de la Chevalerie nouvelle* », inspirée des *ribats* de l'Islam, avait accordé son patronage à l'Ordre du Temple[11] créé en 1119, reconnu en 1128, en pleine période de troubles de la Papauté.

Réplique chrétienne des *assacis* musulmans — les *assassins* du *Vieux de la Montagne* — gardienne comme eux du *Temple du Monde*, cette milice avait combattu vaillamment les Turcs, mais en ménageant les Arabes, ses *frères de mission*. Par son double jeu et ses fâcheuses interventions elle compromit trop souvent la diplomatie des croisés, sabotant notamment la conversion des Mongols — *cette chance de l'Occident* — et contribua puissamment à l'échec final des établissements chrétiens de la Terre Sainte. Dernier point d'appui, Saint Jean d'Acre tomba en 1299. Retirée à Chypre, siège de son Conseil secret, la milice du Temple consacra les

---

[10] D'abord Vizir du Calife Almoutadhid (892-902). Obeid Allah, fils d'une juive, fondateur de la dynastie en 909, iman messianique (ou madhi) s'était attaché comme conseiller Isaac Ben Soleiman Israeli (845-940) et avait ouvert aux Juifs les emplois publics.
Ismaïl El Mansour, son second successeur, appela à ses côtés comme médecin et astrologue, Abousahal Dounasch, de Mésopotamie (900-980).
Lorsque Hakim voulut rétablir en 1008-1010 les restrictions jadis imposées aux Juifs par Omar en 638 et prétendit les expulser en 1014 il périt assassiné en 1020.
[11] Dont l'un des fondateurs André de Montbard était son oncle maternel.

énormes ressources financières dont elle disposait — et dont plus rien à présent ne justifiait l'existence — à préparer en France d'abord, en Europe ensuite, le renversement des trônes. Gagné de vitesse par Philippe le Bel, l'Ordre entraîna dans sa chute (1307-1311) son allié Boniface VIII.

EFFONDREMENT DES PRÉTENTIONS DU *SYNARQUE* BONIFACE VIII À L'EMPIRE

Après avoir poussé à l'abdication Célestin V — l'ermite Pierre Morrone — imprudemment engagé avec les franciscains dits *spirituels* dans l'entreprise visionnaire du cistercien Joaquin de Flore, qui avait annoncé pour 1260 l'avènement de l'ère du Saint-Esprit, Benoît Gaëtani s'était élevé au pontificat, grâce à l'appui de Charles d'Anjou. Ambitieux et tyrannique, Boniface VIII (1294-1303) était acquis aux conceptions théocratiques les plus extrêmes, chargeant la tiare d'une troisième couronne, emblème du pouvoir politique, se pavanant au Jubilé de 1300 en costume impérial, brandissant les deux glaives. Ce César de carnaval, compromis dans les plus extravagants projets ésotériques, à tendance *johannite*, tels que la création d'un pontificat à trois têtes, au nom de saint Pierre, de saint Jean et de saint Jacques et de l'instauration de par le monde, sur les ruines des trônes, d'un régime de *synarchie* théocratique avait déconsidéré la Papauté. Pour avoir voulu briser les rois, il condamna ses successeurs à l'exil d'Avignon, qui dura 68 ans (1309).

Ces pontifes, diminués dans leur prestige, surent cependant renforcer leur autorité *intérieure*, tout en augmentant leurs moyens financiers. Aucun Concile n'avait été réuni depuis celui de Vienne, qui avait dissous l'ordre du Temple en 1311. Elu par les Cardinaux à la majorité des 2/3 imposée par le compromis de Venise avec l'Empire (1177) et le Concile du Latran de 1179, le Pape gouvernait seul par l'intermédiaire de ses bureaux. Son trésor ne cessait de se remplir. Impôt destiné à alimenter les Croisades, la dîme leur avait survécu. Tout était prétexte à contribution : *communs services* sur les prélats, *annates* sur les bénéfices mineurs, *vacants* sur les bénéfices sans titulaire, *droits de dépouilles* sur l'héritage des clercs défunts. Que le Pape Jean XXII, alchimiste, ami de Nicolas Flamel, soit ou non parvenu à fabriquer de l'or, il n'en laissa pas moins (4 décembre 1334) la somme énorme pour l'époque de 25 millions de Florins — quelque 5 milliards de francs 1958. Ces abus de la fiscalité pontificale suscitèrent les critiques acerbes de Guillaume d'Ockham, l'un des précurseurs de la Réforme.

À la suite d'une éphémère tentative de retour à Rome préparée par le Cardinal Albornoz sous Urbain V (1367-1370), Grégoire IX parvint à regagner la Ville Éternelle et à s'y maintenir (17 janvier 1377). Il mourut trop tôt cependant pour restaurer l'Église comme il le désirait (27 septembre 1378). Le virus électoral continua à miner le collège des cardinaux limité d'abord à douze membres au XIII$_e$ siècle, puis à vingt au XIV$_e$. Le mot savant *cardinal* a pour correspondant vulgaire *charnel* et comme chacun sait, la chair est faible.

DÉSORDRES DU SACRÉ COLLÈGE ET DES CONCILES

Le Sacré Collège marchande au futur Pape son élection au point de lui imposer, comme en 1352, d'*humiliantes* capitulations. Le grand schisme d'Occident déchire l'Église pendant 52 ans, deux dynasties pontificales s'opposent : celle de Rome, avec Urbain VI (1378), Boniface IX (1389), Innocent VII (1404), Grégoire XII (1406), et de nouveau celle d'Avignon, représentée par Clément VII et Benoît XIII (1394-1422). Un Concile réuni à Pise en Mars 1409 n'aboutit qu'à l'élection éphémère d'un 3e Pape, Alexandre V, faute d'avoir pu déposer les deux autres.

Comme il arrive si souvent dans l'histoire de l'Église, l'intervention de l'Empereur Sigismond de Luxembourg, roi de Hongrie, est nécessaire pour mettre fin aux désordres des clercs. Un concile réuni à Constance en 1414 parvient à désigner péniblement le 11 novembre 1417 le Cardinal Colonna comme Pape (Martin V). L'unité est enfin rétablie en Occident — à part l'élection d'un anti-pape. Félix V, sous Eugène IV, en Mars 1439 — mais à, quel prix ? Pour avoir tenté d'imposer sa suprématie dans le domaine temporel qui n'est pas le sien, la Papauté n'a pas seulement perdu son rôle légitime d'arbitre de la Chrétienté, mais compromis jusqu'à son autorité spirituelle à présent discutée.

Vieilles d'un siècle, les thèses de Marsile de Padoue et de Guillaume d'Ockham, opposant au pontife romain l'Assemblée des fidèles, représentée par ses délégués au sein du Concile, reparaissent à Constance (1414-18) et à Bâle en 1431. La supériorité du Concile y est proclamée. Les Princes de l'Église y siègent par nations. Les légistes étendent les droits des souverains et restreignent l'autorité pontificale en matière judiciaire et fiscale. La Pragmatique Sanction de Bourges de 1438 est le reflet de cette tendance. Contre l'invasion turque qui déferle sur l'Europe, la Papauté est impuissante à faire prévaloir l'acte d'union des Églises conclu à Florence (le 5 juillet 1438) à susciter de nouvelles croisades et à sauver Constantinople.

Pontifes ou Princes ?
Humanistes, bâtisseurs et dépensiers

Pendant la seconde moitié du XVe et au XVIe siècles, la plupart des Papes se conduisirent en Princes italiens de la Renaissance plutôt qu'en Pontifes.

Ils furent des humanistes : Nicolas V (1447-55), qui participa aux Conciles de Ferrare et de Florence, n'a pas seulement fondé la bibliothèque du Vatican mais il entretint aussi les meilleures relations avec les membres de l'Académie néoplatonicienne de Rome : Pomponius Leto, Perotto, Platina (1421-81), malgré leurs affinités païennes avec Lorenzo Valla de Naples, et même Etienne Porcaro, émule de Brutus qui tenta de l'assassiner en 1453.

Aeneas Sylvius Piccolomini, Pie II (1458-64), diplomate des plus cultivés leur confia des charges de secrétaires ou *abreviatores*. Lorsque le Vénitien Paul II (1464-71) tenta de les renvoyer, ils s'insurgèrent, conspirèrent dans les catacombes et assiégèrent pendant vingt nuits l'infortuné Pontife au Vatican avant d'être enfin incarcérés au château Saint-Ange (1458). Mais Sixte IV (1471-84) général des Franciscains et protégé du Cardinal Bessarion eut la faiblesse de leur rendre leurs charges, de telle sorte que le libertin Platina devint le bibliothécaire du Vatican.

Léon X (1513-21) ou Jean de Médicis, nommé Cardinal à 13 ans, avait eu pour maîtres Ange Politien et marsile Ficin. Fastueux et prodige, ce gros homme, qui s'adonnait à d'extravagantes festivités gastronomiques, adorait la musique, les pièces légères, et les ballets mythologiques. Facile à vivre et libéral, il accueillait sans discernement les dédicaces d'Érasme, comme celles du plus virulent suppôt de Luther Erich von Hutten, qui publia en 1515 ses *« Lettres des hommes obscurs »*. Entouré d'une nuée de 683 domestiques, il entretenait toutes espèces de bouffons, d'astrologues, et d'hétérodoxes.

De nombreux Pontifes d'ailleurs s'intéressaient aussi, tels Jules II et Paul III, à l'étude des astres. Martin V (1417-1431), l'élu du Concile de Constance protégea par deux bulles (le 31 janvier 1419 et le 23 août 1422) certains hétérodoxes impliqués dans l'hérésie et l'insurrection hussite. Un autre Médicis, Clément VII (1523-34), bâtard de Julien, le frère de Lorenzo, reçut l'illuminé David Reubeni et l'intrigant Salomon Molcho, que lui avait présenté le Cardinal Lorenzo Pucci, ami de Reuchlin, qu'il sauva plus tard de ses persécuteurs, en le dissimulant chez lui. À deux reprises, ce Pape, sur l'instigation des Cardinaux Campeggio et Antoine Pucci, neveu de Laurent, arrêta les opérations engagées en Espagne par l'Inquisition.

Son successeur Paul III (1534-49) né Alexandre Farnèse, formé par Pomponius Leto, devait son ascension au crédit de sa sœur la belle Giulia, amie d'Alexandre VI Borgia. Le réformiste Sadolet, évêque de Carpentras, dont il fit plus tard un Cardinal, l'accusait de combler de faveurs les hétérodoxes plus que les Chrétiens : son médecin, par exemple, Jacob Mantino. Avec les Cardinaux Ghinucci et Jacobacio, il couvrit longtemps de sa protection les Marranes portugais et il fallut toute l'intransigeance d'Ignace de Loyola, fondateur de la Compagnie de Jésus en 1540, et du Cardinal Caraffa, futur Paul IV, pour l'obliger à introduire l'Inquisition à Rome et à convoquer le Concile de Trente (1542).

Lorsqu'il eut ceint la tiare (1555-59) Paul IV, reprenant la tradition d'Innocent IV (Bulle *« Impia Judeorum Perfidia »* du 9 mai 1244), de Nicolas IV (Bulle *« Turbato Corde »* du 5 septembre 1288) et de Paul III (Bulle *« Illius Vices »* du 12 octobre 153.5), soumit les Juifs de ses États aux anciennes lois canoniques (Bulle *« Cum Nimis Absurdum »* du 12 juillet 1555). Ils vendirent leurs immeubles au $1/5_e$ de leur valeur pour 500.000 couronnes d'or, tandis que ceux d'Ancôme eurent leurs biens confisqués. Les uns et les autres troukvèrent refuge auprès des Ducs d'Urbin et de Ferrare, jusqu'au moment où ce dernier Duché fut rattaché aux États de l'Église (1597). Ces mesures ayant été renforcées par le Dominicain Pie V (1566-72) soumis à l'influence de saint Charles Borromée et du Théatin, seuls 1.500 Juifs demeurèrent à Rome.

Protecteurs, parfois imprudents des humanistes et des hétérodoxes les Papes de la Renaissance furent aussi de grands bâtisseurs. Dès son retour à Rome en 1453, Eugène IV entreprit de reconstruire la cité fort délâbrée, avec le concours de Pisanello, Jean Fouquet, Donatello et Fra Angelico. Nicolas V conçut le projet du Palais du Vatican et de la Basilique Saint Pierre. En dehors de la Chapelle *Sixtine*, qui porte son nom, Sixte IV puisa largement dans les ressources apportées par le Jubilé de 1475 pour restaurer des églises, des hôpitaux et des ponts, en s'entourant d'une pléiade d'artistes : Mino da Fiesole, Boticelli, Perugino. Appelé par lui, Michel Ange devait, avec l'illustre Raphaël et Bramante, l'architecte du Vatican et de Saint Pierre, former sous Jules II une trilogie sans égale de génies artistiques. Métropole des arts, Rome atteignit alors son apogée.

DES PAPES RONGÉS PAR DES FAMILLES AVIDES

D'autres grandes dépenses avaient une origine beaucoup moins admissible. Car, vivant à une époque célèbre par l'ardeur de ses passions et le relâchement de ses mœurs, plusieurs de ces Pontifes sont chargés de famille. Aeneas Sylvius Piccolomini, qui avait eu deux bâtards pendant le Concile de Bâle, s'amenda plus tard, et devenu Pape sous le nom de Pie II mena une vie pieuse et décente. Mais le népotisme fut la règle sous Sixte IV (un Ligure, Francisco della Rovere). qui possédait 15 neveux et nièces, deux d'entre eux. Julian et Riario, devinrent Cardinaux et compromirent le Pape dans la conjuration des Pazzi qui aboutit au meurtre de Julien de Médicis en pleine cathédrale de Florence (1478).

Et le Pape Innocent VIII, apparenté à la famille génoise des Doria, enrichit la Cour pontificale d'une dignité inattendue, celle de Princes du sang. On lui prêtait sept enfants naturels, Parmi eux, Franceschetto épousa en grande cérémonie une fille de Lorenzo de Médicis et cette alliance fut scellée par la nomination de Jean de Médicis, futur Léon X, comme Cardinal à l'âge de 14 ans. Mais son successeur, l'indigne Alexandre VI Borgia renchérit encore sur ce fâcheux précédent. Il était cardinal depuis 4 ans et possédait déjà deux enfants naturels, lorsqu'il s'attacha à Vanozza Catanei, dont il eut ses quatre héritiers les plus célèbres : Jean, époux d'une nièce de Ferdinand le Catholique, qui devint Duc de Candie et Prince de Bénévent et mourut assassiné : Geoffroy marié à Sanzia, fille naturelle d'Alphonse II de Naples ; Lucrèce, mariée trois fois, au Duc Jean Sforza de Pesaro, dont elle divorça, au Duc Alphonse de Bisaglia, fils naturel d'Alphonse II qui périt étranglé et au Duc de Ferrare, Alphonse Ier d'Este ; César enfin, créé Cardinal en 1493, qui entreprit par l'épée et par le poison, en vrai disciple de Machiavel, autour d'un État pontifical agrandi et fortifié qu'il eut peut-être sécularisé, s'il en avait eu le loisir, l'unification de l'Italie.

Malgré la réaction de Jules II, qui n'accorda de faveurs à ses parents-Galeotto, Francesco Maria delle Rovere — que s'ils en étaient vraiment dignes, la famille de Médicis profita largement du Pontificat de Léon X : le cousin Jules, fils naturel de Julien, nommé archevêque de Florence et cardinal, devint le Pape Clément VII ; et deux autres cousins également cardinaux. Julien, frère du Pape, contracta un riche mariage avec Philiberte de Savoie et reçut le Duché de Nemours. Autre cadeau princier, le Duché d'Orléans, enlevé à Francesco della Rovere, fut offert à Laurent, frère de Catherine de Médicis.

L'ère des bâtards pontificaux n'était d'ailleurs pas close. Alexandre Farnèse avait vu sa carrière facilitée par le penchant marqué d'Alexandre VI pour sa sœur, la belle Giulia, qui lui donna deux fils. Lorsque Paul III se rangea, après avoir été tardivement ordonné prêtre, il avait trois fils et une fille. Pratiquant avec générosité l'art d'être grand-père, il fit des cardinaux de ses petits-enfants, Alexandre à 14 ans, Guido Ascanio Sforza à 16, Renuccio à 15, et non seulement d'un parent indigne, Fulvio della Crogna, mais ce qui était un comble, du gardien de ses singes, Innocent del Monte.

De quel prestige spirituel pouvaient jouir de tels pontifes ? Pourtant, princes temporels, la plupart eurent le souci de défendre et d'étendre leur État, certains mêmes d'unifier l'Italie sous leur autorité.

DES PAPES PLUS POLITIQUES QUE PASTEURS

Attaché à rétablir la paix avec l'Aragonais de Naples, comme avec l'Allemagne, dont il couronna à Rome l'Empereur Frédéric III (le 19 mars 1452), Nicolas V avait déjà constitué pour la maintenir une grande Ligue, comprenant Florence, Milan, Venise et Naples. Paul II (1464-71) avait su renforcer son emprise sur l'administration romaine. C'est en essayant d'établir l'hégémonie de la Papauté sur les états de la péninsule que Sixte IV se laissa entraîner par ses neveux Riario dans les complots contre les Médicis et dans une lutte contre Ferdinand Ier de Naples. Toutes les intrigues de César Borgia avaient pour but la domination de l'Italie, Après avoir repoussé l'intervention à Naples de Charles VIII grâce à la formation d'une Sainte Ligue avec Venise, Milan, les rois catholiques d'Espagne et l'Empereur Maximilien Ier (31 mars 1495) Alexandre VI, améliorant ses relations avec Louis XII, obtint en faveur de son fils César Borgia, marié à Charlotte d'Albret, la constitution d'un duché des Romagnes qui devait être le noyau de son futur État.

Il l'étendit par des confiscations massives des domaines de l'aristocratie : les Savelli, les Gaetani, Colonna, y compris les duchés de Nepi, Urbino, Camérino, attribués à l'un des bâtards du Pape, Jean, et confisqua les dépouilles de plusieurs cardinaux assassinés ou empoisonnés (Orsini, Ferrari, et Michele, neveu de Paul II), pour financer ses entreprises. Lorsque Julien della Rovere, rentré d'un exil de 10 ans, fut élu Pape sous le nom de Jules II, il offrit à César, en échange des voix des cardinaux espagnols, la charge de *gonfalonnier* ou de connétable. Mais ce Pape casqué n'avait nul besoin d'un lieutenant pour commander ses armées. Il l'obligea donc à rendre gorge, et l'arrêta en 1504. Et il n'échappa que pour aller mourir sans gloire en Navarre (1507). Après avoir adhéré à la ligue de Cambrai, afin de gagner l'appui de Louis XII contre Venise, Jules II conclut la paix (15 février 1510) et se retournant contre lui constitua une nouvelle ligue avec Venise, l'Espagne et l'Angleterre avant d'appeler les Suisses pour expulser les Français d'Italie (Juin 1512) Chef de guerre et homme d'État, il réussit à conquérir l'indépendance politique du Saint-Siège.

Pour la maintenir entre les rois de France, Louis XII et François Ier, Henri VIII d'Angleterre et les Empereurs Maximilien Ier et Charles-Quint, Léon X louvoya toute sa vie avec la souplesse diplomatique innée chez les Médicis. Son neveu Clément VII tenta de faire de même, mais ses volte-faces politiques, qui l'entraînèrent alternativement dans le Camp du roi de France et dans celui de l'Empereur, lui furent finalement funestes. À la suite d'une querelle avec les Colonna, elles aboutirent au sac de Rome par les Impériaux (6 mai 1527). Lorsque la paix se trouva restaurée entre les Princes chrétiens, par les traités de Barcelone (29 juin 1529), de Cambrai (5 août) et de Bologne (23 décembre 1529), Charles-Quint, couronné Empereur le 24 février 1530, parvint à l'emporter. Pour ce Pape sans droiture et sans fermeté, seuls primaient ses intérêts de famille : le rétablissement de son neveu Alexandre à Florence comme duc héréditaire et le mariage de sa petite nièce Catherine avec le futur Henri II de France.

DÉFENSEURS DE LA CHRÉTIENTÉ CONTRE LES TURCS

Princes italiens, conscients de la menace turque sur la péninsule, les Papes de la Renaissance ne retrouvent leur rôle de guides de la Chrétienté que lorsqu'ils lancent de vains appels à la Croisade à une époque déjà dominée par les rivalités nationales.

À la veille même de la chute de Byzance (1453) le Pape Eugène IV (1431-47) s'était efforcé de restaurer l'unité de la Foi, aux Conciles de Ferrare et de Florence (1431), non seulement avec les orthodoxes mais avec l'ensemble des communautés orientales. Son légat Césarini périt dans le massacre qui suivit la débâcle des Croisés à Varna (10 novembre 1444). Aeneas Sylvus Pircolomini, futur Pie II, dépensa des trésors d'éloquence aux Diètes de Ratisbonne, de Francfort, et de Vienne-Neustadt, d'Avril 1444 à Mars 1455 pour alerter l'Europe centrale, tandis que les états italiens, groupés en ligue par les soins de Nicolas V, songeaient davantage à ménager leurs relations commerciales avec les Turcs qu'à organiser leur propre défense.

Espagnol, Calixte III (Alphonse Borgia) (1455-58), se donna corps et âme à la croisade. Prêchant d'exemple il envoya sa flotte dans l'archipel grec en 1456 et devant Belgrade, assiégée par Mehemet II, son légat Carvajal et l'intrépide Jean de Capistrano, accompagnèrent Jean Hunyade qui, avec ses Hongrois, dégagea la place (22 septembre 1456). Malgré l'incompréhension des Allemands et le différend qui l'opposait à Alphonse Ier de Naples, Calixte III soutint de toutes ses forces, la résistance de l'Albanais Scanderberg, contre l'envahisseur, jusqu'à sa mort en 1458.

L'Italie ne s'éveille que lorsque Otrante tombe par surprise entre les mains des Turcs, mais son effort retombe dès que la ville est recouvrée. Innocent VIII qui reçoit une pension de Bajazet (45.000 ducats par an) pour retenir son frère El Djem prisonnier, ne désire pas entrer en conflit avec la Sublime Porte. De son côté Alexandre VI n'hésite pas, d'accord avec Ludovic le More, à inciter la Porte à attaquer Venise (1498). Tout au contraire, l'honnête Adrien d'Utrecht (9 janvier 1522-14 septembre 1523) pendant son règne éphémère s'efforça après la conquête de Rhodes (Décembre 1522) par les Turcs, de réconcilier François Ier et Charles-Quint et de venir en aide aux Hongrois menacés. Craignant un débarquement des Turcs en Apulie, Paul III essaya d'organiser contre eux, le 8 février 1537, une ligue avec l'Empereur Ferdinand Ier d'Autriche et Venise, mais la défaite navale de Prevesa suffit à détacher cette dernière de la coalition.

LES PAPES, *MANGÉS* PAR LES CARDINAUX, DEMEURENT SANS FORCE CONTRE L'HÉRÉSIE

Absorbés par tant de préoccupations séculières, les pontifes de la Renaissance, souvent élus à la suite de tractations simoniaques avec des cardinaux avides, étaient trop vulnérables pour lutter efficacement contre l'hérésie.

Depuis qu'Alexandre III lui avait conféré en 1179 le privilège exclusif de réélection pontificale, le Sacré-Collège n'avait cessé d'accroître sa puissance. Nicolas IV lui avait concédé le droit de disposer de la moitié des revenus de l'Église et Boniface VIII avait confié le soin de gérer cette caisse spéciale à un camérier nommé par lui. Aux Conciles de Constance et de Bâle, sa prépondérance s'était nettement affirmée. Les cardinaux, dont le nombre était limité à vingt-quatre devaient être choisis en consistoire proportionnellement à chaque nation. Considérés par le doctrinaire Pierre d'Ailly comme de droit divin, ils s'arrogeaient le droit de nommer évêques et abbés. À chaque élection pontificale, leurs exigences reparaissaient.

Nicolas V avait apaisé leur appétit en partageant avec eux ses richesses. À sa mort (1455), comme à celle de Calixte III (1458) comme en 1464 et 1471, ces princes de l'Église représentant, soit des souverains de leur nation, soit de la haute aristocratie italienne, prétendent imposer au nouvel élu des *capitulations* propres à réduire l'autorité du Pape et le caractère monarchique du gouvernement de l'Église. Obligé d'acheter leurs voix pour obtenir la tiare, Sixte IV doit à son tour vendre les nominations pour rentrer dans ses fonds. En 1484, le cardinal Cibo (Innocent VIII), s'engage s'il est élu à limiter à vingt-cinq les membres du Sacré Collège. Les cardinaux Jean d'Aragon, fils du roi Ferrante de Naples, et Ascanio Sforza, frère de Ludovic le More, se font alors remarquer par leur vénalité. L'élection d'Alexandre VI, qui coûte au candidat 150.000 ducats, en 1492, est une véritable foire à laquelle cinq cardinaux seulement s'abstiennent de participer. En compensation, les nouveaux promus, en 1501 et 1503, crachent au bassinet destiné à alimenter les entreprises de César Borgia, tandis que les plus malchanceux se voient contraints par le poison à rendre gorge.

Mais voici que les mêmes armes se retournent contre le Pape. En Avril 1517, Léon X échappe à une conjuration montée par les cardinaux Alphonse Petrucci (exécuté). Raphaël Riario, parent de Sixte IV et Bandi nello Sauli. Le Pape réagit d'une manière très profitable pour ses intérêts : en créant une fournée de trente et un cardinaux en Juillet 1517, il accroît son autorité sur un collège élargi et dévalué... et remplit sa cassette. En 1526, son neveu Clément VII sera lui-même en butte à un complot ourdi par le cardinal Pompée Colonna, dont le dénouement après diverses péripéties fut le sac de Rome. Dans l'intervalle, les cardinaux assaillent le pauvre Adrien VI à l'agonie pour le forcer à déchirer l'endroit où il a caché son trésor. Et la foire d'empoigne continue, justifiant l'épigramme décochée par le poète Joachim du Bellay, neveu du cardinal, à propos de l'élection de Paul IV (Caraffa) en 1555 : « *et pour moins d'un escu, dix cardinaux en vente.* »

Afin d'échapper à la tutelle de cette âpre direction collégiale, les pontifes diluent le virus en multipliant les nominations, tant et si bien que le nombre des cardinaux s'élève à 70 sous SixteQuint, un véritable sanhédrin dont les finances sont gérées d'ailleurs par un Marrane, Lopez. Réduisant les consistoires à un simple rôle d'enregistrement, les Papes traitent eux-mêmes leurs affaires en Conseil privé, par l'intermédiaire d'un camérier secret et de secrétaires de Curie dont le nombre est passé de six à trente en 1487. Comme les ressources ordinaires de l'Église, les quatre trésoreries, les douanes, les gabelles et les fiefs ne rapportent que 125.000

ducats à la fin du XVᵉ siècle, on lève des dîmes qui rapportent davantage (30.000 livres, soit 150.000 ducats pour la France en 1500). On augmente les tarifs des droits de chancellerie, mais les princes en grignotent une part au passage et s'opposent parfois à leur transfert. Alors l'on a recours à la vénalité des charges. Sixte IV, Innocent VIII, Alexandre VI vendent les offices de la Curie comme les chapeaux de cardinaux, ce qui rapporte 200.000 ducats en 1501. Et comme la politique de prestige coûte cher, on s'endette auprès des banquiers : Medicis, Spanocchi, Strozzi de Florence ; Doria, Sauli, Giustinani de Gênes ; Piccolomini de Sienne et Fugger d'Augsbourg. Prenant en gage les revenus du Saint-Siège, ils développent le trafic des lettres et des bulles, des indulgences, des dispenses et des exemptions, en utilisant l'armature bancaire des Médicis. On perçoit toujours la taxe pour la Croisade ; on en crée une nouvelle, le denier pour la construction de Saint Pierre, et la vente des dignités continue.

Par sa corruption et ses scandales, la Rome pontificale de la Renaissance s'est déconsidérée dans tout l'Occident. Ses propres secrétaires, tel Pogge dans ses *« Facéties »* répandent les anecdotes scandaleuses de la Cour romaine et les Réformés accusent la moderne Babylone de trafiquer de la religion à propos de la vente des indulgences. Et lorsque Luther dans une lettre l'unipare Léon X à Ezéchiel entouré de scorpions, la veulerie de ce Pape est telle que l'injure ne suscite en lui que cette simple remarque *« frère Martin est un beau génie »*.

Dans un pareil climat, la contre-Église a beau jeu pour déclencher son offensive.

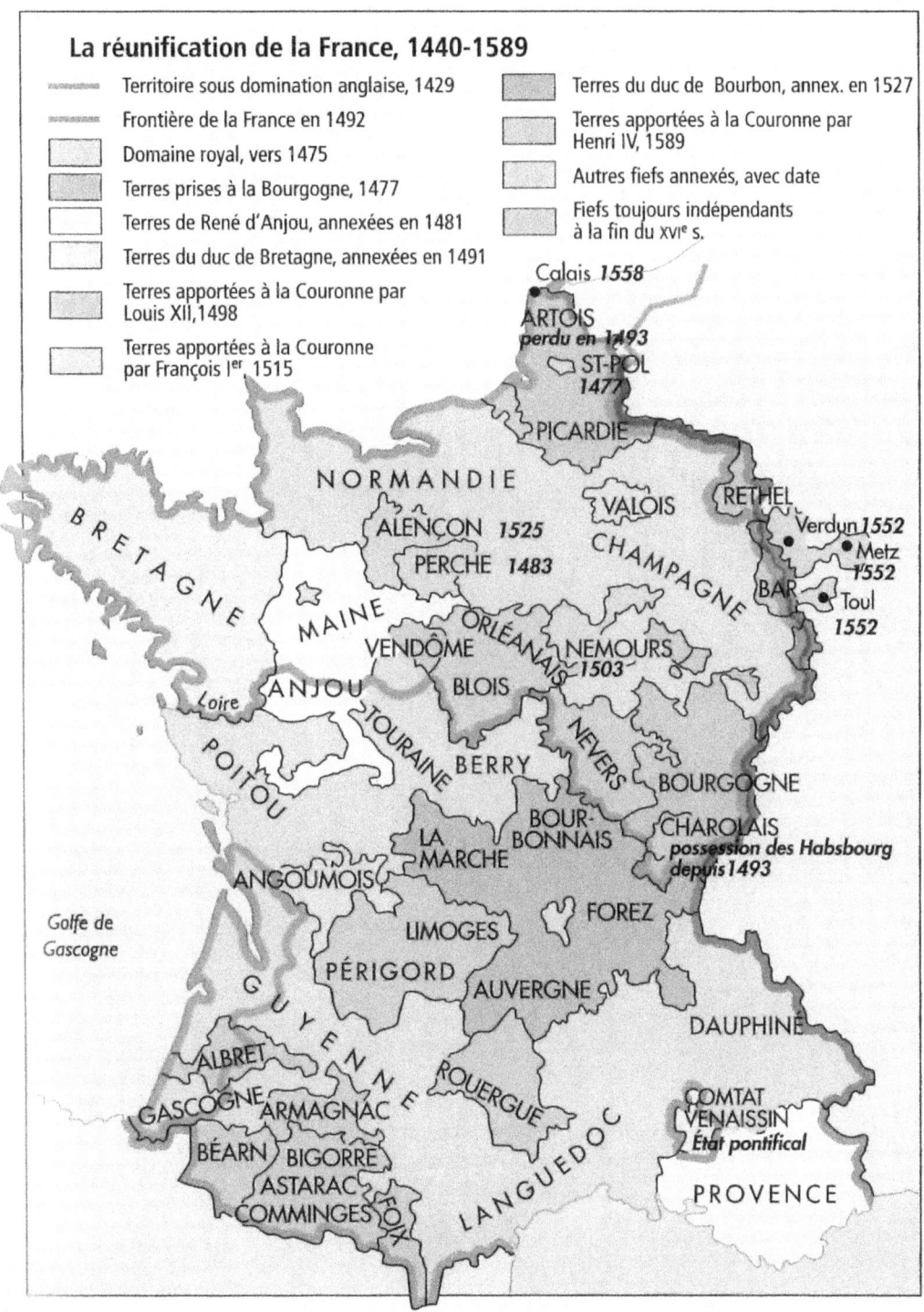

CHAPITRE VII

ANIMÉE PAR LES ROSE-CROIX
LA RÉFORME DIVISE LA *CATHOLICITÉ*

L'Église aux prises avec les Gnostiques, les Manichéens et les Cathares — Lutte contre les Albigeois, hétérodoxes — Infiltrations des sectes : Templiers et spirituels — Un précurseur, Roger Bacon — Origines de Rose-Croix : alchimistes et cabbalistes — Le procès de Jean Reuchlin ou les préliminaires de la Réforme — Luther, introduit par les Rose-Croix — Wiclef et le précédent hussite — La campagne contre Rome mène à une Église subordonnée aux princes. — Inspiré d'abord par le judaïsme, Luther se retourne contre lui — Comme Mahomet l'avait fait des siècles auparavant — François Ier aide les Protestants allemands contre Charles-Quint — La théocratie calviniste, maîtresse intolérante de Genève — Un protestantisme cosmopolite, complaisant pour les gens d'affaire bénis du Seigneur.

Pour l'histoire officielle, deux grandes figures dominent le mouvement de la Réforme : Luther, Calvin. La grande voix de Luther à la Diète de Worms réveille le volcan de l'hérésie (18 avril 1551). Une faille profonde divise dès lors la société chrétienne. Et lorsqu'avec son cortège de meurtres, de révoltes, de guerres et de ruines, le cataclysme s'apaise enfin, la doctrine évangélique et réformée fixée par Calvin taille à la mesure de la bourgeoisie de négoce et de finance, dont le règne s'affermit, un habit d'allure austère, mais si souple aux entournures, si commode pour les affaires que la mode s'en répand rapidement jusqu'aux Amériques.

Les biographes et les historiens des idées, par leur tendance à cristalliser les évènements autour d'un personnage ou d'une doctrine, accentuent encore la déformation de l'histoire qu'entraîne une perspective ouverte sur le passé, à l'envers. Or, en fait, la Réforme ne résulte ni de l'action d'un homme, ni d'une doctrine et elle n'apporte avec elle rien d'original. Car elle se borne à détacher le christianisme de ses apports universels, des plus anciennes traditions égyptiennes, grecques ou persanes, afin de le ramener, sous prétexte de revenir à la pure doctrine originelle, aux seules sources hébraïques de l'Écriture, la *Bible* et l'*Ancien Testament*.

Cette synthèse nouvelle de très anciens courants d'hérésie est l'œuvre de cercles et de groupes lentement constitués et agissant dans l'ombre de façon convergente et continue contre l'ennemi commun, l'Église. Gnostiques et Manichéens, Cathares, Vaudois, *pauvres et mendiants*, *spirituels*, *johannites* et *cabbalistes*, mystiques de tradition arabe ou juive y entremêlent leurs influences au sein de sociétés secrètes. Jusqu'à ce que l'une d'entre elles la *Fraternité des*

Rose-Croix, opérant la synthèse de ces forces et agissant à la fois sur les plans politique et religieux, se révèle l'animatrice de la *Réforme*, comme elle le sera plus tard de la révolte des Pays-Bas et des Révolutions d'Angleterre.

L'ÉGLISE AUX PRISES AVEC LES GNOSTIQUES, LES MANICHÉENS ET LES CATHARES

Dès son berceau l'Église a été tiraillée entre des tendances divergentes : Simon Pierre risqua de l'enliser en tentant de la maintenir au sein de la synagogue, tandis que Paul, citoyen romain et apôtre des Gentils, s'efforça d'étendre au monde entier l'appel du Christ. Dans l'*Évangile* de saint Jean et son *Apocalypse* certains chercheront le reflet des traditions ésotériques du Logos, du Verbe et d'Hermès Trismégiste : dans celui de saint Mathieu, le véhicule des influences persanes et dans celui de saint Luc, l'écho des doctrines hellénistiques.

L'École grecque d'Alexandrie, nourrie des traditions religieuses de l'Antiquité, d'Orphée à Philon, en passant par Pythagore, Platon et Xénocrate, inspira la réaction (les sectes gnostiques contre l'altération du christianisme naissant par le judaïsme. S'efforçant d'atteindre la connaissance du monde supra-sensible, la Gnose cultive la sagesse primitive secrète et pratique la vision mystique. Ses maîtres manifestent les tendances les plus diverses, qu'il s'agisse de Simon le Magicien (mort en 64) thaumaturge flanqué de sa prophétesse Hélène, du pythagoricien Basilide, mort vers 130, fidèle interprète des nombres, exégète de l'Évangile, du communisant Carpocrate (IIe siècle), du savant philologue Martien (né en 85), opposant saint Paul à l'*Ancien Testament*, de Valentin sous Adrien (117-38), ou de Ptolémée, déjà favorables à la thèse du salut par l'esprit *pneuma* plutôt que par les œuvres, chère aux futurs maîtres du protestantisme.

Tous croient d'ailleurs à l'existence de puissances intermédiaires, les *éons*, agents du Tout Puissant dans l'œuvre de la création et à la réincarnation des âmes ou métempsychose. Considérant l'œuvre de procréation comme maudite, leurs disciples oscilleront entre la pratique de l'ascèse la plus sévère et le déchaînement de leurs instincts sexuels. Et se représentant le monde à la manière de Zoroastre comme le théâtre d'une lutte sans merci entre un Dieu bon et un démiurge mauvais, ils n'hésitent pas à identifier avec ce Satan, le méchant *Jahvé* de l'*Ancien Testament* qu'ils opposent au Dieu bon de l'Évangile du Christ.

Plus influencée encore par Zoroastre était la doctrine des Manichéens, professée en Perse au IIIe siècle par un médecin, Manès affranchi par une riche veuve, qui périt écorché vif avec des pointes de roseaux en 276. Culte du soleil et des astres, panthéisme, opposition des principes de la lumière et des ténèbres, aversion pour le mariage, hostilité contre les codes sacrés juifs, en étaient les caractéristiques. Traqués par l'Empereur Dioclétien en 390, les Manichéens se maintinrent à Byzance sous le nom de Pauliciens (disciples de Paul de Samozate)

Ils furent ensuite déportés par les Empereurs en Thrace comme gardes-frontières contre les Slaves, et on les désigna sous le nom de *Bogorrtiles*. Bulgares ou *bougres*. Par la Bosnie et la Dalmatie, ils s'établirent en Lombardie oit on les appelait à Milan, *patarins* ou *gueux*. De là, ils gagnèrent Orléans, où treize d'entre eux, chanoines, périrent sur le bûcher en 1022 par ordre du roi Robert le Pieux. À la fin du XIIe siècle, ils se répandirent en Provence, en Languedoc et dans les villes de tissage de la haute Italie, du Midi et des Flandres. Leur hiérarchie en trois grades, croyants, élus et parfaits, se retrouve plus tard chez les Cathares *"les purs"* et les Albigeois. Comme aussi leurs croyances antisociales (aversion à l'égard du mariage et suicide rituel par *endura*) et leur hostilité doctrinale contre Jéhovah, Abraham, Moïse et les prophètes d'Israig considérés comme des suppôts de Satan.

LUTTE CONTRE LES ALBIGEOIS, HÉTÉRODOXES

Mais comme la haine d'un ennemi commun — l'Église — l'emporte chez eux sur les principes les mieux ancrés, on retrouve non sans ironie les Cathares, après leur fusion avec les Vaudois, côte à côte avec les Juifs dans l'agitation albigeoise qui se développe dans le midi à la fin du XIIe siècle. L'exécution du prêtre P. de Bruys, qui périt sur le bûcher en 1130 et l'emprisonnement d'Henri de Lausanne, coupable d'avoir brûlé les croix en Provence pendant vingt ans n'arrêtèrent pas le mouvement, puisqu'ils tinrent un concile à Saint Félix de Caraman, afin d'organiser leur contre-Église en diocèses en 1167. Ils bénéficiaient en effet de puissantes complicités dans cette province de Languedoc que Michelet n'hésita pas à qualifier de Judée de la France (au tome II, p. 404 de son histoire). Celles des Trencavel, vicomtes de Béziers et de Carcassonne et du confite Raymond VI de Toulouse, à qui l'on reprochait précisément l'excessive influence exercée par les Juifs sur son administration.

Après l'échec des prédications des Cisterciens et des Dominicains (fondés en 1200 et reconnus seulement en 1213) il fallut le meurtre du légat Pierre de Castelnau par un écuyer de Raymond VI à Saint Gilles, le 13 janvier 1208, pour déclencher la *croisade* de Juin 1209. Conduite par Simon de Monfort, la campagne aboutit à l'écrasement des seigneurs méridionaux à Muret en 1213, au rétablissement de l'Église au Concile de Montpellier deux ans plus tard est à l'implantation de l'autorité royale entre 1226 et 1229.

INFILTRATIONS DES SECTES :
TEMPLIERS ET *SPIRITUELS*

L'hérésie déclarée, menaçante, s'était vue barrer la route. Mais d'autres tendances dangereuses continuaient leur cheminement souterrain. L'idéal de la pauvreté et du mysticisme, à la suite des moines mendiants, entraîne parfois certains fidèles loin de l'orthodoxie. Pierre de Vaux, riche marchand dauphinois de Lyon, qui s'était improvisé traducteur de la *Bible* en langue vulgaire et prêchait l'évangile de la charité en dénonçant l'Église et ses richesses vers 1176, fut condamné par le Pape en 1184. Il résista, prétendant que tout fidèle inspiré par le Saint Esprit peut valablement interpréter l'Écriture sainte. Ses pauvres de Lyon essaimèrent à côté des Patarins à l'étranger, surtout en Italie, et jusqu'en Bohême et en Galicie. Cependant aux Pays-Bas, les communautés libres hospitalières des Béguines et des Bégards, créées à la fin du XIe siècle, se laissèrent contaminer plus tard, comme certains frères mineurs de saint François et leur Tiers-Ordre.

Plus dangereuses encore étaient les sectes *spirituelles* ou *johannites* s'inspirant des anciennes traditions de la Lumière et du Feu-Principe (Héraclès, hercule). Le nom de Jean, qu'il s'agisse du Baptiste ou de l'Évangéliste, signifie en chaldéen *pigeon de feu* ou *colombe de l'Esprit Saint* et en hébreu *favorisé du Soleil*, de même que la peau d'agneau dont se revêtait le Baptiste était le symbole du Feu-Principe comme le Bélier-vierge du Bélier du Zodiaque, qui correspond à la Toison d'Or des Alchimistes et des Rose-Croix. Les doctrines johannites, rejoignant les traditions égyptiennes, s'apparentaient aussi aux enseignements de Zoroastre (l'Être Suprême ayant pour origine la lumière, engendrant Ormudz qui par sa parole aurait fait naître le monde) comme à ceux de Mithra, médiateur entre le Dieu bon et les hommes. *Johannites* et *Gnostiques* avaient également recueilli à l'origine les débris des sectes ésotériques juives. Esséniens et Nazaréens, précurseurs du christianisme, ou naasséniens et ophites considérant le serpent comme le symbole de la connaissance divine. Il n'est donc pas surprenant que les Loges de compagnons à trois grades, placées sous le vocable de saint Jean, comme de saint André et de saint Jacques, aient préfiguré la Maçonnerie.

Ces tendances, condamnées par le Pape Alexandre IV au Concile d'Arles (1260-61) se retrouvaient dans le mouvement du Temple, à côté des idées panthéistes d'Amaury de Bène et de David de Dinant : Dieu étant tout, chaque homme devenait l'incarnation du Saint Esprit. Elles avaient été condamnées une première fois par Innocent III et une seconde fois par Philippe-Auguste en 1210. En créant ses *frères du Libre Esprit*, Ortlieb, professeur à Strasbourg, s'était inspiré de leurs doctrines. Les *frères* s'étaient multipliés en Allemagne et en Italie.

Peu après, certains Franciscains dont l'Ordre avait été créé en 1210 et reconnu par le Saint-Siège en 1215-16 s'étaient laissés gagner par les visions de Joachim de Flore (1143-1202), abbé d'un couvent cistercien de Calabre qui, après le règne du Père (*Ancien Testament*) et celui du Fils, prédisait pour 1260 l'ère du Saint-Esprit et de la liberté de l'Évangile éternel. Et pour cette raison l'on désignait sous le nom de *spirituels* Gérard de Bergo San Donnino et les frères mineurs qui suivaient sa doctrine. Ils avaient interprété l'élection de l'ermite Pierre de Morrone au Pontificat en 1294 comme un signe du prochain accomplissement de ces prophéties. Leurs éléments extrémistes, les *frères apostoliques* conduits par l'artisan Sagarelli et Fra Dolcino prêchaient le communisme. Ayant soulevé les paysans de Novare et de Verceil, ils s'étaient retranchés sur une montagne pour y restaurer Jérusalem lorsqu'on les massacra en 1306.

Cependant en Angleterre, d'autres Franciscains se mêlaient activement aux intrigues politiques, et se faisaient remarquer par la hardiesse de leurs idées. Après avoir étudié l'hébreu à Oxford, oit les Juifs venus de Rouen dans les bagages de Guillaume le Conquérant étaient nombreux, Robert Grossetête, chancelier de l'Université, développait des théories audacieuses sur la métaphysique de la lumière et soutenait de tout son pouvoir le mouvement dirigé par Simon de Monfort, comte de Leicester, contre le roi Henri III pour la convocation des Communes (1265-95).

UN PRÉCURSEUR, ROGER BACON

Son disciple Roger Bacon (1214-1294) qui avait été l'élève à Paris d'Alexandre de Halès, et d'Albert le Grand, très en avance sur les idées de son temps, surprend à plus d'un titre. Persuadé de l'influence des astres, animé dans tous les domaines de la science d'un esprit critique moderne, doué d'un don prodigieux d'anticipation, puisqu'il annonce les bateaux à vapeur, les chemins de fer, les ballons, les scaphandres, la poudre, les lois de la réflexion et de la réfraction en optique, découvre le rôle du cerveau comme centre du système nerveux, etc. … il cherche à appliquer à l'étude de l'Écriture les méthodes de l'exégèse rationnelle. D'abord soutenu par le Pape Clément IV — le même qui avait encouragé les folles ambitions de Charles d'Anjou sur Byzance — à qui il avait dédié son *« Opus malus »* ou grand'œuvre, il fut finalement condamné par l'Église en 1277, comme trop fervent adepte de l'astrologie.

Cet étrange franciscain, considéré par les Rose-Croix comme l'un de leurs pères spirituels, nous introduit dans une secte dont le rôle sera déterminant dans les évènements qui vont suivre. Selon Wronski, cité par Sedir (*Histoire et doctrine des Rose-Croix*, p. 7), les associations mystiques de ce type visent à participer à la marche de la création en dirigeant les destinées religieuses, politiques, économiques et intellectuelles de notre planète. Créées au fur et à mesure des besoins, ces sociétés secrètes exercent leur influence sur les fractions les plus diverses — parfois opposées en apparence — dans le sens voulu pour l'évolution des évènements.

ORIGINES DE ROSE-CROIX : ALCHIMISTES ET CABBALISTES

C'est ainsi que dans la seconde moitié du XIIIe siècle, les Rose-Croix préparent la synthèse des mouvements hérétiques que nous venons de mentionner. Sous le signe de la Rose, image pour les orthodoxes de la Mère du Sauveur, pour les païens de Vénus et de la joie terrestre, pour les cabbalistes, la représentation selon le Zohar de la *Shekinah* ou splendeur divine et pour Khunrath la rose à cinq pétales, symbole du Fils, de l'Adam-Kadmon, de l'Homme-type, intermédiaire entre l'Ain Soph, Dieu le Père, de la sphère supérieure et le Saint Esprit, Aeureth de la sphère inférieure.

La première manifestation de leur activité est d'ordre littéraire. Deux clercs, Guillaume de Lorris (vers 1225-40) et Jean Clopinel ou Jean de Meung (vers 1275-1300), ce dernier docteur en théologie, publient sous le nom de *« Roman de la Rose »* une énorme compilation de 22.000 vers, dans laquelle ils ridiculisent l'Église et la société du temps, attaquent le célibat des prêtres et vont jusqu'à prôner la communauté sexuelle. Cependant d'autre clercs parcourent le monde et au contact de la pensée arabe et juive se font les propagateurs d'idées fort audacieuses.

Au franciscain anglais, Roger Bacon *« Doctor Admirabilis »*, fait pendant le catalan Raymond Lulle (1235-1315), *« Doctor Illuminatus »*. Devenu membre du Tiers-Ordre vers 1260, après une jeunesse orageuse, il se crut désigné par Dieu pour mener la croisade de la conversion de l'Islam. Après avoir été professeur à Majorque, Paris (1287) et Montpellier, il paya finalement de sa vie ses entreprises missionnaires auprès des Infidèles à Tunis (1291), Chypre, l'Asie Mineure et l'Arménie (1300). Auteur d'ouvrages à tournure symbolique (*« Ars compendiaria inveniendi veritatem »*) et encyclopédique (*« Árbol de Scientia »*), il sut se défendre de l'influence des doctrines matérialistes Averroès, bien qu'il reflète certaines manières de penser de l'Orient. À Messine, il avait fréquenté la Cour de Frédéric II. De passage en Italie, il s'était mis en rapport avec des sociétés de *physiciens*.

Il y rencontra à Rome Arnaud de Villeneuve (1240-1313), médecin, alchimiste et astrologue qui s'était abouché avec des sociétés pythagoriciennes et des alchimistes italiens. Après avoir exercé la médecine à Paris, Barcelone et Montpellier, ce dernier s'était réfugié en Sicile, auprès de Ferdinand d'Aragon. De 1309 à 1311, il s'était retrouvé avec Lulle à la Cour de Robert de Naples et de Frédéric II de Sicile. Adepte de Joachim de Flore, Arnaud avait été tour-à-tour médecin de Pierre III, de Jacques II d'Aragon, des Papes Boniface VIII, Benoît XI et Clément V. Il se situait donc au cœur même de l'intrigue que nous étudions.

Est-ce à dire qu'une fraternité de Rose-Croix était déjà organisée à cette époque ? Oui, s'il faut en croire un manuscrit sur l'alchimie qui désigne un évêque de Trêves, von Falkenstein, comme ayant dirigé vers 1250, avec le titre d'*imperator*, une société de ce genre. Ce qu'il y a de certain c'est que la mode de l'hermétisme tendait alors à se répandre parmi les moines. À Saint Bertin, par exemple, Basile Valentin, le prince de Walkenried, dom Gilbert, dit *abbas aureus* (1264), l'abbé Alelmus Ier, le maître Albert le Grand s'adonnaient à ces pratiques.

Au siècle suivant, Nicolas Flamel (1330-1418) libraire et pédagogue, marié à une bourgeoise aisée Dame Pernelle, passe pour avoir découvert le secret de la pierre philosophale et de l'élixir de longue vie. Selon la rumeur publique, il a découvert la transmutation de l'or qu'il pratique en utilisant une certaine poudre rouge comme catalyseur. Peut-être sa fortune, évaluée à sa mort à 5.000 livres de rente en valeur du XVIIe siècle s'explique-t-elle plus naturellement par sa gestion avisée des affaires de son état, assorties d'un tout petit brin d'usure et des profits tirés de l'administration de biens juifs séquestrés à cette époque. Il n'est pas établi non plus qu'il soit l'auteur de certains ouvrages hermétiques (telle la *Muse chimique*), et l'on n'est pas forcé de croire que son enterrement ait été simulé et qu'il vivait encore, trois cents ans plus tard... quelque part aux Indes. Telle est cependant sa légende.

Quant aux origines véritables de l'Ordre, si l'on en croit Sedir (Yvon Leloup) historien des Rose Croix, une partie de leurs secrets aurait été enseignée par les Arabes de Damas en 1378, à un voyageur germain et, d'après Michel Maïer, l'année 1413 serait la date d'origine du mouvement. Quoiqu'il en soit vers cette époque de petits groupes apparaissent. Une société Rosicrucienne existe vers 1410 en Italie, un an plus tard en 1453. Bernard de Trevisan y rencontre un groupe de 14 ou 15 alchimistes, possesseurs de la pierre philosophale. On décèle leur présence dans les Flandres en 1430, en Allemagne vers 1459. Dans le même temps, les *Bonshommes de Toulouse* et les *Fideli d'Amore* dont parle Dante, qui ont une rose pour emblème, se rattachent à la secte naissante.

Au début du XVIe siècle, le mouvement s'organise en étroite liaison d'ailleurs avec les groupes *évangéliques*, précurseurs des Réformés. C'est alors qu'Henri Cornelius Agrippa von Nettesheim manifeste son activité. Né à Cologne en 1486, élève de l'abbé de Sponheim, Johan Trithemius, professeur à Dôle puis à Cologne, il avait puisé ses doctrines à la fois dans l'enseignement de Reuchlin, le célèbre hébraïsant allemand, dont le cénacle a, comme nous le verrons, inspiré la Réforme, dans la tradition juive de la cabbale et dans les écrits ésotériques égyptiens d'Hermès Trismégiste. Auteur d'un ouvrage intitulé *« De philosophia occulta »*, il s'efforça de constituer des groupes secrets à Paris, puis en Allemagne, à Londres en 1510 et en Italie. Des correspondants internationaux, les chapelies, reliaient ces groupes entre eux. Tour-à-tour, secrétaire de Maximilien Ier, conseiller de Charles-Quint, il était devenu le médecin de Louise de Savoie. François Ier, qui l'avait rencontré à Lyon, se l'attacha comme médecin et comme astrologue. Grâce à Agrippa les premiers Rose-Croix bénéficièrent en France de la protection de la reine de Navarre, des cardinaux de Lorraine et de Tournon.

LE PROCÈS DE JEAN REUCHLIN
OU LES PRÉLIMINAIRES DE LA RÉFORME

Précédée par le mouvement *évangélique*, représenté par les écoles de Meaux et d'Oxford, la Réforme est amorcée en Allemagne par l'explosion du scandale Reuchlin.

Lié aux humanistes comme Lefèvre d'Etaples, Erasure, Jean Reuchlin de Pforzheim (14551522), avait tenu comme philologue une place importante dans la Renaissance allemande, animée à l'origine par Nicolas de Cuze. Après avoir suivi à Paris les cours de Gaguin, puis étudié à Orléans et à Poitiers, il s'était rendu en 1482 à Florence et à Rome et de nouveau à Florence en 1490. Argyropoulos avait été son maître en grec et il avait fréquenté Marsile Ficin, Pic de la Mirandole et les néo-platoniciens. Après avoir appris l'hébreu à Linz avec Jacob Loanz, médecin de l'empereur Frédéric III, et à Rome avec Obadia Sforno, tandis qu'il y représentait l'électeur du Palatinat auprès d'Alexandre VI (1498-1500), il publia une grammaire hébraïque, qui établit sa réputation de savant en Mars 1506. Puis il dédia au Pape Léon X (Médicis) son livre *« De arte cabbalistica »* consacré à cette tradition ésotérique.

C'est alors qu'il fut appelé comme expert par les Juifs de Francfort qui réclamaient de l'empereur Maximilien en 1509-10 la restitution des livres qui leur avaient été confisqués par les Dominicains de Cologne et par une commission composée de l'Inquisiteur. Hochstraten, du professeur Arnaud de Tongres, de l'auteur Ortuin de Graes, aidés de deux convertis Joseph Pfefferkorn et Victor de Karben. Il prit parti contre la suppression du Talmud et répondit à Pferfferkorn par un pamphlet intitulé le *« Miroir des yeux »* (Septembre 1511). Et l'intervention de l'archevêque de Mayence, Uriel de Gemmingen, lui évita de comparaître devant l'inquisiteur Iochstraten (Septembre 1513). Exploitant son avantage et soutenu par l'humaniste Hermann de Busche et le nationaliste Ulrich von Hutten, il écrivit à Rouet de Lattes, médecin de Léon X, afin d'obtenir la nomination d'arbitres favorables à sa cause, d'abord l'évêque de Worms, un Dahlberg collectionneur de manuscrits hébreux, puis l'évêque de Spire, qui condamnèrent les Dominicains.

On vit alors se constituer autour de Reuchlin un parti préfigurant la Réforme : formé par des humanistes comme Hermann de Busche, Olrich von Hutten, Crotus Rubianus (Jean Jaeger), des princes et des nobles, le duc Ulrich de Würtemberg, le comte de Helfenstein à Augsbourg, le comte de Nuenar ; des patriciens, Welser, Pirkheimer et Peutinger, de Ratisbonne Nüremberg et Augsbourg et même des moines, le général des Augustins. Egidio de Viterbe, élève du grammairien : Isaac Levita, instigateur d'une traduction du Zohar et par haine des Dominicains, le patron des Franciscains à Rome, le cardinal Grimani, versé lui-même dans la Cabbale.

Cependant la Sorbonne, à l'instigation de Guillaume Petit, confesseur de Louis XII, condamnait le *miroir* de Reuchlin (Août 1514). Crotus Rubianus, y ayant répliqué par une satire intitulée :

« *Epistolae obscurorum virorum* », le nom de querelle des obscurants resta à cette polémique. Mais l'intrigue continuait de se développer, tandis que l'empereur Maximilien refusait à Francfort l'expulsion des Juifs de Ratisbonne, de Francfort et de Worms, réclamée par une Assemblée réunie par l'archevêque de Mayence, Albert de Brandebourg (7 janvier 1516), le Concile de Latran manifestait son hostilité à l'Inq4uisiteur Hochstraten. Quant à Reuchlin, il dédiait au Pape de Médicis un nouvel ouvrage « *La science de la cabbale* » puisé d'ailleurs aux plus mauvaises sources (Joseph Gignatilla de Castille et l'apostat Paul Riceio). Léon X, autorisant la publication du Talmud de Babylone par Daniel Bomberg à Anvers en 1519 manifestait assez ouvertement ses tendances.

LUTHER, INTRODUIT PAR LES ROSE-CROIX

Cette même année 1519, ouverte le 12 janvier par la mort de l'Empereur Maximilien, est marquée par l'entrée en scène de Luther. L'élection à l'Empire le 28 juin de Charles Quint, considéré comme Flamand et Espagnol, soulève une explosion de nationalisme germanique. Animés par les Rose-Croix, les amis de Reuchlin sont à la tête du mouvement. Le 24 juin 1519, le duc Georges de Saxe invite Luther, flanqué de son jeune ami Philippe Melanchton (traduction grecque de Schwarzerd ou Terrenoire) petit-neveu de Reuchlin, de son rival Carlstadt — de son vrai nom Bodenstein, archidiacre de Wittemberg, auteur d'un ouvrage « *De spiritu et litera* » publié en 1517 — et du recteur de l'Université de Wittemberg, à l'Hôtel de Ville de Leipzig pour un débat avec le dominicain Jean Eck, théologien catholique d'Ingoldstadt.

Le 26 octobre de la même année, Ulrich von Hutten, humaniste et nationaliste (celui-là même qui incita François Ier à poser sa candidature à l'Empire) met Luther au courant de ses projets. Dans sa campagne contre la Rome *mercantile et rapace* des Pontifes, il fait appel à lui comme à l'humaniste Crotus Rubianus, autre ami de Reuchlin. Un chevalier d'aventure, Franz von Sickingen, pillard à ses heures, et d'autres nobles louchant sur les biens d'Église leur prêtent leur appui. Les uns et les autres ne sont pas sans rapports avec les Rose-Croix. Andréas de Carlstadt non plus. Quant à Luther, ses armes sont suffisamment parlantes, qui portent un cœur percé d'une croix, entouré d'une rose avec ces vers : « *Des Christen Herz auf Rosen geht-Wenn's mitten untern Kreuze steht* », tandis que sur sa cotte d'armes figurent une croix et quatre roses. Il appartient à la secte comme plus tard tant de chefs protestants (cités par Fr. Hartmann dans son « *Pronaos* ») : Zwingli de Zurich, Oecolampadius de Bâle, sacramentaires qui nieront la présence réelle et tout ce que ne mentionne pas la *Bible*. Bucerus, ex-Dominicain de Strasbourg, beaucoup plus modéré. Nicolas Patarius, M. Tubner, H. Cellarius, Th. Münster.

Luther s'impose, non comme théologien, mais comme tribun populaire, par sa fougueuse éloquence de prophète. Avant d'être *« Los von Rom »* son cri de ralliement est un slogan nationaliste : *« Deutschland erwache.* « Germanie, réveille-toi ! »* Fils de paysans, durement élevé chez lui et à l'école, il est extrêmement impressionnable. Saisi d'effroi par la foudre, abattu par la mort d'un ami, il vit dans la terreur du Diable et tremble dans la crainte du Dieu redoutable de la *Bible*, qui pourrait lui refuser sa grâce. Tous ses maîtres l'ont tourné sur l'idée de la prédestination : Les *frères de la Vie commune* de Magdebourg, les Franciscains d'Eisenach, les Augustins d'Erfurt. Ce qu'il connaît de théologie c'est à travers Gabriel Biel, professeur à Tubingen. Cet enseignement le conduit à la conviction que seules la Foi et la Grâce peuvent assurer le salut. Il s'appuie sur Saint Paul, *« le juste vivra par la Foi »*, sur Saint Agustin *« le salut est uniquement l'œuvre de Dieu »*, sur Saint Bernard, pour qui les bonnes œuvres sont inutiles et la Foi seule, qui est un don de Dieu, peut nous sauver.

De Gerson il a appris la doctrine de la prédestination. Et du franciscain d'Oxford, Guillaume d'Ockham — qui avait quitté Avignon en 1328 pour rejoindre Marsile de Padoue, disciple du philosophe arabe Ibn Rosh (Averroës) auprès de Louis de Bavière, en lutte contre le Pape Jean XXIII

— l'idée que l'Écriture sainte est le seul fondement de la religion, que l'Assemblée des fidèles a plus d'autorité que celle du Pape, que la raison et la foi sont incompatibles, et que les états modernes doivent dominer leur Clergé, en attendant que la monarchie élective opère le glissement vers la souveraineté populaire.

Dans le même sens, Luther a subi l'influence de Nicolas de Lyre au point qu'un historien juif a pu écrire : *« Si Lyra non lyrasset, Luther non Luterasset »* —, du quiétiste allemand Tauler de Bâle, d'Érasme qui s'efforcera de couvrir son action et de Lefèvre d'Etaples, son émule français. Il a abordé l'étude de l'hébreu en 1509, et s'est nourri de Reuchlin. Chargé de la chaire biblique à l'Université de Wittemberg, nouvellement créée en 1502, il s'inspire des commentaires du savant juif Raschi, écrits en France au XI$_e$ siècle, étudie les Psaumes, les Épîtres de Saint Paul, en rejetant le libre arbitre.

WICLEF ET LE PRÉCÉDENT *HUSSITE*

Et le voilà lancé dans sa lutte contre Rome, à la suite de Wiclef, cet autre disciple d'Ockham qui a déclenché en 1328 le mouvement *Lollard* en Angleterre, à l'exemple de Jean Huss et des nationalistes tchèques en révolte contre le Pape et l'Empereur. L'histoire va-t-elle recommencer ? Pour Wiclef, la *Bible*, dont l'exégèse avait été mise à la mode à Oxford par Roger Bacon, était l'unique source de la doctrine chrétienne. Il avait provoqué la traduction de la Vulgate en anglais. Il avait déjà rejeté l'idée du libre arbitre, la doctrine de la transubstantiation, certains sacrements, la confession, la confirmation, l'extrême-onction ; le culte des saints ; le célibat des prêtres. L'agitation *lollard* avait provoqué une révolte des paysans, bientôt noyée dans le sang (1381-82). Successeur de Wiclef, le chef des Lollards, Lord Cobham, avait été brûlé en 1417.

Grâce aux liens établis entre les Universités d'Oxford et de Prague par la femme de Richard II d'Angleterre, Anne, sœur du roi de Bohême Wenceslas, le *« Trialogus »* principal ouvrage de Wiclef, apporté à Prague par un bohémien, Jérôme, fut traduit par Jean de Hussinecz ou Jean Huss (1369-1415). La semence se trouvait déposée sur un terrain favorable. Grâce au libéralisme de Charles I de Luxembourg (1346-78) — qui devint plus tard l'Empereur Charles IV — les Tchèques avaient obtenu la création à Prague d'un archevêché et d'une université (1344-48) tandis que la Bulle d'Or de 1356 avait réhabilité leur langue et que les paysans avaient été gratifiés d'un statut qui leur permettait de se défendre contre l'infiltration des colons allemands.

Sous le règne de Wenceslas IV (1378-1419), homme faible et ivrogne, le nationalisme tchèque se retourna contre l'Église, représentée par 2.100 curés et 100 couvents pour 3.000.000 d'habitants, dont les biens englobaient plus du tiers du royaume. En 1393, l'archevêque avait été maltraité et le vicaire général noyé. Aussi lorsqu'en 1412, Jean Huss déclencha à la chapelle de Bethléem une violente prédication en faveur des thèses de Wiclef et qu'après avoir été excommunié, il organisa une mascarade contre la Rome pontificale et le trafic des indulgences, l'université de Prague le soutint-elle avec entrain. Mais il commit l'imprudence de se présenter au Concile de Constance, et, malgré les efforts de l'empereur Sigismond, il y fut arrêté et brûlé (5 juillet 1415).

Cette exécution provoqua une violente réaction des Tchèques : de la noblesse groupant 450 seigneurs, et du peuple qui envahit l'hôtel de Ville de Prague et *défenestra* les conseillers. Les rebelles étaient cependant divisés entre deux tendances, les modérés *utraquistes* exigeant la communion sous les deux espèces et prenant pour emblème un calice et les extrémistes *niveleurs*, nourris de l'*Ancien Testament*, appelés *Taborites* du nom du camp où ils s'étaient retranchés. Formant une redoutable infanterie, protégée par des chariots de guerre, dotée d'artillerie et conduits par des chefs de valeur comme Zizka et Procope le Grand, ces fanatiques mèneront la vie dure aux troupes de l'empereur Sigismond et mettront en fuite l'armée croisée forte de 130.000 hommes, lancée contre eux en 1431, avant d'être finalement écrasés près de Lipa ;) en Mai 1434. Le Concile de Bâle accorda alors aux modérés la communion sous les deux espèces (5 juillet 1436) tandis que les *frères moraves* emportèrent en Lusace leur semence d'hérésie, avant de se rallier à Luther.

L'action de Luther contre Rome comportera les mêmes phases que celles de Wiclef et de Jean Huss : propagande inspirée de l'*Ancien Testament*, campagne contre les indulgences et les abus de l'Église du temps, agitation nationaliste, guerre sociale, pour aboutir à l'instauration d'un régime où la prépondérance des princes s'impose en matière religieuse.

Profondément choqué par les scandales de l'Église lors d'un séjour à Rome effectué en 1510, pour défendre la cause de la stricte observance dans l'organisation de l'ordre des Augustins, c'est contre la prédication par Jean Tetzel d'une indulgence dont le bénéfice devait être partagé entre le Pape, l'Empereur Maximilien et Albert de Brandebourg, archevêque de Magdebourg et de Mayence et évêque d'Halberststadt grâce à un emprunt de dix mille ducats auprès des Fugger (31 mars 1513) que Luther fit placarder à Wittemberg, le 31 octobre 1517, 95 thèses vengeresses dénonçant ces trafics ainsi qu'un pèlerinage aux reliques que venait d'acheter l'électeur Frédéric de Saxe.

Il avait bien choisi son moment puisque le Clergé lui-même s'élevait contre le système fiscal de la Curie lorsqu'il lança son « *Appel à la noblesse allemande* ». L'équilibre du pays était rompu : en face d'un empereur de plus en plus faible, les Princes renforçaient leur pouvoir et louchaient avidement sur les biens d'Église ; les villes s'avéraient de plus en plus puissantes et les banquiers et hommes d'affaire dominaient chaque jour davantage une autorité politique chancelante. La bourgeoisie marchande supportait impatiemment la contrainte corporative du juste prix, qui assure la qualité et le bon marché des produits, en limitant le profit. Comme dans les capitales de la finance, elle est invinciblement attirée par les jeux fructueux de la spéculation, de l'accaparement, du monopole, de la fraude et de l'exploitation des pauvres.

La Réforme est dans l'air et pas seulement religieuse. Soutenu par les Rose — Croix et les nationalistes allemands — héritiers des Templiers assez forts en Rhénanie pour s'opposer aux mesures décrétées contre leur Ordre et remis à la mode par un livre publié par Érasme chez

Froben en 1518,[12] Luther, qualifié par eux de *père de la Patrie* peut oser braver le Pape et l'Empereur. Cité à Rome en Juillet 1518 et sommé de se rétracter le 22 octobre 1518, il affiche à la cathédrale d'Augsbourg l'appel qu'il adresse au Pape. Mais Jean Eck obtient du pontife la bulle *« Exsurge Domine »* (15 juin 1520) qui lui accorde soixante jours pour se soumettre. C'est alors qu'il appelle à son aide les Allemands, en publiant en Août son « *Manifeste à la noblesse chrétienne de nation allemande »*, dont 4.000 exemplaires seront enlevés en six jours, tandis qu'Ulrich von Hutten proclamait *« Souvenez-vous que vous êtes Germains »*. Le 10 décembre 1520, la bulle *« Exsurge Domine »* est solennellement brûlée à Wittemberg. L'Électeur Frédéric de Saxe évince les Nonces Caracciolo et Aleandre venus lui demander d'arrêter Luther et de faire brûler ses livres.

L'Empereur est alors amené à intervenir en personne. Il convoque le rebelle à comparaître avec un sauf-conduit devant la Diète de Worms, Luther s'y rend et pénètre dans la ville le 16 avril 1521, accompagné par les ovations d'un cortège de deux mille partisans. Cependant le lendemain il parait hésitant devant la Diète, tergiverse et demande tut délai. Mais le 18 il reprend son assurance et maintient formellement sa position, en déclarant que *« sa conscience est captive des paroles de Dieu »*. C'est entre deux haies de bras levés — signe de victoire chez les anciens Saxons — qu'il quitte la Diète. Mais, craignant pour sa sécurité ses amis l'enlèvent et le conduisent à Wartbourg où il trouve refuge du 4 mai 1521 au 1er mars 1522, tandis qu'un édit impérial est promulgué contre lui le 15 mai et qu'une nouvelle bulle *« Decet Romanum Pontificem »*, le condamne le 29 avril.

Tout moine qu'il est, à la Wartbourg sa réclusion lui pèse. (Son mariage à 42 ans avec Catherine de Bora, âgée de vingt-six, tempérera heureusement son caractère). Dévoré par ses instincts, menacé par ses démons il parvient cependant à lutter contre la paresse et travaille. Il traduit en allemand le *Nouveau Testament*. *« Je suis le prophète des Allemands*, dira-il en 1531 ». Il prépare un traité de *« L'Autorité séculière »* qu'il publiera en Décembre 1522. Ses idées se précisent. De 1517 à 1520, son action avait visé la réforme, non la création d'une Église nouvelle détachée de Rome. Dans *« la captivité de Babylone »* de 1520 il oppose à la hiérarchie romaine une sorte d'église mystique résultant de l'Union en Dieu d'élus égaux, libres d'interpréter à leur manière la parole du Seigneur. Tandis qu'il polémique avec Érasme, défenseur du libre arbitre (4 septembre 1525 ; auquel il oppose son traité *« Du serf arbitre »*. ses conceptions de l'Église réformée évoluent rapidement vers une Église d'État (31 décembre 1525).

LA CAMPAGNE CONTRE ROME MÈNE À UNE ÉGLISE SUBORDONNÉE AUX PRINCES

Lui-même placé sous la protection du Duc de Saxe (et entretenu grâce aux subsides de Lucas Cranach) Luther a été impressionné par l'anarchie et le vent de révolte qui soufflait sur les moines augustins en 1521. Carlstadt, chanoine de Wittemberg, après avoir attaqué le célibat s'est marié et a rejoint Nicolas Soch et deux autres lieutenants de Münzer, qui saccagent les églises.

Devant de telles exactions, Melanchton est atterré et Luther intervient à Wittemberg, puis à Zwickau, Erfurt, Weimar et Iéna où il se querelle avec Carlstadt (Mars 1521). Ce Münzer

---

[12] Convoqués à Mayence par une commission synodale sur les instructions de l'archevêque de Magdebourg, chargé de les poursuivre en Allemagne, les Chevaliers du Temple, conduits par leur Commandeur de Rhénanie osèrent se présenter en armes devant leurs juges. Ils pouvaient en effet compter sur l'appui de l'archevêque de Mayence, ainsi que sur les évêques de Trêves et de Luxembourg.

pasteur à Zwickau, qui se conduit comme un prophète, entouré de douze apôtres et de soixante-douze disciples, soulève le peuple, ouvriers, tisserands et paysans de Souabe, contre l'ordre établi. À Mammigen, (7 mars 1525) ils réclament le droit d'élire librement leurs pasteurs, la suppression de la dîme et du servage, le droit de chasser, de pêcher et de faire du bois en forêt, le rétablissement des terres communales, l'abolition de la main morte. Le mouvement s'étend à Mulhouse. C'est comme une nouvelle flambée de l'insurrection du Bundschuh de 1492.

La répression est brutale. Les rebelles, écrasés à Frankenhausen, laissent 3.000 des leurs sur le champ de bataille ; Thomas Münzer, pris, est décapité. En Alsace il y a vingt mille exécutions, en Würtemberg 6.000, en Franconie 11.000, en Souabe 10.000. En tout, la guerre des paysans fait environ 100.000 victimes. Face à la tempête déchaînée, Luther est d'abord dans une position fausse ; il lance une exhortation à la paix tout en condamnant la révolte (fin Avril 1525). Puis, lorsque la répression bat son plein, il se déchaîne et excite les seigneurs à sévir : « *Exterminez Égorgez !* » (30 mai 1526). Ses rêveries évangéliques dépassées, dans sa lettre du 9 février 1526 au nouvel Électeur Jean de Saxe, dans ses instructions de 1527, dans ses écrits de 1529, 1530, 1533, il établit le pouvoir absolu des princes fondé pleinement en Dieu : *« Mieux vaut que les tyrans commettent cent injustices contre le peuple, que le peuple une seule contre les tyrans. Les princes de ce monde sont des Dieux, le vulgaire, Satan »*, va-t-il jusqu'à dire. Au terme de cette évolution tout relèvera de l'État : les biens, la juridiction, l'autorité sur les consistoires installés en 1539. Le prince choisit les ministres, comme les visiteurs ; il est le véritable chef de l'Église. Cette théorie conduit à la devise « *Tel prince, telle religion* » préfiguration de la thèse de la Diète d'Augsbourg en 1555 : « *Cujus regio, hujus religio* ».

Ainsi par la voix de Luther, le nationalisme germanique marque contre Rome la revanche des Saxons jadis convertis de force par Charlemagne. La Réforme luthérienne, sortie des études bibliques de Reuchlin, nourrie à son berceau par les commentaires de Raschi, s'apprête à transposer à son profit la doctrine du peuple élu. Loin d'accepter, comme le feront anglicans et calvinistes, le rôle à la fois humble et profitable de lieutenant du judaïsme, elle appliquera au peuple germanique le messianisme et le racisme d'Israël ; de sorte que le pangermanisme et le racisme nazi seront les héritiers éloignés, mais directs et authentiques, de la doctrine biblique.

INSPIRÉ D'ABORD PAR LE JUDAÏSME, LUTHER SE RETOURNE CONTRE LUI

De la *Bible* au racisme, de la Judéophilie à l'anti-sémitisme. Fidèle à ses maîtres, Luther avait d'abord pris leur défense dans un essai intitulé : *« Jésus est né Juif »* (1527). S'élevant contre l'hostilité de l'Église contre eux en des termes tels que *« J'aimerais mieux être un pourceau qu'un chrétien »* n'espérait-il pas à cette époque les convertir ? Alors que ce sont eux au contraire qui lui envoyèrent trois missionnaires pour le faire. En vain d'ailleurs Josselin Loans von Rosheim (un neveu du médecin des empereurs Frédéric et Maximilien) nommé par Charles-Quint gouverneur de la juiverie allemande lui demanda-t-il son appui en faveur de ses coreligionnaires pris à parti à la fois par les nobles qui les accusaient de soutenir de leur argent la révolte des paysans et par le peuple qui les soupçonnait de connivence avec les riches et finalement menacés de bannissement par le Duc de Saxe, Jean le Sage en 1537.

C'était mal connaître Luther, qui l'évinça brutalement et, complètement retourné contre les Juifs, réclama leur expulsion dans un pamphlet intitulé *« Sur les Juifs et leurs mensonges »* (1542).

« Ils se plaignent de subir chez nous une dure servitude, écrivait-il, *alors que nous pourrions nous plaindre d'avoir été martyrisés et persécutés par eux pendant près de trois cents ans. Et répétant que la Talmud leur*

permettait de tuer les Goyms, de les piller et de les voler, il conseillait de brûler ce livre, d'incendier leurs maisons, et de parquer les Juifs à leur tour dans des étables. »

Le temps était d'ailleurs venu où l'Europe centrale les accusait de servir d'espions et de 5e colonne à l'invasion turque. (1530) Pour répondre du meurtre d'un enfant, 36 d'entre eux avaient été brûlés en Moravie l'année précédente. À la suite d'un incendie ils avaient été chassés de Prague en 1542. Berlin leur fermait ses portes en représailles des malversations commises par le ministre des Finances de l'Électeur de Brandebourg, Joachim II, tandis qu'à son tour l'empereur Rodolphe II les expulsait de l'archiduché d'Autriche.

COMME MAHOMET L'AVAIT FAIT
DES SIÈCLES AUPARAVANT

Cette évolution de Luther à l'égard des Juifs rappelle étrangement celle de Mahomet aux premiers temps de l'Islam se retournant à Médine contre le Judaïsme qui avait conçu et nourri sa mission. Le rabbin de la Mecque ne s'était-il pas servi de lui pour diffuser le *Livre de la révélation mosaïque* par le verbe d'abord et ensuite par l'écriture ? Constatant le peu de succès de son missionnaire, le rabbin avait écrit dans un premier *« Coran »* perdu une traduction arabe, avant que Mahomet, reprenant une partie de cet ouvrage, le consignât dans une sorte de *Livre des Actes* (le Coran officiel) comme la chronique de la religion judéo-arabe. Enfin, arrivé à Médine et subissant l'influence des nationalistes arabes en lutte contre les tribus juives qui les tenaient en vasselage, Mahomet s'était dressé contre ses maîtres pour devenir l'apôtre, le prophète des Arabes. L'Islam la *voie*, la soumission à la volonté de Iavhe devint panarabisme, volonté d'union arabe et de conquête, le jour où la prière cessa d'être orientée vers Jérusalem pour se retourner vers la Kaaba, la pierre noire ou théodolyte de la Mecque, où le Ramadan (le jeûne) s'instaura, et où la grande fête des Mouslimin ou Musulmans, l'Aïd El Kebir, cessa de coïncider avec la Pâque juive. Ce jour-là l'Islam avait rompu avec le judaïsme avant de se retourner contre lui.[13]

Et voici qu'en écho Luther répondait à son tour : *« Je suis le prophète des Allemands »* (1531). Et qu'à l'exemple des chefs de tribus arabes, les princes germaniques prenaient les armes contre le Pape et l'Empereur et se lançaient à la curée des biens d'Église. Dès 1526, Albert de Brandebourg, Grand Maître des Chevaliers Teutoniques, sécularisait les biens de son Ordre et Philippe de Hesse se mariait et passait à la Réforme. En Octobre 1526, Jean, frère et successeur de Frédéric le Sage comme électeur de Saxe, va jusqu'à imposer la réforme luthérienne dans ses États. Ainsi tandis que Luther organise la nouvelle église par son Institution pastorale de 1527, la Saxe et la Hesse liguées à Gotha et à Torgau en Février 1526, constituent le noyau de l'opposition.

FRANÇOIS Ier AIDE LES PROTESTANTS ALLEMANDS CONTRE
CHARLES-QUINT

---

[13] Soumis d'abord à l'influence de son cousin Waraka-inb-Naufal, converti au judaïsme et d'un secrétaire juif, Mahomet à Yathrir en 622 avait orienté la prière vers Jérusalem et fait coïncider le jeûne de l'Achoura avec le Yom-kippour. Mais les Juifs lui ayant opposé Abdallah ibn-Oubey, il les attaqua violemment dans la sourate de la *vache* orienta la prière vers la Kaaba (11 Février 624), institua le Ramadan (15 mars 624) et pourchassa leurs tribus, les Kainoukaa, après la victoire de Badr (hiver 624) les Benou Nadhir en 625, les Kouraïza dont les redoutes furent emportées pendant le siège de Médine et ceux de Khaïbar, enfin en Mai-Juin 628.

D'ores et déjà le soutien de François I+ leur est acquis (voir plus haut). Sollicité dès 1524 de convoquer une Assemblée nationale allemande pour y débattre de la Réforme, Charles-Quint tenta de l'éluder en demandant au Pape l'ouverture d'un Concile œcuménique à Trente. Mais les opposants au recez de la Diète (19 avril 1529), appelés depuis *protestants*, constituèrent une ligue de défense, le 22 avril. Alors l'empereur consentit à engager la controverse à la Diète d'Augsbourg de 1530. Sur son ordre le dominicain Jean Eck présenta une déclaration en 404 articles le 14 mars 1530. Au nom des protestants, du Prince électeur Jean de Saxe, du Margrave Guillaume de Brandebourg, des Ducs Ernest et Franz de Lünebourg, du Landgrave Philippe de Hesse, du Prince Wolfgang d'Anhalt, du Comte Albert de Mansfeld, et des envoyés de Nüremberg et de Reuthlingen, Melanchton se chargea de répondre par la « *Confession* » d'Augsbourg, véritable Credo de la Réforme en vingt-huit articles.

Plutôt modéré, le neveu de Reuchlin avait vainement tenté auprès de Philippe de Hesse à Marbourg (le 1er octobre 1529) de concilier les thèses de Luther avec la doctrine extrémiste des sacramentaires Œcolampadius et Zwingli, qui ne conservant que le baptême et la communion avaient établi un Gouvernement théocratique à Zurich (dont Calvin s'inspira plus tard à Genève) avant de périr à Cappel (le 11 octobre 1531) aux mains des troupes des sept cantons catholiques. Après l'échec des négociations qu'il avait entreprises avec les agents allemands de François Pr (voir ci-dessus) (1532-33) Mélanchton reçut de l'électeur de Saxe l'ordre de ne pas se rendre à Paris sur l'invitation du roi de France (23 juin 1535).

Alors les protestants de 1529, réunis dans la Ligue de Smalkade depuis le 27 février 1531 et renforcés de Philippe de Grubenhagen et des délégués des villes de Magdebourg, Brème, Strasbourg, Ulm et Constance, refusèrent de participer au Concile enfin convoilué par le Pape Paul le 2 juin 1536 et attirèrent à eux les dissidents modérés de Bucer par la concorde de Wittenberg (1536) et les extrémistes zwingliens en 1537. Dans le camp opposé, Ferdinand, à qui les affaires d'Allemagne ont été confiées, réunit les catholiques dans une Ligue préparée à Spire en Mars 1538 et fondée à Nüremberg le 10 juin de la même année autour des Ducs de Brunswick, de Bavière, de Saxe, et des archevêques de Salzbourg et de Magdebourg. Les deux adversaires sont ainsi face à face.

D'ultimes tentatives de conciliation échouent à Haguenau (12 juin 1540), puis Worms le 20 octobre et la Diète de Ratisbonne rejette le compromis proposé par le converti Gérard Veltwyk, conseiller de Charles-Quint (5 avril 1541) mais les préparatifs militaires ne sont pas achevés lorsque Rome décide d'engager les hostilités contre les protestants (17 juin 1544). C'est ainsi qu'Henri de Brunswick est vaincu et fait prisonnier par les Confédérés de Smalkade (19 octobre 1545), lorsqu'il tente de récupérer ses terres. Obligé enfin d'intervenir, Charles-Quint contraint l'électeur palatin et le Duc de Würtemberg à se soumettre puis il force le passage de l'Ebre et défait à Mlühlberg le 24 avril 1547, l'Électeur de Saxe, qui est fait prisonnier et remplacé par Maurice de Saxe après la capitulation de Wittemberg (19 mai 1547).

Grâce à cette victoire, l'Empereur semblait l'emporter sans conteste sur les protestants au moment où coup sur coup, le décès d'Henri VIII (28 janvier 1547) et de François Ier (31 mars 1547), privaient ces derniers de leurs appuis extérieurs. Mais son succès resta sans lendemain. La Diète d'Augsbourg rejeta en effet le compromis religieux intitulé « *Interim* » qui devait permettre la présence des protestants d'Augsbourg au Concile de Trente. Tout en accordant quelques subsides militaires, elle refusa la création d'une armée aux ordres de l'Empereur, privant ainsi ce dernier de moyens d'action efficaces. À la suite de l'occupation des évêchés de Metz, Toul et Verdun par Henri II, confirmée par le traité de Chambord (15 janvier 1552), Charles-Quint dut reconnaître son impuissance à abattre le protestantisme. La paix d'Augsbourg, du 25 septembre 1555, consacra son échec en admettant les deux confessions en Allemagne selon le principe : « *tel prince, telle religion* ». Las de tant d'efforts inutiles Charles-Quint abandonna alors à Ferdinand les affaires d'Allemagne le 12 septembre 1556, avant de le faire élire Empereur en Février 1558.

La résistance victorieuse des Princes à l'autorité impériale déclinante assurait l'établissement de la religion luthérienne en Allemagne, tout en la confirmait dans son caractère *national* germanique et nordique. L'aire de son extension devait en effet rester limitée à l'Allemagne et aux Pays scandinaves.

LA THÉOCRATIE CALVINISTE, MAÎTRESSE INTOLÉRANTE DE GENÈVE

Tout autre allait être le rayonnement de la religion calviniste, héritière directe des écoles de Meaux et d'Oxford ; restée fidèles au caractère biblique et universel de son enseignement. Lefèvre d'Etaples au point de vue doctrine et Guillaume Farel, au point de vue organisation religieuse et politique, avaient été les principaux précurseurs de Calvin, qui ne fit preuve d'originalité qu'en instaurant un régime théocratique des plus stricts, tempéré cependant d'une grande souplesse en matière économique, ce qui lui valut la sympathie d'importantes portions de la bourgeoisie marchande d'Occident.

Fils d'un avoué à l'évêché de Noyon, Calvin, né le 10 juillet 1509, avait étudié en France au collège Montaigu à Paris jusqu'en 1528 avec Antonio Coronel, qui eut une grande influence sur sa formation philosophique, puis à Orléans le droit avec Pierre de l'Estoile, à Bourges avec Alciat et de nouveau à Paris, après la mort de son père le 26 mai 1531 le grec avec Dattes, l'hébreu avec Vatable. Son cousin Pierre Olivetan et son ami l'Allemand luthérien Melchior Wolmar l'avaient déjà attiré vers la Réforme lorsqu'en Septembre 1532 il logea à Paris chez le drapier Étienne de la Forge, protestant notoire.

Au moment où son ami Nicolas Cop, recteur de l'Université, poursuivi pour son fameux sermon *« Évangélique »* (1er novembre 1533) dut se réfugier à Bâle et où Étienne de la Forge arrêté, fut brûlé. Calvin se cacha. Il se réfugia d'abord à Angoulême auprès de du Tillet, puis à Nérac, où il retrouva Lefèvre d'Etaples à la Cour de Marguerite. Après l'affaire *des placards* (octobre 1534). il rejoignit Nicolas Cop à Bâle où il continua à étudier l'hébreu avec Sébastien Munster, élève de Reuchlin. C'est là qu'il acheva en Août 1 535 son œuvre maîtresse, l' *» Institution chrétienne »* qu'il dédia à François Ier et publia en Mars 1536 en édition latine.

Profitant de l'Édit de tolérance (Juillet 1536), il allait rentrer à Noyon lorsqu'à son passage à Genève il fut retenu par Guillaume Farel qui avait besoin d'un lieutenant pour gagner la ville à la Réforme. Cité impériale, gouvernée par un évêque, assisté de trois conseils, le petit Conseil, le Conseil des Soixante et le Conseil des Deux Cents, Genève était confédérée (eidgenossen, d'où le nom de *huguenots* donné aux réformés), avec Berne, réformée et Fribourg, catholique. Au moment où Calvin s'y installait, les bourgeois travaillés par Guillaume Farel avaient chassé leur évêque en 1534 et résisté victorieusement l'année suivante, grâce à l'appui de François Ier, aux tentatives du Duc de Savoie pour rétablir l'autorité légitime.

En Février 1537, le Conseil des Deux Cents semble prêt à imposer la doctrine évangélique, mais les *libertins* réussissant à renverser la majorité en 1538, Calvin doit reprendre le chemin de l'exil. Il demeure pendant trois ans à Strasbourg avec Bucer et médite sur l'exemple de cette communauté modèle, tandis qu'il édite en français son *« Institution chrétienne »* (800 pages) en 1541. Alors durcissant sa position, il s'éloigne de Luther et de Melanchton (qu'il avait rencontré en 1541 à Worms et à Ratisbonne) et se rapproche de Farel, de Bucer, et de Zwingli. Des sacrements, il ne veut plus retenir que le baptême et la Cène.

Son œuvre n'est pas originale, ni même exempte de contradictions : sa croyance à la prédestination s'accordant assez mal avec l'importance qu'il attribue à la volonté. À l'égard, de la science, il n'a pas d'idées très nettes : il s'adonne à l'astrologie mais il ignore Coppernic, il croit aux sorcières et décrète de sévères mesures contre 14 d'entre elles lors de la peste. Bon analyste, logicien implacable, il est surtout un dialecticien remarquable. Réaliste, habile à se renseigner et à manier les hommes, il utilisera à plein ses dons de politique pour établir à Genève un Gouvernement théocratique où l'aristocratie fermée des élus du Seigneur règne en maîtresse et où son caractère orgueilleux, intolérant et vindicatif se donne libre carrière.

Rentré à Genève le 13 septembre 1541, il confère au Conseil des Soixante et à celui des Vingt, dociles aux suggestions du Consistoire, l'initiative des lois et le droit de proposer les candidats pour l'élection des syndics et il gouverne avec une main de fer. Ami de Dolet, Gruet paie de sa tête le délit d'avoir affiché un *placard*. Bien qu'une majorité hostile soit sortie des élections de 1543, il condamne Michel Servet à être brûlé, parce que ce médecin espagnol de Tudèle, qui s'apprêtait à découvrir la circulation du sang, inclinait vers le platonisme dans ses études bibliques (25 octobre 1543). Il expulse l'humaniste Castelion, qui réfugié à Bâle prêchera la tolérance dans un *« conseil à la France désolée »* (1562). Et il bannit aussi ses autres adversaires La Mare, Alciat, Gentilis. Et, l'ayant emporté aux élections de 1554, maître de Genève, il érige l'intolérance en dogme que le traité *« de haereticis a civili magistratu puniendis »* met en articles.

Il règne à travers les trois ou quatre syndics et les douze membres du Consistoire (dont quatre pasteurs) en s'appuyant sur les émigrés réfugiés à Genève, qui étaient représentés en 1546 par douze ministres sur treize. Contre ces intrus, les vieilles familles genevoises, les Anneaux, les Perrin, les Vandel, les Fabre réagissent. Le peuple les dénonce aussi : *« vous venez faire ici vos synagogues, après avoir chassé les honnestes gens »*. En Février 1153, Ami Perrin, capitaine général des Arquebusiers, est élu premier syndic mais deux ans plus tard quatre *calviniens* sont élus à leur tour et après une émeute ratée, les chefs des opposants s'enfuient à Berne. Les libertins et mécréants sont expulsés ou châtiés, une sévère censure s'exerce sur les livres, une lourde chape d'austérité s'abat sur la ville qu'elle étouffe.

Ces mêmes éléments cosmopolites, qui ont créé (le 5 juin 1559) avec Théodore de Bèze une Académie célèbre pour ses études hébraïques et groupant 1.500 étudiants, faciliteront singulièrement l'expansion de la doctrine du réformateur à l'étranger. Par l'intermédiaire d'un Flamand, Utenhove, en Rhénanie, dans les Pays-Bas et plus tard en Angleterre, et d'un Polonais, Laski en Frise. Après la signature à Zurich de l'acte d'union (31 mai 1549), les disciples de Calvin s'infiltrent en Angleterre. Sous Somerset : Bucer, Peter Martyr, Laski, Vermigh et toute une équipe d'Allemands, de Français et de Flamands. Sous Warwick (Décembre 1545), Brook traduit les livres de Calvin et une église de son obédience est ouverte à la Cour en Août 1550. Précepteurs d'Édouard VI, Cox et Cheke, se rallient à sa doctrine. Lorsque l'avènement de Marie Tudor chassera d'Angleterre les prédicants, John Know, Wittingham, Cheke, Cilby se réfugieront à Genève devenue la Mecque du protestantisme.

UN PROTESTANTISME COSMOPOLITE, COMPLAISANT POUR LES GENS D'AFFAIRE BÉNIS DU SEIGNEUR

En dehors de son influence doctrinale, qui lui permettra de s'imposer en France aux Réformés, surtout à partir de 1550 (le premier synode national se réunira le 25 mai 1552) le calvinisme exerce une force d'attraction certaine sur les milieux d'affaires. Calvin, si austère par ailleurs, se montre en effet très compréhensif en matière économique. La suppression des entraves corporatives fondées sur la doctrine scolastique du juste prix, l'abrogation de la prohibition de l'usure par l'Église et même du prêt à intérêt, quelle aubaine pour les gens de négoce et de finance !

Les prescriptions du concile de Nicée de 775, condamnant l'usure et interdisant le prêt à intérêt avaient été répétées par les Conciles et notamment celui de Latran de 1179. Grégoire

IX les avait inscrites dans ses décrétales en 1234 et le Concile de Vienne les avait reprises en 1311. L'année suivante, Clément V avait condamné les statuts municipaux qui tentaient de tourner ces décrets. Dans l'antiquité les philosophes, Aristote aussi bien que Platon, considéraient l'argent comme improductif *« argentum parere non posset »*. À Rome, Caton et Cicéron dénonçaient les méfaits de l'usure qui avait provoqué tant d'émeutes populaires. Tour à tour, les Pères de l'Église, saint Ambroise, Chrysostome, et les scolastiques avaient adopté la même position intransigeante, que l'Université de Paris maintenait encore sans défaillance en 1532.

Certes les lois canoniques avaient connu quelques assouplissements. À titre de compensation du risque, *« damnum emergens »*, de manque à gagner, *« lucrun cessant »*, de participation aux profits, pertes et assurances *« trinus contractus »*, une indemnité pouvait être versée. La commandite à la grosse aventure était autorisée. Allant plus loin que le droit romain qui permettait le prêt à intérêt, *« usura »* et ne condamnait que l'usure *« foenus »*, plus loin que les lois hébraïques, qui n'interdisaient l'usure qu'entre Juifs, Luther condamnait encore l'usure.

Là-dessus Calvin, comme Melanchton et Bucer d'ailleurs, est beaucoup plus souple. Disciple des juristes Pierre de l'Estoile à Orléans et Alciat à Bourges, placé dans l'intimité du riche marchand Pierre de la Forge à Paris et auprès des bourgeois de Strasbourg et de Genève, au contact des réalités économiques, il a des idées très précises en la matière. Qu'il fasse litière de la tradition scolastique n'est pas pour surprendre. Mais, que les condamnations formelles de l'*Ancien Testament* pèsent si peu pour lui dans la balance n'est pas sans choquer chez un apôtre du retour aux Écritures.

Les textes bibliques sont pourtant clairs. *« Si tu prêtes argent à mon pauvre peuple qui est avec toi, tu ne le feras pas comme usurier »* (Exode ch. XXII, v. 25). *« Tu ne bailleras pas ton argent à usure »* (à ton frère) (Lévitique ch. XXV, v. 35 à 38). *« Tu pourras donner usure à l'étranger mais tu me prêteras point à usure à ton frère »* (Deutéronome ch. XXIII, v. 19 & 209. De même Ézéchiel (ch. XVIII, y. 8 & 17 et ch. 22, v. 12) et le Psaume 55 (v. 12). Cependant Calvin ne s'en embarrasse guère. Voici comment il s'exprime, le 7 novembre 1547, dans une lettre intitulée *« de usuris responsum »*, écrite à son ami Claude de Sachin : *« Premièrement il n'y a point de témoignage es écritures par lequel toute usure soit totalement condamnée »*, le texte du *Deutéronome* est d'ordre *politique*, c'est-à-dire adapté aux circonstances du moment, *« il s'ensuit que les usures ne sont point aujourd'hui à condamner sinon en tant qu'elles contreviennent à l'équité et à l'union fraternelle »*.

« Il serait bien à désirer que les usures fussent chassées de tout le monde... mais parce que cela est impossible, il faut céder à l'utilité commune ». Jouant sur le terme hébreu qui désigne à la fois le mot *usure* et le mot *fraude* (Psaume 55, v. 12) Calvin en déduit que *« les usures ne sont défendues, sinon en tant qu'elles sont contraires à équité et charité »*. À temps nouveaux, morale nouvelle.

Rejetant la thèse d'Aristote sur l'improductivité de l'argent, Calvin partage les idées de son ami légiste Charles Dumoulin, exprimées en 1546 dans *« Tractatus contractura et usurarum »* en faveur du prêt à intérêt. Car il considère l'argent comme le plus fructueux *« es marchandises »*. Et distinguant entre prêt à la consommation et prêt à la production, il en arrive à renverser la loi antique : *« je conclus maintenant qu'il faut juger des usures non point selon quelques certaines particulières sentences de Dieu mais seulement selon la règle d'équité »*. *« Attendu que les hommes ne peuvent pas autrement trafiquer et négocier les uns avec les autres il faut toujours prendre garde à ce qui est licite »* (Révélat. du prophète *Ézéchiel*, Genève, 1555).

Autrement dit, ce qui était interdit, sauf exception, devient licite... dans de certaines limites d'ailleurs fort difficiles à maintenir. Ce principe ne pouvait qu'être particulièrement bien accueilli à Genève où, dès 1444, le Pape Félix V avait dû faire abolir l'autorisation du prêt à intérêt insidieusement introduite dans les statuts municipaux, où les idées réformées avaient été apportées non par des humanistes mais par de gros marchands, les Tucher de Nüremberg en 1526, les Baudichon de Maisonneuve, les Robert Vandel et où deux tentatives allaient être faites l'une en 1568 pour la création d'une banque d'État à l'occasion d'un emprunt passé à Bâle et l'autre en 1580 pour l'investissement des capitaux des négociants.

Réaliste au point d'écrire « *qu'il faudrait quelque fois que les prescheurs fussent des marchands* », Calvin confirme sa position dans une lettre à Morel, qui lui demandait « *si les ministres peuvent bailler argent à profit* », en répondant prudemment : « *je n'oserais pas affirmer qu'il ne soit licite. Mais d'autre part, quand je regarde à combien de calomnies et scandales cela est sujet, je m'abstiendrais volontiers de répondre...* ». Au principe : « *Le gain, lequel celui qui prête argent prend sans faire tort à aucun n'est pas tenu pour usure illicite* », Calvin apporte une première restriction dans sa lettre à Claude de Sachin : « *je n'approuve pas si quelqu'un propose faire métier de gain d'usure* ». Et il ajoute ; « *Qu'on ne prenne usure du pauvre, ce qui serait contraire à la charité, que rien n'intervienne qui n'accorde avec équité naturelle* », « *que celui qui emprunte fasse autant ou plus de gain de l'argent emprunté que nous considérions ce qui est expédient pour le public* » (Répercussion du taux sur l'économie), et finalement : « *qu'on n'excède la mesure que les lois publiques de la région et du lieu concèdent* ». C'est ainsi que le taux de l'intérêt sera réduit à 5% à Genève en 1538 et maintenu à ce même taux en 1543, 1545 et 1547, tandis que Charles-Quint en avait fixé le maximum à 12% et Henri VIII à 10% en 1545.

Ainsi se trouvait abattue la principale digue qui retenait la société sur la voie du capitalisme. Pour Calvin en effet, cette société doit être essentiellement *économique*, tournée vers la productivité, dirions-nous aujourd'hui. « *Il est requis, dit-il, pour nourrir les hommes en société et paix, que chacun possède le sien, qu'il se fasse ventes et achats, que les héritiers succèdent à ceux qui doivent, que les donations aient lieu et que selon que chacun a industrie, vigueur, dextérité ou autre moyen, qu'il se puisse enrichir... en somme que chacun jouisse de ce qui lui appartient.* » Quant au commerce, il convient de le réhabiliter : « *la marchandise ne doit pas deux fois estre condamnée, veu qu'elle est profitable et nécessaire à la république.* »

Calvin est alors d'accord avec Luther pour mépriser la contemplation et proclamer que seul le travail est agréable à Dieu : « *la bénédiction du Seigneur est sur les mains de celui qui travaille, il est certain que la paresse et oisiveté est maudite de Dieu* ». aussi condamne-t-il les moines avec autant de grossièreté que Luther « *la plus grande part d'entre eux parce qu'ils n'avaient de quoi se nourrir à la maison se sont fourrés dans des monastères comme dans des porcheries bien garnies* ». Bien qu'il rejette ainsi la primauté du spirituel, le calvinisme prêche l'austérité, condamne toute espèce de luxe, et de plaisirs inutiles, même les sports, les arts et la littérature car il tend à freiner les dépenses, à encourager l'épargne et travaille à l'accumulation du capital. La richesse n'est-elle pas pour les élus, une marque tangible et palpable de la bénédiction du Seigneur ?

Se détournant ainsi de la *Cité de Dieu*, idéal proposé par saint Augustin à la société médiévale, voici qu'une partie dissidente du monde chrétien, pour qui l' »*Ancien Testament* » l'emportait sur le Nouveau, débouchait à présent sur la Cité de l'Or, la voie du puritanisme conduisant directement au capitalisme, c'est-à-dire à une forme de société dominée par l'Argent.

Exploitant l'avantage obtenu sur le plan religieux et le désarroi d'une Chrétienté divisée contre elle-même, les nouveaux capitalistes n'allaient pas tarder à mettre en place, aux Pays-Bas d'abord, en Angleterre ensuite, des gouvernements à leur dévotion, chargés d'instaurer des régimes et un climat politique et économique favorables à leurs ambitions.

CHAPITRE VIII

LA RÉVOLTE DES PAYS-BAS OUVRE L'EUROPE DU NORD AUX BANQUIERS INTERNATIONAUX

Anvers, centre cosmopolite de trafic — Subversion anabaptiste ; révolte de Gand ; intrigues des Grands — Guillaume d'Orange conduit la rébellion des noble — Les gueux et la répression ; Des brigades internationales : les Gueux de mer — Antonio Perez démasqué — La pacification échoue — retrait des troupes espagnoles — La wallonisation réussit — Amsterdam supplante Anvers — Ainsi naquit le capitalisme moderne — Une nouvelle Jérusalem.

Contre l'Espagne qui venait de les expulser, il était naturel que les hétérodoxes réfugiés en Turquie ou en Italie cherchent à soulever les populations étrangères qui, à la périphérie des possessions espagnoles, demeuraient soumises à l'autorité de Madrid. Avant de porter sur le royaume de Naples, leur effort provoqua la révolte des Pays-Bas réunis à l'Espagne par l'accession de Philippe le Beau au trône de Castille en 1504.

Le moment était favorable. L'Empereur, obligé de faire face à la fois à l'invasion turque menaçante et aux troubles intérieurs provoqués par les Réformés, mal obéi par les Princes, acculé à la banqueroute, se trouvait paralysé. À la faveur de la propagande *évangélique* répandue dans le pays sous toutes ses formes, la création d'une place financière de premier ordre, qui serait dans le nord le pendant de Venise, paraissait donc possible. Le choix s'était d'abord porté sur Anvers, mais la région étant demeurée catholique, c'est à Amsterdam que cette base dût être finalement établie.

ANVERS, CENTRE COSMOPOLITE DE TRAFIC

Les villes flamandes, aux puissantes corporations fortement travaillées par les Templiers, dès l'époque de Philippe le Bel, jalouses de leur indépendance, s'étaient toujours montrées remuantes et promptes à la rébellion. Les idées réformées les plus extrémistes devaient s'y répandre rapidement et d'autant plus facilement que Charles-Quint avait confié à sa sœur Marie, veuve du roi de Hongrie, le Gouvernement des Pays-Bas le 3 janvier 1531. Or, la nouvelle régente, amie d'Érasme, qui lui avait dédié un ouvrage « *de vidua christiana* », était connue pour ses tendances libérales.

Protégés d'abord, par Robert de la Marck, seigneur de Sedan, les luthériens en profitèrent pour prendre pied dans le pays, où ils furent assez vite débordés par les *anabaptistes*, ces extrémistes dont le messianisme égalitaire s'apparentait au communisme.

D'importantes transformations économiques et sociales, créent pour cette agitation un terrain propice. Depuis que les réfugiés du Portugal y avaient amené le commerce des épices

— représentant un chiffre d'affaires annuel de deux à trois cent mille ducats et un bénéfice voisin de 100 à 200% — Anvers était en passe de détrôner Bruges comme entrepôt international. Après que Charles-Quint eut confisqué la fortune de certains réfugiés d'Anvers en 1528, ce négoce passera sous le contrôle de financiers cosmopolites : firmes allemandes d'Ulm et d'Augsbourg, les Meuting en 1479, Les Hochstetter en 1486, les Függer en 1508, les Weiser en 1509, puis les Herwart, les Seiler, les Mannlich, les Haug, les Tucher : des maisons italiennes, les Frescobaldi, les Gualterotti de Florence, les Chigi de Sienne, les Bonvisi de Lucques, les Affaitadi de Crémone (1525), les Lomellini, les Centurionni, les Grimaldi de Gênes ; des maisons espagnoles, les del Vaglio, les Diego de Haro, les Lopez Gallo, à côté de marranes — convertis — Marco Perez et Diego Mendes. Des foires de change, installées depuis 1415, y rivalisent avec celles de Lyon. Une nouvelle bourse est bâtie en 1531. C'est là que Thomas More rencontre *Hythlodée*, qui inspirera son *« Utopie »*. Là que les *merchant adventurers* établissent l'Etaple des draps anglais expédiés bruts aux PaysBas pour y recevoir l'apprêt et la teinture. Là que Thomas Cromwell, après son séjour à Venise, travaillera comme secrétaire des marchands anglais de 1502 à 1510, avant de monter un négoce à Middelbourg en 1512.

Gens de métier et bourgeoisie urbaine font les frais de cette transformation qui ne profite guère qu'aux étrangers. Les premiers se voient écartés de l'administration municipale, et les seconds supplantés par une nouvelle classe de parvenus, sans racine locale. Ainsi se creuse le fossé entre gens de négoce et de finance, capitalistes en herbe et déclassés des corporations, prolétaires en puissance. La hausse des prix, provoquée par l'accroissement de la circulation des métaux précieux, constante depuis 1530, est encore accentuée par l'incapacité dans laquelle se trouvent les états de rembourser leurs dettes. Charles-Quirat, par son mariage avec l'Infante de Portugal (10 mars 1526), avait momentanément sauvé ses finances, dont la gestion était confiée à deux purs hétérodoxes Alphonse Guttierez et Jean de Vizmédiano. Mais en 1552, il s'était trouvé dans l'impossibilité de rendre 600.000 ducats empruntés aux banquiers d'Anvers. Trois ans plus tard il abdiquait et cédait les Pays-Bas à Philippe II (25 octobre 1555). Et les banqueroutes se succédaient : celle d'Henri II en 1559, celles de Philippe II en 1556. 1567, 1575 et 1596. Ces crises pesaient de plus en plus lourdement sur les classes laborieuses et créaient un climat dangereux d'insécurité sociale.

Pendant ce temps, marchands allemands et marranes espagnols et portugais, contribuent à répandre les idées réformées de forme luthérienne et calviniste. Ils incitent leurs employés à suivre la propagande *évangélique* et profitant de ce que l'autorité hésite à sévir contre eux, de peur de ruiner le commerce, protègent les prédicants. Des édits tendant à bannir les marranes restent ainsi lettre morte, Charles-Quint ayant dû abandonner aux échevins d'Anvers la poursuite des suspects. Des imprimeries clandestines fonctionnent dans le port, tandis qui-Emden favorablement placée à la frontière de Frise diffuse les libelles protestants.

SUBVERSION ANABAPTISTE ; RÉVOLTE DE GAND ; INTRIGUES DES GRANDS

C'est là qu'en 1529, l'anabaptisme s'installe avec Melchior Hofmann, Sous le nom d'*enfants d'Israël*, trois mille révoltés se répandent à travers le Zuyderzee.

Deux ans plus tard, Amsterdam devient le centre de la nouvelle doctrine. Des prophètes annoncent la fin du monde et l'approche du royaume de Dieu. En attendant, ils proclament l'abolition de la propriété, la suppression des Tribunaux, de l'armée, des prêtres, et, au nom de Dieu plus de maîtres. En 1533, Jan Matthys se soulève à Haarlem et l'année suivante il s'en faut de peu qu'Amsterdam tombe aux mains des anabaptistes ; 617 d'entre eux sont exécutés.

Le 15 juin 1535, profitant de ce que le nord du pays souffre de la guerre avec le Danemark et de la fermeture du Sund, ils s'emparent de Münster.

À la mi-août 1539, la ville de Gand, qui refusait depuis deux ans l'impôt réclamé par Marie de Hongrie, afin de contenir les attaques de François Ier, se révolte à son tour. Réagissant promptement, Charles-Quint entre dans la ville le 14 février 1540, fait arrêter les meneurs et, le 15 avril, abolit les privilèges de la grande cité. Mais il fait banqueroute en 1551 et abandonne le Gouvernement des Pays-Bas à Philippe le 25 octobre 1555. Et lorsque Marguerite de Parme, fille bâtarde de CharlesQuint, d'origine belge, veuve d'Alexandre de Médicis, remariée à Octave Farnèse, assume en 1559 le gouvernement des Pays-Bas, elle et le cardinal Granvelle qui dirige les affaires vont se heurter aux grands seigneurs ligués autour de Guillaume d'Orange, qui réclament le droit de participer au Gouvernement.

À Madrid, ils peuvent compter sur l'appui d'une camarilla favorable à la conciliation, menée par un marrane, Gonzalo Perez, secrétaire de Philippe II, qui possède un œil auprès de la Régente en la personne de son neveu Thomas Armenteros. Cherchant à gagner les grands par des libéralités, Marguerite leur distribue généreusement gouvernements et pensions, ce qui ne les empêche pas de réclamer le retrait des quelque trois mille Espagnols de garnison et de refuser l'envoi de renforts aux catholiques de France. La création de 14 nouveaux évêchés le 12 mai 1559, par une bulle du Pape Paul IV suffit à mettre le feu aux poudres, et fait éclater l'échec de cette politique libérale. Les moines se regimbent d'avoir à céder les abbayes à ces évêques. Les nobles enragent de voir des prêtres de basse naissance, plus ou moins liés à l'Inquisition, s'emparer des évêchés qui leur échappent. Que ce prétexte ait suffi à déclencher la rébellion, alors que depuis 40 ans l'Inquisition introduite par Charles-Quint et les édits de religion n'avaient pas provoqué de réaction sérieuse, suffit à montrer le caractère artificiel du mouvement.

Le 23 juillet 1561, le comte d'Egmont et le prince d'Orange, qui avait épousé Anne d'Egmont et prétendait au poste de *stathouder*, soutenus par Anvers et les États de Brabant, démissionnent du Conseil, et forment à Breda une Ligue d'environ 2.000 seigneurs qui exigent le départ de Granvelle. Armenteros ayant réussi à circonvenir la Régente ramène de Madrid l'ordre d'exil du Cardinal, qui quitte Bruxelles le 13 mars 1554. De son côté Egmont a obtenu de Gonzalo Perez des *instructions* favorables, mais en fin de compte Philippe II refuse la convocation des États.

GUILLAUME D'ORANGE
CONDUIT LA RÉBELLION DES NOBLES

C'est un tollé parmi les nobles, dont Guillaume d'Orange prend la tête. Ce qui caractérise ce nouveau chef des réformés, c'est, avec une incapacité militaire notoire, une ambition effrénée et l'absence la plus complète de conviction religieuse. Né luthérien en 1533, de la famille de NassauDillenbourg, il s'était fait catholique et on l'avait envoyé à Bruxelles pour le confirmer dans cette religion afin de lui permettre de recueillir l'héritage de son cousin René de Châlons, tué en 1544. Il était ainsi devenu le plus riche seigneur du pays. Fidèle adepte de Bacchus, mais amateur de confort, il avait fait de l'hôtel de Nassau une curiosité de la ville en aménageant un vaste lit où ses amis et commensaux pouvaient cuver leur vin à loisir. Célèbre aussi pour ses dettes, il entretenait de précieuses relations avec quelques usuriers et autres gens de finance.

Toujours opportuniste, et cherchant des appuis auprès des protestants d'Allemagne, il venait de convoler le 24 août 1561 avec une luthérienne, Anne, fille de Maurice de Saxe, lorsqu'il jugea de son intérêt de se rapprocher des calvinistes. À la suite de huguenots français, réfugiés aux Pays-Bas après le massacre de Vassy (2 mars 1562), une, nuée de missionnaires formés à Genève, à Lausanne et à Strasbourg, s'était abattue sur le pays où pleuvaient les libelles imprimés à Sedan. Les marchands encouragent les prêches, le calvinisme s'était établi dans les villes de tissage des Flandres, Lille, Armentières, Audenarde, comme dans les ports de Hollande et de Zélande. Des troubles avaient eu lieu à Tournai et surtout à Valenciennes, où la foule avait délivré deux hérétiques de la prison le 27 avril 1562. Entre l'Angleterre et les Pays-Bas, c'était un échange constant de réfugiés. L'avènement de Marie Tudor provoqua un afflux d'Anglais vers Emden. Puis sous Élisabeth un reflux général suivi d'un apport de réfugiés hollandais, 10.000 en 1560, 30.000 en 1562, qui introduisirent leurs industries à Londres, Sandwich, Colchester, et Norwich.

Profitant du mécontentement populaire, suscité par la cherté de la vie — le prix des céréales a doublé en 1566 — les meneurs calvinistes, l'avocat Gilles Le Clercq de Tournai et les deux frères Maenix concluent à Spa en Juillet 1565, un *compromis* sur le modèle des confédérations de huguenots. De jeunes gentilshommes, conduits par Louis de Brederode, Bergh, et Louis de Nassau, frère de Guillaume d'Orange, adhèrent au mouvement. Lorsque le 15 avril 1566, une délégation de deux cents d'entre eux vêtus de gris, la barbe taillée *à la turque*, arborant la besace et l'écuelle comme signe de reconnaissance présentera une pétition à la Régente, le Ministre Berlaymont s'écriera par dérision : « *ce ne sont que des gueux !* » il venait de baptiser les rebelles, ce nom leur est resté. Cette démarche sera suivie d'un accord conclu à Saint Trond entre nobles et calvinistes, ces derniers fournissant les moyens financiers qui faisaient cruellement défaut aux premiers.

LES *GUEUX* ET LA RÉPRESSION

C'est alors que les premières réactions marquent le déclenchement de la révolte. Des centaines de réfugiés quittent l'Angleterre et rejoignent les Pays-Bas (Tournai, Lille, Valenciennes, Anvers). À Armentières (le 10 août 1566) et à Anvers, des bandes d'iconoclastes attaquent et pillent églises et cloîtres. Tandis qu'Orange fait mine de rétablir l'ordre à Anvers, Marguerite de Parme utilise les contingents amenés d'Allemagne par Mansfeld pour dégager Bruxelles et exiger le départ de Louis de Nassau et des pasteurs étrangers (8 octobre 1566). De nouveau, c'est la débandade vers Emden, Cologne et l'Angleterre.

L'arrivée du duc d'Albe, le 30 octobre 1566, à la tête de régiments espagnols, donne le signal de la répression. Le 29 août 1567, il remplace la Régente et dès le 9 septembre fait arrêter à Bruxelles les comtes d'Egmont et de Hornes, qui seront décapités en Juin 1568. Le prince d'Orange s'enfuit à Dillenbourg. De Janvier à Mars 1568, de deux à six mille rebelles sont exécutés par le Conseil des troubles. Il semble que le duc ait mâté la révolte.

DES BRIGADES INTERNATIONALES :

LES GUEUX DE MER

Mais il commet une maladresse insigne en faisant instituer le 21 mars 1569 par les États de Bruxelles de nouveaux impôts, du genre des *alcabalas* espagnoles. Prélèvement unique du 100_e sur meubles et immeubles, accompagné d'une contribution du $1/10_e$ sur la vente des meubles et du $1/20_e$ sur les immeubles. Se sentant ainsi écorché, le commerce proteste plus vivement encore que contre la répression. La révolte rebondit. Alors que trois colonnes de *Gueux des bois* avaient été facilement réduites en Artois, en Gueldre et en Frise au printemps 1568 ; alors que le prince d'Orange avait perdu sans livrer combat une armée de 35.000 hommes péniblement levée, mal payée, que les maladies et les désertions avaient suffi à faire fondre... voici que s'organisent contre les Espagnols, les *Gueux de mer* (Juillet 1568).

Ces brigades internationales basées sur Emden, mais utilisant aussi les ports anglais, grâce à la complicité d'Élisabeth, mènent une guerre de course très dure. Lorsque l'Angleterre se voit contrainte de fermer ses ports le 1er avril 1572, Guillaume de la Marck, s'empare de Brielle, à l'embouchure de la Meuse ; Flessingue et l'île de Walcheren passent aux gueux. Valenciennes tombe aux mains de La Noue, Louis de Nassau occupe Mons, Orange pénètre en Gueldre et convoque à Dordrecht les délégués de la Hollande, de la Zélande, de la Frise et d'Utrecht, qu'il oppose aux États réunis officiellement à Gouda par le Gouvernement.

Mais une fois encore, ses talents militaires ne sont pas à la hauteur de ses ambitions. Après avoir perdu à Rüremonde un temps précieux, il se laisse surprendre de nuit devant Mons, et ne doit son salut qu'à la fuite. La nouvelle du massacre de la saint Barthélémy (24 août 1572) ajoute au désarroi des réformés ; les chefs calvinistes français Villers, La Noue, Duplessis-Mornay, refluent vers le nord. Après une résistance de sept mois, la ville d'Haarlem se rend, mais Alkmaar tient bon et la flotte des *gueux de mer* inflige une sévère défaite à l'amiral Boussu, qui est fait prisonnier devant Eukhuizen.

Alors qu'elle semblait sur le point d'aboutir, la politique de répression du duc d'Albe vient encore d'échouer. De Madrid, elle a été d'ailleurs efficacement contrecarrée par les manigances du marrane Antonio Perez, fils de Gonzalo, chargé de la Chancellerie en 1570, et par le service de renseignements que le prince d'Orange entretient en Espagne. Albe, âgé de soixante-cinq ans, rappelé le 17 novembre 1573, quitte les Pays-Bas le 18 décembre. Son successeur plus jeune (45 ans) Requesens venant de Milan tente d'appliquer une politique modérée, selon les instructions du secrétaire d'état Ruy Gomez, que les frais d'entretien d'une armée de soixante mille hommes préoccupe.

Au contraire les Réformés, encouragés par la défaite infligée à Romerswael par les *gueux de mer* de Boisot à la flotte espagnole qui tentait de secourir Middlebourg, capitale de la Zélande assiégée, ont reçu 100.000 Florins du Maréchal de Retz, Louis de Nassau entreprend une campagne contre les provinces du sud ; Sancho d'Avila l'arrête à Mook, près de Nimègue, détruit son armée et le tue. Mais les troupes espagnoles demeurées sans solde se mutinent à Anvers. La suppression du Conseil des troubles et les concessions fiscales tardivement accordées par Philippe II (10 mars 1574) aux États de Bruxelles sont interprétées comme un signe de faiblesse. Orange réplique en convoquant d'autres États à Rotterdam, tandis qu'un synode calviniste se tient à Dordrecht.

Le dégagement de Leyde, dont les habitants ont rompu les digues afin de permettre aux *gueux de mer* de les secourir (2 octobre 1574) a un grand retentissement dans le pays. L'année suivante la pénurie d'argent brise une offensive de Mondragon tentant à séparer la Hollande de la Zélande. Financièrement, l'Espagne aux abois fait banqueroute à la fin de 1575. La mort de Requesens, survenue le 5 mars 1576 ajoute encore aux désordres ; on n'a même pas trouvé d'argent pour régler ses funérailles.

ANTONIO PEREZ DÉMASQUÉ

Don Juan d'Autriche, le vainqueur de Lépante, recueille ce lourd héritage. Il tombe en pleine anarchie ; les troupes mutinées se sont retirées à Anvers ; à Bruxelles les membres du Conseil d'État sont en prison et les États généraux se sont réunis de leur propre initiative (Septembre 1576). Pour comble de malheur la trahison est installée à Madrid où Antonio Pérez, qui paralyse l'action de don Juan aux Pays-Bas, pousse l'audace jusqu'à faire assassiner son secrétaire Escobedo (31 mars 1578). Les agissements du secrétaire d'état félon son enfin dévoilés ; lui et la princesse d'Eboli, sa maîtresse, sont arrêtés le 26 juillet 1579, mais il s'échappe et se place sous la protection du *Justicia mayor*, l'arbitre suprême des institutions d'Aragon, en attendant de trouver refuge à Pau chez Catherine de Bourbon. Maintenant que le mal est fait, pour sauver la face, un compromis est signé entre les dix-sept provinces catholiques du sud et les calvinistes du nord. Cette *pacification* de Gand donne l'illusion de la paix (31 octobre 1576). Le 12 février 1577, Don Juan s'engage à renvoyer les troupes espagnoles et retourne à Bruxelles. Sera-ce donc *l'abandon vulgaire* ? Non, la partie n'est pas encore jouée.

LA PACIFICATION ÉCHOUE ; RETRAIT DES TROUPES ESPAGNOLES

La victoire s'avère plus néfaste aux Réformés que la défaite. Le triomphe du prince d'Orange, qui a fait son entrée solennelle à Bruxelles le 13 septembre 1577, son ambition effrénée, les tendances ultra-démocratiques de son entourage calviniste, les excès commis par ses troupes et par ses auxiliaires écossais, indisposent catholiques et modérés. Alexandre Farnèse en profite pour bousculer avec ses Espagnols l'armée des États à Gimbloux le 31 janvier 1578. Don Juan, peut-être empoisonné par Antonio Perez, se meurt (1er octobre 1578). Avec une finesse tout italienne, son lieutenant conçoit enfin une habile politique : accorder quelques concessions, retirer même s'il le faut les Espagnols pour faire place aux gens du pays, mais opposer les catholiques du sud aux calvinistes du nord afin de sauver ce qui peut être sauvé.

Cette politique conduit à la conclusion de l'Union d'Arras entre l'Artois, Douai et le Hainaut (6 janvier 1579). Les Réformés y répondent le 23 janvier en signant l'Union d'Utrecht. Profitant de cette scission entre les états du nord et ceux du sud. Alexandre Farnèse négocie la paix d'Arras (17 mai 1579) : les contingents étrangers quitteront le pays dans un délai de six mois, l'état bourguignon est pratiquement reconnu, les anciens privilèges et libertés sont rétablis et une digue solide est élevée contre les entreprises des Réformés.

Obligés de tenir compte de la lassitude du peuple, les calvinistes eux-mêmes doivent faire des concessions. La *Religionsfrid* soumise aux états par le prince d'Orange de 10 juillet 1578, tolère l'exercice du culte catholique partout où cent foyers au moins le demanderaient et rétablit les libertés fortement compromises là où la domination calviniste s'était exercée, spécialement à Cand depuis 1578. Orange est maintenant à la recherche d'un Prétendant susceptible de couvrir sa propre autorité. L'archiduc Mathias de Habsbourg joue ce rôle sans gloire de Septembre 1577 à Septembre 1580. Mais Élisabeth lui suscite des rivaux : Casimir, comte Palatin (29 mai 1578) puis le Duc d'Anjou, soutenu par Marguerite de Navarre, qui s'intitule *défenseur de la liberté des Pays-Bas* (du 13 août 1578 au 27 juin 1580), prétend à la main d'Élisabeth et meurt (10 juillet 1584). À son tour, Orange tombe sous les coups du messager venu lui porter la nouvelle de cette mort.

LA WALLONISATION RÉUSSIT

Cet ensemble de circonstances favorables permet à Alexandre Farnèse d'entreprendre la reconquête des provinces catholiques : successivement Maëstricht (29 juin 1579), Tournai (30 novembre 1581), Ypres, Bruges, puis Gand, Bruxelles (10 mai 1585), Malines le 17 juillet et enfin le 17 août 1585. Anvers tombent entre ses mains. Craignant le pire Élisabeth, qui entretenait une brigade de 5.000 volontaires aux Pays-Bas, appuie Maurice de Nassau, occupe l'île de Walcheren et Berg-op-Zoom, tandis que les États Généraux reconnaissent comme gouverneur le favori de la reine, Robert Dudley, comte de Leicester (4 février 1.586). Ainsi Maurice de Nassau parvient-il à protéger la route du nord en s'établissant à Nimègue le 21 octobre 1589.

Chacun des deux adversaires réussit à conserver ses positions. L'Espagne étant neutralisée — après la mort d'Alexandre Farnèse (3 décembre 1592), successivement remplacé par don Pedro de Azevedo, comte de Fuentes et par l'archiduc Albert d'Autriche — lorsque la banqueroute de 1596 obligea le gouvernement de Madrid à conclure avec la France la paix de Vervins(2 mai 1598). Le 6 mai 1598, les Pays-Bas reçurent sous l'autorité des archiducs une certaine autonomie, tandis que l'autorité de Maurice de Nassau, prince d'Orange, généralissime des États, s'exerçait toujours sur les provinces du nord, calvinistes. Une trêve négociée pour douze ans le 9 avril 1609, consacra cet état de fait.

AMSTERDAM SUPPLANTE ANVERS

L'évolution des évènements que nous venons de relater amena les protagonistes de la révolte à modifier leur plan. Le bilan de l'opération s'étant soldé par un demi-échec, ils durent renoncer à Anvers, demeurée aux mains des catholiques, et reporter sur Amsterdam leur projet d'installation du centre d'affaires qu'ils cherchaient à établir dans le nord.

La famille d'Orange-Nassau, Maurice comme plus tard Henri et Guillaume II leur offrant absolument toutes garanties, la mise en place des nouvelles institutions politiques et financières fut rapide. Malgré un premier échec du consul du Maroc, Samuel Pallache, dans une tentative d'introduire quelques marranes à Middlebourg, quelques réfugiés portugais Jacob Tirado et sa fille Marie Nunes, d'une beauté remarquable, jetés par la tempête sur la côte anglaise, avaient été bien reçus par la reine Élisabeth avant de gagner Emden, d'où Moise Uri Hallevi les conduisit à Amsterdam en 1593. Ils se trouvèrent renforcés par une deuxième fournée de réfugiés ramenés par le comte d'Essex et Ludovic de Nassau de leur expédition à Cadix en 1596 et par la mère de Marie Nunes et ses fils, la famille Franco Mendes, Manuel Lopez Homen, et Miguel Lopez. Ce renfort permit à Jacob Tirado d'ouvrir la première synagogue en 1598, au moment même où la situation des Pays-Bas se stabilisait.

Une seconde synagogue fut construite en 1604, par Francisco Mendes Medeyros, après l'arrivée de 150 Portugais dont la condamnation à mort avait été commuée par le Pape. Ils furent rejoints par Manuel Pimentel, un protégé d'Henri IV de France, qui l'appelait le *roi des joueurs*, par Elie Montalto, médecin de Marie de Médicis, et par Abraham Zacuto l'arrière-petit-fils de l'astronome, très lié au comte palatin Frédéric qui déclencha la guerre de Trente ans. Bref, en quelques années, Amsterdam compta 400 familles hétérodoxes ; ils seront 24.000 au début du XVIIIe siècle. Une autre communauté s'installa à Rotterdam avec Abraham et David Pinto, mais une tentative de l'humaniste Scaliger pour en créer une troisième à Haarlem échoua. Plus importants que leur nombre étaient d'ailleurs les capitaux et les relations extérieures qu'ils apportaient. Grâce à l'essor de leur marine et à la création de grandes compagnies commerciales, les Pays-Bas allaient être en mesure d'enlever au Portugal, allié de l'Espagne, le commerce des Indes, en attendant de s'introduire au Brésil. Après la pénétration de marranes à Pernambouc et l'envoi de Jean Maurice de Nassau comme gouverneur (1624-36), 600 portugais d'Amsterdam prirent en effet le chemin de l'Amérique du Sud, mi ils exploitèrent des plantations de canne à sucre sous la direction du hakham Isaac Aboab de Fonseca (1642).

AINSI NAQUIT LE CAPITALISME MODERNE

La Hollande se trouvait ainsi appelée à jouer un rôle maritime et commercial mondial, tandis qu'Amsterdam, auparavant simple marché des blés du nord, comme Middlebourg était celui des vins, devenait une place financière de premier ordre et pour tout dire la première citadelle du capitalisme moderne. Ses trois principaux bastions s'élèvent en moins de dix ans : la Compagnie des Indesorientales, crééeen 1602, la Banqued'Amsterdam fondéeen 1609, et la Bourse, ouverteen 1611. Les Compagnies des Indes orientales et des Indes occidentales sont des sociétés financières anonymes de commerce, appelées à supplanter les anciennes guildes et associations de marchands. Dès 1407, la Banque de Gênes s'était constituée sous la forme anonyme, mais maintenant il s'agissait de sociétés dont les parts présentaient la forme soit d'actions nominatives, soit d'obligations pour des sommes arrondies, portant la clause au porteur c'est-à-dire facilement transmissibles par endos. Cette clause, courante au Moyen-Age sur les billets à ordre, était tombée en désuétude au XVI$_e$ siècle, jusqu'au moment où elle fut réintroduite en Hollande dans les valeurs d'État, les polices d'assurances, les reçus des Monts-de-Piété.

Quels étaient donc les principaux actionnaires de ces sociétés anonymes ? Les réfugiés hispano-portugais exerçaient une influence prépondérante sur les deux compagnies. Louis de Geer y jouait un rôle comparable à ce que sera plus tard celui des Rothschild. Pinto explique que parce qu'il détenait une part considérable des actions de la compagnie des Indes orientales, le gouverneur de Java, Cohen, et plusieurs directeurs furent choisis parmi eux. Pour la compagnie des Indes occidentales, ils furent les instigateurs de la lettre adressée par les directeurs Stuyvesant, gouverneur de la Nouvelle-Amsterdam (New York) pour lui recommander les premiers émigrants, qui se répandirent ensuite vers Long Island, Albany, Rhode Island et Philadelphie. Enfin, pour les deux compagnies, le rapport adressé par Manassé Ben Israël (1604-57.) à Cromwell afin d'obtenir du Protecteur la réadmission des Juifs en Angleterre proclame nettement que ses coreligionnaires exercent un véritable contrôle sur ces sociétés de commerce, dont il offrait d'ouvrir les, marchés à l'Angleterre puritaine. Cette oligarchie financière, restera maîtresse des colonies néerlandaises pendant deux cents ans.

Mais le donjon du système, c'est la Banque d'Amsterdam qui voit le jour en 1609. Organisée comme une banque municipale, elle est placée sous la direction des quatre bourgmestres annuels.

Comme c'était le cas à Venise, au Banco del Rialto, fondée par les Centurioni, ses livres étaient tenus non en monnaie courante mais en monnaie de compte de la banque. Ses réserves atteignirent bientôt 30.000 tonnes d'or ; environ deux mille personnes étaient en compte avec elle. Sa constitution servit de modèle à celle de Hambourg dix ans plus tard et à celles de Rotterdam et de Nüremberg, montées en 1621.

Deux ans après la banque, la Bourse s'installe et travaille fiévreusement. Centre du commerce des métaux précieux et grand marché financier, elle placera pour 250 millions de Florins d'emprunts jusqu'en 1770. L'année 1763 y sera particulièrement marquée par une ruée sur les valeurs, mais, dès le lancement des actions des compagnies des Indes, l'agiotage et la spéculation s'y donnent libre cours. Une ordonnance des États Généraux du 26 février 1610, interdisait de vendre plus d'actions qu'on en possédait réellement (opérations à découvert). Elle dut être renouvelée successivement en 1621. 1623, 1677 et 1700, tant elle était peu respectée. La mode aidant, on spéculait sur tout, pas seulement sur les valeurs ou sur les marchandises, mais sur les tulipes notamment, à propos desquelles un *krach* survint et même en 1670, sur les dents de baleine. Afin d'épauler les planteurs des colonies, une Banque hypothécaire fut créée qui fit banqueroute, entre 1770 et 1780, après avoir investi 60 millions sur un total de 100 à Surinam.[14]

UNE NOUVELLE JÉRUSALEM

Les réfugiés hispano-portugais, qui exerçaient à présent une influence prédominante sur la place d'Amsterdam, l'appelaient leur *nouvelle et grande Jérusalem*. Aux XVIIe et XVIIIe siècle, Pinto, les Belmonte, les Bueno de Mesquita, les Francisco Melo, sont les premiers financiers de l'Europe du Nord. Ils gèrent la fortune de la maison d'Orange, alimentent les caisses des souverains d'Angleterre, de Prusse, de Saxe, etc., s'apprêtent à essaimer en Allemagne et en Autriche et jusqu'aux États-Unis où ils soutiennent les maisons Neufville, Hope et Cie, etc. Nous les verrons à l'œuvre dans les révolutions d'Angleterre. En Hollande ils tiennent le haut du pavé et éclaboussent tout le monde par leur luxe, les plus beaux palais d'Amsterdam ou de La Haye sont les demeures du Baron Belmonte, van den Herr de Pinto, van den Herr d'Acosta. La fortune de Pinto était évaluée à 8 millions de Florins à la fin du XVIIe siècle. Quarante de ces familles hispano-portugaises participèrent à la fondation de la Banque de Hambourg en 1619.

Un rapport de l'ambassadeur de France à La Haye décrit sur le vif le fonctionnement de leur communauté d'Amsterdam : *« Ils s'entretiennent avec ce qu'ils appellent leurs congrègues de Venise... (qui) lie l'Occident avec l'Orient et le Midi... la congrègue de Salonique... celle d'Amsterdam régit toutes les parties du Nord... en sorte qu'ils sont les premiers et les mieux informés de tout ce qui se meut dans le monde, dont ils bâtissent leur système de chaque semaine dans leurs assemblées qu'ils tiennent fort à propos le lendemain du samedi, c'est-à-dire le dimanche pendant que les chrétiens de toutes les sectes sont occupés aux devoirs de leur religion. Ces systèmes, alambiqués par leurs rabbins et chefs de congrègues, sont dès l'après-midi du dimanche délivrés à leurs courtiers et agents... qui, ayant aussi concerté entre eux vont séparément dès le même jour répandre les nouvelles accommodées à leurs fins qu'ils vont commencer à suivre dès le lendemain, lundi matin, selon qu'ils voient la disposition des esprits à tous les égards particuliers : vente, achat, change, dans tous lesquels genres de choses, ayant toujours entre eux de grosses masses et provisions, ils sont éclairés à faire le coup, dans l'actif et dans le passif et souvent dans tous les deux en même temps ».*

Etant donnée l'importante de leur rôle, comme l'ont montré Max Weber, Werner Sombart, et À. Dauphin-Meunier, peut-on s'étonner que ces méthodes financières nouvelles soient tout <u>imbibées</u> de leurs traditions ? que la nouvelle cité de l'or ait pour arbre généalogique : *judaïsme – puritanisme – capitalisme.* ? Dans la tradition hébraïque, la croyance à la survie de l'âme émerge lentement et assez tardivement. L'esprit de finalité commande tout : le peuple, voué à l'exécution d'un plan qui doit assurer sa domination comme chacun des individus qui le compose, attaché à la poursuite de la richesse, marqué de la bénédiction du Très Haut, a la même volonté tendue vers un objectif à atteindre par tous les moyens. Le judaïsme n'a cessé de réagir contre les influences extérieures : par le Deutéronome contre le culte de Baal, par le code des prêtres contre Babylone, par les Tannaïm contre la culture hellénistique et le christianisme naissant, par le traité de Maïmouni, les Turim d'Ascher, le Schulchan Aruch de Karo, contre la civilisation espagnole. Mais c'est pendant l'exil à Babylone — dans ce pays où les Temples étaient de véritables établissements de banque — que la communauté juive, puissamment tenue en mains par le prince de l'exil et les deux *gaons* ou recteurs de son université a été profondément marquée par le Talmud et qu'elle a pris conscience du rôle international qu'elle était susceptible d'exercer, grâce aux moyens financiers dont elle disposait,

---

[14] Les opérations de banque sent alors décrites par lei calviniste français Saumaise ; (*« dissertatio de foenoce traperzitorum ».* Ley de 1638 et 1640), par le portugais José de la Vega (*« Confusion de confusiones »*) traité de la Bourse écrit à Amsterdam eu 1688, et par Joseph de Pinto (un traité du crédit et de la circulation monétaire écrit en 1771).

grâce aussi à son unité maintenue par son isolement jaloux dans la dispersion qui lui assurait tant d'antennes au dehors.

Les textes abondent dans les livres saints hébraïques, qui présentent la richesse comme une bénédiction divine. *Les Psaumes* : « *Heureux l'homme qui craint l'Éternel... l'abondance et la richesse seront dans sa maison* » (XCII, 1, 3). *Les Proverbes* : « *Avec moi sont les richesses et la gloire, les biens durables et la justice* » (VIII, 18) ; « *la richesse est une couronne pour le sage* » (XIV, 24) ; « *le fruit de l'humanité et de la crainte de l'Éternel c'est la richesse, la gloire de la vie* » (XXII, 4). *Le Livre de la Sagesse* : « *La Sagesse m'a rapporté tous les biens possibles et des richesses innombrables* » (VII, 2). *Le livre de Jésus, fils de Sirach* : « *Puisqu'on est honoré dans la pauvreté ne le sera-t-on pas d'autant plus dans la richesse* » (X, 33). Or, selon le prophète Isaïe (Ch. IX), les richesses des nations sont promises au peuple élu : « *les peuples apporteront d'eux-mêmes leur or et leur argent à Israël* ». Aussi bien aucune interdiction ne vient-elle les retenir dans les trafics d'argent... lorsqu'il s'agit des autres « *tu pourras prêter à intérêt à l'étranger mais tu ne prêteras point à intérêt à ton frère* » (Deut. XXIII, 20). Et encore : « *Personne ne doit faire tort à son frère mais l'on peut léser un non-juif en lui vendant plus cher* » (Lévit. XXV, 14).

Comme ces lois ne les retenaient pas comme les chrétiens, pour brasser les affaires d'argent, comme ils étaient préparés par le Talmud et le Schulchan Arueh de Karo à réclamer la liberté du commerce, ils avaient réussi à supplanter les grecs et les Syriens (Phéniciens) qui tenaient entre leurs mains le commerce international de l'antiquité. À ces relations d'affaires ils apportaient leur tendance à détacher la personne humaine de son milieu familial et professionnel pour ne considérer que l'individu abstrait en présence de l'État et à substituer l'obligation écrite aux rapports personnels engageant l'honneur des parties. Ce qui explique l'apparition ou le développement à Amsterdam, à l'époque qui nous occupe, de toute une série de formules commerciales et bancaires nouvelles, à forme anonyme, dont la paternité leur est attribuée.

Il en est ainsi du papier au porteur, déjà cité dans le Talmud (Baba, Ba ta, f, 172) avant de l'être par les rabbins Hascher (125061327 rep. 68,6 et 68,8) et Joseph Karo (XVI$_e$) dans le Choschan Mischpat (65.10). Ces sortes de blanc-seings, qui s'apparentent au *mamré* des juifs polonais, se répandent aux foires de change d'Anvers au début du XVI$_e$ siècle. Les billets au porteur furent autorisés par une ordonnance de Charles-Quint en 1536 et par les coutumes d'Anvers de 1582. Cette clause, largement utilisée par les réfugiés, leur permettait notamment, soit de faire évader leurs capitaux en cas de besoin, soit de se faire livrer des marchandises sous un nom chrétien, soit de spéculer facilement en bourse sur les marchandises ou sur les valeurs.

Une autre pratique bancaire, l'endossement de la lettre de change, a été reconnue sans réserve pour la première fois en Hollande en 1651. Les hétérodoxes s'étaient efforcés de l'introduire en Italie, où, de 1420 à 1550, plusieurs communes avaient fait appel à eux pour fonder des établissements de prêt. Mais le Sénat de Venise en avait interdit l'usage le 14 décembre 1593. De même qu'il s'était opposé dès 1421 à la création de reçus de banque impersonnels, sorte de billets de banque avant la lettre, distincts des reçus de dépôt.

Peu à peu, sous leur influence, les coutumes commerciales traditionnelles sur les prix et la qualité des produits cédaient à l'appât du gain. Dans son « *Compendio* » en 1561, Saravia della Calle introduisait déjà la future notion *libérale* de l'établissement des prix par la loi de l'offre et de la demande. Des pratiques qui auraient été considérées jusque-là comme *déloyales*, s'introduisaient rapidement. Trafic des succédanés, industrie des déchets, fabrication de camelote, vente à perte permettant de s'emparer d'un marché et de fixer ensuite des prix arbitraires en situation de monopole, vente à tempérament, etc. Les bazars et toutes sortes de boutiques de bric-à-brac général, échappant au contrôle des corporations, faisaient leur apparition.

À la faveur de la *Réforme* religieuse, une révolution financière et commerciale est en cours, qui va bientôt s'étendre au domaine social et politique. Dès le milieu du XVII$_e$ siècle, l'influence morale des réfugiés est telle dans les Pays-Bas que juristes et philosophes donnent comme modèle de la constitution hollandaise les lois des anciens Hébreux. Une idée domine ce système : l'idée de contrat (*berit'h* en hébreu). De même que la tradition mosaïque a imposé la notion d'un contrat qui lie Iahvé au peuple élu, de même que chaque membre de la communauté considère qu'une sorte de compte-courant lui est ouvert dans le ciel, de même le principe d'un contrat entre l'individu — le citoyen abstrait — et l'État doit s'introduire dans le monde moderne. Ce sera l'œuvre de la révolution puritaine.

En attendant, au point de vue social, le régime qui s'instaure en Hollande n'a de liberté que le nom. Il établit la prépondérance d'une oligarchie restreinte, maîtresse de la finance, du commerce, de la magistrature, sur l'ensemble du pays. Quelques banquiers, quelques gros marchands, dont les richesses croissent de jour en jour, règnent sans contre-poids sur une armée, une marine, une administration rongées par le népotisme et la corruption, sur une bourgeoisie de rentiers soumis, sur un prolétariat formé des débris des corporations, augmentant sans cesse en nombre, rémunéré par d'assez bons salaires, mais en proie au chômage endémique. La liberté individuelle est si peu respectée que les bourgmestres ont toute latitude de bannir les indésirables, sans autre forme de procès.

Tel est le système de gouvernement qu'il s'agit à présent d'introduire en Angleterre, où le terrain se trouve déjà bien préparé par la réforme d'Henri VIII et de Thomas Cromwell et par l'osmose entre les deux pays qui a marqué le règne d'Élisabeth. Les Rose-Croix, déjà à l'œuvre dans la révolte des Pays-Bas, vont être appelés à jouer un rôle prépondérant dans les révolutions d'Angleterre.

CHAPITRE IX

LES ROSE-CROIX À L'ŒUVRE
DANS LES RÉVOLUTIONS D'ANGLETERRE

Élisabeth et son équipe : William Cecil et Walsingham — La lutte pour l'Écosse L'élimination de Marie Stuart — Élisabeth, providence de la Réforme Souveraine de la mer et de la traite — Thomas Gresham, parrain d'un capitalisme à la hollandaise — Barnaud, messager des Rose-Croix — Jean-Valentin Andreas : leur théoricien — Les Roses-Croix sortent de l'ombre — Paracelse, alchimiste et rénovateur de la médecine — Pénétration en Angleterre : Michel Maïer, Robert Fludd, Jean Amos Komenski — La voie ouverte par Francis Bacon — Elias Ashmole organise les académies pré-maçonniques.

L'avènement au trône le 17 novembre 1558 d'Élisabeth, *la petite bâtarde* fille d'Henri VIII et d'Anne Boleyn, assurait aux Réformés une base solide en Angleterre. La jeune reine était restée marquée par les vicissitudes d'une jeunesse tourmentée. Au physique son flirt avancé avec le bel amiral Thomas Seymour, qui, après l'avoir assez vivement compromise et après s'être opportunément débarrassé de sa femme Catherine Parr, mourut exécuté par son frère, le Régent Édouard Seymour, Duc de Somerset, l'avait profondément troublée. Au moral, elle avait conservé de son internement à la Tour et de sa relégation à Woodstock, à la suite de la révolte de Thomas Wyatt, des habitudes de dissimulation bien ancrées.

ÉLISABETH ET SON ÉQUIPE : WILLIAM CECIL ET WALSINGHAM

De ses protecteurs pendant cette période d'épreuve, elle fit naturellement ses conseillers les plus écoutés. Au premier rang, le jeune et rusé Sir William Cecil. De famille galloise, introduite à Londres à la suite d'Henri VII Tudor, enrichie dans la curée des biens ecclésiastiques, gendre de Sir Anthony Cooke, ex-précepteur d'Édouard VI et d'Élisabeth, il était parvenu avant la trentaine aux fonctions de secrétaire du Régent Sir Édouard Seymour, de secrétaire du Conseil privé, puis de premier secrétaire d'Édouard VI. Apparemment rallié sous Marie Tudor, il avait su mener un double jeu subtil afin de mieux veiller sur Élisabeth. Celle-ci l'en récompensa en lui donnant la dignité de secrétaire d'État qu'il conserva pendant quarante ans et en le créant baron de Burghley. Ainsi tenait-il en main, avec le trésorier Parry, le service particulier de contre-espionnage de la reine, *la défense de l'État*, hérité de Thomas Cromwell et distinct du service officiel de renseignements contrôlé par le Conseil privé. Il siégeait en outre à ce Conseil et il était membre de la Chambre basse, ce qui lui permettait d'orienter l'action de cette assemblée.

Les autres hommes de confiance de la souveraine, étaient Nicolas Bacon, le marquis de Winchester, et le trésorier Thomas Gresham. Comme favori, la *reine vierge* gardait auprès d'elle Lord Robert Dudley, dont le grand-père avait été décapité pour concussion, à l'avènement d'Henri VIII et dont le père, Duc de Northumberland, avait été exécuté à la suite du complot pour sa bru Jane Grey, sous Marie Tudor, ce qui avait valu au jeune Robert de se trouver enfermé à la Tour en compagnie d'Élisabeth. Ses antécédents offraient donc toute garantie, comme son dévouement, sans partage, depuis que sa femme Amy Robsart s'était malheureusement écrasée au pied de l'escalier de son château en Septembre 1560. Sa souveraine l'en récompensa en lui octroyant le titre de comte de Leicester.

Tel est l'entourage qui permit à Élisabeth de poser les fondements de l'Empire britannique. Son règne vit naître en effet l'Intelligence Service et les grandes entreprises maritimes, tandis que les liens financiers avec la Hollande se resserraient, et que l'Angleterre, point d'appui pour toutes les entreprises des Réformés, conquérait l'Écosse au protestantisme et ouvrait les voies aux Rose-Croix et à la Franc-Maçonnerie.

C'est à l'ancien ambassadeur en France, Sir Francis Walsingham appelé à ses côtés par Sir William Cecil en 1573, que l'Angleterre doit l'organisation de l'Intelligence Service. Parent de sir John Carey, dont le frère avait épousé Marie Boleyn, très doué pour les langues, il n'avait pas seulement appris le droit à Padoue mais aussi les méthodes italiennes les plus modernes d'espionnage. Il devait d'ailleurs recruter nombre de ses agents en Italie, tel Tomaso Franciotto, protestant de Lucques qui avait appartenu pendant quarante ans aux services français, tel le florentin Giacomo Manucci, spécialiste des coups dangereux. Sassetti et autres. Après avoir voyagé depuis 1556 en Allemagne, en Suisse et en France, de retour en Angleterre en 1560, il assuma les fonctions de second secrétaire d'État jusqu'en 1590, et il organisa à partir de 1580 un service permanent d'espionnage employant soixante agents titulaires et des affidés par douzaines, avec des ramifications dans les parties les plus éloignées de l'Europe catholique, et même jusqu'au collège des cardinaux. Il remplacera bientôt Burghley et sir Thomas Smith à la tête de cette organisation.

Lorsque sa fille eut épousé sir Philipp Sydney, neveu de Leicester et qu'elle eut converti ce dernier au puritanisme, l'influence du sous-secrétaire d'état devint telle qu'il put même parfois se permettre d'outrepasser les instructions de la reine. Grâce à lui, au plus fort du conflit avec l'Espagne, les gros banquiers Fugger ouvrirent leurs caisses à Élisabeth, tandis que leurs collègues de Florence et de Gènes refusaient à son adversaire les crédits à long terme qu'il sollicitait. Grâce à lui encore et à son agent Pellegrini (alias Anthony Standen, ex-compagnon de Darnlée en 1587) la composition de l'armada fut connue des Anglais et le marquis de Sante-Cruz, son amiral, mourut subitement à la veille du départ de sa flotte.

LA LUTTE POUR L'ÉCOSSE

Mais c'est surtout dans l'affaire d'Écosse que Cecil et Walsingham trouvèrent l'occasion d'exercer leurs talents. Par son grand-père Jacques IV Stuart, qui avait épousé en 1503 Marguerite, fille aînée d'Henri VII et sœur d'Henri VIII, Marie Stuart avait hérité du trône d'Écosse sept jours après sa naissance, à la mort de son père Jacques V, *roi des Communes et roi des pauvres*, qu'il s'était efforcé de défendre contre les exactions d'une noblesse débridée (9 novembre 1542). La régence n'ayant pu être exercée par le Cardinal Benton, qui périt assassiné par les agents d'Henri VIII, le 29 mai 1546, le fut par la mère de la jeune reine, Marie de

Lorraine, avec l'assentiment de Jacques Hamilton, comte d'Arran. Cette dernière gouverna avec le concours de conseillers français, d'Oyssel, Roubaix. Et lorsqu'à la mort d'Henri II (8 juillet 1559), François II, époux de Marie Stuart depuis le 24 avril 1558, monta sur le trône, les liens entre la France et d'Écosse se trouvèrent encore resserrés.

Contre cette alliance intime une coalition se forma sous la direction occulte de Jacques Stuart, prieur de Saint Andrews, futur comte de Mar et de Murray, entre les Douglas, les Argyll, et autres seigneurs avides de biens ecclésiastiques, et les prédicants réformés conduits par Jean Knox, rescapé des galères françaises (1547-59) et disciple de Calvin. L'intérêt de l'Angleterre était évidemment de soutenir la révolte déclenchée par une émeute iconoclaste à Saint Andrews. Le trésorier Thomas Gresham se chargea d'emprunter à Anvers pour lui procurer des subsides d'abord, des armes et des munitions ensuite. Bien que son beau-frère Nicolas Bacon déconseillât une intervention directe, William Cecil décida la Reine à conclure le 27 février 1560 le traité de Berwick avec les membres de la Congrégation. Afin de gêner la parade française, les agents d'Élisabeth firent parvenir des fonds aux huguenots, qu'ils poussèrent à déclencher les guerres de religion, avec l'échauffourée d'Amboise.

Cependant en Écosse la lutte fut brève, le pays n'offrant qu'une faible résistance à l'armée d'invasion anglaise commandée par Lord Grey (24 mars 1560). Marie de Lorraine étant morte le 11 juin, Leith fut occupée et démantelée, conformément au traité d'Édimbourg qui entraîna l'évacuation simultanée de l'Écosse par les Anglais et les Français, le 6 juillet. Marie Stuart, devenue veuve à dix-huit ans, par suite du décès de François II, mort d'une mastoïdite le 5 décembre 1560, à peine débarquée à Leith le 19 août 1561, offrit à Élisabeth de ratifier le traité d'Édimbourg en échange de la reconnaissance de ses droits d'héritière à la couronne d'Angleterre.

Mais celle-ci refusa de courir un tel risque, d'autant plus qu'elle savait la position de Marie assez mal assurée. La reine d'Écosse avait d'abord choisi comme conseiller le Régent Jacques Stuart, bâtard de Jacques V et d'une noble écossaise Marguerite Erskine, le futur comte de Murray. Or, le premier des lairds de la Congrégation, engraissé des biens ecclésiastiques, s'il était alors relativement hostile à Knox, qui n'avait pas réussi à imposer aux États son *« livre de discipline »*, recevait volontiers les subsides d'Élisabeth. Espérant arranger les choses, Marie Stuart, qui avait d'abord refusé Dudley, le favori d'Élisabeth, accepta d'épouser Darnley, jeune éphèbe de dix-neuf ans, fils du comte de Lennox (réfugié auprès d'Henri VIII, après s'être révolté contre les Stuart) et de Marguerite Douglas, petite-fille d'Henri VII, dans l'espoir de réunir les deux couronnes d'Angleterre et d'Écosse (29 juillet 1565). Elle en profita pour se séparer de Murray mais commit l'imprudence de s'attacher comme secrétaire l'italien Riccio, chanteur et quelque peu troubadour.

L'ÉLIMINATION DE MARIE STUART

La réaction fut rapide. Tandis que Murray soulevait les seigneurs et que Jean Knox ameutait le peuple, William Cecil attisant le dépit de Darnley, trama l'assassinat de Riccio, qui périt à Holyrood, aux pieds de la Reine, le 9 mars 1566, des mains de Ruthven. Et bien qu'il le connut par Maitland, il ne fit rien pour empêcher le complot de Bothwell qui provoqua la mort de Darnley. De sorte que, lorsque Marie, un peu plus de trois mois après le meurtre de son mari (15 mai 1567) épousa Bothwell ce fut un tollé général et Cecil eut beau jeu d'appuyer la rébellion des Lairds confédérés qui amena la fuite de Bothwell et la défaite des troupes de la reine d'Écosse à Longside. Marie, dont la correspondance avait été saisie le 20 juin, réussit à s'échapper de Lochleven, mais prit la fatale résolution de se rendre à Élisabeth qui la retint prisonnière pendant dix-huit ans et demi, soumise à une surveillance constante et séparée de son entourage, d'abord à Carlisle, puis à Bolton.

L'on ne recula devant rien pour éliminer la reine d'Écosse. Comme une première commission d'enquête présidée par Norfolk n'aboutit à rien de concluant, William Cecil s'arrangea pour manœuvrer la seconde, convoquée à Westminster, dans le sens voulu. Après avoir sorti les lettres compromettantes, authentiques ou non, de la cassette saisie on déclara les Lairds écossais innocents du crime de rébellion et l'on poussa Marie, détenue au Château de Chatsworth à abdiquer en faveur du petit Jacques VI, qui n'était pas même son fils, peut-être mort au château de Jedburgh et dont les ossements furent découverts en 1830 au château d'Édimbourg, auquel aurait été substitué un fils de la Comtesse de Mar, née Erskine. Comme elle refusa, des complots tentèrent de la délivrer : un soulèvement à Durham en liaison avec le duc d'Albe qui valut à Norfolk d'être relégué à la Tour (Juillet 1569) et finalement exécuté le 2 juin 1572, après la saisie de papiers du banquier florentin Roberto di Ridolfi, agent du Vatican.

Dans l'intervalle, Jacques VI avait été proclamé roi d'Écosse le 29 juillet 1567, mais tour à tour les régents ayant péri, Murray le 23 janvier 1570, Lennox le 5 septembre 1571, et Mar étant mort le 29 octobre 1572, Morton lui avait succédé. Ainsi quatorze années s'écoulèrent avant que l'affaire de Marie ne rebondisse. Cette fois c'est Walsingham qui prépare les rêts dans lesquelles elle sera prise. Alarmé par le péril espagnol, par les intrigues pontificales, l'activité des Jésuites, la révolte de l'Irlande et la persistance des conjurations, le Parlement vote une loi punissant de mort les participants, même passifs, à un complot. Justement un certain Babington trame quelque chose. Utilisant un agent double, Morgan, qui transmet un projet de révolte, assorti de l'assassinat d'Élisabeth, auquel Marie a le malheur d'apporter son approbation, Walsingham fait arrêter Babington et le procès commence.

Mais comment se débarrasser de la reine d'Écosse sans se salir les mains ? Son geôlier, sir Amyas Paulet, refuse de le faire discrètement et Walsingham esquive ses responsabilités en chargeant son second William Davison de faire signer l'ordre d'exécution par la reine d'Angleterre qui prétextera que sa bonne foi a été surprise et feindra l'indignation la plus violente... après le supplice.

Cependant en Écosse toutes les précautions avaient été prises. Cauteleux et sournois, éduqué dans le sens presbytérien par George Buchanan et Théodore de Bèze, qui avait écrit pour lui son *« De jure regni apud Scotos »*, Jacques VI avait été d'abord placé sous l'autorité des régents comtes de Mar (du 5 septembre 1571 au 27 octobre 1572) et de Morton. Mais, obéissant à l'influence d'Esmé Stuart, sieur d'Aubigny, catholique venu de France en 1579, il avait fait arrêter et exécuter Morton pour le meurtre de Darnley le 3 juin 1581. Sur quoi les Lairds d'Écosse enlevèrent le roi à Ruthven le 22 août 1582 et expulsèrent Aubigny devenu comte de Lennox. De sorte que peu avant l'exécution de Marie Stuart, Élisabeth ne rencontra aucune résistance pour faire signer à Jacques VI à Berwick une alliance défensive, moyennant le paiement d'une pension de 4.000 livres. Ainsi l'Église presbytérienne d'Écosse, la *Kirk*, put-elle s'aligner sur l'Église d'Angleterre en frappant les catholiques des mêmes incapacités que William Cecil leur avait imposées (24 mars 1596).

ÉLISABETH, PROVIDENCE DE LA RÉFORME

Grâce à la solidarité entre les Réformés ainsi acquise en Écosse, ce pays ne constituait plus un péril sur les arrières de l'Angleterre. Devenue *gouvernante* de l'Église anglicane par l'acte d'uniformité voté par le Parlement, imposant à tous les fidèles le seul rituel de Cranmer, et fortement épaulée par la finance d'Anvers et d'Amsterdam, Élisabeth apparaissait à l'étranger comme le providence des Réformés.

Nous l'avons vue à l'œuvre aux Pays-Bas où elle envoya un subside de 20.000 livres à Jean Casimir, fils de l'Électeur palatin pour payer ses reîtres engagés dans l'armée de Guillaume d'Orange. Elle avait fait mine d'épouser d'abord le duc d'Anjou, futur Henri III, en 1572, puis François d'Alençon, proclamé en Août 1578 *défenseur de la liberté publique*, pour l'envoyer aux Pays-Bas, lesté d'un viatique de 60.000 livres (fin 1581). Mais lorsqu'il mourut et que Guillaume d'Orange fut assassiné, elle dut s'engager elle-même, signer une alliance avec les Réformés, le 7 août 1585, et envoyer un corps expéditionnaire de 1.000 cavaliers et de 6.000 fantassins, commandés par son favori Leicester. Mais comme ses succès lui valurent d'être proclamé gouverneur et capitaine général par les États généraux, il attira sur lui les foudres de l'irascible reine d'Angleterre.

Luthériens allemands et calvinistes français pouvaient également compter sur le concours d'Élisabeth. Après un accord conclu avec un émissaire du Prince de Condé et de l'Amiral de Coligny, Briquemault, en Avril 1562, elle fit débarquer le 20 septembre, 6.000 hommes au Havre sous la promesse d'échanger ce port contre Calais. Après la signature de la paix d'Amboise, en Mars 1563, le Havre sera d'ailleurs repris le 28 juillet. Alors une dizaine d'années plus tard, bien qu'elle entretienne des relations apparemment correctes avec Charles IX, elle n'hésitera pas à permettre à Montgomery de recruter des volontaires en Angleterre pour appuyer un soulèvement en Normandie. Mais partout aux Pays-Bas comme sur mer et au délit des mers, son principal adversaire est l'Espagne. Et reprenant le rêve de l'Amiral Thomas Seymour, l'Angleterre élisabéthaine prend conscience de sa vocation maritime.

SOUVERAINE DE LA MER ET DE LA TRAITE

La flotte royale, mise à la mer par Henri VII, avait été développée, munie de canons, et dotée d'un arsenal, Woolwich, et d'une base, Portsmouth, par Henri VIII, mais c'est sous Élisabeth que l'intérêt des gentilshommes et gros marchands précurseurs des puritains se porta vers la mer. Et d'abord sur la traite des noirs, à l'instar du trafic d'esclaves pratiqué par certains juifs au Moyen-Age. Quelques capitaines de navire, mi-aventuriers, mi-pirates, se spécialisèrent dans la fourniture à l'Amérique ibérique, contre de l'or, de l'argent, des pierres précieuses, du *bois d'ébène* qu'ils se procuraient en Afrique. Chemin faisant, ils attaquaient et détroussaient de leur cargaison les galions espagnols qu'ils rencontraient. Le plus célèbre d'entre eux, John Hawkins, fut même subventionné dès 1564-67 par la reine, qui n'hésitait pas à pratiquer elle-même la piraterie à terre. C'est ainsi, que des navires espagnols, chargés de porter au Duc d'Albe 800.000 ducats empruntés par Philippe II aux banquiers de Gênes pour payer la solde des troupes des Pays-Bas, ayant dû se réfugier dans un port anglais, Élisabeth fit main basse sur le magot. Sur quoi, Philippe fit saisir les avoirs britanniques aux Pays-Bas et Élisabeth par mesure de rétorsion les avoirs espagnols en Angleterre, d'un montant supérieur.

Ces échanges de politesses, l'interdiction par l'Espagne de tout commerce entre l'Angleterre et les Pays-Bas conduisaient fatalement à un conflit sur mer. Alliée des huguenots français de la Rochelle et des *gueux de mer* de Hollande, Élisabeth s'y prépara. À partir de 1578, Hawkins dota la flotte britannique de bateaux bas et maniables laissant peu de prise à la tempête, munis d'une puissante artillerie, qui devaient faire merveille contre les lourds galions d'Espagne. Un autre négrier devenu corsaire, Francis Drake, présenté par Walsingham à la Reine en Novembre 1577, reçut de celle-ci mission d'effectuer avec cinq bâtiments légers le tour du monde. Afin de prévenir la concentration de l'Armada espagnole, le 17 avril 1587, Drake attaqua sans déclaration de guerre avec 23 vaisseaux. 80 navires à Cadix. Il en incendia 24, mais il échoua devant Lisbonne, que l'Armada quitta en Juin 1588 pour se faire disperser par la tempête au large des côtes britanniques. Après un nouvel échec devant Lisbonne, l'Amiral accompagné du comte d'Essex, favori d'Élisabeth, parvint à débarquer à Cadix le 3 1596 et à s'y maintenir pendant quinze jours. Le grand vent de l'Histoire étant décidément hostile à l'Espagne, c'est encore la tempête qui détruisit une deuxième Armada espagnole de 100 navires, au large des côtes de la péninsule fin 1596, puis une troisième qui menaçait l'Angleterre. C'est ainsi que Borée confia à Albion le sceptre de Neptune, avant de lui ouvrir les portes du nouveau monde.

S'adapter à ce rôle nouveau impliquait pour la société anglaise une transformation profonde.

C'est en étroite collaboration avec les Pays-Bas et sur leur modèle qu'elle opéra sa mue.

THOMAS GRESHAM, PARRAIN D'UN CAPITALISME À LA *HOLLANDAISE*

À l'avènement d'Élisabeth, un redressement financier s'avérait absolument nécessaire. Pendant tout son règne, Henri VIII, vécut du produit de ses douanes, et d'expédients : mise à l'encan des biens monastiques confisqués, et dévaluations monétaires en cascade. L'assainissement de la monnaie fut l'œuvre du trésorier Thomas Gresham. En Septembre 1560 ce grand argentier, auteur de la célèbre théorie *« la mauvaise monnaie chasse la bonne »* (car on thésaurise cette dernière, qui disparaît ainsi de la circulation) substitua aux anciennes pièces dépréciées une nouvelle monnaie, *droite* et stable. Des emprunts conclus à Amsterdam contribuèrent à assouplir la trésorerie. En gros, les ressources annuelles de la Couronne se décomposaient comme suit : aux revenus des Douanes, environ deux cent mille livres, s'ajoutaient cinquante mille livres de contributions votées par le Parlement ; sur quoi il convenait de défalquer les intérêts à 8 ou 9% de sept cent mille livres de dettes contractées auprès des banquier flamands et hambourgeois. Les Banques sur lesquelles s'appuie le trésorier de la Reine, sont alors entre les mains des Lombards, des Flamands, des Hollandais, des Juifs et de quelques Écossais. Gresham crée des compagnies d'assurances, fonde le Royal Exchange, la Bourse du commerce en 1567, et obtient du Parlement en 1571, qu'il légalise le taux de l'intérêt dont le plafond est fixé à 10%.

Sur son initiative, dès 1560, d'importants investissements permettent de développer des exploitations minières à l'intérieur du pays : zinc des environs de Bristol, cuivre du Cumberland, étain et fer de Cornouailles, plomb des Mendips, charbon du Northumberland, de Durham, et des Midlands. Ces entreprises échappent entièrement au contrôle des corporations, qui se trouvent par ailleurs dépouillées au profit du Parlement de leurs pouvoirs de réglementation en matière de salaires, de conditions de travail et de prix. Les artisans eux-mêmes, dont le statut est révisé en 1563 se voient placés sous le contrôle de l'État, qui détermine leurs conditions d'apprentissage et d'établissement ; les réfugiés protestants émigrés sont les principaux bénéficiaires de ces mesures.

La nouvelle industrie métallurgique est organisée en société par actions. Il en est de même des compagnies maritimes. À côté des anciennes compagnies *réglées* soumises aux consignes corporatives, dont les principales sont celles des marchands à l'aventure des pays de l'Est, de la Baltique, de Russie et du Levant, de nouvelles sociétés par actions de type hollandais se constituent. Ce sera le cas de la Compagnie des Indes Orientales fondée par Élisabeth en 1600, de l'Africaine, et, deux générations plus tard, de la compagnie de la baie de l'Hudson. De nouveaux courants d'échange s'établissent. Depuis 1567, les drapiers anglais orientent leur commerce vers Hambourg comme vers Amsterdam. Tandis que les navires vénitiens cessent leurs voyages vers l'Angleterre (1587), un commerce de type colonial prend naissance : à partir de 1597, Bristol s'enrichit comme marché du tabac et Liverpool comme centre du trafic des esclaves.

Ainsi se forment des capitaux dont les possesseurs, banquiers *orfèvres*, armateurs, marchands et *squires* viennent grossir la *gentry* l'oligarchie de parvenus, engraissés sous Henri VIII par les dépouilles du Clergé. Ces nouvelles classes dirigeantes, à tendances protestantes avancées, ne sont plus d'une fidélité à toute épreuve envers la couronne. Elles ont les yeux tournés vers la Hollande, dans tous les domaines, du jardinage et de l'agriculture à l'art et à la science, à la navigation, à la politique, à la philosophie, à la religion. Les grandes familles du règne d'Élisabeth, les Russell, les Cavendish, les Seymour, les Bacon, les Dudley, Cecil, Herbert, sont celles de *squires* fortement teintés par leurs attaches avec les gens de négoce et de finance. Ceux qui à la mort de Burghley assurent la relève dans l'entourage de la Reine ont des tendances puritaines nettement affirmées, et leur dévouement monarchique n'est plus aussi sûr. Tandis que le nouveau favori d'Élisabeth, Robert Devereux, comte d'Essex, beau-fils de Leicester et son successeur dans les bonnes grâces de la Reine, complote contre sa souveraine, leur influence grandit.

Tombé en disgrâce pour ses échecs en Espagne, Essex avait été condamné une première fois à perdre ses charges en 1600, pour avoir signé avec Tyrone en Irlande un honteux traité et pour être rentré sans ordre. La Reine refusa de lui renouveler le monopole de l'importation des vins, qui rapportait d'amples revenus à sa cassette. Il s'allia avec Jacques VI d'Écosse et avec le parti secret des puritains soutenu par Walsingham. On donna dans les rues des représentations d'une pièce dédiée à Essex, dans laquelle un roi était contraint d'abdiquer. Un complot conduit par Essex en personne about à un terrible soulèvement de la Cité. C'en était trop. Jugé par ses pairs, l'ancien favori fut condamné à avoir la tête tranchée (25 février 1601). La nouvelle équipe constituée par Robert Cecil, second fils de Burghley et successeur de Walsingham, Welter Raleigh et Francis Bacon, fort liée à Hollande, soumise à l'influence des Rose-Croix, prépare les voies à la révolution puritaine et prélude à l'organisation de la Franc-Maçonnerie.

BARNAUD, MESSAGER DES ROSE-CROIX

Comme auprès d'Henri IV de France, les agents des Rose-Croix étaient très actifs auprès d'Élisabeth d'Angleterre, qui s'entourait volontiers d'hétérodoxes, tel son médecin Lopez, modèle du Shylock de Shakespeare. Le plus connu d'entre eux est Barnaud (1535-1601) qui à partir de 1560 voyagea pendant 40 ans dans toute l'Europe. Il rencontra en Espagne les *alumbrados* (illuminés), fréquenta en Allemagne les cercles hermétistes et révéla que dans ce pays le chef du Saint-Empire, l'Empereur Rodolphe, le duc de Bavière, Frédéric, duc de Würtemberg, HenriJules duc de Brunswick et Maurice landgrave de Hesse soutenaient alors le mouvement. Au nom d'une société protestante, il offrit de l'or à Maurice de Nassau prince d'Orange et à Henri IV. Une adresse imprimée par lui à Gouda en Hollande le 1$_{er}$ janvier 1601 demandait aux initiés de France et de Hollande de prêter leur appui à ces deux princes. Barnaud est d'ailleurs considéré comme l'inspirateur du *grand dessein*, projet de République universelle, agréé peut-être également par Élisabeth d'Angleterre, prévoyant une Europe organisée en 15 états, avec une diète, des pouvoirs exécutif, législatif et judiciaire, dessein qui coûta la vie à Henri IV en provoquant le geste meurtrier de Ravaillac.

La Fraternité des Rose-Croix était en effet puissante aux Pays-Bas, Sorbière (1605-70) considérait la Hollande comme leur pays d'élection. C'est là que Descartes, après les avoir cherchés à Francfort en 1619, de retour de ses campagnes avec les troupes du duc de Bavière, essaya de les fréquenter en 1623 et qu'il leur dédia un traité mathématique de Polybe. Dès 1529, une Loge avait été créée à Amsterdam, sur le modèle des académies de la Renaissance italienne. Elle s'appelait : Fredrik's Vradendal et reparut un siècle plus tard, en 1637, à la Haye.

Ces chambres de rhétorique, ces sociétés de pensée, admirables moyens de pénétration et de propagande, s'étendaient peu à peu. Il est curieux de constater que la filière suivie par elles, est celle-là même de la carrière de Thomas Cromwell : Venise, Anvers ou Amsterdam, puis Londres.

À la veille du déclenchement des révolutions d'Angleterre, le mouvement Rose-Croix sort quelque peu de son mystère en diffusant un certain nombre d'ouvrages. Si l'on en croit John Toland en 1720, un premier livre sur la société aurait paru à Venise. C'est à Cassel cependant que les principales œuvres virent le jour, Cassel où dès 1601, au moment où se révèle en Italie la trace d'un *rex physicorum* et en France celle d'un *parlamentum hermeticum*, existait un chapitre de l'ordre qui tint en 1615, sous la présidence du comte Maurice de Hesse-Cassel, une réunion à laquelle assistèrent le Primat Frédéric-Henri, le futur stathouder des Pays-Bas, le landgrave Louis de Hesse-Darmstadt, le marquis Jean-Georges de Brandebourg, l'électeur Frédéric III et le prince Christian d'Anhalt, en compagnie du médecin Michel Maïer, du savant Raphaël Eglinus, du théologien Antoine Thys, du professeur Jongman et de Jean-Valentin Andréas.

JEAN-VALENTIN ANDREAS : LEUR THÉORICIEN

Ce dernier est précisément l'auteur des deux principaux ouvrages publiés à cette époque sur l'Ordre des Rose-Croix, la *« Fama Fraternitatis »* et la *« Reipublicae Christianopolitanae descriptio »*. Petit-fils de Jacob Andréas, recteur de cette Université de Tubingen, où avait brillé Melanchton, Jean-Valentin était né le 17 août 1586, de Marie Moser et de Johann Andréas, pasteur à Herrenberg, alchimiste, occultiste, ami et protégé de Frédéric I$_{er}$ de Würtemberg. Rentré avec sa famille à Tubingen à la mort de son père, il avait été expulsé à deux reprises de la célèbre Université. La première fois pour une affaire de mœurs, et il avait continué ses études à Strasbourg (1607). La seconde parce que le recteur le suspectait lui et ses amis, Christopher Besold (né en 1577), pythagoricien et cabbaliste (qui se convertira au catholicisme, en 1630) et les illuminés autrichiens Tobias Hess et Abraham Hülzel ; de sympathie active pour les doctrines mystiques et monistes de Johannes Arndt (1555-1621) auteur du livre du *« Vrai Christianisme »* paru en 1605, protégé du prince prussien von Mansfeld, de Valentin Wigel (1533-88), pasteur de Zeshospau en Saxe, dont les œuvres parurent entre 1604 et 1609, maître de l'illustre Jacob Boehme (1575-1624) et animateur de la secte des *enthousiastes* et de Polycarpe Leyser l'Ancien. Le livre de Simon Studion *« Naometria »* annonçant la Nouvelle Jérusalem et dirigé contre le Pape, avait vu le jour en 1604, celui de l'alchimiste allemand Bendikt Toepfer, prédisant la réformation générale du monde, venait d'être publié à Bâle en 1607. L'autorité veillait. Un moment le prince Frédéric de Würtemberg recueillit Jean Valentin comme précepteur, mais il mourut en 1608.

Alors Andréas parcourut l'Europe, visitant la France, l'Italie du Nord et l'Espagne (1610), Lausanne et Genève où il subit l'attrait du calvinisme (1611) puis de nouveau Paris et avec Besold l'Italie (1612) où à Naples Jean-Baptiste Porta, avant de mourir en 1615 fondait une *academia di secreti*, reprenant le nom de Chambre d'Hermès. De retour à Tubingen sous l'influence de son maître Mathieu Hafenreffer, Jean-Valentin entreprit d'étendre le recrutement de la secte en publiant des écrits qui provoquèrent d'âpres polémiques. Le premier, la *« Réformation générale »* publié chez Wessen à Cassel en 1614, est un ouvrage satirique à tendances démocratiques, préconisant la création d'un Congrès universel dont le plan se rapproche de l'*Utopie* de Thomas More (1480-1535) et de la *« Cité du Soleil »* de Campanella (1568-1639). La traduction des *« nouvelles du Parnasse »* de Trajano Coccalini (Venise, 1612) ennemi fieffé de l'Espagne qui mourut bâtonné à mort dans la capitale des Doges en 1613, occupe la première partie de ce livre et préconise la redistribution des richesses et la suppression de l'usage de l'or et de l'argent.

De la page 91 à la page 128, est inséré un opuscule intitulé *« Fauna Fraternitatis Rosae Crucis »*, qui narre l'histoire légendaire du fondateur de l'ordre des Rose-Croix. À l'instar de Joachim de Flore, qui lui aussi était parti pour la Terre Sainte, ce gentilhomme allemand, Christian Rosenkreuz, orphelin, élevé dans un couvent, avait accompagné en Orient un autre frère, P. A. L. qui mourut à Chypre. Continuant seul son voyage à Damas et Jérusalem, le précurseur de la secte prit contact en Arabie avec les sages de Damcar, disciples des astrologues sabéens de Harran, qui pendant trois ans l'initièrent aux secrets du *« Liber Mundi »*, puis en Égypte et surtout à Fez, où il demeura deux ans auprès des Élémentaires, adonnés à la magie. Cet enseignement complété par un certain Théophraste lui révéla l'harmonie et l'unité du monde et lui inspira un plan de réforme universelle politique, religieuse, scientifique et artistique.

Il rentra par l'Espagne, où ses efforts demeurèrent incompris, dans sa patrie où cinq plus tard il fonda la *Maison du Saint Esprit* et réunit ses premiers disciples (1410) désignés par des initiales :

G. V., I. A. et I. O. (mort en Angleterre, dont le successeur sera un mathématicien, P. A.), puis C. H., chef élu de la Fraternité ; G. V. M. P. G., R. C. (Rosenkreutz junior héritier du Saint-Esprit) ; F. B. M. P. A., peintre et architecte ; G. G. M. P. I. P. A. et son successeur A. Ces frères, voués à la guérison des malades et tenus de se réunir une fois l'an devaient initier chacun un héritier spirituel, ils pratiquaient la devise : *« Nous naissons en Dieu ; nous mourrons en Jésus ; nous revivrons par le Saint-Esprit »*, où l'on reconnaît l'influence des mystiques, de Jan Ruysbroeck (1293-1381), auteur de *« L'ornement des Noces spirituelles »*, de maître Eckhart, de Tauler et des cénacles de Bâle et de Strasbourg. L'œuvre cachée de l'Ordre est placée sous la protection du Dieu d'Israël : *« Sub umbra alarum tuarum, Jehovah »*.

Une réédition de la *« Fama »* en 1615, accompagnée (de la page 43 à la page 64) d'une *« Confessio Fraternitatis Rosae Crucis »*, indique comme date de naissance de Christian Rosenkreuz l'année 1378. On a cherché à l'identifier avec le plus jeune des von Roesgen, dont les parents avaient été exterminés dans leur château de Germelshausen, à la suite du meurtre du légat Pierre de Castelnau en 1208, qui déclencha la guerre des Albigeois. Selon les *« Noces thymiques »* publiées par Andreæ chez Zetzner à Strasbourg en 1616, comme un manuscrit remontant à 1459, Christian Rosenkreuz aurait recruté ses disciples en 1410, fondé son Ordre en 1430, reçu la Toison d'Or en 1469, et serait mort à l'âge de 110 ans. Cent-vingt ans plus tard en 1604 comme il avait été prédit, le frère N. N. architecte, découvrit le mausolée symbolique du fondateur, que Thomas Vaughan décrivit en 1652.

LES ROSES-CROIX SORTENT DE L'OMBRE

Le temps était en effet venu d'étendre l'action de la secte en recrutant de nouveaux frères et en les organisant, tout en trompant la vigilance des autorités religieuses et politiques. Fervent adepte, Jean-Valentin Andréas dont la bague avait pour châton une croix de Saint Jean ornée de quatre roses épanouies à ses angles-entreprit d'exécuter ce grand œuvre *« peut-être plus grand que la construction du Temple, que jadis avait désiré David »* écrira-t-il plus tard à Comenius. Mais pour en dissimuler l'importance il la présente volontiers à la manière d'Érasme comme un simple jeu de l'esprit *ludibrium*. À l'instigation de qui ? De Christopher Hirsh, professeur à Rosa et à Eisleben, et de Johannes Arndt, répond Gottfried Arnold (*« Kirchen und Ketzer Historien »*, 1699). C'est à son maître Arndt, en effet, qu'Andreæ dédie sa *« Reipublicæ*

Christianopolitanæ Descriptio », miroir de la Cité future, de la Nouvelle Jérusalem terrestre, publiée par Zetzner en 1619.

La Fraternité ayant provoqué autant de soupçons que de sourires, Jean-Valentin multiplie les tentatives pour fonder un ordre semi-secret, premier cercle extérieur de résonance des RoseCroix. Animé par le noble saxon Wilhem Wense, le cénacle de Tubingen, où se retrouvent autour d'Andreas Johannes Wide, éditeur des mystiques allemands, Christopher Besold, le professeur Martin Rümmelin, le précepteur Georg Zimmermann, déploie une intense activité. Muni d'une recommandation de Tobias Adami, d'Altenbourg, Wilhelm Wense rencontre à Naples le moine-agitateur Thomas Campanella (1568-1639) précurseur de l'existentialisme et du communisme, dont Adami a rapporté les manuscrits à Tubingen (1613-14). Comme étiquette, le groupe emprunte le titre de son ouvrage *« la Cité du Soleil »*, qui paraîtra à Francfort en 1623.

À partir de 1617, le recrutement commence, un trésor de guerre de 18.000 goulden a été réuni. Les manifestes se succèdent. C'est *« l'Invitatio ad Fraternitatem Christi »* (1617, toujours chez Zetzner). Suivie en 1620 de la *« Christiani Amoris destra porrecta »* (la main droite tendue de l'amour chrétien), plan d'organisation dû à l'initiative de Wense. Puis en 1628 une réédition de l' *» Invitatio »*, qu'accompagne en 1629 la *« Veræ Unionis in Christo Jesu Specimen »* (projet d'une Vraie Union en Jésus-Christ, dédié au prince Auguste de Brunswick. Tandis qu Andreæ renforce son autorité en réduisant à trois membres le cercle directeur de l'Ordre. Saubert, le patricien Conrad Baier et le théologien Christopher Leibnitz, tous deux de Nüremberg, une intense propagande s'exerce avec l'appui d'un autre patricien de Nüremberg, Pöhmer, d'Heinrich Hein, de Dorpat, et surtout du tchèque Komenski dit Comenius, jusqu'en Angleterre et dans les pays scandinaves.

Mais le déclenchement des guerres qui désolent l'Allemagne nuit à l'essor de la *Fraternité*. Pour brouiller les pistes, Andreæ la tourne en dérision lui-même dans sa *« Turris Babel »* en 1619. Dix ans plus tard, découragé par les obstacles auxquels se heurtent ses *Unions Chrétiennes* il envisage un moment de passer la main à Comenius. Mesurant le chemin parcouru il écrira le 27 juin 1642, au prince Auguste de Brunswick que la société projetée *« depuis dix ans déjà — il aurait pu dire vingt-quatre — n'a cessé de mener une vie souterraine »*).[15] Une autre lettre du 19 mars 1645

1. –

nous révèle l'existence d'une autre société dite *Antilia* dont nous retrouverons l'homologue en Angleterre.

Ces précisions n'autorisent guère Paul Arnold, hypercritique historien des Rose-Croix, à réduire ce mouvement à une fraternité mystique qui n'aurait même pas connu d'existence secrète. Ce genre de société n'a pas l'habitude de publier ses statuts, ni de révéler son centre véritable et la composition de son comité directeur.

---

[15] Dans cette lettre il cite les noms d'une trentaine de ses collaborateurs Johannes Arndt, son maître ; Johann Gerhardt d'Iéna (né en 1582, auteur d'un traité sur l'ésotérisme de l'Écriture sainte, l'adversaire du jésuite Robert Bellarmin (1542-1621) au colloque de Durlach, l'un des négociateurs de la paix de Dilligen : Christophe Schleupner de Hof., Johan Saubert de Nüremberg, Polycarpe Leyser, de Leipzig ; Daniel Senert, de Wittemberg ; Laurentilius Laerius, de Hundshach ; Wilhem Wense déjà connu de nous, ainsi que Tobias Adami, d'Altenbourg ; Conrad Theodoricus ; Balthasar Gockelius, d'Ulm ; Thomas Wegelin ; Mathias Bernegger (1582-1640) autrichien vivant à Strasbourg, ami de Kepler, de Galilée et de Grotius ; Christopher Resold, l'intime de Jean-Valentin ; Wilhelm Schickardus ; Tobias Hess, déjà cité : Johann Jacob Heinlin, de Tubingen ; hébraïsant et cabbalists ; Wilhelm Bidenbach de Stuttgart. Georg Acatius Enenchel, baron de Hoheneck ; Daniel Hikler, de Linz ; Michael Teller, de Vienne : Baltas, baron de Sekendorff, de Vienne : Joachim Wickefort, d'Amsterdam : Erherd Wachtel de Durlach : auxquels il convient d'ajouter le patricien Conrad Baier et le théologien Christopher Leibnitz, tous deux de Nüremberg. Tel est l'état-major apparent du mouvement.

L'organisation de l'Ordre s'était précisée dès 1622 et il aurait compté alors 77 membres principaux, dont Johann Karl von Frisau aurait été l'*imperator*. Selon Naudé qui les dénonça l'année suivante les frères auraient disposé de trois *collèges* à cette époque, l'un à Paris, l'autre au Canada et le troisième dans une île des Indes (au large de Calcutta ?) où les vrais maîtres de l'Ordre auraient émigré après la guerre de trente ans en 1648 (H. Neuhaus). Parmi les frères, Rober Fludd distinguait deux catégories : les « *Aureæ Crucis Fratres* », qui sont des théosophes, et les « *Roseæ Crucis Fratres* » dont les études se bornent aux choses sublunaire.[16]

PARACELSE, ALCHIMISTE
ET RÉNOVATEUR DE LA MÉDECINE

Depuis leurs plus anciens précurseurs, comme Roger Bacon, le *doctor admirabilis*, quels ont été leurs maîtres à penser ? Et quelles sont leurs idées, leurs traditions, leurs objectifs ? Au premier rang se détache à l'époque que nous étudions Paracelse et ses élèves, Boehme et van Helmont. Curieuse figure que Paracelse, ce médecin alchimiste, adonné à l'astrologie, à la magie et à la cabbale. Fils d'un médecin souabe, Theophraste Bombart von Hohenheim, né à Einsiedeln près de Zurich en 1493, avait eu pour grand-oncle un grand maître des Chevaliers de Saint Jean de Jérusalem. Ses études commencées à Bâle en 1510, s'étaient poursuivies pendant cinq ans à partir de 1511 à Wurzbourg, où il avait eu pour maître l'abbé de Sponheim, Johann Trithemius, alchimiste et cabbaliste, professeur d'Agrippa von Nettesheim, ce Cornélius Agrippa que nous avons déjà rencontré dans l'entourage de François Ier.

Le jeune Hohenheim travailla ensuite dans le laboratoire de l'alchimiste Fugger à Schwatz, dans le Tyrol et voyagea successivement en 1517 à Vienne, Cologne, Montpellier, Paris, en 1518 à Lisbonne, Oxford et dans les Pays-Bas, en 1519, au Danemark, en Suède, en Prusse, en Bohême, en Pologne et en Lithuanie. Voire même à Istanbul en 1521, où il aurait reçu la pierre philosophale d'un certain Salomon Trimosinus ou Pfeiffer et aussi chez les Tartares. Devenu chirurgien militaire à Venise en 1522, il fit campagne dans le Napolitain et retira son titre de Docteur à Salerne. La guerre finie, il s'installa à Fribourg en 1526, puis à Strasbourg. Érasme, qui l'avait appelé à Bâle pour y soigner l'imprimeur Frobenius, lui procura une chaire à l'université de cette ville. Mais l'enseignement donné en langue vulgaire, en allemand, par le *Luther de la Médecine* fit scandale. Paracelse « Contrecelse » dénonça si violemment les doctrines reçues de Gallien, et d'Avicenne, qu'au bout de vingt mois il dut quitter la ville. Réfugié d'abord en Moravie et en Carinthie, puis à Colmar en 1528 et à Nüremberg en 1529, il y rédigea ses principaux ouvrages et reprit sa vie errante : à Saint Gall en 1531, à Pfeiffer en 1535, à Augsbourg en 1536, à Villach en 1538. Ami de l'archiduc Ferdinand d'Autriche, il mourut à Salzbourg en 1541.

Marqué par le concept de l'unité du monde, il applique à l'homme l'idée que le micro-cosme est semblable au macro-cosme, c'est-à-dire que l'infiniment petit est à l'image de l'infiniment grand. Son expérience d'alchimiste lui inspire des vues originales et fécondes en médecine. Il s'attache à montrer les propriétés thérapeutiques des métaux et des plantes, en tenant compte des correspondances entre les astres, les métaux et les diverses parties du corps,

---

[16] Sedir cite déjà comme ayant appartenu à la Fraternité en 1614 : Thomas Langschrit. Tobias Schwalbenàst. Hugo Ædilis. Carolus Lohrol. Tobias Katzkein ou Hildebrand. Tobias Riantesin ;qui voyagea jusqu'à Aden :. Johannes Hasenfuslein. Fred. Dollenhut (qui se rendit à Ormuz. Canons, Calcutta). Léonardus Quadschalk. Auxquels il faudrait ajouter avec Maïer : Julius Camillus. Roger Flacon, médecin astrologue. Barthol Carrichter. Coelus de Budda. Francisco George. Thomas Vaughan (Eugenius Philalethe). qui leur consacre des livres. Henri Hadathanus, auteur du Siècle d'Or-, des alchimistes, comme Chortalas,eus ou Grashof. Anhrosius Soehmacher. En 1618, puis en 1620 et 1626. Elman Zatta se charge de rassembler les frères.

appliquant des traitements à base d'or, de fer, de plomb, d'antimoine, de mercure (contre la syphilis), employant l'opium sous forme de laudanum, utilisant l'alun pour la cicatrisation des plaies. Il attire l'attention sur les éléments actifs, les *archées* auxiliaires de la nutrition et de la reconstitution des tissus lésés.

Désigné comme *monarcha secretorum* ou *reorganisator*, ses diverses activités reflètent assez exactement celles de la Fraternité des Rose-Croix. Ce mouvement à caractère universel s'inspire dans sa métaphysique, sa cosmogonie, et sa philosophie de celles de Moïse et de Salomon, de la *Bible*, de la Cabbale, de la Gnose, des idées *johannites* et *spirituelles* de Joachim de Fiore et du dominicain Tauler de Strasbourg tendant à l'établissement d'une religion universelle, chrétienne tout en étant hostile au Pape, donc fort apparentée aux Églises réformées, ne retenant que deux sacrements le Baptême et la Cène, préparant l'avènement des temps annoncés par l'Apocalypse, la sixième Église ou *philadelphique* la septième ou *Laodicéenne*, annonçant comme le fera Paracelse l'arrivée d'un Messie, *Elias Artiste* résidant dans ce qu'il appelle le *Soleil Rouge*.

En politique se rattachant à l'empire romain, et à la quatrième monarchie, il travaille à l'établissement d'une monarchie universelle, d'une synarchie sur le plan social, d'une *fraternité universelle* sur le plan humain. Se consacrant à l'étude de l'homme et du monde et de tout ce qui peut augmenter l'emprise du premier sur le second, ses adeptes pratiquent les sciences occultes et la médecine. La Cabbale, qui leur enseigne les doctrines de l'émanation, le rôle du *Logos*, de *l'Esprit* et des *Elohiur* ou puissances divines, dans la création et l'évolution du *Cosmos* les diverses hiérarchies d'anges ascendants et déchus. La doctrine pythagoricienne, dans laquelle ils puisent l'interprétation des nombres. L'astrologie qu'ils développent grâce aux instruments dont ils ont su se doter pour observer les étoiles. La magie, dont ils connaissent les neuf variétés, se rattachant soit à la magie superstitieuse, soit à la magie humaine de tradition platonicienne, soit à la magie céleste, à laquelle Moïse et ses 70 anciens du Sanhédrin. Saint-Jean l'Évangéliste, Saint-Paul et ses disciples *choisis* avaient été initiés.

Ils passent pour avoir le don d'ubiquité et d'invisibilité, celui de lire l'avenir et les songes, celui des langues. Ils manient une lumière invisible, possèdent la science des correspondances (Michel Maïer) obtiennent des visions grâce à l'intervention d'un produit appelé *soufre glorieux* (*Sincerus Renatus*). L'alchimie pratiquée sous des aspects astrologiques leur permet notamment d'obtenir par dissolution le *mercure double* et par coagulation la *pierre philosophale*. Au siège d'Hulst en Flandre en 1569, ils ont expérimenté un instrument capable de détruire les édifices.

En médecine, on leur prête la possession de l'*elixir de vie* parce qu'ils atteignent une certaine longévité, en luttant contre la décalcification osseuse et la coagulation du sang, en utilisant un *calorique* comme régénérateur et certaines racines de plantes actives sur les hommes ou sur les femmes et des gouttes d'or à certaines époques. Ils fabriquent des pilules qui remplacent les aliments. Ils ont le don de guérison.

Attaqués en France par Gabriel Naudé (« *Instruction à la France »*, 1623) et par les Pères Garasse et Gaultier (1624 et 1633), leurs amis prennent leur défense : Théophile Schweighardt (*Miroir de la Sagesse rosicrucienne*, 1618)... Ægidius Gutmann d'Augsbourg (*Commentaires sur la Génèse* 1619), Michel Potier (« *Compendium Philosophicum* » 1610) un traité sur la pierre philosophale (Francfort 1617) et une « *philosophia pura* » (1619). S'apparentant aussi à la secte Henri Khunrath, médecin et alchimiste saxon (1560-1605), auteur d'un « *Amphithéâtre de la Sagesse éternelle* » est surtout célèbre par ses « *Pentacles* », interprétation ésotérique du Cosmos, publiées avec l'approbation de l'empereur Rodolphe. Mais parmi les héritiers de Paracelse se détachent surtout l'allemand Jacob Boehme (1574-1624) dont les ouvrages mystiques sur l'occultisme, « *De signatura rerum* », « *Mysterium magnum* » et sur la pierre philosophale « *Aurora* » ont assuré la réputation et le hollandais van Helmont (1577-1644), qui fut condamné par l'Inquisition à Bruxelles en 1632.

Pénétration en Angleterre : Michel Maïer, Robert Fludd, Jean Amos Komenski

L'Ordre se répandit en Angleterre grâce à Michel Maïer. Né dans le Holstein, en 1 568 (mort en 1622), médecin à Rostock avant d'être appelé au service de l'empereur Rodolphe II et du landgrave Maurice de Hesse, cet adepte protestant que nous avons déjà mentionné, publia ses principales œuvres *« Arcana arcanissima »* (le plus secret des secrets) à Londres en 1612, et *« Themis aurea »* sur les lois des Rose-Croix entre 1616 et 1622 à Oppenheim et à Francfort. C'est en 1620 qu il rencontra à Londres Robert Fludd et qu'ils posèrent les prémices d'une action qui amena vingt ans plus tard le déclenchement des révolutions d'Angleterre.

Né dans le Kent en 1574, élève de l'Université d'Oxford, connu sous le pseudonyme de *« de Fluctibus »*, Robert Fludd avait voyagé en France, en Espagne, en Italie et en Allemagne (15991605). Nourri des doctrines néo-platoniciennes, d'Hermès Trismégiste et de la Cabbale, il avait étudié la médecine, la physique, la chimie, les mathématiques et la mécanique. Les méthodes expérimentales qu'il employait en firent le précurseur de Newton et le conduisirent notamment à inventer un baromètre. Ses ouvrages rattachant le monde physique au monde surnaturel, furent imprimés comme ceux de son maître et ami Michel Maïer par Jean de Bry, à Oppenheim et à Francfort (*« Le Tractatus theologo-philosophicus »* en 1617, la *« Philosophia sacra »* en 1626, la *« Philosopia mosaïca »*, en 1638). Contre Gabriel Naudé il avait engagé une polémique en 1623 et pris la défense de l'Ordre dans son *« Tractatus apologeticus »*. Il mourut à Londres en 1637.

Habilement secondé par toute une équipe d'actifs propagandistes, il avait ouvert l'Angleterre à l'influence des Rose-Croix, des Sages ou Sapientes comme il les désignait en 1633, les *Sophos* comme les appelait Andreæ la même année, dans sa *« Clef Philosophique »*. Et dans le style prophétique qui sera bientôt celui de Cromwell, il avait ajouté que, s'il convient d'attendre les temps annoncés par les mages, *« il semble que soit proche le terme de cette dernière monarchie qui annonça le rêve du roi selon Daniel II »*. Tous ses efforts en tous cas, tendaient à le rapprocher. Sur ses indications, l'allemand Joachim Frisius, exposa dans le *« Summum bonum »* le plan de la société nouvelle (1629). Samuel Hartlib, autre allemand installé à Londres en 1628, au moment précis où éclatait la crise parlementaire, s'aboucha avec John Bayle et avec l'écossais John Durie. Lui aussi s'attacha à décrire sous le nom de *Macaria*, le futur état chrétien (1641) et à grouper ses amis dans une société qui reprit le nom de *l'Antilia germanique* tandis que d'autres adeptes constituaient *The Fraternity of the Holy Cross*.

C'est alors, en cette même année 1641 qui verra éclater les révolutions d'Angleterre, qu'entre en scène à Londres l'un des principaux chefs du mouvement Rose-Croix, Johann Amos (ce prénom prophétique vaut à lui seul tout un programme. D. Komenski dit *Comenius*. Né en Moravie le 28 mars 1592, de parents adeptes des *Frères moraves*, étudiant à Heldelberg, il rencontra en Autriche en 1619, Jean-Valentin Andreæ, dont il devint l'ami et le lieutenant. En 1628, il fut expulsé de Bohème (2.000 familles tchèques venaient d'être déportées en Saxe l'année précédente à la suite de la défaite de la Montagne Blanche le 8 novembre 1620). Promu évêque (le dernier de sa secte) en 1632, il se consacra à III triche de préparer les esprits par de nouvelles méthodes éducatives, à l'union des Églises et à l'avènement d'une République universelle, but suprême des Rose-Croix ; d'où ses livres : *« Didactica Magna »*, *« Janua Linguarum »* (1631) *« Pansophia Prodomus »*, 1638.

Appelé par Samuel Hartlib en Angleterre, en 1641-42, il y travailla activement à rapprocher les chapelles protestantes, à conseiller le Parlement sur le nouveau régime à établir (en lui présentant en 1647 des *« Considérations sur la réformation de l'Église et de l'État »*) et à instituer à

Londres à l'exemple de Salomon, un *Temple de la Sagesse* un *Collegium Lucis* (Collège de la Lumière) pour la formation d'une *académie céleste* dont *« la Fraternité des Rose-Croix a marqué le début il y a un demi-siècle »* (dans *« The Way of Life »*, 1662 et *« Panergesia »* portion d'un plus vaste ouvrage *« De Rerum humanarum Emendatione catholica »* 1666). Et, complétant son action, il incita Leibnitz à fonder l'académie de Berlin.

Dans l'intervalle, il avait décliné l'invitation de John Winthrop à diriger l'Université de Harvard en Amérique en 1642. Et son action visant à prêcher la tolérance en pleine guerre de Trente Ans (*« Pansophia Hiatyposis »*, 1643) avait été aussi vaine que ses tentatives pour influencer le Clergé luthérien de Suède en 1642, de Pologne en 1648, et de Hongrie en 1650. De sorte qu'il vécut à Amsterdam, d'où il exerça une très grande activité politique jusqu'à sa mort à Narden le 15 novembre 1671.

LA VOIE OUVERTE PAR FRANCIS BACON

Parmi les membres de la nouvelle classe politique qui attendaient impatiemment l'avènement de Jacques VI d'Écosse au trône d'Angleterre sous le nom de Jacques Ier (24 mars 1603) pour imposer l'idéal des Rose-Croix, le plus influent était probablement Francis Bacon of Verulacn (1561-1626). Fils de Nicholas Bacon, Garde des Sceaux d'Élisabeth, étudiant au Trinity Collège de Cambridge (1573), attaché à l'ambassadeur de S. M. en France (1576-79) cet agent de l'*Intelligence Service* de la Couronne avait étudié le Droit à Gray's Inn (1580-82) sans réussir à percer dans le métier d'avocat. À trente et un ans, il quémandait une place à son oncle Burghley, Grand Trésorier, lorsqu'élu député du Middlesex (1593) il s'attacha à la fortune du comte d'Essex, qui le gratifia d'un petit domaine. Mais il avait été deux fois emprisonné pour dettes (1598) lorsque par crainte d'être compromis dans le complot d'Essex, il eut la bassesse d'accabler son protecteur en réclamant comme Conseiller de la Reine la peine capitale contre lui.

S'étant distingué en déjouant le complot tramé par Raleigh, Grey et Cobham contre la vie du roi Jacques Ier en 1603, il obtint une rapide récompense grâce à la protection du favori George Villiers, comte de Buckingham : avocat de la Couronne en 1604 *sollicitor general* en 1607, *attorney general* en 1613, garde des Sceaux en 1618, et enfin chancelier et Lord de Verulam (1er septembre 1618). Mais de tels honneurs ne parvinrent pas à le convertir à l'honnêteté. À tel point qu'une commission d'enquête nommée par le Parlement de 1621 le convainquit de vénalité et de concussion. Condamné le 3 mai à payer une amende de 40.000 livres et à être incarcéré à la Tour, il dut renoncer à l'ensemble de ses charges et disparut officiellement de la scène.

Par un curieux paradoxe, le plus connu de ses premiers ouvrages (1597) s'intitulait *« Essais de Morale et de Politique »*. Toutefois, l'essentiel de son œuvre, le *« Traité de l'avancement des sciences »* (1605) ses *« Pensées sur l'interprétation de la nature »* (1607), son *« Essai sur la Sagesse des Anciens »* (1609) et surtout *« le Novum Organum »* (1620) est consacré à l'exposé, nettement matérialiste, d'une méthode nouvelle d'étude des sciences, expérimentale et inductive. Non pas qu'il fut savant lui-même, car il n'étudia sérieusement et ne découvrit jamais rien. Ce n'était qu'une sorte d'intellectuel de la Renaissance, à la mode du temps et dans le sens de l'histoire, plutôt qu'un véritable érudit ou un penseur authentique.

Dans sa *« Nova Atlantis »* ou nouvelle Atlantide, rédigée vers 1617, et publiée en 1635, il décrivait sous le nom de *Maison de Salomon* un collège de savants vêtus de manteaux rouges et portant une croix rouge sur la coiffure, établis sur une île dite de Bensalem (fils de la Paix), où douze Pères voyageurs appelés *marchands de Lumière* répandent les doctrines du cabbaliste Joabin. Francis en aurait été le chef ou le *Tirsan*. Cet ouvrage inspira la création vers 1645, d'un

Invisible College, mis sur pied par Robert Boyle (1626-91), physicien connu pour ses études sur l'atmosphère et sur le vide. De cette réunion de savants, la *Royal Society*, l'Académie britannique est sortie.

Depuis la crise parlementaire (1628-30), des groupes occultes, sociétés de pensée et clubs politiques, se multipliaient. Paul Arnold lui-même reconnaît *« qu'il n'est pas impossible que les défenseurs de l'idéal rosicrucien ... aient contribué à fournir aux premiers clubs ou Loges une part de leurs idées »*. John Heydon divulgue en 1652 la première traduction anglaise de la *« Fauta Fraternitatis »* et, plagiant la *« Nouvelle Atlantide »* publie en 1660 un *« Voyage to the land of the Rosicruclans »*, dont le plus bel ornement est un Temple de la Sagesse. Sous le pseudonyme d'Eugenius Philalethe, l'écossais Thomas Vaughan (né en 1622) diffuse des écrits pseudo-alchimiques (1655) et dans son *« Introïtus apertus »*... annonce la venue d'Elias Artiste et l'avènement prochain de la Nouvelle Jérusalem sous la dictature de Cromwell, tandis que son homonyme Irénée Philalethe, de son vrai nom George Starkey, vogue répandre la bonne nouvelle vers les Amériques.

ELIAS ASHMOLE ORGANISE
LES ACADÉMIES PRÉ-MAÇONNIQUES

Fonder cet aréopage de savants et de sages dont rêvent les novateurs, et frayer les voies à un Ordre élargi — deuxième cercle de résonance et de propagande des Rose-Croix — , la future Maçonnerie, tel sera le rôle d'Elias Ashmole (1617-92). Né à Lichtfield, de famille convertie au catholicisme, cet antiquaire, ami des astrologues et des alchimistes, initié à une Loge maçonnique à Warrington dans le Lancashire, le 16 octobre 1646 (selon ses Mémoires publiées par le Docteur Campbell à Londres en 1717) prend la défense des Rose-Croix et spécialement du frère L. O. qui aurait jadis sauvé le comte de Norfolk et soigné le médecin de la reine Élisabeth, dans la Préface de son livre *« Theatrum Chemicum »* (26 janvier 1651). Le 13 mai 1653, toujours selon ses *Mémoires*, maître William Blackhouse (1593-1662) alchimiste et Rose-Croix, son initiateur, le désigne comme son fils spirituel. Il fonde alors, sur le modèle de cette *Maison des Sciences* créée par les Fatimides Ismaéliens du Caire, qu'avaient visité les Templiers et où *l'élément sémitique rassemblait toutes les connaissances humaines*, une *Maison de Salomon*, où se retrouvent les frères Warton, le mathématicien William Oughteed, les théologiens John Herwitt et John Pearson, l'astrologue William Lilly. Le 11 mars 1682, il paraît à une tenue de Loge au *Mason's Hall* de Londres.

Afin de couvrir leurs activités, qui n'étaient pas purement scientifiques, les membres des groupes occultes s'efforçaient en effet de pénétrer dans la franc-maçonnerie opérative. L'avènement de Jacques VI d'Écosse devenu Jacques Ier sur le trône d'Angleterre avait singulièrement facilité leurs manœuvres. Au temps de Robert Bruce, d'origine flamande, roi depuis 1274, l'Écosse avait été accueillante aux Templiers réfugiés. Reconnaissants, des Chevaliers venus de Douai avaient aidé le Roi à vaincre les Anglais à Bannockburn. Et Robert Bruce les en avait récompensés en consentant à créer l'Ordre de Saint André du Chardon (1314). Puis il avait fait venir pour ses constructions des gens de métier de Bruges, qui avaient constitué également en 1314 la Loge de Heredom de Kilwinning à Edimbourg, dont les patrons héréditaires étaient depuis Jacques II (1438) les Saint Clair, comtes d'Orkney. Or, la plupart des bâtisseurs, tels ceux qui avaient été appelés de Terre Sainte, en 1154 pour édifier la chapelle de Fleet Street à Londres étaient *francs* c'est-à-dire que lorsqu'ils étaient placés sous le contrôle du Temple, où lorsqu'ils vivaient comme à Paris dans son enclos (cadeau de Louis VI, qui englobait le tiers de la ville), ils jouissaient de franchises particulières qui leur valurent le nom de francs maçons.

Qu'ils aient été déjà au Moyen-Age le véhicule de certaines sociétés secrètes ne fait guère de doute. La tradition était ancienne. Pareille chose s'était produite chez les Ismaéliens, pendants dans l'Islam des Templiers. Sous l'autorité de l'Iman caché, chef de la Secte, le daï Hamdam Quarmath avait organisé les ouvriers et paysans de Mésopotamie en sociétés secrètes à forme de compagnonnage et à tendance égalitaire : c'étaient les *Carmathes*.

À Paris, en 1170 l'hôpital Saint Gervais offrait pour trois nuits un asile aux compagnons *passants* du Tour de France.[17] Quelques-uns de ces groupements sur lesquels s'exerçait l'influence des Templiers, furent l'objet d'interdictions, en 1306 et en 1382, après deux ans d'émeutes. Plus tard, l'arrêt du 13 juillet 1501 visa les assemblés de maçons et de charpentiers et fut étendu par des mesures plus générales du 15 mars 1524 confirmées par l'Ordonnance de Villers-Cotterets de 1539 (consécutive à la révolte de Lyon) et par l'Édit du 18 décembre 1541.

La maîtrise des tailleurs de pierre était généralement placée sous la protection des *Quatre Couronnés*, martyrs de Dioclétien, à Venise en 1317, comme en Angleterre à la fin du XIVe siècle et à Anvers au XVe. En Italie, cette corporation se transforma en Académie qui acceptait même des amateurs à ses travaux (en 1563 par exemple). En Allemagne, les statuts des Loges ou *hütten*, dont la plus ancienne était celle de Cologne (vers 1250) avaient été successivement revisés à Strasbourg en 1275, à Ratisbonne en 1459, à Spire en 1469 où il avait été question aussi des Loges françaises, anglaises et italiennes, à Bâle enfin en 1563.

En Angleterre, ou le mot *Lodge* parait en 1292, et le terme de *Free-Masons* en 1376, une ordonnance des maçons d'York en 1352 régissait l'Ordre. Là aussi leur activité avait été parfois l'objet de restrictions : en 1425, pendant la minorité d'Henri VI en 1436-37 et en 1495, sous Henri VII qui interdit les signes de reconnaissance. En 1509, Wolsey réunit la corporation entière en une seule grande guilde sous le patronage de Saint Jean. Sous Élisabeth, qui avait dissous l'une de leurs assemblées à York le 27 décembre 1561, l'Ordre se dédoubla en 1567 entre York et Londres, sous le comte de Bedford et Thomas Gresham respectivement comme grands-maîtres. Dans la capitale d'ailleurs, dès 1375, les membres des associations professionnelles de *mystères* s'étaient substitués aux anciens citoyens dans l'Assemblée municipale.

En Écosse, le roi Jacques V (1513-42) avait chargé Sinclair de recruter en Italie des maçons, qu'il organisa en confrérie avec charte ; des *membres* acceptés y furent admis au XVIIe siècle. Jacques VI, devenu Jacques Ier d'Angleterre, nomma Inigo Jones maître de la corporation, avec mission de constituer des Loges sur le modèle des académies italiennes, du genre de cette *Compagnie de la Truelle*, fondée à Florence en 1512 et qui, sous le vocable de Saint André, réunissait savants et notables dans une société d'apparence maçonnique. À plusieurs reprises, Jacques Ier tenta bien de réagir contre la menace puritaine. Dès 1599, alors qu'il n'était que roi d'Écosse, il avait opposé à la doctrine du *covenant* (pacte) de Knox une théorie de l'absolutisme présentée sous une forme assez prétentieuse dans un opuscule intitulé *« Basilicon Doron »*. À vrai dire, par ses manières et ses mœurs passablement répugnantes, qui le livraient à l'influence de ses favoris, Robert Carr, comte de Somerset, puis George Villiers, comte de Buckingham, sa personnalité attirait peu les sympathies.

Bien que les catholiques n'aient pas hésité par deux fois à attenter à sa vie (complot de d'alter Raleigh ; complot de Guy Fawkes ou des *poudres*, 5 novembre 1605) après la mort de Robert Cecil, comte de Salisbury (24 mai 1612), l'hostilité contre eux diminua quelque peu. Le Roi avait d'autres adversaires à combattre, il avait essayé en 1604 d'imposer aux protestants l'obligation de se *conformer* à l'autorité des évêques et en 1606 tenté d'établir le principe de la

---

[17] Ces compagnons comprenaient, sur la rive droite les compagnons du Devoir, prétendant remonter aux Templiers (comme les Loups-Garous et les Drilles), les maîtres Jacques (de Molay et de Jacques de Sourré), les Pères Soublise (de Rohan-Soubise) et sur la rive gauche, les compagnons du Devoir de liberté ou de Salomon et les Loups-Garous, qui étaient des initiés.

monarchie de Droit Divin. Il était entré en conflit avec le Parlement en 1607, à propos d'un traité de commerce avec l'Espagne, en 1610 sur ses prérogatives en matière d'impôts, en 1621 parce qu'il avait refusé de déclarer la guerre à l'Espagne. À deux reprises, il avait expédié des parlementaires à la Tour : quatre en 1614, sept en 1621, dont John Pym, le futur meneur de la Révolution. Il venait de porter à la Chambre des Lords une importante fournée de nouveaux *pairs* contestait aux 500 *rois des communes* leurs prétentions judiciaires et jouait volontiers contre ses ennemis de la menace d'une restitution des biens ecclésiastiques. Mais contrairement à ce qu'il espérait, cette crainte eut pour effet de précipiter davantage *gentry* et grands bourgeois vers l'opposition puritaine.

JEAN LOMBARD

ANGLETERRE

Guerre civile 1642 - 1646

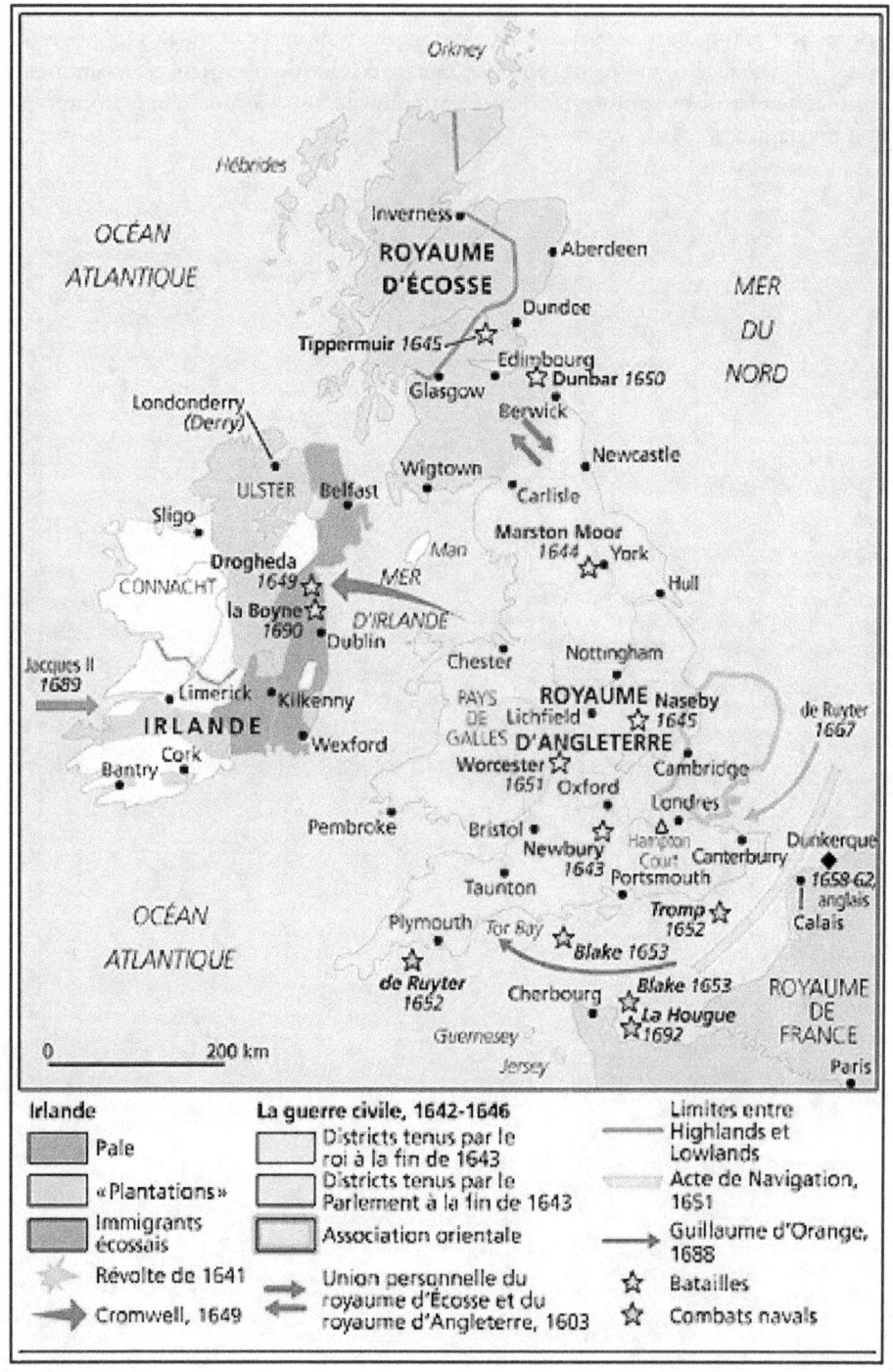

CHAPITRE X

CROMWELL NÉGOCIE AVEC MANASSEH BEN ISRAËL. LONDRES DEVIENT LE CENTRE DU CAPITALISME INTERNATIONAL

La Cité et John Pym animent la révolte parlementaire — Olivier Cromwell nouveau Macchabée — Défaite et exécution de Charles I$_{er}$ – Dictature impitoyable contre les Irlandais et les Niveleurs — Par la bouche du Protecteur, Dieu manifeste sa volonté !— Un échec : l'union du protestantisme autour de Londres— Une réussite : le retour des Juifs en Angleterre — L'alliance avec Manasseh ben Israël ouvre à la Cité les marchés du monde — Charles II restauré avec l'argent d'Amsterdam — Se défend contre Shaftesbury et la réaction protestante — Guillaume III d'Orange l'emporte sur Jacques II — La collusion Marlborough-Salomon Medina — La spéculation est reine — Locke, théoricien d'un parlementarisme oligarchique, intolérant et corrompu — Le contrat remplace la légitimité.

La mort de Jacques I$_{er}$ le 27 mars 1627 et l'avènement de Charles I$_{er}$, marié à Henriette, de France, accéléra cette désaffection. Par son allure de noble *cavalier* comme par la dignité de sa vie, le nouveau roi tranchait heureusement sur son prédécesseur. Mais les convictions catholiques de la reine et l'influence prépondérante de l'intransigeant archevêque Laud et du fastueux et léger Buckingham suscitèrent rapidement l'animosité de ses sujets. D'entrée de jeu, les Parlements de 1625 et de 1626 refusèrent les subsides réclamés et, prenant prétexte des échecs subis à Cadix et à la Rochelle, celui de 1627 s'enhardit jusqu'à présenter au souverain une *Pétition des Droits* (28 mai 1628). À l'assassinat de Buckingham, le roi répondit par la dissolution du Parlement en 1628 et réussit à s'attacher le concours de l'auteur de la pétition, Wentworth, qu'il éleva en 1640 à la dignité de comte de Strafford.

Ce n'était cependant qu'un coup de semonce. L'agitation reprit bientôt, relancée par les fanatiques d'Écosse qui, les 23 juillet, 25 septembre et 18 octobre 1637, provoquèrent des bagarres à la cathédrale d'Édimbourg en protestant contre la modification par l'archevêque Laud d'un verset du livre de prières. L'on cria au *Covenant* une série de pactes furent conclus entre les divers ordres (28 janvier, 1$_{er}$ et 2 mars 1638) et avec les puritains de Londres. Le retour des contingents écossais en service sur le continent contraignit Charles I$_{er}$ à céder, à signer le traité de Berwick (18 juin 1639) et à convoquer le Parlement.

La Cité et John Pym animent la révolte parlementaire

C'est ce que désiraient les conjurés, dont les dispositions étaient prises. Avec l'appui de la Compagnie des Indes, ils avaient constitué un *caucus* ou comité central, qui possédait une caisse noire, un service de renseignements et un réseau de *prêcheurs* alimentés conformément à un plan établi à Preston, par les bénéficiaires des confiscations ecclésiastiques. Au sein de la *Providence Company*, fondée pour l'exploitation des Îles Bahamas, et peut-être même en vue de tenter des expériences politiques outre-Atlantique, se retrouvaient les principaux chefs du mouvement : John Pym, gros homme dont l'éloquence assurait l'autorité, John Hampden, Olivier Saint John, entourés d'un groupe imposant de la *gentry* les comtes de Warwick, Holland et d'Essex, les Lords Sayr and Sele, Brooke, et Mandeville, William Waller, et Sir Nathaniel Rich. Là était le noyau de la Révolution.

Tandis que les presbytériens d'Écosse s'insurgeaient contre la réforme de la liturgie, les négociants de la Cité, non moins puritains mais plus terre-à-terre, se soulevaient surtout contre les taxes, les monopoles royaux, les droits de Douane, etc. Peu leur importait que Charles I et son Conseil privé aient appliqué de 1629 à 1640, un grand plan de travaux pour venir en aide aux nécessiteux. Une taxe en particulier, celle de 20 Livres sur la construction des vaisseaux, leur paraissait insupportable. Donnant l'exemple, John Hampden s'était refusé à la payer.

Élu président *speaker* du Parlement, John Pym prononce le 17 avril 1640, un discours réclamant pour l'Assemblée le droit de voter l'impôt, la mise en accusation des ministres, la reconnaissance de l'immunité parlementaire. À ces revendications impérieuses, le roi répond le 5 mai par une dissolution. À ce *court* Parlement en succède un autre *long* convoqué le 3 novembre. Grâce à l'appui de la menace écossaise sur la frontière et de démonstrations populaires organisées à bon escient, les Communes obtiennent du Roi que le Parlement soit convoqué tous les trois ans, qu'il ne puisse être dissous sans son propre consentement, et qu'enfin le premier ministre Strafford et l'archevêque Laud, sacrifiés à la vindicte de l'opposition, soient condamnés à mort (10 mai 1641). Cependant, lorsque Pym pour satisfaire ses alliés écossais cherche à s'en prendre aux évêques il se heurte à la résistance des Lords.

Le massacre de trente mille Anglais par les Irlandais révoltés fournit alors au Parlement une excellente occasion de s'assurer le contrôle de l'Armée chargée de la répression. Afin de soutenir une nouvelle liste de revendications, la *Grande Remontrance* et d'obtenir la nomination de Lundsford à la Tour de Londres, Pym organise une *journée* en recrutant plusieurs milliers de *courtauds de boutiques* qui manifestent dans les rues de Londres les 10 et 28 décembre 1641. À cause de leurs cheveux rasés on les appelle les *Têtes rondes*, le nom restera aux Puritains.

Alors, poussé par la reine Henriette, Charles I$_{er}$ se décide à réagir. Décrétés d'accusation le 3 janvier 1642, Lord Kimbolton (Mandeville), Pym, Hampden, Haselrig, Holles et Strode, membres des Communes doivent être arrêtés le lendemain. Par malheur la comtesse de Carlisle, dame d'honneur, avertit Pym dont elle est l'amie. L'opération fait long feu. Les parlementaires menacés se réfugient dans la Cité. La Reine passe le détroit pour se mettre en sûreté. Intimidée la Chambre des Lords accepte l'exclusion des évêques. Le 2 juin Pym adresse au Roi un ultimatum en 19 articles, de ton républicain. Le 4 juillet il constitue un Comité de Salut Public et nomme Essex le premier commandant en chef de l'Armée parlementaire.

Olivier *Cromwell* nouveau Macchabée

L'étendard de la révolte est levé. La parole est aux armes. L'heure de Cromwell a sonné. Pour l'instant, au moment où Fairfax relève Manchester destitué.

Cromwell n'est que colonel (2 mars 1643). Il a dix escadrons sous ses ordres et ne deviendra à son tour commandant en chef qu'en 1648. Mais son prestige ne cessera de grandir pendant la campagne et il imprimera à l'Armée parlementaire son caractère de fanatisme puritain, combattant sous l'étendard du *Lion of Judah* aux cris de *Lord of Hosts* traduction de *Sabaoth* ou Dieu des Armées, ou de *Religion*, pour établir le règne des Saints. De sorte que l'historien Graetz pourra dire de lui (tome V. page 164) : *« Cromwell et ses officiers étaient de vrais soldats de Dieu qui... rêvaient d'organiser un État fondé sur la religion et la morale. Comme autrefois les Macchabées, les guerriers puritains avaient le glaive en main et les louanges de Dieu dans la bouche »*.

Le nouveau Macchabée, Olivier Cromwell, né le 25 avril 1593 dans les marais d'Huntingdon, avait pour arrière-grand-père paternel Richard Williams (fils de Morgan Williams et de Catherine Cromwell), neveu de Thomas Cromwell qui l'avait fait participer à la curée des biens d'Église (Monastère de Hinchinbrook, Abbaye de Ramsey). Le grand-père d'Olivier, Henri, avait mérité par ses goûts fastueux, le surnom de *chevalier d'Or*. L'un et l'autre avaient épousé des filles de Lord-Maires de Londres. Et le fils de Robert Cromwell, Olivier, avait resserré encore l'alliance entre la *gentry* et la City par son mariage avec Élisabeth Bourchier, fille d'un fourreur de la capitale (22 août 1620). Elu une première fois aux Communes en 1628, il comptait dans la deuxième assemblée le *long Parliament* dont il fut membre, dix-sept cousins et alliés, dont Edmond Waller, John Hampden, Olivier Saint John. Le nombre en atteignit par la suite vingt-quatre. Sa famille était donc bien placée au cœur de l'intrigue parlementaire.

Mais son caractère donnait alors des inquiétudes. Son médecin l'avait trouvé paludéen, en proie à une sombre mélancolie, attendant désespérément la vision sinon l'appel de Dieu. Dix ans plus tard, le 13 octobre 1638, il écrira à sa cousine : *« Il (Dieu) me donne de voir la lumière dans sa Lumière »*. Comme son maître Beard il croit aux sorcières et engage volontiers la lutte contre elles. Ses ennemis, notant que la date du 3 septembre revient dans sa destinée comme un inter-signe (Winchester, Drogheda, Dunbar, sa mort) l'accusent d'avoir conclu un pacte avec le Diable.

Mais lancé dans l'action il se retrouve lui-même. Il a été formé dans l'art militaire par le colonel Dalbier, d'origine hollandaise, (son cousin Robert a également commandé un régiment au service de la Hollande), qui deviendra son adjoint et instruira ses troupes d'élite, ses fameuses *Côtes de fer*. Sur le terrain il ne manque ni de coup d'œil, ni de décision, possède une volonté farouche, voire une cruauté sans limite. Au début de la campagne la cavalerie de Charles Ier, bien entraînée, lui assure l'avantage. Mais le roi n'a pas les moyens d'attaquer Londres. Après la bataille d'Edgehill, (23 octobre 1642) les forces parlementaires, appuyées par une armée écossaise, depuis que Pym a signé un pacte avec les Presbytériens le 25 septembre 1643, se regroupent autour de deux bastions principaux, les Midlands et les comtés de l'Est dont s'occupe Cromwell. Ce dernier, après avoir fait destituer Lord Willoughby, devient Lieutenant général de la Cavalerie d'abord, (22 janvier 1643) puis de l'ensemble de l'Armée (23 janvier 1644). À ce titre il seconde le commandant en chef, Lord Manchester, qui est un peu son parent. La victoire de marston Moor, le 2 juillet 1644, consacre sa réputation militaire et vaut à ses cavaliers le surnom d'*Ironsides* ou Côtes de Fer, que leur donne le Prince Rupert, commandant de l'Armée royale.

Alors Cromwell réorganise ses forces par l'ordonnance du 19 février 1645 selon un *nouveau modèle* et s'efforce de rendre l'armée, son outil personnel, indépendante à la fois des Presbytériens et du Parlement. Une autre ordonnance, du 3 avril 1645, déclare incompatibles charges militaires et fonctions publiques, sauf bien entendu pour Cromwell. Toutefois, Thomas Fairfax conserve le commandement nominal. Et c'est la victoire de Naseby (14 juin 1645), où Cromwell, renouvelant la manœuvre de marston Moor, parvient à détruire l'Armée royale.

Défaite et exécution de Charles Iᵉʳ

Tout s'effondre autour de Charles Iᵉʳ, qui se réfugie auprès des Écossais le 5 mai 1646 en attendant de devenir un otage dont le Parlement et l'Armée se disputent âprement la possession. Pour couper court aux négociations entre l'Assemblée et le Roi (Mai 1647), Cromwell fait enlever Charles Iᵉʳ (2 juin) qui parvient cependant à s'échapper le 15 novembre, se réfugie à l'île de Wight et signe un engagement avec les Écossais. Mais l'armée d'Hamilton ayant été défaite par Cromwell le 17 août 1648 à Preston, le scénario recommence. Le Parlement ayant conclu avec Charles le traité de Newport, l'armée enlève de nouveau le Roi, puis rentre à Londres le 2 décembre, où le colonel Pryde expurge le Parlement, qu'il réduit au rôle d'un Parlement *croupion* de cinquante membres.

Alors commence le procès du Roi,[18] préalablement condamné d'ailleurs au cours d'un *prayer meeting* tenu par l'armée à Windsor le 1ᵉʳ mai 1648, réunion au cours de laquelle Cromwell avait déclaré à ses lieutenants *« que c'était leur devoir de demander à Charles Stuart l'homme de sang, compte du sang qu'il avait répandu et du mal qu'il avait fait »*. ...Le 25 novembre le chef puritain écrira à son ami Hammond : *« Il (Dieu) a été présent parmi nous et par la Lumière de sa Face nous avons prévalu »*.

Malgré l'opposition des Lords, les Communes décidèrent (23 décembre 1648) de déférer le Roi devant leur Haute-Cour de Justice, constituée le 2 janvier 1649, pour trahison envers le Parlement. Comme par hasard un juriste hollandais, le Docteur Isaac Dorislaus, un agent de Manasseh ben Israël en Angleterre, au service duquel l'on avait eu recours dans des pourparlers avec les États Généraux des Provinces Unies, fut chargé de dresser l'acte d'accusation (ce qu'il paiera de sa vie car il sera plus tard assassiné à La Haye). Mais le procès était très impopulaire, sur les 135 membres de la Cour appelés à siéger, il n'y en eut jamais plus de 58 en séance, sauf le 20 janvier 1649, jour où comparut Charles Iᵉʳ, où ils atteignirent le nombre de 65.

De crainte d'une réaction spontanée de la foule, des précautions militaire exceptionnelles avaient été prises. De fait, des incidents se produisirent en plein tribunal. Lorsque le fanatique Président Bradshaw, lisant l'acte d'accusation déclara parler *« au nom des Communes assemblées en Parlement et du bon peuple d'Angleterre »*, Lady Fairfax bondit et répliqua d'une tribune : *« C'est un mensonge, pas la moitié, pas le quart du peuple d'Angleterre, Cromwell est un traître ! »* Sur ce, le commandant de la Garde, Axtell, autre fanatique, perdant la tête, ordonna à ses hommes de faire feu sur elle. Pas un ne bougea. La sentence n'en fut pas moins prononcée le 27 et l'exécution eut lieu le 30 sous la protection de solides barrages de troupes destinées à réprimer l'indignation populaire. Tambour battant, la Monarchie fut abolie le 17 mars, et la République, *Commonwealth*, proclamée le 19 mai.

Dictature impitoyable contre les Irlandais et les *Niveleurs*

---

[18] Au sujet du Roi. Cromwell avait échangé une correspondance avec Ebenezer Pratt, un hollandais (16 Juin-12 Juillet 1647) : *« En échange d'un appui financier, nous défendrons l'admission des Juifs en Angleterre. Cependant ceci sera impossible aussi longtemps que Charles vivra. Or, il ne peut êre exécuté sans jugement ci les bases n'en existent pas encore. Je conseille donc que Charles soit assassiné, mais ne veux intervenir en rien pour recruter un assassin, bien que je sois disposé à l'aider à s'échapper. »* Ce à quoi Pratt répondit : *« Nous procurerons une aide financière dès que Charles aura été éliminé et les Juifs réadmis. Un assassinat serait trop dangereux. L'on doit donner à Charles une occasion de s'échapper ».* Les documents tirés des archives de la synagogue de Muljeim ont été publiés par Lord Alfred Douglas dans *« Plain English »* le 3 Septembre 1921.

Le régime qui s'instaure n'a d'ailleurs rien d'une démocratie. C'est une dictature militaire et des plus dures. Sauvage contre les catholiques irlandais, sévère pour les presbytériens d'Écosse, sans merci pour les extrémistes égalitaires, les *niveleurs*.

Contre l'Irlande révoltée, une expédition punitive est décidée au cours d'une *réunion de prières* où Dieu parle, et ses officiers le poussant, Cromwell s'incline. Animé d'une véritable fureur de destruction digne du carnage des Amalécites, c'est en fléau de Dieu qu'il accumule atrocités sur atrocités. Massacres, à Drogheda, à Wexford, la population réduite d'un tiers, les deux tiers des terres confisqués, des déportations sans nombre, des prisonniers vendus comme esclaves (à l'instar des Écossais pris à la bataille de Preston en 1648, cédés à la République de Venise comme mercenaires, ou plus simplement expédiés comme *bois d'ébène* aux Antilles), envois de mille *bachelettes* irlandaises à la Jamaïque à l'usage des colons de cette île, aucune considération de morale et d'humanité n'arrête l'épée du Seigneur.

En Écosse par contre, on fait mine de ramener les égarés avant de les châtier. Contre les insurgés, qui avaient répondu à l'appel de Charles II, après que celui-ci eut reconnu la religion presbytérienne au traité de Breda (1er mai 1650), Cromwell envoya d'abord les prédicants, puis il recourut à la force, et profitant d'une erreur tactique de leur chef, défit les Écossais de Leslie à Dunbar (3 septembre 1650). À diverses reprises, il dut déjouer les intrigues des Presbytériens contre l'Armée auprès des éléments avancés de la Cité.

Mais ne risquait-il pas lui-même d'être débordé par ses troupes ? Animé par le colonel John Lilburne, fabricant de savon dans le civil, et par le doctrinaire John Wildman, un parti égalitaire s'était développé dans l'Armée, celui des *levellers* ou *niveleurs*. Ce groupe, conduit par le républicain Henri Marten, formé dans la tradition de Genève, de Venise et de la Hollande, comptait sur 34 voix au Parlement en 1646. Dans l'Armée, un certain nombre d'*agitators* ou *commissaires politiques* poussaient à l'institution du suffrage universel, et opposaient leur solution aux propositions du Parlement. La *Remonstrance* de 1646, *l'engagement*, la *declaration of the Army*, les *Heads of Proposals* de 1647 ; le *Case of the Army* de John Wildman (du 9 octobre, écrit à Putney par un groupe restreint de sept agitateurs) et même en 1648, deux projets de constitution sous le titre d'*agreement of the People*.

Quelques extrémistes, les *diggers* (défricheurs) menés par Gérard Winstanley, prêchaient un sorte de communisme agraire (suppression de la monnaie, élection des fonctionnaires, création de greniers collectifs, application du principe « *à chacun selon ses besoins* »). À peine proclamée la République, l'agitation des *niveleurs* prit des proportions inquiétantes. Dans le Surrey, Winstanley et Everard (qui se dit prophète et annonce la venue du *millénaire*) essaient de soulever la population en Avril 1649. Des soldats se mutinent pour leur prêter aide le 26 avril. Le 1er mai les *niveleurs* publient un manifeste, « *The Covenant of the People* » (*Berith* en hébreu) réclamant la convocation annuelle du Parlement. Ils défilent avec pour emblème un ruban vert sur l'habit noir. Commémorant ainsi la fête hébraïque du printemps et frayant la voie aux journées du 1er mai révolutionnaire.

Contre le danger communiste, Cromwell réagit avec la dernière énergie. Le Messianisme religieux ne doit pas conduire à des attaques contre la propriété. Après avoir tué les meneurs du mouvement dans l'Armée à Corkbushfields le 17 mai, il décime à Burford les émeutiers civils. Plus tard, il condamnera au Parlement les *niveleurs* et les sectateurs du cinquième Empire en termes véhéments : « *Comptez — vous donc introduire la Loi mosaïque et dépouiller les gens de leurs propriétés ? Ils nous disent qu'ils désirent introduire la Loi mosaïque, voilé qui mérite que tout magistrat s'en mêle* ».

Pourtant Cromwell et ses puritains authentiques étaient tout aussi dévoués aux Juifs. À un ami qui lui demandait si l'on ne ferait pas mieux de moins parler de religion, John Hampden, protestataire de la taxe sur les constructions navales et meneur de la révolution, répondait : « *s'il n'y avait pas ces protestations répétées au sujet de la religion, nous ne serions jamais sûrs de garder le peuple de notre côté* ». Et comme les prédicants n'étaient pas forcément des apôtres, cette propagande coûtait cher. Qu'on en juge par une lettre de Cromwell adressée à Monsieur Storie, commissaire du Parlement à la vente des biens épiscopaux, à l'enseigne du *Chien* à la Bourse de Londres (11 janvier 1635-36) : « *Sûrement Mr Storie ce serait une triste chose de voir un prêche péricliter ; retirer la subvention, c'est laisser tomber le prêche, car qui donc va au combat à ses dépens ?* ». La Cité tient la bourse de la Cause. Il en est d'autres traces dans la correspondance du Protecteur : un certain Willhill, qui a prêté sa fortune pour le Mouvement réclame au Parlement une compensation, et Cromwell recommande la veuve d'un gros négociant, Cowell, tué comme Lieutenant-colonel.

Et la Cité sait ce qu'elle veut. John Milton, l'auteur du *« Paradis perdu »* est le théoricien politique du parti puritain, de 1641 à 1671. Secrétaire de Cromwell et du Conseil, il détient des fonctions officielles. Il dénonce les évêques, proclame le droit d'interpréter individuellement les Écritures, mais sa culture humaniste l'incline vers les libertés essentielles y compris la liberté de la presse. Répondant à une apologie du Roi après son exécution (Eikon Basiliko), dans un opuscule instituté *« Eikonoklastes »*, il pose le principe de la souveraineté du peuple.

PAR LA BOUCHE DU *PROTECTEUR*, DIEU MANIFESTE SA VOLONTÉ !

Or le régime instauré par Cromwell n'est pas plus libéral que celui de Calvin. La volonté de Dieu ne pouvant être discutée, une véritable théocratie ne saurait être qu'autoritaire. En fait un très petit nombre de personnes tirent les ficelles de la révolution. Carlyle, l'éditeur de la correspondance de Cromwell, évalue cette petite *junte* à un peu plus d'une centaine de personnes, dont les plus actives ne sont pas plus de cinquante. L'étranger ne s'y trompe pas et Cromwell riposte dans un discours au Parlement : « *Il y a cinq ou six malins en Angleterre qui s'y connaissent et qui ont tout fait, prétend-on dans d'autres pays.* » Et de répondre avec indignation : « *quel blasphème ! parce que des hommes qui sont sans Dieu dans le monde... ne savent pas ce que c'est que de recevoir des réponses de Dieu et de s'entendre parler par l'Esprit de Dieu !* » Et voilà ! Qui oserait s'opposer à la volonté d'un homme qui se croit l'interprète et le bras du Seigneur ?

Aussi bien, ni la résistance des hommes, ni aucune considération morale ne sauraient l'arrêter dans son action. Nécessité fait Loi proclame-t-il au Parlement le 17 septembre 1656 : « *Le motif de la nécessité pour justifier les actions humaines est au-dessus de toutes les considérations des lois établies* ». De liberté religieuse, il n'est pas question. « *Si par liberté de conscience, écrit-il aux Irlandais, vous entendez la liberté de dire la Messe, je juge préférable d'user de franchise et de vous faire savoir que là où le Parlement d'Angleterre a pouvoir, cela ne sera pas permis.* »

Des libertés politiques, il fait allègrement litière. Un Conseil d'État de quarante-et-un membres est son seul instrument. Le 20 avril 1653, il balaie les derniers représentants du Parlement *Croupion* en les fustigeant de la sorte : « *Je vais mettre fin à vos bavardages* ». Les députés ainsi congédiés, il avoue sans ambages qu'il veut « *un pouvoir quelque peu monarchique* ». Sa justification ? Toujours la même : « *Le Seigneur m'a pris par la main et me fait faire ce que je fais !* ». Or donc : « *Vous n'êtes plus un Parlement, sortez, faites la place à de plus honnêtes* ».

Tandis qu'un plaisantin accroche à la Chambre des Communes un écriteau « *Maison à louer* », Cromwell s'applique à recruter les Élus triés sur le volet qui composeront cette assemblée de *saints* selon le cœur d'Harrison et des adeptes de la Cinquième Monarchie, du *Millénaire* annoncé par le prophète Daniel et par l'Apocalypse. Lambert et l'Armée se chargent de désigner les cent cinquante « *élus sur les listes proposées par les Églises indépendantes.* » Ceux-là le Protecteur les accueille par un interminable dithyrambe dont voici la conclusion : « *Vous êtes appelés pour être fidèles aux Saints, qui ont été les instruments de votre élection* ». Cependant les membres du Parlement des *Barebones*, les décharnés, ne siégeront que cinq mois ; le 12 décembre 1653, la

Chambre sera dissoute malgré sa docilité inconditionnelle. Et Cromwell de leur expliquer qu'il détient seul l'autorité : *« Bien que je vous aie dit que vous étiez un Parlement libre, je pensais cependant qu'il était entendu en même temps que j'étais le Régent et l'Autorité qui vous a convoqués, que j'étais en possession du Gouvernement en vertu d'un Droit divin et humain »*. Et d'ajouter : *« Dieu et le Peuple m'ôteront mon office, autrement je ne le quitterai pas »*. Le Peuple, tant qu'il a l'Armée en main, ce Républicain de Droit divin n'en a cure. Quant à Dieu, Cromwell s'identifie trop intimement à lui pour qu'un désaccord surgisse : *« Ayant dit ceci, Moi, ou plutôt le Seigneur, exigeons de vous... »* tonitrue-t-il en plein Parlement.

Le 12 décembre 1653, il est nommé Lord Protecteur à vie. Le Conseil d'État est réduit à 24 membres. Le pays est divisé en douze régions que contrôlent des Majors-généraux. La dictature militaire est complète. Un Parlement élu le 3 septembre 1654 pour trois ans au suffrage censitaire (le cens étant fixé à deux cents livres de rente) est dissous le 22 janvier 1655. Catholiques et anglicans sont tenus à l'écart. Lorsque la nécessité d'obtenir des subsides pour la guerre contre l'Espagne impose de nouvelles élections dans l'été 1657, sur quatre cents députés, cent qui déplaisent au Pouvoir sont invalidés. Vane ayant été jeté en prison, l'autorité de Cromwell est encore renforcée, bien qu'il ait refusé la Couronne (26 juin 1657), la Chambre des Lords est rétablie et une fois de plus le Parlement dissous le 4 février 1658.

Un échec : l'union du protestantisme autour de Londres

Du pouvoir absolu dont il s'est ainsi investi, qu'a donc fait Cromwell ? Des deux objectifs qu'il s'était fixés, s'il a manqué le premier, réaliser autour de lui l'Union des États protestants, il a atteint le second, conclure avec les Juifs un pacte qui scellait leur alliance avec l'Angleterre. Deux objectifs dans lesquels fanatisme religieux et préoccupations mercantiles se trouvaient étroitement mêlés, comme chez tout bon puritain qui se respecte.

Étant donnés les liens étroits qui unissaient la Hollande à l'Angleterre, le rôle primordial joué par les Provinces-Unies dans la révolution puritaine, l'union entre les deux pays paraissait dans la logique des choses. La mort de Guillaume II d'Orange, (6 novembre 1650) stathouder de Hollande, marié à une fille de Charles Ier d'Angleterre, offrait une occasion favorable que Cromwell tenta de saisir. Mais les deux Ambassadeurs qu'il envoya à la Have l'année suivante se heurtèrent à la rivalité commerciale et maritime qui allait dresser l'une contre l'autre les deux puissances protestantes. Les pourparlers ayant été rompus en Juillet. Cromwell riposta en établissant le monopole de pavillon par l'Acte de Navigation d'Octobre 1651 et la guerre éclata *pour la plus belle maîtresse de la Chrétienté, le Commerce* en Mai 1652. Lorsque les hostilités cessèrent le 5 avril 1654, l'Union était manquée, mais les victoires de Blake assuraient à l'Angleterre la suprématie navale.

La solidarité protestante allait-elle permettre à Cromwell d'établir en France une République — sœur ? Soutenue également par la Hollande, la Fronde était un mouvement absolument parallèle aux révolutions d'Angleterre. En 1651. Vane avait passé le Détroit pour établir des contacts avec le Cardinal de Retz et les partisans de Condé, répondant à l'appel des réfugiés hispano-portugais de Bordeaux. D'autres émissaires, le Ministre de l'Église française de Londres, le grison Stouppa, en 1654 puis l'Écossais Lockhart, neveu de Cromwell par sa femme en 1656, poursuivirent les pourparlers. À l'appel de Bordeaux, l'un des plus solides bastions de la Fronde, l'Angleterre était prête à répondre ; après avoir colonisé la Guyenne pendant la Guerre de Cent ans, pouvait-elle refuser ce port ? Mais Condé échoua dans son entreprise et les nécessités de la lutte commune contre l'Espagne rapprochèrent l'Angleterre de la France. Le traité du 23 mars 1657, qui promettait à Cromwell Dunkerque et Mardyck, consacrait l'échec de sa croisade protestante.

UNE RÉUSSITE : LE RETOUR DES JUIFS EN ANGLETERRE

Il devait être plus heureux dans ses tractations avec les réfugiés de Hollande, qui payèrent d'une étroite alliance commerciale et politique le retour de leurs coreligionnaires en Angleterre.

Depuis trois siècles et demi, ils étaient interdits de séjour dans le pays, qui avait devancé les autres états d'Occident en les expulsant en 1290 (comme allait le faire la France en 1394 et l'Espagne en 1492) Leur influence avait été telle qu'une réaction fatale s'était produite. Guillaume le Conquérant, dont l'entreprise (1066) avait été vivement encouragée par le Pape Hildebrand (qui s'appuyait sur l'épée normande en Italie) les avait amenés dans son sillage. Entièrement dominée par ses nouveaux maîtres, peu évoluée car l'empreinte romaine avait été trop brève, à peine dégrossie par les moines irlandais, la population de l'île britannique, en retard de près de mille ans sur les autres peuples d'Occident, n'avait guère su leur opposer d'obstacles.

Aussi accumulèrent-ils rapidement de grandes richesses. Au bout d'un siècle, leur fortune mobilière évaluée à 240.000 livres atteignait plus du tiers de celle des gentils (700.000 livres). Ils possédaient des palais à Londres, exerçaient une grande influence sur l'aristocratie et sous la direction de rabbins comme Jacob d'Orléans, avaient converti de nombreux *indigènes*. Les deux premières croisades les avaient épargnés mais à l'occasion du couronnement de Richard Cœur de Lion (3 septembre 1189), les premiers troubles éclatèrent, après que l'archevêque de Canterbury, Baudouin, eut refusé les cadeaux présentés par eux au souverain. Un pogrom suivit. Richard eut beau poursuivre les meneurs, et déclarer les Juifs inviolables, lorsqu'il partit pour la Palestine, les troubles reprirent de plus belle, à Lynn, Norwich, et surtout York où Benedict et José possédaient des palais. Réfugiés dans le château, cinq cents succombèrent à la famine. Le lendemain, jour des Rameaux (1190) ce fut le tour de ceux de Bury Saint Edmunds.

En leur octroyant un statut en 1194, le Roi les toléra mais leur fit payer de lourdes taxes. Jean sans Terre et ses barons, soutenus par le cardinal Langton, que le Pape Innocent III avait désigné comme archevêque de Canterbury, les pressurèrent sans vergogne. Darts ce même but Henri III (1216-1272) plaça à leur tête un grand rabbin contrôlant la rentrée des taxes. Une assemblée juive fut convoquée afin de voter une contribution au roi. En sept ans ils lui payèrent 422.000 livres ; pour sa part Aaron d'York, l'un des plus riches, versa 30.000 marcs d'argent au Roi et 200 marcs à la Reine. Les choses allèrent ainsi jusqu'au moment où le déséquilibre économique du XIIIe siècle finissant se traduisit en Angleterre par des pogroms dont York, Northampton, Exeter, Lynn, Norwich, Bury Saint Edmunds, les villes du nord-est furent le théâtre. La conversion au judaïsme du moine Robert de Reddings, hébraïsant, qui avait épousé une juive, déclencha une violente campagne des Dominicains, qu'appuyait la reine-mère ELéonore. Accusés d'introduire de la fausse monnaie et de rogner la monnaie locale, 300 juifs furent arrêtés le 17 novembre 1278. On en expulsa dix mille dont on confisqua les biens.

Sur l'initiative de Duns Scot, le théologien d'Oxford, le roi Édouard Ier réunit avec l'autorisation du Pape Honorius, IV, à Exeter en 1287 un synode qui décida de leur appliquer toutes les décisions des conciles. Probablement encouragé en cela par ses banquiers florentins, le Roi fit emprisonner les Juifs et les relâcha ensuite contre espèces sonnantes, pour les condamner enfin à l'exil, le 9 octobre 1290. Au nombre de 16.500, ils quittèrent le pays.

Alors qu'ils étaient tout puissants aux Pays-Bas, la révolution puritaine, qui leur devait tout, s'apprêtait à leur rouvrir les portes de l'Angleterre. En adressant au *Long Parliament* un appel en faveur de la *noble nation juive et des enfants d'Israël*, Édouard Nicolas était certainement l'interprète de tous les puritains, des presbytériens aux Niveleurs et aux anabaptistes. Un écrivain émit même le vœu de célébrer le samedi et non le dimanche comme jour de repos. D'autres formulèrent le souhait que l'Angleterre adoptât les lois politiques de la Tora, nous dit Graetz (T. V. p. 165). Fidèles à cette même ligne, les membres du Parlement des *Barebones*, désignés par Cromwell en 1653 proposèrent très sérieusement que le Conseil d'État soit composé de 70 membres, sur le modèle du Sanhédrin de Jérusalem.

Les Juifs de Hollande, forts de l'appui prêté à la Révolution et au *Long Parliament* n'avaient d'ailleurs pas attendu une autorisation pour s'infiltrer à nouveau en Angleterre. Le plus puissant d'entre eux, un marrane, Antonio Fernandez Carvajal, s'était installé à Londres entre 1630 et 1635. Riche armateur, il avait épousé la fille de l'ambassadeur du Portugal, Antonio de Souza, avec la complicité duquel la chapelle portugaise avait été transformée en synagogue. Dénoncés, l'intervention des riches marchands de la Cité, les tira d'embarras et le Parlement imposa silence à leurs accusateurs.

Dès la Révolution déclenchée, de nouvelles fournées d'immigrants débarquèrent, notamment en 1643. Carvajal, *the great Jew*, premier fournisseur de l'armée parlementaire et principal bailleur de fonds de la République, restait d'ailleurs leur chef de file. En 1649, il faisait partie du groupe de cinq négociants désignés par le Conseil d'état (le pseudo-Sanhédrin) pour l'approvisionnement en blé de l'armée. Il en importait alors annuellement pour 100.000 livres. Il avait les reins solides.

L'ALLIANCE AVEC MANASSEH BEN ISRAËL OUVRE À LA CITÉ LES MARCHÉS DU MONDE

À ce moment commencèrent les premières négociations officielles menées par Manasseh ben Israël (1604-1657), célèbre juif d'Amsterdam qui avait épousé l'arrière-petite-fille du philosophe Isaac Abrabanel. Volontiers mystique, Manasseh n'était pas étranger à l'attente messianique du *Millénaire*, qui animait les puritains. Écoutons l'historien Graetz narrer ses démarches. En 1650, Manasseh saisit officiellement de ses thèses le Parlement et le Conseil d'état en leur faisant communiquer un traité en latin intitulé *« l'Espérance d'Israël »* (essai sur les dix tribus perdues, soi-disant retrouvées en Amérique)... Il sollicita donc le Parlement et le conseil d'État d'autoriser les Juifs à se rendre en Angleterre, d'où ils étaient exclus depuis trois siècles, à y pratiquer librement leur religion et à y élever des synagogues (Graetz, t. v., pp. 166 et 167). Cette requête avait reçu un accueil favorable et lord Middlesex avait répondu fort aimablement à son auteur, lorsque le conflit entre l'Angleterre et la Hollande vint interrompre les pourparlers.

Dès que la paix fut rétablie, ils reprirent. Trois mois à peine après son avènement Cromwell relançait l'affaire en adressant le 4 juillet 1653 à son assemblés de fidèles, un prêche enflammé sur le 65ème Psaume. Et de vaticiner tel un prophète *« le Seigneur ramènera de nouveau son peuple du profond de la mer, comme jadis il conduisit Israël à travers la Mer rouge »*. Et, il se peut, comme certains le pensent, que Dieu ramène des *îles de la mer, les Juifs chez eux à leur place* et réponde à leur appel, fait *comme du profond de la mer*. Mais il est dans ce psaume d'autres versets de circonstance : *« les Rois des armées s'enfuirent rapidement et celle qui demeurait dans la maison a partagé leurs dépouilles »*. Ceci dit, en passant, pour Charles Ier. Et le Protecteur de conclure : *« Vraiment le triomphe de ce psaume est extrêmement haut et grand ; et Dieu l'accomplit en ce moment. »*

De fait le Parlement accorda à Manasseh le passeport réclamé. Ce n'est pas lui pourtant qui se présenta, mais un marrane, Manuel Marinez Dormido. Au mystique, les Juifs d'Amsterdam avaient substitué comme négociateur un homme d'affaires. Dans sa supplique, Dormido faisait miroiter au Conseil d'État *« les avantages considérables que les marranes d'Espagne et du Portugal, par leurs capitaux et leur expérience du négoce assureraient à l'Angleterre ».* L'hameçon était lancé. Malgré les efforts de Cromwell, cette requête fut cependant rejetée (Novembre 1654).

Une année passa. À l'automne 1655, Manasseh revint à la charge. Muni de pouvoirs de tous ses coreligionnaires d'Europe, il se présenta à Londres à la tête d'une délégation dont faisait partie Jacob Sasportas, ancien rabbin de plusieurs villes africaines. *« Il remit une adresse à Cromwell et fit imprimer et répandre une déclaration où il exposait les motifs qui plaidaient en faveur du rappel des Juifs et où il réfutait les objections qu'on pourrait y opposer. Les raisons invoquées peuvent se résumer en deux principales, une raison mystique et une raison économique. «* Actuellement, *dit-il, notre nation est dispersée partout et réside dans tous les pays florissants de la terre, en Amérique comme dans les trois autres parties du monde ; seule l'importante et puissante GrandeBretagne ne possède pas de Juifs. Pour que le Messie puisse venir et nous apporter la délivrance, il est nécessaire que nous soyons également établis dans ce pays ». En dernier lieu il faisait valoir l'essor que les Juifs donneraient au commerce de l'Angleterre. »* (Graetz, t. v, pp. 169, 170). C'était là en effet le plus convaincant des arguments. Cromwell n'y restant pas insensible, aida Manasseh de toutes ses forces. Son secrétaire Hugh Peters et Harry Martens, membre du Conseil d'État, se chargèrent de créer parmi leurs collègues une ambiance favorable. Enfin, le 4 décembre 1655, une commission fut convoquée à Whitehall pour répondre à ces deux questions précises : 1° Les Juifs peuvent-ils s'établir légalement en Angleterre ? 2° Dans l'affirmative, sous quelles conditions seront-ils autorisés à revenir dans ce pays ? »

« Dès le début de la discussion, les représentants de l'État déclarèrent que nulle loi ne s'opposait au retour des Juifs attendu que l'édit de proscription de 1290 n'avait pas été sanctionné par le Parlement. Les délégués de Londres réservèrent leur opinion. Quant au Clergé, malgré la présence dans ses rangs de trois ecclésiastiques dissidents, il refusa. Ce que voyant, le Protecteur se réserva la faculté de résoudre lui-même la question. » (Graetz, t. v, pp, 170-171.)

Plus tard, le Conseil d'État leva le séquestre prononcé contre un marchand portugais, Robles, lors de la guerre entre l'Angleterre et le Portugal en 1656, sous prétexte que l'inculpé était Juif et non catholique ; à cette nouvelle, les marranes de Londres s'empressèrent de jeter le masque et de retourner au judaïsme. Grâce aux démarches de Carvajal et de Simon de Cáceres (un parent de Spinoza, qui avait aidé Cromwell à acquérir la Jamaïque), ils obtinrent bientôt un cimetière spécial (Février 1657), ainsi que l'autorisation d'observer publiquement leurs fêtes et de célébrer leur culte. Cromwell poussa la sollicitude à l'égard de Manasseh ben Israël jusqu'à le gratifier d'une pension annuelle de 100 Livres.

Faute du Messie, dont il avait annoncé la venue pour l'année 1648, Manasseh, mauvais prophète mais heureux négociateur, pouvait se féliciter d'avoir célébré les épousailles de l'Angleterre et d'Israël. Éclipsant Amsterdam, Londres allait devenir, pendant deux siècles et demi le centre d'opérations mondial de la haute finance. Lieutenant du peuple élu, le peuple britannique, révélé à sa vocation, s'apprêtait à bâtir un Empire maritime et colonial sans précédent dans l'histoire. Quels que soient ses régimes politiques, il devait rester d'ailleurs fermement attaché à Israël.

CHARLES II RESTAURÉ AVEC L'ARGENT D'AMSTERDAM

Les conditions dans lesquelles s'opérèrent la restauration de Charles II, le coup d'État de 1688 et l'avènement de Guillaume III d'Orange le montrent assez clairement.

Le 8 septembre 1658, Olivier Cromwell mourait, ayant à ses côtés Thurlœ, le chef de son service de renseignements qui, quelques mois plus tôt, lui avait permis d'échapper au complot d'Ormond. Il avait vécu ses dernières années dans une atmosphère tendue, entouré de précautions extrêmes. La lourde chape puritaine, qui s'était abattue sur la bonne vieille Angleterre joyeuse, *good old merry England*, pesait d'un poids de plus en plus insupportable sur les épaules du peuple britannique qui, à force de *manger la religion avec le pain*, en avait pris la nausée. Son fils Richard, qui lui avait succédé, ne parvint pas à se maintenir plus de deux ans. Débordé par son armée, dominée par Lambert, il se retira après avoir dissous le Parlement le 13 octobre 1659.

Apparemment maîtres de la situation, Lambert et son conseil des officiers avaient constitué un Comité de Sécurité. C'est alors qu'intervint le général Monk. Ancien officier de l'armée royale, ayant servi en Hollande en 1629, Il s'était rallié au Parlement en Novembre 1646, après être resté deux ans emprisonné à la Tour. Le Protecteur, qui se méfiait de lui, l'avait employé en Irlande et en Écosse. C'est avec une extrême circonspection qu'après l'échec de l'insurrection préparée par George Booth en faveur de Charles II, le général Monk se décida à agir. Se posant en défenseur des droits du Parlement violés par Lambert, il se mit en marche le 18 novembre 1659, et, une fois le Parlement *croupion Rump Parliament* remis en place le 25 décembre, passa la Tweed le 1er janvier 1660, rejoignit Fairfax à York et s'avança vers Londres, où il fit son entrée avec 6.000 hommes le 3 février 1660, malgré quelques mutineries et une velléité de résistance des *têtes rondes* de la Cité. Dissous le 16 mars, le Parlement *croupion* cède la place à une assemblée librement élue.

Tandis qu'une milice royaliste s'organise, et que Lambert est rattrapé dans sa fuite, le Prétendant, à Bruxelles, fait ses préparatifs de retour. Réuni le 26 avril 1660, le nouveau Parlement proclame Charles II roi d'Angleterre (8 mai). Un viatique de 50.000 livres empruntées à la Cité en lettres de change sur Amsterdam couvre les frais d'installation du nouveau souverain.

Sans l'appui de la finance d'Amsterdam, acquise à la Restauration, le coup d'État eut sans doute été moins facile. Mais toutes les garanties nécessaires avaient été données au préalable.

« *Lorsqu'il était encore simple Prétendant*, écrit Graetz (tV. pp. 173-174) *Charles II, qui avait toujours besoin d'argent, s'était déjà mis en rapport avec les Juifs d'Amsterdam et leur avait promis, dans le cas où la monarchie serait restaurée, d'autoriser l'établissement de leurs coreligionnaires en Angleterre, s'ils lui fournissaient des armes et des capitaux. Il tint parole. Dès qu'il fut devenu roi, il permit à de nombreux Juifs de se fixer en Grande-Bretagne sans que leur situation fut formellement réglée par une loi.* »

Le mariage de Charles avec Catherine de Bragance, princesse de Portugal, allait être l'occasion d'introduire une nouvelle fournée de banquiers. En tête, les frères Da Silva d'Amsterdam, chargés du transfert de la dot de la Reine. Arrivent ensuite, d'Espagne et du Portugal, les Mendes et les Da Costa, qui fusionnent sous une raison sociale commune. Et voici qu'enhardis par cet exemple, les *Ashkénazim* (originaires d'Allemagne), moins riches et moins brillants que leurs cousins hispano-portugais, *Sephardim* en hébreu, pénètrent à leur tour en Angleterre, resserrant ainsi les liens entre Londres et Hambourg. L'un d'eux, Benjamin Levy, jouera un rôle de premier plan.

SE DÉFEND CONTRE SHAFTESBURY
ET LA RÉACTION PROTESTANTE

On ne pouvait donc reprocher à Charles II Stuart un manque de libéralisme à l'égard des hétérodoxes : il leur avait donné des gages. Notamment en nommant Ashley Cooper, devenu comte de Shaftesbury, aux fonctions de grand chancelier en 1672. Intrigant, corrompu mais tolérant pour les non-conformistes, ami de John Locke, médecin, poète et philosophe, qu'il appela au poste de secrétaire du Conseil en 1673, Shaftesbury dévoila rapidement ses batteries en faisant voter par le Parlement le *Bill du Test*, qui excluait des fonctions publiques les catholiques en général et le duc d'York en particulier. Pour avoir tenté de s'opposer au mariage de Jacques avec la très catholique sœur du duc de Modène, Shaftesbury fut contraint d'abandonner sa charge. Provisoirement d'ailleurs. Rentré en grâce en 1679, il obtint des Communes, le 20 mai, qu'elles déclarent Jacques d'York exclu de la succession au trône.

Charles II, soumis à l'influence de sa maîtresse en titre, Louise de Keroualle, qui suscitait la méfiance de l'oligarchie régnante, riposta, un mois après, en dissolvant le Parlement. Une nouvelle épreuve de force commençait. Il éloigna le duc de Monmouth — le fils naturel qu'il avait eu de Lucy Walters — candidat de Shaftesbury et rappela à Bruxelles le duc d'York pour en faire un vice-roi d'Écosse, ce qui souleva de véhémentes protestations de Titus Oates et des *whigs*, qui l'emportèrent au nouveau Parlement. Ils s'empressèrent de faire voter par les Communes le bill d'exclusion, tandis que les Lords rejetaient la même proposition présentée, par Lord Russell. Mais le Roi ne céda pas. Le duc d'York rentra à Londres le 27 mai 1682. Quant à Shaftesbury, poursuivi pour complot et participation à l'activité de sociétés secrètes, suivi de son fidèle Locke, il s'enfuit en Hollande où il mourut l'année suivante. Sunderland, un ambitieux sans convictions religieuses, le remplaça à la chancellerie (16 juin 1683). Mais l'opposition ne désarmait pas. Pour un complot tramé à Newmarket, le 26 juin 1683, Lord Russell fut exécuté et Monmouth exilé.

GUILLAUME III D'ORANGE
L'EMPORTE SUR JACQUES II

Après la mort de Charles II (16 février 1683), que son frère Jacques II remplaça sur le trône, Monmouth tenta un débarquement en Angleterre (11 juin 1685) ; battu à Sedgemoor, il fut pris et exécuté à son tour. Le champion de l'opposition est maintenant Guillaume III d'Orange Stathouder de Hollande, qui a épousé Marie, fille du duc d'York et d'Anne Hyde, protestante, en 1677. Parviendra-t-il à réaliser l'union de l'Angleterre et de la Hollande, sous l'égide des financiers d'Amsterdam et de Londres, étroitement liés ?

Les maladresses de Jacques II, dont la politique tend ouvertement à la restauration du catholicisme, lui facilitent la besogne. Il renvoie Lord Rochester, compose son Conseil privé d'une majorité de catholiques, recrute des troupes irlandaises, prétend instaurer la liberté de l'enseignement. C'en est trop. L'opinion protestante se cabre. L'oligarchie réagit. La naissance d'un prince de Galles, assurant l'avenir de la dynastie, l'incite à brusquer les choses. Le 30 juin 1688, Shrewsbury, Devonshire, Danby, Lumley, Compton, Russell, et Sydney invitent Guillaume d'Orange à débarquer en Angleterre.

Le dernier acte des Révolutions d'Angleterre se joue. Jacques II ayant refusé l'aide de la flotte de Louis XVI, l'intervention d'un petit contingent d'étrangers suffit à faire éclater l'armée royale, prête à lâcher pied. Le premier à déserter fut Churchill. Il devait à sa sœur qui, malgré sa laideur, avait été la maîtresse de Jacques II, la confiance de son souverain. Nommé lieutenant général le 16 novembre, il lui avait juré une fidélité particulière. Aussi bien les trois régiments de cavalerie qu'il opposa à l'avance de Guillaume d'Orange, débarqué le 15 novembre, étaient-ils spécialement choisis : colonels en tête, ils désertèrent, en essayant d'entraîner l'infanterie, qui résista. Le 22 novembre, il s'efforça de retenir le Roi à Warminster pour le livrer au Prétendant, et le 23, passa carrément à l'ennemi. Abandonné des siens, Jacques II expédie la Reine et le prince de Galles en

France. Guillaume le laisse s'évader, puis se fait proclamer roi d'Angleterre (Janvier 1689). Une suprême tentative de Jacques Stuart pour s'établir en Irlande se termine par la défaite de La Boyne le 11 juillet 1689 et par la capitulation de Limerick le 4 octobre 1691.

LA COLLUSION MARLBOROUGH-SALOMON MEDINA

Pour appuyer l'entreprise orangiste, tous les moyens dont disposaient les Pays-Bas, diplomatiques, navals, militaires, financiers avaient été mis en œuvre. L'éloquence de Fugel, ancien partisan de Jean de Witt, chef du parti populaire, rallié à Guillaume, avait persuadé les Hollandais de consentir les sacrifices nécessaires. Un diplomate hollandais, Dykvelt, mena l'intrigue qui aboutit à coaliser contre Jacques II des chefs politiques comme le tory Danby, le modéré Halifax, des chefs militaires comme Churchill, l'amiral Herbert, des dignitaires ecclésiastiques comme l'évêque Compton. De riches banquiers d'Amsterdam avaient prêté des sommes considérables.

« L'un deux, Isaac ou Antonio Suasso avança sans intérêt deux millions de Florins, sans exiger aucune garantie ». (Graetz, t. v., p. 233). C'était cependant un bon placement.

Ses coreligionnaires et lui, toute la nouvelle vague qui, accompagnant Guillaume d'Orange, déferlait à présent sur l'Angleterre, allaient être payés au centuple. À côté du généreux Suasso, de Moses Machado favori du Prince, des Belmonte (von Shoenenberg), famille d'ambassadeurs se détachait Salomon Medina, promu aux fonctions de conseiller financier de la Couronne, en attendant d'être élevé à la dignité de chevalier par la reine Anne, le premier non converti à être admis dans la noblesse. *The great contractor*, le grand adjudicataire, s'apprêtait à faire fortune comme principal fournisseur des armées. Banquier de Churchill, devenu duc de Marlborough, il versait à ce dernier une pension annuelle de 6.000 livres pour avoir la primeur des nouvelles militaires, ce qui titi permettait de spéculer à coup sûr. L'homme de confiance de la reine Anne, (couronnée le 8 mars 1702), Manasseh Lopez, restera fidèle à cette tradition en répandant, le faux bruit de la mort de la reine, afin d'opérer une fructueuse razzia sur les valeurs d'État, dont il avait ainsi provoqué la chute. Sampson Gideon (1699-1762), *the great Jew broker*, le grand courtier, agira plus tard de même.

À La Bourse de Londres, le *Royal Exchange*, fondée, on s'en souvient, par Thomas Gresham le 23 janvier 1571, détruite par l'incendie de la Cité le 3 septembre 1666 et reconstruite depuis, la spéculation bat son plein. Alors qu'elle était encore interdite à ses coreligionnaires, Sol Dormido, le premier, avait réussi à s'y faire admettre en 1657. Transformé en *Change aile*, en 1698, la voilà maintenant envahie. À tel point qu'une partie de l'édifice reçoit le nom de *Jews walk*. En 1697, sur cent courtiers, vingt sont des étrangers ou des hétérodoxes. Une génération plus tard, vers 1730, ils y pullulent tellement, *« the Alley throngs with Jews »* écrivait un contemporain, qu'il n'y a plus assez de place pour tous, et qu'une partie d'entre eux, trafiquant des lettres de change, se transforment en agioteurs. Ils seront bientôt plus puissants à la Bourse de Londres qu'à celle d'Amsterdam Bientôt se déclenche une spéculation effrénée. Pour jouer à la hausse ou à la baisse, tous les moyens sont bons : fausses nouvelles militaires, informations tendancieuses ou complètement erronées, combinaisons tortueuses de coteries inavouées etc. … Quant aux réfugiés prudents ils ne s'engagent qu'à bon escient et sauvent ainsi du désastre leur grande fortune. À noter que certains marchands de la Cité, écrivaient dans un rapport en 1656 que les Juifs, accaparant tout le commerce, risquaient d'éliminer tous les marchands anglais. Et que des parlementaires en 1754 abrogent une loi, facilitant la naturalisation des Juifs, votée l'année précédente, de crainte qu'ils ne supplantent les Anglais partout : *« oust the natives from their employment »*. On comptait en effet six mille d'entre eux à Londres en 1730 ; des plus riches et des plus actifs.

Au moment où en Orient, Sabbateï Cevi, moderne prophète, se proclamait le Messie à Smyrne en Octobre 1665, et où il n'était bruit dans toutes les bourses du monde, à Amsterdam, à Hambourg, à Londres, à Bordeaux, que du prochain retour à Jérusalem et de la restauration du Temple, l'attente des oints du Seigneur ne se trouva pas complètement frustrée. En créant en 1694 la Banque d'Angleterre, n'élevaient-ils pas le plus moderne des

Temples ? Si, dans l'Antiquité, en Mésopotamie, comme en Égypte, la Banque était dans le Temple, la situation ne se trouvait-elle pas à présent renversée et le Temple dans la Banque ?

Les immenses besoins d'argent créés par la croisade de Guillaume III contre Louis XIV permirent à cette époque de faire aboutir ce projet longtemps caressé par les financiers et les hommes d'affaires. Dès 1651, un libelle de Balthasar Gerbier avait réclamé la fondation d'une banque. En 1658, Samuel Lambe avait déposé une pétition dans le même sens. Les immigrés hollandais jouèrent un rôle prédominant dans la création de cet Institut d'Emission, Depuis le jour où le roi Charles Ier avait fait main basse sur 130.000 Livres de lingots déposés à la Tour par des particuliers, la confiance dans le Trésor, dans la Monnaie s'était envolée et les capitaux s'étaient réfugiés chez les *orfèvres* qui se virent transformés en banquiers. En 1627, Charles Heur avait enlevé les opérations de change. Ils les récupérèrent après son exécution, tout en pratiquant à la fois l'escompte et l'usure. Aux déposants qu'ils s'efforçaient d'attirer par les plus alléchantes promesses, ils remettaient des reçus ou *goldsmith's notes*, et lançaient toutes les formes d'emprunt : annuités à court et à long terme, annuités viagères, tontines et loteries...

En échange d'une avance de 1.200.000 livres consentie au Trésor au taux de 8%, les fondateurs de la Banque, dont William Paterson, qui en fut pendant un an le premier directeur et de nombreux hétérodoxes de la Cité obtinrent l'autorisation, valable pour onze ans, de la monter. On en espérait un assainissement de la monnaie, une réduction du taux de l'intérêt et des facilités de trésorerie chies à l'émission des billets. On ne lui reconnut pas d'abord de monopole et elle ne reçut de privilège qu'en 1697. Un nouvel accord, négocié alors contre un nouvel emprunt de 1.001.171 Livres prolongea sa durée, l'assura d'un monopole de fait et lui permit d'émettre des billets jusqu'à concurrence du montant du capital primitif et des souscriptions reçues. À la fin de l'année, ses billets étaient au pair et ses *tailles* — lisez ses bons du Trésor — cotaient 20. L'attente de ses fondateurs ne fut point décile car le taux de l'intérêt baissa de 8% en 1709 à 5 en 1722, puis à 3 en 1742 ; quant au volume de la circulation, il s'éleva, en millions de Livres, de 1,8 en 1718 à 4 en 1730, à 6 en 1761, à 10,6 en 1791, à 15 en 1800 et 27 en 1815. Pourtant à plusieurs reprises le vaisseau se trouva secoué par des tempêtes : effondrement de la Cie des Mers du Sud en 1720, émeutes en 1780 et consécutif à une période de prospérité sans précédent de 1786 à 1792, un krach des petites banques de comtés en 1793, dû au pullulement de ces organismes et à leurs émissions inconsidérées (100 suspensions de paiement, 26 faillites).

Suivant l'exemple de l'Angleterre, l'Écosse eut sa propre banque, en 1685, montée par John Holland. Elle ne bénéficia d'un privilège qu'en 1717. Dans l'intervalle, il est vrai, l'union des deux royaumes avait été proclamée le 6 mars 1707. Par contre, c'est elle qui prit l'initiative de créer à Edimbourg en 1760, la première Chambre de Compensation, ou *clearing house*. Londres suivit en 1773. Il est à noter que les *Écossais* dont l'âpreté au gain est proverbiale, étaient parmi les *natives* les plus aptes à tenir tête à l'invasion triomphante.

Si l'on en croit Picciotto, au commencement du XVIIIe siècle en Angleterre, les familles d'immigrés dont le revenu annuel atteignait 1.000 à 2.000 Livres étaient au nombre de cent. Les Mendes da Costa, Moses (ou Anthony) da Costa, qui fut directeur de la Banque d'Angleterre à la fin du XVIIe siècle, comptaient parmi les hommes d'affaires les plus riches de la Cité.

LA SPÉCULATION EST REINE

Au moment où l'affaire du Pacifique (1717-1720) fait monter la fièvre dans ces milieux, les immigrés constituent la plus grande puissance financière du pays. Ils assurent à eux seuls le quart de l'emprunt que le gouvernement contracte en donnant pour garantie les ressources de l'impôt foncier. À cette époque critique, Sampson Gideon (1699-1762), *conseiller du gouvernement*, ami de Walpole est le *pilier du crédit de l'État*. En 1745, il procure un emprunt de 1.700.000 Livres. Après sa mort, les frères Francis et Joseph Salvador, concurrencés cependant par des boursiers du *Stock Exchange* (1792) comme Abraham et Benjamin Goldsmit, détiennent la prépondérance, jusqu'à ce qu'au commencement du XIX$_e$ siècle, l'étoile des Rothschild s'élève au zénith de la Finance. Si Londres a été aux XVIII$_e$ et XIX$_e$ siècles, *« le plus grand marché monétaire du monde c'est principalement aux Juifs qu'elle le doit »* (Sombart, *les Juifs et la vie économique*).

Leur influence sur le commerce était également considérable. Sous Cromwell, en 1657, la Compagnie des Indes orientales, dont le *joint stock* remontait à 1612, se transforma en société par actions. En 1650, la cession des parts avait été autorisée à des étrangers, à condition qu'ils deviennent membres de la société. De grosses fortunes s'étaient constituées, dont les détenteurs, sir Josiah Child par exemple, pouvaient se permettre d'acheter les courtisans avant 1688, les parlementaires après.

« Si nous voulons conquérir le marché monétaire, nous devons imiter les Hollandais, qui fabriquent les plus mauvaises comme les meilleurs marchandises ». Ainsi falsifications et fraudes allaient-elles devenir *the besetting sin of the English tradesmen*, le vice invétéré des marchands anglais. L'influence des nouveaux venus si elle était profitable n'était donc pas toujours salutaire, elle se révèle aussi bien dans les méthodes commerciales. La publicité fait son apparition en Angleterre à la fin XVIII$_e$ siècle et le premier café à Oxford en 1650-51.

Dans la société anglaise de l'époque, une alliance étroite lie les gouvernements aux magnats de la finance et du négoce. Jacques, duc d'York, avait été gouverneur de la Société africaine, actionnaire de celle des Indes orientales. Au prince Rupert, Marlborough succèdent comme gouverneur de la C$_{ie}$ de la Baie de l'Hudson, par contre, en bas de l'échelle sociale, sur cinq millions d'habitants, un million vit peu ou prou de la charité publique. Voici d'après les tables de Gregory King, quelle était en 1688 l'importance relative des différentes classes et groupes sociaux en Angleterre : Noblesse ou gentry : 186 lords, 1.400 personnes *titrées*, 3.000 *squires*, écuyers, 12.000 gentilshommes. Bourgeoisie : 10.000 membres du clergé, 10.000 fonctionnaires, 10.000 gens de loi, 10.000 marchands. Forces armées : mer, officiers 5.000, marins 50.000 ; terre, officiers, 4.000, soldats, 35.000. Classes moyennes : francs-tenanciers 160.000, fermiers 150.000, boutiquiers 50.000, artisans 60.000. Menu peuple : ouvriers et employés, 364.000 ; laboureurs et indigents 400.000. En Écosse les mineurs mènent une vie de serfs attachés à leur exploitation.

La capitale, devenue centre maritime, commercial et manufacturier vers 1700 s'est démesurément développée par rapport à l'ensemble du pays. La Cité compte 200.000 habitants, le grand Londres 674.000. Afin d'éviter la formation d'un prolétariat de nécessiteux dans les grandes villes, une loi de Charles II permet de les refouler sur leur paroisse d'origine. À côté les villes secondaires, minables, tombent à 30.000 habitants comme Bristol et Norwich, suivies de Liverpool et Plymouth (base navale). Cela, malgré la peste de 1665 et l'incendie de 1666 (qui a détruit en cinq jours le quartier situé entre la Tour et le Temple), dont le cinquième de la population a été victime. Vingt-six *aldermen* et deux cents conseillers municipaux élus par 12.000 chefs de famille contribuables, administrent cette agglomération monstrueuse pour l'époque. Comme les magnats du négoce, les premiers sont *whigs*, c'est-à-dire libéraux ou radicaux, les seconds *tory* conservateurs. Tenanciers et petits propriétaires, dévorés par l'extension des grands domaines, accablés par l'impôt foncier, ont le sentiment de faire les frais des guerres idéologiques et commerciales menée, par Guillaume d'Orange, et d'engraisser les fournisseurs de l'armée et autres prêteurs d'argent plus ou moins étrangers, qui alimentent ces guerres. Ils expriment leur amertume en votant *tory*.

Locke, théoricien d'un parlementarisme oligarchique, intolérant et corrompu

Il semble assez étrange que cette oligarchie mercantile à la mode de Venise ait pu être offerte en modèle de démocratie libérale. Une habile propagande s'y est cependant fort efficacement employée. Le mérite en revient à John Locke qui, en réponse au pamphlet de Milner « *Tatriarca* » (1680) et aux détracteurs *torys* Sunderland, Danby, sir John Trevor, publia en 1690 un plaidoyer en faveur de Guillaume d'Orange, sous la forme de deux traités sur le gouvernement civil.

Né à Wrinton, près de Bristol, le 29 septembre 1632, grâce à la protection du *colonel* Popham, il avait pu étudier au collège de Westminster, puis à Oxford, le latin, le grec, l'hébreu et la médecine. De complexion délicate, il ne put se consacrer à ce métier. Mais, poète à ses heures, et surtout *philosophe*, il eut l'occasion de fréquenter quelques membres de *l'Invisible College* dont Robert Boyle, fils du comte de Cork, le mathématicien sir Robert Murray, des présidents de la Société royale, lord Brenton. Dans ce milieu spécifiquement *Rose-Croix* et au cours de deux voyages à Paris en 1662 et en 1675-79, introduit par Pierre Bayle, il rencontra des physiciens, les astronomes Sassini et Claus Romer, le médecin Guenellon... Nicolas Thoinard, auteur de l' » *Harmonie de l'Escriture Sainte* », Melchisédec Thévenot, bibliophile et Justel, bibliothécaire du Roi, ami de Pierre Bayle.

Au retour d'une mission à Berlin où il avait accompagné sir Walter Vane en 1665, lord Ashley Cooper, qui devint en Avril 1672 comte de Shaftesbury, se l'attacha d'abord comme médecin, puis comme secrétaire. Il en devint l'Éminence grise, pour ne pas dire l'âme damnée. Mêlé à toutes tes conspirations de cet intrigant politicien, il en partagea les avatars : faveur, disgrâce, rentrée en grâce, poursuites, etc. La découverte du complot de Rye house, en Juillet 1683, l'obligea à déguerpir au plus vite en Hollande. Il y retrouva son ami le docteur Guenellon et l'arminien Limboch. Puis d'Amsterdam il fit retraite à Clèves en 1685 ; il y eut le loisir d'étudier la *« Bibliothèque choisie »* de Jean Le Clerc, professeur d'hébreu à Amsterdam, imitateur du *« Journal des Savarts »*, publié en 1665 par Denis de Salle, conseiller au Parlement de Paris. Dans sa *« République des Lettres »* Pierre Bayle allait suivre leur exemple en Mars 1684. L'idée de l'*Encyclopédie* était en germe dans ces tentatives, lancées par les Académies d'inspiration Rose-Croix.

Mais l'imminence du débarquement orangiste va ramener Locke à la politique active, dans son secteur particulier qui est désormais l'action psychologique. En Février 1687, il rejoint Burnett, futur chroniqueur de l'expédition et l'entreprenant Mordaunt, plus tard lord Peterborough, qui le présente à Guillaume III. Sa carrière de *ministre de l'Information* commence. À côté de son *« Essai sur l'entendement humain »* (1690), un ouvrage de dilettante, d'inspiration empiriste et nominaliste, tendant à ramener l'origine des idées à la sensation, c'est de l'actualité qu'il traite. Sous l'angle financier, comme sous l'angle religieux et politique. Ses *« quelques considérations sur la baisse de l'intérêt »* (1691 s'opposent aux projets du richissime sir Josiah Child. Plus tard avec ses amis les marchands Paul Daranda, Firmin, Freke, il participe à la création de la Banque d'Angleterre (1694), consacre une brochure l'année suivante à la question de la circulation monétaire ; inspire en 1697 la décision des lords Justices sur la refonte des monnaies et le lancement d'un emprunt de 1.200.000 livres, gagé par la taxe sur les fenêtres.

En matière religieuse, l'Angleterre se doit d'user de tolérance à l'égard des dissidents, d'enrayer l'émigration, et même d'attirer les immigrants. Là-dessus, prestige et intérêt économique se rejoignent. C'est afin d'étayer cette politique que Locke rédige un *« Essai sur la tolérance »* (1666), puis ses lettres (1688-89). Dans quelle mesure celles-ci s'inspirent-elles du *« Commentaire philosophique »* de Bayle sur le *« Compelle intrare »*, antérieur de trois ans à leur parution ? Bayle, qui étend son libéralisme aux sociniens, aux païens, aux Juifs, et aux Musulmans, ne saurait l'étendre aux catholiques. Pas plus qu'aucun puritain, pas plus que Locke, lequel soucieux autant d'ordre public que d'équilibre en exclut aussi les tenants de la V$_e$ monarchie, plus ou moins *niveleurs*. En attendant les mesures d'exception continuent de s'abattre sur les catholiques : Jacques II débarque-t-il en Irlande, leurs biens sont confisqués et partagés *entre amis*. Célébrer la messe, enseigner les enfants est puni de prison. Envoyer les enfants étudier à l'étranger est sanctionné par une amende. Faute de prêter le serment prévu par l'acte du Test, il est interdit aux catholiques de posséder ou d'acquérir des immeubles (1699-1700).

Sur d'autres points, son désaccord avec Bayle (1647-1706) s'accentue. Il lui faut bien prendre ses distances à l'égard d'un républicain de tendance qui, logique avec lui-même, proclame que le libre examen en matière de foi est incompatible avec l'obéissance passive en matière politique, il se sépare aussi des puritains avancés, des presbytériens à la Cartwright, adeptes d'une théocratie calviniste à la mode de Genève, des indépendants à la Robert Brown qui prétendent ne maintenir la communauté des fidèles que par le lien ténu d'une vague fraternité dans le Christ. Il se sépare même de ses propres thèses, telles qu'il les avait exposées en 1679 dans une brochure intitulée *« Atlantis »* présentant l'idéal d'une société organisée en *décuries* par groupes de dix maisons, soumise par ses inspecteurs à une discipline rigoureuse, au plus grand mépris des libertés individuelles les plus essentielles.

LE *CONTRAT* REMPLACE LA LÉGITIMITÉ

À présent son rôle consiste à défendre devant l'opinion le régime instauré par Guillaume d'Orange, qui, après tout, n'est qu'un usurpateur. Pour gouverner, quel est son titre ? Dans cette Angleterre traditionnelle, dont les lois les mieux établies sont pourtant des coutumes, ce titre existe noir sur blanc. C'est un manifeste, une déclaration des Droits, rédigée par Somers et acceptée par Guillaume III le 13 février 1699. Il y est écrit que le roi ne peut ni suspendre l'exécution des lois sans le consentement du Parlement, ni accorder les dispenses aux lois, ni établir des tribunaux d'exception pour les causes ecclésiastiques, ni lever des impôts, ni maintenir une armée permanente sans autorisation du Parlement. On y affirme le droit de pétition au Roi. On y réclame la liberté des élections et des débats parlementaires, la réunion fréquente du Parlement, etc.

Ce titre est un contrat (*berith* en hébreu), auquel il ne manque pas même une clause de résiliation. C'est aussi une capitulation qui fait de cette monarchie *constitutionnelle et parlementaire*, une royauté diminuée, dans laquelle le souverain, réduit au rôle de président d'un Conseil d'administration, n'est que l'homme de paille d'un syndicat financier, le fondé de pouvoirs de l'oligarchie régnante, toute puissante en fait. Royauté que l'avènement d'un Georges de Hanovre, gros allemand lourdaud incapable de suivre les débats du conseil, ravalera plus bas encore.

C'est donc sur l'idée de contrat que s'appuiera Locke dans son *« Traité sur le gouvernement civil »* (1690). Idée de base de cette *politique tirée de l'Écriture sainte*, idée fondamentale de la Réforme et du puritanisme ; le *berith* hébreu, le pacte, le *covenant* des presbytériens, le *contrat* de Locke et plus tard de Rousseau. Dès 1579, Duplessis-Mornay émule de Buchanan (*« De regimine apud Scotos »*) exposait dans ses *« Vindiciae contra tyrannos »* (vengeance contre les tyrans), dont le titre seul est tout un programme, qu'il y avait chez les Hébreux *« deux sortes d'alliances au sacre des rois : la première entre Dieu, le Roy et le peuple, à ce que le peuple fut peuple de Dieu, la seconde entre le Roy et le peuple, scavoir que le peuple obeiroit fidèlement au Roy, qui le commanderoit justement »*. Et d'en tirer les conclusions en ce qui concerne la seconde alliance (entre le roi et le peuple) « *c'est légitimement à tout le peuple et aux Estats qui le représentent... que cette autorité de réprimer le défaillant appartient* ».

De la théorie du contrat, dont le principe avait été posé par Sandys en plein Parlement en 1614, d'aucuns ont fait sortir une théorie de l'absolutisme. C'est la thèse de Grotius (1583-1645) qui considère que, le contrat conclu, le peuple a entièrement renoncé à son droit. C'est l'idée soutenue par Hobbes dans ses divers ouvrages *« the elements of law, natural and politic »* (1640), le *« de cive »* (1642) et surtout le *« Leviathan »* (1651). Le contrat consistant dans la renonciation par le citoyen à son droit naturel, il s'ensuit que l'État a un pouvoir absolu aux dépens de la liberté politique, qu'il a le droit de surveiller les opinions (alors, que reste-t-il de la liberté de penser ?), d'interpréter les Écritures (Mais que devient la liberté religieuse ?) et aussi que devient la propriété si tous les biens appartiennent au domaine *éminent* de l'État ?

D'autres, Joly par exemple, s'efforcent de concilier droit naturel et droit divin. Davenne, plus net en faveur de la souveraineté populaire, proclamait au contraire, dès 1650 (*« de la puissance qu'ont les rois sur les peuples »*) *« les rois n'ont pas fait les peuples, mais les peuples les rois ; les princes ne sont que ce que les hommes veulent qu'ils soient »*. Dans le même sens Jurieu expose dans sa 16e lettre pastorale (Rotterdam, 1688-89) que la souveraineté ne réside véritablement que dans le peuple et qu'il est loisible à ce dernier de changer la forme du gouvernement. Quant à Spinoza, il avait écrit en 1670 dans son *« Traité théologicopolitique »*, que les souverains sont les dépositaires et les interprètes du droit civil et même du droit sacré, mais que pour autant personne ne peut se dépouiller absolument de son droit naturel, ce qui implique, chez ce républicain, volontiers libre penseur, le maintien de toutes les libertés.

Au moment où Locke développe ses théories, l'opinion protestante a donc sensiblement évolué. Sous l'effet, certes, de la révocation de l'Edit de Nantes (18 octobre 1685) mais plus encore devant l'exemple des révolutions d'Angleterre. Se proposant de justifier la conduite des Anglais, Jurieu écrit qu'aucun gouvernement n'est de droit divin. Si le prince agit en tyran et tend à détruire la société, ses sujets ont le droit de s'insurger contre lui.

Locke rejoint ainsi la thèse élisabéthaine de Hocker. Dans la préface de son ouvrage, il déclare *« J'espère que ce traité suffira pour établir le trône de notre présent roi Guillaume, pour justifier son titre par le consentement du peuple, source unique du gouvernement légitime »*. De même Hobbes avait publié le *« Leviathan »* pour défendre les droits de Charles II à la couronne. Pour Locke les principaux droits naturels le droit de propriété, les droits de la famille, sont antérieurs à la société. Leslois doivent être égales pour tous et les taxes consenties par le peuple. L'autorité est partagée entre trois pouvoirs : l'exécutif, héréditaire, qui convoque et dissout les deux autres à certaines époques ; l'Assemblée de la noblesse héréditaire ; l'Assemblée des représentants du peuple. Le Roi et le Parlement sont codépositaires du pouvoir suprême, mais cette souveraineté est fiduciaire et le peuple, véritable souverain, se réserve toujours le droit de la reprendre, si le Roi n'observe pas le contrat. Quant aux libertés, aux garanties, le régime distingue deux classes sociales. La première est composée des gentilshommes et des hommes libres, noblesse, clergé, *gentry*, bourgeois, marchands, ceux-là sont protégés dans leur personne et dans leurs biens par trois garanties, la grande charte, la pétition des droits, le *bill of rights*. La seconde groupe les laboureurs, les ouvriers, les pauvres : elle est en dehors du droit commun, soumise à la tyrannie du *justice of peace*, guettée par l'inspecteur des pauvres ou par la *presse* des marins du roi.

Au point de vue religieux, c'est aussi deux poids et deux mesures, tolérance pour les uns : le culte public est permis aux presbytériens, aux indépendants, aux anabaptistes, aux *quakers*, c'està-dire à toutes les dénominations plus ou moins dissidentes. Ni le païen, ni le musulman, ni le juif ne sont exclus des droits civils pour cause de religion. Par contre, catholiques et athées sont considérés comme hors la loi. Contre l'admission des Juifs et des Musulmans, des protestations s'élèvent, tel ce Joans Proast, archidiacre anglican, qui, en Avril 1690, commente non sans malice ces dispositions : *« Il est vrai que cette liberté peut tendre au progrès du négoce et du commerce, que d'aucuns placent au-dessus de toute autre considération »*. D'autres, comme John Hutton, écrivant au directeur du Trinity collège, le docteur Charlett, considèrent Locke et Shaftesbury comme *« d'aussi fieffés athées que Spinoza »*, et comme plus corrompus qu'aucune secte de philosophes païens.

La corruption règne d'ailleurs partout. Elle n'échappe pas même à Locke. Une brochure sur la constitution légale de la vieille Angleterre, parue en 1695, reconnait que les hauts fonctionnaires et les députés étaient aussi pourris que sous Charles II. Guillaume III avait avoué à Burnett que le salut du pays exigeait l'achat des voix à La Chambre des Communes. Et Locke d'écrire : *« Si les principaux ministres et leurs subordonnés se persuadaient une bonne fois que ce ne sont pas les titres d'honneur, les jarretières bleues, les faveurs du prince, les pensions, les sommes d'argent, des places, des propriétés confisquées... mais des mises en accusation, des amendes, la prison, la corde et la hache qui suivent infailliblement les prévaricateurs, nous verrions bientôt une autre sorte de monde. »*

Cinq ans après l'avènement de la dynastie orangiste, le nouveau régime se regarde dans le miroir. Son portrait est certes peu flatteur. Mais qu'importe ? Pendant tout le XVIII$_e$ siècle, l'Europe retentira d'un hymne sur les libertés anglaises, entonné par la Franc-Maçonnerie, née en Angleterre, jusqu'à ce que la Révolution, la grande, éclate en France en 1789, comme la commémoration du centenaire de 1688.

La réforme protestante et sa diffusion en Europe

Henry IV
Henricus. 4 d. g.
rex. Francorum Et Navare. Ætatis Suæ 40 1591.

« Paris vaut bien une messe », *dit-on, Et, fort pragmatiquement, le Béarnais décida d'abjurer une seconde fois le Protestantisme, le 25 Juillet 1593, pour embrasser la foi catholique... ce qui lui permit, après quelques derniers succès militaires, de ceindre enfin la couronne de France ; pacifier le Royaume ; épouser la Florentine Marie de Médicis (après l'opportune annulation de son premier mariage par le Pape), puis d'assurer la pérennité de la dynastie des Bourbons. Mais il se peut que ces bons mots ne soient Lui qui l'ait prononça, certains les attribuent à son conseiller Maximilien de Béthune, plus connu sous le nom de Sully, ou même qu'ils n'aient jamais été réellement dit.*

CHAPITRE XI

Série d'échecs en France : *grand dessein* d'Henri IV, menées anti-espagnoles de Richelieu, la Fronde, révolution ratée

Le bon roi Henri ramène la paix et la prospérité — Mais traîne derrière lui les dettes de roi de Navarre — Barnaud et Sully l'entraînent dans le grand dessein qui cause sa perte — Bien qu'entouré d'intrigants, Louis XIII maintient la détente — Richelieu, nationaliste ambitieux manipulé par Fancan — L'équilibre par la division de l'Allemagne — Débouche sur une guerre malheureuse — Un despote impitoyable — Complaisant aux seuls ennemis de l'Espagne — De mauvaises finances : Alonso Lopez et Bullion — Gondi fomente la Fronde contre Mazarin — Condé, et son inquiétant entourage, dressent les princes contre le Roi — Bordeaux, réduit de la révolution manquée.

Pendant tout le cours du XVIIe siècle, les entreprises parallèles à celles dont nous venons de suivre les succès en Angleterre s'étaient soldées en France par une série d'échecs. Échec du *grand dessein* d'Henri IV, brisé par le poignard de Ravaillac. Échec relatif sous Richelieu qui, malgré son entourage des plus suspects, se borne à bloquer les progrès de la Maison d'Autriche et à entretenir en Europe centrale le foyer de la guerre de Trente ans, sans compromettre pour autant, au nom d'un étroit nationalisme, les intérêts supérieurs de la Chrétienté. Échec complet de la Fronde, des intrigues des Retz et des Condé, des princes, des *amazones* et du Parlement, des émeutiers de Paris et des communards de Bordeaux, dans leurs tentatives d'imiter les révolutions d'Angleterre. En réaction contre ces excès, sous le long règne du grand Roi, l'impuissance des conjurés est totale. Il leur faut attendre la Régence et l'entrée en scène de la branche cadette des Orléans, héritiers des Condé et des Conti, pour implanter dans le pays l'appareil maçonnique chargé de préparer la Révolution.

Le *bon roi Henri* ramène la paix et la prospérité

Henri IV avait dû payer de son abjuration, le 25 juillet 1593 la remise des clefs de son royaume. Sacré à Chartres le 27 février 1594, il appliqua toute son énergie, sa finesse et sa bonhomie à refaire l'unité perdue et à panser les plaies de la France. Tâche difficile. Malgré l'habileté et la modération dont il fit preuve, princes et villes ne se rallièrent qu'à prix d'argent. Devant les notables réunis à Rouen, le coût total du rachat de la France fut évalué à six millions et demi d'écus, dont 482.000 pour la capitale.

L'opportunisme de sa conversion, ses attaches persistantes avec les puissances protestantes n'inspiraient pas confiance. Le fanatisme ne désarmait pas ; pendant tout son règne attentats et complots se succédèrent. C'est Jean Chatel, exécuté le 27 décembre 1594, ce qui servit de prétexte à l'expulsion de ses maîtres les Jésuites, puis Jean Guesdon (16 février 1596). Viennent ensuite un Italien, à Meaux, fin 1596, suivi, après l'Édit de Nantes (13 avril 1598). d'un chartreux de cette ville, Pierre Ouin. Et, tour à tour, Ridicauwe, jacobin de Gand (3 avril 1599), Nicole Mignon (2 juin 1600). En 1602, 1604, 1606, les complots se succèdent. L'animateur en est le maréchal de Biron, protestant converti officiellement au catholicisme, mais en réalité athée, placé sous l'influence du mathématicien astrologue La Brosse et d'un magicien nommé César. D'Auvergne, Bouillon, d'Entragues fomentent des troubles avec l'appui de l'Espagne. Autre attentat commis par un normand, Saint Germain de Racqueville, le 3 mai 1608. Les apologistes du régicide, qu'ils soient huguenots comme Duplessis Mornay (« *Vindiciæ contre tyrannos* » 1579) ou ligueurs (« *de justa Reipublicæ christianæ yin reges impios et hæreticos authoritate* ». 1598) ont donc trouvé des disciples, émules de Jacques Clément, meurtrier d'Henri III (1er août 1589).

Prudent le roi ménage les deux partis, s'efforce de désarmer les esprits. Dans le conseil de douze membres dont il s'entoure, à côté de ses amis, Rosny (Sully), Bellièvre et Sillery, siègent des catholiques comme Villeroy, le président Jeannin : grands seigneurs et hommes d'Église ont été écartés ; les grandes villes sont tenues en bride (Limoges, Lyon, Amiens). le nombre des électeurs, celui des échevins, réduit ; la candidature officielle est fréquemment imposée. Après tant d'années de luttes civiles, tant de ruines, et trois millions de victimes, le climat social est en effet des plus malsains. Des bandes de paysans (8000 hommes à Limeuil. 20.000 à Bergerac) se sont formées contre les nobles en Limousin ; une rencontre a lieu à Saint Crepin d'Auberoche le 26 août 1595. Les soldats licenciés se transforment en brigands, l,a noblesse aux revenus, aux fermages dépréciés vend, hypothèque ses biens ou emprunte sur gages jusqu'à 30% d'intérêt. Le clergé lui-même ploie sous le fardeau des charges ; sur ses revenus annuels qui atteignent six millions d'écus d'or, il a versé quarante millions. Par contre gens de robe, trafiquants et financiers se sont enrichis largement.

L'action entreprise par le bon roi Henri et son fidèle Sully pour restaurer la vie agricole est demeurée célèbre. Ils appliquent avec bonheur les thèses d'Olivier de Serres, qui préconise le retour à la terre. De même que, s'inspirant de Barthélémy Laffemas, le roi encourage la création de manufactures susceptibles de produire dans le pays des articles importés jusque-là de l'étranger, soieries, draperies, toiles, tapisseries, verrerie. D'autres mesures, plus discutées, ont la même origine : la réglementation corporative est étendue aux artisans, soumis aux maîtrises et aux jurandes par un édit de 1581 ; un autre, de 1597, y assujettit les marchands et les maîtres en leur imposant un droit d'investiture.

En matière financière, les charges sont allégées. Le taux des intérêts débiteurs est ramené en 1594 de 8 et 10 à 5 et 6%. Un plafond de 6,25% est fixé en 1601 au taux d'intérêt des rentes. D'importantes réductions d'impôts sont consenties. Une remise de vingt millions d'arriérés des tailles en 1600, à laquelle succède une réduction de 4.200.000 livres en trois ans. Au long du règne, les finances du royaume s'améliorent certes. Alors qu'en 1597, les dépenses atteignaient 16.300.000 écus contre 10.300.000 de recettes, sur un budget de 30 Millions de livres en 1607 on parvenait à consacrer plus de crédits aux routes et à la marine et à économiser un million par an, ce qui permettra à Henri IV de constituer un trésor de guerre de douze millions à sa mort.

Mais traîne derrière lui
les dettes de roi de Navarre

Mais les engagements contractés par le Béarnais pendant les luttes civiles obéraient singulièrement le domaine et le trésor. Ces dettes se chiffraient pour l'Angleterre à 7.370.000 livres, à 35.823.000 pour les cantons suisses, à 14.689.000 pour les princes et les villes d'Allemagne, à 9.275.000 pour les Pays-Bas. En gage de ces emprunts, des impôts avaient été aliénés entre les mains de la reine d'Angleterre, de l'Électeur palatin, du duc de Würtemberg, de la ville de Strasbourg, des Suisses, de Venise, du duc de Florence et, à l'intérieur du royaume, en faveur de Madame, sœur du roi, du connétable, etc. ... Pour dégager le domaine royal comme Sully, nommé surintendant des Finances en 1596, l'avait projeté, il eut fallu seize ans de paix afin de rembourser l'avance nécessaire. Les liens conservés par Henri IV avec les puissances protestantes ne contribuaient pas à l'engager dans cette voie.

En attendant, les rentiers de l'Hôtel de Ville faisaient les frais de l'affaire. En 1605, l'arriéré atteignant 60.76.5.000 Livres, ils manifestèrent. Une opération de visa habilement menée ramena ces rentes de 7.800.000 livres à 3.444.000. Mais, en dix-sept ans, de 1595 à 1611, les rentiers ne touchèrent plis plus de onze trimestres. Aussi, le mécontentement grondait — il contre les financiers. Dans un ouvrage intitulé *« le secret des finances de France »* publié en 1586, Froumenteau estimait que, depuis le mort de François I$_{er}$, pour 260 millions d'écus dépensés par la couronne sur 400 encaissés, le peuple avait versé quinze milliards deux cent quarante-six millions trois cent mille écus. Les tailles étaient passées de 7.120.000 livres en 1576 à près de 18 Millions en 1588, la gabelle d'un million à 3.403.278 livres. Le *grand parti* ou consortium du sel monté en société par actions, était contrôlé par M$_{me}$ de Joyeuse, le duc de Joyeuse, le surintendant des Finances d'O, le chancelier Cheverny et autres. Les banquiers en majorité italiens, les Gondi, les Sardini, les Adjacet, les Zamet et compagnie avaient réalisé de colossales fortunes.

Pour calmer l'opinion qui criait au scandale, une Chambre de justice, nommée en 1597, fut chargée d'enquêter sur les malversations des trésoriers. Ses efforts n'aboutirent qu'à une transaction : un versement d'1.200.000 écus suffit à assurer aux financiers l'impunité. Que pouvait le Roi contre un Zamet par exemple ? Ce Lucquois, introduit en France dans la suite de Catherine de Médicis, avait avancé au Béarnais pendant la guerre civile les fonds nécessaires pour recruter des Suisses. Naturalisé en 1581, ami de Henri III, puis de Mayenne, en 1592 il avait réconcilié celui-ci avec Henri IV, qui l'avait anobli en le faisant baron de Murat. Mais sa fortune évaluée à 1.700.000 écus, lui valait plus de considération que son titre. De la part des grands, les d'Epernon, les Montmorency, les Bassompierre, qui fréquentaient chez lui. De la part du roi, qui lui confiait ses maîtresses et sa femme. Au point qu'il fut soupçonné d'avoir empoisonné Gabrielle d'Estrées pour faire échouer son projet de mariage. Et qu'il trempa dans l'intrigue des Entragues, exploitant la promesse imprudemment signée par Henri IV d'épouser leur fille si elle lui donnait un héritier. En attendant d'accueillir Marie de Médicis quinze jours chez lui à son arrivée en France. La Reine le paya de retour, en choisissant pour aumônier son fils qui, devenu directeur d'Angélique Arnaud, abbesse de Port-Royal, introduisit l'ordre de l'Oratoire dans ce couvent, foyer de jansénisme. Le fastueux banquier avait eu pour maîtresse Madeleine Le Clerc, demoiselle du Tremblay, parente de l'Éminence grise de Richelieu. Singulière rencontre !

Pas plus que de ses dettes et de ses financiers, le bon roi Henri ne s'est dégagé de l'entourage du roi de Navarre. Sur le plan intérieur, son objectif est la tolérance et l'on ne saurait l'en blâmer. Son médecin, Martin, qui possède l'arabe et l'hébreu, assiste aux controverses organisées entre Duplessis-Mornay et du Perron. La pacification avec les Protestants (4 juillet 1591) est confirmée par l'Edit de Nantes (13 avril 1598).

BARNAUD ET SULLY L'ENTRAÎNENT

DANS LE *GRAND DESSEIN* QUI CAUSE SA PERTE

Que n'en est-il de même à l'extérieur ? Dans ce domaine, l'influence exercée sur le Roi par le Rose-Croix Barnaud a déjà retenu notre attention. Henri IV a certes fait sa paix avec l'Espagne à Vervins le 2 mai 1598. Mais ce traité ne l'embarrasse guère ; il n'en continue pas moins sa politique d'aide aux États protestants. Il appuie les Pays-Bas par ses subsides, sous prétexte de rembourser ses dettes. Il leur propose en 1604 l'envoi d'un contingent de 6.000 hommes pour leur permettre la conquête des côtes entre la Zélande et la France. Le 11 février 1605, il promet de les aider à s'emparer des provinces espagnoles, en échange de la Flandre et des provinces de langue française.

Même politique à l'égard des princes protestants d'Allemagne. À propos de la succession de Jean-Georges, duc de Clèves et de Juliers, à propos de l'intervention de l'Empereur Rodolphe à Donauwerth, où les catholiques avaient été attaqués. Henri IV pousse les Réformés, le 4 mai 1608, à reconstituer une ligue. Ce sera l'Union évangélique, conclue pour dix ans le 29 janvier 1610 ; y participent l'Électeur palatin, les margraves d'Anspach et de Bade-Durlach, le comte palatin de Neubourg, le duc de Würtemberg, le landgrave de Hesse Maurice, les villes de Strasbourg, d'Ulm et de Nüremberg.

Le 25 mars 1609, le duc de Clèves meurt et les préparatifs d'intervention s'activent. Le traité de Halle (11 février 1610) promet aux princes protestants allemands le soutien d'un contingent de 4.000 hommes et de 1.000 chevaux. Mais Jacques I d'Angleterre refuse de rompre avec l'Espagne et de fournir, lui aussi, 4.000 hommes. Les Hollandais qui devaient en donner 8.000 agissent de même. En Italie, le roi de France n'a pour alliés que le duc de Mantoue et Charles-Emmanuel de Savoie, à qui il a dû promettre 14.000 hommes (25 juin 1610). L'augmentation des charges militaires entraîne déjà des difficultés financières : dès 1602, la valeur de l'écu d'or en monnaie de compte était passée de 60 à 65 sols tournois ; en 1609 une dévaluation est envisagée par l'affaiblissement du titre des pièces.

Pourtant Henri IV n'en est pas moins décidé à étendre le conflit en déclenchant l'affaire de Juliers, li s'agit à présent de remanier l'Europe conformément au *grand dessein*. Sully l'a exposé complaisamment dans ses mémoires. Préparer l'écrasement de l'Autriche et de l'Espagne par l'union des États protestants afin de libérer l'Europe de l'hégémonie des Habsbourg, tel était l'objectif fixé. Pour l'atteindre, d'accord avec l'Angleterre d'Élisabeth et de Jacques Ier, s'appuyer sur l'Écosse, la Suède, le Danemark, aider les Hollandais à s'emparer des Pays-Bas, les Suisses à prendre la Franche-Comté, le Tyrol et l'Alsace, reconstituer les royaumes de Bohême et de Hongrie, chasser les Espagnols des Flandres et de l'Italie et les refouler au-delà des Pyrénées. Réorganiser ensuite le continent en quinze États ou dominations : six monarchies héréditaires : France, Espagne, Angleterre, Suède, Danemark et Lombardie (comprenant la Savoie et le Milanais) ; six monarchies électives : Rome et Naples, Venise, Saint-Empire, Pologne, Hongrie,. Bohême et trois républiques fédératives, l'Helvétique (Suisse, Tyrol, Franche-Comté, Alsace), la Belgique (Hollande et Pays-Bas) et l'Italie (Gênes, Lucques, Florence, Modène, Parme et Plaisance). Le tout formant à l'exclusion des Moscovites et des Turcs, une seule République chrétienne, au sein de laquelle les religions catholique, luthérienne et calviniste sont admises sur un même pied, sept conseils inspirés des anciennes amphyctionies grecques, gouvernent cette société des nations avant la lettre, un grand conseil de quarante membres et six conseils régionaux.

Loin de rester à l'état de projet, de *rêverie irréelle* ce plan d'esprit Rose-Croix, suggéré d'abord par Barnaud à la reine d'Angleterre et au roi de France, a bel et bien inspiré pendant de nombreuses années la diplomatie d'Henri IV. Dès 1597, Georges Ancel se rendait en Allemagne pour renouer avec les princes protestants. Malgré l'appui apporté par les Allemands au duc de Bouillon dans ses révoltes de 1603 et de 1606 nous avons vu que le traité de Halle avait, à la veille de la guerre, scellé l'alliance avec les membres de l'Union évangélique. Avec l'Angleterre, Sully lui-même s'était chargé de négocier auprès d'Élisabeth d'abord en 1601, puis, à l'avènement de Jacques I$_{er}$, auprès du nouveau roi, comme avec Cecil, en Juin 1603, sur le concours à prêter à la Hollande et sur le règlement des dettes royales, qui traîna jusqu'en 1815. Mais Sully en avait profité pour examiner en secret les projets qui lui étaient chers, ce qu'il ne manque pas de préciser dans ses mémoires.

L'attentat de Ravaillac, qu'il ait été ou non préparé avec l'appui du duc d'Epernon, descendant du légiste de Philippe le Bel, Guillaume de Nogaret, frappa à mort le *grand dessein*. Régente, Marie de Médicis réduisit le conflit aux proportions d'une guerre locale, dont elle arrêta les frais, une fois acquise la prise de Juliers, le 1$_{er}$ septembre 1610.

Bien qu'entouré d'intrigants, Louis XIII maintient la détente

Sous l'influence de Villeroy, de Sillery et du président Jeannin, le Conseil secret, dont Sully avait été exclu avant de se retirer tout-à-fait le 26 janvier 1611, rappelait les contingents au service de la Hollande, laissait se relâcher les alliances protestantes et préparait les mariages espagnols. Mais la politique de paix qui devait aboutir à l'union de Louis XIII et d'Anne d'Autriche, célébrée à Bordeaux le 28 novembre 1615 n'allait pas sans soulever quelque opposition. De la part des protestants et de la part des princes, prompts à profiter d'une régence pour accroître leur influence dans l'État. Cependant, en même temps que la majorité de Louis XIII était proclamée au Parlement le 2 octobre 1614, les États généraux réunis d'abord à Sens le 10 septembre, avant d'être transférés à Paris le 6 octobre 1614, en majorité hostiles aux princes, avaient plutôt raffermi l'autorité royale. De leurs débats, le jeune Louis XIII avait tiré la conclusion en proclamant, le 24 mars 1615, son intention de supprimer la vénalité des charges (ce qui eut exigé deux cent millions de Livres), de créer une Chambre de justice (pour faire rendre gorge aux traitants) et de diminuer la charge des pensions (ce qui ne pouvait être du goût des grands).

Malheureusement, l'entourage de Marie de Médicis prêtait le flanc à toutes les critiques. Sa suivante Léonora Galigaï avait fait de son mari Concini, futur maréchal d'Ancre, le bras droit de la Régente au gouvernement. Et, comme au temps de Catherine de Médicis, nombre de personnages interlopes évoluaient à la Cour : le médecin Elie de Montalto, l'astronome Cosme Ruggieri, entre autres. À tel point que le Parlement s'était ému et qu'il avait réclamé, dans une remontrance du 22 mai 1615, que soient recherchés les anabaptistes, Juifs, magiciens et empoisonneurs qui s'étaient glissés à Paris.

Les princes avaient la partie belle. Après un premier manifeste de Février 1614, le 9 août 1615 Condé en lança un second contre le maréchal d'Ancre. Le 2 novembre, il conclut une alliance avec les protestants, se rapprocha de Longueville, de Vendôme et de Mayenne. Tant et si bien que, soupçonné de nourrir des ambitions au trône, il réussit à se faire embastiller le 1$_{er}$ septembre 1616. Du côté protestant, le duc de Bouillon menait le jeu. Prince de Sedan par la grâce d'Henri IV, remarié avec Élisabeth de Nassau, fille de Guillaume d'Orange, il bénéficiait de solides appuis extérieurs et, notamment de celui de son neveu l'Électeur palatin Frédéric V, oncle de Maurice de Nassau, marié à Élisabeth, fille du roi Jacques I$_{er}$ d'Angleterre, tuteur d'Henri de la Tour d'Auvergne, comte de Turenne. Il se trouvait placé par ses liens de famille au centre du mouvement protestant. Il avait fondé en 1608 une union calviniste en Allemagne et, à la mort de l'Empereur Mathias, s'était efforcé par tous les moyens de barrer la route à Ferdinand de Styrie, candidat des Jésuites à l'Empire. Ce dernier ayant été nommé roi de Bohême en 1617 et de Hongrie le 16 mai 1618, les Tchèques s'étaient soulevés et l'avaient déposé le 18 août 1619, avec l'appui de l'armée de l'Union commandée par Mansfeld, de Thurn et de Bethlen Gabor, prince de Transylvanie. Ensemble, ils avaient menacé Vienne mais le candidat de la Ligue catholique dirigée par Tilly, Maximilien de Bavière, s'étant retiré, Ferdinand de Habsbourg n'en avait pas moins réuni l'unanimité des voix des électeurs réunis à Francfort (le 28 août 1619).

De sorte qu'un beau matin le jeune Louis XIII, choisi comme arbitre par les antagonistes, se trouva en présence d'un appel de Ferdinand II, présenté par le comte de Fürstemberg, et d'un autre de l'Électeur palatin, soumis par le duc de Bouillon. Le premier document dénonçait le complot tramé contre les rois à Venise, avec pour centre la Hollande. Il s'agissait de fonder des républiques sur le modèle des cantons suisses, des cités italiennes et des villes libres allemandes, avec le concours des huguenots français. Quant à Bouillon, il réclamait au contraire l'intervention de la France comme arbitre en Allemagne contre la maison d'Autriche, selon la tradition établie par François I_{er}, Henri II et Henri IV. L'influence du nonce Bentivoglio, sur Luynes fit pencher la balance en faveur de l'Empereur : une ambassade se rendit en Allemagne pour y prêcher la réconciliation. L'Union protestante ayant traité à Ulm le 3 juillet 1620, l'Électeur palatin se trouva isolé. La défaite des Tchèques à la Montagne blanche (8 novembre. 1620) où Ernest de Weimar et le jeune prince d'Anhalt furent faits prisonniers, consacra l'échec de la manœuvre protestante.

Tandis que l'Empereur triomphe, la France loin de jouer un rôle d'arbitre en Europe, se trouve réduite à l'impuissance, par ce que divisée contre elle-même. Certes, en faisant son entrée à Pau le 15 octobre 1620 et en occupant le Béarn, Louis XIII avait neutralisé l'un des bastions des réformés, mais l'héritier éventuel de la Navarre, Henri de Rohan, avait brandi l'étendard de la révolte. Réunis sans autorisation à La Rochelle le 25 décembre 1620, les tribuns républicains des villes du Midi, soutenus par d'opportunes *journées* populaires, se lançaient délibérément dans la guerre civile. Privas emportée en Février 1621, l'Assemblée adopta le 10 mai un ordre général qui organisait le protestantisme français en huit cercles confédérés contre la royauté : c'était proclamer officiellement l'état dans l'État !

Richelieu, nationaliste ambitieux
Manipulé par Fancan

Contre Luynes et sa politique d'entente avec l'Espagne, une campagne de libelles nationalistes se trouve soudain orchestrée, qui prépare la rentrée aux affaires de Richelieu. Car la première tentative de l'évêque de Luçon pour s'élever au pouvoir a lamentablement échoué. Pour gagner la confiance de Marie de Médicis, il s'est compromis avec les Concini et il a dû s'effacer.

Par son père, Armand du Plessis de Richelieu, né à Paris le 5 septembre 1585, appartenait à une famille de gentilhommes fidèles à Henri II et a Henri IV, des *royaux*. Par sa mère, Suzanne de la Porte, il descendait d'un avocat en renom au Parlement de Paris. De solides études au Collège de Navarre et à l'Académie militaire de Pluvinel l'avaient préparé à la carrière des armes lorsque, son frère Alphonse s'étant fait chartreux, il dut *relever* l'évêché de Luçon, pour en conserver le bénéfice à sa famille. De cette double vocation, il se ressentira toute sa vie.

Nommé évêque en 1606, élève de Jacques Hennequin et de Richard Smith, il est de tendance gallicane, ennemi des Jésuites. Protégé du Cardinal du Perron, il est l'ami de l'évêque de Poitiers La Rocheposav et de Bouthilier, doyen de Luçon. Il rencontre Du Vigier de Hauranne, abbé de Saint Cyran, ami de Jansénius. Pour établir un séminaire à Luçon, il fait appel au P. Bérulle, fondateur de l'ordre de l'Oratoire, qui y crée sa deuxième maison ; le futur cardinal est fort en faveur auprès de la Reine. Mais il se lie surtout à celui qui deviendra son *Eminence grise* le capucin François Le Clerc du Tremblay, fils d'un président aux enquêtes au Parlement et de Marie de La Fayette. Curieuse figure et par certains côtés assez inquiétante que celle du Père Joseph. : Après avoir travaillé à la réforme franciscaine, il s'efforce de créer des missions au Levant, fonde en 1617 un ordre de la Milice chrétienne (réminiscence du Temple ?) et se lance dans l'idée de la croisade contre les Turcs reprise par Charles de Gonzague, duc de Nevers. Mais il n'en a pas moins le sens des réalités et le goût des intrigues, ce qui le désigne pour de nombreuses missions diplomatiques. Comme lui, l'évêque de Luçon se sent destiné aux grandes affaires. En province, il ronge son frein. Aux États-généraux de 1614, auxquels il parvient à se faire déléguer, il se fait remarquer par ses talents d'orateur et aussi par sa bonne volonté à l'égard de la Couronne, qui le signale à l'attention de Marie de Médicis. Malgré les conseils de prudence envers Concini, prodigués par son oncle le commandeur de l,a Porte, chevalier de Malte. Richelieu parvient à pénétrer dans le ministère. Claude Barbier, protégé de Léonora Galigaï qui en a fait l'intendant des finances de Marie de Médicis, lui obtient un poste de secrétaire d'État (14 novembre 1616). Bien que sa nomination soit vue d'un bon œil par les Espagnols, il renoue avec les puissances protestantes, auxquelles il délègue des hommes nouveaux : La Noue en Hollande, Miron en Suisse et Schomberg vieux serviteur d'Henri IV, en Allemagne.

L'assassinat de Concini détruit d'un coup ses belles espérances. En Avril 1618, Richelieu, envoyé en exil à Avignon, a le loisir de méditer sur les idées politiques d'Henri IV, en étudiant les *« Négociations »* du président Jeannin et les lettres du cardinal d'Ossat. Sa disgrâce d'ailleurs est d'assez courte durée. Poussée aux imprudences par des conseillers moins avisés, Marie de Médicis a pris la fuite. En rappelant Richelieu le 16 mars 1619, on espère qu'il l'incitera à plus de pondération, ce qui ne sera pas toujours le cas.

C'est alors qu'une campagne de pamphlets lancée par l'entourage de la Reine-mère, Chanteloup, Marcel, Mathieu de Morgues, prépare son retour au ministère. Les appels aux *bons Français*, c'est-à-dire aux nationalistes, hostiles à l'Espagne se succèdent : *« les Vérités chrétiennes »*, *« le discours de la France mourante au Roi »*, etc. ... C'est alors aussi qu'apparaît auprès de Richelieu un agent occulte qui va jusqu'à lui donner de véritables consignes impératives. Dorval Langlois, sieur de Fancan, chanoine de Saint Germain l'Auxerrois est un clerc très affranchi des idées cléricales, ennemi des Jésuites, du Nonce et des *bigots*. Homme d'affaires de la comtesse de Soissons, il a été envoyé en Suisse par Longueville pour négocier entre les Bernois et le duc de Savoie (1617). Son frère, qui gère les intérêts de Richelieu, entretient des relations suivies avec les Réformés d'Allemagne. Quant à lui, il est en contact constant avec les chefs protestants, en Hollande, aux Pays-Bas, en Suisse, en Angleterre, comme avec Mansfeld et l'Électeur palatin en Allemagne. Il est également en rapport avec l'archevêque de Cologne et avec Maximilien de Bavière, chef du tiers parti germanique, dont il reçoit une pension (à preuve, un reçu de 45.000 Livres). En Août 1621, il écrit à Richelieu sur un ton des plus libres, lui donnant des directives formelles.

Appelé par La Vieuville, le 29 avril 1624 au *Conseil des Dépêches*, nouvellement créé afin d'empêcher qu'il pénètre au *Conseil secret des affaires*, Richelieu, nommé cardinal le 5 septembre 1622, continuera de recevoir des *avis* de Fancan qui rédigera, fin 1625, un mémoire recommandant de traiter avec les rebelles protestants pour faire la guerre aux Espagnols. Fancan, toujours partisan d'une entente avec l'Angleterre, attaque plus tard l'accord signé contre elle par Far-gis avec le ministre espagnol Olivares (20 mars 1627), déconseille le mariage de Gaston d'Orléans avec Melle de Montpensier, dénonce l'influence des Jésuites sur le Roi, critique âprement le relâchement des alliances protestantes. Si bien que Richelieu, excédé, redoutant le déclenchement d'une campagne de pamphlets se décide à sévir. À l'instigation de Bérulle, du nonce Spada, de Marillac et peutêtre même du Père Joseph, il fait jeter Fancan à la Bastille (4 juin 1627) où il mourra moins d'un an plus tard. Dans ses papiers, inventoriés par Nicolas Fouquet, on découvrit un in-folio d'une centaine de pages manuscrites, intitulé *« le grand secret du grand dessein »* et Richelieu dans ses *« Mémoires »* déclare qu'il entretenait des espérances républicaines.

L'ÉQUILIBRE PAR LA DIVISION DE L'ALLEMAGNE

Cette mesure de rigueur était-elle la conséquence d'un désaccord profond sur la ligne politique à suivre ou bien Richelieu, à présent, s'estime-t-il assez fort pour se passer de tuteur ? Devenu premier ministre le 13 août 1624, il semble qu'il se soit tracé une ligne de conduite personnelle, pour suivre un jeu de bascule tendant à l'équilibre des forces et, si possible, à la constitution d'un tiers parti, porté vers la tolérance en Europe.

En occupant la Valteline, le cardinal révèle immédiatement son hostilité envers l'Espagne, mais il se joue des uns et des autres, amène les huguenots à signer à La Rochelle un accord le 5 février 1626, par crainte d'une paix avec l'Espagne, avec laquelle il traite d'ailleurs à Monçon le 2 mai. Effaçant l'échec subi par Louis XIII devant Montauban le 10 novembre 1621 (Luynes en était mort de désespoir le 15 décembre suivant), le cardinal, après un siège mémorable, avait contraint La Rochelle à capituler le 28 octobre 1628. Le duc de Rohan, chef des réformés, en était réduit à aller quémander des secours à Philippe IV d'Espagne avant de chercher refuge à Venise. Alors l'autorité royale rétablie, Richelieu ménage les protestants de l'intérieur, auxquels il accorde la paix d'Alais ou paix de grâce (28 juin 1629).

Et reprenant en Europe centrale les idées de Fancan ; il oppose Maximilien de Bavière à Ferdinand II, avant de lancer Gustave-Adolphe et ses Suédois, comme un fléau de Dieu, sur l'Allemagne. Se sentant fort de l'appui de la Ligue catholique de Tilly et des 100.000 mercenaires de Waldstein, et même du soutien des électeurs protestants de Brandebourg et de Saxe, l'Empereur Ferdinand II avait commis l'imprudence de promulguer le 6 mars 1627 un édit décrétant la restitution des biens confisqués à l'Église catholique depuis 1552. C'est alors qu'auprès de Maximilien les missions diplomatiques se multiplient. À Fancan, succède à Munich toute une équipe de capucins, amis du P. Joseph, le P. Hyacinthe de Casai, le P. Valeriano Magni, le P. Alexandre d'Alais qui s'emploient à opposer Maximilien à Ferdinand. Au contraire de son prédécesseur Grégoire XV, le Pape Urbain VIII (Barberini) encourage d'abord ces menées.

Tandis que le P. Joseph et Brulart, laissés sans instructions précises, se voient désavoués pour avoir signé le 13 octobre 1630 à Ratisbonne une paix générale, et que le généraux-français et espagnols concluent un accord devant Casal, le 26 octobre 1630, les idées de Fancan continuent leur chemin. Afin de séparer l'Espagne de l'Empire, Richelieu force le duc de Savoie à se rallier (31 mars 1631), met le duc de Nevers en possession de Mantoue et du Montferrat et annexe Pignerol à la France (6 juillet 1632). Cependant, il renoue les alliances protestantes, signe un traité avec la Hollande le 17 juin 1630, appelle Gustave-Adolphe et ses Suédois à la rescousse des protestants allemands. Le 23 janvier 1631, le traité de Bürwald assure au roi de Suède un subside annuel d'un million de Livres pour l'entretien de 30.000 hommes et de 3.000 chevaux en Allemagne. Charnacé a posé comme condition à ce concours l'éviction de l'Espagne, le respect des libertés germaniques, des droits de l'Électeur de Bavière, de la Ligue et de la religion catholique en Allemagne. Mais, dès sa première victoire à

Breutenfeld (5 septembre 1631) sur l'Empereur qui avait imprudemment renvoyé Waldstein, Gustave-Adolphe se sentant maître du pays, fait peser une double menace, d'abord sur le Rhin, où il s'établit à Mayence pour tendre la main aux Hollandais, ensuite sur la Bavière qu'il envahit au mépris de la parole donnée. Il offre à Louis XIII, qui s'était porté en Lorraine, de s'engager en Flandre et en Franche-Comté et d'envahir l'Alsace. Retenu par le P. Joseph, Richelieu résiste à la tentation ; il se borne à occuper Brisach.

Sur ces entrefaites Waldstein étant rentré en scène et défait à Lutzen (16 Juillet 1632) par le roi de Suède ; la mort du vainqueur dans la bataille débarrasse Richelieu d'un allié par trop encombrant.

Cousin du P. Joseph, Manasses du Pas, marquis de Feuquières se rend en Allemagne à la fin de 1632 pour renouer les liens de la coalition. Le traité d'Heilbronn, signé le 13 avril 1633 avec le chancelier Oxenstiern confirme l'alliance avec la Suède ; en Août les princes allemands se réunissent à Francfort et s'accordent le 5 septembre avec la reine Christine de Suède ; une pension est offerte à Bernard de Saxe-Weimar. En Hollande, Charnacé rencontre Orange et les États, en vue d'un partage de la Flandre en cas de guerre avec l'Espagne. Mais Richelieu, voyant le roi malade, sans héritier, craignant la réaction de gouverneurs hostiles et sentant les haines s'accumuler contre lui, n'ose s'engager encore.

La guerre continue par personnes interposées. Les Français en profitent pour s'infiltrer en Lorraine, pour s'installer à Philipsbourg et à Montbéliard. Ils offrent des subsides à Waldstein pour le détourner de l'Empereur, mais il est assassiné à Egra le 25 février 1634. Bernard de SaxeWeimar et les Suédois sont battus à Nordlingen les 5 et 6 septembre 1634 par le roi de Hongrie, les Impériaux, les Espagnols et les Lorrains coalisés. Exploitant ce succès, Ferdinand II renonce à l'édit de restitution et fait sa paix avec l'Électeur de Saxe et le landgrave de Hesse-Darmstadt (30 mai 1635) ; sauf le margrave de Bade, le duc de Würtemberg, le comte palatin, le landgrave de Hesse Cassel et Jean de Deux Ponts, les princes protestants remettent l'épée au fourreau.

DÉBOUCHE SUR UNE GUERRE MALHEUREUSE

C'est l'écroulement des alliances protestantes. Et la France, prise dans l'engrenage, se trouve acculée elle-même à la guerre. Un nouveau traité est signé à Compiègne avec Oxenstiern (28 avril 1635) et la trêve entre la Pologne et la Suède prorogée de 26 ans (12 septembre 1635) À Saint-Germain (26 octobre 1635), Bernard de Saxe Weimar reçoit des subsides et la promesse d'un landgraviat en Alsace. Mais en Italie, seuls les ducs de Modène, de Parme, et de Mantoue consentent à s'engager avec Victor-Amédée de Savoie contre l'Espagne. Et c'est précisément aux Pays-Bas, où Richelieu, qui s'est à nouveau lié avec la Hollande le 8 février 1635, voudrait porter l'effort principal, qu'il enregistre sa plus grave défaite. La population, excédée par le sac de Tirlemont, lest soulevée contre les troupes françaises. Don Fernando, gouverneur des Pays-Bas, exploitant son avantage, a pris Corbie (15 août 1636), répandant la panique à Paris.

Et voilà que les échecs se succèdent : Saint Jean de Luz tombe en Octobre. À la mort de Ferdinand II, survenue le 15 février 1637, l'archiduc Ferdinand recueille sans difficulté la couronne impériale. Victor-Amédée meurt le 8 octobre 1637. Les Grisons, privés de leurs subsides, bloquent Rohan. Bernard de Saxe-Weimar, ayant pris Brisach, prétend le garder pour lui, lorsqu'il meurt, le 18 juillet 1639. La France reprend son armée à sa solde. Elle en a bien besoin, car elle paie la rançon de la manière très personnelle de gouverner du cardinal, qui a choisi ses généraux beaucoup plus pour leur fidélité *inconditionnelle* que pour leurs mérites. En regard d'un seul succès, la prise d'Arras (Juillet-Août 1640), à l'actif de la Meilleraye, de

Chatillon et de Brézé, combien de déboires au passif des favoris, tel le comte de Guiche, marié à une nièce du Cardinal et responsable de la défaite d'Honnecourt (26 mai 1642), tel Sourdis dont la flotte a le dessous devant Tarragone le 28 août 1641. D'Harcourt et surtout Guébriant ont toutes les peines du monde à corriger les bévues commises par les créatures du Cardinal.

La politique de Richelieu n'est sauvée que par des évènements extérieurs : l'insurrection du Portugal en faveur du duc de Bragance (1er décembre 1640), suivie d'une démonstration navale de Brézé à Lisbonne (6 août 1641) ; le soulèvement de la Catalogne (16 juin 1640) et la résistance de Barcelone, défendue par Duplessis-Besançon (16 décembre 1640) contre tous les assauts des Espagnols, qui rendit possible le siège et la capitulation de Perpignan (9 septembre 1642). La négociation des traités de Westphalie avec l'Empereur, ouverte à Münster pour la France et à Osnabrück pour la Suède, le 25 mars 1642, et qui devait traîner six ans fut bien davantage l'œuvre de Mazarin que celle de Richelieu.

Les thuriféraires du Cardinal voient surtout en lui le paladin du nationalisme français édifié sur les divisions et les ruines de l'Europe centrale et le défenseur farouche de l'autorité royale, prêt à briser toutes les résistances au nom de la raison d'État, bref le grand bâtisseur de l'absolutisme en France.

UN DESPOTE IMPITOYABLE

En fait, il est difficile de ne pas voir en lui un ambitieux sans frein transformé en despote. Passée l'alerte de la Journée des Dupes (10 novembre 1630), il se sent assez sûr de l'appui de son souverain pour n'avoir plus à ménager personne, ni la Reine-Mère, qui a fait sa fortune, ni Gaston d'Orléans qui, à la naissance du futur Louis XIV (5 septembre 1638) cesse de faire figure d'héritier présomptif.

Premier ministre, il monopolise le gouvernement. Lui qui préconisait l'organisation de *Conseils* à l'espagnole, en arrive à cumuler toutes les fonctions : cardinal, premier ministre, amiral, connétable, chancelier (avec Seguin). garde des sceaux, surintendant des finances (avec Bullion), grand maître de l'artillerie, secrétaire d'État (avec Claude et Léon Bouthillier), duc et pair, gouverneur de trente places, abbé d'autant d'abbayes. Avide de pouvoir pour lui, sa famille et ses amis, il n'est pas moins avide de profit. Sa fortune personnelle est passée de 25.000 Livres de rente en 1617 à 500.000 en 1634, pour atteindre trois millions de Livres. Il place toute sa famille : son frère, comme archevêque de Lyon et cardinal, son neveu de Vignerol, incapable, comme général des galères, son petit-neveu, fait duc de Richelieu, comme surintendant de la navigation, son beau-frère Urbain de Maillé-Brézé, comme maréchal de France en 1632 : son oncle le commandeur de la Porte, intendant général de la Marine ; son cousin Charles de La Porte, duc de la Meilleraye, maréchal de France en 1639 : sa nièce Claire-Clémence de Maillé-Brézé, duchesse d'Enghien. Qu'elle est donc loin dans la mémoire du Cardinal cette déclaration faite aux États de 1614 par le délégué du Clergé qu'il était alors : *« Les ecclésiastiques sont plus dépouillés que tous autres d'intérêts particuliers »*.

Par contre, il se montre implacable avec ses adversaires, tout en prenant bien soin de se faire couvrir par la raison d'État et par l'autorité royale. Pour intimider Marillac qui, au moment de la Journée des Dupes, l'a compromis auprès de Marie de Médicis et du Roi, pour faire réfléchir les clients et les complices de Gaston d'Orléans, il faut, comme il le dit lui-même dans ses *« Mémoires »* un *exemple*. C'est à ce titre qu'il fait arrêter le maréchal de Marillac par ses pairs, à l'armée (11 novembre 1631), qu'il révoque la Chambre, trop tiède, chargée de le juger à Verdun pour le traîner, dans sa propriété personnelle de Rueil, devant des commissaires qui, dociles, le condamnent à mort, le 8 mai 1632, pour malversations dans les fournitures militaires (une bagatelle des plus communes à cette époque). Il oublie que le jeune duc de

Montmorency lui a offert asile à Lyon en 1630 lorsque la mort du Roi paraissait imminente et lorsque devenu gouverneur du Languedoc et poussé par sa femme une Orsini, protégée de Marie de Médicis, il défend les États de sa province insurgée contre la nomination d'élus pour la répartition des tailles. Déféré devant le Parlement de Toulouse en Août 1632, mollement soutenu par Monsieur, blessé et fait prisonnier par Schomberg le 1er septembre, malgré les supplications de sa famille, il paiera de sa tête sa témérité (30 octobre 1632). Quelques mois plus tard, le 25 février 1633, c'est le tour du garde des sceaux Châteauneuf d'être arrêté. Il attendra pour sortir de prison la mort du Cardinal.

Érigeant sa dictature policière en système permanent de gouvernement. Richelieu écarte systématiquement du pouvoir les *grands*. qu'ils soient princes du sang ou bâtards. Un seul trouve grâce à ses yeux, le prince de Condé, qui pousse l'esprit courtisan jusqu'à lui demander en mariage pour sort fils le duc d'Enghien (futur grand Condé) sa petite-nièce de Brézé, malgré les tares dont elle est atteinte. Le Cardinal réduit les gouverneurs à un rôle purement honorifique.

COMPLAISANT AUX SEULS ENNEMIS DE L'ESPAGNE

Le Clergé, que cet homme d'Église traite aussi mal que la noblesse, se regimbe. Ennemi des Jésuites (il avait fait exiler à Rennes le 10 décembre 1637, le père Caussin, confesseur du Roi) ami de l'Oratoire et même des jansénistes, partisan déterminé des libertés gallicanes, le Cardinal partage, à l'égard du Saint-Siège, les idées exprimées par Pierre De Marca dans son ouvrage *« de concordia sacerdotii et imperii »*. Mais, tandis que le Pape Urbain VIII s'effraie en 1633-34 de voir la cause protestante profiter seule de la lutte engagée contre les Habsbourg, le Cardinal réserve ses faveurs aux penseurs les plus hardis, pourvu qu'ils soient ennemis de l'Espagne.

C'est le cas du dominicain Campanella. Élève à Naples de Talesio, fondateur d'une académie nourrie des idées de Bacon *« Philosophia sensibus demonstrata »* (1590), après avoir rencontré dans ses voyages Della Porta à Naples, Sarpi a Venise et Galilée à Florence, il avait refusé l'offre du duc de Toscane, Ferdinand Ier de Médicis, de le retenir près de lui. Et passant à l'action directe, il s'était assuré le concours de trois cents moines et de gentilshommes pour préparer un soulèvement avec l'appui d'une flotte turque commandée par le vizir Assai) Cimla. Arrêté, torturé pendant trente-sept heures, il était resté aux fers pendant vingt-sept ans.

Il écrivit divers ouvrages de physique, de métaphysique, et de politique, dont un livre contre la monarchie espagnole (publié plus tard à Amsterdam en 1640) et un opuscule genre *« Utopie »*, la *« Cité du Soleil »*, dans lequel il décrivait une société théocratique idéale, gouvernée par un métaphysicien, assisté d'autant de ministres qu'il y a de vertus, pratiquant le communisme, faisant appel au dévouement de la communauté comme mobile du travail, ouvrant les emplois à la capacité plutôt qu'à la naissance, instaurant le travail dans la joie. De sorte que la F∴ M∴ s'inspira de son œuvre dans plusieurs de ses rites.

Finalement, le Pape Urbain VII l'avait pris en pitié et libéré en 1626, mais la populace de Rome menaçant de lui faire un mauvais parti, il s'était réfugié en France en 1629. Gabriel Naudé, bibliothécaire du roi, l'ayant recommandé à Louis XIII, Richelieu lui avait fait accorder une pension de 3.000 Livres. Dans le climat anti-espagnol entretenu par le Cardinal, les Rose-Croix avaient beau jeu a Paris, La fondation de l'Académie le 10 février 1635 correspond bien aux tendances du mouvement. Ses premiers membres, Chapelain, Bois-Robert, Gombauld, Malleville, faisaient partie du cercle qui se réunissait chez Conrart. Connaissant l'autoritarisme de Richelieu, redoutant qu'il entreprenne ainsi de caporaliser les esprits, le Parlement s'opposa pendant deux ans à la création de l'Académie. De fait, le premier ministre confia à ce cénacle, en 1637 le soin d'examiner « *le Cid* », dont le sujet trop espagnol le choquait particulièrement.

Par ses attitudes équivoques et plus encore par sa politique générale, le Cardinal ne pouvait qu'indisposer le Clergé. Réticent déjà lorsqu'il s'agissait de contribuer aux frais du siège de La Rochelle (3 millions de Livres en Juin 1628), il avait de meilleures raisons de rechigner quand on lui demandait de soudoyer les protestants d'Allemagne et les Suédois (1635-36). Sa contribution, 1.300.000 Livres en 1610, avait pourtant légèrement diminué — 1.173.000 Livres — en 1637. Mais l'Assemblée de l'Ordre réunie à Mantes le 15 février 1641 avait été plus qu'orageuse et n'avait consenti qu'avec peine à fournir cinq millions et demi de Livres en trois ans pour participer aux frais de guerre.

DE MAUVAISES FINANCES :
ALONSO LOPEZ ET BULLION

La situation financière était en effet des moins brillantes. Richelieu, qui n'était pas grand clerc en la matière, avait recours pour ses finances personnelles aux conseils d'un marrane aragonais, Alonso Lopez (1572-1649), qui avait profité du transit vers le Levant en Février 1610 d'une cinquantaine de mille *Morisques* expulsés d'Espagne pour s'installer en France. Accueilli par ses coreligionnaires de l'entourage de Léonora Galigaï, César-Auguste Garcia, Elie Montalto, d'Aquin (qui devint professeur d'hébreu au collège royal en 1617), il s'établit banquier, joaillier et brocanteur à Paris ; où il se fit bâtir un hôtel en 1636. Richelieu, qui s'intitulait dans sa correspondance son *plus affectionné Ami*, appréciait l'entregent de cet homme d'affaires, qui savait satisfaire ses goûts pour les beaux meubles et les bijoux. Il lui confia à différentes reprises (de 1627 à 1629, de 1636 à 1638, puis de nouveau en 1639) des missions d'achat de bateaux, de canons, de poudre, de mousquets en Hollande, au cours desquelles il rencontrait le prince d'Orange et les gens des États-généraux, quelquefois dans le dos de l'ambassadeur Charnacé, qui goûtait peu les initiatives diplomatiques de ce collègue amateur du cadre latéral.

Les finances publiques, *l'intendance*, étaient du ressort d'un autre homme de confiance, Bullion. Le 31 mars 1640, il avait procédé à une refonte des monnaies. Cette opération, d'où naquit le *louis*, rapporta au Trésor 80 millions de Livres, ce qui permit de continuer la guerre. Mais l'augmentation incessante des tailles, qui étaient passées de 17 millions en 1610 à 44, plus un supplément de 25 millions en 1642, provoquait depuis plusieurs années des émeutes : à Dijon (28 février-1er mars 1630), en Provence en 1631, dans le Limousin, en Poitou, en Angoumois, de 1635 à 1637, puis en Normandie (Avranches, Caen, Rouen) en 1637-39. Les rentiers de l'Hôtel de Ville, qui s'étaient vus supprimer un quartier, de leur côté manifestaient.

Lorsqu'enfin le gouvernement recourut à l'expédient classique de la création d'offices, l'opposition du Parlement, larvée tant qu'il ne s'agissait que du pays, déclarée quand on ne touchait qu'à ses amis, se déchaîna tout à coup. En 1636, les magistrats des enquêtes fulminent contre la création de 24 offices de conseillers. Sanction : les présidents Barillon et Charton sont envoyés en exil (31 mars 1638). Mais le conflit se rouvre en 1639 à propos de 16 nouveaux offices de maîtres des Requêtes. À tel point qu'un édit du 21 février 1641, précise et limite les droits du Parlement. L'administration et le gouvernement de l'État ne concernent que le Roi, il n'appartient pas au Parlement de s'immiscer dans ces affaires. Cependant, le droit de remontrance, quant à l'application des édits ordinaires, lui est expressément reconnu.

L'autorité implacable du Cardinal avait trop comprimé les grands corps de l'État et les divers ordres de la nation pour ne pas provoquer une réaction explosive à sa mort (4 décembre 1642), suivie de celle du roi (14 mai 1643). Sa volonté despotique de centralisation avait pratiquement détruit la plupart des grandes institutions intermédiaires entre le souverain, les provinces et le pays. Ajoutez à cela la situation catastrophique de ses finances : les revenus des années 1643, 44, 45, et 46 déjà mangés à la mort de Louis XIII. Toutes les conditions se trouvaient réunies pour que la minorité du jeune Louis XIV amène une période de troubles généralisés.

GONDI FOMENTE LA FRONDE CONTRE MAZARIN

Ce fut la Fronde. L'agitation désordonnée de ses protagonistes Gondi, coadjuteur de Paris, futur cardinal de Retz, Beaufort, bâtard royal et *roi des halles*, Condé, le grand, les princes et leurs belles amies, les parlementaires, les émeutiers de Paris et de Bordeaux, tout ce carrousel d'intrigues personnelles des grands et de séditions populaires a quelque peu dérouté les historiens.

Du temps même de Richelieu, le comte de Soissons, établi à Sedan, avait levé l'étendard de la révolte. Vainqueur à La Marfée (6 juillet 1641) il s'était tué accidentellement et son mouvement avait tourné court. Mais son parti, Montrésor, Varicarville, Fontrailles etc. s'était regroupé. On retrouve Saint Ybar, son âme damnée, autour de Beaufort et de Condé. À cette première affaire Gondi avait déjà participé, se chargeant de distribuer 1.2.000 Livres dans les bas-quartiers pour recruter des hommes de main, tandis qu'il cherchait des chefs à la Bastille, les maréchaux de Vitry et de Bassompierre, le comte de Camail, le marquis de Montpensier.

L'année même de la mort du Roi, le duc de Beaufort, qui avait su pénétrer dans les bonnes grâces d'Anne d'Autriche, reprochant à Mazarin de n'avoir pas conclu la paix dès le lendemain de Rocroy (14 mai 1643) menait ce qu'on a appelé la *cabbale des Importants*. L'accusant de préparer un attentat contre lui. Mazarin l'avait mis à l'ombre (1er septembre 1643).

Dès que l'agitation parlementaire reprend, en Avril 1648, on retrouve Gondi dans son rôle de distributeur de fonds. Renouvelant l'édit sur la *paulette*, le gouvernement s'était avisé de retenir quatre années de traitement aux membres du Grand Conseil, de la Cour des Comptes et de celle des Aides. Le Parlement ayant pris fait et cause, le 13 mai, pour les magistrats lésés, les quatre Cours réunies le 15 juin à la Chambre Saint Louis avaient proclamé une charte. Elles réclamaient la suppression des intendants, le droit de vérifier les taxes et de consentir l'impôt, l'interdiction de retenir quiconque plus de 24 heures en détention sans qu'il soit interrogé par un juge, le respect des libertés individuelles, la suppression des *comptants* ou dépenses secrètes, passées de 2.900.000 Livres en 1609 à 52 millions en 1644. Bref, un cahier de revendications politiques digne de faire pendant aux Révolutions d'Angleterre.

Alors, sentant leur position renforcée par la victoire de Lens due au génie militaire de Condé, la Régente et Mazarin profitent du *Te Deum* à Notre-Dame (26 août 1648) pour arrêter le président Blancmesnil et les conseillers Broussel, laîné, Benoît, Loisel ; le président Charton s'échappe. Mais ce n'est pas en vain que de Mars à Août 1648, Gondi, pour entretenir sa popularité, a fait distribuer 36.000 écus *d'aumônes* et qu'il a placé, à la tête de la sédition, le maître des Comptes Miron, colonel de la milice bourgeoise de Saint Germain l'Auxerrois. Dès le lendemain s'élèvent 1.260 barricades et 100.000 Parisiens sont sous les armes.

Nommé coadjuteur de son oncle Henri, archevêque de Paris et cardinal, le 12 juin 1649, ce Paul de Gondi descendait d'un banquier, qui avait fait deux fois banqueroute à Lyon avant que sa femme parvienne à assurer sa fortune. Celle-ci, Marie de Pierrevive, Cille d'un receveur des domaines, connue comme *marchande de chiens et vendeuse de filles* (Lorris) avait été promue par la faveur de Catherine de Médicis, des fonctions de sous-maîtresse ou tout au moins d'entremetteuse à celles de gouvernement des enfants royaux. Avec Pym de ses fils, Pierre, l'archevêché de Paris et le chapeau étaient entrés dans la famille, tandis que laîné, grand'père du Cardinal de Retz, marié à une baronne de Retz, avait été nommé duc, maréchal et général des galères ; à sa mort en 1602, il avait laissé une fortune de près de deux millions de Livres.

Brillant rejeton de cette illustre famille, Paul de Gondi avait gardé de ses origines le goût de l'intrigue sous toutes ses formes. De solides études en grec, en latin et même en hébreu, ses dons de prédicateur et son talent d'écrivain l'imposaient à l'attention. Mais ses démons ne le laissaient guère en repos. Démon de la politique : opposant né, il avait pris pour modèle Fieschi, rendu célèbre à Gênes pour ses complots contre Doria. Démon des femmes aussi, qu'il intéressait maigre sa laideur ; après des aventures assez dangereuses à Venise, il était devenu l'amant, entre autres, de la fille de la duchesse de Chevreuse, de la marquise de Guéménée, Mme de Pommereuil.

Estimant, comme il l'écrit dans ses *« Mémoires »*, que *« les vices d'un archevêque peuvent être les vertus d'un chef de parti »*, il s'était rendu redoutable par la clientèle qu'il avait su se constituer à Paris. Cherchant à exploiter à son profit la journée des *barricades*, il s'efforce donc d'obtenir la libération des prisonniers, mais la Reine et Mazarin le reçoivent assez fraîchement et n'accorderont leur élargissement qu'après une démarche effectuée le 17 au Palais Royal par 160 parlementaires, en corps, et sous promesse du président Molé de ne plus traiter d'affaires politiques. La Cour, en Septembre, rappelle Condé et ses troupes, exile le Garde des Sceaux Châteauneuf, arrête Chavigny. Mais, suivant les conseils de Jean Sobieski et de Louise-Marie de Gonzague, reine de Pologne, Condé conseille la réunion des États généraux.

En Décembre, Gondi renouant les fils de la conjuration, réunit à Noisy, Conti, frère de Condé, la duchesse de Longueville, sa sœur, l'amant de celle-ci, La Rochefoucauld, le duc de Retz, le maréchal de La Mothe Houdancourt. La Cour, qui avait essayé en vain de se concilier le peuple, les 15 et 25 octobre, par des suppressions d'impôts, la réduction d'un cinquième des tailles, se réfugie à Saint Germain le 6 janvier 1649. À Paris, autour de Gondi, qui fait lever par le Parlement douze régiments de cavalerie (18 janvier), la Fronde s'organise. Longueville, Conti, Blancmesnil, le prince d'Elbeuf, Bouillon, Beaufort sont aux côtés du coadjuteur. Mais l'armée de Condé bloque la capitale et inflige une dure leçon devant Corbeil et Charenton aux recrues du coadjuteur et aux milices parisiennes de Beaufort. Seule l'intervention d'une foule tumultueuse sauve le trop téméraire roi des Halles, qui tentait de sauver un convoi de vivres attaqué par le maréchal de Gramont. La crainte d'un blocus de plus en plus sévère, la stupeur provoquée par l'exécution du roi d'Angleterre, le 29 février 1649, refroidissent l'ardeur des Parisiens. Le Parlement et la Municipalité traitent à Rueil avec la Reine (13 mars) et, le 18 août, le Roi entre à Paris.

Gondi lui-même s'était rendu à Compiègne le 13 juillet, pour rentrer en grâce avec la Cour. Mais, regorgeant toujours de fonds dont la provenance est peu claire, il continue ses intrigues, monte une manifestation de 3.000 rentiers, imagine de simuler un attentat contre son secrétaire Guy Joly (le 11 novembre) et contre le propre carrosse du prince de Condé. Mais il est démasqué et sa manœuvre se retourne contre lui. Mis en accusation devant le Parlement le 22 décembre 1649, Gondi fait sa paix avec Mazarin sur le dos des princes.

Le 18 janvier 1650, Condé, Conti, Longueville, arrêtés sont incarcérés à Vincennes avant d'être transférés à Marcoussis (le 27 août) puis au Havre (le 15 novembre). À Paris, rien ne bouge, leurs partisans gagnent Stenay, où Turenne rallie 6 à 7.000 hommes, qui seront défaits à Rethel le 15 décembre. De Chantilly, la famille s'enfuit les 13 et 14 avril pour se réfugier à Montrond. Cependant Claire-Clémence de Maillé-Brézé, femme du grand Condé, répondant à l'appel du conseiller Voisin et d'une délégation du Parlement de Bordeaux réclamant le départ du duc d'Epernon, gouverneur, s'en va allumer l'incendie en Guyenne (9 mai 1650). L'armée de la Rochefoucauld et de Bouillon, qui l'accompagnent, est accueillie à Bordeaux par le Parlement. Mais celui-ci se trouve bientôt débordé, le 11 mai, par un soulèvement populaire, que certains agitateurs professionnels, tel Pesche, envoyé de Paris par Beaufort, ont suscité et encadré. L'arrivée des troupes royales, commandées par la Meilleraye et d'Epernon, rétablit l'ordre, très provisoirement d'ailleurs.

À Paris, sur ces entrefaites, se lie une nouvelle coalition de frondeurs. La princesse palatine, Anne de Gonzague, rassemble contre Mazarin les duchesses de Longueville et de Chevreuse, le coadjuteur (dépité de n'avoir pas reçu le chapeau), Beaufort, La Vieuville, M$_{me}$ de Rhodes, Nemours, le président Viole, l'abbé de Montreuil et même, le 30 janvier 1651, Monsieur, le duc d'Orléans, qui mobilise la milice et réclame la convocation des États-généraux. Mazarin, réfugié à Saint-Germain le 6 février gagne le Havre, où il délivre Condé le 13 et part pour l'exil.

CONDÉ, ET SON INQUIÉTANT ENTOURAGE, DRESSENT LES PRINCES CONTRE LE ROI

En Monsieur le Prince, la Fronde va-t-elle trouver un chef ? Formé par les Jésuites, le Père Le Peletier, ceux du collège de Bourges, devenu gouverneur de Bourgogne, le jeune vainqueur de Rocroy et de Lens, confiait encore sa maison de Dijon à un autre Jésuite, le Père Mauguier. Mais il est fort éclectique dans ses opinions. Assidu de l'hôtel de Rambouillet, où il s'était épris de Marthe du Vigean, il avait longtemps résisté à conclure d'abord, à consommer ensuite son mariage avec Claire-Clémence, nièce de Richelieu, fille d'une folle, qui lui donna un enfant à ce point déréglé qu'il lui arrivait de se prendre pour un animal. Il est entouré d'un escadron de *petits-maîtres*, ses camarades de l'Académie militaire de M$_r$ de Benjamin, Nemours, Luynes, Tavannes, etc., volontiers frondeurs. Il a été l'ami des libertins Saint Pavin et des Barreaux, des sceptiques, dont le chef de famille est la Mothe Le Voyer, précepteur du duc d'Orléans. On le croit athée. N'oubliant pas qu'il est le petit-fils de Louis de Bourbon, chef du parti protestant, il s'est lié à Gaspard de Coligny (que Marion Delorme convertira plus tard au catholicisme), entretient côte à côte à Chantilly réformés et Jésuites (comme le Père Talon) et s'efforcera de protéger les huguenots après la révocation de l'Edit de Nantes.

Parmi ses collaborateurs intimes, deux méritent de retenir plus spécialement notre attention. Le premier est Isaac La Peyrère, son bibliothécaire, un marrane portugais de Bordeaux, successivement converti au protestantisme, puis au catholicisme, qu'il protégeait depuis 1643 et qu'il avait envoyé auprès de Christine de Suède. Ami de Campanella, il publia en 1655, un livre révolutionnaire, les *« Préadamites »*. Le second, son médecin, était l'homme à tout faire Bourdelot, de son vrai nom Pierre Michon, ami de Campanella, du sceptique Naudé et de *l'inquiétant* Bouchard (Mongrédien). Après avoir suivi Claire-Clémence dans l'équipée bordelaise où il faillit mourir de peur, il se rendit à Stockholm en Octobre 1651, introduit auprès de la Reine par les recommandations de Saumaize, de Guy Patin et de Naudé. C'est alors qu'il adressa au doyen des pasteurs de la ville un *« catéchisme de l'Athée »*, dans le même temps qu'il demandait à Mazarin un bénéfice ecclésiastique, l'abbaye de Massay en Berry : les scrupules ne l'étouffaient point. S'intéressant aux sciences, ami de Gassendi et de Galilée, toujours dans l'esprit Rose-Croix, il avait fondé une Académie, dont les réunions, suivies de banquets, étaient fréquentées notamment par Gassendi, Pascal et le Père Talon. Cette académie Bourdelot, dont les travaux devaient être publiés en 1672 sous la forme de *« conversations »*, a été l'ancêtre de l'Académie des Sciences.

Toujours dans le même ordre de préoccupations, Condé, se trouvant plus tard à Utrecht (en 1673) utilisera les bons offices du colonel Stouppa, un ancien professeur suisse libertin, pour lui amener Spinoza, alors réfugié d'Amsterdam à la Haye, et lui faire envoyer par Le Clerc les œuvres des dissidents arminiens et sociniens. Animé de semblables tendances, il est surprenant que Monsieur le Prince ait si longtemps attendu pour rejoindre son frère Conti et sa sœur Longueville, engagés à corps perdu depuis le début de la Fronde.

La majorité du jeune Roi ayant été proclamée le 7 septembre 1651, il gagne la Guyenne, dont il avait échangé le Gouvernement contre celui de Bourgogne. Alors que son émule Turenne venait de rallier définitivement le Roi, Condé à Bordeaux passe à la révolte et traite mente avec l'Espagne (le 6 novembre). De telle sorte qu'après le succès remporté à Biéneau par Turenne, (6 avril 1652), le président Amelot, de la Cour des Aides, n'hésite pas à lui reprocher *« d'avoir touché 600.000 livres pour faire la guerre au Roi ; ce que tous les banquiers savent »*. Des deux côtés, en effet, l'argent coule à Paris, à tel point qu'Henri Malo, historien du Grand Condé, n'hésite pas à écrire que *« l'histoire des révolutions est écrite dans les livres des banquiers »*.

L'abbé Fouquet, agent secret de Mazarin, frère du futur surintendant, soudoie les manifestants, à 17 Sols pièce. Beaufort en fait autant, recrutant dix à vingt mille gueux pour le compte des princes, tandis que des centaines de soldats et d'officiers de Condé, déguisés en bourgeois, menacent de faire un mauvais parti aux conseillers au Parlement, trop tièdes à l'égard de leur chef. Le 25 juin, l'émeute gronde. Cependant, le 1er juillet 1652, Paris ferme ses portes aux troupes de Condé qui, pressées par l'armée royale de Turenne, se trouvent acculées à l'enceinte et risquent de se trouver coincées et détruites. C'est alors que la grande Mademoiselle, secouant l'apathie de Monsieur, oblige le maréchal de l'Hospital à ouvrir la porte Saint Antoine et fait tirer par La Louvière, fils du conseiller Broussel, les canons de la Bastille pour protéger le repli de Monsieur le Prince.

Maître de la capitale, Condé prétend contraindre la municipalité à le soutenir et à proclamer *l'union, avec les princes*. Il organise donc une journée : c'est l'émeute de l'Hôtel de Ville. Pour cela, agitateurs de Beaufort et officiers de Condé (l'un d'eux, Blanchart, sera tué) ne reculent devant aucun moyen. Selon le témoignage de Conrart, ils distribuent 4.200 livres aux bateliers et autres pauvres hères, déguisent huit cents soldats en gens du commun (un seul fripier fournira deux cents paires d'habits), font défoncer cinquante muids de vin et amasser des fagots pour préparer l'incendie. Un trompette du Roi ayant apporté une missive anodine, les princes sortent sur le perron et ameutent la populace. *« Ces gens-là ne veulent rien faire pour nous ... ce sont des mazarins ; faites-en ce que vous voudrez »*. À peine les princes partis, l'Hôtel de Ville est envahi : on brûle, on tue, on pille, on rançonne. Et, au milieu du hourvari, le président Charton proclame *l'Union !* Enfin paraissent la grande Mademoiselle et Beaufort, qui s'efforcent d'arrêter le massacre. Le lendemain Condé est proclamé généralissime. Beaufort gouverneur de Paris et Broussel, prévôt des marchands.

Victoire qui détourne définitivement de ses vainqueurs la population parisienne écœurée. Les femmes manifestent et réclament la paix, hurlant qu'elles ne sont pas des femmes à dix-sept sols, comme les assassins de l'Hôtel de ville. Le 2 septembre, le Parlement met les princes en demeure de désarmer. Le 13 octobre, Condé évacue la capitale pour rejoindre Charles IV de Lorraine et les Espagnols. Le 21 octobre, le Roi entre à Paris. Le 22, il proclame l'amnistie. Seuls sont éloignés Beaufort, Rohan, La Rochefoucould, Laboulaye, Fontrailles, Broussel, Viole, Perrault, la duchesse de Longueville. Condé et Conti déchus de leurs dignités et les aides de camp de Mademoiselle (les comtesses de Fiesque et de Frontenac) exilées. Monsieur, pour sa lâcheté, est pardonné. Mazarin rentrera lui-même en Février 1653.

BORDEAUX, RÉDUIT DE LA RÉVOLUTION MANQUÉE

Reste Bordeaux, dernier réduit de la Fronde, où les princes n'ont cessé d'être débordés par la révolution. Dès que Condé est venu prendre possession de son gouvernement de Guyenne et qu'il a installé à Bordeaux son frère Conti, sa sœur Longueville, assistés du président Viole, de Lenet, diplomate et financier, et de Marsin, conseiller militaire, il a fallu compter avec une organisation constituée et puissante, à tendance républicaine et communisante, l'Ormée, qui arborait le drapeau rouge sur les clochers de la ville et portait l'écharpe bleue (en rappel de David ?) réclamait l'institution du suffrage universel, l'élection d'un *représentatif* et qui régnait par la terreur. Le mouvement, à la tête duquel étaient placés l'avocat Villars, un *nageur* et le boucher Duretête, un *fanatique* (Pollitzer, les amazones de la Fronde) comptait jusqu'à 12.000 hommes. Un tribunal secret imposait ses volontés par la terreur. Lenet s'étant avisé de faire interdire les réunions de l'Ormée par le Parlement, les demeures des parlementaires avaient été mises à sac par les émeutiers en Juin 1652.

L'amnistie royale d'Octobre, après l'échec de la fronde à Paris, ne suffit pas à apaiser l'ardeur des révolutionnaires bordelais. Condé, qui recrutait des mercenaires en Irlande, cherchait un appui à la fois auprès des Espagnols et de Cromwell. Ils firent de même : trois députés de l'Ormée allèrent solliciter des secours de l'Angleterre, offrant même en échange un port de la Gironde, mais les protestants étaient las et Cromwell, neutralisé par Mazarin, ne répondit pas à leur appel. Les Ormistes ne continuèrent pas moins à combattre le clergé, l'archevêque et l'abbé de Cosnac, conseiller de Conti. En Décembre 1652, le conseiller Massiot menacé par les révolutionnaires, dut gagner Agen. Le Père Berthod, cordelier venu de Paris, arrêté par Conti, réussit à s'enfuir à Blaye,

à voir Mazarin et à revenir. Le Père Ithier, franciscain, avait tenté de convaincre l'avocat Villars de la nécessité de la paix, mais, se reprenant, le chef de l'Ormée le dénonça à Conti. Arrêté, seule l'intervention de la duchesse de Longueville le sauva des pires supplices. Moins heureux, Jacques Filliot, trésorier de Montauban, fut torturé par le tribunal de l'Ormée.

Subissant toujours l'influence des révolutionnaires, Conti hésita un moment à livrer Bordeaux à Cromwell, mais la pression de l'Armée royale, sous Candale et Vendôme, se resserrant, le décida à négocier avec Gourville. Mazarin sut se montrer magnanime. Il accorda une amnistie générale, sauf pour Villars, Duretête et les trois délégués de l'Ormée en Angleterre Lenet et marsin furent exilés. Conti fit sa soumission le 7 août 1653.

C'en était fini de la Fronde. Retz avait été arrêté le 19 décembre 1652. Condé, en exil à Bruxelles, était passé à l'ennemi. Il eut beau envoyer Barrière auprès de Cromwell et Massigny à Francfort, tenter de soulever les protestants des Cévennes et la Normandie avec Rocquincourt, tous ses efforts furent vains. La version française des Révolutions d'Angleterre, dont les protagonistes avaient passé le temps à s'entre-déchirer, ne paraissait qu'une piètre parodie de l'original.

Avant de repfendre l'entreprise, il fallut attendre la mort de Louis XIV.

CHAPITRE XII

COALITIONS ET CROISADE ORANGISTE CONTRE LOUIS XIV

Le Roi s'attache les écrivains — Impose l'ordre et la justice — Fait rendre gorge aux profiteurs — Ramène la noblesse à la Cour et à l'armée — Soutient l'Église gallicane contre jansénistes et protestants — L'Angleterre neutralisée, Louis XIV s'agrandit aux Pays-Bas et en Flandre — Mais les réunions inquiètent l'Europe — La croisade protestante contre l'hégémonie française — La coalition orangiste se reforme à propos de la Succession d'Espagne — Isolé, Louis XIV résiste à l'invasion — Impose Philippe V à Madrid — La France, financièrement épuisée Fermiers et traitants s'engraissent. Samuel Bernard et les banquiers protestants davantage encore — Faillite de la place de Lyon — Desmaretz redresse la situation.

Le grand Roi, qui conservait de sa minorité l'expérience cuisante des méfaits de l'anarchie, possédait une autorité plus que suffisante pour faire respecter sa couronne.

À l'intérieur, il entend imposer l'ordre, faire régner la justice, assurer la prospérité du royaume. À l'extérieur, affirmer le prestige du nom français, maintenir entre les puissances un équilibre favorable, renforcer ses frontières de manière à élever contre les invasions une barrière infranchissable. Tel est son programme.

À l'Empire et à l'Espagne affaiblis, il s'est substitué comme champion de la monarchie catholique traditionnelle. Il est donc normal qu'on le représente comme un despote insatiable menaçant l'Europe de son hégémonie et que les forces de subversion, coalisées contre lui à l'appel de Guillaume d'Orange devenu roi d'Angleterre, s'acharnent à l'abattre et à l'acculer à la faillite.

Derrière les deux adversaires engagés dans cette lutte à mort épuisante pour leurs peuples, se profile l'ombre menaçante des financiers grands profiteurs de ce carnage, les Salomon Medina, d'un côté, les Samuel Bernard de l'autre.

LE ROI S'ATTACHE LES ÉCRIVAINS

Initié à la politique par les leçons de Mazarin, le jeune Louis XIV est suffisamment formé, à la mort du Cardinal (9 mars 1661) pour se passer de premier ministre et pour exercer lui-même, avec conscience et application, ce métier de Roi dont il est si fier. Entouré, non de créatures serviles, mais d'une équipe de collaborateurs de premier plan, Le Tellier, de Lionne, Colbert, il appliquera une politique aussi autoritaire qu'elle est peu conservatrice.

En butte aux campagnes perfides des libelles, écrits en Hollande ou en Allemagne, diffusés par Amsterdam, réimprimés clandestinement ou copiés à la main avant d'être distribués par des colporteurs, il réagit avec vigueur contre cette propagande, limite le nombre des imprimeurs, passé à Paris de vingt-six sous Henri IV à quatre-vingt-quatre en 1666, se réserve le droit d'autoriser les nouveaux maîtres, n'en reçoit que neuf de 1667 à 1682, soumet les livres à la censure du Chancelier ou du Garde des Sceaux par des arrêts se succédant en 1665, 67, 74, 78, 79, réduit la presse à l'officielle *« Gazette de France »*, au *« Mercure Galant »* et au *« Journal des Savants »*, qui parait à partir de 1665. Mais il s'efforce d'attirer à lui par des pensions les écrivains, afin d'éviter qu'ils ne tombent sous la dépendance des grands seigneurs ou des financiers, confie au quatuorvirat Chapelain, Bourzeis, Cassagne et Charpentier le soin de répandre et de célébrer *sa gloire*, n'hésite pas à faire appel même à des étrangers, hollandais comme Huyghens et autres, italiens comme Cassini. Il loge l'Académie française — tout en veillant à ce qu'elle travaille au dictionnaire — comme il logera l'Académie des Sciences, De sorte, que malgré la surveillance qui s'exerce sur les idées, son époque demeurera dans l'histoire *« le grand siècle »* marqué par une remarquable floraison d'écrivains et d'artistes.

Vis-à-vis de la noblesse et des grands corps de l'État, son autorité s'impose d'elle-même, sans qu'il soit besoin de recourir au despotisme cruel d'un Richelieu. Las des intrigues et des désordres de la Fronde, le pays souhaite un pouvoir fort et respecté. De cabaleurs, bon gré, mal gré, les seigneurs se transforment en courtisans. Le Parlement, docile, entérine la volonté royale, exprimée notamment par lit de justice en 1665. En Février 1673, des lettres patentes limitent son droit de remontrance. Par contre, à l'égard des États provinciaux par exemple, le Roi modère le zèle de ses ministres, qui n'hésiteraient pas à les supprimer. C'est que la centralisation absolutiste, dont Richelieu a donné l'exemple, tend à isoler le pouvoir royal de l'ensemble du pays, en supprimant systématiquement les corps intermédiaires.

IMPOSE L'ORDRE ET LA JUSTICE

Faire régner l'ordre et la justice, n'est-ce point la première tâche de l'État ? Louis XIV n'y manque point. Et il a fort à faire, Un Conseil de Justice, créé le 25 septembre 1665 entreprend de *composer le droit français*. Une série d'ordonnances souvent très remarquables dans leur composition et leur rédaction sont le fruit de son labeur : ordonnance civile (sur la procédure) d'Avril 1667 ; ordonnance criminelle d'Août 1670, ordonnance du commerce, de Mars 1673 ; ordonnance de la marine, d'Août 1681 ; *« code noir »* de Mars 1685. Mais il est plus facile de codifier la justice que d'en réformer les mœurs. Cependant la police s'organise en Mars 1667 à Paris sous la Reynie. Contre les grands brigands, la lutte est engagée. Contre les mauvais *juges* aussi. Les *grands jours d'Auvergne* de Novembre 1665, donnent à réfléchir à ceux qui se laissent trop facilement corrompre ou fléchir.

Défendre les faibles et secourir la misère des peuples constituent la mission la plus noble de la royauté. La tradition capétienne n'y a pas manqué. Louis XIV est trop conscient de ses devoirs pour ne pas s'en préoccuper. Intendants et ministres n'ignorent pas cette misère, génératrice de troubles et de révoltes endémiques ; à Laval et dans le Bourbonnais où 6.000 rebelles prennent les armes en 1662, à Clermont en 1663, dans le Poitou, à Bourges, à Bordeaux et dans les Pyrénées sous la conduite d'Andijos en 1664, à Lyon en 1668, dans le Vivarais où du Roure avait pris la tête de quelque 1.500 partisans, à Bordeaux où un soulèvement contre les impôts extraordinaires se produit en Mars 1675, et la même année, en Bretagne, à Guingamp, à Quimper, où un ex-notaire le Balp, probablement en liaison avec les

Hollandais, conduit une bande de six mille hommes. La plupart de ces troubles ont pour causes reconnues l'imposition de taxes exceptionnelles, les *mangeries* des hommes de loi, les exactions de la soldatesque logée chez l'habitant.

FAIT RENDRE GORGE AUX PROFITEURS

Depuis François Ier, gens de robe et gens de finance ne cessent de ronger la monarchie. De ces profiteurs et de ces oisifs qu'il déteste, un Colbert, animé d'un zèle vraiment révolutionnaire, voudrait faire place nette. Lui qui, pour gagner la guerre économique, pour soutenir la concurrence commerciale avec l'étranger, voudrait que tout le monde mette la main à la pâte, a pris pour cible le chef de file des financiers le surintendant Fouquet qui lui paraît l'homme à abattre. Allié aux de Castille, qui avaient déjà fait carrière dans les Finances royales, Nicolas Fouquet avait été nommé surintendant en 1653. En face du Trésorier de l'Épargne, chargé de la gestion des fonds, ses fonctions auraient dû rester celles d'un ordonnateur des dépenses. Mais doué d'un entregent remarquable pour *faire des fonds*, il devint le pourvoyeur indispensable d'un État tellement obéré que sur 31 millions de Livres en 1661, neuf étaient mangés par les intérêts et les remises, de sorte qu'on vivait sur les recettes de 1663, en traînant une dette flottante de soixante millions. Pour faire sortir l'argent des bas de laine, il réduisit la valeur de la pistole de 12 à 10 Livres, joua en matière de paiements, sur les assignations plus ou moins bonnes sur le Trésor, et finit par confondre à tel point ses propres comptes et ceux de l'État qu'on en vint à dire que *l'Épargne se faisait chez lui*. Le faste qu'il déployait à Vaux-le-Vicomte éclaboussait la Majesté royale. C'est ce qui le perdit.

Une Chambre de Justice nommée en Novembre 1661 le condamna. Avec lui quatre mille financiers se virent contraints à des restitutions sur lesquelles près de cent deux millions de Livres furent consacrés à rembourser principalement des offices de finance. Quatre ans plus tard, Colbert s'attaqua aux offices de justice, qu'il eut voulu supprimer d'un coup : un édit de Décembre 1665 en fixa la valeur, d'ailleurs au plus bas prix. Mais l'entreprise échoua, cet édit et deux autres furent annulés le 30 novembre 1673. Colbert ne parvint pas davantage à réaliser l'unification des tailles et à en limiter la charge. C'est ainsi que la taille fut ramenée de 42 millions en 1661 à 35,5 de moyenne entre 1662 et 1672, pour remonter à 38,8 de 1673 à 1678 (pendant la guerre de Hollande) et redescendre ensuite à 35 de 1679 à 1685. Afin de traquer ceux qui essayaient indûment de s'y soustraire, on entreprit à diverses reprises, en 1661, 1666, 1668, de rechercher les *faux nobles*. Par contre, les aides, impôt général, supporté par tous, passèrent de 5,2 millions en 1661 à 22 en 1682 c'est-à-dire qu'elles quadruplèrent. Sur le plan local, le ministre s'efforçait de rendre aux délégués des métiers la place que François Ier leur avait enlevée dans les échevinages.

RAMÈNE LA NOBLESSE À LA COUR ET À L'ARMÉE

Quant à la noblesse, écartée des grands conseils de l'État, appauvrie, nourrie par l'Église ou par la Cour, elle avait perdu la raison d'être de ses privilèges. Le ban appelé en 1674, ne fournissait plus que des éléments hétéroclites, parfaitement inutilisables, très inférieurs aux milices que l'on dut constituer en 1688. Si, dans l'armée royale, disciplinée et réorganisée, portée de 72.000 hommes en 1667 à 120.000 en 1672 et à 279.000 en 1678, grossie de nombreux contingents étrangers, l'achat des commissions de capitaine et de colonel lui était réservé, l'avancement des officiers de mérite, roturiers, n'en était pas pour autant arrêté, le Roi se réservant de les en dispenser et de les nommer directement majors ou brigadiers.

Soutient l'Église *gallicane*
contre jansénistes et protestants

Vis-à-vis du Clergé et sur le plan religieux, la politique royale s'est fixée une ligne de conduite bien définie : affirmer son indépendance dans le domaine temporel à l'égard du Saint-Siège, selon la meilleure tradition gallicane, Maintenir et restaurer si nécessaire l'unité morale du pays. Pour cela, étouffer la dissidence janséniste, d'inspiration hollandaise et juive, protégée par les héritiers de la Fronde, au Parlement comme chez les princes (les Conti et la duchesse de Longueville, qui dissimula pendant trois ans le grand Arnauld dans son hôtel). Tenir en lisière le clan libéral, représenté par Fénelon, précepteur du duc de Bourgogne, influencé par M$_{me}$ Guyon et par le chevalier de Ramsay, que nous retrouverons plus tard, aux origines de la franc-maçonnerie écossaise.

Et surtout résorber, si possible, ce corps étranger dans l'organisme national que constitue le protestantisme. Non pas qu'il représente un danger politique, mais dans l'économie du pays, surtout dans l'industrie et la finance, son influence est trop grande : protestants sont les van Robais d'Abbeville, les Massieu de Caen, les Alison de Nîmes, les Herwarth, les Fromont, les Samuel Bernard (converti) de Paris. La plus grande partie des biens mobiliers est entre les mains des Réformés.

Cependant leur foi paraît en baisse. Turenne lui-même s'est converti en 1668. De simples mesures de pression ne pourraient-elles suffire à les ramener ? Tout en accordant au Roi un subside de quatre millions et demi, l'Assemblée du Clergé de 1675 avait réclamé l'extirpation de l'hérésie. Converti par M$_{me}$ de Maintenon, Louis XIV considère cette entreprise comme une œuvre pie. On emploiera d'abord la persuasion : en 1678 Bossuet rencontre Claude dans un colloque où les doctrines s'affrontent. Suivent des mesures d'exception, inspirées de celles mises en vigueur en Angleterre contre les catholiques : démolition des temples de construction récente, exclusion des offices de finance, de justice et des offices civils (1679 à 1684), de la médecine et, en Juillet 1685, des métiers d'imprimeur et de libraire. Interdiction des mariages mixtes (Novembre 1680). Rappel des étudiants à l'étranger (Juin 1681). Suppression de l'Académie de Sedan en 1681, de celle de Saumur en 1685.

Autre moyen de pression, plus original mais plus brutal, dont le Roi, s'il les connaissait, n'approuverait peut-être pas toutes les violences : la crainte du soudard, le logement des gens de guerre, l'utilisation des dragons comme missionnaires. Tandis qu'en Janvier 1681, Claude adressait au nom des protestants une dernière requête au Roi, ce système, employé dans le Poitou par Marillac, entraîna 30.000 conversions. La présence d'une armée dans le Béarn amena encore des conversions massives. Ce moyen providentiel fut alors étendu à Bordeaux, à Montauban, au Languedoc. Seules quelques réactions sporadiques furent alors enregistrées, dans le Vivarais, les Cévennes, en Languedoc et en Dauphiné.

Le 18 octobre 1685, la révocation de l'Édit de Nantes ordonna la démolition des temples, la fermeture des écoles, l'exil des ministres. L'exemption de loger des gens de guerre, accordée aux nouveaux convertis, devint alors un privilège sans objet. Le départ des pasteurs priva les propagandes étrangères d'un point d'appui éventuel. Lorsqu'en pleine guerre en 1702, Jean Cavalier alluma dans les Cévennes, avec l'appui de l'Angleterre et de la Hollande, une guerre de partisans, Villars parvint à réprimer la révolte des camisards avec moins de brutalité et plus d'habileté que son prédécesseur Montrevel, sans qu'elle s'étende. Mais le départ à l'étranger de 200.000 Réformés français affaiblit l'économie du pays, ranima l'ardeur des coalisés et leur apporta le concours d'éléments d'élite, au moment où un duel à mort s'engageait entre Louis XIV et Guillaume III d'Orange.

L'Angleterre neutralisée, Louis XIV s'agrandit aux Pays-Bas et en Flandre

Deux conceptions de la religion, du gouvernement et de la société s'affrontaient en effet, tandis que l'équilibre de l'Europe se trouvait remis en question. Diplomate prudent et avisé, Louis XIV avait réussi à neutraliser l'Angleterre, tant que les Stuart avaient conservé la couronne. Restauré sur le trône grâce à l'appui des financiers d'Amsterdam (8 mai 1660), Charles II avait été tout naturellement amené à rechercher le soutien de la France dans sa lutte contre l'opposition puritaine. Des liens de famille et de sentiment avaient consacré ce rapprochement. Le roi d'Angleterre avait donné sa sœur Henriette en mariage au duc d'Orléans ; se remariant lui-même, il avait épousé l'Infante de Portugal, proposée par la France ; à partir de 1670, il s'était attaché comme favorite une française, Louise de Kerouaille, dont il fit une duchesse de Portsmouth. Cette bonne volonté réciproque permit tout d'abord à Louis XIV de racheter Dunkerque aux Anglais pour cinq millions, le 27 octobre 1662. En revanche, lorsqu'en Mars 1665, la guerre éclata entre l'Angleterre et la Hollande, le roi de France, qui se trouvait lié à cette dernière puissance par un pacte défensif depuis le 27 avril 1662, limita son concours à de simples bons offices. Mais, profitant du conflit qui opposait ces deux frères ennemis, il saisit promptement l'occasion offerte par la mort du roi d'Espagne Philipe IV (17 septembre 1665) d'intervenir pour son propre compte en Flandre.

Invoquant les droits de la reine Marie-Thérèse au nom du principe de la dévolution reconnu par la coutume de Brabant, il fait pénétrer dans les Pays-Bas espagnols, le 24 mai 1667, une armée de 50.000 hommes. Castel Rodrigo, qui n'en possède que 20.000 doit céder du terrain. Tournai (le 25 juin), Douai (le 4 juillet), Courtrai (le 18 juillet) et Lille (le 17 août) capitulent successivement. Ce que voyant, les Hollandais, qui ont pénétré jusqu'à Chatham sur la Tamise, se hâtent de signer la paix de La Haye (23 janvier 1668) auquel la Suède se joindra le 5 mai. Egalement beaux-frères du roi d'Espagne, l'Empereur et le roi de France s'accordent d'ailleurs sur un projet de partage de la future succession d'Espagne (19 janvier 1668). Louis XIV manifeste dans cette affaire autant de prévoyance que de modération. Condé, à la tête de 15.000 hommes occupe la Franche-Comté en Février 1668, mais Louis renonce à poursuivre ses conquêtes en Flandre, alors que la réaction adverse était encore des plus faibles. Menacé d'une médiation anglaise, à la suite de la disgrâce du ministre Clarendon, dont le renvoi a été imposé à Charles II, il se résigne à signer la paix d'Aix-la-Chapelle de 29 mai 1668, en abandonnant la Franche-Comté mais en conservant ses conquêtes en Flandre.

Ce n'est que partie remise. Quatre ans plus tard, la guerre reprend, cette fois, contre la Hollande. Depuis que Guillaume II d'Orange Nassau, époux de Marie, fille du duc d'York et beaufrère de Frédéric-Guillaume de Brandebourg, s'est tué à la chasse en Octobre 1660, les fonctions de *stathouder* de Protecteur et de capitaine-général ont été supprimées. Avec le titre de grand-pensionnaire, Jean de Witt, représentant de la bourgeoisie marchande, d'esprit tolérant et libéral, partisan de l'autonomie des provinces, gouverne les Provinces-Unies avec beaucoup de tact et de diplomatie. Lui et son parti ont tout à perdre dans un conflit qui rendra au clan calviniste, aux militaires et à la famille d'Orange, alliée des Stuart, la prépondérance dans l'État, mais le danger est là, pressant. Inquiet des visées de la France, de Witt porte à 88.000 hommes les effectifs de l'armée, organise des milices urbaines, nomme le jeune Guillaume III d'Orange capitaine-général, ameute l'Europe entière. Le 31 janvier 1670, le triple concert de La Haye réunit les Provinces-Unies, l'Angleterre, l'Espagne. La Suède s'y joint. Le Danemark, les cantons suisses, les princes allemands, l'Empereur sont également sollicités.

Mais Louis XIV et son ministre de Lionne réagissent promptement et parviennent à délier la coalition. Le duc Charles IV ayant offert son concours aux coalisés, les troupes françaises occupent la Lorraine. Le traité de Douvres (1er juin 1671), négocié par l'intermédiaire d'Henriette, neutralise l'Angleterre, qui promet son concours naval en échange de Middlebourg et de Flessingue, qui commandent les bouches de l'Escaut. La Suède, que le parti de Bierenclau s'efforce cependant d'attirer vers l'Angleterre, se donnant au plus offrant, se lie encore une fois avec la France (14 avril 1672). En Allemagne même, seul l'électeur Frédéric-Guillaume, qui s'est constitué une armée de 25.000 hommes, ose résister à la pression de Louis.

Grâce au concours actif de l'électeur de Cologne, des bases contre la Hollande sont établies à Cologne, Liège, Münster et Osnabrück, permettant à l'armée de 176.000 hommes réunie par Louvois d'entrer en campagne le 6 avril 1672. Les places frontières tombées, les Français passent le Rhin le 12 juin, débordant ainsi la ligne de défense établie par le prince d'Orange sur l'Yssel. Le 20 juin, Utrecht se rend, la route du nord est ouverte. Mais la cavalerie, péchant par excès de prudence, tarde à foncer sur Amsterdam, en proie à la panique. Et, ce même 20 juin, les écluses de Muyden livrent passage à l'inondation qui barrera la route à l'invasion. L'occasion perdue ne se retrouvera plus. À la veille de demander la paix, les Provinces-Unies se raidissent dans leur résistance. Le 8 juillet, Guillaume d'Orange, maladif, taciturne, calviniste convaincu et d'une persévérance à toute épreuve, est élu stathouder. Le 20 août, Jean de Witt et son frère périssent assassinés.

Désormais la guerre trahie. Sur le Rhin, Turenne contient les Impériaux et harasse si bien pendant l'hiver les Brandebourgeois qu'ils demandent la paix, mais l'amiral Ruyter repousse la flotte anglo-française les 7 et 14 juin 1673. Toujours attiré par la guerre de siège, Louis XIV se donne, par la prise de Maëstricht, une satisfaction de prestige (2 juillet 1673). Dès le 18 juin, les négociations s'engagent à Cologne, tandis que la coalition se reforme, sous le nom de Grande Alliance de La Haye, encouragée par les exactions commises par les troupes françaises en Hollande et dans le Palatinat, où les attentats perpétrés par les habitants les avaient exaspérées. L'opinion britannique contraint Charles II à signer une paix séparée le 19 février 1674. Aux frontières, les armées françaises, qui ont réoccupé la Franche-Comté, en sont réduites à la défensive. Le coup d'arrêt porté aux alliés par Condé à Seneffe (16 août 1674) se solde par un véritable carnage. Obligé de se retirer dans les Vosges, Turenne envahit à nouveau l'Alsace par la trouée de Belfort, bouscule les Impériaux de leurs quartiers d'hiver et les oblige à repasser le Rhin (14 janvier 1675). Toujours extrêmement active et habile, la diplomatie française parvient de son côté à rétablir l'équilibre. La révolte de Téléki en Hongrie, l'élection de Jean Sobieski comme roi de Pologne, l'intervention de la Suède contre le Brandebourg consacrent ses efforts. Et, malgré l'ouverture de négociations à Nimègue, le conflit se poursuit, avec ses alternances de succès et d'échecs ; victoires de Duquesne contre Ruyter en Sicile (le 22 avril 1675, à Agosta, le 22 juin à Palerme, défaite des Suédois à Fehrbellin, qui livre la Poméranie à Frédéric-Guillaume. En 1677, l'effort des Français porte sur la Flandre : Valenciennes est prise le 17 mars, Guillaume d'Orange défait par Monsieur à Cassel le 11 avril, Saint Omer (le 22 avril) et Cambrai (le 17 mai) tombent. Mais un rapprochement s'opère entre l'Angleterre et la Hollande : en Novembre 1677, Marie, fille du duc d'York et nièce du Roi, épouse Guillaume d'Orange ; le 10 janvier 1678, un traité d'alliance est signé entre les deux pays. S'il fait évacuer la Sicile, Louis XIV accentue en effet sa menace sur les Pays-Bas. Le 12 mars 1678, son armée s'empare de Gand et menace Anvers. Le 10 août, la paix est conclue. La Hollande obtient l'évacuation de Maëstricht et la suppression du tarif douanier de 1667 imposé par Colbert. Quatre jours plus tard, que ce soit là erreur ou fourberie, Guillaume d'Orange attaque le maréchal de Luxembourg, heureusement sur ses gardes, à Saint Denis près de dons. Le stathouder de Hollande a intérêt à ce que la continuation des hostilités justifie le maintien De ses pouvoirs exceptionnels. Cependant la paix est faite. Le 17 septembre, c'est au tour de l'Espagne à la signer ; le 5 février 1679, c'est celui de l'empereur, puis le 29 juin, de l'électeur de Brandebourg, qui s'oblige à restituer la Poméranie à la Suède.

MAIS LES *RÉUNIONS* INQUIÈTENT L'EUROPE

Afin d'arrondir son *pré-carré*, de bloquer les voies d'invasion et de compléter la ceinture fortifiée mise en place par Vauban, la diplomatie de Louis XIV imagine de *réunir* les dépendances des territoires ou des villes que les traités de Westphalie ont reconnu à la France. Sur l'initiative de Colbert de Croissy, successeur d'Arnauld de Pomponne, de la fameuse famille janséniste des Arnauld, qui vient d'être disgracié, cette méthode est appliquée en Lorraine par la Chambre de Metz, créée en Septembre 1679, en Alsace, où presque toutes les enclaves subsistantes sont supprimées, et en Franche-Comté.

Non sans protestation des princes lésés : le duc de Würtemberg pour Montbéliard, l'électeur de Trèves pour Sarrebruck et Sarrelouis, la Suède pour Deux-Ponts, les électeurs de Saxe et de Bavière, le Palatin. La Diète de Ratisbonne décide en 1681 la formation d'une armée permanente de 40.000 hommes. L'occupation de Strasbourg, sans coup férir, par les dragons, le 30 septembre 1681 et, de Casai en Italie, met le comble aux appréhensions des États. Guillaume d'Orange s'agite, s'efforce de reformer une coalition. La Suède s'allie à la Hollande (30 septembre 1681), puis l'Empereur (Février 1682). puis encore l'Espagne en Mai. Mais la diplomatie française riposte. Le Brandebourg, lié à la France, par deux traités (11 janvier 1681 et 22 janvier 1682) et le Danemark :marquent » la Suède. La pression d'une armée turque de 200.000 hommes, qui menace Vienne (12 juillet 1683) détourne l'effort de l'Empereur, auquel le roi de Pologne Sobieski vient en aide. De sorte que l'Espagne, qui a déclaré la guerre, supporte seule l'assaut dirigé contre les Pays-Bas. La Hollande n'a pas réagi : les républicains se sont contentés de l'assurance donnée par la France de respecter la *barrière* prévue à Nimègue. Courtrai, puis Luxembourg sont occupés (4 juin 1684). Faite de cautèle et d'audace, la politique de Louis XIV semble décidément l'emporter. Le prestige du *grand Roi* comme l'appelle officiellement en 1680 le corps de ville de Paris, est à son zénith. Non seulement en Europe, mais en Méditerranée, où la flotte française canonne Gênes (1684), pourchasse les Barbaresques, bombarde leurs repaires et les oblige à accepter l'installation d'un consul à Alger (25 septembre 1687).

LA CROISADE PROTESTANTE
CONTRE L'HÉGÉMONIE FRANÇAISE

Cependant déjà la situation se retourne. Contre la menace d'une hégémonie française, une croisade protestante s'organise. Depuis la révocation de l'Edit de Nantes (18 octobre 1685) on la prêche partout dans les temples, en Hollande, en Angleterre, en Suisse, en Prusse, en Hongrie. Les réfugiés français, Pierre Jurieu en tête, se déchaînent pour allumer l'incendie. Guillaume d'Orange s'affaire. La Ligue d'Augsbourg se forme (17 juillet 1686) pour la défense des traités de Westphalie. Elle réunit la Hollande, la Suède, les électeurs palatin et de Brandebourg, les princes rhénans, les cercles de Bavière, de Souabe et de Franconie, l'Empereur et le roi d'Espagne.

Léopold Ier, qui sort d'une guerre de cinq ans avec les Turcs, déchirant le projet de partage précédemment conclu avec Louis XIV en 1668, vient en effet de s'entendre avec Charles II pour la succession de ce dernier. Ce rapprochement a été facilité par le remariage du roi d'Espagne avec Marie de Neubourg, belle-sœur de l'Empereur. En revanche, Charles II a donné le gouvernement des Pays-Bas à l'archiduc Maximilien de Bavière, gendre de Léopold (12 décembre 1691) et promis le reste de la succession à son second fils, l'archiduc Charles. Sera-ce la reconstitution de l'Empire de Charles-Quint ? Pour comble de malheur, Charles II d'Angleterre est mort le 16 février 1683 et son successeur Jacques II prépare si ouvertement la restauration du catholicisme et de l'autorité royale qu'il est en butte aux attaques conjuguées de tous les protestants, à l'intérieur comme à l'extérieur. La naissance de son héritier, le 20 juin 1688, précipite le coup d'État qui portera Guillaume d'Orange au pouvoir le 15 novembre 1688.

Devant l'orage qui s'amoncelle, Louis XIV s'apprête à prendre ses sûretés. Le 24 juillet 1688, il proteste contre le refus de l'Empereur de transformer la trêve de Ratisbonne en paix définitive, contre l'élimination de son candidat, le cardinal de Fürsternberg, évêque de Strasbourg à l'Electorat de Cologne et contre l'exclusion de *Madame* de la succession de l'Electeur palatin, Charles, décédé en 1685. S'efforçant de prévenir l'adversaire et de constituer un glacis à ses frontières, il fait pénétrer son armée, commandée par le grand Dauphin et Vauban, en Palatinat. Philipsbourg, Liège, Spire, Kaiserlautern, sont occupés. Mais à part Trêves, épargnée sur son ordre, il tolère que Louvois transforme le pays en terre brûlée. Mannheim, Spire, Worms, Heidelberg sont détruits et des haines inexpiables semées contre le nom français.

LA COALITION ORANGISTE SE REFORME À PROPOS DE LA SUCCESSION D'ESPAGNE

Maintenant la guerre est là, sur toutes les frontières défendues par 225.000 hommes. Les succès de la flotte, sous Tourville, permettent le débarquement de Jacques II en Irlande, mais ses troupes sont défaites à La Boyne (11 juillet 1690). Une deuxième expédition ne parvient pas à déboucher de Cherbourg (1691) et, bien que Tourville ait réussi à affronter à La Hague une flotte double de la sienne (19 mai 1692), il ne réussit pas à dégager ses navires de La Hougue (29 et 30 mai 1692). Seuls les corsaires pourront continuer la guerre sur mer, harcelant l'adversaire, détruisant ses convois.

Sur terre, une nouvelle génération de généraux fait face à l'invasion. Dans le nord, Luxembourg enlève tant de drapeaux à Fleurus (1690) que le nom lui restera de tapissier de Notre-Darne. Mons est pris et l'année suivante Namur. Surpris à Steinkerque (3 août 1692), le maréchal sait reprendre l'avantage avec brio et battre à nouveau l'ennemi le 29 juillet 1693 à Neerwinden, dans une lutte acharnée à l'arme blanche. Dans le même temps son émule Catinat met en déroute à Staffarde (1690) Victor Amédée de Savoie, occupe Nice, s'empare de Turin et remporte encore un nouveau succès à la Marsaglia (Octobre 1693). Mais, dans l'intervalle, ses troupes réduites ont dû céder devant le nombre et les régions de Gap et d'Embrun, envahies, ont été dévastées par l'ennemi. Cependant le traité de Pignerol met fin aux hostilités avec le duc de Savoie (29 juin 1696), qui marie sa fille Marie Adélaïde au duc de Bourgogne et s'efforce de conquérir le Milanais, qu'il a échangé contre la Savoie.

La coalition ainsi entamée, des négociations s'engagèrent, tandis qu'*in extremis* Vendôme enlevait Barcelone. Les deux adversaires étaient à bout de forces. La France, épuisée financièrement — elle avait dépensé en dix ans 700 millions de livres — devait réserver ses suprêmes ressources pour faire face à la crise, imminente, de la succession d'Espagne. C'est ce qui incita Louis XIV à pousser jusqu'à l'extrême limite des concessions, à restituer à Ryswick (20 septembre et 30 octobre 1697) à part Strasbourg, tous les territoires et les villes *réunis* ou conquis, y compris la Lorraine, occupée depuis 1633, et à reconnaître Guillaume III comme roi d'Angleterre. La Hollande obtenait l'abolition du droit de 50 sols par tonneau sur l'entrée de ses navires dans les ports français, un traité de commerce avantageux et le droit de mettre garnison dans les places de la *barrière*.

Et abordant d'abord les puissances maritimes et commerciales, l'Angleterre et la Hollande, bien qu'elles soient ses plus acharnés adversaires. Louis XIV signa les 28 septembre et 11 octobre 1698 avec Guillaume III et le grand pensionnaire Heinsius un projet de partage, qui attribuait au prince électoral de Bavière l'Espagne, les Indes, les Pays-Bas et la Sardaigne et au dauphin de France le Guipuzcoa et les provinces italiennes, moins le Milanais réservé à l'Empereur. Furieux de constater qu'on avait ainsi disposé de son héritage. Charles II désigna le prince électoral de Bavière comme son légataire universel (Novembre 1698), mais une mort subite et suspecte enleva ce dernier le 8 février 1699. Les négociations reprirent, mais alors Charles II s'opposa à tout nouveau démembrement de l'Empire espagnol. Son choix se porta sur le duc d'Anjou, second petit-fils de Louis XIV (2 octobre 1700). Ensuite de quoi, Charles il mourut le 1er novembre.

La perspective de voir la succession passer aux mains de l'archiduc Charles ou du duc de Savoie força les dernières hésitations du grand Roi ; il accepta le testament et proclama son petit-fils Philippe V. Fut-il aussi bien inspiré en faisant proclamer par le Parlement le maintien des droits éventuels du duc d'Anjou à la couronne de France ? (3 février 1701). Ou en exigeant le départ des 22 bataillons hollandais qui garnissaient les sept places espagnoles de la *barrière* (5 et 6 février) ? S'il eut agi autrement, il n'eut pas détourné davantage l'assaut qui se préparait contre lui.

Guillaume III et Heinsius se trouvant quelque peu retenus par leur opinion publique, c'est l'empereur qui prit l'initiative de la nouvelle coalition (7 janvier 1701). Le duc de Hanovre, élevé au rang d'électeur et l'électeur de Brandebourg, promu au titre de *roi en Prusse* (11 novembre 1700) le suivirent. Les puissances du nord, Danemark et Suède, se joignirent à l'Angleterre et à la Hollande dans la nouvelle coalition. L'Angleterre avait déjà signé, lorsqu'à la mort de Jacques II, survenue à Saint Germain en Lave le 16 septembre 1701, Louis XIV reconnut Jacques III comme roi. Mais la menace d'une nouvelle restauration des Stuart n'en servit pas moins à ameuter l'opinion britannique contre la France.

Un moment, la mort de Guillaume III d'Orange le 8 mars 1702, fil naître à Versailles l'illusion que la guerre pourrait être évitée. Mais, dès Janvier 1702, la Chambre des Communes avait voté les subsides pour la guerre. Long à s'allumer car les peuples étaient las le conflit se déclencha enfin comme prévu par les puissances occultes qui depuis 1688 dominaient l'Angleterre. Héritière de Guillaume III, la reine Anne fut la première à déclarer la guerre, le 4 mai 1702, suivie des Provinces-Unies, le 8 et de l'Empereur, le 13. C'est ce dernier cependant qui s'engagea à fond, la lutte prenant rapidement la tournure d'un duel franco-allemand, pour le plus grand profit de Londres qui le subventionna largement.

ISOLÉ, LOUIS XIV RÉSISTE À L'INVASION

Dans ces circonstances dramatiques, la France qui devait faire face en Espagne même à des troupes adverses venues soutenir l'archiduc Charles, débarqué au printemps 1704 ne disposait d'autres alliés que des Wittelbasch de Bavière et de Cologne, du duc de Savoie (gagné grâce au mariage de sa fille Marie-Gabrielle avec Philippe V mais qui fit défection le 25 octobre) et du roi de Portugal, qui passa à l'Angleterre les 16 mars et 17 décembre 1703, alléché par un traité de commerce avantageux, qui devait sceller sa vassalité. Cette fois, la grande croisade de la Réforme contre la France et l'Espagne isolait ces deux états catholiques ; sans aucune puissance capable de prendre l'Empereur à revers. Ni la Suède, ni le Brandebourg, ralliés au clan huguenot, qui correspondait à leur idéologie. Ni la Russie, encore au berceau.

Ni même la catholique Pologne, bien que de ce côté, la diplomatie française, même sous Catherine de Médicis, même sous Richelieu, comme sous ,Mazarin et sous Louis XIV, avait redoublé d'efforts pour restaurer cet État sous une dynastie française à tendances libérales. Depuis la mort du dernier Jagellon, Sigismond-Auguste II, son dernier souverain national, en 1572, ce malheureux royaume était devenu une monarchie élective. Et les principaux profiteurs de la foire d'empoigne ouverte pour le trône avaient été les usuriers si nombreux dans ce pays. L'historien Graetz l'explique lui-même en ces termes (t. v. p. 121) : *« les Juifs formaient presque en Pologne un État dans l'État... Chaque nouveau roi élu avait en effet besoin d'argent ou de l'appui d'une partie de la noblesse et, dans l'un et l'autre cas, les Juifs lui étaient très utiles »*.

Élu grâce à l'appui de Salomon Aschkenazi, Etienne Bathor, prince de Transylvanie (15751586), les avait protégés. Bien qu'élève des Jésuites, Sigismond III (1587-1632) fit de même, et leur permit d'organiser des synodes en toute liberté. Ladislas VIII (1632-1648) ayant osé leur confier l'administration des cosaques, provoqua, avec la révolte de l'hetman Chmielnicki, des troubles, qui mirent à feu et à sang le pays. L'intervention des Suédois, en 1656, mit le comble aux dévastations ; 250.000 Juifs perdirent la vie dans toute cette affaire. (Graetz, t. v, p. 159).

Reprenant les vains efforts de Catherine de Médicis, cependant bien placée vis-à-vis des financiers d'Istanbul, pour pousser au trône de Pologne son fils préféré le duc d'Anjou, futur Henri III, et ceux de Richelieu pour y porter le duc d'Enghien, futur grand Condé et ami de Jean Sobieski, Mazarin était parvenu à marier Marie de Nevers (de la famille de Gonzague) à Ladislas VII d'abord en 1644, puis à la mort de ce dernier en ayant réussi à faire élire d'abord Jean Sobieski en 1674, puis en 1696, le prince de Conti, Tourville fut chargé de débarquer ce dernier à Dantzig Ce fut pour y trouver le trône occupé par Auguste II de Saxe qui l'avait devancé (16971733). La partie était perdue, et la France privée de tout allié oriental.

Assaillie sur tous les fronts par des généraux de premier ordre, un Marlborough, un Eugène de Savoie, elle ne pouvait leur opposer que des chefs de valeur inégale : un Vendôme, un Catinat, un Berwick, un Boufflers, un Villars, mais aussi (les Villeroy et des La Feuillade, gênés par des instructions souvent trop étroites, accompagnés de princes du sang qui se révèlent parfois trop brillants pour des cadets (comme le duc de Chartres, futur duc d'Orléans) ou qui déçoivent, de façon plus gênante encore, comme le duc du Maine et le duc de Bourgogne. À une période où les succès alternent avec les revers (1701-1704), succèdent jusqu'à 1710 de sombres défaites. Un sursaut suprême permet enfin d'arrêter le conflit, à la faveur d'un retournement complet de la situation diplomatique.

Contre Marlborough, que seules les dissensions entre ses alliés hollandais et l'empereur (tare de toutes les coalitions) arrêtent dans son élan, Boufflers et le duc de Bourgogne sont réduits à la défensive dans le nord, où la Gueldre, l'électorat de Cologne, les places du Limbourg sont perdues. Par contre en Allemagne, Villars, bien que mal soutenu par l'électeur de Bavière, remporte des victoires à Friedlingen (Octobre 1702) et Hochstaedt (Septembre 1703). En Italie, Villeroy se réveille un beau matin dans Crémone envahie par les Autrichiens : entrés par les égouts, ils ressortirent encore plus vite par les portes. Plus capable et plus heureux. Vendôme sut tenir tête au prince Eugène, à Luzzara (15 août 1702). non sans pertes sérieuses. Gros échec sur mer : la flotte anglaise incendie dans la baie de Vigo les vaisseaux de Châteaurenaut, qui rapportaient quarante millions d'Amérique.

L'année 1704 est alors marquée par un désastre sans précédent. Après s'être joint aux Impériaux et aux Prussiens pour dévaster la Bavière, Marlborough taille en pièces l'armée franco-bavaroise à Blenheim (Hochstaedt) le 13 août 1704. Ses débris 20.000 hommes sur 50.000 doivent se replier sur le Rhin. Quelques jours auparavant (le 1er août) 2.000 Anglais avaient occupé Gibraltar. L'année suivante l'archiduc Charles fit son entrée à Barcelone (9 octobre 1705), les villes du Levant, Valence et Murcie, reconnurent son autorité ; il prit le titre de Charles III. Sur les autres théâtres d'opérations, tout va de mal en pis ; Villeroy ayant laissé écraser son armée par Marlborough à Ramillies (23 mai 1706) évacue les Pays-Bas, tandis qu'en Italie, l'incapable La Feuillade perd le Piémont et le Milanais (28 août 1706) ; Victor-Amédée tente d'assiéger Toulon en Juillet 1707. Et la série noire continue. Par la pusillanimité du duc de Bourgogne, qui contraint Vendôme à une retraite désordonnée, une journée indécise à Oudenarde (17 juillet 1708) est transformée en déroute ; Lille est perdue le 22 octobre.

Louis XIV ne néglige rien pour négocier, mais les coalisés sont intraitables. Les conditions qu'ils prétendent imposer par les *Préliminaires de La Haye* (29 mai 1709) impliquent le retour aux limites fixées par le traité des Pyrénées. De semblables exigences provoquent un sursaut national. Le roi, qui a levé des milices depuis 1706, donnant l'exemple, envoie sa vaisselle à la Monnaie ; le commerce avance 20 millions. Villars réorganise l'armée. Cet effort suprême trouve sa récompense sur le terrain. À Malplaquet, devant Mons, les alliés reçoivent un sérieux coup d'arrêt (11 septembre 1709), qui leur coûte 25.000 tués. Si Tournai et Mons capitulent cependant en 1709, suivis de Douai en Avril et de Béthune en Août 1710, du moins le maréchal de Villars n'a-t-il pas laissé entamer son armée et continue-t-il de barrer la route de la capitale. De même, en Espagne la ténacité de Philippe V permet de rétablir la situation compromise par des revers à Lerida et Sarragosse. Contraint d'abandonner Madrid le Roi tient à Valladolid, permettant à Vendôme et à l'armée du Roussillon d'arriver à la rescousse et de remporter des succès à Brihuega et Villaviciosa (8 et 11 décembre 1710). C'est alors qu'une dernière victoire enlève aux coalisés l'espoir d'obtenir une décision par les armes. Sur le conseil de Louis XIV, Villars surprend le prince Eugène, dont il coupe les lignes de communication à Denain (24 juillet 1712) ; les alliés perdent 11.000 hommes, les Français 500.

Ce succès a d'autant plus de retentissement que les coalisés sont pour la plupart à bout de forces. Mécontente de payer les frais de la guerre pour le plus grand profit des financiers, l'opinion britannique regimbe ; une majorité torie, favorable à la négociation, est élue au Parlement. Cette négociation s'impose d'autant plus que la défaite définitive de la France et l'expulsion de Philippe V du trône d'Espagne entraîneraient immédiatement la reconstitution de l'empire de Charles-Quint. Le jeune empereur Joseph qui avait succédé à son père Léopold étant mort le 17 avril 1711, son cadet l'archiduc Charles, proclamé roi d'Espagne sous le nom de Charles III, est devenu l'unique héritier des Habsbourg et de l'Empire. Substituer l'hégémonie autrichienne au risque d'hégémonie de la France affaiblie n'était plus un but de guerre valable pour personne.

IMPOSE PHILIPPE V À MADRID

L'Angleterre le comprit. Bolingbroke négocia une trêve à Utrecht (29 juin-17 juillet 1712). La paix signée le 11 avril 1713 obtient pour Philippe V, qui renonce à ses droits au trône de France, des conditions plus avantageuses que celles auxquelles Louis XIV aurait dû souscrire pour éviter le conflit. Mais, si la France consolidait ses frontières et parvenait à établir en Espagne un régime ami, sa puissance maritime était compromise et elle perdait ses possessions coloniales. Le duc de Savoie gagnait la Sicile et le roi de Prusse la Gueldre.

L'Angleterre posant les premières bases de son empire sur les mers, s'établissait à Minorque et à Gibraltar et obtenait des avantages commerciaux et maritimes à Cadix et dans les Indes. Elle était la plus grande bénéficiaire de la coalition qu'elle avait montée et entretenue contre la France, la première d'une série qui, rappelant la Guerre de Cent ans, devait lui permettre d'asseoir son hégémonie maritime sur la rivalité permanente des puissances européennes.

L'Empereur, seul, continuait la lutte, caressant peut-être l'espoir que Georges I de Hanovre, qui, malgré les efforts de Bolingbroke, venait de succéder à la reine Anne, le 1er août 1714, reprendrait les armes. Mais il n'en fut rien : ce roi, à ce point étranger, même à la langue de ses sujets, qu'il ne pouvait suivre ce qui se disait à son Conseil, ne pouvait être que le docile instrument de l'oligarchie régnante. Après avoir perdu Landau (le 11 juin), Spire et Fribourg (le 3 novembre 1713), l'Empereur Charles VI se décida à son tour à envoyer le prince Eugène traiter avec Villars à Rastadt (7 mars 1714). De la succession d'Espagne, il conservait les Pays-Bas et les possessions italiennes (moins la Sicile).

Prompt à tirer la leçon des évènements et parfaitement conscient du danger que représentaient pour l'avenir d'une part l'Angleterre, placée en position d'arbitre de l'Europe et d'autre part, les deux jeunes et ambitieuses dynasties de Brandebourg et de Savoie. Louis XIV avait amorcé, avant de mourir, un virage diplomatique dans le sens d'un rapprochement avec l'Autriche. Mais ces projets, emportés comme le testament du grand Roi, par les intrigues de la Régence, ne purent être réalisés et, dans de bien plus mauvaises conditions, qu'en 17.6, par le renversement des alliances.

LA FRANCE, FINANCIÈREMENT ÉPUISÉE

Dans cette épreuve de force, dont la France sortait intacte mais épuisée, parallèlement à l'effort militaire, des sacrifices immenses avaient été demandés à la nation sur le plan financier. Avec des fortunes diverses, sous des chefs de valeur inégale, malgré un régime fiscal et une organisation de trésorerie désastreux, qui livraient l'État aux entreprises des traitants et autres pirates de la finance internationale.

Si Colbert avait pu rétablir une bonne monnaie, grâce à une balance commerciale favorable en période de paix, il n'avait pu conduire à leur terme les réformes projetées dans ce domaine. Rien n'était donc prêt pour faire face aux grandes coalitions. Devant les exigences croissantes de la Trésorerie, force fut donc de recourir aux expédients classiques de l'époque pour se procurer les fonds nécessaires.

D'après les évaluations faites par Arnold, en francs Germinal, son stock de numéraire serait tombé d'un milliard en 1683 à 954 millions en 169 :3. 800 en 1697 et 731 en 1715. Le pays vivant en régime de bimétallisme, les espèces d'or et d'argent se trouvaient concurremment en circulation. Officiellement, elles étaient évaluées en monnaie de compte, en livres tournois (de Tours, à l'origine). Mais le rapport légal établi entre elles subissait des variations (13.7 en 1660 ; 14.7 en 1669 et jusqu'à 15,6 en 169 :3, pour revenir à 15 en 1709). Car leur valeur intrinsèque dépendait des cours marchands des métaux précieux arbitrés à Amsterdam c'est à-dire chez l'adversaire.

L'État se trouve donc contraint de manipuler la monnaie. De 1686 (mort de Colbert) à 1709, les mutations se succèdent. En quarante changements successifs de la valeur légale du louis d'or et de l'écu le poids d'or fin correspondant à la livre tournois (monnaie de compte) s'abaisse de 1/40e à 1/60e de marc, ce qui représente une perte d'un tiers de sa valeur-métal. Les principales *augmentations* — lisez dévaluations — rapportent chacune en moyenne au Trésor de 20 à 25 millions de Livres ; et même, celle de 1693, 52 millions. Tandis que la plupart des particuliers, découragés par l'alternance des *diminutions* et des *augmentations* restent pratiquement hors du jeu, l'État réalise un bénéfice sur la frappe, retient des pièces en caisse, diminue sa dette perpétuelle et profite parfois de l'approche d'une démonétisation pour convertir des rentes (Chamillart en 1703) ou transformer des assignations à court terme en plus long terme (Desmaretz en 1708). En outre, les réformations forcent à sortir de leur cachette louis et écus thésaurisés.

Mais la dévaluation ne suffisant pas à fournir le nerf de la guerre, il va bientôt falloir recourir à l'inflation. Inflation de crédit des lettres de change de *cavalerie*, d'apparence commerciale, servant à mobiliser les fonds procurés par les banquiers et inflation de billets, par l'émission massive de *billets de monnaie*. À l'origine, ces *billets de monnaie* n'étaient que de simples récépissés délivrés aux porteurs de monnaies décriées, en attendant que les nouvelles pièces soient re-frappées (1693). Comme en Septembre 1701, les porteurs durent les conserver plus longtemps, on leur consentit un intérêt de 4% (25 octobre 1701), qui fut porté ensuite à 8 (8 décembre 1703). Il y en avait alors en circulation pour 6,7 millions. Mais, les émissions, de plus en plus importantes, atteignirent 180 millions en Octobre 1706. Il s'ensuivit une dépréciation verticale des billets : 14% en Avril-Juin, et jusqu'à 63% en Mai 1707. Après la crise de 1709, on s'efforça d'éponger cette inflation par tous les moyens.

Une tentative pour faire directement appel à l'épargne avait échoué par ailleurs. La *Caisse des Emprunts* créée par Colbert en 1674 recevait des dépôts à court terme contre des certificats ou *promesses*, mais, six ans plus tard. Le Pelletier l'avait supprimée à la mort de Colbert. Elle revit le jour cependant le 11 mars 1702, pour ne recevoir cette fois que des dépôts à terme fixe, portant intérêt à 8%. Mais, dès le 1er avril 1705, se trouvant dans l'impossibilité de rembourser autrement que la moitié en *billets de monnaie*, elle subit le contre-coup de la dépréciation de ceux-ci.

FERMIERS ET TRAITANTS S'ENGRAISSENT. SAMUEL BERNARD ET LES BANQUIERS PROTESTANTS DAVANTAGE ENCORE

La structure financière de l'État est à la fois si complexe et si rudimentaire à cette époque que financiers et banquiers ont beau jeu. À part les tailles et les capitations, confiées aux collectivités, le recouvrement des autres recettes est donné à bail aux fermiers et traitants. L'État y voit un avantage : ils font l'avance des sommes à percevoir. Et, une fois pris dans l'engrenage, ils deviennent des prêteurs obligés, d'autant plus souples que la menace d'avoir à rendre gorge en Chambre de Justice pèse toujours sur eux. Mais si le risque est grand, le profit est immense. Le bail des fermes unies, le plus important, était de l'ordre de 60 millions de Livres, par an. Là-dessus, le bénéfice des traitants était d'ordinaire calculé sur la base de 1/6e, quelquefois d'1/10e, *en dedans*, sur le produit nominal, et de 2 sols par Livre, *en dehors*. Pratiquement, la part des fermiers atteint environ le quart de la recette. Sur les traités passés pendant la guerre de la. Ligue d'Augsbourg, il est revenu 350 Millions à l'État et 107 aux traitants. Pendant la guerre de Succession d'Espagne, ce fut pire.

Aussi bien fermiers et traitants n'ont-ils pas cessé de faire scandale. Pendant tout le XVIIe siècle, des ouvrages dénonçaient leurs méfaits. Ceux de J. de Beaufort en 1615-16. Celui de J. Bourgoin, « *la chasse aux larrons* », paru en 1618, qui voue à la vindicte publique cent-vingt traitants. Ceux de Boisguillebert, lieutenant-général du bailliage de Rouen : « *le Détail de la France* » (1697), « *les moyens ...de rétablir les finances de l'État* » (1707) ; la « *Dissertation sur la nature des Richesses* », ne considérant l'argent que comme le signe du transfert des biens réels. Et enfin, le livre célèbre de Vauban, (1707) « *la dîme royale* » propose le remplacement des multiples taxes existantes, inégalement réparties (et si mal collectées qu'un quart de leur produit reste entre les mains des traitants) par un impôt unique et général sur le revenu, payable soit en nature pour les terres, soit en argent pour les autres biens. Loin de préconiser des mesures de style *libéral* qui ne feraient qu'accroître l'influence des puissances d'argent, c'est au contraire sur une autorité royale renforcée que Vauban souhaiterait pouvoir compter pour engager ses réformes.

Hélas le jour approche où ces financiers vomis par La Bruyère en termes virulents (« *des âmes sales, paîtries de boue et d'ordure, éprises de gain... De telles gens ne sont ny peut-être des hommes... ils ont de l'argent* ») vont être les maîtres en France comme en Angleterre. Sous Louis XIV, Richelieu avait utilisé les services de Particelli d'Emery, un lucquois établi banquier à Lyon, qui occupa les fonctions de Contrôleur général des Finances, de 1643 à 1648, et ceux de grands banquiers huguenots, les Tallemant (dont la maison avait été fondée à Bordeaux par Gédéon, trésorier du roi de Navarre). Ils s'étaient intéressés au commerce d'outremer. Leurs parents les Rambouillet, secrétaires de la Chambre des Finances administraient sa fortune personnelle. La veuve d'Antoine de Rambouillet. M$_{me}$ de la Sablière, tiendra pendant vingt ans une tour libérale, le salon le plus en vogue à Paris. Pendant la même période, les banquiers de Metz et d'Alsace travaillaient en liaison avec la Hollande et Francfort.

Sous Louis XIV, Colbert collabora avec Evrard Jabach, venu de Cologne à Paris en 1642, qui plaça les actions de la compagnie du port de Lorient, subventionna les manufactures (Aubusson) et revendit au roi en 1670 sa célèbre collection de tableaux. Cédant à d'instantes pressions. Colbert s'était d'ailleurs résigné à exclure les protestants des offices de finance (règlement des fermes du 11 juin 1680, confirmé par un arrêt du 17). Mais c'est comme banquiers que nous les retrouvons, et là, ils occupent une position dominante : De sorte que Louis XIV, aux prises avec des coalitions protestantes n'a d'autre ressource que de faire appel à des bailleurs de fonds huguenots. Tandis que les financiers se chargent de recouvrer les recettes du royaume, à titre de fermiers ou traitants, à l'instar des publicains de l'Antiquité, leur rôle consiste à procurer des espèces et matières d'or et d'argent à la Monnaie, à effectuer des remises de fonds à l'étranger et à escompter les effets publics et semi-publics, en mettant au service de l'État, pour les deux premières opérations, leurs accointances internationales et, pour la troisième, leur crédit commercial. Or, dans ce domaine, ils sont maîtres du marché. Protestants demeurés en France ou nouveaux convertis, colonies de réfugiés à l'étranger, émigrés rentrés sous passeport étranger, Suisses et Hollandais établis en France et oligarchie genevoise forment un réseau complet d'intérêts étroitement liés entre Londres, Amsterdam, Genève et Lyon. Ils disposent de la masse de capitaux, qui, à la faveur des règlements internationaux, guettent l'occasion de s'évader de France. Vers Genève notamment, centre du Refuge, où règnent aux Conseils des 25 et des 200 un nombre de familles de plus en plus restreint, les Lullin, les Pictet, les Calandrini, les Tremblay.

Au milieu de cette constellation, au firmament de la Finance, Samuel Bernard se détache comme une étoile de première grandeur. Prodigieuse ascension que la sienne. De famille réfugiée d'Amsterdam, il devait se faire baptiser protestant le 3 décembre 1651 et catholique le 17 décembre 1685. Son père, miniaturiste, figure en 1682 comme drapier — joaillier. Soudain en 1687, le voilà banquier, profitant peut-être de ce que sa sœur avait épousé en 1679 un banquier authentique, Jérémie Horquelin, installé à Amsterdam, disposant déjà de correspondants en Angleterre et en Allemagne. Dix ans après, Dangeau le désignait comme le *plus grand banquier de l'Europe : « le plus riche de l'Europe et qui faisoit le plus gros et le plus assuré commerce de l'argent »*. Pour le récompenser d'avoir procuré 200.000 écus à Dantzig pour l'élection du prince de Conti en Pologne, Louis XIV lui conféra en 1683 des lettres de noblesse, les titres de comte de Coubert et de conseiller d'État et, il se remariera en 1720 avec la fille du marquis de Mérv. Ses enfants contracteront de brillantes alliances avec Nielles de La Messelière de Saint-Chamans, de Boulainvilliers et avec les plus grands noms de France, appartenant à la noblesse de robe et d'épée, les Lamoignon, les ClermontTonnerre, les Cossé-Brissac. Propriétaire du plus bel hôtel de Paris, sa fortune évaluée à plus de trentemillionsétaitengrandepartiemiseàl'abrichez Pela André, soncorrespondantd'Amsterdam. Les débuts du banquier avaient été pourtant relativement modestes. Pendant la période 1690-1700, tout en finançant des achats de blé, il était devenu l'un des pourvoyeurs des Monnaies en espèces d'or et d'argent. C'est ainsi qu'avec le concours d'un consortium genevois (Fr. Fatio,

Calandrini et Hertner de Lyon) il avait traité avec le contrôleur général Pontchartrain (8 février-11 avril 1695) de la fourniture d'au moins quatre millions de Livres de vieux louis et pistoles d'Espagne. Mais il avait atteint péniblement le chiffre prévu et en 1696-98, Hogguer et les SaintGallois (qui bénéficiaient de privilèges de sorties d'espèces pour leurs importations en France) lui avaient enlevé ce monopole, en fournissant 8.254 marcs de matières d'or. Nommé à la fois contrôleur général des Finances, et Secrétaire d'État à la Guerre en 1701. Chamillart avait accepté ses offres de service et lui avait accordé un quasi-monopole des remises à l'étranger (4 à 5 millions de Livres par mois de 1704 à 1708). Est-il vrai comme l'écrit Herbert Lüthy, que toute une histoire souterraine du refuge a passé par ses comptoirs. ? Autrement dit.. qu'il a profité des besoins du Trésor à l'étranger pour organiser l'évasion des capitaux protestants ? Il réalise ainsi un double bénéfice laissant entre ses mains environ 50% des paiements effectivement réalisés (1.053.000 livres pour deux millions payés).

En 1704, il fournit la quasi-totalité des remises : Flandre, Bavière, Cologne, Suisse. Savoie. Italie et reçoit 41.426.000 Livres pour en payer 35.700.000. Ses opérations qui, en fin de compte, laissent plus de 40% de marge, sont effectuées avec le concours des maisons d'Amsterdam déjà mentionnées, de la grande banque des frères Sacerdoti à Gênes, associée à Castelli de Milan, de Calandrini et d'Huguetan à Genève. Mais Samuel Bernard se brouille avec ce dernier, qu'il accule à la faillite (Mars-Avril 1705). Conséquence : Huguetan s'enfuit en Hollande où, pour se venger, il dénonce les embarras de la France, dont les dépenses excèdent les recettes de plus de 170 millions chaque année. Le 5 mai 1707, Marlborough l'amènera présenter aux États-généraux des Provinces-Unies un mémoire sur les meilleurs moyens d'étrangler les finances du grand Roi. Le 28 octobre 1705, les remises d'Italie sont retirées à Bernard pour être confiées aux Hogguer. Mais il récupérera son monopole fin 1706.

Finalement Chamillart parvient à convertir 100 millions de billets de monnaie en rentes sur l'Hôtel de Ville et à remplacer une partie par 72 millions de billets *réformés*, mais ces derniers subissent bientôt une dévaluation du même ordre (33% en Février 1708 et 50% plus tard et à bout d'expédients, il se retire. Le 20 février 1708, Nicolas Desmaretz, neveu de Colbert, le remplace et dresse le bilan des finances royales. Il existe alors 300 millions de papiers d'État en circulation (dont 82 de *billets de monnaie* réformés ou vieux, 54 convertis, dits des fermiers et receveurs, 60 de *promesses* de la Caisse des Gabelles, 62 de billets de l'Extraordinaire) plus 102 millions de dettes aux trésoriers. Bref, l'ensemble des dettes exigibles atteint 483 millions. Les recettes sont mangées par avance : 55 millions sur 1708, 14 sur les années 1709 à 1712. Et il reste en caisse 20 millions pour subvenir aux dépenses ordonnées en 1708.

Que faire ? Dans l'immédiat, force est bien de recourir aux expédients. On parvient à tirer 33 millions de la création de 2,1 millions de rentes, 11,5 millions de la création d'offices, 36 de divers traités d'affaires extraordinaires. Mais le nouveau contrôleur général, larguant le lourd fardeau des financiers et des banquiers dont il accepte la collaboration mais dont il rejette la domination, décide de centraliser les recettes et les dépenses et, pour ce faire, il monte, fin 1710, une Caisse des Receveurs généraux, dite Caisse de Legendre, du nom de son directeur, qui parviendra à alimenter la Trésorerie. Et, les remises à l'étranger se trouvant réduites, du fait que les armées françaises ont été pratiquement ramenées à l'intérieur des frontières et que l'Espagne, alliée, fournit directement des espèces, il aura de moins en moins recours aux services trop onéreux des banquiers.

FAILLITE DE LA PLACE DE LYON

Les spéculations et les trafics de ces derniers préparent d'ailleurs la retentissante faillite de 1709, qui ruinera définitivement la place de Lyon comme marché financier international. Les reports s'étant accumulés, un Barthélémy Favre, par exemple, aurait dû présenter en *Rois* 1709 1.600.000 Livres de billets de monnaie, si Bernard lui avait réglé 1.500.000 Livres de traites. Le profit théorique d'opérations de ce genre, aurait dû — en cas de bonne fin bien entendu — dépasser 100%. Mais la pompe à finance, qui avait déjà eu des ratés en *Pâques* 1708 se bloqua complètement en *Rois* 1709. Les créanciers apeurés par un hiver catastrophique et par des échecs militaires répétés, exigèrent le remboursement en espèces. La pyramide, imprudemment édifiée, s'écroulait. Ce fut la débâcle. Sur 70 millions d'engagements, 45 seulement furent honorés. Force fut de reporter trois fois le Payement de *Saints* et Bernard dut remplacer 30 millions de traites à cette échéance par 38 en *Rois*. Parmi les plus engagés de ses collègues, Jean-Antoine Lullin en prit nominalement 7,5 millions (dont 4 en lettres précédentes et un seul en espèces). Là-dessus, il s'empressa de refiler lettres et billets de monnaie par quantités égales, en recevant presque les 4/5 en argent comptant. Et ne conserva que 3,5 millions de lettres et 2,4 de billets à fournir, qu'il se procurait avec 50% de dépréciation dans le public, pour les récupérer en espèces, au pair. De leur côté Gédéon Mallet et Cramer en prirent pour un million et demi. Par ailleurs, 13 à 14 millions de lettres de Bernard se trouvaient placées à Genève.

Pour sauver très temporairement, les Payements de Lyon, Desmaretz dut intervenir. Un projet de Banque d'État, conçu par Bernard, appuyé par Lullin, et approuvé par le Conseil (24 janvier 1709) ayant été rejeté par le Conseil de Commerce, il fallut bien prêter aide à Bernard. On lui assigna 10 millions de contrats de rente sur les notaires et 4 millions sur l'Hôtel de Ville, mais il fallut le forcer à consentir sur les billets de monnaie qu'il devait faire rentrer (dévalués à 54 % dans le public) un rabais de 25%, alors qu'il prétendait encore n'accepter que 10 ou 15%. Finalement, la liquidation s'effectua par le retrait de 30 millions de lettres et le report de 2 millions. Un premier arrêt du Conseil (26 septembre 1711) ordonna le visa du reste, sur production de *nantissements* en billets de monnaie. Et un deuxième prononça l'annulation de 2,7 millions de lettres (17 octobre 1713). Des faillites en chaîne s'ensuivirent (Lullin, et Marcet, Tourton, Hogguer etc.) aussi bien à Genève qu'à Lyon, où beaucoup de banquiers protestants *montèrent à Paris* (ils étaient près de quarante en 1714), pour mieux suivre le sort de leurs papiers, avant de participer aux spéculations du *Mississipi*.

Cependant Bernard, qui avait naturellement sauvé sa fortune, voyait son rôle réduit à ses relations avec Amsterdam (André Pels) et Anvers (L. F. de Goninck), à quelques remises (un million par mois à l'armée de Flandre) et à quelques avances à la Caisse de Legendre (0,5 à 2 millions par mois 1713-14). Revenant à ses activités premières, il fournit encore matières d'or et espèces à la Monnaie, mais finance surtout les munitionnaires et autres fournisseurs de blé, Farges, les frères Pâris et autres. Non sans qu'un nouveau scandale éclatât en 1714. Chargé par Desmaretz de procurer des fonds après la paix d'Utrecht, Bernard négocie l'émission de 30 millions de billets de la Caisse des Emprunts, parvient par d'habiles indiscrétions à susciter une hausse de 35 à 85 % et réalise un bénéfice considérable, sur lequel il refile au Roi quatre millions pour les fêtes de Fontainebleau. Les billets bientôt dépréciés, gardèrent le nom de *bernardines*.

DESMARETZ REDRESSE LA SITUATION

Tandis que Bernard continuait ainsi ses trafics, le Contrôleur général Desmaretz parvenait à opérer un redressement remarquable, qui prépara et accompagna le redressement militaire de la fin du règne. Pendant cinq ans, de 1709 à 1714, les fermes générales furent mises en régie, ce qui évinça les traitants. Un impôt du Dixième, établi en 1710, inspiré de la *Dîme royale* laissait même présager une prochaine application des idées de Vauban. Malheureusement ce projet ne put être mené à ternie. De son côté, la Caisse de Legendre, centralisant les ressources de l'État, continuait d'alimenter la Trésorerie.

Un gros effort est accompli en vue d'assainir la monnaie. Grâce à l'appoint de 30 millions d'or et d'argent ramenés par les Malouins des Mers du Sud. 43 millions de billets sont retirés de la circulation. En Octobre 1710, une partie des 30 millions restants est convertie en rentes. Mais, l'effort de guerre continuant, la masse des effets remonte de 293 millions en Mars 1708 à 597 en Septembre 1715, et le montant des dépenses anticipées passe de 55 à 137 millions. Cependant, la passe difficile franchie, la déflation parait possible : Desmaretz l'entreprend aussitôt. Et la Livre tournois, dévaluée d'1/2$_e$ à 1/40$_e$ de marc jusqu'en 1709 peut cire relevée dans les deux dernières années du règne (1713-1715). C'est ce que traduit le baromètre des changes sur Amsterdam : de 100 vers 1680, il était tombé à 80 en 1709. À présent, il remonte, atteint de nouveau 100 en 1715. Pour retomber à 80 en 1716 et s'effondrer ensuite jusqu'à 56 après la Régence.

Car la mort du grand Roi (1$_{er}$ septembre 1715 ; devait emporter cet effort de redressement, comme sa diplomatie, comme tout le reste, en livrant le pays aux agissements de l'étranger, impatient d'y établir le même régime de corruption politique, qui sévissait déjà en Angleterre.

CHAPITRE XIII

LA CORRUPTION DE LA RÉGENCE LIVRE LA FRANCE ET L'EUROPE AUX INTRIGUES DES SOCIÉTÉS SECRÈTES

Deux héritiers aux prises : les ducs du Maine et d'Orléans — Lord Stairs joue et gagne — Entente cordiale : Hanovre-Orléans, Dubois-Stanhope — Une Régence à la mode anglaise — Corruption et spéculation : John Law et le Mississipi — Triomphe de l'argent et des sociétés secrètes.

DEUX HÉRITIERS AUX PRISES :
LES DUCS DU MAINE ET D'ORLÉANS

Du vivant même de Louis XIV, trois cabales s'étaient formées autour de ses successeurs éventuels, autour du *Grand Dauphin* à Meudon, les Conti, les Vendôme et leur clientèle de *libertins*, autour du nouveau Dauphin, le duc de Bourgogne, marié à la brillante Adélaïde de Savoie, tout le parti de Fénelon, Beauvilliers, Chevreuse, Saint-Simon, actifs à dresser des plans de réforme, rétablissement des *Conseils*, des assemblées provinciales, des privilèges de la noblesse, mêlés à des projets de lutte contre le jansénisme et de... banqueroute financière. La troisième coterie groupait autour de Mme de Maintenon les traditionalistes, vieux amis du Roi, Boufflers, Villeroy, Harcourt et les bâtards de Mme de Montespan, légitimés, le duc du Maine, le comte de Toulouse, déclarés aptes à succéder au trône en Juillet 1714, à la suite de l'accident de cheval dont le duc de Berry était mort le 26 avril.

Frappant à coups redoublés, la mort avait fauché successivement les héritiers naturels du roi. Le 10 avril 1711, le grand Dauphin avait été emporté par la petite vérole. Le 12 février 1712, c'était le tour de la duchesse de Bourgogne, la préférée de Louis XIV, le 18 février de son mari, le duc de Bourgogne, et le 7 mars de son fils, le duc de Bretagne. Seul le petit duc d'Anjou, protégé des médecins par sa gouvernante Mme de Ventadour, en réchappa. Épidémie ou poison ? Qui assassine la famille royale ? Les médecins par leur impéritie ou cet ambitieux de la branche cadette, tant décrié de mœurs et qui louche vers le trône ? C'en est trop. La Cour et la Ville accusent le duc d'Orléans. Aux obsèques du duc de Bourgogne, il a failli se faire écharper ; il est obligé de se terrer. Et, pourtant la rivalité pour la Régence — le petit duc d'Anjou n'étant âgé que de cinq ans — se circonscrit entre lui et le duc du Maine.

Né le 4 août 1674, d'un père *Monsieur*, aussi efféminé que *Madame*, la Palatine, était hommasse, le duc de Chartres s'était fait remarquer par son courage à Steinkerque et à Neerwinden, de telle sorte qu'afin d'éviter toute comparaison désobligeante avec la prudence exagérée dont faisait preuve le duc du Maine, ses talents militaires avaient été mis en veilleuse jusqu'au moment où, rentré en grâce, il avait participé à, la campagne d'Italie et ramené l'armée vers les Alpes après la déroute de La Feuillade. Envoyé plus tard en Espagne soutenir Philippe V, il avait pris Lérida le 12 octobre 1707. Mais ses agents parlaient trop. Il arrivait à Deslandes de Regnault de le présenter comme le successeur de Philippe. Un autre, Flotte, est surpris la main dans le sac avec une lettre cachetée du ministre anglais Stanhope, révélant las manigances du prince. Conseillé par sa femme Marie-Louise de Savoie et par la princesse des Ursins, amis de M_{me} de Maintenon, Philippe V réclame son rappel.

De nouveau en disgrâce, le duc se console en retournant à sa vie dissolue. Marié contre son gré à Melle de Blois, une légitimée, fille de la Montespan (28 février 1692), il s'est attaché pendant dix ans à Melle de Séry, devenue par la grâce du Roi, comtesse d'Argenton, mais son ami SaintSimon l'a contraint à rompre en 1710. On lui prête des relations incestueuses avec sa fille, l'hystérique Élisabeth, mariée le 7 juillet 1710 au duc de Berry. Ses dîners fins, ses orgies du Palais-Royal font scandale.

Intelligent, il avait eu pour précepteur le plus fieffé coquin du siècle, l'Abbé Dubois. Jeune, il avait eu recours aux subsides du marquis de Feuquières, cousin de Luxembourg et descendant de Manasses du Pas. Comme lui, il s'était adonné à la magie, à l'astrologie, à la recherche de la pierre philosophale. Un ami de Feuquières, l'alchimiste Humbert, jadis impliqué dans l'affaire des poisons, travaillait pour lui dans son laboratoire. Profitant de ce qu'il accompagnait à Londres les négociateurs chargés par Louis XIV de préparer avec Guillaume III la succession d'Espagne, l'abbé Dubois avait fait valoir à Stanhope les avantages que pourrait présenter l'accession au trône de France de la branche cadette des Orléans. Ses manigances ayant transpiré, l'ambassadeur Tallard avait exigé son expulsion. Mais les contacts n'avaient pas cessé, puisque c'est la découverte d'une lettre de Stanhope qui avait motivé le rappel d'Espagne du prince.

Tel était l'homme qui se trouvait en compétition pour la Régence avec le duc du Maine. Manifestement dépourvu de talent militaire, ce dernier faisait preuve de solides qualités sur le plan du gouvernement et de la diplomatie. Mais, aux yeux de la Cour et de la grande noblesse, il n'était qu'un bâtard légitimé, fils de la Montespan. Le vieux Roi oserait-il l'imposer comme Régent ? À l'article de la mort, Louis XVI se révéla trop respectueux des règles dynastiques pour ignorer les droits du dur, d'Orléans. Son testament remis le 27 août 1714 au Parlement est un compromis entre ses angoisses et ses scrupules : il confie la Régence à un Conseil de quinze membres, que préside le duc d'Orléans, mais composé de telle sorte qu'il lui serve de contrepoids : au duc du Maine et à Villeroy revient le soin de veiller sur la sécurité et l'éducation du jeune Roi : un codicille leur confie cri outre le commandement exclusif du corps d'élite qu'est la *Maison du Roi*.

LORD STAIRS JOUE ET GAGNE

En vérité, quelles illusions Louis XIV se faisait-il sur le sort qui serait réservé à ses dernières volontés ? De même que la conclusion de la paix avait déclenché une frénésie de plaisir, sa mort, libérant les forces de l'opposition, devait provoquer une vive réaction contre sa politique. Le Parlement, en majorité janséniste, la noblesse avide, à la Saint-Simon, l'ancien clan du duc de Bourgogne, les banquiers Crozat, Samuel Bernard, les frères Pâris, philosophes et *libertins*, misaient sur le duc d'Orléans. Grand ami de Stanhope, le nouvel ambassadeur d'Angleterre lord Stairs, nommé le 29 janvier 1715, s'était fixé pour tâche de grouper ces factions hétéroclites et de lier le destin du futur régent à celui de son cousin germain (par la Palatine), Georges Per de Hanovre. Devenu maître du pouvoir, le duc d'Orléans couvrirait les agissements des spéculateurs comme il favoriserait la mise en place de l'armature maçonnique, instrument de pénétration et de domination mondiale de l'oligarchie internationale désormais établie à Londres.

C'est avec l'abbé Dubois et le comte de Noailles que Lord Stairs prépare le scénario qui permettra au duc d'Orléans d'exercer, effectivement et seul, la Régence. Afin d'éliminer un troisième candidat, Philippe V, les courriers sont arrêtés dès que le Roi a rendu le dernier soupir, de sorte que son petit-fils n'apprendra son décès qu'une semaine plus tard. Bien qu'officiellement réconcilié avec le duc, le roi d'Espagne sous l'influence de l'abbé Alberoni, homme de confiance d'Élisabeth Farnèse, avec laquelle il vient de se remarier, n'a pas renoncé à faire valoir ses droits. Il a même chargé son ambassadeur Cellamare de lui constituer, en sous-main, un parti en France. Au fond cette manœuvre, affaiblissant d'autant la position du duc de Maine, eut plutôt pour effet de renforcer celle du duc d'Orléans.

En vue de la séance du Parlement, convoqué le 2 septembre 1715 pour examiner le testament royal, toutes les précautions ont été prises. À l'extérieur, où l'abbé Dubois a acheté le duc de Guiche, commandant des gardes, comme à l'intérieur, où l'on a multiplié les promesses. À la noblesse selon le cœur de Saint-Simon, on a juré de lui rendre le salut du Premier Président, de la rétablir dans ses privilèges et de substituer aux Secrétaires d'État, agents dociles et omnipotents du pouvoir central, des Conseils à l'espagnole où elle aurait la prépondérance. Quant au Parlement, il doit intégralement recouvrer son droit de remontrance. Aussi lorsqu'une altercation éclate entre les ducs du Maine et d'Orléans, prie-t-on d'abord les deux candidats d'aller s'expliquer ailleurs, avant d'enregistrer leur désaccord et de déchirer purement et simplement le codicille relatif au commandement de la *Maison du Roi*. Battu sur tous les tableaux, le duc du Maine ne conserve que la haute main sur l'éducation du jeune Roi. Il a perdu toute autorité effective.

Le duc d'Orléans a les mains libres pour exercer la Régence. S'il doit accepter pour l'instant de s'entourer d'un Conseil de douze membres, dont la plupart sont ceux nommés par le grand Roi, il pousse à la présidence des autres Conseils ses propres créatures : le duc de Noailles très accessible aux pots de vin, aux Finances, son oncle le cardinal de Noailles, au Conseil des Consciences (où l'abbé Dubois ne tardera pas à s'introduire), d'Huxelles aux Affaires étrangères, le duc d'Antin, dont le rôle maçonnique apparaîtra plus tard au Conseil du Dedans (Intérieur).

ENTENTE CORDIALE : HANOVRE-ORLÉANS, DUBOIS-STANHOPE

Entre la dynastie hanovrienne, encore mal établie en Angleterre et la branche cadette d'Orléans, provisoirement investie du pouvoir en France, un rapprochement est inévitable. Craignant de nouvelles tentatives de débarquement du prétendant Stuart, Georges I$_{er}$ profite des bonnes dispositions d'Albéroni, qui accorde au commerce britannique des avantages exorbitants en Amérique (18 septembre-15 décembre 1715), pour négocier avec l'Espagne. Redoutant les entreprises du Tsar Pierre le Grand en Allemagne, il signe avec l'empereur le traité de Westminster (5 juin 1716). Et comme il se rend au Hanovre, Dubois saisit l'occasion de le rencontrer à La Haye, où il a une entrevue avec Stanhope le 21 juillet, avant de le suivre dans ses États. Ils jettent les bases d'une entente — comportant la démolition de Mardyck — dont l'annonce soulève un tel tollé de part et d'autre qu'on se borne à signer le 28 novembre un pacte secret entre George I$_{er}$ et le duc d'Orléans, qui ne sera transformé en alliance officielle entre l'Angleterre, la France et les Provinces-Unies, que le 4 janvier 1717. Il faut deux millions de Livres pour acheter au Parlement britannique les voix nécessaires à la ratification de ce traité. Qu'à cela ne tienne, le Régent les procurera à Pitt, en acquérant le fameux diamant du grand mogol, qui a conservé son nom. Ainsi, pour sauver sa situation personnelle a-t-il été amené par son âme damnée, Dubois, bientôt promu ambassadeur à Londres, à conclure cette première entente cordiale qui, réduisant la France au rôle de brillant second, compromettait gravement les chances de son relèvement maritime et colonial.

Pour l'instant, l'Empereur s'étant rallié à la Triple Alliance le 2 août 1718, elle allait permettre à la flotte anglaise de dominer la Méditerrannée, après la défaite infligée aux Espagnols par l'amiral Byng, à Passaro en Sicile, le 11 août. Lorsqu'après la découverte de la conspiration de Cellamare en Décembre 1718, l'arrestation de ses messagers le 5, la perquisition à l'ambassade d'Espagne le 9, suivie de l'incarcération du duc du Maine à la citadelle de Doullens le 28, la France, emboîtant le pas à son alliée, déclara la guerre à l'Espagne, Berwick, écossais au service de la France, aura l'insigne honneur de détruire à Pasajes et à Santons, navires et chantiers espagnols, pour le plus grand profit de Sa Majesté britannique, tandis que l'escadre anglaise pénétrera dans la haie de Vigo.

UNE RÉGENCE À LA MODE ANGLAISE

Comme le plus grand désir des diverses coteries qui composaient la clientèle de la Régence était d'imiter la mode anglaise et en particulier la frénésie spéculative qui sévissait à la City, le premier geste de ces privilégiés de robe et d'épée fut-il, dès la séance d'ouverture du Conseil de Finance (10 septembre 1715) de renvoyer Desmaretz et de supprimer la Caisse des Receveurs généraux que des versements massifs (5 millions de subsides à la Bavière, plus un million à Cologne et à la Suède) avaient mise à sec en Avril. C'était renverser le dernier pilier du crédit de l'État (dont les *promesses* s'effondrèrent). renoncer à l'assainissement monétaire déjà amorcé- que dix années de paix auraient permis de mener à bien et tourner définitivement le dos aux projets de réforme fiscale de Vauban.

Allait-on donc faire banqueroute, comme le préconisait Saint-Simon ? La dette constituée (542 millions) coûtait annuellement 86 millions au Trésor et 50 millions de gages d'offices aliénés. À cela s'ajoutait la dette flottante : 600 millions de *promesses* et billets. 185 millions d'arriérés de trésorerie et 137 millions d'anticipations. De crainte de soulever les rentiers, c'est à une solution de faillite partielle déguisée qu'on s'arrêta : conversion générale des rentes de 5 ou de 8% selon le cas au taux unique de 4%. obligation du visa pour tous les effets royaux, assignations et ordonnances, dont 400 millions environ furent annulés et les autres 190 millions transformés en billets d'État à 4% (17 décembre 1715). lesquels se déprécièrent bientôt de façon inquiétante (37,5% en Avril 1716, 60% plus tard). Chargés du contrôle de l'opération, les frères Pâris, protégés de Samuel Bernard, en profitèrent pour étendre leur clientèle et mieux asseoir leur puissance.

Mais ces mesures étant impopulaires, on crut bon de donner à l'opinion une satisfaction au moins apparente en créant le 14 mars 1716 une Chambre de Justice. Celle-ci en un an examina 8.000 dossiers de financiers et de traitants ; elle en condamna 4.410 à reverser à l'État 219 millions et demi de livres. Afin d'échapper à l'enquête les plus gros s'étaient taxés eux-mêmes : Samuel Bernard, en tête, pour dix millions, puis son rival Antoine Crozat, pour six millions six... ancien receveur général des Finances à Bordeaux, marié à la fille du banquier Legendre, Crozat avait notamment reçu le privilège du commerce avec la Louisiane ; son frère Pierre avait été trésorier de France. Venaient ensuite, Poisson, pour 4.446.000 et les frères Pâris, pour 1.126. Paris-Montmartre (1690-1766) et ses frères avaient dû quitter précipitamment le Dauphiné, où ils s'étaient permis de spéculer sur les blés en période de famine. Réfugiés à Paris ils avaient trafiqué avec des munitionnaires, jusqu'au moment où Samuel Bernard les avait aidés à lancer leur banque, qui devint l'une des premières de la capitale. Paris-Montmartre parvint au comble des honneurs : marquis de Brunoy, il porta les titres de banquier de la cour et de garde du Trésor royal. Derrière ces chefs de file, le cortège de la Finance se composait alors de trois fortunes supérieures à 10 millions ; de cinq supérieures à 8 et de cinquante, qui oscillaient entre 6 et 3 millions. Selon les libellistes de l'époque, soixante professionnels de la finance, et deux cents particuliers détenaient la moitié du capital de la nation (ce qui indique que le slogan des deux cents familles n'est pas né d'hier). À côté de l'agiotage et du trafic des munitionnaires, les profits sur les baux des fermes, évalués à 1.300.000 livres entre 1720 et 1754, constituaient le plus clair de leurs bénéfices.

Dans l'ensemble, la Chambre de Justice de 1716, exerça surtout son action contre les financiers, les traitants, certains fonctionnaires, les Legendre, les trésoriers de l'Extraordinaire etc. ... Par contre, elle ménagea les banquiers proprement dits. Le lieutenant de police d'Argenson sut se montrer parfois prudent dans ses enquêtes et M_{me} de Parabère, favorite du Régent, ouvrit une sorte de guichet des grâces, de sorte que, sur 219 millions et demi d'amendes, il n'en rentra guère plus de cinquante dans les Caisses du Trésor.

CORRUPTION ET SPÉCULATION :
JOHN LAW ET LE MISSISSIPI

Loin de combattre les financiers, le Régent s'apprêtait au contraire à livrer la France aux entreprises du plus suspect des aventuriers venu d'outre-Manche. Le soir même de son arrivée à Paris, le 29 janvier 1715, lord Stairs, l'ambassadeur britannique que nous avons vu mettre en selle le duc d'Orléans, avait reçu John Law (1671-1729), bien que ce dernier eut été jadis expulsé d'Angleterre pour meurtre. Depuis il l'avait été aussi de France, pour sa chance excessive au jeu dans les tripots, peut-être même un peu comme agent ennemi. Mais il avait étudié les questions financières à Amsterdam et en Italie et publié à la Haye en 1705 des « Considérations sur le numéraire et le commerce » dans lesquelles il exposait ses théories. Maintenant il parcourait l'Europe en proposant sa panacée : l'émission de papier-monnaie, sans autre limite que les besoins du commerce, l'institution d'un capitalisme d'État à monopole général. Il y aura d'ailleurs un véritable parallélisme entre le développement de son système et l'évolution du régime financier de l'Angleterre, où la Banque avait commencé comme une spéculation assez louche, où la *South company* (Cie du Sud) fondée en 1713 pour l'*Asiento*, avait pris en charge la dette flottante, en absorbant les créanciers de l'État comme actionnaires, et où le *South Sea bubble* allait offrir un digne pendant au *Mississipi*.

Bien que présenté avec l'appui du Régent et de d'Argenson, au Conseil des finances, son premier projet fut rejeté le 24 octobre 1715. Sur treize représentants du négoce consultés, neuf avaient émis un avis défavorable, dont Samuel Bernard, qui avait retourné contre lui les critiques auxquelles lui-même s'était heurté en 1708-09. Parmi les quatre autres se trouvaient les deux banquiers huguenots Tourton et Guiguer, qui l'avaient aidé à mettre au point son plan. Dans le commerce, il n'était guère soutenu que par les dirigeants de la Cie du Sénégal (rivale de la Cie de Guinée de Crozat), négociants de Rouen et du Havre et par certains de leurs collègues de Bordeaux, de la Rochelle et Nantes, tournés vers l'Angleterre..

Il lui fallut donc se contenter de fonder le 5 mai 1716 une banque privée, la *Banque générale* au capital de 6 millions. Le quart de ce capital, qui devait être immédiatement versé, se réduisit d'ailleurs à 375.000 Livres en espèces. Cet institut, recevant des dépôts, ne pouvant émettre des billets au-delà de son encaisse, exécutant des virements en *écus de banque* de valeur fixe et, pratiquant l'escompte, à 6 puis à 4%, des lettres de change sur Paris, ne joua qu'un rôle extrêmement modeste, malgré les tentatives réitérées pour imposer ses billets dans les opérations des receveurs de province.

Malgré cet échec relatif, Law, encouragé par le Régent, n'en reprit pas moins son projet pièce par pièce. Création de la Cie du Commerce d'Occident pour l'exploitation de la Louisiane (Crozat ayant dû renoncer à son privilège) en fin Août 1717 ; compagnie au capital de 100 millions en 200.000 actions. Suivie de la transformation de la Banque privée en Banque royale (4 décembre 1718), jouissant du privilège d'émettre des billets dont le volume était fixé, arbitrairement par arrêts du Conseil. Et de la transformation de la Compagnie d'Occident, après absorption des compagnies similaires, en Compagnie des Indes, dite du *Mississipi* (Mai 1719), spécialisée dans le lancement d'actions purement spéculatives, que les Hollandais qualifieront de *windhandel*, commerce de vent. Pour aboutir enfin à la fusion des deux organismes, Banque et Compagnie, le 22 février 1720.

Dans l'intervalle, l'opposition au Système avait été brisée. Le départ pour l'exil de Daguesseau (16 janvier 1718), la démission de Noailles et la nomination de d'Argenson, ancien lieutenant de police devenu Garde des sceaux, aux Finances, avaient laissé toute liberté de manœuvre à Law du côté du Conseil de Régence. Le Parlement qui avait qualifié de mesure de *spoliation* un édit de Mai 1718 sur la refonte des monnaies, ramenant la Livre tournois de 1/10 à 1/60e du marc, avait dû s'incliner devant un lit de justice tenu le 26 août suivant. Le Régent en avait profité pour obtenir de cette Cour qu'elle enlève aux légitimés leurs prérogatives princières. Et Law avait pu tenter à La Rochelle une expérience d'impôt proportionnel, égalitaire, sur le revenu.

Mais son entreprise gigantesque devait conduire à la catastrophe. Tel le noyé, Law, pratiquant une inflation illimitée, ne se tirait provisoirement d'affaire qu'en annexant à sa Compagnie de nouvelles activités permettant de créer sans cesse de nouvelles actions encore moins garanties que les premières. Une fois la tendance renversée, plus rien ne permit de rétablir l'équilibre. Inflation de billets : de 12 millions à l'origine, les émissions de la Banque étaient passées à 59 en Avril 1719, puis à 610 en Décembre, pour atteindre finalement le chiffre astronomique de 2 milliards 696 millions. Inflation d'actions : la transformation de la Cie d'Occident, compagnie *mère* », en Cie des Indes avait été accompagnée d'une émission de 50.000 actions privilégiées, appelées *filles* (Juin 1719). L'octroi à la Compagnie du monopole de la refonte et de la fabrication des monnaies (25 juillet 1719) avait vu naître 50.000 *petites-filles*, également privilégiées. :Après avoir enlevé (28 août 1719) le bail des Fermes à la Cie concurrente, anti-Système, créée en Septembre 1718 au capital de 100 millions et contrôlée par les frères Pâris (ce qui avait entraîné la suppression des Recettes générales, de 10 octobre 1719), la Cie des Indes s'était vue attribuer la charge de résorber la Dette publique (1 milliard 200 millions de Livres au 25 août, portée à 1 milliard et demi le 12 octobre), d'où génération de 300.000 actions en trois tranches, soit au total 624.000 actions pour une valeur nominale de 312 millions, L'agiotage, favorisé par l'introduction du marché à terme, importé d'Amsterdam, est alors à son comble. On offre 11.000 Livres en or pour 10.000 en papier.

Pareille folie ne pouvait durer. Prudents, d'Argenson et les frères Péris commencent à prendre position à la baisse (21-25 juillet 1719), Dès Novembre, des retraits se produisent, provenant du clan des Condé. Law menace de se retirer. Pour le retenir, le Régent, qui se solidarise avec lui, le nomme Contrôleur général des Finances (5 janvier 1720). Pour ce faire, car il est protestant ; l'abbé de Tencin, frère de la chanoinesse. Mme de Tencin, experte en amour autant qu'en finances et maîtresse de Dubois, se prête à un simulacre de conversion. Mais les illusions dissipées, la confiance perdue, aucune des mesures de rigueur qui se succèdent, plus rien n'arrête la débâcle. Ni l'interdiction de circulation et de détention des espèces (27 février 1720) ni le cours forcé des billets (28 janvier 1720). ni la prohibition de sortie des capitaux, ni la cotation arbitraire des actions à 9.000 Livres (5 mars 1720). ni l'annonce du retrait de la monnaie d'or pour le 1er mai, et de celle d'argent pour la fin de l'année (11 mars). ni celle du recul des actions à 5.500 Livres en Décembre.

Alors les grands seigneurs *mississipiens*, principaux soutiens du *Système*, retirent leur mise ou *planquent* le produit de leur razzia les uns stockent, pour spéculer demain sur la misère, le duc d'Antin, les étoffes, le duc d'Estrées, le café et le chocolat, le duc de La Force, les métaux, le charbon, le vin, et jusqu'aux chandelles, le duc de Guiche, le duc de Saint-Simon, le duc d'Orléans en font autant. Les autres, à pleines charrettes, enlèvent l'or de la Banque Conti pour une valeur de 14 millions le 2 mars, le duc de Bourbon le lendemain, pour 25. La rue Quincampoix, proche de la rue des Lombards, peuplée de banquiers et d'usuriers était devenue le théâtre de scènes fantastiques. Elle dut être protégée par des grilles et par des gardes (dont certains apostés par le fameux brigand Cartouche).

Il y eut des suicides, des assassinats. Le 22 mars 1720, Law en décréta la fermeture. L'agiotage se transporta place des Victoires et autour de l'hôtel de Soissons. En Juin, on s'écrasait à la Banque, à l'hôtel Mazarin, rue Vivienne, pour se faire rembourser. Le coût de la vie montait en flèche, le 17 juillet, des émeutes firent quinze morts. Law proposa alors une sorte de socialisation du commerce. Le Parlement refusa et fut exilé à Pontoise, le 21 juillet. Mais la situation était désespérée. Le 10 octobre il fallut annoncer la fermeture de la Banque et le retrait des billets de la circulation. Le 1er novembre, Law s'enfuit à Bruxelles, d'où il gagna Venise.

La liquidation de la Banque et de la Cie des Indes fut confiée à une commission présidée par Pâris-Duverney (26 janvier 1721). Ses frères, avec Crozat et Samuel Bernard, qui y siégeaient, procédèrent à une opération de visa qui, tout en épargnant les plus gros spéculateurs, permit d'éliminer les nouveaux enrichis. Le nombre des actions fut ainsi ramené à 50.000 pour la Banque et à 56.000 pour la Cie. L'État prit à sa charge le paiement d'un intérêt de 17 millions par an. La triste expérience de Law, loin de faciliter l'introduction en France d'un régime moderne et sain de monnaie et d'échange, ne fit qu'en retarder et en compromettre l'établissement.

TRIOMPHE DE L'ARGENT ET DES SOCIÉTÉS SECRÈTES

Par les scandales qu'elle provoqua, elle fit éclater les tares de la société de l'époque et ferma la voie aux réformes profondes qui, seules, auraient pu sauver la monarchie française.

L'Espagne abaissée, La France livrée à l'influence délétère de l'Angleterre, aucune barrière solide ne s'opposait plus à la grande entreprise de conquête du monde dont le centre était Londres. La première phase de la manœuvre était terminée, qui avait permis aux réfugiés hispano-portugais du moderne exode de conquérir cette nouvelle plateforme, en attendant de faire de l'Amérique leur Terre Promise. Nous avons pu suivre leur action continue et souterraine, développant la puissance turque, s'insinuant dans les Académies italiennes, sapant la Papauté en lui opposant des *patriarches* royaux, exploitant les scandales de Rome, inspirant la Réforme, soufflant la révolte aux Pays-Bas, conquérant l'Angleterre des Puritains, harcelant par des guerres religieuses et fratricides l'Empire, l'Espagne, la France, les divisant et les ruinant afin de dominer l'Europe, Constantinople, Venise, Amsterdam, Londres.

La dernière étape franchie, en une deuxième phase, la manœuvre tend à s'étendre. Toujours par les mêmes moyens : idéologies répandues par les sociétés secrètes, pouvoir corrupteur de l'Argent. De Londres, le cercle Rose-Croix, engendrant la maçonnerie sous toutes ses formes, va lancer ses ondes concentriques à la conquête de l'Univers. Immense toile d'araignée qui enserre les trônes, emportés dans un cycle infernal de guerres et de révolutions.

  Les hétérodoxes espagnols libres

puis convertis et surveillés

avec Maïmonides — sous Pierre le cruel — par saint Vincent Ferrer — et Torquemada

Expulsés par les rois catholiques
Ferdinand d'Aragon et Isabelle de Castille

Lorsque Christophe Colomb leur ouvre
l'Amérique et Mehmet II la Turquie

Le 29 mai 1453, l'Empire romain d'Orient (empire byzantin) s'effondrait avec la chute de Constantinople, accompagnée de massacres des civils, tueries, viols et sacrilèges commis par les sectateurs de Mahomet.

« *Durant toute cette journée, les Turcs firent, par toute la cité, un grand carnage de chrétiens. Le sang coulait sur la terre comme s'il en pleuvait et formait de vrais ruisseaux. ... Georges Phrantzes dit aussi que, en certains endroits, le sol disparaissait sous les cadavres et que l'on ne pouvait passer par les rues ... ils volent, dérobent, tuent, ... font captifs femmes, enfants, vieillards, jeunes gens, moines, hommes de tous âges, de toutes conditions... Ils prenaient les trésors et les vases sacrés, dépeçaient les reliques et les jetaient au vent ; ils exhibaient dans les rues puis dans leurs camps, le soir, des crucifix montrant le Christ coiffé de l'un de leurs bonnets rouges. De Sainte-Sophie, ils firent d'abord une écurie. Un nombre incalculable de manuscrits précieux, ouvrages des auteurs grecs ou latins de l'Antiquité, furent brûlés ou déchirés. Les religieuses, violées par les équipages des galères, étaient vendues aux enchères. ... Cette cohue de toutes les nations, ces brutes effrénées, se ruaient dans les maisons, arrachaient les femmes, les traînaient, les déchiraient ou les forçaient, les déshonoraient, les violentaient de cent façons aux yeux de tous dans les carrefours.*»

   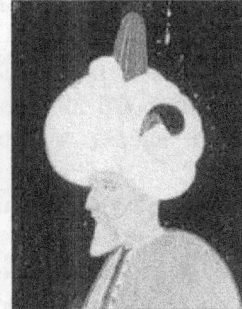

Charles Quint — François Iᵉʳ — Dona Garcia Nassi — Soliman II

Relié par les Nassi avec Soliman II

DEUXIÈME PARTIE

LA FRANC-MAÇONNERIE ÉTEND SON RÈGNE

CHAPITRE XIV

DE LONDRES, ISRAËL PARLE À L'UNIVERS :
LA MAÇONNERIE TISSE SA TOILE

La F∴M∴ introduite par les ex-agents français à Londres — Les Loges ∴ spéculatives sous contrôle orangiste — Dotée de Constitutions, la F∴M∴ essaime — La Propagande du Club de l'Entresol — Montesquieu répand les idées anglaises — Le libertin Voltaire admirateur intéressé de Londres — Spéculateur et ami malheureux des banquiers — L'essor des Loges en France — Ramsay propage les hauts grades — Premiers pas de la F∴ M∴ allemande — Hund et la Stricte Observance templière — Brunswick le supplante — G∴L∴ de Zinnendorf et R. C. la concurrencent — Le G∴O∴ unifie la F∴M∴ en France — À l'heure de l'indépendance américaine — Loges d'Anciens et Franklin inspirent les Insurgents.

LA F∴M∴ INTRODUITE PAR LES EX-AGENTS FRANÇAIS À LONDRES

Au début de Septembre 1734, comme le rapporte le « *Saint-James Evening Post* » du 7, Sa Grâce la duchesse de Portsmouth donne chez elle à Paris une réception assez particulière : une tenue de loge au cours de laquelle le duc de Richmond assisté du président Montesquieu, du brigadier Churchill, d'Édouard Young, Esquire, et de Walter Strickland, Esquire, reçoit plusieurs personnes de qualité dans cette *très ancienne et honorable société*.

Ce n'était pas la première fois qu'à Paris semblable évènement se produisait, puisque le 3 avril 1732 déjà, la loge *Au Louis d'Argent* existant chez le restaurateur anglais Hure depuis le 12 juin 1725, avait reçu de Londres, par lettres patentes, sa constitution. Dès lors, ces fondations vont se multipliant bon train. Le 12 août 1735, ce même duc de Richmond installait une loge bleue en son château de la Verrerie d'Aubigny et le 20 septembre de cette même année, une tenue des plus solennelles avait lieu en l'hôtel de Bussy, toujours en présence du duc et du Dr. Desaguliers, ex-Grand Maître de l'Ordre, venu spécialement de Londres. Le comte de Waldegrave, ambassadeur de Sa Majesté britannique, le président de Montesquieu, le marquis de Lornovin, lord Dursley, fils du comte de Berkeley, l'honorable Fitz-Williams, MM. Khnight père et fils, le Dr. Wickman, entre autres, assistaient à la réception du duc de Kingston, du comte de Saint-Florentin, Secrétaire d'État de S. M. Très Chrétienne, de Lord Shuton (Chewton) fils de Lord Waldegrave, de MM. Pelham, Arminger, Colton et Clément.

Pour compléter les présentations, précisons que le duc de Richmond, Grand-Maître de la Franc-Maçonnerie anglaise, était le fils de cette Louise de Keroualle, jadis chargée par Louis XIV de surveiller les Stuarts et qui, maîtresse tour à tour de Charles II et de Jacques II, devint à ce titre duchesse de Portsmouth avant de se rallier, après l'avènement de Guillaume III, au clan orangiste. Ainsi l'Angleterre, par une délicate attention, retournait à la France ses anciens agents chez elle, flanqués du grave président de Montesquieu, déjà initié à Londres le 16 mai 1730.

LES LOGES ∴ SPÉCULATIVES
SOUS CONTRÔLE ORANGISTE

Définitivement maîtres de l'Angleterre après le coup d'État de 1688, les Rose-Croix après avoir éliminé les loges jacobites, ont en effet réorganisé la Maçonnerie anglaise pour en faire le centre d'un mouvement universel.

À l'exemple d'Elias Ashmole et à la faveur des révolutions d'Angleterre, Rose-Croix, savants et nobles, avaient été nombreux à pénétrer dans les loges de la Maçonnerie opérative, afin d'y bénéficier du droit de réunion, dont seuls jouissaient alors les corps de métier. Les premiers à être *acceptés* avaient été les grands seigneurs, protecteurs des loges, bientôt suivis de membres de la *Real Society*, de l'Académie, et de Rose-Croix qui, peu à peu, transformèrent la Maçonnerie de *Masons Hall* en société *spéculative* dont ils réformèrent les grades d'apprenti et de compagnon-maître, respectivement en 1646 et 1650. Conservateur du Musée d'Ashmole et professeur de chimie à Oxford, Robert Plot note en 1686 dans *« l'histoire naturelle du Staffordshire »* que, dans ce comté de nombreuses personnes, même de haut rang, se font recevoir dans le *fellowship* de la *Society of Freemasons*.

À partir de 1640 surtout, les loges d'Écosse avaient connu le même phénomène. À Mary's Chapel d'Edimbourg — où John Boswell avait été accepté dès le 8 juin 1600, et le Quartier-Maître Robert Moray le 20 mai 1641 — pénétrèrent successivement le laird d'Auchinlech, le vicomte Canada (fils aîné du comte de Stirling). sir Anthony Alexander, sir Alexander Strachan, le général Alexander Hamilton. Et, le mouvement s'accélérant en 1670, les trois-quarts des membres de la loge d'Aberdeen seront des non-professionnels. En attendant que l'Ordre de Saint-André du Chardon soit rétabli par Jacques III en 1685.

Simultanément, la Franc-Maçonnerie se hiérarchise. Le 17 décembre 1663, un Grand-Maître est élu. Dans ces fonctions se succèdent : Henry Jermyn, comte de Saint Alban, sous la présidence de Charles II, puis Thomas Savage, comte Rivers (1666), Georges Villiers, duc de Buckingham (1674), Henry Benoît, comte d'Arlington (1679) et sir Christopher Wren, l'architecte de Saint Paul de Londres (1685 et 1698-1702), jacobite convaincu. Ce sera enfin Charles Lennox, duc de Richmond, en 1695.

Pour soutenir la cause des Stuarts, depuis Jacques Ier, des loges ont été créées dans les régiments. Il en existe même en France : celle des Gardes irlandaises de Saint-Germain, fondée le 25 mars 1688 par le colonel Darrington ; plus tard, celle d'Aubigny, chez la duchesse de Portsmouth, qui aura pour Grands-Maîtres, en 1735, Jacques-Hector Mac Lean et, en 1736, Charles Radclyffe, lord Derwentwater (ami de Ramsay) qui sera exécuté en 1746 en Angleterre. Victorieux en 1688, le clan orangiste épure et centralise la Maçonnerie, tandis qu'il en élargit le recrutement pour en faire l'armature du régime. À partir de 1691, affirme Samuel Pritchard les nobles, les commerçants, les gens de loi affluent (*« Masonry dissected »*, Londres, 1730). La plus ancienne loge de maçons *acceptés* de Londres, *À l'Oie et au Gril*, remonte à cette année. En 1694, Guillaume d'Orange réforme les statuts de l'Ordre et biffe l'allégeance à la

Sainte-Église tout en conservant la croyance en Dieu. En 1703, la loge de Saint Paul précise les conditions d'admission des maçons *acceptés*, pratique depuis longtemps courante chez elle.

DOTÉE DE *CONSTITUTIONS*, LA F∴ M∴ ESSAIME

Bientôt, à Londres, l'autorité se concentre. À la Saint-Jean d'été, 24 juin 1717, quatre loges, qui se réunissaient *À l'Oie et au Gril, À la Couronne, Au Pommier, Au Grand Verre et à la Grappe de Raisin*, fusionnent et élisent un Grand-Maître : Antoine Sayer, maçon-opératif d'origine hétérodoxe ; le menuisier Jacob Lamball et le capitaine John Elliott sont nommés Grands-Surveillants. À Antoine Sayer succéderont comme Grands-Maîtres un autre maçon opératif, mais probablement Rose-Croix, George Mayne, et le pasteur Desaguliers. La Grande Loge d'Angleterre *Mère Grande Loge du Monde* est fondée. À un moment fort bien choisi d'ailleurs ; les traités du 28 novembre 1716 avec la France, du 4 janvier. 1717 avec la Hollande et du 2 août 1718 avec l'Empereur viennent de permettre à la Grande Bretagne de neutraliser l'Espagne et de mettre la main sur la politique extérieure de la France, grâce à la complicité du Régent, duc d'Orléans, et à la vénalité de son ministre, l'abbé Dubois, homme-lige des banquiers des Pays-Bas.

Dotée d'un chef suprême, la Contre-Église, avant de répandre sa doctrine, doit fixer son *Credo*. C'est l'objet des *Constitutions* mises à l'étude par décision du Grand-Maître, duc de Montague et de seize loges réunies en convent en 1721, et adoptées le 17 janvier 1723 par les 24 loges affiliées. Deux hommes surtout y travaillèrent, les pasteurs Anderson et Desaguliers. Le premier leur donna un nom qui n'était pas sans tache. La *« London Daily Post »* du 29 mars 1739, le présentait en effet comme *un très facétieux compagnon*, à qui l'on prêtait (les aventures dans des *tripotages financiers*, précise le dictionnaire biographique des Écossais éminents de Chambers, monnaie, somme toute, assez courante à l'époque. Quant à Jean-Théophile Desaguliers, né à La Rochelle le 13 mars 1683, fils d'un pasteur calviniste émigré en Angleterre après la révocation de l'édit de Nantes, en Novembre 1692, il était fort bien en cour. Chef spirituel des réfugiés français, protégé de l'évêque de Londres Compton, il avait manifesté son dévouement à sa patrie d'adoption, dès 1711, en traduisant le traité d'Ozanam sur la guerre de siège, afin de faciliter la tâche de Marlborough, qui attaquait les places des Flandres. Deux ans plus tard, le grand Newton, président de la Société Royale des Sciences, le reçut dans son cénacle en Juillet 1714 et il se fit le vulgarisateur de la théorie de la gravitation universelle. Le roi George I$_{er}$ l'accueillit à Hampton Court et le pensionna. Son successeur George II fit de même, et le nomma chapelain du prince de Galles.

Élu Grand-Maître de la Maçonnerie en 1719, c'est lui surtout qui prépara la seconde édition des Constitutions en 1738, qui institua trois grades empruntés à la Maçonnerie écossaise en 1723). au lieu de deux, fixa la liturgie, codifia les rites et régla le fonctionnement de l'organisation. Pour la mieux étayer, il la compléta Or un fonds de secours dont il se fit un puissant moyen d'action, et lui assura l'appui de la dynastie de Hanovre et de la *gentry*. Le 5 novembre 1737, il conférait de ses mains à Frédéric, prince de Galles, les deux premiers grades. Et les plus grands seigneurs d'Angleterre lui succédèrent comme Grands-Martres, trois d'entre eux, en 1722. 1724, et 1725 le gardèrent à leur côté comme adjoint *deputy*. Au duc de Montague parvint à succéder par surprise. Philippe, duc de Wharton, dont le père Thomas, marquis de Malmesbury, avait pris une part active au mouvement orangiste et organisé le parti *whig*, libéral, entre 1700 et 1715. Bien qu'opposant-né, le fils était comme le père un parfait représentant de la *gentry* corrompue de l'époque. Fondateur du *Hell Fire Club* (le Club du Feu de l'Enfer), il était aussi débauché que son père avait été mécréant, menteur et vénal. Ce qui ne les empêchait pas de dauber la corruption qui rongeait la monarchie de Hanovre. Mais son élection irrégulière, le 24 juin 1722, ayant soulevé trop de protestations, il se résigna à céder la place au comte de Dalkeith en 1723, puis s'en repentit, voulut se représenter, mais échoua de quelques voix. Vinrent ensuite les ducs de Richmond (le 18 avril 1724) puis lord Paisley, le comte d'Inchiquin, lord Colrane, le vicomte de Kingston pour en arriver à Thomas, duc de Norfolk, maréchal d'Angleterre, fine fleur de la noblesse. Et le défilé de l'armorial britannique se poursuivit avec Lord Lovai, le vicomte de Montague, le comte de Strathmore, le vicomte de Waymouth, le comte de Loudon (1736) qui commanda les troupes britanniques en Amérique pendant la guerre de Sept Ans, le comte de Darnley, le marquis de Carnavon, fils du duc de Chandos, le comte de Norton, lord Ward (Jacques Douglas, embastillé par d'Argenson, d'Octobre à Décembre 1746, pour s'être trouvé à Lorient en 1743, lors de l'attaque de ce port par la flotte anglaise), et cet original de lord Byron, *le débauché* qui conserva ses fonctions de 1747 à 1752.

Ce lustre ne pouvait que contribuer à l'expansion des loges à l'étranger. Prenant pour points d'appui missions diplomatiques, comptoirs commerciaux et bastions militaires d'outre-mer, cette extension fut rapide. Tandis que la Grande Loge d'Irlande, tout en maintenant son autonomie en 1729, adoptait les Constitutions d'Anderson, que la Grande loge d'Écosse suivait son exemple en 1736, et que la très ancienne loge d'York résistait encore à l'invasion des *spéculatifs*, la FrancMaçonnerie pénétrait partout sur le continent.

Dans les Pays-Bas, des loges voient le jour à Mons en 1721, à Gand en 1722. En. 1731, en Hollande, Desaguliers en personne confère les deux premiers grades à François de Habsbourg, duc de Lorraine, futur grand-duc de Toscane, mari de Marie-Thérèse, empereur du saint-Empire romain germanique. Dans la péninsule ibérique, le duc de Wharton crée une loge à Madrid en 1728. Une autre se fonde à Gibraltar l'année suivante. Puis à Lisbonne, en 1735. Loges contre lesquelles les gouvernements de l'Espagne et du Portugal réagiront rapidement avec énergie.

En Italie, sir Charles Sackville établit à Florence, en 1732-33 une loge qui un moment interdite par Gaston de Médicis en 1737, fut bientôt tolérée par François de Lorraine. À Rome, une loge anglaise de rite écossais voit le jour entre 1733 et 1737. 1 ne autre, à Ferrare, fait l'objet, cette même année, d'une enquête pontificale, pour avoir reçu des Juifs. Vient ensuite le tour de l'Europe du nord, la Russie en 1737 (sur l'initiative du général lord James Keith), la Suède avant 1737, Copenhague en 1743. Et de l'Europe centrale : Genève en 1737, l'Allemagne où la pénétration se fait par Hambourg. La loge *Absalon* y est fondée le 6 décembre 1737 avec une patente de la Grande Loge de Londres. Par elle, le futur Frédéric. Il est initié à Brunswick le 14 août 1738. Devenu roi, il fonde en 1740 à Berlin, *les Trois Globes*, qui prend le titre de Grand-Mère Loge en 1744. Des Filiales naissent à Bayreuth et Meiningen en 1741, à Brunswick en 1744, à Hanovre en 1746, à Gœttingen en 1747, tandis que Francfort, la ville des élections impériales, reçoit directement ses patentes de la Grande Loge de Londres en 1742, et qu'une loge de la *Stricte Observance* est fondée à Prague en 1749. Les Constitutions d'Anderson, traduites en allemand en 1741, régissent tout ce réseau, où la langue en usage dans les tenues est le français. Il en est de même à Dresde, où Rutowski a fondé, dès 1738, *les Trois Aigles* et en Pologne, où, sous le règne de Frédéric Auguste II de Saxe, à part celle de Winiesvitz en Volhynie, ouverte en 1742 par le prince Jablonovski, ce sont les Français François Longchamp (*les Trois frères* à Varsovie en 1744, *les Trois Déesses* à Lvov en 1747) et de Thoux de Salverte (*Au Bon Pasteur* à Varsovie en 1749), qui créèrent les loges les plus importantes.

Les colonies anglaises ne sont pas non plus en reste : une loge bleue ouvre ses portes au Bengale en 1729, tandis que l'Amérique suit, dès le début, le mouvement de l'Angleterre. En 1717, il existe à Philadelphie et à Boston des loges qui deviendront régulières, la première en 1731, la seconde en 1733. La version américaine des Constitutions d'Anderson, préparée par les soins de Franklin, verra le jour en 1734.

LA PROPAGANDE DU CLUB DE L'ENTRESOL

Mais l'effort, dès le début, porte principalement sur la France. À vrai dire, profitant de la brèche ouverte par la Régence, la propagande anglaise s'y est introduite avant thème la création de loges officielles, sous la forme des conférences mondaines du *Club de l'Entresol* et des *« Lettres »* des écrivains à la mode, retour de pèlerinage à la Jérusalem nouvelle.

Ouvert par l'abbé klary, précepteur des enfant royaux, en 1724 le Club tenait séance le samedu soir, de cinq à huit, soit à son siège place Vendôme, soit aux Tuileries, l'été. Après une revue des gazettes et de la correspondance étrangère, généralement présentée par le marquis d'Argenson, l'on entendait des discours sur des questions diplomatiques, financières ou commerciales, sur la forme des gouvernements (marquis de Plein) ou sur l'histoire des États-généraux et des Parlements (M. D'Olv). L'orateur le plus à la mode de ce cercle libéral était l'abbé de Saint-Pierre, auteur d'un *« Projet de Paix perpétuelle »* en trois volumes et d'un *« Discours sur la Polysynodie »*. dans le meilleur style de Fénelon, qui lui avait valu, en 1718, d'être expulsé de l'Académie. Autre protégé de Fénelon, l'écossais 11atnsav, dont nous étudierons plus loin le rôle maçonnique, était aussi un habitué de la maison. Inquiet de la disgrâce du duc de Bourbon en 1726, l'ambassadeur anglais Walpole profita de la tribune de cet *institut britannique* à Paris, où il était chez fui, pour vanter les mérites de l'entente cordiale. Tant et si bien que le cardinal Fleury, à bout de patience, ferma en 1731 ce club dans le vent ».

MONTESQUIEU RÉPAND LES IDÉES *ANGLAISES*

Parmi ces conférenciers distingués, le président de Montesquieu avait fait une apparition remarquée. Il avait déjà publié ses *« Lettres persanes »*, lors du passage à Paris de l'ambassadeur turc Mehemet Effendi, lorsqu'il disserta *« de Scylla et d'Eucrate »*. Ancien élève des Oratoriens, il avait succédé à son oncle comme Président du Parlement de Bordeaux en 1716, tuais il préférait l'histoire et les voyages à la procédure et le mortier lui pesait. Il vendit sa charge en 1726 et parcourut l'Europe en 1728. On le vit avec lord Waldegrave, ambassadeur de George II à Vienne, à Venise, où il rencontra Law et Bonneval (général autrichien qui finit musulman) puis à Milan, à Turin avec Victor-Emmanuel, à Florence et, en 1729, à Naples, au Tyrol, en Bavière et en Rhénanie, d'où il remonta vers les Pays-Bas. Fin Octobre, il était à Londres, où i avait amené le yacht de lord Chesterfield.

Et, le 16 mai 1730, les gazettes publiaient en ces termes le récit de son initiation : *« On nous dit que mardi soir, à une tenue de loge à la taverne de Horn, à Westminster, où étaient présents les ducs de Norfolk, Grand-Maître, Nathaniel Blackerby, son adjoint et d'autres grands officiers, ainsi que le duc de Richmond, Maître de la loge de Horn, le marquis de Beaumont, lord Mordaunt, le marquis Du Quesne et beaucoup d'autres personnes distinguées, les gentilshommes étrangers suivants : François Louis de Couffier, Charles-Louis, président de Montesquieu, François, comte de Sade... ont été reçus membres de l'ancienne société des Francs-Maçons. »*

Insigne honneur, dont le nouveau récipiendaire se montra parfaitement digne. Élu à l'Académie française en 1725, mais suspect au cardinal Fleury, qui a peu goûté l'ironie des *« Lettres persanes »*, il a dû attendre jusqu'au 24 janvier 1728, pour y entrer, l'agrément royal. Et voici qu'à Londres, l'Académie royale (en attendant celle des Sciences de Berlin en 1746), à peine débarqué, lui ouvre ses portes. Aussi estime-t-il *« l'Angleterre, le plus libre pays qui soit au monde »*. Et, sans être de ces *« Français... dupes de nos vertus... qui sont dix fois plus sots que nous »* comme le disait, sans fard, son ami Walpole, il en apprécia pleinement l'atmosphère, dont il jouira pendant deux ans et, de retour à la Brède en Août 1731, consacré écrivain politique, s'en fera le thuriféraire prudent : *« Ce n'est point à moi à examiner, écrira-t-il, si les Anglais jouissent actuellement de la liberté ou non. Il me suffit de dire qu'elle est établie par leurs lois ».*

« L'Esprit des Lois », publié d'abord en 1748 chez le ministre Jacob Vernet à Genève (en attendant d'être officiellement autorisé par Malesherbes en 1750) correspond parfaitement à l'attente de cette noblesse de cour et de robe, sévèrement tenue en lisière par Louis XIV et Colbert, dont les appétits, déchaînés sous la Régence, demeurent appâtés par l'assiette au beurre orangiste. Aussi accueille-t-elle avec enthousiasme — treize éditions en 1751, plus dix jusqu'en 1789 et quatorze d'Œuvres complètes — l'exemple et les titres qui lui sont présentés. L'exemple : *« La Constitution d'Angleterre »* avec ses trois pouvoirs *la puissance législative, la puissance exécutive, la puissance de juger*. La première réside dans le peuple : *« Il faudrait que le peuple en corps eut la puissance législative... au moins par ses représentants, c'est-à-dire, un corps de nobles et un corps (représentatif du peuple) qui auront chacun leurs assemblées et leurs délibérations à part . »* Il faut que dans les lois qui concernent la levée de l'argent, la première n'ait que *la faculté d'empêcher* le droit de veto, dont le monarque doit jouir également. La puissance *exécutrice*, pour n'être point despotique, doit tolérer le contrepoids de pouvoirs intermédiaires, *subordonnés* et *dépendants* porte la première édition pour rassurer la censure. Car les monarchies se corrompent lorsqu'on ôte peu à peu les prérogatives des corps ou les privilèges des villes *« ... Quant à la puissance de juger, "il n'y a point encore de liberté si elle n'est pas séparée de la puissance législative et de l'exécutrice" et la garantie de son indépendance est la vénalité des charges, bonne dans les États monarchiques, (qui) institue un métier de famille (et qui) assure la permanence des Ordres de l'État ».* Par ailleurs l'ex-président au Parlement de Bordeaux partage les opinions de la plupart de ses collègues sur *« l'esprit de commerce, qui unit les nations »*, leur hostilité pour les rentiers et les traitants, leur préférence pour la mise en régie des impôts sur les marchandises. Ces quelques maximes noyées dans un texte diffus, suffirent à faire entrer l'auteur dans la galerie des bustes des grands législateurs de l'humanité. Précieuses et petits-maîtres se délectèrent de cette érudition mondaine, si propre par son éclectisme, son goût de l'antiquité et son exotisme, à alimenter les propos de salon.

Domestiquée par le Roi-Soleil, humiliée par ses grands commis, avide de revanche et jalouse du râle dévolu à la *gentry* anglaise, la noblesse de cour, pour justifier ses prétentions, fouillait désespérément l'histoire. Le 13 mars 1664, les ducs et pairs avaient chargé l'abbé Le Laboureur d'écrire une *« Histoire de la Pairie et du Parlement de Paris »*, qui ne fut publiée qu'en 1740-43, mais que le duc de Saint-Simon avait déjà largement utilisée en 1715. Grand ami du duc, de Noailles, astrologue et historien, Mr de Boulainvilliers avait écrit pour étayer d'arguments historiques la Fronde des ducs et pairs, sous la Régence, des ouvrages publiés après sa mort, survenue en 1722, à Londres et à Amsterdam.[19] Reprenant l'idée du *contrat*, Boulainvilliers, entre autres idées originales proposait la création d'une Cie générale de Commerce, complétée par des Bourses de Commerce provinciales et la création d'une Caisse d'Assurance contre le chômage, la maladie et la vieillesse.

Or voici que le président de Montesquieu, reprenant ces thèses, les confirmait de son érudition immense, sinon très sûre. Et de lancer des mythes, qui annoncent déjà le *« Stupide XIXe Siècle »*. La supériorité du grand dolichocéphale blond des races nordiques, par exemple. Et cette autre idée-mère, qu'à l'instar des religions qui, comme chacun sait procèdent du désert, les institutions politiques naissent dans les forêts. *« Si l'on veut lire l'admirable ouvrage de Tacite sur les mœurs des Germains, on verra que c'est d'eux que les Anglais ont tiré l'idée de leur gouvernement politique. Ce beau système a été trouvé dans les bois. Ce qui est bien la perle de son ouvrage : de quoi faire pâmer d'aise les historiens du witenagemot ».*

---

[19] *« Lettres sur les Anciens Parlement de France que l'on nomme les États généraux »* 1ère, édition 1727 ;. Un *« Précis historique de la Monarchie Française »*, une analyse des mémoires des Intendants en 1698, intitulée *« État de la France »*, *« Mémoires »* Présentés à Mgr le duc d'Orléans (La Haye. 1727) et enfin *« Essais sur la noblesse »* qui ne virent le jour qu'en 1732.

Quant à la future constitution du royaume de France, qui n'a jamais été écrite et ne résulte que de traditions, de coutumes, de privilèges et de libertés, il essaie d'y suppléer en exhumant des Capitulaires, l'Edit de Pistes, promulgué en 864 par Charles le Chauve-fils de Judith et de Louis le Pieux, ces fossoyeurs de l'Empire de Charlemagne qui s'exprime ainsi : *lex consensu populi fit et constitutione regis*, d'où il résulte que les lois civiles, celles des Francs, comme celle des Burgondes, comme le *Forum Judicum* des Wisigoths d'Espagne ont été consenties par le peuple ou par ses représentants. Pour apprécier ce *beau système*, que ne consulte-t-on en plein XVIII$_e$ siècle l'exemple de la Pologne, dont la ruine et les partages successifs sont la conséquence directe de la pratique du *liberum veto* et des confédérations de la noblesse ?

Peu importe à la noblesse française, fière d'apprendre en lisant Montesquieu qu'elle descend en droite ligne des conquérants francs qui, comme chacun sait, élisaient aussi leurs rois en les élevant sur leurs boucliers. Descendants de Pharamond, ces courtisans domestiqués qui redorent périodiquement leur blason par leurs alliances avec des traitants, des financiers et, de préférence, des Samuel Bernard. Henri de Boulainvilliers lui-même, ce paladin, donnera sa deuxième fille à Gabriel Bernard de Rieux, conseiller au Parlement de Paris, fils du célèbre banquier. Descendants de Pharamond aussi, sans doute, ces acheteurs roturiers de fiefs ou de terres nobles ? Ou ces Mississipiens, genre duc d'Antin, crottés en compagnie de leurs laquais dans la fange de la rue Quincampoix ? Comme on comprend la vogue de l' *» Esprit des Lois »* !

Malheureusement, à une époque où l'étude de l'histoire attirait déjà nombre de chercheurs, l'accueil des érudits fut plutôt froid. Les travaux de Duchêne, de du Cange (1668), de Baluze (167c7) avaient précédé ceux de l'abbé Dubos, *« l'Histoire critique de l'établissement de la Monarchie française »*, publiée en 1734 (son auteur sera la bête noire de Montesquieu) et ceux de d'Argenson, les *« Considérations sur le gouvernement ancien et présent de la France »* écrites en 1737 et qui ne verront le jour qu'en 1764. Boutaric, érudit authentique et prudent, s'inscrit en faux contre les conclusions légères et partisanes de Montesquieu, en traitant *« de l'origine des Fiefs »* en 1746. Le fermier général Dupin aussi. Et Mignot de Bussy en 1763, et le comte Alex de Corbet, dans son *« Origine de la noblesse française »*, en 1766. Seuls les magistrats s'en inspireront dans leurs démêlés avec le pouvoir royal. En 1750, Voltaire prend sa défense, mais en des termes tels qu'ils valent la plus acerbe des critiques. Il conviendrait, dit-il, de *« vérifier les citations, de discuter... si les chapitres forment un tout... si enfin ce livre, qui devrait être utile, ne serait pas par malheur un livre agréable »*. Et encore, dans son *« Commentaire »* : *« Je cherchais un fil dans ce labyrinthe... j'ai trouvé l'esprit de l'auteur... et rarement l'esprit des lois »*.

LE LIBERTIN VOLTAIRE
ADMIRATEUR INTÉRESSÉ DE LONDRES

Dans le pèlerinage de Londres, dont la mode avait été lancée par le marquis de SaintEvremond, célèbre libertin (1610-1702), Voltaire avait pourtant précédé Montesquieu. Fils d'un notaire des ducs de Saint-Simon et de Richelieu, trésorier à la Chambre des Comptes, FrançoisMarie Arouet (1694-1778) à peine sorti de nourrice, récitait à trois ans les strophes anti-religieuses de la *« Moïsade »*, que lui avait apprises son parrain de Châteauneuf. Présenté plus tard par cet abbé libre-penseur à Ninon de Lanclos, dont il était l'ami, le jeune Voltaire reçut de la célèbre courtisane un legs de 2.000 écus pour la constitution de sa bibliothèque.

Ses études à Louis le Grand, chez les Jésuites, si elles développèrent ses aptitudes littéraires, ne modifièrent en rien une vocation anticléricale si précoce et lui procurèrent des amitiés utiles, celles de d'Argenson, de Cideville, d'Argental, de Richelieu, introduit auprès du prince de Vendôme, il fréquentait les libertins de la Société littéraire du Temple. C'est alors qu'une première incartade, la publication d'un poème satirique, *« Puero regnante »*, sans nom d'auteur, lui valut de faire connaissance pendant onze mois avec la Bastille (1717-18). Mais le Régent aurait eu mauvaise grâce à lui tenir rigueur. Il se montra bon prince, l'en sortit et le gratifia de 2.000 écus, à titre de consolation. Nullement assagi, Voltaire continua dans la même veine. Ses vers célèbres *« Vos prêtres ne sont pas ce qu'un vain peuple pense » « Notre crédulité fait toute leur science »*, contribuèrent au succès d' *» Œdipe »*. Mais c'est pour une tout autre affaire qu'il revit la Bastille. Prise de bec, altercation, bastonnade, menace de duel avec le chevalier de Rohan. Décidément le climat de Paris n'est pas bon. Après quelques semaines à l'ombre, en Août 1726, il gagne l'Angleterre, *« où l'on pense librement »*.

Lord Bolingbroke l'y avait vivement encouragé. Voltaire l'avait connu et fort apprécié, alors que cet ancien ministre de la reine Anne s'était réfugié en France à l'avènement de George I_er. Rentré dans son pays, ami de tout ce que l'Angleterre comptait de déistes et d'athées, Bolingbroke appuyait l'action des dynasties orangiste et hanovrienne, contre les influences catholiques favorables aux Stuarts. En compagnie de lord Herbert de Cherbury, créateur du mouvement, du comte de Shaftesbury, ami de Locke, du comte de Macclesfield, de sir John Jekyll, il protégeait de moindres personnages, entre autres John Toland, auteur du *« Pantheisticon »*, envoyé quelque temps en mission en Allemagne, le médecin Bernard de Mandeville, venu de Dordrecht en Hollande, auteur de livres obscènes, Chubb, fils d'un marchand de Salisbury, Wilston et Tindal, fils de pasteurs. Pierre Annet aussi, ancien pédagogue, qui exercera une grande influence sur Voltaire ; habitué de la brasserie de l'Arc en ciel *« où fréquentait la bohème intellectuelle des réfugiés français. »*

SPÉCULATEUR ET AMI MALHEUREUX DES BANQUIERS

À Londres, Voltaire comptait d'ailleurs d'autres protecteurs que le noble lord. L'ambassadeur Vorace Walpole l'avait spécialement recommandé à Dodington. Et il était parti lesté par Cassegrain, son homme d'affaires, de 1.300 Livres en or et de lettres de change qui lui valurent beaucoup d'ennuis. La première de 20.000 Livres était tirée sur le réfugié portugais Anthony Mendez da Costa qui, tandis que Voltaire s'attardait à Calais, fit faillite. La deuxième de 9.000 Livres, sur le fameux Salomon Medina qui, deux mois plus tard en fit autant. Le plus curieux est que Voltaire, qui ne récupérera que 20 o !n de leur montant, conserva son amitié à da Costa, qui l'aida pour son édition de la *« Henriade »* à Londres en 1728. En trois ans Voltaire eut tout le temps de s'assimiler la pensée de Pope, de Francis Bacon, de Locke, de Newton et de Clarke.

Rentré en France en Février 1729, après avoir rétabli ses finances, lui qui consacre au jeu plusieurs milliers de Livres par an, est saisi d'une véritable fièvre de spéculation. En compagnie de la Condamine et de l'abbé Raynal, il trafique sur les loteries pour le remboursement des rentes sur l'Elotel de Ville, en profitant des insuffisances de la législation de Pelletier-Desforts. Spécule sur les actions de Lorraine (1729) sur le commerce de Cadix avec Gill (qui fera faillite en 1767) sur les fournitures aux armées, fourrage, habillement, vivres, que lui procure d'Argenson. Mais il est surtout lié avec les frères Péris. En 1716, il leur a prêté sa plume, en écrivant une *« Ode sur la Chambre de Justice »* au temps où le Régent faisait mine de faire rendre gorge aux financiers. À la fin de 1725 ils obtiennent pour lui de la Reine une pension de 1.500 livres, qui s'ajoute à celle du Régent (2.t)00 Livres). Et ils le font participer à leurs affaires, ce qui lui fournit d'amples revenus, pendant la période qui précède son départ pour la Prusse et lui assure une large indépendance.

L'apologie des institutions britanniques à laquelle il se livre dans ses *« Lettres philosophiques »* paie l'hospitalité qu'il a reçue Outre Manche. *« Voici à quoi la législation anglaise est enfin parvenue, écrit-il en 1733, à remettre chaque homme dans tous les droits de la nature, dont ils sont dépouillés dans presque toutes les monarchies. Ces droits sont : liberté entière de sa personne, de ses biens, de parler à la nation par l'organe de sa plume, de ne pouvoir être jugé en matière criminelle que par un jury..., que suivant les termes précis de la loi ».* Et encore, *« un Anglais, comme homme libre, va au ciel par le chemin qu'il lui plaît ».* Mais il ne peut se garder de battre en brèche la religion. *« La raison humaine est si peu capable de démontrer par elle-même l'immortalité de l'âme, que la religion a été obligée de nous la révéler. »* De tels propos ne manquèrent pas de faire condamner au feu cet ouvrage (Juin 1734). Mais cette fois, c'est son éditeur, le libraire, Fr. Jone, de Rouen, qui fut embastillé. Lui se réfugia à Cirey auprès de son amie la marquise du Châtelet, fille du baron de Breteuil, férue de physique et entichée de Newton.

Il attendit là que le vent eut tourné, que le cardinal de Fleury mourut (29 janvier 1743), que la faveur de la marquise de Pompadour, l'amitié de d'Argenson et de Richelieu lui permissent de rentrer en cour. C'est ainsi qu'il obtint en 1749 la charge de gentilhomme de la chambre, assortie d'une pension de 1.600 livres (qu'il revendit 30.000) celle d'historiographe du roi, et qu'il fut reçu à l'Académie française. Comme Montesquieu, il s'était fait l'apôtre des idées anglaises. Et il méritait davantage que lui l'épithète de *spinoziste*, décochée par les Jansénistes des *« Nouvelles ecclésiastiques »* à l'auteur de l' *» Esprit des Lois ».* Bien qu'il ait introduit la Maçonnerie en France. Montesquieu, toujours prudent, professait dans le domaine de la religion un scepticisme de bon aloi, teinté de tolérance.

L'ESSOR DES LOGES EN FRANCE

L'institution qu'il avait contribué à créer se développait avec rapidité. Dans sa province, l'*Anglaise* de Bordeaux, groupant les insulaires de la ville, en 1732, allait être complétée par une loge *Française*, bientôt entourée d'une dizaine de filiales (1740-1760). Marseille, Lyon, Rouen eurent aussi leurs loges, et Paris en posséda pour sa part vingt-deux. L'interdiction portée par une sentence de police du 4 septembre 1736 et par une ordonnance du 14 septembre 1737, l'excommunication prononcée par le Pape Clément XII (bulle : *« In Eminente »* du 28 avril 1738) ne semblent pas avoir entravé sérieusement le recrutement. Pourtant le traiteur Chapelot, surpris le 10 septembre 1737 à héberger une tenue, vit sa porte murée pendant six mois et dut payer 10.000 Livres d'amende et quelques *Fri-maçons* firent connaissance avec le fort l'Évêque en 1738. À la veille du conflit qui allait opposer la France à l'Angleterre (guerre de Succession d'Autriche, 1741-1748) la nécessité tout à la fois d'une direction suprême, d'une *couverture* à l'égard du pouvoir et d'une organisation nationale se faisait impérieusement sentir. Sinon, le cardinal de Fleury, inquiet de ces menées anglaises, ne fermerait-il pas les loges comme il avait bouclé en 1731 le *Club de l'Entresol ?*

Telles furent probablement les raisons, qui amenèrent l'actif Ramsay à préparer l'élection d'un Grand-Maître et la constitution de la Grande Loge de France. Le roi ayant interdit aux princes du sang d'accepter cet honneur, le choix de Ramsay se porta sur Louis de Pardaillan de Gondrin, duc d'Antin, arrière-petit-fils de Mme de Montespan, fameux Mississipien. Franc-maçon depuis 1725, d'après le journal de Mathieu Marais, empruntant à son blason, comme les Rose-Croix, un titre latin, il se faisait appeler le *chevalier de l'Aigle*. C'est dans le discours préparé à son usage pour son intronisation, le 24 juin 1738, que Ramsay lança la légende de l'origine templière et de la filiation écossaise de la Franc-Maçonnerie : *« Nos ancêtres les Croisés... ont imaginé un établissement dont l'unique but est de former dans la suite des temps une Nation toute spirituelle où, sans déroger aux divers devoirs que la différence des États exige, on créera un peuple nouveau qui, étant composé de plusieurs nations, les cimentera toutes en quelque sorte par les liens de la vertu et de la science »* (discours publié en 1738 à la Haye et en 1741 dans l' *» Almanach des Cocus »,* cf. Lantoine, *« La F∴ M∴ chez elle »,* p. 116).

RAMSAY PROPAGE LES HAUTS GRADES

Curieux et inquiétant personnage que ce Ramsay, Ecossais soi-disant jacobite, passé au service d'Orange aux Pays-Bas, où Pierre Poiret et Arndt l'initièrent aux traditions Rose-Croix, protestant converti au catholicisme après avoir rejoint Fénelon à Cambrai en 1709, ami intime du prélat et de M$_{me}$ Guyon, éditeur de l' *« Essai philosophique sur le gouvernement civil »*, chevalier de l'Ordre de Saint Lazare par la grâce du Régent, protégé du duc de Bouillon, mais surtout apôtre actif de la Maçonnerie et organisateur des hauts grades.

L'engouement pour les loges avait été tel qu'une remise en ordre s'imposait. Malgré ses titres éclatants, le prince Louis de Bourbon Condé, comte de Clermont, (1709-1771), devenu GrandMaître en Décembre 1734, n'allait qu'accroître le désordre. Appartenant à un rameau secondaire de la dynastie parallèle Condé-Conti-Orléans, liée à toutes les intrigues depuis la Fronde, il prit la succession du duc d'Antin, tant au maillet de la Grande Loge que dans les bonnes grâces de Melle Le Duc, de l'Opéra. Maréchal des Armées du Roi, c'est lui qui, donnant pour perdue la bataille de Crefeld (23 juin 1758) s'enfuit au galop le premier, abandonnant ses troupes et perdant 8.000 hommes. Comme Grand-Maître, il était animé cependant des meilleures intentions, prétendait sélectionner le recrutement, éliminer les faméliques, dénonçait à la police les frères qui exigeaient de l'argent des récipiendaires (note de police du 15 mars 1744), projetait de nouvelles constitutions pour les frères comme pour les maîtres de loges et faisait traduire celles d'Anderson en 1745. Mais il estimait ses responsabilités harassantes et s'était adjoint dans ses fonctions, avec le banquier Baure, un maître à danser nommé Lacorne, qui l'aidait à se consoler de ses défaites par de faciles victoires d'alcôve. Si bien que, le 27 décembre 1766, *« Lacornards et anti-Lacornards »* en vinrent aux mains et qu'au milieu de la confusion générale, la police intervint et la Grande Loge entra en sommeil pendant quelques années.

Ramsay avait-il entrevu ces mésaventures lorsqu'il consacra ses derniers efforts, de 1735 à sa mort, qui survint à Saint-Germain le 6 mai 1743, à épurer l'Ordre, à le centraliser et à le couronner de cercles de plus en plus fermés, en multipliant les hauts grades ? Toujours est-il que vers 1740, quelques maîtres de loges de Paris (dont le grade n'avait été reconnu que vers 1730), soucieux de mieux surveiller les réceptions et la conduite des travaux, se réunirent et prirent le nom de maîtres écossais. La Grande Loge de France refusa d'abord de les reconnaître, le 11 décembre 1743, jour où elle établit son autorité sur les vingt-deux loges parisiennes, pour les admettre enfin, le 4 juillet 1755. La même évolution s'était produite en Angleterre, où l'on avait vu paraître, vers 1743, le grade de *Royal Arch*.

Mais en France le mouvement prend rapidement une expansion impressionnante. Pêle-mêle, aristocrates et bourgeois s'engouffrent dans les loges. Lyon possède, en 1741, sa loge *chevaleresque*. En 1744, Bordeaux s'enorgueillit d'une *Loge de Perfection*. En 1745, Arras a son *chapitre*. En 1747, à Toulouse, *les Écossais fidèles à la vieille Bru* ont leur cénacle. *La Mère-Loge écossaise de Saint-Jean d'Écosse* veille sur Marseille en 1750. Martines de Pasqualis fonde à Montpellier le chapitre des *Juges écossais*. Paris ouvre ses portes en 1752 au *Souverain conseil sublime, MèreLoge du Grand Globe français* ainsi qu'au *Chapitre de Clermont* (1754) tandis qu'en 1758 fleurit à Carcassonne, la *Cour des Souverains Commandeurs du Temple*. On a traduit par gentilhomme l'anglais *gentleman* et M$_r$ Jourdain revêtu de ses insignes, écharpes, tabliers et bijoux, ceint de son épée *flamboyante*, Maître Écossais, Commandeur, Souverain, Empereur, Prince du Royal Secret (33"'xo) se sent tout illuminé de l'auréole de la noblesse et de la vocation des Élus. Dans un décor emprunté au bric-à-brac de l'antiquaire Ashmole, les esprits forts et *éclairés* de l'époque, si prompts à se moquer des *mômeries* de la liturgie romaine, déguisés en Mamamouchis, échangent selon des rites mystérieux et hétéroclites, des mots de passe et des symboles, dont l'hébreu leur est hermétique.

Dans les cahiers des trois premiers grades, apprenti, compagnon et maître, *« le but véritable de la franc-maçonnerie était présenté comme la connaissance du pacte conclu par le Créateur avec son Peuple et des révélations que Dieu avait faites au patriarche Enoch, 400 ans avant le Déluge »*. Le sceau mystérieux de cette alliance était *« le nom véritable du Seigneur, que seuls les adeptes connaissent »*. La légende du meurtre d'Hiram, pseudo-architecte du Temple de Salomon, symbole de base de la Maçonnerie, reçoit une nouvelle extension et donne naissance aux grades du *Parfait Maçon Élu*, ou *Élu des Neuf*, *Élu de Perignan* et *Élu des Quinze*. Viennent ensuite les grades chevaleresques. Le *Chevalier d'Orient* évoque Cyrus, grand libérateur des Hébreux, restaurant le Temple, après la captivité de Babylone. Les septième et huitième chapitres de l'Apocalypse sont à la base du rituel du Chevalier d'Orient. Au-dessus s'étagent les grades de *vengeance*, Chevalier *Kaddosh* (30e) etc. ... Les frères y sont invités à venger le meurtre d'Hiram, celui de Jacques de Molay, Grand-Maître du Temple, brûlé à Paris par ordre de Philippe le Bel, celui des Stuarts, pseudo-protecteurs et héritiers des Templiers.

Sans constituer à proprement parler de nouvelles tentatives d'organisation maçonnique, des chapitres aux noms sonores se superposent encore à ces grades. C'est le *Conseil des Chevaliers d'Orient et d'Occident*, créé en 1756, celui des *Empereurs d'Orient et d'Occident*, fondé en 1758 et le rite *Ancien et Accepté*, né en 1762 de l'alliance de ces derniers et des Princes du *Royal Secret* (33ème).

Tout un fatras d'idées hébraïques, *« visions apocalyptiques, théories néoplatoniciennes, Gnose, Cabale, art hermétique »* inspirent les rituels de ces grades dont, l'un, celui de Rose-Croix, évoque l'Ordre, fondé au début du XVIIe siècle, dont la Maçonnerie est sortie. Dès les premières années du XVIIIe siècle, les esprits avaient été préparés à l'éclosion de ces légendes. Deux ouvrages sur l'Ordre du Temple et sur celui des Rose-Croix, le premier de Pierre Dupuy, paru en France en 1713, l'autre celui de Samuel Richter (*« Théosophie théorético-pratique ou véritable préparation de la Pierre philosophale par la Confrérie des Rose-Croix d'Or »*) publié à Breslau en 1714, avaient mis à la mode des *ancêtres* auxquels les maçons allemands et français allaient s'attacher avec l'enthousiasme et la foi aveugle des néophytes.

PREMIERS PAS DE LA F∴M∴ ALLEMANDE

C'est dans la plus grande confusion, dûe aux influences rivales des loges anglaises, des hauts grades français, de la Maçonnerie templière, de la *Stricte Observance* et des Rose-Croix, en attendant l'apparition des *Illuminés de Bavière*, et au milieu des intrigues d'escrocs authentiques, que la Maçonnerie allemande se développa d'abord.

Les hauts grades français se répandirent en Saxe par les soins du comte Rutowski, qui avait été élevé en France, et d'Fcombes, secrétaire d'ambassade à Dresde. Successivement virent le jour : *les Trois Aigles blancs* (1738) et *Les Trois Glaives d'Or* (1739) à Dresde et *Minerve aux Trois Palmes* à Leipzig (1741). L'année suivante, 1742, la loge *L'Union* de Berlin, les accueillit à son tour. Puis vinrent *Les Trois Lys*, créés à Brunswick en 1758, sous l'occupation française. En 1760 enfin, un prisonnier de Rossbach, de Bernais, fonde à Berlin, aux *Trois Globes*, un chapitre d'Élus, dit *« de Clermont il réunit les grades de Maître Écossais, Maître Élu ou Chevalier de l'Aigle, chevalier illustre ou du Saint-Sépulcre, chevalier sublime ou chevalier de Dieu. À ces élus du Seigneur l'on enseignait que l'art suprême et les sciences célestes communiquées par Dieu lui-même aux Sages Frères, avaient été conservés par les Juifs »*.

Dès 1741). la Maçonnerie *écossaise* était apparue à Berlin, sous la forme d'un chapitre, constitué à la loge *l'Union* par le comte de Schmettau, puis à Hambourg en 1742 et 1744 à la loge *Judica*. Lancée par Richter et par les Rose-Croix, la légende templière, confirmée par *« l'Histoire de la vénérable Confrérie des Francs-Maçons »* publiée par de La Tierce à Francfort en

1744 faisait de son côté son chemin ; la Société des Rose-Croix s'établissait en 1756 en Allemagne du Sud et en 1757 à Francfort, d'où elle essaimait en Allemagne, en Hollande et en Russie.

Mais autour du chapitre de Clermont, aventuriers et escrocs s'en donnent à cœur joie. Pritzen, premier Maître du chapitre et l'ex-pasteur Rosa, de conduite scandaleuse, qui prétendaient réformer l'Ordre, se heurtent à plus fort qu'eux, l'aventurier Leucht, dit *Johnson*. À Prague, sous prétexte d'alchimie, ce dernier avait escroqué l'empereur François de Lorraine, laquais du prince d'AnhaltBernburg il avait *emprunté* à son maître sa vaisselle plate pour fabriquer un alliage d'or. Après avoir été incarcéré pour faux à Rendsburg, il parvint à circonvenir François de Prangen, gradé du chapitre de Clermont, s'associa avec lui, fonda à Iéna en 1763 le chapitre *« Sion »*, osa démasquer Pritzen et Rosa devant les autres chapitres et prétendit réformer l'Ordre.

HUND ET LA *STRICTE OBSERVANCE* TEMPLIÈRE

Ce fut heureusement le baron de Hund qui s'en chargea. Charles Gothelf avait étudié à Leipzig, à Strasbourg et à Paris (1741-42). Initié maçon à Francfort, lors du couronnement de l'empereur Charles VII de Lorraine, par l'entourage du maréchal de Belle-Isle, il avait fréquenté assidûment les loges de Paris et de Versailles, où les jacobites lords Kilmarnock et Clifford avaient complété son initiation et, passant par la Hollande à l'aller et au retour, en 1743, il s'était longuement enquis de la légende templière auprès des nombreux Rose-Croix du pays.

Rentré dans ses terres en 1751, il s'était empressé de fonder une loge, les *Trois Colonnes* et il avait mis au point en 1755 un livre rouge de statuts, empruntés à l' « *Histoire Templière* » — une de plus — publiée par Gœrtler en 1703. *Les Trois Epées d'Or* de Dresde et la *Minerva* de Leipzig avaient adhéré à son système en 1762. C'est alors qu'il démasqua *Johnson* à Altenberg, en 1764, tout en lui empruntant pour sa propre organisation le noir, à résonance très militaire, de *Stricte Observance*.

L'Ordre se veut l'héritier des Templiers. Il comporte les grades de Maître écossais, de novice, de Templier (hiérarchisé lui-même en *armiger*, écuyer, *socius* compagnon, *eques*, chevalier, et plus tard, *eques professus*). Les chevaliers arborent une devise et un nom latin emprunté à leur blason. C'est ainsi que Hund devient *Eques ab Ertse*, le chevalier de l'Épée. Selon Hund, l'Ordre obéit depuis 1659 à des Grands-Maîtres dont l'identité est aussi dissimulée sous un nom de guerre latin. C'est la légende des *Supérieurs Inconnus*, qui motivera tant d'intrigues et fera couler tant d'encre.

Et puisque les Templiers étaient gens de finance, la *Stricte Observance* suivant leur exemple, aura aussi des buts économiques. Le bras droit du baron, Schubert, ex-commissaire des guerres anglais pendant la guerre de Sept ans, s'en charge. Il s'agit de fonder urne grande société anonyme, genre Cie hollandaise des Indes, pour l'acquisition de biens fonciers. D'après une lettre de Kiesenwetter du 1er février 1767, *« le but final... est... d'acquérir des terres relevant de l'Empire... et de fonder un État nouveau et indépendant, où ne régnerait pas la volonté d'un seul et qui ne serait soumis à aucun souverain »*. La plupart des loges allemandes, y compris la provinciale anglaise de Hambourg, s'y rallient, mais le *plan économique*, qui repose sur un système de tontines, de cotisations capitalisées, échoue lamentablement.

Là-dessus, nouvelles complications. Le pasteur Starck, initié à Pétersbourg en 1765, améliore la légende templière, la fait remonter aux Esséniens, passer par un chapitre clérical à Aberdeen. Ses clercs templiers prétendent soumettre les chevaliers à l'adoration de l'idole gnostique du Baphomet. De son côté, en 1770. Zinnendorf avait fondé des loges et prétendu constituer une *Grande Loge nationale*, Chef du Service de Santé prussien, maître des *Trois Globes*, il cherchait depuis 1763 à créer un nouveau système et, pour ce faire, avait mené une empiète en Suède, où les grades symboliques avaient été apportés de Paris en 1737 et les grades écossais, de Strasbourg, en 1751.

BRUNSWICK LE SUPPLANTE

Finalement, le convent réuni à Kohio, du 4 au 24 juin 1772, sous la menace de la concurrence de Zinnendorf, parvint à conclure un accord avec Starck et à réunifier pratiquement la Maçonnerie allemande, la légende des *Supérieurs Inconnus* fut rejetée. Hund se vit d'abord supplanté, puis éliminé au convent de Brunswick (23 mai-6 juillet 1775) par le duc Ferdinand de Brunswick (17211792). Tour à tour général en chef des armées hanovrienne et prussiennne. Grand-Maître provincial des loges anglaises de son duché depuis 1770, il s'était acquis la fâcheuse réputation *d'empocher des cadeaux* volontiers : out sut ne pas lui en tenir rigueur. Maîtresse de l'Allemagne, la *Stricte Observance* parvint alors à lancer en France quelques tentacules. Fait templier à Rome par lord Raleigh en 1743, de Weiler installa à Strasbourg, Lyon, Bordeaux et Montpellier, en 1773, trois chapitres et un prieuré.

G∴L∴ DE ZINNENDORF ET R. C.
LA CONCURRENCENT

Mais Zinnendorf ne renonçait pas encore. Grâce à son appui, le landgrave Louis-Charles de Hesse obtint de Londres en 1773 le titre de *Grand-Maître de la Loge Nationale d'Allemagne*. L'un de ses émissaires ayant été fort bien accueilli à Stockholm en 1776, il opposa le duc de Sudermanie, promu Grand-Maître de la Maçonnerie suédoise en 1774 et soutenu par le convent de Leipzig, au duc de Brunswick au convent de Wolfenbuttel, en Juillet 1778. Brunswick l'emporta, mais Zinnendorf conserva le contrôle de la Maçonnerie *nordique*.

Quant aux Rose-Croix, renonçant à la légende templière, ils réorganisent leur Ordre en 1767 et instituent neuf grades : *juniores*, théoriciens-praticiens, philosophes, mineurs, majeurs, adeptes-exempts, *magistri* mages. L'» Opus magocabbalisticum et theosophicum » de Welling (Hambourg, 1735), sert à l'instruction des jeunes. Le *« Novum laboratorium chimicum »* de Glaser (1677). à celle des théoriciens. Pour les grades supérieurs, l'on s'inspire des œuvres du célèbre alchimiste et théosophe Khunrath (1560-1609). L'Ordre, constitué par des cercles de cinq, sept ou neuf membres s'ignorant les uns les autres, est dirigé par des triumvirats supérieurs. Il est fortement établi en 1773, en Silésie, en haute Lusace, à Marbourg, à Ratisbonne, et possède une loge secrète à Leipzig. Vienne en est un centre important en 1775. Bischofwerder et Woellner, maîtres des *Trois Globes*, le dirigent à Berlin.

Ainsi, au moment où les *Illuminés de Bavière* de Weishaupt s'apprêtent à faire leur apparition sur la scène politique, la Maçonnerie allemande est divisée en trois tronçons principaux : *Stricte Observance* du duc de Brunswick ; *Grande Loge nationale*, contrôlée par Zinnendorf et *RoseCroix*. La zone de contrôle direct de la Franc-Maçonnerie anglaise se trouve réduite à Francfort.

LE G∴O∴ UNIFIE LA F∴M∴ EN FRANCE

Par contre, la Maçonnerie française, passée la crise de croissance qui correspond à la GrandeMaîtrise du comte de Clermont (1743-1771) s'apprête à s'unifier pour de bon, à la veille du mouvement d'indépendance américaine, qui risque de couper la France de l'Angleterre, une direction apparemment nationale est en effet nécessaire : ce sera le Grand Orient. Il n'est pas inutile de souligner ces *réformes administratives* qui, comme c'était déjà le cas de la *Grande Loge*, trois ans avant la guerre de Succession d'Autriche, précèdent de peu les grands événements politiques. La Maçonnerie a beau avoir son centre à Londres, elle n'est pas seulement au service d'intérêts anglais. Il ne convient pas de l'oublier, et le soulèvement des colonies américaines ne va pas tarder à en administrer la preuve.

Tandis que la Grande Loge de Londres accepte en 1768 de renouer ses relations avec les loges de Paris divisées, l'activité maçonnique ne cesse de progresser en province et la mort du comte de Clermont, le 16 juin 1771 facilite la réforme projetée. Elle porte à la tête de la Maçonnerie avec l'appui des *Lacornards*, comme Grand-Maître, le futur chef de la branche cadette, Philippe d'Orléans, duc de Chartres, assisté comme Administrateur général d'Anne-Charles-Sigismond de Montmorency, duc de Luxembourg (24 juin 1771). L'union de la Grande Loge de France et du Souverain Conseil des Empereurs d'Orient et d'Occident, obtenue le 9 août 1772, si elle ne réalise pas la fusion complète avec la Grande Loge écossaise et d'innombrables autres sectes, permet du moins la fondation du Grand-Orient (24 décembre 1772-26 mai 1773). Conformément aux statuts approuvés le 26 juin 1,773, les membres du Conseil de l'Ordre seront en partie nommés par le Grand-Maître — certains à vie — et en partie élus par les loges de Paris et de province, au nombre d'environ trois cents. Une assemblée délibérante élue, le Convent, composée de vénérables ou de députés des loges, exercera le pouvoir législatif dans l'Ordre. Et, par mesure de discipline, les tenues sont interdites dans les cabarets, le nombre de *loges de table* réduit, l'entrée des loges fermée aux gens de maison et aux artisans non reçus maîtres dans leur métier. Par contre, galants, les Francs-Maçons se décident à admettre les dames à leurs travaux. Le chevalier de Beauchêne l'avait proposé en 1744. C'est chose faite en 1774. Sous la houlette de la duchesse de Bourbon. Grande-Maîtresse en 1775, puis de la princesse de Lamballe en 1780, des ateliers s'ouvrent avec quatre grades : apprentie, maîtresse et maîtresse parfaite.

À L'HEURE DE L'INDÉPENDANCE AMÉRICAINE

Synchronisation parfaite des manœuvres : le 24 mai 1773, le Grand Orient voit le jour, le 16 décembre 1773 se déclenche à Boston le mouvement d'indépendance américaine. Écoutons Mr Bernard Faï, l'historien de la F∴ M∴ (p. 21 1) nous en conter le premier incident : « *Or, le jeudi 16 décembre 1773, la loge de Saint André se réunit à la Taverne du Dragon Vert : mais elle ne put pas tenir séance, son ordre du jour le constate. Pendant qu'elle était occupée à ne pas tenir séance et que le club politique y était aussi réuni, un groupe d'Indiens rouges et bariolés que l'on n'avait pas vus entrer dans la taverne, en sortit tumultueusement, se précipitèrent sur les quais, prirent des chaloupes et envahirent les trois navires anglais, où en quelques instants ils organisèrent un pillage systématique et complet. Ils jetèrent les trois cent quarante-deux caisses de thé à la mer, sans que les équipages aient pu s'y opposer et sans que les forces anglaises aient eu le temps d'intervenir. Puis ils reprirent leurs chaloupes, regagnèrent les quais et on les vit entrer à la taverne. Ce devaient être des Indiens magiques car jamais on ne les en vit sortir. On vit seulement sortir de la taverne les membres de la loge de Saint André, qui s'étaient réunis pour ne pas tenir séance, comme l'indique le procès-verbal* ».

L'émeute du thé (venant après une première révolte contre le gouverneur, sir Edmund Andross en 1689 et une sanglante échauffourée, qui avait fait cinq tués, le 5 mars 1770) avait été précédée d'une longue préparation maçonnique, tendant à réaliser l'unité des diverses colonies d'origine britannique. Créée en 1717, la loge de Philadelphie avait été reconnue en 1731 par la Grande Loge de Londres et le duc de Norfolk avait délégué Daniel Coxe comme Grand-Maître de celle de Boston. De là, l'Ordre s'était répandu dans les provinces, pénétrant en Géorgie en 1734, au New Hampshire en 1736, à New York en 1737, en Virginie en 1743, en Rhode Island en 1749, en Maryland, au Connecticut en 1750, en Caroline du nord en 1753. En 1759, une loge de Boston obtint de la Grande Loge d'Écosse une charte, qu'elle sollicitait depuis 1754. Réunissant les éléments les plus jeunes et les plus avancés, d'autres loges, dites d'*Anciens*, se multipliaient aux colonies.

LOGES D'*ANCIENS* ET FRANKLIN INSPIRENT LES INSURGENTS

Tandis qu'en Angleterre la Maçonnerie régulière s'identifiait de plus en plus, non seulement à la *gentry* mais à la dynastie hanovrienne, qu'au duc de Manchester (1777-1782) succédaient jusqu'en 1790 le duc de Cumberland, fils du Prince de Galles et frère de George III, puis jusqu'en 1813, le prince de Galles lui-même, l'irlandais Laurence Dermott s'était fait le promoteur d'une Maçonnerie moins aristocratique et d'opinions plus avancées : , les loges d'Anciens. (of Antient Masons). Heureuse de faire pièce à leur hautaine suzeraine de Londres, les Grandes Loges d'Écosse et d'Irlande l'avaient aidé. De sorte qu'il réunit sous son obédience douze loges en 1753, trente-six en 1760, cent en 1766 et cent quatre-vingt-dix-sept en 1771, avec pour Grands-Maîtres Robert Turner, Richard Vaughan, le comte de Blessington (1756-60) et, entre autres, les ducs d'Atholl père (1775-1781) et fils (1791-1813). Ce dernier devait parvenir à rétablir l'unité avec la Maçonnerie régulière.

Telles étaient les loges d'*Anciens* qui pénétraient en Amérique, Benjamin Franklin utilisa l'ensemble de ces réseaux pour préparer les voies de la Confédération. D'une moralité assez lâche, puisqu'on l'accusait de s'être approprié *une somme qu'un homme de Rhode Island l'avait chargé de toucher pour lui*, c'est un peu par effraction qu'il s'était introduit dans l'Ordre. Comme la loge de Philadelphie tardait à l'inviter, imprimeur de métier, il publia sur ses travaux dans sa feuille locale, la *« Gazette de Pennsylvanie »* un article particulièrement sarcastique (8 décembre 1730). La loge comprit et l'initia. Ce fut le début de sa brillante carrière : Grand-Maître de Pennsylvanie en Juin 1734, G∴ M∴ provincial en 1749, G∴ M∴ adjoint en 1750 et de nouveau en 1760, membre d'honneur de nombreuses loges anglaises et françaises avant de remplir-suprême consécration — l'office de Vénérable de la Loge des Neuf Sœurs à Paris en 1782.

Ses fonctions de maître des Postes lui permettent de parcourir le pays et de tisser des liens entre les diverses colonies. En 1754, il présente un plan de Confédération à leurs représentants réunis au congrès d'Albany. Fonde à Philadelphie une *Société philosophique américaine*. Multiplie les contacts avec les journaux maçonniques qui couvrent le pays, en tête, à New–York, le journal de Zeuger et, en Nouvelle Angleterre, la *« Gazette de Boston »*. De 1750 à 1770, les principaux chefs du mouvement, Benjamin Franklin, le colonel Washington, John Hancock, James Otis, mènent une violente campagne contre la prétention du Parlement anglais d'imposer son autorité aux colonies d'outre-mer et revendiquent pour eux-mêmes le droit d'élire leurs représentants et de voter l'impôt, conformément aux principes proclamés à leur avènement par les dynasties d'Orange et de Hanovre.

La loge de Saint André de Boston, présidée par le chirurgien Joseph Warren, secondé par Paul Revers, reconnue en 1769 comme Grande Loge provinciale par la Grande Loge d'Edimbourg, était doublée d'un club politique radical, le *North End Caucus*. C'est elle qui menait le jeu en Nouvelle Angleterre et qui lançant ses *Peaux-Rouges* à l'assaut des ballots de thé anglais de Boston, déclencha la révolte des colonies et la guerre d'indépendance américaine.

Bientôt, la Déclaration d'indépendance, proclamée par Thomas Jefferson, le 4 juillet 1776, allait offrir un idéal nouveau, conforme à celui de la Maçonnerie. Le régime orangiste, pour tout ce qui n'était pas aristocrates et parlementaires, demeurés dans leurs privilèges de caste allait cesser d'être un exemple. Sa corruption s'étalait au grand jour : on savait que, le Parlement étant devenu l'annexe de la Bourse, Robert Walpole payait la voix des députés cinq cents Livres pièce et que le montant des fonds secrets distribués à la presse était passé de 338.000 Livres en dix ans, de 1707 à 1717, à plus d'un million et demi, de 1731 à 1741. L'honneur, *esprit* ou ressort moral des monarchies tempérées, selon Montesquieu, s'en trouvait quelque peu terni. On allait pouvoir lui opposer *la vertu* qui animait les républiques tolérantes et modérées d'outre-Atlantique, dont la Pennsylvanie des Quakers, au moins, fournissait le modèle.

C'est ce à quoi vont s'employer les philosophes, tout au long du XVIII$_e$ siècle.

Les possessions des Habsbourg

EMPEREUR FERDINAND IER

Ferdinand de Habsbourg né en 1503 à Alcala de Henares (Espagne) ; décédé le 25 juillet 1564 à Vienne (Autriche). Fils de Philippe le Beau et de Jeanne la Folle, reine de Castille puis d'Aragon, et frère de Charles Quint.

La branche autrichienne des Habsbourg fut fondée par le frère de Charles Quint, Ferdinand, couronné roi de Bohème et de Hongrie en 1526 Pendant 2 siècle, les Habsbourg et les Ottomans se disputèrent la possession de la Hongrie. Après la défaite des Turcs au siège de Vienne (1683) les Habsbourg étendirent rapidement leur souveraineté le long du Danube, consolidant leurs conquêtes aux traités de Karlowitz (1699) et de Passarowitz (1718), même si le traité de Belgrade (1739) devait, par la suite, les priver de quelques territoires. Conséquence de la guerre de Succession d'Autriche (1740-48), les Habsbourg durent céder la Silésie à la Prusse et ne purent la récupérer lors de la guerre de Sept Ans (1756-63) ; ils se rattrapèrent en gains territoriaux lors du premier et du troisième partage de la Pologne, bien que la Galicie occidentale ne soit pas demeurée longtemps en leur possession.

CHAPITRE XV

LES PÈRES DES IDÉES FRANÇAISES : SPINOZA, MENDELSSOHN, WEISHAUPT

Spinoza, père des philosophes — Apôtre de la démocratie — Un Juif moderniste et dissident— L'ennemi de la théocratie et du cléricalisme — Origine maçonnique de l'Encyclopédie — Frédéric II associé des banquiers internationaux — Le protecteur des philosophes — Sa brouille avec Voltaire — Débandade de l'Encyclopédie — Succès de Choiseul contre les Jésuites — Pénétration maçonnique en Espagne — Pombal, persécuteur du Portugal — Campagne de pamphlets philosophiques Rayonnement des Neuf Sœurs — Despotisme éclairé et banquiers de la Cour — Les banquiers, rois de Berlin — Moïse Mendelssohn et les salons à la mode — Weishaupt et les Illuminés — Leur action révolutionnaire souterraine Les complots des convents et Mirabeau — Rose-Croix contre Illuminés.

Parce que la renommée d'un Montesquieu, d'un Voltaire, d'un Rousseau et la vogue de l'*Encyclopédie* ont assuré dans le monde la diffusion de ces doctrines, on les a qualifiées d'*idées françaises*. Mais, si elles devaient s'inspirer tour à tour de l'exemple anglais de 1688 et du modèle américain de 1776, leur origine n'en apparait pas moins spécifiquement hétérodoxe. L'idéal qui cheminait souterrainement dans la Maçonnerie et qui allait s'épanouir dans la révolution française, sorti tout armé du cerveau de Spinoza, diffusé et financé par Mendelssohn et ses amis, soutiens réels de l'Encyclopédie, exploité par Weishaupt et ses *Illuminés*, s'apprêtait à embraser l'Europe.

SPINOZA, PÈRE DES PHILOSOPHES

Né en 1632 d'une famille de marchands d'origine espagnole, Baruch Spinoza, élève de Manassé ben Israël, le compère de Cromwell, et de Morteira, s'était plongé dans l'étude de la philosophie réformiste d'un Abraham ibn Ezra, de Maïmonide et d'Hasdaî Crescas. L'influence du médecin Dr. van den Enden, son professeur de latin (dont il désira épouser la fille) athée notoire, plus tard pendu pour avoir attenté à la vie du Dauphin, accrut encore son scepticisme. Appartint-il au mouvement Rose-Croix ? Toujours est-il que son sceau portait une rose. Craignant de le voir s'éloigner de la synagogue pour se rapprocher du christianisme, les rabbins, pour le retenir, lui offrirent une pension annuelle de 1.000 ducats qu'il refusa. Alors, ils le condamnèrent à l'excommunication majeure ou *herem* en 1656.

Réduit à polir des verres pour gagner sa vie, il quitta Amsterdam en 1664 pour se réfugier à Rheinsbourg près de Leyde, de là enfin à Voorburgh et à la Haye. Jean de Witt le protégea et lui accorda une pension de 200 florins. Il déclina la proposition d'une chaire à Heidelberg, que lui offrait le comte-palatin, Charles-Louis. C'est alors qu'il publia son *« Tractatus theologo-politicus »* (1670) et son *« Éthique »* qui ne parut que l'année de sa mort en 1677. Il vécut ainsi à cheval sur la génération de l'italien Galilée (mort en 1642), du hollandais Grotius (mort en 1645) du français Descartes (mort en 1650). de l'anglais Hobbes (mort très âgé en 1677) et sur celle de Newton (né en 1643) et de Leibniz (né en 1646) et connut les ouvrages de la plupart d'entre eux.

Tous les principaux dogmes des Encyclopédistes et de la Révolution sont dans le *« Traité théologico-politique »*. Mêlés à des considérations critiques sur les titres d'Israël, de Moïse et des Prophètes à gouverner le monde, qui méritent d'être relevées.

Sur la superstition : Citant Quinte-Curce (iv, 10) : « *Il n'y a pas de moyen plus efficace que la superstition pour gouverner la multitude* ». Avec ce commentaire : « *Et voilà ce qui porte si aisément le peuple, sous une apparence de religion, tantôt à adorer ses rois comme des dieux, tantôt à les détester comme le fléau du genre humain* ». Et encore : « *Si le grand secret du régime monarchique, et son intérêt principal, c'est de tromper les hommes et de colorer du beau nom de religion la crainte où il faut les tenir asservis, de telle façon qu'ils croient combattre pour leur salut en combattant pour leur esclavage, et que la chose du monde la plus glorieuse soit à leurs yeux de donner leur sang et leur vie pour servir l'orgueil d'un seul homme ; comment concevoir rien de semblable dans un État libre ?* » (pp. 59 et 60).

Sur la liberté de penser : « *J'ai cru faire une bonne chose et de quelque utilité peut-être, en montrant que la liberté de penser, non seulement peut se concilier avec le maintien de la paix et le salut de l'État, mais même qu'on ne pourrait la détruire sans détruire du même coup et la paix de l'État et la piété même. Voilà le principe que j'ai dessein d'établir dans ce traité. Mais pour cela j'ai jugé nécessaire de dissiper d'abord divers préjugés, les uns, restes de notre ancien esclavage, qui se sont établis touchant la religion ; les autres qu'on s'est formés sur le droit des pouvoirs souverains* » (p. 60).

Sur le rôle éminent de la raison humaine : « *Il ne faut point s'étonner, après cela, qu'il ne soit resté de l'ancienne religion que le culte extérieur... et que la foi ne soit plus aujourd'hui que préjugés et crédulités. Et quels préjugés, grand Dieu ? Des préjugés qui changent les hommes d'êtres raisonnables en brutes, en leur ôtant le libre usage de leur jugement, le discernement du vrai du faux et qui semblent avoir été forgés tout exprès pour éteindre, pour étouffer le flambeau de la raison humaine* » (p. 61). Les miracles ne sauraient s'y opposer. « *N'ayant rien découvert dans les miracles dont parle l'Écriture qui ne soit d'accord avec la raison ou qui y répugne, voyant d'ailleurs que les prophètes n'ont rien raconté que des choses très simples dont chacun peut se rendre compte, qu'ils les ont seulement expliquées, par de certains motifs et embellies par leur style, de façon à tourner l'esprit de la multitude à la dévotion, je suis arrivé à cette conclusion que l'Écriture laisse la raison absolument libre, qu'elle n'a rien de commun avec la philosophie, et que l'une et l'autre doivent se soutenir par des moyens qui leur sont propres* » (p. 64).

Sur la liberté d'interpréter la religion : « *L'esprit des hommes étant divers, j'aboutis finalement à cette conséquence qu'il faut laisser à chacun la liberté de son jugement, et le pouvoir d'entendre les principes de la religion comme il lui plaira* » (p. 64). Et bien « *que les souverains soient les dépositaires et les interprètes, non seulement du droit civil, mais du droit sacré* (on reconnaît là les théories chères à Hobbes) ; *qu'à eux seuls appartient le droit de décider de ce qui est justice et injustice, piété ou impiété... Je conclus que pour garder ce droit le mieux possible et conserver la tranquillité de l'État, ils doivent permettre à chacun de penser ce qu'il veut et de dire ce qu'il pense* » (p. 65). « *En effet chacun dispose d'une autorité souveraine et d'un droit absolu pour prendre parti sur les choses religieuses... De même que le droit d'interpréter les lois et la décision souveraine des affaires publiques n'appartiennent au magistrat que parce qu'elles sont du droit public, de même chaque particulier a une autorité absolue pour décider de la religion et pour l'expliquer, parce qu'elle est du droit particulier* » (p. 184).

Sur le droit de nature : « *Pour établir cette démonstration, je pars du droit naturel de chacun, lequel n'a d'autres limites que celles de ses désirs et de sa puissance, et je démontre que nul n'est tenu... de vivre au gré* d'un autre, mais que chacun est le protecteur-né de sa propre liberté. Les sujets, par conséquent, retiennent toujours certains droits qui ne peuvent leur être enlevés sans grand péril pour l'État, et leur sont toujours accordés par les souverains, soit en vertu d'une concession tacite, soit en vertu d'une stipulation expresse » (p. 65). En effet, « *Tout ce qu'un être fait d'après les lois de sa nature, il le fait à bon droit puisqu'il agit comme il y est déterminé par sa nature, et qu'il ne peut agir autrement* » (p. 270). « *La puissance de la nature, c'est... la puissance même de Dieu, qui possède un droit souverain sur toutes choses, mais, comme la puissance universelle de toute nature n'est autre chose que la puissance de tous les individus réunis, il en résulte que chaque individu a un droit sur tout ce qu'il peut embrasser, ou, en d'autres termes, que le droit de chacun s'étend jusqu'où s'étend sa puissance* » (p. 269).

Sur l'ordre de la nature : Dans ce domaine Spinoza se propose d'établir d'abord que rien n'arrive contre l'ordre de la nature et qu'elle suit sans interruption un cours éternel et immuable et — deuxièmement — « *de prouver que ce ne sont point les miracles qui peuvent nous faire connaître l'essence et l'existence de Dieu, ni par conséquent sa providence, toutes ces vérités se comprenant beaucoup mieux par ordre constant et immuable de la nature* » (p. 144). Il en résulte qu'un miracle n'est « *qu'un évènement dont les hommes ne peuvent expliquer la cause naturelle par analogie avec d'autres évènements semblables qu'ils sont habitués à observer* » (p. 145).

Sur l'idée de Dieu : « *Dieu n'est pas seulement le Dieu du genre humain, mais le dieu de la nature tout entière* » (p. 150). « *L'âme humaine considérée en elle-même est la première cause de la révélation divine... l'idée de Dieu, c'est la nature qui nous la révèle et nous la dicte* » (p. 19). « *La loi divine, cette loi... qui nous enseigne la vie véritable, est commune à tous les hommes ; et comme nous l'avons déduite de la seule considération de la nature humaine, il faut reconnaître qu'elle est comme gravée au fond de notre âme* » (pp. 128-29). « *La raison elle-même, aussi bien que les enseignements des prophètes et des apôtres, nous révèle la parole éternelle de Dieu et son alliance, et nous crie que la vraie religion est gravée de la main de Dieu dans le cœur des hommes, c'est-à-dire de l'esprit humain, et que c'est là le véritable original de la loi de Dieu, loi qu'il a pour ainsi dire scellée de son propre sceau quand il a mis en nous l'idée de lui-même et l'image de sa divinité. Les premiers juifs reçurent la religion par écrit en forme de loi, parce que sans doute à cette époque on les traitait comme des enfants* » (pp. 234-35). Pour trouver Dieu c'est le précepte de Salomon qu'il faut suivre (au verset 3, chap. ii des « *Proverbes* ») : « *Si vous invoquez la sagesse, et si vous vous soumettez à l'intelligence, alors vous comprendrez la crainte de Dieu et vous trouverez l'amour (et la connaissance) de Dieu* ». Conclusion : « *Les dogmes de la foi universelle ou les dogmes fondamentaux de l'Écriture... doivent tous tendre à cet unique point, savoir, qu'il existe un Être suprême, qui aime la justice et la charité, à qui tout le monde doit obéir pour être sauvé et qu'il faut adorer par la pratique de la justice et de la charité envers le prochain* » (p. 255).

Dans ce culte de l'Être suprême, de la nature et de l'individualisme déterministe, la primauté ne saurait appartenir qu'à la raison. Tandis que la foi et la théologie n'ont en vue que l'obéissance et la piété, la philosophie seule n'a pour but que la vérité.

APÔTRE DE LA DÉMOCRATIE

Voilà pour la religion. Quant aux pouvoirs souverains, une fois dégagé des superstitions qui l'aveuglent et l'anesthésient, le peuple pourra concevoir un régime conforme au droit naturel et qui garantisse ses libertés. Ce régime c'est la démocratie : cette fois, le mot y est. Et Spinoza de décrire comment se constituent les sociétés naturelles. « *Pour mener une vie heureuse et remplie de sécurité, les hommes ont dû s'entendre mutuellement et faire en sorte de posséder en commun ce droit sur toutes choses que chacun avait reçu de la nature ; ils ont dû renoncer à suivre la violence de leurs appétits individuels et se conformer de préférence à la volonté et au pouvoir de tous les hommes réunis* (p. 272). Choisissant de deux biens le plus grand, et de deux maux, le moindre, ils ont dû « *convenir ensemble... de ne faire à personne ce qu'ils ne voudraient pas qu'on leur fît, et de défendre les droits d'autrui comme leurs propres droits, renonçant à leur droit naturel, soit par la crainte d'un mal plus grand, soit par l'espoir d'un bien plus grand »* (p. 272).

« *Voici donc selon Spinoza, de quelle manière peut s'établir une société et se maintenir l'inviolabilité du pacte commun* (toujours le contrat, le *berith*), *sans blesser aucunement le droit naturel : c'est que chacun transfère tout le pouvoir qu'il a à la société, laquelle par cela seul aura sur toute chose le droit absolu de la nature, c'est-à-dire la souveraineté ; de sorte que chacun sera obligé de lui obéir, soit librement, soit dans la crainte du dernier supplice. La société où domine ce droit s'appelle démocratie, laquelle est pour cette raison définie : une assemblée générale qui possède en commun un droit souverain sur tout ce qui tombe en sa puissance. Il s'ensuit que le souverain n'est limité par aucune loi, et que tous sont tenus de lui obéir en toutes choses »* (p. 274). Et d'ajouter, optimiste, cette appréciation qui fait sourire : « *Il est en effet presque impossible que la majorité d'une grande assemblée donne ses voix à une absurdité »* (p. 275). « *Si j'ai, préféré traiter de cette forme de gouvernement, ajoute Spinoza, c'est qu'elle me semblait la plus naturelle et la plus rapprochée de la liberté que la nature donne à tous les hommes Car dans cet État, personne ne transfère à un autre son droit naturel, de telle sorte qu'il ne puisse plus délibérer à l'avenir ; il ne s'en démet qu'en faveur de la majorité de la société toute entière, dont il est l'une des parties »* (p. 276).

Si ses préférences vont à la démocratie, s'il estime que l'instauration de la royauté a été funeste au peuple juif, il n'en approuve pas pour autant sans réserva les révolutions d'Angleterre. Posant en principe *« qu'il faut toujours conserver la forme de gouvernement existante et qu'on ne saurait la changer sans courir le danger d'une ruine complète »* (p. 315), il cite le funeste exemple du peuple anglais, qui *s'est efforcé de donner au meurtre d'un roi les apparences de la justice »* et qui s'aperçut, mais trop tard, qu'il *« n'avait rien fait autre chose pour le salut de la patrie, que de violer les droits d'un roi légitime, et changer l'état des choses en un état pire »* (p. 314). Quoiqu'il en soit de cette opinion, exprimée en 1670, c'est-à-dire avant l'épilogue de ce bouleversement, Spinoza conclut son ouvrage en prônant une fois de plus *« le gouvernement démocratique* (le plus voisin de l'état naturel) — *dans lequel* — *tous les citoyens s'obligent par un pacte à conformer à la volonté commune leurs actions, mais non pas leurs jugements et leurs pensées ; c'est-à-dire que tous les hommes ne pouvant pas avoir sur les mêmes choses les mêmes sentiments, ont établi que force de loi serait acquise à toute mesure qui aurait pour elle la majorité des suffrages, en se conservant cependant le pouvoir de remplacer cette mesure par une meilleure, s'il s'en trouvait »* (pp. 335-36). De ces institutions modèles. Spinoza qui en a été banni par les chefs de sa communauté, donne la ville d'Amsterdam pour exemple, ville *« dont l'accroissement considérable, objet d'admiration pour les autres nations, n'est que le fruit de cette liberté »* (p. 336).

UN JUIF MODERNISTE ET DISSIDENT

Car ce philosophe juif, qui place Jésus au-dessus de Moïse, ne ménage pas ses critiques aux institutions mosaïques et à la théocratie, tirée de l'Écriture sainte. Élus de Dieu, les Hébreux ?

« *Cela signifie seulement que Dieu leur avait choisi une certaine contrée de terre off, ils plissent vivre commodément et avec sécurité. Quant aux lois révélées par Dieu à Moïse, elles ne sont autre chose que le droit particulier de la nation hébraïque, qui, par conséquent, ne pouvait s'appliquer à personne qu'à des juifs, et auquel même ceux-ci n'étaient soumis que pendant la durée de leur empire »* (p. 63).

Vis-a-vis des prophètes, il ne manifeste pas plus de révérence. *« Pourquoi Dieu les a-t-il choisis ? Est-ce parce qu'ils avaient de sublimes idées de Dieu et de la nature, ou seulement à cause de leur piété ? « Sur ce qui ne touche pas »* la pratique de la vie et de la vertu... *leurs opinions sont de peu d'importance »* (p. 63). Au demeurant, *« le don de prophétie n'était pas propre aux Juifs, mais commun à toutes les nations »* (p. 109). En matière de religion, les titres du peuple hébreu sont d'ailleurs assez minces, *« Il est certain en effet que, sous le rapport de l'entendement, les Hébreux n'ont eu que des idées très vulgaires sur Dieu et la nature : ce n'est donc point par cet endroit qu'ils ont été le peuple élu.. Ce n'a pas été non plus par la vertu et la pratique de la vie véritable, car ils n'ont pas surpassé de ce côté, sauf un très petit nombre d'élus, le reste des peuples. Leur caractère de peuple choisi de Dieu et leur vocation viennent donc seulement de l'heureux succès temporel de leur empire et des avantages matériels dont ils ont joui »* (p. 104).

De génie politique, il n'en est point trace dans leur histoire. *« À la sortie d'Égypte les Hébreux ne subissant plus la loi d'une nation étrangère, pouvaient à leur gré se donner des institutions, établir tel ou tel gouvernement, occuper enfin le pays qui leur convenait le mieux. Mais il se rencontrait que la chose dont ils étaient le plus incapables, c'était justement d'établir une sage législation et de se gouverner eux-mêmes »*. C'est pour cela que Moïse par vertu divine et par ordre divin, introduisit la religion dans le gouvernement : *« de cette façon le peuple faisait son devoir non par crainte, mais par dévotion »* (pp. 135-36). *« Les deux testaments ne sont l'un et l'autre qu'une doctrine d'obéissance, car Moïse n'a point cherché à convaincre les Israéliens par la raison, mais... il s'est efforcé de les lier par un pacte, par des serments et par des bienfaits ; ensuite il a menacé de châtiments ceux qui enfreindraient les lois »* (p. 252).

L'ENNEMI DE LA *THÉOCRATIE* ET DU CLÉRICALISME

La théocratie mosaïque, qui établit le gouvernement des prêtres, ne peut que répugner à Spinoza. *« En abandonnant à Moïse* (les Hébreux) *le droit qu'ils avaient de consulter Dieu, ils perdirent par le fait même tous leurs droits et durent considérer l'élu de Moïse comme l'élu de Dieu lui-même »* (p. 290). *« Le siège de l'État était un temple »*, *« Les membres de l'État devaient jurer fidélité à Dieu »*, le commandant suprême des armées ne pouvait être élu que par Dieu seul »* (p. 295). Josué, élu chef suprême de la milice, ne pouvait consulter Dieu que *« par l'intermédiaire du souverain pontife, qui recevait seul la réponse de Dieu »* (p. 292). Ce pontife, chargé d'interpréter les lois, c'est le frère de Moïse, Aaron, puis ses fils puis un membre de la caste des Lévites (p. 291). L'Assemblée suprême se compose de soixante-dix conseillers, eux aussi choisis par Moïse (p. 295).

Or les fruits de ce régime furent assez amers. L'égalité régnait cependant : *« Nulle part et dans aucun État les citoyens ne jouissaient de leurs biens avec des droits égaux à ceux des Hébreux, qui possédaient une part de terres et de champs égale à celle du chef, et demeuraient éternellement maîtres de la part qui leur était échue. Quelqu'un pressé par le besoin vendait-il sa terre ou son fonds, le jubilé arrivé, il rentrait complètement en possession et les choses étaient tellement disposées que personne ne put aliéner le bien-fonds qui était sa propriété »* (p. 300). Mais les résultats furent entièrement contraires à l'attente. Ce qui justifie ce jugement sévère : *« Si donc on devait accorder que les Hébreux ont eu plus que les autres l'esprit de sédition, c'est à un vice des lois et des mœurs qu'ils reçurent de leurs législateurs qu'il faudrait l'imputer »* (p. 302). Les dons, les impôts payés aux Lévites, leurs privilèges n'étaient pas étrangers à cet état de choses. Et *« lorsque le peuple qui n'était point habitué aux rois, eut changé la première forme de gouvernement monarchique il n'y eut plus de terme aux guerres civiles, et telle fut l'atrocité des combats que les Hébreux se livrèrent entre eux, qu'il n'y a rien de pareil dans les annales de l'histoire »* (p. 310).

D'où la préférence de Spinoza pour le modèle de démocratie qu'étaient la ville d'Amsterdam et les Provinces-Unies. D'où la supériorité qu'il reconnaît sur Moïse à Jésus, *« qui n'enseigna autre chose que des principes universels de morale (voyez Mathieu, ch. v, verset 23) et promit à ses élus un repos spirituel, bien différent des récompenses toutes corporelles (matérielles) de Moïse. Jésus-Christ eut pour mission, non pas de conserver tel ou tel empire ou d'instituer des lois, mais seulement d'enseigner aux hommes la loi morale, la loi universelle »* (p. 131). Terminons par cet hommage rendu au Messie par l'élève de Maïmonide et de Manassé ben Israël.

Il suffit d'énoncer ses principes — si voisins de l'idéal Rosicrucien pour constater combien l'influence de Spinoza domine le siècle suivant. Ses thèses, qui présentent *« de frappantes analogies, bien voisines d'une absolue identité* (Saisset) *avec celles de Platon, « une seule nature, une seule substance, un seul Etre »*, se sont répandues en Angleterre, surtout par Locke et Toland

(« *Pantheisticon* »). En Allemagne, Leibnitz, Lessing, Fichte, Hegel et Schelling s'inspireront davantage de *« l'Éthique »* que du *« Traité théologico-politique »*. En France, Boulainvilliers surtout (1658-1722) fut le véhicule du spinozisme. Traducteur de l'*« Éthique »* et du *« Traité théologico-politique »*, auteur probable d'un *« Essai de Métaphysique dans les Principes de Baruch de Spinoza »* (vers 1707) et de conversations *« sur l'Origine des êtres et des espèces »*, *fasciné par les œuvres de Spinoza*, qui fut *son grand inspirateur*, (Naville), c'est cet astrologue convaincu qui introduisit les thèses du philosophe réformiste auprès de la coterie Noailles d'abord et du *club holbachique* ensuite. Ami du comte d'Argenson, le duc de Noailles entretenait dans son cercle autour de 1710 des personnages comme Dumarsais (1676-1756) précepteur des enfants de John Law, ami de Fontenelle et de Voltaire, comme Fréret (1688-1749), biographe de Boulainvilliers et précepteur de ses enfants, inspirateur de Condillac, embastillé en 1715, comme Mirabaud (1675-1760) qui prêtera plus tard son nom au *« Système de la Nature »* de d'Holbach. Tous sont à ce point nourris de Spinoza, que l'historien de Thiry d'Holbach, Naville, a pu conclure que le mouvement philosophique tout entier se présente comme une manifestation triomphale du spinozisme.

ORIGINE MAÇONNIQUE DE *L'ENCYCLOPÉDIE*

Mise en sourdine sous le gouvernement du cardinal Fleury (15 juin 1726-29 janvier 1743) la propagande subversive allait reprendre de plus belle après sa mort. Mais cette fois les esprits éclairés, détournant leurs regards des brouillards de la Tamise, allaient chercher la lumière dans les brumes de la Sprée. À l'époque où va naître *l'Encyclopédie*, Berlin l'emporte déjà sur Londres. Peut-être n'est-il pas inutile de se demander sous quelle influence ?

Certes l'idée d'un Dictionnaire universel, sorte de compendium des connaissances humaines, était dans l'air. Malgré ; ou à cause, de ses tendances antireligieuses, le *Dictionnaire de Bayle*, avec ses onze éditions, avait été un grand succès de librairie. Les Jésuites avaient répondu en publiant eux-mêmes, en 1704, un *Dictionnaire universel*. C'est à propos d'une traduction de la *« Cyclopedia »* du quaker Ephraïm Chambers, parue à Londres en 1728-29, que M$_{me}$ de Puisieux mettra en contact Diderot avec le libraire Le Breton en 1745-46. Là se trouve l'origine officielle de l'Encyclopédie, dont l'idée aurait vu le jour dans les salons de M$_{me}$ Geoffrin (et de M$_{me}$ du Deffand), ou du moins les premières démarches en vue de sa réalisation.

Car M$_r$ Gaston Martin, dans son étude magistrale sur la Franc-Maçonnerie et la Révolution (p. 79) a révélé un texte qui ne laisse aucun doute sur sa paternité véritable. Ainsi s'exprimait, en effet, le Grand-Maître, duc D'Antin, en Juin 1740 : *« l'Ordre exige de chacun de nous de contribuer par sa protection, sa libéralité ou par son travail à un vaste ouvrage... qui réunira les lumières de toutes les nations et qui sera comme une bibliothèque universelle »*. Commentant ce discours, un orateur maçonnique, cité par Amiable, précisera : *« Cela, mes frères... n'est rien de moins que le plan tracé, onze ans à l'avance, de l'immense publication qui s'est appelée l'Encyclopédie »*.

Le moment n'était pas mal choisi : 1740. Le cardinal Fleury, âgé de 87 ans, déclinait visiblement. En mai, Frédéric II était monté sur le trône de Prusse. Le 20 octobre mourait l'empereur Charles IV, et Charles Louis Fouquet, comte de Belle-Isle, remuait tant et si bien l'opinion qu'il se faisait envoyer à la Diète de Francfort (1741), et brûlant d'en découdre en faveur de son ami Frédéric (initié à Brunswick le 14 août 1738) entraînait son pays, avec l'appui des Noailles et des Broglie, dans la guerre la plus bête et la plus désastreuse.

FRÉDÉRIC II ASSOCIÉ DES BANQUIERS INTERNATIONAUX

Cependant, tandis que le maréchal de Belle-Isle essaimait des loges en Allemagne, l'étoile de Frédéric II montait. Et avec lui grandissait l'influence des banquiers internationaux de Berlin et du philosophe Mendellsohn, champion du réformisme. Petit-fils du roi George Ier d'Angleterre par sa mère Sophie-Dorothée de Hanovre, Frédéric avait été encouragé par son gouverneur, le huguenot français Duhan, à la lecture de Machiavel, de Thomas More, de Bodin, de l'abbé de Saint-Pierre, de Bayle et de Locke. Pour échapper à la férule brutale de son soudard de père, le jeune prince avait en vain tenté de s'enfuir en Angleterre en Juillet-Août 1730. Interné à Custrin, il n'en était sorti en Novembre que pour se voir confier des tâches administratives à la Chambre des Domaines.

Devenu roi à la mort de Frédéric-Guillaume Ier (31 mai 1740), il continua à s'entourer des libres-penseurs et des déistes qui avaient été ses compagnons à Rheinsberg depuis 1735 : Ch. Et. Jordan protestant français né à Berlin, ami de Fontenelle, de l'abbé de Saint-Pierre, du jeune Voltaire (auquel Frédéric avait adressé une première lettre le 8 août 1736) Dietrich de Keyserlingk, courlandais, ex-étudiant à Königsberg et pendant deux ans à Paris, qui sera son intermédiaire avec Voltaire. Manteuffel, prussien, retraité du gouvernement saxon, grand philosophe, Suhm, chargé en outre de ses emprunts. Ce souverain maçon, irréligieux, sans scrupules, sut mettre de son côté tous les esprits *éclairés* de l'époque qui voyaient en lui leur protecteur et leur chef de file. Qu'il ait écrit dans sa jeunesse l'Anti-Machiavel suffit à lui faire pardonner les ruses, les lâchages et les trahisons si caractéristiques de sa manière. N'a-t-il pas inauguré son règne en établissant la liberté des cultes ? Et en créant un Département du Commerce et des Manufactures ? Lui, qui s'intéresse si fort aux affaires, ne favorise-t-il pas celles des banquiers internationaux dont il s'entoure ? Et cela ne suffit-il pas à lui mériter le titre de despote éclairé, quand la Prusse en est encore au stade du servage sur les domaines de ses hobereaux ?

La suite de l'expulsion des hétérodoxes de Vienne et de l'archiduché d'Autriche par Marguerite en 1670. Frédéric-Guillaume avait déjà amorcé cette politique en accueillant cinquante familles à Berlin. Son duché de Clèves en comptait également. Soucieux d'enrichir son royaume. Frédéric II encouragea l'activité de ceux de Berlin et de Königsberg, les Riess, les Lazarus, les Veit. *« Sous son impulsion*, comme l'écrit Graetz, *plusieurs Juifs avaient créé des fabriques, fondé d'importantes industries et acquis de grandes richesses. Mais que faire de leur argent ? »* (t. v. p. 294). Les banquiers Friedlaender de Königsberg, le père et ses trois fils Baermann, Meyer et Wolf, et le banquier Daniel Itzig de Berlin soutinrent de leurs puissants moyens les entreprises réformistes de Mendellsohn, disciple et héritier de Spinoza.

LE PROTECTEUR DES PHILOSOPHES

Aussi ne faut-il pas s'étonner qu'à partir de la seconde moitié du XVIIIe siècle, de la naissance de l'Encyclopédie à la fin de la Révolution française, les influences allemandes pèsent de façon constante sur l'évolution des idées comme sur la marche des évènements en France. De chaque côté du Rhin, Franc-Maçonnerie et finance internationale collaborent étroitement en synchronisant leurs manœuvres.

En 1750, le baron d'Holbach et Grimm jouent un rôle déterminant dans les travaux de l'*Encyclopédie*, au point que le biographe de Diderot André Billy, a pu écrire que *« les véritables assises de l'Encyclopédie se tenaient chez Holbach »*. Ayant hérité de son oncle, venu faire fortune à Paris à la fin du règne de Louis XIV, un confortable revenu de 60.000 Livres, le baron Paul Thiry d'Holbach, originaire des environs de Landau, tenait table ouverte chez lui, rue Royale Saint Roch, le dimanche et le jeudi. C'est ainsi que la *synagogue* d'Holbach devint le centre de réunion des philosophes. Là se retrouvent ceux que l'avocat Moreau surnommera les *cacouacs*.

De *philosophes*, ils n'ont que l'étiquette, car la recherche de la sagesse n'est pas précisément leur fait. Quelques-uns sont des scientifiques,. mais tous, déistes ou athées, libres-penseurs sont de farouches ennemis de la superstition qu'ils veulent détruire, selon le programme et avec les armes de Spinoza, avant de s'attaquer à la tyrannie.

Diderot, fils d'un coutelier de Langres, candidat déçu à la prébende de son oncle chanoine, brillant élève du Père Porée chez les Jésuites de Louis-le-Grand, bohème plein de faconde, s'est signalé à l'attention par ses *« Pensées philosophiques »*. condamnées par le Parlement le 7 juillet 1746. M$_{me}$ de Puisieux, dont le mari avait été porté aux Affaires étrangères par le grâce de Pâris du Verney et de M$_{me}$ de Pompadour en Janvier 1747, l'a lancé et recommandé aux libraires. Sa *« Lettre sur les aveugles »*, bien qu'anonyme, lui a valu d'être au secret à Vincennes, du 24 juillet au 21 août, puis interné chez le gouverneur jusqu'au 33 novembre 1749. En Octobre 1750, il a lancé le prospectus de l'*Encyclopédie*, qui offre les dix volumes prévus, jusqu'au 1$_{er}$ mai 1751, au prix de faveur de 280 livres, au lieu de 372 à la vente : il y aura 2.000 souscripteurs. Avant même la parution, l'Académie de Berlin ouvre ses portes à Diderot.

S'insérant entre la publication de *« l'Esprit des Lois »* (1748) et du *« Contrat social »* (1752). le premier volume voit le jour le 1$_{er}$ juillet 1751. Certes l'article *« autorité publique »*, rédigé par Diderot, peut paraître un peu subversif. Pour lui, la seule autorité légitime résulte *« du consentement de deux qui s'y sont soumis par un contrat fait ou supposé entre ceux et celui à qui ils ont déféré l'autorité »*. Il reprend donc la thèse du pacte et de la souveraineté populaire. Mais les précautions nécessaires ont été prises, une visite au chancelier d'Aguesseau, dès 1746, a précédé la mise en chantier de l'ouvrage. Le premier tome s'ouvre sur un dédicace au comte d'Argenson, alors chargé de la *librairie*, c'est-à-dire de la censure. Le discours préliminaire a été confié à d'Alembert, qui l'a écrit d'une plume emphatique et circonspecte. Bâtard de Fontenelle ou du chevalier Destouches et de M$_{me}$ de Tencin, qui ne tenait pas guichet que de banque, d'Alembert, bien qu'abandonné par sa mère, devait à son éducation mondaine d'être reçu dans les salons de M$_{me}$ Geoffrin (héritière de M$_{me}$ de Tencin en 1749), de M$_{me}$ du Deffand et de M$_{elle}$ de Lespinasse, où l'on voyait Voltaire, Montesquieu, Fontenelle, Buffon.

Mathématicien, il a été couronné par l'Académie de Berlin et fréquente assidûment chez d'Holbach. Il y rencontre Boulanger, qui prêtera son nom au *« Christianisme dévoilé »*, Damilaville, qui maintient une liaison étroite entre le groupe et Voltaire, Naigeon, féru de l'Antiquité et farouche anticlérical, l'abbé Morellet, l'abbé Galiani, Marmontel, Saint-Lambert, etc. Des dames : M$_{me}$ Geoffrin, M$_{me}$ d'Epinay, M$_{me}$ Helvetius, plus tard, M$_{me}$ Necker. Beaucoup d'étrangers : lord Shelburne, Horace Walpole, David Hume, Priestley, Franklin, le prince de Brunswick, le þaron d'Alberg. La *synagogue*, si elle n'est pas une Académie secrète, est à coup sûr un club international de l'athéisme. Par les deux Lagrange, dont l'un est précepteur des enfants du baron, et le mathématicien Laplace, une liai son permanente est établie avec Moïse Ensheim ou Moïse Metz, mathématicien précepteur des enfants de Mendellsohn, qui va représenter officiellement à Paris la revue hébraïque moderniste *« Ha'Meassef »*, organe du philosophe et de ses amis de Berlin.

À la veille même de la mise en œuvre de l'*Encyclopédie*, en 1748 a débarqué à Paris comme précepteur des enfants du comte de Schomberg un autre allemand Frédéric-Melchior Grimm, de Ratisbonne, qui sera la cheville ouvrière de la publication. Après des études à Leipzig avec Gottsched et l'hébraïsant Ernesti, il est aussi à Paris le secrétaire du comte de Frise et de Klupffel chapelain du prince de Saxe-Gotha. Chez le prince qui pourtant héberge Rousseau, tout ce monde mène joyeuse vie. Diderot, qui connait Jean-Jacques depuis 1742 par Daniel Rogain, vaudois, ex-officier hollandais, a été présenté par le premier à l'abbé de Condillac, frère de l'abbé de Mably, qui restera son ami et son protecteur. Appelé bientôt après à succéder à l'abbé de Raynal à la rédaction des *« Nouvelles littéraires »* (1753) Grimm, dans ses *« Correspondances »* transmettra à l'Europe du nord et de l'est les potins et les modes de Paris. Il entretiendra des relations avec la duchesse de Saxe-Gotha, les princes allemands, plus tard

Catherine II et les souverains de Suède et de Pologne. Ses rapports officiels avec tous ces princes faciliteront grandement sa tâche de liaison. Des appuis extérieurs risquent en effet de se révéler nécessaires, car les difficultés commencent.

Dès le lancement du prospectus de l'*Encyclopédie*, le Père Berthier et le *« Journal de Trévoux »*, organe des Jésuites (publié sous la protection du duc du Maine) avaient réagi. Le premier tome paru, l'évêque J. Fr. Boyer avait effectué une démarche auprès de Lamoignon et de son fils Malesherbes, qui sera directeur de la *librairie* de 1750 à 1763, afin d'obtenir que les articles touchant la doctrine soient soumis à la censure préalable de quelques-uns de ses amis. Mais voici qu'éclate le scandale de la thèse de l'abbé de Prades, *« À la Jérusalem céleste »*, condamnée par la Sorbonne le 27 janvier 1752, et par le Parlement qui décrète l'auteur de prise de corps. Tandis que l'abbé s'enfuit à Berlin, Diderot prend sa défense. Lamoignon de Malesherbes, descendant de Samuel Bernard, a beau nourrir des dispositions favorables à l'*Encyclopédie*, il se voit contraint d'arrêter la parution du second volume. Mais il rend à Diderot le service insigne de recueillir ses papiers, tandis que l'encyclopédiste, tout en refusant l'offre de Voltaire de transporter son entreprise à Berlin, se met à l'abri.

SA BROUILLE AVEC VOLTAIRE

Voltaire, lui, n'a pas attendu l'alerte. Sa protectrice M$_{me}$ du Châtelet étant morte en couches à la suite d'une aventure avec Saint-Lambert, il est libre et il en profite pour répondre aux invites de son *ami* Frédéric, *l'espoir du genre humain*, qu'il avait déjà rencontré près de Clèves, le 12 septembre 1740. Il renonce à sa charge d'historiographe et, coupant les ponts avec la France, liquide ses affaires avec les banquiers Pâris. Il en retire quelque 600.000 Livres, ce qui ne l'empêche pas de réclamer à son idole un substantiel viatique de 1.000 thalers pour se rendre à Berlin, d'où il établira la liaison avec l'*Encyclopédie* (26 septembre 1750). Malgré cette mesquinerie, l'accueil qu'il reçoit est princier : il est nommé chambellan et reçoit 20.000 écus de pension annuelle comme correcteur de Sa Majesté (dix fois plus que comme historiographe). Tout va très bien d'abord : aux soirées de Postdam, les deux amis font assaut d'esprit. Mais ils ne peuvent s'entendre : ils ont les mêmes défauts. Voltaire ne sait pas tenir sa langue, blesse l'amour-propre d'auteur de son hôte, manifeste sa jalousie envers Maupertuis, président de l'Académie de Berlin, ne peut se retenir de trafiquer. Il charge un courtier, Hirschel, de spéculer pour lui sur les billets saxons, dévalués de 30% mais remboursables au pair aux porteurs prussiens, et sur des diamants, puis se plaignant d'être volé et sur le conseil de Veitel, concurrent du premier, il l'attaque en justice (18 février 1751). Frédéric se fâche, lui intime l'ordre de ne plus avoir *« de querelle, ni avec le Vieux, ni avec le Nouveau Testament »* et lui interdit ses dîners. Le charme est rompu. S'estimant brimé, Voltaire s'échappe de Berlin, mais les émissaires de Frédéric l'arrêtent et le dépouillent à Francfort, en attendant la restitution d'un exemplaire des *« Vers de Sans Souci »* et des lettres de leur maître. Ainsi se termina son escapade prussienne. Plus tard, la correspondance reprit. Mais Frédéric pensionna d'Alembert, plus souple.

Quant à Voltaire, il se rapprocha des autres princes allemands, protecteurs des philosophes et, pour commencer, plaça ses nombreuses disponibilités en prêts viagers au duc Charles-Eugène de Vürtemberg (150.000 Livres, le 27 novembre 1752 : 112.500, le 31 janvier 1753 : 200.000, le 10 octobre 1754 : 80.000, le 28 décembre), et à l'Électeur palatin Charles-Théodore (10.000, le 9 juin 1753 ; 130.000 en Juillet 1758). Un peu plus tard, en 1760-61, il sollicitera de Frédéric l'autorisation d'installer dans son duché de Clèves une *colonie de philosophes*, tandis que le landgrave de Hesse-Cassel lui proposera de les héberger dans ses États.

Mais les Encyclopédistes, Diderot en tête, rechignent. Ils comptent encore de puissants appuis, ne serait-ce qu'auprès de Mme de Pompadour, et, discrètement, poursuivent sur place leur entreprise, à la cadence d'un volume par an, de l'été 1752 jusqu'en 1756. Malesherbes continue de fermer les yeux, malgré les critiques de Fréron, qui accuse par ailleurs Diderot d'avoir plagié Goldoni dans sa pièce *« le fils naturel »*. Le 30 novembre 1754, les portes de l'Académie s'ouvrent à d'Alembert et les philosophes s'efforcent de pousser leurs amis dans l'illustre compagnie. Si Diderot échoue, Marmontel, la Harpe, Lemerre, l'Abbé Millet, Brienne, Suard, Gaillard, Condorcet y pénètrent.

Quand soudain éclate un nouvel orage. L'attentat de Damiens (5 janvier 1757) provoque le renforceraient des mesures de répression (16 avril). La peine de mort est décrétée contre les imprimeurs clandestins. En Octobre. J. N. Moreau, avocat au Parlement d'Aix-en-Provence, dénonce les *cacouacs*. Le 6 février 1759, le Parlement condamne le livre d'Helvétius, *« De l'Esprit »*, bassement matérialiste et déterministe, paru en Juillet 1758. L'auteur Claude Helvétius était un calviniste du Palatinat, élevé en Hollande ; son père s'était adonné à l'alchimie : par sa mère il appartenait à une famille de financiers et lui-même avait exercé les fonctions de fermier-général, auxquelles il avait renoncé en 1751. Dans son réquisitoire, l'avocat général Orner Joly de Fleury accusa les philosophes *« de détruire la religion et d'inspirer l'indépendance aux peuples »*. Le privilège de l'*Encyclopédie* fut révoqué le 6 mars par arrêt du Conseil d'État qui, le 21 juillet, prescrivit le remboursement par les libraires Le Breton, David l'aîné, Briasson et Durand (alors qu'on en annonçait dix de plus). De son côté le Vatican prononça, le 3 septembre, la condamnation de l'ouvrage.

DÉBANDADE DE L'*ENCYCLOPÉDIE*

C'est la déroute au camp des *cacouacs*. Champions de la liberté comme Voltaire ou de l'égalité comme Rousseau, les philosophes font peut-être profession de fraternité dans les loges, mais ne la pratiquent guère entre eux. Ils se jalousent et se brouillent pour une femme, pour un rien : Rousseau avec Diderot, à propos de Mme d'Houdetot et de Saint Lambert ; d'Holbach avec ce *polisson*, *ce petit cuistre* de Rousseau, à qui l'on ne pardonne guère cette *sortie du vieux savoyard* ; *« où est le philosophe qui, pour sa gloire, ne tromperait pas volontiers le genre humain ? »* Voltaire est trop intelligent pour avaler les billevesées, les contradictions, la sentimentalité vague et fausse de son rival. L'équipe qu'ils forment résiste mal à la première attaque sérieuse. D'Alembert, ménager de ses relations, conseillé par Voltaire, qui voudrait que l'on transférât l'entreprise à Lausanne ou à Genève et qu'on la confiât au libraire Grenier se retire le premier. Rousseau ce vagabond, *lâche* aussi, avant d'accompagner en Angleterre en 1756. David Hume, qui ne tardera pas à le qualifier de *scélérat*. Puis vient le tour des *économistes*, Turgot et Quesnay, de Marmontel, de Buffon.

De tout l'attelage, seuls restent dans les brancards avec d'Holbach, son collaborateur la Grange et Grimm, Diderot. Naigeon et le chevalier de Jaucourt, huguenot qui avait étudié à Leyde, travaillé à Genève, en Angleterre et en Hollande. Ceux-là s'obstinent, concluent un nouvel accord avec David pour les sept volumes restants, reprennent la publication des planches (nouveau privilège du 8 septembre 1759) achèvent le huitième volume (fin Septembre 1762), font imprimer clandestinement les suivants en 1763-64, alors que Sartine a succédé à Malesherbes à la *librairie*. Finalement, passant outre la décision de l'Assemblée du Clergé de 1765, Samuel Fauche, libraire à Neufchtel (sous la suzeraineté prussienne) annonce en Janvier 1766 la parution des dix derniers volumes commençant au tome huit. Pour avoir distribué les premiers exemplaires sans attendre l'autorisation de Sartine, Le Breton s'en va à la Bastille. Mais, pour les libraires l'affaire est bonne : ils encaissent plusieurs millions. Diderot qui n'avait touché que 100 Livres par an au début, puis 20.000 pour les dix premiers et 2.500 pour chacun des sept volumes suivants, après y avoir consacré vingt ans de sa vie, n'en pouvait dire autant. Grimm, dont il assure à diverses reprises l'intérim de la *« Correspondance littéraire »*, lui obtient quelques dédommagements auprès de Catherine de Russie (née Sophie d'Anhalt-Serbst). Par l'intermédiaire de son ambassadeur à Paris, le prince Galitzine, ami de M_{me} Geoffrin, la tsarine lui achète les 3.000 volumes de sa bibliothèque afin de lui permettre de doter sa fille (15.000 Livres) et lui octroie une pension de 300 pistoles (Mars-Mai 1765). L'année suivante, elle lui en verse cinquante années d'avance (soit 25.000 Livres) et l'invite à Pétersbourg pour organiser son Université, en 1773-74. Pour s'y rendre Diderot brûle l'étape de Berlin, où cependant Grimm l'attendait. Car il ne porte pas précisément dans son cœur le grand Frédéric : *« Nous portons la plus belle haine au roi de Prusse, éternel boute-feu de l'Europe »*. Et ne partage nullement les idées d'Helvétius sur le despotisme éclairé, déclarant à Voltaire : *« Notre choix est : sans quartier pour les superstitieux, pour les fanatiques, pour les ignorants, pour les fous, pour les méchants et pour les tyrans »*. Et encore : Si l'homme osait *« de son cœur n'écouter que la voix ses mains ourdiraient les entrailles des prêtres, à défaut d'un cordon pour étrangler les rois »*.

SUCCÈS DE CHOISEUL CONTRE LES JÉSUITES

Pour l'instant, l'heure était venue des prêtres, en attendant celle des rois. Avec l'expulsion des Jésuites (prononcée en 1762) les philosophes connaissaient leur premier triomphe. La première phase de leur programme se réalisait : avant d'ébranler les trônes, battre en brèche la religion et prendre pour cible les ordres réguliers, avec la connivence des ministres libres-penseurs, sinon des souverains, et en France des Jansénistes du Parlement. Dans cette entreprise, de nombreuses complicités leur étaient acquises.

En tête, celle de la Pompadour, liée aux gens de finance par son père Poisson, employé chez les banquiers Pâris, les amis de Voltaire, et par son mari, le sous-traitant Le Normant d'Etioles, neveu du fermier-général, qui était l'amant de sa mère. Maîtresse en titre depuis Avril 1745, la marquise ne pouvait porter les dévots dans son cœur ; elle protégeait Voltaire et ses amis. Dès cette époque le marquis d'Argenson, ministre des Affaires étrangères de Novembre 1744 à Janvier 1747, s'était plu à tracer avec les philosophes, *le plan à suivre pour la destruction des religieux*. Conseiller au Parlement, puis Conseiller des Finances et ambassadeur, il avait été écarté des affaires pendant la disgrâce de Chauvelin. Hostile à l'Autriche et à l'Espagne, favorable à Frédéric II, ses opinions allaient à l'opposé de celles de son frère, le comte d'Argenson, ministre de la Guerre. Mais quelle que fût son impatience, il fallait attendre, pour agir, des circonstances favorables.

Aussi est-ce à Choiseul qu'il appartint de reprendre ses projets. Petit, rouquin, vif et sûr de lui, tour à tour colonel, puis ambassadeur à Rome et à Vienne, Stainville gardait de sa famille, jadis au service du duc de Lorraine, quelque chose d'un peu germanique. Marié en 1750 à une petite-fille du banquier Crozat, grand ami des Gradis de Bordeaux, il avait su s'introduire dans les grâces de la marquise. Créé duc de Choiseul en 1757, il prit le portefeuille des Affaires étrangères l'année suivante. Esprit fort et libre-penseur, c'est lui qui saisit l'occasion de jeter les Jésuites en pâture au Parlement et qui ne cessa d'intervenir de façon pressante auprès de ses collègues le comte d'Aranda et le marquis de Pombal pour obtenir leur expulsion d'Espagne et du Portugal.

Le prétexte, le Père La Valette, S. J., le fournit. En se lançant dans des affaires malheureuses aux Antilles, il avait provoqué la faillite de la maison Gouffre de Marseille, en 1755-56. Celle-ci se retournait contre l'Ordre pour une somme d'un million et demi de Livres. Trop heureux d'un tel procès, le Parlement de Paris ne se contenta pas de condamner la

Compagnie de Jésus, comme solidairement responsable (sur réquisitoire de l'avocat général Le Pelletier de Saint Fargeau, le 8 mai 1761) mais, sur la dénonciation de l'abbé de Chauvelin, conseiller janséniste, dévoué aux Encyclopédistes (17 avril) et par la bouche de l'avocat : Orner Joly de Fleury (Juillet) exigea une enquête sur les Constitutions de l'Ordre.

Leur rapport étant déjà prêt, l'abbé Terray, l'Averdy et Chauvelin menèrent rondement l'affaire. Le 6 août 1761, un arrêt condamna *à la brûlure* vingt-quatre ouvrages soi-disant subversifs et décréta la fermeture des cent collèges dirigés par les Jésuites pour le 1er octobre. Et le Parlement, animé des rancunes jansénistes et encouragé par les hésitations du roi, qui se borna à reculer d'un an ce délai, n'a plus qu'à lancer les chiens pour sonner l'hallali. La Cour fixe au 1er avril 1762 la fermeture des établissements d'enseignement et, le 6 août de cette même année décrète la suppression de l'Ordre et le séquestre de ses biens. Sur la foi d'un recueil d'extraits, fourmillant de textes tronqués, que viennent de publier les jansénistes, il proclame la doctrine de la Compagnie « *attentatoire aux droits de la puissance royale... et à l'obéissance des sujets* » Les philosophes ricanent au spectacle des *loups* mangeant les *renards* (Voltaire). Tandis que les Parlements de province font chorus, les plus engagés des parlementaires, la Chalotais à Rennes, de Morveau, Rolland d'Erceville à Paris, s'efforcent de recruter de nouveaux maîtres et de réformer l'enseignement selon les méthodes *modernes* employées dans leur trente collèges par les Oratoriens, fort apparentés aux Jansénistes. Couronnant son œuvre, le 9 mars 1764, le Parlement prononce enfin l'expulsion des Pères, mesure que le roi atténue en Novembre en les autorisant à demeurer en France à titre personnel. Ambassadeur à Rome, Bernis mettra le point final à l'affaire en obtenant du pape l'abolition de la Compagnie de Jésus par la bulle « *Dominus ae Redemptor* » du 21 juillet 1773.

PÉNÉTRATION MAÇONNIQUE EN ESPAGNE

Dans l'intervalle, les efforts de Choiseul pour entraîner l'Espagne et le Portugal dans la lutte contre les Jésuites avaient été couronnés de succès. L'Espagne cependant n'avait pas été profondément contaminée par la Maçonnerie. Bien qu'on y trouve dans une chapelle d'Avila, *Nuestra Seciora de la Anunciacion* édifiée en 1514-16 pour treize vieillards (il y aura treize dignitaires dans une loge) par Mosen Rubi (ou Ruben) de Bracamonte (probablement d'origine hébraïque, venu de Flandre) l'un des plus anciens témoignages architecturaux de symboles indubitablement maçonniques (l'Inquisition, alertée, en arrêta d'ailleurs les travaux en 1530), bien que l'Amiral de Coligny, qui portait un compas et un marteau dans ses armes, y ait effectué un voyage en 1519 — bien qu'on ait pu déceler des influences hétérodoxes ou maçonniques dans le soulèvement des *Comuneros de Castilla*, sous Padilla, Bravo et Maldonado, et, plus encore dans les *Germanias de Valencia* avec Juan Lorenzo de Jàtiva et le marrane désigné par le surnom d'*El Encubierto* — à part l'exécution du Dr. Cazalla à Valladolid le 21 mai 1559 et l'activité du sceptique et cynique Domingo Zapata, professeur à l'Université de Salamanque, ami des marranes et précurseur de Voltaire, il n'est guère de trace de la Franc-Maçonnerie dans la péninsule jusqu'au XVIIIe siècle.

Mais, à partir de 1728, les loges anglaises s'y développent à tel point que la loge centrale, *Las Très Flores de Lis* de Madrid compta bientôt deux cents filiales, qui demeurèrent sous l'autorité de Londres jusqu'en 1760. Les efforts de Ferdinand VI pour enrayer le mouvement, en promulguant, à l'instigation de son confesseur, le Père Ravago, le décret d'Aranjuez du 2 juillet 1751, avaient été apparemment vains. D'autant plus qu'à sa mort, survenue le 10 août 1759, son successeur Charles III (qui régnait à Naples depuis 1734) s'entoura de collaborateurs, tels son conseiller Tanucci, le sicilien don Leopoldo Gregorio, marquis de Esquilache et l'irlandais Ricardo Nall qui, favorables à la secte, appuyaient volontiers les intrigues de l'ambassadeur anglais Keene. Élevé à la Grande-Maîtrise, le comte d'Aranda (1719-1798), militaire aragonais, vainqueur des Portugais à Almeida le 26 août 1762, président du Conseil de Castille, admirateur de Frédéric II au moins autant que de l'Angleterre, soutenu par un autre aragonais, don-Manuel Roda, par le juriste asturien don Pedro Rodriguez de Campomanes et par le comte de Floridablanca, entreprend d'établir en Espagne un régime de despotisme éclairé.

Pour restreindre les droits du clergé, l'on exige l'*exequatur* des documents pontificaux (18 janvier 1762), l'on s'attaque aux biens de main-morte, l'on prétend soumettre les conciles provinciaux au contrôle des *Audiencias*. Puis l'on obtient le renvoi du l'ère Ravago, l'on représente au roi les Jésuites comme s'adonnant à toutes sortes de trafics, à la contrebande, comme administrant le Paraguay en roitelets indépendants ; on communique au souverain de soi-disant lettres dans lesquelles le Père Lorenzo Ricci l'aurait considéré comme le fils d'Alberoni. C'est alors qu'afin d'éloigner du pouvoir leur adversaire le marquis de la Ensenada, les sectes imaginent de monter elles-mêmes à Madrid — pour accuser leurs ennemis d'en être les auteurs — le jour des Rameaux (13 mars 1766) une manifestation tumultueuse contre Esquilache, le ministre italien, dont une ordonnance prétend imposer aux hidalgos de raccourcir les ailes de leurs chapeaux et la longueur de leurs capes. Cela suffit à entraîner l'exil de la Ensenada et de son ami le Père Lopez et à déclencher contre l'Ordre l'enquête d'un Comité spécial du Conseil de Castille qui, sur rapport de Campomanes, approuvé par le duc d'Albe et les ministres Roda et Grimaldi (un italien de Gênes) aboutit au décret d'expulsion du 27 février 1767. Au nombre de 2.746, les Jésuites quittent l'Espagne ; ils sont à peu près autant à abandonner les Amériques, notamment le Pérou, le Paraguay, l'Argentine, le Mexique et jusqu'aux lointaines Philippines. Et, comme le gouvernement de Madrid est quasi-jumelé avec celui de Naples le marquis de Campoflorido les en expulse en Novembre 1767. Soumis à l'influence de l'aventurier français du Tillet, le duc Ferdinand de Parme en fait autant. Était-ce là ce qu'attendait Choiseul du *pacte de famille* du 15 août 1761, dont le résultat par ailleurs avait été de compromettre l'Espagne dans la grande débâcle coloniale du traité de Paris, en lui faisant perdre la Floride ? L'union des Bourbons... contre les Jésuites. Plaisant spectacle en vérité !

POMBAL, PERSÉCUTEUR DU PORTUGAL

Au Portugal, Choiseul n'eut pas grand effort à faire pour entraîner dans son sillage le marquis de Pombal. Par ses origines, José Carvalho y Melo (1699-1782) n'est que trop porté à satisfaire sa *libido* de vengeance atavique. À tel point que les encyclopédistes eux-mêmes refusèrent l'étiquette du libéralisme à ce bourreau d'un autre âge. Au retour de missions diplomatiques en Autriche et en Angleterre, il s'était imposé à don José, successeur de Jean V (mort en 1750) par l'énergie avec laquelle il avait rétabli les affaires à Lisbonne après le tremblement de terre qui, le 1er novembre 1755, y avait causé de 10 à 15.000 victimes. Décidé à exécuter le *Testament politique* de Louis de Cunha, qui l'avait recommandé au roi, il se fit l'introducteur frénétique des *lumières* étrangères et, en tête, de l'influence britannique. Dans l'Université, où Jacques de Castro avait déjà divulgué les thèses de Francis Bacon, avec l'aide de Ribeiro Sanches, de Francisco de Lenios, de Juan Pereira Ramos et de nombreux professeurs étrangers. Dans l'armée, dont il confia la réorganisation au comte de Lippe et à des officiers anglais (1762).

Perfide et cruel, il réprima férocement (478 inculpés. 25 exécutés dont cinq femmes), en Février 1737 la rébellion de Porto contre le monopole de la Compagnie des Vins qu'il a créée en Septembre de l'année précédente. Car il multiplie les mesures mercantilistes, interdit l'exportation de l'or (il existe une Banque royale depuis 1751), établit des manufactures et fonde (les compagnies de commerce : la Compagnie du haut Douro par exemple et aux colonies les *Compahias de Graô-Para e do Maranhaô*. Là il se heurte aux Jésuites, qui arment les navires, vendent les marchandises et manipulent les lettres de change.

Ces mêmes Jésuites qu'il abhorre, qu'il pourchasse et qu'il accuse de tous les crimes. Le 21 septembre 1737, il renvoie les trois confesseurs du roi, pour avoir soi-disant fomenté la révolte de Porto, interdit aux Pères de séjourner à la Cour et, le 15 mai 1758, de pratiquer le commerce. À Rome, il s'efforce d'acheter des cardinaux, obtient du pape Benoît XIV la désignation de son ami, le cardinal Saldanha, comme réformateur de l'Ordre. Et saisit l'occasion d'un attentat contre le roi, dans le nuit du 3 septembre 1758, pour l'imputer aux Jésuites. Arrêtés du 9 au 13 décembre, le duc d'Aveiro, le marquis et la marquise de Tavora et leurs deux fils, le comte d'Atonguia et trois complices plébéiens périssent dans d'atroces supplices (Ferreira est brûlé vif) à Belem le 13 janvier 1759. Dès le 19, les biens de la Compagnie sont confisqués et, le 3 septembre, les Pères expulsés. En Juin 1760, le Nonce du pape reçoit ses passeports. L'enseignement, notamment au *Colegio das Necesidades*, est confié à l'Ordre de l'Oratoire. Et, tandis qu'il abolit les restrictions imposées aux nouveaux chrétiens-lisez les marranes convertis-Pombal s'offre la joie sadique de faire brûler par l'Inquisition le pauvre Père Gabriel Malagrida, le 20 septembre 1761.

CAMPAGNE DE PAMPHLETS PHILOSOPHIQUES

Les mesures décrétées à Lisbonne étant applicables au Brésil, le succès de Choiseul est complet. Dans tous les États où règnent les Bourbons — prochaines victimes expiatoires — les philosophes ont désormais la voie libre. Les autorités en France ferment les yeux : la *synagogue* d'Holbach redouble d'activité. Elle diffuse pamphlets et libelles, pour la plupart écrits en France ou en Angleterre, imprimés surtout en Hollande, distribués plus ou moins clandestinement par colporteurs : « *L'examen critique* » de Fréret, le « *Christianisme dévoilé* » de Damilaville en 1759, « *Le militaire philosophe* » de Maillet, « *L'Essai sur les préjugés* » de Dumarsais (1772), « *le Mercure* ».

Voltaire, qui a préconisé cette méthode de propagande, notamment dans ses « *Lettres à d'Alembert* » (20 avril 1761) et à Helvétius (Mars 1763) ne dédaigne pas d'y collaborer, de façon plus ou moins anonyme : « *Le Sermon des Cinquante* » (1760). « *L'extrait du Testament du curé Jean Meslier* » (1762). les « *Questions de Zapata* », etc.[20] ... à côté d'ouvrages plus considérables tel son « *Dictionnaire philosophique* » publié par Rey, à Amsterdam, en huit volumes. L'offensive encyclopédiste culmine avec la publication, en 1770 sous le nom de Mirabaud, du « *Système de la Nature* », dont le baron d'Holbach est le véritable auteur. Sur réquisitoire de Séguier, le livre est condamné par le Parlement le 18 août. Mais le baron n'en continue pas moins de développer dans un style assez lourd ses thèses matérialistes et ses préceptes de morale sociale dans une série d'ouvrages qu'il édite coup sur coup : « *La politique naturelle* » (2 vol.) « *Le système social* » (3 vol.) en 1772, « *L'Ethocratie et la Morale universelle* » (3 vol.) en 1776. Fin Juillet 1765, il s'était rendu à Londres pour y préparer le retour de son ami Walter Wilkes, *whig* et libertin, exilé d'Angleterre pendant trois ans et qu'il avait recueilli. Rentré en 1768, ce politicien extrémiste à la carrière tourmentée fut exclu à quatre reprises des Communes et devint Lord-Maire de Londres, avant d'écraser les émeutes populaires de 1780. Le Baron, déjà mis en garde par ses contacts avec l'opposition de Sa Majesté, rentra moins qu'enthousiasmé de son voyage. Là où son ami Helvétius, beaucoup plus indulgent, s'était borné à remarquer que : « *L'argent*

---

[20] À sa mort 21 mars 1778 . Voltaire, retiré à Ferney, a porté, sa fortune, de 80.000 Livres de revenu en 1749 à 231.000 Livres de sorte qu'il se classe parmi les 20 plus riches rentiers de France.

était le ressort général, qui paraît mouvoir toute cette nation »*, d'Holbach condamne carrément le régime britannique *corrompu et corrupteur*. Il ne va pas tarder à devenir l'ami de Franklin, la grande étoile de la loge des *Neuf Sœurs*, qui s'apprête à prendre la relève de la *synagogue holbachique* et à grouper philosophes, gens de lettres et hommes de science en vue de la diffusion des principes révolutionnaires. Au commencement comme à la fin de l'*Encyclopédie*, on retrouve donc la Maçonnerie, où l'influence américaine et l'influence allemande vont pénétrer de plus en plus.

RAYONNEMENT DES *NEUF SŒURS*

Dite à l'initiative de l'astronome Lalande, athée convaincu, d'Helvétius et de sa femme, cette loge vit le jour en 1769, au moment où disparaissait la Grande Loge. Elle ne reçut ses constitutions qu'en 1776. Grâce à l'affection que lui portait M$_{me}$ Helvétius. Franklin en fut par deux fois vénérable, en 1779 et 1781. Véritable état-major de la pensée révolutionnaire, elle compta parmi ses membres : Condorcet, le président Dupaty. Cailhava, d'Estandon, Fallet, secrétaire de la *« Gazette de France »*, Garnier. Parny aîné, Dorat, Cubières, puis après 1778, Ramme, Court de Gebelin, Grontelle, Mercier de Sèze, le comte Turpin de Crissé, Piccini, François de Neufchâteau, Fontanes, Chamfort, Demeusnier, Voltaire, Rouche, le prince Charles de Rohan, Pany cadet, le prince de Salm-Salm, Greuze, Horace Vernet, Lacépède, Houdon, Berthelot, Lemierre, Imbert, Fling des Oliviers. Selon Mr Bernard Faÿ, *« on dit aussi que la Métherie, Brissot, Bailly, Cerutti, Danton, Chenier, Petion, Rabaut Saint-Étienne, Fauchet, Bonneville, Florian et Berquin en furent après 1783 »*. Artistes, écrivains et hommes politiques s'y côtoyaient donc.

Comme l'écrit d'Alembert à Voltaire (23 novembre 1770) à présent les philosophes et encyclopédistes comptent beaucoup d'amis parmi les grands de ce monde, et même les têtes couronnées. En France, le duc de la Rochefoucauld, Crillon, le prince de Salm, le prince de Ligne, le marquis d'Argence, de Rochefort, le comte d'Argental, le chevalier de Chastellux. En Allemagne, le landgrave de Hesse-Cassel, le duc de Brunswick ; Louis-Eugène, duc de Würtemberg, Louis, prince de Würtemberg ; Charles-Théodore, électeur palatin ; la princesse d'Anhalt-Serbst ; la margrave Wilhelmine de Bayreuth. En Espagne : le comte d'Aranda ; le marquis de Mora ; le duc de Villahermosa ; le duc d'Albe. Et des souverains : *« Nous avons pour nous l'impératrice Catherine, le roi de Prusse Frédéric II, Christian VII de Danemark, la reine de Suède, Ulrique de Brandebourg et son fils, le futur Gustave III, le roi de Pologne, beaucoup de princes de l'Empire et toute l'Angleterre »*.

DESPOTISME ÉCLAIRÉ ET BANQUIERS DE LA COUR

Avant d'abattre les tyrans, ne convient-il pas d'utiliser les bonnes dispositions de ces princes, dont vivent la plupart des philosophes ? Pour certains, le *despotisme éclairé* a du bon. Notamment pour les banquiers de la cour, qui ne pourraient sans la faveur et la complaisance de leurs protecteurs accumuler les richesses qui leur serviront ensuite de masse de manœuvre pour contrôler le pouvoir. N'est-ce point à l'ombre des trônes qu'on peut s'emparer du sceptre ?

« Grimm assure que l'Empereur est de nôtres », écrivait Voltaire le 28 octobre 1769. *« Il n'est rien moins que superstitieux... il lit vos ouvrages autant qu'il peut »*, confirmait Frédéric à Voltaire le 18 octobre 1770. Oui, l'Empereur se laisse toucher par les *lumières* et paraît bien s'inspirer du *« Miroir doré »* du libéral allemand Wieland (1772). Alors que Marie-Thérèse avait pris des

mesures d'expulsion contre les hétérodoxes de Bohême et de Moravie en 1744-45, parce qu'on les accusait de trahison, pour avoir renseigné et aidé les Turcs. Joseph II, le premier, tente à partir de 1722 d'assimiler ceux d'Autriche par une politique libérale de réforme. Un édit de tolérance promulgué en Octobre 1781 les autorise à apprendre les métiers manuels, à s'occuper d'arts et de sciences et à se consacrer à l'agriculture, leur ouvre les écoles et les Universités, abolit leur taxe personnelle (*leibzoll*) tout en les soumettant à Vienne au paiement d'un droit de tolérance.

Mais le problème était de taille. Rendre *utile à l'état*, en l'amenant à renoncer à son esprit *national*, une masse de 282.000 âmes (sur une population totale de 10.740.000. Hongrie non comprise, en 1785) dont 212.000 en Galicie, 42.000 en Bohême et 26.000 en Moravie-Silésie (où ils étaient contingentés). Masse souvent très arriérée, s'adonnant dans les villes à l'usure et à quelques métiers manuels, et dans les campagnes au trafic des céréales et au débit de boissons. Groupée dans ses communautés, tenue en mains par ses rabbins, elle résistait non seulement au service militaire, mais à l'école allemande elle-même. Prétendant à l'égalité des droits, tout en conservant son organisation nationale. La crainte des réformes fut telle en Galicie que la population diminua d'un tiers entre 1773 et 1780 pour ne se rétablir que lentement ensuite. Des mesures analogues furent néanmoins appliquées aux 80.000 hétérodoxes de Hongrie par un règlement de 1783. Sans plus de succès.

Par contre, à Vienne comme à Prague, les Juifs de Cour (*HofJuden*) et les *tolérés* bénéficiant d'un statut de faveur, réalisaient de grosses fortunes. Parmi les cent familles privilégiées de la capitale, se détachaient les Wertheimer, les Oppenheimer, les Eskeles, les Arnstein : les autres comptaient des banquiers, des joailliers, des munitionnaires, de gros commerçants, des industriels. En Bohême, quinze industries sur cinquante-huit leur appartenaient, à Prague, des milliers d'ouvriers chrétiens étaient employés dans leurs usines, bien que les restrictions fussent encore très nombreuses.

LES BANQUIERS, ROIS DE BERLIN

Depuis le règne de Frédéric II, il en avait été de même en Prusse, où l'on en comptait 150.000, à la fin du XVIIIe siècle. Favoriser les capitalistes, tenir les autres en lisière, telle est la politique du roi-philosophe. Le règlement qu'il a promulgué en 1750 n'est rien moins que libéral. Un peu plus tard, en 1778, son attitude à l'égard de ceux de Breslau est tout-à-fait caractéristique : « *Pour ce qui est de leur commerce il sera fait droit à leur demande. Mais il est inadmissible qu'ils transforment Breslau en une nouvelle Jérusalem, en y introduisant de nouveaux Juifs* ». Et pas question de se couper la barbe, comme les plus évolués le désiraient. D'Alembert ne jugeait pas autrement l'attitude du roi de Prusse lorsqu'il écrivait à Voltaire, le 29 décembre 1763 : « *Frédéric se garderait bien de faire rebâtir le temple de Jérusalem, il craindrait de perdre quelques honnêtes circoncis, qui emporteraient de chez lui trente ou quarante millions* » ;. Alors que peu après Voltaire allait demander à l'impératrice de Russie d'intervenir auprès d'Ali Bey en faveur de la restauration du temple de Jérusalem et du rappel des Juifs (6 juillet 1771).

Ce qui intéresse Frédéric, ce sont ses finances et son commerce. Ses banquiers sont rois. « *Beaucoup de Juifs de Königsberg, de Berlin et de Breslau se sont enrichis comme adjudicataires et fournisseurs des armées pendant la guerre de Sept Ans* » (Doubnov, i, 28). Les *Münzjuden* et les banquiers tiennent le haut du pavé, les Friedlaender de Königsberg, cités plus haut et, à Berlin, les Itzig, les Ephraïm, les Cohen, les Mayer, les Gomperz. Leurs salons sont fréquentés par tout ce qui compte en Prusse, hauts dignitaires, officiers, diplomates. Frédéric les a soutenus pendant la crise qui a suivi la signature du traité de Paris en 1763, mais il n'a pu empêcher

Gotzkuvski de faire banqueroute, après la faillite des frères Neufville à Amsterdam et de nombreuses firmes à Hambourg et quatre-vingt-quinze suspensions de paiements à Berlin.

Pour éviter le retour de pareilles difficultés, il recourut aux conseils d'un Italien, Calzaligi, de la Loterie de Gênes, formé à Londres et fonda, le 17 juin 1765, de ses propres deniers sa banque, au capital de 400.000 thalers, porté vingt ans plus tard à 8,8 millions. Ses bénéfices passèrent de 22.000 à 216.000 thalers pendant cette même période. Pour la création d'une banque coopérative hypothécaire de la noblesse à Breslau en 1770, l'État prussien avança 200.000 thalers. Exemple que la Poméranie suivit en 1776.

Moïse Mendellsohn et les salons à la mode

Cette intense activité économique et financière permet aux banquiers internationaux d'acquérir une grande influence. Ils l'exercent en faveur du mouvement moderniste de Mendellsohn pour l'émancipation des *ashkenazim*. Né à Dessau en 1728, formé par son maître Israël Levi Zamosc à l'école talmudique de Berlin. Moïse Mendellsohn avait été nourri, comme Spinoza jadis à Amsterdam, des thèses réformistes du *« Guide des Égarés »* de Maïmonide. Aussi fut-il l'héritier naturel de l'illustre philosophe. Ses *« Dialogues philosophiques »* publiés en 1755, attirèrent sur lui l'attention. Il collabora à la *« Bibliothèque des Belles-Lettres et des Sciences »*, dirigée par son ami Nicolaï et obtint en 1763, de préférence à Kant, un prix de l'Académie de Berlin. Frédéric lui accorda la qualité de *Juif protégé*. Schutzjude, mais il refusera plus tard de l'admettre dans son Académie. Kant ne lui tint pas rigueur de son échec, se lia d'amitié avec lui, et des relations étroites s'établirent ainsi entre les Universités de Königsberg et de Berlin.

Considérées comme peu orthodoxes par les rabbins traditionalistes, les thèses de Mendellsohn lui valurent, après la publication de son ouvrage. *« Phédon et l'immortalité de l'âme »*, une tentative de conversion de la part du pasteur Jean-Gaspard Lavater, de Zurich, en 1769 et dix ans plus tard, la condamnation de sa traduction du *« Pentateuque »* par Raphaël Cohen, rabbin de Hambourg. Le livre vit cependant le jour, car le roi et le prince héritier de Danemark y avaient souscrit. Par contre, son attitude moderniste lui procura de solides amitiés parmi les chrétiens *éclairés* comme Lessing (en 1754) et Dohm, ou même *Illuminés* selon Weishaupt comme Nicolaï. L'un des meilleurs écrivains allemands du temps. Gotthold Ephraïm Lessing (1729-1783), bibliothécaire du duc de Brunswick à Wolfenbuttel, et libre-penseur comme son maître, s'était vu confisquer en 1778 un ouvrage qu'il avait fait paraître sous le titre *« Fragments d'un inconnu »* et dont le véritable auteur, un pasteur luthérien de Hambourg, Hermann Samuel Reimarus, niait les miracles et la résurrection du Christ (1694-1763). Furieux, Lessing se vengea en publiant l'année suivante (1779) son drame *« Nathan le Sage »*, dont le principal personnage, menacé du bûcher pour avoir recueilli un enfant chrétien abandonné, évoque la propre figure de Mendellsohn, et qui met en scène un seul chrétien sympathique, le Templier de Filneck, qui s'est guéri de ses préjugés, parce qu'il a du sang musulman dans les veines.

Encore ne s'agissait-il là que d'une action symbolique. Mendellsohn obtint de Christian-Guillaume Dohm (1751-1820) un concours beaucoup plus direct en faveur de l'émancipation des Aschkenazim. Archiviste au Conseil de la Guerre Prussien, Dohm intervint d'abord en faveur des Juifs d'Alsace. Ces derniers, qui en dehors de l'usure, n'exerçaient que les métiers d'orfèvres et de marchands de bestiaux avaient été durement attaqués en 1779 par un nouveau bailli. Hell, que Louis XVI n'hésita pas à incarcérer en 1780, en même temps qu'il enlevait aux nobles la compétence en matière d'usure pour la réserver au seul Conseil souverain d'Alsace. Dohm les défendit dans un mémoire et, abordant le problème dans son ensemble, publia en 1781 un livre intitulé *« De la réforme politique des Juifs »*, dans lequel il réclamait pour eux l'égalité des droits, à part l'accès aux fonctions publiques. Poursuivant sa manœuvre, l'année suivante

Mendellsohn confiait au médecin Marcus Herz le soin de traduire le mémoire de Manassé ben Israël pour le retour des Juifs en Angleterre, dont il rédigea la préface. Ce que Cromwell avait fait pour les *Sephardim*, il s'agissait maintenant de l'obtenir pour les *Ashkenazim*.

Parallèlement à cette action dans les milieux chrétiens, les disciples de Mendellsohn s'efforçaient d'éveiller l'intérêt de leurs coreligionnaires pour les idées modernes, afin de préparer chez eux l'évolution nécessaire. Le mouvement, encouragé par les banquiers Friedlaender, partit de Königsberg. L'alliance d'un des leurs. David (1750-1834) avec la famille du banquier Itzig les rapprocha de Berlin. Où ils acquirent aussi de l'influence. Précepteurs de leurs enfants. Isaac Abraham Enchel et Mendel Bresselau lancèrent en 1783 un périodique, le « Ha'Mieassef », véhicule du modernisme, rédigé en hébreu à Berlin. Comme il a été dit plus haut Moïse Metz, ex-précepteur des enfants de Mendellsohn, assurait par l'intermédiaire de La Grange, la liaison à Paris de ces cercles avec les encyclopédistes de la *synagogue* d'Holbach.

Dans le même temps, les brillants salons des banquiers berlinois voyaient naître, probablement par antinomie, la *« Ligue de la Vertu »* (*Tugenbund*), Émancipation et libertinage y allaient en effet de pair. Le plus en vogue était celui d'Henriette de Lemos (1764-1847), fille d'un médecin séphardite de Hambourg. D'une rare beauté, elle avait épousé à l'âge de seize ans un polonais, auteur d'une autobiographie genre *« Confessions »* de Rousseau, le médecin-philosophe Marcus Herz, disciple de Mendellsohn et de Kant. À partir de 1785, sa maison devint le rendez-vous de tous les beaux-esprits de Berlin, humanistes comme son mari, Nicolaï, Dohm, Ramler, Teller, ou romantiques comme elle, Schleiermacher, Frédéric Schlegel, Chamisso. La fille de Mendellsohn, Dorothée (1765-1839), mariée au banquier Simon Veit, rivalisait avec elle. La première fut notamment l'amie intime de Guillaume de Humboldt, l'homme d'État et du pasteur Frédéric Schleiermacher (1796) ; la seconde, de Frédéric Schlegel, auteur d'un roman licencieux (*« Lucinde »*, 1799), pour lequel elle abandonna son mari et ses enfants. Dorothée et Henriette se convertirent au luthéranisme, l'une en 1804, l'autre en 1819. Plus jeune Henriette Mendellsohn (1768-1831) se convertit au catholicisme. Son frère aîné Joseph (1770-1848) fondateur de la banque de ce nom à Berlin, resta seul fidèle au judaïsme. L'assimilation dépassait maintenant son but : en trente ans, la moitié de la communauté hétérodoxe de Berlin reçut le baptême, compris des représentants des familles Itzig, Ephraïm, Moses, etc. L'épidémie de conversions gagna, bien qu'en de moindres proportions, Königsberg et Breslau. Dans l'intervalle, le tout Berlin avait fréquenté les salons d'Henriette et de Dorothée : Engel, précepteur du prince héritier Frédéric-Guillaume de Prusse, Ramler, les conseillers consistoriaux Teller et Zoellner, Knuth, précepteur des enfants de Guillaume de Humboldt et de son frère Alexandre, le naturaliste. Frédéric de Gentz, d'humeur aventurière et libertine, en fut le don Juan, avant de devenir l'obligé des Rothschild et l'homme de confiance de Metternich. Là fut invité Mirabeau, venu en mission secrète à Berlin pour y étudier les méthodes du *despotisme éclairé*. S'inspirant de Dohm, il publia à son retour en France (1787) un opuscule *« Sur Moise Mendellsohn et sur la réforme politique des Juifs »*. Ses introducteurs dans ces milieux, ses guides pendant son séjour à Berlin, ses inspirateurs dans ses études sur la monarchie prussienne étaient deux grands dignitaires des *Illuminés de Bavière*, deux des principaux lieutenants de Weishaupt à la tête de l'Ordre : Mauvillon et Nicolaï.

WEISHAUPT ET LES *ILLUMINÉS*

Fière de ses succès sur les jésuites et la *superstition*, la Maçonnerie s'engageait à présent dans une nouvelle phase de son action, la lutte contre les tyrans, le renversement des trônes.

Philosophes et encyclopédistes, s'ils ne les exprimaient qu'avec prudence, ne dissimulaient guère pourtant dans leur correspondance leurs véritables sentiments.

Nous avons entendu Diderot. Écoutons l'abbé Raynal : *« Ces rois sont des bêtes féroces qui dévorent les nations »* (Histoire philosophique et politique, t.iv). Helvétius : *« la vraie monarchie n'est qu'une constitution imaginée pour corrompre les mœurs des peuples et pour les asservir »* (« De l'Homme »). D'Alembert : *« J'ai presque autant de haine que vous pour les despotes »* (à Voltaire, 23 janvier 1770). Et Voltaire lui-même à d'Argenson (18 août 1743) : *« J'aime à voir les maîtres de l'État simples citoyens »*. À d'Alembert (le 12 décembre 1757) : *« Ceux qui se font tuer pour ces gens-là (les rois) sont de terribles imbéciles »*. À d'Argental (27 juillet 1777) : *« le fond de mes petits pâtés n'est pas pour une monarchie »*. Et enfin, à Chauvelin, dès le 2 mars 1764, cette prophétie : *« Tout ce que je vois jette les semences d'une révolution qui arrivera immanquablement, et dont je n'aurai pas le plaisir d'être le témoin... et alors ce sera un beau tapage »*. À quoi la voix du Père Beauregard, prédicateur à Notre-Dame, répondait comme un écho : *« C'est au Roi et à la religion que les philosophes en veulent »*. Contre certains excès de Diderot et du *« Système de la Nature »*, voici pourtant que réagit Frédéric II. Dans son premier dialogue des morts (entre le prince Eugène, Marlborough et le prince de Liechtenstein) il n'hésite pas à écrire ; *« les encyclopédistes réforment tous les gouvernements. La France doit devenir un état républicain »*. Alors Voltaire s'alarme et fulmine contre les gâte-métiers, qui ne savent tenir leur langue, ni leur plume.

Car la conspiration chemine souterrainement dans l'ombre propice des loges. Jusqu'au jour où la foudre s'abat sur un *Illuminé*. Le 10 juillet 1785, Jacob Lanz tombe au côté de son chef Weishaupt. Il a sur lui des *instructions*. Une perquisition effectuée chez Zwack à Landshut (11 octobre 1786) et chez le baron de Bassus à Sanderdorf, permet de saisir d'autres papiers. La publication des *« Écrits originaux »*, suivis d'un supplément, dévoile l'organisation et les buts de l'Ordre, auquel les Rose-Croix donnent la chasse depuis 1783. L'Ordre des *Illuminés de Bavière* a été fondé le 1er mai 1776 par Adam Weishaupt et cinq de ses acolytes (dont deux de ses élèves, Massenhausen-*Ajax* et Merz-*Tibère*). Né vers 1748 en Bavière, professeur puis recteur de l'Université d'Ingoldstadt, Weishaupt s'était vu menacer de scandale pour avoir rendu sa belle-sœur enceinte, et s'était réfugié auprès d'Ernest-Louis, duc de Saxe-Gotha, le protecteur de Grimm. Peut-être un certain Kolmer, marchand du Jutland, rentrant d'Égypte, expulsé de Malte, qu'il rencontra en 1771, exerça-t-il sur lui une certaine influence, de même que Cagliostro, qu'il vit vers la même époque.

Toujours est-il qu'il prétendit ressusciter ces *mystères de Mithra*, dont Voltaire recommandait à ses adeptes de garder le secret. Le nom d'Illuminés remontait aux Manichéens, à ces disciples de Manès qui se faisaient gloire d'être illuminés par le ciel : *« gloriantur Manichei se de coelo illuminatos »* (Gaultier). Pour se mieux rattacher à cette tradition, les nouveaux Illuminés adoptèrent l'ère persane, qui commence en 630 après Jésus-Christ, datant la création de l'Ordre de l'an 1146 (1776), ainsi que le calendrier persan. Leur doctrine, quasi-anarchiste, est des plus radicales. Elle se résume en ceci : *« Pour rétablir l'homme dans ses droits primitifs d'égalité, de liberté — droits qu'il reçut de la nature — il faut commencer par détruire toute religion, toute société civile, et finir par l'abolition de toute propriété »*.

Leur hiérarchie comporte trois classes principales (20 janvier 1782). La première avec les grades de néophyte, novice, minerval, illuminé mineur et majeur, n'est qu'un noviciat où, pour ne pas effaroucher les recrues enrôlées par les F∴ M∴ insinuants, on représente la doctrine comme une interprétation ésotérique du christianisme, en disant par exemple *« que Jésus Christ n'a point établi une nouvelle religion, mais qu'il a voulu simplement rétablir dans ses droits la religion naturelle... et... sans les moyens violents des révolutions, la liberté, l'égalité parmi les hommes »*, cela, accompagné *« d'explications vraies ou fausses »* (Weishaupt à Zwack).

La deuxième classe évoque le symbolisme de la Maçonnerie et superpose aux trois grades des loges bleues ceux de novice et de chevalier écossais ou illuminé directeur. Car Weishaupt, reçu franc-maçon en 1777 à la *Prudence* de Munich, entend influencer les loges et y pénétrer pour recruter des adhérents. *« Les sociétés secrètes*, dit-il, minent *sapent les fondements des États, quand même elles n'en auraient pas le projet... Elles masquent notre marche et nous donnent la facilité d'incorporer à nos projets, après l'épreuve convenable, les meilleurs sujets »*.

Mais c'est seulement à la troisième classe que commence la véritable initiation. Elle comprend deux séries de grades, de petits et de grands mystères. Admis au sacerdoce de la secte, le *prêtre* est revêtu d'une tunique blanche à ceinture écarlate, rappel de la tenue des *Assassins* et des Templiers, qui sera plus tard aussi celle des *Boxers* chinois. On le coiffe du bonnet phrygien des révolutionnaires. Les régents, ou princes illuminés, doivent être indépendants de tout prince et donner toutes garanties d'hostilité aux institutions établies.

On retrouve dans les grands mystères le même binôme religion-politique, représenté par les grades de mage ou philosophe et d'homme-roi. Là sont définis les véritables objectifs de l'Ordre. Rejetant même l'idée de l'unité de Dieu qu'enseignaient les mystères d'Éleusis, dépassant le stade du déisme à la Spinoza, les mages de la secte professent l'athéisme le plus pur. Les religions *« sont également toutes fondées sur le mensonge, l'erreur, la chimère et l'imposture. Voilà notre secret »*. Et *« si pour détruire tout christianisme, toute religion, nous avons fait semblant de posséder seuls le vrai christianisme... souvenez-vous que la fin justifie les moyens »*.

En politique, la doctrine n'est pas moins radicale. Tous les gouvernements sont condamnés. *« Les gouvernements démocratiques ne sont pas plus dans la nature que les autres gouvernements... Sous la vie patriarcale, les hommes... étaient égaux et libres ; la terre était à eux ; elle était également à tous... Leur patrie était le monde... Soyez égaux et libres, et vous serez citoyens du monde »*. La raison éclairée par la lumière, ne rendra-t-elle pas inutile toute institution politique ou religieuse ? *« L'instruction et la lumière générales... suffisent pour se passer de prince et de gouvernement »*. Et encore : *« Telle est la force de la morale... qu'elle peut seule opérer la grande révolution qui doit rendre la liberté au genre humain et abolir l'empire de l'imposture, de la superstition et des despotes »*. Que faut-il de plus ?

Coiffant cette hiérarchie d'initiés, un conseil de douze aéropagites entoure Weishaupt. Mais ce dernier est fort jaloux de son autorité, qu'il rétablit avec vigueur le 25 mai 1779. Et cet ennemi des monarchies d'invoquer Machiavel : *« l'État n'est bien réglé d'abord que par la conduite d'un seul homme »*. Au-dessous de ce potentat, siègent des supérieurs nationaux (il y en a trois pour l'Allemagne) et des supérieurs locaux ou préfets, contrôlant jusqu'à huit loges (régents entretenus par la caisse de l'Ordre) et enfin des synodes de district comprenant neuf épôptes... Tous les initiés sont astreints au secret et à une discipline plus stricte que celle de la Compagnie de Jésus, sous la menace d'une vengeance *« irréconciliable... (qui ne cesse) de poursuivre ses victimes, jusqu'à ce qu'elle ait eu le plaisir de les voir immolés »* (Hoffmann). À l'exemple de leur chef, qui se fait appeler *Spartacus*, ils empruntent à l'antiquité des noms de guerre. Entraînés à la délation, ils doivent porter de préférence leurs efforts de recrutement sur les professeurs, les hommes d'Église (chanoines ou supérieurs de séminaires), les conseillers des princes et les hommes de négoce. Les instructions aux régents portent qu' *» il est bon parfois de laisser soupçonner à vos inférieurs que toutes ces autres sociétés, et celle des francs-maçons, sont secrètement dirigées par nous ; ou bien, ce qui est réellement vrai dans quelques endroits, que les grands monarques sont gouvernés par notre Ordre »*. De fait, les *Illuminés de Bavière* se développent rapidement. De mille initiés, trois ans après leur fondation, ils passent bientôt à 2.500 et comptent de puissants protecteurs dans toute l'Europe centrale : le duc Louis-Ernest II de Saxe-Gotha (*Timoléon*), son frère Auguste (*Walter Fürst*) le duc Charles-Auguste de Saxe-Weimar (*Eschyle*), le duc Ferdinand de Brunswick (*Aaron*), le duc de Salm-Kyrbourg, le landgrave Charles de liesse, le baron d'Alberg (*Crescens*) à Erfurt et le baron Waldenfels à Cologne, en Allemagne, et du côté de l'Empire, le prince de Neuwied et son oncle, le comte de Stilberg (*Campanella*), le comte Kolowrat (*Numénius*), chancelier de Bohême et son second Kressel, le comte Poelfy, chancelier de Hongrie, Banffy, gouverneur de Transylvanie, le comte Stadion, ambassadeur à Londres, le comte Metternich, ambassadeur à Coblentz, le baron von Swieten, ministre de l'Instruction publique, etc. ...

Weisbaupt (*Spartacus*) a pour principaux collaborateurs et propagandistes, Zwack (*Caton*), futur plénipotentiaire à Rastadt, le chanoine Hertel (caissier de l'Ordre) à Munich, le magistrat Lang, à Eichstadt, le comte Savioli (*Brutus*), le marquis de Costanzo (*Diomède*), le baron de Schroeckenstein (*Mahomet*), le comte de Papenheim (*Alexandre*). le baron de Magenhoff (*Scylla*), Geiser, secrétaire intime, Hoheneivher (*Alcibiade*) sénateur. Dittfurth (*Minos*) assesseur à la Chambre impériale de Wetzlar, le baron de Bassus (*Annibal*) à Botzen au Tyrol, puis à Milan et à Pavie, de sorte que l'Ordre domine le Palatinat et se répand en Souabe, en Franconie, au Tyrol, à Milan et jusqu'en Hollande.

LEUR ACTION RÉVOLUTIONNAIRE SOUTERRAINE

Dans la Maçonnerie, les manœuvres de pénétration s'intensifient. Weishaupt et Zwack s'annexent la loge *Théodore* de Munich en Juillet 1779. Adepte de la Stricte Observance. Bode (*Amélius*), membre de la loge *Absalon* de Hambourg dès 1764 avait édité dans cette ville la « *Dramaturgie* » de Lessing en 1778 et traduit à Weimar un certain nombre de romans anglais. Devenu conseiller intime du landgrave de Hesse-Cassel, il avait amené ce dernier aux Illuminés. Un autre membre de la Stricte Observance et des Templiers, le baron von Knigge (*Philon*) jouera aussi un grand rôle dans l'organisation de l'Ordre, parviendra à fixer les attributions respectives de Weishaupt et des Aéropagites (20 décembre 1781), établira le tableau des diverses classes et contribuera à rédiger les cahiers des hauts grades. Le marquis de Costanzo, l'un des précurseurs de l'unité, allemande, l'avait ramené de Francfort, où il était allé négocier avec la loge *l'Union*, représentant la grande Loge de Londres.

Afin d'étendre l'influence de l'Ordre dans les arrière-loges, Bode et Knigge imaginent de dénoncer à travers les *Supérieurs Inconnus* les manœuvres des Jésuites dans la Franc-Maçonnerie templière et la Stricte Observance (1781), ce qui permet de jeter le discrédit sur leurs adversaires et, notamment, sur les Rose-Croix d'Or. Dans ces grandes foires de la Maçonnerie que sont les grands convents internationaux, l'activité de Bode et Knigge est intense et fructueuse. Déjà sous l'influence du duc de Brunswick et du landgrave de Hesse, Willermoz, au convent des Gaules tenu à Lyon en Novembre-Décembre 1778 (en présence de Joseph de Maistre) avait remplacé les *Templiers* par ses *Chevaliers bienfaisants de la Cité Sainte*. Au convent qui réunit le 16 juillet 1782 à Wilhelmsbad trente-trois délégués, sous la présidence de Ferdinand de Brunswick. Knigge et Dittfurth enregistrent de plus grands succès encore. Maçons français et allemands collaborent étroitement désormais dans les dispositions à prendre pour déclencher en France la révolution. À son retour, l'un des assistants le comte de Virieu, représentant des *Chevaliers bienfaisants* de Lyon, en témoigne en déclarant à son ami le comte de Gilliers *« qu'il se trouve une conspiration si bien ourdie et si profonde qu'il sera bien difficile à la religion et aux gouvernements de ne pas succomber »*.

Au deuxième convent des *Philalèthes*, où cent vingt délégués se retrouvent à Paris entre le 15 février et le 26 mai 1785, c'est Bode qui représente les Illuminés. Fondé en 1773, chez les *Amis réunis* le système des *Philalèthes* comportait neuf grades : élu, chevalier écossais, chevalier d'Orient, chevalier Rose-Croix, chevalier du Temple, philosophe inconnu, philosophe sublime, initié et philalèthe. En 1781, vingt occultistes le dirigeaient : Court de Gebelin, Dutrousset d'Héricourt, Frédéric-Louis de Hesse-Darmstadt, le baron de Gleichen, l'abbé Rozier, Rodolphe Salzmann, Savalette de Lange, le comte Strogonov, Tassin de l'Étang, Willermoz. Les travaux du convent furent conduits par un groupe composé de *« 4 Elus Cohens*, 5 *philosophes écossais*, 3 *Rose-Croix* (1 *philadelphe*, un prussien, 1 bavarois) *et* 1 *philalèthe »*. La discrétion la plus absolue était de rigueur. La convocation portait que certains articles *« que la prudence nous défend de confier au papier devront être développés en secret dans les comités spéciaux »*. On ne saurait évidemment préparer au grand jour une révolution. En délibérèrent, sous la présidence de Savalette de Lange, pour la France, Saint-Germain, Saint-Martin, Targuy, Duchartreau, Etrilla, Mesmer, Dutrousset d'Héricourt, Cagliostro, Mirabeau, Talleyrand, le marquis de Chefdebien ; pour l'Allemagne Bode, d'Alberg (coadjuteur de Mayence), Forster, le baron de Gleichen, Rusworm, de Woellner, Lavater, le prince Louis de Hesse, Rosskampf, Starck, Thaders, de Wächter, etc. ; pour la Pologne, le baron de Meyring et Jean de Thoux de Salverte. Un autre convent eut lieu deux ans plus tard, du 8 mars au 26 mai 1787, mais les représentants des Illuminés, Bode et le baron de Bussche (*Bayard*) ex-capitaine au service de la Hollande, n'arrivèrent à Paris qu'en Juin.

LES COMPLOTS DES CONVENTS ET MIRABEAU

Dans l'intervalle, l'illustre Mirabeau, au cours de trois séjours qu'il fit en Prusse (19 janvier-22 mai 1786 ; Juillet 1786 à Janvier 1787 ; Mai à Septembre 1787) avait pris avec l'Ordre les plus étroits contacts. Mauvillon, d'origine provençale comme lui, l'avait initié à Brunswick, où il collaborait, au journal très avancé du pédagogue Henri Campe. À Berlin, il avait été introduit par Nicolaï, non seulement dans les salons de la haute banque, mais auprès des membres les plus actifs de l'Ordre, de Biester (bibliothécaire du roi de Prusse), de Gedike (conseiller du Consistoire luthérien), de Leuchsenring, précepteur des princes de Hesse-Darmstadt, de convictions si égalitaires qu'on le surnommait le *niveleur* (*leveller*). Tout ce monde se retrouvait avec Mendellsohn. Dohm, Zeller et Zoellner à la *Société du Mercredi*, fondée en 1783 par les rédacteurs du Code prussien, Landrecht, G. G. Suarez et E. F. Klein. Il rencontra aussi des journalistes de *« l'Allgemeine Deutsche Bibliotek »* et de la revue *« Berliner Monatschrift »*. Et il ne tarit pas d'éloges sur les Illuminés, *ces hommes éclairés, vertueux, zélés pour le bien de l'humanité*, qui lui inspireront son livre *« De la Monarchie prussienne »*, publié à Londres en 1788. De retour de ce pèlerinage, il continua à répandre, avec Nicolas de Bonneville, l'illuminisme chez les *Philalèthes* des *Amis Réunis*, où fréquentait Talleyrand.

ROSE-CROIX CONTRE ILLUMINÉS

Sur ces entrefaites, comme il a été dit plus haut, Lanz avait été foudroyé (10 juillet 1785), Zwack et Bassus perquisitionnés (11 octobre 1786) leurs papiers diffusés par l'Électeur de Bavière. Le Père Frank, directeur d'un cercle de Rose-Croix à Munich, ayant communiqué les listes des Illuminés à Woellner, chef des Rose-Croix de Berlin, une violente campagne avait été déclenchée contre les disciples de Weishaupt. Un ancien franc-maçon de Pest et de Vienne, qui avait vertement répliqué à un discours de Sonnenfels sur la tolérance due aux Juifs (1781), Léopold Aloys Hoffmann et le suisse Jean-Georges Zimmermann les poursuivirent de leurs dénonciations dans la *« Wiener Zeitschrift »*. Weishaupt, révoqué de sa chaire d'Ingoldstadt dès Février 1785, s'était réfugié à Ratisbonne. Mais l'Ordre survécut aux poursuites et même à un second édit de dissolution de l'Électeur de Bavière du 3 mars 1785, sous forme de sociétés de lecture ou de bienfaisance. Tandis que Zwack trouvait refuge chez le prince de Salms-Kyrbourg, Metz à Copenhague et Seinsheim près du duc de Deux-Ponts et que les archives étaient confiées au duc de Saxe-Gotha, Bahrdt, de Halle et Knigge le reconstituèrent en 1788 sous l'étiquette d'*Union allemande*, *Die Deutsche Union*, dirigée par vingt-deux adeptes. De sorte que la police bavaroise, la police saxonne et la police napoléonienne s'accorderont à retrouver la main des Illuminés dans le *Tugendbund* et dans les innombrables sociétés secrètes qui, réunies à Königsberg en 1808, travailleront à déclencher le conflit de 1809 et le soulèvement de la Prusse.

On relève enfin sur une liste remise par le ministre bavarois comte Vieregg au comte Lahrbach, ambassadeur impérial à Munich, les noms des personnalités suivantes appartenant aux Illuminés, liste que complète celle fournie plus haut, pour l'Allemagne : Campe, le prince Henri de Prusse, Gedike, Biester, Wieland et, pour la France : le duc d'Orléans, Necker, La Fayette, Barnave, Brissot, le duc de La Rochefoucauld, Mirabeau, Payne, Fauchet.

Tout un état-major de cette Révolution, dont Spinoza par son idéal philosophique. Mendellsohn par sa propagande réformiste en liaison avec l'*Encyclopédie*, et Weishaupt, par son activité souterraine dans la Maçonnerie, avaient préparé l'avènement dans les esprits, tandis qu'une action constante de sabotage, dans tous les domaines, administratif, financier, diplomatique et militaire allait, tout au long du XVIIIe siècle, miner et paralyser la première victime désignée, la monarchie française.

CHAPITRE XVI

LE SABOTAGE D'UN ÉTAT : LA MONARCHIE FRANÇAISE AU XVIIIᵉ SIÈCLE

Un État pauvre dans un pays riche — Les privilégiés contre les réformes — Le prudent Fleury, entraîné dans la guerre — ... au plus grand profit de Frédéric II... et de l'Angleterre — ... embarras des Finances — ... Extension du conflit aux Colonies— La France bien accrochée en Europe — L'Angleterre s'empare du Canada — Une politique d'expédients — Face à l'opposition nobiliaire et parlementaire Enfin, un réflexe d'autorité — À l'économiste Turgot succède le cosmopolite banquier, Necker — ... ni économies, ni réformes, des emprunts à jet continu — L'appui aux Insurgents, affaire de prestige — La noblesse libérale, enthousiaste des vertueux républicains — La guerre, même victorieuse, coûte cher — Plutôt la faillite que des réformes — Mirabeau : agent des banquiers et des Illuminés.

De l'époque de la Régence jusqu'à la Révolution une action systématique, menée de l'étranger à travers la Franc-Maçonnerie, sape les institutions monarchiques en France, bloque toute réforme, s'oppose à tout progrès, conduit le régime à la guerre, à la faillite, à la révolte.

L'Angleterre, principale instigatrice de ces manœuvres, en est aussi la grande bénéficiaire. Par une guerre larvée ou déclarée, mais incessante de 1740 à 1763, elle fixe la France, partagée entre sa vocation continentale et coloniale, en Europe, tandis qu'elle conquiert sur les mers, pour la Cité et pour ses marchands, l'hégémonie mondiale.

Ses alliés de l'intérieur, nobles de cour et parlementaires, jaloux de la *gentry* anglaise, avides de privilèges et de pouvoir, après avoir si puissamment contribué à ébranler la monarchie, paieront souvent de leur tête, dans la tourmente révolutionnaire, leur aveuglement réactionnaire.

Car ce qui caractérise le *Siècle de Louis XV*, c'est essentiellement la détresse de l'État, au regard de l'expansion économique et du développement de la prospérité. C'est aussi que, dans ce domaine comme dans celui des finances, de l'administration et de la politique, l'initiative vient du pouvoir et que cette monarchie soi-disant absolue mais limitée par tant d'entraves, se heurte à l'opposition systématique des classes privilégiées, réputées *éclairées*, mais farouchement hostiles à tout progrès social.

Un État pauvre dans un pays riche

On put croire un moment que les méfaits de la Régence — cette plaie endémique des monarchies — allaient être corrigés. Les études d'Ernest Labrousse et d'Herber Lüthy ont amplement démontré que les années 1730 ont marqué pour la France le commencement d'une période d'expansion générale. « *Poussée démographique la plus forte du continent, après de longs siècles de stagnation ; montée des prix agricoles, et, plus accusée encore de la rente foncière, qui double au cours du siècle ; montée en flèche des consommations de luxe, denrées coloniales, étoffes somptueuses, mobilier d'art, glaces, montres, porcelaines, tableaux et livres de prix ; prospérité du commerce, avec, en tête, celui des* îles *productrices de sucre et de café ; progrès relativement lents, mais continus de l'industrie et des techniques non-artisanales* » ... Et cela, sans *révolution industrielle* c'est-à-dire sans *concentration capitaliste massive* et *sans bouleversement des structures sociales*. De telle sorte que, si la masse paysanne qui supportait le poids des charges n'eut pas grande part à cette prospérité, du moins se trouva-t-elle *« préservée des expropriations et de la prolétarisation que subit ailleurs la paysannerie à cette époque, aussi bien en Angleterre qu'en Europe de l'Est, au profit de la grande exploitation capitaliste ou seigneuriale »*.

Condition première de cette prospérité, la stabilisation de la monnaie est réalisée en deux temps : 15 juin 1726-11 novembre 1738. Liquidateurs du système de Law à partir de 1723, les frères Pâris dominaient alors les finances françaises, Pâris-Montmartel, comme munitionnaire, Pâris-Duverney, en qualité de banquier. Ce dernier, reprenant d'abord la tentative de Desmaretz à la fin du règne de Louis XIV, avait essayé d'assainir la monnaie par une politique de déflation (le marc d'or passant de 810 en 1723 à 600 en février, puis à 480 Livres tournois en Septembre 1724), qui s'était heurtée, comme il est normal, à la difficulté de faire baisser les prix et, encore plus, les salaires. La disette de l'année 1725 aggravant encore la situation, il fallut y renoncer.

Successeur de Pâris-Duverney, Le Pelletier des Forts se borna le 15 juin 1726 à stabiliser le louis d'or à 24 Livres et l'écu à 6, sur la base de 740 Livres 9 sols 1 denier le marc d'or et 51 livres 3 sols 3 deniers celui d'argent. Le rapport ainsi fixé à 14,43 entre les deux métaux précieux demeura sans changement jusqu'en 1785, où il s'éleva à 15,50. Confirmée le 11 novembre 1738 après des prorogations successives, la valeur de la Livre tournois allait montrer une remarquable stabilité, puisqu'elle resta sans changement jusqu'à la révolution, et qu'après la faillite des assignats, reprise par le franc de Germinal, elle se maintint pratiquement jusqu'en 1928, parallèlement à la valeur de la Livre Sterling, entre 1729 et 1932. La quantité de numéraire est suffisante : réduite à 13,5 millions de marcs d'argent en 1715, elle va plus que doubler sous le règne de Louis XV. Par son commerce officiel avec l'Espagne, à Cadix notamment, la France accède aux mines du marché impérial espagnol, tandis que l'Angleterre, où l'or prédomine sur l'argent, ne s'y taille sa part que par des moyens violents (asiento, navire de permission, contrebande du Honduras) ou s'approvisionne au Portugal. L'usage de la monnaie scripturale — lettres de change et billets — s'étant parallèlement développé, le commerce ne souffre pas de la rareté des moyens de paiement. Quant au change, dont le centre de *clearing* est toujours Amsterdam, il confirme cette stabilité jusqu'en 1787, par de très faibles oscillations autour du pair de l'écu de change de 3 livres tournois : 53 2/7 deniers.

Les privilégiés contre les réformes

En même temps que la stabilité monétaire, la réforme des impôts dans le sens indiqué par Vauban, aurait pu, dès cette époque, sauver l'ancien régime. Pâris-Duverney le tenta. En vue de la création d'un fonds d'amortissement, l'édit du 5 juin 1725, sur proposition du Contrôleur

Dodun, instituait une levée du cinquantième des revenus des biens-fonds pendant douze ans. C'était reprendre l'idée du dixième de 1710, sous la forme d'un impôt universel, portant sur les ecclésiastiques comme sur les séculiers, sur les nobles comme sur les roturiers. Impôt perçu en nature, lorsque cela était possible, de façon à faciliter la subsistance des armées et l'approvisionnement des marchés.

Alors, ce fut un beau vacarme ! L'on entendit tonner au Conseil la noblesse *libérale*, le duc d'Orléans, le prince de Conti, le duc de Noailles. Les Parlements rugirent en défense du droit de propriété, et le Clergé défendit ses exemptions au nom de la religion attaquée ! À la veille du premier prélèvement, à la moisson de 1726, le 11 juin, ce fut l'effondrement du ministère du duc de Bourbon. Le duc, inspiré par M$_{me}$ de Prie protectrice des Pâris, était resté trois ans en place. Le roi l'abandonnait sacrifiant les Pâris à la rancune des privilégiés. Duverney s'en fut à la Bastille et les quatre frères, ensuite, en exil. Nouveau Contrôleur général (1726-1730), Le Pelletier des Forts accepta d'en revenir aux règles d'application du dixième de 1710, utilisation des rôles anciens, faculté d'abonnement, exemption du Clergé (qui consentit un don gratuit de 4.250.000 livres) en attendant de supprimer purement et simplement le cinquantième au 1$_{er}$ janvier 1728. Supprimés aussi les registres-journaux introduits par les Pâris dans la comptabilité publique. Et le 9 juillet 1726, les diverses régies instituées, lors de la débâcle du *Système*.

La ferme générale était rétablie, pour la perception des gabelles des aides et des revenus des domaines. Et dans quelles conditions ! Sous-évaluation de 60 millions en six ans, pour le bail Carlier, conclu avec 40 fermiers-généraux le 19 août 1726 à 80 millions au lieu de 90. Sousévaluation de 38 millions et demi pour le bail Bourgeois, portant sur 461 millions de reliquats à payer pour la période de 1721-1726. Mis en garde par Durand de Mizv, le cardinal Fleury, n'osant les affronter en face, s'efforça de rogner ces profits scandaleux en faisant supporter par les fermiers, à raison de 500.000 livres par mois, le remboursement sous forme de loterie des rentes sur l'Hôtel de Ville. Sous le contrôleur Orly, ancien intendant de Lille (1730-1745). ils obtinrent par anticipation (31 mai 1730) le renouvellement de leur bail en 1732 pour seulement 84 millions. Sur les baux Desboves, de 84 millions et de Faucille, de 83 en 1738, ils réalisèrent 48 millions de bénéfices. Pendant ce temps, les rentiers supportèrent le poids d'une réduction de plus de la moitié de la Dette publique (19 novembre 1726). Devant 150.000 réclamations, il fallut réduire le *retranchement* à quelque 5 millions et demi.

LE PRUDENT FLEURY, ENTRAÎNÉ DANS LA GUERRE

C'est ainsi que sous la sage direction du cardinal Fleury, les finances de l'État *vivotèrent* sans histoire. Aussi longtemps du moins, que louvoyant entre les deux camps hostiles qui s'étaient formés, le cardinal parvint à éviter la guerre. L'Empereur Charles VI, désireux de faire reconnaître la *Pragmatique Sanction* par laquelle il assurait à sa fille Marie-Thérèse sa succession, et souhaitant obtenir de l'Espagne des droits commerciaux en faveur de la C$_{ie}$ d'Ostende, avait consenti à Tienne le 30 avril 1725 à accorder à don Carlos, fils de Philippe V, la main d'une de ses filles et la succession de Parme. À ce rapprochement austro-espagnol, l'Angleterre axait répliqué en concluant à Hanovre le 3 septembre une alliance avec la France, la Prusse et, plus tard, la Hollande. Le renvoi du duc de Bourbon allait au moins permettre au cardinal de sortir de cet imbroglio.

Ancien aumônier de Louis XIV et précepteur de Louis XV, cardinal le 20 août 1726, âgé de 73 ans, Fleury, homme prudent, profitant des dispositions pacifiques du ministre anglais Robert Walpole, sut éviter un conflit par une négociation générale à Paris (31 mai 1727), lorsque les Espagnols attaquèrent Gibraltar (Février-Juin 1727). Mais, bien que personnellement convaincu de la nécessité d'un rapprochement avec l'Autriche, il ne sut imposer ses vues à l'ex-président à mortier Chauvelin, héritage de la Régence et quelque peu janséniste, à qui il avait eu l'imprudence de confier les Affaires Etrangères. Aussi l'Angleterre prit-elle l'initiative au traité de Vienne (Mars 1731) de reconnaître la *Pragmatique Sanction* et d'obtenir de don Carlos le duché de Parme. Et lorsque la mort du roi Auguste III (1er février 1733) ouvrit la succession de Pologne, sous prétexte de soutenir la candidature du beau-père de Louis XV, Stanislas Leczinski, Chauvelin — Richelieu au petit pied — soutenu par tout le parti anti-autrichien, eut enfin sa guerre et n'eut pas lieu de s'en glorifier. Moyennant bon nombre de millions, 60.000 électeurs, le 12 septembre, proclamèrent roi Stanislas. Le 24, 20.000 soldats russes, forts d'un traité conclu avec l'Autriche en Août 1726, le mirent en fuite. Et l'on revit des armées françaises en Italie, sous Villars, sous Broglie, pour établir Charles-Emmanuel de Sardaigne à Milan (contre promesse de la Savoie) et don Carlos à Naples. Se rapprochant de Charles VI le cardinal limita le dégât (préliminaires du 3 octobre 1735), obtint la Lorraine en viager pour Stanislas (15 février 1737) et conclut la paix de Vienne (18 novembre 1738) après s'entre débarrassé de Chauvelin (20 février 1737).

Pour financer la guerre, il fallut recourir aux expédients classiques. Émission de rentes viagères (2,4 millions de Livres) de rentes perpétuelles (700.000) ; emprunt d'1 million à l'Ordre du Saint-Esprit ; création d'offices qui se vendirent mal ; rétablissement du dixième, du 17 novembre 1733 au 31 décembre 1736, avec 30 millions d'abonnements et un don gratuit du Clergé de 12 millions en 1734. Néanmoins, grâce à l'émission de deux emprunts à lots, l'équilibre se trouva maintenu en 1739 (Recettes, 203,4 m. ; Dépenses 196.6) et en 1740 (203.6 m. contre 197,3). La chose parut si extraordinaire que le marquis d'Argenson s'en trouva choqué ! Suivirent de timides tentatives d'Orly — c'était la manière du cardinal — pour tarifer la taille et répandre la corvée en nature pour l'entretien des chemins. Aussi la situation des finances ne se trouva-t-elle guère modifiée au moment où éclata la guerre de Succession d'Autriche. La diplomatie de Mr de Villeneuve, ambassadeur à Constantinople, appelé à arbitrer le conflit entre l'Autriche et la Turquie, qui aboutit au traité de Belgrade (18 septembre 1739) avait rétabli le prestige de la France en Orient. Mais, à la mort de Charles VI, survenue le 20 octobre 1740, le cardinal Fleury, un moment tenté de favoriser l'accession du prince électeur de Bavière à l'Empire, hésitant à prendre une position nette, se trouva rapidement débordé par l'opinion et entraîné dans la guerre.

... AU PLUS GRAND PROFIT DE FRÉDÉRIC II

Autre héritage de la Régence, le comte de Belle-Isle, petit-fils de Fouquet, fervent adepte des *lumières,* fit si bien que le cardinal croyant s'en défaire, l'envoya soutenir à la Diète de Francfort la candidature du bavarois Charles-Albert. S'acquittant de sa mission avec munificence, il obtint finalement pour ce prince la couronne impériale (24 janvier 1742), mais ne s'en tint pas là. Fasciné par l'étoile naissante de Frédéric, il précipita la France dans l'alliance prussienne. Profitant du désarroi provoqué par la mort de l'Empereur. Frédéric, disposant de 83.000 hommes à opposer à 100.000 Autrichiens, avait enlevé Breslau (31 décembre 1740-3 janvier 1741) et conquis la Silésie. La résistance victorieuse de Schwerin à Mollvitz (9 avril) lui en assura la possession. Alors rien n'arrêta plus Belle-Isle. Ni les exigences du roi de Prusse, qui cherchait d'autre part à obtenir l'alliance anglaise (2 mai), ni le scrupule d'outre-passer ses instructions en signant le 4 juin un traité garantissant à son interlocuteur la possession de la Silésie. Le 11 juillet, sans y être convoqué, il vint à Versailles, où il emporta de haute lutte l'envoi de 40.000 hommes en Bavière et de 30.000 au Hanovre. Dans la coalition contre l'Autriche, la France entraîna l'Espagne, le 18 mai 1741, ainsi qu'Auguste III de Saxe et de Pologne, prompt à participer à la curée.

Mais, tandis qu'elle s'engageait elle-même, si imprudemment, sur le continent. Frédéric, monnayant immédiatement ses avantages militaires et diplomatiques — *« un bon tiens vaut mieux que deux tu l'auras »* — se faisait reconnaître par Marie-Thérèse la Besse-Silésie, aux préliminaires du 9 octobre 1741 et les deux Silésies et Gratz par le traité de Breslau du 11 juin 1742. Alors, il arrêta les frais. Ainsi dindonné, Belle-Isle n'eut plus qu'à retirer les restes de la belle armée qu'il avait conduite à Prague, tandis que Voltaire félicitait *son adorable roi*, allié, sinon de la France, du moins du *genre humain*.

La politique d'intervention intempestive de Belle-Isle avait fourni à l'Angleterre l'occasion cherchée de déclencher contre la France et l'Espagne, outre-mer, une guerre inexpiable, qui n'allait s'arrêter qu'en 1815. Le 11 février 1742, le pacifique Walpole était renversé du pouvoir. Selon la meilleure tradition britannique, les opérations s'engagèrent sans déclaration de guerre. Sur le continent, où Noailles, avec 60.000 hommes, trouva le moyen de se faire battre à Dettingen (27 juin 1743) par une armée coalisée d'Anglais, de Hanovriens et de Hollandais commandés par George II et lord Stairs, un allemand au service de Louis XV, Maurice de Saxe, rétablit heureusement à Fontenoy (11 mai 1745) le prestige des armes françaises et prit Bruxelles (21 février 1746). Malheureusement, la diplomatie française chevauchait à nouveau *les chimères de Chauvelin*. Après la mort du cardinal Fleury (29 janvier 1743), Amelot avait été éliminé des Affaires étrangères sur les instances du roi de Prusse et remplacé en Novembre 1744 par un ami de Voltaire, le marquis d'Argenson, naturellement hostile à l'Autriche et à l'Espagne. Le mort de l'Empereur Charles VII de Bavière (20 janvier 1745) offrait l'occasion à la France de se dégager de l'affaire, en acceptant, contre une partie des Pays-Bas, la candidature à l'Empire de François de Lorraine, mari de Marie-Thérèse, candidature à laquelle se ralliait même son adversaire éventuel, Auguste II. Malheureusement Argenson n'était pas homme à saisir cette chance. Au contraire, nourrissant un vague projet de Confédération italienne (*« une république et association éternelle des puissances italiques »*), il engageait davantage en Italie les armées françaises, sous prétexte que le roi de Sardaigne était entré à Worms (15 novembre 1743) dans l'alliance austro-anglaise et que la Prusse, aux côtés de la Suède et de l'électeur palatin, avait repris les armes après le traité de Francfort (5 avril 1744) contre la Saxe. Pas pour longtemps d'ailleurs, car Frédéric, entré déjà en négociation avec l'Angleterre, le 26 août, se contenta de deux victoires, l'une sur les Autrichiens (à Shor, le 30 septembre), l'autre sur les Saxons (à Kesselldorf, le 12 décembre) et signa de nouveau à Dresde une paix séparée avec Marie-Thérèse (25 décembre 1745) reconnaissant comme Empereur le mari de celle-ci, élu à Francfort en Septembre. Ainsi d'Argenson se retrouvait dans la position de BelleIsle, avec ce ridicule en plus qu'il se déclarait content et qu'aveuglé par ses *nuées*, il proclamait au monde le complet désintéressement de la France, tout en gardant sa confiance à Frédéric. Et, ne cessant de brouiller les cartes, il cédait, dans le dos de l'Espagne, le Milanais à Charles-Emmanuel de Sardaigne (Turin, 25 décembre 1745) avant de conclure avec lui un armistice très provisoire, car il reprit les armes, et battu par les Autrichiens à Plaisance (10 juin) l'armée franco-espagnole dut évacuer l'Italie (9 juillet). Le mariage de Marie Josèphe de Saxe avec le Dauphin, négocié par Maurice de Saxe après sa victoire de Raucoux (11 octobre 1746), une nouvelle victoire à Lawfeld contre les Anglo-Hollandais de Cumberland (2 juillet 1747), la prise de Berg-op-Zoom, l'invasion de la Hollande et l'investissement de Maëstricht (15 avril 1748) permirent la négociation d'une paix blanche.

... ET DE L'ANGLETERRE

Tandis que d'Argenson, prétendant refaire la carte de l'Europe selon les vues des philosophes, se livrait à ces excentricités diplomatiques et militaires, l'Angleterre avait les mains libres outre-mer. Malgré les efforts persévérants de Maurepas qui, depuis 1723 et surtout 1728, était parvenu à reconstituer la flotte française, elle disposait d'une supériorité navale écrasante (226 vaisseaux de ligne de 1740 à 1750 contre 88 à la France et quelque 37 à l'Espagne). Elle n'enregistra cependant aucun succès important. Alors qu'en France on avait d'abord nourri l'illusion d'une possible neutralité entre les deux compagnies rivales, Dupleix, gouverneur général de l'Inde, parvint à tenir tête aux assauts répétés de l'amiral Boscawen venu assiéger Pondichéry avec 30 vaisseaux et 8.000 hommes. Malheureusement La Bourdonnais, après avoir pris Madras le 21 septembre 1746, l'avait rendue le 19 octobre, malgré les ordres reçus, contre une rançon de 11 millions de Livres. On l'accusa de s'être laissé acheter. La France perdait son gage, au moment où la paix allait être signée.

Accusé de ménager par trop les Provinces-Unies, d'Argenson avait été congédié le 10 janvier 1747 ; non sans vergogne, il avait sollicité en sa faveur, *in extremis*, l'appui de Frédéric II, qui refusa de se mêler *des affaires de France*. Puysieulx à Bréda, lui succéda, bien qu'il partageât ses préventions contre l'Autriche. Alors Saint-Séverin conclut la paix d'Aix-la-Chapelle (25 mai-28 juin 1748) sur la base du *statu quo ante* (en l'état où (cela était) auparavant), à part la restitution du cap Breton et de Louisbourg à la France, qui s'engageait à abandonner le prétendant Stuart, dont la tentative de restauration avait échoué à Culloden, en Avril 1746. En outre, une partie du Milanais revenait au roi de Sardaigne. La France, en somme, avait travaillé pour le roi de Prusse, ce prince adulé des philosophes, ce Frédéric qui, lors d'une équipée *incognito* à Strasbourg, n'avait eu que sarcasmes pour ces *vils Français* qu'il méprisait, ce roi à qui Voltaire écrivait pendant la campagne de Bohême : « *Quelques abbés de Saint-Pierre vous bénissent... Je suis un de ces philosophes... Vous n'êtes donc plus notre allié, Sire ? Mais vous serez celui du genre humain... Puissé-je être témoin à Berlin, de vos plaisirs et de votre gloire ?* »

... EMBARRAS DES FINANCES

Cette paix qui ne rapportait rien fut jugée d'autant plus *bête* que la guerre avait coûté plus cher. Pour faire face à ces dépenses accrues, le Contrôleur général Orry en avait été réduit aux moyens alors classiques. Rétablissement du dixième pour la durée des hostilités (29 août 1741). dont le rendement atteignit 40 millions en 1749. Émissions de rentes viagères (2.712,8 m.) : de rentes perpétuelles (1.200 m.), de loteries (24,6 m.), de tontines (877.200 en Novembre 1744). Emprunts aux États provinciaux pour lesquels on pouvait se passer de l'enregistrement parlementaire, à la Bourgogne, à la Provence, à la Bretagne, au Languedoc (15,4 m.).

Orry ayant été renvoyé trois mois après l'entrée en faveur de la Pompadour, c'est son successeur Machault d'Arnouville, intendant de Valenciennes, qui dirige les finances lors de la conclusion du traité d'Aix-la-Chapelle. En 1747, il avait réussi à procurer à l'État une ressource nous elle, le produit du tabac, qui, racheté à la Cie des Indes moyennant une rente annuelle de 9 millions, rapportera à l'État jusqu'à 30 millions en 1789. Mais la dette s'est considérablement accrue (86 m. d'emprunts) et le budget est en déficit (220 m. de dépenses contre 190 m. de recettes). Machault tente de remplacer le dixième *de guerre* par un impôt permanent du vingtième, destiné à alimenter une Caisse d'amortissement à partir du 1er janvier 1750 (Mai 1749). Naturellement, le Parlement protesta, puis s'inclina : il fallut suspendre pendant deux ans les États du Languedoc : la Bretagne se refusa à fournir les rôles et sabota les déclarations. De son côté, l'Assemblée du Clergé refusa (17 août-20 septembre 17, 50) la contribution d'un million et demi de Livres, qui lui était réclamée sur un revenu de 250 millions, dont 114 imposables.

Elle choisissait mal son moment. Voltaire ricana : « *Nos frères sont faits pour tout avoir et ne rien donner* ». Aux Jansénistes, qui cherchaient querelle à propos des billets de confession et de refus de sacrements (1752-33, et tentaient d'empêcher le Conseil de connaître de ces affaires (22 février et 9 avril 1753), le roi répondit par des lettres de cachet éloignant de la capitale un grand nombre de parlementaires (nuit du 8 au 9 mai) avant d'exiler la Grand-Chambre à Pontoise (11 mai). Mais cette nouvelle Fronde parlementaire s'étendant aux autres Cours et à la province, le roi céda, rappela son Parlement (8 octobre), tout en prétendant lui imposer silence sur la bulle « *Unigenitus* ». Mais les magistrats prétendant eux-aussi trancher des choses ecclésiastiques (18 mars 1755). le conflit rebondit. Le Conseil, le 4 avril, cassa leur arrêt, et un nouveau *lit de justice* (13 décembre 1756) imposa le respect de la *Bulle*, interdit la grève de la justice, abolit deux Chambres des Enquêtes sur trois. Il fallut l'attentat de Damiens (5 janvier 1757) pour provoquer quelques démarches de bonne volonté des magistrats, auxquelles le roi répondit en se montrant bon prince : il leur rendit leurs charges.

Avec le Clergé, il avait agi de même, acceptant, lors de l'Assemblée de 1755, de l'exempter de l'imposition réclamée, moyennant un don gratuit de 16 millions. Suprême satisfaction donnée à l'opposition : Machault qui avait encouru la vindicte de M$_{me}$ de Pompadour pour avoir critiqué l'augmentation en flèche des dépenses de la Cour et des pensions (2.700.000 pour les *menus plaisirs*, au lieu de 400.000 sous Louis XIV) et pour l'avoir desservie auprès du roi après l'attentat, fut sacrifié à l'ire de la marquise (1$_{er}$ février 1757). Cependant, à la veille de la guerre de Sept Ans, il avait rendu un dernier service à la monarchie : relever sensiblement les baux des fermes générales. Après enquête, le montant du bail Girardin était passé de 101.149.500 Livres à 102.765.000 (28 octobre 1749). Le suivant, passé avec Henriot et 60 fermiers généraux, au lieu de 40 en 1755, atteignit 110 millions : les sous-fermiers étaient supprimés.

... EXTENSION DU CONFLIT AUX COLONIES

Avec la guerre de Sept Ans, de plus grandes difficultés commencèrent, singulièrement aggravées par le développement de la propagande et l'influence grandissante du parti de l'étranger.

La guerre, à vrai dire, le traité d'Aix-la-Chapelle l'avait à peine interrompue. Dans l'esprit de l'Angleterre ce n'était qu'une trêve. Larvées, les hostilités n'avaient pas tardé à reprendre en Amérique, où deux millions d'Anglais, groupés en treize colonies (huit peuplées de démocrates non-conformistes, au nord, cinq de *cavaliers* de type colonial au Sud) se heurtaient aux 60.000 Français du Canada reliés à ceux de la Louisiane (la Nouvelle-Orléans ayant été fondée en 1718) le long du Mississipi par une ligne de fortins, qui prétendait interdire l'accès de l'hinterland. En 1753, sur les ruines d'un ouvrage repris aux Anglais, Duquesne avait élevé le fort qui porta son nom. Peu après, le 28 mai 1754, Washington accomplit son premier — et peu glorieux — fait d'armes, en tuant un parlementaire français, Jumonville ; tombé aux mains du frère de la victime, au fort *Necessity*, il ne fut épargné par lui qu'à condition de signer l'aveu de sa traîtrise.

L'Angleterre, décidée à soutenir à fond ses colons, réagit avec vigueur. En Octobre 1754, le général Braddock amena des renforts. Le 25 mars 1755, le Parlement vota 1 million de Livres Sterling de subsides pour activer la levée des milices et les préparatifs militaires. Des ordres furent donnés à l'amiral Boscawen d'intercepter les navires français (16 avril), le 10 juin, il ouvrait le feu sur trois vaisseaux, dont un seul échappa. De son côté l'amiral Hawke s'emparait de 300 navires de commerce, d'une valeur de 30 millions. Piraterie officielle et délibérée, sans qu'il y eut, bien sûr, déclaration de guerre. Par un effort considérable, la marine de Sa Majesté était portée de 291 à 345 vaisseaux, entre 1752 et 1756 ; elle en comptera 422 en 1760. La France, complètement surclassée, n'en avait que 45 en service et 18 en construction en 1755. En la personne de William Pitt (1708-1778) la Cité, éliminant le trop pacifique Walpole et le trop hésitant duc de Newcastle, avait trouvé son chef de guerre, celui qui, allait conquérir pour elle l'empire des mers.

En face de ces agressions délibérées et d'un tel appétit de conquête, la réaction française est nulle. D'abord, ne rien faire qui puisse envenimer le conflit car l'Espagne, soutien possible sur mer, n'est pas prête. Aux Indes, avec une poignée de Français, Dupleix et Bussy, par de sages interventions dans les rivalités des potentats indigènes, ont su se tailler un Empire dans le centre de la péninsule, au Deccan et au Carnatic, mais au premier échec — la prise de Trichinopoli par Clive (8 avril 1752) — la Compagnie et le gouvernement prennent peur et les désavouent. Silhouette, nouveau Contrôleur général, écrit le 13 septembre, *« qu'on ne veut plus que quelques établissements. »*, et quelque augmentations de dividendes. Le 3 août 1754, Godeheu vient destituer Dupleix et signe en Décembre avec la Compagnie anglaise un traité d'abandon des territoires conquis, à part quelques comptoirs. C'était, à la veille de la guerre, par amour de la paix, s'avouer vaincu. Par sa raideur et son inintelligence des conditions locales, le nouveau gouverneur. Lally-Tollendal (Avril 1758), perdit tout en un temps record : Après cinq mois de siège. Pondichéry capitula (17 février 1761) ; les Anglais la rasèrent. C'en était bien fait de l'Inde française.

LA FRANCE BIEN ACCROCHÉE EN EUROPE

Afin de se couvrir sur le continent, où le Hanovre est exposé aux coups de la France, c'est encore l'Angleterre qui prend l'initiative diplomatique. Les 19-30 septembre 1755, elle obtient d'Élisabeth, moyennant un bon prix, que la Russie maintienne 55.000 hommes en Livonie. Ce qui est un peu loin, mais suffisant pour amener Frédéric, inquiet, à un rapprochement, bientôt consacré par le traité de Westminster (16 janvier 1756). Alors, prévenant l'entente austro-russe inévitable, le roi de Prusse pénètre en Saxe sans autre forme de procès (28 août 1756), bat l'armée saxonne à Pirna (15 octobre) et l'incorpore à la sienne.

La France isolée n'avait plus de choix. Faute d'avoir, à temps, renversé les alliances, répondant trop tard aux avances de Kaunitz formulées dès 1750, elle se vit entraîner par l'Autriche beaucoup plus loin qu'elle ne l'eut voulu (1er et 2e traités de Versailles, 1er mai 1756 et 1er mai 1757 négociés en sous-main par l'abbé de Bernis et Starhemberg en Septembre — Décembre 1755). Une fois encore, elle se trouvait au plus mauvais moment, fixée sur le continent : 24.000 hommes en réalité 45.000 — pour appuyer l'Autriche et la Saxe envahie : 105.000, bientôt 160.000 sur le Rhin ; plus un subside de 12 millions de Florins. C'était beaucoup, contre l'occupation d'Ostende et de Nieuport, et la promesse de quelques places aux Pays Bas (dont le reste reviendrait à don Philippe : en échange de Parme, rendue à l'Angleterre.)

À première vue cependant, le Hanovre et la Prusse jouaient dans l'affaire leur existence. Aux 170.000 Prussiens et 55.000 Anglo-Hanovriens s'opposaient en principe 133.000 Autrichiens, renforcés de 24.000 auxiliaires, de 105.000 Français sur le Rhin et de 110.000 Russes (Élisabeth s'étant ralliée à Marie-Thérèse le 2 février 1757). De fait, Frédéric se fit battre par le maréchal Daun à Kollin, où il perdit 12.000 hommes sur 18.000 (18 juin 1757), tandis que le maréchal de Richelieu qui avait enlevé Fort-Mahon, à la barbe de l'amiral Bing, le 27 juin 1756 — contraignait le duc de Cumberland et les contingents de Brunswick, de la Hesse, et du Hanovre à capituler à Closter-Seven (8 septembre 1757). Victoire sans lendemain d'ailleurs, car le roi George s'étant refusé à ratifier la convention récupéra purement et simplement ses troupes, qu'on avait négligé de désarmer, et qui reprirent la campagne en 1758, sous Ferdinand de Brunswick. Cependant Frédéric, battu à Jägersdorf par les Russes, qui poussèrent jusqu'à Berlin (6 septembre), la Silésie occupée par les Autrichiens (Octobre) et la Poméranie par les Suédois, avait frisé le désastre. L'incurie et la jalousie des généraux français le sauva. Généraux d'alcôve et de loges, protégés par Mme de Pompadour, les Soubise et les Clermont se montrèrent les dignes émules des généraux *inconditionnels* de Richelieu. Ce fut Rossbach : 60.000 hommes, dont la cohue des cercles germaniques, contre 20.000 Prussiens (5 novembre 1757) et Crefeld à 70.000 contre 40.000 (23 juin 1758). De leur côté, à Beuthen : le 5 décembre 1757, les Autrichiens avaient perdu 22.000 hommes et la Silésie. Apparemment, l'athée Frédéric avait pour lui le Dieu des batailles.

Le 9 octobre 1758. Choiseul fut appelé à succéder à Bernis, mais les généraux, les Contades, les Broglie, les Saint-Germain, les Soubise, continuant de se desservir, de se quereller, voire de se trahir, la liste des défaites s'allongea : Minden (1er août 1759), Cassel (15 juillet 1761). Les Français repassèrent le Rhin. Cependant Frédéric ne s'était sauvé que par miracle de l'étreinte des Austro-Russes pour une fois réunis, à Künersdorf (12 août 1759) où il avait perdu 20.000 hommes sur 50.000. Daun avait occupé la Saxe. En 1760, ce fut pire. Berlin fui pillé en Octobre, mais les coalisés se révélant incapables de synchroniser leurs mouvements, Frédéric, manœuvrant sur lignes intérieures, put encore échapper en 1761. La Poméranie perdue, il était aux abois lorsque la mort d'Élisabeth de Russie (5 janvier 1762) et l'accession au trône du demi-fou Pierre II, admirateur aveugle du génie du roi de Prusse, brisa la coalition et procura à ce dernier un allié inespéré (5 mai 1762).

L'ANGLETERRE S'EMPARE DU CANADA

Tandis qu'en Europe, on s'était battu sept ans pour rien, si ce n'est pour que le traité d'Hubertsbourg (15 février 1763) consacre la prédominance de la Prusse en Allemagne, l'Angleterre, outre-mer, par un effort persévérant et considérable, avait rapidement atteint ses buts de guerre, tu Canada, où depuis 1737, les flottes succédaient aux flottes, les Anglais disposaient de 14.000 hommes de troupes régulières contre 3.000. Après avoir rejeté Washington du fort Duquesne (aujourd'hui Pittsburgh) le 28 mai 1755, les Français, commandés par Montcalm, s'étaient emparés en 1757 du fort William Henry, élevé par l'irlandais sir William Johnson, allié des Indiens des Six Nations iroquoises. L'année suivante, Montcalm parvint encore à repousser les assauts du général Abercrombie, qui attaquait Ticonderoga avec 15.000 hommes. Mais il dut bientôt céder sous le nombre : 50.000 Anglo-Américains reprirent Louisbourg le 27 juillet et le fort Duquesne en Novembre. En Juillet 1759, les forts Niagara et Ticonderoga tombèrent à leur tour. Le 13 septembre, la défaite du plateau d'Abraham, qui coûta la vie aux deux adversaires, les généraux Wolfe et Montcalm, entraîna la capitulation de Québec (17 septembre) et celle de Montréal (1760). Les Antilles étaient perdues, la Guadeloupe en 1759, la Martinique en 1762.

Profitant des bonnes dispositions de Charles III, souverain libéral qui avait succédé à son frère Ferdinand VI sur le trône d'Espagne (10 août 1759). Choiseul avait tenté une médiation espagnole, qui se heurta à l'intransigeance absolue de Pitt. Se produisant après coup, alors que la défaite de la France était déjà consommée, cette intervention était plus dangereuse qu'utile. Conclu le 15 août 1761, le *pacte de famille* coûta à l'Espagne la Havane, sans rien rapporter à la France, si ce n'est de plus lourds sacrifices pour dédommager sa partenaire, lorsque l'avènement de George III (27 octobre 1761) permit le renvoi de Pitt — très alléché par les colonies espagnoles — et la conclusion de la paix. Au traité de Paris (10 février 1763), la France céda la Louisiane à l'Espagne, qui avait dû abandonner la Floride pour récupérer la

Havane. Elle avait sacrifié, sur l'autel de la philosophie, son premier empire colonial. Apparemment Choiseul, prévoyant les difficultés que les colonies américaines préparaient à l'Angleterre, n'était pas le seul à en prendre assez légèrement son parti.

Pour bâtir un Empire, il manquait aux Français, la foi, la foi des *conquistadors*, ou la foi des puritains. On ne construit rien dans le scepticisme, la mesquinerie, la lassitude, les *nuées*. Or, l'anticolonialisme réunissait l'unanimité des philosophes, attentifs à leur besogne d'intoxication. Comme ils adulaient avec servilité la Prusse, ils dégageaient les voies à l'Angleterre en déconsidérant les entreprises coloniales. À cette besogne, tous ont participé. Montesquieu, docte et sentencieux, dans les *« Lettres persanes »* : *« L'effet ordinaire des colonies est d'affaiblir le pays d'où on les tire, sans peupler ceux où on les envoie »*. Voltaire, moralisateur, dans les fragments sur l'Inde : « *Nos peuples européens ne découvrirent l'Amérique que pour la dévaster et en tirer des épices, des liqueurs, du tabac, des bijoux, etc.* ». Et de distiller son mépris en cent endroits sur les arpents de neige et de glace du Canada. *« À quoi bon Québec ? »* Bien sûr, mieux vaut réserver les os des grenadiers français à la *grandeur* du roi de Prusse. Apôtre de l'état de nature, Rousseau ne peut qu'incriminer en bloc la civilisation, surtout si elle a le malheur de se répandre chez les bons sauvages. Dans son *« Supplément au voyage de Bougainville »*, Diderot met en scène un Tahitien, qui invite les Européens à rentrer chez eux, *« Go home ! »* est donc un slogan ancien. Et Bernardin de Saint-Pierre lui donne la réplique : *« Stay home ! »* Il ne convient pas que les honnêtes gens sortent de chez eux. Tous ces anglomanes n'ont évidement pas lu Thomas More ; ils ignorent les doctrines de l' *» Utopie »*, qui ont fourni à l'Angleterre ses meilleures recettes coloniales.

UNE POLITIQUE D'EXPÉDIENTS

Que le commerce extérieur périclite, que les actions de la Cie des Indes s'effondrent de 2.100 livres en 1743 à 725 en 1762, peu importe. Par anticipation, Gournay et l'abbé 1lorellet avaient proposé sa liquidation afin d'abolir son monopole (26 juin 1755). Un arrêt du Conseil la supprima plus tard, le 13 août 1769. Qu'importe aussi la crise financière permanente aggravée par la guerre ? N'est-ce point au contraire l'occasion pour les Parlements de bloquer davantage encore le fonctionnement de la lourde machine gouvernementale ? À l'ouverture des hostilités, un emprunt de 36 millions de rentes perpétuelles avait été lancé à 5%, le 7 juillet 1756 avait été introduit un deuxième vingtième par lit de justice (21 août). :1u total les deux vingtièmes ne rapportèrent environ que 45 millions, soit une somme très inférieure a un vingtième réel.

Le Clergé avait accordé 16 millions ; les villes, grâce à une augmentation des droits d'octroi, environ 6. Mais, malgré la rentrée de 200 millions d'extraordinaire en 1758, l'état avait dû recourir à des avances de Pâtis de Montmartel. De sorte qu'en prenant les finances, après la disgrâce de Bernis (19 octobre 1758), Silhouette, ex-chancelier du duc d'Orléans, ex-commissaire à la Cie des Indes, imbu des idées des *économistes* (4 mars 17 59) se trouva en présence de 285 millions de recettes pour faire face à 418, puis à 503 de dépenses. On l'applaudit pour avoir apporté au roi la moitié du bénéfice du bail des fermes. Mais, on ne lui pardonna pas sa proposition d'instituer une *subvention générale* (Septembre 1759) de créer un troisième vingtième. La panique qui se répandit en Novembre à la nouvelle que la vaisselle royale allait être portée à la monnaie lui fut fatale 21 novembre 1759).

Son successeur Bertin, intendant de Perpignan et de Lyon, ami des *physiocrates* (disciples du Dr. Quesnay, auteur du *« Droit naturel »* en 1765, qui estimait que les vraies richesses sont celles de la terre qui renouvelle ses produits), émit un emprunt de 4.6 millions de *tontines* et inaugura la libre circulation intérieure des grains, prélude à la liberté du commerce (25 mai 1763). Mais il dut réagir contre un autre physiocrate le marquis de Mirabeau, qui préconisait la création d'un impôt territorial — à la mode prussienne — dans sa *« Théorie de l'Impôt »* (1760 ; et aussi la suppression des impôts indirects et du vingtième (ce qui était une erreur) et attaquait sans mesure les abus des fermiers généraux, dont certains étaient honnêtes ; il le relégua pendant deux ans et demi sur sa terre de Bignon. Obligé de renoncer à la subvention générale (Février 1760), Bertin instaura un troisième vingtième (1760 et 1761) et osa tripler la capitation pour les privilégiés et les officiers de finance. Puis il recourut à l'emprunt, émit 8,7 millions de rentes de diverses sortes, demanda 18,75 millions aux États provinciaux et porta le produit de la Ferme générale à 118 millions. De sorte qu'il parvint à ramener le déficit annuel à environ 50 millions à la fin de la guerre. Il réussit à maintenir les deux premiers vingtièmes pour six ans en 1764, mais lorsqu'il prétendit réviser l'évaluation des biens-fonds en vue d'établir un impôt territorial unique, il fut emporté par un raz-de-marée nobiliaire et parlementaire, provoqué en sous-main par la Franc-maçonnerie.

FACE À L'OPPOSITION NOBILIAIRE ET PARLEMENTAIRE

Réaction nobiliaire — dans la ligne de Montesquieu, reprise par quelques auteurs[21] — sensible notamment dans l'armée. Pendant la guerre de la Succession d'Autriche, le comte d'Argenson, ministre de la Guerre, avait admis jusqu'à un tiers d'officiers roturiers dans les régiments, ouvert une Académie militaire pour former cinq cents jeunes gentilshommes et organisé des milices qui donnèrent naissance aux *grenadiers de France*, prélude à une armée nationale. Mais sous Choiseul, à la faveur d'une réorganisation de l'armée et d'une réduction du nombre des régiments, les officiers roturiers furent pratiquement éliminés. N'assistait-on pas, à cette époque, dans les campagnes, à une tentative de révision et de revalorisation des droits féodaux, avec la connivence de certains parlementaires ?

Ce qui n'empêchait pas ces derniers, authentiques privilégiés, de se poser en champions du peuple opprimé, lors qu'ils devaient leur charge à leurs écus plus qu'à leur mérite, et que leur justice lente, vénale et partiale appelait la plus urgente et la plus profonde des réformes, c'est eux qui prétendaient gouverner l'État. Les voilà qui enrôlent des écrivains à gages : en Janvier 1762, le président des Brosses se heurte à un refus de Rousseau de lui vendre sa plume. L'avocat janséniste Le Paige démarque dans ses *« Lettres historiques »*, le *« Judicium Francorum »*, publié vingt ans plus tôt. De 1764 à 1770, une commission d'une vingtaine de magistrats recherche chez le conseiller Michau de Montblin les titres du Parlement à hériter, à la fois, des États-généraux et du Conseil du Roi. La doctrine des corps intermédiaires, chère à Montesquieu, est bientôt largement dépassée. Encouragés par leur succès récents, contre le Grand Conseil en 1756, contre l'édit de discipline en 1757, contre l'archevêque de Paris dans l'affaire de l'Hôpital général en 1758, contre le Contrôleur des Finances, Silhouette, renvoyé en 1759, contre l'exil du Parlement de Besançon, les Parlements ne bornent plus leur rôle aux remontrances sur les édits, mais revendiquent pour l'ensemble des Cours constituant le Parlement de France les prérogatives d'accepter l'impôt, d'enregistrer les lois fiscales et de contrôler les dépenses (Rouen. 10 mai et 4 juillet 1760) et réclament l'institution d'une contribution *volontaire et unique*. Alors que les États provinciaux cotent l'impôt sans trop de résistance, les parlements se retranchent dans une opposition systématique.

Même et surtout, lorsque le gouvernement décrète la préparation d'un cadastre, préliminaire nécessaire à l'application équitable de cet impôt unique. Lorsque Bertin présente ses édits d'Avril 1763, et que le roi les impose le 31 mai par *lit de justice*, ils se déchaînent. Les

---

[21] Mignot de Bussy *« Lettres sur l'origine de la noblesse française »* 1763, par le Comte Alex de Corbet (*« L'origine de la noblesse française »* 1766, par le comte de Buat Nangain *« Les origines et les Elements de la politique »*, 6 Vol. 1773).

remontrances succèdent aux remontrances. Ce qui les gêne le plus, c'est que ce travail de révision des rôles soit confié au Contrôle royal des Vingtièmes, embryon de l'Administration des Finances. Ils exigent que les cadastres soient établis par les communautés d'habitants — où les jalousies locales et les passe-droits se donneraient libre cours — et pourquoi pas ? — sous le contrôle des Cours supérieures, c'est-à-dire d'eux-mêmes (Besançon, Bordeaux, Grenoble, Rouen). Roussel de la Tour, conseiller au Parlement de Paris, développe ces thèses dans un ouvrage, *« la Richesse de l'État »* publié en 1763. Capitation par classe, pouvant atteindre 698 millions, répartie par les contribuables eux-mêmes, toujours sous le contrôle des Cours, qui mettraient ainsi la main sur les finances de l'État.

Comme ils provoquent des incidents à Grenoble, à Toulouse, à Rouen, le roi, se montre encore conciliant et, plaçant le Parlement en face de ses responsabilités, remplace Bertin par un parlementaire, le conseiller l'Averdy, janséniste, parfaitement ignorant des Finances. Le 21 novembre, l'édit d'Avril est retiré, l'application du deuxième vingtième limitée au 1er janvier 1768 ; un fonds annuel d'amortissement sera prélevé sur le premier vingtième (20 millions) et sur le deuxième, par une Caisse créée en Décembre 1766. Politique illusoire, qui consistait à rembourser en 4 ans 77 millions pour emprunter 120 millions par ailleurs, réclamer des fonds aux États provinciaux et recourir à des anticipations annuelles, de 123 millions en moyenne entre 1764 et 1770, alors que le déficit budgétaire subsistait (45,7 millions en 1767 : 164,2 millions de dépenses moins 118,4 de recettes nettes (sur 303,4 de recettes brutes). Le cadastre ne sera établi qu'avec l'accord des Parlements, c'est-à-dire que les vérifications se trouvent paralysées. Ce qui valut de l'historien des Finances françaises, Mr Marcel Marion ce jugement sévère : *« Quelle n'est pas la responsabilité des Parlements, puisqu'ils eurent alors la haute main sur les finances ? Or, ils n'eurent souci, ni de l'équilibre, ni des réformes tendant à réduire les privilèges et à modifier l'assiette de l'impôt, se préoccupant seulement d'ouvrir le procès des fermiers et de leurs commis et de prendre des libertés avec les rentiers »*, comme l'avait conseillé Montesquieu ; ces rentiers stigmatisés par Mirabeau dans sa *« Philosophie rurale »* : *« Le rentier est un loup de la société. C'est un faux propriétaire, inutile et à la charge de l'État »*. Cette politique absurde devait conduire à la baisse des fonds d'État français et à la hausse des fonds anglais.

Dans d'autres domaines, l'Averdy s'efforça de prendre quelques mesures utiles. Fixation du taux de l'intérêt à 4% en Juin 1766. Création de la Caisse d'Escompte (1er janvier 1767) avec le concours de Panchaud et de quelques autres banquiers suisses. Cette Caisse allait se substituer au banquier de la Cour, Laborde, pour les avances à l'État, et encourager le développement des opérations d'escompte en France. Liberté de l'exportation des grains, ce qui contribua grandement à améliorer la situation de l'agriculture (Juillet 1764). Et, devant la prospérité générale, augmentation du montant des fermes, porté à 132 millions. Mais l'opposition parlementaire reparut lorsqu'il fallut proroger le deuxième vingtième, jusqu'au 1er janvier 1770 d'abord, puis jusqu'au 1er juillet 1772, et surtout, lorsque l'Averdy tenta, à juste raison, de fixer à 40 millions, la partie immuable de la taille dans les pays d'Élections et d'étendre le régime de la taille tarifée, après déclaration contradictoire (7 février 1768). Contre l'institution de commissaires (5 septembre 1768) la Cour des Aides s'insurgea. L'Averdy fut remercié (Octobre 1768). Son remplaçant très provisoire. Maynon d'Invau, physiocrate, fort ami de Choiseul, trouva 55 millions de déficit, plus de 80 d'arriéré et, les recettes consommées avec un an d'anticipation : puis il démissionna (21 décembre 1769).

Choisi par le chancelier Maupeou (22 décembre 1769) l'abbé Terray, conseiller au Parlement de Paris, prit en mains le Contrôle général. Malgré son ardeur au travail, sa raideur, et la sévérité dont il ne se départissait, disait-on, que pour tolérer certains trafics de ses maîtresses, l'abbé entreprit de procéder à quelques banqueroutes partielles : transformation de tontines en rentes viagères (18 janvier 1770), soit 150 millions d'économies : conversion de rentes, soit à 2.5, soit à 4% (20 janvier), tout en aménageant les rentes de l'Hôtel de Ville, soit 11 millions : arrêt de l'amortissement, soit 17 millions ; réduction des pensions, soit 1,8 millions : retenue de deux dixièmes sur les intérêts des cautionnements des fermiers généraux. Et, mesure plus grave, le 18 février 1770, suspension du paiement des rescriptions des receveurs généraux et des billets des fermiers, dont il y avait respectivement 97 et 48.7 millions en circulation. Les victimes n'étant que les créanciers de l'État, le Parlement se tint coi. Un autre emprunt perpétuel 4%, fut lancé également en février. Ses 160 millions n'ayant pas été couverts, on l'étendit — ce qui permettait d'éviter de nouveaux enregistrements au Parlement — au point qu'il atteignit 261 millions en 1789. Et, en vue du rachat par l'État de la Cie des Indes, supprimée le 13 août 1769, il émit en Février 1770, 1.2 millions de rentes par un capital de 30 millions.

Enfin, un réflexe d'autorité

Cependant, le roi réagissait enfin contre les Parlements. Dans ce domaine, Choiseul n'avait cessé de reculer, laissant partout bafouer l'autorité royale. En Bretagne, où d'Aiguillon, commandant de la province, avait été sacrifié aux rancunes de La Chalotais 15 juillet 1765 et traîné à Versailles devant le Parlement de Paris. Comme d'autres gouverneurs et intendants l'avaient été dans toute la France : Fitz James à Toulouse, d'Harcourt à Rouen, Dumesnil à Grenoble, Bourgeois de Bovines à Besançon. Maintenant la mesure est comble. D'autant plus que Choiseul, en poussant l'Espagne contre l'Angleterre, risque d'entraîner la France dans une guerre de revanche pour laquelle elle n'est pas prête. Le 24 décembre 1770 Louis XV renvoie Choiseul et, à bout de patience, donne mission au chancelier Maupeou, qui le remplace, de briser les Parlements et de réformer la justice.

Car les magistrats, mentors de l'État, en arrivent à penser, qu'ils sont eux-mêmes l'État ! Le 27 novembre, ceux de Paris, ont déclaré au roi que *dans le premier âge de la monarchie*, le Parlement avait été *l'Assemblée générale de la Nation* : ils en invoqueront donc les droits le 3 juillet 1739, et, de nouveau, le 26 décembre 1763. En matière de contributions, *« le droit d'accepter est le droit de la Nation »*, proclame celui de Rouen (10 mai 1760). Et le Parlement de Bretagne, précise, le 11 août 1764, que le consentement des trois Ordres des États-généraux est nécessaire. Le Parlement de Paris s'entêtant à poursuivre l'affaire d'Aiguillon. Maupeou lui signifie, le 3 décembre 1770, l'interdiction de faire grève et de correspondre avec les autres Cours. Les magistrats ayant passé outre au lit de justice le 7 décembre, et refusé à nouveau de reprendre leur service le 15 janvier 1771. Maupeou les met en demeure d'obtempérer (nuit du 19 au 20) et, la nuit suivante, en exile 120, dont il confisque les charges ; le Conseil d'État assurant l'intérim. Alors, les Parlements de province protestent, celui de Rouen le 8 février, sollicite la convocation des États-généraux ! Le mot est donc lâché, que Malesherbes reprend le 18, au nom de la Cour des Aides de Paris. Les princes du sang (le duc d'Orléans, le prince de Condé, le Paige pour le prince de Conti) s'associent à la protestation. Le mot d'ordre immédiatement se répand. Bordeaux, le 25 février, Toulouse, le 8 mars, la Cour souveraine de Nancy, Besançon le 11, Rennes le 16, Aix le 18, Grenoble le 23 mars, Dijon le 1er mai, le reprennent. Décidément, l'orchestration est bonne.

Mais la réforme de la justice n'en fait pas moins son chemin. Le 23 février, cinq Conseils supérieurs sont créés dans le ressort du Parlement de Paris (réduit au rôle de Cour des Pairs et de Chambre d'enregistrement avec droit de remontrance), puis un sixième en Artois (Douai) et un autre à Rennes. Supprimées, la vénalité des offices — les juges, inamovibles, étant appointés par l'État — et aussi la vénalité de la justice, épices et vacations. Le 9 avril, la Cour des Aides est abolie. Le 13, le Grand Conseil siège à Versailles. Les autres Parlements de province, à part Besançon et Grenoble, subissent de profonds remaniements. Et la réforme, même dans le camp des philosophes, n'a pas que des ennemis. Voltaire, par exemple, qui, dans

« *l'Histoire du Parlement de Paris* » (1769) et dans le chapitre ajouté en 1775 refuse d'assimiler le Parlement à une assemblée nationale et de confondre les lois fondamentales du royaume avec des *humeurs corrompues*. Peu à peu, les bienfaits de la réforme se font sentir dans le pays. Bientôt les magistrats exilés se lassent ; beaucoup rentrent sans bruit et se résignent à la liquidation de leurs offices, dès la fin de 1772. Comme le note Joly de Fleury : « *la nation a vu d'un œil tranquille l'anéantissement de la justice* », lisez, la défaite des parlementaires.

Par cet acte d'autorité, ouvrant la porte aux autres réformes, tout pouvait encore être sauvé, le régime rajeuni, les finances rétablies. Par la fatale faiblesse de Louis XVI, qui n'eut rien de plus pressé que d'y renoncer par bonté d'âme et besoin de popularité facile lors de son avènement, cet avantage, qui eut pu être décisif, ne gagna qu'un répit provisoire sur la pente où déjà glissait la monarchie. Débarrassé du Parlement, Terray procède à des remaniements d'impôts, augmente de $1/60_{ème}$ à $1/40_{ème}$ la perception du marc d'or sur les offices, celle de la paulette (1% de la valeur actuelle au lieu de $1/60_{ème}$ de la valeur primitive). Crée la Conservation des Hypothèques (Juin 1771). Soumet les anoblissements récents à confirmation, moyennant finance. Réduit les rentes perpétuelles de $1/15_{ème}$ et les viagères d'$1/10_{ème}$ (15 juin 1771). Déclare perpétuel le premier vingtième et proroge le second jusqu'en 1781 (Novembre 1771) ; supprime les abonnements et, par des vérifications systématiques de l'assiette par les contrôleurs, recherchant davantage l'égalité dans la répartition que le parfait paiement, prépare une base solide pour l'application de l'impôt territorial. Tente l'essai de la contribution mobilière en faisant reposer la capitation de Paris sur un recensement exact des loyers (24 février 1773), ce qui en augmente le produit de 850.000 à 1.400.000 livres, porte le bail des fermes Laurent-David à la somme de 152 millions (plus 20 millions), mais il n'empêche que les adjudicataires réaliseront 60 millions de bénéfices, au lieu de 10.5, tant l'accroissement de la prospérité est sensible.

En résumé, le bilan d'ensemble de sa gestion s'établissait ainsi : un peu plus de 86 millions d'améliorations, couvrant et au-delà le déficit à la fin de 1769. Les prévisions budgétaires équilibrées en 1773 avec 205 millions de recettes contre 200 de dépenses. Les anticipations ramenées de 154 à 30 millions ; la dette exigible en faible hausse, avec 116 au lieu de 110 millions. Somme toute, l'abbé Terray était parvenu à accroître les recettes de 40 millions, tout en comprimant le plafond des dépenses.

Son successeur, Turgot, intendant de Limoges, chef de l'école des *Économistes*, recommandé au roi par Maurepas, avait en tête un vaste programme : développement de l'agriculture, libéralisation du commerce (il rétablit la liberté du commerce intérieur des grains en 1774), institution de l'impôt territorial unique. Pour commencer, il s'efforça d'améliorer le fonctionnement des fermes, en supprimant les *croupes* et les pensions (les participations), de réformer la corvée, de perfectionner l'assiette du vingtième, de créer une régie qui remplace la ferme des domaines (25 novembre 1774), d'instituer à Paris, avec le concours de Bertier de Sauvigny, la taille tarifée. Ainsi ramena-t-il le déficit à 24 millions en 1776 (378,3 de recettes contre 402,5 de dépenses), la dette exigible de 217,3 millions à 203.7 et les anticipations de 78,2 à 50,4 de 1775 à 1776. Et surtout il entreprit de remontrer au roi la nécessité de réaliser une vingtaine de millions d'économies, sous peine de se trouver paralysé par la première tempête internationale. Mais comment demander à Louis XVI de faire preuve d'énergie ? Les dépenses de la Maison du Roi et des princes passèrent de 34,5 millions en 1775 à 36.5 millions en 1776, celles de la cassette de la reine, de 96 à 200.000 Livres. Point de réformes sans mécontents, et sans une autorité capable de s'imposer à ces mécontents. Mais, en rappelant les Parlements, l'autorité ne n'était-elle pas détruite ellemême ? On le vit bien lorsque Malesherbes qui se disait l'ami de Turgot lança la Cour des Aides qu'il présidait dans une sortie démagogique contre les intendants, la taille tarifée, les vingtièmes et l'ensemble des réformes préconisées par le ministre, sous prétexte de réclamer la convocation des États-Généraux (6 mai 1775). Personne ne défendit Turgot, ni le roi, qui n'eut pas le courage d'affronter à nouveau les Cours intermédiaires, ni les *philosophes*, ses anciens amis cependant, qui, voulant détruire la monarchie, préféraient aux intendants, capables de restaurer les finances, les banquiers cosmopolites, disposés à les saboter.

À L'ÉCONOMISTE TURGOT SUCCÈDE LE COSMOPOLITE BANQUIER, NECKER

C'est ainsi qu'à Turgot, hostile à la guerre d'Amérique, dont il attendait le pire pour le Trésor public, renvoyé le 12 mai 1776, succéda après un bref intérim de Clugny (mort le 18 octobre 1776) Necker, un Suisse d'origine poméranienne, associé d'une maison de Londres. Par quelle singulière aberration, à la veille d'un conflit qu'on voulait une revanche contre l'Angleterre ! Car toutes ses attaches étaient anglaises et maçonniques.

Son père, avocat sans cause à Cüstrin, placé grâce à son cousin Schutze, banquier à Hanovre, comme précepteur du fils du ministre Bernstof, avait adhéré à Londres à la maçonnerie avant d'ouvrir à Genève en 1724 une pension pour jeunes Anglais. Et coup sur coup, avec une rapidité surprenante, il avait obtenu une chaire de droit germanique, la bourgeoisie de Genève (1725-26). l'accès au Conseil des Deux Gents (1742) et chez les Anciens du Consistoire. Il est vrai que les loges, créées par C. Hamilton en 1736 avaient très vite essaimé dans la Parvulissime République. Louis, le fils ainé, avait exercé les fonctions de précepteur du fils de lord Bentinck, l'un des fondateurs de la Maçonnerie hollandaise. Initié lui-même à la *Vraie Concorde* de Genève, ami de d'Alembert, il s'affilia ensuite à des loges de Bâle et de Paris. Banni pour adultère de la Cité rigoriste de Calvin, il refit sa fortune en trafiquant sur les blés à Marseille avec le banquier van Fries. Quant à Jacques, l'illustre Necker, sa devise, « *Post tenebras, lux* » (Après les ténèbres, la lumière) ornée de l'œil maçonnique le plus authentique, ne laissait aucun doute sur ses appartenances. Loin d'être aussi brillant que son frère, il abandonna ses études à quinze ans pour entrer à seize comme commis chez le banquier Isaac Vernet, dont le frère Jacob était le collègue de son père (1748). Son patron l'ayant expédié deux ans plus tard à Paris, il y réussit assez bien, puisqu'il fut intéressé dans la maison, d'abord pour un quart (1762), puis un tiers, de 1765 au 27 octobre 1770, date à laquelle Isaac Vernet céda sa raison sociale à ses deux associés, Jacques Necker et son propre neveu George Thellusson, qu'il avait jusqu'alors commandités. La firme fut assez prospère puisqu'à sa *retraite des affaires*, le premier disposait de 7 à 8 millions de livres et que le second laissa en mourant une fortune de plus de 7 millions.

Avec quelques menus trafics sur les blés en compagnie de son frère à Marseille, dès la libéralisation du commerce des grains, Necker venait de réaliser un coup de filet qui assura sa fortune. Averti par une indiscrétion de Sainte-Foix, commis aux Affaires étrangères, de la signature d'une convention secrète (3 novembre 1762) préparatoire au traité de Paris, sur le recouvrement au pair à Londres des billets du Canada, alors dépréciés de 70 à 80%, il les rafla sur le marché avec le concours du frère du banquier Lullin, et s'en fit rembourser le montant nominal, sous le couvert de prête-noms, à Londres. Et, feignant de n'avoir pu effectuer l'opération comme prévu, il empocha seul 1.800.000 Livres, en éliminant ses complices. Pour opérer une telle razzia, à la faveur de la liquidation de l'empire colonial de la France, sa maison était en effet des mieux placées. Vernet avait joué le rôle à Paris de banquier de commission pour la Hollande et de correspondant du Trésor de Zurich. Depuis 1762, Pierre Thellusson, le frère de George, s'était établi à Londres. Lui et ses associés disposaient d'un portefeuille international important, avec prédominance de placements anglais.

Aussi Necker s'offrit-il à renflouer la Cie des Indes, ruinée par la guerre de Sept Ans. Pour alimenter son commerce, la Cie française avait exporté en moyenne, entre 1725 et 1756, pour

8,6 millions de Livres tournois d'argent, par an, et seulement 2,97 de marchandises, tandis que la Cie hollandaise, à Java, obtenait gratis, sous forme de tribut en nature, les denrées coloniales qu'elle revendait à prix d'or à Amsterdam, et que la Cie anglaise exportait aussi annuellement un peu plus de 12 millions de livres tournois d'argent jusqu'en 1765, époque où bientôt les marchandises l'emportèrent jusqu'à concurrence des trois-quarts du total. Le commerce maritime français étant gravement compromis et la route de l'argent coupée vers l'Amérique, Necker se faisait fort de fournir, grâce au concours de son puissant correspondant de Londres, James Bourdeu et Samuel Chollet, les piastres indispensables à la Cie, endettée de 60 millions à la fin de la guerre. Au Conseil du 3 juillet 1764, il se présente comme un sauveur. Par quels moyens va-t-il donc *faire* le métal blanc nécessaire à la Compagnie ? Avec les fonds que les *nababs*, les fonctionnaires de la Cie anglaise, cherchent à rapatrier clandestinement en Angleterre ? Ou bien en achetant des piastres à Cadix, par l'intermédiaire de Hambourg et d'Amsterdam ? Ou encore, en instituant une loterie à Genève, ce qui rapportera au banquier un bénéfice de 10% sur 10 millions en 1765, sur 12 en 1767 ? Ou en achetant pour 20 millions de traites sur Londres, sur lesquelles ses acolytes jouent à la baisse ? Un tel régime tue le malade. À tel point, que le 29 mars 1769, seul un emprunt de 20 à 30 millions pourrait permettre à la Cie de survivre. Isaac Panchaud propose de la transformer en Caisse d'Escompte : sa proposition est repoussée ; par contre l'abbé Morellet conseille et obtient la suppression du privilège de la Cie (3 avril-20 juillet 1769) par arrêt du Conseil du 11 août.

C'est alors qu'ayant tué son patient, le médecin traitant se tourne vers l'État pour proposer ses remèdes. Ami des encyclopédistes, il organise sa *claque*. Son salon les accueille (début 1767) ; ils y dînent le vendredi (début 1770) comme les lundi et mercredi chez Mme Geoffrin, les mardis chez d'Helvétius, les jeudis et dimanches chez d'Holbach. Profitant de l'immunité diplomatique que lui vaut le titre de représentant de Genève, obtenu par la grâce de Choiseul, après le 20 juillet 1768, Mme Necker colporte les ouvrages de Mably et de l'abbé Raynal, interdits en France. La *« Correspondance »* de Grimm et plus tard de Meister propage à la ronde sa renommée, en attendant qu'il lance sa propre presse : *« La Gazette franco-anglaise de Londres »* (Juillet 1776), *« Courrier de l'Europe »* et le *« Journal de Paris »*, dirigé par Laplace (1er janvier 1777). Pourtant *Raton* comme le surnomme Voltaire, n'est pas une lumière. Ce philosophe, aux digestions lourdes, pense peu et péniblement. Ce qui ne l'empêche pas d'écrire (Thomas l'y aide d'ailleurs). Et d'abord, son propre éloge, qu'il intitule modestement *« Eloge de Colbert »* (1773) couronné du prix d'éloquence de l'Académie. En note, il y développe quelques idées hardies : la propriété reconnue seulement à titre viager par exemple, l'État devenant l'héritier universel des particuliers. Cependant, attaqué dans *« La guerre des farines »* (1775) pour avoir commandité l'entreprise Malisset, dite *« Pacte de famine »* il se venge en critiquant les idées de Turgot dans un *« Essai sur la législation et le commerce des grains »*.

Son ascension, désormais continue, n'est d'ailleurs pas ralentie par ses fantaisies. Sa banque, avec celle de Le Coulteux (suisse, mais catholique) et de Tourton et Baur, est à présent l'une des trois premières de Paris et, se préparant à jouer un rôle politique, il affecte de s'en désintéresser. En Avril 1772, il a retiré son nom de la raison sociale, pour y introduire son frère Louis, dit de Germany, tandis que son associé Thellusson se fait remplacer par son beau-frère Girardot (1er mai 1772). Les deux compères n'en demeurent pas moins commanditaires, Necker avec 13/32èmes plus la part de son frère, en gardant le contrôle. En Août 1777 nouvelle métamorphose, Louis disparaît, c'est plus convenable ; la maison s'appelle désormais : Girardot, Haller, et Cie. Elle restera, avec sa rivale, celle d'Isaac Panchaud, la seule banque anglaise à Paris jusqu'à l'apparition de Boyd et Kerr en 1785 et d'une filiale d'Herries en 1787, installée dans les propres bureaux de Girardot.

Ainsi libre de ses mouvements, Necker s'insinue dans les bonnes grâces de la Cour. Par de menus services d'abord : en 1760, le prince de Conti avait emprunté chez lui 500.000 Livres ; le prince de Condé, le duc d'Aiguillon et, à partir de 1780, une nuée de gentilshommes, prendront le même chemin. Par des avances à l'État ensuite : 1,3 millions en Mars 1770 suivi de 4 millions en janvier-février 1772, grâce à son intimité avec l'abbé Terray, qui l'appelle, son *cher usurier*. Et voici maintenant qu'officieusement on le consulte, grâce à un autre parvenu de Genève, un certain Marsan, dit marquis de Pezay, fournisseur de la Marine et libertin, qui l'introduit auprès de Maurepas. Son avis sur le budget de 1776 n'est pas retenu ; on a demandé parallèlement le sien à son rival Panchaud. Mais il a plus de succès dans ses critiques de l'incapable Clugny, qui a succédé à son ennemi intime, Turgot, le 12 mai 1776 (15-18 juillet 1776).

... NI ÉCONOMIES, NI RÉFORMES, DES EMPRUNTS À JET CONTINU

Il rentre d'Angleterre, où il vient d'effectuer fin Mai un mystérieux voyage, peut-être pour y travailler à liquider (d'accord avec M_{me} du Deffand et Horace Walpole) les 350.000 Livres de dettes du comte de Guines, malheureux ambassadeur à Londres, protégé de Choiseul, ou bien pour préparer le règlement du conflit anglo-espagnol des Falkland ? Enfin ses ambitions sont comblées. Le 22 octobre 1776, le voilà nommé directeur du Trésor (jusqu'au 29 juin 1777). Comme il est étranger et protestant, il ne peut prétendre au rang de ministre ; pour tourner l'obstacle, Taboureau des Réaux lui sert de couverture au Contrôle général, mais c'est lui qui gouverne les finances. Sa reconnaissance se manifeste aussitôt envers Pezay, auquel il verse 100.000 écus pour une créance jusque-là rejetée. Et tout de suite sa politique s'affirme. S'opposant à celle de Turgot : ni banqueroute, ni emprunts, ni impôts supplémentaires, des économies — la sienne se définit ainsi : emprunter toujours, le plus possible, le plus cher possible, par tous les moyens possibles, pourvu que ses amis banquiers de l'Internationale huguenote y trouvent leur compte. Avec à peu près ce boniment de bateleur : « *Approchez, Messieurs : des rentes pour rien ! C'est le roi de France qui paie !* »

Des économies ? Très peu, de crainte de s'aliéner les puissants du jour. Mieux vaut prévoir un fonds de 500.000 Livres en Décembre pour le paiement des pensions ; puis un autre de 4 millions pour le règlement en quatre ans des dettes et des dépenses de la Maison du Roi — on lui en saura gré ; ménager la Reine et sa cassette (dont les dépenses passent de 200 à 300.000 Livres) ; payer les dettes du comte d'Artois (en lui adjoignant Montyon comme chancelier) avant de le faire bénéficier d'une émission de 3 millions de rentes viagères en 1780-81. La transformation en rentes des offices modestes de la *bouche du Roi* en Septembre 1780 n'est que poudre aux yeux. En 1781, le montant des pensions dépassera de 7 millions, soit 45%, le chiffre du temps de Turgot, qui aurait voulu réduire la Maison du Roi de 36 à 24 millions.

Des réformes ? Moins encore. Necker sera le seul des ministres de la monarchie à n'en point proposer de sérieuses. Les mesures qu'il décide tendent seulement à abattre la concurrence des fermiers et traitants pour mieux monopoliser le crédit au profit des banquiers et le mieux concentrer dans sa main. Réunion des régies en une seule Régie générale (3 avril 1777) ce qui entraîne le remboursement de 26 millions aux anciens régisseurs en Octobre. Suppression des six intendants du Contrôle des Finances, remplacés par trois conseillers d'État (29 juin 1777). Démantèlement de la Ferme générale (9 janvier 1780) partagée en trois éléments par la création de la Régie générale des Aides (rendement 42 millions) et de l'Administration générale des Domaines (rendement, 42 Millions) avec réduction du nombre des fermiers généraux de 60 à 40, mais augmentation de celui des régisseurs (remboursement de charges d'un côté, ventes d'offices de l'autre), moyennant quoi le bail est renouvelé les 9 janvier et 19 mars 1780 à Nicolas Salzard, pour 122,9 millions. La publication en 1781 de son mémoire d'Avril 1778 sur l'administration provinciale révèle la haine qu'il voue aux intendants, ces serviteurs dévoués et efficaces de la Monarchie. Les assemblées provinciales, dont il fait l'essai dans le Berry et la Haute Guyenne en 1777, composées de représentants des trois Ordres désignés par le roi, avec doublement du Tiers, dans les pays d'Élections sont une caricature des propositions de Turgot : assemblées de propriétaires dans le cadre des communes et des provinces, ayant compétence en matière d'impôts. Sa politique en matière de grains est tout-à-fait incohérente.

Par contre, des emprunts à jet continu. Ce qui suppose au préalable une main-mise complète sur la Caisse d'Escompte, que Panchaud, sans se laisser décourager par son échec à la C$_{ie}$ des Indes en 1769, a réussi à mettre sur pied le 26 juin 1776. Isaac Panchaud, le rival de Necker, d'origine vaudoise, né à Londres de mère hollandaise, installé à Paris à la fin de 1763. Lui et Necker sont les représentants les plus qualifiés de la banque anglaise à Paris, où ils jouent le rôle de *Merchant bankers* rompus aux affaires de règlements extérieurs et de commerce à la grosse aventure que les maisons anglaises leur confient, se réservant pour elles-mêmes le rôle *d'inland bankers*. Mais si Necker a plus d'instinct et de chance, Panchaud, *le juif Panchaud* comme l'appelle un pamphlet sur Talleyrand, possède une plus grande compétence financière. Le comte de Lauraguais, Mirabeau et Clavière, Talleyrand et son acolyte l'abbé Louis, plus tard baron, seront ses disciples. Lié à la, maison Herries de Londres il a le neufchâtelois Perrégaux pour collaborateur. Mais il accumule les faillites. La première provoquée le 24 juillet 1769 par une spéculation catastrophique sur la C$_{ie}$ anglaise des Indes, se termine par un arrangement. Rentré plus tard à Londres en Novembre 1778, il s'y verra emprisonné pour dettes en Novembre 1780 et terminera sa carrière comme conseiller de Joly de Fleury et de Calonne, successeurs de Necker (1$_{er}$ juillet 1781).

Montée au capital de 15 millions, sur les conseils de Thomas Sutton, ancien syndic de la C$_{ie}$ des Indes, et dans ses locaux, avec comme caissier celui de la C$_{ie}$, la Caisse d'Escompte, première manière groupait autour de Panchaud le genevois Pache, gendre d'Étienne Banquet (le banquier des Gradis de Bordeaux, protégés de Choiseul) banquier armateur, le bâlois Marck, consul prussien, le saint-gallois Sellonf, agent du roi dans les affaires polonaises et le vaudois Delessert. L'objet de la Caisse est de développer — à 4% en temps de paix, à 4,5% en temps de guerre (5 mars 1779) les opérations d'escompte. Il est aussi de consentir des avances à l'État jusqu'à concurrence de 10 millions au Trésor (clause dont elle sera dispensée le 22 novembre 1776, car ses actions sont loin d'être entièrement souscrites). Alors parait Necker, flanqué de son propre consortium, qu'il substitue au premier en lui faisant souscrire, 1.500 actions (1778). Ce groupe comprend sa propre banque, Girardot et Haller, Le Coulteux (seul catholique), Tourton et Baur (banquier du comte de Clermont, G∴ M∴ de la F∴ M∴) Rilliet, homme à tout faire de Necker, associé de Lullin et son beau-frère Julien (chez qui le conseil d'administration s'installe en 1781), Cottin, le hollandais Vandenyver.

L'Internationale huguenote est en place, qui monopolise les relations entre Londres, Amsterdam et Paris. La grande danse des emprunts peut commencer. D'autant mieux que le consortium utilise la Caisse à son seul profit, réservant aux banquiers agréés, ses amis, le privilège de l'escompte à 4% (au lieu de 5 à 6%) ce qui permet à son groupe de se procurer des fonds à bon compte pour trafiquer sur les emprunts lancés *à l'anglaise*, c'est-à-dire pris en charge par les banquiers, qui les placent à leur tour dans le public. Les premiers sont des loteries : 24 + 25 + 36 millions de Janvier 1777 à Octobre 1780. Viennent ensuite des rentes viagères (pour 48,3 millions + 69,4 + 77 millions de capital et trois autres, de Novembre 1778 à Mars 1781) dont les taux sont si élevés — 9 à 10% — que l'État paie 164,7 millions pour en obtenir 60, alors qu'il aurait pu payer la moitié (85,2 millions) à 5% pour quatorze ans (Marcel Marion).

C'est qu'à la suite de l'échec de l'abbé Terray, cherchant à emprunter en Hollande en Juin 1771, la maison Horneca et Hogguer d'Amsterdam a réussi à en écouler les deux tiers en 1772-73, par l'intermédiaire de Bontems de Genève, grâce à la technique vraiment ingénieuse d'un titre collectif établi par un banquier sur l'état — officiellement au profit de quelques jeunes personnes choisies à cet effet, en réalité pour en répartir le revenu entre un certain nombre de clients participants — *sur les têtes et vies de 30 demoiselles de Genève*, soigneusement sélectionnées, entre 2 et 7 ans, d'excellente famille, vaccinées et surveillées médicalement par un élève du Dr. Tronchin. Grâce à cet excellent *élevage*, la moyenne des bénéficiaires de rentes viagères s'établira bientôt autour de 60 ans. Excellente affaire pour les banquiers puisque, sans bourse déliée, ils empruntent à 4% à la Caisse d'Escompte pour faire travailler leurs fonds à 9 ou 10%, sans compter les commissions et autres avantages. Sans compter aussi les faveurs dont profitent les plus proches, de Necker. La banque Gerardot — sa banque — est avertie quinze jours à l'avance des émissions de loteries. En Novembre 1779, elle prend pour 14 millions de l'emprunt qui sera clos en trois jours et place pour un tiers à Genève, pour les refiler ensuite, avec 3 à 4% d'agios, ce qui lui rapporte en neuf mois plus d'un million de Livres. Sa clientèle s'étend : en 1778 elle détient 1.016 procurations de rentiers, contre 2.688 en 1784.

À côté de ces 85 millions de loteries, Necker emprunte, encore, de façon classique, aux pays d'État (146 millions environ), au Clergé (30 millions), à la ville de Gênes (9 millions). En 1780, il sera chargé de 130 millions d'avances, avec 7,9 d'intérêts et 1,2 de frais. Au 31 décembre 1781, les anticipations atteindront 152,7 millions. Dans ces conditions, force lui est de proroger jusqu'au 31 décembre 1790 les deux vingtièmes et les 4 sols par Livre du premier, qui rapportent au total 57 Millions en 1782.

Une telle gestion lui mérite des historiens les jugements les plus sévères : « *L'exploit essentiel de son ministère*, écrit Mr Luthy, *est d'avoir financé une guerre coûteuse (la guerre d'Amérique a coûté à la France 1.500 à 1.800 millions de Livres) par l'emprunt* « *sans larmes et sans douleurs* » *et d'avoir laissé à ses successeurs, sans contre-partie, une dette publique accrue en quatre ans et demi de 500 à 600 millions...* » et ce bilan maquillé du « *Compte-Rendu* », qui devait peser plus lourdement encore que le déficit sur les dernières années de l'Ancien Régime. Elle lui mérite aussi le surnom, donné par son biographe, Lavaquery, de *fourrier de la Révolution*. Ce prospectus de propagande intitulé « *Compte-Rendu* » oublie dans le budget extraordinaire les dépenses de la guerre d'Amérique et travestit 90 Millions de déficit en 10 d'excédent. N'est-ce point un peu fort, surtout quand presque la moitié de ces 530 millions de dettes ont servi à combler le déficit du budget ordinaire ? D'autres Contrôleurs généraux avant lui, Desmaretz, Le Pelletier, l'abbé Terray avaient laissé des compte-rendus techniques. Le sien (17 février 1781) est un *conte bleu* publicitaire. Ses chiffres de recettes (264 millions) et de dépenses (253,9) ont été rectifiés par Mr Marion en 237 de recettes et 283 de dépenses ; 200 millions d'extraordinaire et autant d'arriéré ont été passés sous silence.

Vergennes signale à Louis XVI le danger de cet *appel au peuple* de la part d'un homme qu'il faut bien considérer comme suspect. À la suite d'une intervention à la Chambre des Lords, il avait été soupçonné de renseigner l'ancien ambassadeur d'Angleterre, lord Stormont, sur les mouvements des flottes françaises (ce que confirment les *Mémoires* de Véri). Ce qu'il y a de sûr, c'est qu'il avertit son correspondant de Londres de la signature du traité d'alliance avec les États-Unis, en Février 1778 et que celui-ci n'eut rien de plus pressé que d'en faire part à Fox et à Lord North. En empêchant les rentrées d'or anglais, quels intérêts servait-il ? Lorsque Burke déclare aux Communes que Mr Necker est « *notre meilleur et notre dernier ami sur le continent* », comment pourrait-on ne pas le croire ? Alors que le genevois avait profité de la maladie de Maurepas pour obtenir le départ de son collègue Sartine, restaurateur de la marine française (14 octobre 1780) et qu'il eut le front de réclamer pour lui-même le droit d'entrer au Conseil et l'administration des caisses de l'armée et de la marine. Mais, cette fois, il dépassait les bornes. Maurepas, Vergennes et Miromesnil exigèrent son départ. Le roi, malgré la reine, s'y résigna ; car ce ministre balourd, mais parfumé de bonté, après tout, ne lui déplaisait pas !

L'APPUI AUX *INSURGENTS*, AFFAIRE DE PRESTIGE

Effaçant la honte du traité de Paris, Vergennes, en appuyant les Insurgents d'Amérique, venait de rendre son prestige à la diplomatie française. De cette revanche contre l'Angleterre, Choiseul s'était fait le champion. Pour la préparer, il s'était efforcé de réorganiser l'armée, réduisant le nombre des colonels (on en comptait 8 à 900 pour 163 régiments), supprimant les colonels *à la bavette*, exigeant leur présence effective dans leur garnison, les entourant dans leur gestion de majors et de trésoriers compétents, créant à Compiègne un camp d'instruction, renouvelant le matériel d'artillerie et le complétant par des pièces légères *Gribeauval*, qui resteront en service de 1765 à 1825. Et de remonter la marine, réduite à 44 vaisseaux et 10 frégates. Ministre de 1761 à 1766, date à laquelle son cousin Choiseul-Praslin lui succéda et continua son œuvre, il activa les constructions par tous les moyens en faisant appel aux contributions des États provinciaux, de Paris, de Marseille, de l'Ordre du Saint-Esprit, du Clergé (14 millions) portant les crédits de 16 à 26 millions en 1770. Il aurait voulu 80 vaisseaux en service, il en eut 64 et 50 frégates. Mais ses ennemis du ministère, Maupeou, l'abbé Terray et le roi lui-même refusèrent de le suivre dans la politique belliqueuse dans laquelle il tentait de jeter l'Espagne, au risque de faire perdre à celle-ci ses colonies, sans aucun profit pour personne.

Reléguée au second plan par ses défaites de la guerre de Sept Ans, que la réunion de la Lorraine (Février 1766) et l'occupation de la Corse (Mai 1768-69) ne parvenaient pas à effacer, la diplomatie française subissait une éclipse complète. Malgré les efforts de Vergennes, à Constantinople d'abord, à Stockholm ensuite, la France se trouvait éliminée des affaires d'Europe orientale. Sous la poussée russe, tout son système d'alliance s'effondrait. La Pologne, par l'élection de Stanislas Poniatovski (7 septembre 1764) et la défaite des Confédérés de Bar en 1771. La Turquie, par l'occupation de la Moldavie en 1769, la défaite navale de Tchesmé (8 août 1770), le traité de Kaïnardji (Juillet 1774) accordant aux Russes le libre passage dans le Bosphore. La Suède, où le jeune Gustave III avait réussi un coup d'état absolutiste (19-21 août 1772) se maintenait encore. Les diplomaties parallèles du duc d'Aiguillon et du secret du roi (Broglie), n'étaient parvenues qu'à augmenter la confusion. De telle sorte, que Joseph II s'étant rapproché de Frédéric, l'Autriche adhéra le 19 février au traité conclu le 15 janvier 1772 entre la Russie et la Prusse pour le premier partage de la Pologne (1773), sans que la France bougeât.

Dans ces circonstances, on comprend que Vergennes ait saisi l'occasion de l'insurrection américaine pour tenter de relever le prestige de la France. Non sans opposition d'ailleurs. En tête, celle des ministres responsables des finances, de Turgot à Necker, estimant non sans raison que le Trésor royal n'était guère en posture de supporter les charges d'une pareille aventure. Mais aussi, celle de certains philosophes, demeurés amis des Anglais, gênés par leurs attaches avec les *whigs*. Et même de la part d'authentiques amis des Américains, l'abbé Raynal par exemple, estimant souhaitable de laisser les colons de la Nouvelle Angleterre conquérir eux-mêmes leur indépendance. Cette opinion rejoignait le souci des diplomates de ne pas courir le risque de ressouder par une intervention française prématurée les liens distendus des colonies avec leur métropole.

Néanmoins, l'action de Franklin, fortement appuyée à Paris par la Loge des Neuf Sœurs et par l'ensemble de la Maçonnerie française, l'emporte facilement dans les milieux officiels. Reprenant sur ce point la politique de Choiseul, qui avait expédié des agents auprès des dirigeants américains (Kalb par exemple en 1768), Vergennes envoie Achard de Bonvouloir auprès de John Adams, de Samuel Chase, etc., à Philadelphie en 1775 et charge Beaumarchais, exilé à Londres après avoir trafiqué dans les comptes de la succession de Pâris-Duverney, d'entrer en contact avec le représentant des colons, Arthur Lee. La presse officielle, *« Gazette de France »* et *« Mercure de France »* donne le ton en soutenant la cause des Insurgents. Une feuille spéciale, « *Les affaires de l'Angleterre et de l'Amérique* », permet à Franklin de diffuser sa propagande.

Pendant la première partie du soulèvement, la France ne peut soutenir qu'indirectement les colons révoltés, par des subsides, des fournitures d'armes et de ravitaillement. Cette période est marquée par la défaite d'une colonne anglaise venue arrêter à Lexington l'écrivain Samuel Adams et le marchand John Hancock, animateur du premier Congrès de Philadelphie du 5 septembre 1774, coupable d'avoir constitué à Concord des stocks d'approvisionnements militaires (19 avril 1775). Il y eut sept tués : au retour, les Insurgents assaillirent la troupe qui laissa 300 morts sur le terrain, et au nombre de 16.000, ils entreprirent d'assiéger dans Boston le gouverneur anglais Gage. À la suite de quoi un second Congrès, réuni le 10 mai à Philadelphie, désigna Hancock comme président et Washington comme commandant en chef (2 juillet). L'année suivante, répondant à un pamphlet intitulé *« Common Sense »*, dans lequel Thomas Paine réclamait l'indépendance des colonies (10 janvier 1776). ce Congrès, sur proposition du virginien Henry Lee, adopte le 4 juillet la fameuse Déclaration, rédigée par Thomas Jefferson, adepte des *Illuminati*, dans le meilleur esprit de Locke et de Rousseau.

Cependant les Anglais, encore qu'avec lenteur, retenus qu'ils sont par les *whigs*, se décident à réagir. Au troisième assaut, le général William Horie emporte *Bunker Hill*, le 17 juin 1775, et, avec 20.000 hommes, bat Washington devant New-York, le 16 novembre. Le gouvernement de Londres recrute 20.000 mercenaires en Allemagne. Alors Silas Deane, commerçant du Connecticut, vient solliciter l'appui de la France. Et Vergennes charge Beaumarchais de procurer les fournitures demandées, en montant, sous le nom de Rodrigue Hortalez, une compagnie de commerce basée aux Bermudes. Mais le plus grand désordre règne dans cette affaire : sur trois millions fournis par le roi on n'en retrouve que deux et Beaumarchais s'y ruine.

Arrivé à Paris, avec Arthur Lee en Décembre 1776, Franklin adopte comme principal munitionnaire le financier Ray de Chaumont, qui l'héberge, et s'adresse pour les transferts, à partir de Janvier 1777 au correspondant à Paris de la maison Horneca et Hogguer d'Amsterdam, Ferdinand Grand. Toujours avec l'appui des banquiers hollandais, les frères Grand s'étaient chargés, après l'avènement de Gustave III, de faire passer des subsides en Suède en 1772 et de placer ensuite les emprunts suédois, en liaison avec la grande maison Hope, d'Amsterdam. Les Hollandais, bien décidés à soutenir contre l'Angleterre les colons américains, coopèrent donc avec la France pour le placement des obligations du Congrès, et même, en Novembre 1781, d'un premier emprunt de 10,8 millions à 4%, remboursable en dix ans, avec garantie française. Les Grand partagèrent également avec Hope les emprunts espagnols, consécutifs à la guerre d'Amérique. En France, George Grand jouera un rôle politique en 1790, comme premier président de la *Société de 1789*. Pour l'instant les frères constituent les plus fermes soutiens des finances américaines, au point de s'en trouver gênés en 1787, avec leurs associés Hogguer, liés par mariage avec les richissimes industriels huguenots van Robais, comme l'était d'autres part le baron allemand Kalb, Jean de Kalbristt, principal émissaire de Choiseul en Amérique dès 1768, qui sera le compagnon de La Fayette, avant d'être tué en Août 1780 avec le grade de major général des États-Unis.

LA NOBLESSE LIBÉRALE, ENTHOUSIASTE DES VERTUEUX RÉPUBLICAINS

Lorsque s'ouvre la deuxième phase de la révolte, les vertueux républicains d'outre-Atlantique, formés à la rude école des puritains, des quakers et des nouvelles sectes non-conformistes, méthodistes, baptistes, unitariens, dont le développement entre 1760 et 1770 n'a pas peu contribué à la désaffection à l'égard de la Mère-patrie, n'ont pas de plus chauds partisans en France que la noblesse libérale, les La Rochefoucauld-Liancourt, La Rochefoucauld d'Einville, les Rohan, les Noailles, les Ségur, fine fleur de la Maçonnerie, groupés à Paris dans la loge du *Contrat social*, rue du Coq Héron, et dans la loge *La Candeur*, où sont les fidèles du duc d'Orléans, La Fayette (affilié en Décembre 1776), le duc de Choiseul, les deux princes de Hesse, le prince de Broglie, les Lameth, Custine, le marquis de Montesquieu, de Lusignan, d'Aiguillon, Choderlos de Laclos, La Touche, Sillery, et jusqu'à Guillotin.

Les jeunes brûlent de mettre leur épée au service des *Insurgents* qui, relativement ménagés au début par les lentes manœuvres du général Howe (les *whigs* s'efforçant de ne pas brusquer les choses), se heurtent maintenant à une résistance anglaise plus efficace. L'heure de La Fayette a sonné, celle d'une aide effective, qui ne peut être encore officielle. Riche à 120.000 Livres de rente, indépendant, allié aux Noailles par son mariage avec Adrienne, fille du duc d'Ayan (11 avril 1774), maçon convaincu épris de gloire et de liberté, il s'apprête à entrainer derrière lui ses anciens amis de l'*Épée de Bois*, La Rochefoucauld, Dillon, Ségur, Guéménée, Coigny, son beau-frère Noailles. À Metz, où il est en garnison, l'effervescence est grande. Le comte de Broglie, gouverneur, nourrit des ambitions américaines, rêve d'y commander en chef, peut-être même d'un *stathoudérat*. Jugeant le baron de Kalb et La Fayette capables de lui préparer les voies, il encourage leur entreprise, met en rapport ce dernier avec le duc de Gloucester, venu en visite à Metz (le frère du roi George III a un faible pour les Américains), lui facilite, un voyage à Londres, où il rencontre son oncle le marquis de Noailles, ambassadeur, le Dr. Bancroft (qui, tout en représentant les colons rebelles, renseigne régulièrement l'*Intelligence Service*), lord Randon, lord Shelburne. De retour en France. La Fayette, feignant de rejoindre son beau-père en Sicile, s'échappe et s'embarque à Pasajes avec ses compagnons (26 avril 1777).

Surmontant les méfiances du Congrès à l'égard des étrangers en quête d'aventure, déjouant les intrigues des *whigs* anglais et les défaillances des *tories* américains à la recherche d'un accommodement, sourd aux sollicitations jalouses de l'Irlandais Conway, La Fayette lie son destin à celui de Washington, qui lui fait confiance, depuis qu'il l'a reçu maçon à la loge *l'Union américaine*, à Valley Forge. Soucieux du bien-être de ses hommes, sachant se concilier les Indiens, il fait preuve d'abord à la tête d'un petit détachement de 350 hommes, puis d'une division de 3000 Virginiens (1er décembre 1777) de certaines qualités manœuvrières, prompt à harceler un adversaire deux fois plus fort, mais assez prudent pour décrocher à temps.

La lutte se poursuit plus âpre, avec des alternatives de succès et de déboires. Washington surprend les Anglais à Trenton, le 3 janvier 1777, et défait Cornwallis à Princeton. Pendant l'été, trois colonnes britanniques n'en convergent par moins vers la Nouvelle-Angleterre, s'efforçant de l'isoler. Le 26 septembre, le général Howe, remontant l'Hudson, s'empare de Philadelphie, débordée par Cornwallis. Mais Burgoyne, se portant du Canada vers Albany, se laisse envelopper par Gates à Saratoga, et capitule avec 3000 hommes, le 27 octobre. À Valley Forge (19 décembre 1777-19 janvier 1778), le baron von Steuben entraîne les Insurgents. Successeur de Howe, sir Henry Clinton, servi par une tempête qui disperse la flotte de l'amiral d'Estaing, tient tête aux Américains dans le Rhode Island, mais au printemps de 1778, il se voit contraint d'évacuer Philadelphie (ce qui donne lieu à un *Te Deum* maçonnique). Dans le sud, son collègue Cornwallis vainqueur à Savannah, le 1er septembre 1779, occupe la Géorgie et les deux Carolines, mais la fortune l'abandonne aussi : ses adversaires, les généraux Green, Daniel Morgan et Henry Lee l'emportent à King's Mountain, le 7 octobre 1780. Dans l'intervalle, inquiet des tentatives de lord Carlisle, venu entamer des pourparlers, La Fayette s'est rendu en France, pour réclamer une intervention directe (11 janvier 1779 11 mars 1780). Vergennes, qui a déjà conclu une convention commerciale et, le 1er mai 1778, un traité d'alliance officieux avec les Insurgents, consent, le 27 avril 1779, à envoyer sous le marquis de Rochambeau, un corps expéditionnaire de 6.000 hommes, convoyé par six vaisseaux de ligne. De son côté l'amiral de Grasse ayant battu Rodney et pris Tabago, amène 3.000 hommes, commandés par Saint-Simon. Et tandis que Clinton, trompé par des feintes et de faux renseignements, remonte vers le nord pour défendre New York, qu'il croit menacé, Cornwallis se laisse enfermer dans Yorktown, bloquée par 28 vaisseaux, et capitule (19 octobre 1781). La France a fait don de 10 millions aux Américains et leur en a prêté 47. C'est la victoire. La Fayette, ambassadeur extraordinaire du Congrès rentre. On lui fait fête, selon Choiseul, c'est *« le triomphe de Gilles César »* ; la reine elle-même chante ses louanges ; la Loge-Mère de *Saint Jean d'Écosse et du Contrat Social* l'accueille comme Maître (24 juin 1782), L'Amérique l'acclamera encore en 1784 auprès de Washington, lorsque *Kayewla*, le *chevalier redoutable*, haranguera les Indiens à Albany pour les amener à traiter avec les États-Unis.

Malheureusement, dans l'immédiat, l'ouverture des pourparlers de paix entre John Adams, l'ex-huguenot français John Jay et l'anglais Oswald dans le dos de Franklin et de Vergennes, et la signature de préliminaires de paix, le 29 novembre 1782, ont pour effet de frustrer la France du bénéfice de cette victoire. Force est de renoncer à l'expédition préparée par Vergennes, avec l'accord de Charles III et de son ministre Floridablanca : forte de 66 vaisseaux et de 26.000 hommes, elle devait quitter Cadix sous l'amiral d'Estaing pour s'emparer de la Jamaïque et remonter éventuellement vers New-York et le Canada. Et la rancune tenace des Britanniques parvenait à ruiner le concurrence d'Amsterdam et à éliminer leurs rivaux hollandais comme rouliers des mers. Quant à la France, la paix de Versailles (3 septembre 1783) ne lui apportant pas de gains appréciables, la guerre d'Amérique se solde pour elle par la restauration de sa marine et par un relèvement de prestige éphémère, au prix d'une banqueroute irrémédiable de ses finances et d'une recrudescence de la propagande révolutionnaire, enhardie par l'exemple des républicains d'Amérique.

LA GUERRE, MÊME VICTORIEUSE, COÛTE CHER

Endettée de 4 millions de Livres tournois pour 26 millions d'habitants — la France l'était pourtant, à proportion, moins que l'Angleterre — 6 millions pour 9 millions d'habitants. Alors, pourquoi cette charge l'écrasait-elle, tandis que sa rivale supportait allègrement la sienne ? Miracle de l'industrialisation, puissance du commerce maritime (quinze ou vingt fois supérieur), structure financière solide chez la seconde. Institutions vermoulues, chez la première ; impuissance à réagir de l'État monarchique, paralysé par la Maçonnerie, acculé à la faillite par la finance internationale.

Ayant nourri la guerre, sans douleur, par l'emprunt, Necker laissait à ses successeurs le soin d'en payer la note. Joly de Fleury continua d'abord sur sa lancée. Extension des emprunts précédents : 180 millions en 1781. Nouvel emprunt en Janvier 1782, placé surtout chez les banques suisses et hollandaises : 70 millions en viager pour terminer à 185. Demi-échec en Décembre d'une émission de 200 millions (en réalité 160), réduite à 100 faute de preneurs, de rentes amortissables en quatorze ans. Avec, tout de même une tentative de création d'un troisième vingtième, qui ne rapporta guère plus de 21 millions, le Parlement ayant fait payer son enregistrement hargneux par l'arrêt des vérifications des contrôleurs (Juillet 1782). Puis il déposa son bilan : 80 millions de déficit (325,2 de dépenses arriérées de la guerre), et démissionna (30 mars 1783).

Son successeur, Lefèvre d'Ormesson, ancien intendant des Finances, essaya d'un autre expédient : les avances de Trésorerie. Six millions par mois pendant six mois de la Caisse d'Escompte, créée par Panchaud, mais tombée sous le contrôle de Necker. Comme la circulation des billets émis par cette Caisse depuis 1777, s'était gonflée d'un million à 20 en

1781 et à plus de 40 en 1783, une panique s'ensuivit qui ne put être enrayée qu'en ramenant le volume des billets de 43 à 28,5 millions. Octobre vit l'émission d'un autre emprunt de 24 millions à lots, absorbé par les Genevois et par Vandenyver et Hope à Amsterdam et, pour avoir tenté de résilier, le 24 octobre, le bail des fermes générales, d'Ormesson, ayant réussi à reconstituer contre lui le front commun des banquiers et des financiers, dut se retirer (2 novembre 1783).

Porté au Contrôle des Finances par Vergennes et d'Harveray, garde du Trésor, avec l'appui du comte d'Artois, Calonne, intendant assez hardi pour avoir enfermé La Chalotais, recevait un héritage peu enviable. Sur 600 millions de recettes annuelles, 250 absorbées par le service de la dette, 390 d'arriérés et 176 consommés par anticipation, 80 millions de déficit annuel et... la caisse vide. D'intelligence vive, persuasif, mais un peu trop sûr de ses moyens, Calonne sera le dernier des grands commis de la Monarchie à tenter d'attaquer le problème au fond. Pour restaurer la confiance, il passe de nouveaux baux avec les fermiers (9 novembre), qu'il monte à 144 Millions en 1786, comme les aides à 50 et le Domaine à 51. Accroît le capital de la Caisse d'Escompte jusqu'à 17,5 millions, tout en l'obligeant à couvrir ses billets à 25% par sa réserve métallique et en lui interdisant l'emploi du papier-monnaie (23 novembre). Et améliore le paiement des rentes (Août 1784). Mais pour continuer à vivre, il emprunte 100 millions en rentes viagères et loteries (Décembre 1783), et encore 125 millions (Décembre 1784) plus 80 (Décembre 1875, et en outre 60 millions des États provinciaux, bien qu'il prépare avec Panchaud un ambitieux plan d'amortissement (s'étendant jusqu'en 1809) de 783 millions de dette constituée, de réduction de 481,5 (sur 539,5 millions) de la dette remboursable et d'extinction de 30 millions (sur 100 millions) de la dette viagère. Il améliore la rentrée des impôts, s'efforce de réduire sinon les pensions, du moins les fonds secrets de 145,4 millions en 1783 à 136,6 en 1785 et à 87,8 en 1789 et réalise, en créant le service des Ponts et Chaussées, un important programme de Travaux Publics : canaux, ports, routes, aménagement des grandes villes.

L'on doit également porter à son actif la restauration de la Compagnie des Indes (14 avril 1785) en doublant son capital en 1786. Après l'échec d'une première tentative, suggérée par Castrie, engagée par l'intermédiaire du bernois Haller (de l'ancienne banque Necker) et de James Bourdieu de Londres en 1783, d'une compagnie réduite au rôle de simple filiale de sa concurrente anglaise, tentative qui s'était heurtée au veto de Vergennes, c'était la formule proposée par les Bérard de Lorient, en liaison avec Laborde, Magon de Saint-Malo, Le Couteulx de Rouen, Cabarrus (qui avait fondé de 2 juin 1782 le *Banco Nacional de San Carlos* au capital de 70 millions de Livres tournois, pour consolider les emprunts de la guerre d'Amérique et fourni les piastres à Cadix), la Veuve Nettine de Bruxelles, Vandenyver d'Amsterdam, les Walckiers et la maison écossaise Herries de Londres, qui l'emportait à présent. De toute façon, ce n'était qu'une nouvelle intrusion de le finance internationale dans le domaine de la politique française, comme le remarque Mr Lüthy (ii, p. 685).

Cette renaissance de la Cie des Indes donna le signal d'une recrudescence de l'agiotage qu'à plusieurs reprises Calonne tenta de juguler, afin de limiter la concurrence à ses propres emprunts. En diminuant le dividende de la Caisse d'Escompte, monté à 12 et 15%, tandis que les actions s'élevaient de 3 à 8.000 Livres tournois (16 janvier 1785) car son chiffre d'escompte était passé de 151 millions en 1781 à 400 en 1786 et le volume de la circulation de ses billets, de 20,5 millions en 1781 à 44,7 en 1783 et à 99,2 en 1786. Puis, en augmentant son capital, porté à 100 millions moyennant un *cautionnement* de 70 millions au profit du Trésor. En interdisant le marché à terme (24 janvier 1785) et à découvert (7 août, 2 octobre 1785 ; 22 juillet 1786). En freinant la spéculation sur la Banque de Saint-Charles, dont les actions se traitaient le 14 juin 1785 à 800 Livres tournois à Paris, contre 625 à Madrid. En relevant, à la suite de l'achat massif de 84 millions de Livres de piastres en 1784, le rapport officiel or-argent de 14 5/8èmes à 15,5 (30 octobre 1785) pour arrêter la fuite de l'or, attiré sur les marchés étrangers par une prime importante, le cours pratiqué à Londres étant de 15,12 et celui de Madrid de 16 : rajustement accompagné d'une refonte des louis. Quelque justifiées que fussent ces mesures, elles n'étaient pas à l'abri de critique, car les propres conseillers de Calonne, Panchaud et Clavière, ne se faisaient pas faute d'utiliser pour spéculer les renseignements de première main dont ils disposaient. Et voici que pour soutenir les cours des effets publics, il a la malencontreuse idée de mettre 12, millions de fonds du Trésor à la disposition de la banque Girardot et Haller, celle de son pire ennemi, Necker (fin 1786).

Tous se déchaînent d'ailleurs lorsque le ministre, dévoilant l'ampleur du déficit (101 millions plus 255 d'anticipations) adresse au roi, le 20 août 1786 son *Plan d'amélioration des finances*, programme constructif dans lequel il propose l'établissement d'une *subvention territoriale* universelle, en nature, répartie en quatre classes, pouvant atteindre du vingtième au quarantième du revenu brut, accompagnée du remboursement au Clergé de sa dette, d'un adoucissement du dixième de la taille et de la gabelle, de la suppression de la corvée en nature et des douanes intérieures, de l'érection de la Caisse d'Escompte en Banque nationale et de l'institution d'assemblées provinciales conformes aux idées de Turgot (élection par les propriétaires disposant de 600 Livres de revenu foncier) dans leurs paroisses, d'assemblées de district qui désignent leurs délégués aux assemblées provinciales sans distinction d'Ordres.

PLUTÔT LA FAILLITE QUE DES RÉFORMES

Afin de bloquer cette suprême tentative de sauver la monarchie en restaurant ses finances, la consigne est d'abord : *« Sus à l'intendant assez téméraire pour proposer pareille programme »*. La meute des pamphlétaires se lance à ses trousses. De son exil de Coppet, Necker, utilisant sans vergogne les documents officiels, publie à Lausanne trois lourds volumes intitulés *« De l'administration des Finances de la France »*, dans lesquels il reprend les assertions fausses du *« Compte-Rendu »*, gonfle le total des impôts à 585 millions (y compris dîmes et droits seigneuriaux arbitrairement calculés) dont 500 seulement rentreraient dans les Caisses de l'État, et grossit les dépenses jusqu'à 610 millions, combat naturellement l'impôt unique territorial de Calonne, fait mine de se rapprocher des Parlements et de ménager le Clergé (qui n'a accordé à Calonne en 1785 que 8 millions sur les 20 demandés) en évaluant ses revenus — sans tenir compte des dîmes et des biens des fabriques — à 130 millions seulement, et disserte, non sans quelque démagogie, sur la *loi d'airain des salaires*. La Harpe et les loges maçonniques chantent ses louanges et le décident à rentrer en France, où il va marier sa fille au baron de Staël-Holstein, ambassadeur de Suède (1786).

MIRABEAU : AGENT DES BANQUIERS ET DES ILLUMINÉS

Cependant, avec Mirabeau et Clavière, une autre équipe entre en scène. Tombé dès sa jeunesse orageuse entre les mains des usuriers, totalisant 220.000 Livres de dettes en 1773, le comte Gabriel Riquetti de Mirabeau s'était vu enfermer par sa famille pour échapper à ses créanciers dans son château d'abord, puis au fort de Joux (Mai 1775). Poursuivi pour avoir enlevé la femme du président de la Chambre des Comptes de Dole, M$_{me}$ de Mounier, il s'était enfui en Hollande où ses frères en Maçonnerie, les van Haren, lui avaient confié la rédaction d'un pamphlet, *« Avis aux Hessois »*... livrés comme mercenaires à l'Angleterre pendant la guerre d'Amérique (1776). C'est là qu'un exempt était venu le cueillir pour l'interner à

Vincennes, où il eut tout loisir, pendant trois ans (14 mai 1777 16 décembre 1780) de continuer à écrire des libelles.

Lorsqu'il en sortit, il fit connaissance à Neuchâtel, où il était venu proposer à l'éditeur Fauche le manuscrit de son ouvrage sur les lettres de cachet, d'Étienne Clavière et de J. Pierre Brissot. Clavière ; banni de Genève, après la répression par les troupes de Vergennes du soulèvement *démocratique* contre l'oligarchie régnante, qu'il avait dirigé, à la tête du parti *représentant* (8 avril-2 juillet 1782). Et Brissot, collaborateur du *« Courrier de l'Europe »*, que Clavière, établi banquier à Paris en 1784, intéressé par le rachat de la dette américaine, allait envoyer en mission aux États-Unis en 1788.

À la suite de quoi, Franklin — soucieux de ne pas laisser exposé à de nouveaux ennuis un membre aussi éminent des arrière-loges, auteur en 1776, sous le pseudonyme d'Arcesilas, d'un *« Mémoire concernant une association intime à établir dans l'ordre des Francs-Maçons »* — envoya Mirabeau rejoindre ses amis Elliot en Angleterre pour y rédiger, avec la collaboration de Burke et de Chamfort, un pamphlet contre la noblesse, à l'occasion de la création par les Américains de l'*Ordre de Cincinnatus* (Août-Septembre 1784). Il s'y rendit en compagnie d'Amélie de Nehra, fille naturelle de Wilhelm van Haren, qui, depuis le début de l'année, mettait généreusement sa bourse à sa disposition. Rentré en France, grâce aux instances de sa maîtresse auprès du comte de Breteuil, présenté par Clavière à Panchaud (chez qui il rencontra Talleyrand dans ses fonctions d'Agent général du Clergé), il vendit d'abord sa plume à Calonne (Mai-Juillet 1785) avant de se *mettre à la solde de l'agio*, comme le disait son père, en rejoignant dans l'opposition son compère Clavière.

Il vécut alors de spéculation et de pamphlets à scandales, à l'ombre du syndicat genevois, composé des barons Clavière et Delessert, de l'avocat Duroveray, des pasteurs Étienne Dumont et Reybaz. Ce groupe fournit à Mirabeau, non seulement le thème de ses libelles, mais plus tard le canevas de ses discours à la Constituante. Et voilà Mirabeau en campagne, successivement contre la Banque de Saint-Charles — dont les actions baissèrent de 800 à 420 Livres — contre le Banquier Le Couteulx, contre la Cie des Eaux des Périer, etc. Vergennes et Calonne s'en débarrassèrent en l'expédiant en mission à Berlin en Janvier 1786. Mais, à son retour, peu après la présentation du programme de Calonne aux notables (22 février 1787), le voici qui attaque en mars, dans sa *« Dénonciation de l'agiotage »*, à la fois Calonne et Necker.

Calonne et les trafics de l'abbé Espagnac et de ses acolytes Seneffe, Baroud, Pyrou, Saint-Didier, assez curieusement encouragés par l'intervention à Paris, en Juin 1786, avec des fonds considérables, du zurichois J. Caspar Schweitzer, adepte fanatique des *Illuminés de Bavière* ami d'Henri Meister (le successeur de Grimm dans sa *« Correspondance »*), qui alimente la spéculation et entretient les agioteurs. Et aussi Necker, qu'il dénoncera dans des lettres ainsi conçues : *« Necker a fait la guerre sans impôts : c'est sa gloire ? Non son crime. Ses emprunts, c'est la ruine préparée, organisée, rendue inévitable »*. Jugement qu'il précisera sous cette autre forme : la dette publique *« a été le germe de notre liberté »*, et que Cambon confirmera, le 15 août 1793, à la tribune de la Convention : *« C'est peut-être à l'existence de ces emprunts que nous devons le commencement de la Révolution »*.

On ne saurait mieux dire. Lorsque la monarchie, acculée à la faillite, assemble les notables avant de convoquer les États-généraux, elle n'est déjà plus maîtresse de ses destinées. Son autorité, paralysée, ne s'exerce plus ni sur l'armée, ni sur le Clergé, ni sur les Parlements, ni sur l'administration, et encore moins sur l'opinion. Avec la maçonnerie et ses arrière-loges, une puissance rivale s'est dressée, qui ne s'apprête à prendre le pouvoir que pour détruire l'État.

CHAPITRE XVII

COMMENT FAIRE LA GRANDE RÉVOLUTION ? À L'ANGLAISE ? À L'AMÉRICAINE ? OU À L'ALLEMANDE ?

Orléans, G∴ M∴ riche et décoratif — Saint-Germain, agent secret Rose-Croix Cagliostro, agitateur des arrière-loges — Les Directoires secrets préparent la Révolution — Comités et Clubs spécialisés à l'œuvre — Prolifération des Loges — Noyautage de l'administration et de l'armée — Notables et Parlement bloquent les réformes — Necker, inerte devant les troubles — La F∴ M∴ orchestre la campagne pour les États-généraux — L'Assemblée prépare l'émeute du 14 juillet La grande peur justifie la création de la Garde nationale — La Fayette, arbitre et Protecteur — Des revendications financières raisonnables — Au refus de l'impôt — La confiscation des biens du Clergé — La razzia des bandes noires cosmopolites — Rivalité entre sephardim et aschkenazim — Émancipation des premiers, puis des seconds — Domestication du Clergé, accompagnée d'un essai de paganisation — La monarchie aux abois — Achète Mirabeau — Le roi prisonnier pour délit de fuite — Combien coûte une journée populaire ? — Guerre girondine et confiscations — L'émeute allemande du 10 août emporte la royauté.

Préparé par le convent de Wilhelmsbad (16 juillet 1782) — dont deux protocoles furent établis, l'un par le baron de Gleichen, en allemand, l'autre par Chefdebien, en français — et par les deux convents des *Philalèthes* à Paris (15 février au 26 mai 1785 ; 8 mars au 26 mai 1787), le dispositif subversif est parfaitement en place. Contre le Trône et l'Autel, la *Nation* encadrée, organisée par la Maçonnerie, est prête à se dresser. C'est un État nouveau qui s'attaque à l'ancien. Avec tous ses organes constitués au préalable : un chef manipulé par les arrière-loges, une assemblée législative ou *convent*, des comités d'exécution spécialisés, une doctrine, une structure omniprésente de renseignement et de propagande.

ORLÉANS, G∴ M∴ RICHE ET DÉCORATIF

Depuis la dissolution de la Grande Loge de France (24 décembre 1772), la réunification des diverses obédiences et la fondation du Grand-Orient (26 mai 1773), le chef — *officiel* s'entend, le Grand Maître — est Philippe d'Orléans, duc de Chartres, le futur Philipe-Égalité (22 octobre 1773). Prétendant de la branche cadette, comme son cousin règne à Versailles il est, lui, le roi de Paris. Le roi du demi-monde, des agitateurs politiques, des agioteurs et des filles, qui hantent son quartier-général du Palais-Royal. Jouissant de 800.000 Livres de revenu, il est le plus riche seigneur du royaume. Ce qui ne l'a pas empêché d'emprunter pour monter *l'affaire du Palais Royal*. D'abord à Necker, en Octobre 1782, 120.000 Livres en viager sur la future M_{me} de Staël. Et, pour compléter, un million fourni par le génois Giacomo Giambone de Paris, le 2 juin 1782, quatre autres millions à un syndicat comprenant les Lavabre, Doerner (associé du bâlois Marck, consul prussien), les Bontems de Genève, les Kornmann de Strasbourg (chacun pour sept-vingt quatrièmes), et, pour trois-vingt quatrièmes, Cerf-Beer, prévôt des Juifs de Strasbourg, entrepreneur des fourrages sous Necker, ancien protégé de Choiseul, dont nous reparlerons plus loin.

Touchante collaboration des finances hétérodoxe et huguenote, sous l'égide des Kornmann. Ceux-ci disposent à Paris d'un hôtel, équipé d'une imprimerie clandestine, où se retrouvent Mirabeau, Clavière, La Fayette et Brissot. Ils y accueilleront, à leur arrivée en France, les deux grands charlatans de la Maçonnerie, l'autrichien Messmer et l'italien (?) Cagliostro. Devenu duc d'Orléans, Philippe remboursera ces crédits sur le produit de la vente de Saint-Cloud à la reine (14 janvier 1786), mais il avait emprunté par ailleurs, le 25 novembre 1785, 6 millions en tontine, emprunt *immoral*, qui échappera cependant par une faveur particulière aux rigueurs de Cambon sous la Révolution, et continuera d'être payé pendant 90 ans.

Saint-Germain, agent secret Rose-Croix

Au demeurant, ce chef *décoratif* intéressant surtout par ses ambitions et sa fortune, est plus nominal que réel. Les vrais initiés n'ignorent pas qu'après l'avoir utilisé pour aider à abattre la dynastie légitime, on compte bien se débarrasser de lui. Dès 1774, un très inquiétant personnage, le pseudo-comte de Saint-Germain, Rose-Croix notoire, avait fait à la reine Marie-Antoinette, au cours d'une entrevue ménagée par M_{me} d'Adhémar, la saisissante prophétie que voici : *« Le parti encyclopédiste veut le pouvoir, il ne l'obtiendra que par l'abaissement total du clergé et, pour parvenir à ce résultat, il bouleversera la monarchie. Ce parti, qui cherche un chef parmi les membres de la famille royale, a jeté les yeux sur le duc de Chartres ; ce prince servira d'instrument à des hommes qui le sacrifieront lorsqu'il aura cessé de leur être utile ; on lui proposera la couronne de France, et l'échafaud lui tiendra lieu de trône, mais, avant ce jour de justice, que de cruautés, que de forfaits ! Les méchants saisiront le pouvoir de leurs mains ensanglantées, ils aboliront la religion catholique, la noblesse, la magistrature... il ne restera pas même la royauté... mais une république avide, dont le sceptre sera la hache du bourreau ».* Et de répondre à la question posée par la reine : *« Où êtes-vous né ? — « À Jérusalem, Madame ».*

Peut-être, car il était assez noiraud de teint. Sa personnalité demeure cependant enveloppée de mystère. On ne sait de façon certaine, ni qui il était, ni quand il naquit, ni quand il mourut vraiment, car le 27 février 1784, à l'âge approximatif de 88 ans, il s'était fait passer pour mort, ce qui ne l'empêcha pas d'assister au convent de Paris du 15 février 1785 et de faire tenir à la reine, toujours par l'intermédiaire de M_{me} d'Adhémar, après le 14 juillet 1789, de nouvelles mises en garde, confirmant ses prophéties. *« Il faut vous isoler des personnes que vous aimez le plus, tous les Polignac et leurs amis sont voués à la mort ».* Et encore : *« J'ai voulu voir l'ouvrage qu'a préparé le démon Cagliostro, car il est infernal... Je ne peux rien pour le roi, rien pour la reine, rien pour la famille royale, rien même pour Mgr le duc d'Orléans, qui triomphera demain et qui, tout d'une course, traversera le Capitole pour trébucher du haut de la Roche Tarpéienne ».* Et ses entrevues avec M_{me} d'Adhémar continuèrent lors de l'assassinat de la reine, avant de 18 Brumaire, le lendemain de la mort du duc d'Enghien, en Janvier 1815 et la veille du meurtre du duc de Berry.

Son érudition, son mode de vie, ses voyages, sa carrière passée en font une sorte de nouveau Barnaud. Lorsque le maréchal de Belle-Isle le ramena d'Allemagne en 1743, il avait parcouru l'Italie, l'Allemagne, la Hollande et, porté son bâton de pèlerin jusqu'en Afrique et aux Indes. Fort riche, il dispose d'un trésor de pierres précieuses et de fonds importants. Présenté par le maréchal de Saxe à Mme de Pompadour et au roi, il demeure à Paris chez la veuve du chevalier Lambert, tout en entretenant par de fréquents voyages ses relations avec le prince Charles de Hesse, le prince Louis de Brunswick, Casanova, qu'il rencontre à Tournai. Dans l'intervalle, il réunit à Ermenonville des maçons d'obédiences mystiques, Néo-Templiers et Martinistes. Cherche à lancer à Londres, où il s'est réfugié en 1760, le bateau à vapeur et la locomotive. Remplit des missions diplomatiques pour le *secret du Roi*, qui couvrent son action occulte auprès des puissances européennes, soutient la politique anti-autrichienne de Belle-Isle, manque d'être arrêté à la Haye, à l'instigation de l'ambassadeur de France (1760), travaille au rapprochement entre l'Autriche et la Prusse en 1761, encourage Pierre III, devenu empereur de Russie le 5 janvier 1762, à sauver Frédéric II en rappelant ses troupes, intervient ensuite, sous le nom de comte Soltikoff, dans le coup d'État des Orlov, multiplie ses séjours aux Pays-Bas, à Amsterdam, à la Haye, où il réside à six reprises entre 1770 et 1773, au moment où se noue l'insurrection américaine, se rend ensuite à Altona, puis en Italie, avec le margrave d'Anspach, à Venise, Sienne, Milan, Gênes, et à Nüremberg, avant de rentrer à Paris en 1774.

À ce moment, la Maçonnerie s'apprête à passer à l'action, en Amérique d'abord, en France ensuite. En 1776, le Comité central du Grand-Orient charge ses députés de disposer les frères à l'insurrection. L'influence allemande du duc de Brunswick et du landgrave de Hesse l'a emporté à Lyon, au convent des Gaules, auprès du mercier J. B. Willermoz (16 juillet 1782). SaintGermain s'efforce d'amener un rapprochement entre Rose-Croix et obédiences mystiques d'un côté, Illuminés de l'autre. Le mémoire adressé par Joseph de Maistre (Josephus à Floribus, initié à la *Sincérité* le 4 septembre 1778), à Brunswick avant le convent (18 juin 1782) dont l'originalité consiste à souhaiter que la Maçonnerie travaille à l'Union des Églises et à créer une République universelle, organisée sur le modèle de la Papauté, n'avait certes aucune chance d'être prise en considération par un tel aréopage. Mais les tendances mystiques, représentées par Saint-Martin et Chappe de la Heuzière, résistaient à la poussée des rationalistes et des *Illuminés de Bavière*. L'Ordre des Elus-Cohens, groupant les loges martinistes, couvé au sein de la Loge française de Bordeaux (entre 1754 et 1762 et fondé le 1er février 1765, par un portugais, Martinez Pasqualis, autre personnage mystérieux, qui s'en était allé mourir à la Martinique. Auteur d'un *« Traité sur la Réintégration des Êtres »* (1774), ce magicien avait enseigné à Willermoz et au comte Claude de Saint Martin (1743-1803) alors jeune lieutenant à Bordeaux, l'art d'évoquer les esprits. SaintMartin avait exposé ses idées dans son ouvrage *« Des erreurs et de la vérité, par un philosophe inconnu »* en 1775 et dans son *« Tableau des rapports... entre Dieu, l'homme et l'univers »* en 1782. Modifiée sous l'influence du mystique suédois Swedenborg et du Rose-Croix Jacob Boehme, cette doctrine inspira les loges martinistes en 1775 et la société des *Philalèthes* ou *Amis de la Vérité*. Chez eux, aux *Amis Réunis*, loge créée par Savalette de Lange (ami du *missionnaire* Rose Croix, baron de Hilmer) rue de la Sourdière à Paris, s'étaient tenues les assises des deux convents de 1785 et de 1787 qui mirent au point les préparatifs de la révolution.

CAGLIOSTRO, AGITATEUR DES ARRIÈRE-LOGES

La cloison entre mystiques, aventuriers et charlatans n'étant pas absolument étanche, surtout si les uns et les autres servaient d'agents de liaison aux Directoires secrets de la Maçonnerie, Cagliostro et Messmer se retrouvaient dans ces arrière-loges. Le premier, le médecin Joseph Balsamo, descendant de Juifs de Hongrie, né probablement à Palerme en 1743 exclu de la communauté de la Miséricorde, exilé pour escroquerie, mais initié par Saint-Germain, avait visité successivement Saint-Pétersbourg, Mittau, Strasbourg (1700), Lyon et Bordeaux, puis Paris en 1785, avant de créer une loge égyptienne, dite des *Misraïm* dont il fut le *grand cophte*. Il se rendit ensuite au Château de Gross-Korben, près de Francfort, pour y recevoir les instructions de l'illuminé Léonhardi, ami de Knigge. Compromis dans le scandale de l'affaire du Collier, montée pour perdre la Reine avec son complice le baron de Breteuil et sa dupe le cardinal de Rohan (3 août 1785), il dut s'exiler en Angleterre, d'où il adressa au peuple français une lettre annonçant la prochaine révolution, la destruction de la Bastille, la fin de la monarchie légitime et l'avènement de PhilippeEgalité. Mais, poursuivi par ses créanciers, il dut quitter Londres pour Bâle et l'Italie, où il tomba aux mains de la police pontificale et fut enfermé au Château Saint-Ange, le 27 septembre 1789. Il avoua alors l'existence du complot tramé contre la monarchie française et fournit quelques précisions sur l'importance des capitaux réunis dans les banques d'Amsterdam, de Rotterdam, de Londres, de Gênes et de Venise, pour alimenter la conjuration. De son côté le docteur souabe Frédéric Messmer, attirant les badauds de l'aristocratie parisienne, depuis Février 1778, par son *« baquet, sa ferraille, son magnétisme animal et ses doctrines spirites »* (Bernard Faÿ), avait fondé un Ordre de l'*Harmonie universelle*, dont les souscripteurs lui apportèrent 340.000 Livres, fortune avec laquelle il retourna lesté à Vienne.

Dans l'intervalle entre les deux convents des *Philalèthes*, le marquis de La Fayette, de retour d'Amérique, auréolé de sa gloire toute neuve de champion de la Liberté, rêvant d'être le Washington de l'Europe et le héros des deux-Mondes, n'avait rien eu de plus urgent que d'effectuer une tournée maçonnique en Allemagne (Juillet 1785). Là les colloques succédèrent aux colloques : avec le duc de Deux-Ponts, futur duc de Bavière, dont le régiment abritait en Amérique une loge dite des *Trois Amis*, avec le prince Henri de Prusse, à Rheinsberg, avec la famille de Hesse et Kamphausen, à Cassel, avec le duc de Brunswick, avec le vieux Frédéric qui goûta peu ses tirades révolutionnaires et lui répondit, tout-à-trac par l'anecdote suivante : *« Un jeune homme qui parlait comme vous, savez-vous ce qu'il est devenu ? »* — *« Non, Sire »* — *« Eh bien, Monsieur, il fut pendu ! »*

Poursuivant son voyage jusqu'à Vienne, il y rencontra l'empereur Joseph II, Landon, Lascy, Kaunitz et son oncle, l'ambassadeur Noailles, et s'en revint chez Brunswick, Grand-Maître de la Maçonnerie allemande, tirer les conclusions de ses consultations. Mis très certainement dans la confidence des *directoires secrets*, comme les appelle Dermenghem, au moment de rallier le Tiers à la Constituante, il se gardera bien de miser sur le duc d'Orléans, *« cet usurpateur dont les vues brouillonnes seront déjouées par la force des choses, aussi certainement que les vues despotiques »*, si l'on peut dire, du trop débonnaire Louis XVI.

LES DIRECTOIRES SECRETS PRÉPARENT LA RÉVOLUTION

Au moment où se réunit le second convent des *Philalèthes* en 1787, mystiques et illuminés sont apparemment d'accord sur les dernières dispositions à prendre. Depuis qu'elle a été réorganisée par la constitution du 26 juin 1773, la Franc-Maçonnerie possède un Comité directeur permanent, dont l'exécutif comprend, outre le Grand-Maître, l'Administrateur général, Anne de Montmorency, duc de Luxembourg, le Grand conservateur, plus — électifs mais inamovibles — quinze officiers d'honneur, 45 officiers en service, des officiers honoraires. Quatorze députés, dont sept vénérables de loges de Paris et sept de province, spécialement élus, représentent l'ensemble des ateliers. L'Assemblée législative, ou convent, réunit les délégués désignés par chacune des loges, lesquelles se recrutent par cooptation.

COMITÉS ET CLUBS SPÉCIALISÉS À L'ŒUVRE

La Maçonnerie se trouve donc dotée d'une structure complète de gouvernement. Mais ces organes ont un caractère *officiel*. Afin de conserver à l'Ordre sa réputation purement humanitaire, ils doivent planer au-dessus des contingences politiques et ne peuvent agir directement sur les évènements. Cette méthode, constante dans l'action maçonnique, implique que les meneurs véritables créent, au fur et à mesure des besoins et en marge de l'Ordre, les Comités d'exécution et les clubs chargés d'assumer la conduite des opérations.

À la veille de la Révolution, la loge des *Amis réunis* ou *Philalèthes*, dont le président est Savalette de Lange et le secrétaire Dietrich, maire de Strasbourg, se charge de cette répartition des tâches. Ce Directoire, où collaborent mystiques et illuminés, français et allemands se scinde en divers comités spécialisés. Un comité secret, où siègent Willermoz, Chappe de la Heuzière, Court de Gebelin, Bonneville et Mirabeau. Un comité de correspondance, qui maintient la liaison avec quelque cent cinquante organismes affiliés. Un comité de propagande existant dès 1786, qui deviendra plus tard (23 mars 1790) le *Club de la Propagande*, 26 rue de Richelieu, présidé par l'abbé Sieyès (qui, protégé de son évêque, de Lubersac, a séjourné à Rotterdam et à Spa en 1787, pour y suivre le déroulement des troubles de Hollande). La caisse, garnie d'abord d'un million et demi, dont 400.000 Livres fournies par le duc d'Orléans, disposera de 20 millions en 1790, de 30 en 1791. Les orléanistes du futur triumvirat (Barnave, Lameth, Duport) côtoieront dans ce club l'économiste Dupont de Nemours, l'abbé Grégoire (agent de Cerf-Beer), Clavière, Mirabeau, le comte de La Marck (inspirés par les illuminés) Robespierre et, plus tard, les chefs de la future *Montagne*, Saint-Just, Marat (initié à Londres le 15 juin 1774), Babeuf.

De son côté le polémiste chartrain J. P. Brissot, l'*Américain* Brissot, qui a fondé en Janvier 1787, avec Clavière, Bergasse et Crèvecœur, la *Société Gallo-américaine* et publié la même année un *« Traité de la France et des États-Unis »*, qui fait l'apologie des institutions du Nouveau Monde, fonde au début de 1788 — avant d'effectuer le voyage dont Clavière va faire les frais — la *Société des Amis des Noirs*, rue Croix des Petits-Champs, dans l'hôtel de Lussan. Ce groupement, présidé par le marquis de Condorcet, qui considère la révolution américaine comme le signe annonciateur d'un *renouvellement du globe*, réunit surtout des républicains de tendance, La Fayette, Volney, Petion, Mirabeau, Sieyès. Carra, Cerisier, Duchesnay, Ysarn, Valady, Bréban, le marquis de Bourges. Débordant largement sur son programme d'émancipation des gens de couleur, elle jouera, en liaison avec le Comité central du Grand-Orient et par l'intermédiaire de son *Comité régulateur* (Condorcet, Sieyès, Mirabeau, Brissot, Clavière, Le Pelletier de Saint-Fargeau, La Fayette, etc.) un rôle politique important dans les évènements qui vont suivre.

Viendront ensuite, engendrés selon les besoins de l'intrigue, la *Société des Trente*, le *Club des Vingt-Deux*, le *Club Breton*, *Adepte de Messmer* ; Adrien Du Port, meneur de l'opposition parlementaire, stratège des orléanistes, spécialiste de la guerre civile, groupa dans la première, en son hôtel du Grand Chantier, non pas trente membres, mais peut-être les maçons du 30ème degré ou Chevaliers Kadosch, provenant de la *Loge des Neuf Sœurs* et de celle du *Coq Héron* (philosophes et grands seigneurs) les ducs de La Rochefoucauld, de Luynes, d'Aiguillon, Dupont de Nemours, La Fayette, Condorcet, l'abbé Sieyès, Talleyrand, l'abbé Louis, Target, Roederer, Le Pelletier de Saint-Fargeau, Robert de Saint-Vincent, Freteau, Sabatier, Semonville, Mirabeau, les Lameth ; des banquiers comme Clavière, Panchaud, Laborde. La seconde fut un club restreint de vingt-deux membres, sélectionnés par Sieyès, qui se réunissaient au *Club de Valois*, ouvert le 11 février 1789, au Palais-Royal.

Quant au *Club Breton*, il servit de centre de ralliement, à Versailles, aux députés maçons, membres de l'Assemblée constituante, avant de transférer son siège à Paris, au couvent des Jacobins, rue Saint-Honoré, et de donner naissance à la *Société des Amis de la Constitution*, plus tard appelée Jacobins tout court. Le Chapelier, de la *Parfaite Union* de Rennes, jugeait en effet nécessaire l'étude préalable en privé, par les députés, des textes législatifs qui venaient en discussion à l'Assemblée. Aidé de Volney, des loges d'Anjou, et de Le Coroller du Moustier, de Lorient, il les réunit d'abord au café Amaury, rue de la Pompe, à Versailles. Barnave rédigea leur règlement et Du Port leur tissa un réseau d'affiliations des plus efficaces. Le marquis de Lacoste, Sieyès, Mirabeau, Bailly, les Lameth, Barrère, d'Aiguillon, l'abbé Grégoire, Petion, Robespierre, se joignirent à eux.

PROLIFÉRATION DES LOGES

La doctrine du mouvement, c'est l'idéal de l'*Encyclopédie*, partagée entre deux tendances, athées et déistes. Dans les loges et les milieux populaires, c'est finalement le déisme vague de Rousseau et les aspirations nébuleuses, pâle reflet de l'idéologie démocratique de Spinoza et de Locke, qui l'emportent. Depuis 1773, la Franc-Maçonnerie connait en effet un développement rapide. Alors qu'elle groupait à cette date 104 Loges, dont 23 à Paris, 71 en province, 10 militaires et 45 en formation, elle en compte environ 635 à la veille de la révolution : 60 à Paris, 448 en province, 68 militaires, 40 aux colonies et 19 à l'étranger. Le clergé régulier et séculier — au sein duquel les Oratoriens se distinguent par la profondeur de la pénétration maçonnique — détient 27 maillets de vénérables (5 à Paris, 22 en province) et 6 mandats de députés. La noblesse de cour, 48 (5 à Paris, 43 en province) et 10 députés ; celle de robe, 46 (5 à Paris, 41 en province) et 8 députés. Là, toutes classes abolies, des plus grands noms de France aux plus simples bourgeois, fraternise toute l'opposition : noblesse frondeuse, jalouse de jouer un rôle à l'instar de la *gentry* anglaise, robins du Parlement, rêvant de se transformer en assemblée nationale ; riche bourgeoisie, impatiente de conquérir le pouvoir politique. Cet immense troupeau de dupes, travaillant si fébrilement au *grand'œuvre* d'une révolution qui les perdra, compte en 1789 environ 70.000 frères (au lieu de 30.000 en 1776) : ce sont eux qui constituent les cadres de la *Nation*.

NOYAUTAGE DE L'ADMINISTRATION ET DE L'ARMÉE

L'administration, noyautée, échappe à l'emprise du pouvoir. Dans son livre *« La FrancMaçonnerie et la préparation de la Révolution »* (pp. 246 et suiv.), Mr Gaston Martin a parfaitement analysé le processus de l'opération. L'Ordre s'efforce tout d'abord de peupler de ses créatures les emplois vacants. Gouverneurs et commandants de place lui sont-ils hostiles ? Il suscite des émeutes pour provoquer leur remplacement par des frères authentiques : ainsi, à Rennes, Dufaure de Rochefort succédera à Bertrand de Molleville et le lieutenant-colonel de Petitbois à Mr de Langeron. *« Grâce à ses affinités dans tous les milieux administratifs, la Franc-Maçonnerie put être tenue au courant de toutes les mesures que préparaient les bureaux »*. Les intendants sont-ils logeards ? Ils *« rencontrent dans leurs bureaux des concours spontanés et sans réticences »*, et *« la province est heureuse »*. La réciproque est vraie : les autres intendants, qui n'appartiennent pas à la secte, se trouvent paralysés. Devant les émeutes du blé, devant *la grande peur*, l'administration royale restera sans réaction.

L'armée, gangrenée par les loges, voit sa discipline sapée. Pour 110 régiments d'infanterie, 24 de cavalerie, 14 de dragons, 4 de hussards, et 7 d'artillerie, le nombre des loges est passé de 10 en 1773 à 69 en 1789. Encore faudrait-il tenir compte des 38 Loges coloniales, dont les militaires fréquentent les ateliers. Cela représente un effectif approximatif de 1.800 frères, officiers en très grande majorité. Les émeutes peuvent venir. La répression sera nulle. Les loges militaires ont détruit la discipline. Elles récompensent les mutins : le 20 août 1789, la *Parfaite Union* de Rennes initie les soldats du régiment d'Artois, qui ont refusé d'obéir aux ordres du commandant de la garnison et cela, en présence de leur colonel. Le mécontentement des officiers provoqué par des mesures parfois déplorables, tels les arrêtés du comte de Saint-Germain fermant aux non-nobles l'accès des grades, parfois utiles mais gênantes — discipline à la prussienne, suppression de régiments, obligation de résidence — explique l'attitude frondeuse de l'armée. Le résultat le plus clair en sera de contraindre la plupart des officiers à l'émigration, lorsque les mutineries se multiplieront et menaceront leur propre sécurité. L'armée, la marine surtout, en resteront longtemps impuissantes.

Quand l'heure de l'action approche, la Maçonnerie, qui est si bien armée pour palper le pouls de l'opinion et propager les mots d'ordre révolutionnaires, se préoccupe de recruter les troupes, les hommes de main dont elle aura besoin pour ses *journées*. Dès 1785, se multiplient les sociétés patriotiques, dont les membres, recrutés également par cooptation et parrainage, s'intitulent *Frères et Amis* dans le meilleur langage maçonnique. Ces clubs, un moment interdits pendant les troubles parlementaires de 1787, seront rétablis par Necker, dès son retour au ministère. Mais la Maçonnerie n'ouvre que très tardivement ses propres ateliers aux artisans, à partir de 1788. De sorte que les clubs populaires, mal tenus en main dès l'origine, auront tôt fait de déborder les loges et, peut-être sous l'influence des *Illuminés de Bavière*, de se substituer à elles, petit à petit, sous la Législative, avant de les proscrire carrément comme agents de l'Angleterre, comme le feront les Jacobins sous la Convention (décret de l'an II), à la suite d'une enquête menée par Barrère en 1794.

Notables et Parlement
bloquent les réformes

Entre le Roi et la *Nation*, les premières escarmouches s'engagent avec l'Assemblée des Notables. Singulière idée, héritée de Fénelon, de soumettre le plan de réformes de Calonne à 144 élus du pouvoir, privilégiés pour la plupart, qui en sont les victimes désignées : 7 princes, 36 ducs ou maréchaux, 33 parlementaires et 4 magistrats, 14 prélats, en face de 13 intendants et de 37 députés des villes et des États provinciaux. La convocation étant tardive, puisque le plan de Calonne est du 20 août 1786 et que l'Assemblée ne se réunit que le 22 février suivant, les intéressés ont eu tout le temps de concerter leur opposition. Pour comble de malchance, Vergennes est mort le 13 février et Calonne, malade, a dû préparer à la hâte les six édits qu'il présente à l'Assemblée. N'osant rejeter le programme en bloc, les notables lui opposent des conditions préalables de production des comptes et de réalisation d'économies. Calonne obtient encore du roi le remplacement de M$_r$ de Miromesnil, qui le desservait en sous-main, par Lamoignon, plus énergique. Mais le scandale de l'intervention du Trésor en Bourse, les attaques de Mirabeau et de Necker suffisent à fléchir la volonté chancelante de Louis XVI. Congédié le 8 avril, Calonne, menacé de poursuites par le Parlement (10 août) ne va pas tarder à passer en Angleterre, tandis que le roi bannit, le 11 avril, Necker.

Le 1$_{er}$ mai, Loménie de Brienne, archevêque de Toulouse, prélat des plus souples, prend les finances, et tente de faire passer le programme de Calonne, en l'adoucissant quelque peu. Peine perdue, les notables le repoussent avant de se séparer, le 15 mai. Mais, jugeant l'occasion bonne, La Fayette, dont la désignation avait été maintenue sur intervention de Castries et de Breteuil, en profite pour réclamer au comité que préside le comte d'Artois, la convocation des États-généraux, préalablement à toute réforme et à tout subside.

Le mot d'ordre ainsi lancé est repris par les Parlements lorsque Brienne présente, non pas en bloc comme le désirait Lamoignon, mais un à un en commençant par les plus anodins, les édits de réforme. Les premiers passent les 5 et 6 juin : institution d'un Conseil des Finances, liberté du commerce des grains, caricature d'assemblées locales, conversion de la corvée (27 juin). Mais, à propos de l'édit du timbre (3 juillet), le Parlement se cabre et réclame à son tour la convocation des États-généraux (16 juillet), seuls qualifiés pour voter un impôt perpétuel. Ce refus, il le réitère avec plus de force dans ses remontrances du 24 juillet, à propos de la *subvention territoriale*, et ne s'incline en lit de justice, le 6 août, que pour récidiver le 13, ce qui provoque son exil à Troyes, qu'accompagnent quelques émeutes et une première campagne de pamphlets.

Sur ce Brienne, qui craint un conflit avec la Hollande, recule, retire les édits du timbre et de la subvention territoriale et les remplace par deux vingtièmes pour 1791 et 1792. Rien qu'ils portent sur l'universalité des biens, le Parlement, craignant peut-être de heurter l'opinion, les enregistre cette fois sans sourciller (19 septembre). Suivent quelques mesures spectaculaires, destinées à calmer les mécontents : réduction des pensions, de 20,9 à 15 millions : économies, 25 millions sur le personnel de la Guerre, des bâtiments, etc. Trop tard, le mal est fait. Et puis un gros emprunt (suivant une émission de 6 millions de rentes viagères à 8 ou 10% pour 67 millions de capital) : 420 millions échelonnés sur plusieurs années (120 en 1788 ; 90 en 1789 ; 80 en 1790 ; 70 en 1791 ; 60 en 1792 date primitivement prévue pour la réunion des États).

Mais voici que le Parlement, qui a promis d'accepter l'emprunt, fait volte-face en séance royale, le 19 novembre, et ne s'incline qu'en lit de justice. Cette fois, le roi manifeste un dernier sursaut de volonté : il exile à Villers-Cotterets le duc d'Orléans qui a osé lui tenir tête et fait arrêter deux conseillers. Les Parlements de province, l'Assemblée d'Auvergne à Riom, excitée par La Fayette, se déchaînent. Le 29 avril 1788, le Parlement décide que les déclarations d'impôts doivent être acceptées telles quelles et qu'une augmentation progressive serait *destructive de la propriété.*

Le 3 mai, il proclame le principe que *« le vote des subsides appartient aux seuls États-généraux ».* Tandis que le gouvernement ferme les sociétés de pensée, et que les conseillers d'Eprémesnil et Montsabert sont arrêtés, le chancelier Lamoignon réédite le 8 mai la réforme de la justice introduite jadis par Maupeou, créant une Cour plénière de Justice, 47 grands bailliages, des présidiaux et des prévôtés, dépossédant les justices seigneuriales et réformant la procédure criminelle.

NECKER, INERTE DEVANT LES TROUBLES

Trop tard encore. Les émeutiers, un peu partout, se font la main. À Toulouse, à Pau, à Dijon. À Rennes, où le comte de Thiard empêche l'intendant Bertrand de Molleville de fermer les sociétés de pensée. À Grenoble surtout, où, après la journée des *tuiles* (7 juin) — Clermont-Tonnerre étant intervenu pour arrêter la répression des troubles provoqués par Barnave — l'avocat Mounier et son ami anglais Byng organisent à Vizille, chez les Périer, le 21 juillet, la réunion illégale d'un simulacre d'États provinciaux. Tandis que l'Assemblée du Clergé, réunie en mai, renâcle elle aussi et se solidarise avec les Parlements (Talleyrand n'en est-il pas l'agent financier ?), refuse les 8 millions, demandés par le gouvernement pour n'en accorder que 1,8 (15 juin), tout en exigeant que l'immunité des biens ecclésiastiques soit définitivement confirmée (ce sera fait par arrêt du 5 juillet). Au moment où l'arrêt du 8 août 1788 annonce la réunion des États-généraux pour le 1er mai 1789, la machine administrative est bloquée, la banqueroute est aux portes. Le 16, le gouvernement s'accorde un moratoire d'un an sur les paiements du Trésor ; le 18, il proclame le cours forcé des billets de la Caisse d'Escompte. D'ores et déjà, les rentrées d'impôts s'effectuent de plus en plus mal. Ce qui entraîne le renvoi de Brienne, le 24 août, et la rentrée en scène de Necker, le 26.

Avec lui, le gouvernement, parfaitement inerte, se laisse glisser au fil de l'eau. Le 14 septembre, Lamoignon s'en va : le 25, les Parlements rentrent. Le Trésor étant à sec, l'État vit d'emprunts à la petite semaine (15 millions le 4 septembre ; 15 autres le 16 octobre, de la Caisse d'Escompte, plus 25 de ses actionnaires, en Janvier 1789 ; 7 millions des notaires ; 3,6 de la Loterie) en attendant de décréter le 29 décembre que les billets de la Caisse d'Escompte auront cours forcé pendant six mois. Dans un seul domaine, l'approvisionnement en blé, Necker s'agite et son activité nuisible ne fait qu'accroître le désordre. Depuis 1785, la situation économique s'est aggravée : deux mauvaises récoltes, en 1787 et 1788, par suite d'inondations et de grêle, la chute des cours des vins, la sécheresse et les maladies qui se sont abattues sur le cheptel, de trop larges concessions à l'importation accordées par les traités de commerce avec les États-unis (1778, et règlements des 30 août 1784 et 7 décembre 1787) et avec l'Angleterre (1786), la liberté d'exportation des grains imprudemment décrétée (1787) ont compromis la prospérité économique et ramené des menaces de famine.

Dans cette affaire, le voyageur Arthur Young va jusqu'à dire : *« des gens instruits m'ont assuré... qu'il n'y aurait pas de disette, si Mr Necker ne s'était pas mêlé du commerce des grains »*. Ne l'accuse-t-on pas d'avoir organisé, de connivence avec le duc d'Orléans et quelques accapareurs et affameurs, la ronde des bateaux de blé à travers le royaume. Toujours est-il qu'il y dépense 70 millions en attendant de passer toute une série de contrats de subsistances avec ses acolytes étrangers : les Hogguer d'Amsterdam (le 4 octobre 1789), James Bourdieu et Samuel Chollet de Londres (le 9 octobre), des maisons de Hambourg et de Dantzig, en réservant le morceau de roi (10.000 quintaux de riz) à ses propres associés Thelluson de Londres (le 22 octobre). En rétablissant ainsi le service de l'*annone*, l'intervention directe de l'État dans le ravitaillement de la capitale, il créait un précédent dont la charge allait peser lourdement sur les finances délabrées de la Révolution.

Par contre, dans le domaine politique, son action est parfaitement nulle. Il se borne à expédier les affaires courantes et néglige *superbement* de préparer les élections pour les États généraux. À quoi bon d'ailleurs, les États convoqués, son rôle à lui sera terminé, la Maçonnerie se chargera du reste. Avec une aberration totale, il rappelle les Notables le 6 novembre pour les renvoyer le 12 décembre ; absolument pour rien. Comme les parlementaires ont réclamé, non sans anachronisme, que les États soient réunis dans les formes de 1614, geste malheureux qui suffit à balayer leur popularité, il fait décider par le Conseil le principe du doublement de la représentation du Tiers-État (27 décembre 1788), avance la réunion des États, qu'il convoque pour le 1er mai 1789 (24 janvier) et fixe le 29 les modalités des élections.

LA F ∴ M ∴ ORCHESTRE LA CAMPAGNE POUR LES ÉTATS-GÉNÉRAUX

Menée par la Maçonnerie, la campagne se déroule dans la plus grande discipline. Des écrivains parcourent les provinces : Mirabeau, la Provence, Volney agent du duc d'Orléans l'Anjou et la Bretagne, Barnave le Dauphiné, etc. Feuilles périodiques locales, de format plus ou moins modeste, libelles et brochures pleuvent littéralement sur le public. Un collectionneur en réunit plus de 2.500. Citons : le *« Catéchisme du droit naturel »*, *« les États généraux »* de Target, le *« Mémoire sur les États-généraux »* du comte d'Antraigues, le *« Pour et le Contre »*, le *« Tribun du Peuple »*, les *« Gracques »* de Mauguit, le *« Mémoire pour le peuple français »* de Cerutti (des *Neuf Sœurs*), *« Les Sentiments d'un Républicain »* de Condorcet et la célèbre série de l'abbé Sieyès sur le *« Tiers-État »* (*« Essais sur les privilèges »*, *« Vues sur les moyens »*, *« Des représentants »*, *« Qu'est-ce que le TiersÉtat »*). Certains de ces libelles atteignent le tirage de 100.000 exemplaires.

Des modèles-types pour la rédaction des *Cahiers de doléances* sont préparés par Du Port et Target, transmis, avec les *« Instructions du duc d'Orléans pour les personnes chargées de sa procuration aux Assemblées de bailliages »*, par Sieyès (Février 1789) : *« les idées sur le mandat des députés aux États-généraux »*, par Servan, etc. Aussi, les similitudes de rédaction sont-elles frappantes, à part les doléances locales.

Les loges ayant désigné leurs candidats sans opposition organisée, il n'y a pas à proprement parler de lutte électorale. À part Mirabeau et Sieyès, rejetés par leur Ordre, le Tiers choisit ses représentants dans son sein : ce sont, pour la moitié des robins. Les bureaux de correspondance, où siègent la plupart des notables locaux, retenus par leurs affaires dans leur province, communiquant avec le bureau de Paris, exercent une surveillance constante sur leurs représentants. Aussi n'est-il point surprenant de constater que les deux tiers des députés du Tiers-État appartiennent à la Maçonnerie (environ 477). Parmi le bas-clergé, qui a élu la moitié des membres de son Ordre, les maçons abondent. L'Ordre de l'Oratoire qui fournira à la Révolution un Fouché, un Servan, futur évêque constitutionnel, et tant de ses élèves comme La Réveillère-Lépeaux, s'est laissé très largement pénétrer par les loges. Certains évêques, comme Talleyrand, sont de hauts initiés. Dans la noblesse, la plupart des 90 députés libéraux, groupés autour de La Fayette et de La Rochefoucauld, qui, obéissant aux instances de M_{me} de Staël, rejoindront le Tiers le 23 juin 1798, appartenaient aux loges des Neuf Sœurs ou du Coq Héron.

Pour le financement de cette campagne électorale, la Franc-Maçonnerie a disposé de capitaux abondants. Fournis par le duc d'Orléans, premier intéressé dans l'affaire ; par les banquiers, appartenant soit au clan anglo-genevois de Necker, soit au syndicat suisse de Mirabeau (Panchaud, Clavière, Delessert, etc.) soit au groupe judeo-huguenot de Strasbourg (Kormann, Cerf-Beer). Les appels de fonds, sous la forme de cotisations extraordinaires, souscriptions, dons patriotiques, fêtes de bienfaisance, auxquels l'Ordre n'a pas cessé d'avoir recours depuis la guerre d'Amérique, procurent des sommes importantes en 1789-90.

Dans ces conditions, la Franc-Maçonnerie domine entièrement les États-généraux et l'Assemblée constituante. À la séance d'ouverture des États, le 5 mai 1789, Mirabeau accueille Louis XVI à son entrée par cette remarque révélatrice : *« Voici la victime ! »*. L'exposé de Necker, qui dure trois heures, déçoit tout le monde. Il avoue le déficit, sans proposer aucun remède, reste passif dans le conflit de la vérification des pouvoirs, volontairement absent à la séance royale du 23 juin, tandis qu'à l'instigation du *Club breton*, Mounier groupe les députés au jeu de Paume, que la Fayette, La Rochefoucauld et leurs amis dégainent pour empêcher les gardes du corps de faire évacuer la salle des séances après le départ du roi, et que, grâce à l'appoint de la majorité des représentants du Clergé (répondant à l'appel de Sieyès) le 24 juin et de 47 membres de la Noblesse, le 25, le Tiers triomphe et proclame, le 9 juillet, l'Assemblée nationale constituante.

L'ASSEMBLÉE PRÉPARE L'ÉMEUTE DU 14 JUILLET

Entre les forces de l'ordre et la révolte qui gronde, la première épreuve de force s'engage alors à Paris. Pour renforcer la faible garnison de la capitale (1.200 hommes du guet, 200 gendarmes, 400 gardes du corps à Vincennes, 2 régiments, l'un de gardes-suisses et l'autre de gardes-françaises — déjà gagné ou acheté) le roi appelle à Versailles six régiments le 26 juin et fait mine de concentrer autour de Paris, au Champ de mars, à Sèvres, à Saint-Cloud, à Saint-Denis, dix régiments étrangers (1$_{er}$ juillet) dont Mirabeau, le 8 fait réclamer le retrait par l'Assemblée. Cependant le Palais-Royal s'agite et les troupes de l'émeute se rassemblent. Les 25 et 29 juin, quatre cents *électeurs* parisiens, réunis au *Musée de Paris* (cet embryon d'Université laïque que la loge des Neuf Sœurs a organisée), puis à l'Hôtel de Ville, formulent le projet de créer une garde bourgeoise sur le modèle des milices américaines. Savalette de Lange, ce grand-dignitaire des arrière-loges que nous connaissons bien, s'y présente modestement comme caporal avant de proposer, plus sérieusement, la candidature prestigieuse de La Fayette comme commandant en chef de cette nouvelle garde nationale. Notons en passant que l'épopte des *Illuminés*, — le bonnet phrygien — décorera bientôt le pommeau des épées des officiers, élus naturellement, de cette formation bourgeoise et populaire.

Au Palais-Royal, les clubs sont en effervescence : le Salon des Arts, l'Assemblée militaire, le *Club des Colons*, le *Club de Valois*, la Société Olympique (siège central de la Franc-Maçonnerie) s'agitent. Des bandes de vagabonds se rassemblent. Le 30 juin, 4.000 de ces manifestants délivrent à la prison de l'Abbaye dix gardes-françaises incarcérées pour insubordination. Le 11 juillet, à l'annonce du renvoi de Necker, la Bourse ferme ; les banquiers Clavière, Delessert, Prévoteau, Coindre, Boscary financent l'agitation et incitent, avec leurs commis, les rentiers qui se croient menacés à se joindre au mouvement. Le 12, à l'appel de Camille Desmoulins le *peuple* ameuté défile avec la cocarde verte, en l'honneur de Necker (ou en souvenir des *niveleurs* des révolutions d'Angleterre ?). Mais, s'étant rendu compte que ces couleurs sont aussi celles du comte d'Artois, il y renonce très vite, pour arborer le bleu et le rouge, couleurs du duc d'Orléans et de la Ville de Paris. Cependant les hommes de main pillent systématiquement les armureries ; le lendemain 13 juillet, ils enlèvent aux Invalides 28.000 fusils et quelques canons. Malgré les ordres du maréchal de Broglie, la troupe, mollement commandée par le vieux Besenval, athée et franc-maçon, ami de Necker (qui a pourtant durement réprimé l'émeute de la fabrique Reveillon) se rechigne visiblement à intervenir. Le lendemain 14 juillet, les gardes-françaises, encadrées par leurs sous-officiers, les Hulin, Elie, Lefebvre, Roche, grossies de gens sans aveu et de bon nombre d'étrangers, surtout allemands, mèneront elles-mêmes l'attaque contre la faible garnison de la Bastille, où elles délivreront sept malheureuses victimes de l'arbitraire, avant de promener dans Paris comme trophées de victoire la tête du gouverneur de Launay et du prévôt des marchands, Flesselles.

Cédant aux pressantes instances du duc de Liancourt, Louis XVI entérina tout, renvoya les troupes (15 juillet), accepta la levée de 12.000 gardes nationaux commandés par La Fayette, rappela le 16 juillet, Necker et s'en vint recevoir de Bailly, maire insurrectionnel de Paris, à l'Hôtel de Ville, la cocarde tricolore d'une réconciliation illusoire (17 juillet) tandis que La Fayette caracolait sur son cheval blanc et haranguait ses troupes : *« Je vous apporte une cocarde qui fera le tour du monde, etc. »*. Ces concessions consternèrent d'ailleurs le duc d'Orléans, Sieyès et Laclos, ainsi privés de prétextes à de nouvelles *journées*.

LA *GRANDE PEUR* JUSTIFIE
LA CRÉATION DE LA GARDE NATIONALE

Le comité de Progagande des *Amis Réunis*, animé par Adrien Du Port, le stratège du Comité des Trente, se hâte alors d'exploiter ses succès parisiens en étendant à la province l'institution des gardes nationales. Le prétexte en sera *la grande peur*. Une véritable jacquerie se déclenche contre les châteaux. Alors, contre les brigands qui brûlent, pillent et massacrent, bourgeois et paysans aisés se laissent embrigader sans peine dans la nouvelle milice, que créent un peu partout des *Comités permanents*. Dès 1788, le système avait été expérimenté en Bretagne, lorsque l'agitateur *Omnes Omnibus* avait marché sur Rennes, lorsque le jeune J. Victor Moreau, le futur général, avait organisé et encadré les étudiants bretons ; on les avait vus à Saint-Malo, à Pontivy. Subventionnés par les loges, les cabinets de lecture, les clubs, les communes, ces gardes nationales se fédèrent systématiquement, par communes et par régions dont le ressort coïncide avec celui des loges maçonniques provinciales, pour venir culminer au Champ de Mars à la Fête de la Fédération (14 juillet 1790) et , permettre, sous Paris, le moment venu, la concentration des contingents de *Fédérés* nécessaires aux journées décisives (20 juin, 10 août 1791). Les volontaires de 1792, l'armée révolutionnaire, sortiront de ces milices civiques, au sein desquelles La Fayette amalgamera bientôt les gardes françaises et créera des compagnies soldées permanentes, afin d'en augmenter la valeur militaire.

Mais la persistance des troubles dans les campagnes inquiète les privilégiés. Un geste d'apaisement semble nécessaire. C'est alors que les chefs de la noblesse libérale, le vicomte de Noailles, beau-frère de La Fayette, et le duc d'Aiguillon, dans la nuit du 4 août, viennent faire solennellement abandon des exemptions fiscales, des droits féodaux et des corvées, sur l'autel de la patrie. Geste plus spectaculaire qu'efficace, préparé par La Fayette et Jefferson, ambassadeur des ÉtatsUnis. Il s'avère bientôt en effet qu'on n'envisage pas la renonciation gratuite, mais seulement le rachat de ces droits périmés. Et les troubles reprennent. Mais déjà La Fayette médite de ramener le roi à Paris, pour mieux le tenir en lisière. Il offre à M$_r$ de Montmorin, ministre des Affaires étrangères, de défendre le souverain *« contre les attentats de M$_r$ d'Orléans »*, s'il vient se placer sous sa sauvegarde. Les *monarchiens*, Mounier, Malouet, Bergasse, proposent au contraire de transférer l'Assemblée à Soissons et s'efforcent de renforcer l'autorité royale en la dotant du droit de veto absolu ; *« Vous serez responsable de tout le sang versé »*, écrit La Fayette à Mounier pour l'intimider. Néanmoins Necker s'étant rallié à cette formule transactionnelle, l'Assemblée, qui a rejeté le 10 septembre, par 849 voix centre 89, la création d'une seconde Chambre à l'anglaise, concède au roi, par 673 voix contre 325 le droit de veto suspensif, valable pour deux législatures (11 septembre).

LA FAYETTE, ARBITRE ET *PROTECTEUR*

C'en est encore trop. La Fayette, qui a arrêté les 30-31 août une troupe de 1.500 manifestants, que l'ex-marquis de Saint Huruge (Victor Amédée de La Fage), un détraqué sortant de l'asile, entraînait déjà sur Versailles, laisse maintenant le représentant du duc d'Orléans, Choderlos de Laclos, organiser les journées d'Octobre. Avec une hypocrisie consommée, couvert par un ordre de Bailly, il suit avec 15.000 gardes nationales, la cohue de plusieurs milliers de sans-culottes et de mégères des Halles, conduite par Santerre, Maillard, Hulin, Fournier l'Américain, qui, après avoir envahi l'Hôtel de Ville, déferle sur Versailles (5 octobre). Le lendemain matin, les manifestants s'étant infiltrés jusque dans les appartements royaux, tandis qu'il dormait tranquillement à l'hôtel de Noailles, La Fayette s'interpose théâtralement au balcon, mais n'en ramène pas moins tout le monde à Paris, y compris l'Assemblée, que Mirabeau a persuadée de suivre (12 octobre).

Le voilà, *Protecteur* de la personne royale, presque lieutenant-général du royaume, *« maire du Palais »*, comme le dit la Reine. Disposant à la fois de la force armée et de la Maçonnerie, il est le maître et il en profite pour se débarrasser de ses rivaux. Menacé d'arrestation, le médecin marron Marat s'en retourne, avec son *Ami du Peuple*, à Londres d'où il était venu. Après avoir beaucoup hésité, beaucoup lanterné, beaucoup tergiversé-à l'instar de son ancêtre Gaston-Philippe d'Orléans, *« lâche comme un laquais, un Jean-foutre »* dit de lui Mirabeau, accepte finalement de se retirer sur la Tamise (14 octobre) avec Choderlos de Laclos et Biron, ses âmes damnées. Il y restera jusqu'au 11 juillet 1790. Pour avoir comploté avec le comte de Provence, peut-être d'accord avec Mirabeau, le marquis de Favras est exécuté. Malgré cet énergique nettoyage, les vainqueurs ne s'entendent guère et se jugent mutuellement sans indulgence, comme si l'heure de la vérité avait sonné, entre les frères des *Amis Réunis*. Malgré la répugnance qu'il éprouve pour *l'imbécillité de son caractère*, Mirabeau accepterait bien de se rapprocher de La Fayette, mais il ne peut accepter de collaborer avec Necker, ce *méprisable charlatan* du syndicat financier d'en face et, bien qu'il apprécie ses talents, il juge cet autre haut-dignitaire de la Maçonnerie, Talleyrand, comme lui l'élève de Panchaud, en pleine connaissance de cause, écrivant de lui à d'Antraigues : *« Pour de l'argent il vendrait son âme et il aurait raison, car il troquerait son fumier contre de l'or »* (28 avril 1787).

DES REVENDICATIONS FINANCIÈRES RAISONNABLES

Pourtant dans les récentes discussions, l'évêque d'Autun, agent général du Clergé, a fait preuve d'une telle compétence que, s'il eut été honnête, il eut certainement fait un excellent ministre des Finances. Car la crise financière, cause et prétexte de tout, demeure aussi pressante. Selon les chiffres de 1788, le bilan de la monarchie expirante s'établit comme suit : recettes brutes, 474 millions (153 des fermes générales, 157 des recettes générales, 52 des aides, 50 des domaines, 24,5 des pays d'États, etc.) en regard de 633 millions de dépenses (ordinaires, 240,4 ; extraordinaires, 286,8 ; 29,19 d'arriérés ; 76,5 de remboursements). Le déficit atteint 161 millions. Les intérêts de la dette absorbent 254 à 300 millions (au lieu de 51,5 au début du règne de Louis XV) soit plus de la moitié des dépenses : Necker et ses emprunts sont passés par là. Si l'on compare avec l'Angleterre, on constate que la dette, passée de 36 millions de Livres sterling en 1774 à 238,2 en 1785, absorbe les 3/5$_{ème}$, du budget, soit 7,8 millions de Livres sterling, mais il n'existe aucune confusion entre ordinaire et extraordinaire, et l'amortissement s'effectuant régulièrement, le crédit reste intact. Dans ces conditions normales, une bonne réforme de l'impôt et cinq années de paix intérieure et extérieure auraient dû suffire à rétablir, en France, la situation.

On doit reconnaître que, dans ce domaine, les revendications des Cahiers étaient, dans l'ensemble, assez sages. La représentation nationale vote l'impôt, dont elle détermine la répartition, l'emploi, le contrôle, Elle décide également des emprunts. Recettes et dépenses sont publiées annuellement. La responsabilité, même pénale, des ministres est réclamée. En matière de taxes, hostilité aux impôts indirects, à l'exception des douanes extérieures et du tabac ; préférence marquée pour l'impôt territorial (sur lequel les notables ont provoqué la chute de Calonne), levé soit en nature, soit plutôt en argent, complété par une capitation personnelle sur les revenus ou les loyers et par des taxes somptuaires. Mais en ce qui concerne la répartition, on reprend l'erreur démagogique de faire établir les rôles par les assemblées locales. On réclame évidemment la suppression des privilèges et la réalisation d'économies sur les dépenses royales et les pensions. Et l'on envisage l'amortissement de la dette, après vérification, par l'aliénation des domaines du Roi, accompagnée de l'utilisation mesurée des biens ecclésiastiques, surtout ceux des monastères, comme gage d'un emprunt, par exemple, à condition que l'État assure les dépenses du culte, de l'enseignement, des hôpitaux et de la bienfaisance.

Dans la pratique, le premier geste de la Constituante avait été de rassurer banquiers et rentiers. Tandis que Mirabeau flagellait de sa voix puissante *l'infâme mot de banqueroute*, dès le 17 juin 1789, le Tiers État déclarait *« placer les créanciers de l'État sous la garde de l'honneur et de la loyauté de la Nation »*. La dette de l'Ancien Régime serait donc reconnue. Reconnaissants de cette attitude, les *« 60.000 capitalistes et la fourmilière des agioteurs »* qui, selon Rivarol *« ont décidé de la Révolution... »* et qui *« voulaient que* M$_r$ *Necker régnât pour les payer... »* participèrent avec enthousiasme aux journées qui précédèrent et suivirent le 14 juillet. Et de s'attaquer aux modestes économies promises. De 33 ou 34 millions, les dépenses de la famille royale se trouvent ramenées à 32. Seules les pensions sont réduites de moitié, après avoir été suspendues du 4 janvier au 1$_{er}$ juillet 1789. Le 3 août 1790, on prétend les réduire de 30 à 31 millions à 15 et même 12, mais, sur 30.000 dossiers, la plupart restent à examiner.

En matière d'impôts directs, sur proposition de La Rochefoucauld (18 août) la Constituante substitua aux quelque 200 millions que rapportaient la taille (75,5 + 103), la capitation (28,2 + 16,7), les vingtièmes (57,5 + 1,7) et le décime du clergé (10), 300 millions demandés à la contribution foncière et aux sols additionnels, et 78 provenant de la contribution mobilière. La foncière, payable en argent, se révèle une charge très lourde. La mobilière instituée par la loi du 13 janvier 1791, est surtout calculée d'après le montant des loyers et les *signes extérieurs de richesse* : domestiques, chevaux, etc. Là encore, la répartition entre les 83 départements (27 mai 1791), et les trop nombreux districts, 544, qui alourdissent l'administration nouvelle, traîne terriblement.

En contrepartie, les impôts indirects sont allégés de plus de moitié : au lieu de 287,2 le fisc n'en attend plus que 133 (enregistrement, hypothèques, 58 ; timbre, 23 ; douanes, 29 ; patentes, 23). Le régime nouveau de la patente, créé par la loi du 2 mars 1791, s'applique au commerce, dont les jurandes et les maîtrises ont été supprimées, mais la résistance des intéressés est telle qu'il faut créer des *visiteurs*, des inspecteurs des rôles.

AU REFUS DE L'IMPÔT

Mais ces données sont purement théoriques. Dans la pratique, l'État à moins de vivre de rapines, ne peut subsister en appliquant la formule ni emprunts, ni impôts. La consigne de ne pas payer les taxes n'étant pas de celles qu'il faille répéter deux fois, surtout en période d'anarchie intérieure, l'impôt ne rentre plus. Au lieu de 13 à 14 millions par mois, la cadence tombe à 8 par trimestre en 1790. Le produit de la régie des domaines s'effondre de 12 millions à 2,2. Necker est visiblement à bout de ressources. Deux tentatives pour lancer des emprunts, 30 millions à 5% le 7 août, 80 m. le 27, échouent piteusement. Décrétée le 5 octobre, une contribution extraordinaire du quart du revenu ne produira en dix-sept mois que 32 millions, une poussière. Qu'attendre des dons patriotiques ? Un peu plus d'un million de bijoux, en six mois, auxquels s'en ajoutent quinze, provenant de la vaisselle royale et de celle des princes.

LA CONFISCATION DES BIENS DU CLERGÉ

Un seul espoir : les biens d'Église, qui, selon Dupont de Nemours laissaient 47 millions nets, sur 160 de revenu. Bien qu'archevêque, Brienne était passé aux actes : il avait supprimé 1.500 monastères. Sans ressources, l'Assemblée Constituante ne pouvait pas ne pas loucher de ce côté. Buzot, le 6 août, en avait suggéré l'idée, mais il était réservé à un prélat, Talleyrand — prêtre malgré lui, nommé au siège d'Autun le 2 novembre 1788 — de proposer officiellement, le 10 octobre, que ces biens soient déclarés *bien nationaux*. Estimant à 2.100 millions le capital que produirait la vente, il envisageait d'en affecter 1.100 à l'amortissement de 60 millions de rentes perpétuelles, 500 à celui de 50 millions de rentes viagères, 500 au rachat des offices judiciaires, 35 à une Caisse d'amortissement. Il évaluait à 100 millions les obligations annuelles que l'État devrait prendre à sa charge.

Effectivement, le 2 novembre, par 568 voix contre 346, les biens d'Église sont mis *à la disposition de la Nation*, Barnave et Le Chapelier l'ayant emporté sus Sieyès et Boisgelin. Non sans que l'abbé Maury, bon prophète en l'occasion, ait mis en garde l'Assemblée contre la rapacité des capitalistes étrangers prêts à se ruer sur la proie ainsi offerte, et contre les usuriers venant *à leur suite, avec leurs trésors, pour les échanger contre des acquisitions territoriales*. Ce n'est pas en effet une *bedide* affaire. Ainsi Necker, pensant tout de suite à ses amis, propose-t-il le 14 novembre de confier à la Caisse d'Escompte le soin d'en vendre à son profit une première tranche de 400 millions. Dupont de Nemours, Lavoisier, Lecouteulx de Canteleu l'appuient. Porte-parole du groupe adverse, Mirabeau s'y oppose avec la dernière énergie et, malgré Talleyrand, champion de l'orthodoxie au moins en matière de finances, qui insiste le 4 décembre pour que la Caisse d'Escompte ne soit transformée en Banque d'État qu'une fois restaurées les finances, et qui prédit l'effondrement des assignats, c'est Mirabeau qui finalement l'emporte (17 décembre). L'État, par l'entremise d'une Caisse de l'Extraordinaire, créée les 19 et 21 décembre, émettra lui-même les assignats, qui font leur apparition le 10 août 1790 : 400 millions en coupures de 1.000 Livres (d'abord à 5%, 19 décembre 1789 ; puis à 3%, 17 avril 1790).

Et Necker de plus en plus noyé dans les emprunts à la petite semaine (de 20 millions à 40 millions par mois), obligé d'avouer un trou de 58 millions pour Janvier et Février, parvenant mal à dissimuler, sous couleur d'un excédent de 99 millions un déficit réel de 163 millions pour la période 1er mai 1789-90, compromis par la cruauté de la répression par Bouillé de la révolte à Nancy du régiment suisse de Châteauvieux (31 août 1790 : 500 morts, 32 pendus, 41 condamnés aux galères) se laisse convaincre par La Fayette de la nécessité de se retirer (8 septembre 1790) laissant la place à Clavière, le chef de file de Mirabeau.

Cependant la liquidation des biens d'Église a été décidée le 15 avril, celle des biens domaniaux, sur proposition de Barrère, le 9 mai et l'aliénation de tous les biens nationaux, sur rapport de La Rochefoucauld, le 9 juillet. Rapporteur du comité des finances, Montesquiou propose le 27 août de faire supporter par le budget annuel la charge, 164 millions de la dette perpétuelle (1.321 m. de capital) et de la dette viagère (1.018 m.) les frais du culte (120 millions) et les dépenses publiques (240 m.) en tout, 524 millions et de couvrir la dette exigible à terme (563 m.) ou immédiatement (1.399 m.) par la vente de ces biens, alors évalués entre 2 ou 3 milliards. C'est ainsi que l'émission d'une nouvelle tranche de 800 millions d'assignats à cours forcé est votée le 29 septembre par 508 voix contre 423, malgré l'opposition de Talleyrand, et l'hostilité de 27 villes sur 33 consultées et la répugnance des Chambres de Commerce : Par contre, obéissant à un mot d'ordre des sociétés secrètes, 36 sections parisiennes sur 37 se sont déclarées favorables aux assignats.

Quant à consacrer le produit des ventes à l'amortissement de la dette, il n'en est bientôt plus question. Car il faut d'abord vivre, vivoter même, au jour le jour. En onze mois, d'Octobre 1790 à Août 1791, 600 millions sont absorbés. Comme il n'en reste plus que 51,4, le 17 juin 1791, l'Assemblée décide une nouvelle émission de 600 millions. Le 30 septembre, Camus constate que les 1.200 millions primitifs ont été engloutis et qu'il ne subsiste plus que 346 millions de ceux de Juin. Encore se plaint-on partout du défaut de numéraire. Les pièces d'argent frappées le 11 janvier 1791 ont disparu dans les bas de laine. Le 6 mai 1791, on décide d'en frapper en cuivre et d'émettre des petites coupures d'assignats de 5 livres, puis de 50, de 25, de 15 et de 10 sous (pour 300 millions les 16-25 décembre 1791 et le 4 avril 1792). Les villes, dont les charges augmentent (équipement des gardes nationales, frais de manifestations, achats de grains, secours aux artisans en chômage, etc.) émettent des billets de confiance. Avec la dilapidation des biens nationaux, c'est l'inflation sous toutes ses formes qui se déclenche.

LA *RAZZIA* DES BANDES NOIRES COSMOPOLITES

Mais ne fallait-il pas sacrifier à la meilleure tradition révolutionnaire en créant une clientèle matériellement intéressée au maintien du nouvel ordre de choses, comme la *gentry* anglaise. En France, il en sortira des *nantis* car l'opération se présente d'abord comme une véritable aubaine pour les spéculateurs. Disposant d'un délai de paiement, qui s'étendra pratiquement à 10 ou 12 ans, au lieu de 2 à 3, les acquéreurs régleront en assignats dépréciés la quasi-totalité de leur dette ! Les prix d'adjudication dépassent fréquemment d'un tiers les évaluations, mais selon Clavière, pour 974 millions de biens vendus, 274 seulement ont été versés au 5 novembre 1791 et, selon Condorcet, 370 sur 1528 au 12 mars 1792. Ne disposant pas de moyens suffisants pour faire la première mise de fonds, la plupart des paysans — sauf peut-être dans l'Ouest — seront éliminés de l'affaire, tout au moins au début, et devront racheter très cher par la suite, au détail et à tempérament, les propriétés sur lesquelles agioteurs et bandes noires auront préalablement mis la main, en moyenne pour le quart de leur valeur et, quelquefois même pour presque rien.

Confirmant les craintes de Bergasse et de l'abbé Maury, c'est par compagnies entières que les vols de corbeaux s'abattent sur la terre de France. Venant d'Amsterdam, comme Louis Greffulhe et son associé Jacques-Marc Montz, neveu à la fois de Girardot de Marigny et de feu George-Thobie Thelluson, les acolytes de Necker. Liée avec Boyd, Kerr et Cie, de Londres (installés à Paris en 1785), cette maison finance le duc d'Orléans et son intendant la Touche, notamment pendant la période du séjour de Philippe-Égalité en Angleterre (300 puis 600.000 Livres le 21 janvier 1790 ; 426.000 en Mars Avril ; 880.000 en Décembre, plus une très grosse avance-garantie par les 4,1 millions de Livres de la dot de Melle de Montpensier en 1721, reine douairière d'Espagne, dont la créance avait été cédée aux Orléans en 1742 — le 17 décembre 1790. Walter Boyd et J. Guillaume Kerr avaient déjà accordé au duc 1,8 millions de Livres de crédits au 31 décembre de cette année, lorsqu'ils lui en ouvrirent encore 1,2 le 21 février 1791. Associé au *nabab* Paul Benfield le 15 mars 1793, Boyd était le banquier de confiance de William Pitt. Louis Greffulhe et Montz qui achetèrent la manufacture de Sèvres pour un demi-million de Livres en Mars 1792, se livrèrent à toutes sortes de trafics, allant des transferts clandestins de fonds pour le compte d'émigrés, jusqu'aux achats de chevaux en Hollande, aux fournitures militaires et aux participations dans la manufacture d'armes de Moulins, en passant par l'accaparement du sucre et du café à la veille du soulèvement de Saint-Domingue en Janvier 1792 et par l'acquisition de biens nationaux. Au lendemain de la déclaration de guerre à l'Angleterre, le 1er février 1793, Greffulhe s'enfuit ; il débarqua à Londres le 1er mars. Laissant son associé Montz faire face à la loi du 1er août sur les étrangers et aux rigueurs jacobines contre les banquiers : incarcéré à la Force le 29 octobre, il parvint à en sortir le 22 Thermidor.

Plus heureux Perrégaux parvint à conserver la confiance des Anglais, en même temps que celle de Cambon, de Robespierre et de Fouquier-Tinville ; banquier du Comité de Salut Public, il ne cessa à aucun moment d'assurer les transferts de fonds du régime. Originaire de la principauté de Neufchatel, à l'ombre de *l'empire des indiennes*, monté par le cosmopolite Pourtalès, formé par des stages successifs à Mulhouse, Amsterdam et Londres, il s'était vu confier par Panchaud sa procuration pendant la guerre d'Amérique, puis s'était associé, à la fin de 1786, avec J. Albert Gunpelzheimer, correspondant de la maison Bethmann de Francfort et de Bordeaux.

D'autres Suisses, en exil ceux-là, en provenance de Bruxelles, Senn, Bidermann et Cie, s'étaient établis à Paris en Juin 1789 (au capital de 4,5 millions de Livres). Associés avec Clavière, ils réunirent 6 m. et s'engagèrent dans le trafic d'une vaste Compagnie internationale des Indes, qui leur rapportera 2,2 m. de bénéfices en 1791 et plus d'un million en 1792. Membre du *comité genevois* de Mirabeau, jacobin, girondin, arrêté sous la Terreur, Jacques Bidermann se trouva mêlé à toutes les intrigues politiques de la Révolution, en même temps qu'il participait à la direction de divers organismes économiques : administration des Subsistances de la Ville de Paris, direction des Subsistances générales, Directoire des Achats, et qu'il assumait les fonctions de banquier du ministère des Affaires étrangères. Malgré ces activités profitables, comme on l'arrêtait pour la troisième fois, au début de 1794, il fut déclaré en faillite.

À côté de ces banquiers cosmopolites, émules de Schweitzer déjà cité et de Pache, dont il sera question plus loin, de moindres seigneurs, voire quelques Illuminés du type ploutocrates démagogues, participent à la bonne affaire des biens nationaux. Benjamin Constant lui-même, dans sa correspondance, s'émerveillera naïvement, après son arrivée en France, des profits inespérés qu'il est possible de réaliser. Cependant, à l'intérieur du pays se constituent des sociétés d'accapareurs, notamment dans la Moselle et le Bas-Rhin, où les administrateurs et leurs commis participent à ce trafic, et dans le Vaucluse, les Bouches-du-Rhône, le Var. Si l'on manque de précisions en ce qui concerne le Bordelais, le Laonnois, l'Orléannais et diverses régions du Languedoc, très anciennes zones d'implantation des communautés hétérodoxes en France, du moins connaît-on le rôle prépondérant des Juifs alsaciens et avignonnais dans les opérations de ces bandes noires. C'est ainsi qu'ils profitèrent d'abord d'une émancipation qu'ils n'avaient pas obtenue sans peine et qui d'ailleurs ne les satisfaisait pas pleinement.

RIVALITÉ ENTRE SEPHARDIM ET ASCHKENAZIM

S'ils étaient officiellement bannis de France, depuis que Philippe le Bel les avait expulsés en Septembre 1306 au nombre de 100.000 et que les bénéficiaires d'autorisations de séjour limitées à 12 ans en 1315 et à 20 ans en 1360 avaient pour la plupart quitté le pays vers 1390, du moins ceux qui subsistaient avaient-ils vu leur sort sensiblement amélioré au cours de la seconde moitié du XVIIIe siècle. À l'exemple des despotes éclairés, de Frédéric et de Joseph II, Louis XVI s'était attaché à adoucir le régime auquel ils étaient soumis. Les quelque 50.000 israélites qui vivaient alors en France formaient deux communautés nettement distinctes. Fiers de leur origine et de leur culture les *sephardim* hispano-portugais de la région de Bordeaux, tolérés comme *nouveaux chrétiens* pour la plupart depuis l'époque d'Henri III, riches banquiers, armateurs, armuriers, en relations suivies avec les colonies, à la tête desquels se détachaient les Pinto (plus tard établis à Amsterdam) et surtout la puissante maison des Gradis, bénéficiant d'un traitement de faveur, méprisaient leurs congénères avignonnais — encore retenus dans les *ghettos* du Pape — et surtout leurs 31.000 coreligionnaires d'Alsace et de Lorraine, *aschkenazim* d'origine allemande, encore mal dégrossis et demeurés fidèles à l'ensemble de leurs rites traditionnels.

Telle était la jalousie entre ces frères ennemis que les premiers avaient délégué à Paris en 1760 Jacob Pereire pour obtenir de Louis XV la ratification d'un règlement par lequel seraient expulsés de Bordeaux dans les trois jours, comme vagabonds, ceux des seconds qui se seraient indûment introduits dans la ville ; magnanime le duc de Richelieu étendit ce délai à quinzaine (Novembre 1761). Ils chargèrent alors Isaac Pinto, répondant aux attaques de Voltaire en 1762, de démontrer la supériorité de leur propre communauté. Ce qui n'empêcha pas les marchands de Bordeaux de les dénoncer comme faux chrétiens et de protester en 1767 contre leur admission aux brevets.

Branche séparée du tronc allemand, les *aschkenazim* avaient pour *zone de résidence* l'Alsace, à l'exclusion de Strasbourg, et la Lorraine (Metz et Nancy). À l'instar de leurs coreligionnaires d'Europe centrale et orientale, ils exerçaient bien certains métiers artisanaux, mais vivaient surtout du commerce des boissons et de l'usure, ce qui leur valait l'hostilité générale des populations. Cependant, suivant en cela l'exemple de Choiseul, qui était intervenu en 1767 pour qu'il puisse passer l'hiver à Strasbourg Louis XVI, en 1775, s'était montré libéral à l'égard de leur chef Herz Medelsheim dit Cerf-Beer, munitionnaire et, nous l'avons vu, banquier du duc d'Orléans, lui accordant des lettres de naturalisation, assorties du droit de résider et d'acquérir des immeubles sur quelque point du territoire que ce soit.

Le roi, qui était déjà intervenu en faveur des *aschkenazim* d'Alsace, réunit en 1787, sur l'initiative de Malesherbes, une commission pour la réforme du judaïsme français, où Gradis, Furtado et Isaac Rodriguez, de Bordeaux et de Bayonne, se heurtèrent tout de suite à Cerf-

Beer de Strasbourg et à Beer Isaac Beer, de Nancy. Opposition qui réduisit à néant les travaux de la commission. Cependant Mirabeau, tout frais émoulu des salons de Berlin, publiait à l'instar de Dohm, son opuscule *« sur Moïse Mendelssohn et sur la réforme politique des Juifs »* (1787) et l'abbé Grégoire se signalait pour la première fois à l'attention publique, en écrivant son *« Essai sur la régénération physique, morale et politique des Juifs »* que l'Académie des Sciences et des Arts de Metz couronna le 20 janvier 1789.

ÉMANCIPATION DES PREMIERS, PUIS DES SECONDS

La déclaration des Droits de l'Homme, proclamée le 26 août (qui n'avait pas retenu la formule *européenne* proposée par La Fayette) n'allait-elle pas suffire à les émanciper, alors que David Gradis avait déjà failli se faire élire comme député de Bordeaux aux États-généraux ? Il n'en fut rien car, les autres n'étant pas considérés comme naturalisés, la tolérance religieuse proclamée par Castellane, Mirabeau, Rabaud Saint-Étienne, le 23 août, ne s'appliquait pas à eux. Avec l'autorisation de Necker, Cerf-Beer, syndic-général, avait bien réuni en Mai 1789 une commission chargée de rédiger les revendications des Juifs d'Alsace et de Lorraine. Mais, en Août, des troubles avaient eu lieu et la population ayant attaqué et pillé leurs maisons, un millier d'entre eux s'étaient réfugiés en Suisse, dans la région de Bâle, voisine.

Ce fut l'occasion que saisit l'abbé Grégoire. Onze délégués des Juifs de Paris, conduits par le hollandais Jacob Goldschmidt et le portugais Lopez Laguna avaient déposé une première adresse le août et quelques jours plus tard, une autre avait été présentée par les Juifs d'Alsace. À l'approche du *Grand Pardon*, le 28 septembre, l'abbé Grégoire et le comte de Clermont-Tonnerre (descendant, comme on sait, de Samuel Bernard) intervinrent à nouveau. Le 14 octobre, Beer Isaac Beer remit solennellement une nouvelle pétition à l'Assemblée. Député d'Alsace, Reubell se montra d'emblée défavorable. Le 23 décembre, les champions des deux partis s'affrontèrent.

Clermont-Tonnerre d'abord, dans le plus pur style de Joseph II : *« Aux Juifs, en tant que nation, il faut tout refuser, mais aux Juifs, en tant qu'hommes, il faut tout accorder. Il est nécessaire qu'ils soient des citoyens. On prétend qu'ils ne veulent pas eux-mêmes être des citoyens : qu'ils le disent et ils seront expulsés car il ne peut y avoir de nation dans la nation... Or, ils demandent dans leur pétition d'être considérés précisément comme des citoyens »*... Mais renonçaient-ils pour autant à se considérer comme le peuple *élu*, au-dessus des autres nations ? À quoi l'abbé Maury d'objecter : *« le mot juif sert à désigner, non une secte, mais une nation ayant ses lois propres, qu'elle a toujours suivies et qu'elle entend suivre à l'avenir... Les Juifs ont franchi dix-sept siècles sans se fondre avec les nations voisines. Ils n'ont jamais eu d'autre préoccupation que le commerce de l'argent. En Alsace, ils possèdent des hypothèques sur des biens immobiliers pour une somme de 12 millions. En un mois, ils peuvent devenir les propriétaires d'une moitié de cette province »*... Et de conclure : *« Qu'ils soient donc protégés en tant qu'hommes, et non en tant que Français, car ils ne peuvent pas être des citoyens »*. Ce à quoi Robespierre répondit par l'*Évangile* selon Rousseau, mais non sans esprit : *« les Juifs deviendront bons, quand ils s'apercevront qu'il est avantageux de l'être »*. Cette fois, malgré Du Port et sur la proposition du duc de Broglie, la discussion s'acheva par un match nul : la question fut ajournée (24 décembre).

Pour la reprendre et créer un précédent, on la scinda. Appuyé par de Sèze, député de Bordeaux, Talleyrand obtint de l'Assemblée, par 373 voix contre 225, le 28 janvier 1790, que *« tous les Juifs connus en France sous le nom de Juifs portugais, espagnols, avignonnais jouiraient des droits des citoyens actifs »*. Ainsi, sous couleur de consacrer des droits acquis, la porte de la citoyenneté s'entrouvrirait pour les *sephardim*. Ceux de Paris multiplièrent alors les démarches pour qu'elle s'entrebâillât pour eux. Forts de ce *« qu'ils étaient au centre même du mouvement révolutionnaire et y prenaient une part très active »*, même pécuniairement (Doubnov, t. i p. iii) ils confièrent à leur avocat Godard le soin de rédiger une nouvelle pétition, signée de Cerf-Beer, Beer Isaac Beer et David Sinzheim, de réclamer au nom d'une délégation de 50 gardes nationaux juifs l'égalité des droits à la Commune de Paris (28 janvier 1790) et de travailler dans ce sens les 60 sections de la capitale (celle des Carmélites, où ils étaient nombreux, répondit la première). L'abbé Bertolio, l'abbé Mulot, le maire Bailly ayant approuvé la pétition le 30 janvier, forts de l'accord de 53 sections, une délégation conduite par l'abbé Mulot se présenta à l'Assemblée le 25 février. Bien accueillie par Talleyrand, qui présidait, elle ne recueillit cependant, malgré l'appui du duc de Liancourt, qu'un nouvel ajournement, de plus importantes questions demeurant à l'ordre du jour. La Constituante reculait d'ailleurs devant les protestations des assemblées de citoyens, unanimes à Strasbourg (8 avril) et à Colmar contre l'émancipation des Juifs. Craignant de déclencher des pogroms, elle leur refusa le bénéfice de la loi qui permettait aux étrangers de se faire naturaliser après cinq ans de résidence en France (20 juillet 1790). Seules certaines taxes spéciales dont ils étaient l'objet furent supprimées et ils obtinrent l'autorisation d'édifier à Paris une synagogue, en invoquant la liberté des cultes (7 mai 1791).

Une dernière fois, le 18 janvier 1791, le duc de Broglie dénonça *« toute cette intrigue, ourdie depuis longtemps par quatre ou cinq juifs puissants, établis dans le département du Bas-Rhin. Un d'entre eux (Cerf-Beer), qui a acquis une fortune immense aux dépens de l'État, répand depuis longtemps des sommes considérables dans cette capitale pour s'y faire des protecteurs et des appuis et parvint à faire remettre à plus tard la question. Mais, la Constitution votée le 3 septembre, Du Port exigea de l'Assemblée, deux jours avant qu'elle se séparât, que soit promulgué un décret proclamant que les Juifs jouissent en France des droits de citoyens actifs, à seule condition de prêter le serment civique, ce serment devant être considéré comme une renonciation à tous les privilèges et lois exceptionnels qui ont été précédemment établis en leur faveur »* (27 septembre 1791), décision que Louis XVI ratifia le 13 novembre.

Ainsi émancipés, étaient-ils au moins satisfaits de l'égalité obtenue ? Très vite, ils en furent déçus, dans la mesure où l'esprit niveleur de la Révolution les atteignit dans leurs privilèges, dans l'administration de leurs communautés, dans la liberté de leur culte, dans le fonctionnement de leurs écoles. Dans la mesure aussi, où pour recevoir ces droits, ils avaient dû feindre de se prêter à l'assimilation qu'on leur imposait, puisque comme le remarque Doubnov (1,83) : *« Il ne venait encore à l'esprit de personne que même un peuple dépourvu d'organisation politique et privé de territoire avait le droit d'exiger l'égalité civique*, tout en conservant sa spécificité nationale et culturelle *»*. Or, c'était réellement ce à quoi ils prétendaient, bénéficier d'une double nationalité celle de leur pays de résidence et, en plus, de leur nationalité propre, universelle et supérieure. Dans son *« Histoire du Peuple juif »* (1,85) Doubnov n'hésite pas à écrire qu' *» ils devaient lutter pour leurs droits et leur liberté... en tant que membres de la nation juive, au sens le plus large et universel du mot, et non en tant que fragments d'organismes nationaux étrangers »*.

DOMESTICATION DU CLERGÉ, ACCOMPAGNÉE D'UN ESSAI DE PAGANISATION

L'égalité des droits, la liberté du culte, dans le même temps qu'elle l'accordait aux protestants d'abord (23 août), aux Juifs ensuite, la Révolution, fidèle à ses origines *philosophiques* et maçonniques, s'apprêtait à la refuser aux catholiques.

La confiscation des biens ecclésiastiques impliquait comme corollaire une réorganisation de l'Église de France. Précédée de l'interdiction des vœux monastiques et de la suppression des Ordres religieux (13 février 1790), ce fut la Constitution civile du Clergé, votée le 12 juillet 1790. Sous l'autorité de dix archevêques, il y aurait 83 évêques, un par département, intronisés par leurs métropolitains, et des curés choisis par des électeurs divisés en huit classes, un par 10.000 habitants ; les chapitres seraient supprimés. Somme toute, les auteurs de ce texte,

Camus et ses amis jansénistes, prétendaient établir une Église gallicane, nationale, entièrement soumise à l'autorité de l'État qui en payait les ministres. Mais l'Assemblée ayant refusé la réunion d'un concile national, réclamée par l'archevêque d'Aix, Boisgelin, pour en discuter (29 juin 1790), comment penser que Rome accepterait sans protester pareille initiative ? De fait, le 10 mars 1791, la Pape Pie VI la rejeta. Et l'obligation du serment, votée le 27 novembre 1790 sur l'initiative du protestant Barnave, ajouta encore au trouble des consciences et, provoquant l'hostilité des fidèles, finit d'engendrer le désordre dans tout le pays. Sept évêques seulement *jurèrent ;* Grégoire et une soixantaine de députés du Clergé prêtèrent serment le 27 décembre ; Talleyrand démissionnaire de l'évêché d'Autun entre le 11 et le 17 janvier 1791 n'en consentit pas moins à sacrer deux évêques *constitutionnels* le 24 février et un troisième le 24 mars, ce pour quoi le pape l'excommunia. Quant aux prêtres, insensibles à l'augmentation du traitement des curés, porté de 700 à 1.200 livres, plus de la moitié refusèrent le serment. La lutte s'engagea entre *jureurs* et *réfractaires*. Honnis de leurs ouailles, les premiers durent requérir la garde nationale et le soutien des *clubs* pour s'installer, tandis que les seconds se cachaient. L'évêque de La Luzerne demanda que la tenue des registres de l'État Civil soit enlevée au Clergé constitutionnel. Une tentative faite par Talleyrand et Sieyès pour autoriser les réfractaires à célébrer le culte en des lieux privés, à Paris d'abord (11 avril 1791) et sur l'ensemble du territoire ensuite (7 mai 1791) fut rapidement enterrée. Cet *édit de tolérance* demeura lettre morte.

Et voici qu'à côté de l'Église *constitutionnelle*, paraissent les *fêtes civiques*, celle de la Nature, le 1er mai (est-ce un souvenir des *Niveleurs* ?), prônée par Sieyès et des commémorations *nationales* qu'encouragent le républicain Condorcet, le pasteur cévenol Rabaud Saint-Étienne, l'hétérodoxe Manuel, et qui préludent au culte de l'Être Suprême et de la Raison, dont Robespierre sera le Pontife. Mais le peuple resté attaché à la religion traditionnelle se révolte dans le Midi, dans l'Ouest. Et le roi bridé dans sa liberté, brimé dans sa conscience, étroitement surveillé comme un otage, tente d'échapper à l'étau qui, impitoyablement, se resserre pour l'écraser.

LA MONARCHIE AUX ABOIS

Jusque-là, par son inlassable bonne volonté, son inébranlable patience, son abnégation entière et la constance de son courage tranquille, il a déjoué toutes les provocations, tous les pièges dans lesquels on a tenté de le faire tomber. Car l'heure est venue à présent, après l'autel, d'abattre le trône. Pressée par le danger, la Cour recherche à la fois des appuis extérieurs et des alliés. Mais les princes hésitent à s'engager dans ce guêpier. Le roi d'Espagne a tout à craindre des réaction de l'Angleterre, trop heureuse de voir la France, sa rivale, neutralisée, impuissante (le massacre des *habits rouges*, fine fleur des cadres de la marine, dans la folle équipée de Quiberon ne posera-t-il pas les prémisses de sa victoire de Trafalgar ?). L'empereur Léopold met peu d'empressement à répondre à l'appel de son beau-frère et aux démarches de Breteuil. Tout au plus consent-il à maintenir quelques troupes aux Pays-Bas, où il vient de rétablir son autorité (22 novembre-2 décembre 1790), pour y recueillir Louis XVI, dans le cas où celui-ci parviendrait à gagner, par Compiègne ou Fontainebleau, la frontière du Nord-Est. La déclaration de Pillnitz conjointe avec le roi de Prusse Frédéric-Guillaume (25 août 1791) ne sera qu'une mise en garde, conditionnelle et mesurée ; les deux compères, sollicités par le deuxième partage de la Pologne, ont mieux à faire que de s'immiscer dans les affaires de France.

D'appui militaire, il n'en existe plus qu'un : l'armée du marquis de Bouillé, que la sévère répression des mutineries de Nancy a signalé à l'attention royale. Parent de La Fayette, il s'est défié des avances de celui-ci, mais à deux reprises, par l'intermédiaire de Mgr d'Agoult et du comte de La Marck, en Février, Louis XVI lui a fait connaître son projet de venir rejoindre son armée au printemps de 1791. Comme alliés politiques, il ne peut plus compter que sur le dernier carré de royalistes conduits par l'abbé Maury, qui se réunissent aux Capucins, puis au Salon français. Les libéraux, les constitutionnels sont divisés. Au Panthéon, puis rue de Chartres, à côté du Palais-Royal, se retrouvent les *monarchiens ;* Mounier disparu de la scène, ils ont pour chefs Stanislas de Clermont-Tonnerre, Malouet, Cazales, Virieu, l'abbé de Montesquiou. Mais les deux groupes les plus importants siègent aux Jacobins, où le triumvirat Adrien Du Port, Alexandre de Lameth, Barnave, partage avec Robespierre et ses amis de la gauche la plus avancée l'influence sur le millier de membres que compte le club à la fin de l'année 1790 et à la Société de 1789, fondée au Palais-Royal le 12 mai 1790. George Grand, le financier de la guerre d'Amérique, a été le premier président de ce club *sélect* de 600 membres, qui réunit les banquiers cosmopolites, tels Clavière, Hubert Boscary, Dufresne Saint-Léon, Lavoisier, les grands seigneurs maçons, les ducs de La Rochefoucauld, de Liancourt, les comtes de Castellane et de Custine et les hommes politiques les plus en vue : La Fayette, Talleyrand, Sieyès, Condorcet, Bailly, Dupont de Nemours, Le Chapelier, Roederer, etc.

Au sein de ces deux clubs, les coteries se côtoient et se jalousent, se coalisent et se combattent, lamethistes et lafayettistes, constitutionnels à l'anglaise et républicains à l'américaine, ceux qui voudraient fixer la Révolution, et ceux qui la veulent poursuivre. Entre eux à diverses reprises, l'ambassadeur des États-Unis, Jefferson[22] est intervenu comme arbitre, tentant de rapprocher les points de vue, à propos du veto, le 27 août 1789, entre Du Port, Barnave, Alexandre de Lameth, d'une part, et La Fayette et ses amis, de l'autre.

ACHÈTE MIRABEAU

Parmi ces gens, dont plusieurs sont à vendre, la Cour recrute des appuis. Moyennant 6.000 Livres par mois 200.000 pour payer ses dettes et la promesse d'un million à la clôture de l'Assemblée nationale, Mirabeau accepte les propositions du comte de La Marck. Il intervient vigoureusement en faveur de la prérogative royale en matière de paix et de guerre (le 20 mai et les jours suivants), mais de nombreux amendements ne laissent finalement au souverain que le droit de *proposition* instituent un *comité diplomatique* qui le surveille et, déclarant la paix au monde, proclament que la *« Nation française renonce à entreprendre aucune guerre dans la vue de faire des conquêtes »*. Le 5 décembre, Mirabeau, convoqué par Mr de Montmorin, ministre des Affaires étrangères, lui suggère un plan de manœuvre destiné à déconsidérer les *triumvirs* en les amenant à des mesures très modérées, tout en stimulant par une campagne menée par Duquesnoy dans *« l'Ami des Patriotes »*, les enragés de l'extrême-gauche. C'est la politique du pire. Elle échoue. Très vite démasqué par un pamphlet répandu par les Lameth, *« la grande trahison du comte de Mirabeau »*, dénoncé le 10 août 1790 par Marat — qui se voit menacé d'arrestation — le tribun qui a fourni une quarantaine de rapports à la Cour, succombe le 2 avril 1791, à des coliques néphrétiques, dont il souffre depuis le 22 mars, consécutives à l'absorption de trop fortes doses d'arsenic, venues à point nommé remplacer l'*aqua tofana*, réservée par la Maçonnerie aux frères qui la trahissent. L'on vit alors Talleyrand offrir à son tour ses services et Mr de Montmorin négocier avec Alexandre et Charles de Lameth un accord, entre les *triumvirs* et la Société de 1789 (21 avril 1791).

---

[22] Ce Thomas Jefferson, formé par les Illuminés, est un admirateur si fanatique des Jacobins, qu'une fois secrétaire d'État, il envisage froidement en 1793 de condamner à la ruine la moitié de la terre (« *Half the Earth desolated* ») pour que triomphe son idéologie. Alors qu'au contraire son successeur à Paris le gouverneur Morris jugera très durement les excès de la Révolution.

La politique du pire n'avait procuré que des déboires. Après une empoignade aux Jacobins entre Barnave et Brissot, à propos de l'émancipation des Noirs (11 mai 1791), les Lameth, alliés à de grands planteurs *colonialistes* de Saint-Domingue (comme La Rochefoucauld d'ailleurs), perdent beaucoup de leur influence dans le club au profit de Robespierre, qui excelle à lancer des formules *historiques* du genre : « *Périssent les colonies plutôt qu'un principe !* », et « *Licencions les officiers pour démocratiser l'armée !* » (6 juin 1791). Mais l'avocat d'Arras parvient à faire décider par l'Assemblée le 7 avril que ses membres ne pourront être portés au ministère pendant les quatre années suivantes et, le 16 mai, qu'ils ne seront pas rééligibles à l'Assemblée législative. Une nouvelle *trinité jacobine*, Robespierre, Petion, Buzot, se profile à l'horizon. Il est temps de renverser la vapeur et de provoquer entre modérés une réconciliation générale.

LE ROI PRISONNIER POUR DÉLIT DE FUITE

C'est alors que l'on apprend la fuite du roi (20 juin 1791). Une première fois, le 18 avril, il avait tenté de se rendre à Saint-Cloud pour y faire ses Pâques des mains d'un prêtre insermenté. Mais des émeutiers réunis à l'Hôtel de Ville, à l'appel de Danton et d'agents de la faction d'Orléans, bloquant les Tuileries, l'avaient contraint à rebrousser chemin. Les cavaliers de la Garde nationale avaient dû dégager le château. Sur quoi La Fayette avait menacé d'abandonner son commandement et repris sa démission sur les instances des 60 bataillons parisiens. Mais ses manœuvres, cette fois, sont aussi troubles qu'au 6 octobre 1789. Averti de l'imminent départ de Louis XVI, il ne tente rien pour s'y opposer. Se bornant à prévenir Bailly, son alibi, que « *le roi et sa famille sont au moment de quitter Paris* », deux heures après que leur berline a pris la route de Champagne comme à Versailles, il s'endort du sommeil le plus calme. Renseigné depuis le 10 juin, probablement par une domestique de la reine, la femme Rochereuil, il a eu tout le temps de prendre ses précautions, de prévenir Drouet à Varennes et de confier au coiffeur de la reine, lancé au galop devant la voiture royale, le soin de faire rebrousser chemin au premier détachement d'escorte, commandé par le fils de Bouillé, qui attendait le roi.

Le lendemain, 21 juin, sûr de sa victoire, de concert avec Bailly et Alexandre de Beauharnais, président de l'Assemblée, il ordonne que le roi soit arrêté et ramené à Paris, tandis que le comte de Provence parvient à gagner la Belgique. Cette fois, la question royale est posée. Entre les constitutionnels à l'anglaise, partisans du maintien du roi, de la création de deux chambres, d'une loi électorale plus étroitement censitaire, et les révolutionnaires qui réclament la déchéance de Louis XVI, la rupture est bientôt consommée. Malgré la réconciliation spectaculaire, suivie de cortège, qui termine le 21 juin la séance des Jacobins, les modérés, devant les violentes diatribes de Camille Desmoulins, de Robespierre et de Danton (22 juin) quittent le club pour se regrouper *aux Feuillants*, où La Fayette, Sieyès, Talleyrand, Le Chapelier, rejoignent le triumvirat Du Port, Alexandre de Lameth et Barnave. Appuyé par 290 députés, qui menacent de ne plus siéger en cas contraire, ce dernier obtient de l'Assemblée le maintien du roi. Le mois suivant le nouveau club comptera 365 membres (18 juillet).

Mais la deuxième vague révolutionnaire, se prépare, qui emportera la royauté. Dès Février 1791, l'abbé Fauchet n'avait-il pas déclaré, au club des *Amis de la Vérité*, fondé par l'Illuminé Bonneville en Octobre 1790 : « *les tyrans sont mûrs* ». Les journées bientôt se succèdent, de plus en plus fréquentes, de plus en plus menaçantes, de plus en plus violentes. Les *Amis des Droits de l'Homme*, fondés dans l'été 1790 par l'ingénieur Dufourny, le médecin Saintex et l'imprimeur Momoro, se chargent de recruter et d'en encadrer les troupes. Les principaux membres de ce club, qui se réunissait d'abord aux Cordeliers, puis au *Musée* rue Dauphine, Dansart, Marat, Tallien, Méhée, Lebon, Latouche, Sergent, Cardedieu, l'abbé Danjou, multiplient les créations de sociétés populaires pendant tout l'hiver 1790-91. En Mai, celles-ci se fédèrent sous les ordres d'un comité central que préside Robert ; elles interviennent dans les grèves, soutiennent les campagnes de Robespierre pour le suffrage universel (Avril 1791), protestent contre la loi Le Chapelier, venant après la suppression des corporations (17 mars) qui, au nom de la liberté et des droits de l'individu, artificiellement isolé dans la société, enlève aux ouvriers le droit d'association et de coalition et les livre sans défense à l'exploitation de leurs maîtres (14 juin 1791).

COMBIEN COÛTE UNE JOURNÉE POPULAIRE ?

L'instrument est prêt. Mais qui donc finance et dirige les émeutes ? Mirabeau soutient plaisamment, dit Marmontel dans ses *« Mémoires »*, *« qu'avec un millier de louis on peut faire une jolie sédition »* et qu'il en coûte peu au duc d'Orléans de soulever le faubourg Saint-Antoine. Le 28 février 1791, les émeutiers pour se faire la main, tentent de démolir le donjon de Vincennes. Vient ensuite l'affaire du 18 avril, où le *peuple* de Paris s'oppose au départ du roi pour Saint-Cloud. Une lettre, adressée à Choderlos de Laclos, âme damnée du duc d'Orléans, et publiée par Maurice de la Fuye, biographe de La Fayette (p. 137) apporte à ce sujet des précisions intéressantes. La voici : « *Vous êtes désespéré, m'a-t-on dit, d'avoir manqué votre dernière entreprise. Je le crois, elle vous a coûté beaucoup d'argent et, dans ce temps-ci, on ne saurait trop le ménager. Telles sont du moins les intentions de Frédéric-Guillaume, mon maître. J'avais escompté que le roi ne renverrait pas tout d'un coup les prêtres de sa chapelle et que, par là, nous trouverions encore quelque moyen de faire crier après lui. Point du tout, il les renvoie et nous sommes encore les dupes. Cet homme est imprenable : de quelque côté qu'on l'attaque, il vous désarme tout d'un coup. Qui aurait calculé trouver sur le trône un homme qui sacrifie toutes ses jouissances personnelles à la tranquillité de son peuple !... Notre situation a été brillante pendant quelques heures, j'ai même cru que votre aimable patron — Philippe d'Orléans — remplacerait son cousin ; mais actuellement nos espérances ne sont plus les mêmes... Tout ce qui m'en plaît, c'est que nous avons, par cette même secousse, perdu la Fayette et c'est déjà beaucoup. Nos 500.000 Livres sont consommées à peu près inutilement, voilà ce que je trouve de plus malheureux ; nous n'aurons pas tous les jours de pareilles sommes à notre disposition et le roi de Prusse se lassera de fournir de l'argent »*... *« Il faut s'armer de courage, attendre ce qu'auront fait les courriers que nous avons envoyés dans tous les départements ; s'ils ont réussi à soulever, à ameuter, alors nous aurons beau jeu. Si au contraire, ils n'ont rien opéré, je crois qu'il faudra abandonner la partie »*. P. S. *« J'apprends que la garde-nationale ne veut pas laisser partir son général. Ce coup me terrasse... Hâtez-vous de rassembler le conseil et faites-moi prévenir sur l'heure »* (Arc, nat., F. ii, 45).

Ce témoignage précieux se passe de commentaire. Quel en est donc l'auteur ? Cet actif agitateur, déjà mêlé au mouvement des Pays-Bas en 1787, s'appelle Benjamin Veitel Ephraïm. Membre d'une famille de banquiers de Berlin, citée plus haut en compagnie des Itzig, des Friedlaender, des Mendellsohn, il dit agir pour le compte du roi de Prusse. Un rapport du comte de Fersen confirme son rôle. Vienne l'affaire du Champ de Mars (17 juillet 1791) et nous l'y retrouvons mêlé : à tel point que, cette fois-ci, on l'arrête dans la nuit du 18 au 19. Exploitant la fuite du roi, la campagne pour la déchéance se développe. Danton, que l'ambassadeur La Luzerne a dénoncé avec son ami Paré, le 26 novembre 1789, comme étant à la solde de l'Angleterre, se déchaîne aux Jacobins contre *l'individu royal*. Le même jour, 22 juin, les Cordeliers déclarent la royauté incompatible avec la liberté, 4.000 citoyens défilent, venus du Palais-Royal. Tandis que Danton et Réal envisagent de faire appel au duc de Chartres, le futur Louis-Philippe, la Rochefoucauld et Dietrich, le maire de Strasbourg, formant un autre groupe avec Condorcet, Brissot et Dupont de Nemours pensent proclamer la République avec La Fayette comme président. Mais l'Assemblée se borne à suspendre le Roi, et les Cordeliers passent à l'action. Le 17 juillet, convoqués par Hébert, Chaumette, Hanriot, Coffinhal,

Momoro, ils manifestent au Champ de mars. La garde nationale intervient pour les disperser provoquant une échauffourée, que termine une fusillade. Bilan de la journée : une cinquantaine de morts. Danton se cache d'abord, comme Marat, Camille Desmoulins, Brun, Santerre, Fauchet et les autres meneurs, puis il s'enfuit jusqu'au 10 septembre en Angleterre. C'est un échec pour les agents de l'étranger, comme pour les mouvements populaires suscités par les Illuminés.

Ce n'est pourtant que partie remise. Le ministère *feuillant*, le triumvirat Adrien Du Port, Alexandre de Lameth et Barnave, qui retient le roi comme otage, est sans force. En signant la Constitution nouvelle, le 14 septembre, Louis XVI a eu l'habileté d'accorder une amnistie générale. Les élections à l'Assemblée législative, le 1er octobre, ont donné aux Feuillants 264 sièges contre 136 aux Jacobins ; entre les deux groupes siège une masse amorphe de 345 députés, le Marais. Parmi ces 765 représentants, dépourvus d'expérience politique, puisque les membres de la Constituante se sont éliminés d'eux-mêmes, il y a 400 avocats. Au milieu de ce troupeau, tandis que lamethistes et lafayettistes se disputent, bellicistes et pacifistes s'affrontent. Battu par Petion, qui a obtenu plus de voix que lui aux élections comme maire de Paris (16 novembre 1791). La Fayette, dont le poste de commandant de la garde nationale a été supprimé le 8 octobre, s'en va prendre le commandement d'une armée.

GUERRE GIRONDINE ET CONFISCATIONS

Brissot et Condorcet, qui se sont rapprochés des nouveaux élus girondins, Vergniaud, Gensonné, Guadet préparent ouvertement la guerre. Ils ont tenu des conciliabules en Octobre avec Sieyès à Auteuil, chez Duchâtelet ; d'autres se réunissent chez Mme de Staël avec Clavière, Isnard, Talleyrand et Narbonne, ministre de la Guerre. Pour Brissot et ses amis, la guerre est nécessaire, car elle peut seule permettre à la dictature révolutionnaire de s'établir sur les ruines de l'ancien régime. *« Il faut la guerre ! »*, proclame-t-il. Et encore : *« Nous avons besoin de grandes trahisons ! »*... *« Vous pouvez prendre en état de guerre des mesures que l'état de paix pourrait faire trouver trop sévères »*. Aux Jacobins, il lui faut trois mois pour réduire l'opposition de Robespierre, qui déjà voit poindre à l'horizon le fantôme de Monk, le général victorieux, de *l'imperator*, mais la majorité le suit.

Alors, au cours de l'hiver 1791-92, les mesures de rigueur et de provocation se multiplient. En province, l'anarchie règne : on assiste partout à la recrudescence des troubles, émeute du blé, jacqueries contre les châteaux, mouvements royalistes contre les *patriotes*. Tandis que la résistance des contribuables provoque la débâcle des finances, l'impôt ne rentre toujours pas. Au 5 octobre 1792, selon Clavière, il reste dû 4 millions sur 1789. 16,5 sur 1790 : sur 1971, il n'est rentré de contribution foncière que 114,5 millions sur 300, etc. Trois nouvelles tranches de 300 millions d'assignats doivent être émises les 17 décembre 1791, 30 avril et 31 juillet 1792. La Caisse de l'Extraordinaire, réduite à moins de 3 millions à la déclaration de guerre, le 20 avril, est pratiquement à sec ; l'assignat a perdu 20% de sa valeur en Janvier 1792, 41% en Mars ; les prix montent à proportion.

Comme il faut à cette situation des responsables, on en accuse les ennemis de l'intérieur. Clavière les désigne : c'est la faute, certes, aux fonctionnaires négligents, mais surtout aux émigrés, aux aristocrates, aux prêtres réfractaires. Contre eux, les décrets se succèdent : ultimatum au comte de Provence d'avoir à rentrer dans les deux mois (31 octobre 1791), aux émigrés, de se présenter avant le 1er janvier 1792 (9 novembre 1791), mesures contre les prêtres réfractaires accompagnées de la suppression des pensions (29 novembre 1791). Les Lameth conseillent au roi de rejeter ces deux derniers décrets. Mais l'Assemblée n'en vote pas moins, le 9 février 1792, le séquestre, et le 27 juillet, la confiscation des biens des émigrés. Le plafond d'émission des assignats 2.400 millions, ayant atteint le 30 avril la valeur totale de la première tranche des biens nationaux (biens domaniaux, biens du Clergé, etc.), force est bien d'en confisquer d'autres pour alimenter la caisse.

Le roi tente-t-il de réagir, sur les conseils des Lameth, pacifistes, en renvoyant le ministre de la Guerre, Narbonne (20 février) que Brissot riposte, le 10 mars, en faisant traduire en Haute-Cour le ministre des Affaires étrangères, Delessart, et en contraignant le pauvre souverain à constituer un ministère girondin avec Clavière aux Finances, Dumouriez aux Affaires étrangères, Roland, à l'Intérieur, et à déclarer la guerre au roi de Bohême et de Hongrie, le 20 avril 1792. Tente-t-il, le 19 juin d'opposer son *veto* au décret du 27 mai, menaçant de déportation les 70.000 prêtres réfractaires et à celui du 8 juin, prévoyant, sur l'initiative de Servan, ministre de la Guerre, la constitution d'un camp de 20.000 fédérés à Paris pour le 14 juillet, tout en acceptant celui du 19 mai, licenciant sa garde constitutionnelle (6.000 hommes, dont le commandant, le duc de Cossé-Brissac, se voyait menacé de Haute-Cour). Ose-t-il renvoyer du ministère Servan, Clavière et Roland, tandis que Dumouriez démissionne et part commander une armée en Belgique (15 juin) que la scandaleuse journée du 20 juin, l'invasion des Tuileries par quelque 10.000 manifestants conduits par le brasseur Santerre, Alexandre, le boucher Legendre, le piémontais Roturdo, Fournier l'Américain, l'humiliation du bonnet rouge dont on l'oblige à s'affubler, tente vainement de lui imposer la volonté des clubs.

La réaction provoquée à son bénéfice par cette mascarade qu'il a supportée pendant des heures d'un cœur égal, demeure sans conséquence. C'est en vain qu'une pétition en sa faveur réunit à Paris 20.000 signatures et que 76 directoires de départements proclament leur indignation. En vain que La Fayette, rentré le 28 juin, réclame la dissolution des Jacobins ; la revue de la garde nationale qu'il devait passer le lendemain est décommandée : la Révolution française ne connaîtra pas de Cromwell. Et c'est encore en vain que Petion, maire de Paris, et Manuel, procureur syndic de la Commune depuis le 2 décembre 1791, sont suspendus le 6 juillet pour avoir laissé faire et n'être intervenus qu'après coup ; la mesure est rapportée le 13. L'avant-veille, Vergniaud a fait proclamer *la Patrie en danger* ! Le 14, Petion est acclamé. Le dernier assaut contre la royauté annoncé par ce même Vergniaud qui, dès le 3 juillet, a lancé l'idée de la déchéance, se déclenche inexorablement.

L'ÉMEUTE *ALLEMANDE* DU 10 AOÛT
EMPORTE LA ROYAUTÉ

Il est soigneusement préparé : par la dissolution de l'état-major de la garde nationale (6 juillet), par l'éloignement des troupes de la capitale (15 juillet), par le recrutement de 5.000 volontaires, fédérés marseillais et bretons, retenus après la fête du 14 juillet (6 août). Tous les dirigeants révolutionnaires participent au mouvement, sans courir toutefois le moindre risque personnel, car les rôles ont été parfaitement distribués. Les girondins Vergniaud, Guadet, Gensonné, Louvet, groupés avec Brissot dans le club de le Réunion, Sieyès et son club des Vingt-Deux, Robespierre, Petion, Buzot, qui se réunissent, soit à l'Auberge du Soleil d'Or à la Bastille, soit chez son logeur, le menuisier Duplay. Ces derniers, un moment dépités du refus des marseillais d'accepter une dictature éventuelle, malgré l'amitié qui lie Barbaroux à Robespierre, seront représentés par Panis et par Anthoine, maire destitué de Metz, dans le comité secret d'insurrection.

Dès le 27 juillet, Manuel a coiffé les 48 sections parisiennes (substituées depuis le 21 mai 1791 aux 60 districts) d'un bureau central de correspondance qui transmettra ses consignes. Danton, qui a été déjà quatre fois président du district des Cordeliers, avant de devenir deuxième, puis premier substitut du procureur de la Commune (16-30 décembre 1791), groupe dans la section du Théâtre français, qu'il préside, assisté de Chaumette comme Vice-Président et de Momoro comme secrétaire, Fabre d'Églantine, Camille Desmoulins, Manuel, Marat, Fréron, Sergent, Brun, le créole Fournier, dit l'Américain ; la liaison entre les chefs en est d'autant facilitée. Sans attendre un vote de l'Assemblée, sur la proposition de suffrage universel présentée par Robespierre aux Jacobins le 29 juillet, il a pris les devants en ouvrant le lendemain les portes de sa section au populaire, aux citoyens passifs. Dans la nuit du 4 au 5 août, Chaumette procède à l'armement des marseillais, troupes de choc dont les excès commis à Arles et à Avignon suffisent à établir la réputation. Le 9 août, le brasseur Santerre et sa section des Quinze-Vingts lancent un ultimatum réclamant la déchéance du roi.

Le club des Jacobins abrite le comité secret des Fédérés. Il est alors présidé par le baron prussien Anarcharsis Clootz, un hétérodoxe, en correspondance suivie avec le duc de Brunswick, Grand-Maître de la Maçonnerie allemande, auteur du manifeste provocateur du 25 juillet. Le baron et Sieyès ont caressé le projet d'une candidature du duc au trône de France. Condorcet, en Mai, Carra, le 25 juillet, en ont lancé l'idée dans la presse ; bien que Dumouriez possède des attaches avec les Orléans, ils espèrent obtenir son appui, car il a été l'ami de Mirabeau et partage ses sympathies berlinoises. Le clan *allemand* va donc jouer un rôle important dans la préparation de la journée : il fournit à l'émeute son général en chef, l'ex-greffier de Haguenau Westermann, et son état-major, Kienlin de Strasbourg et Anthoine, ancien maire de Metz.

Dans la nuit du 9 au 10 août, la concentration s'opère : tandis que Chaumette et Carra rassemblent les fédérés bretons et marseillais, Santerre ameute le faubourg Saint-Antoine, Alexandre et Chabot le faubourg Saint-Marceau et les sociétés populaires affiliées aux Cordeliers. Après l'assassinat de Mandat, chef de la garde nationale, dans la même nuit, c'est l'invasion des Tuileries par la horde révolutionnaire, le roi, réfugié au Manège avec sa famille, qui ordonne le cessez-le-feu ; le massacre des Suisses, le pillage et l'incendie du château. La journée a fait 8 à 900 tués du côté royaliste, 376 tués et blessés chez les émeutiers.

Alors le dénouement se précipite : suspension du roi, suivie de son internement au Temple (12 août), de sa condamnation, réclamée depuis le 27 par les Jacobins, Bentabole en tête, votée le 15 janvier 1793 à une voix de majorité et son exécution le 21, dans un grand déploiement de forces.

La Fayette, décrété d'accusation le 19 août passe les lignes autrichiennes avec son état-major ; Alexandre de Lameth. Latour-Maubourg et, de son côté le maire de Strasbourg, Dietrich, en font autant. La Prusse, qui a interné d'abord à Wesel, puis à Magdebourg de Janvier 1793 à Janvier 1794 le général malchanceux, se débarrasse de ce prisonnier gênant pour elle. À partir de Mai 1794, celui qui a rêvé d'être le Washington de l'Europe ira méditer dans les cachots autrichiens d'Olmütz sur les bienfaits de la Liberté.

Cependant, l'élection de la Convention au suffrage universel ayant été décrétée le 10 août, cette assemblée se réunit le 20 septembre, abolit la royauté le lendemain et, s'opposant à toute tendance fédéraliste, proclame le 25 la République *une et indivisible*.

Le premier des tyrans ainsi abattu, les armées révolutionnaires s'emploient déjà à régler le sort des autres.

CHAPITRE XVIII

PAR LE FLAMBEAU ET PAR LA TORCHE LA TERREUR JACOBINE EMBRASE L'EUROPE

Une guerre idéologique de conquête — Par la propagande — L'Autriche se défend — L'Espagne aussi — L'Angleterre travaillée, l'Irlande insurgée — La F∴ M∴ en garde contre les Illuminés — Les intellectuels allemands gagnés à la subversion — La révolution sauvée à Valmy par les Prussiens — La 5ème colonne en Rhénanie — Débâcle de Dumouriez en Belgique — À qui la Dictature ? à la Convention ? à la Commune ? — Danton compromis — Mara échappe — Impuissance des Girondins — Robespierre et la dictature jacobine — L'Assemblée intimidée par les journées révolutionnaires — Robespierre règne par la Terreur Mais se retourne contre les enragés — ... et les fripons — Robespierre périt de son isolement — Cambon contre la gabegie et la débâcle des assignats — Écrasement des extrémistes — Thermidor : détente économique — Apaisement politique — L'armée au secours des nantis — Carnot reforme l'outil militaire La Belgique razziée — Frontières naturelles et annexions — La Rhénanie pillée — La Hollande, République-sœur, ménagée — 5ème colonne maçonnique en Italie — Bonaparte, nourrisseur du Trésor — Étend et organise ses conquêtes Écarte extrémistes et unitaires et fait sa paix — Une République hostile aux hétérodoxes : l'Helvétique — Coalition des opprimés contre leurs libérateurs.

La guerre, déclarée à Léopold II, le 20 avril 1792, à l'unanimité moins sept voix, par l'Assemblée législative — en contradiction si flagrante avec la proclamation de paix de l'Assemblée Constituante du 22 mai 1790 — allait durer vingt-trois ans et s'étendre à toute l'Europe. Un cycle de guerres de peuples, de guerres d'enfer, s'ouvrait avec elle.

Les incidents qui la préparent et l'accompagnent : ultimatum du 14 décembre 1791 sur les rassemblements d'émigrés — que l'Électeur de Trêves se déclare prêt à disperser (21 décembre) — suivi de l'exigence que l'empereur Léopold désavoue l'entente conclue par son ministre Kaunitz avec la Prusse à Pillnitz, le 25 août 1791 ; réplique de Frédéric-Guillaume II, déclarant le 20 février 1792 qu'une intervention française serait considérée comme un *casus belli* ; rejet des notes françaises du 27 mars, le 7 avril, par le nouvel empereur François II, qui vient de succéder à son frère, mort le 1er mars dans des circonstances suspectes, probablement empoisonné par un cuisinier italien ; manifeste menaçant du duc de Brunswick (25 juillet) : ces incidents ne sont que prétextes et péripéties.

Ses causes intérieures, déjà énumérées, ne sont elles-mêmes que secondaires. Par ses origines idéologiques, la Révolution à vocation universelle, triomphante en France, devait employer les forces de cette grande Nation, alors la première de l'Europe (26 millions d'habitants sur 187 en 1789), à libérer les autres peuples de la superstition et de la tyrannie. Déclenchée en France, après le succès de la guerre de l'Indépendance américaine, et malgré l'échec de deux tentatives effectuées en Suisse en 1782 et en Hollande en 1787, préparée par des arrière-loges franco-allemandes, elle a réalisé la première phase d'un programme dont l'exécution doit s'étendre à l'ensemble de l'Europe.

UNE GUERRE IDÉOLOGIQUE DE CONQUÊTE

Ce plan de révolution universelle, Adrien Du Port en avait exposé les grandes lignes, le 21 mai 1790, dans un discours retrouvé dans les papiers du cardinal de Bernis : *« Notre exemple rend la ruine des trônes inévitable »*, avait-il déclaré au Comité de Propagande, mais encore convient-il de ne pas se contenter d'affirmer la révolution chez nous, comme le voudrait Mirabeau : *« Si nous n'aidons à la révolution dans leurs royaumes, la nôtre est manquée... Il faut donc hâter chez nos voisins la même révolution qui s'opère en France »*. Le principe ainsi posé de la guerre préventive, Du Port exprime la crainte qu'une coalition ne se forme entre l'Empereur, les rois d'Espagne, de Sardaigne et de Naples, l'aristocratie suisse et même la Prusse. Il préconise donc, comme riposte, d'en appeler aux Cortès, de soulever la Catalogne, d'opposer les Piémontais aux Savoyards, les cantons catholiques de Lucerne, de Fribourg et celui, de Vaud aux autres cantons suisses, etc.

Malgré le témoignage du comte d'Antraigues, l'authenticité de ce discours a été mise en doute par Feldman en 1955. Il n'en demeure pas moins qu'Adrien Du Port a préparé l'exécution de ce plan en organisant le réseau de clubs affiliés aux Jacobins, non seulement en province (où le nombre des sociétés affiliées était de 152 au 16 août 1790), mais aussi à l'étranger (où il y en avait 227 au 7 mars 1791) ; que c'était le rôle du Comité de Correspondance — créé le 1er mai 1791 — à l'exemple de celui des Insurgents américains et de celui des *Amis Réunis* de maintenir la liaison avec ces diverses filiales ; et que les émissaires des Jacobins, envoyés dans toute l'Europe pour y répandre les idées des Encyclopédistes et y préparer les voies aux armées révolutionnaires reçurent des instructions qui cadraient parfaitement avec les propos d'Adrien Du Port.

Comme elles cadraient avec les projets de remaniement de l'Europe, exposés par Sieyès, avec plus d'autorité encore que Du Port. Sieyès, le penseur de la Révolution, le président du Comité de Propagande des *Amis Réunis* transformé bientôt en *Club de la Propagande* (31 rue de Richelieu dont Feldman voudrait mettre en doute l'existence), Sieyès qui, comme par hasard, en compagnie de son protecteur l'évêque de Lubersac avait parcouru les Provinces-Unies, Rotterdam, La Haye, etc, pendant la révolte de 1787, Sieyès, l'inspirateur de tant d'institutions révolutionnaires (Assemblée nationale, garde nationale, etc.) l'auteur de tant de Constitutions, grand ami de Brunswick, futur ambassadeur à Berlin, représentant, comme l'avait été Mirabeau, des tendances allemandes et prussiennes dans la Révolution, comment donc voyait-il l'Europe ? Le Hanovre à la Prusse, avec la direction de la Confédération de l'Allemagne du Nord ; la Bavière à l'Autriche ; le reste de l'Allemagne composant une fédération nouvelle, tenant la balance égale entre la Prusse et l'Autriche, garantie par la République française. C'est effectivement la politique qu'appliqueront successivement le Directoire, le Consulat et l'Empire.

Quoi qu'il en soit, dès le début de la Révolution, le Grand-Orient de France, sous la signature de son Grand-Maître, Philippe d'Orléans, avait diffusé dans toute l'Europe un manifeste dont l'empereur Joseph II eut entre les mains un exemplaire (Hoffmann, *« Avis important »*, T. i, p. 19) exhortant les loges à *« unir leurs efforts pour le maintien de la Révolution, pour lui faire partout des partisans... pour en propager la flamme... dans tous les pays et par tous les moyens qui sont en leur pouvoir »*. Dans une lettre adressée à un autre Illuminé, Cuhn, en Juin 1791, le major Mauvillon, l'initiateur de Mirabeau, confirmait ces intentions : *« Les affaires de la Révolution vont toujours mieux en France, j'espère que, dans peu d'années, cette flamme prendra aussi partout et que l'embrasement deviendra général ; alors notre Ordre pourra faire de grandes choses »*.

Par tous les moyens ! Par le poignard et par le poison ! C'est ainsi que l'Empereur Léopold II, bien que de tendances libérales, éprouva les effets du *bouillon de Naples*. Que le roi Gustave III de Suède, pour avoir tenté de restaurer l'autorité royale, tout en émancipant les paysans par l'acte d'Union en 1789, périt au bal masqué de l'Opéra, dans la nuit du 15 au 16 mars 1792 d'un coup de pistolet tiré par Mahneke, un frère servant de loge, valet du comte Ankarström. Instigateur du meurtre le duc de Sudermanie, frère du roi et Grand-Maître de la Maçonnerie suédoise, devenu régent, fit arrêter et abattre le comte Munk et tenta de faire enlever à Naples, le comte Armfeldt, principaux conseillers du roi défunt. Et c'est ainsi que le roi George III d'Angleterre échappa lui-même à plusieurs attentats (en 1792, le 13 octobre en 1794, le 3 février et en 1797). Debry ne proposait-il pas à l'Assemblée législative, le 26 août 1792, la constitution d'une légion de 1.200 assassins, qui se chargeraient de faire place nette ?

PAR LA PROPAGANDE

Par la plume des écrivains révolutionnaires et leurs publications subversives ! En Angleterre, *« Les Droits de l'Homme »* de Thomas Paine. En Hollande, les *« Traités sur l'Égalité »* de Paulus. En Allemagne, *« Le citoyen français »* du pédagogue Henri Campe, collaborateur, comme Mauvillon, du *« Journal de Brunswick »* et la *« Profession de foi politique »* de l'illustre von Knigge (*Philon* des Illuminés). En Italie, les ouvrages de Gorani. Afin de s'attacher davantage ces précieux collaborateurs, le 26 août 1792, sur proposition de Marie-Joseph Chénier, l'Assemblée législative, préludant à l'européanisation de la Convention, décrète la naturalisation d'une fournée de ces Jacobins convaincus, *alliés du peuple français*, les Anglais Priestley, Bentham, Clarkson, Wilberforce (l'émancipateur des noirs), Jacques Mackintosh, David Williams ; les Américains Washington, Hamilton, Thomas Paine ; les Allemands Schiller, Klopstock, Campe, Anarcharsis Clootz ; le Suisse Pestalozzi ; l'Italien Gorani ; le Polonais Kosciusko ; le Hollandais Corneille Pauw.

Par les intrigues des agitateurs et des clubs ! Comme par les menées des Illuminés dans les loges ! Jusque dans les contrées les plus lointaines se répandirent les émissaires des Jacobins. En Russie où, des conciliabules ayant été découverts chez l'ambassadeur d'Angleterre, Whitworth, à l'insu de celui-ci, le représentant Garat dut quitter Saint-Pétersbourg. En Pologne, où Duveyrier se rendait auprès de Bonneau (bientôt déporté en Sibérie) lorsqu'il fut découvert à Copenhague. Où, après l'échec de Stanislas Poniatowski pour affermir la royauté (3 mai 1791), selon le témoignage de Cambon, la France révolutionnaire dépensa plus de 60 millions pour soutenir Kosciusko et les révoltes de Varsovie, de Vilna et de Lublin au printemps de 1794. En Turquie, où les Jacobins ont recours au ministre de Suède, grec de naissance, Mouradgea d'Hohson, au drogman Ruffin, professeur de langues orientales, à Lesseps, ancien compagnon de Lapeyrouse. Où Sémonville sera surpris sur la route de

Constantinople, transportant des fonds provenant des diamants de la couronne, destinés à gagner les ministres de la Porte. Jusqu'aux Indes, où l'on traduit les *« Droits de l'Homme »* en langue malabar et où les imprimeries de Pondichéry diffusent les libelles. Jusqu'au Canada, où David Lean, envoyé de Philadelphie par le ministre Adet pour préparer un éventuel débarquement, fut condamné à mort le 21 juillet 1797 par le jury de Québec. Jusqu'aux États-Unis, où Washington finit par exiger le rappel du citoyen-ambassadeur Genêt, pour avoir essaimé des *democratic clubs* affiliés aux Jacobins, monté l'émeute du whisky à Harrisburg (où l'on arbora le drapeau français) et tenté d'en appeler au peuple contre son gouvernement. À la suite de quoi Genêt partit échangé contre le gouverneur Morris, également rappelé de Paris, et des mesures de répression contre l'agitation jacobine étrangère furent votées (*Alien and Sedition Acta* de 1795-96).

L'AUTRICHE SE DÉFEND

Au centre de l'Europe, l'Autriche, puissance catholique, est particulièrement visée. Mais elle se défend. Revenu sur le tard de ses illusions Joseph II, introduit Kleiner chez les Illuminés afin de pénétrer leurs complots, s'efforce de détacher de l'Ordre ses amis, tel le prince de Lichstenstein, de surveiller l'activité des loges et d'épurer l'administration. Éclairé sur les intrigues maçonniques par le professeur Hoffmann, qui s'était retourné contre la secte et dénonçait les manœuvres des Illuminés (comme la désignation par Paris et Strasbourg de sept commissaires chargés de la propagande à Vienne et dans l'empire, etc.) et par un important mémoire de J. G. Zimmermann, de Berne, Léopold II, après avoir conclu avec la Prusse l'alliance de Pillnitz et obtenu de cette puissance le remplacement de son ambassadeur, le baron de Haugwitz, s'apprêtait à réagir, lorsqu'il tomba victime, le 1er mars 1792, de cette *indigestion* que le *« Courrier de Strasbourg »* n.° 53, avait si prophétiquement annoncée, de Vienne, le 26 février.

Son successeur François II, voulant en finir, proposa en 1794 à la Diète de Ratisbonne l'abolition de toutes les sociétés secrètes, y compris les Rose-Croix, mais il se heurta au mauvais vouloir de beaucoup d'adeptes et de sympathisants, qui lui opposèrent *les libertés germaniques* et ne consentirent que des mesures de détail contre certaines corporations d'étudiants. Il dut se contenter de déjouer les complots tramés contre sa personne, après la mort du chevalier de Born, par ses successeurs, le lieutenant Hebenstreit et l'ex-capucin croate Martinovicz, prélat de Hongrie. Surpris par un domestique au moment où ce dernier remettait à son acolyte 500.000 Florins, ils furent arrêtés avec leurs complices, dont le riche marchand Hackel. Les deux principaux meneurs et sept seigneurs hongrois furent exécutés en Mai 1795. Le comte Fekete, chef de la loge *rouge* de Buda depuis 1790-91 entretenait l'agitation. Lié avec Condorcet, Martinovicz dirigeait la *Société de la Liberté et de l'Égalité* ; auteur d'un *« Catéchisme républicain »*, il s'était fait l'apôtre de l'émancipation des serfs.

L'ESPAGNE AUSSI

Parmi les voisins de la France, la péninsule ibérique n'était pas mûre non plus pour le déclenchement d'une action révolutionnaire. À la suite de l'intervention de Cagliostro, qui profita de ses voyages à Barcelone, à Madrid, Lisbonne, Cadix et, de nouveau à Barcelone, Valence et Alicante pour créer des loges révolutionnaires et faire adopter par la loge *España* en 1786, dix-huit propositions subversives, contre lesquelles le roi Charles III réagit violemment le 10 novembre 1787, la Maçonnerie espagnole avait éclaté en plusieurs groupements rivaux, voire hostiles les uns aux autres. Des 200 loges coiffées par *Las Tres Flores de Lis* de Madrid, rattachées d'abord à Londres et, à partir de 1760 à un Grand-Orient espagnol, apparenté à celui de France, aux destinées duquel le comte d'Aranda et le comte de Montijo avaient successivement présidé, il n'en subsista plus guère qu'une vingtaine. Une partie des autres se regroupa autour d'un nouveau Grand-Orient dirigé par Azanza, qui devait collaborer plus tard à l'avènement de Joseph Bonaparte. Quant au reste, les loges révolutionnaires montées par Cagliostro, elles disparurent avec leurs chefs, Picornell, Gomila, l'abbé Marchena, dans la conspiration avortée de San Blas (fin 1794-début 1795). Réfugié à Bayonne, de Mai 1792 à Janvier 1793, en compagnie de Vicente Maria Santivanez, José Marchena y constitua un comité, qui s'efforça, sans plus de succès que celui créé à Puigcerda après l'occupation de cette ville frontière, de diffuser la propagande révolutionnaire.

L'ANGLETERRE TRAVAILLÉE, L'IRLANDE INSURGÉE

De l'Angleterre, mère de toutes les Maçonneries du monde, les Girondins espéraient obtenir la neutralité. Cependant les Jacobins ne ménageaient aucun effort pour la travailler de l'intérieur. Elle n'a pas été sans subir le contre-coup de la guerre d'Indépendance américaine. Les plus radicaux des *whigs* avaient ouvertement soutenu les Insurgents. Dans son opuscule intitulé « *Le bon sens* », Thomas Paine avait été le premier à réclamer la liberté des colonies d'outre-atlantique (1775-76). En 1780 John Jebb avait organisé un mouvement en faveur de la réforme électorale et du suffrage universel (*Yorkshire movement*). En Juin, des protestations anticatholiques contre un projet d'abolition du *Bill of Test*, provoquèrent les *Gordon riots*, émeutes qui firent près de 300 tués. Ces troubles, amenant la chute du ministère North, contribuèrent à la signature de la paix de Versailles. En 1792, encouragée par la fondation de nombreux clubs, l'agitation reprit. À côte de la *Société de la Révolution*, fidèle au souvenir de la révolution de 1688, voyaient le jour : la *Société correspondante de Londres* (25 janvier 1792), en relations avec les Jacobins, qui envoya en Novembre une adresse à la Convention ; son animateur, le cordonnier Thomas Hardy, poursuivi pour ses menées, sera acquitté en 1794. Puis, le *Club révolutionnaire britannique* (18 novembre 1792). Et aussi, la *Société d'information constitutionnelle*, qui possédait des filiales en Irlande et en Écosse.

L'Irlande, pour faire face à la menace des incursions du corsaire américain John Paul Jones, en Avril 1778, et d'un éventuel débarquement français, avait armé des volontaires, qui n'étaient pas tous protestants (40.000 en 1779, 80.000 en 1782). Au mois de Septembre 1783, une *Grande Convention nationale*, réunie à Dublin, avait réclamé le droit de vote pour les catholiques et une extension des libertés parlementaires. Depuis, dans la clandestinité, les *Irlandais Unis* avec Wolf Tone, travaillaient à la réalisation de ce programme. Le 14 juillet 1791, les volontaires du colonel Nuper Tandy manifestent contre le *Bill of Test*. Mais l'agitation, mal coordonnée avec la France, sera noyée dans le sang. Une première tentative de débarquement, sous Hoche, ayant échoué pendant l'hiver 1796-97, fut suivie de l'arrestation du prêtre O'Coigby et d'O'Connor. En Juin 1798, une insurrection, dans laquelle Fitzgerald perdit la vie, provoqua une répression impitoyable, qui fit 30.000 victimes. Tout était consommé lorsque le général français Humbert tenta un nouveau débarquement en Septembre.

LA F∴ M∴ EN GARDE CONTRE LES ILLUMINÉS

L'année précédente, en Avril-Mai 1797, des mutineries, provoquées par les abus du régime de la *presse*, avaient éclaté dans la marine britannique. L'Angleterre elle-même allait-elle se trouver gangrenée par les 80.000 jacobins dont Burke dénonçait la présence ? Cet Édouard Burke avait pourtant pris la défense des Insurgents d'Amérique et applaudi aux premiers pas des révolutionnaires français, jusqu'en Juin 1790. Mais, comprenant le danger des intrigues ourdies au sein des loges (notamment à Dublin, à Edimbourg, à Londres, Sheffield, Manchester, Stockport, Leicester) par l'illuminé Zwack (Caton), réfugié pendant un an à Oxford, avec l'aide de ses acolytes Roentgen, Zimmermann, le pseudo-docteur Ibiken, etc., il n'hésita pas à mettre en garde l'opinion dans ses *« Réflexions sur la révolution en France »*, comme le fit de son côté John Robinson, en publiant à Londres et à Édimbourg en 1799, ses *« Preuves de conspiration contre toutes les religions et tous les gouvernements de l'Europe »*.

Ayant semé le vent, les dirigeants de la Maçonnerie craignaient de récolter la tempête. Après la démission de leur Grand-Maître, Philippe-Égalité (22 février 1793), les loges françaises, contraintes d'interrompre leur activité, avaient été dissoutes le 13 mai par leur Chambre d'Administration, dont le président, Roettier de Montaleau, ne tarda pas à être incarcéré. Redoutant le noyautage des Illuminés, le duc de Brunswick avait suspendu les travaux des loges allemandes, en déclarant en 1796 : *« Nous voyons une destruction que nos mains ne peuvent plus arrêter »*. *« Il n'y a qu'un seul Ordre. Son but est son premier secret »*, mais *« une grande secte surgit qui a sapé les fondements de l'Ordre et égare l'humanité pour plusieurs générations »*. Et voici qu'à présent venait le tour des loges anglaises. Un *bill* du 12 juillet 1799 interdit d'en créer de nouvelles sans de grandes précautions et contraignit les anciennes à communiquer la liste de leurs membres. Ces restrictions furent maintenues jusqu'en 1805.

Comme ceux des Jacobins sur le plan révolutionnaire, les efforts des Girondins échouèrent sur le plan diplomatique en Angleterre. Talleyrand, débarqué à Londres le 14 janvier 1792, avait reçu pour mission d'obtenir sa neutralité. William Pitt, qu'il avait pourtant reçu six semaines à Reims en 1783, maintenant lui battit froid. Il rencontra lord Grenville mais généralement on lui tourna le dos. Seule l'opposition l'accueillit : lord Lansdowne, Fox, Sheridan, Priestley, Canning, Bentham. Il retourna en France le 10 mars, fit désigner Chauvelin comme ambassadeur et le rejoignit le 23 avril. Le 25 mai, George III voulut bien consentir à déclarer qu'il conserverait sa neutralité — très provisoirement d'ailleurs — mais le 23 août il rappela son ambassadeur et, le 2 septembre, son chargé d'affaires. Mauvais présage. Talleyrand, dépité, repartit le 5 juillet, mais pour rentrer précipitamment à Londres, muni d'un passeport de Danton, le 10 septembre, tout de suite après les massacres, en qualité de réfugié. Le 5 décembre, la Convention le condamna pour ses offres de service à Louis XVI des 20 avril et 3 mai 1791. Partisan convaincu du régime orangiste de 1688 et d'une entente avec l'Angleterre, il s'empressa d'attirer l'attention de Danton par un mémoire du 25 novembre — conformément aux intentions de Lebrun et de Brissot — sur l'intérêt des deux gouvernements à travailler à l'indépendance des colonies espagnoles et préconisa la modération dans les revendications territoriales (lisez surtout en Belgique et en Hollande). Pourtant les Anglais ne lui en surent aucun gré : en Mers 1794, ils l'expulsèrent. Il s'embarqua pour l'Amérique, où il spécula sur les terrains, trafiqua avec Bourdieu et Chollet (les correspondants de Necker à Londres) et nota, à l'adresse de lord Lansdowne, que *« l'argent est le seul culte universel »*.

Dans l'intervalle, Pitt, fortement alarmé par le décret proclamant la liberté de navigation de l'Escaut (16 novembre), indisposé par un discours de Lebrun cherchant à opposer maladroitement la nation britannique à son gouvernement (19 décembre) a riposté par un *bill* d'exception contre les étrangers (16 décembre) et par le refus de recevoir Maret, émissaire de Lebrun. À la nouvelle de l'exécution de Louis XVI, le roi avait rompu les relations diplomatiques, tout en laissant aux Girondins l'initiative de déclarer la guerre à l'Angleterre et à la Hollande, le 1er février 1793. Le 7 mars, ce devait être le tour de l'Espagne, dont le roi Charles IV et le ministre Godoy avaient eu le tort de remettre ses passeports au représentant français à Madrid, Bourgoing. *« Un ennemi de plus est un triomphe de plus pour la liberté »*, déclarait

Barère, non sans forfanterie. Animatrice de toutes les coalitions, l'Angleterre de Pitt allait pourtant se révéler le plus redoutable des adversaires.

LES INTELLECTUELS ALLEMANDS GAGNÉS À LA SUBVERSION

Si l'Angleterre s'en défend, les intellectuels allemands ont subi par contre, très profondément, l'influence des Illuminés. Marqués de leur empreinte, les plus grands professent des idées pacifistes. Pour Wieland, *« l'amour de la patrie chez les Grecs et chez les Romains est inconciliable avec les principes cosmopolites qui sont ceux de la raison. »* Goethe confirme : *« le patriotisme romain, Dieu nous en garde ! »* Et Lessing : *« Je n'ai pas la moindre idée de ce qu'est l'amour de la patrie... c'est une faiblesse héroïque dont je me passe très volontiers. »* Dans le même sens, Kant, le sage de Koenigsberg, ne tardera pas à publier, en 1795, son *« Traité sur la paix perpétuelle »*. Quant à Fichte, il écrit en 1793, deux livres, l'un, anonyme, adressé aux princes et l'autre au public, dans lesquels il prend la défense de la Révolution française.

Attirés par les Jacobins, pour la plupart amis des Girondins, nombreux sont les publicistes ou les politiciens allemands qui vivent à Paris. On y trouve au premier rang, à côté de Jean-Baptiste, dit Anarcharsis Clootz, baron prussien de Clèves, né de mère hollandaise, l'orateur du genre humain, le prince hessois Charles-Constantin de Rheinsels-Rothenberg inscrit au Club en 1790, ainsi que le silésien Gustave Schlabrendorf, fils d'un ministre de Frédéric II, qui réunit chez lui, avec Humboldt, les souabes Reinhard et Kerner, qui ne tarderont pas à entrer dans la diplomatie française ; le prussien J. G. von Archenholtz, plus modéré, ami des Feuillants, qui ne séjournera à Paris qu'un an, de l'été 1791 à l'été 1792 ; Oelsner, correspondant de la revue *« Minerva »*, admirateur de Mirabeau et de Sieyès, grand ami de Brissot, inscrit aux Jacobins ; et tout un groupe de plumitifs de moindre envergure, agents des Illuminés, les Nimis, Dorsch, Blau, Leuchsenring, Rebmann, Hoffmann.

Les agents de liaison ne manquent donc pas entre les Girondins de Paris et l'*Aufklarung* prussienne, qui les considère d'abord comme les émules des ministres éclairés du grand Frédéric, mais qui se détournera ensuite avec horreur des flots d'écume et de sang répandus par la Terreur. Hambourg, port international où banquiers et marchands dominent, où la colonie des réfugiés hispano-portugais est nombreuse, où l'influence de Lessing s'est facilement répandue grâce au Dr. Albert Reimarus et à ses beaux-frères l'économiste Hennings, ami de Moïse Mendellsohn, et George H. Sieveking, ami de Knigge et spéculateur sur les biens nationaux, se révèle particulièrement perméable aux *idées françaises*. C'est cependant dans le *« Journal politique de Hambourg »* que Benedikt von Schirach dénonce dès Avril 1790 l'action du *Club de la Propagande* de Paris, qui disposait alors de 30 millions de Livres pour alimenter ses menées subversives, ce que confirme de son côté, le journal hanovrien de Girtaner.

Aussi les Girondins fondent-ils de grands espoirs sur la Prusse, dont ils recherchent, non seulement la neutralité, mais l'alliance. À défaut, du moins profiteront-ils de ses dispositions bienveillantes, dont ils auront bientôt le plus urgent besoin.

LA RÉVOLUTION SAUVÉE À VALMY PAR LES PRUSSIENS

Car la guerre pour la libération des peuples, déclenchée par eux, s'annonce mal. Au premier contact avec l'ennemi, dans les Pays-Bas, à Tournai, à Mons, les troupes de Rochambeau se débandent, massacrant un de leurs chefs, le général Dillon (28 avril 1792). Désorganisée par l'émigration des deux tiers de ses cadres (6.000 officiers sur 9.000) renforcée avant et après la proclamation de la *Patrie en danger* (11 juillet 1792) par une cohue de volontaires — dont 100.000 levés entre les 11 et 21 juin — qui élisent leurs officiers et bénéficent d'une solde supérieure à celle des troupes de ligne, l'armée révolutionnaire parait, dès les premières rencontres avec les Autrichiens, vouée à la défaite.

Ce qui la sauva, c'est que l'armée des coalisés de Pillnitz avait à sa tête le neveu de Ferdinand de Brunswick. Tandis qu'en Belgique le duc de Saxe-Teschen, avec 25.000 Autrichiens et 4.000 émigrés, menaçait Lille, le corps principal (42.000 Prussiens et 5.000 Hessois) flanqué à droite des 15.000 Autrichiens et des 5.000 émigrés de Clerfayt et à gauche, vers Thionville et Metz, des 14.000 Autrichiens de Hohenlohe parti de Coblentz le 30 juillet, avait franchi la frontière le 16 août, occupé Longwy le 23, sans résistance et, le 2 septembre, Verdun. La route de Paris, par l'Argonne et Châlons, lui était ouverte. Brunswick, neveu du Grand-Maître de la Maçonnerie allemande, dont la candidature au trône de France, avant le 10 août, avait réuni des partisans influents, menant mollement son offensive, se contenta d'occuper le 3 septembre Grandpré et de forcer le passage de la Croix au Bois.

Ce n'est que sur une mise en demeure de son souverain Frédéric-Guillaume II, qu'il se décida à faire face, à Valmy, avec 34.000 hommes aux 50.000 que lui opposaient Kellermann et Dumouriez, venu enfin de Belgique rallier son collègue de l'armée du centre. On échangea des salves aussi nourries (20.000 coups de canon) que peu meurtrières (300 Français et 200 Prussiens tués), le 20 septembre. Puis l'on échangea des cadeaux et l'on négocia. Entre Lucchesini et le *vertueux* Manstein, aides de camp du roi de Prusse et sympathisants des Illuminés — qui conseillaient à leur souverain de ne pas insister davantage — et le *général-greffier* Westermann si intimement mêlé à l'insurrection du 10 août, qui s'en fut à Paris le 25 septembre traiter avec la Convention, la Commune et Manuel, son procureur-syndic, des garanties sur le sort de Louis XVI que FrédéricGuillaume s'entêtait à demander. Ce dernier en effet, mis en garde contre les Illuminés par son ministre Wöllner et par ses collaborateurs Rose-Croix, Hilmer et Hermes, chargés d'exercer depuis Novembre 1791 une censure sévère, refuse de reconnaître la République et rompt les pourparlers le 28 septembre en publiant un manifeste vengeur. De nouveaux contacts échoueront encore à Aubange le 20 octobre. Mais le souverain prussien n'en retira pas moins, sans que personne songeât à l'inquiéter, sa petite armée de 17.000 hommes. De plus substantielles conquêtes l'attendaient en Pologne, dont le deuxième partage se préparait. Ainsi finit cette *drôle de guerre*.

Mettant à profit ce répit providentiel, l'armée révolutionnaire se reforme et, reprenant confiance, s'apprête à franchir les frontières pour apporter aux peuples la liberté. L'exemple d'Avignon, qui a demandé sa réunion à la France le 12 juin 1790 (et ne l'obtiendra que beaucoup plus tard, le 11 septembre 1791, de crainte de réactions internationales provoquées par le Pape) est bientôt suivi par la Savoie, où Montesquiou est accueilli, avec 18.000 hommes, comme un libérateur (21-22 septembre). Il s'empare de Montélimar, ce qui n'empêche pas Clavière de le faire casser pour n'avoir pas suffisamment brusqué, à son gré, les messieurs de Genève. La Savoie en ayant formulé sincèrement la demande le 21 octobre sera annexée le 27 novembre 1792. Nice et Villefranche, occupées les 29 et 30 septembre 1792, bien que beaucoup plus réticentes, n'en seront pas moins annexées le 4 février 1793.

LA 5ème COLONNE EN RHÉNANIE

Encouragé par ces succès, Custine s'avance en Rhénanie. D'abord avec prudence. Mais, de Strasbourg, le maire Dietrich et d'autres Illuminés, Stamm, Hermann, le capucin Euloge

Schneider lui préparent les voies, en liaison avec leurs acolytes de Worms et de Spire, Endemann, le syndic Petersen, le chanoine Schwilckard, Kœhler, Julien, le chanoine Winckelmann. Spire ayant été occupée le 25 septembre, un négociant, G. W. Boehmer, vient y rejoindre Custine pour l'amener à Worms (5 octobre) où il deviendra son secrétaire. À Mayence, que le général n'ose attaquer avec 13.000 hommes dépourvus d'artillerie lourde, les intrigues du colonel Eickenmayer et du baron de Stein, émissaire du roi de Prusse, lui livrent la place en trois jours (19-21 octobre 1792). Les loges et les sociétés de lecture, encouragées d'abord par les princes ecclésiastiques (depuis 1780 et jusqu'au congrès de Trêves du 23 octobre 1790) l'ont patiemment minée. Dès l'occupation de la ville, leurs chefs en prennent en main l'administration (19 novembre. En tête, un prêtre illuminé, marié, Dorsch, qui a su entraîner ses collègues professeurs, le médecin Wedekind, Metternich, Eiclsmayer, Hofmann, Blau, les Bugel, Kolborn, Hauser, Hempe, et Nimis, et qui fonde, en Novembre, un club des *Amis de la Constitution* (Jacobins). Un notaire, Anton Fuchs, ouvre de son côté, le 23 octobre, une *Société des Amis de la Liberté et de l'Égalité*, dont les adeptes attendent la prochaine proclamation de la République universelle. Et, tranchant sur le tout, le cosmopolite George Forster, écossais d'origine, ancien compagnon de Cook dans ses voyages, nommé par le landgrave de Hesse à l'Université de Cassel, bibliothécaire de Mayence, marié à Thérèse Hayne, ami de Humboldt, qui professe la maxime : *« Là où je suis bien, là est ma patrie »*.

Mais la population, vite excédée par les exactions des troupes révolutionnaires, ne suit pas longtemps de tels chefs. Force est de renoncer à une consultation prévue pour le 24 février 1793 par les commissaires Simon et Grégoire. À Mayence, 375 électeurs seulement consentent à prêter serment ; à Worms, 427 s'y laissent contraindre ; à Spire, 342 ; le scrutin ne peut avoir lieu que dans 106 communes sur 900. Réunie le 17 mars à Mayence, une Convention fantôme n'en votera pas moins l'annexion à la France (21 mars). Succès des plus éphémères puisque, dès le 23 juillet, les Prussiens reprennent la ville. Forster, réfugié à Paris y mourra le 10 janvier 1794, profondément désabusé au spectacle de la Terreur. L'incursion de Custine sur Francfort, où il parvint le 21 octobre, avec l'aide de Pitsch, d'Isembourg, eut encore moins de lendemain ; Prussiens et Hessois l'en rejetèrent le 2 décembre.

DÉBÂCLE DE DUMOURIEZ EN BELGIQUE

Dans l'intervalle et par les mêmes méthodes, Dumouriez avait occupé la Belgique, avec ce correctif qu'il avait l'ambition de s'y tailler un fief. Joseph II s'étant aliéné les Belges par des réformes anticléricales, suppression des ordres religieux contemplatifs et des corporations, réforme judiciaire et administrative à tendance centralisatrice, abolition des privilèges de la *Joyeuse Entrée* (7 janvier 1789, à la suite d'une série d'émeutes (Tirlemont, 22 juillet ; Liège, 18 août), les troupes autrichiennes, sous la pression des milices du général van der Mersch, avaient dû évacuer Gand, le 17 novembre, Bruxelles, le 12 décembre et pratiquement tous les Pays-Bas. À la mort de Joseph (Février 1790) son successeur Léopold II, plus compréhensif, avait rétabli son autorité et celle du prince-évêque de Liège en donnant en partie satisfaction aux traditionalistes, les *statistes*, dirigés par l'avocat van der Noot. Largement inspiré de l'exemple américain, l'Acte d'Union avait été signé le 10 janvier 1790. À la fin de l'année nombre de démocrates conduits par l'avocat Wonck, gens de loi, bourgeois girondins pour la plupart, s'étaient réfugiés en France, où ils s'étaient regroupés avec l'appui des banquiers Walckiers et Proli et du futur ministre des Affaires étrangères, Lebrun.

Ayant fait cesser le bombardement de Lille par les Autrichiens du duc de Saxe-Teschen (29 septembre-5 octobre), Dumouriez, s'avançant de Valenciennes sur Mons le 27 octobre avec 80.000 hommes de troupes de ligne contre 26.000 Autrichiens, avait contraint son adversaire à la retraite à Jemapes, après lui avoir tué 4.000 hommes, le 6 novembre. Puis il était entré à Bruxelles le 14, à Liège, le 28, à Anvers le 30 et à Namur le 2 décembre. Prudent, il avait écarté les conseils des *statistes* représentés à Douai par le comte de Béthune-Charost, et demandé à van der Noot, alors à Londres, de rédiger, de concert avec Noël, la proclamation qu'il adressa au peuple belge, tout en faisant appel à la collaboration des *patriotes* vronkistes, de Balza, créature du *Comité des Belges et Liégeois Unis*, à Mons, et à Bruxelles, de l'avocat Meyer à Gand, où une *Société des Amis de la Liberté et de l'Égalité* fut fondée. Partout à Tournai, à Louvain, à Anvers, à Liège, des clubs auxquels participent les militaires français, voient le jour ; de tendances girondines, ils s'installent de préférence dans des couvents et s'affilient aux Jacobins.

Soucieux de ménager le pays et de se concilier ses habitants, Dumouriez, pour faire vivre son armée, suggère de lever un emprunt de 40 millions de florins sur le Clergé et sur celui de Gand 2 millions pour armer les troupes belges, et paie en numéraire. Mais ses munitionnaires, français ou belges, l'ex-abbé d'Espagnac. Paulie, Fabre d'Églantine, Barthélémy Tort, comme les frères Mosermann de Bruxelles, les frères Simons et les Walckiers le volent à qui mieux mieux. Il est à couteaux tirés avec Cambon, avec son ministre Pache. Lui envoie-t-on des commissaires, Danton (le 30 novembre), Delacroix, ceux-ci donnent aussi l'exemple du pillage. Son armée, complètement démunie, maraude, pille et fond à vue d'œil au milieu de populations hostiles. À la suite d'une offensive, fort hasardée contre la Hollande, cette armée, réduite à 20.000 hommes, bousculée par Cobourg le 1er mars, évacue Aix-la-Chapelle, tandis que Miranda lève le siège de Maestricht. À Nerwinden, le 18 mars 1793, c'est la défaite. Alors Dumouriez, décidé à abattre la Convention, négocie avec Cobourg l'évacuation de la Belgique, moyennant la livraison d'Anvers, de Bréda, et de Gertruydenberg (23 mars), rencontre à Tournai le 26 le banquier Proli, Pereira, Dubuisson, représentants des Cordeliers, arrête et livre à l'adversaire Beurnonville, ministre de la Guerre et quatre nouveaux commissaires (29 mars-1er avril), avant que le général Hoche n'alerte à toute hâte la Convention. Dumouriez échoue parce que ses troupes refusent de le suivre et qu'en tirant sur lui le commandant Davout le force à chercher refuge chez les Autrichiens, en compagnie du général Valence et du jeune duc de Chartres, fils de Philippe-Égalité, dont il préparait peut-être la restauration (4 avril).

À QUI LA DICTATURE ? À LA CONVENTION ? À LA COMMUNE ?

Et voilà de nouveau les conquêtes perdues, les frontières ouvertes, l'inflation, le chômage, la disette, les troubles à l'intérieur, la lutte à mort des factions. L'avenir de la Révolution s'enferme peu à peu dans le dilemme : échec suivi d'une restauration, ou dictature. Dictature de la Convention ou dictature de la Commune ? Dictature des clubs ; Jacobins ou Cordeliers ? De Robespierre ou des *nantis* ? Des directeurs ou des militaires ?

Assemblée unique où les avocats prédominent, la Convention, réunie le 21 septembre, malgré la désignation dès le 12 août d'un Conseil exécutif provisoire de six membres (Roland, Clavière, Servan, Lebrun, Monge, Danton) est en théorie toute puissante. En fait, elle n'a aucune autorité. D'abord parce qu'elle ne représente strictement rien. Élue soi-disant au suffrage universel, elle est issue (en réalité) du plus restreint des scrutins. Dans de telles conditions d'intimidation-expulsion de 25.000 prêtres réfractaires dans un délai de quinze jours (26 août), interdiction de la presse royaliste, obligation du serment civique, vote par appel nominal — que 6.300.000 électeurs sur 7 millions — se sont abstenus. Et que, sur 749 membres, aux deux tiers girondins, un tiers seulement feront acte de présence. Dépourvue d'autorité aussi parce qu'elle ne dispose d'aucune force militaire. Elle en est tellement consciente qu'elle essaie vainement de tempérer ce régime d'assemblée en faisant désigner son président, le *vertueux* Petion, à l'américaine, comme *président de la France* (Manuel, contre Tallien et Chabot), et que le premier geste de ses chefs, Brissot et Roland, est de réclamer pour elle la protection d'une garde armée (23 septembre) qui lui est refusée.

Les provinciaux qui en majorité la composent vivent en effet dans des transes, perpétuellement menacés par les exigences de la Commune et les débordements des *tape-dur* des sections parisiennes. Le spectre des massacres de Septembre les hante. De ces égorgements prémédités, annoncés par Danton, qui a obtenu le 17 août la création d'un tribunal révolutionnaire, réclamé par la Commune, pour prévenir *les vengeances populaires* et proféré le 1er septembre *« j'ai lieu de croire que le peuple outragé ne sera pas réduit à faire justice lui-même »* comme par les placards de son acolyte Fabre d'Églantine, et par les appels sanguinaires de l'aboyeur Mara (19 août), conformes à ses prophéties *« peut-être faudra-t-il un jour faire couler des fleuves de sang »*, et encore : *« Si j'étais tribun du peuple et soutenu de quelques milliers d'hommes déterminés... 500 à 600 têtes abattues auraient assuré repos, liberté et bonheur »*.

Il allait y avoir bonne mesure. Grâce aux précautions prises par le Comité de Surveillance de la Commune (Panis, Sergent, Tallien, Mara ; ce dernier à partir du 2 septembre), grâce aux visites domiciliaires et aux arrestations systématiques opérées les 29 et 30 août, les prisons sont bien remplies. La chute de Verdun, connue le 2 septembre, donne le signal des exécutions, confiées aux équipes de Maillard, chef de la police secrète révolutionnaire depuis le 10 août, de Leroy (également ami de Mars), de Viollette, de Chépy, et de Royer. Il y a à Paris, du 2 au 9 septembre, 1395 victimes, dont beaucoup de prêtres réfractaires. Une circulaire du Comité de Surveillance, datée du 3 septembre, écrite de la main de Mara, invite la province à suivre l'exemple de la capitale. Ce qui se produit notamment à Reims, Meaux, Caen, et Lyon. Fournier l'américain, qui avait pris en charge des détenus à Orléans s'arrange pour les laisser massacrer en route à Versailles. Danton lui déclare le 10 : *« Celui qui vous remercie, ce n'est pas le ministre de la Justice, c'est le ministre du Peuple ! »* Singulier ministre d'une expéditive Justice ! De son côté la Commune paya les journées des bourreaux. Et Manuel confiait fin Septembre au duc de Chartres : *« J'ai voulu mettre entre les volontaires et les émigrés un fleuve de sang. »* Mais l'opération n'avait pas atteint tous ses objectifs politiques. Bien que décrétés d'arrestation par le Comité de Surveillance, le *liberticide* Brissot, le 3 septembre et Roland le 4, dénoncés par Robespierre pour avoir eu le malheur — avec Clavière et Servan — d'envisager le repli du Conseil exécutif à Tours, avaient échappé au sort qui leur était réservé, le premier, sur intervention de Petion, le second, grâce à Danton. Ce n'était pour eux que partie remise.

DANTON COMPROMIS

Contre ces assauts de la Montagne et des agents des Illuminés, les réactions des Girondins sont sporadiques et désordonnées. Du Conseil exécutif, Danton est éliminé, remplacé par Carat (12 octobre). Sa vénalité est connue. Cet ancien avocat aux Conseils du Roi (depuis Avril 1787) s'est révélé, aux Cordeliers, un redoutable tribun populaire. Il fait payer son influence et mange à tous les râteliers. De la Cour, selon le témoignage de Bertrand de Molleville, il aurait reçu de Mr de Montmorin 300.000 Livres (à noter qu'il s'est gardé de demander son renvoi avec celui de trois autres ministres le 10 novembre 1790) et de moindres sommes (24.000 et 30.000 Livres). De l'Angleterre, qui distribue *des subsides pour souffler le feu*, par l'intermédiaire du banquier Perregaux, sur les 50 millions de Livres dont disposait Pitt à cet effet (500 millions d'assignats ; lettre du Foreign Office du 13 septembre 1793). Du duc d'Orléans, Philippe-Égalité, dont il soutient la canditature, avant de mettre en avant son fils le duc de Chartres. Moyennant finances, il a protégé la fuite d'Adrien du Port (9 septembre 1792), celles de Talleyrand (10 septembre), de Talon, de Charles de Lameth après le 10 août, puis de Théodore de Lameth (14 octobre) qui essaiera d'obtenir de lui un adoucissement du sort du roi. Au moment où il quitte son ministère (12 octobre) pour occuper son siège à la Convention, c'est en vain que Cambon le somme à trois reprises, les 10, 18 et 26 octobre, de rendre compte de l'emploi des 200.000 Livres de fonds secrets dont il disposait. Il a trafiqué avec d'Espagnac, toléré que son collaborateur direct Fabre d'Églantine joue au munitionnaire, acheté pour 56.500 Livres de biens nationaux dans l'Aube. Il possède à Paris trois maisons et mène la vie à grandes guides. D'où vient l'argent ? De ces attaques, le tribun sort amoindri, mais non vaincu. Lorsque le pasteur Lasource, le 1er avril 1793, obtient de la Convention l'ouverture d'une enquête sur ses intrigues avec Dumouriez, il réplique encore avec assurance et prépare sa riposte par la journée du 31 mai.

MARA ÉCHAPPE

Contre Mara, son acolyte, les Girondins n'ont pas plus de chance Apatride d'origine orientale, de type sémitique, né en territoire prussien d'un père sarde et d'une mère suisse, selon son biographe Gérard Walter, Jean-Paul Mara, dit Marat, après avoir étudié tour à tour à Bordeaux, Paris et en Angleterre, avait été reçu vétérinaire à Newcastle en 1772, puis médecin à Saint-André d'Edimbourg en 1775. Après avoir disséqué les cadavres et tourmenté les animaux dans ses expériences sur l'emploi de l'électricité, sans gagner pour autant l'estime des *philosophes*, sa nature sadique l'avait porté à torturer les hommes et à répandre le sang des riches et des puissants dont il avait la haine. Théoricien de la révolution et précurseur de la lutte des classes, il avait consacré dix ans de sa vie (1763-1774) à composer un ouvrage intitulé *« Les chaînes de l'esclavage »*, que Karl Marx devait étudier et annoter soigneusement plus tard.

La haute société de l'époque ne l'avait pourtant point repoussé. Rentré en France à 34 ans, en 1776, il avait obtenu par faveur de Choiseul, la charge (2.000 Livres et un appartement) de médecin des gardes du corps du comte d'Artois. Il n'en resta pas moins l'irréductible ennemi des inégalités sociales, comme en témoigne son *« Plan de législation criminelle »* répondant à un concours ouvert à Berne. Pour lui, l'homme ne devrait exercer le droit de propriété que sur le seul produit de son travail. Il faut donc détruire les grosses fortunes, interdire les monopoles et l'importation des capitaux, répartir les terres à peu près également. Quant aux religions, qui font des révoltés des résignés, *« elles prêtent toutes la main au despotisme »*. Avec de telles convictions, Mara, qui avait voulu en 1784 tenter sa chance en Espagne, où l'on refusa de l'admettre, se jeta à corps perdu dans la révolution.

Pour diffuser ses théories et dénoncer les abus, il lui fallait un journal : ce fut *« l'Ami du Peuple »* (12 septembre 1789), publié par le libraire Dufour. Vint alors sa *« Dénonciation de Necker »* (18 janvier 1790) et de ses trafics sur les céréales en Novembre 1788. Dans l'intervalle, ayant eu des ennuis pour avoir incriminé sans preuves le Comité des Subsistances de la Commune, il était venu se placer, en Décembre 1789, sous la protection de Danton, aux Cordeliers. Bien lui en prit. MM. du Châtelet appuyés par un fort détachement de la garde nationale, firent mine de l'arrêter le 22 janvier 1790. Danton lui ménagea le temps de fuir et de se réfugier à Londres, où il demeura du 17 février au 15 mai. Le duc d'Orléans y remâchait sa rancune contre La Fayette, qui l'avait évincé. Ils s'entendirent. Le duc subventionna généreusement Mara qui, à son retour, mena la vie dure au général et entama de tumultueux procès contre son libelliste, Estienne. Selon, Buzot, l'homme d'affaires de Philippe-Égalité, Mara recevait encore de l'argent du duc en Septembre 1792 (15.000 Livres).

Dès le 15 septembre, alors qu'au lendemain des massacres, le 9 Chabot et Robespierre l'ont fait élire député de Paris à la Convention, les Girondins l'attaquent, l'accusent d'avoir proposé la constitution d'un triumvirat avec son patron, Danton, comme président du Conseil. Tandis que Danton se désolidarise de lui. Mara, qui joue volontiers le mélodrame dans les heures difficiles, s'en tire en menaçant l'Assemblée de se suicider devant elle. Exposé à une correction de la part des dragons de la République, qu'il a diffamés pour plaire aux marseillais, il s'en tirera de même par un « *Égorgez-moi !* » théâtral (29-31 octobre).

Six mois plus tard se prépare contre lui l'assaut suprême. Le 12 avril 1793, Guadet, Petion l'accusent d'avoir rédigé le 5 une adresse pour « *l'extermination des traîtres à la Patrie* » et d'avoir provoqué les pétitions présentées par les sections, le 8 et le 9. Décrété d'arrestation, il parvient à quitter la salle, entouré de ses amis des tribunes. Mais l'Assemblée confirme régulièrement son vote les 13-14 avril. Il se cache d'abord, mais le 23, ses précautions prises, il se constitue prisonnier et bénéficie le 24 d'un acquittement enthousiaste, suivi d'un défilé du *peuple* à l'Assemblée. Sa revanche est d'autant plus éclatante que 35 sections sur 48 ont riposté le 15 avril en réclamant, par la bouche du maire Pache, des poursuites contre 22 Girondins désignés par Danton et que lui-même, devant le tribunal, a signalé à la vindicte populaire.

IMPUISSANCE DES GIRONDINS

Pratiquement sans troupes à Paris, les Girondins ont évidemment affaire à trop forte partie. Très vite, ils ont été éliminés des Jacobins. Les 23 et 24 septembre, ils se sont violemment heurtés à Danton, qui demandait le renouvellement, c'est-à-dire l'épuration des corps administratifs, municipaux et judiciaires. Sur ce, Brissot ayant été radié le 10 octobre, pour avoir refusé de s'expliquer, ils boycottent le club sans essayer de se regrouper ailleurs, en s'appuyant sur les sections modérées de la capitale. De simples conciliabules de salon, chez M_{me} Roland, M_{me} Dodun, Clavière, précèdent leurs manœuvres parlementaires.

Adeptes du libéralisme politique et du libéralisme économique, doctrine que reprend Brissot dans son « *Appel à tous les républicains de France* » en s'attaquant aux *niveleurs* comme Mara, Chabot, Robespierre, Colot d'Herbois, ils sont d'ores et déjà dépassés par les évènements. Ils ne peuvent apporter de solution aux problèmes posés par la guerre qu'ils ont voulue et par l'anarchie politique qu'ils ont provoquée. Au lendemain du 10 août, le journaliste Nicolas de Bonneville, l'un des introducteurs des Illuminés en France, leur oppose la doctrine de son Ordre, en rééditant son livre « *De l'esprit des religions* » dans lequel il invoque Jéhovah et réclame « *une loi agraire avec partage universel des terres* ». Il ne s'agit plus là seulement d'un phénomène de fermentation sociale comme celui de l'apparition des *niveleurs* dans les révolutions d'Angleterre, mais bien d'une nouvelle étape voulue dans le développement de la Révolution. Le premier tyran abattu, les Illuminés poursuivent impitoyablement l'exécution de leur programme de destruction sociale.

Les plus acharnés à réclamer l'abolition de la royauté ont été leurs hommes, Chabot (allié aux banquiers hétérodoxes Frey), Bentabole, l'abbé Grégoire. Ce qui frappe chez la plupart des *grands ancêtres*, Condorcet compris (bien qu'il fut un républicain convaincu), c'est qu'au fond d'eux-mêmes, ils ne croient pas à la République. Parmi eux, les factions rivales ont sans peine trouvé des alliés, celle d'Orléans, le premier triumvirat Barnave, Lameth, Du Port ; celle du duc de Chartres, Danton, Dumouriez ; celle du duc d'York (avec ou sans mariage avec une princesse d'Orléans), l'abbé Daunou ; celle du duc de Brunswick, plus nombreuse encore animée par Sieyès, Anarcharsis Clootz, Condorcet, Carra, etc. La plupart des Girondins ont tenté de sauver *in extremis*, par crainte de la dictature une royauté amoindrie, par un appel au peuple repoussé le 14 janvier par 424 voix contre 287. Seuls feignent de croire à la République les ambitieux qui ne se fient qu'à eux-mêmes. Mais La Fayette, dont certains voulaient faire un président à vie, n'a réussi qu'à s'imposer provisoirement comme régent d'un souverain quasi-prisonnier. Il a raté son *stathoudérat*. La pâle personnalité de Petion n'est pas parvenue à s'élever au rang de *Président de la France*. Bientôt, anticipant de plusieurs siècles sur l'avenir, Cordeliers et Enragés, inspirés par les Illuminés, proposeront sans rire *l'honnête* Pache, dont nous parlerons plus loin, comme *Grand Juge*. Mais pour l'instant, il n'est qu'un candidat possible à la dictature, et c'est Robespierre.

ROBESPIERRE ET LA DICTATURE JACOBINE

Depuis qu'il exerce une activité politique, il n'a cessé de se poser en défenseur du peuple. Ce studieux élève de Louis le Grand, chargé de présenter en 1775 le compliment à Louis XVI, ce candidat aux États-généraux qui en appelait au roi et à Necker comme à un nouveau Sully, cet avocat distingué au Conseil provincial d'Artois (1781), directeur de l'Académie d'Arras en 1786, aux manières aristocratiques, un brin dédaigneux et très soucieux de sa toilette, attendra cependant la fuite à Varennes pour se déclarer républicain. Nourri de Montesquieu et de Rousseau, il proclamera même après la fusillade du Champ de Mars, que *« la Nation peut être libre avec un Monarque »*.

Aussi intraitable sur le plan de la liberté politique, adversaire de toute forme de veto, hostile au cens du marc d'argent (Janvier 1790 et Janvier 1971), partisan déclaré du suffrage universel, que méfiant à l'égard des assemblées qu'il méprise, qu'il voudrait renouveler tous les ans en interdisant la réélection des députés (la médiation de Barère limitera cette interdiction à l'intervalle d'une législature, les 16-18 mars 1791), réclamant pour les électeurs le droit de désavouer et de rappeler leurs députés, il reste parfaitement indifférent en matière sociale : pas un mot contre la loi Le Chapelier abolissant les corporations et prohibant les unions ouvrières (17 mars-14 juin 1791), pas un mot contre la suppression, sur l'initiative du duc de La Rochefoucauld-Liancourt, de l'atelier *national* du Camp des Fédérés, qui nourrissait 20.000 chômeurs (16 juin 1791), malgré une tendance marquée à la démagogie, qui le porte à accepter une certaine limitation toute théorique du droit de propriété, mais surtout à réclamer, sous prétexte de *démocratie directe*, la liberté la plus étendue pour la presse, le droit illimité de réunion et de pétition pour les clubs.

Et pour cause ! Du *Club des Jacobins*, qu'il a travaillé patiemment jusqu'à le dominer entièrement, il a fait son instrument de règne. Pour se concilier le club rival des Cordeliers, il n'hésitera pas à proclamer, le 20 avril 1791, que *« l'intérêt du peuple est l'intérêt général »* et que *« celui des riches est l'intérêt particulier »*. Mais c'est aux Jacobins, et par le réseau de leurs filiales que son autorité s'exerce. Élu président le 31 mars 1790, après avoir exécuté Barnave et les Lameth en les traitant de traîtres (23-24 septembre) dans l'affaire des colonies, de Décembre 1791 à Avril 1792 il y intervient sans cesse et jusqu'à satiété contre Roederer, Réal, Carra et surtout Brissot (11, 12, 16, 30 décembre 1791 ; 2, 11 janvier 1792) car, avant de déclarer la guerre, il estime surtout depuis la nomination de Narbonne au ministère, que toutes les précautions doivent être prises au préalable pour empêcher de nuire les ennemis de l'intérieur (10 février), qu'il menace de démasquer (23 avril). Brissot évincé le 25, Robespierre répond à Guadet le 27 par son propre éloge et prépare la pétition pour la destitution de La Fayette, la suspension du pouvoir exécutif, l'épuration des départements, qui seront présentées les 17 et 23 juillet.

Hanté par la crainte des complots, il ne cessera de veiller désormais à la sécurité de *sa* République par l'instauration d'une dictature policière de plus en plus étroite. Accusé à la Convention de vouloir la dictature, successivement par Barbaroux (25 septembre) et par Louvet (29 octobre 1792), il réplique le 30 novembre en réclamant que *« le dernier tyran, point de ralliement des conspirateurs, soit condamné à la peine de ses forfaits »*, puis en dénonçant Brissot comme complice de Dumouriez (3 avril 1793), avant de développer le 10 avril un réquisitoire en 18 points contre les Girondins, pour en appeler finalement à l'émeute, le 26 mai : *« J'invite le peuple à se mettre dans la Convention nationale, en insurrection contre les députés corrompus »*.

L'ASSEMBLÉE INTIMIDÉE

PAR LES *JOURNÉES RÉVOLUTIONNAIRES*

La Commune, en effet, pour la première fois se sent menacée. Une première tentative de l'Assemblée législative pour la réduire, le 30 août 1792, à la veille des massacres de Septembre, avait fait long feu. Mais maintenant elle se sentait menacée par les sections modérées, animées par Petion, hostiles la création, le 20 mars, d'un Comité de Surveillance pourvoyeur du Tribunal révolutionnaire créé dix jours plus tôt, au cours forcé de l'assignat (11 avril 1793), au maximum des grains (4 mai), au remplacement de Santerre, parti pour la Vendée, le 17 mai, par un *enragé* Boulanger. Le lendemain, Guadet avait osé réclamer la *cassation de la commune* et, sur proposition de Barère, une commission composée de douze membres avait été chargée d'enquêter sur les agissements de celle-ci. Cette commission avait fait arrêter Hébert, Varlet, Dobsent, président de la section de la Cité et son secrétaire (24 mai). N'était-ce point intolérable ? D'où l'appel de Robespierre à l'insurrection, le 26 mai, qui, malgré quelques tours de passe-passe parlementaires aboutissant à la libération des extrémistes incriminés (27-28 mai) ne tarda pas à être suivi d'effet et provoqua, coup sur coup, deux journées mémorables.

Celle du 31 mai à laquelle collabora activement Danton, animateur avec son secrétaire Billaud-Varenne, du Comité de Salut public, de neuf membres, dont il avait obtenu la création le 6 avril, malgré les accusations de connivence avec Dumouriez, sous lesquelles le pasteur Lasource avait essayé de l'accabler le 1er avril. Préparée, sur l'initiative de Dufourny, fondateur des Cordeliers, par un comité secret de neuf membres désignés par les sections, élargi ensuite à vingt et un pour faire place aux représentants des Jacobins (29-30 mai), l'opération fut confiée à Hanriot, nommé commandant de la garde nationale. Cinq heures durant, les manifestants envahirent la Convention. Selon le témoignage de Cambon, Danton remit à leur porte-parole la pétition qu'il présenta, réclamant la création d'une armée révolutionnaire et d'ateliers d'armes, l'épuration de l'administration, le privilège des grades et du droit de vote pour les seuls sans-culottes, la taxation du pain, l'octroi d'allocations de secours, etc. S'attaquant à Vergniaud, Robespierre exige la suppression de la commission des Douze.

Mais pourquoi s'arrêter en si bon chemin ? À la journée du 31 mai succéda celle du 2 juin avec, comme objectif, l'arrestation, non plus de 22 mais de 27 Girondins, dont la liste a été établie et présentée la veille par Hassenfratz. Même scénario, sauf que le comité d'insurrection comporte cinquante agitateurs et que, comme c'est dimanche, on y met le paquet : 80.000 hommes, sous le commandement d'Hanriot, cernent les Tuileries. Barbaroux et Lanjuinais ayant refusé de démissionner, ainsi que les membres de la commission des Douze, comme le proposaient Barère et Danton, il est procédé à la liquidation de la Gironde. M$_{me}$ Roland et Clavière ont été arrêtés dans la nuit. La plupart des présents sont pris dans la souricière, cependant, comme il en est d'absents et que d'autres parviennent à fuir, sur 29 chefs girondins une vingtaine gagnent la province, qu'ils soulèvent contre Paris. Apparemment, Robespierre a chanté victoire trop tôt en proclamant le 3 : *« Nous avons sauvé la république »*. Sinon, à quoi bon la Terreur, instaurée le 9 juin sur proposition de Billaud-Varenne, ex-Oratorien de Juilly ?

Cependant, le remaniement du Comité de Salut Public, le 10 juillet, donne la prépondérance à Robespierre qui, éliminant Danton, introduit les siens dans la place (Jeanbon SaintAndré, Couthon, Hérault de Séchelles, Prieur de la Marne, Saint-Just) aux côtés de Robert Lindet, Barère, Thuriot, Gasparin, avant d'y pénétrer lui-même, le 27. Ramené de 24 à 9 membres, le Comité de Sûreté générale sera bientôt placé sous sa dépendance (8 septembre 1794). Et tandis que la Montagne s'efforce d'amadouer ses adversaires, que Robert Lindet recommande d'abord d'user de modération à l'égard des *égarés*, que la loi du 3 juin annonce la vente des biens des émigrés en petites parcelles avec un délai de paiement de dix ans, le partage des biens communaux (8 m. d'arpents), le 10 juin, la suppression gratuite des droits féodaux (17 juillet), une exemption à la base de 6.000 Livres pour les célibataires et de 10.000 pour les hommes mariés dans l'assiette de l'emprunt forcé d'un milliard (23 juin), la Terreur s'organise.

ROBESPIERRE RÈGNE PAR LA TERREUR

Dans une soixantaine de départements, soulevés en Juin à l'appel des Girondins, les représentants en mission conduisent une répression impitoyable. Dès le mois de Mai, la Normandie et la Bretagne s'étaient armées, mais le recrutement de milices organisées s'avérait difficile. Bordeaux ayant expulsé les premiers délégués des comités, Tallien et Ysabeau y pénètrent le 8 septembre et se chargent de liquider le maire Saige et 881 de ses concitoyens. La Corse est en révolte avec Paoli. Nîmes, la vallée du Rhône, les principales villes de Provence aussi. Carteaux rentre à Marseille le 25 août ; Fréron et Barras y procèdent à 250 exécutions. Lyon où l'extrémiste Chalier a été tué le 16 juillet, résistera du 9 août au 9 octobre. Fouché et Collot d'Herbois menacent de raser la ville et d'en déporter les 60.000 ouvriers ; 1667 malheureux tombent sous les balles ou la mitraille d'exécutions en série. Toulon qui, pour échapper au même sort s'est livré aux Anglais, ne sera repris que le 19 décembre ; la répression y fera un millier de victimes.

Menacés par la réquisition de 300.000 hommes, dans l'Ouest les paysans ont pris les armes (10 mars 1793). La guerre de Vendée commence, menée d'abord par des gens modestes, tels Cathelineau, Stofflet, avant d'être conduite par des nobles, Charette, d'Elbée, la Rochejacquelein. Après l'échec de Westermann, Kléber, Marceau et l'armée de Mayence ne réussiront à dominer la rébellion qu'à la suite de la bataille de Cholet (17 octobre 1793) en attendant que le général Hoche parvienne à pacifier le pays ; au prix de combien de victimes : 4.000 fusillés, dont 1.896 à Angers. À Nantes, l'ignoble ivrogne Carrier se rend tristement célèbre par la noyade systématique de 4.800 personnes, dont beaucoup de prêtres. Cependant, après une parodie de justice devant le Tribunal révolutionnaire (24-30 octobre), 21 chefs girondins avaient été guillotinés à Paris, le 31 octobre. C'est par la force, la délation, la guillotine, les confiscations, les réquisitions, les exactions de toutes sortes qu'au nom de la liberté et avec l'appui des clubs, des équipes terroristes armées de pouvoirs discrétionnaires se chargent d'imposer l'idéal des Illuminés aux populations récalcitrantes. Mara ne croyait pas si bien dire, lorsqu'il écrivait le 30 juin 1790 : « *Sous le prétendu règne de la liberté, nous sommes plus mal encore que sous le règne de la servitude. Nous avions autrefois 500.000 tyranneaux, nous avons aujourd'hui un million d'oppresseurs.* »

De même, que grâce à la Terreur, le Comité de Salut Public, dictature collégiale, exerce le gouvernement, les clubs se substituent à l'administration. Celui des Jacobins s'est entièrement transformé. De cercle parlementaire, au temps où il s'intitulait *Société des Amis de la Constitution*, il est devenu un foyer populaire d'agitation révolutionnaire : admet le public à ses séances (14 octobre 1791), se laisse envahir par les citoyens *passifs*. (10 août 1792), change son titre en *Société des Jacobins, Amis de la Liberté et de l'Égalité*, avant d'imposer ses vues par des délégations à la Convention (22 août 1793) et d'étendre sur tout le pays son réseau de surveillance (monté dès Février 1791 par son comité *de confiance*) ; officiellement reconnu, avec pouvoir de dresser des listes de suspects (13 septembre 1793), de faire destituer les administrateurs indociles (1er octobre 1793), de contrôler le fonctionnement des services (9 octobre) et de désigner les citoyens aptes aux fonctions publiques (13 novembre 1793), dans lesquelles il placera au moins 9.000 agents, ce pour quoi le comité de Salut Public, qui lui doit en grande partie son existence, l'a gratifié d'une subvention de 100.000 Livres (Brumaire 25, an II).

Si le club des Jacobins gouverne l'État, celui des Cordeliers règne sur la Commune et constitue l'aile marchante de la Révolution, engagée dans la dernière étape prévue par les Illuminés : dictature économique et transformation du régime de la propriété. En contact direct avec la population, qui souffre cruellement de la disette, du chômage, et de la hausse des prix, provoquée par la dépréciation des assignats, la guerre et l'anarchie intérieure, les sections parisiennes et la Commune réclament dès Septembre 1792, toute une série de mesures de contrainte, qui paraissent imposées par les circonstances. À leur instigation, Danton instaure le régime de la réquisition et de la taxation pour les besoins de l'armée (4 septembre), en attendant les cartes de rationnement qui feront leur apparition en Septembre-octobre 1793.

Afin de donner satisfaction aux réclamations populaires, le décret du 26 juillet 1793 punit de mort les accapareurs, pour fausse déclaration ou pour défaut de déclaration. Le 23 août, à la demande des Fédérés et de leur représentant, Royer, un autre décret proclame la réquisition permanente. Le 29 septembre, il est décidé que la taxation des prix sera établie par les districts, sur la base, valeur 1790 plus un tiers, et celle des salaires, par les municipalités, sur la base 1790, plus la moitié. Le 2 novembre, Robert Lindet se voit confier la direction d'un bureau du *maximum*, chargé de préparer pour le printemps suivant une taxation générale des denrées, de la production à la consommation (3 Ventôse 1794). Mesures que complétera plus tard (30 mai 1794) le contrôle de l'État sur les importations et les exportations.

Mais ce n'est qu'un début ; les dirigeants nourrissent des projets plus ambitieux, conformes aux idées de Mara et aux promesses faites, dès le 15 octobre 1790 par Bonneville et Claude Fauchet, à près de 8.000 auditeurs, lors de l'inauguration du Club des *Amis de la Vérité*, au cirque du Palais-Royal, à savoir, non seulement la liberté, l'égalité et un *« pacte fédératif du genre humain »*, mais aussi *« la propriété »*. Tandis que l'abbé Jacques Roux (chez lequel Mara s'était un moment réfugié) et Jean Varlet font campagne contre les accapareurs et pour le cours forcé de l'assignat, soutenus par Dodieu de Lyon, qui se rend à Paris en Octobre pour établir la liaison, d'autres vont plus loin : Momoro, membre influent des Cordeliers, mène une propagande pour le partage des terres, Hédins, de Lyon, lance un projet de nationalisation en 25 Articles, Lange, officier municipal de la même ville, propose de confier à l'État et à une société fermière dotée d'un capital de 1.200 millions le soin d'emmagasiner et de stocker les récoltes, idée que reprendra Barère — peut-être seulement pour la forme — le 9 août 1793, en prévoyant sur le papier la création d'un grenier par district.

Les tentatives faites pour préparer l'exécution de ce programme en province ayant échoué, car les premiers commissaires délégués par la Commune dans les départements en furent chassés, et il fallut les rappeler (22 septembre 1792), on ne cessa de réclamer la création d'une armée révolutionnaire, de milices rouges, susceptibles d'appuyer cette action. Et comme les comités ne montraient pas trop d'empressement à armer des forces qui échapperaient à leur contrôle, on tente de leur forcer la main, en faisant descendre une fois de plus le *peuple* dans la rue. Les 4 et 5 septembre, une manifestation a lieu, pour l'armée révolutionnaire et la terreur, dont Royer avait proclamé le 30 août qu'elle devait être *mise à l'ordre du jour*. Sous la pression de l'émeute, BillaudVarenne et Collot d'Herbois pénètrent au Comité de Salut Public. Le 17 septembre, sur proposition de Merlin de Douai est votée la loi, très élastique, des *suspects*. Complétée par la loi du 22 Prairial (10 juin 1794), elle laisse prévoir une immense *razzia*. Les propriétés de 300.000 familles seront bientôt menacées de confiscation (26 février 1794) en vue de distributions que l'on voudrait *gratuites* (séance des comités réunis des 4-5 Thermidor) ; un décret de Ventôse (3 mars 1794) ordonne d'établir la liste des *patriotes* bénéficiaires. Le 23 octobre est créée une Commission des Subsistances de trois membres, qui exerce une véritable dictature économique. Jacques Bidermann, dont il a été question au chapitre précédent, sera l'un des plus beaux fleurons de cette institution.

Mais se retourne contre les *Enragés*

Cependant, la suprême tentative des hébertistes et des *Enragés* pour conquérir le pouvoir leur sera fatale. Les dirigeants des Cordeliers Dubuisson, le bordelais Jacob Pereira, le marchand de vin bordelais Desfieux multiplient alors les sociétés populaires et les fédèrent en un Comité central, destiné à se substituer à la Convention, au Comité de Salut Public et peut-être même à la Commune. À partir du 11 Ventôse, Momoro et Carrier préparent ouvertement l'insurrection en vue de faire nommer *Grand Juge* leur ami Pache.

Avant de devenir maire de Paris et de conduire avec Chaumette les émeutiers du 5 septembre, ce Pache avait été nommé ministre de la Guerre, en remplacement de Servan, parti commander l'armée des Pyrénées. On l'appelait communément *l'honnête* Pache, peut-être par antinomie avec un sien ancêtre, Jean-François, mort en 1762 en laissant un *vuyde* de 50.000 livres dans la Caisse de la Chambre des Blés de Genève, dont il était trésorier. Les Pache n'en avaient pas moins prospéré. Associés d'Étienne Banquet, très liés avec Isaac Panchaud en 1775, ils avaient été les correspondants à Paris des Gradis de Bordeaux. À son arrivée au ministère, François-Benjamin Pache avait fait place nette. En même temps qu'il peuplait ses bureaux de patriotes et qu'il accélérait la valse des généraux, il opérait la relève des fournisseurs aux armées de l'ancien régime, les d'Espagnac, les Masson, les Doumerc, par une clique de bailleurs de fonds alsaciens de la Révolution : Bidermann, déjà nommé, Max Beer, Cerf-Beer, Piek et Moselman, qui se chargèrent de vêtir de loques les sans-culottes.

Les conjurés disposent d'appuis importants. En dehors du ministre de la Guerre Bouchotte, successeur de Pache, de Vincent, son secrétaire général, du prince Charles de Hesse, général jacobin, de Ronsin, chef de *l'armée révolutionnaire*, ces Niveleurs possèdent dans la finance des amis puissants. Hébert, le *Père Duchesne*, substitut du Procureur de la Commune, est au mieux avec le banquier hollandais Kock. Le banquier belge Walckiers, du parti vronkiste, les soutient aussi. Un autre de ses confrères, Bertold Proli, cousin germain d'Anarcharsis Clootz (grand ami et client du banquier hollandais van den Yver) est un de leurs chefs. Son influence est grande, elle s'étend de Dumouriez à quantité de montagnards : Danton, Camille Desmoulins, Hérault de Séchelles, Bentabole, Jean-bon Saint André, Jay de Sainte-Foix, Desfieux (du comité de correspondance des Jacobins). Car la plupart des dirigeants sont à cheval sur les deux clubs et s'efforcent de noyauter les Jacobins. Poursuivant la réalisation intégrale du programme des Illuminés, les voilà qui déclenchent une nouvelle offensive de déchristianisation. Cette fois, contre le Clergé constitutionnel. Le 16 Brumaire, une délégation, composée de Clootz, de Pereira et autres, fait pression sur l'évêque *jureur* de Paris, Gobel, pour l'amener à démissionner, ce qu'il fera le lendemain, tandis que de son côté Grégoire refuse de le faire. Le 10 novembre, la déesse Raison, au cours d'une fête civique, est solennellement élevée sur les autels de Notre-Dame, et le 23 novembre — suivant l'exemple de Chaumette et de la Commune de Paris, qui, le 23 Vendémiaire, ont interdit l'exercice extérieur du culte — est décrétée la fermeture des églises.

Cette fois Robespierre, déiste à la Rousseau, réagit. Le 1er Frimaire, aux Jacobins, il fulmine contre l'athéisme. Et, prévenant l'insurrection préparée par les *Enragés*, il fait arrêter, d'accord avec Couthon et Billaud-Varenne, les 23 et 24 Ventôse (14-15 mars 1794), les chefs hébertistes Momoro, Ronsin, Mazurel, Vincent, Leclerc, Bourgeois, Clootz, Proli, Kock, Desfieux, Pereira, Dubuisson. Au cours du procès (1-4 Germinal) Carrier, Hanriot, Boulanger, Pache, Westermann et, provisoirement Danton, sont mis hors de cause. Les autres — dix-huit en tout — monteront à l'échafaud avec Hébert, le 24 mars. Chaumette les suivra le 13 avril, dans une nouvelle fournée, avec Gobel et la veuve d'Hébert.

Et l'épuration continue. Ayant liquidé ces *agents de l'étranger* — agents en réalité des Illuminés — qu'il a fustigés le 27 Brumaire à la Convention comme *autrichiens*, parce qu'ils étaient soutenus par des banquiers belges et hollandais, Robespierre se retourne contre les *fripons* et les politiciens d'affaires du clan *anglo-prussien*. Ceux-là ont offert leurs services intéressés aux puissants menacés par les mesures draconiennes édictées par le Comité de Salut Public et la Convention contre les financiers : fermeture de la Bourse (27 juin 1793), abolition des sociétés anonymes (24 août), mise sous séquestre des banques et maisons de change étrangères (7 septembre) — ce décret, rapporté le 13, sur proposition de Ramel — Nogaret, n'a servi en réalité qu'à éviter à certains banquiers français de régler dans des conditions de change défavorables, 30 à 40 millions de Livres — or dont ils étaient débiteurs à Amsterdam et à Londres — confiscation du numéraire et des lingots (13 novembre), accompagnées de mesures contre les étrangers, sauf les Américains et les Suisses (1er août).

... ET LES *FRIPONS*

Au premier rang de ces *fripons*, Chabot, qui s'arrange pour faire lever les scellés au profit des banquiers anglais Boyd et Kerr (7-8 septembre) moyennant 2.000 Livres, avant de leur procurer, un mois plus tard, des passeports pour quitter la France. Ce révolutionnaire au grand cœur prévient également d'une perquisition imminente, le 6 septembre — avant de procéder lui-même à leur inventaire — ses amis Frey, deux Moraves, de leur vrai nom Siegmund Gottlob et Emmanuel Dobruski, anciens munitionnaires de Joseph II, introduits en France en 1787 par Laveaux de Strasbourg et qui, sous le couvert de leurs amis jacobins, Louis du Bas-Rhin, Bentabole, Simond, Richard, Gaston, Pierry et Chabot, se livrent à toute espèce de trafics. Reconnaissants, le 6 octobre, ils offrent leur sœur Leopoldine, dotée de 200.000 Livres, en mariage à l'ex-capucin Chabot qui, assez naïvement, annonce à la Convention qu'il se *range*. Peut-être était-ce pour monter son ménage qu'il trafiqua de plus belle dans la liquidation de la Cie des Indes, ordonnée le 8 octobre.

Protégée par Clavière, ministre, jusqu'à son arrestation avec les Girondins, le 2 juin 1793, la Cie se trouvait soudain en butte à toute une série d'attaques : Delaunay d'Angers l'accusait d'accaparer pour 15 millions de marchandises (9, 18, 26 juillet 1794 Fabre d'Églantine lui reprochait d'avoir fraudé l'État de 6 millions, en ouvrant *un livre de transfert* intérieur, pour échapper aux droits d'enregistrement des mutations sur les titres au porteur, le 25 août ; Julien de Toulouse la diffamait en prétendant que ses administrateurs soutenaient en sous-main la contre-révolution. Sur ce, une commission d'enquête de cinq membres avait été nommée, à laquelle Fabre se trouva bientôt adjoint. Tous ces flibustiers qui avaient pris soin de jouer à la baisse sur les actions de la Cie qu'ils attaquaient, et qui espéraient tirer de leurs interventions futures quelque 500.000 Livres de bénéfices, offrirent à ce dernier de participer à leur *combine*.

De fait, Delaunay écrivit le 8 octobre un rapport indulgent sur la liquidation de la Cie et un texte falsifié portant que la Cie procéderait elle-même, *selon ses statuts* à sa propre liquidation. Sur ce, les compères, pris de panique, se vendirent à qui mieux mieux. Chabot et Basire dénoncèrent Delaunay et Julien. Pensant se couvrir par son zèle, Fabre dévoila à Robespierre et aux deux Comités réunis en commission extraordinaire le 12 octobre, d'abord les agissements des gens d'en face, les banquiers belges et hollandais, dits *autrichiens*, mais en attirant l'attention sur la conduite de Chabot, de Julien de Toulouse et d'Hérault de Séchelles, il alla trop loin. Car Chabot s'affola et, tout en incriminant le baron de Batz, nomma ses complices à Robespierre. De sorte que Fabre, d'abord chargé de l'enquête avec Amar, du Comité de Sûreté générale, mais incriminé par l'hébertiste Delaunay et contraint de s'expliquer devant les Jacobins se vit exclure de l'instruction (6 Nivôse) et rejoignit le 24 (12-13 janvier 1794), ses amis arrêtés dès le 26 Brumaire. Tout ce beau monde, y compris Basire, se retrouva sur l'échafaud le 5 avril.

Cependant Danton, prenant la défense de Fabre, son collaborateur direct, prêtait le flanc aux attaques de Robespierre. Il attira l'attention sur lui lorsqu'à une représentation *« d'Epicharis et Néron »* de Degouvé, à la réplique : *« Mort aux tyrans ! »* lui et ses amis se tournèrent instinctivement vers Robespierre. Quelques jours plus tard (le 30 Ventôse) à la Convention, Robespierre menaçait : *« Une faction vient d'expirer* (les hébertistes ont été arrêtés le 13 mars)... *Si la Convention veut terrasser l'autre, la Patrie est sauvée ! »* Voici Danton sur la sellette. Le 10 Germinal (31 mars), il est arrêté, avec Camille Desmoulins, Delacroix et Philippeaux. Dans son réquisitoire, Saint-Just reprend contre lui tous les anciens griefs, ses intrigues avec les Orléans, ses manœuvres tortueuses avec Dumouriez. Il le dénonce enfin pour avoir détourné avec son collègue Delacroix, 400.000 Livres pendant cette mission en Belgique. Afin d'étouffer la voix du tribun, que l'on redoute, le juge Herman refuse l'audition des témoins, et prononce la sentence *en l'absence des accusés* (13-16 Germinal). Le 5 avril, Danton et ses amis, Desmoulins, Hérault des Séchelles, Fabre d'Églantine, s'en vont à leur tour à la guillotine, accompagnés des *fripons*, d'Espagnac, des Frey et de Guzman.

ROBESPIERRE PÉRIT DE SON ISOLEMENT

Lorsqu'il célèbre *l'Être Suprême* par une fête aux Tuileries et une procession au Champ de Mars (le 20 Prairial-8 juin) après avoir fait confirmer la liberté des cultes par la Convention le 18 Frimaire (6 décembre 1793), Robespierre ayant ainsi *liquidé* ses ennemis, président des Jacobins depuis le 12 août et de la Convention depuis le 21, maître du Comité de Salut Public, paraît détenir le pouvoir absolu. Il n'a pas conscience d'avoir porté un coup d'arrêt décisif à *sa* révolution.

Loin d'être un génie providentiel, ni même un homme d'État, il n'est qu'un pantin sanglant, un étroit sectaire, prônant *« l'éternelle alliance des peuples, contre les tyrans »*, prêt à faire la guerre, après s'être débarrassé des généraux et des cadres. Prêt ensuite à négocier, après avoir rompu avec tous les pays, sauf les États-Unis et la Suisse. Prétendant régénérer son pays comme il l'expose dans ses *« Principes de morale politique »*, en appliquant la formule : *« République= Vertu ; Vertu= Terreur ; Terreur = Despotisme »*. Il a pourtant donné l'exemple de la détente en supprimant l'armée révolutionnaire de Ronsi (7 Germinal), en rappelant de Vendée les bandits Rossignol et Thureau, chef des colonnes infernales (8-24 floréal, 4 Prairial), en supprimant les commissaires aux accaparements (12 Germinal), mais il mécontente les ouvriers des fabriques de guerre en leur imposant un plafond de salaires et menace de réquisitionner ceux des transports (15 Floréal) et il choisit le moment où l'ennemi a été repoussé des frontières pour renforcer encore la terreur et promulguer l'ignoble loi du 22 Prairial, présentée par Couthon, qui prive de tout moyen de défense les accusés devant le Tribunal révolutionnaire (plus d'interrogatoires, plus de défenseurs).

Plus il va et plus il s'isole. Et plus il se heurte aux résistances de ses collègues. *« Vous êtes des dictateurs ridicules ! »* lance Carnot, à lui et à son fidèle Saint Just. *« La Patrie n'est pas un homme ! »* lui jette Robert Lindet le 10 Messidor, à propos de la révocation de Fouquier-Tinville, qui a perdu la confiance du maître. Alors, il se retire aux Jacobins et il boude. Ou bien il dépouille et annote les dénonciations qui parviennent au Comité de Salut Public, parce qu'il se défie d'Àmar et de ses collègues du Comité de Sûreté générale. Il n'y reparaîtra que le 5 Thermidor, ayant scellé contre lui l'union de tous ceux qu'inquiètent les menaces imprécises qu'il ne cesse de proférer, ses collègues des Comités, aussi bien que ces fripons de représentants en mission, les Fouché qu'il vient d'exclure des Jacobins le 26 Messidor, les Tallien, dont il a fait incarcérer la femme le 3 Prairial, et tant d'autres.

Devant la convention le 8 Thermidor, après quelques avances au Marais, sous couleur de défendre les petits rentiers menacés par la loi de conversion du 23 Floréal, Robespierre attaque le ministre et le Comité des Finances. Grave imprudence ! Cambon réplique d'une voix cinglante : *« J'en appelle à la France ! »* Et d'attirer l'attention sur le danger qu'il y a à faire le jeu des agioteurs étrangers quand on tolère dans son entourage des gens aussi suspects que le banquier suisse Haller, pour conclure : *« Un seul homme paralyse la volonté de la Convention nationale : Robespierre »*. Sous cette riposte directe, l'incorruptible se trouble et, mauvais élève morigéné par son maître, s'excuse : *« Je ne me suis jamais mêlé de cette partie »*. Somme toute, il ignorait *l'intendance !*

Alors ce fut l'hallali ! L'entrée en lice de Bentabole, de Charlier, d'Amar, de Thirion, de Barère, de Panis, qui réclame à cor et à cris la publication des listes des prochaines proscriptions. Le lendemain 9 Thermidor (27 juillet 1794) vint l'exécution : l'interruption brutale de Saint Just par Tallien, l'occupation de la tribune par Billaud-Varenne, le refus de la parole à Robespierre, salué des clameurs de : *« À bas le tyran ! »*, l'arrestation du dictateur et de ses séides, Saint Just, Lebas, Couthon. S'ils parviennent un moment à délivrer Robespierre, Hanriot et Coffinhal échouent dans leur tentative de soulèvement populaire, bien que, depuis quinze jours, en prévision d'événements graves, ils se soient employés activement avec Boulanger et Dumas (président du Tribunal révolutionnaire), à battre le rappel des sans-culottes. L'enthousiasme n'y est plus. Rongés de misère et de privations, sans illusions désormais sur l'efficacité du *f... maximum*, peut-être rassasiés de harangues et de sang, les sectionnaires ne marchent plus pour sauver *le tyran* qui a conduit à la guillotine les dirigeants de leurs clubs, Cordeliers et hébertistes. La nuit, et peut-être quelque consigne secrète, suffit à disperser ceux qui s'étaient rassemblés sur la place de Grève. De sorte que Barras ne rencontre aucune résistance lorsqu'il se présente au petit matin à l'Hôtel de Ville, à la tête des sections modérées, pour arrêter Robespierre et les siens, les chefs de la Commune ayant été déclarés hors la loi sur l'initiative de Barère. Ils périrent en deux fournées sous la guillotine, 22 le 28 juillet, 70 le lendemain.

Comme Danton condamné sans phrases par le Tribunal révolutionnaire qu'il avait créé lui-même, Robespierre et ses acolytes tombaient victimes de la terreur qu'ils avaient déclenchée, de cette grande Terreur qui, du 23 Prairial au 8 Thermidor, avait fait crouler 1.376 têtes, et qui en tenait 7.800 autres en réserve, lorsque les portes des prisons s'ouvrirent (4 août). Au total et dans l'ensemble du pays, 3 à 500.000 *suspects* avaient été arrêtés, dont 17.000 furent condamnés à mort. Mais, compte tenu des exécutions sommaires, il y eut 35 à 40.000 victimes.

Ce qui frappe le plus lorsqu'on en considère la liste, c'est l'énorme proportion de *gens du peuple* qui figurent sur ce martyrologe : 31% d'ouvriers et 28% de paysans ! Malgré l'insistance de certains, de Barère notamment, pour que continuât la terreur, cette page honteuse de l'histoire de la Révolution allait être bientôt tournée. Le club des Jacobins, qui avait permis et couvert ces excès, évacué une première fois le jour même du 9 Thermidor, par Legendre, et rouvert le lendemain, allait être définitivement dissous et fermé sur l'initiative de Fréron le 22 Brumaire an III (12 novembre).

CAMBON CONTRE LA GABEGIE
ET LA DÉBÂCLE DES ASSIGNATS

Tandis que dans le tourbillon de la guerre civile, de la guerre étrangère et d'une véritable guerre de religion, les factions rivales s'entretuaient, que serait devenue la France, s'il ne s'était trouvé parmi les Jacobins des hommes énergiques pour reprendre en main l'administration, à commencer par celle des Finances, et réorganiser l'armée ? Cambon et Carnot, échappés de justesse à la vindicte aveugle de Robespierre, furent ces hommes de gouvernement : à ce titre, ils méritent le respect.

Selon des principes économiques généralement erronés et par des moyens le plus souvent blâmables, Cambon assuma la redoutable tâche d'alimenter le Trésor Public en pleine période d'anarchie intérieure, avec des rentrées fiscales aussi réduites qu'incertaines et pratiquement sans budget : entreprise désespérée. *« L'assignat,* s'écriait-il, *nous fait une guerre désastreuse »* (20 mai 1793). L'Assemblée législative comme la Convention, Girondins et Montagnards, Jacobins et Cordeliers étaient trop absorbés par leurs palabres sur les grands principes pour aborder des questions aussi terre-à-terre que celle de la rentrée des contributions. Au 25 février 1793, selon Clavière, il y a 851 millions d'arriéré sur les impôts.

Dans ces conditions, force est de recourir à l'inflation, tout en procédant à des confiscations nouvelles. Estimant à 3 milliards de Livres les biens des émigrés (1er février 1793) Cambon avait dû émettre 400 millions d'assignats, le 24 octobre 1792 et, la Caisse de l'Extraordinaire ayant été supprimée le 4 janvier 1793, une nouvelle tranche de 800 millions le 1er février, puis une autre, le 7 mai de 1.200 millions. Par un mouvement parallèle, la dépréciation s'accentue. Elle atteint 48% en Février 1793, 57% en Avril ; en Août, l'assignat est à 22. On s'efforce pourtant de réagir. Précurseur du *tiers provisionnel,* Bentabole réclame le 5 juin le versement, avec un mois de délai, du tiers de l'emprunt forcé d'un million sur les riches, décrété le 20 mai. Le 17 juillet, l'on exige pour le 1er novembre le paiement de l'arriéré des impôts. Vernier et Chabot s'efforcent d'établir la progressivité de l'impôt, mais la Constitution qui protège intégralement la propriété, ne le permet pas, Alors on décide le 31 juillet la démonétisation des assignats à face royale, ce qui doit permettre d'en retirer environ 354 millions de la circulation.

Et l'on s'attaque à de plus grandes réformes. Le 24 août 1793 est ouvert un Grand Livre de la Dette publique, où sont inscrites les rentes sur l'Hôtel de Ville et autres (100,8 millions de rentes), la dette à terme (415,9 millions en capital), la dette de liquidation des offices (625,7 millions) et la dette en assignats (3.217 millions). De cette réforme Cambon espérait la possibilité de résorber environ 1 milliard d'assignats pour le 1er décembre, d'en faire employer encore 1,6 milliard à l'achat de biens nationaux et d'alimenter un emprunt volontaire. Mais, la confiance manquant, l'opération ne rapporta que de 180 à 200 millions, dont 125 pour l'emprunt volontaire : une goutte d'eau. Une goutte d'eau dans le tonneau percé des finances révolutionnaires. La démagogie, la gabegie sont partout. En 1792, la Commune a acheté de la farine à 62,65 Livres le sac pour la revendre à 54. Et le service de *l'annone* continue à maintenir artificiellement le prix du pain... à coups de millions. Cambon ayant réclamé à Bidermann ses comptes, évalue le passif à 5 millions. Et il n'est pas tendre pour les fournisseurs de l'État, allant jusqu'à dire : *« Cette race dévorante — des financiers et des partisans — est pire encore que sous l'ancien régime »*. Même les fournitures aux armées s'effectuent mal, quelquefois en contravention avec les lois en vigueur, car il faut payer au-dessus du cours ou même en numéraire ce qu'on ne peut se procurer avec des assignats, et les trafiquants ont beau jeu.

Cambon devra attendre Thermidor et la réaction contre les clubs pour supprimer les jetons de présence de 40 sous accordés aux sectionnaires et perçus par les commissaires qui majoraient couramment leurs états du triple ou du quadruple (4 Fructidor). Et pour s'en prendre aux 540.000 *surveillants* à 3 Livres par jour, qui coûtent annuellement 591 millions à l'État. *« Bientôt,* dira-t-il, *les deux tiers de la France seront salariés »* (23 Fructidor). Contre toute règle administrative, on a laissé la bride sur le cou aux représentants en mission, en les autorisant à prélever sur les fonds publics (9 avril 1793). C'est la dilapidation organisée. Il est vrai qu'en contre-partie ils perçoivent de la manière la plus arbitraire des taxes révolutionnaires *sur les riches* (elles auraient rapporté 31,4 millions en regard de 9,8 seulement de dépenses justifiées au 13 Frimaire an III), leur imposent d'énormes amendes qu'ils ne paient pas toujours (exemple à Bordeaux le riche banquier Peixetto, qui ne versera que 67.646 sur 1,2 millions de Livres), les envoient à la guillotine afin de pouvoir confisquer leurs biens (exemple le maire de Bordeaux Saige, dont l'exécution, ordonnée par Tallien, rapporta 10 millions), dépouillent les églises, raflent les métaux précieux. Fouché à Moulins, comme Lebon, à Arras, se distingueront particulièrement dans ce genre de *razzia*. Bref, on en arrive à *battre monnaie sur la place de la Révolution*, en envoyant systématiquement les riches à l'échafaud.

Mais, tous ces remèdes étant pires que le mal, forcé est bien d'accélérer le rythme de l'inflation. La planche à billets, comme la guillotine, fonctionne en permanence. Les émissions d'assignats se succèdent à une cadence de plus en plus rapide : 2 milliards, le 28 septembre 1793, soi-disant destinés à remplacer les anciens ; 500 millions le 10 décembre ; 1.200 millions le 19 juin 1794. La circulation effective a sensiblement doublé : de 3.217 millions (le 24 août 1793) à 6.400 (le 28 juillet = 9 Thermidor 1794). En près d'un an, elle doublera encore : 11 à 12 milliards à fin Juin 1795, environ 19 milliards le 14 novembre 1795, et 30.049 millions le 29 janvier 1796. En tout, il en aura été fabriqué 45.581 millions.

Alors, la dépréciation s'accentue de plus belle. De Février 1793 à fin Mai 1794, l'assignat est tombé de 52 à 34 — et même à 15 en Alsace —, perdant 18 points en 16 mois, soit en moyenne 1,125 par mois. De fin Mai 1794 à fin Juillet 1795, il s'est effondré de façon constante, de 34 à 2 perdant 32 points en 14 mois, soit à la cadence moyenne de 2,285 par mois. La tendance a donc basculé à partir de Mai et le rythme de la chute a plus que doublé. Tombé à 0,70 en fin Octobre 1795, dès lors pratiquement sans valeur, il traînera une existence misérable jusqu'au 19 février 1796, date de la destruction solennelle de la planche à billets, place Vendôme. Comme il est normal, dans l'intervalle, le louis d'or, qui valait 75 Livres en Juillet 1794, est passé à 2.000 le 27 octobre 1795, à 3.000 le 7 novembre, à 4.500 à la mi-Décembre, pour aboutir à 6.500.

Dans des conditions aussi mouvantes, le responsable des Finances se voit réduit à établir des prévisions mensuelles, fort imprécises, jusqu'à l'an V (1797). Dans l'intervalle, Cambon, qui évaluait à 2.400 m. les dépenses de guerre entre le 1er mai 1789 et le 1er septembre 1793, estimait à environ 300 m. par mois, au 4 novembre 1794, les dépenses de l'État. Or, celles-ci n'étaient couvertes par les recettes que dans une proportion dérisoire-souvent inférieure au cinquième. Le déficit ne cessait donc de s'accroître. De 116 millions en Août 1792, il avait atteint une première pointe de 360 en Mars-Avril 1794, pour s'établir successivement à 226,5 en Juin-Juillet (Thermidor), à 371 à fin Décembre (pour 428 de dépenses) et à 434 fin Janvier 1795 (pour 565,5).

Tant que les ressources de l'État ne seraient pas rétablies par des rentrées d'impôts régulières, il est bien évident que toutes les mesures prises ne pouvaient être que des expédients provisoires, parfaitement inopérants. Il en fut ainsi de la conversion des rentes viagères (100,6 millions pour 1.090 de capital, au 1er janvier 1793), décrétée par Cambon le 23 Floréal an III (12 mai 1794), destinée à en réduire de moitié la charge en perpétuel. De la confiscation des biens des sujets anglais et des puissances en guerre (10 et 16 octobre 1793). De la loi de séparation des Églises et de l'État (16 septembre 1794), présentée comme une mesure d'économie (depuis le 18 septembre 1793) les prêtres, cessant d'être considérés comme fonctionnaires, ne recevaient plus que des *secours*). De la loi sur la vente du mobilier des émigrés (6 Ventôse an III = 26 février 1794). Et du plan d'assainissement des assignats proposé par Vernier dans son rapport du 23 Floréal an IV (12 mai 1795) : prévoir que 5.425 millions d'assignats pourraient être résorbés : en démonétisant 1.025 millions d'assignats à face royale.

ÉCRASEMENT DES EXTRÉMISTES

Impossible en effet de restaurer les finances sans rétablir au préalable un minimum d'ordre et de paix sociale. Une violente contre-attaque des extrémistes et des sociétés populaires — interdites le 16 octobre 1794 — fut donc sévèrement réprimée. Précédées d'une tentative manquée d'arrestation de Babeuf, de Montdidier, connu par ses campagnes contre le paiement des impôts et pour ses idées égalitaires, animateur avec Varlet, du *Club électoral* (le 3 Brumaire = 24 octobre 1794) et de l'incarcération effective de Carrier, le *noyeur* de Nantes (le 21 Brumaire = 12 novembre) de la fermeture des Jacobins, dispersés par les gourdins de la jeunesse dorée, les muscadins de Fréron (22 Brumaire = 12 novembre), et des clubs des faubourgs Saint-Antoine et Saint-Marceau, deux journées révolutionnaires mirent encore en danger l'Assemblée, bien que Sieyès se fut préoccupé d'en assurer la protection (1$_{er}$ Germinal = 20 mars 1795).

Le 12 Germinal (1$_{er}$ avril 1795) les colonnes d'émeutiers conduites par van Eck déferlèrent sur la Convention, vociférant : *« Du pain et la Constitution de l'An II »* Le général Pichegru enraya le mouvement. Ce qui restait de la Montagne s'en trouva décapité. Les chefs Barère, Billaud-Varenne, Collot d'Herbois, dénoncés dans un pamphlet de Méhée, dès le 9 Fructidor (26 août 1794) comme *« la queue de Robespierre »*, arrêtés avec Vadier depuis le 12 Ventôse (3 mars 1795), prirent le chemin de la Guyane, tandis que, décrété d'arrestation le 14 Germinal avec seize autre jacobins (dont Thuriot, Pache et Rossignol), Cambon se réfugiait en Suisse (le 16 Germinal = 5 avril).

Mais l'agitation continuait. Déclenchée à nouveau le 1$_{er}$ Prairial (20 mai 1795), l'émeute se prolongea pendant plusieurs jours. Le premier l'Assemblée fut envahie et Féraud massacré. Réfugiés au Comité de Sûreté générale sous la protection de Raffet, les Comités, grâce à l'appui des sections de la Garde nationale, réorganisée le 17 avril, parvinrent cependant à faire évacuer la salle après huit heures d'occupation. Le lendemain 60.000 hommes se trouvèrent face à face et les canonniers de l'Assemblée firent défection : une délégation fut admise à la séance et tout sembla se terminer par une accolade. Mais l'affaire n'en resta pas là. Le gouvernement voulait en finir et débrider l'abcès une fois pour toutes. Le 3 Prairial les troupes de Menou et de Joachim Munit isolèrent le faubourg Saint-Antoine, qui mit bas les armes le 4. Cette fois, la répression fut beaucoup plus étendue : 60 députés exclus, 13 arrêtés, 6 suicidés ou exécutés ; 36 condamnations à mort ; 10.000 proscrits, au nombre desquels Lindet, Jeanbon Saint-André, David, Prieur de la Côte d'Or.

THERMIDOR : DÉTENTE ÉCONOMIQUE

Alors les mesures de détente s'intensifient, sur le plan économique, comme sur les plans politique et religieux. Loi sur les émigrés (25 Brumaire = 15 novembre 1794), moins abusive que celle du 28 mars 1793, et permettant les réclamations. Limitation des réquisitions et relèvement du maximum, calculé sur la base 1790 + ⅔ (19 Brumaire = 9 novembre) en attendant sa suppression totale, avec celle de toutes les taxes et réquisitions, le 4 Nivôse (24 décembre 1794). Mais l'alignement des prix provoque un renchérissement des denrées, que le rude hiver 1794-95 aggrave encore. Qu'on en juge ! L'indice du coût de la vie à Paris est passé de 100 en 1790 à 5.340 en Novembre 1795 ! Les meneurs de Prairial n'ont pas manqué d'exploiter la misère qui en résulte et qui tranche sur les profits scandaleux que d'aucuns réalisent. La loi des 12-15 Prairial (31 mai-3 juin 1795) permettant aux porteurs d'assignats acquis à VII prix de se faire délivrer des biens nationaux pour 75 fois le revenu de 1790, sans enchères, apparait tellement abusive qu'il faut la rapporter.

Afin de préparer le retour à des conditions normales et de porter secours à tous ceux qui vivent de revenus fixes, la loi du 3 Messidor an III (21 juin 1794) avait institué une échelle mobile, dite de *proportion*, sur la base d'une circulation de 2 milliards en 1789 et de 12 à l'époque, avec relèvement d'un quart pour chaque tranche d'émission nouvelle de 500 millions d'assignats. Mais on ne l'appliqua que timidement aux rentiers pendant le deuxième semestre de l'an IV, ainsi qu'aux fonctionnaires, après avoir réorganisé l'administration, et l'on en refusa le bénéfice aux propriétaires.

Alors, pour en revenir aux valeurs réelles, on se décida à exiger le paiement en nature, en grains, de la moitié de la contribution foncière (2 Thermidor = 20 juillet 1794). Le 4, l'impôt des patentes fut rétabli. Le 7, une contribution personnelle et somptuaire, avec exonération à la base, remplaça la contribution mobilière, supprimée le 23 Nivôse (12 janvier 1795). On renforça le contrôle sur les finances, en nommant cinq commissaires à la Trésorerie et cinq autres à la Comptabilité nationale. On s'efforça de réglementer la Bourse (20-28 Vendémiaire = 12-20 octobre 1795), rétablie le 6 Floréal (25 avril 1795) et qu'on fermera à nouveau en Décembre 1795. La détresse des fonctionnaires est si pressante que le Directoire, installé le 9-10 Brumaire (31 octobre – 1er novembre 1795) doit permettre de leur payer leurs traitements sur la base de trente fois le chiffre de 1790 (en réalité, la dépréciation de l'assignat, 0,70 est telle qu'il eut fallu multiplier par 142) (7 Frimaire = 28 novembre 1795).

APAISEMENT POLITIQUE

Dans la même temps, sur le plan politique, des mesures d'apaisement étaient intervenues : abolition de la loi de terreur du 22 Prairial (13 Thermidor = 2 août 1794), élargissement de 2.615 détenus sur 7.293, au 23 Thermidor (11 août 1794), réintégration de 76 Girondins exclus de la Convention (18 Frimaire = 9 décembre 1794), suspension de la vente, puis restitution des biens des condamnés (22 Fructidor = 9 septembre 1794 et 21 Prairial = 16 juin 1795), rappel des Girondins déclarés hors la loi (18 Ventôse) amnistie en Vendée après pacification par Hoche (12 Frimaire
= 3 décembre 1794), suppression du Tribunal révolutionnaire le 31 mai 1795, après exécution de Fouquier-Tinville, le 6 mai. Sur le plan religieux, à la suite d'un discours de l'abbé Grégoire, le 21 décembre 1794, rétablissement de la liberté des cultes et réouverture des églises (21 février 1795) par Boissy d'Anglas, sur proposition du gallican Lanjuinais (11 Prairial 31 mai 1795), confirmées par la loi des cultes du 29 septembre 1795.

Préparée par le même Boissy d'Anglas, la Constitution de l'an III votée par la Convention le 23 août 1795, a pour objet principal de restaurer l'autorité intérieure. Clubs et sociétés populaires sont dissous. La liberté de la presse restreinte. Le suffrage censitaire est rétabli. Les contribuables font partie des assemblées primaires, mais les électeurs doivent justifier d'un revenu équivalant à 200 journées de travail. Deux assemblées, le Conseil des Anciens — de 250 membres — et le Conseil des 500 entourent le gouvernement composé de cinq Directeurs — qui possèdent seuls l'initiative des lois — et de six ministres. La suppression des 547, districts et des 40.000 communes qui alourdissaient le fonctionnement de l'administration locale et leur remplacement par des municipalités de canton et par des conseils départementaux de cinq membres, auxquels est adjoint un commissaire du gouvernement (futur préfet) marquent la volonté de simplifier la machine administrative et de renforcer l'autorité centrale.

Le gouvernement ainsi mis en place les 30 octobre et 2 novembre 1795 (8 et 11 Brumaire) est une sorte de dictature collégiale, incarnée d'abord en la personne de Sieyès, Barras, la Réveillère-Lépeaux, président des Anciens), Reubell, Letourneur, appuyés sur une oligarchie politique reprise en main par les hauts dignitaires de la Maçonnerie, bien décidés à s'accrocher au pouvoir. Composée des dirigeants révolutionnaires, ex-ministres, représentants en mission, conventionnels rescapés de la Terreur qui ont réussi à *vivre* et certains même à prospérer pendant cette période, soutenus par une clientèle de 30.000 notables, électeurs du second degré pour la plupart, acheteurs de biens nationaux et parvenus de toute espèce, intéressés au maintien du régime, cette équipe de *nantis* entend défendre par tous les moyens *les conquêtes de la révolution*, c'est-à-dire son pouvoir, ses places, sa fortune, ses immunités et privilèges judiciaires.

On le vit bien lorsqu'une semaine à peine après le vote de la constitution, la Convention, faisant fi des scrupules de la Constituante, adopta d'enthousiasme un décret contraignant les électeurs, sous prétexte de renouvellement par tiers, à choisir parmi ses membres les deux-tiers des nouveaux élus (30 août). Le corps électoral, ainsi privé de sa liberté de choix et de sa seule raison d'être, apprécia peu cette prétention des *perpétuels*. Alors que la Constitution de l'an I (1793) avait été adoptée par 1.801.918 « *oui* » contre 17.610 « *non* », celle de l'an III n'obtint, en Octobre 1795 sur 5 millions d'électeurs *actifs* qu'1.057.390 « *oui* » contre 49.978 « *non* » et le décret des deux-tiers que 205.498 contre 108.784. Au scrutin, 255 conventionnels seulement — anti-jacobins pour la plupart — furent réélus, plus 124 rattrapés sur des listes supplémentaires ; 104 autres durent être désignés parmi l'Assemblée par les députés eux-mêmes ; le nouveau tiers se trouva composé en majorité de royalistes, de libéraux de 1789 ou de modérés de 1791.

Et l'agitation culmina à Paris, avec l'insurrection royaliste du 13 Vendémiaire (5 octobre 1795). Le 11, à l'appel de la section Le Peletier, les modérés avaient fait reculer le général Menou. Le 13, alors que 25.000 hommes avaient cerné la Convention et fraternisaient avec la troupe, Bonaparte, chargé par Barras, commandant en chef de l'armée de l'intérieur, de conduire la répression, n'hésita pas à faire canonner les sectionnaires devant Saint Roch. Il y eut de chaque côté 2 à 300 morts et blessés. L'opposition royaliste, déjà démoralisée par l'échec de l'équipée de Quiberon (26 juin 1795), oit malgré la capitulation, sur 8.000 prisonniers 748 avaient été fusillés comme émigrés (3 Thermidor-21 juillet 1795) et par la mort du petit dauphin (8 juin 1795), s'en trouva pour quelque temps paralysée.

L'ARMÉE AU SECOURS DES *NANTIS*

Force restait donc aux *nantis*, ou plutôt à l'armée, *Ultima ratio Reipublicae*, dernier soutien de la République et des parvenus, qui la monopolisaient. Cette année que Robespierre, voulant l'épurer, avait failli détruire. Dernière ressource aussi pour les finances exsangues du régime. Gaudin, à qui l'on en avait offert le portefeuille, s'était récusé : « *Pourquoi donc un ministre, s'étaitil écrié, là où il n'y a ni finances, ni moyen d'en faire ?* » Une fois de plus, l'on a recours à l'emprunt forcé : 600 millions de francs-or, qui ne produit qu'environ 305 à 306 millions (293 en assignats et 12,6 en numéraire). Les impôts ne rentrent toujours pas : pour la foncière, il reste à recouvrer 13.118 millions sur 15.725 pour la période de 1791 à l'an III.

Alors, le 28 Ventôse an IV (18 mars 1796) on décide de remplacer les assignats par 2.400 millions de mandats territoriaux permettant de se faire délivrer des terres à 22 fois, des maisons à 18 fois le revenu de 1790, à raison de 30 assignats pour un mandat. Comme gage, il existe encore pour 7 à 10 milliards de biens nationaux à vendre ; 988 m. de versements dus par les acquéreurs ; les forêts qui sont évaluées à 2 milliards ; plus 3,4 milliards de biens nationaux de Belgique Mais ces mandats, liés aux anciens assignats en prolongent la chute vertigineuse. Début germinal (21 mars), ils sont à 34, à 10 au 1er Floréal (20 avril 1796), à 3 un peu plus tard, et même à 2,5 en Frimaire.

C'est la faillite définitive du papier, le retour aux valeurs réelles. À partir des 8 et 9 Messidor (27-28 juin) le paiement de la foncière sera effectué valeur en grains, sur la base de 10 hl. de blé pour 1 franc ; les baux ruraux seront stipulés de même, puis les autres droits, et enfin la contribution personnelle (17 Thermidor = 4 août). On en arrive alors à l'abolition du cours forcé du papier (29 Messidor = 17 juillet) et au retour pur et simple, le 5 Thermidor (23 juillet) à la liberté des transactions. Il fallut payer la moitié des traitements des fonctionnaires en mandats indexés, puis en numéraire (18 Thermidor = 5 août et 4 Brumaire – 25 octobre). Les rentiers reçurent le quart du deuxième semestre de l'an 1V en numéraire. 45 milliards et demi d'assignats s'étaient fondus en 2.400 m. de mandats, qu'on démonétisa le 16 Pluviôse (4 février 1797) pour 240.000 francs en numéraire.

De la faillite dont il était menacé, c'est encore l'armée qui sauva le Directoire.

CARNOT REFORME L'OUTIL MILITAIRE

Appliquant la suggestion de Dubois-Crancé (21 février 1793) d'amalgamer volontaires et troupes régulières, Lazare Carnot réorganisa l'armée révolutionnaire, dont les effectifs étaient tombés de 400.000 (1er décembre 1792) à 228.000 (au 1er février 1793). Pour remplacer les 100.000 volontaires pour un an, qui rentraient chez eux, 300.000 hommes avaient été appelés le 18 février 1793. Mais, malgré l'attrait d'une prime de 500 Livres, il fallut les désigner de force et, le 23 août 1793, décréter la réquisition générale, la conscription entre 18 et 25 ans, qui devait théoriquement fournir 1.200.000 recrues et n'en donna en fait que 750.000. Cette masse, par suite des désertions, tomba bientôt à environ 400.000 (Juillet 1796).

Il avait fallu incorporer tout ce monde, rétablir l'égalité de traitement entre troupes de ligne et volontaires, alors que ceux-ci, à l'origine, bénéficiaient d'une solde supérieure et du privilège d'élire leurs officiers, reconstituer des unités sur la base d'un bataillon de ligne pour deux de volontaires par demi-brigade, refaire des cadres, former des généraux. Cette tâche immense, ce fut Carnot qui l'accomplit. Officier du génie, grand admirateur de Vauban, entré le 14 août 1793 au Comité de Salut Public, il sut s'entourer de collaborateurs actifs, tel Prieur de la Côte d'Or, qui ranimèrent la production de guerre, des canons, de la poudre, de l'armement, des munitions et, à l'opposé des Pache, des Bouchotte et autres sans-culottes incapables et forts en gueule, faire appel à tous les échelons à des cadres jeunes, compétents et ardemment patriotes (Jourdan à l'année du Nord le 24 septembre ; Pichegru à l'armée du Rhin, le 28 septembre, et Boche à l'année de la Moselle, le 22 octobre 1793) et mettre au point une stratégie et une tactique adaptées aux moyens dont il disposait.

LA BELGIQUE *RAZZIÉE*

Tout l'hiver 1793-94 fut employé à cette réorganisation, qui devait permettre au printemps la concentration de 800.000 hommes articulés en plusieurs armées. Carnot lui-même, à l'automne, voulut éprouver dans le nord la valeur de l'outil qu'il forgeait. Tandis que le duc d'York demeuré en arrière pour attaquer Dunkerque avec 37.000 hommes (17-23 août) s'en était vu rejeter par Houchard à Hondschoote (6-8 septembre 1793), Cobourg avait occupé le Quesnoy le 12 septembre et investi le 28 Maubeuge, défendue par 22.000 hommes. Aux côtés de Jourdan, Carnot parvint à concentrer discrètement 57.000 hommes et à lui infliger un sérieux coup d'arrêt à Wattignies, les 15 et 16 octobre. Au prix de lourdes pertes, les gros bataillons des Carmagnoles avaient réussi à enfoncer les lignes plus minces des armées de l'ancien régime. Au printemps, Gobourg, après avoir pris Landrecies (30 avril 1794), dégagé Courtrai (7 mai), Furnes (10 mai) et Tourcoing (29 mai) tenta vainement, à la tête de cinq colonnes, de repousser de Charleroi, Jourdan, qui avait occupé cette ville le 25 juin. Cette victoire de Fleurus (26 juin 1794) ouvrit les Pays-Bas aux armées révolutionnaires, qui entrèrent successivement à Ypres (17 juin), à Ostende (3 juillet), à Bruxelles (8 juillet), à Anvers et à Liège (25 juillet).

Mais il n'est plus question cette fois, comme au temps de Dumouriez, de ménager le pays. Il faut *« vivre aux dépens de l'ennemi ou périr »* ordonne Carnot, le 8 Prairial an II (27 mai 1794), *« prendre tout ce qu'on pourra »* (11 juillet), *« dépouiller la contrée, accabler les riches, faire des otages »* (3 août). Cambon qui, lors de la première occupation déjà, avait prescrit aux généraux et aux commissaires de la République de détruire les privilèges, de renverser les autorités existantes et de les remplacer par de nouvelles, assermentées à la liberté, à l'égalité, de séquestrer les biens et d'imposer le cours forcé des assignats (15 décembre 1792, 31 janvier 1793) renchérit encore. Il s'agit maintenant d'une *razzia* systématique, confiée à des administrations spécialisées, les *agences d'évacuation*, dont le titre est suffisamment éloquent. Le 13 mai 1794, il en a été créé quatre, attachées aux armées de Belgique, du Rhin, des Alpes et d'Espagne, dont la mission consiste à ramasser et à expédier en France, *toutes les richesses* : approvisionnements, semences, étalons, denrées commerciales, machines, objets de science, œuvres d'art (8 mai-14 juin 1794). Les plus précieuses de ces dépouilles derme entre les mains des administrateurs de ces singulières agences et de leurs patrons parisiens. De sorte qu'on les supprime une première fois le 16 novembre, pour les rétablir le 23, avant de les abolir définitivement le 20 février 1795. À ces pilleries s'ajoutent les sévices contre les personnes, l'incarcération de nombreux prêtres et religieux, l'exécution de trente d'entre eux, le séquestre des biens de l'Église, des nobles ou plus simplement des riches, l'institution du maximum, le cours forcé des assignats et les contributions de guerre. Ainsi mise en coupe réglée, la Belgique se voit imposer le paiement de plus de 109 millions (50 à Bruxelles, 10 à Tournai, etc.), dont elle versera effectivement à peu près la moitié, plus du double de ses taxes anciennes.

FRONTIÈRES NATURELLES ET ANNEXIONS

Singulière façon de s'attacher un peuple qu'on prétend annexer à la France. Sur ce point d'ailleurs, les avis diffèrent. Nul ne conteste certes la mission révolutionnaire de la Grande Nation, telle que l'a exprimée Danton le 28 septembre 1792 : *« En nous députant ici* (à la Convention) *la nation française a créé un grand comité d'insurrection générale des peuples contre tous les rois de l'univers ! »* Mais comment procéder à l'égard des pays occupés ? Les annexer purement et simplement, ou répondre aux vœux de certains en créant des républiques-sœurs ? Sur proposition de la Réveillère-Lépeaux, la Convention a proclamé le 19 novembre 1792, *« qu'elle accordera fraternité et secours à tous les peuples qui voudront recouvrer leur liberté »*. Quelque temps auparavant, Lebrun, ministre des Affaires étrangères, s'était trouvé d'accord avec le Conseil exécutif et le Comité diplomatique pour dire : *« Les habitants de la Belgique choisiront la forme de gouvernement qui leur conviendra le mieux »*. Ceci, au temps de Dumouriez.

Depuis, les esprits ont évolué. L'idée des frontières naturelles s'impose de plus en plus. À l'époque qui nous occupe, elle a été relancée par le rhénan Anarcharsis Clootz, dans ses *« Vœux d'un gallophile »* en 1785 : *« Ce fleuve — le Rhin — est la borne naturelle des Gaules »*, Brissot l'a reprise dans une lettre à Dumouriez (fin Novembre 1792). Puis Custine, écrivant à Lebrun, le 22 décembre 1792. Danton l'a proclamée, avec sa grandiloquence habituelle, le 31 janvier 1793 à la Convention : *« Les limites de la France sont marquées par la nature... du côté du Rhin, du côté de l'Océan, du côté des Alpes. Là doivent être les bornes de notre République »*. Et Carnot l'a fait sienne avec plus de sobriété : *« Les limites anciennes et naturelles de la France sont le Rhin, les Alpes et les Pyrénées »* (14 février 1793). Avec plus de modération aussi, car il s'accommoderait de rectifications de frontières limitées.

En ce qui concerne la Belgique, la question sera bientôt réglée, sur l'initiative de Merlin de Douai, par l'annexion proclamée le 4 octobre 1795. Introduite du 22 novembre 1795 au 20 janvier 1797, la législation révolutionnaire n'y fut pas accueillie sans résistance. La déportation comme réfractaires de 8.200 prêtres belges, décrétée après le 18 Fructidor, révolta la population ; environ 200, effectivement transportés en Guyane, y périrent, d'autres furent exécutés. Pour échapper à la conscription, instituée par la loi Jourdan, beaucoup de paysans s'insurgèrent et se cachèrent dans les Ardennes.

LA RHÉNANIE PILLÉE

En Rhénanie, le même problème s'est posé. Dès le 26 décembre 1793 Hoche et Desaix, victorieux au Geisberg, ont débloqué Landau, réoccupé Wissembourg et Lauterbourg et rejeté sur la rive droite du Rhin les Autrichiens de Wurmser, tandis que Brunswick tenait encore Worms et Mayence, qui ne sera évacuée par les Autrichiens qu'en Décembre 1797. Gouvernée d'abord par deux administrations centrales, siégeant à Aix-la-Chapelle pour la région entre Meuse et Rhin, et à Kreuznach, pour le pays entre Rhin et Moselle (11 décembre 1794), puis par deux directions générales (à Aix-la-Chapelle et à Coblence) la Rhénanie, organisée en Juin 1797 en Confédération cisrhénane, avec bureau central à Bonn, dirigé par Joseph Görres, et divisée en quatre départements par le commissaire civil Rudler nommé en Novembre 1797, s'acheminait lentement vers l'annexion. Malgré la réticence des généraux Joubert et Kléber, très conscients de l'hostilité des populations, et en dépit de la mort, de Hoche (19 septembre 1797), partisan déclaré du mouvement cisrhénan. Sieyès et surtout Reubell, alléchés par les richesses économiques du pays, ne parvinrent à faire prévaloir cette solution qu'après la remise d'un mémoire de Görres à Paris en Février 1800.

La région, où le régime féodal fut complètement aboli, ne s'en trouva pas moins soumise aux mêmes exactions que la Belgique. Occupation des couvents par les troupes ; séquestre des biens du Clergé, encore que le commissaire Rudler ait proclamé la liberté des cultes (29 septembre 1795) et que le général Hoche ait manifesté quelque tolérance. En revanche les clubs, que Dorsch et Joseph Görres s'efforcent de répandre en lançant, sans grand succès d'ailleurs, le mouvement cisrhénan, sont encouragés par les autorités, à Aix-la-Chapelle, Coblence, Bonn, Cologne (avec le prêtre défroqué J. B. Gerch, initié par Euloge Schneider de Strasbourg et Ferdinand Hauf, autre défroqué) Clèves, Crefeld (1795-98). Le pillage est systématique. Lors de la première occupation, le 4 janvier 1793, Forster découragé avait écrit à Custine qu'il eut été préférable de dire dès le début : *« Nous venons pour tout vous prendre »*, et les commissaires Simon et Gabriel Grégoire avaient reconnu eux-mêmes (25 janvier 1793) : *« Ce n'est que volerie »*, organisée par des *« hordes de dévastateurs et de pillards »*. Maintenant l'agence *de commerce* (sic) et d'évacuation sévit. Elle ne sera supprimée que le 19 décembre 1794, après que Merlin de Thionville eut judicieusement fait remarquer au Comité de Salut Public, le 26 novembre que l'armée *« ne doit pas dépouiller l'habitant, si nous devons rester dans le pays »*. Tandis que les commissaires Alexandre et Haussmann s'efforcent de mettre un frein aux débordements des troupes, Soult — le futur maréchal, avide hétérodoxe qui laissera en mourant une immense fortune — se signale par son ardeur à la curée, à tel point qu'il provoque la démission de la municipalité de Bonn. Envahi le premier, le Palatinat est pratiquement vidé des grains, du bétail, des vêtements, des meubles, des métaux. Cependant les contributions *régulières* continuent de pleuvoir sur le pays. De 1792 à 1796, elles atteindront le total de 17 millions. Le duché de Deux-Ponts, occupé en dépit de sa neutralité, s'est vu imposer pour 3 m. Bliescastel pour 2, Neustadt pour 4, etc. Les armées républicaines ayant pris l'offensive en 1796, c'est la rive droite qui *crache au bassinet* : Joubert et Jourdan portent à 10 m. de Livres la contribution de Francfort d'abord fixée à 6, plus 2 de fournitures ; Nüremberg est taxée à 2,5 m. ; Wurzbourg à 5, Bamberg à 4 ; Schweinfurth à 0,5 ; les autres villes à 2. Viennent ensuite les États : le Würtemberg, 8 m. (12 juillet) ; le duché de Bade 3 (18 juillet) ; le cercle de Souabe, 50 (29 juillet) ; l'évêché de Spire 0,7 (5 août) ; la Bavière, 17 (5 septembre). Les défaites et la retraite de Jourdan et de Moreau interrompent seules la perception de cette indemnité monstre. D'Allemagne, l'armée des Carmagnoles ne retira en fin de compte qu'une vingtaine de m. de Livres, tout en laissant derrière elle des haines inexpiables.

Tandis que l'annexion de Salm (2 mars 1793), de Porrentruy (23 mars 1793), de Montbéliard (11 février 1794) suivies de celles de Mulhouse (1er mars 17.98) et de Genève (15 avril 1798), complétait la conquête des frontières naturelles, l'occupation de la Hollande inaugurait la politique des *Républiques-sœurs*. Parmi les innombrables réfugiés étrangers qui s'agitaient en France, constituant en 1794 des clubs et des *légions* en vue de la conquête de leur pays d'origine : Allobroges du médecin Doppet, avec la légion correspondante, en Savoie, Helvétiques, genevois comme Clavière, Desortuoy, Grenus, neuchâtelois, comme Castella, J. P. Mars, Rouiller ; liégeois groupés autour de Fabry, Bassenge, Fyon, Ransonnet, avec une légion à l'armée du Centre ; Belges, *statistes* du comte de Béthune-Charost ou *vronckistes* conduits par les banquiers Proli et Walckiers, avec une légion à l'armée du Nord ; Allemands du colonel Dambach ; les Hollandais, dirigés par les banquiers Kock, Van den Yver, Abhéma, avaient eux aussi formé une légion *batave*.

LA HOLLANDE, *RÉPUBLIQUE-SŒUR*, MÉNAGÉE

La plupart avaient participé au mouvement dirigé contre le stathouder Guillaume V d'Orange, à la fois par les défenseurs des *corps constitués* menacés par sa politique autoritaire et par une minorité de démocrates *patriotes*, Van der Capellen tot de Poll, Van der Kemp, etc. Précédées d'une campagne de banquets, d'une agitation orchestrée par de nombreux clubs et de la formation de corps francs *fédérés*, trois journées d'émeute à la Haye (Septembre 1785) avaient amené un an plus tard la destitution du stathouder (22 septembre 1786) et la constitution d'une majorité républicaine aux élections du début de l'année 1787, à Amsterdam et Rotterdam. Mais, en Septembre, l'intervention de la flotte anglaise et de l'armée prussienne de Frédéric-Guillaume II, beau-frère de Guillaume V, avaient rétabli l'ordre et le stathouder. Réfugiés en Belgique et en France, au nombre d'une quarantaine de mille, dont environ 5.000 à Paris, ces insurgés malheureux ne cessaient de s'agiter, envoyant aux Jacobins leurs délégués (15 mai 1791), levant les contingents de la légion *batave* (29 mai-fin Juillet 1791), constituant un comité révolutionnaire avec Daverhart (qui présida la Convention), Van Hoof, le colonel Daendels et le journaliste Dumont-Pigalle (22 octobre 1792). La Belgique ayant été réoccupée, ce dernier, depuis le 6 juillet 1794, assaillait Carnot de ses demandes d'intervention.

Ce qui décida de la campagne, ce fut, bien plus que l'espoir de libérer le pays *batave*, l'attrait des fabuleuses richesses d'Amsterdam sur le gouvernement de la République aux abois. Mais il fut plus facile à la cavalerie de Pichegru de s'emparer au Helder, le 20 janvier 1795, de la flotte hollandaise prise dans les glaces, que d'extraire leurs trésors des coffres-forts d'Amsterdam et de la Haye, occupées la veille. Il est bien évident aussi que les Provinces-Unies, protestantes, où plus de 40.000 hétérodoxes vivaient sous la protection de la dynastie d'Orange, et beaucoup dans l'opulence, ne pouvaient être placées sous la botte des armées révolutionnaires, au même titre que les Pays-bas catholiques, traités en pays ennemi. Pour aussi pressant que fut leur appétit, les gouvernants de Paris, Merlin de Douai, Sieyès, Reubell, avant de le satisfaire, durent y mettre des formes. Son collègue Codeau estimait, lui, que 80 à 90 millions pouvaient être versés, assortis d'un emprunt de 100 millions à 3 ou 4% d'intérêt. Le traité de paix, rapidement signé le 16 mai 1795, fixa l'indemnité à 100 millions de Florins – 150 millions de Francs furent acquittés en fin de compte. En outre, la Hollande cédait Maestricht et Venlo, acceptait une garnison à Flessingue, reconnaissait la liberté des bouches de l'Escaut, consentait un prêt de 100 millions de Florins à 8%, s'engageait à entretenir 25.000 hommes (coût environ 10 m. de Florins) et se soumettait à un régime de réquisitions bloquées à présenter aux États-généraux, jusqu'à concurrence de 10 à 20 millions de Florins. Par contre, l'assignat ne serait admis qu'au cours du change officiel. Ce qui était, somme toute, un régime de faveur.

Les clubs et sociétés de lecture, naturellement, se multiplièrent animés par Malabar et Larchevêque et subventionnés, entre autres, par le financier Sasportas, ils avaient réuni une quarantaine de mille hommes, dont le général Eustache était venu prendre le commandement, et s'apprêtaient à donner la main à l'invasion française, lorsque leur état-major, dénoncé au duc d'York, avait été décapité par l'arrestation de 34 de ses chefs. Mais ils disposaient de complicités telles qu'on s'était borné à les astreindre à résidence... dans les villes frontières. Sous l'occupation française, ils étendirent encore leur activité. Un comité central, lui-même coiffé d'un Conseil suprême, les ayant pris sous son contrôle à la Haye en Septembre 1795, l'agitation reprit. Précédées de quelques excès commis à Rotterdam, deux journées, les 14 septembre et 5 novembre 1795, furent dirigées contre la municipalité d'Amsterdam.

Mais une Convention s'étant réunie le 1er février 1796, la nouvelle constitution restreignit les droits des sociétés populaires. Profitant de ce que la séparation des églises et de l'État avait été proclamée (5 août-2 septembre 1796), les Israélites, après de longues discussions (22-30 août 1796) furent reconnus comme citoyens mais, sur proposition de Hannenfelds, à charge *« de satisfaire à toutes les conditions et de remplir tous les devoirs que la constitution générale du pays impose à tous »*. Cette obligation de renoncer à la *nation juive* entraîna une scission complète entre le petit groupe de progressistes, adeptes de Mendellsohn, Moise Salomon Asser, Hertz Bromet, Isaac Jonge, Jacques Sasportas et le médecin de Lemon (qui avaient adhéré dès 1793-94 au club *Felix libertate* et planté le 4 mars 1795 à Amsterdam un arbre de la Liberté) et la majorité traditionaliste, demeurée fidèle, qu'elle soit d'origine *sephardi* ou *aschkenazi*, à ses rabbins, aux *parnassim* et même à la dynastie d'Orange. Grâce à l'insistance du plénipotentiaire Noël et au bon vouloir du grand-pensionnaire Schimmelpennik ils furent admis — les premiers d'Europe — aux fonctions publiques. Et même à la députation ; à la suite de Lemon et de Bromet, élus en 1797, l'un des leurs, Isaac da Costa Atias, représenta Amsterdam — où ils étaient 20.000 — et devint même président de l'Assemblée.

Mais, après le rappel de Noël, son successeur Delacroix trouva la population partagée entre les radicaux, conduits par le drapier Vreede et le professeur Valkenaer, à tendances robespierristes et babouvistes et les traditionalistes fédéralistes, inspirés par Brahain-Ducange, précepteur chez le riche Capadoce d'Amsterdam. Ces derniers, appuyés par le général Joubert, publièrent un manifeste le 12 décembre 1797 et recoururent au coup d'État du général Daendels (22 janvier 1798) pour faire proclamer par un parlement-croupion de 50 membres, la Constitution du 17 mars 1798, qu'un référendum *dirigé* s'empressa de ratifier le 23 avril. Mais, le vent ayant tourné après le 22 Floréal (11 mai) Joubert sera le premier à *démissionner* des directeurs, à incarcérer des députés trop jacobins et à destituer les municipalités d'Amsterdam et de Rotterdam. Ainsi les mésaventures de la République française avaient une répercussion directe sur ses filiales.

5ème COLONNE MAÇONNIQUE EN ITALIE

L'Italie en vit bientôt fleurir nombre de nouvelles. Lorsque Bonaparte, nommé le 2 mars 1796, désigne aux 43.000 hommes en haillons de son armée les richesses de la plaine du Pô, il inaugure le 11 avril une campagne dont la hardiesse eut été folie sans l'intervention sur un terrain préparé d'avance d'une cinquième colonne des plus actives. Dès la fin de 1792, les loges maçonniques avaient créé à Turin trois clubs, qui bientôt fusionnèrent sur l'initiative de Tilly, ministre à Gênes en 1794. À Rome, en Janvier 1793, l'agent français Basseville avait fomenté des émeutes dont la sanction fut le pillage de certaines boutiques hétérodoxes et de fortes amendes infligées aux rabbins. À Padoue, Michael Salom avait été incarcéré en 1793 pour sa propagande *française*. À Naples, l'abbé Juocodes fonde des loges en Août 1792 et Ignazio Ciaia, un club ; en Décembre, l'amiral Latouche-Tréville fédère ces mouvements et constitue des *conversations* ou cellules de 6 à 12 membres. Ces groupes s'étant divisés en 1794, celui des *Léones* lance une révolte qu'il paie de 56 arrestations et de 3 condamnations à mort.

Avec ces maçons, ces clubistes locaux, l'armée révolutionnaire entrait immédiatement en contact. *« À peine nos soldats s'établissaient-ils dans une ville soumise à nos armes, chaque régiment s'empressait de tenir loge, convoquait à ses assemblées les maçons de la localité, multipliait autant qu'il le pouvait les initiations, instituait des loges ; et, à la faveur des relations intimes qu'il liait ainsi avec les adeptes, asseyait d'une manière stable et puissante l'influence du vainqueur sur le vaincu »* (Clavel au maréchal Soult, dans la revue *« l'Orient »*, Paris, 1844-45). Cependant que l'armée autrichienne et piémontaise, plus nombreuse, puisque forte de 74.000 hommes, se trouvait mystérieusement paralysée dans ses mouvements. Selon le témoignage d'Eckert (*La FrancMaçonnerie*, Liège, 1854) : *« Les garnisons mettent bas les armes, les renseignements sont faux, les décisions communiquées à l'ennemi, les renforts n'arrivent pas, les munitions font défaut, le découragement est répandu par des bruits sinistres »*. La trahison a pénétré aussi bien à Vienne, avec Gillovsky à la Chancellerie militaire, que dans l'état-major de l'archiduc Charles, où l'adjudant général Fisher, bientôt dénoncé comme recevant du Directoire une pension de 1.000 louis par mois, préférera s'empoisonner pour échapper aux poursuites.

C'est ainsi que Bonaparte, payant d'audace, disjoint en son centre le dispositif adverse en bousculant le 12 avril à Montenotte et à Millesimo les 6.000 Impériaux de Provesa, rejette au nord sur Ceva, San Michele et Mondovi, du 13 au 21, les 38.000 Piémontais de Colli, occupe Cherrasco le 24 et, s'y trouvant quelque peu *en l'air*, y conclut le 28 avril avec le roi de Sardaigne — ce despote — un armistice qui fait pousser les hauts cris aux réfugiés italiens, comme Rianza, qui l'accompagnent. Se retournant alors — il n'est que temps — contre les 31.000 Autrichiens de Beaulieu, passant le Pô à Parme, le 8 mai, il les déborde, remonte l'Adda, s'empare du pont de Lodi le 10 et les repousse vers Crémone. Tandis qu'Augereau occupe Pavie, il entre le 16 à Milan, tombé depuis le 12 aux mains des *patriotes*. Organisateur des clubs, notamment de celui des *Amis de la Liberté et de l'Égalité*, qui ne tarda pas à compter 800 membres, Salvador avait accueilli Masséna le 14 dans la capitale lombarde, où l'agitation conduite par le comte Porre, continua de telle sorte qu'à la suite de manifestations tumultueuses le 14 octobre 1796, Bonaparte fit arrêter Salvador et transformer son club, d'abord en *Société d'Instruction publique* (6 janvier 1797), puis en *Cercle constitutionnel* (1er novembre) avant de décider de le fermer (25 août 1798) et même de supprimer tout-à-fait les sociétés populaires (5 septembre 1798). Les clubs créés dans la plupart des autres villes italiennes, Gênes, Turin, Bologne, Crémone, Venise, Ancône, Rome, Naples, etc., connurent une évolution identique.

Cette agitation, à la fois unitaire et égalitaire, menaçait en effet de prendre une tournure dangereuse. Bien qu'il eut proclamé lui-même, après Lodi *« l'indépendance des pays occupés »* (16-19 mai), constitué une légion lombarde arborant le drapeau vert, blanc, rouge, et créé la République cisalpine, le général Bonaparte, s'en tenant aux garanties concernant la liberté du culte et la propriété, données aux modérés Melzi et Resta, le 15 mai, à Milan, se trouvait dans la nécessité de freiner les trop remuants auxiliaires italiens dont on l'avait entouré. D'entrée de jeu, il avait fallu éliminer Buanarotti, désigné comme leur chef le 25 mars, arrêté le 10 mai. Réfugié en Corse, il avait été déjà arrêté le 14 mars 1795 pour avoir monté à Omeglia une colonie de sa façon et, incarcéré au Plessis en compagnie de Babeuf, il en avait profité pour mettre au point avec lui un programme de partage égalitaire de la terre, par petits lots, en viager. Son collègue Rianza, réfugié avec Lamora, Matora et Suoli sur la Côte d'Azur, partageait ses idées. À côté de ces exaltés, *anarchistes* compromettants, se démenaient les partisans de *l'unité italique*, réclamée par Rianza à Milan (1er octobre 1796), par Matteo Galdi, par Lainora, par l'abbé Melchiore Gioja. Or, le Directoire se refusait à faire de ses mains cette unité. Barras redoutait sur les Alpes un voisin trop puissant. Reubell ne s'intéressait guère à l'Italie que comme monnaie d'échange en Allemagne ; après avoir imprudemment formulé le vœu *« qu'elle ne forme qu'un seul peuple »* (27 mars 1796), Delacroix avait dû faire machine arrière. Bonaparte, qui la considère déjà comme son fief personnel, se borne donc à constituer, au fur et à mesure de la pénétration militaire, autant de républiques-sœurs à gouvernement modéré que de régions occupées. Et fait la sourde oreille aux objurgations de Carnot, obnubilé par l'idée de le lancer sur Rome pour y *« faire chanceler la tiare »*.

BONAPARTE, *NOURRISSEUR* DU TRÉSOR

Pourvu qu'il alimente régulièrement la Caisse de l'État par des contributions et des *évacuations* importantes, on lui laisse carte blanche. Sur ce point-là tout le monde est d'accord, et sur place, les collaborateurs zélés ne manquent pas, au premier rang le commissaire Salicetti, corse, adjoint-civil du général et le suisse Haller, banquier de confiance de Robespierre. Le processus est partout le même, l'armée libératrice des Carmagnoles, ayant défait l'occupant autrichien ou les contingents fantômes du Pape, des princes ou des États, installe au pouvoir les clubistes, ses frères, et crée une république-sœur, laquelle, secourant sa Mère de Paris dans la misère, paie immédiatement son écot, sous couleur de reprise exercée sur les suppôts de l'ancien régime. Et les contributions s'accumulent : 2 millions de Livres du roi de Sardaigne, 2 autres de Parme le 6 mai, plus des céréales et du bétail ; 7,5 de Modène (plus 2,5 de fournitures) ; 20 de la Lombardie, d'abord soumise à une régime d'administration générale, sous Baraguey d'Hilliers. À partir du 21 février 1798, la République cisalpine continuera de payer un tribut annuel de 18 millions de Livres. Et Salicetti a la main si lourde qu'à Pavie, dès le 25 mai, le peuple sur qui seul retombent ces impositions *patriotiques*, s'insurge contre les Français. L'Italie du nord se trouvant dégagée, le passage du Mincio forcé à Borghetto, Vérone occupée le 3 juin avec la ligne de l'Adige, et 14.000 Autrichiens investis dans Mantoue, l'armée française a, provisoirement, les mains libres.

Alors vient, le 18 juin, le tour de Livourne, riche entrepôt israélite bourré de 12 millions de marchandises anglaises. Mais, dira-t-on, la Toscane, où règne le grand-duc Ferdinand de Habsbourg, prince libéral, est encore en paix avec la France ? Qu'à cela ne tienne ! Cependant la prise est moins bonne qu'on ne l'espérait : un peu plus de 2 m. ; de leur côté les bateaux britanniques ont eu le temps de coopérer à l'évacuation. Comme aux contributions s'ajoutent les confiscations dans les caisses publiques, les banques, les monts de piété, les trésors des églises, etc., la ponction opérée sur l'Italie atteint environ 45 m. en 1796, sur lesquels une quinzaine seulement seront acheminés sur la France, car l'armée retient ce qui est nécessaire à son entretien et jouit de l'appréciable privilège d'être payée en numéraire. Plus de 51 m. seront cependant versés au Trésor, au 25 mars 1797. Les généraux, qui ont tout loisir de manifester leurs goûts artistiques, se servent si généreusement, que certains, tel Duphot, le paient de leur vie.

Comme on ne saurait s'arrêter en si bon chemin, on continue sur Bologne, occupée le 20 juin, et sur les États pontificaux. L'armistice de Ravenne, négocié, avec l'ambassadeur d'Espagne Azara. (24 juin 1796) impose au Pape, qui s'est refusé absolument à retirer ses bulles anti-révolutionnaires, une première indemnité de 21 m. Mais le retour en force des Autrichiens pour dégager Mantoue contraint d'interrompre l'entreprise. Par les deux rives du lac de Garde, Wurmser s'avance avec 70.000 hommes de chaque côté de l'Adige : le 3 août, Quasdanovitch est taillé en pièces, puis, à Castiglione, Wurmser. Une seconde tentative, avec des effectifs équivalents, finit plus mal encore : le 1er septembre Bonaparte chasse Davidovitch vers Trente et, débordant Wurmser sur la Brenta à Bassano, le rejette le 20 dans Mantoue après avoir perdu 27.000 hommes. Alvinczy, en Novembre, n'est pas plus heureux : il tente de résister dans les marais d'Arcole, mais, le pont enlevé, le village occupé, le voilà contraint à la retraite (15-17 novembre), Il récidive mais, les 13 et 14 janvier 1797, 40.000 Français parviennent à repousser sur le plateau de Rivoli la masse de 80.000 Autrichiens qui déferle sur eux et laisse entre leurs mains 22.000 prisonniers. Alors Mantoue, le 2 février, capitule avec sa garnison de 17.000 hommes. L'armée révolutionnaire est pratiquement maîtresse de la péninsule.

ÉTEND ET ORGANISE SES CONQUÊTES

L'affaire romaine, que le Directoire a si fort à cœur, peut être reprise. Entre le 16 octobre et le 22 décembre 1796, à Bologne et à Reggio la République cispadane a vu le jour. Le 5 février 1797, Bonaparte a contemplé Ancône, *porte de l'Orient*. Le 19, le traité de Tolentino contraint le pape à céder Avignon et le Comtat, Ancône et les Légations et, à payer une seconde indemnité de 15 m. Haller conduit en personne les opérations du nouveau sac de Rome. Chargé des approvisionnements de l'armée d'Italie d'Octobre 1793 à fin 1794, ce banquier suisse, ami de Robespierre, jadis dénoncé par Cambon, a su rentrer en grâce auprès de Barras. Trésorier, puis trésorier-chef en Décembre 1796, c'est lui qui dirige le pillage de la péninsule. Après Campo-Formio, en Novembre 1798, il remplira les fonctions de ministre des Finances de la république cisalpine. Placé sous séquestre sur l'ordre de Fouché en Février 1803, il sera déclaré en faillite en 1816.

Bientôt d'ailleurs, à Rome, l'agitation reprend, en faveur de la réunion à la République cisalpine. Les 27-28 décembre 1797, des émeutes éclatent. Aux côtés de l'ambassadeur, Joseph Bonaparte, le général Duphot est tué. Les troupes du général Berthier interviennent le 5 février 1798 et le 10 la ville capitule. Le 15, conduite par l'ex-curé Bassa ! et ses *Jacobins*, une insurrection chasse le pape et proclame la république romaine, tandis que le ghetto illumine. Malheureusement l'arrivée de Masséna n'est pas propre à ramener le calme ; toujours égal à sa réputation de pillard, ses exactions provoquent l'insubordination de ses troupes et des échauffourées populaires. Gouvion Saint-Cyr le remplace, puis Macdonald, qui repousse le 13 décembre une attaque des Napolitains et du général Mack, qui ont eu la malencontreuse idée de vouloir dégager la ville pontificale.

Le roi de Naples, qui avait fait preuve de beaucoup de prudence jusque-là, en retirant son corps de cavalerie et sa flotte le 5 juin 1796 puis en acceptant le 10 octobre de livrer pour 8 m. de denrées (au moment où Gênes avait versé de son côté, 4 m. le 8 octobre), attire cette fois sur lui la foudre. Le général Championnet, qui a forcé Mack à capituler le 10 janvier 1799, occupe Naples le 23 et fait proclamer le 26 la République *parthénopéenne*. Une contribution de 60 m. est aussitôt levée sur le pays. Les pilleries habituelles provoquent des émeutes le 6 février. Championnet s'étant pris de bec avec les commissaires civils attachés à son année, les expulse. Une fois de plus, Macdonald rétablit l'ordre.

À ce même moment, le Piémont est annexé à la France (8-16 février 1799). Au cours du deuxième semestre de l'année 1798, là aussi les évènements se sont précipités : le 17 juin, les troupes françaises ont pénétré dans la citadelle de Turin et, des émeutes s'étant produites le 15 septembre, un ultimatum avait été remis le 30 novembre au roi, qui dut se réfugier en Sardaigne, lorsque le général Joubert eut occupé l'ensemble du pays (5 et 6 décembre). En mars, la Toscane est à son tour envahie.

ÉCARTE *EXTRÉMISTES* ET UNITAIRES ET FAIT *SA* PAIX

Alors les armées révolutionnaires ne rencontrent d'autre résistance que le sentiment religieux des populations. Certes, afin d'éviter que le catholicisme continue d'être considéré comme religion dominante, la constitution cispadane a été noyée dans celle de la République cisalpine, mais le traitement des prêtres est maintenu (4 octobre 1797) et les biens du clergé, mis en vente (8 mai-7 septembre 1798), ne trouvent guère d'acheteurs. Gênes s'étant insurgée contre le projet de constitution de la République *ligure* (4-6 septembre 1797), on juge prudent d'assurer la ligne de retraite de l'armée républicaine, en accordant à cette ville quelques concessions sur le terrain religieux, avant le référendum du 2 décembre 1797. Dans beaucoup de régions, le peuple, resté fidèle à sa foi, regarde sans indulgence les radicaux bourgeois et les nobles libéraux gagnés par les idées *françaises*, principaux profiteurs, avec les fournisseurs aux armées, les fermiers généraux, les syndicats de spéculateurs, des ventes de biens nationaux, notamment en Émilie et dans la République romaine. Comme il s'apprête à faire payer cher aux hétérodoxes, partout libérés de leurs ghettos (à Venise, le 11 juillet 1797 ; à Padoue, le 28 août ; à Rome — où ils étaient soumis au règlement inquisitorial imposé par Pie VI en 1775 — le 20 février 1798) et gratifiés généreusement de la liberté du culte et du plein exercice des droits de citoyen, leur enthousiasme pour les Carmagnoles et leurs trafics sur les biens et les objets du culte confisqués (plus tard une contribution de 2% viendra frapper ceux de Rome). Aussi sera-t-il facile au clergé des Romagnes et au cardinal Ruffo dans le Napolitain de dresser les paysans contre l'occupant.

Bon nombre d'authentiques *patriotes*, déçus dans leurs espoirs *unitaires* par les résistances du Directoire, se retournent d'ailleurs aussi contre, les Français. Leurs sociétés, la *Ligue noire* ou *société des Rayons*, fondée par le comte Savioli, de Bologne, travaille à réaliser l'unité, au besoin même contre la France. Ils forment un comité d'insurrection de huit membres qui, par Buoanarotti, agit en liaison avec le comité babouviste. À Turin, le 8 février 1799, le général Grouchy découvre leurs conspirations. Les intrigues de Bonaparte à l'égard de Venise, ses négociations personnelles avec l'Autriche les scandalisent, comme elles offusquent le Directoire, dont le général de l'armée d'Italie, maître en son royaume, n'a cure. Parce qu'il lui fallait mettre hors-jeu l'armée autrichienne de l'archiduc Charles (60.000 hommes) successivement débordée par les Alpes, sur la Piave, le Tagliamento et l'Isonzo et, s'étant avancé trop en flèche, prévenir un retour offensif dangereux, il s'était empressé de conclure l'armistice et les préliminaires de Léoben (7-18 avril 1799). Ce faisant, il avait agi à l'encontre des instructions formelles de son gouvernement, paralysé la campagne de Moreau et de. Hoche amorcée le 17 en Allemagne, et donné le branle à un mouvement quasi, irréversible en faveur de la paix. Et, profitant des incidents suscités par les services du général Landrieux à Vérone — les Pâques véronaises — le 17 avril, puis au Lido de 19, le voilà qui décide d'intervenir contre Venise le 29, qu'il force le doge Manin à capituler le 12 mai et qu'il s'apprête à partager le territoire de la Sérinissime République, afin de signer avec l'Autriche, dans la nuit du 17 au 18 octobre, la paix de Campo-Formio qui, certes, promet de reconnaître à la France la possession de la rive gauche du Rhin, mais attribue la plus grande partie de la Vénétie, avec l'Istrie et la Dalmatie, à l'Autriche, en compensation de la réunion de Bergame et de Brescia à la République cisalpine et de l'occupation des îles Ioniennes par la France.

Que devenait là-dedans le droit des peuples à disposer d'eux-mêmes, le privilège solennellement proclamé par Merlin de Douai à la Constituante le 28 octobre 1790, cette souveraineté des peuples, consacrée avec éclat *« par l'union volontaire du peuple alsacien à la France ? »* Décidément le Directoire ne parvenait à imposer nulle part sa diplomatie. Malgré les instructions ambitieuses qu'il avait reçues, tendant à confier à la Prusse, alliée *idéale* des révolutionnaires, un rôle de *grandeur* en Allemagne, Barthélémy, alors ambassadeur auprès des cantons suisses, n'avait négocié à Bâle qu'une paix de compromis, obtenant du ministre prussien Hardenberg le droit d'occuper Clèves et Juliers, en échange de la promesse de futures compensations (5 avril 1795) puis la neutralité de l'Allemagne du Nord (17 mai), enfin, la signature le 28 août, d'une convention avec le landgrave de Hesse-Cassel. Puis il avait conclu, toujours à Bâle, avec le ministre Yriarte, la paix avec l'Espagne, qui cédait la partie de Saint-Domingue qu'elle possédait (22 juillet).

Une République hostile
aux hétérodoxes : l'Helvétique

Et tandis que les campagnes de Bonaparte se déroulaient en Italie, la République helvétique était née, le 19 août 1798. Dans les mêmes conditions que les autres. Foisonnement des loges et des clubs : on en comptait plus de cinquante à Genève en 1793 ; Lausanne possédait une *Société des Amis de la Liberté et de l'Égalité*. Le soin d'en diriger l'ensemble sera bientôt confié à un comité central. Influence des Illuminés : Pestalozzi, secondé à Bâle par Pierre Ochs, gendre du maire de Strasbourg, Dietrich à Berne par Weiss, à Lucerne par Pfiffer, dans le canton d'Argau par l'abbé Fehr. Intrigues des délégués révolutionnaires : Maingaud, Mangourit, Guyot. Arrivée des démocrates au pouvoir à Genève, le 5 décembre 1792 : ils étendent à tous les *habitants* le droit de bourgeoisie, créent un Comité et un Tribunal révolutionnaires, exécutent onze *aristocrates* et, tandis qu'une journée populaire, le 19 juillet 1794, réclame la taxation des riches, font régner la terreur jusqu'en Septembre 1795. Par contre, à Zurich, une réaction s'était produite en Novembre 1794 contre le *Club de Stüfa* et les auteurs d'un *mémorial* de revendications : 260 peines de prison ou de bannissement avaient été prononcées. Préparée par le chargé d'affaires Mengaud en Décembre 1797 (aidé de l'historien suisse J. de Miller et du vaudois Frédéric Laharpe) accompagnée d'assemblées réunies à Lausanne (24 janvier 1798), à Bâle le 25, puis à Soleure, le 29 et à Lucerne le 31 l'intervention française, déclenchée le 26 janvier, aboutit à l'occupation de Berne, le 6 mars, et à l'installation d'une République-sœur de plus.

Sur un point seulement, l'Helvétique se distinguait des autres : sa farouche résistance à l'émancipation des Aschkenazim. À peine consentit-elle à les exempter du tribut personnel (*leibzoll*) auquel ils étaient soumis (31 mai-1er juin 1798). Mais elle refusa catégoriquement de les admettre au serment civique et de les reconnaître comme citoyens (Août 1798). Certains proposèrent même de les envoyer à Bonaparte, alors en Égypte, pour les installer à Jérusalem (Février-Mars 1799). Et, les cantons ayant retrouvé leur autonomie par l'acte de médiation de 1803, celui d'Argovie, où ils étaient parqués, les maintint dans leur condition de marchands ambulants, contraints de solliciter pour se marier une autorisation spéciale.

Cependant s'était opérée, en Suisse comme ailleurs, l'habituelle levée de contributions : un million et demi pour l'armée d'Italie ; 3 pour la préparation de l'expédition d'Orient ; 16 m. prélevés sur Berne, Fribourg, Zurich, Soleure ; 10 m. de trésors confisqués ; mise sous séquestre des biens monastiques (8 mai) et des biens nationaux (17 septembre). Auxquelles Masséna, avec son zèle ordinaire, ajouta un petit supplément (0,8 sur Zurich ; 0,8 sur Bâle et 0,2 sur Saint-Gall) dont il profita personnellement, tandis qu'au contraire le commissaire

Rapinat, malgré son nom prédestiné, manifestait son honnêteté en pourchassant les pillards sans grade.

COALITION DES OPPRIMÉS
CONTRE LEURS *LIBÉRATEURS*

Compte tenu de cette participation helvétique, on obtient comme produit total pour le Trésor de ces diverses expéditions de propagande révolutionnaire, entre 1792 et 1799, la coquette somme d'environ 360 m. de Livres, soit à peu près la moitié d'un budget annuel. Malheureusement cette ressource tout-à-fait extraordinaire ne suffisait pas à compenser l'indigence du produit des impôts et autres revenus normaux de l'État. Et, braquant les populations contre l'occupant, ces exactions eurent le grave inconvénient de transformer les premiers revers en débâcle et de déchaîner mieux que tous les principes sur le droit des peuples à disposer d'eux-mêmes — la vindicte des nationalités opprimées et pressurées, contre leurs *libérateurs* français.

Dans un pareil climat psychologique, l'Angleterre n'eut aucune peine à tisser la trame d'une seconde coalition groupant l'Autriche, le royaume de Naples, la Russie et la Turquie (Décembre 1798-mars 1799). Opposant à la *grande nation*, la France de 26 millions d'habitants, la *plus grande Nation*, la Russie, qui en comptait 30, elle introduisit pour la première fois cette puissance dans les affaires de l'Europe occidentale. L'expédition d'Égypte avait même réussi cette gageure d'en faire l'alliée de la Turquie et de l'introduire en Méditerranée. Les hostilités ayant repris contre l'Autriche le 12 mars 1799, 170.000 Français risquent de se voir submergés par 320.000 alliés. Jourdan, battu à Stokach par l'archiduc Charles, le 21 mars, reflue en Allemagne, tandis que l'Italie se trouve perdue plus vite encore qu'elle n'avait été conquise. Opposant 70.000 hommes à 40.000, le maréchal Souvorov, vainqueur à Cassano le 27 avril, puis à Novi, où Joubert fut tué, le 15 août, chasse l'armée révolutionnaire de la péninsule, la contraignant à évacuer le Piémont et à ne conserver que l'enclave de Gênes. Seuls tiennent bon deux îlots de résistance. La Suisse, où Masséna brise l'élan de Korsakov à Zurich les 25-26 septembre, et la Hollande, où Brune bat l'armée anglo-hollandaise à Bergen et à Castricum (19 septembre), avant de la contraindre à capituler à Alkmaar.

La situation est grave. Ce reflux des armées révolutionnaires, cela signifie de nouveau pour le pays la conscription, les ressources extérieures taries, l'emprunt forcé, le renforcement de la dictature jacobine, la loi des otages, etc. Là contre, il s'insurge à présent : les royalistes sont devant Toulouse, entre les 6 et 9 août, les Chouans au Mans le 15 octobre, à Nantes les 19-20 octobre, à Saint-Brieuc le 26.

Les *nantis* aux abois cherchent un sauveur, un général vainqueur qui soit républicain. Joubert tué-qui s'était fait la main en Hollande — ils pensent le trouver en Bonaparte, dont le vent des déserts d'Égypte n'a pas effeuillé les lauriers.

CHAPITRE XIX

Napoléon, restaurateur de l'État vaincu par la haute banque et la trahison des nantis

L'Armée, arbitre d'un équilibre instable — La réaction jacobine brisée par l'appel au sabre — Bonaparte rappelé d'Égypte — Talleyrand, Fouché et les banquiers préparent le coup d'État — Gaudin restaure les finances — Bonaparte met au pas les banquiers — Fonde la Banque de France — Ni inflation, ni emprunt — Ouvrard et ses trafics — Sieyès et sa constitution à la Spinoza — Fouché, défenseur de l'héritage jacobin — Parrain, avec Talleyrand, d'un Empire maçonnique — Se retourne contre Napoléon, allié de Vienne — La paix religieuse compromise par l'occupation de Rome — Napoléon, hostile aux hétérodoxes — Prétend les contrôler par son Sanhédrin — Coalition contre l'hégémonie française — Lunéville, la frontière du Rhin — Embarras financiers de Londres — Trafics de Talleyrand — Désastre de Trafalgar — L'Autriche sacrifiée à l'unité italienne Une Confédération du Rhin, maçonnique — La réaction prussienne jugulée Fallacieuse réconciliation avec le Tsar — Deux legs de Talleyrand : le blocus continental, la guerre d'Espagne — Une préparation-maçonnique soignée — La révolte contre Joseph, animée par la F∴M∴ anglaise — La défaite de Joseph effacée par l'Empereur — Talleyrand au service de la coalition — Défaite de l'Autriche — Mariage avec Marie-Louise. Metternich et l'équilibre — Lutte farouche en Espagne Échecs de Soult et de Masséna — Entêtement de Napoléon — Préparatifs de la Russie — Moscou: objectif illusoire — Soulèvements nationalistes en Allemagne — Rentrée en lice de la Prusse — Échec de la médiation de Metternich — Les Nations contre la France : Leipzig — Chef-d'œuvre sans issue : la campagne de France — Talleyrand gagne le Tsar à la Restauration — Les royalistes conquièrent le pouvoir.

Depuis sa constitution, le Directoire se trouvait dominé par l'ancienne équipe maçonnique, à peine élargie, des *Amis réunis*, maintenant retrouvés. Reconstituées à partir de Décembre 1795 sur l'initiative de Roettiers de Montaleau, ex-*Philalèthe*, ex-membre de la Chambre de correspondance, qui avait recueilli chez lui leurs archives pendant la tourmente, les loges du G∴ O∴ reprirent leur activité le 7 juin 1796, et celles de la Grande Loge de France, le 17 octobre. Placées sous l'autorité de Montaleau comme Grand Vénérable, de 18 qu'elles étaient au début, elles se retrouvèrent au nombre de 82 en 1800 et de 114 en 1802. La Grande Loge écossaise ayant rejoint le G∴ O∴ le 22 juin 1799, de nouveaux statuts furent adoptés le 18 janvier 1801.

Sieyès, leur maître à penser comme leur chef dans l'action, s'était fixé deux objectifs : consolider le régime à l'intérieur, continuer d'ébranler les trônes à l'extérieur afin de remodeler l'Europe, avec l'aide de la Prusse, en vue de la réalisation du programme de fédération de républiques couronnée par une autorité supranationale, exposé par Kant dans son *« Traité sur la paix perpétuelle »* publié en 1795. Les deux hommes avaient été mis en rapport par le huguenot français Thévenin, diplomate prussien passé au service de la France en Janvier 1796.

L'ARMÉE, ARBITRE D'UN ÉQUILIBRE INSTABLE

Au dedans, comme au dehors, ces plans supposaient d'abord le concours total de l'armée. L'équipe des modérés, Barras, Reubell, Merlin de Douai, Fouché. Cambacérès, Boissy d'Anglas, bientôt rejoints par Talleyrand — rentré à Paris le 28 septembre 1796, via Hambourg (30 juin 1796) après s'être fait rayer de la liste des émigrés (2 novembre 1795) — a beau s'appuyer sur les *nantis* et les notables, elle n'est qu'un état-major sans troupes. Forcés de pratiquer un difficile jeu de bascule pour se maintenir contre les sursauts de l'ancienne Montagne et les assauts du royalisme renaissant, elle ne parvient à conserver l'équilibre et le pouvoir que par une série de coups d'État militaires, dont le 13 vendémiaire, le 12 Germinal et le 1er Prairial n'ont été que le prologue.

Parce que les élections de 1795 avaient été trop défavorables aux ex-conventionnels, on avait donné un coup de barre à gauche en tolérant l'ouverture du *Club du Panthéon* et la reconstitution d'un parti d'ex-jacobins, avec Robert Lindet, Amar, le riche Félix Le Peletier et autres. Mais les disciples de Babeuf, lecteurs du *« Tribun du Peuple »*, subventionnés par le prince Charles de Hesse, jadis initié par Bode aux Illuminés, en avaient profité pour constituer un comité insurrectionnel. Dénoncée par Carnot, la *Conjuration des Égaux* avait été prévenue par des arrestations, les 3 mars et 10 mai 1796, par une rafle consécutive à une manifestation provoquée le 9 septembre et sévèrement réprimée par 33 exécutions.

Alors les royalistes avaient relevé la tête. Pour l'avenir du régime, les élections de l'an V (21 mars et 29 avril 1797) étaient apparues plus désastreuses encore que celles de l'an III (1795). Treize conventionnels réélus seulement sur 216 sortants ! Parmi les élus, le général Pichegru, dans les Bouches-du-Rhône le général Willot, lui aussi anti-révolutionnaire, Marmontel, Royer-Collard et Vauvilliers. Les royalistes soutenus par l'argent de l'Angleterre, conspirent maintenant à ciel ouvert : l'abbé Brottier, l'ancien constituant d'André et son *Institut philanthropique* appuyé par *le Club de Clichy*. Le général Pichegru enfin, qui n'avait pas craint, avant d'être remplacé par Moreau, de signer un armistice avec les Autrichiens, à Wissembourg — 10 Nivôse = 31 décembre 1796 — afin de faire marcher sur Paris, le cas échéant, l'armée de *Rhin et Moselle*, mieux disciplinée, mais de sentiments révolutionnaires beaucoup plus tièdes que celles de *Sambre et Meuse* et d'Italie. Mais l'arrestation du comte d'Antraigues, agent des princes, dont le portefeuille avait été transmis par Bonaparte, révéla au Directoire ce qui se tramait. Et tandis que Pichegru, nommé Président des Cinq Cents le 21 mai 1797, en même temps que Barbé-Marbois aux Anciens attendait patiemment pour agir les élections de l'an VI, ils n'hésitèrent pas à faire appel au sabre.

LA RÉACTION JACOBINE BRISÉE
PAR L'APPEL AU SABRE

D'abord à Hoche, appelé au ministère de la Guerre, en même temps que Talleyrand (en remplacement de Delacroix) aux Relations extérieures. Le général, faisant route vers les côtes de la Manche en vue d'une descente en Angleterre, s'apprête à détacher sur Paris une division de *Sambre et Meuse*, 15.000 hommes (16-18 juillet 1797). Mais le projet s'ébruite ; on le contraint à démissionner. Les Clychiens menacent de faire fermer le *Club de Salm*, où Sieyès, Talleyrand, Merlin de Donai réunissent leurs partisans, Carat, Daunou, Debry, Treilhard, Benjamin Constant, et les généraux Jourdan, Menou, Kléber (25 juillet) et s'enhardissent jusqu'à réclamer des poursuites contre le triumvirat Barras, Reubell, La Réveillère-Lépeaux (2-3 septembre). Alors les Directeurs déclenchent l'intervention d'Augereau, que Bonaparte leur a expédié d'Italie. Dans la nuit même du 3 au 4 septembre (18 Fructidor), ce bouillant housard et fervent républicain entre en action avec 30.000 hommes (dont 6.000 officiers jacobins destitués, ramenés à Paris pour la circonstance) renforcés des tape-dur de Santerre et de Fournier l'américain. Tandis que, des deux directeurs suspects, Barthélemy se laisse cueillir et que Carnot s'échappe (Merlin de Douai et François de Neufchâteau prennent leur place), 140 députés sont invalidés (45 membres des Anciens, 95 des Cinq Cents), 63 sont déportés, plus 102 autres personnes, dont Barthélémy. Les commissions militaires en font fusiller 160 et déporter 329, dont 167 ne reviendront jamais.

Cette réaction quelque peu brutale de la démocratie en danger a donc pleinement réussi. Même trop bien. Dominant ce Parlement *croupion* Sieyès, entouré de ses fidèles, Poullain Grandprey, Chazal, Villers, Boulay de la Meurthe, ne tarda pas à se sentir débordé par les Jacobins. Découragés par le traitement infligé à leurs députés, intimidés par le rétablissement du *serment civique*, leur presse muselée, les électeurs modérés s'abstiennent en masse aux élections complémentaires d'Avril et du 11 mai 1798. Sur 437 représentants à remplacer, 300 sont des extrémistes. Le gouvernement fait invalider 104 jacobins et 2 royalistes, mais les 300 passent à nouveau en mars-avril 1799. Les mesures de rigueur se succèdent Banqueroute des deux-tiers le 9 Vendémiaire an VI (30 septembre 1797) avec réinscription au Grand Livre de 3.964 millions (représentant 83,3 de capital au lieu de 250). Déportation en masse en Guyane de prêtres réfractaires. (1.448 français et 8.235 belges) dont les trois-quarts périront en chemin. Conscription : l'armée se trouvant réduite à 320.000 hommes puis à 225.000, la loi Jourdan-Delbrel (5 septembre 1798) institue le service militaire obligatoire de cinq ans. Mais en fin Septembre 1799, 400.000 hommes seulement au lieu d'un million ont répondu à l'appel. Après l'impôt du sang, l'impôt sur le capital, sous la forme d'un emprunt forcé de 100 millions progressif, réparti par classes de contribuables payant plus de 300 francs de foncière et de 100 de mobilière, sur évaluation de jurys qu'on pourrait qualifier *d'iniquité partisane* (9 Thermidor an VII — août 1799). Et, brochant sur le tout, car ces mesures fort impopulaires provoquent des réactions violentes et jusqu'à des révoltes armées, une nouvelle loi des suspects : la loi des otages du 24 Messidor (12 juillet 1799) décrète que pour un patriote assassiné, quatre déportations seront prononcées.

Peu auparavant, les Conseils, siégeant en permanence, sur la proposition de Lucien Bonaparte, avaient épuré le Directoire, annulant l'élection de Treilhard, contraignant Merlin de Douai et La Réveillère-Lépeaux à démissionner (30 Prairial — 18 juin 1799) sous prétexte qu'ils avaient invalidé les Jacobins le 22 Floréal. Robert Lindet remplace Ramel aux Finances. À côté de Barras et de Sieyès, rappelé de Berlin où il avait été envoyé en mission le 29 avril 1798, Gohier, le général Moulin et Roger Ducos représentaient le néo-jacobinisme au

Directoire. Cambacérès était appelé à la Justice, le général Bernadotte à la Guerre, Fouché à la Police.

Mais suivre les Conseils dans cette voie jacobine, en revenir à la Terreur, ne serait-ce pas ajouter la faillite et la guerre civile à la débâcle aux frontières et à l'invasion ? De tels risques ne pouvaient échapper à Sieyès, qui a remplacé Reubell au Directoire le 16 mai 1799. Il semble bien qu'il ait hésité, qu'il ait envisagé d'en finir par où l'on avait voulu commencer, c'est-à-dire par l'établissement d'un régime du type 1688. Au bénéfice du futur Louis-Philippe peut-être, plus probablement de son ami le duc de Brunswick, qu'il s'appliquait à laver de la responsabilité de son fâcheux manifeste, ou même en instaurant une sorte de royauté élective.

De toute façon, il convenait d'abord de briser les Jacobins reconstitués au Club du Manège et, depuis le 27 juillet, dans l'ancienne église Saint Thomas d'Aquin. Fouché, rappelé de mission à la Haye pour être nommé au ministère de la Police, nouvellement créé, par Sieyès et Barras, sur la recommandation de Talleyrand, précisément parce qu'ayant été des leurs, il pourrait plus facilement les combattre, se chargea personnellement, le 27 Thermidor (13 août) de boucler le club. Puis il entreprit d'épurer la *légion de police*, où s'étaient réfugiés les tape-dur de Santerre et d'Hanriot. Restait à s'assurer le concours d'un chef militaire capable d'effectuer le coup d'État. L'on pressentit Moreau, plus tard Macdonald, et l'on s'était décidé pour Joubert, lorsque le chef de l'armée d'Italie (depuis fin Juin) fut tué à Novi, le 15 août. Bernadotte, trop républicain, et fermement opposé au retour d'Égypte de Bonaparte, dût être écarté ; Dubois-Crancé le remplaça au ministère de la Guerre. C'est alors que Talleyrand proposa Bonaparte, dont les frères Joseph et Lucien s'agitaient beaucoup à Paris, et s'étaient rapprochés de Sieyès.

Pour l'instant il était en Égypte, ou du moins l'y croyait-on encore, car il en était parti avec une très faible escorte de savants, de généraux et de mamelouks, le 22 août 1799, alors que des instructions lui enjoignant de rentrer avec son armée lui avaient été expédiées par Reinhard, le 2ème jour complémentaire an VII (11 septembre). Dans quelles circonstances, pourquoi et sur l'initiative de qui y était-il parti ? Talleyrand surtout l'y avait décidé. Talleyrand qui, ayant emprunté 24.000 frs, à M_{me} de Staël comme première mise à son retour à Paris, devait aux démarches pressantes, six fois réitérées, de sa protectrice auprès de Barras, d'avoir obtenu le portefeuille des Relations extérieures (18 juillet 1797) malgré le peu d'empressement de Reubell, qui continua en fait de diriger la diplomatie du Directoire, rédigeant lui-même par exemple, les instructions destinées au congrès de Rastadt (Novembre 1797). Talleyrand qui, résolu à *faire une fortune immense* dans ses nouvelles fonctions, s'était mis à prélever systématiquement la dîme sur toutes les affaires diplomatiques qui passaient par ses mains (la liste en occupe sept pages des Mémoires de Barras et s'élève à la coquette somme de 13.650.000 francs pour les deux années précédant le Consulat.[23]

BONAPARTE RAPPELÉ D'ÉGYPTE

À quel mobile avait-il donc obéi en prônant l'aventure d'Égypte ? En reprenant dans un essai adressé à l'Institut le 3 juillet 1797 ce projet que Choiseul avait un moment caressé ? En traçant dans un premier rapport du 27 janvier 1798 un plan destiné à assurer la suprématie de la France en Méditerranée par l'occupation, à la suite de Corfou, de Malte, de Candie, de Lemnos et de l'Égypte ? Et, en revenant à la charge, le 14 février, dans un deuxième rapport au Directoire ? L'idée souriait à Bonaparte ; émule de César, peut-être le serait-il d'Alexandre ? « *Pour détruire véritablement l'Angleterre, avait-il écrit aux Directeurs, le 16 août 1797, il faut nous emparer*

---

[23] De l'Autriche, de la Prusse, du roi de Naples, du pape, de la République cisalpine, du ministre espagnol, Godoï, du grand-vizir de Turquie, du Sénat de Hambourg, pour une négociation avec les États-Unis etc. …

de l'Égypte ». À Campo-Formio, le 17 octobre, amorçant la manœuvre, il avait fait concéder les îles Ioniennes à la France-première étape vers l'Orient. Attentif à le ménager, le ministre des Relations extérieures, qui lui avait durement reproché d'abord, à propos de Venise, de s'être fait *marchand de peuples*, s'était empressé de réduire l'affaire à *quelques criailleries d'Italiens*.

S'agissait-il vraiment de porter un coup décisif à l'Angleterre, après l'échec des tentatives de débarquement de Hoche (Décembre 1796) et d'Humbert en Irlande ? Après une inspection récente de Bonaparte, qui avait conclu à la nécessité — évidente — de s'assurer la maîtrise de la Manche avant toute opération de ce genre ? Une certaine puissance navale n'était-elle pas aussi indispensable pour porter ce coup-fort détourné pour être décisif — sur l'Égypte, et surtout pour s'y maintenir (le désastre d'Aboukir allait le démontrer clairement) ? Ou bien s'agissait-il au contraire de détourner les coups de la Grande-Bretagne : ennemi déclaré de l'Angleterre, Reubell demeura résolument hostile à l'entreprise et la presse, le Club du Manège, Briot aux Cinq Cents, le 29 août, accusent formellement Talleyrand de cette intention ? Et, tout ensemble, d'éloigner de France Bonaparte, qui dans son commandement d'Italie s'était comporté comme le plus indiscipliné des proconsuls, et de répandre les idées révolutionnaires en Méditerranée orientale, de Malte à Constantinople ? Avant de s'engager, Bonaparte avait estimé indispensable d'obtenir au moins la neutralité de la Turquie. Talleyrand, qui avait promis d'effectuer personnellement cette démarche, s'en abstint totalement ; ce qui jette sur ses intentions véritables un jour assez fâcheux.

Par contre, à Malte, l'expédition, forte de 35.000 hommes et de 10.000 marins, partie de Toulon le 19 mai 1798 avait rencontré le terrain soigneusement préparé par Mathieu Poussielgue, depuis Décembre 1797, jusqu'au sein des Chevaliers de l'Ordre, par des frères introduits parmi eux, Dolomieu, Boisredon et Haupesch. Ce port réputé imprenable s'était rendu le 10 juin, sans coup férir. Le 1$_{er}$ juillet s'opérait le débarquement en Égypte ; le 14 l'armée entrait à Alexandrie et le 22 juillet, ayant repoussé devant les Pyramides les furieuses charges des mamelouks de Mourad contre ses carrés, le lendemain contraignait Ibrahim à ouvrir les portes du Caire. Mais la destruction de la flotte (1$_{er}$ août) et la déclaration de guerre de la Turquie (9 septembre 1798) rendaient des plus précaires la situation du corps expéditionnaire. Victorieux encore au mont Thabor (16 avril 1799), mais arrêté du 23 avril au 10 mai devant Saint Jean d'Acre par Sidney Smith et Phelipeaux, il se vit interdire le retour par voie de terre, via Constantinople.

TALLEYRAND, FOUCHÉ ET LES BANQUIERS PRÉPARENT LE COUP D'ÉTAT

Le 9 octobre, Bonaparte qui avait mis à la voile à la nouvelle des défaites françaises, apportée par John Keith à Menou, débarquait à Fréjus, accompagné de Lannes ; Murat, Marmont ; le 14 il était à Paris. Le premier à l'éloigner, Talleyrand — contraint de démissionner le 13 juillet 1799 à la suite des dénonciations de l'adjudant-général Jorry, compromis dans le complot babouviste — avait été l'un des premiers à travailler à son retour, après de vaines ouvertures au futur Louis XVIII, et quelques démarches en vue du recrutement d'un prince prussien. Fouché, renseigné par Joséphine, l'attendait. Afin de hâter son retour, ses amis banquiers l'avaient averti par Bourbaki que deux millions étaient déjà réunis en vue d'un coup d'État : au premier rang d'entre eux Le Couteulx, de Rouen, et le suisse Perrégaux. En Italie, le général, qui avait de gros besoins d'argent — Joséphine étant un gouffre — n'avait pas dédaigné de participer aux affaires des fournisseurs de son armée ; en particulier de la Cie Collot Gaillard et Cie. Il en avait tiré 600.000 Francs et avait partagé avec Collot, à 50%, un million pour chacun, le produit de la confiscation des mines d'Idria ! À présent, Collot, menacé, s'empresse d'offrir un million et soutient le coup d'État dont Roederer, sur le plan politique et Talleyrand, secondé par son acolyte Fouché, sur le plan des démarches personnelles, sont les chevilles ouvrières.

À côté d'aventuriers, comme Montrond et Sainte-Foix (ex-trésorier du comte d'Artois), d'Orgeval (ex-évêque constitutionnel d'Orléans) et de son secrétaire l'abbé des Renaudes, l'ancien évêque d'Autun a pour principaux collaborateurs deux Oratoriens, la Besnardière et d'Hauterive, grand ami de Fouché, ce qui rapproche les deux hommes. Il est très lié d'autre part au financier Ouvrard, à qui il confie ses spéculations personnelles. Afin de gagner Barras, qui parait miser sur une restauration des Bourbons, Talleyrand, Fouché, Réal et Joseph Bonaparte se rendent une première fois chez lui le 6 novembre. Le lendemain, Talleyrand, Roederer et Volney rencontrent à dîner chez Bonaparte les généraux Moreau, Bernadotte et Jourdan, dont la neutralité est essentielle. Le 9, veille du coup d'État, tandis que, sous couleur de complot anarchiste, les Anciens votent la réunion des Conseils à Saint-Cloud et la nomination du général au commandement de la garnison de Paris, Talleyrand se rend chez Barras, qui déjeunait avec Ouvrard, le persuade de démissionner, comme Sieyès et Roger Ducos son complice s'apprêtaient à le faire, et empoche les millions destinés à le convaincre. Gohier et Moulin, sans méfiance, s'étant laissé détenir au Luxembourg par Moreau, il n'y a plus de Directoire, Lemercier président des Anciens s'est laissé acheter. De son côté le général Marmont aide de camp de Bonaparte et gendre de Perrégaux, s'assure du concours du général de Jubé, commandant de la garde du Directoire, tandis que Fouché *contribue* pour 900.000 Livres, prélevées sur ses fonds secrets et s'engage à veiller à la sécurité de Paris pendant la journée du lendemain. On sait le reste, le rôle déterminant joué le 19 Brumaire (10 novembre 1799) par Lucien Bonaparte et par Murat à la tête des grenadiers de la garde, pour sauver le général, menacé par les Cinq Cents de se voir mettre hors la loi.

Talleyrand, le 22 novembre, retrouva, c'était bien le moins, son portefeuille des Relations extérieures. En zélé courtisan, il déclara à son nouveau maître, tout en sollicitant le privilège de travailler sans intermédiaire avec lui : *« Je suis à vous, à la vie et à la mort ! »* dans le même temps (Décembre 1799) où, prenant la précaution de souscrire une assurance sur la vie, il assurait Hyde De Neuville qu'il était *« tout dévoué à la personne du comte de Provence »*. Lourde hypothèque pour le premier Consul, le syndicat d'idéologues et de *nantis* du 19 Brumaire !

GAUDIN RESTAURE LES FINANCES

Cependant, une tâche immense l'attendait, tant au dedans qu'au dehors : la paix intérieure retrouvée, restaurer l'État. Et d'abord, les finances. Ce fut l'œuvre de Gaudin, le même qui, sollicité en l'an IV comme en l'an VII, s'était récusé. Cette fois-ci, il accepta, bien qu'il n'y eut que 167.000 Francs en caisse et que la rente 5% fut tombée à 11,38. Mais à une cadence rapide, les mesures d'apaisement intervinrent : abrogation de la loi des otages et levée des séquestres (22 Brumaire = 13 novembre 1799) ; suppression de l'emprunt forcé (le 27 – 18 novembre), remplacé par une surtaxe de 25% sur les contributions de l'an VII ; rappel des proscrits de Fructidor ; réouverture des églises etc. Recommandé par Lebrun, Gaudin, ancien commis du *vingtième* puis commissaire à la Trésorerie sous le Directoire, renoua avec les traditions de l'ancien régime afin de reconstituer une administration des Finances, en ouvrant la voie déjà tracée par son prédécesseur, Rame !.

En matière de budget, évaluation des crédits en numéraire (16 Vendémiaire an V = 6 octobre 1796), prévisions de dépenses ordinaires, 450 m., réévaluées le 18 Ventôse à 512,5 ; extraordinaires, 550 m. contre 439,5 de recettes. Pour l'an VII, un gros effort a été accompli pour équilibrer le budget à 600 m., mais la reprise des hostilités a porté ce chiffre à 700, et cet exercice se soldera par un déficit de 250 m. Pour l'an VIII, le budget s'établit sur la base de 527,3 m. de recettes pour 563 de dépenses. Mais la situation demeurant encore trop instable pendant tout le Consulat l'on se contentera de mettre à la disposition du gouvernement, deux fois par an, des crédits scindés sous formes d'acomptes, 415 m. pour l'an IX, 500 pour l'an X, 589,9 pour l'an XI, 700 pour l'an XII, Néanmoins, le budget tend rapidement à s'équilibrer. Pour l'an IX, contre 526,4 (peut-être 545) de dépenses réelles, les recettes ordinaires ont atteint 449,7 (avec 34,7 de plus-value sur les prévisions), auxquelles sont venues s'ajouter 494,9 de recettes extraordinaires provenant de contributions extérieures (87 m.) et de la vente des biens nationaux. En l'an X, année du Concordat de la paix d'Amiens, de l'amnistie des émigrés et du Consulat à vie, l'équilibre est effectivement réalisé, au niveau de 500 m.

L'année suivante, ce niveau devait être porté à 589,5 et même à 632 millions de dépenses, puis à 804, avec 34,5 m. de déficit, l'an XIII. Cependant les budgets suivants, passé celui de l'exercice de quinze mois (23 septembre 1805-31 décembre 1806) correspondant au retour au calendrier grégorien, qui se solde par 900 millions de dépenses réelles contre 986 de recettes, s'établissent à 733,8 contre 720 en 1807 ; 772,7 contre 772 en 1808 ; 786,7 contre 786 en 1809 ; 795 partout en 1810 ; 954 en 1811 ; 1.030 en 1812 ; 1.150 en 1813. Pour des budgets de guerre, ce n'est pas si mal. L'ordre règne décidément dans les finances de la France.

Un tel résultat n'a pu être obtenu que grâce à la reconstitution d'une administration fiscale complète. Ramel avait réussi à instituer des commissaires de canton et des receveurs contrôlant environ 120 communes (ce sera l'amorce des arrondissements). Mais cette expérience ayant été fort décevante, Gaudin dut la reprendre et remplacer l'agence par une Direction des Contributions directes, comprenant un Directeur et un Inspecteur par département et deux contrôleurs par arrondissement de recette, uniquement chargés de l'établissement des rôles, ce qui permit d'opérer les recouvrements de l'an IX dès le début de l'exercice (loi du 3 Frimaire an VIII = 25 novembre 1799). Néanmoins les estimations d'impôt durent être ramenées (par les lois du 9 Vendémiaire an VI = 30 septembre 1797, la foncière à 228 et même 205 m., la personnelle à 50, tout en maintenant la patente à 20, en portant les douanes à 8 et en demandant à l'enregistrement 70, au timbre 16, aux droits sur les créances hypothécaires 8 également, sur les chemins 20, sur les tabacs 10, à la Loterie rétablie 12, aux forêts 30, aux domaines 20, au produit de la vente des domaines 20, etc, de façon à obtenir un chiffre théorique de 616 m. de recettes en regard de 325 m. de dépenses ordinaires, plus 271 d'extraordinaires, soit au total 596. Mais la foncière continue de ne donner que déboires. Deux mois avant la fin de l'exercice de l'an VII, la moitié à peine des contributions directes sont rentrées.

Le déficit total prévu, de l'ordre de 200 m., ne peut-être provisoirement comblé que par l'exploitation systématique des républiques-sœurs, le recours aux impôts indirects, la vente aux enchères cette fois de 400 m. de biens nationaux restants, payables en numéraire. Et l'on se décide à procéder à la réforme des contributions directes. La patente doit rapporter 22.6 m. La perception de la foncière est réglementée. La contribution des portes et fenêtres — proposée par les Cahiers de 1789 — instituée le 24 novembre 1798, doublée le 8 mars 1799, triplée en Mai-Juin. Les régimes du timbre et de l'enregistrement sont définis les 3 novembre et 12 décembre 1798. La contribution mobilière est enfin ramenée de 50 à 30 m. (3 Nivôse = 23 décembre 1798) ; elle se compose de quatre éléments : luxe, salaires, mobilière, personnelle. Survient l'intermède du néo-jacobinisme et Robert Lindet aux Finances, au passif duquel il faut bien imputer le lamentable échec de l'emprunt forcé : 10,4 m. de rentrées sur 70,8 portés sur les rôles de 95 départements au 13 Brumaire (3 novembre 1798). Une réduction des traitements des fonctionnaires était envisagée quand se produisit le coup d'État.

Ensuite, semble-t-il, tout devient facile. Le concours des banquiers est acquis. Alors qu'ils avaient déjà offert de lancer un emprunt à lots de 80 m. en vue de préparer un débarquement en Angleterre (16 Nivôse = 5 janvier 1798), la plupart d'entre eux (Le Couteulx, Perrégaux,

Fulchiron, Récamier, Barillon, Germain, Sevène), réunis le 3 Frimaire (24 novembre 1799) au Palais des Consuls consentent une avance de 12 m. dont 9 sous la forme d'un emprunt-loterie.

BONAPARTE MET AU PAS LES BANQUIERS

Ce qui n'empêche pas Bonaparte, qui les connait bien, de manifester immédiatement son autorité en arrêtant Ouvrard, le plus redouté des trafiquants de l'époque, pour avoir mal choisi le montent de réclamer le remboursement d'une avance de 10 m. faite à l'État et n'avoir pas versé de garantie sur les 62 m. de marchés qu'il avait obtenus. Il ne consentit à le relâcher qu'après lui avoir fait cracher 14 m., le 6 Floréal (26 avril 1800). Quelques murmures s'étant fait entendre, il n'avait pas hésité à convoquer les chefs de file, Le Couteulx, Perrégaux, Davillier, Delessert, Malet, etc, afin de les mettre au pas. Ce système de *garantie* appliqué sous forme de cautionnements d'un dixième aux receveurs-généraux (27 novembre 1799) rapporte 113 m. d'obligations et 128 m. de versements à une Caisse spéciale. On l'étendit ensuite aux notaires (7 Ventôse = 28 décembre 1799) — elle rapporta environ 18 m. ; aux receveurs d'arrondissement, aux avoués, huissiers (27 Ventôse = 18 mars 1800), aux payeurs du Trésor (4 Germinal) soit au total 32 m. puis aux commissaires-priseurs, aux agents de change et aux courtiers des Bourses de Commerce (27-28 Ventôse = 18-19 mars 1801).

Grâce à tous ces efforts conjugués, l'an VIII enregistrera le retour de la confiance, marqué par le relèvement de la rente 5% qui, de 11,38 au 17 Brumaire, monte à 19 à la proclamation du Consulat provisoire, puis à 38 après la victoire de Marengo et poursuit son ascension à 50, 60, lorsqu'il fut décidé le 23 Thermidor (11 août 1800) que le deuxième semestre de l'an VIII serait versé aux rentiers en numéraire le 1$_{er}$ Nivôse (22 décembre). Parallèlement, il était procédé à la liquidation de la Dette publique, par l'inscription de 2,7 m. de rente 3% pour les années V, VI, et VII, et d'1 m. de rente 5% pour l'an VIII. Pour la liquidation de la banqueroute de l'an VI, par la faculté laissée aux porteurs des bons des deux-tiers, soit de les employer à l'acquisition de biens nationaux, soit de les convertir (203 m.) au vingtième de leur valeur en rente 5% ; tandis que pour le règlement du *tiers consolidé*, une inscription de 30 m. de rentes était passée, avec ajournement des intérêts au 1$_{er}$ Vendémiaire an XII (24 septembre 1803).

Il était décidé enfin que sur les 300 m. de biens nationaux restant à percevoir, 180 seraient affectés à l'Instruction publique et aux Invalides, 70 à la Caisse d'Amortissement, 30 au service de l'an VIII et 20 à celui de l'an IX. Ces mesures auront pour effet immédiat un fléchissement sensible du cours de la rente à 39,50 le 16 Thermidor (4 août 1800) mais il se releva rapidement à 60-63 au début de l'an X (fin Septembre 1801) pour retomber à 51 le 25 Ventôse (11 mars 1802). Il fallut attendre Pluviôse an XIII (fin Janvier 1805) pour retrouver le niveau de 60.

Après avoir atteint un maximum de 93,40 à fin Août 1807, elle se tiendra entre 80 et 82, la Caisse d'Amortissement intervenant pour soutenir le cours de 80.

FONDE LA BANQUE DE FRANCE

Couronnant la réalisation de ce programme de restauration financière, la Banque de France avait vu le jour, le 24 Pluviôse, 13 février 1800. Créée d'abord au capital de 30 m. en vue d'effectuer les opérations de dépôts, d'escompte et d'émission de billets à vue en coupures de 500 et de 1.000 francs, elle était gérée par un Conseil de Régence composé de quinze membres et de trois censeurs. Son administration était confiée aux dirigeants de la Caisse des Comptescourants, créée le 11 Messidor an IV (29 juin 1796) par Récamier, pour remplacer la Caisse d'Escompte, supprimée le 24 août 1793 : Le Couteulx, Perrégaux, Récamier, Mallet, Germain, Sevène, Barillon. Ayant absorbé cet établissement le 27 Pluviôse an VIII (16 février 1800) c'est dans ses locaux qu'elle s'installa le 20 février.

Le succès de la nouvelle institution fut rapide. Son volume d'escompte atteignit 112 m. pour le deuxième semestre de l'an VIII, 443 pour l'an X, 511 pour l'an XI, ce qui lui permit de distribuer à ses actionnaires un dividende de 10%. Voulant la renforcer, à la veille du conflit qui allait reprendre avec l'Angleterre, le Premier Consul décida de lui accorder, à compter du 24 septembre 1803, le monopole de l'émission pour quinze ans et d'élever son capital à 45 millions afin de lui permettre d'absorber ses deux concurrents, la Caisse d'Escompte du Commerce et le Comptoir commercial Jabach.

Mais l'on se décida à enlever aux 200 principaux actionnaires de la Banque leur privilège d'admission à l'escompte et à limiter leur dividende à 6%, ce qui devait favoriser la baisse à 5% du taux de l'intérêt. L'administration de l'Institut était confiée à quinze régents et à trois censeurs dont sept et trois choisis parmi les représentants du commerce et de l'industrie, au lieu des neuf banquiers et cinq commerçants qui s'étaient trouvés jusqu'alors en présence (loi du 24 Germinal an XI = 11 avril 1803). Enfin, la France surmontant la méfiance qui, depuis la honteuse expérience de Law, régnait sur une semblable institution, se trouvait dotée d'une Banque nationale. Elle retrouvait aussi une monnaie saine le 28 mars 1803, le franc-germinal voyait le jour (7 Germinal an XI). Pièce de 5 grammes d'argent au titre de 0,900, dont le rapport avec l'or était fixé à 15,5, il allait bientôt conquérir la première place en Europe et demeurer pendant plus d'un siècle, en dépit des guerres et des révolutions, la monnaie stable de la France.

NI INFLATION, NI EMPRUNT

Engagé dans une lutte à mort — comme Louis XIV l'avait été avant lui — contre l'Angleterre et la formidable puissance financière internationale qui l'animait, dont les principaux agents s'appelaient Boyd et Kerr (à cheval sur l'Angleterre et la France), Hope et Labouchère d'Amsterdam, Parish de Hambourg, Baring de Londres, Bethmann de Francfort et, brochant sur le tout, l'empire naissant des Rothschild dont les tentacules lancées de Francfort, allaient enserrer solidement Londres, Paris, Vienne et Naples, Napoléon Bonaparte était parfaitement conscient de la nature et de l'importance des moyens dont disposait l'adversaire. Stratège de génie, organisateur hors ligne, homme d'État averti, sinon diplomate habile et pondéré, il n'était pas assez infatué de lui-même pour dédaigner *l'intendance* et lui accordait au contraire toute son attention. Afin de ne pas donner prise aux attaques et pressions diverses des banquiers internationaux, il s'était fixé pour règle absolue de n'avoir recours ni à l'emprunt, ni à l'inflation monétaire. D'où son effort pour rétablir la perception normale de l'impôt et pour comprimer la dette publique qui, en pleine période de guerre, et malgré l'absorption d'un tiers de la dette hollandaise (26 m. sur 78) n'atteindra que 105,9 m. en 1807 et 148 m. en 1811 de même que la rente consolidée 5% passera seulement de 45,18 m. en l'an XII (1803-04) à 63,63 en 1814. Dans le même temps, la dette anglaise doublait presque : 11.753 m. de Francs en 1801 contre 20.769 en 1810.

OUVRARD ET SES TRAFICS

Malheureusement en ce domaine des Finances, le Premier Consul comme l'Empereur fut parfois mal secondé par ses *maréchaux*. C'est ainsi qu'en 1805 à la veille d'Austerlitz, une crise financière très grave éclata à Paris. Dans le but de mobiliser l'arriéré des subsides espagnols (72 m. par an), Barbé-Marbois, ministre du Trésor, avait négocié les bons à court terme des receveurs généraux correspondant à ces sommes, auprès d'Ouvrard, qui consentit deux prêts de 50 et de 150 m. Cette opération donna lieu à une série de trafics en chaîne. Ouvrard ayant négocié les bons à 9%, les réescompta à 6 auprès de la Banque. Puis il imagina de couvrir les créances par 52 m. de traites libellées en piastres (il venait d'obtenir du ministre espagnol Godoï le privilège du ravitaillement des colonies d'Amérique et de l'importation des métaux précieux, principalement du Mexique — la piastre achetée à 3,75 à la Vera Cruz, devant être revendue à 5 frs, en France — à bénéfice partagé entre l'Espagne et lui-même). Cependant Desprez gonflait de mauvais papier le portefeuille-escompte de la Banque, en réduisait l'encaisse à 782.000 francs, tandis que le volume de la circulation des billets s'élevait à 62 m. Bien qu'Ouvrard fut de mèche avec Hope, Labouchère et Baring, la flotte britannique n'en interdit pas moins toute importation en provenance d'Amérique, et la pyramide ainsi édifiée s'écroula.

Après la capitulation d'Ulm, la panique se mit à Paris, la Banque se trouva assiégée par les demandes de remboursements et Récamier en faillite. Que serait-il arrivé si Austerlitz eut été une défaite ? Ce fut une victoire et tout s'arrangea. Mais, dès son retour à Paris, Napoléon convoqua tout le monde (27 janvier 1806) et sévit. Contre les trois complices d'abord, qui durent reverser à l'État 87, puis 141,8 m. Contre le trop naïf Barbé-Marbois ensuite, que remplaça Mollien (lui-même remplacé par Béranger à la Caisse d'Amortissement). Contre la Banque enfin, et les abus de ses Régents-actionnaires privilégiés. Malgré l'opposition de Le Couteulx, son fondateur, et de l'économiste libéral Dupont de Nemours, elle y perdit l'indépendance dont elle jouissait depuis sa création. Desprez, Récamier et trois autres, Bastide, Doyen et Sevène ayant été éliminés de son Conseil comme spéculateurs (27 mars 1806), la loi du 22 avril 1806 réforma ses statuts. Désormais un gouverneur (possesseur de 100 actions) et deux sous-gouverneurs (en possédant chacun 50), nommés par l'État, remplacent le président (Le Couteulx en avait rempli les fonctions pendant l'an IX et l'an X, suivi de Perrégaux, de l'an XI à l'an XIII). Le conseil de régence comporte trois fonctionnaires, trois receveurs généraux, plus cinq régents et trois censeurs choisis parmi les industriels et commerçants actionnaires, les banques privées s'en trouvant évincées. Perrégaux s'inclina. En revanche le capital de la Banque est doublé (de 45 à 90 m.) ; son privilège prorogé de 25 ans — jusqu'au 24 septembre 1843 — et afin d'abaisser le taux de l'escompte de 5 à 4%, des succursales sont fondées, pour commencer à Lyon et à Rouen, le 18 mai 1808.

Puis l'on créa la Cour des Comptes, qu'à titre de compensation Barbé-Marbois présida (16 décembre 1807) tandis que le futur baron Louis fut nommé administrateur du Trésor. L'on créa aussi une Caisse de service recueillant les disponibilités des receveurs, afin de faciliter leur trésorerie (16 juillet 1806). La comptabilité en partie double fut introduite dans l'administration publique (4 janvier 1808). Et surtout Gaudin aborda le 12 Brumaire an XI (3 novembre 1802) une première tranche de cet inventaire immense de la propriété rurale qu'est le cadastre. Et l'on en revint aux contributions indirectes qu'un *« Essai sur l'état des finances... de la Grande-Bretagne »* avait remises à la mode. Une régie des droits réunis se vit confier d'abord la gestion de taxes assez légères sur les boissons et les tabacs, le sel, etc. De sorte que ces rentrées permirent de réduire la foncière de 240 m. en 1795 à 208,5 en 1810 et la mobilière de 60 à 27.

Si l'on examine les budgets de cette période (celui de l'an XIII est à cet égard le plus typique), on constate que le poids énorme des charges militaires — un peu plus de 60% du total — se trouve parfois allégé de quelque recette extérieure importante. Si l'Autriche a été relativement ménagée dans ses défaites, elle n'a payé que 75,5 m. sur les 118 imposés par la paix de Presbourg (26 décembre 1805), et 164,5 sur 250 après la paix de Vienne (14 octobre

1809), la Prusse et ses alliés se sont vus infliger à titre d'indemnité (9 juillet 1807) le paiement de la somme énorme de 470,46 m. Par contre l'Espagne, qui versait 48 m. de subsides, engloutit plusieurs centaines de millions dans la guerre menée contre elle, pour n'en rapporter que 33,9 en 1810 et 23,2 en 1811. Le Portugal, de son côté, n'en versa que 6 sur 100. Cependant, malgré l'effort de guerre qu'il dût consentir, l'Empire parvint à consacrer à l'équipement du pays : 273 m. aux routes, 31 aux ponts, 117 aux ports, 123 aux canaux et, à l'urbanisme, 251 m.

SIEYÈS ET SA CONSTITUTION À LA SPINOZA

Parallèlement à la restauration financière, dans tous les domaines, la réforme des structures administratives de la France, bloquée pendant tout le XVIIIe siècle par le sabotage systématique de la monarchie s'accomplissait. Dans un esprit certes, trop unitaire, trop centralisateur, trop autoritaire et, pour tout dire, trop militaire, mais n'était-ce point alors nécessaire ? avec certaines tendances aussi à conserver tout ce qui, de l'héritage de la révolution, paraissait compatible avec l'ordre nouveau, puisque telle était la raison d'être du régime.

Architecte de la nouvelle Constitution, Sieyès avait conçu une sorte de Panthéon à l'antique, dédié au prophète de la Révolution Baruch Spinoza, dont il serait le Pontife. Doté d'une liste civile de 6 m., logé à Versailles, le Grand Électeur, chef de l'État — ne songeait-il pas à lui-même ? — désignerait deux consuls, un de la paix (Cambacérès), un de la guerre (Bonaparte ?), les uns et les autres pouvant être, le cas échéant, *absorbés*, rappelés dans son sein par un Sénat tout puissant dont les membres, choisis par un jury spécial sur des listes de personnalités proposées par un nombre restreint d'électeurs, jouiraient du redoutable privilège de désigner jusqu'à l'an X à toutes les fonctions de l'État et même de retrancher des listes, dans la proportion du centième, les notabilités jugées indésirables.

Devant cette machinerie compliquée, digne de la Florence des Médicis, Bonaparte resta suffoqué mais, comme il convenait de ménager Sieyès et de caser sa clientèle, il lui laissa le soin de composer de ses créatures les nouvelles assemblées et, révisant le projet en collaboration avec Daunou, supprima le Grand Électeur et *l'absorption*, institua trois Consuls (le premier disposant, même seul, du pouvoir de décision) et compléta par la création d'un Conseil d'État de 50 membres (26 décembre) chargé du travail effectif de préparation des lois, les trois corps politiques prévus : Sénat de 80 hauts dignitaires, cooptés puis nommés, participant au choix des fonctionnaires, conservateur de la Constitution en même temps que Conservatoire et maison de retraite pour les *idéologues* et les *nantis* du régime ; Tribunat, groupant une centaine de *bavards*, habilités à discuter les lois, mais dont les velléités d'opposition, inspirées par Benjamin Constant et son égérie Mme de Staël, seront assez durement freinées et bientôt réduites à néant par le *senatus* consulte d'abolition du 19 août 1807 ; Corps législatif enfin, morne Chambre d'enregistrement de trois cents *muets*, autorisés à voter ou à rejeter en bloc les lois, sans débat et au scrutin secret.

Prié, par une suprême et ironique politesse du maître de l'heure de désigner les consuls, Sieyès, s'éliminant lui-même, n'avait pu moins faire que de proposer, avec Bonaparte, Cambacérès qui, n'ayant voté qu'avec sursis la mort du roi, représentait le centre gauche, et Lebrun qui, royaliste timoré et constitutionnel bon teint, représentait le centre droit. Ils entrèrent en fonction le 15 décembre. Promulguée le 13, la Constitution fut mise en vigueur le 25 décembre 1799. Par 3.011.007 *« oui »* contre 2.562 *« non »*, un plébiscite vint sanctionner cette dictature de fait. Et, s'inspirant de l'exemple de la République cisalpine, où il avait fait ses premières armes d'homme d'État, Bonaparte met en place en quelques mois les structures d'un régime centralisé et autoritaire. Administration locale, où 98 Préfets, assistés d'un Conseil de Préfecture et d'un Conseil général, et secondés de 420 sous-préfets, contrôlent 36.000 communes, dépouillées — le spectre de la Commune restant trop proche — de vraies libertés municipales (17 février 1800). Contrôle étroit de l'information exercé par Fouché (« *bureau de presse* » de l'abbé Denine, créé le 5 avril 1800, et « *bureau d'esprit public* » de l'encyclopédiste Charles Étienne) et par le ministre de l'Intérieur Montalivet (la « *Bibliographie de l'Empire* » publiant la liste des ouvrages autorisés). Appareil judiciaire, composé de magistrats inamovibles, 2.000 juges de paix, 420 tribunaux d'instance, un tribunal d'appel, un tribunal criminel par département et, couronnant le tout, un Tribunal de Cassation, chargés d'appliquer le Code civil, œuvre magistrale conçue et préparée par Cambacérès. Tronchet, Portalis, sous le contrôle actif du Premier Consul (21 janvier 1801), dans l'esprit individualiste et libéral qui avait été celui de la Constituante, voté le 10 germinal an X (31 mars 1802).

FOUCHÉ, DÉFENSEUR DE L'HÉRITAGE JACOBIN

Si l'on reproche un peu à cette magistrature, formée par Cambacérès, d'être comme le *canonicat du jacobinisme* (elle sera épurée en 1808). en contre-partie, l'administration des Finances se retrouve quelque peu teintée d'ancien régime. Mais, dans le choix éclectique qu'il a fait des préfets, le gouvernement a, dans l'ensemble, respecté le mot d'ordre de réconciliation nationale qui restera — et c'est là son mérite — le guide de son action. « *Ni vainqueurs, ni vaincus !* », avait lancé Fouché, auteur de la proclamation du 19 Brumaire. En fait, devenu par la bouderie de Sieyès, tapi dans son fauteuil de président du Sénat, le véritable chef de file des anciens jacobins, le ministre de la Police voyait d'un assez mauvais œil les mesures d'apaisement adoptées par le nouveau régime pour se concilier l'opinion. Clôture de la liste des émigrés (3 mars 1800) au nombre de 145.000 ; radiation de 52.000 noms de cette liste (20 octobre 1800), puis par catégories successives, jusqu'à réaliser une véritable amnistie, en en réduisant le chiffre à 3.393 (26 avril 1802). Par des assignations à résidence, et des mises en surveillance plus ou moins discrètes Fouché parvient à filtrer ces opposants en puissance, à les empêcher de nuire ou d'intriguer trop ouvertement. Tout en s'efforçant de pénétrer dans les milieux royalistes pour mieux les neutraliser ; fréquentant M$_{me}$ de Guiche, la marquise de Custine, la princesse de Vaudémont, Bourmont, d'Andigné, Narbonne, Malouet même et Cazalès.

Quelles que soient leurs tendances, déportés et bannis rentraient : 38 victimes de Fructidor, dont Barthélémy, Carnot, Portalis, Barbé-Marbois ; des proscrits de Thermidor, comme Vadier et Barère, pêle-mêle avec les anciens constitutionnels, membres de la Société de 1789, La Rochefoucauld-Liancourt, Latour-Maubourg, les Lameth et La Fayette (libéré le 19 septembre 1797 et rentré à condition de ne se livrer à aucune activité politique le 9 novembre 1799). Lié surtout parmi les ministres à Cambacérès, remplaçant désigné du Premier Consul, et à Carnot, qui restera ministre de la Guerre jusqu'à la conspiration *anarchiste* d'Arena, Fouché regroupe son monde, préparant l'adhésion au régime de ses amis pour contrebalancer le ralliement des émigrés. Il rencontre chez M$_{me}$ de Staël des opposants déclarés comme Benjamin Constant et Daunou et reçoit chez lui des Jacobins irréductibles comme Tallien, Barère, etc., comme plus tard les chefs militaires et maréchaux mécontents. Placé au centre des intrigues maçonniques, il est normal qu'il cherche à s'opposer à la conclusion du Concordat en encourageant, en compagnie de l'abbé Grégoire et de Perrin, son ancien professeur de l'Oratoire, la réunion à Notre-Dame d'un concile national et que — le Concordat signé (15-16 juillet 1801) — il épargne par une circulaire du 7 juin 1802 aux membres du clergé constitutionnel d'avoir à se rétracter, en prescrivant de se contenter de leur simple adhésion à l'accord qui vient d'être conclu.

Il ose même manifester son hostilité au renforcement du pouvoir personnel de Bonaparte et là se heurte à Lucien, ministre de l'Intérieur, à Talleyrand, Roederer, Fontanes, Perrégaux et Fiévée, qui obtiennent d'abord du Sénat, le 8 mai 1802, une prorogation de pouvoir de dix ans et, le 12 mai, du Tribunat et du Corps législatif, l'ouverture d'un plébiscite pour le Consulat à vie : 3.568.885 *« oui »* contre 8.394 *« non »* : c'est un succès ! Proclamé le 2 août, Bonaparte, le 4, fait modifier la Constitution : le Tribunat se voit réduire à 50 membres, tandis que le Sénat, par la nomination de 60 nouveaux dignitaires, est porté à 120. Joseph et Lucien, soutenus par Talleyrand et Lebrun, font alors payer à Fouché son opposition. Le 13 septembre, le ministère de la Police est supprimé. Pourvu d'un siège au Sénat, son ancien titulaire n'en continuera pas moins de renseigner le Premier Consul et de recevoir une partie des fonds secrets provenant de la Caisse des jeux. Car il n'a pas son pareil pour déjouer les complots en les utilisant pour décapiter les deux groupes extrémistes d'opposition, *anarchiste* et *monarchiste*. *Anarchiste*, Arena et ses acolytes seront exécutés le 7 janvier 1801 et, lorsqu'une machine infernale explose le 24 décembre rue Saint Nicaise, il en prend d'abord prétexte pour déporter aux Seychelles, les 4 janvier 1801, 130 autres républicains extrêmes et, découvrant deux jours après les vrais coupables de l'attentat, fait arrêter le 9 janvier et exécuter le 20 avril, ces agents de Cadoudal, non sans avoir procédé à une rafle de 80 royalistes. S'il a ménagé, parce qu'ami de Joséphine, Coigny, que Bonaparte a fait arrêter comme chef de l'agence *anglaise*, il a démantelé l'agence du comte d'Artois, que dirigeait Hyde de Neuville.

Son absence ne tarde pas d'ailleurs à se faire sentir, lorsque la paix d'Amiens rompue, Georges Cadoudal débarque en France, le 20 août 1803, avec un million en poche, à la barbe de ses successeurs Régnier, Dubois (préfet de police) et Desmarets (chef de la police politique). Seuls les aveux des comparses laissés d'abord sans interrogatoire (Querelle, exécuté le 26 janvier 1804 ; Bouvet de Lozier, interrogé le 13 février) révèlent à ces limiers atterrés la présence de Georges et ses entrevues avec Pichegru, débarqué lui aussi en Janvier et avec Moreau, d'ailleurs fort réticent, les 28 janvier et 3 février. Moreau, en froid avec Bonaparte depuis sa victoire d'Hohenlinden, et que Fouché a vainement essayé de rapprocher du Premier Consul, n'a guère trempé dans le complot, mais il peut rallier les mécontents de l'armée, les Masséna (déchu de son commandement le 17 août pour ses *dilapidations* en Italie), les *républicains*, Bernadotte, Brune, Augereau, les quelque 6 à 7.000 gradés sans-culottes, demi-soldes avant la lettre, éliminés pour incapacité, et les opposants des assemblées, Sieyès, Benjamin Constant, Lanjuinais et autres, Rival dangereux, il est arrêté le 15 février et sera condamné pour la forme le 10 juin, à deux ans de prison, avant d'être autorisé à s'expatrier. Le 27, c'est le tour de Pichegru, qu'on trouvera pendu dans son cachot, le 6 avril, puis de Polignac et de Rivière, et enfin, le 9 mars, de Georges, qui sera exécuté le 28 juin avec douze complices.

L'occasion n'est-elle pas bonne de créer l'irréparable entre Bonaparte et les princes, qui avaient osé, le 20 février 1800, proposer au général et à Lebrun de jouer en leur faveur le rôle de Monk ? La réponse tardive du Premier Consul (7 septembre) n'avait certes pas été encourageante : *« Il vous faudrait marcher sur 100.000 cadavres ! »*, mais deux sûretés valent mieux qu'une... le sang d'un Bourbon par exemple ? Sur la nouvelle, fausse, que Dumouriez, en liaison avec Pichegru, se trouve auprès du duc d'Enghien, Talleyrand, activement secondé par Fouché et Murat, tous grands dignitaires de la Maçonnerie, suggère perfidement le guet-apens dont le prince sera victime. Le malheureux, enlevé le 13 mars, à Ettenheim en territoire badois, la veille de son départ, par les hommes du général Hulin, sera fusillé à Vincennes le 21, après un simulacre de Cour martiale. Talleyrand, qui après Marengo (14 juin 1800) s'était bien gardé de décourager l'abbé de Montesquiou, venu tâter le terrain de la part du comte de Provence, et qui ménageait et flattait Moreau, a maintenant complètement changé d'attitude. Sentant le règne s'affermir, il a décidé de reprendre la lutte engagée par la Maçonnerie contre les

Bourbons ; de transmettre au Prétendant en 1803 une demande formelle de renonciation à ses droits — qui est naturellement rejetée — et de recourir à un projet analogue à celui qu'il avait jadis proposé au Directoire, d'attirer à Wesel les membres de la famille royale pour les prendre au piège. Maintenant que Bonaparte a sur les mains le sang d'un Bourbon, il n'y a plus de raison de contrecarrer ses ambitions.

PARRAIN, AVEC TALLEYRAND, D'UN EMPIRE MAÇONNIQUE

Aussi bien Fouché est-il le premier, avec son complice Talleyrand, à demander le 27 mars au Sénat de conférer au Premier Consul la dignité impériale. Et, tandis que le sénatus-consulte du 18 mai 1804 préparé par Tronchet, Fontanes et Roederer, adopte la Constitution de l'an XII et proclame Napoléon, Empereur des Français, qu'il sera plébiscité le 6 novembre par 3.572.329 *« oui »* contre 2.579 *« non »* et sacré à Notre-Dame le 2 décembre, Fouché, le 11 juillet a retrouvé son ministère, d'où il continuera de mener les intrigues pour la défense du *système*.

Et il se sentira d'autant plus fort que, le 5 décembre 1804 (rapport du 15 Frimaire an XIII), la Franc-Maçonnerie, reconstituée, nous l'avons vu, depuis 1796, se trouve officialisée à la mode anglaise. Bien que Roettiers de Montaleau conserve le rôle d'Éminence grise, les hauts dignitaires de l'Ordre vont bientôt se confondre avec ceux de l'Empire. Avant de s'asseoir sur des trônes, Messieurs, frères de l'Empereur, y jouent le rôle de Grands-Maîtres : Joseph (initié à la *Parfaite Sincérité* de Marseille, le 6 septembre 1793), au Grand-Orient ; Louis, au rite écossais. À leurs côtés, Bacciochi et Murat (2e. G∴ M∴ adjoint du G∴ O∴) les beaux-frères. Eugène de Beauharnais, vénérable d'une loge de Paris, recevra la dignité de Souverain Commandeur, 32ème, au G∴ O∴ de Milan, à Mantoue en 1803. En Novembre 1805, Cambacérès coiffe l'ensemble des obédiences, car il est à la fois G∴ M∴ adjoint du G∴ O∴, Souverain Commandeur du Suprême Conseil (où il succède à de Grasse-Tilly) G∴ M ∴d'honneur du rite d'Heredom de Kilwining, chef suprême du rite français, G∴ M∴ national des Chevaliers bienfaisants de la Cité Sainte. Les personnages les plus importants de l'État : Lebrun, Fouché (G∴ O∴) Lacépède, président du Sénat (G∴ O∴), coudoient dans les hauts grades les maréchaux : Kellermann, Masséna, Soult, Macdonald, Sébastiani, Augereau, Lefebvre, l'amiral Magon, etc. Au sein des loges féminines d'adoption, Joséphine retrouve Mmes de Vaudémont, de Carignan, de Girardin, de Narbonne. En 1808, l'Ordre du Temple défilera en grand uniforme pour rendre hommage à Jacques de Molay en l'église Saint-Antoine. Et bientôt l'Empire comptera environ 1.200 Loges (886 et 337 chapitres de hauts grades en 1812). En agissant ainsi Bonaparte, peut-être initié jadis par Waechter, prétend soumettre à son autorité et contrôler la secte, dont certains ateliers, notamment de rite écossais, s'étaient laissés pénétrer depuis 1800 par la propagande orléaniste et continuaient de correspondre avec l'étranger.

Malgré ces garanties offertes par le nouveau régime, et bien que les grands dignitaires de l'Empire soient quasi les mêmes que ci-dessus-Cambacérès, *archichancelier*, chargé de l'intérim de l'Empereur, Lebrun, *architrésorier*, Eugène de Beauharnais, *archichancelier d'État*, Joseph, *Grand Électeur*, Louis, *Connétable*, Murat *Grand Amiral* flanqués de seize maréchaux (14 mai 1804), dont les préséances seront précisées le 13 juillet, Fouché ne voit pas sans ressentiment se constituer une nouvelle Cour, le rétablissement et la distribution des titres nobiliaires (2 princes, 15 avril 1805 ; 31 ducs, 452 comtes, 1.500 barons, 1.474 chevaliers, 1er mars 1808), l'institution de majorats, la fusion des fonctionnaires et généraux parvenus et des héritières de l'authentique noblesse, la montée des nouvelles couches de grands commis conservateurs, les Pasquier, les Molé, les Daru, les Montalembert, les Broglie, l'influence grandissante des fidèles *mamelouks*, les Savary, les Maret, les Lavalette, les ralliements massifs de ci-devant qui s'engagent dans l'armée, s'infiltrent dans les administrations, peuplent les Conseils généraux, envahissent les assemblées locales.

Tandis qu'il s'efforce d'endiguer ce flot montant, qu'il continue de pourchasser les agents royalistes en les faisant enlever, même hors des frontières, comme Rumbold (Sept. Oct. 1804, libéré le 11 novembre), en désorganisant par l'arrestation de Prigent (5 juin et son exécution le 11 octobre 1808), l'agence de Jersey, montée par Puisaye et qu'il distribue plus de lettres de cachet qu'en aucune période de l'ancien régime (4.500 à 2.000 prisonniers politiques de 1800 à 1811 ; 2.500 dans les quatre dernières années de l'Empire), quitte à amnistier en un mois près de 400 détenus au Temple pour les soumettre à la surveillance des préfets, le ministre de la Police se préoccupe de l'avenir du régime. Inquiet du caractère précaire d'un pouvoir personnel, usurpé, entièrement soumis à la faveur de cette maîtresse instable qu'est la Fortune des combats, il n'est que trop tenté de penser à la succession et de la préparer activement. Trop activement même, ce qui lui vaut de sérieux ennuis.

Presqu'à chacun de ses retours à Paris, la colère de l'empereur éclatait, provoquée par les intrigues nouées pendant son absence. Le 27 janvier 1806, cela avait été le scandale Ouvrard et le krach de la Bourse, sanctionné par la démission de Barbé-Marbois. Le 10 août 1807 avait été marqué par la disgrâce de Talleyrand. Le 16 juin 1808, le préfet de police Dubois ayant fait arrêter Ève DeMaillet, un ancien agent de Robespierre, dénoncé le 9 par le général Lemoine, démasquait un complot du général Malet, destitué en Juillet-Août 1807. Avec le concours des généraux réformés Guillet et Guillaume, de deux ex-conventionnels et d'un tribun, peut-être avec l'appui de Sieyès, Lanjuinais et Carat, il s'agissait de constituer un gouvernement provisoire, dont feraient partie Moreau, l'amiral Truguet, les sénateurs Lambrecht et Lanjuinais, voire même Fouché (qui prit la précaution en 1815 d'enlever une partie de ce dossier). Le commandement de l'armée de Paris serait confié à Masséna, celui de la garde nationale à La Fayette. De son côté, l'ancien ministre de la Guerre Servan, projetait de former avec Talleyrand et Fouché un triumvirat républicain. Grâce à la complaisance de Cambacérès, le ministre de la Police réussit à noyer l'affaire en confiant aux trois conseillers d'État du ministre, à Desmarets et à Réal, le soin de reprendre l'instruction de manière à discréditer Dubois.

C'était là cependant un dangereux signe des temps. Car il ne s'agissait plus de précautions en cas d'accident, de préférences accordées à Murat d'abord, à Bernadotte ensuite, plutôt qu'à Joseph, en cas de régence ouverte, mais déjà de préparer la chute du régime. Dans ce but, depuis 1807 Talleyrand et Fouché, les *deux conjurés* comme les appelait Metternich, avaient été rapprochés une fois de plus par d'Hauterive ; des entrevues avaient eu lieu chez M$_{me}$ de Vaudémont à Suresnes, chez M$_{me}$ de Rémusat ; le 20 décembre 1808, chez le prince de Bénévent ; ils n'avaient pas craint de s'afficher ensemble. Pourtant la rupture de l'empereur avec Talleyrand était proche : dès son retour précipité de Valladolid, le 23 janvier 1809, elle devait éclater au cours d'une scène terrible, sur les circonstances de laquelle nous reviendrons. Les financiers Ouvrard et Hainguerlot, ce dernier homme d'affaires de Fouché, font l'objet de poursuites ; la Bourse baisse. De même que Talleyrand a jeté l'empereur dans la guerre d'Espagne, c'est au tour de Fouché de le pousser contre l'Autriche, afin d'éviter une alliance de famille qu'il redoute. Et les loges militaires, animées par Moreau, Malet, Guillaume, Oudet, redoublent d'activité, fournissent à la propagande, de tendance martiniste, des *Philadelphes* un terrain favorable. À tel point, que pour se débarrasser du colonel Oudet, Savary profite de la bataille de Wagram pour lui tendre un piège (5-6 juillet 1809).

SE RETOURNE CONTRE NAPOLÉON, ALLIÉ DE VIENNE

Visiblement, à présent que l'Empereur a suffisamment assis son pouvoir pour échapper à l'emprise de la finance internationale, et prétendu imposer son autorité, comme nous le verrons, au judaïsme, les forces occultes qui ont favorisé son ascension se retournent délibérément contre lui. Il n'ose pourtant les affronter, préférant retenir auprès de lui Fouché pour mieux le surveiller que de le briser ou de le rejeter dans une opposition déclarée. Mieux, il lui accorde, le 29 juin 1809, l'intérim du ministère de l'Intérieur. Il y manifeste d'ailleurs un zèle tout patriotique : la rente ayant beaucoup baissé après Essling, il en fait acheter 20.000 Livres… et réalise du même coup, un coquet bénéfice, car il a la primeur de la nouvelle de la victoire de Wagram, et le titre de duc d'Otrante vient *récompenser* le 15 août son dévouement. Fouché s'enhardit alors jusqu'à prendre l'initiative de provoquer la levée de 30.000 gardes nationales sous l'autorité de Bernadotte (que l'Empereur vient précisément de relever de son commandement) adresse malgré l'opposition de Clarke, ministre de la Guerre, une circulaire à quinze préfets (3 août) aux fins de constituer cette milice dans tous les départements côtiers et même à Paris, où l'État-major sera essentiellement composé d'opposants au régime, le banquier Thorton en tête qui, ami d'Ouvrard et de Moreau, doit en commander la cavalerie. À la surprise générale, l'Empereur, le 8 août, entérine la première de ces mesures, mais il ordonne de dissoudre la garde de Paris (30 septembre) et remplace Bernadotte par Bessières (16 septembre). Relevé le 7 octobre de l'intérim de l'Intérieur, le ministre de la Police, malgré une explication orageuse à Fontainebleau, le 27 octobre, demeure encore en place. ,

L'année suivante, le divorce d'avec Joséphine ayant été prononcé le 15 décembre 1809, la grande affaire est le remariage de l'Empereur. Au conseil du 28 janvier 1810, Fouché, soutenu par Murat et Cambacérès, prône naturellement la candidature de la grande-duchesse Anne de Russie contre celle de Marie-Louise, en faveur de laquelle se prononcent Talleyrand, Fontanes, Berthier, Maret, Champagny, Eugène de Beauharnais. Le mariage célébré le 2 avril, avec l'archiduchesse, conférant au régime impérial un certain parfum de légitimité, ne peut qu'accélérer le ralliement de la noblesse et qu'accroître son influence à la Cour.

Tout cela ne fait qu'augmenter le dépit du ministre de la Police, de plus en plus engagé dans des intrigues compromettantes. Avec l'Angleterre, cette fois, où le poids de la guerre commence à se faire durement sentir. Napoléon avait autorisé son frère Louis, roi de Hollande, dont le pays souffrait particulièrement du blocus, à entamer des pourparlers officieux avec la GrandeBretagne. Aussi quelle ne fut pas sa surprise d'apprendre de la bouche de Louis, le 27 avril, à Anvers, qu'une négociation parallèle et beaucoup plus ambitieuse se tramait dans son dos. Après avoir fait sonder lord Wellesley, chef du Foreign Office, par le banquier lyonnais Fagan (JanvierMars 1810) le duc d'Otrante avait confié au célèbre Ouvrard et surtout à Labouchère, gendre du banquier anglais Baring, le soin de poursuivre la négociation avec Canning. Cette fois, la mesure était comble. Au Conseil, réuni à Saint-Cloud, les 2 et 3 juin 1810, l'Empereur procéda à l'exécution de son ministre, fit arrêter Ouvrard et, le 16 juin, Fagan. Fouché, d'abord nommé au gouvernement général des États romains se vit exiler, le 5 septembre, à Aix. Un autre de ses protégés, le général Sarrasin, jugea bon de gagner l'Angleterre. Alors qu'il commandait à Boulogne, il avait été soupçonné d'être de mèche avec Montrond, l'âme damnée de Talleyrand, accusé d'avoir appelé les Anglais à Anvers, au moment où ils débarquèrent à Flessingue, le 16 septembre 1809.

Faute de l'inculper de trahison, comment neutraliser un Fouché ? Après l'alerte de la deuxième conspiration de Malet (21-22 octobre 1812), NapoLéon décida de l'éloigner, l'appelant à Dresde, l'expédiant à Prague pour y négocier avec Metternich, le nommant à Laybach et à Trieste, comme gouverneur des Provinces Illyriennes, puis à Florence, comme conseiller d'Elisa, à Rome auprès du général Miolis, à Naples enfin, auprès de Murat. Grave imprudence d'ailleurs, car il suggéra à ce dernier de tirer son épingle du jeu en réclamant l'indépendance de l'Italie (25 décembre 1813) et en se désolidarisant de l'Empereur par le traité du 11 janvier 1814. Le seul résultat de cet éloignement fut que le duc d'Otrante arriva trop tard à Paris, le 8 avril, pour liquider l'Empire à son profit. Son compère et rival Talleyrand s'en était chargé avant lui.

LA PAIX RELIGIEUSE COMPROMISE PAR L'OCCUPATION DE ROME

Ainsi Napoléon, qui avait espéré neutraliser la Franc-Maçonnerie, en l'officialisant, n'en avait pas moins été continuellement menacé depuis 1807, et surtout depuis 1809, par les intrigues des sociétés secrètes et des anciens révolutionnaires. Les loges offraient toujours aux conspirateurs un terrain propice au recrutement de leurs affidés, comme à la couverture de leurs complots.

Vis-à-vis des catholiques, sa politique tendant non seulement à soumettre à son contrôle l'Église de France, mais à exercer une influence déterminante sur le Vatican, devait se solder aussi par un échec. Dans son souci de refaire l'unité nationale, c'est lui pourtant qui avait définitivement rouvert les églises au culte et reconstitué le clergé, réduit à 5.000 prêtres pour 40.000 paroisses, en n'exigeant de lui qu'un simple serment à la Constitution (9 Nivôse – 30 décembre 1799). Lui qui avait mis fin aux mesures anticléricales des néo-jacobins du Directoire finissant et aux momeries du culte théophilanthropique cher à La Réveillère Lépeaux. Lui, qui, au lendemain même de Marengo, le 26 juin 1800, avait chargé le cardinal Martiniana, évêque de Verceil, de manifester au nouveau pape, Pie VII, élu à Venise le 16 mai précédent, son intention de négocier un accord. Les pourparlers, engagés le 5 novembre entre Mgr. Spina et l'abbé Bernier, ancien Vendéen rallié, continués par le janséniste Cacault à Rome et par le cardinal Consalvi à Paris, le 20 juin, avaient assez rapidement abouti, malgré la froide présence de Talleyrand (soucieux d'obtenir, en dernière heure, la sécularisation des prêtres mariés) et les intrigues de Fouché et de Grégoire tendant à la réunion d'un Concile national, à la signature du Concordat (15-16 juillet 1801).

Heureux de ramener au bercail, après dix ans de persécution, la fille aînée de l'Église, le Pape avait accepté de renoncer aux biens ecclésiastiques, moyennant prise en charge par l'État des traitements du clergé, admis la réduction du nombre des diocèses à 60 (70 étant supprimés), la nomination des évêques par le chef de l'État, catholique, sous réserve de leur intronisation par Rome, accepté de se prêter à une sorte d'amalgame entre 32 évêques nouveaux, 16 anciens et 12 constitutionnels, mais obtenu que le catholicisme soit reconnu comme religion de l'État. Bien que les 77, articles organiques concernant la police des cultes, introduits par Talleyrand, Fouché, et Portalis, le 8 avril 1802, l'aient sérieusement déçu, le Pape s'était pris d'une certaine amitié pour Bonaparte, qu'il avait accepté de sacrer assez volontiers.

Mais peu à peu, sur le plan temporel, des heurts s'étaient produits, à propos des articles organiques, à propos des Légations. Puis le ton avait monté, à des récriminations du Pape, le 13 novembre 1805, Napoléon avait répliqué : « *Votre Sainteté est souverain de Rome, mais j'en suis l'Empereur !* » Et les exigences avaient succédé aux exigences : renvoi du représentant britannique Jackson — refusé (Juillet-Août 1807) ; fermeture des ports aux Anglais — acceptée (Octobre 1807) ; calquer l'attitude diplomatique du Vatican sur celle de la France — refusée (2 décembre 1807). Et les occupations successives, réduisant à néant l'État pontifical : après Ancône, CivitaVecchia (21 juin 1806), puis les Marches (30 septembre 1807) en attendant que le général Miollis pénètre à Rome le 10 janvier 1808, sous prétexte d'en éliminer les agents napolitains. De fait, six cardinaux napolitains se voient expulser, suivis de quatorze italiens et de ceux des Marches (province annexée le 2 avril 1808) ; comme son prédécesseur

Doria, le secrétaire d'État, cardinal Gabrielli est enlevé par les Français, que les Romains boycottent de plus en plus. Le décret de Schoenbrunn du 17 juin 1809, réunissant à l'Empire Rome et les États romains, porte la crise à son paroxysme. Murat, qui a fait occuper le 10 juin par une de ses divisions le château Saint-Ange, pousse à l'enlèvement du Pape qui, ce même jour, excommunie les fauteurs de l'usurpation, sans toutefois nommer l'Empereur. Le général Radet s'étant emparé de la personne du Pontife dans la nuit du 5 au 6 juillet, le conduit d'abord à Grenoble, puis à Savone (20 août), où il demeure éloigné de tout contact avec ses cardinaux.

Sous prétexte de rendre à l'Italie sa capitale, avec le seul avantage de conférer au futur héritier de l'Empire le vain titre de *roi de Rome* et l'espoir tôt déçu de placer le Vatican sous l'autorité impériale en l'établissant, soit à Paris, soit à Avignon, sous la suzeraineté directe du maître de l'Europe, c'était raviver la lutte périmée du Sacerdoce et de l'Empire, c'était surtout troubler les consciences et rompre cette unité nationale qui était le plus beau titre du régime à la reconnaissance des Français. Pourtant, alors même que, cédant aux instances de Fourcroy, il allait conférer à l'Université (fondée le 10 mai 1806, organisée par le décret du 17 mars 1808) le privilège du monopole (25 novembre 1811), il en avait désigné comme grand-maître Louis de Fontanes, un ancien voltairien revenu à des sentiments favorables à la religion, flanqué d'un catholique aussi convaincu que Bonald et il avait tenu à ce que ses étudiants, comme les quelque 27.000 élèves des Lycées (au nombre de 45 en 1806 et de 80 en 1809) et des 377 (collèges communaux, reçoivent, comme leurs camarades des écoles libres (en nombre à peu près égal) un enseignement, non seulement chrétien, mais catholique — il avait, de sa plume, corrigé le mot.

Pourquoi donc perdre le bénéfice de cette restauration religieuse et placer un clergé, jusquelà très loyaliste, dans la triste obligation de choisir entre sa vénération pour le Pape et son désir d'obéissance à l'Empereur ? Le Pape s'étant refusé à accorder l'investiture à de nouveaux évêques, trente sièges étaient ainsi demeurés vacants. Le Conseil ecclésiastique, réuni, n'ayant découvert aucune solution à ce problème (11 janvier 1810), il avait bien fallu faire désigner par un nouveau Conseil convoqué le 16 mars 1811, trois délégués auprès de Pie VII à Savone, convoquer le 17 juin un concile national, qui ne réunit que 95 prélats sur 149 et réclama la remise en liberté du SaintPère avant d'accepter qu'à défaut de réponse de Rome dans un délai de six mois, les investitures seraient considérées comme acquises. Force fut de le dissoudre, le 10 juillet et d'incarcérer à Vincennes trois de ses membres avant de faire céder une partie des prélats italiens et d'obtenir, sur le conseil de Cambacérès, 80 adhésions en faveur de cette solution (5 août). Le Pape, qui refusa de l'accepter, fut transféré à Fontainebleau en Janvier 1812. Napoléon, venu l'y rejoindre le 19 janvier, crut avoir emporté son adhésion le 25 à un amendement au Concordat prévoyant que, faute d'investiture dans un délai de six mois, le métropolitain ou le prélat le plus ancien seraient habilités à conférer cette investiture, mais sur le conseil des quelques cardinaux admis auprès de lui, le Pape revint définitivement sur cette concession. C'était l'échec, avec la redoutable conséquence de détacher de l'Empire sur son déclin un grand nombre de catholiques, auprès desquels les royalistes Mathieu de Montmorency, Alexis de Noailles et Chateaubriand étendront bientôt leur audience.

NAPOLÉON, HOSTILE AUX HÉTÉRODOXES

À l'égard du judaïsme, la politique de Napoléon fut aussi nette, mais plus ambitieuse encore. Utiliser à ses fins cette puissance internationale et pour ce faire, en reconstituer et contrôler l'organe central, le Sanhédrin, tout en lui interdisant par des mesures draconiennes de continuer à exploiter les populations, comme elle l'avait fait si largement pendant la période révolutionnaire.

C'était en 1806. L'Empereur, rentrant de la campagne d'Austerlitz, avait été assailli à Strasbourg de réclamations contre les Aschkenazim. Le maréchal Kellermann lui avait représenté l'Alsace ployant sous leur *domination* économique ; ce que les rapports des préfets (à part celui de la Moselle, Metz, peut-être plus naïf), confirmaient pour la Meurthe-et-Moselle (Nancy), pour le Haut-Rhin comme pour le Bas-Rhin. Citons Doubnov (*Histoire moderne du Peuple juif*, i, 135). Profitant de la bonne affaire des biens nationaux, *les Juifs*, qui s'étaient limités jusqu'alors à de petites opérations de crédit, se mirent à spéculer sur les terrains et à se livrer à des opérations hypothécaires importantes : ils achetaient des biens de nobles, grevés d'hypothèques, pour les revendre à des paysans, soit contre des reconnaissances signées, soit contre des prêts hypothécaires », le tout à des taux d'intérêt plus qu'abusifs. C'était même là le principal bénéfice qu'ils avaient retiré de la Révolution, à laquelle tant d'entre eux avaient participé de façon active, car ils avaient dû renoncer à leurs coutumes, à leurs traditions, leurs rites et leurs symboles les plus chers (1793-94), et payer de l'impôt du sang le privilège de la citoyenneté.

Reprenant les idées de Joseph II, Napoléon résolut donc de fixer leur statut. Pendant la campagne d'Égypte, c'est en vain qu'il avait tenté d'inciter ceux de Gaza, Jaffa et Jérusalem à l'aider contre les Turcs (Février-Mars 1799). Mais à la, veille d'entreprendre une campagne en Pologne et en Russie il voyait en eux des auxiliaires possibles, à tout le moins, des ravitailleurs, des informateurs et des espions ; rôle qu'ils avaient si souvent joué au profit des Turcs en Europe Centrale. On ressortit donc des dossiers le rapport que Portalis avait adressé sur la question au Corps législatif, peu après la signature du concordat, le 5 avril 1802, et qui avait été promptement classé, car il les avait jugés carrément inassimilables, déclarant que *« les Juifs forment bien moins une religion qu'un peuple* — et qu'ils — *vivaient au milieu de toutes les nations sans se confondre avec aucune »*.

Bien qu'on le dit de sang pas absolument pur, Molé, chargé par l'Empereur d'un rapport au Conseil d'État, proposa de les soumettre à de sévères mesures sur le terrain économique ; conclusion mieux accueillie par les jeunes conservateurs catholiques, les Bonald (auteur d'articles contre l'émancipation dans le *« Mercure de France »* de Février), les Chateaubriand, les Fontanes, que par les éléments libéraux du Conseil, Regnault de Saint-Jean d'Angély... Beugnot, le 30 avril, osa prendre leur défense. Mal lui en prit, car Napoléon, qui présidait, s'emporta et, condamnant les *idéologues*, qui *« sacrifient la réalité à l'abstraction »*, proclama *« qu'il faut considérer les Juifs comme une nation, non comme une secte »* et que le gouvernement n'entendait pas tolérer *« qu'une nation avilie et dégradée, capable de toutes les bassesses, exerce son pouvoir sur la vieille Alsace, sur laquelle ils s'étaient abattus comme de véritables nuées de corbeaux ». « Il conviendrait donc de leur ôter le droit de prendre des hypothèques »*, de *« leur interdire le commerce, en se fondant sur ce qu'ils le souillent par l'usure et d'annuler leurs transactions passées, comme entachées de fraude »*. Précisant ses intentions le 7 mai, l'Empereur déclara : *« Ce serait faire preuve de faiblesse que de persécuter les Juifs, mais ce sera faire preuve de force que de les corriger »*.

D'où le décret du 30 mai 1806 qui, d'une part, suspendait pour un an les décisions de justice obtenues par les créanciers hétérodoxes dans les départements rhénans, et convoquait d'autre part, pour le 15 juillet à Paris, les *États-généraux* du Judaïsme, c'est-à-dire une centaine de notables désignés par les préfets. En tout, il en vint 112, dont 25 députés des communautés italiennes (Venise, Turin, Mantoue, Ferrare, représentées par les rabbins Josuah Segre, Abraham de Cologna, Nepi). Abraham Furtado, qui présidait et l'écrivain Isaac Rodriguez représentaient les *sephardim*. À la tête du groupe compact des 74 *aschkenazim* de Rhénanie et d'Alsace voisinaient Beer-Isaac-Beer de Nancy, disciple de Mendellsohn, et le rabbin de Strasbourg, David Sinzheim, talmudiste orthodoxe mais d'esprit conciliant.

Réunis intentionnellement un jour de sabbat, le 29 juillet, en réponse à un questionnaire en douze points que leur présentèrent les commissaires Molé, Portalis fils et Pasquier, ils s'engagèrent à placer *« les lois de l'État au-dessus des lois religieuses dans les affaires civiles et politiques »*, à observer la monogamie, à ne considérer un divorce comme valable qu'après confirmation par le tribunal civil, à accepter les mariages mixtes conclus civilement. Puis ils déclarèrent, sinon en toute sincérité, du moins par crainte d'être privés de leurs droits civils, *« qu'actuellement les Juifs ne constituent plus une nation, car ils ont eu le privilège d'entrer dans la composition d'une grande nation »* (la France en qui ils voient leur rédemption politique). Ils consentirent à renoncer à leurs tribunaux et à limiter au seul domaine religieux la compétence des rabbins. Et ils se défendirent enfin de pratiquer l'usure, qui ne pouvait être le fait que de quelques membres égarés de leur communauté.

PRÉTEND LES CONTRÔLER PAR SON *SANHÉDRIN*

Satisfait dans l'ensemble de ces réponses, obtenues au mois d'Août, Napoléon décida de faire confirmer solennellement ces engagements par un Sanhédrin restauré de 70 membres, réuni à Paris du 9 février au 9 mars 1807, lequel, écrivait-il à Champagny, ministre de l'Intérieur (3 septembre) serait mis *« en demeure de choisir entre l'acceptation des décisions de l'Assemblée des notables et l'expulsion du peuple juif »*. Préparé par une commission de neuf membres, trois hispano-portugais, trois allemands, trois italiens, qui se chargea aussi d'organiser les consistoires, le Grand Sanhédrin se composait de 46 rabbins et de 25 laïcs, représentants des diverses communautés européennes, choisis pour les premiers en majorité et pour les seconds exclusivement parmi les notables. Présidé par le rabbin Sinzheim, il entérina, conformément aux rapports que lui présenta Furtado, les engagements pris par les notables, en établissant une distinction de principe dans la loi mosaïque entre les prescriptions religieuses, permanentes, et les dispositions politiques et sociales, circonstancielles. Deux décrets du 17 mars 1808 vinrent préciser le statut des hétérodoxes. Le premier, selon le souhait exprimé par Isaac Beer, leur accordait le titre *d'Israélites* et définissait le rôle d'auxiliaires du gouvernement en matière de conscription et de discipline sociale que devaient jouer les rabbins et, dans les départements comptant plus de 2.000 d'entre eux, les consistoires, au sein des communautés locales. Un consistoire central couronnait l'ensemble.

Toutefois le second décret, de caractère économique, souleva la colère des intéressés, qui le qualifièrent d'infâme. Instruit par le spectacle de leurs activités en Allemagne et en Pologne, peut-être déçu par le peu de concours qu'il avait reçu, l'Empereur, malgré les démarches de Furtado et de Maurice Lévy de Nancy, sévissait avec la dernière énergie contre les *Israélites*. En matière de créances, à la suspension des décisions judiciaires de 1801, prorogée par Cambacérès, se substituait un règlement annulant purement et simplement toutes les dettes contractées par des militaires, des femmes mariées, des mineurs, des non-commerçants, dans le cas où le capital n'aurait pas été intégralement versé ou serait assorti d'un intérêt supérieur à 10%. Un deuxième règlement stipulait qu'ils ne pourraient exercer un commerce sans s'être fait délivrer au préalable par le préfet une *patente* spéciale, renouvelable annuellement. Un troisième leur interdisait tout nouvel établissement en Alsace et dans les autres départements, à moins d'y acquérir des terres pour les exploiter personnellement. Ils étaient enfin assujettis à la conscription, sans faculté de remplacement. Ces dispositions de rigueur, valables pour dix ans, ne s'appliquaient pas à leurs coreligionnaires de la Gironde et des Landes *« qui n'ont jamais été l'objet de plaintes et ne se sont jamais livrés à des professions illicites »*. Des mesures d'exemption intervinrent en faveur de ceux de Paris, au nombre de 2.543, le 26 avril 1808, puis en faveur de ceux de Livourne et de cinq départements du Midi et de quinze départements italiens (11 avril

1810). Malgré ces entraves, la population israélite de France s'élevait en 1810 à 80.000 âmes. Elle triplera entre 1789 et 1815.

COALITION CONTRE L'HÉGÉMONIE FRANÇAISE

Ainsi bridés dans leurs entreprises et peu reconnaissants de l'émancipation que les armées françaises leur apportaient avec elles, ils soutinrent de leurs puissants moyens la croisade menée par la haute finance et la Maçonnerie internationale contre l'Empereur qui, après avoir ébranlé les trônes et remodelé l'Europe conformément à leurs vues, prétendait maintenir dans ses états une autorité par trop gênante pour eux et, s'alliait, comme par défi, avec la plus traditionnelle et la plus catholique des anciennes dynasties, l'autrichienne.

Mais, comme les finances françaises, restaurées, se révélaient de force à soutenir l'assaut de la Cité de Londres et de son syndicat international, il fallut bien rechercher la décision sur le terrain diplomatique et militaire où, jusqu'à présent, la France l'avait emporté. Et, pour abattre Napoléon, épuiser d'abord ses armées contre d'incessantes coalitions, en les engageant dans des luttes de peuple à peuple, poussées jusqu'à la guérilla, et en les entraînant vers les théâtres d'opérations les plus lointains et les plus difficiles.

Pour ce faire, les Alliés ne disposaient-ils pas, en la personne de Talleyrand, d'un précieux auxiliaire ? Par souci de défendre son pays contre l'appétit de conquête et les excès de son maître Corse ? Il faudrait beaucoup de complaisance pour présenter *le diable boiteux* comme *l'ange gardien* de la France. Ministre, grand-chambellan ou vice-grand Électeur, le prince de Bénévent n'a jamais servi d'autres intérêts que ceux de sa propre fortune, tout en suivant la ligne tracée par les hautes sphères de la Maçonnerie, dont il était grand-dignitaire. Pendant plusieurs années, il avait travaillé dans l'ombre du Premier Consul, l'informant des évènements, s'appliquant en bon courtisan à deviner ses intentions, afin de préciser ses idées et de les mettre en forme, sans toutefois parvenir à imposer sa politique. Bonaparte conservant l'initiative des affaires.

Rétablir la situation militaire, si gravement compromise, était alors la première tâche du général. Prescrivant à Masséna de tenir à tout prix dans Gênes avec ses 30.000 hommes contre les 120.000 Autrichiens de Mêlas, il concentra à Dijon sous Berthier une armée de réserve. À la nouvelle du succès remporté à Stokach, le 3 mai 1800, par Moreau et ses 120.000 hommes contre les Autrichiens de Clay, désormais coupés de la Suisse, il franchit le Grand Saint Bernard entre le 15 et le 20 mai, et débouchant à l'improviste avec 60.000 hommes sur les arrières de l'ennemi, décida de lui couper la retraite au défilé de la Stradella, entre Alexandrie et Plaisance. Cependant, Gênes a dû capituler le 4 juin. Libérés du siège, les 18.000 Autrichiens du général Ott, se laissent bousculer à Montebello le 9, par les 8.000 hommes de Lannes, mais Bonaparte qui ne dispose plus de la cinquième colonne de 1796, a perdu la trace des 75.000 hommes de Mêlas. Dispersant ses forces pour le retrouver, il s'impatiente, s'avance en plaine et, sans attendre son artillerie, retenue dans les Alpes pendant quinze jours par la résistance du fort de Bard, se heurte à Marengo, avec 25.000 hommes et 25 canons à 37.000 Autrichiens, munis de 250 bouches à feu. Seule l'arrivée de Desaix rétablit la partie compromise et assure la victoire (14 juin 1800). Le lendemain, Mêlas capitule dans Alexandrie. L'Italie de nouveau libérée, le premier Consul, entré à Milan le 18 juin, reconstitue la République cisalpine.

À Vienne, le chancelier Thugut, qui vient de recevoir de l'Angleterre un subside de 2,5 millions de Livres sterling, ne s'incline pourtant pas encore et désavoue les préliminaires négociés à Paris le 28 juillet par son envoyé Saint Julien. La nouvelle défaite infligée en Allemagne, entre l'Inn et l'Isar, à l'armée de l'archiduc Jean (110.000 hommes) par Moreau qui, en dérobant sa gauche, a su l'attirer dans les bois à l'est de Hohenlinden, où il est parvenu à l'envelopper, le 3 décembre, à lui infliger 12.000 pertes, à lui prendre 12.000 hommes et 100 canons, en attendant de lui en enlever encore 25.000 et 140 pièces dans sa retraite sur Salzbourg, amène cependant l'archiduc Charles à signer un armistice à Steyer le 25 décembre, et contraint l'Autriche à traiter sur les bases de Campo-Formio.

LUNÉVILLE, LA FRONTIÈRE DU RHIN

Négociée par Cobenzl, signée le 9 février 1801, la paix de Lunéville reconnaît à la France la frontière du Rhin. Le traité de Florence, conclu le 18 mars avec le royaume des Deux-Siciles, qui accorde l'occupation de Tarente et la fermeture de ses ports aux Anglais, et celui d'Aranjuez, du 21 mars, confirmant la convention de San Ildefonso, qui avait cédé la Louisiane à la France (1et octobre 1800), viennent compléter ce succès diplomatique. Exploitant ces avantages, Talleyrand prépare à Lyon l'élection de Bonaparte comme président et de Melzi comme vice-président de la République cisalpine (11 janvier 1802), à laquelle Modène et Mantoue sont annexés, tandis que le grand-duché de Toscane se voit ériger en royaume d'Étrurie au profit des Bourbons de Parme, et le Piémont transformé le 13 avril en région militaire. La formation de la Ligue des Neutres (26 décembre 1800) entre les puissances du Nord : Russie, Prusse, Suède et Danemark a eu pour effet d'isoler l'Angleterre, où Pitt a dû démissionner à la veille du traité de Lunéville, cédant la place à Addington. L'assassinat du Tsar Paul 1 (29 mars 1801) par des gens en relation avec l'ambassadeur anglais, lord Whitworth, et son remplacement par Alexandre, la réaction de l'escadre britannique commandée par Nelson, qui a détruit la flotte danoise et bombardé Copenhague, le 2 avril, ne changent rien à l'affaire. La Grande-Bretagne peut-elle encore sérieusement envisager de continuer la guerre seule, sans mercenaires, sur le continent ? Sa situation financière semble trop obérée pour le lui permettre. Car elle fournit dans ce domaine, depuis 1793, un effort énorme.

EMBARRAS FINANCIERS DE LONDRES

De 1794 à 1797, les avances de la Banque d'Angleterre au gouvernement ont atteint 8 millions de Livres sterling. Il a été *prêté* en outre aux États allemands 4,6 m. en 1975 et de nouveau 1,6 en 1797. La circulation fiduciaire est passée de 10 m. en Août 1794 à 14 six mois plus tard. L'encaisse s'est trouvée réduite de 3 m. en Mars 1796 à 1,27 en Février 1797. En 1799, grâce à l'augmentation de l'impôt foncier (*land tax*) et à l'institution de l'impôt sur le revenu (*income tax*), elle est remontée à 7,5, mais elle ne représente qu'un tiers des engagements (21 m.). La pénurie des moyens de paiement, qui avait entraîné le pullulement des banques régionales pendant la seconde moitié du XVIIIe siècle (on en comptait 12 en 1750 et 400 en 1793), se fait durement sentir. Pitt, en 1793 avait conjuré de justesse une première débâcle en faisant avancer au commerce par la Caisse d'amortissement jusqu'à concurrence de 5 m. de Livres sterling en bons de l'Échiquier. En 1797, c'est bien pire. Le 20 février, la Banque de Newcastle se déclare en faillite, le 27 la Banque d'Angleterre suspend ses paiements en espèces, bien que sa situation soit théoriquement saine (13,7 m. d'engagements pour 17,6 de créances, mais là-dessus, 10 représentent des avances au gouvernement). Alors, pour enrayer la crise, il faut recourir aux grands moyens : au patriotisme de 400 négociants et banquiers qui s'engagent à accepter les billets sans réserve, à la décision de limiter les paiements en numéraire aux seules dépenses de l'armée, de la Marine et du Conseil privé.

C'est l'objet du *Bank Restriction Act* du 3 mai 1797, qui équivaut à un décrochage de l'étalon-or et à l'application avant la lettre d'un régime de *gold exchange standard*. La confiance restant intacte grâce au soutien de la finance internationale, ce système permettra à l'Angleterre d'alimenter la guerre par des emprunts et d'assurer de très importants transferts à l'étranger, malgré le déficit inquiétant de la balance commerciale, et surtout de celle des paiements. Mais la hausse du prix de la vie, qui atteint 40% en dix ans, ne cesse d'inquiéter le gouvernement. Et les achats massifs de grains, auxquels il a fallu procéder en 1801 — prés de 3,5 m. de Livres sterling — ont eu pour effet de réduire l'encaisse à 4,5 m. et de provoquer une baisse de 9 à 16% par rapport à l'or. Bref, il serait temps de souffler, de ménager, dans l'effort, un temps d'arrêt.

Sentant le moment venu de négocier, Talleyrand s'empresse de dépêcher à Londres Montrond, son homme à tout faire, qui signe le 1er octobre 1801 avec lord Hawkesbury des préliminaires de paix, dont Bonaparte profite pour expédier le général Leclerc rétablir l'ordre à Saint Domingue. Malheureusement, le traité conclu à Amiens le 25 mars 1802, qui cède à l'Angleterre Ceylan et, aux dépens de l'Espagne, l'île de Trinidad, stipulant l'évacuation du Portugal et de Tarente, la rétrocession de l'Egypte à la Porte et de l'île de Malte aux Chevaliers — s'il avait soulevé à l'origine, beaucoup plus d'enthousiasme à Londres qu'à Paris, n'allait être qu'une trêve éphémère. Dans l'esprit du gouvernement français, reprenant à son compte les thèses de Sieyès, cette paix, dynamique et savante, devait essentiellement permettre de procéder ou remaniement de l'Italie et au remembrement de l'Allemagne. L'incorporation de l'île d'Elbe (en Août) puis du Piémont (11 septembre 1802) et du duché de Parme (9 octobre) à la France, marquait l'inquiétante reprise de la politique d'annexion et fournissait à l'Angleterre le prétexte de conserver Malte, à titre de rétorsion, sans que Talleyrand, apparemment oublieux de ses anciens projets d'expansion en Méditerranée, s'en inquiétât outre-mesure.

TRAFICS DE TALLEYRAND

En Allemagne, depuis la paix de Lunéville, se poursuivaient les sécularisations et les regroupements réclamés par Lucchesini le 18 décembre 1801 en faveur de la Prusse, dont Talleyrand écrivait à Bournonville, ministre à Berlin : « *Il est temps qu'elle reparaisse comme partie principale dans les affaires de l'Europe* ». Opérées *dans le sens de l'histoire* et conformément au plan d'action de la Maçonnerie, ces transformations décrétées par le Recès de Ratisbonne du 23 février 1803, eurent pour effet de porter le nombre des électeurs à dix, dont six protestants, ce qui faisait perdre à l'Autriche sa majorité. Comme à son habitude, Talleyrand en avait tiré un bénéfice personnel immédiat de 10 à 15 m., car l'ancien agent général du Clergé continuait de percevoir la dîme sur ses interlocuteurs.

De l'Espagne, il avait reçu jusqu'à la paix de Lunéville, avec Godoy, sa part sur la mensualité de 5 NI. due depuis Bâle et réduite de moitié après Marengo. De Joseph Cohen-Bacri et de Busnach, marchands de grains à Alger, une commission pour leur avoir fait remettre 250.000 piastres dues au dey d'Alger, en remboursement d'un prêt consenti à la République (21 juin 1798). De l'envoyé américain Livingston, venu négocier un traité de commerce le 30 septembre 1800, assez estomaqué de se voir accueillir par la question *« Avez-vous de l'argent ? Avez-vous beaucoup d'argent ? »*, deux millions. De ses spéculations après Marengo ; quelque 7,5 m. ; autant après Lunéville, notamment sur les rentes autrichiennes en Belgique. Combien sur le rabais consenti aux États-Unis (54 m. au lieu de 80) pour la vente de la Louisiane ? (3 mai 1803). Du Portugal 4 m. pour avoir obtenu le départ de Latines. Et probablement une partie des 17 m. *égarés* sur l'indemnité versée au prince d'Orange-Nassau, ancien stathouder de Hollande. Du Concordat, il n'avait retiré qu'un bénéfice moral : l'absolution de ses fautes passées.

Pour l'instant, c'est en vain qu'il s'efforce d'éviter une nouvelle rupture avec l'Angleterre, dont la France a exigé le 19 février qu'elle évacue Malte et Alexandrie et qu'elle expulse Cadoudal. Son désir de collaboration va pourtant si loin qu'il dévoile à l'ambassadeur Whitworth les projets de riposte de Bonaparte (11 mars 1803). Le 11 mai, en Conseil privé, il se prononce avec Cambacérès, Lebrun, Berthier, Decrès et Joseph Bonaparte, en faveur du maintien de la paix. Mais un ultimatum anglais, prétendant non seulement conserver Malte pendant dix ans, mais exiger l'évacuation de la Hollande par la France ne pouvant qu'être repoussé sur ce second point, le 13 c'est la reprise des hostilités. Aux Communes, le 24 mai, Pitt revenu au pouvoir, n'aura aucune peine à enflammer de nouveau contre la France l'opinion britannique, déçue de n'avoir pu tirer de la paix un profitable traité de commerce.

Désastre de Trafalgar

Tandis que le général Mortier occupe le Hanovre en Juin et que Napoléon envisage de le promettre à la Prusse pour prix de sa neutralité (Lombard à Bruxelles et à Paris les 5 et 29 juillet), 120.000 hommes et 3.000 péniches sont réunis à Boulogne en vue d'un débarquement. Mais l'Angleterre, qui a mis l'embargo, le 16 mai, sur les bateaux français et repris, sans préavis, la guerre de course, dispose de 189 vaisseaux de ligne, armés de 100 canons, contre 47 français, qui n'en possèdent que 60. Cornwallis bloque Brest et Nelson, Toulon. Néanmoins l'amiral de Villeneuve, profitant de ce que l'Espagne a, elle aussi, déclaré la guerre à l'Angleterre le 4 décembre 1804 et signé le 4 janvier 1805 une convention navale avec la France, déjouant le 30 mars la surveillance de Nelson gagne l'Atlantique sur l'ordre de Napoléon, et les Antilles le 13 mai. Mais, n'ayant aucune confiance dans ses cadres, ni dans son artillerie, alors que l'amiral anglais se lance à sa poursuite en direction de l'Irlande, il n'ose livrer combat au large de Vigo à une escadre anglaise inférieure (15 contre 20) et, au lieu de tenter de débloquer Brest avec 33 navires contre les 18 de Cornwallis, se retire le 22 juillet de La Corogne, sur Cadix, d'où cette fois, Nelson ne le laissera plus échapper. Lorsque menacé de disgrâce, il tentera désespérément d'en sortir, le 21 octobre, pour gagner Naples avec 18 vaisseaux français et 15 espagnols — malencontreusement déployés en éventail — , Nelson avec 32 vaisseaux plus puissants enfoncera son centre et, au milieu d'une effroyable boucherie, lui infligera l'écrasante et irréparable défaite du cap de Trafalgar, qui engloutit tout espoir d'entamer la suprématie navale de la Grande-Bretagne et enferma l'Empereur, tel un prisonnier, dans un continent bloqué.

L'Autriche sacrifiée à l'unité italienne

Pour faire face à la troisième coalition qui se prépare, la grande Armée n'a plus qu'à faire demi-tour. La proclamation du royaume d'Italie, le 27 mars, accompagnée de la désignation d'Eugène de Beauharnais comme vice-roi, le couronnement de Napoléon à Milan le 26 mai, suivi de la réunion de Gênes le 16 juin 1805 ont accru l'inquiétude des puissances et facilité la signature, le 11 avril, de la convention anglo-russe de Pétersbourg, à laquelle l'Autriche adhère le 9 août. L'Angleterre met à la disposition des Alliés, y compris la Suède, 5 millions de Livres sterling. Sur les 450.000 hommes dont dispose la France, 230.000 le 3 septembre se concentrent contre l'Autriche. Grossie de 20.000 Badois et Würtembergeois, bénéficiant d'un accord avec la Bavière, la Grande Armée, articulée en sept corps, plus un de cavalerie et la

Garde, entre en campagne. Contre la couverture autrichienne (80.000 hommes), les brillants succès remportés par Soult à Wietingen le 8 octobre et par Ney, à Elchingen le 14, au prix de pertes insignifiantes, entraînent la capitulation de Mack et de ses 30.000 hommes dans Ulm, le 16 octobre ; abandonnant 15.000 autres prisonniers, l'archiduc Ferdinand s'échappe. Par Augsbourg, Munich et Linz, la route de Vienne est ouverte ; le 14 novembre, la grande Armée pénètre dans la capitale autrichienne. Dans l'intervalle, le 30 octobre en Italie, Masséna, avec 50.000 hommes, a défait l'archiduc Charles à Caldiéro, lui en enlevant 12.000. L'éclatante victoire d'Austerlitz, le 2 décembre, en termine avec l'armée austro-russe concentrée en Moravie (93.000 hommes et 278 canons). L'Empereur avec 71.000 hommes et 139 pièces, a feint d'amorcer une retraite sur la route de Brunn pour y attirer l'ennemi que contient Davout, cependant qu'il emporte le plateau de Pratzen dégarni, d'où il balaie les coalisés, leur infligeant 37.000 pertes contre 8.000 ; leur enlevant 30.000 hommes et 120 canons. Le Tsar Alexandre n'échappe qu'en invoquant un armistice qui n'est pas encore signé. Le 26 décembre, l'Autriche signe la paix de Presbourg.

Pour une fois Talleyrand, prêchant la modération, prodigue d'excellents conseils : reconstituer la République de Venise, éloigner l'Autriche de la vallée du Pô en la dédommageant vers le Danube, afin de se ménager la possibilité d'une réconciliation avec elle. Malheureusement, obnubilé par son rêve italien, Napoléon ne veut rien entendre : annexant la Vénétie au royaume d'Italie et les provinces illyriennes à la France, il inflige à l'Autriche une indemnité de 100 m. (bientôt réduite à 50) et la dépèce au profit de ses alliés, distribuant le Vorarlberg, le Tyrol, Trente et Augsbourg à l'Électeur de Bavière, promu à la couronne le 10 décembre, la Souabe et Constance au nouveau roi de Würtemberg (nommé le 11), l'Ortenau et le Brisgau à l'électeur de Bade, qu'il vient de faire Grand-Duc. Par contre, la maison de Naples qui, d'abord neutre (le 10 septembre) a commis l'insigne imprudence de déclarer la guerre le 20 novembre et d'accueillir une garnison de 13.000 Russes et 7.000 Anglais, est déclarée déchue le 27 décembre. Gouvion Saint Cyr ayant occupé sa capitale, Joseph Bonaparte y sera proclamé roi des Deux-Siciles, le 30 mars 1806. Le 3 mai, ce sera le tour de Louis, *sollicité* par les États et le Grand-Pensionnaire Schimmelpenninck, de monter sur le trône de Hollande.

UNE CONFÉDÉRATION DU RHIN, MAÇONNIQUE

Continuant de remodeler l'Europe, selon le grand dessein maçonnique de remembrement de l'Allemagne, le nouvel Empereur d'Occident, poursuivant l'élimination des Bourbons et des autres dynasties régnantes (à moins qu'elle ne soient, comme celle de Würtemberg, bien vues des Illuminés) entreprend de distribuer systématiquement aux membres de sa propre famille et aux maréchaux de son armée trônes et fiefs (le 5 mars, Murat est fait Grand-duc de Berg). Ce faisant, il ne rencontre guère d'opposition, car il suffira plus tard de l'abattre pour balayer ces souverains fantoches et faire place nette. Pour mieux s'attacher le nouveau roi de Bavière(1), il conclut le 16 janvier 1806 l'alliance d'Eugène de Beauharnais avec sa fille, Amélie-Augusta. Et, complétant l'organisation de cette Europe fédérative,[24] la Confédération du Rhin voit le jour, le 12 juillet 1806, elle ne groupe alors que 16 membres (Bavière, Würtemberg, Bade, Hesse, Berg, etc.) et s'engage à fournir un contingent de 65.000 hommes à l'Empereur, qui en est le *Protecteur* (22 août) comme il est le *Médiateur* (depuis le 20 février 1803) des Cantons suisses — mais elle en comptera 37 en 1808. Sa présidence est en de bonnes mains. Charles-Théodore de Dalberg, son initiateur, coadjuteur de Mayence, de Worms, de Constance et gouverneur

---

[24] Maximilen-Joseph se trouve d'ailleurs flanqué de l'illuminé savoyard, comte de Monigelas, successivement ministre des Affaires étrangères, des Finances (1803) et de l'Intérieur (1806) qui, avec l'abbé Salabert, se charge de séculariser les biens du clergé et gouvernera jusqu'en 1817.

d'Erfurt, désigné sous le nom de guerre *Crescens*, a toujours joui en effet de la confiance des Illuminés. C'est sous sa protection que ces derniers avaient envisagé d'installer à Mayence une *Académie des Sciences* destinée à camoufler leurs activités. Le 9 juin 1792, Brunner en écrivait à Nimis en ces termes : *« Peut-être lui dévoilerons-nous tout notre plan et mettrons-nous le centre de notre Académie dans Mayence »* (Barruel, IV, XVI). Nul n'était donc mieux qualifié pour faire régner le nouvel ordre en Allemagne. De plus, il était au mieux avec Talleyrand, qu'il avait beaucoup fréquenté avec Jaucourt, chez Mme de Vaine.

Nommé un mois après la dissolution du Saint-Empire romain germanique (1-6 août 1806), qu'il avait réclamée depuis le 19 avril, prince-président de la confédération, avec résidence à Francfort, le grand électeur de Mayence fit preuve dans ses nouvelles fonctions d'un zèle très marqué pour la famille Rothschild en particulier et ses coreligionnaires en général Très lié à Charles-Frédéric Buderus, l'intendant du prince Guillaume IX de Hesse-Cassel, qui a fait la fortune d'Amschel Meyer, fondateur de la dynastie, il ne cesse de protéger ce dernier contre les soupçons des Français. N'a-t-il pas financé la Prusse pour son réarmement (2 décembre 1805). Mais qu'il s'agisse du contrôle de la comptabilité de la maison Rothschild en 1807-08, de la tentative de soulèvement de Cassel en 1809, ou des affaires de transfert de devises dénoncées à Savary par le maréchal Davout et le préfet de police Desmaretz en Février 1812, aucune enquête n'aboutit. Dalberg, qui, devenu grand-duc de Francfort, s'est empressé de faire appel à Buderus pour diriger sa commission des finances, se charge de les bloquer. Mieux, c'est sur sa recommandation auprès du comte Mollien, ministre des Finances, que James de Rothschild sera admis en France, où son frère Nathan, établi en Angleterre depuis 1798 et à Londres depuis 1804, a besoin de lui pour transférer les subsides anglais au duc de Wellington en Espagne (24 mars 1811). Reconnaissant, Amschel Meyer consentira volontiers à prêter 80.000 Florins à Dalberg, pour aller fêter à Paris la naissance du roi de Rome. D'autant plus que Dalberg devenu grand-duc, céda aux réclamations de Jacob Baruch (père de l'écrivain révolutionnaire Ludwig Burne), syndic de la communauté et à l'intervention du financier de Cassel, Israël Jacobson, homme d'affaires du duc de Brunswick, et accorda à ses coreligionnaires, moyennant paiement de 440.000 florins, l'émancipation complète.

LA RÉACTION PRUSSIENNE JUGULÉE

Cependant, la situation s'était subitement aggravée en Allemagne. Alors que la France avait trouvé jusque-là à Berlin, auprès du ministre Haugwitz et du secrétaire du cabinet royal J. G. Lombard, des oreilles complaisantes, Metternich, arrivé en Décembre 1803 dans cette capitale comme ambassadeur auprès de Frédéric-Guillaume III, profitant de la violation du territoire prussien d'Anspach par les Français dans leur campagne contre l'Autriche, avait amené le nouveau ministre des Affaires étrangères Hardenberg (nommé le 18 août 1804) à conclure avec son gouvernement, peu avant Austerlitz, l'accord de Potsdam, du 5 novembre 1805. Depuis, la Prusse voyait grandir son inquiétude. La signature par d'Oubril, le 20 juillet 1806, du traité franco-russe des 13 articles, (convention sur Cattaro) lui avait déplu. Et voici que la France profitant de la mort de Pitt (12 janvier 1806) et de l'avènement du ministère de coalition de lord Grenville, avec Fox au Foreign Office, amorçait de nouvelles négociations avec l'Angleterre, par l'entremise de lord Yarmouth, en Mars 1806. Que deviendrait là-dedans la promesse faite par Napoléon à FrédéricGuillaume à Schoenbrunn, le 18 décembre 1805, de lui céder le Hanovre ? Certes, les pourparlers avaient été interrompus par la mort de Fox, le 13 septembre 1806 et la Russie avait désavoué le traité d'Oubril, le 3 septembre, mais le doute subsistait, créé par les confidences de Yarmouth à l'ambassadeur prussien Lucchesini. Méfiant, le cabinet de Berlin, soutenu financièrement par l'Angleterre et par le prince de liesse, jouant double jeu, prenait une contre-assurance du côté russe (déclaration de Charlottenburg, du 30 juin) et, dès le 9 août, réarmait en secret. Si bien que, le 12 septembre, il faisait pénétrer ses troupes en Saxe, à la fois pour couvrir son territoire et pour prendre un gage, et, le 26, lançait un ultimatum réclamant à la France l'évacuation de la rive gauche du Rhin et la formation, sous son égide, d'une Confédération de l'Allemagne du Nord.

La riposte vint, foudroyante. Opposant, 116.000 hommes, 18.000 cavaliers et 256 canons, concentrés à Barnberg, aux 152.000 Prussiens et Saxons, Napoléon après avoir vaincu et tué à Saalfeld le prince Louis-Ferdinand de Prusse descendit la Saale pour envelopper ses adversaires. Franchissant le Landgrafenberg et dominant ainsi les colonnes prussiennes qui remontaient vers Leipzig, il infligea à Iéna aux corps de Blücher et de Hohenlohe la perte de 12.000 tués et blessés et de 15.000 prisonniers, tandis que les 29.000 hommes de Davout, aux prises à Auerstaedt avec les gros de Brunswick (60.000 hommes), tuaient ou blessaient 15.000 Prussiens, y compris le maréchal, et s'emparaient de 115 canons et de 3.000 prisonniers (14 octobre). Alors, tandis que Napoléon entre à Berlin le 27 octobre, la chasse s'organise et, successivement, les restes des armées prussiennes capitulent : Hohenlohe, avec 20.000 hommes, à Prenzlov, le 28 octobre, Blücher, avec 25.000, à Lübeck et Schwartau, le 5 novembre, avec 24.000 dans Magdebourg le 9 novembre. L'invincible armée prussienne, exaltée par la reine Louise, et qui avait pris les armes convaincue qu'à elle seule elle abattrait Napoléon, laissait en tout 110.000 prisonniers entre les mains des Français et son roi, maintenant, craignait pour sa couronne.

FALLACIEUSE RÉCONCILIATION AVEC LE TSAR

Avec l'Angleterre, qui, après avoir anéanti la flotte turque aux Dardanelles le 19 février 1807, se voyait repoussée des Détroits par les batteries installées par le général Sébastiani, ambassadeur à Constantinople (3 mars), la Russie seule restait en lice. Après s'être retiré de Varsovie, où Murat, costumé à la Sobieski, puis l'Empereur, le 19 décembre 1806, avaient fait leur entrée, Bennigsen s'était retourné contre Bernadotte à Mohrungen le 19 janvier 1807, et tandis que Lefebvre assiégeait Dantzig (qui ne capitulera que le 24 mai) et que Ney, avec 20.000 hommes, rejetait vers le nord les 20.000 Prussiens de Lestocq (5 février), 80 puis 90.000 Russes affrontèrent les 7 et 8 février, dans le cirque d'Eylau, 65.000 Français. Ce fut une boucherie, les premiers laissant 27.000 hommes et les seconds 20.000 hors de combat sur le terrain : un tiers de leur effectif. L'arrivée de Lestocq, au lieu de Ney, permit aux Russes de retraiter sur Königsberg. Bernadotte, comme il l'avait déjà fait à Iéna, était demeuré, avec 40.000 hommes, soigneusement à l'écart de la bataille.

Au printemps de 1807, Napoléon, qui avait porté son année à 580.000 hommes au début de la campagne, en appelant par anticipation 80.000 conscrits de la classe 1807 et bientôt celle de 1808, et qui disposait de 120.000 hommes en première ligne et de 100.000 autres en réserve sur l'Elbe, eut la chance de profiter d'une faute grossière de l'adversaire. Estimant l'occasion bonne de détruire le corps de Lannes qu'il croyait isolé de l'autre côté de la rivière, Bennigsen, ayant imprudemment passé l'Aile, s'était trouvé face à face à Friedland avec les gros français : il y perdit 25.000 hommes, contre 7.000 Français, plus 25.000 prisonniers et son artillerie ; l'un de ses corps n'échappa qu'en passant à gué la rivière. Tandis que Königsberg tombait, Napoléon, le 19 juin, atteignait le Niémen. C'est là qu'à Tilsitt, le 24 juin, les deux empereurs se rencontrèrent et, cherchant à s'abuser l'un l'autre, se réconcilièrent.

Talleyrand, qui avait rejoint Napoléon à Berlin, où il avait pris contact avec Haugwitz, avait séjourné ensuite de fin Décembre 1806 à Mai 1807, à Varsovie, afin d'y étudier avec Dalberg les conditions d'une restauration de la Pologne. Gratifié de la principauté de Bénévent (dont il confia l'administration, de 1806 à 1814, à Louis de Beer), il n'en continuait pas moins de grossir sa fortune, retirant 2,5 millions de pots de vin des divers membres de la Confédération du Rhin, et 1 m. de plus de l'Électeur de Saxe, qui, promu roi le 11 décembre 1806, avait adhéré le même jour à cet organisme. Des magnats polonais, il avait obtenu la création d'une caisse noire de 4 millions de florins pour soutenir la cause de l'indépendance ; après Tilsitt, il fallut les leur rendre.

Cependant Berthier, le 9 juillet, au moment de conclure, avait fait connaître à la Prusse les exigences de l'Empereur : cession de Magdebourg, de Thorn et de Dantzig, de la Posnanie rattachée au duché de Varsovie confié au roi de Saxe, lourde indemnité (140 m.), armée réduite à 20.000 hommes, occupation des forteresses de Glogau, Custrin et Stettin, adhésion au blocus continental (convention du 8 septembre 1807). L'organisation de l'Allemagne pouvait être reprise. Poursuivant sa politique d'expansion familiale, Napoléon proclama son jeune frère Jérôme, marié à Catherine de Würtemberg, roi de Westphalie — état né de la fusion d'une partie du Hanovre, du Brunswick, de la Hesse et des possessions prussiennes entre l'Elbe et le Rhin (18 août). La capitale en était Cassel. Les Israélites de la ville ayant accueilli Jérôme dans l'enthousiasme, celui-ci leur avait répondu sur le même ton, ce qui lui valut une réprimande cinglante de Napoléon. Quant à moi, disait-il ; *« J'ai évité de faire rien de ce qui peut montrer l'estime aux plus méprisables des hommes »*. Cela n'empêcha pas Jérôme de prendre à son service Israël Jacobson, l'agent financier du duc de Brunswick et de faire de ce banquier, très ami de David Friedlaender de Berlin, de ce partisan convaincu de l'assimilation et de la politique réformiste du Grand Sanhédrin, son conseiller écouté. Dès Janvier 1808, toutes les restrictions imposées aux Aschkenazim avaient été abolies, puis un consistoire organisé (31 mars 1808) sous la présidence de Jacobson, et les quelque 20.000 Israélites du pays se virent complètement émancipés jusqu'à la fin de l'occupation française, en 1813.

DEUX LEGS DE TALLEYRAND : LE BLOCUS CONTINENTAL, LA GUERRE D'ESPAGNE

Pour Talleyrand, ces affaires d'Allemagne se terminaient mal. Excédés de ses demandes d'argent, les rois de Bavière et de Würtemberg avaient protesté si fermement auprès de l'Empereur que celui-ci avait décidé, le 10 août 1807, de se séparer de ses services et de confier sa succession à Champagny, plus docile et plus honnête. À titre de dédommagement, le prince de Bénévent reçut le titre de Vice-Grand Électeur. Mais il n'a pas fini de nuire. Avant de partir, il a vivement conseillé à son maître de décréter, à Berlin, le 21 novembre 1806, le *blocus continental*, préconisé par le comte de Montgaillard les 25 juillet 1805 et 24 mars 1806, en réponse à l'Ordre en Conseil britannique du 16 mai 1806 déclenchant le blocus maritime, des côtes de l'Elbe à Brest. Les Anglais ripostèrent en étendant leur blocus aux côtes de France, des colonies françaises (7 janvier 1807) puis à tous les États sous contrôle français (11 novembre). Complété par les décrets de Milan, des 23 novembre et 17 décembre 1807, le décret de Berlin brandit contre l'Angleterre une arme à double tranchant. Destiné à l'empêcher de ravitailler et de soutenir l'ennemi par l'intermédiaire des neutres, il vise aussi à juguler son économie en freinant ses exportations. Mais il a pour effet de raréfier sur le marché les denrées coloniales et risque de paralyser certaines industries, privées de fournitures indispensables. Et comme il complique singulièrement les opérations de transfert, il constitue en fin de compte une excellente affaire pour les banquiers internationaux et les spéculateurs.

Le commerce extérieur britannique était certes vulnérable. D'autant plus que, par suite du conflit latent avec les États-Unis (qui éclatera le 18 juin 1812), les exportations vers ce pays, qui formaient le tiers de l'ensemble, avaient diminué de moitié. Pour survivre, l'Angleterre devait s'ouvrir des marchés de rechange. C'est dans la péninsule ibérique et dans les colonies hispano-portugaises d'Amérique qu'elle les trouvera. Entre 1805 et 1808-09, ses exportations vers ces pays et vers le Levant passèrent de 8 à 20 m. de Livres. Ceci, grâce à la guerre déclenchée, si opportunément pour elle, contre l'Espagne et le Portugal par l'Empereur. Et grâce à Talleyrand, qui avait usé de tous ses dons de persuasion et de persévérance pour y pousser Napoléon, l'assaillant de *« vingt mémoires pour lui en prouver la facilité »* et l'intérêt, comme ce dernier le déclarait lui-même à Roederer le 6 mars 1809. La manœuvre, conçue par lui et Lebrun pendant sa mission à Londres en 1792, devait permettre d'éliminer définitivement de la péninsule la maison de Bourbon (*« Madame*, écrivait-il en 1806 à Mme de Rémusat, *à propos des Bourbons de Naples, tout ceci ne sera achevé que lorsqu'il n'y aura plus un Bourbon sur un trône de l'Europe »*) d'établir à sa place, plus ou moins temporairement, un souverain fantoche à tendances libérales, et surtout de détacher du Portugal et de l'Espagne leurs possessions d'Amérique, afin de les rendre indépendantes et de les faire rentrer sous la suzeraineté économique de l'Angleterre.

Plan qui se réalisa point par point, bien que l'Espagne fut alors l'alliée de la France. Depuis que le faible Charles IV, roi depuis le 14 décembre 1788, entièrement dominé par sa femme, la remuante Marie-Louise de Parme, avait remercié le 28 février 1792, le marquis de Floridablanca, adepte du despotisme éclairé, mais violemment hostile à la Révolution française, pour appeler au pouvoir, d'abord le vieux comte d'Aranda, fondateur de la Maçonnerie espagnole (du 28 février au 15 novembre 1792), puis le favori de la Reine, le garde du corps, Manuel Godoy, de Badajoz, promu coup-sur-coup adjudant-général, duc d'Alcudia et ministre, le conflit marqué par l'occupation de Figueras, de Saint-Sébastien, de Bilbao, de Vitoria par les armées révolutionnaires en 1794-95 s'était apaisé. *Prince de la Paix*, Godoy, après le traité de Bâle (22 juillet 1795), avait conclu à San Ildefonso le 18 août 1796, une alliance avec la France. Provisoirement écarté, à la suite de démêlés avec la reine, le 28 mars 1798, il avait été remplacé en Août par l'amant de sa sœur, Mariano Luis de Urquijo. Originaire de Bilbao, éduqué en France dans des sentiments maçonniques, fort hostile à l'Inquisition dont il réclamait la suppression, le nouveau secrétaire d'État, retour de Londres où il avait séjourné deux ans, de 1795 à 1797, s'était fait remarquer par l'insistance avec laquelle, d'accord avec le ministre des Finances Varela, il avait proposé de passer des accords économiques avec des maisons hétérodoxes de Hollande et d'Allemagne et de tolérer le retour de riches et puissants Israélites en Espagne. Alors, combattu, aussi bien par le Premier Consul que par le Pape, il avait été destitué et incarcéré, en Décembre 1800, et Godoy, revenu au pouvoir, avait, à la suite de la paix de Lunéville (9 février 1801) resserré les liens avec la France, acceptant de fournir une aide navale (29 janvier-13 février 1801), obtenant l'Etrurie pour l'infant don Luis le 21 mars, contraignant le Portugal, après une courte guerre, dite des *oranges* (20 mai-6 juin 1801) à fermer ses ports aux Anglais, promettant ensuite un subside de 6 m. par mois, en Octobre 1803, concluant le 19 octobre 1803, un traité de commerce avec Paris, puis déclarant la guerre à l'Angleterre, le 14 décembre 1804, et renforçant l'alliance avec la France avant d'adhérer au blocus continental, le 19 février 1807, Godoy avait même partagé, soit avec Talleyrand, soit avec Lucien, ambassadeur à Madrid, les revenant bon de ces conventions.

Pouvait-on exiger davantage ? Bien sûr, la défaite de Trafalgar (20 octobre 1805) avait fait passer comme une ombre sur l'alliance française ; Godoy, à la veille d'Iéna, dans une adresse au peuple espagnol, avait paru reprendre ses distances, et la trace de ses tractations avait été retrouvée dans les papiers de Potsdam, aussi avait-il dû donner des gages en expédiant au Danemark les 15.000 hommes de la division la Romana. Mais, le scénario imaginé par Talleyrand pour une intervention dans la péninsule — qui ne coûterait pas 12.000 hommes (du moins en avait-il persuadé Napoléon) — faisait encore sa part à Godoy. Signé à Fontainebleau le 27 octobre 1807, le plan de conquête du Portugal (inféodé à l'Angleterre depuis le traité de Methuen de 1703), prévoyait qu'au nord, la Lusitanie reviendrait à l'infante Marie-Louise en échange de l'Etrurie, le sud, les Algarves à Godoy, et le centre, entre Tage et Douro, à la France, le négociateur de cet accord, don Eugenio Izquierdo, directeur du cabinet d'Histoire naturelle de Madrid, ami de Buffon, de Breteuil, de Lavoisier, était un diplomate maçonnique parallèle qui, ayant renoué en Novembre 1804 avec Lacépède, président du Sénat et lui-même grand-dignitaire de la F∴ M∴, servait d'intermédiaire entre Napoléon et Godoy.

Passant à l'exécution — bien que le Portugal eut accepté le 17 octobre de rompre avec l'Angleterre — Junot achemina de Bayonne le 28 octobre sur Lisbonne, où il arriva le 27 octobre avec 5.000 hommes, une armée de recrues qui en comptait 27.000 au départ et dont le reste mit quinze jours à rejoindre ; cette peu reluisante marche militaire n'était pas faite pour imposer le respect aux populations. Sans attendre l'envahisseur, accueilli par les habituels cortèges maçonniques de bienvenue, le Régent de Portugal, don Pedro et sa femme, l'infante d'Espagne Charlotte, s'étaient embarqués pour le Brésil. Cependant une armée de soutien, formée à Bordeaux sous les ordres du général Dupont — aussi minable d'ailleurs que la première — pénétrait en Espagne. Venu en prendre le commandement le 27 février 1808, Murat, à la tête d'une brillante escorte, faisait à Madrid le 23 mars une entrée théâtrale. L'Espagne se trouvant, depuis le 19, pratiquement sans souverain, il espérait bien y monter sur le trône.

UNE PRÉPARATION-MAÇONNIQUE SOIGNÉE

La Maçonnerie, en effet, avait bien travaillé dans l'intervalle. Réfugiés à la résidence royale d'Aranjuez, à 47 kms de Madrid, les souverains et Godoy en étaient à envisager, eux aussi, un départ de Cadix pour les Amériques, lorsque, le ministre de la Justice Caballero s'étant opposé à ce projet, à la veille de leur départ, dans la nuit du 17 mars, des émeutes avaient éclaté qui, au bout de deux jours, contraignirent Charles IV à abdiquer en faveur de son fils Ferdinand — dont un premier complot avait été éventé à l'Escorial, le 27 octobre 1807, entraînant le 25 janvier 1808 l'exil de ses amis les ducs de l'Infantado et de San Carlos (19 mars 1808). Qui avait organisé ces *journées* et soudoyé les émeutiers qui avaient pris d'assaut le palais de Godoy ? Le *tio Pedro*, c'est-à-dire le comte de Montijo, successeur de son protecteur Aranda à la tête de la Maçonnerie traditionnelle. Car les loges espagnoles s'étaient divisées et, préparant les évènements qui vont suivre, le ministre des Finances Azanza avait regroupé les plus avancées en un Grand-Orient qu'il avait rattaché dès 1804 (date de la reprise des relations entre Izquierdo et Lacépède) à celui de France.

C'est lui qui, reprenant l'affaire à son compte, rendit possible le guet-apens de Bayonne où, successivement *embarqués* par le gendarme d'élite Savary, venu à Madrid le 7 avril, les membres de la famille royale en compagnie de Godoy, tiré en piteux état de son cachot, se retrouvèrent en présence de Napoléon, *arbitre* de leurs divisions, arrivé dès le 14 avril. Ferdinand, entraîné par son précepteur, le chanoine Escoiquitz, escorté des ducs, ses complices de l'Escorial, de l'inévitable Urquijo et de don Pedro Ceballos, ce Talleyrand au petit pied, arrivés le 19, s'entendit signifier par l'Empereur que sa rébellion contre son père l'éliminait du trône ; ayant refusé le royaume d'Etrurie, que l'abbé de Pradt avait été chargé de lui offrir comme consolation, il renonça à ses droits de 6 mai et prit le chemin du château de Valencay, où le prince de Bénévent sera l'hôte de son exil doré. Quant aux souverains, Charles IV et sa femme, arrivés le 30 avril, toujours flanqués de Godoy, ils consentirent à abdiquer moyennant 7,5 m. et la disposition des châteaux de Compiègne et de Chambord. Le 10 mai, Joseph Bonaparte muté de Naples à Madrid, se vit offrir la couronne d'Espagne. Murat le remplaça à Naples.

Don Miguel José de Azanza, toujours lui, se chargea le 7 juin de présenter au nouveau souverain les délégués à une assemblée de notables, simulacre de Cortès, destinée à légitimer l'usurpation, dont il assumait la présidence, avec Urquijo comme secrétaire ; mais, sur 150 membres convoqués, y compris les hispano-américains, pour le 15 juin, il ne s'en présenta pas plus de 62 à l'ouverture et 91 à la clôture (7 juillet). Qu'à cela ne tienne. Une constitution d'inspiration française — avec Conseil d'État, Sénat de 24 membres, Cortés de 112 etc — fut votée le 6, et un gouvernement maçonnique mis sur pied avec Urquijo comme secrétaire d'État, Ceballos, beau-frère de Godoy, aux Affaires étrangères (il passera bientôt à la *Junta*, pour devenir successivement ministre des Cortès de Cadix, et finalement de Ferdinand VII). O'Farrill à la Guerre, Mazarredo à la Marine, Azanza aux *Indes* (poste-clé étant donnés les plans de la Maçonnerie), Cabarrus, bayonnais plein d'entregent, fondateur de la Banque Saint-Charles et père de Thérésa, aux Finances, Piñuela à la Justice ; Jovellanos par un sursaut de fierté nationale, avait invoqué la maladie pour décliner l'Intérieur. Bessières et ses 12.000 hommes ayant dispersé le 14 juillet à Médina de Rio Seco les armées espagnoles de La Cuesta et de Blake (28.000 hommes), toute l'équipe prit la route de Madrid, où Joseph fit son entrée le 20 juillet.

LA RÉVOLTE CONTRE JOSEPH,
ANIMÉE PAR LA F∴ M∴ ANGLAISE

Il y reçut un accueil plutôt froid. Révoltée par le guet-apens de Bayonne, la population, voulant s'opposer au départ de l'infant Francisco s'était soulevée le 2 mai contre les *gavachos* ; après s'être emparée du Parc d'Artillerie, elle avait opposé une résistance farouche aux 30.000 hommes de Murat ; bilan de la journée : 145 Français tués, 400 insurgés abattus ou fusillés, L'Empereur, aussi ignorant du caractère espagnol que compréhensif de la mentalité italienne, s'imagina la population intimidée et prit la chose à la légère. Alors qu'à l'exemple de Madrid la révolte s'allumait partout, les dirigeants maçonniques appelant les Anglais à la rescousse : les 9 et 24 mai, à Oviedo, dans les Asturies, où le marquis de Santa Cruz délègue à Londres le comte de Toreno pour en ramener le major général Sir Thomas Charles Stewart ; à Valladolid, où le capitaine général de la Cuesta se laisse entraîne0 Séville, le 26 mai, sur l'initiative du comte de Tilly-Guzman (pilier de tripots mais introducteur en Espagne du suprême Conseil de Charleston, créé le 4 décembre 1802 par l'hétérodoxe Etienne Morin et cinq de ses coreligionnaires) don Francisco de Saavedra délègue le général Castaños à Gibraltar ; à Cadix, où le général Solana ayant été abattu pour ne pas s'être *déclaré* assez vite, son remplaçant, Tomas de Morla, à l'instigation de Montijo, contraint l'escadre française à se rendre ; à Malaga et à Grenade, d'où Martinez de la Rosa est délégué à Gibraltar ; à Badajoz avec don José Maria Calatrava ; à Valence, où les frères Bertran de Lis, négociants et banquiers, prennent la tête du mouvement et où, après le massacre de 300 Français le 5 juin, ils doivent réagir par 200 exécutions contre l'anarchie montante ; à Saragosse enfin, où le *tio Jorge* institue don José de Palafox capitaine général. Afin de mettre de l'ordre dans cette éclosion de *juntas*, de comités de résistance, Canning pousse à la constitution, le 25 septembre 1808, à Aranjuez, d'une *junta* centrale que préside le vieux comte de Floridablanca, assisté de Martin de Garay comme secrétaire.

À part 700 m. envoyés à cette *junte* par les pays d'Amérique, c'est en effet l'Angleterre qui alimente et dirige la résistance. Fin Septembre elle a déjà envoyé 35 m. de subsides, 20.000 uniformes, 80.000 fusils. Le 19 octobre, Benjamin Frère, émissaire du roi George, apporte encore à la Corogne 20 m. de réaux. Civils ou militaires, les conseillers techniques britanniques sont partout : lord William Bentinck à Aranjuez, le colonel Doyle à Madrid, le major Coxe à

Séville, Duff à Cadix, auprès des *juntes* en Calice, Charles Stewart à la Corogne, Hunter à Gijon ; le capitaine Patrick à Oviedo dans les Asturies ; les majors généraux Leith, Broderick dans le nord ; le major Green en Catalogne ; le colonel Graham à l'armée de l'Ebre ; sir Thomas Dyer, le major Roche, auprès du général la Cuesta ; le capitaine Whintingham, avec le général Castaùos. Même chose au Portugal, où le colonel Brown et sir Robert Wilson sont à Porto, où ils organisent la légion *lusitanienne*.

LA DÉFAITE DE JOSEPH EFFACÉE PAR L'EMPEREUR

D'ores et déjà l'Angleterre, reprenant vigoureusement en main la direction de la Maçonnerie, a atteint ses deux premiers objectifs : au moment où le mouvement d'indépendance de ses possessions d'Amérique se déclenche, l'Espagne se trouve à la fois privée de tout gouvernement légitime et divisée entre deux factions, également maçonniques, le Grand Orient d'Azanza, du côté français, et, du côté britannique, l'obédience traditionnelle et celle du Suprême Conseil de Charleston. Un troisième objectif va être atteint aussi : ouvrir un second front et retenir dans le guêpier de la péninsule une fraction importante de la Grande Armée. Car les recrues n'ont pas tenu et leur marche militaire s'est mal terminée. Imprudemment engagé en Andalousie, où ses troupes avaient pillé Cordoue le 7 juin (comme celles de Caulaincourt, Cuenca), Dupont, assailli par le général Castatios et coupé par Reding de la division Vedel qui devait le soutenir, met bas les armes à Baylen — avec plus de 17.000 soldats exténués, encerclés par 30.000 Suisses et Espagnols. Que les généraux aient sauvé leur butin et permis que Tilly condamne leurs hommes à la misère des pontons de Cadix, en violation de la capitulation, ajoute la honte à la défaite (19 juillet). Le 29 juillet, Joseph quitte Madrid, où Piruela, Ceballos, les ducs de l'Infantado, del Parque et Fernan Nuriez ont préféré demeurer ; l'armée le suit le 1er août. Un mois plus tard, Junot, battu à Vimeiro, par les 29.000 Anglais de Wellesley, débarqués le 1er avril sur le Mondego, capitule à son tour à Cintra, le 30 août avec 13.000 hommes ; du moins obtient-il d'être rapatrié par mer avec les débris de son armée, mais le Portugal est perdu.

L'affaire est décidément bien mal engagée. Joseph le reconnaît, qui écrit à son frère les 24 et 25 juillet : « *Votre gloire échouera en Espagne* », « *La nation est unanime contre nous* ». Pour tenter de la rétablir, l'intervention personnelle de l'Empereur est nécessaire. Avec de puissants moyens : six corps, plus un de réserve, comprenant des vétérans, des Allemands, des Polonais, des Italiens, des dragons, la Garde, en tout 150.000 hommes, viennent renforcer les 50 à 60.000 retirés derrière l'Ebre. Le 5 novembre, l'Empereur est à Vitoria, les 10 et 11, à droite, Victor bouscule à Espinoza les 21.000 Espagnols de Blake ; Soult pénètre à Burgos, dont les couvents sont pillés ; le 23, Lannes enfonce au centre, à Tudela, les forces de Castarios ; le 30, Napoléon fait emporter par une charge des chevau-légers polonais de son escorte, dans le brouillard, les batteries qui défendent le col de Somosierra. Le 4 décembre, il entre à Madrid, où il abolit le Conseil de Castille (dont les membres sont arrêtés), les droits féodaux, l'Inquisition et, supprime, avec la participation active de l'ex-chanoine Llorente, franc-maçon notoire, les deux tiers des couvents (décret de Chamartin). Mais, au moment où il se lance vers Astorga, afin de déborder les 16.000 Anglais de sir John Moore (venus du Portugal le 11 novembre et renforcés par les hommes de sir David Bair, débarqués à la Corogne), établis à Salamanque, il doit passer le commandement à Soult (2-3 janvier 1809. Ce dernier les poursuivra si mollement, qu'après avoir perdu 7.000 hommes et leur général en chef, leurs convois, leur caisse et 170 pièces d'artillerie, ils parviendront à s'embarquer sur les 250 transports de l'amiral Hope, qui les attend à La Corogne, entre le 11 et le 16 janvier 1809.

TALLEYRAND AU SERVICE DE LA COALITION

Parti le 16 janvier à franc-étrier, de Valladolid, l'Empereur sera à Paris le 23. Depuis l'entrevue d'Erfurt (27 septembre-14 octobre 1808), Talleyrand, presque ouvertement, trahissait. Chez la princesse de Tour et Taxis, il avait conseillé au Tsar de tenir bon contre Napoléon et de retirer les articles relatifs à l'Autriche de la convention, parfaitement anodine, qui allait être signée le 12 octobre. À Paris, il reste en contact suivi avec Nesselrode et Speranski, qui sert d'intermédiaire. Plus tard, il conseillera à Alexandre de faire sa paix avec le Turc et de se préparer à la guerre pour Avril 1812. Pour l'instant, une lettre fort compromettante, adressée par lui et par Fouché à Murat, a été interceptée. D'où la fureur de l'Empereur, qui convoque le 28 janvier Cambacérès, Lebrun, Decrès et les deux coupables. Au cours d'une scène d'une violence inouïe, Napoléon lance au prince de Bénévent, dans une bordée d'injures, l'apostrophe célèbre, qu'il n'est que *« de la merde dans un bas de soie »*, rompt définitivement avec lui et le prive de ses fonctions de Grand-Électeur.

DÉFAITE DE L'AUTRICHE

Mais voici qu'obéissant aux sollicitations de Londres — qui lui offre un subside 40 m. de Livres — et profitant de ce que l'armée française parait solidement occupée en Espagne — le comte de Stadion, ministre des Affaires étrangères d'Autriche, juge le moment venu de reprendre la lutte. Le 9 avril 1809, sans déclaration de guerre, il ordonne à l'archiduc Charles de pénétrer en Bavière avec 200.000 hommes et, le 12, signe un nouveau traité d'alliance et de subsides avec l'Angleterre. De dures batailles s'ensuivent. Après avoir fait enfoncer par Lannes le centre autrichien à Rohr, le 20 avril, Napoléon lance Davout à l'assaut du plateau d'Eckmühl le 22. Poursuivi vers Ratisbonne, l'archiduc Charles, qui a perdu 60.000 hommes, ne parvient à reformer son armée que derrière le Danube. Napoléon entre à Vienne le 12 mai et choisit, pour franchir le fleuve, file de Lobau qui peut servir de tremplin pour passer sur la rive nord. Le 21 et le 22, 80.000 Français livrent une bataille acharnée à 90.000 Autrichiens pour s'emparer d'Essling et d'Aspern, en bordure du fleuve, lorsque la rupture du grand pont qui relie l'île à la rive droite contraint l'Empereur à la retraite : 27.000 Autrichiens et 16.000 Français ont été mis hors de combat, Lannes a été tué, et tout est à recommencer. Cinq ponts légers ayant pu être rabattus, un peu plus à l'est, par surprise, le 5 juillet, 150.000 hommes dont 26.000 cavaliers, appuyés par 550 canons, reprennent l'action. Un moment compromise par une méprise qui oppose Italiens de Marmont et Saxons de Bernadotte, et par la poussée de 60.000 Autrichiens, qui s'efforcent de bousculer l'aile gauche française (18.000 hommes de Masséna) pour couper l'armée du fleuve, la situation est rétablie grâce à l'emploi massif de 102 bouches à feu et à l'intervention en force de Macdonald et de Davout, qui, au centre, gravissent et balaient le plateau de Wagram (6 juillet). L'archiduc Jean, qui ramenait d'Italie les restes de son armée battue à Raab le 14 juin (18.000 hommes sur 45.000) est arrivé trois heures trop tard pour prendre part à la bataille, dont le bilan est fort lourd : plus de 26.000 Français et 24.600 Autrichiens (auxquels s'ajoutent 12.000 prisonniers) restent sur le terrain. Formée de contingents de *landwehr* l'armée autrichienne, transformée en armée nationale, s'est bien battue. Elle est encore susceptible d'aligner 200.000 hommes. Ce qui incite Napoléon à conclure sans difficulté l'armistice de Znaïm (12 juillet), et le traité de paix de Vienne, les 13-14 octobre. Cette fois, bien qu'il ait été l'objet d'un attentat de la part de Strops à Schoenbrunn, il se montre modéré : Salzbourg à la Bavière, un morceau de Galicie au grand-duché de Varsovie, les provinces illyriennes à la France, une indemnité de 85 m. : telles sont ses conditions.

MARIAGE AVEC MARIE-LOUISE.
METTERNICH ET L'ÉQUILIBRE

Cependant, après de longs préparatifs, les Anglais se sont décidés à tenter une diversion sur Flessingue et Anvers. Ils ont débarqué 45.000 hommes dans l'île de Walcheren, le 29 juillet, pour les rembarquer le 30 septembre, après en avoir perdu 15.000. Alors Metternich, rappelé de son ambassade à Paris, où il a été surpris par la guerre, pour liquider le lourd héritage de Stadion, s'efforce d'opérer un rapprochement avec la France et d'adoucir les conditions imposées à son pays. À Napoléon, qui a divorcé civilement d'avec Joséphine le 16 décembre 1809 et fait annuler de 12 janvier 1810 son mariage religieux, il fait proposer par Schwarzenberg, son ambassadeur à Paris, — utilisant les bons offices du comte de Laborde, de Narbonne, de Daru et de Maret — la candidature de l'archiduchesse Marie-Louise, de sorte que le lendemain même du refus essuyé par Caulaincourt, chargé de demander la main de la grande-duchesse Anne de Russie, trop jeune, le 6 février 1810, le contrat peut être signé (7 février). Le 13 mars l'archiduc Charles, représentant l'Empereur *épouse* en son nom la princesse autrichienne dont le mariage civil et religieux est officiellement célébré à Saint-Cloud et Paris, les 1er et 2 avril.

Rhénan, originaire de Coblence (15 mai 1773), étudiant à Strasbourg et à Mayence, nourri des idées exposées dans sa *« République européenne »* par l'historien Nicolas Vogt, marié le 27 septembre 1795 à la fille du prince de Kaunitz, délégué avec son père à Rastadt (2 décembre 1797) dédommagé de la perte de ses biens par le Récès de Ratisbonne (25 février 1803), ambassadeur à Berlin, puis à Paris, le chancelier d'Autriche pense *européen* et n'est pas hostile à une entente avec la France. Son collaborateur le plus intime, Frédéric de Gentz (1764-1832), élève de Kant à Koenisberg et fonctionnaire des finances prussiennes, assidu des salons d'Henriette Herz et de Rahel Levin, a contracté à Berlin de déplorables habitudes de libertinage et de vénalité. Mais la lecture de l'anglais Burke et du genevois Mallet du Pan l'a détaché des idées révolutionnaires destructrices de l'ordre-social. En 1802, le comte de Stadion l'a attiré au service de l'Autriche. Soucieux de lutter contre la *tyrannie des sophistes* et *l'empire de l'argent* — bien qu'il soit beaucoup trop l'obligé des Rothschild — il se considère aussi comme *citoyen de l'Europe*, fait passer avant tout le souci de *l'équilibre européen* et reprendrait volontiers l'idéal Rose-Croix de fraternité universelle d'un Jacob Boehme par exemple. Venu à Paris pour y chercher sa femme et faire visite à Marie-Louise, Metternich rapporte de son voyage à François II (fin Mars 1810) les premiers fruits de sa politique : un emprunt de 100 m ; la levée de la clause limitant à 1.50.000 hommes l'armée autrichienne, et une convention commerciale. Repoussant les avances du comte Schouvalov, il signe avec la France le 14 mars 1812, une convention militaire prévoyant la fourniture d'un contingent de 34.000 hommes, et il accompagne François II à Dresde, où Napoléon devant une cour de rois, allait faire figure d'Empereur de l'Europe.

Pris dans l'engrenage du blocus, contraint d'étendre son contrôle douanier à tout le littoral du continent, Napoléon donne en effet à son Empire des proportions démesurées. Les annexions succèdent aux annexions : Gênes et la Ligurie (10 juin 1805), l'Etrurie (23 novembre 1807), les États pontificaux (17 mai 1809), la Romagne (17 février 1810), la Hollande, après l'abdication de Louis (9 juillet), le Valais (12 novembre) et même, le 13 décembre, le littoral allemand de la mer du nord. La plus grande France en arrive à grouper 130 départements, 44 millions d'âmes, 82 avec les pays vassaux, dans une Europe qui en compte 167.

LUTTE FAROUCHE EN ESPAGNE

Seule la péninsule ibérique résiste à son emprise. Si, dans toutes les batailles rangées les armées espagnoles, mal équipées et mal commandées, cèdent et se débandent, à Uclès, le 13 janvier 1809, Victor a bousculé Venegas, subordonné du duc de l'Infantado, lui prenant 6.000 hommes, comme à Ciudad Real, le 27 mars, Sebastiani contre Cortoajal (3.000 prisonniers) comme à Medellin, le 28 mars, Victor encore contre La Cuesta (plus de 10.000 tués sabrés par Lassalle, 4.000 prisonniers), comme plus tard à Ocaña (19 novembre), elles ne s'engagent jamais à fond et, ne se considérant pas vaincues, se reforment et reprennent la lutte. Cependant que la résistance populaire, organisée à l'appel de la Junte (les 17 avril et 28-29 mai 1809) devient farouche. Commencé le 29 juin 1808 par. Verdier, le siège de Saragosse revêt un caractère atroce. Animés par une femme, Maria Augustina, par des moines et des chefs de quartier, 30.000 civils aragonais rivalisent d'héroïsme avec les 30.000 hommes de garnison, commandés par le brigadier de la Garde José Palafox. Les premiers assauts ayant été repoussés (29 juin-4 août), Lannes, arrivé le 22 janvier 1809, doit faire sauter à la mine les couvents transformés en citadelles (26 janvier-10 février) pour se rendre maître du centre de la ville — c'est-à-dire d'un charnier — qui capitule le 21 février. Sur 100.000 habitants, 54.000 ont été massacrés. Latines, et bientôt Macdonald quittent l'Espagne écœurés. Les troupes isolées, dénuées de ravitaillement, les estafettes interceptés, les communications coupées —, se trouvent sans cesse harcelées, assaillies par 50.000 guerrilleros *dont les bandes se sont partagé les provinces* (Juan Diaz Porlier, *el marquesito* en Galice, Francisco Espoz y Mina, en Navarre, Juan Martin, *el empecinado*, un bandit, entre l'Aragon et Madrid, le curé Merino à Burgos, Juan Palarea, *el médico*, autour de Tolède, Julian Sânchez, excellent agent de renseignements, entre Ciudad Rodrigo et Salamanque, des paysans comme Camillo, *el desperado*, près de Talavera, etc.).

ÉCHECS DE SOULT ET DE MASSÉNA

Pour en finir, il faudrait bouter dehors l'armée anglaise et rendre à ce pays sa dynastie nationale. Or Soult et Masséna, hétérodoxes et francs-maçons, ne sont pas précisément désignés pour cette triche. Contre le Portugal, où l'ambassadeur anglais Villiers dispose de 30 m. et d'une armée de 10.000 Anglais, 10.000 Portugais et 50.000 conscrits, commandés par le général John Craddock, Soult s'est avancé par Tuy et Braga, avec 25.000 hommes. Le 27 mars 1809, Il a emporté Porto, qu'il a livrée au pillage et au massacre (8.000 victimes). Puis il a trafiqué avec ses coreligionnaires locaux et s'est mis à préparer son propre avènement au trône de Lusitanie (Nicolas I$_{er}$), tandis que dans son entourage des officiers Fournier-Sarlovèze, les colonels Donadieu, Lafitte, délèguent un capitaine, Argenton, pour négocier avec Viana, auprès de Beresford et de Wellesley, devenu duc de Wellington (25 avril-8 mai 1809). Tant et si bien que, le 12 mai, les 30.000 Anglais débarqués depuis un mois surprennent la ville et manquent enlever le maréchal, qui se sauve vers Orense, abandonnant son artillerie. Poursuivant sa retraite sur Astorga et Zamora, il découvre Ney, venu à son secours, et le contraint d'abandonner la Galice (21 juin).

Alors que Victor et Sébastiani, malgré la menace que fait peser Venegas sur Tolède, ont réussi à bousculer l'avant-garde de la Cuesta à Santa Olalla le 26 et à accrocher l'armée anglo-espagnole à Talavera, les 28 et 29 juillet (environ 7.500 tués de chaque côté), Souk, retardé par l'insubordination et les tergiversations de Ney, n'a pu rejoindre à temps le 2 août pour lui couper la retraite, par Trujillo, vers Badajoz et le Portugal, après avoir abandonné soir place 5.000 blessés et malades.

La débâcle de Venegas devant la cavalerie de Sebastiani à Almonacid 4.000 prisonniers), au début d'Août et l'humiliante défaite infligée à Ocaña le 19 novembre par 30.000 Français aux 50.000 Espagnols d'Areizaga, qui perdit 4.000 tués et 14.000 prisonniers, ouvrent la route d'Andalousie. Attiré par la conquête des riches provinces du sud, Soult néglige alors d'exploiter le succès remporté par Kellerman à Alba de Tonnes, le 28 novembre, sur l'armée fort éprouvée du duc d'El Parque (3.000 tués et blessés 9.000 malades), rejetée sur Ciudad Rodrigo, et laisse l'armée anglaise gagner Lisbonne pour se reconstituer, sans être inquiétée. Mais il passe la Sierra Morena avec 70.000 hommes, dès le 18 janvier 1810, occupe Cordoue le 28 et, tandis que Sebastiani pénètre à Grenade le 31 et que Mortier marche sur Badajoz, lui-même se dirige sur Séville où il fait son entrée avec Joseph. C'est laisser le temps au duc d'Albuquerque d'organiser la défense de Cadix, que Victor assiègera en vain. Cependant il s'installe dans sa nouvelle satrapie, où il collectionne les Murillo et trafique des biens nationaux, sans qu'aucun ordre parvienne à l'en faire sortir.

Vient alors le tour de Masséna de conduire une armée d'une soixantaine de mille hommes (elle en compte 80.000 sur le papier), dépourvue d'état-major, de services et de renseignements, contre les 50.000 Anglais grossis d'autant de Portugais, qui tiennent maintenant Lisbonne. Il occupe Ciudad Rodrigo le 9 juillet, Almeida, le 27 août, repousse, non sans pertes les Anglais à Busaco le 27 septembre, mais sans les entamer sérieusement ; alors, à travers une zone de terre brûlée, il vient buter à l'aveuglette, avec 45.000 hommes, sans artillerie, ni équipages de ponts, contre les triples lignes fortifiées de Torres Vedras (longues de 12,10 et 2 lieues), défendues par 53.000 Anglo-Portugais et 10.000 Espagnols, armés de 550 canons, qui barrent la presqu'île de Lisbonne. Il y restera sans réaction d'Octobre 1810 à Mars 1811, attendant une hypothétique intervention de Soult qui, malgré les ordres de l'Empereur de se porter sur le Tage, se borne à assiéger Badajoz (10 mars 1811) afin d'agrandir et de protéger sa propre principauté. Le 4 mars, Masséna se retire, abandonne Almeida le 10 et le Portugal le 23, contient les Anglais à Fuentes de Otton) le 3 mai, mais poursuit sa retraite vers Salamanque ; fort diminué-dans ses moyens, il est finalement destitué.

ENTÊTEMENT DE NAPOLÉON

Depuis que Joseph est rentré à Madrid le 22 janvier 1809, l'Empereur n'a cessé d'accumuler les fautes politiques et militaires en Espagne. Tandis que *Pepe botella* — c'est là le sobriquet sous lequel ses sujets désignent Joseph — essaie de se faire bien venir par sa bonhomie et finit de liquider le tiers restant de couvents, tout en se grisant des acclamations qui l'ont accueilli en Andalousie en Janvier-Février 1810, Napoléon qui, fin Novembre 1809, avait eu la velléité de retourner en Espagne, divise la région du nord de l'Ebre en districts militaires (Biscaye, Navarre, Aragon, Catalogne) — véritable réminiscence de la Marche de Charlemagne et la rattache à l'Empire le 3 février 1810. Joseph qui, flanqué de son ami Jourdan comme chef d'état-major, ne conserve sous ses ordres que la petite armée du Centre, proteste contre ces mesures et délègue successivement à Paris Azanza (du 16 juin au 5 décembre) et le marquis d'Almenara (du 24 août au 9 décembre) pour tenter de fléchir l'Empereur. Mais celui-ci hésite, envisage de rappeler Ferdinand VII sur le trône en le mariant à Charlotte, la fille de Lucien, qui, retiré à Rome et fort hostile à son impérieux frère, refuse la proposition le 4 juin 1810.

Comment donc sortir de ce guêpier, où 200.000 hommes de ses meilleures troupes s'usent sans gloire et où 300 m. sont déjà engloutis ? Il n'ose cependant trancher dans le vif, alors qu'il en est encore temps, et plus tard donnera pour excuse *la force des choses*. Quelle force obscure ?

Quelle consigne, secrète le retient dans la péninsule, pourquoi Talleyrand et les hauts dignitaires de la F∴ M∴ l'ont si perfidement engagé ?

L'ANGLETERRE SAUVÉE PAR LE RELÂCHEMENT DU BLOCUS

L'Angleterre qui, de son côté, dépensait annuellement 25 m. de Livres en Espagne, commençait à déplorer ce fardeau supplémentaire s'ajoutant à des charges excessivement lourdes, contre lesquelles, avec Granville et Grey, l'opposition protestait. Le budget de 1811 s'élevait à 2 milliards de francs, le double de celui de la France. Depuis 1809, le déficit atteignant 20 m. de Livres par an, l'on a recours à l'inflation : la Banque d'Angleterre a émis pour 21 m. de Livres de billets, celles de province pour une trentaine de millions. Des emprunts ont été lancés, 23,5 m. en 1811, plus 41 à court terme ; 35 m. en 1812, plus 45 à court terme. L'encaisse est tombée de 6 m. en 1806 à 4 en 1809. L'indice général des prix s'est élevé de 100 en 1790 à 176 en 1809. La livre, à Paris, au lieu de 23 Francs n'en cote plus que 20,30 et même 17 et 18. Les salaires n'ont pas suivi. Les créanciers subissent des pertes de l'ordre de 30 à 40%. En 1811, les exportations anglaises n'atteignent que 33% du chiffre de l'année précédente. De nombreuses faillites se déclarent à Manchester. Le chômage menace. La famine aussi.

Il a fallu importer en 1810, 1.660.000 quarters de grains. Sur lesquels 1.300.000 ont été achetés... en France ! À quoi donc servait le blocus continental ? Et comment a-t-on pu commettre faute si capitale ? Un blocus ne saurait être complet. Force était bien d'accorder des licences d'importation aux industriels pour certaines matières premières indispensables, aux négociants pour assurer le ravitaillement en denrées coloniales. Ce régime institué par Crétet en 1808, Fouché l'avait spécialement encouragé (1er août 1809) pendant son intérim au ministère de l'Intérieur, et il en avait largement profité, ainsi que ses amis Ouvrard, Labouchère et Murat. De leur côté les agriculteurs se plaignaient de ne pouvoir placer leurs excédents de céréales. En 1809, les prix de l'hectolitre de blé avaient baissé de moitié par rapport à l'an XI (24 Francs). En autorisant à nouveau l'exportation en Angleterre, on crut à la fois venir en aide aux agriculteurs et... drainer l'or anglais ! La même illusion avait servi d'excuse à Mollien pour tolérer le transfert clandestin par les Rothschild à travers la France des subsides destinés à l'entretien du corps de Wellington et de ses auxiliaires espagnols. Ce même mercantilisme étroit suffit-il à expliquer que jamais la chasse aux traites anglaises n'ait été sérieusement organisée sur le continent comme le banquier hollandais Valckenaer l'avait conseillé ? C'était là méconnaître absolument le point vulnérable des insulaires : si la Banque d'Angleterre, détachée de l'étalon-or[25] et la Cité pouvaient jusqu'à un certain point se passer de métal précieux et de devises, le peuple anglais pouvait-il, lui, se priver de pain ? Sur bien d'autres points, le blocus continental, maladroitement appliqué, n'avait donné que des déboires. Promulgués le 5 août 1810, les décrets de Trianon provoquèrent une débâcle des prix des denrées coloniales, et toute une série de faillites en chaîne : Rodda à Lubeck, Desmet à Amsterdam, Simons à Bruxelles, Fould et trente-sept autres maisons à Paris. En Janvier 1811, vint le tour du fameux Bidermann et de soixante firmes diverses. Les Finances durent intervenir pour renflouer, à Rouen, Tourton ; Ramel, Hottinguer. L'année 1812 marqua le relâchement du blocus, à la fois en Angleterre et en France, par la facilité avec laquelle furent accordées 800 licences.

---

[25] L'once d'or était passée de 4 Livres sterling à 5.5. L'économiste Ricardo avait alerté l'opinion. Mais l'impossible retour à l'étalon-or, proposé par le « *Million Committe* », fut rejeté le 10 Mai 1811.

Préparatifs de la Russie

Comment exiger d'autrui le respect absolu de restrictions que l'on n'observe pas soi-même ou qu'on laisse tourner en permettant par exemple la liquidation, moyennant un droit de 50%, des stocks de denrées coloniales détenus par la Hollande (2 juillet 1810) ? Contre le blocus continental, le Tsar fut le premier à réagir. L'économie russe souffrant particulièrement de l'absence de produits manufacturés anglais, il ouvrit en Août 1810 les ports de la Baltique à un convoi de 1.200 bâtiments soi-disant *neutres*, escortés de vingt navires de guerre, ramenant des marchandises britanniques, dont les deux-tiers n'avaient pu être vendues en Amérique du Sud. Mieux, sept cents chariots russes en transportèrent une partie jusqu'à Leipzig. Encouragé peut-être par les échecs subis à la périphérie de l'Empire par les lieutenants de Napoléon, Murat contre la Sicile en Septembre, Masséna devant Torres Vedras en Octobre, il osa riposter à l'annexion des ports hanséatiques et du duché d'Oldenbourg (qu'il ressentait personnellement, le duc étant le mari de la grande-duchesse Catherine), le 13 décembre, par un oukase du 31 décembre interdisant purement et simplement l'entrée en Russie des produits français. Et, se préparant à la guerre, travailla à se constituer un parti en Pologne autour des Czartoriski et des Potocki, confia au colonel Tchernitcheff le soin de s'assurer des sentiments hostiles à l'Empereur de Bernadotte (désigné par la Diète le 21 août comme prince héritier de Charles III de Suède) et de lui ménager des intelligences à Paris, où il débaucha le colonel suisse Jomini, stratège de renom. Il y bénéficiait toujours d'ailleurs des avis de Talleyrand, bien qu'il ait refusé au prince, provisoirement gêné par la faillite de Simons, le million et demi qu'il avait sollicité de lui par l'entremise de Bethmann de Francfort (15 septembre 1810). Or, Talleyrand l'avertissait que les évènements ne tarderaient pas à se précipiter. Mais les préparatifs du Tsar, qui mettait 250.000 hommes sur le pied de guerre et prescrivait de fortifier des positions sur le Niémen, n'échappaient pas à l'Empereur, qui renforçait Davout en Allemagne, en portant son armée de 30.000 à 80.000 hommes. Metternich, repoussant une alliance payée du troc de la Galicie Orientale contre la Serbie, la Moldavie, la Valachie jusqu'au Sereth (provinces turques récemment conquises par les Russes) ou d'une vague promesse de la Silésie prussienne (13 février 1811), Alexandre avait jugé prudent de temporiser.

Moscou : objectif illusoire

Avec six semaines de retard au départ, la campagne de Russie commence. Dûment averti par l'exemple de l'Espagne — , par le soulèvement d'Andréas Ho Castanos, Saavedra, l'hispano-américain Lardizabal, 31 janvier 1810), tantôt de trois, aux pouvoirs très limités (le général Blake, l'amiral Ciscar, le capitaine de frégate Agar ; 16 janvier 1811), puis, à nouveau de cinq (duc de l'Infantado, Mosquera, Villavicencio, Rodriguez Rivas, comte de la Bisbal). Réunies le 24 février 1811, les Cortès ont proclamé la souveraineté nationale et celle de Ferdinand VII — puis elles ont aboli la torture et les droits seigneuriaux (1er juillet 1881) voté le 18 mars une Constitution du type 1791 (souverain irresponsable, Cortès avec un député pour 70.000 habitants, Conseil d'État de 40 membres, milice nationale, liberté de la presse, etc.) et tout en déclarant la religion catholique religion d'État, supprimé l'Inquisition (8 décembre 1812). Composées de 104 délégués, dont presqu'un tiers d'Hispano-Américains, profondément divisées entre constitutionnels (cardinal Iguenza, duc de l'Infantado, Palafox frère, comte de Montijo), modérés, type Jovellanos (soutenu par la *junte* locale de Cadix) et radicaux genre Argüelles, qui, futur grand-maître de la Maçonnerie espagnole, joue un rôle déterminant dans leurs délibérations, ces Cortès s'usent en vaines palabres.

Mais les opérations, énergiquement conduites par Wellington, qui dispose maintenant de 40.000 Anglais, grossis de 20.000 Portugais et de 50.000 Espagnols entraînés et encadrés, tournent très mal pour les Français. Malgré le rappel d'environ 25.000 vétérans, des Polonais et de la Garde, ceux-ci comptent pourtant encore environ 230.000 homme dans la péninsule, mais sur ces cinq corps, quatre sont immobilisés par l'occupation et commandés par des chefs qui se jalousent, de sorte qu'un seul, sous Marmont, supporte le poids des opérations... et, c'est le plus faible. Dans ces conditions Wellington, contraint d'abord d'abandonner le siège de Badajoz (13-14 juin 1811), n'a pas grand'peine à s'emparer de Ciudad Rodrigo (18 janvier 1812) puis à faire tomber Badajoz, le 7 avril. Du 16 au 18 juin, il est à Salamanque et, après un violent et coûteux combat aux Arapiles (22 juillet 1812), où Marmont et Clauzel, qui ont commis l'imprudence d'engager l'affaire sans attendre le renfort de la cavalerie de Caffarelli et de 14.000 hommes de l'armée du Centre, sont blessés, menace Madrid où il entre sur les talons de Joseph qui, le 12 août, s'est replié sur Valence, accompagné de 12.000 personnes. L'arrogance hautaine des Anglais est d'ailleurs peu goûtée des Espagnols, qui voient sans regret Wellington, à la suite d'un cuisant échec devant Burgos (19 septembre 19 octobre) se replier à son tour sur Salamanque le 21, abandonnant la capitale, où Joseph rentre le 2 novembre.

Mis en mauvaise posture aux Arapiles (avec 70.000 hommes dont seulement 4.000 cavaliers en face de 80.000 Français, dont 12.000 cavaliers) du 13 au 15 novembre, le chef anglais, qui a perdu 5.000 hommes, sera une fois de plus sauvé par Soult, qui, contraint d'évacuer enfin l'Andalousie, le 25 août, avec ses fourgons, ses trafiquants et ses maîtresses, le laisse échapper vers Ciudad Rodrigo et le Portugal. Et c'est lui qui, en 1813, gagnera la dernière bataille, avec 45.000 Anglais, 25.000 Portugais et 30.000 Espagnols, contre 86.000 Français (non compris le corps Suchet en Catalogne). Privés de 30.000 hommes rappelés par l'Empereur et de l'appui du corps Clauzel, occupé à pacifier la Navarre, ces derniers, continuellement menacés de débordement sur leur flanc droit par le général Graham, se retirent derrière l'Ebre en abandonnant Madrid le 27 mai, et quasi sans combattre, Valladolid, la ligne du Douro, celle du Tormes, Burgos le 13 juin, le défilé de Pancorbo, le 15, pour se laisser acculer dans le cirque de Vitoria, dont ils ont négligé de reconnaître et de mettre en défense les abords, avec 57.000 hommes contre 80.000 (19-21 juin). Laissant sur le terrain, 8.000 hommes et, entre les mains de l'ennemi (qui a eu 5.000 tués et blessés), 18.000 prisonniers, son artillerie et son précieux convoi, Joseph s'enfuit vers Pampelune. L'Espagne est perdue, mais il faudra attendre l'échec de Leipzig pour que Napoléon comprenne la nécessité de lui rendre son roi (12-18 novembre) et de signer le traité de Valençay (11 décembre). Des cinq années d'incubation maçonnique qu'elle vient de subir, l'Espagne mettra plus d'un siècle à se relever.

SOULÈVEMENTS NATIONALISTES EN ALLEMAGNE

En Allemagne, depuis Iéna, la revanche se prépare. Instruit des menées du baron de Stein, Napoléon avait exigé son renvoi du ministère prussien, le 6 août 1808. Mais les sociétés secrètes, inspirées par les Illuminés, s'étaient remises à l'œuvre. La *Tugendbund*, l'Union de la Vertu, reconstituée en 1808 à Koenigsberg, avait fédéré les diverses sociétés d'étudiants, *Amicistes* d'Iéna, *Constantistes*, Unicistes de Halle, *Frères noirs* ou *Harmonistes* et autres sectes apparentées à l'Ordre des *Evergètes* de Silésie ou à la *Sainte Vehme*, que les polices napoléonienne et saxonne considéraient comme des émanations de l'Ordre de Weishaupt, et qu'elles surveillaient très activement. Avant d'être dissoute par Napoléon le 31 décembre 1809, la *Tugendbund*, appuyée par la Mère Loge anglaise de Hanovre et soutenue par le prince Guillaume de Hesse, qui en était grand-dignitaire, avait puissamment contribué à la constitution de corps francs et à la reprise de la guerre en 1809. Professeur à Iéna, Fichte est la maître à penser de cette génération allemande, à la fois nationaliste et d'idées sociales avancées. Disciple de Kant et de Rousseau, considéré d'abord comme jacobin parce qu'hostile à tout privilège de classe, réfugié un moment à Berlin sous la protection de Dohm, l'ami de Mendellsohn, il a puisé chez Erhard, Maïmon et Feuerbach ses théories sur le rôle éminent de l'État dans l'économie. Comme il ne reconnait comme propriété légitime que le seul produit du travail personnel, on l'a apparenté à Babeuf. Mais le programme qu'il expose dans son *« État commercial fermé »*, correspond surtout aux intentions du ministre Struensee : autarcie, économie dirigée, monopole du commerce extérieur, monnaie basée sur la valeur du blé. Évoluant sous l'influence des évènements, il publie ses *« Discours à la Nation allemande »* (1807-08), qui éveillent en Europe centrale autant d'écho que jadis les pamphlets les plus enflammés de Luther.

Au moment où l'armée impériale, qui pour la première fois tonnait la défaite, reflue vers l'Allemagne, l'heure de Stein a de nouveau sonné. Réfugié en Bohême en 1809, il en a profité pour grouper les aristocrates autrichiens les plus hostiles à la France, ses alliés de demain : douze frères et quatorze sœurs (dont la duchesse de Sagan, la princesse Bagration, la princesse de Hohenzollern, la duchesse d'Acerenzo, la comtesse Kolowrat née Kinsky, etc) et dans une loge mixte, dite des *Dames romaines* liée à la *Tugendbund* et présidée par le comte Kolowrat (*Numénius* des Illuminés). À présent, le jeune prince de Hesse-Philistahl se charge de l'emmener à Vilna auprès du Tsar, qu'il doit convaincre — après M$_{me}$ de Staël et Bernadotte — de la nécessité de poursuivre la guerre au-delà de ses propres frontières pour libérer l'Allemagne. Alors que Metternich se défie de Stein, qu'il considère comme *l'homme des sectes*, Alexandre I$_{er}$, qui a conservé de la formation donnée par son gouverneur, l'encyclopédiste vaudois La Harpe, un certain penchant pour le mysticisme et pour les *nuées*, imposera le baron prussien à Leipzig le 19 octobre 1813, comme Président du Conseil des Pays allemands reconquis, en contrepartie de la nomination du maréchal Schwarzenberg au commandement suprême des troupes alliées.

RENTRÉE EN LICE DE LA PRUSSE

Car la coalition s'est reformée d'elle-même. Le 30 décembre 1812, le général prussien York, en contact avec Clausewitz, a signé une convention avec les Russes ; le 5 février 1813, le Landtag de Prusse orientale a lancé un appel aux volontaires. La Prusse, qui est parvenue à mobiliser 134.000 hommes munis de 264 canons, conclut alors une convention avec l'Angleterre et — Bernadotte s'engageant de son côté le 3 mars à mettre en ligne 30.000 Suédois, contre un subside de 1 m. de Livres — signe le 1$_{er}$ mars à Kalish un traité d'alliance avec la Russie, forte de 190.000 hommes dotés de 500 canons, avant de déclarer la guerre à la France, le 17 mars.

Mais l'Aigle blessé est encore redoutable. Ramené du Niémen sur la fistule, après Königsberg il a évacué Berlin le 4 mars et regroupé sur l'Elbe 230.000 hommes (dont seulement 15.000 cavaliers) et 600 canons. En incorporant 890.000 recrues. 100.000 gardes nationaux et 100.000 exemptés.

Les premiers engagements ne sont guère favorables aux coalisés. Pris en écharpe à ; la sortie du village de Lützen (2 mai) après une âpre lutte qui a coûté 20.000 hommes aux Prussiens et 18.000 aux Français, Blücher parvient à dégager son armée. Les 20-21 mai, à Bautzen, sur la haute Sprée, débordé par Ney qui a franchi la rivière en aval, il s'échappe encore, mais laisse entre les mains des Français 15.000 prisonniers et son artillerie. Faute de cavalerie. Napoléon n'a pu réaliser sa manœuvre tendant à envelopper l'armée prussienne et à l'acculer aux monts de Bohème. Néanmoins, chassés de Dresde le 8 mai, refoulés en Silésie, les alliés, pour se regrouper, sollicitent à Pleiswitz un armistice valable du 4 juin au 20 juillet, que l'Empereur accorde, dans l'espoir de refaire sa cavalerie.

ÉCHEC DE LA MÉDIATION DE METTERNICH

Ce qui militairement était peut-être une faute, aurait pû être une chance pour la paix. Soucieux avant tout de maintenir l'équilibre des puissances. Metternich s'efforce en effet d'utiliser ce répit pour imposer sa médiation, proposée à Maret, à Vilna, dès le 28 novembre 1812. Partout ses diplomates négocient, avec la France (Bubbna à Paris, le 31 décembre 1812 ; Narbonne à sienne, le 7 avril 1813 : Schwarzenberg à Saint Cloud le 9 avril ; Bubna à Dresde le 16 mai) — avec la Russie, qui a signé à Zeycz le 30 janvier un armistice avec l'Autriche (Lebzeltern à Kalish le 5 mars) — avec l'Angleterre ; Weissenberg à Londres le 31 mars), dont le représentant, lord Cathcart, signe à Reichenbach le 15 juin avec les coalisés un accord prévoyant l'octroi d'un subside d'un million et demi de Livres et l'émission d'un emprunt de 5 millions, pris en charge pour moitié par l'Angleterre. Stadion assiste enfin, les 15-18 juin, à Opponstcha, aux pourparlers entre Hardenberg et Nesselrode pour la mise au point des conditions de paix des alliés. Cependant à Vienne la pression en faveur de l'intervention de l'Autriche se fait de plus en plus forte. L'archiduc Jean, avec l'appui financier de John parcourt King, complote contre Metternich. La duchesse de Sagan ménage à ce dernier, le 16 juin, une rencontre avec le Tsar, qu'elle a reçu chez elle la veille à Nochod.

Au cours d'une entrevue décisive, le 26 juin, à Dresde, Metternich aborde l'Empereur et s'acharne pendant huit heures à lui faire entendre raison. Mais, oubliant toute mesure. Napoléon, lui jetant à la face l'accord de Reichenbach, l'accuse de s'être laissé acheter par l'Angleterre, refuse de discuter les ternies qui lui sont proposés — suppression du grand duché de Varsovie. Dantzig à la Prusse, renonciation à la Hollande, rétrocession des annexions de 1812 (villes hanséatiques, etc.), remise des provinces Illyriennes à l'Autriche — et prétend imposer le maintien du *statu quo* comme base de négociation. Son orgueil corse, son instinct de joueur, sa foi inébranlable en son étoile, l'aveuglent-ils donc au point de refuser de concéder de bon gré ce qu'il a déjà perdu moralement, contraignant ainsi l'adversaire à le lui arracher par la force, en ruinant tout l'édifice ? Que n'a-t-il songé alors, comme il devait l'écrire à Sainte-Hélène, que l'Europe impériale ne pouvant être maintenue par la force, il ne restait *« d'autre grand équilibre possible que la confédération des peuples »*. Sa colère tombée, le 30 juin, il consent cependant à la prolongation de l'armistice jusqu'au 20 août et à la convocation d'un congrès ; le 20 juillet, à Prague. Après avoir tergiversé sur les conditions communiquées à Caulaincourt le 7 août — réclamant d'abord que Dantzig demeurât ville libre et que le protectorat de la Confédération du Rhin lui soit conservé, pour ne maintenir, finalement, mais trop tard, de prétentions que sur Trieste, Hambourg et Lübeck — il s'est laissé acculer à la fermeture du congrès, manquant l'occasion de prendre les alliés au mot et de mettre l'opinion de son côté, en France et à l'étranger, en faisant preuve de dispositions pacifiques.

LES NATIONS CONTRE LA FRANCE : LEIPZIG

L'Autriche ayant déclaré la guerre à la France, le 11 août, avant de se lier avec la Russie et la Prusse par le pacte de Toeplitz le 9 septembre, les hostilités ont repris. Le 16 août, Blücher se voit rejeter à l'est de l'Elbe après avoir perdu 8.000 hommes. Les 26 et 27, devant Dresde, 120.000 Français, repoussant l'attaque de 180.000 alliés, bousculent les Autrichiens sur le plateau et les rejettent dans les ravins : pour 8.000 Français. 27.000 coalisés sont mis hors de combat, plus 12.000 prisonniers. C'est une victoire très nette, mais sans lendemain. Sur les conseils de Bernadotte, qui a sollicité en vain le commandement en chef des armées alliées, de Moreau (tué par un boulet à Dresde) et de Jomini, les alliés, qui disposent maintenant d'une supériorité écrasante (250.000 Austro-Prussiens à l'année de Bohême sous Schwarzenberg : 96.000 Russo-Prussiens, au centre, sous Blücher ; 150.000 Prussiens, Russes et Suédois, sous Bernadotte, au nord) refusent la bataille en présence de Napoléon pour s'acharner au contraire sur ses lieutenants, évidemment moins redoutables. C'est ainsi qu'au sud. Vandamme, qui a laissé échapper à Pirna les fuyards de Dresde, coincé entre deux corps ennemis à Kulm, s'est fait prendre avec 7.000 hommes, après en avoir perdu 5.000 et 48 canons (30 août), tandis qu'au centre, la veille, Macdonald à la Kaltzbach s'est laissé enfoncer par Blücher et qu'au nord. Ondinot, lancé vers Berlin avec 64.000 hommes, s'est vu repousser par les 90.000 hommes de Bernadotte et de Bülow, à Grosbeeren, le 28 août et que Ney, qui lui succède, n'est pas plus heureux à Deunevitz, le 6 septembre.

Maintenant, 320.000 coalisés convergent vers Leipzig, et tandis que 180.000 venant du sud, n'ayant pu être contenus par les 40.000 de Macdonald et de Murat, dévalent le 18 octobre contre 83.000 Français laissés devant la ville et qui les repoussent avec de lourdes pertes. Blücher et Bernadotte, profitant de ce que la résistance de Marmont et de Ney (70.000 hommes) a été gênée par la défection de la cavalerie wurtembergeoise et la volte-face de 10.000 Saxons, débouchent au nord et opèrent leur jonction avec Schwarzenberg. Les Français, qui ont tenu en échec l'ennemi, en perdant 30.000 hommes contre 60.000, sont cependant contraints de décrocher pendant la nuit. Ils repassent l'Elbe, abandonnant 15.000 des leurs, coupés par l'explosion prématurée d'un pont. La campagne est perdue Partout, les contingents allemands sont passés aux alliés ; la pression maçonnique s'est exercée dans ce sens sur le général Thieleman à Torgau ; à Grosbeeren, 10.000 Saxons ont changé de camp, comme à Deunevitz, Saxons et Bavarois, comme d'autres Saxons à Leipzig. L'armée en retraite doit canonner et charger les Bavarois de Wrede, qui tentent de lui barrer la route à Hanau, le 30 octobre ; leur roi, depuis le 8, a adhéré à la coalition. Un mince rideau de 60.000 hommes, ramenés à Mayence le 4 novembre, couvre la ligne du Rhin. Resté *en l'air* à Dresde, dans le vain espoir d'une contre — offensive victorieuse, Gouvion Saint-Cyr a dû capituler avec 30.000 hommes, sans pouvoir ramasser les garnisons qui continuent à tenir sept places en Allemagne : 190.000 hommes sont ainsi perdus pour la défense du Rhin. Leur absence, avec celle des 80.000 retenus sur les Pyrénées et des 36.000 maintenus par le prince Eugène en Italie, sur le Tagliamento, puis sur l'Adige, se fera durement sentir dans la campagne de France.

Fort heureusement Schwarzenberg, au grand dépit de Blücher, arrête ses 140.000 hommes à la limite des *frontières naturelles*, permettant ainsi à Metternich de reprendre à Francfort la négociation. L'Empereur paraissant plus disposé à céder ce qu'il a irrémédiablement perdu (la Hollande qui s'est soulevée entre les 15 et 25 novembre a recouvré son indépendance le 11 décembre), les alliés, en présence de lord Alberdeen chargent son représentant Saint-Aignan de lui offrir la paix sur la base du traité de Lunéville. Mais Castlereagh, peu soucieux de tolérer les Français à Anvers, désavoue son émissaire et, Napoléon attendant la dernière minute pour répondre, son acceptation de principe d'un congrès à Mannheim, adressée le 1er décembre, ne parvient à Metternich que le 5 alors que ce dernier, le 4, a lancé au peuple français, par-dessus la tête de l'Empereur, la déclaration dite de Francfort, antidatée du 1er.

CHEF-D'ŒUVRE SANS ISSUE :

LA CAMPAGNE DE FRANCE

Pour résister à l'assaut de l'Europe, la France, ramenée à l'intérieur de ses frontières, fait appel à ses dernières ressources. Avec le désastre de Russie, les finances se sont effondrées : la rente cote 74,73 en Août 1813, pour tomber à 45,25 le 29 mars 1814. Les recettes extérieures ont disparu ; l'invasion paralysera la rentrée des impôts. Napoléon, qui a l'habitude d'économiser près de la moitié de sa liste civile, a constitué un trésor de guerre d'une trentaine de millions, dans lequel il puise en 1813. Douze à quinze millions sont prélevés sur le *domaine extraordinaire* constitué en vue d'alimenter les pensions des maréchaux, des dignitaires, des grands commis du régime. L'aliénation de 370 millions de biens communaux a été décidée le 20 mars 1813 ; cette mesure, qui ne rapportera effectivement que 53 millions en cinq mois, sert par ailleurs de garantie à l'émission de 131 millions de bons de la Caisse d'Amortissement. Pour le reste (les dépenses prévues au budget 1814 étaient de 1.176 millions contre 853 de recettes) l'on a recours aux centimes additionnels, 30, puis 50, le 9 janvier 1814. Combien plus lourd encore que ce fardeau paraît l'effort militaire exigé du pays. L'armée, privée de ses contingents étrangers, est à reconstituer presque toute entière et, si les héros sont fatigués, la population est lasse de vingt-deux années de guerres continuelles. Dans la conscription qui s'intensifie, l'on enregistre un déficit total de 237.000 hommes, et 50.000 insoumis gagnent le maquis. Grave symptôme de lassitude, chez un peuple qui, de 1800 à 1814, a fourni 1.600.000 recrues aux armées consulaire et impériale.

Le courage des *Marie-Louise* n'en permettra pas moins à l'Empereur de réaliser le tour de force de la campagne de France. Avec 130.000 hommes, contre les 155.000 de Bernadotte (Russes, Prussiens, Anglais, Suédois) qui procèdent à l'occupation de la Hollande et de la Belgique ; les 47.000 Russo-Prussiens de Blücher, alignés de Coblence à Mannheim, et les 200.000 Autrichiens de Schwarzenberg, échelonnés plus au sud et qui, franchissant le Rhin à Bâle, le 21 décembre 1813 — en violation de la neutralité suisse — débordent la défense du fleuve, tandis que Victor se replie en toute hâte, sans même tenir la ligne des Vosges, ni celle de la Meuse, après deux sévères *corrections* infligées aux Prussiens à Brienne (30 janvier) et aux Autrichiens à la Rothière (1er février), Napoléon manœuvrant de Châlons sur ses lignes intérieures, tronçonne d'abord, au nord, les colonnes de Blücher qui, avec 60.000 hommes, descend la Marne, les crevant en leur centre à Champaubert (10 février) pour écraser leur tête, le lendemain, à Montmirail, et leur queue, le 14, à Vauchamps. Blücher, qui a perdu la moitié de ses effectifs, regroupe 48.000 hommes sur l'Aisne, et, sauvé par la reddition de Soissons, le 4 mars, résiste sur le chemin des Dames, le 7, sur le plateau de Craonne et à Laon, les 9 et 10 mars, aux assauts furieux de l'Empereur. Il a perdu 15.000 hommes, les Français 12.000, mais il sera bientôt renforcé à 90.000 et ses adversaires réduits à 40.000.

Après un violent coup de boutoir contre Reims, le 13 mars, où 8.000 hommes contraignent 15.000 Russes à abandonner la ville après avoir perdu 3.000 hommes et 3.000 prisonniers, Napoléon se retourne, au sud, contre les Autrichiens. Ceux-ci après les échecs subis par les Russes à Mormant le 17 février et par les Würtembergeois à Montereau, le 18, ont lentement repris leur progression, repoussé Macdonald et Oudinot à Bar-sur-Aube le 27 février et se sont avancés jusqu'à Provins — Blücher et Alexandre Ier les ayant contraints à reprendre leur marche sur Paris — au lieu de retraiter sur Langres. L'intention de l'Empereur est de les déborder largement vers Vitry, mais, croyant surprendre un de leurs corps à Arcis-sur-Aube, le 20 mars, il vient buter contre 90.000 hommes de Schwarzenberg, qui, prudent, a regroupé son armée. S'étant dégagé péniblement le 21, il tente encore de poursuivre sa manœuvre en direction de Langres, et ne rétrogradera que le 22. Mais cette fois les alliés, suivant le conseil donné le 10 mars par Vitrolles, opérant le 24 un tête-à-queue foncent délibérément sur Paris, bousculant Marmont et Mortier à la Fère-Champenoise, le 25 (malgré l'héroïsme des gardes nationaux dans les marais de Saint-Gond) et les talonnent avec 150.000 hommes jusqu'aux portes de la capitale. Avec 40.000 hommes, dont 25.000 seulement entraînés, Marmont tient tête aux Russes, le 30, sur le plateau de Romainville et sur les hauteurs de Belleville, et Mortier, aux Prussiens, à Montmartre et à la Villette. Et, suivant les instructions laissées par Joseph de ne pas défendre l'enceinte afin d'épargner la capitale, Marmont capitule dans la nuit du 30 au 31 et se retire avec ses troupes.

Sur les autres fronts, tout a craqué aussi, Soult, ramené sur l'Adour, repoussé par Wellington à Orthez, le 27 février, s'est replié sur Toulouse, découvrant l'Aquitaine. Augereau, avec 12.000 hommes, est demeuré inerte à Lyon, où les Autrichiens de Bubna, après l'avoir battu à Poligny le 4 mars, l'ont délogé le 21. Eugène de Beauharnais ne l'a pas rejoint, l'Empereur l'ayant autorisé le 18 février à demeurer avec ses 60.000 hommes en Italie, où Murat, après s'être leurré de l'espoir de constituer un état indépendant dans la péninsule (25 décembre) a finalement conclu un accord avec le comte de Neipperg le 31 décembre, et avec Graham, envoyé de lord Bentinck le 4 janvier 1814 avant d'adhérer à la coalition, le 11 janvier avec l'Autriche et le 3 février avec l'Angleterre. Suivant l'exemple de Bernadotte, il est passé à l'ennemi. À Fontainebleau, c'est bientôt le tour des maréchaux d'abandonner l'Empereur. À la suite d'une démarche de Ney, Lefebvre, Oudinot et Moncey, Napoléon abdique le 4 avril en faveur du roi de Rome. Le 7, Marmont ayant fait défection avec son corps d'armée et le Tsar ayant écarté la Régence, il signe une abdication pure et simple. Le traité du 11 avril lui accorde, avec une pension de deux m. par an, la souveraineté de l'île d'Elbe, et une principauté, Parme, à Marie-Louise. Sur quoi, l'ex-empereur tente de s'empoisonner.

Désormais, la parole est aux diplomates alliés et, plus encore, aux intrigants. Les premiers, réunis à Châtillon-sur-Seine, après s'être liés le 26 janvier par le protocole de Langres, ont tenté, entre le 5 février et le 19 mars, de se mettre d'accord. Metternich, représenté par Stadion, persiste à temporiser, freinant l'offensive alliée, faisant offrir par Schwarzenberg le 18 février un armistice, il est le seul à envisager de maintenir la Régence, attribuée le 24 janvier par l'Empereur à Marie-Louise. Mais les Prussiens, Hardenberg et son plénipotentiaire Humboldt, ne rêvent que vengeance, et les Anglais, Aberdeen, assisté de lord Cathcart, et bientôt Castlereagh en personne, se montrent de plus en plus intransigeants, allant jusqu'à menacer de retirer leur garantie aux emprunts autrichiens pour imposer la solution exigée par lord Liverpool : le retour des Bourbons. Le 14 Metternich arrache enfin au Tsar, avant tout soucieux d'effacer par une entrée triomphale à Paris l'affront fait au Kremlin, des conditions fermes : retour aux frontières de 1791 et liberté pour la France de choisir son gouvernement. Propositions que, naturellement Napoléon rejette, tout en écrivant le 21 février à son beau-père pour réclamer qu'on en revienne aux offres *verbales* de maintien des frontières naturelles, faites à Saint-Aignan à Francfort. Mais François II et Metternich, impuissants à faire prévaloir leur point de vue, se retirent à Dijon du 19 mars au 10 avril afin de se tenir à l'écart des intrigues de Paris, dont Talleyrand est le centre.

TALLEYRAND GAGNE LE TSAR À LA RESTAURATION

Entouré de son équipe favorite, le baron Louis, l'abbé de Pradt, archevêque de Malines, le dur Dalberg, neveu du Prince-primat, Jaucourt, ex-chambellan du roi Joseph en Espagne, le prince de Bénévent a d'abord hésité entre trois solutions : régence de Marie-Louise, appel au duc d'Orléans, futur Louis-Philippe (qui dans l'intervalle est allé offrir ses services aux Cortès de Cadix). ou retour du comte de Provence, Louis XVIII. Personnellement, ses rancunes et ses craintes lui font écarter la première. La seconde aurait ses préférences : n'a-t-il pas toujours prôné l'établissement en France d'un régime de style orangiste, à la mode anglaise de 1688 ? C'est cependant à la troisième qu'il se rallie, non sans s'être assuré, au préalable, de garanties solides pour la préservation de l'idéologie maçonnique et libérale qu'il représente, au profit des *nantis* ses amis, et des banquiers internationaux dont il est l'agent. D'où le rôle capital dévolu au Sénat dans la transmission des pouvoirs à la monarchie rétablie.

Quant à ses précautions personnelles, elles sont également prises. Pour préparer ses voies, il a recours à son vieil oncle, archevêque de Reims, qui vit en exil à Hartwell auprès du *comte de Lille*, à Aimée de Coigny, la *jeune captive* de Chénier, un moment mariée à Montrond, et à Vitrolles, agent des princes, et reçoit chez lui son collègue l'abbé de Montesquiou, ancien agent du clergé, et Caulaincourt, avec lequel il a son *chiffre*, et qu'il tente, à la veille du Congrès de Châtillon, d'amener à ses desseins. Rassuré sur les intentions du Prétendant par sa proclamation du 2 janvier 1814, qui lui a été communiquée à l'avance, et sur son propre avenir par une lettre, préparée par Bruno de Boisgelin, renseigné d'autre part sur les dispositions des alliés — assez décevantes d'ailleurs — par les démarches dont il a chargé Vitrolles (muni d'un billet de Dalberg) à Châtillon (10 mars) et à Troyes (16 mars) auprès de Nesselrode, Alexandre I$_{er}$, Stadion. Metternich, Castlereagh et Hardenberg, puis du comte d'Artois à Nancy (23 mars). il s'est enfin rallié à la formule d'une charte royale, pourvu qu'on en assortisse le texte de quelques termes agréables aux oreilles révolutionnaires.

Passant à l'exécution de son plan. Talleyrand monte avec le préfet de police Pasquier et M$_{me}$ de Rémusat un scénario qui lui permet, en se faisant arrêter aux barrières par le mari de celleci et ses gardes nationaux, de demeurer dans la capitale. Il peut alors s'entretenir chez Marmont, dans la nuit du 30 au 31 mars avec le colonel Orloff, délégué du Tsar et réunir chez lui, rue SaintFlorentin, le lendemain, une conférence décisive qui, en présence d'Alexandre I$_{er}$ et de Nesselrode, met au point une déclaration des alliés, que le roi de Prusse Frédéric-Guillaume III et l'ambassadeur d'Autriche Schwarzenberg seront appelés à contresigner ensuite. Laissant à la France la liberté de choisir ses futures institutions et confiant le pouvoir au gouvernement provisoire nommé par le Sénat. Dociles 63 sénateurs sur 141, réunis le 1$_{er}$ avril, désignent dans ces fonctions Talleyrand et ses acolytes : Dalberg. Jaucourt, Beurnonville et l'abbé de Montesquiou, représentant des princes et, sur proposition de Lambrecht, prononcent le lendemain la déchéance de l'Empereur, tandis que le Conseil général de la Seine et le Conseil municipal de Paris, par 14 présents sur 64, demandaient le rétablissement de Louis XVIII. Le Tsar a renoncé à la candidature de son protégé Bernadotte ; dans la nuit du 4 au 5 avril, il évincera Caulaincourt et les maréchaux Ney. Macdonald et Marmont, venus tenter une ultime démarche en faveur de la Régence.

Le prince de Bénévent a donc tout lieu de se réjouir ; c'est lui, l'ex-grand chambellan, qui va ouvrir les portes à la monarchie retrouvée. D'autant plus que, selon son habitude, sa bourse n'y perdra rien. Sur les 46 m. que coûta la Restauration, il en empocha 12 *pour disposer les esprits* et 3 *pour relever la rente*. Des 16 m. réalisés en spéculant avec les fonds mis à la disposition du gouvernement provisoire, il retint les deux-cinquièmes. Tandis que Maubreuil, arrêté pour avoir délesté de 100.000 francs-or et de 4 à 5 m. de diamants la princesse de Würtemberg, femme de l'exroi Jérôme, prétendait avoir été incité par lui à assassiner Napoléon, il aurait touché également 2.8 m. provenant des bagages de Marie-Louise, pillés par de prétendus *cosaques* et du produit de malversations diverses avec Doumère et Bernard, près de 4 m. soit au total. 28 m. On conçoit que dans ces conditions M$_{me}$ de Staël l'ait Cinglé, à son retour, de cette désobligeante remarque. « *Non. Monsieur. ... vous targuer d'avoir eu des opinions... vous n'avez jamais eu que des intérêts.* »

LES ROYALISTES CONQUIÈRENT LE POUVOIR

S'il *subit la restauration comme une nécessité*, comme le remarque Vitrolles, c'est aussi que les Anglais l'appuient, et que les royalistes risquent de la faire seuls. Réduit à vivre en exil à

Hartwell, sous le nom de comte de Lille, d'une maigre pension d'environ 600.000 francs (6.000 Livres de l'Angleterre et 150.000 roubles du Tsar) le comte de Provence, à la suite de l'exécution d'une vingtaine de ses agents en 1809-1810, avait pratiquement perdu le contact avec la France. Il ne le reprit qu'après la conspiration du général Malet, au printemps de 1812, grâce au jeune Alexis de Noailles. Ce dernier était en rapport avec Mathieu de Montmorency et les fils de Berthier de Sauvigny, qui, après avoir cherché à pénétrer dans la Franc-Maçonnerie, et profitant de l'émotion soulevée chez les catholiques par l'excommunication prononcée contre le régime, s'étaient résolus à recruter, notamment parmi les membres de la Congrégation de la Sainte-Vierge (crée par le P. Delpuit en 1801 et dont Mathieu de Montmorency était devenu préfet en 1809) une société secrète comportant trois grades : Associés de Charité, Chevaliers Hospitaliers et Chevaliers de la Foi, dirigés par un chapitre de neuf membres, dont le Grand-Maître était précisément Montmoreney.

Se rendant compte que les alliés ne leur remettront pas automatiquement l'administration des régions occupées par leurs troupes, s'ils ne s'emparent eux-mêmes de l'autorité, les royalistes encadrés par les *Bannières de France*, se lancent à la reconquête du pays. Dès le 16 décembre 1813, Fruchard a soulevé les réfractaires dans les Flandres. Les Berthier travaillent le midi. De Jersey, le duc de Berry prépare pour le 11 avril une insurrection dans l'Ouest. Mais c'est de Bordeaux, très touchée par le blocus et dont la population est tombée de 100.000 âmes à 70.000 que part le mouvement. Trois groupes royalistes : les anciens éléments de l'*Institut philantropique*, une *bannière* locale et 8 compagnies de *garde royale* appuient l'action du maire, comte Lynch. Beresford ayant fait son entrée dans la ville avec 10.000 Anglais, le duc d'Angoulême qui, depuis, Saint Jean de Luz, accompagne Wellington, y proclame le roi le 12 mars et, le 15, publie un manifeste garantissant les libertés essentielles et même la propriété des biens nationaux. L'avocat Joachim Lainé, ami de Sèze, qui a réclamé dans une violente diatribe au Corps législatif, le 29 décembre 1813, l'abandon des conquêtes et le rétablissement des libertés, est nommé préfet.

Au Sénat, Merlin de Thionville met un corps franc à la, disposition du comte de Provence. Le général Dessoles s'apprête à prendre en main la garde nationale de Paris. De Vesoul et de Nancy, le comte d'Artois, qui a rejeté un premier projet de constitution, à la mode de 1791, proposé par le Sénat le 6 avril, se fait confirmer le 12 par cette assemblée son titre de lieutenant-général du royaume. En rentrant à Paris, il a prononcé des paroles d'apaisement : *« Plus de divisions : la paix et la France. Je la revois enfin ! Et rien n'y est changé, si ce n'est qu'il s'y trouve un Français de plus »*. La déclaration royale de Saint-Ouen, s'inspirant des principes de la constitution anglaise, est dans la même note.

Le 3 mai, Louis XVIII fait son entrée dans Paris. La monarchie rétablie, qui hérite de l'Empire une structure administrative entièrement restaurée et rénovée, apporte à la France la paix et, dans une large mesure, la jouissance des libertés que la Révolution avait promises, sans jamais en tolérer l'exercice, à une population qu'elle n'avait cessé d'opprimer.

Elias Ashmole — John Desaguliers — Karl von Hund — Duc de Brunswick — Baron von Knigge

Initiation de Frédéric II de Prusse — David Friedlaender — Moses Mendelson

Adam Weishaupt — Comte d'Aranda — Marquis de Pombal — Comte de Choiseul — Aaron López

Benjamin Franklin — La Fayette — Chicago - 1941 - Wacker Drive et Wabash - *Inauguration de la statue représentant George Washington, Morris & Haym Salomon*

LA FACE CACHÉE DE L'HISTOIRE MODERNE

TROISIÈME PARTIE

LA HAUTE BANQUE DOMINE LE MONDE

CHAPITRE XX

SAINTE ALLIANCE OU INTERNATIONALE DE LA FINANCE ?

Une paix anglaise et maçonnique — Un roi libéral, compromis par des maladresses — Rentré, Napoléon n'apporte que la division — Mais reforme contre lui la coalition — Fouché maquignonne le retour de Louis XVIII — La France en quarantaine — L'Empire des Rothschild grandit — À l'ombre des Hesse-Cassel — ... prospère à Londres — ... transfère les subsides anglais — ... manipule le Congrès de Vienne — ... s'engraisse dans les emprunts d'État — Une puissance supranationale — Contre l'administration ibérique en Amérique... — L'Angleterre pousse les créoles à la révolte — La Cité les finance, la F∴M∴ les encadre — L'Amérique centrale résiste à l'agitation — Le Brésil, refuge de la dynastie portugaise — Bolivar reprend la lutte dans le nord — Et San Martin dans le sud — Vassalité économique, prix de la liberté — Pénétration yankee au Mexique— L'Espagne, neutralisée par la F∴M∴ — Malgré l'échec des complots militaires — La Maçonnerie fait sa révolution — L'intervention française arrête le désordre — Docilité envers la Haute Finance — Ménagements pour les nantis — Abandon du programme national — Charles X. réagit contre l'anti-cléricanisme — Puis, tend la main aux libéraux — Absence de réalisations sociales — Timidités diplomatiques — Premier succès en Grèce — Un défi : l'expédition d'Alger — Renouveau des Loges — Agitation des Philadelphes en Italie — Puis, des Carbonari en France — Fatale pusillanimité de la répression — La Fayette relance la campagne — Talleyrand réussit sa révolution à l'anglaise.

UNE PAIX ANGLAISE ET MAÇONNIQUE

Du 1er octobre 1814 au 9 juin 1815, réunis à Vienne, les diplomates reconstruisent l'Europe. Et, tandis que le Congrès s'amuse dans les salons de Fanny Itzig, fille du banquier de Berlin Daniel, épouse de l'immensément riche *baron* Nathan Arnstein,

Rothschild, par personnes interposées, mène le bal.

Grand seigneur, grand comédien et, par-dessus tout, homme d'esprit — ce qui lui a valu la sympathie de Sacha Guitry — Talleyrand, redevenu ministre des Affaires étrangères le 13 mai, après avoir rencontré Louis XVIII à Compiègne le 29 avril, brille de tout son éclat dans ces assises internationales qui, renonçant aux méthodes de la diplomatie bilatérale, confient à un cercle restreint d'hommes d'État le soin de régler les affaires du monde. D'emblée, malgré sa défaite, il rend à la France son rang. Conformément au pacte de Chaumont, qui prévoyait des consultations préalables entre les Quatre, un protocole préliminaire du 28 septembre avait réservé à ceux-ci la décision sur les questions territoriales. Talleyrand, arrivé le lendemain, ayant fait observer : *« S'il y a encore des puissances alliées, je suis de trop ici »* obtint d'être admis dans les discussions, à part entière.

Il avait ajouté d'ailleurs : *« Je suis peut-être le seul qui ne demande rien »*, ce qui, hélas, n'était que trop vrai ! Car il avait apporté beaucoup de hâte à traiter. Était-ce pour mettre Louis XVIII en présence du fait accompli que la convention du 23 avril avait accepté le retour de principe aux frontières de 1792 ? Pourquoi se lier les mains si vite et renoncer avec tant de légèreté aux frontières de Lunéville, à Nice et à la Savoie, à la rive gauche du Rhin ? Pourquoi conclure la paix si vite à Paris, le 30 mai, aux conditions des Alliés ? (limites de 1792, symboliquement améliorées par l'annexion d'Avignon et du Contat Venaissin, de Chambéry, d'Annecy, de Sarrebruck, Landau, Philippeville, Marienbourg et de quelques communes de Belgique) au lieu de lier le sort de la France au règlement général dont allaient discuter à Vienne des coalisés déjà divisés ? Pour hâter le départ des troupes d'occupation et le retour des quelque 100.000 hommes retenus dans les 53 places qui tenaient encore en Europe ? De fait, les troupes alliées évacuèrent le 3 juin Paris, dont la population avait laissé un peu trop déborder dans son accueil la joie qu'elle éprouvait au rétablissement de la paix ? Ou bien pour rendre irréversible la renonciation à la rive gauche du Rhin, prévue déjà par quelque projet préfabriqué ? Toujours est-il que Louis XVIII se voyait frustré de la rectification de frontière modérée qu'il désirait : Deux-Ponts, Spire et Worms, Luxembourg, Namur, la Sambre, Mons, l'Escaut, Tournai, Ypres et le canal de Furnes.

Pourtant les instructions du 10 septembre pour le Congrès, que Talleyrand avait rédigées avant de gagner Vienne, en compagnie de Dalberg, d'Alexis de Noailles et du marquis de la Tour du Pin, n'étaient point mal conçues : en Italie, rendre Naples à Ferdinand IV et conserver ses états au roi de Sardaigne, pour ne pas laisser l'Autriche dominer la péninsule ; en Allemagne, n'accorder ni la Saxe, ni Mayence à la Prusse, afin qu'elle ne puisse établir sa suprématie en Europe centrale ; enfin, ne pas tolérer que la Russie absorbe entièrement la Pologne. Pour contenir les appétits gloutons des Russes et des Prussiens, Talleyrand n'eut aucune peine à associer la France à l'accord secret par lequel, le 3 janvier 1815, l'Angleterre et l'Autriche s'engageaient à mettre en ligne, en cas de nécessité, chacune 150.000 hommes. C'était là apparemment un grand succès : l'éclatement de la coalition. Mais pourquoi n'avoir pas monnayé le concours de la France ? Au lieu de se placer docilement dans le sillage de l'Angleterre ? D'abandonner dans les ports du littoral du nord, 31 vaisseaux sur les 103, 12 frégates sur les 55, que comptait la flotte reconstituée par Napoléon ? De tolérer que l'Angleterre *reprenne la politique de Mr Pitt* et, selon les instructions adressées le 1er octobre par Castlereagh à lord Liverpool, qu'elle *mette la Prusse en contact avec la France sur la rive gauche du Rhin*. Car si la Hollande recevait intégralement la Belgique, en compensation de sa colonie du Cap, cédée à Londres, si le grand-duché de Luxembourg revenait à Guillaume d'Orange, Mayence au grand-duc de Hesse (tous deux protégés des Anglais), si le Hanovre se trouvait agrandi par le Palatinat remis à la Bavière, la Prusse se taillait la part du lion : les trois-quarts de la rive gauche du Rhin, catholique — Aix-la-Chapelle, Cologne, Bonn, Coblentz, Trêves, Sarrebruck — la moitié de la Saxe avec Torgau, la Poméranie (en compensation de laquelle la Suède s'annexait la Norvège) ; sa part de Pologne, la Posnanie avec Poser, Bramberg et Thorn.

Le reste de la catholique Pologne dépecée, soumis à la domination d'une Russie, portée du Niémen sur la Vistule. La Galicie à l'Autriche, qui retrouvait en Italie la Lombardie et la Vénétie. L'Angleterre ne s'était pas non plus oubliée, s'octroyant le protectorat des Îles Ioniennes et de Corfou, pour mieux asseoir, avec Malte, ses positions en Méditerranée, tandis que, négligeant sur ce point le retour au statu quo de 1792, elle mettait la main sur les Seychelles, Tobago, Sainte Lucie et l'île de France.

Ayant souscrit à tous ces trocs de population, préparés par le *Comité des Évaluations*, constitué par le Congrès, l'Angleterre pouvait à bon droit alléger sa conscience puritaine en faisant adopter une résolution humanitaire condamnant la traite des noirs.

Faisant mine de défendre la *légitimité*, le représentant de la France n'avait timidement négocié que pour le rétablissement à Naples de Ferdinand IV (dont avait reçu 3.700.000 francs, contre 840.000 seulement de Murat, battu à Tolentino le 3 mai, et déchu le 20) et pour le maintien, à la tête d'un état diminué, de Frédéric-Auguste de Saxe, dont il avait soutiré 6 millions. N'eut-il pas mieux valu pour la France que ce souverain, catholique et bon voisin, reçut en compensation de son royaume la rive gauche du Rhin — comme la Prusse elle-même l'avait proposé — ou que la Rhénanie fut constituée en état-tampon, neutre, solution que personne ne suggéra ? Si les bons mots de l'ancien évêque d'Autun (qui faisait des 21 volumes de l' *» Improvisateur français »*, son bréviaire), font la bonne fortune de toutes les histoires diplomatiques, ils ne sauraient faire oublier qu'à Vienne le prince de Bénévent sacrifia les intérêts de la France à une paix anglaise et maçonnique, grosse d'iniquités et de révoltes nationales latentes.

UN ROI LIBÉRAL, COMPROMIS PAR DES MALADRESSES

Mais il y eut pire. Éclatant comme une bombe devant l'aréopage viennois le retour de l'île d'Elbe compromit encore davantage la position de la France. Débarqué au golfe Juan le 1er mars 1815, après avoir rallié devant Grenoble et à Lyon les troupes envoyées contre lui, l'ex-Empereur avait gagné Paris le 20 mars. À quels mobiles avait-il obéi pour se lancer dans cette aventure ? Profiter des dissensions des Alliés pour provoquer la révision du traité de Paris ? Mais son premier geste fut de le ratifier. Prévenir les intrigues de Fouché, en faveur du futur Louis-Philippe (*« Ce n'est pas Louis XVIII que j'ai détrôné*, dira-t-il plus tard à Sainte-Hélène, *mais Orléans »*) et tenter encore une fois la chance, en exploitant à son profit le mécontentement des Français ? Privé de sa femme, de son fils, démuni de ressources, faute du versement de la pension promise, menacé d'un transfert de l'île d'Elbe dans un exil plus lointain réclamé par Talleyrand et Fouché, peut-être même d'un assassinat, que Bruslart était soupçonné de préparer en Corse, il avait profité de l'absence vraiment opportune et prolongée de son gardien Campbell, parti à Livourne depuis le 16 février, pour gagner les côtes françaises (26 février), en se présentant comme l'homme du Destin. Le 12 février, un émissaire de Maret, Fleury de Chaboulon, l'avait averti de la désaffection de la population et des rancunes de l'armée à l'égard du gouvernement royal. Avec les troupes d'invasion, les produits anglais avaient inondé la France, provoquant faillites et chômage ; le peuple des campagnes, souffrant de l'occupation, et les ouvriers des villes regrettaient l'Empereur. Quant à l'armée, elle en voulait aux Bourbons des mesures de démobilisation qui l'avaient frappée, entraînant la mise en demi-solde de 30.000 officiers, dont 25.000 séjournaient à Paris, de la nomination de 61 généraux de division, de 150 de brigade et de plus de 2.000 officiers venus de l'émigration, comme de la disgrâce de la Garde, éloignée de Fontainebleau sur Metz et Nancy et de la reconstitution d'une *Maison du Roi* composée de 10.000 hommes privilégiés, dont le seul entretien coûtait 25 millions.

Le ministère, présidé par Blacas, assisté des royalistes Montesquiou et Dambray, du baron Louis aux Finances, de Malouet à la Marine, du général Dupont (le vaincu de Baylen) à la Guerre, de Jaucourt aux Affaires étrangères et de Beugnot à la Police, avait commis de graves erreurs. N'empêche que la Charte, promulguée par Louis XVIII le 4 juin 1814, avait proclamé l'égalité des Français devant la loi et la liberté de principe de la presse, reconnu au Corps législatif (élu à deux degrés avec un cens de 300 frs pour les électeurs et de 1.000 pour les représentants) le droit de consentir l'impôt et de voter les lois, maintenu 91 anciens sénateurs parmi les 154 membres, à vie ou héréditaires, que comptait la nouvelle Chambre des Pairs, déclaré le catholicisme religion d'État, tout en réservant au roi le droit de paix et de guerre, l'initiative des lois et le pouvoir de promulguer des ordonnances pour la sûreté de l'État (art. 14).

RENTRÉ, NAPOLÉON N'APPORTE QUE LA DIVISION

L'Empereur, rentré, ne pouvait se montrer moins libéral. Tandis qu'à l'extérieur, tenu en quarantaine, il allait reformer contre lui l'unité des coalisés (25 mars), à l'intérieur loin de reconstituer l'unité nationale, il ne pouvait que diviser les Français, tout en leur apportant à nouveau la guerre, rendue inévitable par son retour. On l'avait bien vu à Lyon, où il avait été accueilli par des manifestations populaires et jacobines qui le firent blêmir. Ce fut pire à Paris où, dés l'abord, Fouché et les anciens conventionnels, nantis, s'imposèrent à lui. Échappé dans des conditions rocambolesques à une tentative d'arrestation de la police royale, le duc d'Otrante récupère pour la quatrième fois son portefeuille de la police. Et, tandis qu'un plébiscite, dans lequel les deux-tiers des électeurs s'abstiennent, n'accorde plus à Napoléon que 1.532.450 voix (1er juin 1815), au lieu de trois millions et demi lors du Consulat, que la Vendée menace de se soulever (15 mai), que Marseille s'apprête à chasser sa garnison (25 juin) et que l'Acte additionnel aux Constitutions de l'Empire (22 avril), conçu selon les conseils de Benjamin Constant et de Sismondi, s'efforce d'établir un régime libéral, étend le corps électoral de 15.000 à 100.000 citoyens, et tente pour la première fois de réaliser une représentation des intérêts économiques, tout en accordant aux ex-sénateurs la Pairie héréditaire ? Fouché fabrique des élections destinées à lui livrer pieds et poings liés le régime à la première défaite.

C'est ainsi que le 3 juin 1815, entrent pêle-mêle à la Chambre parmi 629 députés qui élisent comme président l'opposant Lanjuinais, d'anciens conventionnels, Cambon, Barère, Carnot, Le Pelletier, Merlin, Garat, Garnier, des constitutionnels style Lanjuinais, Dupont de l'Eure, un revenant comme La Fayette, des financiers, Perrégaux, Hottinguer, Rey, Lafitte bientôt pris en mains par le journaliste Antoine Jay et l'avocat d'Aix, Manuel, collaborateurs directs de Fouché, ses porte-parole, ses *poulains* de demain. Pour secouer l'influence de ce maître Jacques de la politique, de cet incorrigible conspirateur qui, depuis le 1er mai, travaille l'opinion avec un journal à lui, « *l'Indépendant* », il faudrait à l'Empereur une victoire.

MAIS REFORME CONTRE LUI LA COALITION

Or, celle-ci parait des plus problématiques. L'armée de 300.000 hommes, reconstituée à la hâte par Davout, ayant dû disperser une partie de ses effectifs aux frontières (14.000 sur les Pyrénées, 23.000 sur les Alpes, 23.000 en Alsace, 30.000 en Vendée) n'aligne en Belgique que 124.000 hommes, et 350 canons contre les 120.000 (et 300 canons) de Blücher et les 100.000 (et 300 canons) de Wellington, tandis qu'une masse de 500.000 coalisés menace le Rhin. C'est dire qu'au mieux un succès initial replacerait l'Empire dans la situation de la campagne de France. Toujours égal à lui-même dans la conception de sa manœuvre, Napoléon ayant saisi Charleroi et franchi la Sambre par surprise, le 15 juin, fait ainsi sauter la charnière entre Anglais et Prussiens, inflige le lendemain à Ligny une sévère défaite à Blücher, qui faillit périr écrasé sous son cheval. Mais son étoile pâlit, et l'épée tremble dans la main de l'Empereur, mal secondé par Soult, chef d'état-major improvisé, qui rédige des ordres vagues dont il assure mal la transmission et par Ney qui, chargé de prévenir les Anglais au carrefour des Quatre-Bras et de contenir, avec 43.000 hommes, leur avance, hésite et les laisse s'établir fortement, avec 67.000 hommes, en avant de Waterloo, sur les positions du Mont Saint-Jean. Puis, rendu soudain furieux, le maréchal, à la tête de 74.000 hommes frénétiques, attaque sans appui d'artillerie les redoutes des avant-postes, lance contre les lignes anglaises des vagues d'assaut d'infanterie, sans protéger leurs flancs, et des masses de cavalerie contre une troisième position insuffisamment entamée. Après avoir commis la faute capitale de n'engager le combat que l'après-midi, Napoléon a pratiquement perdu la direction de la bataille (18 juin). Tandis que Grouchy, s'en tenant à la lettre de ses ordres, s'est écarté vers le nord avec 33.000 hommes, pour couper aux Anglais la route de Bruxelles, Blücher a retrouvé assez d'énergie pour ramener au canon ses 88.000 Prussiens. Aussi deux de ses corps sont-ils déjà en ligne quand la Garde, lancée dans un suprême assaut contre le centre anglais, se trouve arrêtée à contre-pente par l'infanterie et sabrée par la cavalerie écossaise. Elle meurt sur place plutôt que de se rendre, tandis que ses derniers carrés protègent de leur corps leur idole abattue, l'Empereur, que l'ennemi fourbu ne poursuivra qu'à peine dans sa retraite.

FOUCHÉ MAQUIGNONNE LE RETOUR DE LOUIS XVIII

Averti le premier, Fouché a eu tout le temps de prendre ses précautions dans l'intervalle, afin d'assurer la succession. Il mène des intrigues compliquées avec l'Angleterre, avec le Tsar Alexandre (Guingenné à Zurich) même avec Metternich (Montrond à Vienne) et renoue des rapports avec les Bourbons, par l'intermédiaire de Pasquier (22 juin) et de Molé (le 23) du côté libéral, ou de Vitrolles, tiré par ses soins du donjon de Vincennes (le 24), du côté des *ultras* et du comte d'Artois, à Gand. Obtient des Chambres, grâce à La Fayette, qu'elles se proclament en permanence, le 21, puis qu'elles constituent d'abord, en marge du ministère, une sorte de *Comité de Salut Public*, composé de cinq membres de chaque assemblée, puis le 22 un Conseil de cinq membres, véritable gouvernement provisoire, dont il assume, lui Fouché, le lendemain, après avoir évincé Carnot, la présidence, pour se débarrasser ensuite de ce *niais* de La Fayette et autres gêneurs, Sébastiani, Benjamin Constant, en les envoyant négocier avec les Alliés des conditions de paix pendant que lui-même, par l'entremise du très bonapartiste Regnaud et l'intervention de Jay, a obtenu l'abdication de l'Empereur, le 22, et s'apprête, grâce à l'habilité manœuvrière de Manuel, à faire écarter, par omission, le 23, la Régence et Napoléon II. Si bien que, s'appuyant à la fois sur Davout, ministre de la Guerre, et sur Masséna, nommé par lui commandant de la Garde Nationale, il conclut un armistice le 3 juillet et se pose comme le sauveur de Paris, en même temps que comme le seul interlocuteur valable des princes, l'intermédiaire obligé de la seconde Restauration.

Ayant ainsi trompé tout le monde, lui, l'ancien régicide, se rend le 5 à Neuilly, flanqué de Molé comme porte-respect, et de son inséparable Manuel, pour négocier avec Talleyrand chez Wellington, le retour du représentant de la dynastie légitime. Le 6 juillet, deux jours avant l'entrée du roi à Paris, le duc d'Otrante se retrouvait ministre de la Police ; bientôt le faubourg, par son mariage avec M$_{elle}$ de Castellane, allait lui ouvrir ses portes ; sa fortune, l'une des plus considérables de France, sera évaluée, entre 1815 et 1830, à environ 12 à 1.5 millions.

Cependant son compère et rival, Talleyrand, ministre des Affaires étrangères, qui avait aidé Louis XVIII à rédiger la déclaration, très modérée, de Cambrai, assumait les fonctions de président du Conseil, avec le baron Louis aux Finances, Pasquier à l'Intérieur, Gouvion Saint Cyr à la Guerre, Jaucourt à la Marine, Alexis de Noailles à la Maison du Roi et Decazes à la préfecture de Police.

LA FRANCE EN QUARANTAINE

L'équipée des Cent jours était close. Restait à en liquider la note. Le 20 septembre, les alliés firent connaître leurs conditions : retour pur et simple aux limites de 1792, à la seule exception d'Avignon, de Montbéliard et de Mulhouse ; restitution des œuvres d'art ; paiement d'une indemnité de guerre de 800 millions, garanti par une occupation de sept ans. C'était dur. Talleyrand n'étant guère qualifié pour en plaider l'adoucissement, démissionna le 25 septembre et reçut le titre de grand-chambellan tandis que Fouché se voyait éloigné comme ministre en Saxe. Appelé par Louis XVIII, qui appréciait sa loyauté et la noblesse de son caractère, le duc de Richelieu, ami du Tsar qui dans l'émigration lui avait confié le gouvernement d'Odessa, parvint à attendrir Alexandre. Le deuxième traité de Paris, du 20 novembre 1915, accorda à la France de menues concessions, Condé, Givet, Charlemont, les forts de Joux et de l'Ecluse ; l'indemnité réduite à 100 millions et l'occupation ramenée à cinq ans, avec faculté d'anticipation. Philippeville, Marienbourg, la Sarre française, Sarrelouis, Landau, la Savoie, n'en étaient pas moins perdus.

La France demeurait en outre à l'écart des Quatre grands, qui, le même jour, avaient confirmé le traité de Chaumont. Le 9 juin, le Congrès de Vienne avait fermé ses portes. Et, préludant, selon le vœu de Joseph de Maistre, à l'institution d'une Société des Nations, Alexandre I$_{er}$ avait contracté avec l'empereur d'Autriche et le roi de Prusse, le 26 septembre le pacte de la Sainte Alliance. Formé par son précepteur La Harpe, le Tsar n'avait pas échappé aux influences martinistes qui, dès l'origine, avaient fortement marqué la Maçonnerie russe. Née princesse d'Anhalt-Serbst, amie et protectrice des philosophes, Catherine II ne s'était pas opposée à la diffusion de ces doctrines par le comte polonais Grabianka et l'amiral russe Pleschtschejev, ni à la publication des ouvrages d'Arndt et de Jacob Boehme par la *société typographique*. De sorte que, grâce à l'activité du Grand-Maître Novikof et du prince Léopouchine, une loge *Impériale* avait vu le jour à Pétersbourg en 1784 et que, trois ans plus tard, l'Ordre comptait déjà 145 loges en Russie et 75 en Pologne. Mais à la nouvelle que le grand-duc héritier — futur Paul I$_{er}$ — avait été initié par Novikof en 1792 l'impératrice avait réagi, ordonné d'interner le Grand-Maître à Schlusselbourg, de reléguer sur leurs terres les princes Léopouchine, Tourgueniev et Nicolas Troubetskoy, et de fermer les loges. Devenu Tsar, le 17 novembre 1796, Paul I$_{er}$ les avait rouvertes, mais seulement pour les interdire à nouveau et poursuivre leurs chefs, au début de 1797. Il envisageait même de confier l'éducation de la jeunesse aux Jésuites, lorsqu'il tomba assassiné par des amis de l'ambassadeur anglais Whitworth, le 29 mars 1801.

À peine monté sur le trône, son fils Alexandre I$_{er}$ avait manifesté des tendances libérales, appelé près de lui Michel Speranski (précepteur des enfants du prince Kourakine, fondateur d'une loge *suédoise* en 1777) qu'il devait charger bientôt, avec l'historien Karamsine, d'établir un projet de constitution, et, plus tard en 1809, comme professeur de philosophie, le capucin défroqué Fessier (ex-inspirateur de Joseph II dans sa lutte anticléricale, ex-fondateur à Berlin, sous le patronage de Frédéric-Guillaume III, de la loge *York à l'amitié*). L'un et l'autre exercèrent les plus néfastes influences, calviniste et martiniste, sur l'enseignement en général et plus spécialement sur la formation du clergé orthodoxe. Sur les instances du conseiller Bober, autre martiniste, — qui assumera les fonctions de Grand-Maître du Grand-Orient russe jusqu'en 1814 — le Tsar abolit en 1803 les interdictions portées par son père contre la Franc-Maçonnerie, avant d'entrer lui-même dans l'Ordre, tandis que le grand-duc Constantin et le comte Potocki patronnaient les loges les plus huppées, genre *Wladimir à l'ordonnance*, de tendances suédoise, johannite ou martiniste, et encourageait dans l'armée la prolifération des ateliers. Brochant sur le tout, la faveur dont jouissaient auprès du souverain la protestante M$_{me}$ de Krüdener et le martiniste prince Galitzine avait couvert la création de *sociétés bibliques* (d'où sortirent la plupart des groupes de la *Jeune Russie* socialiste) et permis la publication par Labzine de traductions des œuvres de Young Stilling et la diffusion d'une revue intitulée « *Messager de Sion* ».

L'EMPIRE DES ROTHSCHILD GRANDIT

Animé de ces sentiments libéraux, le Tsar idéaliste se rendait-il compte qu'au-dessus de l'organisation qu'il venait de mettre, sur pied, au-dessus de l'Europe des Rois, sortie du Congrès de Vienne, une puissance internationale autrement plus forte se profilait déjà, celle de la Finance et de l'Empire des Rothschild ? Parmi les plénipotentiaires réunis autour du tapis vert, après vingtdeux ans de carnage et tant de ruines accumulées, pour ramener la paix et reconstruire le continent, combien étaient leurs obligés ? Et combien d'États aulx finances obérées auraient pu se targuer de résister à leurs *suggestions* ?

À L'OMBRE DES HESSE-CASSEL

Pourtant la famille était d'humble origine : des quincaillers-changeurs établis à *l'écu rouge* dans le ghetto de Francfort. Orphelin à douze ans, Meyer-Amschel avait débuté comme commis chez Oppenheim à Hanovre. Revenu à Francfort, il avait petit à petit grandi, comme *agent de la Cour* (1769) dans la faveur des princes de Hesse-Hanau, numismates auxquels il procurait des médailles. Immensément riches, ces princes de Hesse. Gendre de George III d'Angleterre, le père, Frédéric II, qui utilisait surtout comme intermédiaire l'hétérodoxe Veidel David et le banquier d'Amsterdam van der Notten, avait laissé à son fils Guillaume IX, en mourant le 10 octobre 1785, avec le titre de landgrave de Hesse-Cassel, une fortune évaluée à 50 millions de thalers. Haut en couleur et fort emplumé, mécréant et très ami des Illuminés, grand bienfaiteur de l'humanité, ce *coq* entretenait autour de lui une basse-cour où l'on ne comptait plus les maîtresses et les enfants naturels (une cinquantaine). Ce train de vie coûtant fort cher, il entretenait aussi des soldats d'une présentation impeccable qu'il revendait à l'Angleterre. Cette affaire de *Zapoletes*, comme les eut appelés Thomas More, rapportait bien. La guerre d'Indépendance américaine consommant beaucoup d'habit rouges, le père Frédéric avait réalisé, en 1776, 3,5 m. de marks de bénéfice net sur la fourniture de 12.000 hommes, dont bien peu revirent leur patrie. Continuant la tradition familiale, le fils, Guillaume, céda lui aussi à l'Angleterre son régiment *hanovrien*.

Grâce à l'intendant de ce prince Buderus, Amschel, introduit à nouveau à Cassel en 1787, parvint à se tailler une part de plus en plus importante, à côté de Simon Moritz von Bethmann, dans l'escompte des traites et plus tard dans les prêts du landgrave, qui pratiquait couramment l'usure. Installé maintenant à *l'écusson vert*, et voisin des Schiff — futurs magnats de la finance américaine — depuis qu'en 1793, Guillaume a expulsé les Français de Francfort et fourni 8.000 hommes aux Britanniques, Rothschild prospère dans les fournitures de guerre et profite si bien de l'arrêt des opérations d'Amsterdam, occupée en 1795 par l'armée révolutionnaire, qu'il en arrive à payer 15.000 florins d'impôts en 1796, au lieu de 2.000 auparavant. Sa fortune atteint un million de florins : le voilà lancé ! Il marie son fils Salomon à Caroline Stern, d'une autre riche famille de Francfort, se lie avec le prince de Thurn und Taxis, maître de poste impérial, qui lui procure d'intéressantes informations, gagne le titre d'agent de la Cour impériale, à la faveur des prêts d'un million de florins en 1795 et d'un demi-million en 1798, consentis par le prince de Hesse à l'Empereur, obtient des avances de 160.000 thalers (Novembre 1801) et de 200.000 Florins (Juillet 1802) et jusqu'en 1806, sept prêts du landgrave qui, marié à Caroline de Danemark, s'intéresse aux emprunts danois. Les prêts s'échelonnant jusqu'en 1805 (7 et 600.000) thalers) et un prêt personnel d'Amschel de 400.000 thalers s'y ajoute en Décembre 1810.

Viennent les complications auxquelles s'expose Guillaume de Hesse (devenu prince-électeur après Lunéville, en 1803), en boudant la Confédération du Rhin (Septembre 1804), en prêtant 10 m. de thalers au roi de Prusse (2 décembre 1805) avant Iéna, la nécessité de mettre en sûreté avant l'occupation de Cassel par les Français le 1er novembre, les bijoux et 1,5 m. de valeurs chez l'ambassadeur d'Autriche, de cacher des caisses d'argent (5 m.) et de titres à Wilhemshöhe (où ils seront découverts par le général Lagrange, qui en restituera une partie contre gratification) le vieux Rothschild et son gendre Moïse Worms parviendront à camoufler les archives et une partie des titres chez eux, à Francfort. Ces services-là-ne s'oublient pas. D'autant que, Lagrange ayant été découvert, le prince de Hesse a dû s'enfuir à Carlsbad le 28 juillet 1808 et le mois suivant à Prague, de sorte que Rothschild assure la liaison entre lui et Buderus, demeuré en liesse, dont il a fait son commanditaire. Non sans risques, mais la protection de Dalberg et du roi Jérôme de Westphalie, nous l'avons vu, met Amschel à l'abri de toutes les enquêtes et de la grande offensive, accompagnée de perquisitions, livrée par les Français en Novembre 1810 contre la contrebande à Francfort (sur un total de 9,5 m. de francs les Rothschild ne payèrent que 20.000 francs d'amende).

... PROSPÈRE À LONDRES

Malgré son entregent, Amschel serait resté, sans plus, un Juif de Cour d'Europe centrale, s'il n'avait envoyé, par un trait de génie, son troisième fils en Angleterre en 1798. Muni de 250.000 Florins, Nathan, établi d'abord à Manchester, y trafiqua de tout, de drap, de denrées coloniales, en triplant sa mise. Puis il vint à Londres en 1804 se fit le beau-frère du richissime Moïse Montefiore, d'une très vieille famille d'origine italienne. Des prêts judicieusement distribués — sur les fonds du prince de Hesse — aux grands de la Cour (200.000 Livres aux ducs d'York et de Clarence, au prince de Galles, futur George I$_{er}$, et 640.000 livres par ailleurs, jusqu'en 1810) contribuèrent à affermir sa position.

L'heure des grandes affaires internationales vint alors à sonner. Soucieux de mettre à l'abri sa fortune, alors qu'il finance à nouveau, de connivence avec Amschel, l'empereur d'Autriche contre Napoléon, le prince de liesse charge le Rothschild de Londres de lui procurer du 3% anglais pour 150.000 Livres, une fois, deux fois, au cours de l'année 1809, puis de nouveau 150.000 et encore 100.000 (6 décembre 1810). Avant d'acquérir les titres, Nathan fait naturellement travailler cet argent. Achète des lingots de la C$_{ie}$ des Indes, des métaux précieux un peu partout, et se spécialise dans les transferts clandestins, au point de s'en assurer le monopole. C'est alors qu'utilisant tantôt la contrebande officielle par Gravelines (où séjourne Salomon, le 25 juin 1810), et tantôt les services de son frère James, qu'il a envoyé à Paris le 4 mars 1811, et des banquiers Mallet, Charles Davillier et Hottinguer, dont il s'est assuré le concours pour transformer ses guinées (à la cadence de 100.000 guinées en un mois, le 24 mars 1811) en traites sur des banquiers espagnols, siciliens ou maltais, il parvient à acheminer les subsides destinés à Wellington, qui attendait vainement en Espagne, depuis deux ans, le nerf de la guerre. Les allées et venues de James à Dunkerque finirent par attirer l'attention ; de Hambourg, en Février 1812, le maréchal Davout alerta le préfet de police Desmarets, mais Mollien, ministre des Finances, entièrement obnubilé par l'idée que l'hémorragie d'or ne pouvait être que fatale à l'Angleterre, enterra l'affaire.

... TRANSFÈRE LES SUBSIDES ANGLAIS

Dès lors, nul n'est mieux placé que Nathan pour transférer les subsides dont l'Angleterre, mère des coalitions, arrose le continent. Tandis que la maison Rothschild se reforme le 27 septembre 1810 et répartit ses 800.000 florins de capital entre Meyer Amschel le père (370.000), 185.000 à chacun des deux aînés, Amschel fils et Salomon, et 30.000 à chacun des deux derniers (Charles et James), Nathan, théoriquement indépendant, conserve les mains libres. D'accord avec lord Liverpool, Premier Lord de la Trésorerie et le chancelier de l'Échiquier Vansittart, le commissaire Herries lui fait toute confiance. Aussi les Rothschild sont-ils chargés, à la suite de l'accord de Reichenbach (14 juin 1813) qui promet à la Prusse, pour meure en ligne 80.000 hommes, 666.666 Livres, et le double à la Russie, d'effectuer le transfert de 5 m. de thalers à la première et de 10 m. à la seconde.

L'Autriche qui, selon le traité de Toeplitz (3 octobre 1813) doit recevoir 1 m. de Livres pour 150.000 hommes, s'avère plus difficile à conquérir pour les banquiers de Francfort. Ses intermédiaires habituels sont les quatre maisons Geymuller, Arstein-Eskeles, Steiner, le comte Fries, et, à l'extérieur, la banque Parish de Hambourg. Le comte O'Donnell, président de la Chambre des Finances, et le conseiller Barbier ont cependant tâté le terrain auprès des Rothschild et du prince de liesse, qui vont bientôt contribuer pour 100.000 thalers à la coalition. Mais les pourparlers ont échoué. Il en est de même des propositions concernant la dernière tranche de 555.555 Livres de subsides, faite par l'intermédiaire de l'hétérodoxe allemand von Limburger, et de participer pour moitié d'accord avec Barbier, au transfert de l'indemnité due par Bruxelles pour l'entretien des troupes d'occupation (Août 1814). Bien que le commissaire Herries ait mis en relation Nathan avec Frédéric de Gentz, principal collaborateur de Metternich, le comte Ugarte, ministre des Finances, persiste à écarter les Rothschild et réserve sa confiance à Bethmann. Après le retour de l'île d'Elbe, son successeur Stadion, diplomate tout à fait neuf en matière de finance, accepte enfin, sur les instances d'Herries et de son agent Limburger auprès du commissaire autrichien à Francfort Schwinner, de confier aux Rothschild le règlement de deux mois de subsides anglais à l'Autriche (277.777 Livres jusqu'en Décembre 1815). Vienne, enfin, ouvre ses portes à Salomon. Stadion va même plus loin, puisque malgré l'opposition de Dederer, il incite Metternich à anoblir les Rothschild afin d'obtenir d'eux des conditions plus avantageuses (Amschel et Salomon le 25 septembre 1816, Charles et James le 21 octobre) et à nommer d'abord Nathan, consul honoraire à Londres et, trois ans plus tard James, dans les mêmes fonctions, à Paris.

Dans l'ensemble, sur 42,5 m. de Livres, réglés par Herries sur le continent, du 1er octobre 1811 à Octobre 1816, les Rothschild en ont transféré la moitié. Ce chapitre des subsides est à peine clos, que le paiement de l'indemnité de 700 m. imposée à la France par le traité de Paris en ouvre un autre. Car à Paris, aussi, les Rothschild sont bien placés. Préparant son retour dans sa capitale, le 3 Mai 1814, Louis XVIII, complètement démuni, a dû demander à Herries de lui prêter 200.000 Livres : c'est Nathan et James qui les ont procurées. Conséquence : sans même se faire naturaliser, James s'établit officiellement comme banquier à Paris. Il sera l'intermédiaire presque obligé des créanciers reconnus par le traité, et partagera avec les quatre banquiers traditionnels de l'Autriche et la combinaison Ouvrard-Baring, une grande partie des règlements à Vienne (8,6 m. de Florins).

... MANIPULE LE CONGRÈS DE VIENNE

Reconnus désormais comme la première puissance financière de l'époque, les Rothschild délèguent eux aussi à Vienne leurs plénipotentiaires — que la police autrichienne surveille de très près — Jacob Baruch le père, dit Bömes, et J. J. Gumprecht y comblent de cadeaux Frédéric de Gentz, secrétaire général du Congrès, G. de Humboldt, ambassadeur prussien et autres. Leur situation leur permet de plaider pour leurs coreligionnaires tant auprès de Metternich, qui accepte que les droits civiques soient reconnus aux Israélites (9 juin 1815), qu'auprès de la nouvelle Diète fédérale et du Sénat de Francfort, grâce à l'appui d'Hardenberg, du prince de liesse et de Buderus, et malgré l'opposition du comte Buol, représentant de l'Autriche. Au Congrès d'Aix-la-Chapelle, réuni pour liquider le paiement anticipé de l'indemnité imposée à la France et fixer les conditions d'évacuation des troupes d'occupation, signées le 9 octobre et exécutées le 30 novembre, le gouvernement de Louis XVIII a été de nouveau admis le 4 parmi les Grands.

À côté des magnats de la finance, Baring et Hope, Salomon et Charles (qui vient d'épouser Adélaïde liera) y représentent, en personne, cette fois, les Rothschild. Le Dr. Budcholz, représentant de Francfort, obtient de leurs coreligionnaires la nomination d'une commission d'arbitrage (10 décembre 1818). Il a reçu le meilleur accueil de Metternich, et surtout de Gentz, toujours secrétaire général et qui, depuis 1815, à la manière de Talleyrand, touche de toutes les mains (300, puis 500 ducats de la Russie, 800 et plus de la Prusse, du banquier hétérodoxe Lame !, de Paris, etc.) et qui, alléché par de menus cadeaux fréquemment répétés (800 ducats le 27 octobre, et encore, les 2 et 12 novembre) et par des gratifications plus importantes (5.000 Florins, etc.) se transforme en pensionné des Rothschild, leur meilleur agent d'information et de propagande (en Avril 1826), en même temps qu'il paralyse leurs ennemis. Car l'influence grandissante de leurs coreligionnaires dans une Allemagne où le mouvement nationaliste s'accentue, n'est pas sans provoquer de violentes réactions populaires, notamment à Wurzbourg, à Bamberg et à Francfort (10 août 1819). Fichte n'est en effet pas plus tendre pour eux que Goethe : « *conquérir leur Terre promise, pour les y envoyer tous !* », lui parait la seule solution. Mais quelques années plus tard, en Août 1824, le comte Buol ayant été remplacé par le baron de Munch, les Israélites de Francfort, à part quelques restrictions, eurent finalement gain de cause.

... S'ENGRAISSE DANS LES EMPRUNTS D'ÉTAT

Cependant, l'ère si fructueuse des emprunts d'État s'ouvrait pour les Rothschild. À commencer par l'emprunt prussien émis à Londres en 1817-18. La Prusse est en effet pour eux un terrain favorable. Le vieil Meyer-Amschel n'était-il pas à Francfort le correspondant des banquiers berlinois ? N'a-t-il pas rallié, en compagnie du prince de Hesse la *Tugendbund ?* Ami de David Friedlaender et d'Isaac Jacobson, Hardenberg, devenu chancelier en 1810, n'a jamais cessé de protéger leurs coreligionnaires. Il était intervenu en 1803, pour arrêter la diffusion au pamphlet de Grattenauer, « *Wieder die Juden* », publié à 13.000 exemplaires. D'accord avec Stein à la fin de 1808, il leur a accordé le droit de bourgeoisie dans les villes ; puis il a fait écarter les projets de réforme et d'assimilation préparés par Brandt et von Schrotter, qui prétendaient d'abord leur couper la barbe et leur imposer l'allemand, pour leur accorder, le 11 mai 1812, l'égalité des droits complète, à part l'admission à certaines fonctions d'État. L'ambassadeur Guillaume de Humboldt, vieil habitué des salons berlinois d'Henriette liera et de Dorothée Mendellsohn, n'a-t-il pas confié aux Rothschild le soin de gérer sa fortune ? À la complaisance de ces hommes puissants, Nathan a répondu, dès que la coalition s'est renouée, le 25 mars 1813, en chargeant Salomon de porter à Berli les subsides correspondant à l'entrée en campagne de 150.000 hommes, en deux tranches de 200 et de 150.000 Livres. À présent, c'est donc une tâche facile de conclure un emprunt de 5 m. de Livres. Émis à 72, il atteindra le pair en 1824 et sera converti en 4% à 98,5 en Décembre 1829. Ronne affaire, que suivra en 1822 l'émission par Nathan d'un autre emprunt prussien de 3,5 m. de Livres.

Alors vient le tour de l'Angleterre, où Nathan émet pour 12 m. de Livres de fonds d'État, à des conditions assez modérées. Et celui de l'Autriche, où Stadion s'efforce de retirer de la circulation le papier-monnaie dévalué et de réduire le déficit annuel, qui atteint 20 m. de Florins. Nathan ayant été nommé consul à Londres le 3 mars 1820, les Rothschild lancent le 7 avril un emprunt à lots de 20 m. de Florins (qui en coûtent 36 à l'État) et, quatre mois plus tard, 35 m. d'obligations (qui en coûtent 76,8 plus 4% de commissions). Ces fonds devant bientôt atteindre le cours de 150, le gain réalisé est assez coquet. C'est aux Rothschild aussi que Metternich confie, à 3,5% d'intérêt, 20 m. de francs de l'indemnité française, destinés à la construction future d'une forteresse sur le Rhin. Salomon, dès lors, s'installe à Vienne et, reconnaissant, consent à diverses reprises des prêts importants (et réguliers d'ailleurs) à Metternich : 900.000 Florins le 23 septembre 1822 (comme un service en vaut un autre, les cinq frères reçoivent le 29, le titre de baron, et Nathan, bientôt, celui de consul général à Londres) et 500.000 encore, le 1er juin 1827. À Vérone, en 1822, Salomon paie les dépenses personnelles du chancelier : 16.370 lires. Cependant, ses propositions pour un emprunt de 30 m. de Florins à 70 (28.785.000 pour 42.875.000 sont jugées vraiment trop onéreuses. Rejetées encore en 1823, alors qu'il se trouve en compétition avec Lafitte et Geymuller, elles seront finalement acceptées par Metternich en 1824, mais à 82 et avec trois associés. Le chancelier avait eu recours également à l'entremise de Salomon et de Nathan auprès de Baring et de Reid Irving pour obtenir de l'Angleterre un compromis pour le règlement d'une ancienne dette de 6,2 m. de Livres, contractée en 1795 et 1797. Mécontents de l'intervention autrichienne en Italie, les Anglais en réclamaient soudain le remboursement. On transigea à 2,3 m. (Octobre 1823).

Cette même intervention, décidée aux congrès de Troppau (Octobre 1820) et de Laybach (Janvier 1821) avait été l'occasion pour les Rothschild de s'introduire en Italie. Salomon, arrivé à Laybach le 29 janvier 1821, avait consenti les avances nécessaires pour que le corps expéditionnaire autrichien bouscule l'adversaire à Rieti le 9 mars et pénètre à Naples, le 24, effaçant la fâcheuse impression produite sur la Bourse de Vienne par le déclenchement d'une révolte à Alexandrie. Rendu à Naples le 12 avril, Charles, le plus jeune des Rothschild, y émit toute une série d'emprunts : 16 m. de ducats à 60 (qui cotera 76,5 en Juin 1821) ; 16,8 m. encore, en fin Novembre 1821, à 67,3 ; 22 m. de ducats en Septembre 1822 ; suivis d'un quatrième, libellé en Livres, de 2,5 m. à 89 4/5, qui atteignit rapidement 96,75 et même 108. Excellente affaire pour les Rothschild, tandis que la dette napolitaine passait de 28 m. de ducats à 104 en 1824, ils étaient installés dans une cinquième place européenne ; Amschel à Francfort, Nathan à Londres, Salomon à Vienne. James à Paris et Charles à Naples.

Suivant l'exemple de son aîné Nathan, James avait su distribuer la manne de l'amitié dans la capitale française, où il habitait maintenant l'hôtel de Fouché. Nommé le 11 août 1821 au poste honorifique de consul général d'Autriche, il entretiendra les meilleures relations avec les Bourbons, tout en se ménageant de discrètes intelligences avec Louis-Philippe d'Orléans. Il louvoie avec non moins d'habileté dans les affaires d'Espagne, qui vont être évoquées au Congrès de Vérone (20 octobre 1822), oit il se rend avec Ouvrard, tandis que Salomon accompagne Metternich et Geliez. Alors que les autres puissances approuvent l'intervention française, l'Angleterre, qui soutient les *libéraux* et entretient le désordre afin de conserver les mains libres en Amérique du Sud, y est évidemment hostile. D'où l'embarras des Rothschild. Nathan appuierait volontiers les constitutionnels qui, par l'intermédiaire du banquier Bertran de Lis, s'adressent à James afin d'écarter ou de retarder l'entrée en campagne du duc d'Angoulême, en laissant espérer la chute du ministère San Miguel (29 mars 1823). Mais, l'armée royale ayant franchi la frontière le 7 avril 1823, en dispersant les volontaires français de Fabvier, et gagné Madrid le 23 mai. James ne peut se dérober davantage. Il offre des fonds au ministère Villèle (11 mai 1823) finance le duc d'Angoulême et lui procure, entre autres, par l'entremise de son agent à Madrid, Belin, 2 m. de francs de traites sur Londres, nécessaires pour négocier la libération de Ferdinand VII, prisonnier des Cortès à Cadix (23 juin 1823). En France, il fait appel au concours de ses frères pour s'assurer, malgré la concurrence de quatre autres banquiers, dont Lafitte, l'adjudication à 89,55 de 23 m. de francs de rente émis par Villèle pour couvrir les frais de l'expédition (début Juillet 1823). Le taux était élevé, mais cependant très profitable, puisque le cours atteignit 91,25 le 11 juillet, dépassa le pair le 17 février 1824 pour s'élever à 104,80 le 5 mars.

Estimant qu'une conversion du 5 au 3% pouvait être envisagée, Villèle en discuta les conditions dès Mars 1824 avec James, Nathan et Baring auxquels il était disposé à réserver le bénéfice d'une année, soit environ 28 m., mais la Chambre des Pairs se cabra et repoussa le projet le 3 juillet 1824 par 128 voix contre 94. Ce fut occasion pour le duc de Crillon de dénoncer sans ménagement *« ces grands capitalistes (internationaux qui) tiennent pour ainsi dire dans leurs mains le sort des empires et peuvent dans les moments critiques leur faire éprouver à leur gré une secousse violente en retirant brusquement leurs fonds »* et, pour l'ancien ministre des Affaires étrangères Pasquier, de fustiger *« l'association des grandes compagnies financières (qui) paraissait vouloir marcher à l'envahissement de tous les capitaux »*. *« Que la France,* concluait-il, *donne un exemple à l'Europe en déjouant la coalition qui menace son indépendance »*. Le projet, repris par Villèle le 1er mai 1825 n'aboutit qu'à des résultats plus que médiocres-conversion de 30,5 m. de rentes — et provoqua une chute des cours si soudaine, de 75 à 62, qu'effrayés les quatre frères Rothschild (Nathan, excepté) vinrent conférer en hâte à Paris, pour enrayer la baisse.

L'extension continue des affaires des cinq frères, maîtres d'une bonne part du crédit de l'Europe, et partant, de la paix et de la guerre, justifiait pleinement les critiques des pairs. À la faveur du Congrès de Vérone, Centz leur avait procuré la clientèle du Tsar, pour le compte duquel ils avaient émis un emprunt de 6 m. de Livres. Mais le moment n'était pas encore venu pour leurs financiers de s'engager à fond dans des opérations en Russie. Lorsque Nicolas Ier, en lutte contre les Turcs, les sollicita à nouveau en Mars 1828, sur les conseils de Metternich et de Nathan, ils se récusèrent. Comme ils refusèrent de venir en aide à la Turquie, condamnée par le traité d'Andrinople du 14 septembre 1829 à payer 11, 5 m. de ducats hollandais d'indemnité. Détenteurs d'une masse importante de fonds d'État (ils posséderont encore 18 m. de francs de rentes françaises en 1830) leur intérêt le plus évident est de maintenir la paix en Europe.

UNE PUISSANCE SUPRANATIONALE

Véritable puissance internationale, attentifs à posséder pour leurs spéculations la primeur des informations, ils disposent du courrier le mieux organisé et le plus rapide, jouissant la plupart du temps de l'immunité diplomatique. C'est ainsi qu'ils transmettent au gouvernement anglais, le 20 juin 1815, grâce à un agent d'Ostende, la nouvelle de la victoire de Waterloo, comme, plus tard, celle de l'assassinat du duc de Berry. À Vérone, l'attention des diplomates est attirée par ce volumineux courrier. Encore que Salomon et James aient été surpris à Paris par les évènements de 1830 (ils venaient de prendre 80 m. de rentes françaises destinées à financer l'expédition d'Alger, au-dessus du pair, à 102,72, pour éliminer la concurrence de leur coreligionnaire espagnol Aguado et de Mallet qui avaient offert respectivement 97,55 et 98), c'est encore eux qui en avertirent, d'une part le cabinet de Londres, et d'autre part, Metternich.

Mais ils font preuve de la plus grande réserve dans les affaires d'Espagne et d'Amérique du sud, sur lesquelles cependant, depuis 1808, l'Angleterre dirige tout l'effort des loges qu'elle a reprises en main. S'ils acceptent d'endosser à Londres en 1824, les engagements du Brésil et s'ils accordent à cet État, où leurs coreligionnaires jouent un grand rôle, un emprunt de 800.000 Livres en 1829, ils se tiennent prudemment à l'écart des spéculations sur les valeurs minières sud-américaines qui agitent la Bourse de Londres et provoquent en 1825-26 un krach suivi d'une crise financière, qui entraînera la disparition de la maison Fries à Vienne et le suicide de David Parish de Hambourg. Nathan intervient cependant dans le sens de la politique anglaise en faveur des insurgés, en dissuadant ses frères d'accorder des crédits à l'Espagne. Un emprunt de 120 m. de pesetas, sollicité par Ferdinand VII et Villèle, auprès de Baring, d'Irving et des Rothschild, se heurte aux exigences de ces derniers qui, pour le prendre à 60, réclament à la France une garantie qu'elle ne peut accorder (Décembre 1823). À la mi-septembre 1825, après avoir tenu leur conseil à Londres, les cinq frères refusent à nouveau un prêt de 25 m. de Livres à l'Espagne.

CONTRE L'ADMINISTRATION IBÉRIQUE EN AMÉRIQUE...

Transformé en champ clos par suite de l'invasion napoléonienne, si perfidement suggérée par Talleyrand, les États ibériques ont perdu le contrôle de leurs colonies américaines, tandis que l'Angleterre, par l'entremise des loges qu'elle a créées, s'y posait en libératrice.

Si l'expansion portugaise, héritière des méthodes puniques, essaimant de par le monde des escales et des comptoirs, avait revêtu longtemps un caractère éminemment commercial, elle ne s'en était pas moins taillé au Brésil un véritable empire. Quant à l'Espagne, pénétrée à la fois des traditions romaine et catholique, et poursuivant en quelque sorte par-delà les mers la reconquête sur les Infidèles menée pendant des siècles sur son propre territoire, elle avait systématiquement occupé les pays conquis, pour y trouver de l'or, certes, mais aussi pour y propager la Foi, en y implantant sa civilisation, sa langue, ses lois, son administration. Si certains de ses *conquistadores* les colonisateurs ne sont pas des saints — s'étaient montrés cruels envers les indigènes, si le système de la *commande, encomiendas*, confiant aux conquérants des troupes d'Indiens non convertis — probablement nécessaire à l'origine au développement et à l'exploitation du pays avait couvert de très graves abus, du moins l'Espagne ne s'inspirant ni du barbare-racisme biblique, ni des méthodes hypocrites décrites par Thomas More dans « *l'Utopie* », qui conduisirent à l'extermination délibérée des Indiens de l'Amérique du Nord, avait-elle dénoncé elle-même par la voix de ses religieux (fray Bartolomeo de las Casas) les excès dont elle avait honte et protégé par une législation attentive les peuples qu'elle avait pris en charge.

À la réalisation de cette politique avait veillé le Conseil des Indes, créé en 1511, organisé en 1524, et définitivement réglementé par l'ordonnance royale du 24 septembre 1571. Siégeant à Séville, composé d'un président, d'auditeurs, d'assesseurs, disposant d'experts de toute sorte et d'inspecteurs munis de pleins pouvoirs, il était à la fois l'Autorité et le Tribunal suprême pour toutes les affaires coloniales. À ce titre, cette Cour examinait les comptes-rendus de gestion des gouverneurs. Institution originale que ces *Juicios de Residencia*. Successeurs des *Adelantados*, des *Autorités avancées* de la reconquête de Castille et de la pénétration en Amérique, vice-rois et capitaines-généraux, trop éloignés du souverain pour lui en référer de leurs décisions, jouissaient d'une autorité sans partage mais compensée par une responsabilité non moins totale, puisqu'en fin de charge une enquête était ouverte sur la gestion du proconsul, afin d'entendre les plaintes de ses subordonnés, comme celles de ses administrés. De sorte que leur responsabilité pleine et entière était aussi pécuniaire que pénale.

Au XVIIIe siècle, principalement sous l'influence des réformes *à la française* pratiquées par les Bourbons, cette administration avait subi des retouches importantes : création d'un ministère des Indes, limitation des pouvoirs du Conseil des Indes (en attendant sa suppression par les Cortès de Cadix en 1812), introduction des intendants. Le règne de Charles III, souverain *éclairé*, entouré des conseils de ministres et de nobles francs-maçons, comme le comte d'Aranda, le duc d'Albe, le comte Pedro Rodriguez de Campomanes. Gaspar-Melchior de Jovellanos, le comte de Montijo, le marquis de Valdelirios et autres, avait été marqué par la nomination de vice-rois tolérants, Revillagigedo, Bucarelli, en Nouvelle Espagne (Mexique), Gil de Toboada, F. de Croix au Pérou, Vertiz à la Plata (vice-royauté créée en 1776), Manso au Chili, La Cerda en Nouvelle-Grenade (Colombie), Luis de las Casas à la Havane. Le comte d'Aranda avait même envisagé en 1783, par une sorte de pacte de famille colonial, le regroupement des territoires américains en trois royaumes largement autonomes : le Mexique, *Costa Firme* et le Pérou, sous un empereur commun. Godoy, ministre de Charles IV et favori de la reine Marie-Louise, reprit ce projet en 1804, sous la forme de *princes régents*. L'Espagne n'était donc en aucune manière fermée aux idées libérales. Créateur des conceptions modernes du droit international, Francisco Vittoria y avait proclamé l'égalité entre les états, le Père Mariana, l'égalité entre les citoyens, tandis que Suarez fondait l'État sur le consentement des administrés. En 1797, Villava développa un plan de réforme proposant la supprésion des vice-rois, la représentation des *Américains* pour moitié auprès des *Audiencias* et par des députés au Conseil suprême de Séville.

L'ANGLETERRE POUSSE LES CRÉOLES À LA RÉVOLTE

Les deux entraves à la liberté que les colonies d'Amérique supportaient le plus difficilement étaient en effet l'exclusion des créoles du gouvernement et le monopole du commerce extérieur réservé à l'Espagne. Que les fonctionnaires espagnols, agissant comme arbitres, conservent la gestion des affaires constituait certainement au début la meilleure garantie pour les deux éléments ethniques en présence, indiens autochtones d'une part, créoles, colons européens nés dans les pays, de l'autre. Mais ces derniers, à peine consolidée leur position, aspirèrent à jouer un rôle politique. Dès la première moitié du XVIIe siècle, un magistrat péruvien. Juan Solorzano Pereira, avait plaidé leur cause. Dans sa harangue, *« Elogio »*, à l'Université de Lima en 1781, José Baquijano y Carillo avait proclamé leurs droits civiques. Juan Bautista Mariel avait fait de même à Côrdoba (Argentine). Dans sa *« Lettre aux espagnols américains »*, publiée à Philadelphie en 1799, le jésuite Juan Pablo Viscardo y Guzman avait écrit : *« le nouveau monde est notre patrie »*.

Cette prise de conscience politique s'accompagnait de l'éveil rapide d'intérêts économiques en plein développement. À l'origine, le régime commercial des colonies avait été le monopole parce qu'il n'en pouvait être autrement. Seule une flotte de guerre était capable de protéger les convois contre les entreprises des corsaires anglais et français, des pirates et des flibustiers. Il était donc normal que la *Casa de Contratación* de Séville possédât le privilège d'organiser les voyages, d'acheminer vers la métropole les lourds galions chargés d'or, de pierres de métaux précieux ou de denrées exotiques, sucre, café, etc et de procurer aux territoires des Indes tout ce qui était nécessaire à leur vie, depuis les colons, venus en majorité d'Extramadure et d'Andalousie (et en nombre moindre de Galice, des provinces basques et du Levant), le bétail et les semences, jusqu'aux garnisons, leurs armes, leur matériel et leurs munitions. Pendant longtemps Panama, où aboutissaient ces flottes, avait été la grande foire d'échanges de l'Amérique centrale et de l'Amérique du sud. Qu'elles soient françaises, anglaises ou hollandaises, les grandes Compagnies à charte procédaient alors de même. Mais le temps avait marché et, cessant d'être indispensable, le monopole paraissait injuste. Là, encore à Madrid, on s'en était rendu compte et Jovellanos, entre autres, souhaitait l'assouplissement de ce régime. Tandis que, la prospection s'intensifiant sur place, les voyages d'hommes de science européens, La Condamine, Bonpland, Souiergues, Haenoke, Ullos, Juan et surtout Humboldt, attiraient l'attention sur les richesses du nouveau Monde et sur l'intérêt qu'il y aurait à ouvrir ce marché au commerce international.[26]

L'exemple contagieux des révolutions américaine et française ne pouvait qu'encourager ces tendances a l'émancipation. Comme ceux de Voltaire, traduits par l-rquijo, l'Encyclopédie et les ouvrages des philosophes circulaient en Amérique. Sociétés de pensée et journaux répandaient leurs idées. En Nouvelle-Grenade (Colombie). où dès 1788, sous le nom d'école de *sabios*, de savants, de sages. José Celestino Mutis, venu de Cadix en 1760, fondateur d'une bibliothèque publique en 1777, établit une pépinière de révolutionnaires et développa sa propagande avec l'aide du capitaine aux gardes Rodriguez de Arellano et d'Antonio Nariño, tandis que le Dr. Espejo publiait *« el nuevo Luciano »* le nouveau Lucien. À Lima, au Pérou, où l'*Associación Filarmonica* de José Rossi et Rubi se transforma en 1790 en *Sociedad de los Amantes del Pais*, et où le moine Diego Cisneros, de Saint-Jérôme, ancien confesseur de la reine Marie-Louise, diffusait les encyclopédistes. Au Chili, où le fils du vice-roi O'Higgins, irlandais d'origine, à son retour d'Europe, commençait à agiter les esprits. À Buenos-Aires, où le navire *« le duc d'Orléans »*, en visite en 1789, avait répandu pamphlets et libelles et où Manuel José de Lavardeu 1756-1811) fonda une *Sociedad patriôtica y literaria*, avant que Moreno ne monte la sienne en 1811. :Au Vénézuela, où un lieutenant de justice. José Francisco Léon, avait provoqué une émeute dès 1751 et où l'agitation reprit à l'arrivée de 900 prisonniers de Saint-Domingue en 1795, avec les complots de trois ex-détenus politiques, poursuivis avec 89 complices en Juin 1797, pour aboutir à un mouvement dirigé par Gual, Picornell et Campomanes en 1799. La révolte de Toussaint-Louverture à SaintDomingue n'avait pas été sans provoquer des répercussions à Cuba et à Porto-Rico. Quant au Mexique et au Guatemala l'on a procéda en 1794-95 à des poursuites et à des arrestations pour diffusion de littérature *philosophique* ou révolutionnaire ; y étaient impliqués des Espagnols et des Français. Parmi les dirigeants du mouvement d'indépendance. Belgrano. Mariano Moreno et Bernardo de Monteagudo reconnaissaient avoir reçu l'empreinte des *idées françaises*.

Mais cette propagande idéologique n'eut pas suffi à déclencher une véritable révolution, sans une impulsion extérieure. Pas plus que les révoltes populaires, sporadiques et quelquefois graves, qui s'étaient produites à diverses reprises, celle menée par Fernando de Mompo, disciple de José de Antequera, à l'exemple des *Communeros* de Padilla en Castille, en 1763, dans les provinces *jésuites* du Paraguay et de Corrientes, qui parvint à déposer le lieutenant du gouverneur (29 octobre 1764). Les émeutes contre les impôts, organisées en Colombie en 1780-81 par Juan Francisco Berbeo et son lieutenant Antonio Gabin (exécuté en 1782), alors que le vice-roi Manuel Antonio Morez venait de repousser une attaque anglaise contre le port de Cartagena (1779). Celle, plus redoutable, du cacique indien surnommé Tupac Amant (4 novembre 1780-18 mai 1781) qui, après avoir massacré le *corregidor*, sous-gouverneur Antonio de Arriaga et soulevé 20.400 montagnards, à Vilcamayo (Bolivie), ne put être réduit que par

---

[26] C'est précisément le baron de Humboldt qui révélera à Simon Bolivar, planteur à San Mateo au Venezuela, sa vocation de libérateur, lors d'un voyage à Paris. L'Amérique espagnole, lui dit le géographe allemand, est mûre pour être libre, mais elle a besoin d'un grand homme pour entreprendre cette œuvre.

l'intervention de 17.001) hommes réunis par les vice-rois de Lima et de Buenos Aires, Jauregui et Vertiz.

LA CITÉ LES FINANCE, LA F∴ M∴ LES ENCADRE

Cette fois, c'était beaucoup plus grave, puisqu'il s'agissait d'un mouvement généralisé, dirigé de Londres, financé par la Cité, organisé par la Maçonnerie. Profitant de la guerre permanente que les coalitions alimentées par leurs subsides entretenaient en Europe, maîtres de la mer depuis Trafalgar, les Anglais essayèrent d'abord de s'emparer des possessions françaises et espagnoles par la force. Tâtant le terrain, le colonel Whitelock tenta de débarquer à Saint-Domingue, alors en pleine révolte. Puis, ils dressèrent le plan de trois attaques simultanées contre le rio de la Plata, le Chili et le Vénézuela, qui devaient les rendre maîtres de l'Amérique du sud. Venant du Cap, dont il s'était emparé en Janvier 1806, lord Popham, commodore, avait donné mission au général Beresford de s'emparer de Buenos-Aires avec 2.000 hommes (25 juin 1806). Le vice-roi ayant pris la fuite, tout alla bien d'abord, mais il suffit de la réaction virile d'un capitaine de navire, Santiago de Liniers, français au service de l'Espagne, pour maîtriser Beresford et le contraindre à capituler. À cette nouvelle (12 août 1806), Crawford renonça à forcer Valparaiso pour voler au secours de son collègue. Whitelock, qui réussit à s'emparer de Montevideo en 1807 n'eut pas plus de chance : les 8.000 miliciens de Villiers suffirent à infliger à ses 12.000 hommes une correction exemplaire.

Cependant, sur la côte nord du continent et dans la mer des Antilles, les Anglais avaient trouvé des auxiliaires disposés à seconder leurs desseins. Francisco de Mendiola, au Mexique, leur avait proposé d'armer 40.000 hommes et Luis Vidal, dans les îles, de lever aussi des contingents, mais c'est en la personne de Francisco de Miranda qu'ils découvrirent l'homme dont ils avaient besoin. Né à Caracas en 1750, ce franc-tireur de la liberté, après avoir mis son épée, au lendemain de Saratoga, au service des Insurgents d'Amérique, avait voyagé en Europe avec un passeport octroyé par Catherine II, puis il était venu à Londres se mettre à la disposition de Dumouriez, qu'il avait accompagné à Valmy et dans son équipée des Pays-Bas. Cette aventure ayant fini à la Conciergerie, ses protecteurs anglais en avaient fait le chef des Hispano-Américains *libres*. À ce titre, il se présenta avec la flotte anglaise devant Ocuman au Vénézuela en 1806, dans l'espoir de soulever les partisans des Droits de l'Homme et les fils de la Patrie, *Hijos de la Patria*... pour se faire rejeter à la mer plus vite qu'il n'avait débarqué ! Avec le *Leander* de sir Thomas Lewis, deux autres bateaux et 400 hommes, il tenta encore une descente en Colombie, le 6 mai 1806, et ne parvint à prendre terre que du 2 au 14 août de la même année, à Cao, au Venezuela.

L'opération brigandage — proposée par Miranda et Popham à lord Melville, Premier Lord de l'Amirauté, en 1804 — s'étant ainsi soldée par un échec piteux, l'opération libération commença. Hardi précurseur de la décolonisation, Miranda proposa à Pitt et à l'ambassadeur des États-Unis de travailler à l'indépendance de l'Amérique du sud, même, s'il le fallait, en restaurant un *Inca*. Les États-Unis en effet, commençaient à loucher sur les provinces septentrionales, soumises à l'autorité du vice-roi du Mexique, complément idéal de l'acquisition de la Louisiane et de la Floride. Aaron Burr y préparait leur pénétration parmi les étudiants et dans le bas-clergé du pays. Il fut donc décidé de centraliser la propagande, en vue des évènements qui se préparaient en Espagne. Une *Grande Loge Américaine* se constitua à Londres, dont le Conseil suprême se réunit au domicile même de son Grand-Maître, Miranda (Grafton Street, 27, Fitzroy Square). Miranda y réunit ses amis, futurs chefs du mouvement d'émancipation dans toutes les possessions espagnoles d'Amérique centrale et d'Amérique du sud. On y vit Mier, du Mexique, Valle, du Guatemala, Bolivar et Antonio Nariño de

Colombie, San Martin, Mariano Moreno et Alvear, de la Plata, O'Higgins, Bernardo Riquelme et Carrera, du Chili, Montafior et Rocafuerte, de l'Equateur, Vizcardo, du Pérou, Monteagudo, de Bolivie, entre autres.

En liaison avec eux, la loge *Lautaro* s'établit à Cadix, ville qui comptait déjà 500 maçons en 1759 et qui s'apprêtait à accueillir, dans l'île de Léon, la *Junta* formée à Aranjuez pour résister à l'invasion napoléonienne. Tandis que la péninsule ibérique, occupée, sert de champ de bataille aux armées française et anglaise et que deux clans maçonniques l'un à Madrid, l'autre à Cadix, s'y disputent le gouvernement, L'Angleterre a vraiment beau jeu. Cependant, devant la *vacance du pouvoir* en Espagne, la première réaction des colonies est toute loyaliste. Les *juntas* qui se forment outre-mer, sur l'initiative du général Goyeneche en Août 1808, et selon les instructions de commissaires venus de Séville, siège provisoire de la *Junta centrale*, en Novembre, se réclament partout du *fidelismo*, de la fidélité à l'Espagne et à son roi. Mais les liens n'en sont pas moins relâchés, l'habitude prise de se défendre soi-même et dans ces comités s'infiltrent des éléments maçons bien décidés à prolonger l'action jusqu'à l'indépendance.

La première de ces *juntas* apparaît à Montevideo le 21 septembre 1808 ; elle n'obéit pas à Villiers et se retire devant le nouveau vice-roi nommé en 1809 ; cependant, à l'exemple de BuenosAires, Artigas la reconstitue, bat les Espagnols à las Piedras le 18 mars 1811 et défendant l'autonomie des provinces orientales, se dispute à la fois avec les Argentins et avec ses voisins portugais du Brésil. En Bolivie, se forme une *junta* autonomiste avec Sucre, à Chuquisaca, qui arrête le président de *l'Audiencia* (25 mai 1809) avec Monteagudo et Murillo, à la Paz (16 juillet). Ce dernier battu par le général espagnol Goyeneche à las Yungas, ne tarde pas à être exécuté (10 janvier 1810). Au cours de la répression, Cochabamba est détruite (27 mai 1812). À Quito (Equateur), la *junta* constituée le 10 août 1809 a beau proclamer l'indépendance le 11 octobre 1810, le vice-roi du Pérou Fernando de Abascal, déjoue et réprime toutes les conspirations et le colonel Arredondo a la main lourde. Le Venezuela est divisé : à Caracas, un *cabildo abierto*, une assemblée publique a déposé le 19 avril 1810 le capitaine général, malgré ses idées libérales. Mais Coro et Maracaïbo demeurent royalistes. Les modérés s'effraient de la libération des esclaves, de l'appui demandé par Bolivar à l'Angleterre, de la proclamation d'indépendance d'une république fédérale, le 5 juillet 1811. L'espagnol Monteverde, amène des renforts de Porto-Rico, enlève les châteaux de Puerto Cabello, fait capituler la Guayra et obtient de Bolivar qu'il lui livre Miranda, considéré comme stipendié de l'Angleterre ; ce dernier, incarcéré à Cadix y mourra en 1816. Suivant l'exemple de Caracas, Santa Fé de Bogota avait constitué une *junta* le 20 juillet 1810. Et, malgré la défaite que lui avaient fait subir à Pasto les royalistes en 1810, Antonio Nariño, ami de Mutis, était parvenu à se faire nommer président de la république de Colombie en Octobre 1811, mais il ne put tenir devant la contre-attaque espagnole de 1812.

À Buenos-Aires, le général Beresford, prisonnier, proposa d'abord, par l'entremise de Saturnine Rodriguez Peria (qui s'apprêtait d'ailleurs à faciliter son évasion) une solution *à la portugaise* : porter la princesse Charlotte, sœur de Ferdinand VII, au pouvoir à la Plata, comme son mari, le régent Jean VI, au Brésil. La princesse repoussa d'elle-même ce cadeau punique. Alors le vice-roi Hidalgo de Cisneros, de tendances libérales et maçonniques, fit publier la nouvelle de la chute de la *junta* de Séville (18 mai 1810) et tenta de s'appuyer sur l'assemblé en (cabildo) officielle et sur les provinces de l'intérieur pour se maintenir à la tête de la *junta* locale. S'opposant à cette manœuvre, Manuel Belgrano fit intervenir les membres d'une société secrète qu'il avait formée autour de son journal le *« Correo de Commercio »*, les *Patricios* de Coroelio de Saavedra Castelli, Martin Rodriguez, etc., pour imposer un *cabildo abierto*, une assemblée publique que les troupes filtrèrent si soigneusement que, sur 450 personnes convoquées, 251 seulement y assistèrent (22 mai). Le 25, une pétition et une manifestation populaire firent le reste. Le *cabildo* dut s'incliner, déposer le vice-roi et désigner comme chefs de la *junta* Saavedra et Mariano Moreno (1778-1811). Ce dernier, avocat célèbre par sa traduction du *« Contrat social »* et par sa *« représentation au vice-roi en faveur de la liberté du commerce »* (que les Brésiliens vont traduire en 1810) partit aussitôt pour l'Angleterre, accompagné de Matias Irigoyen, chargé d'y acheter des armes et une imprimerie. Au Chili, de nobles espagnols, conduits par le *comte de la conquête*, Mateo de Toro y Zambrano, avaient pris la direction de la *junta*, le 18 septembre 1810, malgré l'opposition de Bernardo O'Higgins, le fils du vice-roi. Un autre disciple de Miranda, José-Miguel Varrera, jeune et fougueux militaire, parvint à les renverser le 4 septembre 1811, mais ce fut pour se disputer avec son chef, ce qui permit à l'armée royaliste de l'emporter à Rancagus.

L'AMÉRIQUE CENTRALE RÉSISTE À L'AGITATION

Cependant en Amérique centrale, ni les îles, Cuba, Porto-Rico, qui servirent longtemps de bases d'opérations aux Espagnols, ni les territoires relevant de la capitainerie générale de Guatemala n'avaient bougé, à part l'agitation entretenue au Salvador par le prêtre Delgado entre 1811 et 1814, et au Guatemala en 1813. Les élus de ces régions aux Cortès de Cadix étaient des Espagnols. Quant au Mexique, le mouvement d'émancipation y avait revêtu un caractère tout particulier. C'est le bas-clergé, défenseur des Indiens et des créoles, qui en prit l'initiative. À l'instigation du vice-roi Iturrigaray, maçon, une société secrète se constitua en 1808 sous le vocable de Notre-Dame de Guadalupe, la Vierge spécialement vénérée à Mexico. Bientôt, les *Guadalupes* s'insinuèrent partout, notamment dans la presse. Des émeutes éclatèrent en 1808, provoquées par le père Talamontes. Le 16 septembre 1810, en chaire, le curé Miguel Hidalgo y Castillo, adepte ses *idées françaises*, déclencha un soulèvement d'Indiens. Sa horde indisciplinée, que le capitaine Allende s'efforçait en vain d'encadrer, menaça Mexico. Alors le général Calleja bouscula les 40.000 insurgés à Puente Calderon, et fit exécuter leurs chefs, à la mi 1811. Devenu vice-roi, il fera exécuter de même en 1815 un autre curé, José-Maria Morelos y Pavón, qui a prêché dans le sud la révolte contre les *gachupines*, les Espagnols, s'est emparé d'Oaxaca et d'Acapulco, y a fait désigner un triumvirat par un Congrès républicain, a rétabli les Jésuites (Octobre 1814) et réclamé l'appui des États-Unis. Mais les *Guadalupes* qui ont réussi à exclure les Espagnols des élections du 29 novembre 1812 parviennent à maintenir leurs réseaux et les intelligences dont ils disposent, auprès du secrétaire même du vice-roi, Joaquin Torres Torrijo, bien que leur correspondance soit tombée entre les mains de Calleja, à Tlacopetec, en Février 1814.

Repris en main par un général ambitieux, Agustin de Iturbide, le Mexique allait-il offrir à la dynastie espagnole, sans cesse battue en brèche par les complots militaires et maçonniques, le même refuge que la dynastie portugaise avait trouvé au Brésil ? Il semble que telle ait été, au début l'intention de son chef. S'étant rapproché du chef de bande Vicente Guerrero, il avait conclu avec lui, le 24 février 1821, le pacte d'Iguala, sur la base : indépendance, union hispano-américaine, catholicisme, et, le 27 septembre, le pacte de Cérdoba avec le général O'Donaju, irlandais d'origine, maçon notoire, nommé sous la pression des loges espagnoles en remplacement du vice-roi Apodaca. Le 5 janvier 1822, le gouverneur Gainza ayant suivi le mouvement, Iturbide, qui va se proclamer empereur le 18 mai annexe les territoires de l'Amérique centrale. Mais, à l'appel du costaricain José Manuel Aret, ces régions se détacheront de son Empire, pour constituer le 29 juin 1823, les *Provinces-Unies* d'Amérique centrale.

LE BRÉSIL, REFUGE DE LA DYNASTIE PORTUGAISE

En butte aux mêmes attaques britanniques et maçonniques que les Bourbons d'Espagne, la famille royale portugaise avait cherché à s'en défendre en s'établissant à cheval sur la métropole et sur sa principale colonie d'outre-mer, le Brésil. Là encore, tout avait commencé, sur l'initiative de Londres, par la création sous la direction d'Egaz Murîoz, d'une obédience maçonnique, le GrandOrient de Portugal, qui se distingua, même en Espagne où il essaima plus tard des loges, par son zèle révolutionnaire. Junot, puis Wellington ayant débarqué dans la Mère-Patrie, Jean VI, Régent pendant la maladie de Marie 1ère, accompagné d'une suite nombreuse-environ 15.000 personnes — décida de gagner le Brésil (29 novembre 1807-7 mai 1808). Non pas que les provinces d'outremer fussent à l'abri de toute agitation. Peu après la paix de Versailles, en 1785, certains étudiants brésiliens de l'Université de Coîmbre, dont José Alvarez Marrie !, avaient sollicité l'aide éventuelle de Thomas Jefferson et de l'Amérique anglaise. À leur retour, ils s'étaient abouchés avec l'alférez Joaquin José da Silva Xavier, dit *Tiradentes* et ils avaient déclenché un mouvement pour l'indépendance à tendance maçonnique (leur drapeau portait même un triangle au centre), qui se termina le 20 avril 1792 par l'exécution de ce dernier. Bahia, dont les loges étaient fort actives depuis 1797, avait été l'année suivante le théâtre d'émeutes, au cours desquelles la plèbe des mulâtres et des métis, les *alfaiates* avait réclamé la proclamation de la République. L'agitation des clubs maçonniques avait repris plus tard, en 1807, à Rio de Janeiro, à Bahia encore, avec les *Chevaliers de la Lumière* et à Pernambouc, au sein de *l'Aréopago*. Mais l'exode royal, autorisé par l'Angleterre, en échange de la promesse d'ouvrir les ports brésiliens au commerce international, et accompagné d'un afflux de capitaux considérables, fut le point de départ d'un essor économique remarquable, auquel quantité d'hétérodoxes participèrent. Dès lors, l'agitation se calma ; à part un mouvement populaire républicain (prétendant nationaliser le commerce extérieur). qui éclata à Recife le 6 mars 1817 et fut promptement réprimé.

L'indépendance, imposée d'autorité, résulta des péripéties de la politique portugaise. Un mouvement anti-absolutiste ayant éclaté à Porto le 24 août 1820, le prince Pedro de Alcantara, régent, avait contraint Jean IV à regagner le Portugal k 21 avril suivant. En Février 1821, la garnison de Rio avait prêté serment à la Constitution, mais, le 5 juin la *Légion* obligea le régent à renvoyer son conseiller libéral Dos Arcos. Appuyé sur les milices créoles, don Pedro refusa de quitter le Brésil, força le général Avilez à se rembarquer (16 janvier 1822) se proclama indépendant le 7 septembre, empereur le 12 octobre et, après avoir renvoyé son conseiller intime José Bonifacio, libéral modéré, imposa une Constitution nouvelle, le 23 mars 1824.

BOLIVAR REPREND LA LUTTE DANS LE NORD

Par contre, rien de définitif n'étant acquis dans les autres pays d'Amérique du Sud en 1812 et la restauration d'un gouvernement, si faible soit-il, à Madrid, permettant à nouveau l'envoi de renforts, c'est une véritable guerre, longtemps indécise, que Bolivar dans le nord et San Martin dans le sud, mènent pour l'indépendance, avec l'appui de l'Angleterre et le soutien des loges espagnoles. Né à Caracas, d'une riche famille de planteurs, formé par Andrès Bello et Simon Rodriguez. Bolivar avait adhéré en 1803 à la loge américaine de Miranda, ce qui ne l'empêcha pas de livrer son chef aux Espagnols, nous l'avons vu, en 1812. Après cet échec, les *patriotes* s'étaient réfugiés, les uns à Curaçao, les autres à Trinidad, possessions hollandaise et britannique. De ces mêmes bases, ils repartirent l'année suivante pour débarquer à Cartagena (Colombie). Après avoir déclaré une guerre à mort à Trujillo, le 15 juin, Bolivar entra en libérateur à Caracas le 7 août 1813. Mais la réaction de l'intérieur fut brutale : dans les plaines de l'Orénoque, les redoutables lanciers de Boves et de Morales bousculèrent les *patriotes* à la Patata en Juin 1814, à Maturin et à Frics (où Boves fut tué) le 5 décembre 1814. Bolivar s'enfuit à la Jamaïque (anglaise). Tout était à recommencer. À la tête de 13.000 hommes de renfort, envoyés par Ferdinand VII, qui a rétabli son pouvoir et aboli la constitution de 1812, le marin Morillo entreprend en :avril 1815 de restaurer l'autorité, sans férocité inutile d'ailleurs. Il réoccupe l'île Margarita. Caracas. Cartagena, qui résiste d'Août à Décembre, Santa Fé de Bogota, où il se montre plus sévère, opère sa jonction avec Quito. Les têtes de Lozano. Torres (:aidas, tombent 30 octobre 1816 ;. Seul Santander se maintient dans les bois de Casanare.

Cependant Bolivar, dans son refuge oui il échappe à un attentat, rédige un programme de fédération des républiques sud-américaines et s'apprête à reprendre la campagne. :Avec l'aide de Petiot, d'Haïti, il occupe Angostura en Juillet 1817, fait adopter à f :artaeD une constitution fédéraliste, et bien que battu à la Puerta par Morillo, se fait proclamer à Angostura en Février 1819, président du nouvel état vénézuelien. Alors, il réorganise son armée en faisant appel à des cadres anglais et irlandais comme son aide de camp personnel, O'Leary. Et, profitant de ce que Paez a battu Morillo à las Quaseras en :avril 1819, il franchit les Andres à l'improviste et surgit en Colombie. Victorieux à Tunja, au Barrage de Vargas (6 juillet) et à Bovaca (le 7 août), il entre à Bogota le 10 : installe Santander au gouvernement de la Nouvelle-Grenade, et, pour son anniversaire, le 1er décembre, fonde la *Grande Colombie*, qui englobe bientôt le Vénézuela. Car en Novembre 1820. Morillo conclut un armistice de six mois et rentre en Espagne : Maracaïbo se soulève. Caracas se rend. La Guavra et Cartagena en font autant, à la suite de la défaite infligée par Bolivar au général la Torre, à Carabobo, le 24 juin 1821. Le nouvel état s'étend encore : au nord, l'isthme de Panama accepte d'y adhérer le 28 novembre, tandis qu'au sud, en Equateur, Guayaquil se déclare libre le 9 octobre 1820. Cependant Quito résiste car, le lieutenant de Bolivar. Sucre, d'abord vainqueur à Laguachi (mi-1821). subit un échec à Ambato et conclut un armistice avec le général Tolra en Novembre 1821.

Dans cette phase décisive de ses campagnes, l'action de Bolivar a été singulièrement facilitée par la confusion qui régnait en Espagne, où d'incessants complots milliaires, maçonniques, paralysaient le gouvernement. Lorsque la monarchie espagnole, tenue en échec par la révolution de 1820, parviendra avec l'aide française à remettre de l'ordre chez elle en 1823, il sera trop tard pour rétablir son autorité sur les Amériques. Les loges espagnoles, inféodées à l'Angleterre, et spécialement celle de Cadix, ont encouragé la rébellion par l'intervention des propagandistes, de Morin, Cerneau et La Motte par exemple, provoqué des défections dans l'armée et surtout dans la marine, celles du capitaine don Miguel de la Sierra, qui livre ses treize navires aux insurgés à la Plata, de Luis Coy, à Callan, du capitaine Espino, dans le golfe du Mexique, du capitaine Capaz à Talcahuano, ou réclamé la destitution de vice-rois ou de généraux trop énergiques et leur remplacement par des *frères* disposés à pactiser avec les révoltés. Et leur action a été encore plus directe.

ET SAN MARTIN DANS LE SUD

C'est la loge *américaine* de Londres et la loge *Lautaro* de Cadix qui désignèrent en 1812 le général espagnol San Martin pour prendre la tête de la rébellion dans le sud du continent. Comme Bolivar dans le Nord, mystérieux Templier de la Maçonnerie, il accomplit sa mission avec un dévouement total et un renoncement complet. La situation qu'il trouva à Buenos-Aires à son arrivée était pourtant très confuse. La division était partout : entre modérés — *patriotes de Saavedra* — et révolutionnaires — radicaux d'Alvear, entre la *Accién Patriôtica* et la loge *Lautariana*, filiale de Cadix ; entre unionistes et fédéralistes (les provinces orientales, au pouvoir d'Artigas). San Martin réussit à asseoir son autorité en multipliant les loges *lautariennes*, dont il était l'émissaire. Puis il s'attaqua à Montevideo. Après les succès remportés par. Belgrano et Rondeau à El Cerrito (1812), il mit en déroute à San Lorenzo les secours espagnols, le 3 février 1813 et, soutenu par l'escadre de l'*argentin* Brown, occupa la ville en 1814. Mais, à l'instigation d'Alvear, qui avait rejoint Artigas, les tendances autonomistes l'emportèrent dans les provinces orientales. Malgré la défaite de Viluma (Novembre 1815), le Congrès de Tucuman proclama l'indépendance des Provinces-Unies du Rio de la Plata (Uruguay) le 9 juillet 1816. Cependant Artigas, abandonné par Buenos-Aires et réduit à l'appui des Indiens, ne put tenir devant les attaques de ses voisins portugais du Brésil en Janvier 1817. Il finit par se livrer en 1820 au Dr. Caspar Rodriguez de Francia. Ce dernier, après avoir repoussé Belgrano à Tacuari le 9 mars 1811, avait proclamé l'indépendance du territoire des Missions (Paraguay) le 14 mai. Il y avait établi sa dictature (1813-14). qui dura jusqu'à sa mort (20 septembre 1840).

Du côté du Chili. Alvear Alvear intriguait aussi avec l'extrémiste Carrera, dont les querelles avec O'Higgins avaient amené la défaite des *patriotes*. Pour le surveiller, la loge *Lautaro* nomma une *Junta de Observacion*, ce qui permit à San Martin d'organiser, autour de ses *grenadiers* argentins, avec les débris des insurgés chiliens et péruviens une *Armée des Andes*. Après avoir préparé le terrain chez les Indiens Araucans comme auprès des créoles et trompé l'adversaire par des coups de main dispersés, il franchit les montagnes en deux points (Lspal:ata et las Heras) en Janvier 1817 et vainquit les Espagnols de Marco del Pont à Ehacabuco, le 12 février. Il occupa Santiago, où il installa O'Higgins, comme *Director Supremo*. Malgré deux échecs à Talcahuano (Octobre 1817) et Cancha Rayada (Mars 1818). il l'emporta à Maipu, près de la capitale, le 5 avril, et contraignit Marco à capituler. S'apprêtant à remonter la côte du Pacifique, il s'assura le concours de Lord Cochrane, écossais expulsé de la Marine anglaise en 1814, passé au service du Chili en 1817, qui pourchassa les bateaux espagnols, pénétra dans la baie du Callao, pour y prendre à l'abordage l'*Esmeralda* et s'empara de Valdivia en Février 1820.

Reste à réduire le Pérou, dernier bastion de l'Espagne en Amérique du sud. L'escadre libératrice — *escuadra libertadora* — conduite par Cochrane, débarque dans la baie de Paracas les forces de San Martin (7 septembre 1820). La propagande ayant bien fait son œuvre, le bataillon *Numancia* se soulève et les troupes espagnoles, déposant le vice-roi Pezuela, successeur d'Abascal, nomment à sa place la Serna, qui négocie à Punchauca en Mai 1821 un vague plan de monarchie autonome. San Martin en profite pour entrer le 9 juillet à Lima, où il proclame le 28 l'indépendance du Pérou. *Protector* de sa nouvelle conquête, il peut compter sur l'appui des généraux créoles, Gamarra, Lamar, Santa Cruz, transfuges de l'armée espagnole et sur de nombreux éléments indigènes, mais il est au plus mal avec lord Cochrane et avec son lieutenant argentin Monteaguado, dont il se sépare, et il commence à s'inquiéter des réactions possibles de la Sainte Alliance. Aussi convoque-t-il un Congrès constituant, qui se réunit à Lima le 20 septembre 1822. Dans l'intervalle, il a rencontré Bolivar à Guayaquil le 26 juillet. Car toutes les forces insurgées, Santa Cruz, les grenadiers argentins, le général Córdoba venu de Panama, vainqueur du général Aymerich à Pichincha le 24 mai, convergeant vers le haut Pérou et l'Équateur, ont permis à Bolivar, lui-même vainqueur à Bombona, en Avril, d'entrer à Quito le 16 juin. Sur quoi, le bouillant libérateur n'a pas hésité, bravant la fureur des Péruviens, à annexer Guayaquil à sa Grande Colombie. Plutôt que de relever le gant, San Martin a l'abnégation de se retirer (il mourra aveugle à Boulogne-sur-Mer, en 1858). Alors le dernier acte se joue. Bien que le général espagnol Valdez bouscule à Torata (Janvier 1823), à Zepita (24 août 1823), Santa Cruz, Gamarra et l'escadre de Martin Guise, réoccupe Lima et renverse Riva Agüero qui, s'était proclamé président et *maréchal*, Bolivar intervient (1er septembre 1823) assume la dictature en Février 1824 et fait exécuter les deux autres présidents (Riva Agüero et le marquis de Torre Tayle). Son général Sucre, aidé de Lamar, Carbajal, de l'irlandais Miller et de l'escadre de Suarez, défait les royalistes de Canterac à Junin (6 août 1824) et, le 8 décembre, grâce à l'impétuosité du colombien Cordoba, à Ayacucho, les troupes de Valdez et de la Sema. L'escadre espagnole se retire en Avril 1825. Seuls les châteaux du Callao offrent une résistance désespérée jusqu'en Janvier 1826.

Vassalité économique, prix de la liberté

Indépendantes de nom, l'Amérique centrale et l'Amérique du sud n'ont fait que changer de maîtres. À la suzeraineté politique de l'Espagne s'est substituée la prépondérance économique et financière de l'Angleterre d'abord, des États-Unis ensuite. L'idée d'un Confédération continentale, lancée par le péruvien Manuel Lorenzo de Vidaurra y Encalada, disciple de Rousseau, en 1826, ne parvient pas à s'imposer au congrès *anfictiônico* convoqué à Panama en 1827 par Bolivar.[27] Le Paraguay, les Provinces-Unies (Argentine) et le Brésil y sont hostiles. Le bloc Mexique-Amérique Centrale-Vénézuela-Equateur-Pérou, sous l'autorité de Bolivar, inspire la méfiance. Les ÉtatsUnis redoutent eux même la propagande pour la libération des esclaves qui se répand à Cuba et à Porto-Rico, les complots entretenus dans les îles par les *carbonari*, par les autonomistes — *los de la Cadena*, les enchaînés, par les *Rayos y Soles*, Les Rayons de Soleil de Bolivar, la *Junta protectora de la libertad* de Mexico : leur heure n'a pas encore sonné dans ces régions. Mais à Bogota, capitale de Bolivar, les Anglais sont de plus en plus nombreux. L'Angleterre est *le trésorier des nouvelles républiques ;* les missions se succèdent, qui se rendent à Londres pour y réclamer des subsides. Paroissien et Garcia del Rio, pour le compte de Riva Agüero, en vue d'un prêt de 1.200.000 Livres au Pérou ; Isirarri por le Chili, etc. En contre-partie : *« Le premier demi-siècle de liberté, écrit l'historien hispano-américain Luis Albert Sanchez, se traduit dans notre histoire par la prédominance et la quasi-hégémonie du capitalisme anglais ».* Chemins de fer, communications maritimes, monopoles de cent produits, préférence dans les échanges, recouvrement de dettes, portant un lourd intérêt, conseils et même action déterminante dans la vie politique des états, l'Angleterre contrôle tout, intervient partout. Vasselage économique qu'accompagne une plus grande exploitation sociale, les créoles — une fois abolie la législation protectrice de l'Espagne — tendant à abuser de la liberté conquise en confisquant les biens des ordres religieux — Jésuites en tête — et en s'appropriant aussi quantité de terres et de biens au détriment des Indiens. Tel était le bilan de l'émancipation.

Pénétration yankee au Mexique

En attendant qu'intervienne d'abord, pour s'imposer ensuite, le puissant voisin du nord, les États-Unis, dont la poussée déjà se fait sentir lourdement sur le Mexique. Après avoir contraint Iturbide à s'exiler le 11 mai 1823, le général Antonio Lopez de Santa Ana, assisté de l'ancien prêtre Mier, l'avait fait fusiller, au moment où il rentrait dans son pays (19 juin 1824). Puis, au milieu de l'anarchie générale, pendant six ans il fit et défit les présidents appartenant alternativement aux deux obédiences maçonniques opposées, loges écossaises et rite d'York, aux tendances plus révolutionnaires. Grâce à un *pronunciamiento* de Santa Ana, au président Manuel Felix Fernandez (10 octobre 1824) avait succédé Guerrero (1828) (Grand Maître du rite d'York), qui avait au préalable vaincu Nicolas Bravo, vice-président et Grand-Maître du rite écossais, qui soutenait la candidature d'un autre *Ecossais*, Cornez Pedraza. Le vice-président Bustamente ayant fait fusiller Guerrero en 1831, Santa Ana s'était retourné contre lui et avait poussé à la présidence l'écossais Gomez Pedraza (1832) dont le vice-président Cornez Farias s'occupa, tout en augmentant le clergé séculier, de combattre les ordres religieux et de préparer la distribution de leurs biens.

---

[27] De même qu'il a réagi contre Miranda. Bolivar n'a pas hésité à condamner La Franc-Maçonnerie, qu'il interdit, ainsi que les autres sociétés secrètes, le 8 Décembre 1828 en Colombie, les accusant de préparer des tempêtes politiques en troublant la *tranquillité publique* selon Alberto J. Triana, *« Historia de los Bernanos Tres Pantos »*, Buenos-Aires, pp. 44 et 45.

Or, la maçonnerie du rite d'York, introduite en 1825 par Jœl R. Poinsett, avait pour principal rôle de préparer l'infiltration anglo-saxonne. Après l'acquisition de la Louisiane, occupée le 20 décembre 1803, les États-Unis, à la faveur de leur deuxième guerre avec l'Angleterre (1812) avaient occupé la Floride, pour laquelle ils versèrent en 1819 une indemnité de 5 m. de Dollars à l'Espagne, en renonçant formellement à leurs prétentions sur le Texas. Ils avaient ensuite tenté de conclure avec Manuel Torres en 1821, un pacte d'union continentale. Et tandis que Scott avait menacé de ne reconnaître que les États *« capables de se gouverner »* Monroe, réagissant contre la menace de la Sainte alliance, avait solennellement déclaré le 2 décembre 1823 *« que les continents américains, étant donné la condition libre et indépendante qu'ils ont conquise et qu'ils maintiennent, ne pourront être à l'avenir l'objet de colonisation de la part d'une puissance européenne quelconque »*.

D'une puissance européenne, soit, mais d'une autre puissance américaine ? On n'allait pas tarder à en avoir le spectacle. Dans ce même Texas, où le vice-roi du Mexique avait toléré l'installation de colons américains, catholiques pour la plupart, amenés par Moïse Austin. Fait prisonnier à San Jacinto, alors qu'il tentait de réprimer une révolte parmi eux, Santa Ana dût reconnaître l'autonomie de la province (1836). Mais ce n'était qu'un premier pas. En 1845, les mêmes colons réclamèrent leur annexion aux États-Unis. Ce fut la guerre et, bien que l'armée mexicaine ait fait bonne contenance contre le général Taylor à Angostura en 1847, l'escadre américaine de Scott vint canonner Vera Cruz, qui capitula. Vaincu au Cerro Gordo le 2 février 1848, Santa Anta dut céder aux États-Unis par le traité de Guadalupe-Hidalgo, le Texas, la Californie, le Nouveau-Mexique, etc. Ainsi se terminait l'entreprise maçonnique, perfidement déclenchée par Talleyrand.

L'Espagne, neutralisée par la F∴M∴

Elle n'avait été possible que grâce au travail de termites, accompli depuis 1804 et 1808 dans la péninsule par les loges d'influence française et anglaise, civiles ou militaires, de toute obédience et de tout acabit. Dès la débandade de Joseph, son Grand-Orient n'ayant plus de raison d'être, Azanza, Souverain Grand Commandeur du Suprême Conseil des 33$_{\text{ème}}$ depuis le 4 juillet 1811, avait passé la main en 1813 à don Agustin Argüelles, le *divin* orateur des Cortès de Cadix. La guerre d'indépendance terminée, la Maçonnerie espagnole reconstitua donc son unité. Ses premiers efforts tendirent à imposer au souverain rétabli la Constitution votée à Cadix. Venu négocier avec la Régence d'Aranjuez, entre le 9 janvier et le 12 février 1814, les modalités d'application du traité de Valençay du 11 décembre 1813, le duc de San Carlos s'était heurté à une décision prise dans ce sens, le 2 février, à l'instigation de Martinez de la Rosa, par les Cortès réunies à Madrid. Contraint de biaiser, Ferdinand VII qui était rentré à Figueras le 23, obtint à Daroca le 11 avril, l'aide de Montijo et de son obédience traditionnelle et à Valence, qui l'accueillit triomphalement, l'appui du Capitaine général don Francisco Javier Elio. Il décida donc, à Madrid, le 11 mai, d'abolir la Régence et ses décrets, de dissoudre les Cortès, et de proscrire 32 hommes politiques, dirigeants maçons pour la plupart (les anciens régents Ciscar et Agar, Argüelles, Larrazabal, Villanueva et Calatrava, le comte de Toreno, etc.) et même, le 24 mai, en tentant d'interdire les réunions des loges. Le 12 filai. 69 députés royalistes, par le manifeste dit *des Perses*, lui donnèrent leur adhésion et un cabinet dirigé par San Carlos, assisté de don Pedro Macanaz et du général Eguia, commandant de la garnison de Madrid, fut formé le 7 juillet 1814.

Le roi avait peut-être marqué un point, mais la Maçonnerie n'en était pas, pour autant, abattue. Elle était au contraire partout présente, au gouvernement comme dans l'entourage royal : don Pedro Ceballos, aux Affaires étrangères (du 16 novembre 1814 au 30 octobre

1816) ; Juan Esteban Lozano Torres (initié à Paris en 1791, hôte des loges de Cadix). ministre le 29 janvier 1817 ; don Pedro Macanaz ; don José Garcia Pizarro ; le général Rallesteros à la Guerre ; don Martin Garau aux Finances ; le général O'Donnell, comte de la Bisbal ; la marquis de Mataflorida ; l'amiral Cayetano Valdes ; le docteur Loque, médecin royal, etc., sans oublier Montijo qui, grâce à son double jeu, avait réussi à se maintenir comme capitaine — général de Grenade. Maçons de Cour et loges activistes se prêtaient un mutuel appui, ces dernières, surtout militaires, étant protégées par ceux-là.

MALGRÉ L'ÉCHEC DES COMPLOTS MILITAIRES

De 1814 à 1820, plus de quinze complots militaires se succèdent. La propagande maçonnique auprès des 4.000 officiers espagnols prisonniers, endoctrinés pendant leur captivité en France, porte ses fruits. Projets d'assassinat du général Elio (12 juillet 1814) et d'Enrique O'Donnell, considéré comme peu sûr ; de soulèvement à Cadix (27 août) et à Madrid (10 septembre) en faveur de Charles IV et du rétablissement de la Constitution à l'instigation de don Juan Félix Rodriguez, entraînant l'arrestation de 80 libéraux à Madrid dans la nuit du 16 au 17 septembre ; tentative de don Francisco Espoz y Mina, déçu par son entrevue avec le roi en Juillet, et destitué le 17 septembre, pour s'emparer de la citadelle de Pampelune ; conspiration au *Café de Levante* à Madrid, au début de Mai 1815, en faveur de Napoléon, pendant les Cent Jours ; essai de soulèvement à La Corogne et au Ferrol en Galice, monté par l'ancien chef de guerrilla, don Juan Diaz Porlier, *el marquesito* (parent du comte de Toreno) qui est pris le 23 septembre et pendu le 3 octobre 1815 ; conspiration du commissaire des guerres Vicente Richard, républicain, qui a constitué des groupes de trois affidés, et prépare l'assassinat du roi (dénoncé, il est torturé et pendu).

Compromis à cette occasion, don Antonio van Haleur, qui, protégé de Joseph Bonaparte, a trahi Suchet pendant la retraite de Catalogne, provoqué par de faux-ordres l'évacuation de Lerida et de Monzon, et tendu un guet-apens aux Français au défilé de Martorell, sera l'âme de tous les complots du Levant, que finance, de Gibraltar, le banquier hétérodoxe Benoltas, détenteur des fonds de la Maçonnerie espagnole. Arrêté le 8 décembre, incarcéré à Marbella, van Haleur est sauvé par Montijo, qui a installé à Grenade, siège de son commandement militaire, le centre du Grand-Orient. Tandis qu'en Catalogne, le général Luis Lacy échoue dans une tentative pour soulever le garnison de Tarragone, le 5 avril 1817, qu'il est fusillé à Palma le 5 juillet, malgré les efforts du général Castaños, commandant de la région militaire, pour le tirer d'affaire, et que son complice, Francisco Milans, s'échappe. De son côté van Halem a entrepris de monter à Murcie, avec l'aide du brigadier Torrijos et de l'artilleur don Ignacio Lopez Pinto, une loge qui essaime dans toutes les garnisons du Levant, Alicante, Carthagène, Orihuela. Découverts, ces derniers sont incarcérés à Murcie le 28 décembre 1817, en compagnie du magistrat Romero Alpuente. Quant à van Halem, transféré à Madrid, il obtient du roi une entrevue, ce qui ne l'empêche pas d'être torturé au bras, avant que ses *frères* n'organisent son évasion et lui offrent un refuge à Alcala de tlénarès auprès du colonel du génie, don Facundo Infante (futur président du Congrès en 1854-56). Cependant Montijo, décidément trop compromis, est destitué de son commandement à Grenade et le centre du Grand-Orient ramené à Madrid.

Mais l'intrigue continue. À Valladolid, où don Eusébio Polo, rencontre l'ancien guerrillero Juan Martin, *el Empecinado* et Joaquin Vidal (1818), puis à Valence, le 1er janvier 1819, où ce dernier, soutenu par don Diego Calatrava et par O'Donnell, commandant en second, a tout préparé pour un attentat contre le général Elio, capitaine général. Par miracle, ce dernier échappe et les conjurés sont découverts ; Vidal pendu, un suicidé, 17 fusillés. À la suite de cette affaire, Montijo, arrêté à Madrid, est incarcéré à Santiago : Cependant, l'idée prend forme de déclencher à Cadix un soulèvement du corps expéditionnaire qui, sous O'Donnell, comte de la Bisbal, s'apprête à partir pour les Amériques. Don Francisco Javier Isturiz qui a organisé chez lui un *Chapitre souverain*, est l'âme de ce complot auquel participent Antonio Alcali Galiano et un néo-chrétien (converti), don Juan Alvarez y Méndez, dit Mendizibal (d'abord employé à la Banque Bertran de Lis, puis munitionnaire de l'armée d'Andalousie, qui a retrouvé à Cadix un coreligionnaire d'origine portugaise, Alejandro Maria Aguado, nommé colonel par la grâce de Soult en 1811, qui trafique avec la Havane et le Mexique, en attendant de s'installer banquier à Paris). Mais l'affaire transpire et, au dernier moment. O'Donnell prend peur, fait encercler les troupes, au cours d'une revue, le 8 juillet, an Palmar del Puerto Santa Maria, et, procède à l'arrestation des chefs les plus compromis, ArcoAgüero, San Miguel, Roten, Quiroga, etc. Vaine palinodie ; il n'en est pas moins destitué. Quelques mois plus tard,. le 22 novembre 1819, un chef de bataillon de La Corogne, don Manuel Latre, essaie de procéder par de fausses convocations à une levée de territoriaux, de *provinciales*, de Galice.

LA MAÇONNERIE FAIT SA RÉVOLUTION

Toutes ces tentatives sporadiques, mal synchronisées, mollement suivies par la troupe et sans résonnance dans le public, ayant échoué assez misérablement, la Maçonnerie, selon la coutume, monte un *Gran Oriente Nacional* spécialement chargé de préparer la révolution. Un Aperçu historique *« Apunte histórico »*, joint par l'Orient de Gravina à une demande de reconnaissance par les Suprêmes Conseils de 1881 permet de saisir sur le vif cette manœuvre classique dans les annales de la Maçonnerie. *« Parce qu'il ne convenait pas*, dit le texte, *qu'une entreprise qui ne pouvait s'accomplir sans effusion de sang fut préparée dans les saints temples et qu'elle tachât la sainte épée de l'Ordre*, on conçut le plan d'une institution provisoire destinée à conquérir la liberté nécessaire i l'Ordre ; on lui donna le nom de *Gran Oriente Nacional*. on changea le nom de loges en celui de *Tours* (Torres), celui de Chapitres en *Châteaux* (Castillos) celui de *Chambres* en *Forteresses* (Alcazares) et, au lieu du Suprême Conseil (Gran Consistorio) des Princes du Royal Secret, on créa le *Grand-Campement* (Gran Campamento) de Villalar. Ainsi naquit, à l'exemple des loges extrémistes de Cagliostro et de l'Orient d'Azanza en 1804, l'association parallèle révolutionnaire, de recrutement plus populaire, communément appelée, en souvenir de Padilla, les *Comuneros de Castilla* (dont le premier surveillant, le tondeur de laines Pinillos, se retrouve à la tête de l'insurrection d'Avila en 1820). Leurs 49 *forteresses* groupent bientôt environ 10.000 affiliés, qui encadrent cinq à six fois plus d'extrémistes.

L'agitation reprend alors de plus belle et, le 1er janvier 1820 à Cabezas de San Juan, don Rafaël de Riego provoque la mutinerie de 1.600 hommes, en partance pour l'Amérique. Lorsqu'il se présente devant Cordoue, il n'en a plus que 500 et doit renoncer à pénétrer dans la ville. Mais la réaction a été nulle et, cette fois, le mouvement se propage. À l'autre extrémité de la péninsule, la Galice bouge. Le 21 février, à la Corogne, le général Venegas, menacé par ses officiers, menés par le colonel d'artillerie Carlos Espinosa, est réduit à l'impuissance. Une *junta* est proclamée, dirigée par l'ancien *régent* don Pedro Agar ; le Ferrol, Vigo, Santiago sont occupés. Montijo et les anciens complices de Portier délivrés. Le 5 mars. Saragosse suit (La Maçonnerie y possède des racines anciennes, remontant aux comtes de Fuentes et d'Aranda). Puis, la Navarre et la Catalogne : Mina rentre à Pampelune et, le 9 mars, la garnison de Tarragone se rebelle. À la suite de la défection du comte de la Bisbal, qui au lieu d'aller réprimer la révolte en Andalousie, a soulevé à Ocafta (à 63 Kms de Madrid) le régiment commandé par son frère, Ferdinand VII s'est décidé à faire appel au général Ballesteros, à accepter la Constitution (7 mars) et à convoquer les Cortes pour le 9 juillet. De son exil de

Majorque, où il était demeuré depuis 1818 (après avoir été condamné d'abord, le 15 décembre 1814, à 8 ans de détention à Ceuta), don Agustin Arguelles rentre pour former le ministère. Don Eusebio Polo, le brigadier Torrijos, don Juan O'Donaju, don Evaristo San Miguel et don Facundo Infante l'accompagnent. Etudiant à Oviedo, protégé de Jovellanos, envoyé par Godoy en 1806 en Angleterre, où il s'était lié avec lord Holland, rentré en Espagne en 1808 avec la mission du comte de Toreno, la Maçonnerie, avec lui, s'emparait du pouvoir (Avril 1820)... et de l'assiette au beurre. Tandis qu'autour de lui, le Suprême Conseil se reconstitue avec le comte de Toreno. Martinez de la Rosa, Canga Argüelles, ministre des Finances, le capitaine Capa, Mendizabal, Morillo, don José Campos et Lozano Torres, et que le comte de Montijo reçoit le commandement d'un régiment de la Garde, les dilapidations commencent. Arguelles donne l'exemple qui s'attribue 60.000 réaux, à titre de dédommagement pour les traitements de ministre qu'il n'aurait pas dû cesser de toucher depuis 1814 ! De son côté, don Domingo Lozano de Torres, trésorier des Finances *perd* 80 m. de réaux, au profit des caisses du Grand-Orient ! Charité et Fraternité décidément vont de pair.

Cependant Madrid, trente ans après, singe les révolutions de Paris. On s'engouffre dans les loges, on s'époumone dans les cafés où siègent les sociétés *patriotiques* (Lorenzini, la Cruz de Malta, San Sebastian, la Fontana de Oro, où pérore le munitionnaire Alcala Galiano), on gesticule dans les clubs. On s'essaie même à la Terreur. Après la clôture des Cortes, le 9 novembre, don José Carvajal, nommé capitaine général, le 16, par le roi sans l'assentiment du ministère, ayant procédé à la fermeture de deux de ces cafés, le chapelain don Matias Vinuesa, arrêté le 21 janvier 1821, en compagnie du duc de l'Infantado, est assassiné dans sa prison, avec la complicité des gardes nationaux de la *milicia*. Le 4 février, les gardes du corps ayant tenté de réagir contre les manifestants, sont eux-mêmes incarcérés dans un couvent et menacés du même sort.

Le 1er mars 1821, à la reprise de la session, Argüelles, après avoir vidé le trésor, démissionne et confie à don Antonio Perez de Tudela la Grande-Maîtrise de son Ordre, qui réunira bientôt les débris de l'obédience du comte de Montijo (1821-22). Pendant son passage au pouvoir, il a cependant tenté de rétablir l'ordre en Andalousie, où don Juan O'Donaju, capitaine général, a contraint à l'obéissance Riego, Lapez Baôs et Arco Agüero (8 août 1820). Mais les chefs des *Comuneros* (Florez Estrada, Gutierrez, Acuôa, Majia, Riego, Mina, Torrijos, Jauregui, Piquero) donnent libre cours à leur fureur. *« Le mot roi est anticonstitutionnel »*, clame Isturiz le 4 septembre aux Cortes, et Romero Alpuente proclame de son côté le 7, que *« le peuple a le droit de se faire justice et d'exercer lui-même sa vengeance. Ne croirait-on pas entendre Robespierre, Chabot, ou Bentabole ? Entre les deux clans rivaux qui se disputent le pouvoir — les Cortes compteront en 1822-23, 52 Maçons contre 21 acomuneros »* — un groupe de modérés, qui, reprenant l'ancienne raison sociale des Jacobins, s'intitulent *Amis de la Constitution* et qu'on désigne sous le nom d'*anilleros*, s'efforce de contenir l'anarchie montante, dans les provinces où des troubles à tendance socialiste se produisent (à Cadix, Séville, Carthagène, Murcie, Alcoy, Valence). Leurs chefs, l'auteur dramatique Martinez de la Rosa, le comte de Toreno, le duc de Frias et Calatrava soutiennent le ministère Feliu, Sanchez Salvador, Escudero, Bardaji, etc, à vrai dire assez terne qui succède à Argüelles. Ces gens bien intentionnés essaient de rétablir l'ordre, déposent le général républicain Copons, gouverneur civil, et chargent son successeur, don José Martinez de San Martin de fermer les clubs, dissolvent les Cortes et pratiquent pour leur réélection la candidature officielle, écartent de la capitainerie générale d'Aragon, pour le confiner à Lérida, Rafael de Riego, qui complotait avec des réfugiés français, Bessières, Uxon, Cugnet de Montarlot, destituent le capitaine général Villaba, compromis, le 5 mai, par des tentatives d'assassinat dans les prisons (el Abuelo) et, le 6, par une révolte de la Garde. Le 18 septembre 1821, une tentative tragi-comique pour donner le pouvoir, à Madrid, à deux généraux a lamentablement échoué dans la bataille de *las Platerias*.

En fin Décembre, Martinez de la Rosa, haut-dignitaire de la Maçonnerie, qui de Cadix a gagné Londres en 1810 et qui est resté en prison de 1814 à 1820, chef de la fraction des *anilleros*, assume lui-même le pouvoir, avec Moscoso de Altamira, Simon Pambley, Balangat, Garelly. Comme il s'apprête à faire voter des lois restrictives sur la presse, le droit de pétition et de réunion, des sociétés patriotiques, les *comuneros* organisent une *journée*, le 4 février 1822, en vue de l'assassiner, lui et le comte de Toreno. Fin Juin, les échauffourées recommencent. Le 30, insultée par la populace, la garde royale réagit et tue l'un de ses officiers, don Mamerto Landaburu, *comunero*, qui menaçait de son sabre ses soldats. Le nom de ce *martyr* de la cause sera donné à un club patriotique, genre *Cordeliers*, la *Sociedad Landaburiana*, que dirige Romero Alpuente, chef des *exaltados*, club où francs-maçons et *comuneros*, tantôt s'empoignent et tantôt s'embrassent (10 novembre 1822 et 6 février 1823 : Argüelles et Alcala Galiano) dans une réconciliation illusoire, car les *exaltados* demeurent les maîtres du terrain.

Après les incidents du 30 juin, quatre bataillons de la Garde royale, sur six, se sont retirés à la résidence royale du Pardo, à quelques kilomètres de la capitale. Dans la nuit du 6 au 7 juillet, ils rentrent à Madrid et se soulèvent en faveur de l'autorité royale, mais ils piétinent et sont finalement réduits par les miliciens de la Garde nationale commandés par le général maçon Ballesteros (il y a un millier de victimes). Dans les provinces du nord, la réaction royaliste n'est pas plus heureuse dans ses entreprises. Ferdinand VII y a délégué l'aventurier Ugarte, avec des fonds pour y recruter des groupes de partisans. Mais la *junte* de Bayonne, dirigée par le général Eguia, a enregistré un premier échec, le 25 décembre 1821. Et si Quesada, avec 1.500 hommes a réussi le 21 janvier 1822 à s'emparer de la Seo d'Urgel, où, le 15 août, une Régence a été constituée par le baron, d'Orcoles, le marquis de Mataflorida et l'archevêque de Tarragone, les royalistes en ont été chassés par les 20.000 hommes de Mina, et contraints de se réfugier à Puigcerda le 10 novembre, et même à Perpignan le 7 décembre. Autour du général Ek'aristo San Miguel chef des loges militaires, et soi-disant *unifiero*, appelé au pouvoir en Juillet 1822, franc-maçons (Argüelles, Calatrava, Canga-Argüelles, etc) et bientôt *comuneros constitucionales*, dissidents conduits par le brigadier Palarea, gouverneur civil de Madrid, se regroupent (22-24 février 1823). Ces enragés *exaltad »*, qui menacent d'envahir le palais si le roi faisait mine de renvoyer le ministère (19 février 1823), donnent libre cours à leur fureur anticléricale, suppriment plus de 13.000 emplois ecclésiastiques, prétendent interdire aux évêques de conférer les ordres, livrent la Catalogne aux exactions et aux atrocités de Mina et de ses lieutenants.

L'INTERVENTION FRANÇAISE ARRÊTE LE DÉSORDRE

Devant ces excès, les puissances réagissent. Ministre des Affaires étrangères, Mathieu de Montmorency est résolument partisan d'une intervention française. Mais il se heurte aux résistances de Villèle, qui redoute cette dépense et n'ose affronter les réactions de l'Angleterre, principal bailleur de fonds des Cortes, qui négocie avec Madrid un traité de commerce (15 novembre) et fait exprimer par Canning et Wellington son mécontentement à Paris. Passant outre, Montmorency, à l'ouverture du Congrès de Vérone (21 octobre 1822) obtient l'agrément sans réserve du Tsar, celui plus nuancé de l'Autriche, et même, à regret, celui de la Prusse, en vue de la remise à Madrid de quatre notes séparées, mais concertées, réclamant la liberté de Ferdinand VII. Villèle, devenu président du Conseil dans l'intervalle, le désavoue, le rappelle (12 novembre) et, soutenu, par Louis XVIII, provoque sa démission de 25 décembre 1822. Mais Châteaubriand, flatté de le remplacer, reprenant sa politique, le trop *prudent Premier* n'en est pas moins contraint d'ajouter à ses prévisions budgétaires les fonds nécessaires (30 m. pour commencer) de porter le *corps d'observation* concentré sur les Pyrénées à 110.000 hommes et 108 canons, d'adresser au gouvernement San MiguelArgüelles, avec les autres puissances (du 4 au 6 janvier 1823) une note malgré tout assez ferme, et de retirer, comme elles, son ambassadeur.

Alors se déchaîne la meute de l'opposition au service de la finance anglaise, qui prédit les pires désastres. Bien que son poulain Adolphe Tiers, qui revient d'Espagne, soit d'un avis opposé, Talleyrand, cette fois, joue les Cassandre, prétendant avec impudence avoir jadis encouru la disgrâce de l'Empereur pour l'avoir dissuadé d'intervenir dans ce pays. Soult intrigue avec lui, le général Sabastiani, le général Foy, Molé, Dalberg et Stanislas de Girardin, en faveur du duc d'Orléans, chez la comtesse de Bourcke, qui va bientôt se faire expulser. On se retrouve aussi chez le banquier Laffitte — qui finance les Cortes — avec La Fayette, Odilon Barrot, Béranger, PaulLouis Courier, Guizot, le duc de Broglie. Casimir Périer suivant, avec prudence, la mouvement, l,a Bourse baisse, le 5%. tombe à 76 Francs. À la Chambre, Manuel, évoquant le destin de Charles 1Pr d'Angleterre et de Louis XVI, profère de telles menaces, le 26 février, qu'on l'exclut de la session, et que le 4 mars, *manu militari* on l'expulse. Les crédits demandés (200, plus 107 millions — dont 12 au gouvernement espagnol et 23 à l'Armée de la Foix —) n'en sont pas moins votés par 219 vois contre 19, et, chez les Pairs, par 212 contre 66.

Le 7 avril, en cinq corps, plus un de réserve, l'expédition commandée par le duc d'Angoulême franchit les Pyrénées. Trois coups de canon à mitraille suffisent à disperser les quelque deux cents volontaires français réfugiés du colonel Fabvrier, dont la *Manifestation* ne provoque pas la moindre défection dans l'armée royale. Celle-ci convenablement ravitaillée, grâce aux marchés passés avec Ouvrard à des conditions fort onéreuses d'ailleurs, sait gagner par sa tenue exemplaire les populations, qui l'accueillent avec enthousiasme. Les contingents de miliciens qu'on lui oppose n'offrent guère de résistance. De Vitoria, le général Ballesteros, se retirant sur Saragosse, puis Valence et Grenade, a découvert la route de Madrid, où le duc d'Angoulême entre le 24 mai. De Bisbal se rend, tandis qu'au nord-ouest, don Pablo Morillo négocie après l'occupation de Valladolid et de Léon ; son second Quifoga, accompagné de Sir Robert Wilson, fait retraite sur la Corogne, qui sera prise le 21 août. Deux colonnes françaises ont convergé vers l'Andalousie : la première bousculant les miliciens, les *negros* au défilé de Santa Cruz, a gagné Cordoue, tandis que l'autre, engagée en Extramadure, a repoussé *l'Empecinadou* et, menaçant Cadix, a occupé le 24 juin le Puerto de Santa Maria. En quittant Madrid, les Cortès avaient confié à Riego le soin d'escorter Ferdinand VII et de l'emmener de force à Séville (22 juin) puis à Cadix. Un moment, craignant pour sa vie au cours de ce voyage, genre retour de Varennes, le souverain prisonnier en vint à faire usage du signe de détresse maçonnique. La résistance de Cadix fut de courte durée. Après l'échec d'une tentative de sortie le 16 juillet, la prise du Trocadéro (30 août) qui leur coûta 500 hommes hors de combat et 1.000 prisonniers, l'attaque par l'amiral Duperré du fort *Sancti Petri* dominant la rade (20 septembre) et le bombardement de la ville, les Cortès se déclarèrent dissoutes (par 60 voix contre 30) et, contre arguments sonnants et trébuchants, libérèrent le 1er octobre le roi Ferdinand et sa famille. En la personne de son agent Elliot, l'Angleterre était à deux reprises intervenue, pour réclamer le maintien d'une Constitution libérale, et pour *offrir* au roi refuge sur un de ses navires. Le duc d'Angoulême usa de son influence pour tenter d'interdire les arrestations arbitraires (8 août) et d'obtenir du souverain rétabli une amnistie (il toléra même la fuite de plusieurs chefs rebelles). Riego, l'instigateur de la révolution, fut pendu le 7 novembre 1823. Quant à Mina, en Catalogne, il fut plus difficile de le réduire. Il avait ensanglanté le pays, assassiné 24 habitants de Manresa, le 17 novembre 1822, massacré la population de Castelfollit, exécuté L'évêque de Vich le 16 avril 1823, tandis que celui de Lerida parvenait à s'échapper ; ses lieutenants Roten, qui pilla San Lorenzo de Morunis, et Millans rivalisaient avec lui de cruauté. Repoussés de Vich, le 25 mai, et de Mataro, ils avaient résisté dans la ville, puis dans la citadelle de Barcelone (22 octobre) et n'avaient capitulé que le 2 novembre, pour se réfugier à Londres. Carthagène se rendit le 5 novembre ; Alicante, le 12. Dans ces provinces, le carbonarisme avait pénétré depuis peu, introduit par Pechino à Valence et, en Andalousie, sous la forme de l'organisation dite *Europea* par le général Pepe, et surtout, en Catalogne, par les Italiens Pachiaroti et d'Atelly. Afin d'aider le gouvernement de Ferdinand VII à rétablir l'ordre et à restaurer son administration, un crédit de 50 à 60 m., s'ajoutant aux 34 avancés pendant la lutte, lui fut consenti par la France, qui convint à la mi-février 1824 de laisser sur place, sous Bourmoont, un corps d'occupation de 45.000 hommes. Peu coûteuse, en somme, l'expédition tant décriée se soldait par d'heureux résultats. Pour l'Espagne, l'influence britannique, pratiquement éliminée jusqu'en 1846. La Franc-Maçonnerie (bien que la France se soit opposée au rétablissement du Saint-Office) officiellement dissoute par les décrets des 1er août, 25 septembre et 9 octobre 1824, et, pour un temps décapitée ; ses chefs dispersés à l'étranger : le Suprême Conseil à Londres, avec Argüelles, Cayetano Valdés, Canga-Arguelles et Alava, d'autres de ses membres, Martinet de la Rosa, le comte de Toreno, Yandola, le marquis de Pontejos, à Paris, réduits à une précaire liaison avec ta Catalogne, par Gibraltar et les Baléares. Pour la France : l'opposition libérale déconsidérée, réduite de 110 sièges à 19 aux élections du 6 mars 1824, l'armée royale *trempée* par le succès, l'indépendance nationale affirmée en face de l'Angleterre, qui n'avait que trop tendance à tenir en tutelle les Bourbons restaurés et leur administration.

DOCILITÉ ENVERS LA HAUTE FINANCE

Rétabli dans des conditions des plus précaires, le gouvernement royal s'était trouvé placé, plus encore après les Cent Jours qu'en 1814 sous la dépendance étroite de la haute banque et du cabinet de Saint-James. La tenue impeccable de ses finances devait satisfaire la première. Mais ses tentatives réitérées de reprendre l'initiative diplomatique ne pouvaient qu'indisposer le second. Alors que les hésitations de sa politique intérieure, notamment en matière électorale, son inaction complète — si contraire aux traditions de la monarchie — dans le domaine social, et sa faiblesse insigne à l'égard des sectes laissaient entre les mains de l'adversaire tous les moyens de la briser à la première incartade.

D'esprit fin, prudent et délié, Louis XVIII, le roi podagre, portait la marque des années d'exil vécues au contact de l'oligarchie britannique. Très imbu de ses prérogatives royales, il avait pourtant refusé de jouer le rôle purement décoratif d'un souverain *à l'anglaise* et su conserver, dans sa Charte, en dépit des prétentions de Talleyrand, de Fouché et du Sénat, une autorité complète sur ses ministres, en même temps que l'initiative des lois. Mais il restait conservateur d'instinct, peu enclin aux initiatives sociales, autant que libéral de tendance, d'autant moins porté à réagir contre l'influence des sociétés secrètes qu'il se sentait peut-être gêné à leur égard par certaines intrigues auxquelles, comte de Provence, il avait été mêlé jadis. Son attachement à certains favoris, notamment le jeune Elie Decazes — en attendant Mme du Cayla — allaient singulièrement faciliter auprès de lui les manœuvres des sectes.

La fatale équipée des Cent Jours pesait lourdement sur les finances de la France. Celles-ci, lors de la première restauration, s'étaient facilement relevées. La rente, tombée le 29 mars 1814 à 45,25, était remontée à 65 au début de Juin, puis à 78 et même à 80 le 30 mars 1815. L'arriéré laissé par l'Empire n'atteignait guère que 503 m. Pour neuf mois, le budget de 1814 devait se solder par un déficit de 307 m. Les prévisions pour 1815 comportaient 618 m. de recettes pour 547,7 de dépenses (plus 70,3 pour l'arriéré). De ce redressement rapide, l'on a fait gloire au baron Louis, ex-conseiller clerc au Parlement de Paris, émigré en Angleterre, protégé de Talleyrand, dont l'adage : « *Faites-moi de bonne politique et je vous ferai de bonnes finances* » est resté célèbre. Cette réputation, cependant, est peut-être un peu surfaite, car le revers de cette médaille aurait pu porter « *de trop bonnes finances engendrent parfois une mauvaise politique* ». Dans la mesure précisément où les économies draconiennes pratiquées par le baron Louis, contribuèrent à créer le malaise qui facilita le retour de l'île d'Elbe : suppression de 15.000 emplois civils (l'Empire de 130 départements étant ramené à l'hexagone), mise à la retraite ou à la demi-solde de 12.000 officiers, non-paiement des pensions promises à l'ex-empereur et à sa famille (5,5 m.) etc. Et où les promesses, faites par le duc d'Angoulême et le comte d'Artois, de supprimer l'impôt des *droits réunis*, fort impopulaire, ne furent pas tenues.

La liquidation du retour de l'île d'Elbe allait être fort onéreuse. S'ajoutant à un arriéré de 695 m., règlement en cinq ans de 700 m. d'indemnité, soit 140 m. par an ; autant pour l'entretien d'une armée d'occupation de 150.000 hommes, succédant à une horde d'1.200.000 envahisseurs vivant sur le pays, de réquisitions, de contributions, voire de pillage, auxquels s'ajouteront les réclamations privées des alliés, gonflées jusqu'à la somme astronomique d'1.600 m., que la convention du 25 avril 1818 ramena, grâce à Pozzo di Borgo, à la constitution de 12,040 m. de rentes. Corvetto, un Génois de la Banque de Saint Georges, qui, après l'élimination du ministère Talleyrand par la Chambre introuvable, élue le 19 août 1815, avait succédé au baron Louis, proposa de faire face à ces dépenses extraordinaires par l'émission d'obligations à 8% gagées sur la vente de 400.000 hectares de forêts, mais la majorité refusa cette solution, dans l'espoir de rendre ces biens à l'Église. Il fallut se contenter de vivoter en vendant 56 m. de rentes en capital pour combler le déficit de 1816 (1.087,8 m. de dépenses, pour 708,7 de recettes, soit 379 m.). Le cours des rentes, tombé à 54 pendant les Cent Jours après être remonté, se retrouva à 57,45 en Septembre.

Profitant de ces embarras, les banques internationales imposèrent d'abord la clôture (29 avril 1816), suivie de la dissolution (5 septembre) de la Chambre introuvable, jugée par elles trop indocile, et proposèrent ensuite leur combinaison. À la suite de démarches de Laffitte et d'Ouvrard, Hope d'Amsterdam et Baring de Londres, venus à Paris le 20 janvier 1817, offrirent le 10 février de prendre pour 9 m. de rentes, au cours nominal de 55, — réel de 52,5 — puis en Avril 8,6 m. à 55,50 et, de nouveau, le 22 juillet, 9 m. à 61,50, avec la participation de Perrégaux et de Lafitte. Négociation des plus profitables pour la finance cosmopolite qui, pour 301,8 m. de capital, acquérait 26,7 m. de rente, dont le cours allait bientôt remonter à 67, puis à 80 au 31 août 1818... et désastreuse pour l'État qui, pour obtenir 187 m. s'engageait à en rembourser 384, tout en payant par an 17 m. d'intérêts, et qui renouait ainsi avec la tradition fatale des emprunts internationaux, dont l'Empereur avait jalousement préservé le pays.

C'était payer très cher la réduction d'un cinquième du corps d'occupation au 1er avril 1817. C'était engraisser bien inutilement, par un gain voisin de 100% ; les capitalistes étrangers, alors que pour une émission de 14,5 m. de rentes à 66,50 décidée le 15 mai 1818, 163 m. avaient été offerts par le marché intérieur. Et c'était récidiver que de réserver aux mêmes Baring et Hope, de préférence aux banquiers français, Casimir Périer, Tournon, Olivier et autres, l'émission le 30 mai, à 66,50, de 21 m. de rentes pour couvrir le paiement de deux termes anticipés de l'indemnité de guerre (24 m.). Cette participation se trouva d'ailleurs réduite à 12,3 m. de rentes, le traité d'Aix-la-Chapelle, conclu le 9 octobre 1818, ayant admis que le reliquat serait réglé, à concurrence de 165 m. pour un versement de Baring et Hope, et, pour le solde, par la remise de 6,6 m. de rentes, représentant, au cours du 5 octobre (75.57) une somme de 100 m. Moyennant quoi, le traité stipulait que l'évacuation totale du territoire serait effectuée, avec deux années d'avance, le 30 novembre. De la crise de 1814-1815, la France sortait, fin 1818, obérée de 95 m. de rentes de plus, avec un budget de l'ordre de 870 m. en augmentation de 70 m. sur les budgets moyens de l'Empire (1817 se soldait par 1.299 m. de dépenses contre 926 de recettes ; 1818 par 1098 contre 767,77 ; 1819 par 863,8 — dont 228 pour le service de la dette — contre 902,9, malgré environ 20 m. de dégrèvements ; 1820 par un excédent de 38 m., sur 913,3 de recettes ; 1821 par un excédent de 33 M, 2 sur 915,5). La rente, provisoirement descendue, par suite de réalisations, à 71,75 le 31 octobre, et même à 62 le 14 décembre 1818, n'a cessé de se relever, si bien que le 9 août 1821, les banquiers Bottinguer, Baguenault et Delessert traitent à 85,55 l'adjudication pour 164 m. de 9,5 de rentes, qui atteindront, deux mois plus tard, le cours de 90.

Au moment où succédant au baron Louis dans le ministère Dessoles-Decazes, et à Roy, sous Decazes et Richelieu, Villèle prend les Finances (13 décembre 1821) puis la présidence du Conseil (4 septembre 1822) le crédit de la France est donc solidement rétabli. À tel point que, malgré l'expédition d'Espagne, malgré la nécessité d'en passer, par suite de l'insuffisance de l'Intendance, par les exigences excessives d'Ouvrard, malgré les dépenses, qui au lieu de 100 m., en atteignirent 207 (dont 31 à récupérer), c'est encore des excédents qu'on enregistre : un excédent-record de 42,7 m. sur 991,89 des recettes en 1822, un autre, plus modeste, de 5,5 en 1983, un moyen, de 8,9 en 1824. Villèle envisage alors de résorber les arriérés de l'Empire, évalués à 350 m. par l'émission de 1,1 m. (9 août 1823), puis de 23 m. de rentes (10 mai 1824). Pour cette dernière opération, Villèle, bien qu'il passât jusque-là pour hostile aux grands capitalistes, donne la préférence, contre Laffitte aux Rothschild, qui disposent déjà en France d'un capital de 33 m., contre 6 à leur rival, et ont offert de traiter à 89,55, soit légèrement au — dessus du cours — sans y rien perdre d'ailleurs, car il atteindra bientôt 92, pour coter le pair le 12 février, et même 104,80, le 5 mars.

C'est alors que, très logiquement, le ministre des Finances, s'inspirant de l'exemple anglais de conversion du 4 en 3 ½ %, a envisagé de ramener la rente 4% en 3% à 75, ce qui permettrait de dédommager en partie les émigrés de la spoliation de leurs biens sur l'économie de 28 m. à réaliser. Cependant, pour faire face aux remboursements que les porteurs auraient la faculté de réclamer, il s'abouche, non seulement avec Laffitte et autres banquiers nationaux, mais avec les Rothschild (James, en mars, puis Nathan) et les Baring auxquels il propose de leur garantir 33 m. pour en fournir éventuellement 370, sur un capital de 2.800 m. Le projet passe à la Chambre basse, par 238 voix contre 145, en Mai 1824, mais les Pairs nous le savons, s'insurgent contre les avantages excessifs consentis à la haute finance internationale et repoussent l'opération par 128 voix contre 94 à l'appel de Châteaubriand et de l'archevêque de Quélen, qui présentent cette mesure comme une spoliation à l'égard des quelque 189.000 rentiers, dont la plupart sont des Parisiens (3 juin 1824). Reprise en Février 1825 la question de l'indemnisation fut finalement réglée — sur la base de 18 fois le montant du revenu — par l'émission d'environ 26 m. de rente 3% pour un capital nominal de 866,5 m. ne représentant qu'un capital réel de 630 : c'est à quoi se réduisait *le milliard des émigrés* (27 avril 1825). Quant à la conversion, la loi du 1er mai 1825 offrit aux porteurs le choix entre du 4 1/2% au pair, ou du 3% à 75. Les résultats en furent médiocres : un peu plus de 30,5 m. ramenés à 3%, un peu plus de 1 m. en 4 1/2, avec une économie réduite de 6,2 m. et, la conjoncture internationale se trouvant compromise par de fâcheuses spéculations sur l'Amérique du sud, entraînant le recul des consolidés anglais de 95 à 80 3/4, le cours du 5% français tomba à 90-91 en fin Novembre, et celui du 3% oscilla entre 60 et 65 au plus grand effroi des Rothschild.

La situation budgétaire n'en continuait pas moins d'être satisfaisante. L'année 1825 se soldait par 3,5 m. d'excédent sur 985,6 de recettes, et 1826 par un excédent de 6,1 sur 983,1. Seule 1827, année de crise, fit exception, avec un déficit de 32 m. Les excédents réapparurent en 1828, 7 m. (bien qu'un crédit extraordinaire de 71,3 m. ait couvert l'expédition de Morée) et 1,5 en 1829. Roy, qui avait remplacé Villèle dans le ministère Martignac, conclut avec les Rothschild en Janvier 1830, en vue de l'expédition d'Alger, un emprunt de 80 m. sous la forme d'une émission de 3.134 m. de rentes 4%, au taux de 102,075 (Mallet avait offert 98, et l'hétérodoxe espagnol Aguado, 97,55). En fait le trésor du Dey ayant couvert les frais de la première campagne (48 m.), les marchandises saisies procurèrent un bénéfice d'environ 7 m. Aussi lorsqu'elle déposa son bilan, la monarchie restaurée laissait-elle une dette réduite à 220 m. (dont 63,3 d'engagements antérieurs). sur lesquels 170 seulement restaient entre les mains des particuliers, car la caisse d'amortissement, qui en avait racheté pour 53,8 en conservait par devers elle 37,8 m. En plus il existait 7.271 m. de rentes viagères, et la dette flottante atteignait 270 m.

La gestion du régime dans ce domaine, à part sa vassalité à l'égard du capitalisme international, avait été parfaite. Secondé activement par d'Audiffret, Villèle avait utilement complété l'administration des Finances, héritée de l'Empire, par une série d'ordonnances Célèbres sur la comptabilité publique, y compris celle des communes, et décidé d'arrêter les exercices au 31 décembre pour les liquider au 30 septembre. À partir de 1828, le vote des budgets aura lieu pour chaque ministère, par chapitres, rendant les transferts difficiles. La réalisation du cadastre avait été poursuivie avec persévérance ; le travail, terminé pour 11.000 communes en 1821, en couvrait 21.000 en 1830. Au total, les contribuables assujettis à, la *foncière* avaient bénéficié de 92 m. de dégrèvements.

MÉNAGEMENTS POUR LES *NANTIS*

Malheureusement, dans le domaine politique, l'action du gouvernement royal s'est révélée beaucoup plus timide et vacillante, que prudente. S'attachant avant tout à rassurer les *nantis*, plutôt hostiles, il n'ose étendre les droits civiques à de plus larges tranches de la société, susceptibles au contraire de le soutenir, se coupe de ses alliés naturels, sans gagner les *libéraux*, auxquels il ne fait de concessions que pour les reprendre et, restreignant sans cesse sa clientèle *ministérielle*, finalement s'embourbe et se laisse acculer à des mesures de force qu'il n'a plus l'autorité de faire prévaloir.

Conçue à la mode anglaise, en termes assez vagues, la Charte laissait au roi une grande liberté de manœuvre. Louis XVIII en usa avec modération. Dans la nouvelle Chambre des Pairs, composée de 150 membres en 1814, la majorité des anciens sénateurs (93 et 10 Maréchaux) avait continué de siéger ; encore, sur les 51 écartés, comptait-on 20 représentants des territoires abandonnés par les traités. En 1815, 29 se virent exclus, le 24 juillet, pour leur attitude pendant les Cent Jours, et 94 nouveaux furent désignés le 17 août, ce qui porta le total à 200. À deux reprises, le *ministère* obtint du roi de nommer des *fournées* de pairs, 59 en Mars 1819, à la demande de Decazes, 76, le 6 novembre 1827, à la requête de Villèle, qui s'était aliéné Châteaubrriand et les dissidents de la droite à propos de la censure.

Quant à la Chambre des représentants, sa base électorale était des plus restreintes. Un cens de 300 frs et 30 ans d'âge pour être électeur et de 100 frs et de 40 ans, pour être éligible : l'équivalent des *bourgs pourris* d'Angleterre, quelque 15.000 électeurs, désignant 262 députés ! Quelque chose comme la Chambre des Cents Jours, nommée par 7.669 électeurs soumis à la pression de Fouché et du gouvernement impérial. Tout en maintenant les collèges d'arrondissement et de département, une ordonnance royale étendit cependant le corps électoral, en abaissant l'âge des électeurs à 21 ans et celui des éligibles à 25 : il y eut 72.000 inscrits, sur lesquels 48.000 désignèrent effectivement, les 14 et 22 août 1815, 402 députés. De cette consultation sortit la Chambre *introuvable*. Composée en majorité d'éléments bourgeois pour plus de la moitié (à l'exclusion de tout représentant du Clergé), remarquablement jeunes pour la plupart (130 ont moins de 45 ans), elle fit preuve d'un zèle royaliste qui, démentant le pessimisme hypocrite de Fouché (selon lequel à peine un cinquième des Français étaient d'humeur à accepter la monarchie), provoqua la démission de Talleyrand (21 septembre) et de son acolyte, mais souleva les craintes du roi. Aussi son œuvre se borna-t-elle au vote des lois sur l'ordre public destinées à mettre fin aux règlements de comptes auxquels avait donné lieu la liquidation des Cents Jours. Dès qu'elle prétendit réformer la loi électorale, renouveler la Chambre en bloc tous les cinq ans au lieu de par cinquième chaque année et abaisser le sens électoral à 50 et même 25 frs de contributions directes, ce qui eut abouti à *noyer* la bourgeoisie dite libérale, elle se heurta à la Chambre des Pairs qui, aveuglée par son conservatisme, repoussa le projet.

Ses intentions, présentées par une note de Vitrolles : « *elle voulait que la Chambre des Pairs devint la source d'un noblesse indépendante, que le Clergé fut propriétaire et non salarié, que des Assemblées provinciales réglassent les intérêts locaux, que les arts et métiers fussent reconstitués en corporations* », son désir de rénover les institutions, tout en renouant avec les traditions nationales déclenchent contre elle l'offensive des forces occultes, coalisées, de l'intérieur et de l'extérieur. Celle de Decazes (de la L∴ *Anacréon*, grand-officier du G∴O∴ du Suprême conseil du Rite écossais en Septembre 1818), ancien conseiller à la Cour de Paris, bonapartiste rallié (autrefois attaché au service de Madame-Mère, Loetizia Bonaparte), nommé préfet de police sur la recommandation du baron Louis, puis ministre, personnage aussi faux qu'insinuant, dont Louis XVIII s'est entiché au point de l'admettre dans son intimité. Celle des banquiers internationaux, des Baring et des Hope. Celle des représentants de l'Angleterre et de la Prusse, Wellington et Hardenberg, aidés de Pozzo di Borgo, qui réclament à cor et à cri la dissolution de cette Chambre, vraiment *intolérable* et qui l'obtiennent, le 5 septembre 1816, de Louis XVIII et de Richelieu, décidément trop honnête pour se fourvoyer dans la politique.

On en revient alors au système étriqué de la Charte, avec 262 députés d'au moins 40 ans. La pression *ministérielle* ayant joué à plein, les élections d'Octobre amenèrent à l'Assemblée 146 députés dociles sur 238 élus. Présentée par Lainé, ministre de l'Intérieur, la nouvelle loi électorale, œuvre des *doctrinaires*, des constitutionnels du centre gauche (Royer-Collard, Guizot, Barante, de Broglie, de Serre, de Rémusat), promulguée le 8 février 1817, répond à l'attente de ses promoteurs. La droite, qui, par la bouche de Bonald, a vainement proposé de faire des communes reconstituées la base de la représentation, perd une douzaine de sièges. Contrôlée par une *bannière* des Chevaliers de la Foi, groupée autour du comte d'Artois, de Châteaubriand, de Vitrolles, de Polignac, elle conserve sa cohésion, mais une tentative de mordre sur la Maçonnerie en créant la société dissidente des *Francs régénérés* a échoué. Les royalistes se retrouvent ainsi scindés en deux groupes hostiles, ministériels et *ultras*. Decazes s'efforce de desservir ces derniers auprès du roi et de les compromettre par tous les moyens ; à propos de la note adressée par Vitrolles aux Alliés et à propos d'un prétendu complot de la Garde, en fin Juin 1818. Il parvient par ses intrigues à éliminer du ministère le chancelier Dambray (Janvier 1817), les ministres Dubouchage (Juin 1817). de la Marine, le maréchal Clarke de la Guerre (12 septembre 1817) — que Pasquier, Molé et Gouvion Saint-Cyr remplacent — à éliminer Châteaubriand de son ministère d'État, et à brouiller le roi avec son frère, le comte d'Artois, auquel toute autorité sur la Garde nationale est retirée (30 septembre 1818). Les principaux bénéficiaires de ce patient travail de division, décourageant les électeurs royalistes, sont les *Indépendants* de gauche, noyau d'opposants au régime formé par la Maçonnerie, autour de Casimir Périer, Dupont de l'Eure, le banquier Laffitte, qui groupèrent 25 députés en 1817, bientôt renforcés d'une vingtaine d'autres, dont La Fayette et Manuel, en Octobre 1818, et de Benjamin Constant en 1819. Alarmé par de semblables résultats Richelieu. .de retour du Congrès d'Aix-la-Chapelle (30 septembre-novembre 1818) avait mis le roi en demeure de choisir entre sa démission et la disgrâce de son favori (21 décembre 1818).

Louis XVIII, après de grandes démonstrations larmoyantes, ayant préféré Decazes, Richelieu se retira (26 décembre) laissant la place au général Dessolles, qui ignorait tout des Affaires étrangères. Decazes succéda à Lainé au ministère de l'Intérieur, auquel on rattacha la police, le baron Louis reparut aux Finances, Gouvion Saint-Cyr conserva la Guerre, et l'on fit place à Portal à la Marine, et à de Serre, aux Sceaux. Somme toute, à cette combinaison, il ne manquait que Talleyrand, dont il avait été question d'ailleurs, mais le roi, tout de même, n'avait pas osé. Le premier geste de Decazes fut de révoquer seize préfets, royalistes naturellement, portant ainsi à quarante le nombre de ceux qui avaient été sacrifiés depuis l'ordonnance du 5 septembre. Et d'épurer le Conseil d'État et l'armée, où des généraux compromis pendant les

Cent Jours furent rappelés à l'activité, tel le général Foy. Sous prétexte de *nationaliser* le royalisme, le travail de sape continuait. Après les *ultras*, c'était le tour du centre droit de se voir rejeter dans les ténèbres extérieures. Vint ensuite la mise au pas de la Chambre des Pairs, par la nominations en Mars 1819, de 59 *ministériels*, dont 14 revenants, éliminés après les Cent Jours. Et le vote de trois lois sur la presse (17-26 mai, 7 juin 1819) proposées par de Serre, préparées par Royer-Collard, Guizot ; Barante et. Broglie, qui faisaient de la France le pays le plus libéral de l'époque : plus de censure, ni d'autorisation préalable, mais des éditeurs responsables, obligés à verser un cautionnement ; les procès de presse, sauf en cas de diffamation, déférés au jury ; plus de lois ni de tribunaux d'exception, plus de cours prévôtales, plus d'arrestations *administratives* ; des Chambres faisant l'apprentissage, dans la liberté, du régime parlementaire, Calme trompeur dans une Europe, où le souffle révolutionnaire renaissant laissait présager de nouvelles tempêtes.

Les élections de 1819 furent pour Decazes un dur réveil : sur 55 sièges à renouveler, la droite en perdait 10 et le ministère 15, au profit de l'opposition de gauche, dont les plus notables élus étaient, cette fois Benjamin Constant et, au grand scandale de l'Assemblée, l'abbé Grégoire, un quasi-régicide, représentant de Grenoble ? Décidé à faire machine arrière, Decazes dut accepter d'assumer la présidence du Conseil (19 novembre) et de remanier son ministère en se séparant de Dessolles, de Gouvion Saint Cyr et de Louis. 11 s'apprêtait à présenter le 14 février 1820 un projet de modification de la loi électorale, préparé par de Serre et Broglie, lorsque l'assassinat du duc de Berry, survenu dans la nuit du 13, le contraignit à abandonner le pouvoir, la droite se refusant à rétablir en sa faveur la censure et les internements *administratifs*. Louvel, le meurtrier, avait peut-être agi seul, dans l'espoir d'éteindre en France la race des Bourbons en la personne du plus populaire de ses princes, n'empêche que son geste s'inscrivait dans un programme de recrudescence générale de l'agitation.

En face de la gauche libérale menaçante, se reconstituait une droite timidement conservatrice, qui reprit sous Richelieu (21 février), les ministres de Decazes et leurs projets de mesures restrictives : rétablissement de l'autorisation préalable et de la censure pour la presse et du régime de détention administrative de trois mois — et qui se vit réduite à défendre sa position électorale par l'artifice du *double vote*, c'est à-dire par l'institution, à côté des 258 sièges pourvus par les électeurs censitaires à 300 frs, réunis désormais dans des collèges d'arrondissement, de 172 nouveaux sièges à pourvoir par des collèges départementaux réservés au quart le plus imposé des électeurs (29 juin 1820). La discussion de ces mesures accentuant le privilège de la fortune et isolant davantage le gouvernement royal de la masse des électeurs, avait été accompagnée, les 3 et 5 juin, à Paris, de manifestations bruyantes. Dans l'immédiat, le résultat cherché n'en fut pas moins atteint, et même, au gré de Louis XVIII qui ne s'était pas séparé sans déchirement de Decazes ; dépassé : la gauche réduite à 80 députés sur 430, le gouvernement disposant de 190 voix, flanqué à droite de 160 *ultras* dont 75 membres de la Chambre introuvable (4-13 novembre 1820). La naissance du duc de Bordeaux, *l'enfant du miracle* (29 septembre) rendant inutile le crime de Louvel, avait contribué à exalter le sentiment royaliste. Bien que le rapport des forces en présence fut resté le même en Octobre 1821 (à part sept voix perdues par le ministre au profit de la gauche), la droite avait dû se contenter de trois ministères sans portefeuille, confiés à Villèle, Corbières et Lainé (Octobre-Novembre 1820) ; mécontente, elle refusa de proroger la censure, critiqua l'attitude timorée du gouvernement dans les congrès internationaux et retira ses représentants du cabinet (Août 1821) dont elle provoqua la chute par la démission de Richelieu (12 décembre 1821).

ABANDON DU PROGRAMME NATIONAL

Tombé maintenant sous l'influence de M_{me} du Cayla, soucieux avant tout de terminer son règne dans le calme, Louis XVIII finit par accepter la constitution d'un ministère comportant Villèle aux Finances, Corbières à l'Intérieur, Montmorency aux Affaires étrangères, Bellune à la Guerre, Clermont-Tonnerre à la Marine. La droite modérée accédait au pouvoir. Son chef, Joseph de Villèle, allait d'ailleurs renoncer à l'essentiel de son programme politique, décentralisateur, corporatif et populaire. Petit homme chafouin, plutôt porté à ruser qu'à trancher, excellent *commis*, l'ancien maire de Toulouse n'avait pas l'étoffe d'un homme d'État. Mal disposé à supporter le prestige d'autrui, il ne tardera pas à s'aliéner définitivement Chateaubriand (6 juin 1824). Et à reconstituer contre lui une opposition de droite, mise en défiance par sa fâcheuse tendance aux concessions, aux compromis, aux abandons — à l'égard notamment de la haute finance — et par sa timidité en face de l'Angleterre. À tel point qu'ancien membre de la *bannière* de Toulouse, il est considéré maintenant avec méfiance par ses collègues du chapitre des *Chevaliers de la Foi*.

De nouvelles restrictions sur la presse (17-25 mars 1822), enlevant au jury la connaissance des délits, dont la liste s'allongeait afin de mieux protéger la religion, autorisation préalable pour les nouveaux journaux. Des mesures renforçant le contrôle du Clergé sur l'enseignement secondaire (27 février 1821), sur l'Université, par la nomination de Mgr. Frayssinous comme grand-maître (1_{er} juin 1822) et sur l'enseignement primaire (les évêques accordant aux maîtres l'autorisation d'enseigner) en Avril 1824, qui provoquèrent le déclenchement par les loges d'une nouvelle vague d'anti-cléricalisme. Le bilan du ministère n'eut guère été positif s'il n'avait réussi à capitaliser le succès de l'expédition d'Espagne, en dissolvant la Chambre le 24 décembre 1823. La gauche en déroute perdit 81 sièges, dont ceux de La Fayette et de Manuel, et n'en conserva que 19. Alors recommença pour cette Chambre *retrouvée* le scénario de la Chambre introuvable. Villèle, rejetant dans l'opposition par de mesquines rancunes personnelles 70 membres de la droite et, après l'échec de son projet de conversion, Chateaubriand (6 juin 1824). C'était couper le ministère d'une notable partie de l'opinion, réduire sa presse à trois journaux de faible tirage (14.000 abonnés) alors que l'opposition de droite en touche plus de 20.000 et les libéraux 21.000.

CHARLES X. RÉAGIT CONTRE L'ANTI-CLÉRICANISME

Charles X, qui succède à son frère le 16 septembre 1824, a beau inaugurer son règne par l'amnistie et la suppression de la censure, il hérite des rancunes accumulées contre ce ministère, et tout lui sera imputé à grief : l'indemnité aux émigrés, la loi contre les sacrilèges (20 avril 1825), qui déclencha bien inutilement de telles attaques contre la *Congrégation* que l'Ordre des Chevaliers de la Foi jugea opportun de se dissoudre (début 1826) et qu'il fallut désavouer la participation à l'enseignement des Jésuites, dont Mgr. Frayssinous avait reconnu le retour à titre individuel (26-27 mai 1826) (en fait ils seront seulement 456 en 1828). Obéissant à un mot d'ordre maçonnique, une campagne infâme, alimentée par les pamphlets de Montlosier et les chansons de Béranger, se déchaînait contre la religion. Mauvaise querelle en vérité, alors que le roi prétendant maintenir le principe des libertés gallicanes, les difficiles négociations engagées entre Blacas et le cardinal Consalvi, en vue de l'annulation du Concordat de 1801, du retour à celui de 1516 et du rétablissement de 42 évêchés supplémentaires (90 au lieu de 50 du printemps 1816 à Juin 1817) avaient finalement échoué par suite du refus de Decazes et de Pasquier de ratifier la convention du 23 juillet 1817. Le Concordat de 1801 demeura donc en vigueur (23 août 1819) et le gouvernement royal se borna à ériger 30 nouveaux diocèses, afin de porter leur nombre à 80 en Octobre 1822. Et comme le Clergé ne comptait plus que 36.000 prêtres, pour la plupart âgés, alors qu'il en eut fa,iu 15.000 de plus pour assurer le culte, il releva le traitement des desservants, porta le budget des cultes de 12 m. en 1815 à 33 en 1830, multiplia les séminaires, doubla leur effectif (plus de 13.000 en 1830). Ce en quoi, l'État monarchique n'avait fait que son devoir, comme il avait commencé de le faire aussi en fondant par l'ordonnance du 29 février 1816 des écoles primaires dans les communes (24.000 sur 38.000 en seront pourvues en 1829). avec une population scolaire d'1.372.000 garçons. Rien de tout cela ne méritait la levée de boucliers anticléricale savamment orchestrée par la Maçonnerie, afin de *mettre en condition* l'opinion, à la veille des mouvements révolutionnaires qui se préparaient.

Mais était-ce un moyen efficace de combattre cette propagande que de juguler la presse en l'accablant de droits de timbre, en découvrant, derrière les gérants, les propriétaires rendus responsables, etc., pour retirer bientôt le projet, voté à la Chambre le 12 mars 1827 par 233 voix contre 134, devant l'opposition des Pairs (17 avril) ? Et, devant les manifestations hostiles de certains éléments de la garde nationale à l'occasion d'une revue de 20.000 hommes passée par le roi le 29 avril, était-ce bien politique de dissoudre immédiatement et en bloc, ce corps ? Et de s'entêter, comme le fit Villèle, pour en arriver à imposer une fournée de 76 pairs et la dissolution de la Chambre (6 novembre 1827) ? N'était-ce pas braquer contre soi les deux oppositions de droite et de gauche, réunies avec Chateaubriand dans une *Société des Amis de la liberté de la Presse* ? Aller au-devant d'un échec électoral cuisant les 17 et 24 novembre : 150 à 180 *ministériels* en face d'autant de libéraux de gauche et de 60 à 80 opposants de droite !

PUIS, TEND LA MAIN AUX LIBÉRAUX

Pour en arriver enfin à évincer Villèle (6 décembre) et à recourir au charme de Martignac pour ramener à la majorité une partie du centre gauche. Le nouveau ministère formé le 5 janvier 1828 réunissait, entre autres, à côté de l'éloquent Martignac à l'Intérieur, le diplomate. La Ferronnays aux Affaires étrangères, le riche bourgeois (40 m.). Royaux Finances, Chabrol à la Marine, et Te encan Portalis fils, ennemi des Jésuites, aux Sceaux. Le remplacement de Chabrol par Hyde de Neuville à la Marine et la nomination de Chateaubriand comme ambassadeur à Rome n'ayant pas suffi à gagner l'opposition de droite (Villèle, La Bourdonnaye), la nouvelle équipe ne vécut que d'une série de concessions à la gauche : suppression de la direction générale de la Police, liberté de contrôle des listes électorales, assouplissement du régime de la presse par l'abolition de la censure et le remplacement de l'autorisation préalable par une simple formalité de déclaration (les délits restant de la compétence des tribunaux correctionnels, avril 1828), restrictions à l'influence du. Clergé sur l'enseignement (séparation de l'Instruction publique du Ministère des Affaires ecclésiastiques, réduction du droit de regard sur les écoles primaires. 21 avril 1828 ; ordonnances du 6 juin 1828, soumettant au régime de l'Université — à l'exemple des 126 régulièrement établies — les 34 écoles ecclésiastiques qui échappaient encore à son contrôle ; interdiction d'ouvrir les séminaires à des élèves de l'extérieur, limitation de leur effectif à 20.000 ; élimination des membres de congrégations non autorisées. Il fallut pour modérer les protestations des évêques, recourir à la bonne volonté du pape Léon XII (15 novembre). Espérait-on se concilier la Maçonnerie en lui donnant à croquer quelques Jésuites ? On ne parvint qu'à s'isoler davantage, en mécontentant la droite, sans satisfaire la gauche.

L'échec apparut complet, lorsque le ministère reprenant un projet conçu par de Serre et Barante en 1819, proposa une timide réforme de l'administration locale, les membres des conseils devant être élus sur la base d'un électeur pour 500 habitants dans les communes et d'un par 1.000 dans les départements, tandis que les préfets, les sous-préfets et les maires continueraient d'être nommés, comme sous l'Empire. Mais il était déjà trop tard pour appliquer la formule traditionnelle de Veuillot : *« le roi, protecteur des républiques françaises »*, et surtout pour le faire sous une forme aussi timorée, en faveur d'une minorité de notables, 40.000, pas même la moitié du *pays légal* qui participait à l'élection des députés (90.000). La Chambre ayant voté la priorité à la discussion sur les assemblées départementales et la suppression des conseils d'arrondissement (8 avril), Martignac dut retirer son projet. Pour avoir pratiqué un conservatisme étroit au profit des *nantis*, pour avoir failli à sa fonction traditionnelle, en hésitant à faire renaître des institutions locales et sociales essentielles, la monarchie avait manqué sa restauration.

ABSENCE DE RÉALISATIONS SOCIALES

Pour avoir vivoté selon la Charte, à la manière de l'oligarchie britannique, son bilan dans le domaine social était presqu'aussi négatif que celui de l'Empire. Le *libéralisme* de la loi Le Chapelier du 17 juin 1791, qui isolait l'ouvrier et considérait le travail comme une marchandise, prévalait toujours. Ce que la Révolution avait détruit, l'Empire n'avait pas osé le reconstruire. En matière de *coalitions*, de *cessation de travail*, de *louage de travail* ou de *louage de l'ouvrage*, le Code civil s'était contenté de reprendre les dispositions des décrets des 19-20 et 22 juillet 1791. Législation à sens unique, selon laquelle, le patron étant cru sur parole, il incombait toujours a son employé de faire la preuve. *« Les bonnes traditions sont perdues »*, avait pourtant déclaré à propos des corporations Napoléon. Mais les vœux des conseils généraux de l'an IX, en faveur d'un retour à la réglementation des métiers, étaient restés ignorés par la loi du 22 germinal an XI sur la réglementation du travail. La majorité des juristes du Conseil d'État et le ministre Chaptal, demeurés fidèles au dogme libéral, formaient barrage. Montalivet, ministre de l'Intérieur, n'eut pas plus de succès lorsqu'il proposa, le 22 mars 1811, d'en revenir au régime antérieur à Turgot ; son projet resta en instance. À côté des Bourses de Commerce, rétablies le 18 ventôse an XI et des Chambres de Commerce, organisées le 24 décembre 1802 (il en existait 23 en 1812). seules étaient tolérées les Sociétés de Secours Mutuels, au nombre de 100 en 1812 contre 45 en 1799, et une trentaine de compagnonnages mal définis. Pour des journées de douze heures, les salaires des ouvriers avaient oscillé pendant cette période entre 3 frs et 3,50 par jour à Paris et 2,50 en province.

Tout était donc à *restaurer* dans ce domaine. Mais, les initiatives individuelles se heurtaient au mauvais vouloir des *nantis*. Une première requête de l'avocat Levacher-Duplessis, revêtue de 2.000 signatures (16 septembre 1817) pour le retour à une organisation corporative fut proprement enterrée par la Chambre de Commerce de Paris et le Conseil supérieur des Manufactures. Parmi les économistes, Sismondi, dans ses *« Nouveaux Principes d'Économie politique »*, publiés en 1819, attirait vainement l'attention sur les méfaits de la liberté complète, sur le rôle destructeur de la doctrine révolutionnaire, sur le danger de ne se soucier que d'augmenter la production, sans en assurer une meilleure répartition et sur la nécessité de réincorporer dans la société tous ses éléments, sans distinction de classes. À la fin du règne de Charles X, un préfet, VilleneuveBargement, *« élabora les principes d'une nouvelle politique sociale chrétienne, basée sur une enquête étendue de la situation créée par la naissance de la grande industrie »*. Dans les départements de la Loire-Inférieure et surtout du Nord, il avait pu constater comme on pouvait le faire aussi dans le Haut-Rhin, l'aggravation de la condition ouvrière, les salaires diminués d'environ 22% en 1830 par rapport à 1800, alors que le coût de la vie a augmenté de 60%. La baisse s'est accentuée au point que, dans le Nord, 163.000 ouvriers sur 224.000 doivent être secourus par les bureaux de bienfaisance. Depuis 1820, la main-d'œuvre des manufactures ne gagne que 3 Ers à 1,50 par jour pour les hommes, et 1,25 à 0,50 pour les femmes. Seuls les artisans des villes se défendent. Environ 100.000 d'entre eux restent groupés dans les compagnonnages. Leurs sociétés de secours mutuels s'organisent et se multiplient : il en existe 160 à Paris en 1823, 34 à Marseille en 1821, 113 à Lille en 1830. Clandestinement Pierre Charnier, catholique et royaliste, groupe les canuts de Lyon dans une *Société du Devoir Mutuel*, qui s'occupe non seulement de prévoyance et d'assistance, mais aussi de la défense des salaires. Mais très rares sont les *corporations* qui ont pu se reconstituer, boulangers, pharmaciens et charcutiers par exemple, qui avaient reçu des statuts en 1818, avocats dont l'Ordre a retrouvé le droit d'élire son bâtonnier (20 novembre 1822), bouchers (18 octobre 1829).

TIMIDITÉS DIPLOMATIQUES

Sous Decazes et Villèle, le gouvernement royal s'était montré aussi timoré à l'extérieur que timide à l'intérieur. Montmorency et Châteaubriand avaient payé de leur portefeuille le succès de l'intervention française en Espagne. Dans sa hâte à rassurer l'Angleterre, Villèle avait déclaré, le 18 juin 1824, qu'il ne soutiendrait pas le Tsar et Metternich dans des projets tendant à réorganiser l'Amérique espagnole sous la forme d'États gouvernés par des membres de la famille royale. Bien que tory, Canning, successeur de Castlereagh, qui s'était suicidé le 12 août 1822, usait de l'influence de ses émissaires politiques, commis-voyageurs du *business* de la Cité, pour soutenir de par le monde les mouvements libéraux maçonniques. C'est ainsi qu'au Portugal, il s'efforçait de briser les intrigues des partisans absolutistes de l'héritier de la Couronne, don Miguel, contre le faible Jean VI, alors qu'il poussait par ailleurs don Pedro, fils aîné du roi à proclamer l'indépendance du Brésil, hais Hyde de Neuville, ambassadeur de France avait gêné son action an début de 1824 en proposant au roi l'appui du corps d'occupation français en Espagne, afin de rendre disponibles des troupes destinées à rétablir son autorité à Rio. Villèle, docile, rappela son ambassadeur en Décembre et Jean VI, sous la pression de l'Angleterre, reconnut le nouvel état américain (Mai 1825). À la mort du roi, survenue en Mars 1826, sur une nouvelle démarche de Canning à Paris, Villèle désavoua encore et rappela le nouvel ambasadeur de Moustier, coupable de soutenir la cause de don Miguel contre doña Maria, fille de don Pedro, dont les Anglais imposèrent la candidature en faisant occuper Lisbonne par un corps de 10.000 hommes, qui y demeura jusqu'en 1828.

PREMIER SUCCÈS EN GRÈCE

Il fallut l'éloignement de Villèle, les campagnes de Châteaubriand et l'influence personnelle de Charles X pour que la France s'intéressât à l'affaire grecque et qu'elle y fasse prévaloir sa politique. Les divisions entre les Grecs, soulevés en Morée le 25 mars 1821 contre la domination turque (à l'exemple de Bucarest le 25 février), l'intervention en Juillet 1824 de l'armée égyptienne d'Ibrahim Pacha, fils de Mohamed Ali, client de la France, en Crète, puis en Morée (Mars-Juillet 1825). la crainte d'appuyer un mouvement insurrectionnel radical (celui de l'*Hétairie*, bien vu des libéraux). avaient justifié d'abord la prudence de Villèle, bien décidé à calquer son attitude sur celle de l'Angleterre. Mais l'appel des Grecs à l'amiral Cochrane (l'auxiliaire anglais des hispano-américains) la mort du Tsar :Alexandre (1er décembre 1825), l'envoi par Nicolas Ier, son successeur, d'un ultimatum aux Turcs, la conclusion — en dehours de la France — d'un accord anglorusse (4 avril 1826) en vue d'une médiation, la chute de Missolonghi (22 avril 1827) et de l'Acropole, contraignirent la France, sous peine d'abdiquer son rang de grande puissance, à se joindre à l'action des deux principales nations intéressées !traité de Londres, 6 juillet 1827). George Canning étant mort au début d'Août,

Wellington, qui redoutait une poussée russe sur Constantinople, s'attachait avant tout à préserver l'intégrité de l'empire ottoman et Villèle à maintenir la paix.

Mais ils se virent bientôt débordés par les évènements. La démonstration navale, organisée devant Navarin par 26 navires anglo-français sous de Rigny et Codrington (la flotte française, reconstituée par Portalis en 1821, comptait alors 280 vaisseaux contre 500 à l'Angleterre) ayant dégénéré en bataille rangée, 64 bâtiments turcs avaient été facilement détruits le 20 octobre 1827. Nicolas Ier en ayant profité pour déclencher le 26 avril les hostilités en Moldavie. La Ferronnays, successeur de Villèle en Janvier 1828, ne manqua pas d'exploiter ces évènements, qui plaçaient la France en position de médiatrice, non seulement vis-à-vis des Turcs, mais à l'égard de ses propres alliés, Anglais et Russes. Le débarquement d'un corps expéditionnaire de 15.000 hommes, commandé par le général Maison, que le cabinet de Londres s'était vu contraint d'accepter, suffit à obtenir l'évacuation de la Morée par les troupes égyptiennes, la signature à Londres, le 22 mars 1829, d'un protocole reconnaissant l'indépendance de la Grèce, dans les limites d'Arta-Volo et bientôt, les Russes étant parvenus aux portes de Constantinople le 20 août, la conclusion du traité d'Andrinople (14 sept. 1829) améliorait le sort des provinces roumaines et serbes.

La France, à peu de frais, s'était taillé un beau succès diplomatique. Vite rétablie, la paix n'avait pas permis à Jules de Polignac — appelé de son ambassade de Londres à la présidence du Conseil, le 9 août 1829 — et qui, bien à tort, passait pour anglophile-, d'étendre la négociation, comme il en avait caressé le rêve, en vue d'obtenir, grâce à l'appui de la Russie, la Belgique et la Sarre, tout en échangeant à la Prusse la Rhénanie contre la Saxe (4 septembre). Du moins le gouvernement royal avait-il reconquis aux yeux de tous son indépendance à l'égard du cabinet de Saint-James. Il allait le manifester plus clairement encore — et ce fut sa perte — en osant conquérir Alger, sans la permission de Sa Majesté britannique.

UN DÉFI : L'EXPÉDITION D'ALGER

Œuvre personnelle du roi et du baron d'Haussez, appelé au ministère de la Marine, l'expédition avait été décidée le 31 janvier 1830, à la suite du refus opposé par le dey, le 3 août 1829, de réparer l'affront dont avait été victime le consul de France Deval, le 30 avril 1827, à propos de la créance des juifs livournais Bacri et Busnach. En trois mois, tout fut prêt : 103 vaisseaux, 350 transports, 27.000 marins, 37.000 hommes de troupe, 83 pièces de siège, réunis à Toulon. Débarquée le 14 juin à Sidi-Ferruch, sous le commandement de l'amiral Duperré et du général de Bourmont, l'armée obtint le 4 juillet la reddition du Fort-L'Empereur et la capitulation du Dey Hussein. Rondement menée sur le plan militaire, l'affaire avait été habilement préparée sur le terrain diplomatique. Une circulaire du 12 mars l'avait présentée aux puissances comme engagée en vue de mettre fin à l'esclavage des chrétiens, à la piraterie, aux tributs payés à la Régence. Seule l'Angleterre, par la bouche de lord Aberdeen, réclama un engagement écrit de la France de ne pas se maintenir dans sa conquête. Comme elle insistait, d'Haussez, répondit vertement à lord Stuart : « *La France se fout de l'Angleterre !* » Et Charles X. en langage de cour : « *Tout ce que je puis faire pour votre gouvernement, c'est de n'avoir pas écouté ce que je viens d'entendre* ».

RENOUVEAU DES LOGES

À ce défi, l'Angleterre répondit, à l'intérieur, par un beau tumulte... et par une révolution. Les moyens, en effet, ne lui manquaient pas. Bénéficiant sous les divers gouvernements de la

Restauration, d'une inexplicable tolérance, les sociétés secrètes lui fournirent, à point nommé, les cadres et les troupes de l'insurrection.

Remonté sur le trône, Louis XVIII n'avait pas traité la Maçonnerie autrement que l'Empereur, c'est-à-dire à la mode anglaise. S'il avait refusé de mettre à sa tête des membres de sa famille, il s'était contenté des assurances de fidélité présentées par le général de Beurnonville et le comte de Valence et, croyant la neutraliser en l'officialisant, avait toléré que Roettiers de Montaleau, le fils, la réorganisât sous l'autorité, d'abord de trois conservateurs (28 décembre 1814) puis de GrandsMaîtres, qui furent, pour le Grand-Orient le maréchal Mac Donald (20 juillet 1821) et, pour le rite écossais, son inséparable favori, Decazes. Le roi se souvenait-il donc du comte de Provence qui passait pour avoir appartenu à la loge de la Cour, *les Trois Frères Unis* lui, dont Mirabeau eut fait volontiers son candidat au trône ?

Toujours est-il que, profitant de ses bonnes dispositions, les loges, réduites à 367 en 1819 et même à 323 en 1823, dont seulement 2 militaires, se remirent à proliférer, doublées bientôt d'obédiences parallèles ou de groupes para-maçonniques à tendances nettement révolutionnaires. Dès 1815, l'Ordre des *Misraïm*, des Égyptiens, voyait le jour. Ses promoteurs étaient les frères Bedarride, deux hétérodoxes bordelais, en demi-solde, le premier, ex-officier d'État-major, le second, ancien inspecteur des services aux armées. D'entrée de jeu, ces prévoyants de l'avenir s'étaient portés créanciers de l'Ordre pour 120.000 frs, bientôt ramenés à 80.000, pour frais de diplômes et de grimoires. Prétendant remonter aux origines les plus lointaines, à l'Égypte, bien sûr et, non moins naturellement à Adam, ils offraient aux amateurs de mystère un ensemble de 90 grades répartis en quatre séries : la première, symbolique, correspondant aux 33 grades du rite écossais, puis une autre encore dite *philosophique, de 33 grades, une troisième, mystique de 11, et la dernière hermétique et cabalistique de 13*. Leur objectif réel était d'écrémer la Maçonnerie et d'y recruter, à la manière de Cagliostro, des éléments susceptibles de reprendre la lutte révolutionnaire.[28] De son côté, Samuel Horiss, né au Caire, avait en 1814 créé le rite de *Memphis*. L'Égypte, on le voit, était à la mode. Dénoncés par le Grand-Orient, les *Misraïm* firent l'objet d'enquêtes de police en 1821 et feignirent de se dissoudre l'année suivante. Mais il restait encore des traces de leur *Ordre* dans la loge l'*Arc en Ciel*, en 1902.

L'attitude du Grand-Orient à leur égard avait été très sévèrement jugée par un personnage très actif à cette époque dans les loges françaises. Un Anglais d'ailleurs, Morisson de Greenfield, médecin militaire et aussi du duc de Sussex, Grand-Maître de la Maçonnerie britannique. Fort répandu chez les *Misraïm* comme chez les Ecossais, et dans le cercle fermé des *Chevaliers de la Foi*, *Néo-Templiers* (dont il était le Premier Surveillant et qui eurent successivement pour chefs, Bernard Fabre en 1804, Lepelletier, comte d'Aunay en 1813, et Guigues de Moreton en 1838), il ne dissimulait guère *« que le gouvernement anglais soutenait fortement les libéraux d'Espagne, qu'il voulait que les peuples fussent libres et qu'il était l'ennemi de tous les despotes et surtout des prêtres »*. De fait, comme sur un mot d'ordre, à partir de 1820, les révolutionnaires, *bougeaient* un peu partout en Europe. En Espagne, comme nous l'avons vu, mais aussi dans les universités allemandes, ce qui avait motivé la convocation d'un Congrès à Carslsbad en Août 1819 et, plus vigoureusement encore en Italie, où avaient essaimé les loges militaires, activistes, dont nous avons relevé l'existence sous l'Empire.

AGITATION DES *PHILADELPHES* EN ITALIE

---

[28] Cette obédience groupera en Septembre 1822 : 22 ateliers à Paris 6 à Lyon. 6 à Metz, 5 à Toulouse et 3 à Bordeaux ; à la suite de la découverte de documents compromettants à Montpellier, elle sera officiellement dissoute le 18 janvier 1823.

Nés à Besançon sur l'initiative du colonel Oudet, les *Philadelphes* ou charbonniers (bons cousins), selon le témoignage d'un de leurs inspecteurs généraux, le suédois Jean de Wit, dit Doering, dans ses *« Mémoires »* *« propagèrent l'Ordre dans le Piémont et dans les états septentrionaux de l'Italie. Ce ne fut que beaucoup plus tard qu'ils s'établirent dans le sud de la péninsule où, favorisés par le gouvernement (de Murat) ils se répandirent avec rapidité. On installa en 1809, à Capoue, la première « Vendita » Vente, qui fut en même temps la principale »*. Préfet, puis ministre de la Police du cabinet de Naples, Maghella, membre influent de la secte, avait exploité le dépit de Murat, à la suite de l'échec du débarquement de la division Cavaignac en Sicile (18 septembre 1810) pour inciter le napoléonide à nationaliser son régime, à renvoyer son entourage français (par le décret de 14 juin 1811, rapporté le 20 juillet devant la colère de l'Empereur) et, pour se débarrasser de Caroline, avait dénoncé ses infidélités conjugales avec le tout puissant ministre Daure, qui fut renvoyé le 17 août. Mais l'intrigant italien, appelé à Paris, y fut incarcéré, tandis que son complice Zurlo, ministre de l'Intérieur, se vit disgracier (2 mars 1812). Cependant ; à peine rentré de la bataille de Leipzig, Murat s'entretient à Rome, dans la nuit du 3 au 4 novembre, avec maçons et carbonari. L'intrigue renoue ses fils, les chefs des sociétés secrètes poussant l'ambitieux et faible *roi* à négocier avec les alliés. Le 8 novembre, à Naples il rencontre le comte Mier, représentant de l'Autriche... et nouvel amant de Caroline, signe avec Neipperg (31 décembre 1813-7 et 8 janvier 1814) un traité en bonne et due forme et un simple armistice (4 janvier) avec Graham, second de William Bentinck, qui tient sous sa botte la Sicile et qui, dans l'espoir de l'annexer, a séquestré Ferdinand IV et expulsé la trop remuante reine, Marie-Caroline de Habsbourg (14 juin 1813). Ayant réussi à concentrer 65.000 hommes, Murat entraîne alors 30.000 hommes vers le nord (23 janvier), occupe les États romains le 31 janvier et, toujours animé par ses amis de la loge *Les Indépendantistes* d'Ancône, vajusqu'àcroiserleferaveclestroupesd'Eugène, à Reggio, le 3 mars 1814.

À l'annonce du retour de l'île d'Elbe, bien que l'Empereur le conjure de ne pas bouger avant que lui-même soit en mesure de le rejoindre à Milan, bouillant d'impatience, le *roi de Naples* se jette à nouveau dans son équipée italienne. Laissant le général Manhès et Maghella, redevenu chef de la police, avec Caroline (17 mars 1815), il occupe les Marches avec 40.000 hommes, Ancône (le 19 mars), Bologne (le 1$_{er}$ avril) et même Ferrare, mais ses troupes se débandent devant les Autrichiens. Défait au défilé de Tolentino le 3 mai, il devra s'enfuir de Naples le 19 pour trouver refuge à Cannes d'abord, le 25, puis en Corse. Mais, au lieu de gagner l'Autriche il débarquera à l'improviste sur les côtes de son ancien royaume, le 8 octobre 1815, pour s'y faire prendre au Pizzo et fusiller, le 13 octobre.

Maçons et carbonari n'en poursuivent pas moins leurs menées souterraines, de telle sorte que, cinq ans plus tard, la révolution éclate à nouveau à Ancône, pour gagner Naples et revenir à Turin. Menacé dans son pouvoir par le soulèvement du général Pepe en Juillet 1820, Ferdinand IV des Deux-Siciles avait d'abord cédé et octroyé à ses sujets la constitution espagnole de 1812, mais il en avait appelé aux puissances réunies à Laybach du 12 janvier au 12 mai 1821. Une offre de médiation de la France ayant été repoussée par le Congrès, les troupes autrichiennes culbutèrent l'armée constitutionnelle à Rieti, le 9 mars 1821, occupèrent Naples le 23 et y rétablirent le roi. Cependant à Turin et à Alexandrie, le 12 mars, le comte Palma (vivement encouragé par Dalberg, ambassadeur de France, couvert par Decazes) avait entraîné dans la sédition le régiment de Gênes, et le prince de Carignan le régiment de Savoie, aux cris de : *« Le roi et la constitution espagnole ! »*. Contraint de céder, lui aussi, Victor-Emmanuel avait abdiqué en faveur de Charles-Félix ; mais celui-ci qui se trouvait à Modène, refusa de telles conditions et, le prince de Carignan qui soutenait la révolte s'étant soumis, là encore l'armée constitutionnelle avait été défaite à Novare, le 8 avril, par les Autrichiens du général La Tour. En fin de compte, le mouvement insurrectionnel avorté se soldait par un accroissement de la puissance autrichienne en Italie.

Puis, des Carbonari en France

Par un curieux retour des choses, le carbonarisme, né des *Philalèthes* français, s'apprêtait à faire sa rentrée en France. Réunis à Capoue, à la suite de ces échecs, dans l'été de 1821, les onze dirigeants de l'Ordre décidèrent de réorganiser leur action à l'étranger, de rapprocher la Haute Vente du *Grand Firmament* ou Grand-Orient et d'admettre de plain pied dans leur sein les *Philadelphes*. Le duc sicilien de Garatula et le napolitain Carlo Chiricone Klerckon, fils du duc Framarino se déchargeant sur de Wit de l'inspection générale pour l'Allemagne et pour la Suisse (où le prussien Grüner, du *Tugendbund*, va travailler à unifier le pays sous l'autorité de Berne) menèrent cette opération. L'action révolutionnaire en France n'avait d'ailleurs pas été interrompue. Dès 1820, la loge des *Amis de la Vérité* s'était substituée dans la direction du mouvement aux *Misraïm* en difficulté avec la police, qui avait perquisitionné leur loge le 7 septembre 1820. C'est elle qui déclencha les démonstrations contre la loi électorale, au cours desquelles, le 3 juin, un étudiant fut tué, et le défilé, le 5, des 5.000 à 6.000 manifestants qui accompagnèrent ses obsèques. Rentré à Paris en Novembre 1818, La Fayette avait repris en mains l'agitation : réunissant chez lui la *Société des Amis de la Liberté de la Presse* et, constituant, au sein de cette association, une sorte de *Directoire libéral*, un comité restreint de neuf membres, avec Voyer d'Argenson, Beauséjour, Manuel, Dupont de l'Eure, le général Tarayre, les avocats de Corcelles et Mérilhou, et Joseph Rey, de Grenoble, dont la collaboration était d'autant plus précieuse qu'une société secrète, *l'Union*, fondée par lui en 1818, couvrait de son réseau plusieurs départements. Allait-il être compromis par l'échec du mouvement préparé pour la nuit du 19 au 20 août 1820 par les demi-soldes, groupés au *Bazar français*, rue Cadet, dénoncés au dernier moment par quelques camarades à la police ? Louis XVIII ayant choisi, par esprit de conciliation, de faire preuve de mansuétude et de ne prendre contre les inculpés que des sanctions bénignes (16 juillet 1821), il ne fut même pas inquiété.

Mais deux des conjurés, républicains, membres des *Amis de la Vérité* (avec Flottard, Buchez et Bazard) Joubert et Dugied, avaient cherché refuge à Naples, d'où ils rapportèrent les statuts des *carbonari* (1$_{er}$ mai 1821). Le reste de l'année connut alors une activité fiévreuse. Partout s'organisaient des cellules révolutionnaires de dix membres, communales, cantonales, départementales, soigneusement cloisonnées, désignant un délégué à l'échelon supérieur. Dans les villes, une vingtaine de ventes constituaient une vente centrale. Leurs membres, tenus de disposer d'un fusil et de 50 cartouches, et de payer une cotisation d'un franc par mois, s'engagent à respecter le secret le plus absolu et à obéir aveuglément aux ordres de chefs inconnus. Parallèlement, l'armée est noyautée par une organisation à la romaine : manipules, centuries, cohortes, légions. L'ensemble est coiffé par une *Vente suprême*, où se retrouvent chefs libéraux et dignitaires des *Amis de la Vérité* : La Fayette, Voyer d'Argenson, Manuel, Cauchois-Lemaire, les avocats François de Corcelles, Mérilhou, Barthe, Manguin, l'industriel alsacien Jacques Koechlin, le conseiller à la Cour de Schonen, le colonel Fabvier, Buchez, qui dirige la région de l'est, Arnold Scheffer (journaliste et frère du peintre), pour le midi et Rouen l'aîné pour l'Ouest, où le mouvement a enrôlé d'un coup les 15.000 affiliés des *Chevaliers de la Liberté*, formés en 1820. Parmi les hommes célèbres, Victor Cousin, Augustin Thierry, Dubois et Jouffroy appartiennent aux *carbonari*. L'effectif total dont disposent les chefs révolutionnaires est d'environ 30 à 40.000 hommes.

L'action retardée de deux jours, a été prévue pour le 1$_{er}$ janvier 1822, deuxième anniversaire de la révolte de Riego, à Cadix. Malheureusement pour les conjurés, la police, restée jusque-là bonapartiste, est passée le 24 décembre sous le contrôle d'un nouveau préfet, Franchet d'Esperey, royaliste et énergique. Mal synchronisées, les tentatives de soulèvement se succèdent et font long feu. En Alsace, les garnisons de Belfort et de Neuf-Brisach devaient marcher sur Colmar, où La Fayette, d'Argenson et Koechlin formeraient un gouvernement provisoire, avant d'étendre le mouvement vers Lyon et Marseille. Mais le complot est découvert et le colonel Pailhes, arrêté. À Saumur également, où des papiers ayant été trouvés sur des élèves des arrestations ont eu lieu le 23 décembre, et où le général en retraite Berton, voulant reprendre l'affaire après s'être rendu maître de Thouars (24 février 1822) se heurte à la garde nationale. Il tombe dans un guet-apens et est arrêté, comme le colonel Caron, à Colmar : l'un et l'autre, condamnés à mort, seront fusillés au début d'Octobre 1822. Ils seront les seules victimes du complot, avec les quatre sergents du 45ème de ligne qui profitant de ce que leur régiment, suspect aux autorités, était transféré, de Paris à la Rochelle, en février, avaient tenté de l'entraîner à participer à l'échauffourée de Saumur. Averti à temps de l'échec du mouvement, La Fayette, en route pour Colmar, avait tourné bride à Lure et s'était réfugié chez un ami en Haute-Saône, tandis qu'Armand Carrel passait en Espagne et que le colonel Fabvier s'enfuyait en Grèce, l,es inculpés subalternes, défendus par les avocats Mérilhou et Berthe, de la Haute Vente, n'ayant par parlé au procès, l'affaire se solda par onze exécutions de comparses.

FATALE PUSILLANIMITÉ DE LA RÉPRESSION

La quasi-immunité dont bénéficièrent les chefs, La Fayette, en tête, en pareille circonstance, n'est pas sans surprendre. Comment, alors que les lois restrictives sur la presse et sur la participation électorale se succèdent et ne cessent d'exacerber l'opinion, laisser passer ainsi l'occasion d'atteindre les meneurs de l'intrigue, et les sociétés secrètes qui leur servent d'instrument : ? Le gouvernement royal néglige même d'utiliser contre eux les armes que lui fournit le code napoléonien, qui interdit les clubs et les réunions de plus de vingt personnes (art. 291 du Code Pénal). Ses hésitations, sa mollesse aux Congrès de Troppau et de Laybach (dans l'hiver 1820-21) à propos des affaires d'Italie ont été flétries par la Chambre, qui a manifesté au roi, dans l'adresse, sa *« juste confiance qu'une paix si précieuse n'est point achetée par des sacrifices incompatibles avec l'honneur de la nation et la dignité de votre couronne »*. Alors qu'en cette même année 1822, au Congrès de Vérone, le comte d'Haugwitz, ancien haut-dignitaire prussien, soumet au puissances son célèbre mémoire dénonçant l'œuvre criminelle de la Maçonnerie, qu'en Autriche et qu'en Russie les loges sont interdites et qu'elles le seront en Espagne, à la suite de l'expédition du duc d'Angoulême, la monarchie, si précairement restaurée en France, ne se sent-elle pas suffisamment maîtresse chez elle pour faire face au péril en prenant des mesures analogues ? Qu'est-ce donc qui paralyse ainsi Louis XVIII ? Serait-ce la menace que fait planer sur lui le mémoire du marquis de Favras en 1790, sur sa tentative de chambrer Louis XVI en supprimant Bailly et La Fayette, mémoire détenu par Talon, qui, à sa mort en 1811, l'avait légué à sa fille Zoé, devenu comtesse de Cayla, l'amie du roi ? Ou le souvenir des intrigues menées par les royalistes de Paris, au moment de l'aventure de Quiberon, qui l'incite à verser une pension à Tallien, à condition que ce dernier renonce à écrire et à publier ses mémoires ?

Toujours est-il que La Fayette, à la suite de son échec aux élections de 1824, se borne à s'absenter de France, pour effectuer aux États Unis une tournée maçonnique triomphale, au cours de laquelle il est fait *Royal Arch*, tandis que 37 loges reçoivent son nom. À son retour, il accueille en son château de La Grange, *« les insurgents en puissance de tous les pays »*, groupés par ses soins en 1821 dans *l'Alliance cosmopolite*, prêt à reprendre l'agitation en France, dès qu'il en recevra le mot d'ordre de Talleyrand, qui a orchestré la résistance de l'opposition à l'intervention française en Espagne et qui, depuis, mène le jeu en étroit accord avec l'Angleterre. À chaque velléité d'indépendance de la diplomatie française, les allées et venues de Montrond, son âme damnée, se multiplient à, Londres, en Octobre 1823, en Juillet 1827, où les intrigues vont bon train dans le salon de Mme Hamelin, avec le duc de Choiseul, le duc de Raguse, le général de Girardin, le comte de Flahaut, le banquier Delessert, en 1828, au moment où se prépare l'expédition de Morée. Visiblement, l'Angleterre fourbit déjà les armes qui lui serviront à abattre cet insolent gouvernement de Charles X, qui ose braver sa volonté. Comme d'habitude en pareil cas, l'unité maçonnique se resserre. Aux élections des dignitaires du Grand-Orient, quatre et même cinq candidats sont mis en avant comme Grands-Maîtres : Mac Donald, Lauriston, Louis-Philippe d'Orléans, La Fayette et le duc de Choiseul, chef du rite écossais, qui prétend réunir dans sa main les deux obédiences en postulant pour ce poste ou celui de Grand-Maître-adjoint (note de police du 5 mai 1820). Habitué du Palais-Royal, Talleyrand maintient d'étroites relations avec Mme Adélaïde et avec son frère Louis-Philippe ; n'est-ce pas lui qui, au printemps de 1816, a transmis l'argent et les instructions du prince au conspirateur de Lyon et de Grenoble, Didier ?

LA FAYETTE RELANCE LA CAMPAGNE

Bientôt La Fayette rentre en campagne, organise une tournée de banquets qui le conduit à Meaux, en Vendée, en Auvergne, au Puy (11-12 août 1828), à Grenoble, à Vizille, où il ranime la flamme révolutionnaire. Il fustige le nouveau ministère Polignac, qui conçu pour réaliser l'union des droites n'a pu réunir les concours souhaités et qui n'apparaît que comme, une coterie de cour, un vrai défi à l'opinion publique. La Bourdonnaye ayant renoncé à l'Intérieur, et Martignac, Roy, l'animal de Rigny ayant refusé leur participation, tandis que l'exemple de Chateaubriand démissionnant de l'ambassade de Rome était suivi par de très hauts fonctionnaires, Polignac, l'ami de Cadoudal, et Bourmont, le déserteur de Waterloo, offrent des cibles faciles à l'opposition. La presse se déchaîne, renforcée par *« le National »*, qui parait le 3 janvier 1830, avec pour bailleurs de fonds Talleyrand, Dalberg, le banquier Jacques Laffitte, et comme rédacteurs, Thiers (qui a débuté au *« Constitutionnel »*, grâce à la protection de Manuel), Mignet et Armand Carrel. Le *« Globe »* devient quotidien, inspiré par Jouffroy, dirigé par Paul Dubois, il est, avec Juge, l'organe des *Néo Templiers*. À l'appel du *« Journal du Commerce »* et de La Fayette, une société se forme pour le refus de l'impôt, qui se répand rapidement dans quinze départements. Armand Marrast groupe les étudiants républicains autour du journal *« la Jeune France »*. Alertée, la Société *Aide-toi, le ciel t'aidera* reconstitue ses comités électoraux et, comme les *Amis de la Vérité*, s'apprête à l'action. Aussi, lorsque le 2 mars 1830 le roi termine le discours du trône par une menace à peine voilée : *« si de coupables manœuvres suscitaient à mon gouvernement des obstacles que je ne veux pas prévoir, je trouverais la force de les surmonter dans ma résolution de maintenir la paix publique... »*, la réplique vient sous la forme d'une adresse, rédigée par Guizot, protégé de La Fayette, et votée par 221 voix, revendiquant la pleine responsabilité des ministres devant le Parlement. À la suite de quoi, la Chambre ayant été dissoute le 16 mai, les 221 rentrèrent au nombre de 202, les 23 juin et 3 juillet (les 13 et 19 dans la Seine) : l'opposition totalisait 274 sièges, contre 143 au ministère.

Rejetant les avances de Casimir Perier et de Sébastiani, conservateurs inquiets, le cabinet se voyait acculé à l'impasse et, n'étant pas décidé à recourir au coup d'État, contraint de gouverner par ordonnances en invoquant l'article 14 de la Charte. La facile conquête d'Alger, la décision prise par le roi le 20 juillet de le conserver — dernier cadeau de la monarchie à la France — sa fière réponse à l'ambassadeur de Sa Majesté britannique : *« Pour prendre Alger, je n'ai considéré que la dignité de la France, pour le garder ou le rendre, je ne considérerai que son intérêt »* n'avaient malheureusement aucune chance de provoquer, comme jadis le succès de l'expédition d'Espagne, un revirement de l'opinion en sa faveur. L'Angleterre, cette fois, tenait trop bien en main l'instrument de sa vengeance : l'opposition, les troupes de l'insurrection encadrées par la Maçonnerie.

Promulguées le 26 juillet, sans que la garnison de Paris (12.000 hommes et 1.300 gardes du corps) ait été seulement renforcée, les ordonnances, au lieu de renverser le jeu par une large extension du corps électoral, réduisaient à d'étroites assemblées de notables la base sur laquelle prétendait s'appuyer le pouvoir. Soumettant à nouveau la presse à l'autorisation préalable et dissolvant la Chambre, elles ramenaient à 258 le nombre des députés, qui seraient élus à deux degrés par des collèges départementaux, la moitié sur proposition des collèges d'arrondissement (patentes et contributions des portes et fenêtres étant exclues pour le calcul du cens). C'était laisser la partie belle à l'adversaire. Dès le 26, 44 journalistes réunis au *National* à l'appel de Thiers, proclament illégales les mesures qui les frappent. Le lendemain, ils ne sont pas arrêtés, plusieurs de leurs journaux paraissent ; quelques étudiants et ouvriers des sociétés républicaines s'agitent, douze comités d'arrondissement organisent l'insurrection, mais les troupes occupent sans difficulté les points stratégiques. Leur chef, Marmont, gendre du banquier Perrégaux, ne l'oublions pas, laisse les insurgés s'emparer le 28 de la Salpêtrière, de l'Arsenal, et même de l'Hôtel de Ville, et avant d'intervenir, demande au roi de céder. Il fait déblayer les grandes artères de barricades qui se reforment aussitôt, et regroupe ses forces en fin de journée autour des Tuileries, abandonnant la ville aux insurgés. Enhardi pas ces évènements, le banquier Laffitte est rentré à Paris avec La Fayette. Il réunit ses collègues chez lui, chez Casimir Périer chez Audry de Puyraveau, où ils font rédiger par Guizot une protestation prudente, et tentent de négocier avec Marmont.

TALLEYRAND RÉUSSIT SA RÉVOLUTION À L'ANGLAISE

Le lendemain 29, journée décisive, ils jettent le masque. Place Vendôme, Laffitte entraîne la défection des 5ème et 53ème de ligne ; l'insurrection atteint le Louvre. Alors, ils adoptent le drapeau tricolore, désignent une commission de cinq membres ; Laffitte, Casimir Périer, le général Mouton, Schonen, Audry de Puyraveau, et nomment La Fayette au commandement de la garde nationale. Ce dernier gagne l'Hôtel de Ville, où le pseudo-général Dubourg et le pseudo-colonel Zimmer ont arboré le drapeau noir de l'anarchie. Les trois journées d'émeutes ont coûté 200 tués et 800 blessés aux troupes royales, qui se sont retirées à Saint-Cloud ; 1.800 tués et 4.500 blessés aux insurgés, aux premiers rangs desquels, beaucoup d'*Amis de la Vérité* sont tombés. Pour que les survivants se voient frustrer de leur victoire. Lorsque se joue l'acte final et que, dans un geste théâtral, le 31 juillet, La Fayette donne l'accolade à Louis-Philippe d'Orléans, le peuple des barricades a bien l'impression de faire les frais de ce baiser.

Tandis que le maréchal Maison, franc-maçon notoire, accompagné de Schonen et d'Odilon Barrot, s'est chargé de convaincre Charles X, encore entouré de 12.000 hommes à Rambouillet, de la nécessité d'abandonner la partie devant la menace d'une cohue de 15.000 Parisiens (grossie par lui jusqu'à 60.000), Talleyrand a réussi à faire prévaloir, à son habitude, la solution voulue par Londres, l'appel a la branche cadette, ce régime oligarchique à la mode de 1688, dont il n'a jamais cessé de rêver. Réfugié en Suisse, puis en Amérique à la suite de la tentative de Dumouriez, le duc d'Orléans, après avoir offert sans succès sa candidature aux Cortès de Cadix, était resté encore dans le sillage de l'Angleterre en épousant à Palerme, le 25 novembre 1809, Marie-Amélie de Naples. Rentré en France, si Louis XVIII l'avait tenu à l'écart, Charles X l'avait traité avec la plus grande cordialité, lui accordant 17 millions sur les indemnités aux émigrés (la succession de son père avait accusé une fortune de 112 m. de Livres grevée de 74 m. de dettes). Il l'en récompensa fort mal. Dès le 31 mai 1830, une réception chez lui avait tourné en manifestation hostile au roi. Le 21 juillet, en présence du ministre des États-Unis, l'on avait discuté chez La Fayette de son avènement.

Mais c'est Talleyrand qui mène le jeu. « *Le moment décisif approche* », avait-il écrit le 11 juin à la princesse de Vaudémont. Et, coupant l'herbe sous le pied des Rothschild, qui n'attendaient pas une issue si soudaine, il avait joué à la baisse sur les fonds d'État. Le 29, il envoie son secrétaire avertir M_{me} Adélaïde que l'heure de son frère a sonné. Et comme Louis-Philippe se cache encore au Raincy — on est prudent dans la famille — le lendemain 30, Thiers, qui a fait afficher en sa faveur une proclamation sur les murs de Paris, se rend à Neuilly et le rappelle d'urgence au Palais-Royal, où une soixantaine de députés, sous la présidence de Laffitte, l'invitent le lendemain à accepter les fonctions de lieutenant-général (31 juillet). Après avoir exprimé à Mortemart, délégué de Charles X, quelques scrupules de bon ton, il s'y résigne. Pour lui laisser la voie libre, La Fayette a refusé de se laisser porter à la Présidence par les républicains. « *Les républicains dont je suis, écrira-t-il dans ses* Mémoires, *ont sacrifié leurs inclinations à l'union, à la sécurité, aux considérations étrangères. Nous avons demandé une république royale ; nous l'aurons, je l'espère ; les améliorations seront successives* ». De fait, reconnaissant la souveraineté de l'Assemblée, LouisPhilippe, introïsé par elle quitte son siège, le 9 août, pour prêter serment et occuper le trône, avec le titre de *roi des Français*.

La Maçonnerie, alors, célèbre sa victoire et proclame ses espoirs. Le 9 octobre, au cours d'une fête écossaise en l'honneur des blessés des *Trois Glorieuses*, le duc de Choiseul déclare en présence de La Fayette, citoyen des Deux-Mondes et patriarche de la Liberté : « *Les maçons, régis par leurs lois, peuple invisible au milieu d'un monde profane... ce peuple de frères a vu avec la joie la plus pure le triomphe de la Liberté et de l'Égalité* ». Dupin célèbre ce « *roi-citoyen qui se glorifie d'être l'un de nous* ». Et Choiseul encore, repris par son rêve d'unité, d'exprimer le souhait qu'un « *jour ce jeune prince* (le duc d'Orléans, héritier du trône) *sera le chef de la voûte maçonnique, supportée également par deux rites égaux* ». Six mois plus tard, dans une salle de l'Hôtel de Ville, obligeamment prêtée par le Frère Odilon Barrot, le Grand-Orient célèbre une fête identique.

L'expérience, hélas, ne tardera pas à montrer que l'égalité est encore fort lointaine et que le régime de Juillet, né des intrigues des banquiers, consacrant en France l'installation d'une oligarchie à l'anglaise, ne fera qu'élargir le fossé entre les classes sociales, qu'entretenir la division entre exploiteurs et exploités, génératrice de troubles et de révolutions.

CHAPITRE XXI

Deux rongeurs de la société :
haute banque et internationale marxiste

Prépondérance de la Cité — À la pointe de l'industrialisation — Exploitation et révolte ouvrière — Agitation whig et chartiste — Tories sociaux et organisation syndicale— Nicolas Ier contre la Révolution—L'indépendance accordée à la Belgique Refusée à la Pologne — L'Autriche ramène l'ordre en Italie — Modération de Louis-Philippe — Les Rothschild, banquiers et rois — Conflits sociaux et agitation révolutionnaire — Attentats et reconstitution des Clubs — Médiation des Rothschild entre Londres et Paris — La dynastie menacée par Louis-Napoléon — Disparition d'un prince social — La Réforme à la mode — Promoteurs de l'État industriel Spéculation débridée sur les chemins de fer — L'emprise capitaliste dénoncée Contre les libéraux et les Rothschild — Soulèvement carliste — Mendizabal, dictateur marrane et maçon — Fin de la lutte civile — Narváez rétablit l'ordre — À qui marier la reine Isabelle ? — Échec à Palmerston — À l'aube d'une ère nouvelle L'Internationale de Londres — Le Néo-Messianisme prépare la Révolution européenne — La Pologne sacrifiée — Crise sociale en France — La campagne des banquets — ... tourne à l'émeute — Triomphe maçonnique — Lamartine freine la révolution — Et la guerre — La République sociale, ruine de l'économie — Louis- Napoléon : prétendant en réserve — Lord Minto, agitateur de l'Italie — ... secondé par les hétérodoxes — L'ordre rétabli : dans le nord par l'Autriche et à Rome, par la France — Les hétérodoxes allemands émancipés — À la tête des émeutes et des assemblées — Meneurs de la révolte en Autriche — Le nationalisme magyar écrasé.

Centre de la finance internationale, maîtresse des mers et du commerce mondial, reine de l'industrialisation à l'âge du charbon, l'Angleterre impose au XIXe siècle son hégémonie. Sous couleur d'encourager l'essor des nationalités et l'extension des régimes libéraux, comme elle a favorisé et soutenu l'indépendance des nouveaux États de l'Amérique hispano-portugaise, elle soumet l'Europe et ses gouvernements à la domination de la haute banque. Partout s'installe et prévaut le capitalisme, c'est-à-dire l'empire de l'argent. En

France, par la suzeraineté des Rothschild sur Louis-Philippe, comme par le grand-vizirat de Fould sur Napoléon III. En Allemagne, avec l'établissement d'un socialisme d'État à la Lassalle. Et, lorsque les réactions populaires contre une exploitation sans frein s'avèrent dangereuses, les prophètes du marxisme surviennent à point pour canaliser les masses, les subjuguer par le mythe d'un communisme idéal, les fourvoyer dans la lutte des classes, les dresser contre toute autorité naturelle et les utiliser à saper par la base les cadres de la société, que les puissants barons de la finance cosmopolite s'emploient à écraser d'en haut. Étroitement associés, les uns et les autres, dans leur œuvre de destruction.

PRÉPONDÉRANCE DE LA CITÉ

Lorsque se tait le canon de Waterloo, l'Angleterre, qui n'a gagné qu'une seule bataille sur Napoléon — mais c'est la dernière — triomphe. L'Europe entière s'ouvre à son système, à ses principes, à ses idées, à ses méthodes, à ses modes, et surtout à ses marchandises et à son outillage. Sa population, en moins d'un siècle, va plus que doubler (7 millions en 1750, 16,5 en 1831). Ses exportations passent de 48 à 56 m. de Livres entre 1815 et 1820. Sa production de houille, de 5 m. de tonnes en 1750 à 10 en 1800 et à 16 en 1829. N'empêche que les guerres napoléoniennes l'ont financièrement épuisée. Sa dette s'est gonflée de 237 à 859 m. de Livres. L'intérêt de cette dette, 30 m., absorbe les 3/5ème d'un budget qui se solde encore, en 1830, par un déficit de 560.000 Livres. Le numéraire est rare. La Banque d'Angleterre n'a repris qu'en 1821 ses paiements en monnaie métallique. En 1822, elle a été autorisée à accroître ses émissions, ce qui a entraîné une hausse des prix, mais permis la conversion des fonds publics de 5 à 4, puis à 3½ %, tandis que de nombreux détenteurs de titres orientaient leurs placements vers le secteur industriel privé. Mais la spéculation règne en maîtresse sur le *Stock Echange*, la Bourse où de 1792 à 1810, éliminant les banquiers londoniens, les frères Abraham et Benjamin Goldsmit, courtiers, se sont assurés le monopole de l'émission des emprunts d'État. Cependant, à la mort du cadet Abraham, Nathan Rothschild parvient à les supplanter et à s'octroyer, en 1819, l'émission d'un emprunt de 12 m. de Livres. En obtenant que les emprunts étrangers soient cotés et que leurs dividendes soient payés en monnaie anglaise, Nathan sut rendre populaires ces valeurs à la Bourse de Londres, pour le plus grand profit de sa maison, alors spécialisée dans ce genre d'opérations.

La fièvre de l'agiotage s'était d'ailleurs emparée du *Change Alley*, comme aux plus beaux temps du *South Sea Bubble*. Pour alimenter la spéculation, qu'entretiennent les *cerfs* ou démarcheurs, on lance à tout propos et hors de propos, des sociétés, dont certaines ne correspondent à rien de réel, quand il ne s'agit pas purement et simplement d'escroqueries, du genre de l'emprunt de 200.000 Livres à 8% offert en 1824 par l'écossais Mac Gregor, pour la colonisation du pays des *Poyais*. Les nouvelles républiques de l'Amérique du sud sollicitent à qui mieux mieux les capitalistes anglais : le Pérou, pour 450.000 Livres à 6% en 1822, la Colombie pour 2 m. après la victoire de Bolivar, le Chili pour 1 m. autant dire à fonds perdus. Tant et si bien qu'en 1825, à ce *boom* artificiel succède une crise, amorcée au printemps par la baisse des prix et la chute des valeurs, marquée le 13 décembre par le *krach* de la *London Bank* et d'une soixantaine de sociétés connexes, tandis qu'en province 36 Banques se voient réduites à suspendre leurs paiements.

Il n'est que temps de réagir et de renforcer l'armature financière dont l'Angleterre a besoin pour son expansion. Afin de circonscrire les dégâts, la Banque d'Angleterre a dû relever à 5% le taux de l'intérêt et jeter 600.000 Livres de billets dans la circulation. Une loi de 1826 l'autorise à créer des succursales en province et à procéder au retrait de 8 m., en coupures inférieures à 5 Livres. En 1833, son privilège est prorogé jusqu'en 1855, ses billets supérieurs à

5 Livres reçoivent cours légal, un quart de son capital est remboursé par l'État ; elle est autorisée, si besoin est, à relever son taux d'escompte, même au dessus de 5%. Mais de nouvelles difficultés surgissent en 1838. Par suite de récoltes insuffisantes, entraînant de gros achats de blé à l'étranger, l'encaisse s'est trouvée réduite à 4,117 m. de Livres pour 25,711 d'engagements ; il a fallu faire appel au concours des banquiers parisiens, qui ont procuré 2 m. d'effets. De telles alertes ne sont pas de nature à fortifier la confiance dans la Cité, qui a réussi à supplanter Amsterdam comme centre de la Finance internationale et doit maintenir à tout prix son prestige. Les règles les plus strictes seront donc imposées à l'Institut d'Émission par le *Charter Bank Act* de sir Robert Peel, du 19 juillet 1844. Les partisans du *Currency principle*, Lloyd en tête, l'ayant emporté sur Stuart Mill et Tooke, défenseurs du *Banking principle*, c'est-à-dire d'une circulation proportionnelle au volume des effets, l'émission se trouva limitée par cette loi au chiffre de l'encaisse monétaire, augmentée d'une somme fixée à 14 m. de Livres, les services de la Banque d'Angleterre se trouvant par ailleurs scindés en deux départements nettement distincts : *Issue*, Emission, et *Banking Dpt*, Crédit-Escompte. De leur côté, les banques privées autorisées devaient limiter leurs émissions à la moyenne des douze semaines précédentes. En trente ans leur nombre se trouva réduit de 217 à 103, tandis que les *Joint Stock Banks*, constituées en sociétés anonymes et qui avaient proliféré de 1834 à 1836, passant du nombre de 8 à 220-230, se virent rapidement ramener à 72, puis à 47.

Cette politique de restriction monétaire encourageait évidemment l'emploi des chèques et des virements, mais elle n'était pas sans gêner l'expansion de l'industrie et du commerce. À plusieurs reprises d'ailleurs il fallut l'assouplir. En 1847 notamment où, par suite de disette et de spéculations malheureuses, le stock d'or tomba de 15,163 m. au 19 décembre 1846 à 9,267 au 10 avril 1847, et l'encaisse se trouva réduite à 2,558 m. tandis que la circulation s'élevait au contraire de 19,549 à 20,243. Panique et faillites s'en étaient suivies. En 1857, une nouvelle entorse s'avéra nécessaire. Mais ce fut pire encore, lorsque le 11 mai 1866, *black friday*, sinistre vendredi, la maison Overend Gurney, qui détenait 100 m. de dépôts, fut déclarée en faillite, avec un passif de 18,7 m. ; un jugement défavorable à la Cie Mid-Wales, et d'imprudents engagements dans l'industrie et les chemins de fer en étaient la cause ; plusieurs banques et compagnies ferroviaires se virent entraîner dans la catastrophe, que la Banque d'Angleterre s'était avérée impuissante à éviter.

Malgré ces *coups durs* —et celui de la banque écossaise, *City of Glasgow* qui ferma ses guichets le 2 octobre 1878 avec un découvert de 38 m., pour lequel ses actionnaires firent l'objet de poursuites — l'Angleterre avait mis sur pied une solide armature financière. À côté de l'Institut d'Émission, les *Merchant Bankers* représentaient la haute banque. Étrangers en grande majorité, ils constituaient, à proprement parler, la *Finance internationale*. Les Baring d'abord, dont la maison fondée en 1770, assura une partie des emprunts français de la Restauration, des prêts à la Russie, à l'Amérique du sud, avant de se trouver en 1890, dans la nécessité de se faire renflouer par la Banque d'Angleterre. Beaucoup d'Allemands aussi s'y retrouvaient à côté des Rothschild (1905) : Heinrich von Schröder venu de Hambourg, où demeuraient ses frères, s'établit à Londres en 1804, il finança les importations de blé et les chemins de fer russes, puis à partir de 1860, les nitrates chiliens, les cafés brésiliens : les Goschen-Frühling ; les Kleinwort (établis en 1830) ; Samuel (en 1831) ; Erlanger (en 1853) ; Seligman (en 1864) ; les frères Lazard, spécialistes des affaires de change, disposant de comptoirs à Madrid, Paris, New-York (en 1877). Le danois Joseph Hambro, en 1830 (Charles Joachim traitera avec Cavour des emprunts italiens) ; Arbuchnot Latham (en 1833) ; l'irlandais Guiness Mahon (en 1836) ; Samuel Montagu (en 1853) ; le lyonnais Buffer en 1872. Sur 63 Maisons que comportait en 1904 cette catégorie de banquiers, 33 étaient hétérodoxes, en totalité, dont 13 parmi les plus importantes.

Au-dessous de ces rois de la finance, 40 banques privées étaient admises en 1810 au *Clearing House*, à la Chambre de Compensation de Londres. Mais, tant dans la capitale qu'en province, ces maisons et les *Joint Stock Banks* ou sociétés anonymes vont subir, pendant tout le XIXe siècle, une très forte concentration, de telle sorte que cinq grands établissements, les *big Five*, se détacheront nettement du lot et monopoliseront les affaires. La *Barclays Bank* fondée par John Freame et Thomas Gould, dès 1698, gérée par des familles de *quakers* associés, les Barclay, les Bevan, les Tritton. La *National Provincial Bank* venue de Gloucester à Londres en 1865 (créée en 182633). La *Westminster Bank*, ouverte à Londres en 1834-36 par l'économiste James William Gilbart, dont le principal animateur, de 1850 à 1867, David Salomon, sera shérif, lord-maire de Londres et plusieurs fois député (sans pouvoir siéger, faute d'être admis à prêter serment). La *Midland Bank* introduite à Birmingham en 1836, à Londres en 1869. Et la *Lloyd Bank*, née de la fusion de deux anciennes maisons de Birmingham en 1865, qui absorbera successivement, à Londres, en 1884 les banques Barnett-Hoare et Bosanquet, puis 38 autres établissements privés et 15 sociétés de banque, donnant à ses affaires une extension considérable.

À LA POINTE DE L'INDUSTRIALISATION

Ainsi dotée d'une structure financière dont l'épreuve des guerres napoléoniennes avait démontré la solidité, l'Angleterre se trouva à même d'exploiter l'avance acquise par elle dans le domaine industriel. Inventé par Edward Cartwright en 1785, le métier à tisser mécanique s'est répandu dans le Lancashire, ainsi que le métier à tisser le lin, introduit en 1810 par le Français, Ph. de Gérard. La machine à vapeur à simple effet (1769) et à double effet (1781-82) créée par James Watt, utilisée vers 1800 et mise au point par Mathew Burlton, a révolutionné la production ; l'Angleterre en possède déjà 15.000 en 1830, contre 3.000 en France et 1.000 en Rhénanie. Plus anciens, mais plus lents, les progrès de l'industrie lourde se sont échelonnés sur tout le XVIIIe siècle : fabrication de la fonte au coke par Darby et par Reynolds (1709-1730), fonte de l'acier au creuset par Benjamin Huntsman (1745-1770), forage des canons par John Wilkinson (1774) puddlage au coke, utilisation du laminoir par Peter Onions et Henry Cort (1783-84), en attendant qu'Henry Bessemer obtienne l'acier liquide en 1861. Dans la seconde moitié de la même période, l'industrie chimique est née, avec les procédés Ward (1740) pour la production de l'acide sulfurique, Berthollet et Scheele (après. 1772) et Javel (en 1787) pour le chlore, Nicolas Leblanc (1791) et Gay-Lussac, repris par Keir et Muspratt, vers 1823 pour la soude. L'emploi de la vapeur ouvre une ère nouvelle, pour les transports. L'invention de la locomotive par George et Robert Stephenson après 1814, perfectionnée par la création de la chaudière tubulaire par Marc Seguin (1829-1830) et par l'emploi des rails sur traverses, , donne naissance aux chemins de fer, dont le premier essai a lieu sur le parcours Liverpool-Manchester. Le réseau dont dispose la Grande-Bretagne compte déjà 800 kms de lignes en 1840, 10.500 en 1840. La marine à son tour se transforme, grâce à Denis Papin et à Fulton, on procède à des essais sur l'Hudson en 1806, sur le Rhin, en 1817-1825. En 1822, la construction métallique fait son apparition ; en 1833, les premiers *steamers* traversent l'Atlantique, bientôt suivis de paquebots (1838), dont Samuel Cunard généralise l'emploi (1840). L'hélice, inventée par Petit-Smith et Sauvage, en 1832, utilisée à partir de 1855, perfectionne les nouveaux types de navires.

Dans cette transformation profonde de l'économie basée sur le charbon, l'Angleterre bénéficie d'un indiscutable privilège. Du fait de ses richesses naturelles. De sa position insulaire et de sa puissance maritime. Des capitaux, accumulés par Liverpool et par Londres, dans le commerce d'outre-mer et dans les échanges triangulaires, dont le trafic du *bois d'ébène* n'est pas la moindre ressource. Pour intensifier la production des mines, créer à grands frais des usines, fabriquer outillage et machines, financer l'achat des matières premières, et organiser les ventes elle dispose des fonds nécessaires. Et d'une équipe de techniciens de premier ordre, les Edwards, John Colliers, Manby, Wilson, Aisler, Dixon, Waddington, Barker, après 1815.

EXPLOITATION ET RÉVOLTE OUVRIÈRE

Cependant l'introduction du machinisme se heurte à de fortes résistances ouvrières. Dans l'industrie, où les tricoteurs du Nottinghamshire, unis à ceux de Carlisle et de Glasgow, déclenchent le mouvement du *luddisme* (Février 1811-12) et provoquent la mobilisation de 12.000 hommes et la promulgation d'une loi (1812) punissant de mort la destruction des machines, où les tondeurs s'agitent, où les tisserands de Manchester (de 1811 à 1826), ceux du West Riding et du Yorkshire (entre 1811 et 1813) se déchaînent contre les nouveaux métiers à vapeur. Et plus tard, dans l'agriculture, où la révolte des journaliers en 1830 contre l'emploi des batteuses mécaniques se solde par 9 pendaisons et 450 déportations. La fin des hostilités, en 1815, a mis l'industrie lourde en chômage : 24 hauts-fourneaux sur 34 sont arrêtés dans le Shropshire. Démobilisés, 300.000 soldats et marins battent le pavé. Le coût de la vie a considérablement augmenté. Le prix du quarter de blé est passé de 49 sh. 3 d en 1793 à 75 sh 2 d en 1795, pour atteindre 113 sh. 10 d en 1800 et même 119 sh. 6 d en 1801, pour se stabiliser autour de 80 sh, entre 1815 et 1820. La *Corn Law* n'autorise les importations que si le cours dépasse 80. Mais l'agriculture, encouragée pendant les guerres napoledniennes, est dans le marasme, Découragés par l'extension du régime des *enclosures* les paysans refluent vers les villes, où ils viennent grossir, en compagnie des artisans éliminés par la grande industrie naissante, la cohue des prolétaires, qui s'entassent depuis 1800, dans les taudis du Lancashire, du Yorkshire, des Midlands, des Lowlands d'Écosse et de Londres, où ils vivent de salaires de famine (parfois à 7 sh, par semaine, pour 14 à 16 heures de travail par jour).

Contre ce régime de la sueur, *sweating system*, les émeutes se multiplient, car aucun moyen légal de défense ne subsiste plus, depuis que le Parlement a aboli en 1814 le peu qui subsistait du *statute of artificers*, — statut du travail — de 1563, auquel tenaient les ouvriers. Dans cette patrie de la liberté, soi-disant mère des Parlements démocratiques, où la représentation populaire est dérisoire, l'agitation politique est elle-même sévèrement réprimée. Les lois qui ont servi à étouffer la propagande jacobine de Thomas Payne et de ses *Rights of Man*, la *Constitutional Society*, les *Friends of the People*, la *London corresponding Society* du cordonnier écossais Thomas Hardy (acquitté le 28 octobre 1794 et dont la société comptait 3.000 membres), les *Irlandais Unis* et autres groupes similaires, le *Combination Act* de 1799, qui interdit les associations, ces lois sont toujours en vigueur. Dans ces conditions, les quelques groupements de métiers, sociétés de secours et d'assistance, peigneurs de Leicester, couteliers de Sheffield, chapeliers de Londres, tailleurs, imprimeurs, menuisiers, meuniers, n'existent guère que clandestinement. Et le mécontentement, la colère, ne s'expriment que par l'émeute et par la révolte.

Émeutes renouvelées des tricoteurs de Nottingham (1783, 1787, 1791), des lainiers de Norwich, des mineurs du Nord-Est (1710, 1750, 1765, 1771, 1794) des tisseurs écossais à Tranent en Août 1797, et, de nouveau en 1804-05 où 40.000 se mettent en grève. En 1816, dans une douzaine de centres, dont Londres, Glasgow, Nottigham, Birmingham, la révolte gronde. Le major Cartwright crée des *Hampden Clubs*. Un tory, William Cobbett, s'insurge dans son *« Political Register »* contre les injustices sociales et répand à 200.000 exemplaires en Novembre 1816 sa lettre aux journaliers ; les poètes Shelley Byron, l'orateur Hunt, appuient son action. Mais une émeute à Spa Fields, le 2 décembre, sert de prétexte à l'interdiction des réunions, en Janvier 1817, et à la suspension de *l'Habeas Corpus* (comme de 1794 à 1806). Et, après l'échec d'une tentative de marche sur Londres des tisseurs de couvertures, *blanketters* de

Manchester, en mars, la sauvage conduite des troupes allemandes et des *yeomen*, qui tuent 20 et blessent 400 des manifestants venus écouter Hunt à Saint Peter's Fields, près de Manchester, le 16 août, met provisoirement fin à cette campagne. Six lois interdisent réunions et défilés, autorisent les perquisitions, taxent les journaux. Hunt et Barnford arrêtés, Cobbett se réfugie en Amérique. L'amélioration de la situation économique favorise le retour à un calme relatif.

AGITATION *WHIG* ET CHARTISTE

L'agitation reprend et revêt une forme politique, lorsque la nouvelle bourgeoisie industrielle, radicale, aile gauche du parti *whig*, déclenche la lutte pour une réforme électorale qui lui ouvre les portes du Parlement. Au début de 1830, une grande alliance groupe autour de Grey et de Russell les libéraux Darham et Brougham et jusqu'aux radicaux de Bentham, conquiert une légère majorité *whig* aux élections d'Août 1830, permet la formation d'un cabinet Grey et s'attaque au scandale d'un régime électoral qui prive de représentation les grandes villes nouvelles, Manchester, Leeds, Sheffield et Birmingham, au profit de bourgs sans habitants, assure pratiquement la désignation de 471 députés sur 658 par 277 électeurs influents, établit entre 10 et 20.000 Livres le prix de revient moyen d'une élection, entretient dans l'administration et le clergé une corruption permanente. Des éléments socialistes, dirigés par l'ébéniste Hetherington William Lovett et Bronterre O'Brien, aile marchante du mouvement, créent en 1830 un journal *« The Poor'Man's Guardian »*, fondent en Mars 1831 la *National Union of the Working Classes* (1.500 membres) et lancent un programme de pure démagogie politique, à tendance non conformiste et qui annonce 1848 : république, suffrage universel, abolition de la noblesse, émancipation des Juifs, abolition des dîmes, entretien des prêtres par leurs communautés, répudiation de la dette, remplacement de l'armée par une garde nationale.

Ils collaborent plus ou moins étroitement, à Manchester notamment avec le radical Francis Place et, à Birmingham, avec le banquier Attwood, animateur de *l'Union politique nationale, National political Union*. Après de nouvelles élections en Mai 1831, qui assurent aux *whigs* une majorité de 136 voix, quelques troubles à Derby, Nottingham, Bristol et Londres, qui culminent en Mars 1832 en une réforme supprimant les bourgs pourris, étendant légèrement le corps électoral, présenté en Mars 1831 et d'abord rejeté par les Lords, est finalement adopté le 14 avril 1832 et promulgué le 7 juin. Ce premier résultat atteint par un petit nombre de privilégies, leurs auxiliaires se dispersent, passablement découragés par la déportation de Loveless et de cinq autres ouvriers agricoles en Australie et par le vote de la *Poor Law*. Cette loi des Pauvres, supprimant les secours organisés dans les paroisses par Élisabeth et le *Settlement Act*, de 1662, et déracinant les déshérités de leur domicile, ne leur laisse le choix qu'entre l'atelier-asile régional, le *work-house*, et l'usine. Augmentant l'armée de réserve des travailleurs, elle tend à provoquer la dépression des salaires.

Pour que renaisse la campagne, il faut qu'une nouvelle crise économique surgisse, amorcée par un krach aux États-Unis en 1836, et qui en 1837, avec la hausse verticale du prix du blé (de 39 sh. 5 d en 1836 à 69 sh. 4 d en 1839) provoque famine et chômage. Chassés de leur île par la misère, les Irlandais émigrent de plus en plus nombreux en Angleterre — 133.000 dans le Lancashire ; un demi-million de plus entre 1841 et 1851 — et, s'ils font concurrence à la main d'œuvre locale, ils fournissent aussi des cadres à l'agitation : John Doherty, O'Brien et surtout Fergus O'Connor. Réunis à la *Crow and Anchor Tavern* sur le Strand, le 28 février 1837, les anciens meneurs de la réforme démocratique Lovett et Place, s'apprêtent à lancer le 8 mai 1838 une pétition pour une Charte en six points : suffrage universel, suppression du cens, circonscriptions égales, Parlement annuel, vote secret, indemnité parlementaire. Au printemps, l'Union politique de Birmingham d'Attwood, se réveille. Depuis le 16 juin 1836, Lovett a fondé la *London Working Men's Association*, qui a essaimé dans cent villes en 1837, dans cent cinquante en 1838, et répand une brochure, « *The Rotten House of Commons* », la Chambre des Communes pourrie, où il est démontré que, sur plus de 6 millions d'adultes, 839.519 seulement ont le droit de vote et que 151.492 suffrages suffisent pour s'assurer une majorité.

Rassemblements et pétitions se succèdent alors : 50.000 personnes à Birmingham en Juillet 1837, 150.000 à Glasgow le 21 mai 1838, 80.000 à Newcastle, 100.000 à Bradford, 200.000 à Birmingham, 250.000 près de Manchester. Réunis d'abord à Londres le 4 février 1839, puis à Birmingham le 13 mai, la Convention qui réunit les chefs du mouvement est bientôt débordée par les violents (manifeste du 18 mai 1839) : Feargus O'Connor, tribun démagogue, le brasseur Benbow du *Café du Commerce*, partisan du *Great National Holiday* c'est-à-dire d'un mois de grève générale, les amis du pasteur Stephens, arrêté le 28 décembre 1838 pour avoir prêché ouvertement la lutte armée. Mais la pétition revêtue d'1.250.000 signatures, qu'elle présente le 3 juillet est rejetée par le Parlement le 12, par 247 vois contre 48. Le 4, les troupes ont dispersé une réunion à Birmingham, arrêté le Dr. Taylor, Lovett et les autres chefs. Impuissante à déclencher la grève générale, la Convention se dissout le 22 septembre. Quelques tentatives d'insurrection armée échouent. Celle de Newport, les 3-4 novembre 1839, coûte 14 tués et 50 blessés à 2.000 mineurs gallois, abandonnés par O'Connor, qui a jugé bon d'aller prendre l'air en Irlande. À Sheffield, le 11 janvier 1840 ; à Bradford, les préparatifs ont fait long feu. À la suite de quoi, le 16 janvier 1840, Frost et deux autres sont condamnés à la potence, O'Brien à 18 mois de prison, Benbow à 16, en compagnie de 500 autres chartistes, dont Lovett, qui médite et se rallie aux idées de Robert Owen.

Le rassemblement de 50.000 adhérents, par petits groupes de dix, sous la direction d'un Conseil de sept membres, opéré entre le 20 juillet 1840 et Février 1841, sous le nom de *National Charter Association*, par Feargus O'Connor, n'aboutit à rien non plus. Lovett et Hetherington ayant imposé un rapprochement avec les radicaux de Joseph Sturge (14 février 1842), en Mai, une deuxième pétition, revêtue de 3.300.000 signatures, assortie de quelques allusions sociales, est encore rejetée. Alors, en Août, les grèves se multiplient dans le Lancashire, le Yorkshire, et le Staffordshire, accompagnées d'émeutes à Ashton, Preston, Blackburn, Stockport, tandis qu'à Manchester une conférence des Métiers (du 11 au 20 août) s'efforce en vain d'étendre le mouvement. Les dirigeants Leach, Thomas Cooper, Harney, MacDonall sont arrêtés. La tentative de grève générale politique a échoué. Elle n'a servi que la propagande de l'*Anti-Corn Law League*. Après une dernière flambée du Chartisme, l'annonce de la révolution française de 1848, la remise d'une troisième pétition, avec 1.975.000 signatures, qui, fut naturellement repoussée, la mobilisation de forces importantes, qui interdit toute manifestation de rue, le 10 avril, la plupart des adeptes du chartisme résolurent de s'expatrier et fournirent la majeure partie des quelque trois millions d'émigrants qui se dirigèrent vers l'Amérique, l'Australie et la Nouvelle-Zélande, entre 1852 et 1868, emportant avec eux leur idéal démocratique non-conformiste.

TORIES SOCIAUX ET ORGANISATION SYNDICALE

Déçus pour longtemps par le caractère illusoire des revendications politiques, ceux qui restèrent consacrèrent leurs efforts à l'organisation des métiers et à l'amélioration des conditions de travail. Le socialisme britannique revenait à la tradition de Robert Owen, ce patron qui, dans sa filature de New Lanark, de 1800 à 1820, avait donné l'exemple de la coopération avec ses ouvriers, et qui, rentré en Angleterre en 1829 après l'échec de son expérience de *New Harmony* aux États-Unis (1824-26) avait tenté à Gray's inn Road en 1832 de créer une Bourse pour l'échange des produits expertisés en bons de valeur-travail, l'*Equitable Labour Exchange*. Ainsi amené à constituer une Fédération d'Unions de Métiers, dont John Gart avait été le précurseur, chez les charpentiers de navires de Londres, il a organisé entre l'automne 1833 et Février 1834 la *Grand National Consolidated Trades Union*. Afin de soutenir les ouvriers en grève, des unions se constituaient d'ailleurs ; dans le textile avec la *National Association for the protection of Labour* de John Doherty (80.000 membres. 1830-32) ; dans le bâtiment, la *Builder's Union* (1830-33) ; dans les mines avec Tommy Hepburn. En 1842, année de la seconde pétition chartiste, alors que plus d'un million d'ouvriers se trouvaient en chômage, 20.000 mineurs de Lanark s'étaient mis en grève en Août, pour protester contre la baisse de leurs salaires, tombés en cinq ans de 5 à 6 sh, par jour à 2,6 ou 2,9. Les filateurs ayant soutenu le mouvement, une manifestation s'était produite à Manchester (9 août) suivie de troubles à Blackburn. Preston, Halifax ; 1.500 arrestations et 700 poursuites avaient marqué la répression.

Mais peu à peu, notamment sous l'influence de *tories* philantropes. Richard Castler et lord Shaftesbury par exemple, qui ont empêché lord Melbourne, ministre libéral, de faire voter une loi contre les *Unions* le Parlement daigne s'intéresser à la législation ouvrière, vote en 1842 une loi sur les mines, une autre sur les usines en 1844, puis sur la limitation de la journée de travail à dix heures dans l'été 1847. En 1846, couronnant l'action de *l'Anti-Corn Law League*, il abolit la loi sur les blés, prélude à une baisse des prix, que l'adoption du libre-échange par sir Robert Peel la même année, ne peut qu'encourager. Et comme, depuis 1845, la conjoncture s'améliore, qu'à part les deux crises de croissance secondaires de 1857 et de 1866, l'économie britannique est en pleine expansion de 1848 à 1874, que la construction des voies ferrées bat son plein, en Angleterre d'abord (1843-1853). à l'étranger ensuite (1850-1870). que les exportations ne cessent de croître, que les salaires des ouvriers qualifiés sont en hausse, et que les autres s'élèvent peu à peu (43 en 1810), 47 en 1820, 53 en 1840, 63 en 1860 — par rapport à l'indice 100 en 1900 — , un certain équilibre social s'instaure dans la prospérité.

Délaissant l'action politique, les travailleurs anglais organisent leurs syndicats, leurs Unions, leurs coopératives de consommation, suivant l'exemple des Pionners de Rochdale en 1843 (11 en existe 454 vingt ans plus tard), leurs amicales constituées sous forme de loges d'*Odd Fellows* (200.000 adhérents en 1855. 437.000 en 1873), *Ancient Order of Foresters* (passés de 100.000 à 400.000), créent des organes de liaison : *Junta* de cinq membres *Trade Councils* à Glasgow (1858), Sheffield, Liverpool, Edimbourg, Londres (Mai 1860). Né dix ans plus tard (1868-71), de la fusion entre la *Junta*, le *London Trade Council* et l'Association des mineurs d'Alex. Mac Donald, le Congrès des Trade-Unions couronnera l'édifice syndical, groupant 375.000 membres en 1871, 1.191.000 en 1874, et plus tard jusqu'à huit millions. Son existence légale est reconnue en 1871, par le *Trade Union Act*, qui régularise la situation de fait.

Des dispositions complémentaires interdisent les piquets de grève (*Criminal Law Amendment Act*) assurent le respect de la propriété (*Conspiracy and Protection of Property Act*), réglementent les rapports entre patrons et employés (*Employers and Workmen Act* de 1875). Les syndicats acceptent l'arbitrage mais ils obtiennent par des voies pacifiques des avantages concrets, telle l'échelle mobile pour les mineurs, et se détournent de la propagande révolutionnaire, se détachent de l'Internationale, et désavouent la Commune de Paris. L'extension progressive du corps électoral contribue par ailleurs à entretenir un climat de paix sociale dans une Angleterre dont l'hégémonie économique est alors incontestée.

NICOLAS I<small>ER</small> CONTRE LA RÉVOLUTION

Que n'en est-il de même en France, plus que jamais placée, par l'avènement de Louis-Philippe, sous la tutelle de Londres et sous le contrôle des Rothschild ! Soucieux avant tout de se faire reconnaître par les gouvernements de l'Europe, le régime issu des journées de Juillet aura pour première tâche de rétablir l'ordre à l'intérieur et de freiner l'ardeur belliqueuse des révolutionnaires, prêts à soutenir de par le monde la révolte des nationalités opprimées. Plein de zèle pour l'entente cordiale qui s'ébauche, Talleyrand, envoyé à Londres comme ambassadeur (6 septembre) offrirait volontiers à Wellington, pour gagner ses bonnes grâces, d'évacuer Alger, ce qu'heureusement Molé, ministre des Affaires étrangères, lui interdit de faire. Le comte Lobau, à Berlin, le général Belliard à Vienne, obtiennent que Louis-Philippe soit admis dans le cercle des souverains, la France ayant le droit de disposer d'elle-même, à condition de s'engager au respect formel des traités. Bien que le roi ait convoqué spécialement, dans la nuit du 7 au 8 août, Pozzo di Borgo, afin de rassurer le tsar, Nicolas I$_{er}$ se montre plus réticent.

Les circonstances de son avènement expliquent suffisamment cette défiance. Avant de mourir assassiné dans des circonstances mystérieuses à Taganrog, le 14 décembre 1825, son prédécesseur Alexandre I$_{er}$ était bien revenu de son libéralisme et de ses complaisances pour les sociétés secrètes. Le soulèvement de Naples en 1820, suivi d'une première mise en garde que lui adressa Metternich le 15 décembre de cette même année et un mémoire que le chancelier autrichien lui remit à Vérone en 1822 lui avaient ouvert les yeux. Lorsqu'à son retour du Congrès, le général Kouchelef, Grand-Maître de l'Ordre depuis dix-huit mois, vint lui-même livrer les noms de ses 2.000 affiliés et dénoncer la nocivité de l'institution, en proie à de violentes luttes intestines entre le système allemand de Schroeder et le système suédois de Swedenborg, scindée entre la *Provinciale*, qui groupait six loges et *l'Astra*, qui en réunissait 24, le Tsar n'avait pas hésité à dissoudre la Maçonnerie russe sous toutes ses formes, même celle d'un club diplomatique, par un oukase du 1$_{er}$-22 août 1822.

Mais les organisations parallèles, révolutionnaires, avaient subsisté *l'Alliance du Salut*, créée par Novikof en 1816, comme la *Société du Bien public*, fondée en 1818, qui réunit un congrès à Moscou en 1821. Organisée en quatre sections, sociale, culturelle, administrative et économique, cette dernière se scinda bientôt en *Union du Nord*, à Pétersbourg et en *Union du Sud*, en Podolie, dont une filiale, créée par la loge *les Slavoniens unis* de Kiev, en 1823-25, pour travailler à la fédération de tous les Slaves en huit républiques (Russie, Pologne, Bohême-Moravie, Dalmatie, Hongrie-Transylvanie, Serbie, Moldavie, Valachie), entretenait d'étroits rapports avec la *Société des Patriotes* de Pologne, réorganisée en 1821. Parmi les animateurs du mouvement, écrivains comme Roulejef et Bestouchef nobles ou militaires, les uns, le prince Troubetskoy et Orlov, Mouraviev, Tourgeniev et autres voulaient seulement instaurer une monarchie constitutionnelle, fédérative et panslaviste, tandis que Pestel, républicain, souhaitait un État centralisé, qui collectiviserait les terres et favoriserait l'exode de 2 millions de Juifs de Russie et de Pologne vers un état créé pour eux dans le Proche-Orient. Des contacts avaient été établis par Bestouchef et Mouraviev à Kiev en 1824 avec le prince polonais Krzyanowski et plus tard, chez le prince russe Wolkonsky entre Pestel et le prince polonais Jablonovski, le fils, qui effrayé des projets d'assassinat du grand-duc Constantin et de la famille impériale exposés par l'agitateur russe, avait revendiqué pour les Polonais le droit de choisir leur propre gouvernement.

Alors que les uns et les autres avaient d'abord fixé à 1829 la date de l'insurrection qu'ils préparaient, une enquête ordonnée en Novembre 1825 par le Tsar au comte Tchernitchef sur leurs menées eut pour effet de brusquer le dénouement. Le 14 (26) décembre, à l'annonce de la mort d'Alexandre I$_{er}$ (qui, depuis l'année précédente cherchait à se rapprocher du Vatican), le prince Troubetskoy déclencha la rébellion de quatre régiments de la Garde, qui refusèrent de prêter serment à Nicolas I$_{er}$. Mais la tentative de coup d'État échoua. Elle se solda par cinq condamnations à mort, 116 au bagne et un millier d'arrestations. Tourgueniev s'était réfugié à

Londres. Plus de cinq cents émeutes paysannes, survenues entre 1826 et 1855, furent les séquelles de cette tentative. Après une telle expérience, Nicolas Ier, qui avait confirmé l'interdiction des loges, devait considérer avec la plus grande méfiance la fièvre nationaliste qui échauffait les esprits en Europe.

L'INDÉPENDANCE ACCORDÉE À LA BELGIQUE

De Paris, en effet, un mois plus tard, la flamme a allumé l'incendie à Bruxelles. Préparée au cabaret *Au Doux*, déclenchée le 25 août 1830 au Théâtre de la Monnaie, où l'on jouait *« la Muette de Portici »*, l'insurrection belge domine rapidement la capitale. Du 23 au 26 septembre, non sans pertes (450 tués et 1720 blessés), Juan van Halen (celui-là même qui avait été l'animateur des loges militaires en Espagne), repousse la contre-attaque de l'armée hollandaise ; le 4 octobre la Belgique se proclame indépendante ; la dynastie de Nassau ne se maintient plus qu'à Anvers. Délicat problème, qui risque de troubler la lune de miel franco-britannique. Tout en préconisant la non-intervention, qui joue en faveur des intérêts de la France, Talleyrand s'entremet activement, parvient à réunir à Londres, le 4 novembre *sa* conférence, d'où sort un armistice. N'osant affronter l'Angleterre, Louis-Philippe écarte la candidature de son second fils, le duc de Nemours, au trône que les Belges lui offrent à plusieurs reprises, et formellement le 3 février 1831. Allant même plus loin, notre diplomate boiteux s'accommoderait de celle du prince d'Orange, que le Congrès belge repousse le 24 novembre, ou d'une combinaison extravagante de partage entre les Pays-Bas, la France et la Prusse, que son fils naturel le général de Flahaut apporte à Londres et qu'a imaginée le général Sebastiani, ministre depuis le 2 novembre dans le cabinet Laffitte. Mais Wellington et Aberdeen ayant fait place, le 15 novembre 1830, aux libéraux Grey et Palmerston, ses amis, Talleyrand obtient d'eux le 20 décembre la reconnaissance du principe de l'indépendance de la Belgique, dont l'intégrité et, sur proposition du plénipotentiaire russe, la neutralité, seront stipulés par le protocole du 20 janvier 1831. L'Angleterre, satisfaite par l'élection au trône, le 4 juin 1831, de Leopold de Saxe-Cobourg, son protégé et celui des Rothschild, qui administrent sa fortune, accepte cet arrangement, que le traité des 24 articles, conclu le 14 octobre et signé le 15 novembre 1831, confirme. Les Belges, à qui les Rothschild ont refusé un emprunt de 4 m. s'inclinent. L'armée hollandaise, rentrée en scène le 4 août, ayant été chassée par le maréchal Gérard, à la tête de 50.000 hommes (15 novembre), la capitulation d'Anvers, le 23 décembre 1831, accorde au peuple français une satisfaction d'amour-propre.

REFUSÉE À LA POLOGNE

Fort à propos d'ailleurs, car l'incendie s'étant propagé, les éléments avancés, en France, ne parlent que de voler au secours de la Pologne et de l'Italie. À Varsovie, des régiments désignés pour intervenir en Belgique se sont soulevés le 29 novembre 1830 contre le grand-duc Constantin, paralysant ainsi toute velléité d'intervention russe. Comme ils n'avaient jamais cessé de le faire, dès l'origine, maçons et révolutionnaires polonais agissaient en étroite liaison avec le Grand-Orient de Paris. Au milieu du XVIIIe siècle, les premières loges de Pologne, nous l'avons dit, avaient été fondées par des Français. L'un de deux-ci, de Thoux de Salverte, créa le 30 avril 1778, un chapitre des hauts-grades, les *Chevaliers de Saint-Charles ;* un autre, Jean Mioche, ouvrit à Varsovie, fin 1776, une loge *le Parfait Silence*, reliée directement au Grand-Orient de France. Aussi le comte Potocki, successeur des Grands-Maîtres von Bruhl (Frédéric-Aloys, fils du premier ministre) et Zamoïski, lorsqu'il assura pour la seconde fois la Grande-

Maîtrise, en 1781 et qu'il réorganisa l'Ordre en 1784, fit-il prévaloir le rattachement de ses 70 à 75 loges à cette obédience. À la faveur de l'expulsion des Jésuites et du premier démembrement, la Franc-Maçonnerie avait connu dans le pays un grand essor. Pendant la période napoléonienne, les ateliers se multiplièrent au sein de la Légion polonaise de Dombrovski, qui comptait 20.000 hommes, et l'Ordre, reconstitué en 1811, conclut le 12 mars un concordat avec le G∴ O∴ de France.

Après le Congrès de Vienne, les militaires prirent donc l'initiative de l'action nationaliste et révolutionnaire. Diverses organisations para-maçonniques voient le jour : en 1818, c'est la *Société révolutionnaire*, dirigée par le sous-lieutenant Prondzynski, avec l'appui de Dombrovski et du prince Jablonovski ; en 1819, un groupe formé à Varsovie par le major Lukasinski et l'avocat Schröder ; à la fin de cette même année, les *Templiers de Volhynie*, fondés par le capitaine Majewski, de retour d'un camp de prisonniers en Écosse. Comme les *Comuneros de Castilla*, ces derniers sont organisés en *campements* et *grands encampements*. Regroupant en 1821 ces divers éléments, le général Uminski constitue la *Société patriotique*, que dirige à Varsovie un comité central de sept membres, où siègent les dirigeants maçonniques Sobanski, Eichowski, Jordan, Sazoznisti ; ils comptent l'année suivante environ 5.000 adhérents. Parallèlement, sur le modèle des *Burschenschaften* allemandes, naissent des sociétés d'étudiants polonais, à Vilna (la *Société des Garnements*), à Breslau et même à Berlin, et comme les *Templiers de Volhynie* les *Frères rayonnants* de Thomas Zan, dont le véritable chef est le professeur d'histoire, hétérodoxe, Joachim Lelewel, noyautent efficacement la *Société patriotique*. Dissous en 1822 comme les autres sociétés secrètes, après l'arrestation de Lukazinski et de quatre de ses acolytes condamnés à deux ans de prison, ce dernier mouvement se reconstitue une première fois sous le nom d'*Union des Philarèthes*, coiffée par un comité de vingt membres, dit des *Philomates* (dont fait partie Adam Mickiewicz) et une seconde fois, après la déportation d'une vingtaine de ses chefs en 1824, sous un nouveau comité central (Kriyanowsky, Plichta et Grzymala) et la haute direction du G∴ M∴ de la Maçonnerie polonaise, Stanislas Soltyk.

En compagnie du général Uminski, tous ces grand dignitaires font partie du groupe de deux cents polonais arrêtés, à la suite de la mutinerie des régiments de la Garde, qui marqua l'avènement de Nicolas Ier (14-26 décembre 1825). Mais la conspiration n'en est pas, pour autant, décapitée. Sous la direction de Lelewel, qui tient entre ses mains tout un réseau de correspondance et parvient à constituer un groupe de cadets le 15 décembre 1828, l'agitation persiste chez les étudiants, tandis que le F∴ Zwierchowski multiplie à la Diète les attaques de l'opposition et qu'un attentat est prévu à l'occasion du couronnement de Nicolas Ier en 1829. C'est alors que la mutinerie des régiments désignés pour la Belgique déclenche l'insurrection du 29 novembre 1830. La Diète en appelle à l'Europe le 16 décembre et déclare déchu le roi de Pologne (le Tsar), le 25 janvier 1831. Le 25 février, les Polonais, au nombre de 70.000, résistent vaillamment à Grochov aux attaques de 160.000 Russes, mais ils sont vaincus à Ostrolenka le 26 mai, et se trouvent profondément divisés, nationalistes et catholiques s'opposant à la révolution au profit des collectivistes et des hétérodoxes. À tel point que l'émeute organisée par Lelewel et ses acolytes le 15 août 1831, pour lyncher les généraux Hartig, Jankowski et autres, et chasser le prince Czartoryski, chef des conservateurs, précède d'un mois seulement la rentrée à Varsovie, le 7-8 septembre 1831, des troupes russes du général Paskiewicz, chargées d'écraser l'insurrection. Vingt mille Polonais se retirent en territoire prussien et dix mille se réfugient en France.

L'AUTRICHE RAMÈNE L'ORDRE EN ITALIE

En Italie, les éléments activistes de la Haute Vente, confiants dans l'appui de Palmerston et de La Fayette, et dans la déclaration imprudente de Laffitte, président du Conseil, à la Chambre, le 31 décembre 1830 : *« La France saura faire triompher toujours et partout le principe de non-intervention »*, ont déclenché un mouvement qui vise à abattre le pouvoir temporel de la Papauté, en mettant a profit l'interrègne entre la mort de Pie VIII (30 novembre 1830) et l'élection de Grégoire XVI (2 février 1831). Croyant aux bonnes dispositions du duc de Modène, Ciro Menotti a été repoussé dans l'attaque du Palais ducal et arrêté (4 février 1831). Mais Parme est tombée aux mains des insurgés ; Ugoni et Carlo Poerio se sont emparés d'Ancône et de Bologne, le 8 février. Réuni dans cette dernière ville, du 26 février au 11 mars 1831, un Congrès a proclamé dans les Romagnes un gouvernement indépendant, dit des *Provinces-Unies*. Entraîné par son frère aîné Napoléon-Louis, carbonaro depuis l'âge de quinze ans, déjà compromis dans la révolte napolitaine du général Pepe, Louis-Napoléon Bonaparte, qui vient de se faire expulser de Rome en Novembre-décembre 1830, a voulu aussi participer au mouvement. Élevé par son précepteur Philippe Le Bas, fils du conventionnel, dans les idées radicales, très lié au fils de Françoise Arese, l'un des dirigeants de la République cisalpine et de la République italienne en 1802, frais émoulu de l'École d'artillerie de Thoune en Suisse, que dirige le colonel Dufour (promis au commandement de l'armée contre le Sonderbund), le futur Napoléon III est déjà, comme le dira Metternich, *« l'homme des sectes »*. Pour l'instant cependant, la prudence commande aux insurgés de les maintenir tous deux à l'arrière à Forli, son aîné tombera dans un guet-apens (17 mars), tandis que Louis Napoléon, devant la contre-attaque autrichienne, se cachera à Ancône, en attendant de se réfugier à Florence.

Car les Autrichiens ont tôt fait de disperser les patriotes et réoccupent Bologne (21 mars), qu'ils ne tarderont pas à évacuer (15 juillet) sous la menace de Louis-Philippe de faire débarquer des troupes françaises à Civita-Vecchia (Août 1831). Le gouvernement français, soucieux de maintenir la paix, a d'ailleurs retenu à Marseille Visconti, le général Pepe et un membre de la Haute-Vente, Misley, qui s'apprêtait à transporter de l'armement aux insurgés. La parole est alors aux diplomates, qui, à l'instigation de l'Angleterre, et pour accorder aux libéraux italiens réfugiés au nombre d'environ 2.000 une satisfaction de principe, présentent à Grégoire XVI un *memorandum* énumérant les réformes qu'ils désireraient voir adopter par le Vatican. À cette démarche insolite de la part de cinq puissances dont deux sont protestantes et une orthodoxe, le pape répond en accordant une large amnistie et le départ des troupes autrichiennes. Mais Palmerston, qui s'érige en Patriarche du libéralisme et régente comme de vulgaires protectorats les gouvernements de l'Europe, réclame du Souverain Pontife l'institution d'un régime représentatif, la liberté de la presse et la création de la garde nationale. Sur quoi, le cardinal Barnetti, réplique qu'il consentira à étudier cette dernière réforme lorsque l'Angleterre en aura fait elle-même, pendant quinze à vingt ans, l'expérience. Après avoir menacé son interlocuteur des pires catastrophes, sir Hamilton Seymour rompt et se retire à Florence. Rappelés par le Pape, les Autrichiens rentrent à Bologne, le 20 janvier 1832. Alors les Français débarquent et pénètrent par surprise à Ancône (22 février), où ils demeureront sept ans.

MODÉRATION DE LOUIS-PHILIPPE

Dans ces diverses affaires, le régime de Juillet a, somme toute, fait preuve de modération et refusé de laisser engager la France dans les aventures. *« Le sang français n'appartient qu'à la France »*, a proclamé Casimir Périer, le 18 mars 1831. Bien qu'introni sé par lui à l'Hôtel de Ville, Louis-Philippe n'avait pas hésité à rompre avec La Fayette, grand chef de la charbonnerie française, qui, se croyant l'émule de Washington et de Bolivar — *« une statue qui cherche son piédestal »* disait de lui Laffitte — se faisait à 75 ans le boute-feu de l'Europe. Lassé de ses intrigues incessantes, Louis-Philippe lui avait lancé un jour : *« Si vous retourniez à la Grange. Eh bien, je vous y laisserais ! »* Sur ce, le 21 décembre 1830, la Chambre avait aboli le poste de commandant supérieur de la Garde nationale. Et, La Fayette, rentré dans son domaine, eut tout loisir d'y préparer, de son vivant, son Musée. Peu après, la loi du 22 mars 1831, préparée par Laffitte et Casimir Périer, transforma la Garde nationale en véritable garde *bourgeoise*. Assujettis à la contribution personnelle, contraints de s'équiper à leurs frais, encadrés par des officiers supérieurs nommés par le roi, ses membres devaient s'abstenir de toute agitation pour ne se consacrer qu'au soutien de l'ordre public.

Reposant encore sur des assises peu solides, le régime, à l'intérieur, est contraint de se défendre. Les troubles, à Paris, sont fréquents : le 17 octobre 1830, lors du procès des ministres de Juillet, avec, le lendemain, marche sur Vincennes ; le 15 décembre, attitude menaçante des artilleurs de la Garde nationale ; le 14 février 1831, à l'occasion d'un service pour le duc de Berry, mise à sac de Saint Germain l'Auxerrois et, le lendemain, de l'Archevêché ; le 2 mars, et jusqu'au 11, manifestations au Palais-Royal : *« de l'ouvrage ou du pain ! »*. Laffitte, chargé du ministère depuis le 2 novembre 1830, manque d'autorité pour réprimer les excès de ceux qui ont été ses auxiliaires en Juillet. Ancien gouverneur de la Banque de France sous la Restauration, il n'a cessé de lutter pour l'indépendance de l'Institut d'Emission et pour le retour à l'élection de ses gouverneurs, mais, craignant davantage les abus des actionnaires privilégiés en matière d'escompte que les risques d'inflation ou les exigences de l'État, le baron Louis et le comte Roy, ministres des Finances, lui ont opposé un barrage efficace. Devenu le commanditaire des mouvements libéraux, Laffitte, qui, annonçait fièrement en 1830 : *« Maintenant ce sont les banquiers qui vont gouverner »* se trouve à présent au bord de la ruine ; reconnaissant, Louis-Philippe tente de le renflouer en lui procurant 17 millions et en faisant acheter 10 m. sa forêt de Breteuil.

Mais, il se sépare de lui et, le 13 mars 1831, appelle à la présidence du Conseil Casimir Périer, banquier lui aussi, mais homme clairvoyant et énergique. De famille dauphinoise, de robe et d'industrie, son père, Claude, fabricant de textiles à Grenoble, animateur de la Caisse des Comptescourants, avait acheté les mines d'Anzin en 1796. Il est le parfait représentant des *nantis*, de ces *dynasties bourgeoises*, dont m. Beau de Loménie a écrit la pénétrante étude. Il ramène d'ailleurs avec lui, aux Finances, le baron Louis et rallie au gouvernement des opposants de marque, Guizot, qui fut mêlé à l'activité des *carbonari*, Dupin, de la loge des *Trinosophes*, Thiers, poulain de Talleyrand. Mais il a surtout la pleine confiance des Rothschild, grands protecteurs du régime, qui, en retour, sera leur Providence.

Préparant l'avènement du ministre. James écrit dès le 9 mars à son frère Salomon : *« Il faut que tu fasses en sorte que si mon ami Périer arrive vraiment au pouvoir, ce ministère soit soutenu »*. et, le lendemain de la formation du cabinet : *« Les changements sont accomplis, le roi s'installe aux Tuileries et le ministre doit faire un discours pour exposer ses principes »*... (14 mars). *« Ne laisse aucun répit au prince de Metternich pour qu'il soutienne le ministère français »* (19 mars). De fait, le 18. Périer devant la Chambre, résume son programme dans ces formules frappantes : *« La révolution de Juillet n'a pas bouleversé l'ordre social, elle n'a touché que l'ordre politique. Notre ambition est de rétablir la confiance. Nous vous proposerons des lois propres à réprimer la violence et la sédition »*. Quant à l'extérieur : *« entre la paix et la guerre, la raison d'État a choisi la paix »*. En Septembre, il lancera aux La Fayette, aux Cavaignac, aux Armand Carrel et autres trublions, prêts à défier l'Europe entière avec une armée de 250.000 hommes, cette riposte. — que le cabinet français de 1939 aurait bien dû méditer ayant de laisser entraîner son pays dans la guerre — *« Qui donc ose demander la guerre, non pour sauver la Pologne, mais pour la perdre ? »*. Chargés d'emprunts d'État comme ils le sont, les Rothschild n'ont pas de plus grand intérêt que le maintien de la paix. Aussi ne ménagent-ils pas leurs bons offices pour la préserver. À peine les Français occupent-ils Ancône que Salomon s'emploie à prévenir une réaction autrichienne en &rivant à Metternich :

« Que Votre Altesse ne se laisse pas détourner, de la paix... par une faute de Périer » (26.3.1832).

LES ROTHSCHILD, BANQUIERS ET ROIS

Sollicités par tous les gouvernements, ils sont plus que jamais les *banquiers des Rois*. En France, le baron Louis, rappelé aux Finances le 9 août 1830, doit faire face aux demandes de secours des combattants de Juillet et des sans-travail, aux sollicitations des industriels et des commerçants, amis de Laffitte, touchés par l'arrêt des affaires (le volume d'escompte de la Banque de France est tombé de 617 m. en 1830 à 240 en 1831) auxquels il accorde 30 m. de prêts, aux exigences de la défense nationale, qui, l'année étant portée de 231 à 434.000 hommes, ajoutent 220 m. de dépenses extraordinaires au budget de 1831 (Dépenses réelles, 1.219 m., Recettes 1.305, dont 356 d'extraordinaires). Celui de 1832 se solde par un déficit de 25 m. Alors, malgré l'expérience d'emprunt direct proposée par le saint-simonien Henri Rodriguez, qui a permis de souscrire au pair 20 m. à 5%, il adjuge à James Rothschild, sans soumission, le 8 août 1832, à 98,50, alors que le cours de la veille était, de 99,65, un emprunt de 150 m. assorti d'un intérêt commençant à courir du 22 mars, et d'un délai de 16 mois pour les versements : bonne affaire en vérité.

Mais l'Autriche, pour faire face aux évènements, arme aussi et forme trois armées, en Italie, en Bohême, chez elle. Le déficit de son budget s'élève de 22 à 85 m. de Florins. Elle a recours à Salomon, ainsi qu'à Eskeles, Sina et Geymuller, pour avancer successivement 36 m. de Florins, en Mars 1831, puis 30 à 80, et à nouveau 50 en Janvier 1832. De son côté, la Prusse sollicite un emprunt de 3 m. de Thalers, dont un demi-million sera immédiatement remis à la *Seehandlung*, en Mai 1831. Il n'est pas jusqu'au Pape qui, contraint de lever des troupes pour assurer la relève des Autrichiens, vienne, par personnes interposées, la duchesse de Bassano, la comtesse Stephanori et Metternich en personne, frapper à la porte de Charles, puis de James de Rothschild, qui lui accorde un million, pour moitié avec la banque Torlonia de Rome ; sur quoi Grégoire XVI reçoit Charles en audience. En Angleterre, lord Grey s'étant retiré le 9 mai 1832, devant le refus du roi George V de désigner une fournée de lords pour faire passer la réforme électorale, c'est Nathan qui intervient auprès d'Arbuchnot, ami de Wellington, pour que ce dernier ne tente pas de former un cabinet susceptible d'accroître les risques de guerre... Grey reste, et la réforme électorale passe. La paix armée est décidément plus profitable aux cinq frères que la paix tout court, Comme le disait Talleyrand : *« Les financiers ne font bien leurs affaires que quand les États les font mal ! »*.

Rois des banquiers, banquiers des rois, les Rothschild ne sont-ils pas, en France, les rois tout court ? Louis-Philippe avant de prononcer ses plus importants discours ne les soumet-il pas à James ? Sur ce point, tout le monde est d'accord. Metternich, le plus conservateur des hommes d'État, écrivant à Apponyi, le 11 décembre 1845 : *« La maison Rothschild joue en France... un rôle bien plus considérable que les gouvernements eux-mêmes, à l'exception peut-être du cabinet anglais, le grand ressort étant l'argent »*. Comme les plus authentiques promoteurs du mouvement démocratique, fils de banquiers d'ailleurs. Henri Heine déclare : *« L'argent est le dieu de notre époque et Rothschild est son prophète »*. Et Ludwig Baruch, dit Böme, qui ricane : *« Si Louis-Philippe est encore roi l'an prochain, il se fera couronner, non pas à Notre-Dame de Reims, mais à Notre-Dame de la Bourse, et Rothschild officiera en qualité d'archevêque »*. Fidèle à ses promesses, Casimir Périer s'efforce de défendre cette *bancocratie*, comme l'appelle l'opposition, contre la révolution *sociale* qui n'a pas désarmé, bien que le cens soit abaissé de 1.000 à 500 frs pour les éligibles et de 300 à 200 pour les électeurs, ce qui teint la mesure d'une nuance libérale, il n'en est pas moins maintenu par la nouvelle loi électorale, qui restreint le *pays légal* à 190.000 Français sur 32,5 millions. Dans les élections municipales, où le cens est ramené à 100 frs. 10 à 14% de la population exerce ses droits de citoyen.

CONFLITS SOCIAUX ET AGITATION RÉVOLUTIONNAIRE

Tandis que la Garde nationale n'ouvre plus ses rangs qu'aux éléments bourgeois (22 mars 1831), une loi du 10 avril interdit les attroupements. Bouchotte, nouveau maire de Metz, se voit destituer en Mars 1831, en compagnie d'Odilon Barrot, *démissionné* du Conseil d'État, et du général Lamarque, mis en disponibilité pour avoir tenté de répandre, sur le modèle de la Société *Aide-toi, le ciel t'aidera*, et sous le patronage de La Fayette et de Dupont de l'Eure, une association révolutionnaire, qui noyaute l'administration et pénètre, par l'aide de camp de Laborde, jusque dans l'entourage de Louis-Philippe. Le 5 mai, une manifestation, place Vendôme, est dispersée par les pompiers ; urge autre, place Louis XV, le 18 septembre en faveur de la Pologne, par l'armée. À Lyon, fin Novembre, c'est beaucoup plus grave. Les canuts, dont les salaires se sont effondrés de 4 à 6 frs sous l'Empire à 18-25 sous par jour, ont obtenu des Prud'hommes et du Préfet un nouveau tarif (11-25 octobre 1831). Mais il suffit de la protestation suivie de lock-out de 104 fabricants sur 1.400, les autres ayant accepté l'accord, pour que le ministre du Commerce, d'Argout, remette tout en question. Encadrés par les chefs d'atelier (groupés par le *Devoir Mutuel* en 20 loges de 200) les ouvriers au nombre de 60.000, font grève et manifestent, le 21 novembre. Douze cents gardes nationaux seulement, sur 12.000 ayant répondu à l'appel des autorités, le 22 les canuts repoussent la troupe et dominent la ville ; tout en refusant de suivre le républicain Lacombe, qui les incite à proclamer un gouvernement insurrectionnel (23-24 novembre). L'ordre est facilement rétabli, le 3 décembre, par Soult, à la tête de 20.000 hommes. Mais, tandis que le duc d'Orléans, qui l'accompagne, animé du plus pur esprit social, s'efforce d'apaiser les esprits, le maréchal — qui est aussi, ne l'oublions pas, grand affairiste et capitaine d'industrie — n'a rien de plus pressé que d'annuler le tarif (7 décembre) et le gouvernement par ailleurs assez magnanime (il n'y aura que 90 arrestations et 11 des émeutiers poursuivis seront acquittés) a pour premier geste de révoquer le Préfet, coupable d'avoir porté atteinte, par souci de la paix sociale, à la sacro-sainte législation *libérale* de Le Chapelier. Attitude bien propre à décourager le loyalisme des travailleurs et à les livrer aux pires propagandes révolutionnaires. La garde nationale lyonnaise a été dissoute. À Grenoble, elle subit le même sort, lorsqu'à la suite d'une mascarade antireligieuse, le 12 mars 1832, elle a *reconduit* sans ménagement le 35e de ligne, qui avait réagi avec trop de brutalité. Par contre, à Paris, les funérailles du général Lamarque ayant donné lieu le 5 juin, à une manifestation monstre de 100.000 personnes, puis, à une émeute où l'on arbore le drapeau rouge, la garde nationale aide l'armée, le lendemain, à réduire les insurgés assiégés dans le Cloître Saint-Merri : il y a 800 victimes ; l'état de siège est proclamé.

Les agitateurs ont beau jeu d'exploiter la misère et de faire vibrer la fibre révolutionnaire d'un peuple dont le premier réflexe de colère est de saisir le fusil et de courir aux barricades. Ces émules des grands ancêtres trouvent facilement des dupes pour servir leurs desseins. Fils de conventionnel, Godefroy Cavaignac, journaliste, a fondé, dès le 30 juillet 1830, au manège Pellier, la *Société des Amis du Peuple*. Ses quelque 300 membres se distingueront, à coté des *Réclamants de Juillet* (3.000 adhérents), des *Condamnés Politiques* et de la *Société de la Liberté, de l'Ordre et du Progrès* en Mars 1831. Fin 1832, il crée une autre émanation de la Maçonnerie, plus importante et plus dangereuse, la *Société des Droits de l'Homme*, qui réunit bientôt à Paris 4.000 adeptes, groupés par sections de vingt, essaime en province et possède ses journaux, comme « *La Tribune* », qui publie son programme ; suffrage universel, république sociale, fédération européenne (23 octobre 1833). Afin d'étendre le recrutement aux milieux ouvriers, quelques transfuges du saint-simonisme, Buchez ex-carbonaro et sa feuille *« l'Européen »*, Pierre Leroux et Reynaud de la *« Revue Encyclopédique »*, cherchent à imprimer au mouvement une tendance vaguement socialiste. Ils préconisent la création d'associations de production financées par une Banque d'État pour les ouvriers libres et, pour les travailleurs d'usine, l'institution de syndics-arbitres. Encouragés par le Comité de propagande républicain qu'anime Voyer d'Argenson, ils répandent d'innombrables brochures (*« l'Association des Travailleurs »*, tract des *« Droits de l'Homme »*, etc.) À leur instigation les grèves à Paris se multiplient en Septembre 1833 : charpentiers, 4 septembre ; tailleurs (8.000). Grignon des *« Droits de l'Homme »*, tente de monter un atelier *national*, il est puni de cinq ans de prison. Les imprimeurs (4 à 5.000), qui cherchent eux aussi à constituer des ateliers co-opératifs, cessent le travail en Octobre, ainsi que les cordonniers (6.000). Auteur d'une brochure, de *« L'association des ouvriers de tous les corps d'état »*, le tailleur Efrahem (dont le groupement a essaimé dans trente départements) prépare la formation d'une Fédération, dirigée par un Comité central. Il héberge dans un restaurant voisin de son domicile, 7 rue Tirechappe, au Temple, le groupe des *Bannis*, de Théodore Schuster, d'où sortira plus tard l'Internationale ; le 5 novembre, il est arrêté.

Pour tenter d'endiguer le foisonnement des sociétés patriotiques noyautées par la *Société des Droits de l'Homme*, *Union de Juillet* de La Fayette, *Association pour l'Éducation du Peuple*, *Association pour la Liberté de la Presse*, *Association des Ecoles*, *Société Gauloise* (organisée à la romaine en décades, centuries, légion), *Société de la Tête de Veau* (*sic*) ; et de gêner les préparatifs de subversion qu'annonce la reprise des grèves à Lyon (14-19 février), le gouvernement prépare une loi sur les associations. Casimir Périer ayant été emporté par le choléra le 16 mai 1832, le maréchal Soult a formé, le 11 octobre, avec le duc de Broglie et Guizot, un cabinet dans lequel Thiers assume les fonctions de ministre de l'Intérieur. Les libéraux *nantis* peuvent compter sur leur énergie. Le projet, voté le 10 avril 1834, tolère les sociétés de secours mutuels, les compagnonnages, les associations coopératives, mais proscrit les sociétés à tendance politique *non autorisées*. Des poursuites sont engagées contre la *Société des Droits de l'Homme*, dont Garnier-Pagès assume la défense.

À ces mesures, les révolutionnaires répliquent en déclenchant de nouveaux troubles. À Lyon, où la manifestation de 5.000 ouvriers lors du procès le 9 avril des meneurs de la grève, dégénère en bataille rangée, où un millier d'insurgés résistent jusqu'au 11, et même sporadiquement jusqu'au 15 avril, à 12 puis à 20.000 hommes de troupe, où l'on fait donner le canon contre les Cordeliers et où l'on relève 170 tués chez les émeutiers et 131 chez les militaires. À Paris, au Marais, où Thiers, après avoir arrêté les chefs le 12, laisse s'élever des barricades le 13, afin de fournir aux 40.000 hommes de Bugeaud, qui ont reçu consigne de ne pas faire de quartier, l'occasion de donner *une dure leçon*, à ce qu'il appellera plus tard *la vile multitude* ; le massacre de la rue Transnonain est l'épisode le plus tristement célèbre de cette répression. Puis à Saint-Étienne, à Grenoble, à Marseille, à Clermont-Ferrand. Une loi punit les détenteurs d'armes. L'effectif de l'armée doit être maintenu à 360.000 hommes. Deux mille suspects sont déférés à la Chambre des Pairs.

ATTENTATS ET RECONSTITUTION DES CLUBS

Après cinq années de secousses sociales, le régime de Juillet va-t-il enfin connaître la paix intérieure ? Hélas, après celle des émeutes, s'ouvre pour Louis-Philippe l'ère des attentats. Le 28 juillet 1835, la machine infernale de Fieschi, ex-membre des *Condamnés politiques*, homme de main du bourrelier Morey, des *Droits de l'Homme* et de l'épicier Pépin, ex-capitaine de la garde nationale, fauche quarante personnes, dont le maréchal Mortier. Ses vingt-quatre fusils jumelés ont été montés de telle sorte que le terroriste aurait dû en être lui-même victime. Le roi doit circuler en voiture blindée. Broglie, rentré au ministère en mars, sévit contre la presse en Septembre, punit les excitations à la haine et à la révolte, menace les journaux d'amendes, exige un cautionnement, soumet à l'autorisation dessins et caricatures, le 25 juin 1836, Alibaut, au guichet du Louvre, puis, le 27 décembre, Meunier, sur le chemin de la Chambre, Darmis, enfin, le 15 octobre 1840, sur le quai des Tuileries, essaient d'attenter à la vie du roi.

Cependant les sociétés secrètes se reconstituent. Blanqui a regroupé, en Juin 1835, sous le nom de *Sociétés des Familles*, avec un rituel d'initiation quasi-maçonnique, les débris des *Droits de l'Homme*, qui comptent 1.200 adhérents répartis en *mains* de cinq hommes, lorsqu'ils sont découvertes en Mars 1836 ; vingt quatre de leurs chefs sont condamnés, dont Blanqui. Le 22e de ligne, compromis, est envoyé en Afrique, Car il existe, parallèlement, dans l'armée, sous le nom de *Légions révolutionnaires* (Avril 1834), des cellules de trois hommes, qui vont se transformer en *Phalanges démocratiques* (1837). À peine libéré par une amnistie, le 8 mai 1837, Blanqui, s'est en effet remis à l'ouvrage, avec Barbès et l'ouvrier Martin Bernard, en mettant sur pied les *Saisons*, dont l'organisation, calquée sur celle de la charbonnerie, s'inspire du calendrier : 4 semaines de six membres commandées par un *dimanche*, forment un *mois*, ayant à sa tête un *juillet* et trois *mois* obéissent à un *printemps*. L'effectif total est de l'ordre de 15.000 membres. Les 12-13 mai 1839, ils réalisent, dans Paris, médusé, un coup de main sur la Préfecture et l'Hôtel de Ville, d'où ils sont bientôt chassés, car, le secret avant été trop bien gardé, personne ne les a suivis. Dans les faubourgs Saint-Denis et Saint-Martin, où ils ont cherché refuge, les forces de l'ordre, les réduisent, non sans qu'il leur en coûte cent tués et soixante-deux blessés. Condamné à mort, Barbès est gracié, Martin Bernard incarcéré, Blanqui interné au Mont Saint-Michel. L'agitation, entretenue par la présence de 150.000 chômeurs à Paris, reprendra d'ailleurs d'abord sous forme de grèves, des tailleurs en Juillet 1839, des cordonniers, des menuisiers, des carrossiers et des maçons, en Septembre, entraînant l'arrestation de 409 ouvriers dont Dourville, des *Travailleurs égalitaires* puis sous la forme d'une campagne de banquets (XIe arr., 1er juin ; XIIe arr. 9 juin 1840) au cours desquels Goudchaux, le futur ministre des Finances de 1848, fulmine contre *l'exploitation de l'homme par l'homme* (ce qui ne manque pas de sel, car il est de profession banquier), à côté de Rozier, orateur communiste. La presse dénonce dans ces mouvements l'action de *l'or de l'étranger*. Cependant le calme renaît, au moins en apparence, jusqu'en 1848.

Parallèlement à ces troubles sociaux, l'instabilité ministérielle a sévi, entretenue autant par les difficultés intérieures que par les velléités périodiques de secouer la suzeraineté britannique qui pèse sur le gouvernement de Juillet. À Soult, ont succédé Gérard, le duc de Bassano, le maréchal Mortier et Broglie, qui est parti à propos d'une indemnité aux États-Unis pour rentrer aussitôt le 12 mars 1835, et tomber à nouveau le 5 février 1836, après l'échec d'un projet de conversion présenté par Humann, son ministre des Finances, le 14 janvier. Thiers ne se maintient que quelques mois au pouvoir (22 février — 6 septembre 1836). Le roi l'a appelé parce qu'il était las de l'anglomanie de Broglie, mais il se sépare de lui pour éviter les complications internationales qui n'auraient pas manqué de surgir si un corps de 4.000 volontaires avait été envoyé en Espagne, comme il le proposait, pour soutenir la régente Marie-Christine, protectrice des libéraux, contre don Carlos, frère du roi Ferdinand VII. Premier ministre avec Guizot (6 septembre 1836-15 avril 1837), puis sans Guizot, Molé se heurte à une coalition Thiers, Guizot, Odilon Barrot, Dupin, qui réduit sa majorité à 13 voix pour le vote de l'adresse et, après la dissolution de la Chambre, lui inflige un cuisant échec aux élections du 2 mars 1830 (247 sièges contre 221). Il démissionne le 8. Soult le remplace le 12 mai 1839, et c'est lui qui réprime l'échauffourée du 12 mai. Mais Thiers, dans l'opposition, mène la vie dure au gouvernement, Louis-Philippe le rappelle, le 1er mars 1840.

Médiation des Rothschild
entre Londres et Paris

Alors éclate un conflit avec l'Angleterre, qui compromet cette Quadruple Alliance que Talleyrand s'est empressé de conclure le 22 avril 1834 avec Palmerston, pour la défense de ces deux championnes du libéralisme dans la péninsule, Marie-Christine d'Espagne et Marie II de Portugal, contre don Carlos et don Miguel. À l'annonce que les Quatre Grands — l'Angleterre, la Russie, l'Autriche, la Prusse — ont conclu de 17 juillet 1840 sans la France un accord pour reconnaître à Méhémet Ali (qui a vaincu à Nézib en Juin 1839 son suzerain le sultan Mahmoud), l'Égypte à titre héréditaire et, à titre viager, le pachalik de Saint Jean d'Acre, le petit homme au toupet se cabre devant l'affront infligé à la France, signataire de la note des puissances du 27 juillet 1839, destinée à régler la question d'Orient. Il n'est bruit que de guerre. L'armée est portée à 500.000 hommes. Outré le duc d'Orléans déclare : « *Nous ne voulons pas la guerre, mais si l'on vise à faire perdre au roi son honneur et sa popularité pour l'affaiblir à l'intérieur, alors elle éclatera quand même.* » Mais la puissance tutélaire et protectrice des Rothschild veille. James, le 3 août 1840, rassure Salomon, à Vienne : « *Je crois qu'il n'y aura pas de guerre et suis fermement convaincu que Thiers désire uniquement montrer la façon dont il défend l'honneur de la France, afin de se faire valoir* », « *mais c'en est fait de l'alliance entre l'Angleterre et la France, ... et je considère cet évènement comme un malheur pour l'avenir.* » Puis les rentes ayant baissé à 73,60 le 3% et à 105,60 le 5% le 9 septembre, à la nouvelle que Paris serait fortifié, James, le 12 septembre, s'en prend à Thiers, « *à sa légèreté et à son stupide orgueil nationaliste* » et l'invective comme « *le plus arrogant des parvenus* ». Le roi qui, au plus fort de la crise, a accordé trois audiences à James, les 5 août, 6 et 24 septembre, se refusant à courir le risque d'une guerre dans laquelle il ne serait pas financièrement soutenu, le bouillant ministre doit borner sa réaction à un *mémorandum* de protestation daté du 8 octobre. Il démissionne le 20, mais auparavant — et bien qu'il lui doive personnellement 40.000 frs. — il stigmatise en ces termes, dans le « *Constitutionnel* » du 12, le Rothschild de Paris : « *De quel droit... un roi de la finance se mêle-t-il de nos affaires ? Est-il juge de notre honneur et ses intérêts d'argent doivent-ils l'emporter sur nos intérêts nationaux ?* » LouisPhilippe, pour arranger les choses, appelle au ministère Guizot, ambassadeur à Londres, et bien que le bombardement de Beyrouth par sir Charles Napier ait amené la destitution de Méhemet Ali, Palmerston cédant aux instances de la Prusse et de l'Autriche (où Salomon est intervenu auprès de Metternich) accepte que le pacha d'Égypte conserve ses fonctions (15 février 1841). Cela ne peut qu'adoucir l'humiliation de la France, invitée par ailleurs à souscrire à la Convention des Détroits (13 juillet 1841) qui comble les vœux de l'Angleterre en fermant à la flotte russe l'accès à la Méditerranée.

La dynastie menacée par Louis-Napoléon

Faut-il voir un lien entre cette crise, les troubles sociaux et révolutionnaires, les derniers attentats contre la vie du roi, les deux équipées de Louis-Napoléon Bonaparte (1836) et le fâcheux accident dont périt le duc d'Orléans ? Retiré à Arenenberg après l'échec de l'insurrection des Romagnes, pendant laquelle Orsi, ex-banquier du roi Louis, l'avait tenu en liaison avec Menotti, Louis-Napoléon n'avait pas cessé d'intriguer avec les sociétés secrètes et avec l'Angleterre. Grâce aux bons offices de Ciaro de Milan, il était entré en rapport avec Mazzini. Puis, à l'occasion d'un voyage à Londres, il avait rencontré Lennox, qui allait bientôt se faire arrêter en France, en essayant de soulever les garnisons de l'Est, en Avril 1832. S'inspirait-il de ce projet, lorsqu'il tenta d'entraîner dans la rébellion, à Strasbourg, le 30 octobre 1836, le 4e, d'artillerie du colonel Vaudrey ? La résistance du général Voirol et des troupes de Ligne suffit à faire avorter cette *échauffourée* ridicule, comme la qualifiait Metternich. Devenu l'homme à tout faire du prétendant bonapartiste, Fialin, dit de Persigny, ancien sous-officier rayé des cadres en 1830 pour avoir participé avec son capitaine, de Kersausie, à une sédition républicaine, avait manigancé l'affaire, qui s'inscrivait entre les préparatifs de la *Société des Familles* et le troisième attentat, contre Louis-Philippe (2 décembre 1836). La deuxième aventure de Louis-Napoléon, celle de Boulogne (6 août 1840). également suivie de grèves et d'un attentat, le 15 octobre, se charge de rappeler opportunément à Louis-Philippe au moment où Thiers essaie de tenir tête a l'Angleterre, que son trône est fragile. C'est à Londres, où le prince a séjourné à son retour d'Amérique (où il a été exilé le 15 novembre 1836), une première fois en Juillet 1837 et surtout après Octobre 1838, que la conjuration a été ourdie, avec l'appui financier d'Orsi et de Smith, tandis qu'en France. Crony-Chavel ménageait un rapprochement entre républicains et bonapartistes, et montait une Société dite *Nationale*. organisée en séries correspondant aux arrondissements de Paris. Cette fois, le prétendant malheureux allait être enfermé au fort de Ilum, du 6 octobre 1840 jusqu'à son évasion, en Mai 1846.

DISPARITION D'UN PRINCE *SOCIAL*

Bientôt, c'est aux héritiers du trône que s'en prend le Destin. Le 13 septembre 1841, c'est un attentat : le duc d'Aumale, rentrant d'Algérie à la tête du 17e de ligne, essuie un coup de pistolet de François Quénisset, membre de la Société des *Égalitaires*, lecteur du *« Populaire »* et du *« Journal du Peuple »* de Dupoty, évadé de Sainte Pélagie. Des troubles à Toulouse, où l'émeute a dominé la ville, le 13 juillet 1841, et dans plusieurs grands centres de province, une manifestation à Paris, le 11 septembre, ont précédé cette tentative de meurtre. Le 13 juillet 1842, c'est un *accident*. Prétextant que sa voiture n'est pas disponible, on fait monter le duc d'Orléans dans un phaéton dont les deux chevaux, dopés, s'emballent ; arrivé sur le pont de Neuilly, le prince saute et se tue. Avec lui s'évanouissait la dernière chance de renouer la tradition capétienne de l'alliance du roi et du peuple. Il avait refusé de devenir Grand-Maître de la Maçonnerie française. Il était l'ennemi déclaré de l'Angleterre. Deux fautes impardonnables. Trop clairvoyant, il avait dénoncé la collusion de la haute finance et des agitateurs révolutionnaires contre la société. Crime inexpiable. Écoutons l'un de ses amis fouriéristes, Toussenel, s'adressant au roi, en conclusion de son livre : *« Les Juifs, rois de l'époque »* (1845), résumer l'opinion du prince : *« Sire, le Prince royal... gémissait amèrement des empiétements de cette puissance insatiable qui violente le pouvoir, écrase le pays, et fait remonter vers le trône innocent les malédictions du travailleur obéré ». Il songeait... à briser cette nouvelle féodalité... mais il ne dissimulait pas les périls de la lutte. Peut-être la royauté succombera-t-elle en cette lutte, disait-il, un jour à l'un de nous, car ces banquiers se feront longtemps encore, contre le roi, une arme de l'ignorance de ce même peuple que le roi aura voulu servir. Ils irriteront ses souffrances par leur presse menteuse ; ils videront de nouveau leurs ateliers sur la place publique ;... et pour endormir la fureur de ce peuple, après qu'ils l'auront déchaîné, ils lui jetteront à dévorer une royauté de plus ».* Un accident de voiture banal, mais opportun, étouffa cette voix. À l'époque des avions, il eût été peut-être plus facile à monter ; il n'en fut pas moins efficace et, moins heureux que son père, qui échappa en Août 1843 à un avatar du même genre sur le pont du Préport, à Mers, le prince succomba. Tandis que la *« Gazette de France »*, légitimiste, prêchait dans le désert, sur le plan politique, l'adoption du suffrage universel, le régime de Juillet, avec Guizot, s'embourgeoisait de plus en plus en se berçant de la formule : *« Enrichissez-vous ! »*

LA *RÉFORME* À LA MODE

Si le pouvoir ignorait ainsi la question sociale, (il se bornera dans ce domaine à promulguer le 22 mars 1845 une loi limitant le travail des enfants à huit heures de 8 à 12 ans et à douze, de 12 à 16) vit-on jamais plus de réformateurs, plus de novateurs hardis, plus d'auteurs de plans et d'inventeurs de panacées ? La transformation profonde qu'impliquait la révolution industrielle préoccupait les meilleurs esprits. La plupart voyaient dans la création de coopératives de production ou d'ateliers autonomes, plus ou moins commandités par l'État, le moyen d'affranchir les travailleurs de l'exploitation patronale. Charles Fourier (1772-1837) s'apparente assez à Robert Owen. Né fils d'un marchand de drap, s'il est hostile aux intermédiaires, il ne s'attaque ni à la propriété, ni au capital, dont il veut seulement restreindre les abus en le démocratisant par une large diffusion des actions. Soucieux du mieux-être des ouvriers, il est le précurseur du *travail dans la joie*. Il imagine de substituer aux communes, cellules de base de la société, une sorte de *ruche* ou *phalange*, idéalement composée de 1.620 personnes, hommes et femmes. Malheureusement, l'expérience qui sera faite à Condé-sur-Vesgres de ce *Phalanstère* sera aussi peu concluante que celle d'Owen à *New Harmony*. Ses idées, exposées notamment dans son livre « *Le nouveau monde industriel* » (1829) et dans ses journaux, le « *Phalanstère* » en 1832, la « *Phalange* » en 1834 seront reprises par ses disciples Toussenel et Victor Considérant, qui les développe dans sa « *Démocratie pacifique* », et les applique en créant des coopératives de production. Egalement spiritualistes. Le Dr. Buchez (1796-1865) en fondateur de la Charbonnerie, qui, s'inspirant à la fois de l'Évangile et de la tradition jacobine, s'adresse dans son organe mensuel, « *l'Atelier* », à un public composé de petits artisans. Et aussi Louis Blanc (1811-1882), auteur de « *l'Histoire de Dix ans* » et surtout d'un petit livre « *De l'Organisation du Travail* » qui préconise la création d'ateliers commandités par l'État, mais dotés de conseils électifs, dans lesquels régnerait l'égalité des salaires, et où l'honneur collectif remplacerait l'intérêt individuel comme mobile de l'effort. Dans leur financement, il a la sagesse de prévoir que quatre parts devront être ménagées, pour l'amortissement, les salaires, les secours, le perfectionnement et l'expansion.

Franchement révolutionnaires et partisans de la lutte des classes d'autres vont plus loin. Cabet (1788-18.56) par exemple, membre des *Droits de l'Homme*, qui s'efforce de présenter Jésus-Christ comme le vrai père du communisme, car lui-même, tout au plus déiste, se prétend encore chrétien. L'*Utopie* qu'il a décrite dans son « *Voyage en Icarie* ». publié en 1840, confie à l'Etat-despote le soin d'assurer, dans la plus stricte égalité, le bonheur du peuple. Doctrine asiatique ou *pharaonique*, dont l'expérience bientôt tentée au Texas, échoue misérablement. Ce qui n'empêche pas la feuille de Babet, « *le Populaire* », d'abord mensuel, puis hebdomadaire, tirant à 27.000 exemplaires, chiffre important, pour l'époque, d'atteindre un vaste public. La tradition babouviste, représentée politiquement par Blanqui, reçoit également une large diffusion dans les milieux ouvriers, grâce à la publication par Buonarotti — (à Bruxelles d'abord en 1818) d'un ouvrage sur la « *Conjuration des Égaux* ». Enfin, le collectivisme d'État le plus absolu a déjà des adeptes en la personne de Constantin Pecqueur et de Vidal.

PROMOTEURS DE L'ÉTAT INDUSTRIEL

En face de ces utopistes, prêts à renverser les cadres politiques pour instaurer l'État socialiste, se posent en réalistes les tenants de *l'État industriel*. Soucieux avant tout d'organiser et de développer la production, ils entendent soumettre les gouvernements à l'autorité des banquiers et des ingénieurs. Dirigistes et technocrates avant l'heure, tels sont les Saint-

Simoniens. Petit cousin du duc, champion malheureux de la réaction nobiliaire et de l'ancienne féodalité foncière. Claude-Henri de Rouvroy, comte de Saint-Simon (1760-1825) sera l'heureux précurseur de la nouvelle féodalité industrielle et financière. Officier de cavalerie pendant la guerre d'Indépendance américaine, il s'était lancé dans les affaires en Espagne avec Cabarrus, de la Banque Saint-Charles. Esprit curieux, élève de Monge à Metz, formé au contact des ingénieurs de l'École Polytechnique et des savants de l'Académie de Médecine, nourri d'une vaste expérience, ami des banquiers Laffitte créateur en 1837 de la première banque d'affaires, la Caisse du Commerce et de l'Industrie au capital de 15 m.), Perrégaux, Delessert, Hottinguer.

Casimir Perier, il exposa ses plans de financement de la production dans un ouvrage intitulé *« De l'Industrie »* publié en 1816 et dans un *« Catéchisme des Industriels »*, édité en 1823. L'essentiel de sa doctrine se trouve résumé dans cette formule de son élève Enfantin : *« organiser le crédit privé, de manière à donner à chaque branche de l'industrie une direction particulière, soumise elle-même à une direction générale toujours conforme au développement régulier de la production »* (*« Le Producteur »*, iv, 54). Cela suppose de faire appel par des *associations commanditaires* plus directement et plus largement à l'épargne individuelle. Cela peut s'entendre sous la forme de banques corporatives, remplaçant les Conseils supérieurs professionnels et rattachées à l'Institut d'émission. Mais cela peut tourner aussi à la main-mise des banquiers sur l'État ou de l'État sur les banques : *« Le gouvernement tend à devenir le premier des banquiers, le dépositaire et le dispensateur du capital national, par l'intermédiaire de banques de plus en plus spéciales, graduées hiérarchiquement »*, écriront les saint-simoniens (14 mars ; 28, 29 avril 1831).

Fils de banquiers, comme le polytechnicien Prosper Enfantin (1796-1864), jadis employé à la maison d'André à Saint-Pétersbourg, ou banquiers eux-mêmes, comme Olinde Rodrigues, confident du maître, fondateur de la Caisse hypothécaire, ou ses cousins petits-fils de Jacob Rodriguez Pereira (1715-1790) *agent de la nation juive portugaise* à Bordeaux, Émile et Isaac Pereire (1806-1880), créateur du Crédit Mobilier, ne retiendront que la seconde formule celle des *établissements spécialisés*, qui assurera leur fortune et les posera bientôt en rivaux, longtemps heureux, des Rothschild. À la mort du maître (enterré civilement et dont le secrétaire, Auguste Comte, sera le père du *positivisme*), Enfantin et Rodriguez lancent le journal *« Le Producteur »* (1er octobre 1825), organisent à la Noël 1829 un groupe avec Bazard (1791-1832), l'homme de la charbonnerie (qui s'éloignera d'eux le 20 avril 1832, par répugnance pour le *culte* propagé par Enfantin), Michel Chevalier, professeur au Collège de France, Gustave d'Eichtal et autres, fondent une Université, *l'Athénée*, soumettent à leur influence le journal *« le Globe »* (Novembre 1830) et attirent à eux, à leur programme de liberté de la presse, des cultes, de l'enseignement, de destruction des monopoles, d'organisation internationale de l'industrie de nombreux Polytechniciens. Deux procès, l'un en correctionnelle, l'autre aux assises, amèneront en 1832 la dispersion du groupement. Ses chefs n'en exerceront pas moins une grande influence sur le mouvement d'industrialisation, qui s'amorce sous Louis-Philippe, pour culminer sous Napoléon III.

SPÉCULATION DÉBRIDÉE SUR LES CHEMINS DE FER

Dans l'immédiat la grande affaire du siècle est la construction des chemins de fer. Loin d'être un pionnier dans ce domaine, Nathan Rothschild, à Londres, imitant la prudence de Baring et de Ricardo, s'est laissé distancer par des banques provinciales secondaires. Il se rattrapera bientôt sur la Belgique où, entre 1836 et 1840, il participera pour 37 m. à la construction d'un réseau complet irradiant de Bruxelles sur la province, approuvé dès 1834 et d'abord financé, à concurrence de 150 m., par le gouvernement. Mais il a incité ses frères à s'engager sur le continent.

À Vienne, Salomon se fit concéder le privilège de la construction de la ligne reliant Bochnis en Galicie à la capitale et procura les deux tiers des 12 m. de crédits nécessaires. Le projet commencé en Octobre 1836 ne fut terminé qu'en 1858, avec un grand dépassement, ce qui n'empêcha pas les actions de monter en flèche : 103 Florins en 1843, 129 en 1844, 228 en 1845. Alors ses rivaux, Arnstein-Eskeles et Georg von Sina obtinrent la concession de la ligne sud (de Raab à Vienne).

En France, où l'opposition libérale de la Chambre avait fait repousser le principe de la construction des chemins de fer par l'État, en 1835, James s'allia d'abord à Émile Pereire. Davillier et d'Eichtal pour l'établissement de la voie Paris-Saint-Germain (concédée le 9 juillet 1835, inaugurée le 25 août 1837) et pour celle de Paris-Versailles par la rive droite (1836 2 août 1839), mais il se heurta à la concurrence d'un de ses coreligionnaires, Achille Fould, bientôt l'un de ses plus dangereux rivaux, sur le même trajet par la rive gauche (1836 10 septembre 1840). L'on enregistra un dépassement sérieux (10 m. au lieu de 4), qui provoqua la chute des actions de 500 frs à 302,50 pour la première, et à 167,50 pour la seconde des deux compagnies en 1841. Dans l'intervalle, un plan de construction par l'État d'un réseau complet (4.400 kms) de sept grandes lignes convergeant vers Paris et de deux transversales avait été repoussé par la Chambre par 196 voix contre 69, le 15 février 1838, sur un rapport très médiocre d'Arago, qui ne prenait guère plus au sérieux que Thiers les chemins de fer. L'on n'accorda donc des concessions qu'au ralenti, Paris-Rouen par exemple (28 juin 1840), octroyées à Charles Laffitte et Blount-Moss-Weight pour 36 m. ; plus un prêt de 14 m. À cause de cet effort sporadique, La France ne comptait que 569 kms de voies ferrées, sur un total de 4.912 en Europe.

Un effort d'ensemble était visiblement nécessaire. Malgré les réserves de Benoît Fould et de Thiers, partisans de lignes uniques, Teste et Dufaure parvinrent à faire décider le 11 juin 1842 la construction de six lignes (2.400 kms) et de trois transversales. L'État prenant à sa charge le terrain, le terrassement, les ouvrages d'art (d'abord pour un tiers avec les départements et les communes, puis en totalité, le 19 juillet 1845, soit une mise de fonds d'environ 475 m.) et les Compagnies, les voies, le matériel roulant (remboursés en fin de bail) et les frais d'exploitation. C'est-à-dire que pour les 3.000 kms de lignes concédées en 1844, l'État paya 360 m. (60 m. pendant six ans) et les Compagnies 250. Parmi les concessionnaires, les Anglais Blount (dans Paris-Rouen, Paris-Lyon, Dieppe, Fécamp avec Alton-Shee en 1845 ; Paris-Cherbourg en 1846), Mackenzie, O'Neil (Tours à Nantes, Tours à Bordeaux), se taillaient une part importante. Le 9 septembre 1845, la ligne du nord était adjugée (pour 38 ans au lieu de 41) à James de Rothschild, associé avec Blount, Ch. Laffitte et Hottinguer ; elle sera terminée le 14 juin 1846. Ce même mois, la ligne Paris-Rennes sera concédée à Émile Pereire et d'Eichtal. Au total au 1er janvier 1848, 4.969 kms de voies ferrées ont été concédées, et 1830 sont exploitées en France, contre 6.349 en Angleterre, 3.434 en Allemagne, 1.155 en Autriche et 670 en Belgique.

L'EMPRISE CAPITALISTE DÉNONCÉE

Contre les avantages exorbitants accordés aux loups-cerviers de la finance, une violente campagne anticapitaliste et antisémite s'amorce, à laquelle prennent part *« le National »* et *« La Réforme »*. Citant comme opération-type la ligne du Nord, Toussenel, dans son livre *« Les Juifs, rois de l'Époque »*, publié en 1845, fait dire par le gouvernement à Rothschild : *« Je dépense 100 m. pour construire la voie, et vous 60 pour l'apport du matériel ; je vous concède pendant 40 ans les bénéfices de la ligne, puis, à la fin de votre bail, quand je vous aurai payé quarante fois 14 m. = 560 m., pour l'intérêt de vos*

60 m. pendant 40 ans... je vous rembourserai... Je vous paierai le prix de votre matériel, à dire d'estimation ». Ce qui n'est déjà pas mal. Mais il y a mieux : sur les promesses d'actions, Rothschild risquait un bénéfice de 100 à 200%. Ce qui revient à livrer aux compagnies pour 150 millions une concession qui en vaut 300. Car les actions, très vite, se démocratisent : le Nord compte 12.461 souscripteurs, l'Est 31.000, le Lyon, 24.000. Que la tendance se retourne, et ce sont eux qui, à partir du dernier trimestre 1845, subiront les conséquences du recul en Bourse des actions, du Rouen-Orléans d'abord, et des autres lignes ensuite (fin 1846, celles du Nord tombent de 562,50, à 282,50). Les ploutocrates de la finance ont eu le temps d'opérer leur rafle et d'empocher les bénéfices.

Parallèlement se poursuivait l'amélioration du réseau des voies navigables, qui soulevait également de vives critiques. Déjà, sous la Restauration, en 1821-22, l'État, après avoir dépensé 300 m. avait dû en emprunter 128, pratiquement à 8%, alors que les compagnies financières, empruntant elles-mêmes à 5%, avaient obtenu le droit de régler les tarifs et la jouissance de 40 ou même de 99 ans, selon le cas. Du fait de ces dépenses d'équipement, les budgets qui se sont liquidés jusqu'en 1840 par des excédents de 1833 à 1839 (28 m. + 3 + 30 + 12,9 + 13 + 14,4 + 16,4) se soldent maintenant par des déficits, de 1841 à 1847 (18,7 m. + 67 + 100 + 162,9 + 257 + 148 + 109). Mais la tenue des rentes n'en est pas moins bonne. Le 3% tombé de 73,05 le 24 juillet 1830 à 46,70 le 2 avril 1831, s'est relevé après la disgrâce de La Fayette, pour coter 55,50 le 8 avril, puis 61 le 2 juin 1831, et jusqu'à 86,65 en 1840 ; en 1840-41, il a reculé pendant la friction avec l'Angleterre, à 78,75 et 65,90, pour se rétablir à 79,75 le 18 août 1841, et reculer encore à 75,25, pour la même raison, le 8 août 1847. Le 5% a accusé des fluctuations analogues (105,25 le 24 juillet 1830 ; 74,80 le 2 avril 1831 ; 82,25 le 8 avril ; 89 le 2 juin ; 99,65 en 1832 ; 109 le 1$_{er}$ janvier 1836 ; 119,40 en 1840, pour retomber à 100,40, se relever à 116 en 1841 et atteindre 125, le 1$_{er}$ janvier 1848.

Les opérations d'amortissement ayant été arrêtées, le 10 juin 1833, quatre tentatives de conversion ont échoué en janvier-février 1836, 1838, 1839 et 1848, la Chambre des Pairs et Louis-Philippe lui-même redoutant de mécontenter les porteurs, pour la plupart membres de la garde nationale parisienne. C'est la plus grande erreur financière du régime de Juillet, qui, par ailleurs, s'est efforcé de faire rentrer dans le circuit économique les importants dépôts des Caisses d'Épargne (375,9 m. en 1844), les excédents budgétaires et les réserves de la Caisse d'Amortissement (550 m.). Les crédits de la Défense furent augmentés de 282,50 m. en 1834 à 450 m. en 1847 et ceux de l'Enseignement de 2,258 à 18 m. en 1847, par suite du développement des écoles communales, qui comptent au lieu d'1.837.000, 3,5 millions d'élèves. Force fut donc de recourir à l'emprunt, et là, on retrouva les Rothschild. Sur l'émission de 450 m. à 3%, votée en 1841, le 18 août de cette même année James en fournit 150 à 76,75 (le cours pratiqué étant 79,75 et bientôt 81). Le 9 décembre 1844, il en prit une deuxième tranche de 200 m. à 84,75 (le cours allait remonter de 83,70 à 86 en Avril 1845), les 100 m. restants étant alloués à la Caisse des Dépôts. Le 8 août 1847, une nouvelle opération se révéla nécessaire, sur 350 m. prévus, 250 de 3% furent émis le 9 octobre, à 15,25.

Dans ce même domaine des emprunts d'État, Salomon continuait de manifester son entregent en Autriche. Depuis la faillite de Geymuller, survenue le 10 juillet 1841, il ne partageait plus ces opérations qu'avec les maisons Sina et Arnstein-Eskeles. C'est ainsi qu'il prit à sa charge 14 m. de Florins sur les 38,5 émis le 14 juillet 1841, à 5% et qu'il participa également au placement de 40 m. de Florins d'obligations en 1843, et à l'émission de 80 m. le 1$_{er}$ juin 1847. Salomon en tira des avantages appréciables : la citoyenneté de Vienne et le droit d'acheter sa maison (31 décembre 1842), puis d'acquérir des biens-fonds en Moravie (22 février 1845). Après avoir contribué à fonder en 1835 la Compagnie de navigation autrichienne, Lloyd, voilà qu'il s'était lancé dans les grandes entreprises métallurgiques et minières : en 1841, les grandes usines de Witkowitz (jadis fondées par l'archiduc Rodolphe), ainsi qu'à exploiter des mines de houille et des minerais de fer. Il était déjà possesseur des mines de mercure d'Idria, achetées à l'État autrichien, ce qui donna l'idée à son frère Nathan de s'assurer le monopole de ce métal en se rendant maître des mines espagnoles d'Almaden, jadis exploitées par les Fugger.

CONTRE LES *LIBÉRAUX* ET LES ROTHSCHILD

Moyennant un prêt de 15 m. de frs à l'État, et un cadeau de 550.000 frs à la Régente d'Espagne Marie-Christine de Naples, le fils de Nathan, Lionel avait facilement obtenu du comte de Toreno, ministre des Finances haut-dignitaire de la Maçonnerie, farouchement anticlérical, jadis exilé par Ferdinand VII et recueilli à Paris par James de Rothschild, l'adjudication convoitée (21 février 4 juin 1835). Payé à l'Espagne 55 piastres le quintal, le mercure sera revendu à Londres de 76 à 80 : bonne affaire ! Et l'un des résultats les plus clairs du retour des libéraux espagnols au pouvoir.

Après l'échec de deux tentatives du Comité révolutionnaire de Londres, sur Algésiras (28 janvier 1831) et sur Malaga (4 décembre 1831) qui avait coûté la vie au brigadier Torrijos, à l'anglais Robert Boyd et à 51 complices, fusillés le 11 décembre 1831, une intrigue de cour leur avait permis, en effet, de reconquérir l'État. Ferdinand VII, atteint de la goutte et sentant sa fin prochaine, avait écarté les filles de sa succession (18 septembre 1832). Mais l'infante Luisa-Carlotta, femme de don Francisco de Paula et sœur aînée de Marie-Christine de Naples (quatrième épouse du roi, depuis le 11 décembre 1829), qui avait obtenu de Ferdinand, grâce à l'appui de son favori Grijalba, qu'il abolisse la loi salique, le 29 mars 1830, ne se tint pas pour battue. Intervenant le 22 avec énergie, elle renvoya par un véritable coup d'État le ministère Cea Bermudez Calomarde le 1er octobre, contraignit le faible souverain à rétablir la Pragmatique sanction le 31 décembre 1832, et fit prêter serment par les Cortès à sa nièce, Isabelle, le 30 juin 1833. De sorte qu'à la mort du roi, survenue le 29 septembre de la même année. Marie-Christine, proclamée Régente, avait promulgué une Constitution (*Estatuto Real* du 10 avril 1834) réuni deux Chambres le 24 juillet (*Pràceres* et *Procuradores* : Pairs et Députés) et appelé au ministère, à la place de Cea Bermudez, d'abord Martinez de la Rosa (15 janvier 1834-8 juin 1835), et ensuite Queipo de Llano, comte de Toreno (8 juin-14 septembre 1835).

SOULÈVEMENT CARLISTE

Ce dernier, comme ministre des Finances, d'abord, comme Président du Conseil ensuite, se trouva dans une situation de trésorerie désespérée Depuis 1823, l'Espagne s'était endettée de 3 milliards de réaux. En réplique à cette intrigue napolitaine et maçonnique, l'infant don Carlos, qui s'est proclamé roi le 1er octobre 1833, prend alors la campagne dans le nord avec 200.000 volontaires, dont le général Thomas Zumalacarregui assume le commandement (27 janvier 1834), jusqu'au moment où il trouvera la mort devant Bilbao, qu'il assiégeait depuis le 15 juin 1835 (23 juillet 1835). Pour faire face au danger et alimenter la guerre civile, il faut aux libéraux des appuis extérieurs — c'est l'objet de la Quadruple Alliance des dynasties parvenues, conclue avec Talleyrand, ce soi-disant champion de la légitimité, avec la patriarche de la Révolution, Palmerston — des hommes — brigade portugaise, volontaires britanniques (le général Sarsfield à Bilbao et Pampelune, lord John Hay, débarqué en Octobre 1835, Evans à Saint-Sébastien, défait à Hernani le 16 mars 1837), Légion étrangère française (vainement réclamée à Louis-Philippe) — et de l'argent.

Mendizabal, dictateur marrane et maçon

Or, précisément les Rothschild prétendaient qu'on leur remboursât leur avance de 15 m. Et Toreno, qui s'était procuré des fonds à Paris chez le banquier Ardouin, leur tenait la dragée haute, exigeant un pot de vin de 1.660.000 frs. Furieux de l'accession de Toreno à la Présidence, et gênés par l'intervention de Metternich qui, alerté par Esterhazy et Pozzo di Borgo, a sommé Salomon de s'expliquer sur leurs intrigues en Espagne, les cinq frères réunis à Paris, décidèrent de se venger de leur protégé, en consacrant 1.800.000 Livres à provoquer l'effondrement des rentes espagnoles — dont le cours tomba de 70 à 37 — et en poussant à la tête du gouvernement leur coreligionnaire, marrane, dan Juan Alvarez y Mendez, dit Mendizabal, notre vieille connaissance, alors ministre des Finances dans le cabinet Toreno (d'ailleurs préalablement averti de leur intervention en Bourse). Aussi peu dénué d'entregent que de scrupules, Mendizabal, qui venait d'être utilisé par les Rothschild pour la négociation d'un crédit de 2 m. de Livres à don Pedro de Portugal en Avril 1835, se révéla plein d'imagination et de ressource. Précédées de massacres de religieux (accusés de polluer les eaux pour entretenir le choléra), par les sectes paramaçonniques, *comuneros*, *carbonari*, *Isabelinos*, les 16-17 juillet 1834 à Madrid, les 3 avril 1835 à Saragosse, 6 avril à Murcie, 25 juillet à Barcelone, l'abolition de la Compagnie de Jésus (4 juillet 1835), la suppression des communautés religieuses (à part celles vouées à l'enseignement et aux soins aux malades, les 11 octobre), préluderont à la confiscation de leurs biens. La conscription de 75.000 célibataires entre 18 et 45 ans, avec faculté de rachat, permettra de faire rentrer dans les caisses publiques 25 m. de piastres. Mais, la Catalogne refusant d'accepter un traité de commerce qui ruinerait son industrie, la conclusion d'un emprunt de 2 m. de Livres, garanti par l'Angleterre et par la France, échoua (20 décembre 1835). De telle sorte que Mendizabal se heurtant à la résistance des Cortès, qu'il dissout le 27 janvier 1836, et à l'hostilité du ministre de la Guerre, Rodil et du capitaine général de Madrid, Quesada, doit se retirer du pouvoir le 15 mai 1836, après avoir réduit son pays à la banqueroute, et céder la place au modéré Isturiz (15 mai 17 août 1836).

Mais il se venge, manigance des attentats, des émeutes. Comme déjà son prédécesseur Canterac (le 18 janvier 1835), le capitaine général de Madrid, Quesada, tombe assassiné (Août 1836). Et le 46 régiment de la Garde, encadré par ses sous-officiers, s'étant soulevé à la résidence royale de la Granja, la Régente se voit contrainte, le 12 août 1836, sous menace de voir fusiller son mari morganatique, don Fernando Muñoz, d'accepter la Constitution de 1812 et d'appeler au gouvernement, sur les conseils de l'ambassadeur anglais Villiers, des maçons radicaux : don José María Calatrava, Antonio Seoane, Salustiano de Olózaga (16 août 1836 17 août 1837). Le 5 janvier 1837, c'est le tour de Barcelone de proclamer la constitution de Cadix ; la veille, le colonel O'Donnell a été abattu. Aux émeutes succèdent les exactions et les actes d'indiscipline des troupes libérales : le 3 juillet l'aide de camp du comte de Mirasol, l'anglais Crook, est tué ; le 17 août, c'est le gouverneur militaire de Vitoria, et, le 16, le général Sarsfield, à Pampelune. Le général Espartero, qui a délivré Bilbao, assiégée une deuxième fois par les carlistes (20 octobre 27 décembre 1836), a fort à faire pour rétablir l'autorité du commandement.

Fin de la lutte civile

Grâce à la protection du général Ramón Narváez, qui a recruté dans le midi une quarantaine de milles hommes, des gouvernements modérés éphémères Bardaji, 30 août16 décembre 1837 ; comte de Ofalia, 18 décembre 1837 29 août 1838 ; duc de Frias, 6 septembre

6 décembre 1838) réussissent à réformer la Constitution le 18 juin 1837, en imposant un cens pour les élections à la Chambre (Congreso) et le recrutement du Sénat par la Couronne, au sein des Assemblées provinciales. Un moment même, on put croire que le mariage du fils aîné de don Carlos et de la jeune Isabelle amènerait une issue à la guerre civile. Prenant l'offensive, entre le 14 mai et le 12 septembre 1837, l'armée carliste s'avança en Juin jusqu'à Arganda, en direction de Madrid, mais en proie à d'âpres dissensions intérieures entre modérés (don Sebastian) et jusqu'au-boutistes (généraux Guergué et Cabrera) travaillée par les intrigues maçonniques d'Aviraneta et du général Rafaël Maroto, elle hésita à poursuivre ses avantages et se replia vers le nord, où Espartero lui infligea un grave échec à Peñacerrada (22 juin 1838). Le représentant des Rothschild, Weisweiller, dont le patron, Nathan, était mort sur ces entrefaites, le 28 juillet 1836, craignant de voir ses maîtres dépossédés des mines d'Almaden (qui rapportaient bon an mal an la coquette somme d'1,5 m. à 2 m. de frs.), par des concurrents entreprenants comme les Zulueta, avait eu très peur. Moyennant une augmentation de redevance, il parvint cependant à conserver la concession jusqu'en 1863.

La position des libéraux s'affermissait d'ailleurs. Parvenu aux portes de Madrid, le 28 octobre 1838, le général Narváez, champion des modérés, s'était vu destituer. L'année suivante, son rival radical, Espartero, était entré à Vitoria le 9 août, à Durango, le 22 août. La discorde, qui depuis les désordres d'Estella régnait plus que jamais au camp carliste, avait singulièrement facilité sa tâche. Puis, il s'était rapproché de son adversaire, le général Rafaël Maroto, disgracié par les carlistes après avoir fait fusiller cinq officiers généraux coupables de soupçonner ses menées. Leur commune participation maçonnique à la capitulation de ce nom en Amérique du sud, avait valu aux deux compères le surnom d'*ayacuchos*. Profitant de la fatigue et de la démoralisation des troupes, ainsi que des bons offices du commodore Hay et de Simon Latorre, ils eurent tôt fait de conclure à Vergara, le 31 août 1839, un accord qui ne laissait plus à don Carlos d'autre ressource que de passer la frontière (13 septembre), tandis que le général Cabrera persistait à défendre l'honneur carliste jusqu'au 6 juillet 1840.

NARVÁEZ RÉTABLIT L'ORDRE

C'était la fin de la guerre civile, mais serait-ce le retour de la paix sociale ? Ou une nouvelle ère de troubles, dus aux intrigues de clans maçonniques, de généraux, d'hommes d'affaires rivaux ? La parole est d'abord aux *ayacuchos*, Espartero s'empare du ministère (16 septembre 1840), élimine la régente Marie-Christine (12 octobre), et prend sa place ; Antonio Gonzalez et Evaristo San Miguel, puis Rodil (17 juin 1842), lui succèdent. Cependant la Maçonnerie qui s'est reconstituée clandestinement entre 1837 et 1839, officiellement se réorganise. Succédant à don Antonio Pérez de Tudela, élu en 1822, don Carlos Celestino Mañan y Clark, Commandeur du Suprême Conseil, a pour lieutenant l'infant don Francisco de Paula à la tête du rite écossais ancien et accepté (20 avril 1843), qui soutient Espartero. Une obédience concurrente, sous le nom de *Gran Oriente Hespérico reformado* groupe les progressistes, avec Olázaga et Prim. Profitant du scandale suscité par la nomination du *divin* Arguëlles comme tuteur de la jeune reine (alors qu'il avait provoqué le 7 octobre 1841 une tentative d'enlèvement de celle-ci par Concha), et aussi du mécontentement de l'industrie catalane, dont Espartero sacrifie les intérêts à l'alliance anglaise et réprime brutalement les protestations (3 décembre 1842), cette dernière équipe l'emporte. Une série de soulèvements militaires, dirigés par les généraux Prim et Milans, à Reus, Serrano à Barcelone, Narváez et Concha à Valence, le ralliement de Seoane à Narváez qui marche sur Madrid (23 juillet 1843) ouvrent à ce dernier les portes de la capitale. Espartero s'enfuit à Cadix et se réfugie à Londres avec Antonio van Halen et Facundo Infante.

Animés par le général Narváez, les vainqueurs déploient de louables efforts pour rétablir l'ordre et la paix intérieure. Tour à tour, Joaquin Maria Lopez, Salustiano Olózoga (pour quelques jours seulement, du 10 au 29 novembre, car on l'élimine pour avoir tenté, avec l'appui de don Francisco de Paula, de gagner la Reine à la Maçonnerie et de vouloir dissoudre les Cortès), Luis González Bravo, puis Narváez en personne (2 mai 1844-17 février 1846), dirigent le ministère. Après avoir révoqué Argüelles, ils proclament la majorité d'Isabelle II (8 novembre 1843), désarment et dissolvent la garde nationale ou *milicia nacional*, censurent la presse, créent la célèbre garde civile, rempart de l'ordre, et, les élections de 1844 ayant éliminé quasi complètement l'opposition, réforment la Constitution dans un sens plus modéré en 1845. Ils n'ont pas grand'peine à briser (assez durement d'ailleurs : 200 peines de mort en un an), les quelques tentatives de soulèvements militaires, montées par la troisième obédience maçonnique, révolutionnaire et républicaine celle-là, rattachée à l'*Oriente Lusitano*, à l'*Orient portugais* que dirigent à Lisbonne le général Saldanha et le Grand-Maître de Loulé : les mouvements d'Alicante, d'Alcoy, Carthagène, Malaga en Mars 1844 ; d'Albacete, de la Corogne en Novembre, accompagnés le 6, d'un attentat de carbonari, à Madrid, contre Narvaêz ; de la Galicie (Lugo, Santiago, Vigo), liés à une insurrection au Portugal, au début de 1846.

À QUI MARIER LA REINE ISABELLE ?

Couronnant leur œuvre, les modérés s'apprêtent à marier la reine. C'est alors que redoublent les complications internationales. Les Espagnols eux-mêmes sont divisés : don Manuel de la Pezuela et son *Union nationale* préconisent une réconciliation dynastique, le comte de Montemolin, fils aîné de don Carlos, épousant Isabelle ; Olózaga, l'union des deux fils de l'infante Carlota avec les deux filles de Marie-Christine ; Narváez, souhaitant que la jeune reine reste libre de son choix, démissionne le 17 février 1846. Chacune des grandes puissances a son candidat. Sur les rangs : le comte de Montemolin, soutenu par l'Autriche, le comte de Trepani, fils de François Ier de Deux-Siciles ; don Francisco de Asis, duc de Cadix, fils de don Francisco de Paula et de Luisa Carlota ; le duc de Montpensier, fils de Louis-Philippe. Don Francisco de Paula, soutenu par le rite écossais, dont il est lieutenant-Grand Commandeur, donne des gages partout et distribue l'argent à pleines mains : 1,2 m. aux banquiers de Paris, 8 sur la place de Londres, Le duc de Montpensier dispose de l'appui efficace de l'*Oriente Hespérico*.

Louis-Philippe, jusque-là, s'est tenu sagement à l'écart de l'imbroglio espagnol, comme il a évité d'entrer en conflit avec l'Angleterre sur des questions de prestige. Les points de friction pourtant n'ont point manqué. À propos du droit de visite, c'est-à-dire de la prétention de la flotte britannique d'exercer la police des mers en inspectant les navires, sous prétexte de refréner la traite des esclaves : il a cédé en 1843. À l'occasion de l'expulsion du pasteur Pritchard, qui avait fomenté une révolte à Tahiti en réplique à l'accord passé entre la reine Pomaré et l'amiral Dupetit-Thouars, en Mars 1844, il avait cédé encore. Guizot avait humblement désavoué l'amiral et accepté le principe d'une indemnité, tandis que les souverains s'efforçaient de colmater les lézards qui ruinaient peu à peu l'édifice de l'Entente, par des visites officielles : celle de la reine Victoria au château d'Eu, le 2 septembre 1843, celle de Louis-Philippe à Windsor, fin 1844. Prenant les devants dans l'affaire d'Espagne, Guizot, à Eu, s'était mis d'accord avec lord Aberdeen sur le principe de la double union d'Isabelle II avec don Francisco de Asis, fils cadet de don Francisco de Paula, et de la sœur cadette de la reine, l'infante Luisa-Fernanda, avec le duc de Montpensier.

ÉCHEC À PALMERSTON

Hélas, le retour de Palmerston au ministère, le 29 juillet 1846, remet tout en question. Avec son sectarisme habituel, le Père des révolutions prétend imposer son candidat, substituer comme mari de la reine, au cadet Francisco de Asis, plus tiède, son frère aîné don Enrique, duc de Séville, maçon plus farouche encore que son père (il périra plus tard en duel contre le duc de Montpensier) ou, à défaut, un Saxe-Cobourg de plus, de cette dynastie de vice-rois que l'Angleterre nommait de par le monde, à l'instar du Prince-Consort, en Belgique, au Portugal, et pourquoi pas en Espagne ? Mais pour une fois, l'affaire étant déjà trop engagée, la solution française l'emporte (malgré une lettre de H. L. Bulwer du 21 septembre, suivie d'une protestation officielle britannique du 5 octobre). Le double mariage, accepté par Isabelle II, le 28 avril, est célébré le 10 octobre 1846. Tout fier, Guizot a l'imprudence de proclamer à la Chambre : *« L'affaire des mariages espagnols est la première grande chose que nous ayons faite seuls, complètement seuls en Europe, depuis 1830 »*.

« Hélas aussi la dernière ! Car c'en est fait de l'Entente cordiale, qui commença si bien et qui finit si mal ». Et Louis-Philippe, comme jadis Charles X, a tout à craindre de la vengeance de Palmerston. Dépité de son échec en Espagne, l'irascible ministre anglais s'efforcera par tous les moyens de renverser le gouvernement du général Narváez, revenu au pouvoir en Février 1848. Le 16 mars, il enjoindra à son ambassadeur Bulwer (en poste depuis 1843) de faire une démarche en vue de l'admission de progressistes dans le cabinet de Madrid. Et comme cette *prétention insolite* à *« se mêler des affaires intérieures de l'Espagne »* est vertement relevée par le ministre des Affaires étrangères, duc de Sotomayor, le bouillant diplomate, aidé du financer Salamanca, n'hésite pas à souffler la rébellion. Un mouvement, hâtivement monté par le marquis d'Albaida, Orense, républicain, avec Pi y Margall, Figueras et Castelar, échoue le 26 mars. Le 28, une tentative des étudiants de Barcelone est rapidement réprimée. Le 7 mai, le soulèvement du régiment d'Espagne, à Madrid préparé par le colonel de La Gandara, qui, en rapport avec Armand Marrast a constitué dans la garnison six sections de cent officiers, coûte treize victimes aux insurgés. À Séville, le 13 de mai, un autre ami de Bulwer, Portal entraîne son bataillon dans la révolte, mais il n'est pas suivi et cherche refuge au Portugal. Prudent, le général Narváez fait arrêter en Galice Samuel Somoza, Gambero et autres conjurés. Sur son ordre, 2.000 personnes sont déportées aux Canaries et à Fernando Poo. Le mouvement est brisé. Le 17 mai l'intrigant Bulwer se voit reconduire à la frontière. La rupture des relations diplomatiques avec l'Angleterre durera jusqu'au milieu de 1850.

En France, la réplique de Palmerston ne s'est pas fait attendre non plus. Déchaînement de la presse d'opposition qui publie des lettres compromettantes, dans lesquelles le duc d'Orléans, en 1809, avait affirmé sa fidélité à la dynastie bourbonienne et son attachement à l'Angleterre. Reprise de la campagne pour la réforme électorale (amorcée dès 1840, au moment de l'affaire d'Égypte), sous la direction d'Odilon Barrot et de la loge des *Trinosophes*, qui, dans la révolution qui se prépare, jouera le même rôle que les *Amis de la Vérité* en 1830. Les instructions adressées par Palmerston à sir Henry Bulwer, le 16 septembre 1846, ne sont-elles pas valables pour son ambassadeur à Paris, lord Normanby ? : *« Agitez !... Ayez soin de ne vous mêler à aucun projet d'émeute ; mais, en évitant toute complicité dans de pareils agissements, vous pouvez soutenir dans leurs dispositions hostiles ceux que vous verriez disposés »*. Or, le premier qui s'agite, c'est Thiers. Les ennemis de nos ennemis sont nos amis ! Par inimitié contre son rival Guizot, voici l'anglophobe de 1840 au mieux avec l'ambassadeur Normanby et même avec Palmerston (l'ancien carbonaro Panizzi, réfugié italien, servant d'intermédiaire). Se rapprochant des bonapartistes, Thiers a publié en 1845 son *« Histoire du Consulat et de l'Empire »*. Contre le gouvernement le voilà qui prononce neuf *philippiques* en 1846. Et comme en écho répondent les coups de feu de deux attentats : le 16 avril 1846, l'ex-garde des forêts Lecomte, près de

Fontainebleau et, le 29 juillet, un certain Henri aux Tuileries tirent sur Louis-Philippe. Les sociétés secrètes probablement n'y sont pour rien. Tandis que l'Angleterre récupère son prétendant : le 25 mai, *Badinguet*, déguisé en maçon, s'esquive du fort de Ham et parvient à gagner Londres. Deux jours avant, il a reçu la visite de sir Robert Peel et de Lady Cramford : simple coïncidence ! Et l'agitation sociale ? Elle ne saurait manquer au tableau. Mais elle revêt déjà un caractère international : Karl Marx est expulsé de Paris, le 5 mai 1846.

À L'AUBE D'UNE ÈRE NOUVELLE

Car le bouleversement révolutionnaire qui se prépare est à l'échelle de l'Europe. Et, dans l'esprit de ceux qui l'ont conçu, il doit marquer une ère nouvelle dans l'histoire du monde. Introduire les Israélites, qui déjà bien souvent les contrôlent financièrement, dans le gouvernement des États. Poser les fondements de la grande entreprise *pharaonique* qui, sous couleur d'instaurer un communisme illusoire, leur permettra de dominer l'économie et d'asservir les peuples à leur suprématie. Dans son ouvrage *« Paris, Rome, Jérusalem ou la question religieuse au XIX$_e$ siècle 2 tomes »* paru en 1860, Joseph Salvador écrit : *« J'ouvre ma dernière partie, Jérusalem, ou l'œuvre de réédification générale, en cette année 1840 »*. Ayant suffisamment détruit, ses coreligionnaires s'estiment assez forts pour reconstruire le monde à leur image. *« Tandis que la politique, poursuit notre auteur, constitue une Cité particulière, un ensemble vivant, un tout appelé Nation, une Jérusalem d'État, la religion positive de son côte, jette tout d'abord les bases, ensuite construit et reconstruit jusqu'à parfait accomplissement une Unité, un tout encore plus général, une Jérusalem de l'Assemblée des Nations, une Sion universelle. »* Et Henri Heine de préciser (dans un texte publié le 12 juillet 1842 par la *« Französische Zeitung »* de Hambourg, et reproduit dans son livre *« Lutetia »*) la forme que doit revêtir le régime de l'avenir : *« Le communisme, qui n'a pas encore vu le jour, mais qui fera son apparition, puissant, intrépide et désintéressé comme la pensée. »*, s'identifiera à la dictature du prolétariat. (*Proletarienherrschaft*). Préludant à l'action, de fortes organisations secrètes, exclusivement hébraïques se constituent, dont la plus importante *« The Independant Order of B'naï B'rith »*, obédience maçonnique des *Fils du Pacte* (*aschkenazim*), naît à New-York en 1843.

L'INTERNATIONALE DE LONDRES

Mais, pour l'instant, l'état-major du mouvement révolutionnaire est à Londres, sous la main de Palmerston. Il y a là les chefs des carbonari Joseph Mazzini, fils d'un professeur de médecine de Gênes, qui, sorti de prison en 1830 et réfugié à Marseille, a fondé *la Jeune Italie* en 1832 et créé en 1834, grâce à des fonds recueillis par l'anglais Wright à New-York avec la collaboration de Clinton Roosevelt (ancêtre de Franklin Delano Roosevelt, ami des Illuminés) d'Horace Greeley et de Chase Dana, une Fédération secrète de la *Jeune Europe*. Après l'échec d'un mouvement en Savoie cette même année, il a dû se réfugier en Angleterre, où il aura de son amie le futur maire de Rome, Nathan. À Londres aussi se trouvent les premiers meneurs de l'Internationale, réfugiés allemands, d'abord groupés à Paris dans la *Société des Bannis* (*die Geächteten*) en 1834, avec Théodore Schuster puis, en 1836, dans la *Fédération des Justes* (*die Gerechten*). Ils ont leur journal, le *Vorwärts*, dirigé d'abord par Bernstein. Là se retrouvent le cabalistes Hermann Ewerbeck, le tailleur Wilhelm Weitling, qui lança en 1838 un manifeste communiste sous le titre de *« L'Humanité »*, l'horloger Joseph Moll, le cordonnier Heinrich Bauer et le typographe Karl Schapper, qui avait été mêlé à une émeute à Francfort en 1833, et l'année suivante, à la tentative avortée sur la Savoie. Pour avoir participé au coup de main de la *Société des Saisons*, du 12 mai 1839, ces trois derniers avaient été expulsés de France, et ils avaient constitué à Londres en 1840, avec le tailleur Eccarius, un groupe communiste d'éducation ouvrière. Frédéric Engels, fils de filateurs de Barmen (Rhénanie).et de Manchester, anticlérical violent, adepte des *Affranchis* de David Strauss, converti à vingt ans au communisme par Moïse Hess, après avoir rencontré à Cologne en 1842 un autre disciple du même maître, Karl Marx, prit contact à la fin de cette année avec ce premier groupe de militants ouvriers. Puis il retrouva Marx à Paris en Septembre 1844. Petit-fils de rabbin (de son vrai nom Kissel Mordekkay) fils d'un avocat de Trêves rallié au protestantisme, ce dernier (1818-1883) étudiant à Berlin, s'était imbu de la nébuleuse philosophie de George Hegel (l'Esprit s'incarnant dans l'évolution du monde, raison et réel doivent s'identifier). Journaliste extrémiste, il n'avait pas eu de chance : sa *« Gazette rhénane »* (Rheinische Zeitung) avait été interdite en 1842 ; à Paris ses *« Annales franco-allemandes »* (Deutsche-Französiche Yahrbücher) ne publièrent qu'un seul numéro et son ouvrage *« Économie politique et Philosophie »* resta sans éditeur (il ne vit le jour qu'en 1932).

Expulsé à la demande de la Prusse pour ses attaques contre la Russie, retiré à Bruxelles, il y fut rejoint par Moïse Hess et par Frédéric Engels, qui, plus heureux, plus objectif et plus réaliste, fit paraître le 14 mars 1845 son étude sur *« La vie de la classe ouvrière en Angleterre »*, *« Die Lage der arbeitenden Klasse in England »*. De leur collaboration naissent en 1846 des Comités de correspondance communistes, puis, au cours d'un congrès tenu à Londres dans l'été de 1847, où Wilhem Wolf représente Marx, une *Ligue des Communistes* groupant des *communes* de trois à vingt membres, en sections (kreiss) et sections principales, coiffées par des Conseils nationaux et par un Conseil international. Les statuts seront approuvés en Novembre et Karl Schapper lance le mot d'ordre *« Prolétaires de tous les pays unissez-vous »*. Dès Octobre 1844, il a créé un autre groupement, les *Democratic Friends of all Nations* ; aussi les communistes participent-ils, avec Engels, au meeting tenu le 29 novembre 1847 à Londres, au bénéfice de la Pologne, par les *Fraternal Democrats* d'Ernest Jones. À ce moment, Marx, comme Metternich d'ailleurs, pense encore que les Chartistes anglais de Hartley parviendront à imposer leur programme en six points, et ouvriront la voie à la révolution. Quant au *« Manifeste communiste »*, rédigé par Marx en collaboration avec Engels, publié trop tard en 1848, il arrivera après la bataille et restera pratiquement sans influence sur les évènements.

Tous ces agitateurs allemands subissent plus ou moins directement l'influence des deux chefs intellectuels de la *jeune Allemagne*, Henri Heine et Ludwig Börne. Le premier (1797-1856), neveu de riches banquiers de Hambourg, correspondants des Rothschild, a été élevé à Düsseldorf dans une atmosphère libérale. Poète, séduit paré hellénisme, il n'a que mépris pour ses coreligionnaires réformistes, qui n'ont *« plus le courage de porter la barbe, de jeûner... plus la force de haïr »*, mais, déçu de ce que sa conversion au protestantisme en 1825 ne lui ait ouvert aucune porte, journaliste de talent, réfugié à Paris après 1830, il a accepté d'être le client besogneux des Rothschild, dont Adolphe Crémieux est, par ailleurs, l'avocat. Farouchement anticlérical, *« en affaiblissant la foi,* a-t-il écrit, *sous ferons de l'Allemagne une puissance politique »*, il est le chef de file de la plupart des meneurs de l'Internationale cités plus haut, David Strauss, Moïse Hess, le philosophe Feuerbach pour qui, par un phénomène d'aliénation religieuse *« l'homme a créé Dieu »* et qui, ayant dépassé Hegel par son athéisme humaniste, son naturalisme, sera lui-même dépassé par le matérialisme vulgaire de Marx, pour qui *« la religion est l'opium du peuple »* et *« la génération spontanée, la seule réfutation pratique de la théorie de la création »*. En désaccord avec les réformistes, prêts à s'émanciper pour être admis dans la Société (tel Bruno Bauer en 1842), Karl Marx prône la séparation de l'Église et de l'État, car il ne pense pas que la religion *« mais l'intérêt et l'argent sont le Dieu profane de ses coreligionnaires »* (dans les Annales franco-allemandes de 1843). *« Grâce à l'argent,* dit-il, *ils possèdent le pouvoir. Avec lui et sans lui, l'Argent domine le monde... La lettre de crédit : voilà leur véritable Dieu... Leur émancipation sociale sera réalisée lorsque la société sera émancipée du Judaïsme »*. En attendant, leurs richesses sont le nerf de la Révolution. Pour le second apôtre, avec Heine, de la révolution en Allemagne, Ludwig Börne (1786-1837). La conquête de la liberté politique, l'avènement de la démocratie entraîneront par surcroît, l'émancipation de ses coreligionnaires. Son père, Jacob Baruch, lié aux Rothschild, a conduit la délégation juive au Congrès de Vienne. Lui, de son vrai nom Loeb Baruch, élevé dans le ghetto de Francfort, à peine frotté au grand monde dans le salon berlinois d'Henriette Hem, fonctionnaire de la police sous l'occupation française, s'est converti au luthéranisme en 1818 pour mieux souffler la révolte contre *les trente-six tyrans d'Allemagne*. C'est à cette besogne qu'exilé à Paris il a exclusivement consacré les dernières années de sa vie.

LE NÉO-MESSIANISME PRÉPARE LA RÉVOLUTION EUROPÉENNE

Quelles que soient d'ailleurs leurs tendances personnelles, tous ces meneurs de l'action révolutionnaire sont des adeptes du Néo-Messianisme, dont le rabbin Baruch Levy résumait la doctrine dans cette lettre à Karl Marx (publiée par Salluste dans ses *« Origines du Bolchevisme »*) :

« En sa totalité, le peuple juif sera lui-même son propre Messie. Son règne sur l'univers se réalisera par l'unification des autres races humaines, la suppression des monarchies et des frontières qui sont le boulevard du particularisme, et l'établissement d'une république universelle, qui reconnaîtra partout les droits de citoyenneté aux Juifs. Dans cette nouvelle organisation de l'humanité les fils d'Israël actuellement disséminés sur toute la surface de la terre, tous de la même race et de la même formation traditionnelle, parviendront sans grande opposition à être partout l'élément dirigeant, surtout s'ils peuvent imposer aux masses ouvrières des chefs juifs. Ainsi, à la faveur de la victoire du prolétariat, les gouvernements de toutes les nations passeront aux mains des Juifs lorsque se constituera la république universelle. Alors la propriété individuelle pourra être supprimée par les gouvernements de race juive, qui pourront ainsi administrer partout les richesses des peuples. Et ainsi se réalisera la promesse du Talmud que, lorsque viendront les temps messianiques, les Juifs détiendront sous leurs clefs les biens de tous les peuples de la terre ».

Or, en ce milieu du siècle, les esprits sont suffisamment préparés pour que le moment de l'action approche. Depuis le début de l'année 1846, les commis-voyageurs de la révolution sont à l'œuvre dans toute l'Europe. Prenons-en pour témoignage les confidences adressées le 5 janvier par un livournais, *Piccolo Tigre*, à l'un des chefs de la Haute Vente italienne, connu sous le nom de *Nubius* (qui, soupçonné de modérantisme, périra lentement par le poison) : *« ce voyage que je viens d'accomplir en Europe, a été aussi heureux et aussi productif que nous l'avions espéré... La chute des trônes ne fait plus de doute pour moi, qui dent d'étudier en France, en Suisse, en Allemagne et jusqu'en Prusse le travail de nos sociétés. L'assaut qui, d'ici à quelques années et peut-être même à quelques mois, sera livré aux princes de la terre, les ensevelira... Pour tuer sciemment le vieux monde, nous avons cru qu'il fallait étouffer le germe catholique et chrétien et... vous vous êtes offert pour frapper à la tête... le Goliath pontifical... Nous aurons une multitude de dévouements subalternes et pas une tête, pas une épée pour commander... Ce brave Mazzini, que j'ai rencontré à diverses reprises a toujours dans la cervelle et à la bouche son rêve humanitaire... Nos imprimeries de Suisse sont en bon chemin... des subsides recueillis, je vais utiliser le reste dans les Légations... Je serai à Bologne vers le 20 de ce mois... Je me transporterai sur les points où vous jugerez que ma présence dorée sera plus nécessaire ».*

La Franc-Maçonnerie mobilise ses troupes. Précédé de réunions à Rochefort et à Heidelberg pour la nomination des délégués, un convent réunit à Strasbourg, pour la France, Lamartine, Crémieux, Cavaignac, Caussidière, Ledru-Rollin, Louis Blanc, Proudhon, Marrast, Marie, Vaulabelle, Vilain, Pyat, etc, et pour l'Allemagne : Fickler, Hecker, Herwegh, de Gagern, Bassermann, Ruge, Blum, Feuerbach, Simons, Jacobi, Ritz, Welcher, Huckscher, etc., avec des représentants des loges suisses. Le mouvement nationaliste et démocratique qui se prépare doit aboutir, dans l'esprit de Palmerston, à la réalisation *d'une nouvelle configuration de l'Europe*, dont il révélera le programme dans le journal maçonnique *« le Globe »*, du 12 mai

1849 : *« érection d'un royaume allemand vigoureux, qui puisse être un mur de séparation entre la France et la Russie, création d'un royaume polono-magyar, destiné à compléter l'œuvre contre le géant du Nord, enfin un royaume de l'Italie supérieure dépendant de la maison de Savoie »*, alliance avec la Prusse et avec l'Allemagne, qu'elle ait sa capitale à Berlin ou à Francfort, renforcée par une entente cordiale avec la France. Tel était le programme tracé à la révolution imminente, dont la Pologne donne le signal.

LA POLOGNE SACRIFIÉE

Comme en 1830-31, le rôle qui lui est dévolu par les meneurs du jeu consiste essentiellement à *fixer* l'armée russe, afin de l'empêcher d'intervenir en Europe. Autant dire qu'une fois de plus elle apparait d'avance comme sacrifiée. La résurrection de ce pays catholique, dont les sentiments nationalistes l'emportent sur la conviction révolutionnaire, et qui considère généralement comme inassimilables les hétérodoxes arriérés qui l'habitent (213.000 en 1816, 558.000 en 1846), n'intéresse que très secondairement les prophètes de la révolution. Les dirigeants polonais sont divisés : aux nationalistes, représentés par le prince Wladimir Czartoryski à Paris et par le comte Zamoyski à Londres, s'opposent les révolutionnaires. Ces derniers — appuyés par l'hétérodoxe franc-maçon libéral Ignace Lelewel, à Paris, et par ses coreligionnaires Lubliner et Isaac Bar Lewinssohn, qui s'efforcent d'introduire la réforme au sein des communautés polonaises — demeurent groupés autour de la *Jeune Pologne*, d'influence mazzinienne et saint-simonienne, que dirigent Mickiewicz, Tomianski et surtout Mierolawski, chef de la *Société démocratique*, qui lance le mot d'ordre de la réforme agraire et conduit les préparatifs du soulèvement.

Trompé par les bonnes paroles du ministre prussien libéral von Arnim et par les dispositions, soi-disant favorables aux Polonais, du roi Frédéric-Guillaume IV, Mierolawski va d'ailleurs tout compromettre en se laissant surprendre et arrêter en Posnanie, à la requête du Tsar, alors qu'il portait sur lui la liste des chefs du mouvement (12 février 1846). Dans ces conditions, le succès remporté par les insurgés, qui contraignent le général autrichien Collin à évacuer Cracovie (21-22 février 1846), ne peut être qu'éphémère. D'autant plus que la jacquerie qui se développe en Galicie n'est pas faite pour rassurer propriétaires terriens et modérés. Autrichiens et Russes contre-attaquent. Dès le 3 mars, Tyssowski et Dembowski capitulent dans Cracovie qui, reconnue comme république indépendante par le congrès de Vienne, se voit incorporer à l'Autriche. Une tentative, appuyée par Czartoryski, de grouper un contingent d'une trentaine de mille hommes en Posnanie, pour agir en liaison avec le Parlement de Francfort et les insurgés hongrois, le 8 avril 1848, sera liquidée en huit jours par les Prussiens, qui réduiront Mierolawski à capituler, le 9 mai.

Malgré cet échec, la Suisse, où les hommes de Mazzini, Ochsenlein et James Fazy ont supplanté Neuhaus, ne tarde pas à suivre l'exemple de la Pologne. Animés par Julius Frœbel de Zurich, les radicaux l'ayant emporté successivement à Zurich, à Berne, en 1846 ; et à Saint-Gall en Mai 1847, et disposant de la majorité à la Diète Fédérale, déclarent dissous le *Sonderbund* (20 juillet 1847). Cette Union des sept cantons catholiques s'était formée autour de Lucerne, le 11 Déc. 1846, à la suite des excès commis contre les couvents en Argovie par Augustin Keller en 1841 et en riposte au soulèvement qui s'était produit à Lausanne avec Henri Durey en 1845. Avec la bénédiction de Palmerston, le 4 novembre 1847, une expédition punitive conduite par le colonel Dufour détruit le *Sonderbund*. La révolution enregistre son premier succès.

CRISE SOCIALE EN FRANCE

En France, l'agitation a déjà commencé. Alexis de Tocqueville donne l'alarme en proclamant à la Chambre, le 27 janvier 1848 : *« La tempête est à l'horizon »*. Et, bien que l'adresse ait été votée, Montpensier écrit à son frère en Algérie : *« Ici, les-choses vont terriblement mal »*. Très au fait des intentions anglaises, le roi Léopold de Belgique n'hésite pas à préciser. *« Mon beau-père sera sous peu chassé comme Charles X »*. Cependant le roi, qui vient de perdre le 31 décembre 1847 sa meilleure conseillère, sa sœur M_{me} Adélaïde, jusqu'au dernier moment s'illusionne. Sans doute croit-il que l'enrichissement du pays (la fortune nationale est évaluée à 38 Milliards en 1789, 45 en 1815, 175 en 1871) suffit à assurer la tranquillité de son règne. Pourtant, depuis deux ans, la conjoncture s'est retournée et les symptômes inquiétants s'accumulent. La sécheresse a provoqué une mauvaise récolte en 1846. Le prix de l'hectolitre de blé a plus que doublé (17,15 frs, en 1845 ; 39,75 à 43 en 1847). Il a fallu importer de l'étranger et l'encaisse-or est tombée de 80 à 59 m. en Janvier 1847. Certes, la récolte suivante a été meilleure. Mais le prix de la vie a augmenté de 17% de 1826 à 1847 et, pour des journées de treize heures, les indices de salaires (base 100 en 1900) s'établissent à 55,5 en 1810 ; 53,5 en 1820 ; 57 en 1840, pour atteindre 63 seulement en 1860. Les conditions de vie sont déplorables, les logements sordides. À Paris, qui dépasse un million d'habitants, sur une population totale de 33 millions, la criminalité est grande, il y aura bientôt 750.000 ouvriers sur le pavé. La situation financière elle-même se détériore ; Thiers et Crémieux en dénoncent les dangers. La confiance s'éloigne, au fur et à mesure que la campagne de l'opposition se développe, de telle sorte que, le 20 février 1848, après 1.600.000 frs, de retraits, il ne restera plus que 200.000 frs de dépôts dans les Caisses d'Épargne.

Des scandales en chaîne étalent la corruption du régime : Despans, Cubières, ex-ministre de la Guerre. Teste, ex-ministre des Travaux publics éclaboussés dans des histoires de pots de vin en Avril-mai 1847 : affaires de concussion dans les arsenaux de Brest. Toulon. Rochefort : un aide-de camp du roi. Gudin, qui triche au jeu : le jeune prince d'Eckmühl qui poignarde sa maîtresse ; le duc de Choiseul-Praslin qui, dans la nuit du 17 au 18 août 1847, assassine sa femme, fille du maréchal Sébastiani. Mais le thème principal de la campagne sera la réforme électorale. Un projet Duvergier de Hauranne d'abaissement du cens de 200 (selon la loi du 19 avril 1831) à 100 frs, et d'admission des *capacités* comme électeurs, qui aurait porté le *pays légal*, de 180.000 à 450.000 citoyens, a été rejeté en Mars 1847 par 252 voix contre 154. L'opposition en profite pour revendiquer le suffrage universel et l'exclusion des fonctionnaires du Parlement. L'un de ses chefs, LedruRollin, tribun radical, va même plus loin et réclame dans son journal, *« la Réforme »*, le droit de réunion sans entrave et la nationalisation du crédit.

LA CAMPAGNE DES BANQUETS

Bientôt, sur l'initiative de cinq maîtres de loges de Paris, représentants de tendances diverses, Odilon Barrot (des *Trinosophes*), Duvergier de Hauranne, de Morny, Louis de Malleville, Vitet, Berger, s'organise une campagne de banquets à la mode anglaise. Celui de Château-Rouge, le 9 juillet 1847, réunit sous la présidence de Lasteyrie, 1.200 convives, dont 85 députés. Jusqu'à la fin de l'année, soixante-dix banquets en province grouperont 17.000 convives : à Mâcon, avec Lamartine, le 18 juillet, à Lifte avec Ledru-Rollin, le 7 novembre, à Dijon, avec Louis Blanc, le 18 décembre. Louis Blanc a remis à la mode l'histoire de la Révolution, avec son *« Histoire de dix ans »* (Février 1847), et Lamartine s'est rendu populaire en publiant son *« Histoire des Girondins »*, en Mars 1847. Après avoir démissionné de son poste de secrétaire d'ambassade à Naples, par conviction légitimiste, en 1829, ce dernier est passé à l'opposition de gauche en 1843. Dans l'intervalle, pendant son voyage en Orient, il s'était laissé facilement convaincre par Lady Stanhope qu'il était appelé à devenir l'apôtre des temps nouveaux. Élu député en 1833, fourvoyé dans la politique mais toujours endetté, il devra vendre sa plume aux deux israélites Mirès et Milhaud. Après la mort de son père en 1840 et de son meilleur ami Virieu en 1844, il subira l'exclusive influence de Lacretelle et de deux *anges gardiens*, qui dirigent son activité parlementaire, un dignitaire de la Maçonnerie, Dargaud, et le baron d'Eckstein, devenu son intime ami. Justement, dans la pièce qui va se jouer, le rôle de La Fayette est vacant. Qui parait mieux désigné pour le remplir que cet élégant député-poète, libéral, modéré, partisan à la fois d'un pouvoir fort et protecteur du peuple, bourré de bonnes intentions, *ce grand dadais* de Lamartine, dira de lui avec dédain, Châteaubriand.

Tandis que les bourgeois radicaux et maçons se gobergent dans les banquets d'opposition, tout ce qu'il y a d'agitateurs cosmopolites à Paris se rassemble pour célébrer, comme à Londres, l'anniversaire de la révolution polonaise. Le 29 novembre 1847, ils sont là 1.200, rue Saint-Honoré : Polonais, Russes, Suisses, Italiens, Allemands, Espagnols, Anglais, Irlandais, Américains... et même quelques Français. Depuis quelque temps, les sociétés révolutionnaires, dont le rôle est d'encadrer les émeutiers, se sont reformées, Caussidière et le mécanicien Martin, dit Albert, ont reconstitué, toujours en rapport avec les *Justes* de l'Internationale, les *Nouvelles Saisons*. De petits groupes extrémistes dissidents, *la Société communiste révolutionnaire* de Dézamy et la *Société matérialiste communiste* de Coffineau et Javelot, réunissent de leur côté quelque 600 adhérents.

... TOURNE À L'ÉMEUTE

L'interdiction par Guizot, rappelé au gouvernement, où il a succédé à Soult, le 19 septembre 1847, du banquet du XII^è arrondissement va servir de prétexte à l'émeute. Les chefs de l'opposition, faisant mine de céder, se sont d'abord prêtes à une procédure qui, après avoir reporté ces agapes du 20 au 22 février, permettait même d'y renoncer. Les premières mesures prises par le gouvernement pour disposer de 37.000 hommes de troupe, en plus des 3.200 municipaux de Paris, sont donc mollement appliquées. Mais l'équipe du *« National »*, Armand Marrast en tête, soutenu par Lamartine, convoque une manifestation réformiste pour le 22. Interdite la veille, et décommandée par certains chefs de la *Réforme*, elle n'en groupe pas moins quelque 3.000 gardes nationaux, étudiants, ouvriers, membres des sociétés secrètes, qui, de la Madeleine, s'en vont remettre au Palais-Bourbon une pétition à leurs chefs Adolphe Crémieux et Marie. Le soir, les municipaux dégagent la place de la Concorde, tandis que les troupes, seulement consignées, n'ont même pas occupé les points stratégiques de la capitale. La journée du lendemain est marquée par la défection de la garde nationale, dont le chef, le général Jacqueminot, s'est porté malade. Alors que les armureries ont été pillées et que s'élèvent les premières barricades, partout les gardes nationaux s'interposent entre la troupe et les manifestants. Encouragés par le succès de leurs manœuvres de débauchage, les chefs des sociétés secrètes siégeant en permanence. Caussidière, Sobrier, Albert, Crandmesnil, que soutiennent maintenant les gens de la *Réforme*, déclenchent alors l'action insurrectionnelle.

Une colonne qui descend les boulevards et qu'Armand Marrast a haranguée devant le *« National »* se heurte au 14ème de ligne, boulevard des Capucines, à hauteur du ministère des Affaires étrangères, où habite Guizot : échauffourée, fusillade : 35 tués, 45 blessés. Le sang appelle le sang. Une charrette trimbale les victimes pour crier vengeance. Dans la nuit quinze cents barricades bloquent le centre de Paris. Molé s'étant récusé. Louis-Philippe confie le gouvernement à Thiers, le commandement des troupes au maréchal Bugeaud et celui de la garde nationale à Lamoricière. Trop tard. Les trois colonnes lancées vers l'Hôtel de Ville, la Bastille et le Panthéon, piétinent. Sur les boulevards, celle du général Bedeau, parlemente. Tandis que les insurgés attaquent le Château d'Eau, la troupe se replie sur le Carrousel. Thiers insiste pour que le roi se retire avec elle vers Saint-Cloud et cède le gouvernement à Odilon Barrot. Anal accueilli par une des trois légions de la garde nationale qui protègent les Tuileries le roi abdique alors en faveur du comte de l'aria. Crémieux, qui a multiplié les démarches pour biler ce départ, pousse le zèle jusqu'à fermer lui-même la portière du cabriolet qui emporte vers l'exil le roi-citoyen.

L'émeute, maîtresse de Paris, pille et incendie les Tuileries. Le lendemain, ce sera le tour du Palais-Royal et du château de Neuilly. Au Palais-Bourbon, Odilon Barrot, Émile de Girardin et Dupin, s'apprêtent à faire proclamer, en faveur du comte de Paris, la Régence d'Hélène de Mecklembourg, veuve du duc d'Orléans, lorsque Ledru-Rollin d'abord et Lamartine ensuite, qui se voit déjà président, interviennent et font proclamer un gouvernement populaire composé de Dupont de l'Eure, Arago, Marie, et d'eux-mêmes. Cela, sous la pression des hommes de main de Ledru-Rollin et des hordes de Blanqui et de Barbès, qui ont envahi l'hémicycle et contraint la *régente* à se retirer pour se mettre en sûreté. Le gouvernement de la république libérale, grossi par un tour de passe-passe de Garnier-Pagès et de Crémieux, se fraie alors un passage vers l'Hôtel de fille, où une seconde équipe, celle de la République sociale, avec Marrast, rédacteur en chef du « *National* », Flocon de la « *Réforme* » Louis Blanc et Albert, l'attend de pied ferme. Dans l'intervalle, Caussidière et Sobrier ont occupé la Préfecture de Police, où ils constituent, avec les *durs des durs*, quatre compagnies de six cents hommes, leurs *Montagnards*. Le gouvernement n'ose les déloger. Maintenant composé, sous la présidence de Dupont de l'Eure, de Lamartine aux Affaires étrangères, Ledru-Rollin à l'Intérieur, Crémieux à la Justice, Arago à la Marine, Marie aux Travaux Publics, Goudchaux aux Finances, etc, il doit faire place à Louis Blanc et à l'ouvrier *Albert*. Car il vit une existence précaire, que seules la présence de Louis Blanc et l'éloquence de Lamartine protègent contre l'émeute qui n'a pas désarmé. Pour la contenir, le 24 au soir, la République est proclamée, sauf ratification par le peuple ; le 25, le droit au travail reconnu. Cependant, lorsque Blanqui, dans l'après-midi, provoque une manifestation qui réclame à grands cris le drapeau rouge, Goudchaux, redoutant qu'un coup fatal ne soit ainsi porté au crédit, déjà très ébranlé, retient Lamartine ; déjà prêt à céder. Au lieu de l'éloge de l'oriflamme de Saint-Denis qu'il n'eut pas manqué de prononcer, cette nouvelle incarnation de La Fayette flétrit d'une voix vibrante l'emblème qui n'a jamais fait que le tour du Champ de mars, traîné dans le sang du peuple. Et la révolution sociale recule, Caussidière refusant à Blanqui de participer à une nouvelle journée.

Le 28, après une nouvelle manifestation des métiers de Paris, pour apaiser les chômeurs, Marie, *l'alter ego* de Crémieux, charge Émile Thomas d'organiser sous le nom d'ateliers nationaux, caricature du système préconisé par Louis Blanc, des chantiers militarisés de travail, qui grouperont le 6 mars, plus de cent mille sans travail, recevant 2 à 3 frs, par jour. Mais, le gouvernement éludant la nomination de Louis Blanc comme ministre du Travail, relègue au contraire sur proposition d'Arago, les tenants de la *Sociale* dans une Commission des Travailleurs, qui réunira, du 1er mars au 16 mai, au Luxembourg, siège de l'ancienne Chambre des Pairs 16 ouvriers et 10 patrons, et bientôt 888 représentants, dont 231 patrons, pour l'étude des questions ouvrières. Peu de résultats, somme toute, sortiront de ces délibérations ; abolition du *marchandage*, réduction de la journée de travail à 10 heures à Paris, 11 en province (2-4 mars) ; création des bureaux de placement gratuits, de Prud'hommes (27 mai). La révolution de 1848 qui, par opposition à celle de 1830, se prétend sociale et dirigée contre les banquiers, va-t-elle donc s'arrêter là ? L'incendie par les insurgés de la villa des Rothschild à Suresnes n'est-il pas un grave symptôme pour James, qui, sur l'emprunt de 250 m., lancé en 1847, avait versé 82 m. ? En vérité les choses s'arrangèrent vite. Lamartine, Arago, Michel Goudchaux eurent tôt fait de rassurer les hauts barons de la Finance. Pour se concilier

Caussidière, James et Lionel, qui est venu de Londres, s'offrent à payer ses *gardes* et versent 50.000 frs., pour les blessés ; on se quitte bons amis.

TRIOMPHE MAÇONNIQUE

L'heure n'est-elle pas d'ailleurs à l'euphorie ? Au sein de la Maçonnerie d'abord. Aux dignitaires du rite écossais, venus le congratuler le 10 mars, Lamartine avait répondu : *« Je suis convaincu que c'est du fond de vos loges que sont émanés, d'abord dans l'ombre, puis dans le demi-jour et enfin en pleine lumière les sentiments qui ont fini par faire la sublime explosion dont nous avons été témoins en 1789, et dont le peuple de Paris vient de donner au monde la seconde, et j'espère, la dernière représentation, il y a peu de jours ».* Le 24 mars, c'est le tour du Grand-Orient, et Bertrand, représentant le Grand-Maître, proclame : *« les Francs-Maçons ont porté de tout temps sur leur bannière ces mots* « Liberté, Egalité, Fraternité ». *En les retrouvant sur le drapeau de la France, ils saluent le triomphe de leurs principes et s'applaudissent de pouvoir dire que la Patrie tout entière a reçu par vous la consécration maçonnique ».* *« Quarante mille F∴ M∴ répartis dans près de cinq cents ateliers, vous promettent ici leur concours »,* Crémieux (initié au *Bienfait anonyme* de Mines depuis 1818, passé en 1860 du G∴ O∴ au rite écossais dont il deviendra Souverain Grand Commandeur le 8 mars 1869) répond au nom du gouvernement : *« La République est dans la Maçonnerie... Elle deviendra le gage éclatant de l'union des peuples sur tous les points du globe ».* Mais aucun corps de l'État ne demeure en reste. Le Clergé, trompé peut-être par le langage *chrétien* des réformateurs les plus extrémistes, se rallie avec empressement. Et l'armée, et la magistrature, et l'administration, et... jusqu'au faubourg Saint-Germain. À tel point que *« comment a-t-on pu être monarchiste ? »* semble l'écho lointain du fameux « Comment peut-on être Persan ? »

Dans les clubs, c'est du délire : l'on banquette et l'on pérore. Cent quarante cinq ont vu le jour en un mois. La *Société des Droits de l'Homme*, les *Jacobins*, la *Montagne*, la *Blouse*, les *SansCulottes*, la *Faim*. Un club des femmes, présidé par Eugénie Niboyet. Un *Comité central des Ecoles* pour les étudiants. La *Société républicaine et patriotique* de *l'Atelier*. Le Club des *Amis du Peuple* de Raspail, la *Société fraternelle centrale* de Cabet. Mais surtout la *Société républicaine centrale* présidée au Conservatoire par le spectre noir de Blanqui, et le *Club de la Révolution* où Barbès, Sobrier, Proudhon, et les futurs communards Félix Pyat et Delescluze se retrouvent, à partir du 21 mars. Le 26, ces diverses sociétés populaires se fédèrent sous l'autorité de Barbès en un *Club des Clubs* qui, alimenté par une subvention de 130.000 frs accordée par Ledru-Rollin, délègue quatre cents missionnaires porter la bonne parole en province, où commissaires, commissaires généraux et inspecteurs de la République entretiennent à qui mieux mieux l'anarchie, notamment à Rouen, à Lille, à Limoges où se distingue particulièrement Emmanuel Arago le fils. Une floraison de nouveaux journaux, qui tirent à 60 à 80.000 exemplaires, entretient l'agitation : *« le Peuple »* de Proudhon (27 février), *« la Commune de Paris »*, de Sobrier (9 mars), la *« Vraie République »* de Barbès (26 mars) ; le *« Père Duchêne »* de Thuillier (10 avril) et tant d'autres feuilles éphémères.

LAMARTINE FREINE LA RÉVOLUTION

Décidément, la République sociale, c'est la *Révolution permanente*. Reprenant la tradition de 93, elle ne sait qu'organiser des *journées*. Et, les *ides* des mois suivants lui sont néfastes. Le 5 mars, le suffrage universel a été institué, l'âge limite fixé à 21 ans pour les électeurs et 25 pour les éligibles, et les élections prévues pour le 9 avril. Le 8, la garde nationale a été ouverte à tous, mais ses compagnies d'élite, grenadiers et voltigeurs, ont été dissoutes, ce qui a provoqué, le 16, la protestation de 30.000 *bonnets à poil* et autres gardes d'opinion modérée. Or, les plus farouches démocrates, Blanqui dès le 7 mars, Cabet le 13, redoutant le verdict de la province, organisent le 17 mars, en présence de Karl Marx à la *Société des Droits de l'Homme*, une manifestation monstre pour l'ajournement des élections, dans laquelle 100.000 personnes, groupées par métiers, défilent de la Concorde à l'Hôtel de Ville. Le gouvernement, débordé, assiste impuissant à ce déploiement de forces. Il consent à retarder jusqu'au 23 avril la consultation électorale.

Mais cette fois Lamartine, déçu par les démarches qu'il a vainement tentées auprès des extrémistes, prend ses précautions, ramène des troupes d'Algérie, se ménage l'appui du général Négrier à Lille, ordonne la constitution de 300 bataillons de gardes mobiles en province, appelle à Paris le général Eugène Cavaignac (frère de Godefroy, de la « *Réforme* ») et reprend en main la garde nationale. Si bien que le *Club des Clubs* échoue lamentablement le 16 avril, dans sa tentative de faire proclamer un Comité de Salut public, Louis Blanc, Raspail et Sobrier ont été lâchés au dernier moment par Ledru-Rollin, Barbès et Caussidière ; Blanqui, neutralisé par les soupçons qu'a jetés sur lui Taschereau en publiant des rapports de police consécutifs au complot de 1839, s'est tenu à l'écart ? Parties du Champ de mars, les colonnes révolutionnaires, tronçonnées et encadrées par la garde nationale, se voient réduites à défiler sous les quolibets de la foule devant l'Hôtel de Ville, solidement tenu par les 24 bataillons de garde mobile, que le général Duvivier n'a cessé d'entraîner depuis le 26 février. Tout rentrerait probablement dans l'ordre, n'était la pusillanimité de Lamartine et de Ledru-Rollin, atterrés de leur audace et redoutant par-dessus tout de passer pour ennemis du peuple. À l'occasion d'une grande parade militaire, le 20 avril, cinq régiments de ligne entrent et demeurent dans Paris. Le 23, les électeurs (7.835.000 votants sur 9.393.035 inscrits) ont désigné, sur 880 députés, 100 légitimistes, 200 orléanistes, 500 modérés de tendance *National* et moins de 100 radicaux, dont quelques rares socialistes et communistes. À Paris, ils ont rejeté Barbès, Raspail, Salarier, Pierre Leroux, Vidal. C'est un échec. L'opinion est inquiète.

ET LA GUERRE

Cette République sociale, d'ailleurs, ne prépare-t-elle pas la guerre idéologique et girondine pour la révolution européenne ? Ministre des Affaires étrangères du gouvernement provisoire pendant deux mois, et chargé des mêmes affaires dans la Commission exécutive des Cinq (Arago, Garnier-Pagès, Marie, Ledru-Rollin et lui), nommée le 4 mai, Lamartine a fort à faire pour contenir la poussée des 15 à 20.000 réfugiés étrangers à Paris et de leurs clubs (Club des Émigrés italiens, Club d'émigration polonaise, Société suisse de Grütli, Club démocratique ibérique, Société patriotique belge, Société démocratique allemande). Diplomate de carrière, il sait la nécessité de rassurer les puissances ; sa lettre du 27 février à leurs ambassadeurs n'a pas d'autre objet : « *La Monarchie et la République ne sont pas... des principes absolus qui se combattent à mort,* proclame-t-il, *ce sont des faits qui se contrastent et qui peuvent vivre face à face, en se comprenant et en se respectant... La République française n'intentera donc la guerre à personne* »... Une circulaire du 4 mars confirme que la France se bornera à faire respecter le principe de non-intervention en Suisse et en Italie.

Mais déjà les exaltés ont franchi les frontières. Dans le nord, une légion *belge* de 2.000 hommes, armée avec la connivence de Ledru-Rollin et de Caussidière, soutenue à Lille par Delescluze, se fait cueillir au débarquer du train. La population, en partie satisfaite par l'abaissement du cens, qui fait passer le nombre des électeurs de 46 à 79.000 en mars, ne s'est pas laissé entraîner par les meneurs de l'Association démocratique (Karl Marx, alors à Bruxelles, avec le polonais Lelewel). D'autres partisans prétendent intervenir en Suisse et en

Italie, et, de Lyon, se dirigent sur Chambéry. Plus tard, le 25 avril, George Herwegh et Bornstedt franchissent le Rhin, à la tête d'une légion allemande de 15.000 hommes. Lamartine, forcé de jeter du lest, ayant envisagé dans une seconde circulaire *« d'armer pour protéger les mouvements légitimes »*, s'est attiré des observations de lord Normanby, puis une sévère réprimande de l'irascible représentant de Sa Gracieuse Majesté, à propos des manifestations des Irlandais en France et de la sympathie qu'ils y rencontrent. Souffler la révolte des nationalités chez les autres n'implique pas forcément de la tolérer chez soi. Or, la perte de l'amitié anglaise condamnerait à l'isolement le nouveau régime. À la Chambre, Lamartine s'efforce de freiner l'élan des libérateurs des peuples. Leurs institutions libres *« il faut que ces peuples les achètent et les cimentent de leur propre sang »*. C'est d'ailleurs ce que prétend faire le Piémont. Et si une armée portée de 30 à 60.000 hommes, le 25 mars, demeure l'arme au pied sur les Alpes, c'est, dans l'esprit du ministre, autant pour empêcher la maison de Savoie de réaliser en un seul bloc et à son profit l'unité italienne (Lamartine envisage plus volontiers une Confédération des états de la péninsule), quant à la Pologne : *« Nous avions 88.000 hommes à mettre en ligne »* ...et cette armée lancée en Allemagne, *« aurait trouvé 500.000 Allemands sur ses deux flancs... avant d'arriver dans le pays, pour y rencontrer 250.000 Russes et une Pologne anéantie »*. Pure démence !

C'est cependant, soi-disant pour sauver la Pologne — en réalité pour forcer la dissolution de la Chambre — qu'une nouvelle journée, le 15 mai, s'organise. Sur l'initiative du Comité de centralisation de Clubs que dirige l'inquiétant Huber, assisté de Sobrier, Laviron, Flotte, Quentin, Degré et Blum. Avec l'appui de Blanqui, d'Albert, de Raspail et de Barbès ; Louis Blanc et Proudhon s'étant montrés réticents. Une foule de 150.000 manifestants, réunie à la Bastille, s'étant frayée passage à travers les barrages de garde nationale et de garde mobile, grâce à la connivence ou à la lâcheté du général Courtois, qui commandait le service d'ordre, envahit le Palais-Bourbon, où Huber disperse l'Assemblée, puis gagne l'Hôtel de Ville pour y proclamer un nouveau gouvernement provisoire. Mais la troupe et la garde nationale de Paris et de banlieue, ameutées du Luxembourg par Garnier-Pagès et Clément Thomas, cernent les quelque 3.000 émeutiers qui défendent cette *Commune* en herbe. Quatre cents révolutionnaires sont arrêtés, dont la plupart des meneurs, qui seront jugés le 7 mars 1849 par une Haute-Cour siégeant à Bourges. Louis-Blanc a trouvé refuge en Angleterre, ainsi que Caussidière qui, s'étant fait porter malade pendant la *journée* a été contraint de démissionner de la préfecture de police. L'aile marchante de la révolution semble décapitée ; les clubs extrémistes sont fermés ; Marrast fait voter le 7 juin une loi sur les attroupements.

LA RÉPUBLIQUE *SOCIALE*, RUINE DE L'ÉCONOMIE

Mais le marasme continue de sévir, et la république sociale parait de plus en plus synonyme de ruine des finances et du commerce. Ministre des Finances, le banquier Goudchaux, qui, en réclamant le paiement des impôts, le 29 février, s'est imprudemment engagé à payer le semestre des rentes en mars, pour maintenir la confiance, démissionne le 4 mars parce que le gouvernement a décidé de supprimer l'impôt du timbre sur les périodiques. Garnier-Pagès, aussi malhabile que grandiloquent et vaniteux, le remplace. Il compromettra tout. Pourtant la situation n'est pas désespérée : il y a 192,5 m. en caisse ; l'encaisse de la Banque de France, 226 m. atteint presque le volume de la circulation des billets. Mais, le ministre est le premier à semer la panique, à en appeler, le 10 mai, à des mesures aussi folles que désespérées : vente des diamants de la Couronne, mise à l'encan de 100 m. de forêts du domaine, réduction des traitements des fonctionnaires d'une administration que Ledru-Rollin prétend épurer et chambarder (circulaires des 8 et 12 mars), appel aux dons patriotiques, lancement d'un emprunt *national*, qui ne rapportera que 4 à 500.000 frs — une misère — imposition de 45 centimes additionnels (190 m.), le 16 mars, menace d'introduction de l'impôt progressif sur le revenu (Ledru-Rollin, 8 avril), d'une taxe de 1% sur les créances hypothécaires, d'un impôt sur les revenus mobiliers (60 m. à 2%, sur 3 milliards ; retiré le 24 janvier 1849), mise sous séquestre du chemin de fer d'Orléans et du Centre (4 avril 1848), prétention de racheter les chemins de fer (avec quel argent ? Il faudrait 632 Millions, les intéressés réclament 1 milliard) le 12 avril ; on doit y renoncer le 3 juillet, comme il a fallu surseoir le 13 juin à la nationalisation des assurances. Le tout assorti de mesures de pure démagogie : quasi-abolition de l'impôt sur les boissons (103,6 m. le 31 mars), — les émeutiers, les électeurs, les meneurs, les dieux du régime ont soif — , suppression de l'impôt du sel, toujours aussi impopulaire (71,5 m. le 15 avril). Ou d'insolente gabegie : à l'Intérieur, sous Ledru-Rollin, les dépenses de police ont plus que doublé ; Armand Marrast, maire de Paris, en entretient une autre, qui surveille la première et les agissements des clubs ; tandis que le *Club des Clubs* reçoit des subventions pour entretenir l'agitation de ses délégués, en province, vrais représentants en mission, dont certains, comme Emmanuel Arago, à Lyon, prennent l'initiative de doubler les impôts. Voire même d'innovations intelligentes : telle la création, les 7 et 24 mars, de Comptoirs d'Escompte dans les grandes villes, avec des fonds fournis par tiers par l'État, les communes et les souscripteurs (60 m.) ; il y en aura 44 en 1848, 67 en 1849 ; l'institution des Sous-Comptoirs des Entrepreneurs ; l'ouverture, décidée le 21 mars, de Magasins généraux.

À ce régime, la confiance ne saurait résister. « *L'argent se retire et se cache* », constate Ledru-Rollin à un banquet le 22 septembre. Et de lancer le slogan : « *Il faut la chercher où qu'elle est !* », sous la forme plus académique, mais aussi vaine : « *Il doit y avoir dans des moyens financiers la possibilité de le trouver où il se cache* ». Ces hommes politiques tout de même, ignorants et tranchant de tout ! Oui, l'argent s'est retiré des Caisses d'Épargne sur 355 m. de dépôts, il ne reste que 65 m. liquides (alors que l'intérêt en a été porté à 5% le 7 mars et que les remboursements sont limités, le 9, à 100 frs) ; comme des Bons du Trésor — 318,2 m. qu'on doit reporter à six mois ou proposer d'échanger contre des certificats de l'emprunt national (16 mars) ; comme de la Banque de France — dont l'encaisse se trouve réduite à 59 le 15 mars, ce qui contraint le gouvernement à décréter le cours forcé des billets (16 et 25 mars) avec un plafond d'émission de 452 m. (tandis que, par fusion avec 9 Banques départementales, son capital est porté, les 27 avril et 2 mai, à 85,1 m. et qu'elle avance à l'État 50 m. le 31 mars, 30 le 5 mai et 150 le 4 juin) ; comme de la Bourse — , où le 5% est tombé de 116 à 89 le 6 mars et à 50 le 7 avril, et le 3% de 73,95 à 56, puis à 32,50, tandis que les actions de la Banque de France baissaient de 3,180 à 950 et celles de l'Orléans de 1.180 à 385. Dans ces conditions, Garnier-Pagès s'était encore imaginé pouvoir placer (au pair !) une nouvelle tranche de 100 millions de l'emprunt Rothschild. Pure aberration !

L'arrêt quasi-total des affaires engendre le chômage et la misère. Pour y parer, sont militairement embrigadés dans des chantiers 14.000, puis 40.000 hommes fin Mars et jusqu'à plus de 100.000 fin Mai. Loin de constituer une armée de réserve pour le gouvernement provisoire, ils fournissent un appoint sérieux aux émeutiers : 14.000 d'entre eux ont en effet participé à la *journée* du 15 mai. Dans ce gouffre, 15 m. ont été absorbés. À l'heure où l'Assemblée se décide à réagir et appelle de ses vœux une épée qui rétablisse l'ordre, Cavaignac ou Changarnier, Goudchaux, préparant sa rentrée au ministère des Finances, réclame leur dissolution. Répondant à la décision prise le 21 juin, d'incorporer dans l'armée les jeunes, entre 18 et 25 ans et de refouler vers la province les autres chômeurs des ateliers, Pujol les entraîne les 22 et 23 juin dans des manifestations qui se déroulent du Panthéon à la Bastille tandis que s'élèvent des barricades et que les VIIIème, IXème et XIIème légions de la garde nationale font défection. Pour réprimer la sédition, le général Eugène Cavaignac dispose de 29.000 hommes de troupe, de 12.000 gardes mobiles, et du reste de la garde nationale. La lutte, opiniâtre et sans merci, va durer trois jours, du 24 au 26 juin. S'il ne s'agit pas d'une réaction ouvrière spontanée, qui donc la dirige, en l'absence des principaux chefs révolutionnaires, alors en prison ou en exil ? Dans chaque *journée* c'est un comité d'action spécial qui assume la direction des opérations. Ce qui frappe, en Juin 1848, c'est que les barricades ont été élevées et défendues par des émeutiers groupés en corps de métiers — comme les manifestants du 28 février — au premier rang desquels se trouvent les bronziers et autres artisans qui constitueront, vingt ans plus tard, le noyau de l'Association internationale des travailleurs. Parmi les instigateurs du mouvement, Legénissel, Benjamin, Laroque, Voisemberg, le lieutenant de vaisseau Cournet, liés à la *Société des Droits de l'Homme*, figure aussi un bonapartiste *de gauche*, l'ouvrier maçon Lahr.

LOUIS-NAPOLÉON : PRÉTENDANT EN RÉSERVE

Car le prétendant Louis-Napoléon joue sur les deux tableaux. Soigneusement tenu en réserve par Palmerston et par les sectes, il a déclaré en propres termes, à Londres, à sa cousine Marie de Bade : *« Je ne m'appartiens pas, j'attends mon heure »*. Ses amis du *« National »*, Thiers et Armand Marrast, soucieux de *faire un exemple* n'ont pas tenté de prévenir l'émeute naissante. Pour ces libéraux, si farouchement opposés à la reconstitution d'organes corporatifs capables de défendre les intérêts légitimes des travailleurs, les conflits sociaux se règlent par des massacres périodiques sur les barricades, suivis de répressions impitoyables. Plus de 12.000 tués, des milliers de blessés, 25.000 arrêtés, dont 11.000 incarcérés, 4.348 déportés, 1.500 fusillés : tel est le bilan des journées de Juin. Plusieurs généraux ont péri : Duvivier, Négrier, Bréa, abattu lorsqu'il parlementait avec les insurgés. Mgr. Affre, archevêque de Paris, tué tandis qu'à la Bastille, il essayait de s'interposer entre les combattants ; 80.000 hommes occupent Paris, récupèrent 100.000 fusils, désarment les unités de la garde nationale qui ont failli à leur devoir. Le 29 juin, Cavaignac, ancien gouverneur de l'Algérie, soutenu par le *« National »*, assume le pouvoir exécutif, avec Sénard à l'Intérieur, Goudchaux aux Finances, Bastide aux Affaires étrangères, Carnot à l'Instruction publique, Lamoricière à la guerre, Changarnier commande la garde nationale. Les ateliers nationaux dissous le 3 juillet, la presse jugulée par deux décrets le 9, les clubs soumis à une étroite surveillance avec interdiction de toute affiliation, l'Assemblée, favorable aux monarchistes, élue le 17 septembre, supprime dans la Constitution votée le 4 novembre le droit au travail, institue une Chambre unique de 750 députés élus au scrutin de liste et au suffrage universel, pour trois ans. Comble d'aveuglement, à l'instigation de Lamartine, qui se croit encore prophète, elle a décrété le 9 octobre que le Président de la République sera élu pour quatre ans, et qu'il ne sera pas rééligible.

Ainsi la voie est-elle largement ouverte à Louis-Napoléon. L'odieux de la répression ayant été assumé par Cavaignac, il peut maintenant paraître. De puissants commanditaires soutiennent sa canditature. Principal actionnaire du *« National »* le richissime duc Charles de Brunswick, qui réside à Londres, lui a avancé 150.000 frs en Juin 1845, par l'intermédiaire d'Orsi, de Smith, représentant Slingy-Duncombe, et de Dorsay, à Ham, contre l'engagement de travailler à l'unification de l'Allemagne. Ses banquiers de Londres, Baring, Tarquhar, les Rothschild et jusqu'à sa maîtresse Élisabeth Ann Haryett, l'appuient financièrement, et lui-même, qui a hérité 1.200.000 frs du roi Louis mort le 25 septembre 1846, n'est pas dépourvu de ressources. Dans l'ombre, il attend qu'on l'appelle. Or, voici que telles les grenouilles qui demandent un roi, les Français — peu portés, par défaut de courage civique, à faire eux-mêmes leurs affaires, selon les sages conseils de Proudhon — réclament une fois de plus un sauveur. Quelqu'un qui ait un nom, vrai ou faux, ou une renommée, réelle ou publicitaire. N'est-ce point le cas de ce Bonaparte, dont peu de gens savent que Louis, roi de Hollande, a jadis désavoué la paternité ? La dynastie à laquelle il se rattache n'est-elle pas synonyme de prestige, de gloire, de grandeur ? Ne se présente-t-il pas en arbitre, en conciliateur, en garant de paix, de progrès, de prospérité ? Qu'il ait l'œil un peu terne, le geste un rien gauche, l'accent un brin *plat-deutsch* de son long exil en Suisse, rassure plutôt les hommes politiques (Thiers par exemple, qui déjà se flatte de tirer les ficelles de ce pantin) et ne fait qu'ajouter à son charme. Après l'avoir élu député le 4 juin dans quatre départements, et les 17 et 18 septembre, dans cinq, les 10 et 11 décembre 1848, le peuple français le plébiscite par 5.434.226 voix contre 1.418.107 à Cavaignac et... 17.910 à Lamartine. C'est un triomphe et, pour l'instant, en France du moins, la mise en sommeil de la Révolution.

LORD MINTO, AGITATEUR DE L'ITALIE

Car le bouleversement de l'Europe continue. En Italie, Palmerston a délégué son beau-père, lord Minto, pour diriger le mouvement. La destruction du pouvoir temporel des papes, la constitution de l'unité italienne, l'élimination des influences française et autrichienne de la péninsule : tels sont les buts fixés à son action. L'année 1847 le voit tour à tour à Turin, à Rome, et à Naples. Qui mieux qualifié que Charles-Albert de Savoie pour réaliser ce programme ? Prince de Carignan, affilié aux carbonari, il a pris une part active à l'insurrection de 1821. Depuis 1840, il entretient des relations suivies avec quantité de conspirateurs aristocratiques (Casale, Borromeo, Martini, Zorelli, Dominis, d'Adda, Ficolmi, Lechi et d'autres). Dans chacun de ses gouvernements figure un homme avancé, chargé de la liaison avec les *patriotes* : le comte Pralormo, le comte Galbera, le marquis Alfieri, plus tard Cavour. À l'automne 1845, le marquis Mazzino d'Azeglio (qui écrira bientôt, dans une brochure sur « *l'Emancipation civique des Juifs* », publiée en 1847-48, que « *leur régénération est étroitement liée à celle de l'Italie* ») est venu tout exprès de la péninsule et s'efforce de lui rallier mazziniens et républicains. Car des évènements graves se préparent. Lors de la neuvième session du Congrès scientifique, qui depuis 1839 réunit chaque année, à Pise, les dirigeants du *Risorgimento*, le prince Charles-Lucien Bonaparte, fondateur de cet organisme commode pour les conjurés n'a-t-il pas annoncé en 1847 à Venise : « *Nous avons fini la neuvaine : l'année suivante nous célébrerons la fête ?* ». Il importe que le concours de Charles-Albert soit absolument acquis au mouvement, qu'il donne l'exemple des réformes (il promulguera le 4 mars 1848 une constitution, réclamée le 27 février par les manifestants de Turin), qu'il donne des gages aux hétérodoxes ramenés dans leur ghetto après 1813 (il leur accordera fin Mars les droits civiques, et même, en Juin, les droits politiques) et qu'il intervienne militairement contre l'Autriche — ce qu'il fera le 21 mars, en rejetant le concours de la France : « *Italia fera da se* ». De ce côté, l'envoyé de Palmerston a donc obtenu satisfaction.

À Rome, où l'élection de Pie IX tenu pour libéral, a été généralement bien accueillie, le nouveau pape a pris l'initiative de réformes, accordé une large amnistie, réuni une *consulta* de vingt-quatre notables (19 août — 1846 — loi du 13 octobre 1847) et très largement sécularisé son administration. Il avait même proposé de démolir les murs du ghetto, ce qui avait failli provoquer un pogrom en Juillet 1847. Mais Cicervacchio, le grand meneur des clubs, s'était interposé et tout avait fini par des embrassades. Encouragés maintenant par le noble lord, émissaire de Palmerston, les agitateurs intensifient les manifestations de rues jusqu'à obtenir le 7 juillet 1847, l'institution d'une garde civique, que les révolutionnaires auront tôt fait de prendre en main. Le 14 mars 1848, le Souverain Pontife promulguera enfin une Constitution, avec un avant Conseil, nommé par lui, et une Chambre censitaire.

Ces premiers avantages acquis, Lord Minto s'est rendu à Naples, pour y faire bénéficier de sa sollicitude les *patriotes* et plus spécialement ceux de Sicile, auxquels Sa Gracieuse Majesté britannique, s'intéresse particulièrement, compte tenu de l'importance stratégique qu'occupe leur île en Méditerranée. Il dispose d'ailleurs de nombreux alliés dans la place, le roi Ferdinand II ayant hérité de son père le roi François, président du Conseil, le marquis del Canetto, ministre de la police, le marquis Fortunato, et s'étant attaché comme confesseur l'archevêque de Patras. Mgr. Code, resté, de tous, le plus fanatique. Toujours est-il qu'une révolte avait éclaté en Sicile, le 12 janvier 1848, en faveur de la Constitution de 1812, que le roi avait cédé le 29 janvier et octroyé ce qu'on lui demandait. Le missionnaire de Parmerston s'est alors contenté d'offrir par l'intermédiaire du consul G. Godwin, ses bons offices au comité révolutionnaire de Palerme pour négocier avec le souverain. Sa médiation échouera en Juin.

... SECONDÉ PAR LES HÉTÉRODOXES

Le mouvement n'a pas tardé alors à se répandre dans toute la péninsule, bien que la masse paysanne demeure généralement à l'écart. En toscane, les hétérodoxes en ont pris la tête. Maîtres de l'entrepôt commercial de Livourne, puissants à Florence et à Pise, à part l'accès aux fonctions publiques et municipales ainsi qu'au barreau, ils avaient réussi à conserver après 1813 l'essentiel des droits acquis sous le régime français (comme à Parme sous Marie-Louise). C'est eux à présent qui entraînent, avec les républicains Cuerrazi, Montanelli et Mazzini, l'ensemble du pays. Le 17 février, le duc Léopold II accorde une constitution, ce qui implique naturellement pour eux, comme bientôt à Modène, l'égalité des droits. Il en a été de même à Venise, où, malgré l'arrestation de Daniel Manin et de Tamaseo le 18 janvier, à la suite de bagarres provoquées le 18 février par les étudiants de Padoue, l'insurrection l'emporte et restaure, le 22 mars, la République de Saint Marc. Sous l'autorité de Manin, mieux d'entre eux sont ministres : Isaac Maurogonato aux Finances. Léon Pincherlé au Commerce : huit autres siègent au Parlement. À Milan, Cattaneo dirige contre les Autrichiens le soulèvement qui éclate le 18 mars, à la nouvelle des émeutes de Vienne. L'affaire est très dure et coûte aux insurgés 350 tués. Enfin, au bout de la cinquième journée, les troupes de Radetzky évacuent la ville et se retirent dans le quadrilatère Mantoue-Legano-Peschiera-Verone. Volant au secours de la victoire, les Piémontais interviennent le 23 mars et parviennent, le 30 mai, à s'emparer de Peschiera. Charles-Albert annexe le 10 mai Plaisance, le 29 le Milanais (après plébiscite) ; le 4 juillet la Vénétie s'offre à lui, mais il n'ose l'occuper.

L'ORDRE RÉTABLI : DANS LE NORD PAR L'AUTRICHE ET À ROME, PAR LA FRANCE

Car Radetzky, les 11 et 12 juin contre-attaque, s'empare de Vicence et de Trévise (13 juin) et bouscule à Custozza, le 23 juillet, les troupes italiennes. Au camp des péninsulaires, la division règne : parmi les militaires, les Piémontais méprisent leurs auxiliaires des autres états, et regardent avec méfiance les volontaires révolutionnaires à la Mazzini, à la Garibaldi ; entre les chefs politiques, fédéralistes et unitaires, royalistes et républicains, libéraux et radicaux, conservateurs et *rouges* partisans et adversaires de l'intervention française, etc. ; comme entre les grands États rivaux : Piémont, Naples, Saint-Siège. Contraint d'évacuer Milan, où il a refusé d'élever des barricades (5 août) Charles-Albert en appelle à une médiation anglo-française et sollicite, le 9 août, un armistice. À Naples, Ferdinand II a réussi à rétablir son autorité et à soulever son peuple, le 15 mai 1848, contre les aristocrates et bourgeois réformistes. Et les efforts de Córdova (13 août 1848-23 janvier 1849) aidé par des fournitures d'armes britanniques, pour réaliser une réforme agraire aux dépens des biens ecclésiastiques en Sicile, s'étant soldées par un échec, les troupes royales réoccupent Palerme, le 15 mai 1849.

Malgré les larges concessions qu'il a consenties, le Pape, lui, a déclenché une nouvelle tempête en refusant, le 29 avril 1848, de se joindre au Piémont pour déclarer la guerre à l'Autriche. Des émeutes ont suivi qui ont porté ou pouvoir le comte Mamiani, avec Galetti à la police, soutenus par le Dr. Sterbini et le moine apostat Gavazzi. À peine le Souverain Pontife profitant du reflux de la révolution pendant l'été, appelle-t-il au ministère un modéré fédéraliste, le comte Pellegrino Rossi, autrefois attaché à Murat en 1815 et naturalisé français, que ce dernier, considéré comme un renégat, et condamné par le *Congrès scientifique* de Turin, est froidement poignardé sur les marches du Parlement le 15 novembre par un fanatique qui disparaît, protégé par ses amis. Pie IX n'a d'autre ressource que de se réfugier à Gaëte. Le 8 février 1849, le prince Bonaparte-Canino et Mamiani, partisans de l'unité, le déclarent déchu et proclament la République romaine. Un triumvirat est formé avec Mazzini, l'avocat Armelloni et Salicetti, le fils de l'avocat corse régicide, qui avait été jadis à Naples l'âme damnée de Joseph et de Murat. Les *patriotes italiens*, qui composent leur état-major s'appellent : Hang, Steward, Laviron, Gabet, Besson, Lopez, Fopfer, Isensmid, Dobrowoleski, Maslovihi... *i tutti quanti* : un ramassis d'agitateurs cosmopolites. Les puissances catholiques toléreront-elles qu'ils étouffent la voix du ponfite romain ? D'accord avec le cardinal Antonelli, l'Espagne propose le 21 décembre qu'elles se réunissent en conférence pour décider de la forme à donner à leur intervention. D'ores et déjà, en France, Cavaignac a décidé qu'un contingent de 3.500 hommes accompagnerait son envoyé, de Corcelles. L'Assemblée, le 30 novembre, a approuvé cette initiative par 480 voix contre 63. Fort embarrassé, le Prince-Président Louis-Napoléon souhaiterait, pour ne pas déplaire à Palmerston, que rien ne soit fait sans l'agrément de Charles-Emmanuel. Mais ce dernier, qui a eu la malencontreuse idée de reprendre les hostilités le 12 mars 1849, se fait écraser par Radetzky à Novare le 23 mars. Le voilà hors jeu. Son fils Victor-Emmanuel appelle le modéré d'Azeglio au ministère. À l'Assemblée française, Falloux et Buffet emportent la décision d'une intervention.

Débarqué le 24 avril, le maréchal Oudinot occupe Civita-Vecchia le 25, mais il tarde à marcher sur Rome, où l'attitude ambiguë de Paris ayant découragé les quelque 35.000 partisans décidés du Pape, il est reçu à coups de fusil, et où il n'entrera de vive force que le 3 juillet. Jouant double jeu, Louis-Napoléon a envoyé sur place un parent des Bonaparte, le maçon Ferdinand de Lesseps qui outrepassant ses instructions, a signé une convention avec le gouvernement républicain, maintenant les troupes françaises en dehors de la ville. Désavoué, il est rappelé en France. Mais le PrincePrésident récidive et, dans une lettre au lieutenant-colonel Edgar Ney, du 18 août 1849, réclame du Pape l'amnistie, l'introduction du code Napoléon et la sécularisation de son gouvernement. Le général Rostolan, commandant les troupes, ignore ces *instructions* parallèles, qu'accompagnent les menées de la *Fratellenza* maçonnique dans l'armée. Il en coûtera à Oudinot son bâton de maréchal, mais l'intrigue échoue. La république romaine tombe le 1er juillet et Pie IX rétablit son autorité sur la Ville Éternelle. Partout d'ailleurs c'est la débâcle de la révolution. Le 28 juillet 1849, les Autrichiens ont réoccupé la Toscane et rendu à Léopold sa couronne ducale. À Brescia ils ont exercé une sévère répression. Le 23 août Venise, dernier bastion de la résistance *populaire*, a capitulé. Partout sauf en Piémont, les Israélites « *qui avaient participé avec enthousiasme au mouvement...* » aussi bien dans le camp des libéraux modérés que dans celui des radicaux démocrates « *allaient reprendre le chemin de leurs ghettos* » (Delio Cantinori, « *1848 dans le monde* »).

LES HÉTÉRODOXES ALLEMANDS ÉMANCIPÉS

Leur rôle n'a pas été moindre dans les événements d'Allemagne. Les États du sud-ouest et de Rhénanie avaient reçu des constitutions octroyées par le roi de Bavière et le grand-duc de Bade en 1818, par le roi de Würtemberg en 1819, par le prince de Hesse-Darmstadt en 1820. Mais l'assassinat à Mannheim, le 23 mars 1819, de l'agent diplomatique russe Kotzebue par l'étudiant Sand, avait provoqué des mouvements anti-sémites à Wurzbourg et Bamberg, en Bavière, le 2 août, à Karlsruhe, à Heidelberg, à Mannheim, puis à Francfort, le 10 août, et jusqu'à Hambourg, du 21 au 24 août. Et les revendications des communautés juives s'étaient trouvées bloquées. En Bavière, 50 à 60.000 avaient été exclus des assemblées en 1818, mais le roi Maximilien-Joseph leur avait permis de conserver deux représentants dans la municipalité de Furth en 1819. Le Landtag de Bade s'était montré favorable en Juin 1831 à l'émancipation de ses 20.000 hétérodoxes, mais l'affaire avait traîné et n'avait été reprise qu'en 1846. Plus heureux, leurs 20.000 coreligionnaires du grand-duché de Hesse-Cassel jouissaient de l'égalité des droits depuis 1832, et même du libre accès aux fonctions publiques, depuis Octobre 1833. Quant au Würtemberg, il n'attendait que l'échéance de vingt ans prévue par la loi *de correction* de 1828, pour accorder à ses quelque 11.000 hétérodoxes, des droits analogues.

En Prusse, ils étaient passés de 124.000 en 1816 à 206.000 en 1847, par suite de l'annexion de la Posnanie, qui en comptait environ 80.000. Et comme ces derniers, peu évolués, paraissaient difficilement assimilables, le berlinois Streckfuss avait prétendu en Juin 1833 les classer en deux catégories, ce qui avait soulevé les protestations du journaliste Gabriel Riesser, de l'historien Jost et du radical Johann Jacobi. Lorsque le nouveau roi Frédéric-Guillaume IV, en 1840, avait voulu les considérer comme *un corps autonome* Riesser et Philippson, avaient encore protesté, ce dernier en invoquant leur *patriotisme prussien*, De fait, les intellectuels réformistes tendaient de plus en plus vers l assimilation, quand ils n'allaient pas jusqu'à se convertir. En 1843, cédant aux campagnes de la presse libérale, Streckfuss s'était rallié à l'émancipation, le petit Landtag rhénan avait donné l'exemple (été 1843-mars 1845), bientôt suivi par les autres — à part celui de Saxe — de leur en accorder le principe. Cette position avait été confirmée par le Landtag confédéré, réuni à Berlin au printemps de 1847, malgré l'opposition des ministres Eichhorn et Thiele, et grâce à l'appui des libéraux Kamphausen et Auerswald. De sorte qu'une loi promulguée le 23 juin 1847 ne maintenait plus comme restrictions que l'accès aux fonctions judiciaires, policières, administratives, aux grades d'officier dans l'armée et l'entretien d'écoles autres que religieuses. Des congrès à Brunwick (12-19 juin 1844), à Francfort (15-28 juillet 1845), à Breslau (15-20 juillet 1846) avaient groupé, dans le style Sanhédrin de Paris, les principaux chefs réformistes (Geiger de Breslau, Philippson de Magdebourg, Frànkel de Dresde, Stein de Francfort). On y avait interprété le messianisme dans le sens le plus large, celui de la fusion de toua les peuples en une seule famille. Et l'on avait créé une *Association pour la culture et la science juive*, où brillaient le converti Gans, Zunz, Moise Moïse, Louis Marcus et le jeune Henri Heine. Peut-être s'y entretint-on aussi des évènements qui se préparaient ?

Croyant les prévenir, à la seule nouvelle de la révolution à Paris, fin Février et début Mars, les gouvernements de Würtemberg, de Bade, de Hesse, de Saxe et de Bavière (où compromis par ses relations avec Lola Montès, Louis 1er, à la suite de manifestations hostiles, a dû céder le trône à Maximilien II, au début de 1846) ont accepté les revendications des libéraux. Mais en Prusse, Frédéric-Guillaume IV, très refroidi à l'égard des progressistes depuis qu'il a été victime d'un attentat en 1844, a bien convoqué le Landtag, du 11 avril au 26 juin 1847, mais seulement pour autoriser un emprunt pour la construction des chemins de fer ; il n'a pas été question de réformes. Tout de même un comité de sept membres, ou *Vorparlament* avec Henri de Gagern, Welcher, Struve... s'étant réuni le 5 mars 1848 à Heidelberg, avec l'approbation du Würtemberg, de la Bade et de la Saxe, en vue de préparer la convocation d'un Parlement allemand à Francfort, le roi de Prusse s'est décidé, le 6, à accorder la périodicité du Landtag, le 8, une nouvelle loi sur la presse, et à convoquer le Landtag pour le 14-27 avril, tandis que les monarques décidaient de se retrouver à Dresde le 25 mars, pour s'y concerter sur les décisions à prendre.

À LA TÊTE DES ÉMEUTES ET DES ASSEMBLÉES

C'est alors que les démonstrations libérales, qui durent depuis le 10 mars, provoquent de graves échauffourées à Berlin, le 15 avec les uhlans sur la place du Château, et les 18 et 19 avec l'armée, qui couche 183 manifestants sur le pavé. Il y a cinq hétérodoxes tués, dont Sax et Zunz prononcent l'éloge funèbre le 22 mars, et de nombreux blessés. Réuni le 6 avril, le Landtag, sur proposition du ministre Lüdolf Kamphausen, accorde aux Israélites l'égalité des droits. Elle leur sera confirmée, et par l'Assemblée nationale, où siégeront, de Mai à Novembre, trois d'entre eux, dont Johann Jacobi, et par le roi, dans la Constitution octroyée le 5 décembre 1848, bien que, dès novembre, le gouvernement royal ait dissous la milice bourgeoise, fermé les clubs, et renvoyé l'Assemblée le 5 décembre.

Encore qu'assez peu nombreux parmi les 600 députés de l'Assemblée nationale de Francfort (18 mai 1848), ils y occupent les premières places. Le président Édouard Simons est un converti de Königsberg, qui sera plus tard président du Reichstag de l'Allemagne du nord. Le publiciste Gabriel Riesser, de Hambourg, qui a été membre du *VorParlament*, est vice-président de l'Assemblée, où siègent aussi Veit de Berlin et le républicain Robert Blum. Riesser figurera au nombre des délégués qui offriront la couronne impériale à Frédéric-Guillaume IV, qui prudemment la refusera, de sorte que le 28 juin 1848, l'archiduc Jean deviendra le chef provisoire du Reich. Le 4 juillet, l'Assemblée de Francfort accorde à tous les Allemands les libertés essentielles et proclame leurs droits fondamentaux. Mais les États répugnent à se dessaisir de leur souveraineté, notamment en matière militaire ; quant aux limites de la Grande-Allemagne, l'annexion éventuelle des duchés danois, et l'exclusion des pays non-allemands dépendant de l'empire d'Autriche, réclamée par l'historien Dahlmann (27 octobre 1848). posent des problèmes insolubles. Sur ces entrefaites, l'ordre étant rétabli à Vienne par Schwarzenberg, le jeune empereur François-Joseph monte sur le trône le 2 décembre. Nouveau président du Parlement, de Gagern entame des négociations avec l'Autriche (13 janvier 1849) et Frédéric-Guillaume IV de Prusse, qui refuse de tenir sa couronne de la volonté populaire, en fait autant. La constitution, volée à Francfort, les 3-28 avril, qui instaurait le suffrage universel, admettait le veto suspensif, créait deux assemblées — l'une représentative du peuple et l'autre, fédérale, des États, ne verra jamais le jour —, le Parlement ayant été mis à la porte le 18 juin 1849. Une tentative prussienne d'envahir la Hesse-Cassel, en Octobre 1850, se heurtera à un ultimatum de Vienne, qui mobilisera quatre corps d'année et, forte de l'appui des rois de Bavière et de Würtemberg obtenu à Bregenz, le 12 octobre) et de celui du Tsar là la suite d'une rencontre entre François-Joseph et Nicolas I$_{er}$ à Varsovie), contraindra Berlin à céder, le 26 novembre. Le 29 novembre, à Olmütz, le prince de Schwarzenberg (qui mourra malheureusement dix-huit trois plus tard) rejettera le projet d'union des États allemands proposé par la Prusse et forcera le comte de Manteuffel à s'incliner. Sérieux échec. Pour un temps c'en est fait du Grand Reich pangermaniste et démocratique, qui aurait formé, dès cette époque, un bloc de 70 millions d'habitants au centre de l'Europe. Mais, comme le Piémont en Italie, la Prusse, puissance militaire, maçonnique, accueillante aux hétérodoxes, s'est posée en championne de l'unité allemande.

MENEURS DE LA RÉVOLTE EN AUTRICHE

Aux dépens de l'Autriche catholique qui, vraie marqueterie de peuples, demeurera profondément ébranlée par la secousse révolutionnaire. En même temps qu'à Berlin, presque jour pour jour, l'insurrection, en effet a éclaté à Vienne. Et, comme l'écrit Doubnov (t. II, p. 5) : « *Ici, comme partout ailleurs on voyait dans les premiers rangs du mouvement révolutionnaire... les Juifs* ». Bien qu'il n'y en eut qu'environ 5.000 tolérés — à tété de nombreux clandestins — dans la capitale, ils étaient alors au nombre d'un million dans l'empire des Habsbourg, dont 400.000 en Galicie et 262.000 en Hongrie. C'est eux en fait, qui mèneront le jeu. Le brasseur Schutzer, l'écrivain Bauernfeld, et surtout le jeune médecin Adolf Fischhof (1816-1893). Ce dernier prend la tête des étudiants qui, en cortège, attaquent la Diète (Landhaus) le 13 mars : il les harangue et leur lit une allocution de Lajos Kossuth, doctrinaire d'origine slovaque, du 3 mars. Une délégation se rend à la Hofburg, pour réclamer la démission de Metternich et la création d'une garde nationale. Mais les manifestants, parmi lesquels de nombreux ouvriers (depuis 1834-36, Wilhelm Weitling s'efforçait de les coaliser) prenant une attitude menaçante, la troupe tire sur l'ordre de l'archiduc Albrecht pour dégager le Palais, et fait 10 victimes. À l'enterrement commun de celles-ci, le rabbin de Vienne, Mannheimer, prononce un discours. Il tente de retenir ses coreligionnaires, impatients de présenter leurs revendications particulières. Car la Cour est divisée, si l'archiduc Louis et l'archiduchesse Sophie, satisfaits du départ de Metternich, conseillent de céder, le prince Windischgrütz, qui commande l'armée, est déterminé à résister. La milice bourgeoise, organisée par le comte Hoyos, et la garde nationale réagissent d'autre part contre les excès des ouvriers qui ont incendié des usines. Et la province n'a pas bougé. Il convient donc d'être prudent. On relève tout de même la présence de huit hétérodoxes parmi les vingt-neuf signataires du *Manifeste des écrivains de Vienne*, du 15 mars.

Au gouvernement qu'il a formé avec Pillersdorf, le comte Kolowrat louvoie (on connaît les attaches de sa famille avec les Illuminés). Le 25 avril, l'empereur Ferdinand Ier promulgue une Constitution modérée — à la belge — qui accorde aux Israélites le principe de l'égalité des droits, laquelle leur sera conférée *par voie législative*. Se sachant impopulaires, cela ne les satisfait guère. Les manifestations reprennent, de plus en plus menaçantes, le 2 mai, contre le cens (qui sera aboli le 9, sauf le maintien de restrictions concernant les ouvriers et les domestiques), le 15 mai, toujours sous la direction de Fischhof, contre la dispersion du comité central de la garde nationale, prononcée la veille, et de nouveau, du 26 au 29, où des barricades s'élèvent pour protester contre la dissolution de la *Légion académique*. La Cour a jeté du lest en octroyant le suffrage universel et l'institution d'une seule Chambre législative. Un nouveau cabinet s'est formé, avec Wessenberg, Doblhof et l'avocat Alexandre Bach, mais le départ de l'empereur pour Innsbrück, le 17 mai, inquiète la population de la capitale et la retourne contre les fauteurs de troubles.

Pendant l'été, l'insurrection tourne à la guerre civile. Fischhof est alors président du *Comité de Salut public*. En Juillet, au Reichstag constituant, siègent avec lui le rabbin Mannheimer, Goldmark, le journaliste radical et réformiste Ignace Kuranda et Hartmann (ces deux derniers également délégués au Parlement de Francfort). Fin Août, Karl Marx, tout théoricien qu'il est, vient suivre les évènements sur place. Et, tout-à-coup, l'affaire se corse. La réduction des salaires dans les chantiers de travail ouverts aux chômeurs, décidée le 19, provoque au Prater, le 23 août, de graves échauffourées, qui opposent garde nationale et ouvriers. En Septembre, la Constituante accorde aux Israélites l'égalité des droits. Le 5 octobre elle a voté par 243 voix contre 20, l'abolition des taxes spéciales, réclamée par Mannheimer. Mais le 6, les troubles reprennent de plus belle. Prétendant s'opposer au départ de troupes contre les Hongrois, les insurgés pendent le ministre de la Guerre, La Tour, et s'emparent le lendemain de l'arsenal de la Renngasse. Il y a 15 morts et 95 blessés. La Cour se réfugie à Olmütz, sous la protection de l'armée de Windischgrätz, dont les 70.000 hommes, dotés de 200 canons, s'apprêtent à reconquérir la capitale, défendue par les troupes révolutionnaires, garde nationale, *Légion académique* et garde mobile ouvrière, au total, 30 à 40.000 hommes. Ces derniers résistent du 23 au 31 octobre, mais les forces de l'ordre réoccupent Vienne, où la répression se traduit par 2.400 arrestation,. dont 460 maintenues, et 72 sentences de mort, dont 25 seront exécutées.

Robert Blum a été tué. Condamné à la peine capitale, Goldmark parviendra à gagner l'Amérique. Quant à Fischhof, il sera seulement privé de ses droits civiques.

Tandis que les sociétés populaires sont dissoutes, le prince Félix von Schwarzenberg, beau-frère de Windischgrätz, forme le 21 novembre un gouvernement avec le comte Stadion à l'Intérieur et des collaborateurs de premier ordre, qui entreprennent de réformer l'administration, la justice (avec institution de jury, et de débats publics par Schmerling), l'économie (dans le sens de l'unification douanière réalisée par Brück) et l'agriculture, par la suppression de la corvée (robot), des derniers vestiges du servage, l'accession (au prix de 564 m. d'indemnités) de 2.872.000 paysans à la propriété et la création de communes rurales (17 mars 1849). Cette œuvre sociale importante, qui sera une grande réussite, prouve que l'Autriche a su tirer le leçon des évènements. À ses destinées, préside, Ferdinand ayant abdiqué le 2 décembre 1848, le jeune empereur François-Joseph. Quant aux Israélites, la Constitution du 4 mars 1849 (rectifiée le 31 décembre 1851 afin de rendre les ministres responsables devant le seul souverain) leur accordait en principe l'égalité des droits, selon la formule allemande ; en fait, le droit de résider et d'acheter des immeubles, d'être admis au barreau et dans les Universités.

LE NATIONALISME MAGYAR ÉCRASÉ

Le mouvement déclenché en Hongrie a revêtu un tout autre caractère qu'en Autriche. Avant d'être révolutionnaire, il est national et vise à l'autonomie d'un peuple aussi courageux que particulariste. Les Hongrois en ont conservé la direction. Aussi Palmerston, soucieux par ailleurs de ne pas trop affaiblir l'Autriche, dont le contrepoids est nécessaire à l'Angleterre pour faire pièce aux ambitions balkaniques de la Russie, hésite-t-il à les soutenir, au point de refuser de recevoir leur envoyé Laszlo Szalay. Leurs chefs pourtant ne manquent point de libéralisme. Surtout l'avocat Lajos Kossuth, protégé du comte Louis Batthyani, qui, dans ce pays qui compte 680.000 nobles sur 12 millions d'habitants, a réussi à évincer le modéré François Deak, représentant des hobereaux moyens, propriétaires terriens. Dans l'ensemble, leurs assemblées se sont montrées, à l'égard des hétérodoxes, beaucoup mieux disposées que les autorités autrichiennes. Sur proposition de la Diète de Pest, en 1839, la Chambre des Magnats n'a-t-elle pas accepté, le 31 mars 1840, de supprimer la taxe de tolérance et, en 1842, d'ouvrir les portes des, ghettos ? Mais l'imprudence des rabbins qui, réunis à Presbourg, ont déclaré qu'ils n'avaient qu'une Patrie, la Palestine, a rendus vains les efforts de leur champion, le baron Eötéös, et barré la route aux réformes (1844). Seule la taxe de tolérance a été supprimée, l'archiduc Joseph ayant obtenu de Vienne, en Juillet 1846, qu'elle serait rachetée par le versement de 1.200.000 florins, échelonné sur six ans. Kossuth lui-même avait manifesté son hostilité à leur émancipation totale.

Les choses en étaient là, lorsque, répondant au manifeste lancé par ce dernier le 3 mars 1848, la Chambre basse de la Diète de Presbourg réclama de Vienne des réformes tendant à l'autonomie, et reconnut aux Israélites, le 14 mars, le droit d'être électeurs et éligibles. Mal lui en prit. À peine transportée à Pest, le 17 mars, pour imposer son autorité dans une ville où le porte slovaque Petöfi avait présenté au cours d'une campagne de banquets un programme radical en douze points, créé un Comité de Salut public et constitué une garde nationale, l'Assemblée se heurta à de farouches résistances populaires contre les hétérodoxes, qui avaient pénétré dans le Comité et s'étaient enrôlés dans la garde. Il y eut à Presbourg, les 19 et 20 mars, et le 19 avril à Pest, des incidents graves qui, menaçant de tourner au pogrom, les contraignirent à regagner leurs ghettos et le gouvernement à renoncer aux mesures prises en leur faveur. Le cabinet modéré, présidé par le comte Batthyani, n'avait d'ailleurs pas la tâche facile. Accepté par Vienne, il négociait avec l'Autriche, qui prétendait conserver la haute main sur les finances et sur l'armée, avec les Roumains de Transylvanie, prêts à demander leur annexion, avec les envoyés serbes, venus au contraire, début Avril, réclamer leur autonomie, avec l'Assemblée nationale serbe, réunie le 13 mai à Karlovtsi, profondément hostile à la prépondérance hongroise. Se sentant acculé dans une impasse, Batthyani démissionna.

Profitant de ces dissensions, l'Autriche eut beau jeu de lancer les Croates du ban Yelatchitch contre les Hongrois (11 septembre) tandis que Kossuth s'efforçait de réunir 42 millions de Florins et 200.000 hommes pour contenir l'attaque — à Porkozd, en Octobre —, et tenter une marche sur Vienne, bientôt bloquée à Schwechat. En Janvier 1849, l'armée de Windischgrätz, après avoir libéré Vienne, occupait Buda-Pest. La défaite engendrant la discorde, le général hongrois Görgey, supplanté par le polonais Dembinski, s'était retourné contre Kossuth. Après une inutile tentative en vue de reprendre Buda, menacé par l'armée russe, qui avait pénétré le 1er mai à Cracovie, il n'avait succédé à son chef (le 11 août) que pour subir une grave défaite à Vilagos (13 août) et négocier une capitulation avec Paskievitch. En vain, l'Assemblée magyare, réfugiée d'abord à Debreczen, puis à Szegedin, et de plus en plus réduite par les défections, avait-elle proclamé le 14 avril 1849 la déchéance des Habsbourg et l'indépendance de la Hongrie. Au nom de l'Empereur, le général autrichien Haynau exerçait une répression sévère : Batthyani condamné à mort, treize généraux hongrois pendus (16 octobre), 400 officiers condamnés à la prison (y compris 280 dont la peine de mort avait été commuée). Pour les punir d'avoir participé à la révolution et de s'être engagés nombreux comme volontaires, avec Léopold Loew, dans la dernière phase du conflit, les hétérodoxes de Pest s'étaient vus infliger une amende de 10.000 florins par le prince Windischgrätz en Février 1849. En fin de compte le général Haynau leur imposa une contribution de 2 millions de Florins, qui servit à ouvrir à leur profit des écoles allemandes.

En Bohème, où la population regardait de travers ses hétérodoxes qu'elle accusait de servir d'appoint aux Allemands contre les Tchèques, la révolution avait fait long feu. Les 19 et 29 mars 1848, deux pétitions ayant été remises à Vienne, un gouvernement provisoire de huit membres s'était constitué, le 29 mai, sous le comte de Thun. Et, sur l'initiative des Slovaques et des Croates, un Congrès des Slaves, s'était ouvert à Prague, le 2 juin. Un soulèvement s'ensuivit le 12, auquel participèrent étudiants et ouvriers. Au bout de cinq jours, les troupes de Windischgrätz en vinrent à bout. Renonçant à poursuivre la lutte, les Tchèques refusèrent en Septembre de soutenir les Hongrois.

Somme toute, si la tempête révolutionnaire de 1846-49 est parvenue à allumer dans toute l'Europe la flamme du nationalisme, elle n'a réussi nulle part à balayer les souverains, même en France où elle se termine par la dictature d'un usurpateur. Lorsqu'elle s'apaise, à part la montée de l'hégémonie prussienne en Allemagne et de la piémontaise en Italie, et la pénétration croissante des hommes politiques hétérodoxes dans les gouvernements et dans les cabinets Ministériels, apparemment rien n'est changé.

La Révolution, à froid, a échoué. Bien que généralisée, partout où elle s'est heurtée aux forces intactes de puissances décidées à se défendre, elle a reculé ou elle a été écrasée. La leçon ne sera pas perdue pour les meneurs de jeu. Désormais, la guerre étrangère précédera la guerre civile, comme dans une offensive bien menée, la préparation d'artillerie précède l'assaut. Tour à tour, Napoléon III et Bismarck seront les instruments de cette politique, en attendant qu'une fois de plu, la France serve de champ d'expérience aux révolutionnaires de la Commune.

CHAPITRE XXII

LE BINÔME : GUERRE-RÉVOLUTION

Le Prince-Président contre une Assemblée divisée — Un coup d'État sans bavures — Un Sultan mené par ses vizirs — Relève des Rothschild par Fould et les Pereire — Prospérité saint-simonienne — Des finances de facilité — Place aux spéculateurs cosmopolites — ... et aux exportateurs britanniques — Gonflement de budget et de la Dette — Vassalité envers Londres en Crimée — ... et en Chine - Au service de l'Unité italienne — ... sans autre bénéfice... — ... que Nice et la Savoie — Remous maçonniques à propos de Rome — L'insurrection polonaise étouffée — Au profit des créanciers du Mexique — L'aventure de Maximilien — ... S'effondre avec la défaite sudiste — Ayant sacrifié l'Autriche... — ... à l'ambition de Bismarck... — Au plus grand profit des F∴M∴ et des hétérodoxes — Napoléon III, empêtré dans l'affaire romaine — Isolé devant la Prusse — Face à une opposition renaissante — Et à des préparatifs de révolution — Machination de la candidature Hohenzollern — Tête baissée dans la guerre ! — Avec une armée malpréparée— La République, née de la défaite... — En aggrave lesconséquences... - Débouche sur les excès de la Commune — Et sa répression sanglante.

L'homme-lige des sociétés secrètes et de l'Angleterre qui l'ont porté au pouvoir, Louis-Napoléon, plébiscité comme président, s'efforce de donner des gages à tout le monde et ne s'achemine vers la dictature qu'avec la plus grande cautèle.

LE PRINCE-PRÉSIDENT
CONTRE UNE ASSEMBLÉE DIVISÉE

Comptant peu d'amis sûrs, il écarte Thiers (très mal vu des socialistes qui, à deux reprises en Juin 1848 et en Janvier 1849, ont menacé de piller son hôtel) et refuse le manifeste qu'il lui avait préparé. Son secrétaire Mocquard, Abbatucci et Crémieux, se chargeront d'en rédiger un, qui rassure à la fois, par la promesse de lois *industrielles*, les milieux saint-simoniens du *Globe* (avec lesquels Vieillard maintient pour lui la liaison depuis 1834) et, par l'engagement de rétablir la liberté de l'enseignement, les catholiques et les modérés du Comité de la rue de Poitiers, les Molé, les Montalembert. Auparavant, il a rencontré et écouté tout le monde, du socialiste Proudhon au légitimiste Berryer. Sous la direction d'Odilon Barrot, de la loge des

Trinosophes, l'instigateur de la campagne des banquets, son premier ministère, à part le légitimiste Falloux à l'instruction publique, se compose en majorité d'orléanistes. Ami de Thiers, Malleville ne tardera pas à quitter le ministère de l'Intérieur : il est trop indépendant pour accepter de communiquer toutes les dépêches. Soigneux de sa popularité, le Prince-Président a le geste de gracier la plupart des déportés, dont le nombre est bientôt ramené de 12.000 à 1.200. Ce qui ne l'empêche pas de surveiller les clubs, dont il demande en vain la suppression à l'Assemblée, le 27 janvier 1849, et les sociétés d'opposition, genre *Solidarité républicaine* dont 27 membres sont arrêtés deux jours plus tard tandis que sont dissous treize bataillons de la garde mobile, sur vingt cinq, travaillés par la propagande de cette organisation (24 janvier). L'énergique général Changarnier est en même temps appelé au commandement de la garde nationale et de la division de Paris.

L'essai du régime présidentiel que la France est en train de tenter risque en effet de déboucher rapidement sur un coup d'État, que le général propose à deux reprises à Louis-Napoléon de réaliser, les 29 janvier et 13 mai 1849, avant et après les élections. Celles-ci envoient en effet siéger à la Chambre, sur 750 députés, une majorité monarchiste : 200 légitimistes. 200 orléanistes, 30 catholiques, à côté d'une cinquantaine de bonapartistes, de quelque 70 républicains modérés et de 200 montagnards, démocrates-socialistes, dont le programme a été vivement critiqué par Karl Marx, car il tend à rétablir l'harmonie, au lieu d'accentuer l'antagonisme entre les classes. Bien que la participation électorale n'ait pas dépassé 60% des inscrits, ce scrutin est l'un de ceux qui reflètent le mieux la physionomie électorale de la France d'alors. Mais il installe, en face du Président, une assemblée hostile devant laquelle Louis-Napoléon doit biaiser, tout en s'efforçant de la discréditer devant l'opinion.

L'intervention française pour la protection du pape à Rome, exigée par l'Assemblée, plonge le Président dans l'embarras. Les moyens parallèles auxquels il a personnellement recours, le déconsidèrent dans les milieux catholiques. Ils n'en provoquent pas moins le 13 juin, une manifestation organisée par Ledru-Rollin et le Comité démocrate-socialiste et une équipée ridicule, qui se termine par la fuite éperdue des meneurs, Victor-Considérant, Guinard et autres, qui, débusqués par l'armée du Conservatoire des Arts et Métiers, cherchent refuge en Belgique et en Angleterre. Malheureusement, le surlendemain, à Lyon, c'est autrement grave ; l'insurrection de la CroixRousse fait 150 victimes, du côté des émeutiers, 80 dans la troupe et se solde par 1.500 arrestations. Le Prince-Président en profite pour renforcer son autorité, constituer un ministère d'*Amis de l'Élysée* préparé par le duc de Morny, son demi-frère, descendant de Talleyrand par le général de Flahaut, présidé par le général d'Hautpoul, avec Achille Fould (son commanditaire) aux Finances, Ferdinand Barrot (le frère d'Odilon) à l'Intérieur et Rouher à la Justice (28 octobre 1849). Mais il s'arrange pour faire retomber sur l'Assemblée l'impopularité des mesures de répression. Atterrée par le spectre rouge, par l'extension des sociétés secrètes dans les campagnes (les *Hommes libres* en Bresse les *Boncousins* en Franche-Comté, la *Marianne des Champs* dans le Massif central, la *Nouvelle Montagne* dans le sud-est), par la contamination de la paysannerie et de la troupe par la propagande socialiste, par le succès aux élections complémentaires de Flotte, un insurgé de Juin, de Vidal, compagnon de Louis-Blanc (10 mars 1850) et du ploutocrate démagogue Eugène Sue (28 avril), la Chambre, animée, par la commission des *Burgraves*, multiplie les précautions. Réduit le corps électoral de 9.618.000 à 6.800.000 ; en exigeant des électeurs trois ans au lieu de six mois de résidence (loi du 31 mai 1850). Réprime l'activité des clubs (6-8 juin) et frappe, non seulement des sociétés secrètes comme la *Némésis* (Décembre 1850) et le *Tribunal révolutionnaire* mais aussi *l'Union des Associations ouvrières* créée par Jean Deroin, rue Michel Le Comte entre le 23 août et le 22 novembre 1849, pour reprendre l'expérience de Robert Owen (bons d'échange remplaçant le numéraire ; crédit mutuel sans intérêt), fermée par la police le 29 mai

1850. Restreint la liberté de la presse, écrasée de cautionnements doublés, de droits de timbre, d'amendes, qui ne tarderont pas à faire disparaître *la Réforme*, par exemple (16 juillet).

Réprimande les fonctionnaires à tendances socialisantes, en particulier les instituteurs, dont le tiers. 20.000 sur 60.000, se voient sanctionner par les préfets.

En face de cette Assemblée, qui s'affiche elle-même comme réactionnaire, Louis-Napoléon a beau jeu. Car la majorité monarchiste n'offre aucune solution de rechange. Légitimistes et orléanistes manifestent toujours la même impuissance à s'entendre. D'un côté, le comte de Chambord auquel 36 députés conduits par Berryer rendent visite à Wiesbaden, en Août, reste aussi ferme sur ses principes. De l'autre, la duchesse d'Orléans et la reine Louise de Belgique n'encouragent guère un accord qui n'assurerait au comte de Paris que la succession de Chambord. Mais, un obstacle beaucoup plus grave s'oppose à l'union des deux groupes : leur attitude à l'égard de l'oligarchie financière montante. Le chef de la Maison de France, auquel Guizot reproche en 1850-51 *« ses alliances avec les factions anarchiques »*, n'écrira-t-il pas en 1863 : *« À la Révolution, la liberté du travail a été proclamée, mais la liberté d'association fut détruite du même coup. L'individu a été livré en proie à une concurrence sans limite. En même temps se constituait une sorte de privilège industriel qui, tenant dans ses mains l'existence des ouvriers, se trouvait investi d'une sorte de domination qui pouvait devenir oppressive »*. Fidèle à la tradition royale, Berryer souhaite la reconstitution d'un régime corporatif modernisé ; sur sa liste aux élections du 13 mai à Marseille figure un portefaix. Or, combien d'orléanistes, prêts à toutes les palinodies politiques pour la préservation des privilèges des *dynasties bourgeoises*, s'apparentent davantage aux milieux d'affaires de la finance et des sectes, qu'à leurs cousins monarchistes ? Ceux-là sont prêts à prolonger les pouvoirs du Prince-Président. Ce dernier, qui excelle à pratiquer le jeu de bascule, contraint de renvoyer d'Hautpoul le 22 octobre 1850, élimine Changarnier qu'il remplace par Baraguey d'Hilliers, appelle au ministère son homme à tout faire. Persigny (9 janvier 1851) mais sait faire place à Eugène Schneider du Creusot dans son nouveau cabinet (24 janvier) et pousse ses avantages par bonds rapides suivis de lents reculs qui rassurent. Afin de permettre sa réélection le ministre Léon Faucher propose-t-il de réviser la Constitution (10 avril 1851) que Victor de Broglie et 233 représentants emboîtent le pas avec empressement (31 mai). Mais, tandis qu'une pétition réunit le 1er juillet plus d'un million de signatures, ils n'obtiennent, le 18 juillet, que 446 voix contre 278 et, la majorité des deux-tiers n'étant pas atteinte, Louis-Napoléon doit renoncer aux moyens légaux pour se maintenir au pouvoir.

UN COUP D'ÉTAT SANS BAVURES

Or, il n'est pas question qu'il s'en aille, il est trop puissamment soutenu pour cela. Dès Novembre 1848, le F∴ Rédarès se charge de répandre dans les ateliers maçonniques des brochures en sa faveur. Il étend sur la presse son influence ; après le *« National »*, le *« Constitutionnel »* de Véron (Octobre 1849), lui sont acquis. Dans tout le pays, il soigne sa propagande. La *Société du Dix Décembre*, la *Société du Quinze Août*, animées par le général Piat, le dr. Conneau, Abbatucci, etc. … fournissent la clique et la claque, les *bravi* salariés, au nombre de 50 à 100.000; les hommes de main, les *gorilles*, la brigade des acclamations. L'Assemblée s'en inquiète-t-elle, on fera mine de dissoudre les *décembraillards* (8 novembre). juste avant la déclaration apaisante du 12 novembre 1850. Plus encore, il caresse l'armée, revêt l'uniforme de général de la Garde nationale, passe des revues d'où fusent des acclamations *spontanées* de *« Vive Napoléon » ! « Vive l'Empereur »*. Le scandale est tel, à Satory, le 10 octobre 1850, que la commission de permanence de l'Assemblée exige la démission du ministre de la Guerre d'Hautpoul. Et comme il faut, au futur empereur, une épée, le comte Fleury recrute en Algérie le général Saint-Arnaud, ancien protégé de Bugeaud, d'esprit aventurier et sans scrupule, qui bénéficiant d'un avancement éclair, se retrouve ministre le 27 octobre 1851. En repoussant par 400 voix contre 300 le droit réclamé par ses questeurs de requérir l'armée en cas de péril, l'Assemblée se condamne elle-même à l'impuissance (17 novembre). En proclamant, avant le 24 janvier 1851, *« l'Empire est fait ! »*. Thiers n'anticipe que de quelques mois sur les évènements : le coup d'État est prêt.

L'ambassadeur d'Angleterre, lord Normanby, en avait reçu la primeur de la bouche même du prince : *« les choses ne suivront pas un cours normal »*. Réunis à Saint-Cloud, le 11 août 1851, le duc de Morny, Persigny, Rouher, et Carlier, préfet de police, l'avaient d'abord prévu pour le 17 ou le 22 septembre, mais ne voulant rien remettre au hasard, l'on attendit l'arrivée du général de Saint-Arnaud à la Guerre, et la nomination de Maupas, autre ambitieux sans scrupule, à la préfecture de police, le 21 octobre, pour reprendre le projet. Ne risquait-on pas en effet de se laisser devancer par les orléanistes et Thiers, au moment où le prince de Joinville débarquait à Ostende pour se rendre à Lille, où devait le rejoindre le duc d'Aumale, rentré d'Italie ? C'est ce que semblait craindre Palmerston, finalement le coup d'État fut fixé au 2 décembre. Chargé d'en mettre au point l'exécution, Morny s'en acquitta avec une maîtrise digne d'un Sieyès ou d'un Fouché Rien de cette improvisation, de ce souci de respecter une apparence de légalité, qui avaient failli compromettre le Dix-Huit Brumaire. Au contraire, un scénario impeccablement monté et réalisé. La police aux ordres, cueillant au lit les chefs de l'opposition, susceptibles d'organiser la résistance, 78 personnalités, dont 16 parlementaires, de Thiers aux dirigeants des sociétés secrètes, y compris des généraux, Cavaignac, Changarnier, Lamoricière, Bedeau, mais pas une arrestation de plus qu'il n'est nécessaire. L'armée occupant les points stratégiques de la capitale, avertie par le général Magnan, dès le 26 novembre : *« Vous obéirez passivement à mes ordres... Nous devons sauver la France... Ma responsabilité vous couvrira »*. Morny, très calme, s'installe au Ministère de l'Intérieur. Un manifeste est déjà affiché sur les murs de Paris, qui proclame l'État de siège et déclare dissous l'Assemblée et le Conseil d'État, mais qui, très habilement rétablit le suffrage universel. Ainsi présenté comme le dictateur du peuple, Napoléon peut caracoler sur les boulevards.

À Paris, la réaction parlementaire est vaine ; après avoir tenté de se réunir, notamment chez Daru, rue de Lille, environ 250 représentants se font expulser de la Mairie du Xe par les chasseurs de Vincennes et incarcérer à la caserne d'Orsay. La réaction populaire, assez lente, ne se produit que le 4, où quelque 1.200 émeutiers élèvent 70 barricades. La troupe intervient boulevard Montmartre, il y a 215 civils et 26 militaires tués, et respectivement, 119 et 184 blessés. Mais la résistance est plus violente dans une vingtaine de départements, notamment dans le sud-est, très travaillé par les sociétés secrètes, étroitement fédérées dans les Basses-Alpes, autour de Draguignan, et aussi dans l'Hérault, à Béziers, dans la Nièvre à Clamecy, dans le Loiret, à Bédarrieux, dans le Gers, à Auch, dans le Lot-et Garonne. Le spectre rouge semble excuser le coup d'État, avant que le plébiscite des 22 et 29 décembre ne le légalise par 7.145.000 *« oui »* contre 592.000 *« non »*. Les mesures d'exception, décret du 8 décembre autorisant la déportation des membres des sociétés secrètes, institution de commissions mixtes départementales, composées du général, du préfet et du procureur de la République, qui fonctionneront du 3 février au 27 mars 1852, n'en découlent-elles pas tout naturellement ? Il y aura 4.000 détenus à Paris, environ 22.000 en province, sur lesquels 239 seront déportés à Cayenne, 9.530 en Algérie, 2.804 internés, 1.545 éloignés ou expulsés ; 247 comparaîtront devant le Conseil de Guerre, 639 devant le Tribunal correctionnel. Qu'elle soit de gauche ou de droite (Changarnier, Lamoricière, Bedeau, Thiers Girardin, Edgar Quinet comptent parmi les *éloignés*), l'opposition est brisée. Les clubs sont supprimés, les associations ouvrières créées depuis 1848 dissoutes, ainsi que la garde nationale ; le droit de réunion limité, la presse bâillonnée (17 février), soumise à un régime d'autorisation préalable, de cautionnement, de suspension après deux avertissements, de poursuites en correctionnelle, tel que cinq ou six grands organes, bien nourris de publicité, parviendront seuls à subsister.

Un Sultan mené par ses vizirs

Louis-Napoléon dispose de pleins pouvoirs. La République présidentielle, instaurée par la Constitution du 15 janvier 1852 est taillée pour lui sur mesure. Élu pour dix ans, il choisit ses ministres, qui ne dépendent que de lui ; il a l'initiative des lois, le droit de dissoudre l'Assemblée et dispose d'un délai de six mois pour procéder à de nouvelles élections ; les fonctionnaires lui prêtent serment. Un Sénat, composé d'abord de 72 dignitaires désignés par le Président (plus 4 cardinaux et 8 maréchaux), le 26 janvier 1852, et plus tard de 150 membres nommés à vie, conservateur de la Constitution, dispose d'un vague pouvoir de proposer des projets et de discuter du bien de l'État à la manière d'une Académie. Le Corps législatif élu le 29 février, comprend 260 députés (1 pour 35.000 électeurs) élus pour six ans, dont 8 opposants seulement, entre royalistes et républicains, la canditature officielle, sous la baguette de Persigny, ministre de l'Intérieur le 23 janvier, ayant joué à plein. Le rôle de ces *inconditionnels* se réduit à adresser des messages, sans ouvrir de débat et *à discuter* des textes législatifs et des budgets, sans pouvoir les amender ni les modifier avec des conseillers d'État désignés à cet effet, hors de la présence des ministres : de vrais *muets du Sérail !* Assisté de son *divan*, où siègent 34 conseillers d'État, le Sultan exerce la dictature depuis longtemps annoncée par Proudhon. Encore, si cette dictature n'était qu'un régime provisoire d'autorité, justifié par la nécessité de sauver l'État et de faire face pour le bien de tous, à de graves périls extérieurs ou intérieurs ? Par malheur, il s'agit — pour la première fois, mais hélas, pas pour la dernière — de livrer le pays à l'exploitation de l'oligarchie financière et d'utiliser ses ressources dans des entreprises idéologiques, non seulement étrangères, mais contraires à ses propres intérêts.

Car, si le Sultan concentre en droit tous les pouvoirs, en fait, il a des vizirs plus puissants que lui. De son aïeule créole, Joséphine, Louis-Napoléon a hérité une insurmontable indolence dans les affaires de sa charge, en même temps qu'un inépuisable appétit de jouissance et de luxe. Sans cesse criblé de dettes, combien de fois s'est-il heurté à l'Assemblée, qui lui ménageait trop chichement les subsides ? En Mars 1849, il a demandé que son traitement de Président, 600.000 frs, soit doublé d'autant de frais de représentation. En Juin 1850, il a obtenu le versement de 2.110.000 frs à titre exceptionnel. Le 3 février 1851, revenant à la charge, il a réclamé 1.800.000 frs, qui lui ont été refusés. Alors, il a emprunté 500.000 frs au général Narváez, comme il en avait revu 200.000 de Rapallo en 1849 et 200.000 de Miss Howard, et combien de ses banquiers ? Des Baring, auxquels il remboursa 814.000 frs en 1852, des Rothschild, des Fould, des Koenigswater ? À la veille du coup d'État, Émile de Girardin évaluait ses dettes à 5 ou 6 millions. De son côté, Morny, pour monter l'entreprise, avait largement puisé dans l'escarcelle de sa maîtresse, M_{me} le Hon, fille du banquier Mosselmann (il lui devait encore 3,5 millions en 1857). Homme-lige des sociétés secrètes, LouisNapoléon est donc aussi l'obligé de la finance cosmopolite.

Avec lui, ses commanditaires s'installeront donc au pouvoir. Après une tournée triomphale à travers le pays, qui dure du 14 septembre au 16 octobre 1852, au cours de laquelle, il proclame à Bordeaux, le 9 octobre, que : *« l'Empire, c'est la paix ! »*, lorsque sur proposition du Sénat, à l'unanimité de ses 87 membres, moins son ancien précepteur Vieillard, le 4 novembre, un plébiscite l'acclame comme Empereur le 1_{er} décembre par 7.824.000 *« oui »* contre 253.245 *« non »* et 2.062.798 abstentions, le premier geste du nouvel *Imperator*, général à titre personnel (il était capitaine d'artillerie dans l'armée suisse), qui n'a d'autres victoires à son actif que publicitaires, sera de décréter que les finances et l'économie constituent un domaine à lui réservé (6 décembre) et le deuxième qu'Achille Fould occupera dans le nouveau cabinet (Janvier 1853) les fonctions de ministre d'État et plus tard des Finances, à côté de Persigny à l'Intérieur et de Drouin de Lhuys aux Affaires étrangères. Autant dire qu'il fera de lui (ministre de la maison de l'Empereur le 14 décembre 1852), son grand vizir, maître des traités de commerce, des travaux d'utilité publique, des entreprises d'intérêt général et d'un budget voté en bloc par ministère avec possibilité de virement d'un chapitre à l'autre, de tout ce qui désormais relèvera du seul bon plaisir du *Roi*, dont la liste civile est, sur ces entrefaites, portée de 12 à 25 millions (12 décembre 1852).

RELÈVE DES ROTHSCHILD PAR FOULD ET LES PEREIRE

Somme toute, comme le remarque Proudhon, à la faveur de la Révolution de 1848 : *« la France n'a fait que changer de Juifs »*. Elle va se trouver, *livrée au monopole des compagnies*, à un nouveau *régime féodal* (*Carnets*, 4 septembre 1852). Comme l'affirmait le *« Toxin des travailleurs »* en Août 1848, *« le financier, roi de notre temps, conserve son trône »*. Tout au plus, l'équipe saint simonienne relève-t-elle les dynasties de cour. Les Rothschild doivent faire une place à leurs rivaux, James, banquier de Louis Philippe comme du roi Léopold de Belgique, n'avait certes pas oublié de prendre une contre-assurance auprès des républicains, des ministres des Finances Garnier-Pagès et Goudchaux (critique financier du *« National »*), comme des généraux Cavaignac et Changarnier (qui faisait une cour assidue à sa femme Betty). Mais, n'ayant pas misé sur le bon cheval, il ne parviendra à récupérer une partie de son influence que grâce au mariage de l'Empereur avec Eugénie de Montijo, les 29-30 janvier 1853. Descendante de la lignée andalouse des Guzman, la nouvelle impératrice, comtesse de Téba, est certes catholique sincère, mais, par son père, ancien officier de l'armée napoléonienne, elle appartient à une branche cadette des Montijo, l'une des premières familles maçonniques d'Espagne, liée au duc d'Albe (Fitzjames, duc de Berwick) qui a épousé sa sœur *Paca*. Par ailleurs, ses attaches avec le monde de la finance sont étroites et multiples. Nièce du banquier Cabarrus (le père de M$_{me}$ Tallien), elle est apparentée par sa mère à des hommes d'affaires irlandais, sa meilleure amie, la marquise de las Marismas, est la femme du banquier Aguado, ce converti établi banquier à Paris, son aumônier son confesseur, Bernard Bauer, qui a été son danseur avant de devenir Carme, puis évêque, ce *rabbin de Budapest* comme l'appelle irrévérencieusement la princesse Mathilde, qui jettera le froc aux orties, une fois son rôle terminé, après la débâcle de l'Empire, n'est autre que le frère du représentant à Madrid de la maison Rothschild. Intime de James, dont le fils a été l'un de ses soupirants, c'est à son bras qu'au jour de son triomphe elle paraîtra au bal des Tuileries, le 12 janvier 1853.

Mais Louis-Napoléon est trop solidement lié et depuis trop longtemps à Achille Fould pour que l'influence de ce dernier (officier d'état-civil de son mariage) ne s'impose pas à lui. Pourtant, comme dans un conte oriental, ce grand vizir était sorti de rien. Dana sa prime jeunesse, à Nancy son père décrottait les chaussures lorsqu'il fut remarqué par Cerf-beer, qui le recueillit et lui avança, à trois reprises 30.000 frs pour monter une banque et faire, autant de fois, faillite. Puis, il s'était associé à Benoît, marié à une Oppenheimer de Cologne, et ç'avait été pour ses deux fils, Louis et Achille, la fortune. Maintenant, ils se trouvaient en position de contrôler l'économie française, eux et les séphardites de l'équipe saint-simonienne, les frères Pereire et l'aventurier Mirès.

Reprenant une vieille idée, qui avait été celle de Law, Isaac et Émile Pereire créèrent, avec le concours de Benoît Fould, d'Eichtal, de Cahen d'Anvers, et aussi de Mallet, Seillière, Torlonia et du duc de Morny, un organisme bancaire destiné à drainer tous tes capitaux disponibles, afin de contrôler le maximum d'entreprises industrielles et commerciales. Ce fut le *Crédit mobilier*, fondé le 18 novembre 1852, au capital de 60 m. La maison connut un développement rapide ; en 1856, ses actions qui rapportaient un dividende de 178,50, cotèrent jusqu'à 1.892,50.[29] Mais elle se heurta à l'hostilité persévérante des Rothschild, qui lui créèrent des difficultés avec la Banque de France, où Alphonse de Rothschild était entré comme régent, le 25 janvier 1855. Ses émissions privées d'obligations, limitées d'abord en 1853, se trouvèrent ainsi interdites par une décision de 1855, confirmée par la loi du 17 juillet 1856 ; plus tard l'Institut d'Émission, soucieux de défendre son monopole, racheta (fin Octobre 1865) la Banque de Savoie, dont le capital avait été porté de 4 à 40 m. par le Crédit Mobilier en Septembre 1863. Et qui s'attachèrent à lui susciter des concurrents. Une première tentative d'un syndicat, la *Réunion financière*, groupant fin 1855 avec leur appui la plupart de ses rivaux dans la construction des chemins de fer, Talabot, Bartholony Blount et les maisons Vernes, Duvillier, Marcuard et Schneider, en vue de créer un *Comptoir impérial des Travaux publics, du Commerce et de l'Industrie*, se termina par un échec, le 12 décembre 1856. Mais une seconde aboutit, avec les mêmes participants, à la constitution en 1864 de la *Société générale pour favoriser le développement du Commerce et de l'Industrie*, au capital énorme pour l'époque de 120 m. Le Crédit Mobilier eut beau doubler le sien en Janvier 1866 pour le porter à la même somme, gêné par l'échec de son emprunt mexicain, compromis par les spéculations malheureuses de sa filiale, la Cie Immobilière de Paris sur des terrains à la Joliette de Marseille, repris à Mirès (1866-67) et abandonné par le Crédit Foncier de Frémy, il sombra en 1867 (ses actions étant tombées à 133,75) et fut liquidé en 1871.

Quant à Jules Mirès (1809-1871), commis d'agent de change et journaliste à l'exemple d'Isaac Pereire, collaborateur du « *Temps* » et des « *Débats* », il avait acheté avec Moïse Millaud pour 1.000 frs avant la révolution de 1848 le « *Journal des Chemins de Fer* » et créé successivement une *Caisse des Actions réunies* (1850), puisen 1856, une *Caisse générale des Chemins de Fer*, qui contrôle la construction de lignes au Portugal, dans les États romains, en Espagne, entre Pampelune et Saragosse. Disposant de moyens importants, il s'était rendu maître du « *Constitutionnel* » et du « *Pays* », lorsque, pour avoir joué en Bourse sur des titres déposés en garantie par ses clients, il se vit condamner pour escroquerie à 5 ans de prison et 3.000 frs d'amende en 1861 et disparut de la circulation.

PROSPÉRITÉ SAINT-SIMONIENNE

Les établissements spécialisés créés à cette époque, toujours en application des idées saint-simoniennes, connurent une meilleure fortune. S'inspirant des Caisses hypothécaires (*Landeschaften*) de Frédéric II, et de la Banque Deleuze (1818), transformée deux ans plus tard en *Caisse hypothécaire* et liquidée en 1847, le *Crédit Foncier* vit le jour, le 28 février 1852, au capital de 25 m. il se transforma le 10 décembre en *Crédit Foncier de France* et reçut une subvention de 10 m. sur les biens de la famille d'Orléans. Grâce à son intervention, l'intérêt baissa de 5 à 4,5% ; quant au volume de ses prêts, il atteignit 60 m. en 1854, 85 fin 1858 et 188 en 1861. Malheureusement, sur ce chiffre, 120 m. portaient sur des bâtiments, les propriétaires d'immeubles étant les principaux bénéficiaires de l'institution, au détriment des agriculteurs. Aussi dût-on monter, en faveur de ces derniers, le 28 juillet 1860, un autre Institut spécialisé de Crédit agricole.

---

[29] Elle possédais des compagnies du gaz, des assurances (la Paternelle, la Confiance, le Phénix-Espagnol). des chemins de fer (le Saint-Germain, le Nord, la Cie du Midi, 1852 ; le Nord espagnol ; le Cordoue-Séville). des canaux (le canal de l'Ebre), des banques (les Crédits mobiliers espagnol et italien — sorti en 1863 de la Caisse de Turin —) ; la Société générale néerlandaise, la Banque du Commerce et de l'Industrie, à Darmstadt : la Banque impériale ottomane).

Une tentative de Crédit populaire, lancée par Proudhon, sous le nom de *Banque du Peuple* (au capital de 5 m.) en 1848 tourna court, par suite de l'incarcération de son auteur pour délit de presse, le 12 avril 1849. S'inspirant de l'exposé de Robert Owen dans son *« Organisation du Crédit »*. le meneur syndicaliste prétendait remplacer le numéraire par une monnaie fiduciaire intérieure (des jetons ornés du triangle maçonnique furent effectivement émis) et, sinon supprimer, du moins réduire le taux d'intérêt, en escomptant à 1 % du papier à deux signatures, en commanditant des entreprises et associations coopératives, et en consentant des avarices sur garanties ou sur hypothèques, voire même des découverts en blanc au petit commerce et à l'artisanat. L'échec de cette expérience intéressante retarda d'un demi-siècle la création : des banques populaires en France, où l'on attendit, pour les instaurer, que la mode en revint d'Allemagne.

Plus heureux, les Comptoirs d'Escompte, nés d'une expérience consécutive à la révolution de 1830, et sous la pression de la faillite de nombreuses banques privées (Caisse générale du Commerce et de l'Industrie de Laffitte, Comptoir général du Commerce, Caisse centrale du Commerce et des Chemins de Fer) en 1848, ils répondaient à un évident besoin du public. Au nombre de 44 en filai 1848 et de 67 au début de 1849, leur chiffre d'affaires s'éleva à 138,9 m. en 1850-51 puis à :397,5 en 1853-54, pour atteindre plus de 3 milliards en 1869. Leur succès encouragea la floraison d'une série de banques de dépôts : Crédit industriel et Commercial, du marquis d'Audiffred en 1859, Crédit Lyonnais d'Henri Germain en 1863, doté de nombreuses succursales, Société générale d'Eugène Schneider, en 1864, Société marseillaise de Crédit en 1865. Le capitalisme anonyme moderne reçut de ces hommes d'affaires, à cheval sur la politique, une impulsion décisive : la loi des 23-29 mai 1863 supprima l'autorisation pour la création de sociétés par actions et celle du 24 juillet 1867 favorisa la concentration des capitaux et permit aux banques de participer au lancement des nouvelles entreprises.

Confiante dans la reprise des affaires, que ne tardera pas à confirmer l'accroissement du volume d'escompte de la Banque de France — réduit en 1850 à la moitié du chiffre de 1847, pour se relever à 1.847 m. en 1852, 2.944 en 1854 et 3.762 en 1855 — la Bourse avait accueilli le coup d'État du 2 décembre par une hausse spectaculaire des valeurs. Cotée 91,45 le 29 novembre 1851, après être tombée à 71, fin 1848, la rente 5 % se traitait à 96.50 le 8 décembre et, dépassant le pair, à 106,50 le 7 janvier 1832. Parallèlement le cours du 3 %, tombé à 48.10, atteignait 68, le 8 mars. L'argent, de nouveau abondant, devenait aussi bon marché, puisque la Banque de France abaissait son taux d'escompte, le 3 mars, de 4 à 3%. Profitant de ces circonstances favorables, et sans attendre l'installation d'une assemblée, qui aurait pu s'y opposer au nom des intérêts des rentiers, il fut procédé, par décret du 14 mars 1852, à la conversion de la rente en 4,5%. L'opération, portant sur un capital de 3.586,9 m., se solda par le remboursement de 78,5 m. de rentes et la conversion effective de 175,5 m. en 158 m. de 4,5%. ce qui représentait une économie d'environ 16 m. pour le Trésor. Le 27 avril. 4,4 m. de rentes 3% furent échangées contre 4.475 de 4,5 %.

DES FINANCES DE FACILITÉ

Mais la situation des finances publique ; ne s'en trouvait pâti, polir autant, rétablie. Dans l'ensemble, la gestion catastrophique de la seconde République s'était soldée par une augmentation de la Dette d'environ 48,7 m. en intérêts. Pour se faire bien venir des *nantis*, Achille Fould, devenu ministre des Finances le 1er novembre 1849, s'était empressé de retirer le projet d'impôt sur le revenu (60 m. sous la forme d'une augmentation de la contribution personnelle) : en compensation, il avait rétabli, le 20 décembre, l'impôt sur les boissons, suspendu l'amortissement, maintenu pour quelque temps encore, (jusqu'en 1852) les prélèvements opérés sur les traitements des fonctionnaires, bêtes noires des révolutionnaires de 1848), rogné sur les crédits de la Guerre et de la Marine et ralenti, de près de moitié, le rythme des grands travaux, de telle sorte qu'en regard de 618 m. pour les trois années 1845, 46 et 47, 317 m. seulement furent consacrés aux chemins de fer pendant la période 1849, 50 et 51. En dépit de ces mesures, l'on ne parvint qu'en 1854 à rétablir un équilibre assez précaire du budget, à 1.250 m. Jusqu'en 1860, l'on enregistra des excédents 4 + 112,9 + 38,9 + 20 + 2,9 + 0,9 :, Mais l'exercice 1861 accusa un déficit réel de 164 Millions 2.170,9 m. de dépenses et 2.006 de recettes).

Que s'était-il donc passé ? Simplement que, les ressources du marché financier paraissant inépuisables, l'on avait recouru sans mesure à l'emprunt sous toutes ses formes. En remboursant par des rentes les déposants des Caisses d'Épargne et les détenteurs de Bons du Trésor, l'on avait fait des épargnants de moyens et menus capitalistes et popularisé les fonds d'État : le nombre des porteurs passa de 291.808 au 1er janvier 1848 à 900.000 en 1855. À chaque appel de fonds, ces gens répondaient avec un tel empressement que pour 500 m. ils en offrirent 2.175 et pour 750, 3.652 aux émissions du 31 décembre 1854 du 11 juillet 1855, alors qu'ils souscrivaient par ailleurs 2.472 m. d'actions. 2.095 d'obligations de chemins de fer, et divers emprunts locaux. Pour financer la guerre de Crimée, sur le conseil de Mirès, les épargnants offrirent directement 468 m. dont 308 à 3%) au lieu de 260 (le 8 mars 1854) plus 2.175 (dont 1.806 à 3%) au lieu de 500 (le 31 décembre 1854 ; et encore 3.562, au lien de 750 (le 11 juillet 1855). Pour financer la guerre d'Italie, ils offrirent 2.509 m. au lieu de 500 (le 2 mai 1860). Ainsi la Dette atteignit 1.580 m. en 1855. Comme le volume de la dette flottante : 679 m. en 1853 (dont 118 récupérables sur les chemins de fer). Comme celui des Bons du Trésor : 250 m. en 1855. Et le découvert suivait : 839 m. en 1856, 913 en 1858.

Alors, pour assurer le service de ces charges croissantes (72 m. ajoutés par la guerre de Crimée et 25.7 m. par celle d'Italie), il fallut bien recourir à l'impôt, par où l'on aurait dû commencer : voter un second décime, soit 52 m. en 1856, demander 11 m. aux droits sur l'alcool et 7 à une hausse des transports par fer, et remplacer le second décime, en 1858, par des taxes sur les valeurs mobilières, évaluées à un peu plus de 14 m. Ces mesures permirent de reprendre l'amortissement en 1859 (40 m.), de ramener le découvert à 808, puis à 750 m. et de réduire le volume des Bons de 311 m. (au 1er janvier 1858) à 195 (au 1er janvier 1859). La Banque de France, reposant sur de solides assises, avait heureusement supporté le choc de la révolution de 1848 et pu satisfaire les besoins du public en augmentant de 452 à 525 m. le volume de la circulation des billets en 1850. Son privilège ayant été prorogé en 1857, son capital avait été doublé et porté à 100 m. par l'émission de 91.250 actions privilégiées. En retour, elle s'était engagée à consentir à l'État une avance permanente de 80 m. Mais ses affaires atteignaient 5 milliards. Et le contre-coup de la crise qui, aux États-Unis, cette même année 1857, avait contraint 32 banques sur 33 à suspendre leurs paiements, durement ressenti en Angleterre et en Écosse, ne l'avait nullement ébranlée.

PLACE AUX SPÉCULATEURS COSMOPOLITES

En matière d'investissements et de travaux publics, domaine réservé au Sultan et à ses vizirs, étendu par le Sénatus-consulte du 25 décembre 1854 à *toutes les entreprises d'intérêt général*, le gouvernement impérial va se montrer tout aussi inféodé à la haute banque cosmopolite. Le 13 mai 1851, la construction de la ligne Versailles-Rennes est encore *adjugée* — d'ailleurs à la Cie anglaise Stokes-Geach, Fox et Henderson — pour 99 ans avec garantie de 4%, contre 55 m. Mais l'année suivante qui sera la grande année des chemins de fer, sans qu'il soit plus question d'adjudication, l'on traite par concession directe, du fait du prince : le 3 janvier 1852, avec Génissieu, Boignes, l'anglais Blount et Talabot, soutenu par les Rothschild, pour Lyon-Avignon ; Avignon-Marseille et Marseille-Toulon (sur la base d'une subvention de 49 m. et d'une garantie de 30) ; le 5 janvier 1852, avec Ernest André, Bartholony, Seillière, Rothschild et l'anglais Baring, pour la ligne Paris-Lyon, et, le 15 février, avec les mêmes, pour la ligne Dijon-Besançon (sur la base d'une garantie de 200 m. à 4% pour 50 ans, avec remboursement de 114 m. en 4 ans) ; le 8 juillet, avec Benoist d'Azy, Duchastel et l'anglais Blount, pour la ligne Paris-Cherbourg ; le 24 août avec Ernest André, Bischoffsheim, d'Eichtal, Ezpeleta, Émile et Isaac Pereire, etc., pour les lignes du Midi, Bordeaux-Sète et Bordeaux-Bayonne (les *séphardim* inaugurent solennellement la ligne, à Toulouse, comme celle d'Irun en présence de la reine d'Espagne). En 1852, 3.496 kms de voies ferrées sont ainsi concédées et 2.134 kms, en 1853. En résumé, sur 6.500 kms exploités et 4.750 en construction au 1er janvier 1857, l'État aura payé 661 m. et les compagnies 2.419. L'équipement de la France s'accélère donc, tendant à rattraper son retard, qui la plaçait en 1852 au 3e rang en Europe, derrière l'Angleterre (11.000 kms) et l'Allemagne (8.000 kms), avec 3.000 kms seulement, contre 850 à la Belgique.

En même temps, les grands réseaux s'organisent, et il est procédé à d'importantes fusions facilitées par la loi du 8 juillet, qui permettra la constitution du réseau de l'Ouest en 1855, et en 1857, celle du Paris-Lyon-Méditerranée, terminé en 1856 (Talabot et Rothschild). Malgré l'échec du Grand Central (915 kms) des Pereire, soutenus par le duc de Morny et des Anglais, entre 1853 et 1857, les lignes principales de communication se regroupent en six grands réseaux. Mais, sur un programme total de 15.956 kms au 31 décembre 1857, plus de la moitié des lignes, soit 9.498 kms de voies secondaires restent à achever. Afin d'allécher les concessionnaires, la convention-type du 11 juin 1859 leur offre, pour 50 ans à partir du 1er janvier 1864, une garantie d'intérêt de 4 %, avec partage des bénéfices à partir de 1872, mesures que critiquent vainement Darimon et Émile Ollivier. C'est que les chemins de fer, encore plus que les emprunts, font l'objet surtout depuis 1856, de spéculations si effrénées qu'Oscar de Vallée les dénonce dans les *« Manieurs d'Argent »*. Émises au début très au-dessous du pair de 500 frs, les actions du Nord, cotent jusqu'à 795 en 1856, celles du Midi 876, celles de l'Est, 922 ; celles de Lyon, jusqu'à 1.600. L'engouement du public est tel que, de 1858 à 1864, les banques placent encore plus de 3,8 m. d'obligations à 3%. Mais le rendement des voies secondaires se révélant nettement inférieur, la tendance se retourne. En 1857, les actions du Nord reculent à 637, celles du Midi à 512, celles de l'Est à 607,5 celles du Lyon à 1.190. Qu'importe ! La Haute Banque et les concessionnaires ont eu tout loisir de profiter du *boom* ; les petits porteurs sont là pour supporter les pertes entraînées par la baisse.

Avec la construction des chemins de fer, l'entreprise la plus spectaculaire de l'époque, et, la plus scandaleuse aussi, est l'aménagement de Paris par les soins du préfet Haussmann, muté de Bordeaux avec son collaborateur Alphand, à l'Hôtel de Ville de la capitale, le 1er juillet 1853. Les travaux comportant l'ouverture de grands boulevards de nature à faciliter en cas de troubles la tâche des forces de l'ordre, furent exécutés en plusieurs tranches. La première se trouva alimentée par le produit des octrois (en forte augmentation de 39,3 en 1852 à 54 en 1859), par des subventions de l'État (47 m. de 1853 à 1857) et par un emprunt de la Ville, de 60 m., lancé le 2 mai 1855. La seconde prévoyait une participation de l'État au tiers des dépenses, qui ne devait pas excéder 50 m. Mais au lieu des 180 m. indiqués par le traité du 28 mai 1858, le prix de revient total de cette tranche atteignit 410 m. Pour la troisième, la Ville prit encore 300 m. à sa charge. Et l'annexion à la capitale des onze communes suburbaines du Grand Paris, décrétée le 16 juin 1859, coûta encore la coquette somme de 1.237 m. à 2 Milliards. Endettée d'environ 1 Milliard, la Ville, qui restait redevable de 465 m. au Crédit Foncier, dut lancer un nouvel emprunt, le 6 mars 1869. Ce qui valut à l'œuvre grandiose mais combien dispendieuse d'Haussmann, source inespérée de profit pour les agioteurs, d'âpres critiques, non seulement de Thiers, mais aussi de Roulier, pourtant l'un des plus fermes soutiens du régime. On lui reprochait d'avoir encore élargi le fossé entre les diverses classes sociales, qui se côtoyaient jusque là d'un étage à l'autre de leurs demeures, en écartant des quartiers *chics* et cosmopolites, où les loyers doublés devenaient prohibitifs, les économiquement faibles, rejetés sur des faubourgs sordides.

... ET AUX EXPORTATEURS BRITANNIQUES

À partir de 1861, les critiques se multiplient d'ailleurs contre le Sultan et ses vizirs, dans la gestion de leur domaine *réservé* des finances et de l'économie. Lésés dans leurs intérêts légitimes par la politique de *libre échange* pratiquée par le pouvoir, industriels et commerçants protestaient à qui mieux mieux contre les *firmans* dont ils étaient les victimes. Sous couleur d'activer la construction des voies ferrées, les barrières douanières s'étaient déjà abaissées devant les rails de fabrication anglaise (5 novembre 1855 et 27 février 1856). Devant la résistance du Corps législatif, il avait fallu retirer un projet plus étendu présenté le 9 juin 1856. Sous prétexte de réduire le coût de la vie et d'obtenir l'adhésion de la Grande-Bretagne à l'annexion de Nice et de la Savoie, et sous l'influence du saint-simonien Michel Chevalier, il ne s'agissait de rien moins que de l'adhésion de la France à la zone de libre échange, dont Richard Cobden et l'École de Manchester se faisaient les apôtres pressants. De retour des États-Unis en 1840. Michel Chevalier avait rencontré Cobden en Angleterre pendant l'été 1859 et, rendant cette visite Cobden s'était rendu en France à la fin de l'année pour négocier, en compagnie de son ambassadeur lord Cowley et de Persigny, ambassadeur à Londres, avec l'empereur, assisté de son inséparable Fould et de Rouher, un *coup fourré* qui éclata le 15 janvier 1860, sous la forme d'une lettre de l'empereur à Fould, datée du 15 janvier. Trop tard pour que l'Assemblée s'opposât au traité, signé le 23 janvier et publié le 10 février.

En vain, 400 industriels, réunis à Paris, protestèrent : on les évinça. Contre les concessions minimes — réduction de 5 à 3 shillings des droits britanniques sur les articles de Paris, les soieries et les vins — la France consentait à supprimer les taxes à l'importation des laines et du coton, à réduire ses droits sur les textiles, les fers, les rails et les machines, à 30% d'abord, puis à 25% *ad valorem* au 1$_{er}$ octobre 1864, à les diminuer de moitié sur la houille et de plus de moitié sur les sucres, le café, le cacao et le thé (19 mai). Deux conventions, signées le 12 octobre et 16 novembre 1860 aggravèrent encore ces conditions, en les ramenant à des tarifs variant entre 10 et 20%. Et, pour ne pas s'arrêter en si bon chemin, des accords analogues furent conclus avec la Belgique en 1861, l'Espagne et le *Zollverein* allemand de 1862, l'Italie en 1864 et les Pays-Bas en 1865 : la France devenait à elle seule, le *marché commun* de l'Europe.

GONFLEMENT DE BUDGET ET DE LA DETTE

Seulement voilà, diminuer les droits de douane, c'est aussi réduire les ressources du Trésor. Et le moment en était mal choisi : l'expédition de Chine, l'occupation de Rome, l'annexion de Nice et de la Savoie pesaient sur le budget, entraînant l'engagement de 200 m., de crédits supplémentaires et l'augmentation des dépenses militaires (158.7 m.) avec l'accroissement des effectifs, portés de 392.400 à 464.700 hommes. Or, le traité de libre-échange creusait dans les ressources budgétaires un trou d'environ 95 m., qu'un relèvement de 24 m. des taxes sur les alcools ne parvenait pas à compenser. L'occasion était décidément trop belle pour que l'opposition la laissât passer. C'est un véritable réquisitoire contre les Finances du Second Empire que publia Casimir Périer en Février 1861 : la charge de la dette accrue en onze ans de 11 m. (contre 12,277 seulement pendant les dix-huit qu'avait duré la Monarchie de Juillet), alors que les grands travaux n'avaient absorbé que 508 m. de 1852 à 1859 contre 958 de 1841 à

1847) : les crédits extraordinaires gonflés de façon si abusive que la moyenne annuelle, qui s'établissait à 81 m. (1.468,8 m. pour la période 1830-1848, en atteignait 336 (2.365,7 m.) pour 1852-1858. Sans oublier la liste civile et la dotation de l'Assemblée, outrageusement augmentées (n'est-il pas plus facile de clore des bouches pleines ?).

Malgré le succès remporté par l'émission, le 2 juillet, à 440 frs, de : 300.000 obligations des chemins de fer, pour un capital de 132 m. les évènements ne tardèrent pas à confirmer les craintes de l'ancien président du Conseil de Louis-Philippe, renforcées par la publication par Forcade d'une véritable mercuriale dans la *« Revue des Deux Mondes »* du 15 octobre 1861. Le découvert va atteindre un milliard. Son encaisse réduite à 304 m., la Banque de France a dû relever son taux d'escompte à 6% ; le 1er octobre 1861 (par suite de l'insuffisance des récoltes, il a fallu importer pour 250 m. de céréales). Dans un mémoire, adressé à l'empereur le 29 septembre et publié le 14 novembre 1861, Fould lui-même prononce le mot de crise. Chargé de nouveau des Finances, le 12 novembre, il obtient le droit de veto sur les dépenses des ministères, présentées en 59 sections à l'Assemblée, tout en conservant la faculté de virement, avec accord du Conseil d'État (sénatus-consulte du 31 décembre 1861), augmente les impôts sur le sel et le sucre, fait réduire à 400.000 hommes les effectifs de l'armée et, la rente 4,5% cotant alors 99 et le 3%, 71, propose aux porteurs, le 8 février 1862, la conversion facultative, moyennant soulte, de leurs titres. Ainsi s'échangèrent en 4% : 133,6 m. sur 173 de 4,5% (il en subsista 39,6 et 1,6 m. de 3% sur 2,1 (il en resta 0,47) ; le cours de ces derniers, tombé à 68, se releva bientôt à 71.

Quant au budget dont le gonflement continu menaçait d'atteindre le deuxième milliard (1.974 m. de recettes et 1.969 de dépenses en 1862), il imagina de le morceler en tranches : ordinaire (1.729,9 de recettes), spécial (217,9) — bientôt complété par des *services spéciaux* — extraordinaire (121,1) rectificatif (25) mais le résultat fut le même et se traduisit, pour l'exercice 1863, par un déficit de 95 m. entre un total de dépenses réelles de 2.212,8 m. et 2.177,8 de recettes. Et ainsi de suite, jusqu'au départ de Fould, qui quitta les Finances, le 19 janvier 1867.

En 1864, la dette flottante est remontée à 973 m. L'expédition du Mexique est passée par là, parce que Morny partage les intérêts du banquier suisse Jecker (preneur 75 m. de bons du général Miramon en 1859) coûte au Trésor 363 m. sur lesquels 62 seulement seront récupérés. Belle occasion de lancer de nouveaux emprunts : 300 m. de rentes 3% (12 janvier 1864), plus 95,7 m. (dont le gouvernement français garda 66 m. et 23,6 dédommagèrent Glynn et autres créanciers anglais), et encore 170 m. (le 10 avril 1863) dont Jecker conserva 12,6 et 97 seulement parvinrent à l'empereur Maximilien. Comme les autres millions se perdirent en route et que l'aventure finit mal, il fallut émettre enfin, pour dédommager le, porteurs, 4 m. de rentes (93 m. en capital, le 23 juillet 1869).

Cette politique catastrophique, l'opposition naturellement la dénonce, lorsqu'elle obtient le droit de discuter (24 novembre 1864) avec un ministre sans-portefeuille, d'abord Baroche, puis Rouher ; Berryer stigmatise la 8 janvier 1864, un endettement de 3.144 m. (moins 787, consacrés aux Travaux publics) en douze ans, l'émission de 2.075 m. d'emprunts depuis 1852 le gonflement de la dette flottante, passée de 614 m. en Janvier 1852 à 971 en 1864, le recours à toutes sortes d'emprunts déguisés, l'abus enfin, des crédits supplémentaires (2.798 entre 1851 et 1861). Là-dessus Thiers, renchérit le 11 janvier et, s'associant à ces critiques, réclame pour l'Assemblée le droit d'exercer son contrôle.

Lorsque Fould, après une dernière tentative pour réduire la dette flottante de 934 à 760 m. en Janvier 1866, a dû céder les Finances à Rouher, puis à Magne, ceux-ci se sont efforcés de reconstituer la Caisse d'Amortissement (11 juin 1867) en la dotant d'environ 75 m. de ressources, provenant des revenus des forêts, des Chemins de Fer et des bénéfices de la Caisse des Dépôts. Ainsi parvinrent-ils à la ramener (bien qu'elle fût remontée à 902 m. au 31 juillet 1868), à 727 m. en 1869 (785 en 1870). Mais les budgets restaient très lourds : 2.139,4 m. de dépenses, plus un rectificatif de 58,4 en 1868 (dont 75,2 d'amortissement), 2,170,8 en 1869 (dont 76,1 d'amortissement) et, comme la politique étrangère de l'Empire aboutissait à laisser la France isolée, face à face avec une Allemagne en pleine croissance, dominée par la Prusse de Bismarck, pour moderniser l'armement, l'on dut recourir encore à l'emprunt, émettre le 1er août 1868 19,5 m. de rente 3% à 69,25 pour consacrer 162 m. sur 429 m. de capital, aux dépenses militaires. La Banque de France heureusement, avait largement reconstitué son encaisse, puisqu'elle disposait de 1.150 m. en Avril 1868 et qu'elle avait abaissé son taux d'escompte à 2 et 2,5%. Un moment cependant son volume d'escompte avait fléchi, en 1867 (5.723 m. contre 6.656 en 1866) mais il s'était relevé en 1869 à 6.676. Mais les condamnations s'élevaient de plus en plus nombreuses contre la gabegie des finances impériales : celles de l'économiste Horn, d'Allain-Targé, de Boudon, de Merlier ; un livre s'intitulait, le *« 3e Milliard »*, plafond que le budget — y compris les dépenses locales — menaçait bientôt d'atteindre. Inféodé aux puissances d'argent, Louis-Napoléon avait fait des finances et de l'économie françaises, son *domaine réservé*, la chasse gardée de la haute banque internationale.

VASSALITÉ ENVERS LONDRES EN CRIMÉE

Engagé dans les trames des sectes (Metternich et son ambassadeur Apponyi auprès de LouisPhilippe, le 21 juin 1832), il allait dilapider les hommes et les ressources de la France au service d'entreprises idéologiques, qui ne tarderaient pas à se retourner contre elle. Sûr de l'allégeance de ce féal allié, le prince consort Albert, époux de la reine Victoria, n'hésitait pas à confier : *« la France est prête à faire tout ce que nous voudrons, guerre ou paix »* et, renchérissant encore, Palmerston proclamait aux Communes : *« Les deux pays n'ont plus qu'un seul et même cabinet, dont quelques membres habitent les rives de la Seine et les autres, celles de la Tamise »*. Pas même un Dominion, l'Anschluss !

Quelques mois plus tard, en effet, la Grande-Bretagne entraînait la France dans *sa* guerre contre la Russie ; mieux, elle la poussait devant elle, la note de Paris étant du 27 mars 1854, et celle de Londres, du 28. Sur quels griefs, la France ? Parce qu'un firman du Sultan, du 9 février 1852, avait réduit ses privilèges sur les Lieux Saints, reconnus en 1740, tandis que la Turquie, le 4 mai, avait consenti à maintenir ceux de la Russie, protectrice des sujets grecs ? Piteux prétexte en vérité : n'était-ce pas plutôt aux Turcs qu'il eut fallu s'en prendre ? Pour l'Angleterre, par contre, il s'agissait de rien de moins que de barrer aux Russes la route de Constantinople, inquiets des ouvertures discrètes de Nicolas Ier à l'ambassadeur sir Hamilton Seymour, sur *l'homme malade*, la Turquie (9 janvier 1853) et sur l'intérêt que représenterait l'Égypte pour l'Angleterre (20 février), le nouveau cabinet Aberdeen, où l'autorité de Palmerston, ministre de l'Intérieur, débordait sur celle de son collègue sir John Russell, préposé au Foreign Office, prêchait à la Turquie la résistance. Sur les instances de lord Straford, ambassadeur de Sa Gracieuse Majesté, la Porte avait refusé au Kremlin la signature d'un traité bilatéral sur les minorités (18 mai), repoussé le 17 juin une note comminatoire de Nesselrode du 31 mai, rejeté par la bouche de Rechid pacha un projet d'arrangement franco-autrichien accepté par la Russie (27 juillet) et, sous l'influence des oulémas, ces docteurs musulmans de la Foi, décidé de tirer le cimeterre (26 septembre).

Sans repousser les offres de bons offices de l'Autriche, lors de son entrevue à Olmütz avec François-Joseph (du 25 au 28 septembre), le Tsar avait fait pénétrer ses troupes dès le 3 juillet dans les provinces danubiennes. Le 30 novembre, sa flotte attaqua et détruisit à Sinope une escadre turque qui portait des armes en vue d'une insurrection au Caucase. Relevant le gant, le 3 janvier 1854, une armada franco-britannique s'avança dans la mer Noire pour bloquer les ports russes et en reconnaître les défenses (elle était devant Sébastopol le 6 janvier). Le 27 février, un ultimatum intima à Nicolas Ier l'ordre d'évacuer les principautés et, un mois plus tard ce fut la guerre. Pour la faire, grâce à Napoléon III, l'Angleterre disposait d'une armée concentrée à Gallipoli : 30, puis, 40.000 hommes de troupes françaises sous Saint-Arnaud, renforcés de 25.000 britanniques de lord Raglan. Mais où porter les hostilités, les belligérants ne possédant aucune frontière commune ? Dans les Balkans, en pays bulgare, pensèrent d'abord les entrepreneurs de révolution qui, ne pardonnant pas à Nicolas Ier son intervention décisive en 1848, préconisaient dès le 12 mars 1849, selon le journal romain des carbonari (Mem, de Menucci, 1,85) l'alliance de l'Angleterre, de la France et de la Turquie (conclue le 12 mars 1854) pour ébranler le trône de l'autocrate de toutes les Russies. L'appui de la haute finance leur était naturellement acquis. Bien que peu disposés jusque-là à s'engager dans les affaires d'Europe orientale, les Rothschild, dès le 4 mars, avaient pris à leur charge l'emprunt anglais de 16 millions de Livres, participé en Septembre à celui, français, de 750 m., consenti même un prêt à la Turquie. Vivement appuyé par le prince Napoléon, fils de Jérôme et bouillant agitateur et par Mazzini et Kossuth, le plan consistait à repousser les Russes des provinces danubiennes et à remonter vers le nord, en provoquant au passage le soulèvement de la Hongrie et de la Pologne. En prévision de ces évènements, Félix Orsini, fourrier de l'insurrection, s'était rendu de Londres, sous le nom de Georg Harwargh, et via Turin, à Hermanstadt en Transylvanie, où les Autrichiens le cueillirent et le retinrent à l'ombre pendant quelques mois, à Mantoue. Mais l'ennemi, sans attendre le contact, ayant levé le siège de Silistrie dans la nuit du 22 au 23 juin 1854, et même évacué les principautés, et les Autrichiens (sur les conseils prodigués par Metternich au comte Ferdinand Buol-Schaunstein) continuant d'observer une prudente neutralité, il fallut renoncer à cet ambitieux projet de chambardement et abandonner ces marais de la Dobroudja, où les Alliés laissaient plus de 5.000 des leurs, victimes du choléra, tandis que leur base de Varna flambait sur leurs arrières. La mort dans l'âme, au conseil de guerre du 18 juillet, le prince Napoléon dut accepter le nouveau théâtre d'opérations désigné par Palmerston à Napoléon III (par l'intermédiaire de sir John Burgoyne, envoyé à Biarritz), avec un objectif *« made in England »* l'arsenal russe de Sébastopol.

C'est ainsi que, du 14 au 18 septembre 1854, 30.000 Français, 21.000 Anglais et 7.000 Turcs débarquèrent en Crimée, où 40.000 soldats et 20.000 marins russes les attendaient. Le passage de l'Alma forcé par Saint-Arnaud la ville, dont Menschikof a barré la rade en coulant des vaisseaux, est investie. Commencé le 3 octobre, le siège est marqué par les violents assauts de 100.000 Russes, le 5 novembre, contre les positions anglaises du plateau d'Inkermann, repoussés avec de très lourdes pertes par l'intervention opportune du général Bosquet, les bombardements massifs des alliés contre les redoutes avancées, élevées par l'ingénieur russe Todleben, suivis d'un succès au Mamelon vert (6-7 juin 1855) et d'un premier échec à Malakof (17-18 juin). les vaines contre-attaques de 60.000 Russes contre les Franco-Sardes au pont de Traktir (16 août) et l'assaut final qui, grâce à l'élan et à la ténacité des troupes de Mac Mahon, permit l'occupation de la position dominante de Malakof (8 septembre), tandis qu'une fois de plus les Anglais piétinaient devant le grand Redan. Cette fois, Gortchakof décida d'évacuer la ville, après en avoir détruit l'arsenal et les défenses.

Allait-on continuer la lutte, avec 200.000 hommes, en direction de Simféropol, tenter de soulever la Pologne (comme Napoléon III le suggérait, fin Octobre, au baron de Pfordten) ou même, comme le souhaitaient certains Anglais, détruire la rade de Cronstadt, dans la Baltique, comme on venait de le faire à Sébastopol ? Ou bien faire la paix, malgré la capitulation, le 27 novembre, de la forteresse turque de Kars, défendue par le général anglais Williams ? La guerre avait immolé 300.000 vies humaines : 110.000 Russes, 95.000 Français (dont 20.000 tués au feu, les autres malades victimes du typhus ou du choléra), 30.000 Turcs, 20.000 Anglais (dont 4.000 au feu) et 2.000 Sardes (dont 28 au feu). En argent, elle coûtait à l'Angleterre 1.750 m. de frs, dont un milliard seulement demandé à l'emprunt, et à la France, 1.650 m., dont la quasi-totalité, 1.538 m. imputée à la dette publique. Triste bilan en vérité que celui si justement dressé par le général Bosquet : *« de cette guerre, la France ne recueillera qu'un peu de gloire ; elle y peut perdre ses meilleurs soldats et, par conséquent ses moyens de résistance à une invasion russo-allemande, quand elle restera seule, abandonnée par l'Angleterre, dont les intérêts sont différents des nôtres, malgré l'alliance ».*

Un peu de gloire : c'est à Paris que les diplomates allaient se réunir. Ils n'avaient d'ailleurs jamais cessé de négocier. D'abord repoussées, les propositions élaborées, sur l'initiative de comte de Buol-Shaunstein, ex-ambassadeur à Saint-Pétersbourg, successeur de Schwarzenberg, par les diplomates réunis à Vienne le 8 août 1854 et formulées en quatre points, n'avaient pas tardé à être reprises. Cédant à la pression de la Prusse, la Russie en avait accepté le principe le 7 janvier 185.5. La chute du cabinet Aberdeen, le 26 janvier 1855, suivie de la mort de Nicolas Ier, le 2 mars et de son remplacement par un Tsar à tendances plus libérales, Alexandre II, permirent la reprise des pourparlers à Vienne, du 6 avril au 4 juin. Sans succès d'abord, Buol n'ayant pu faire admettre à Gortchakof la limitation des forces navales (19 avril), ni osé lui proposer la neutralisation de la mer Noire, tout en se refusant à rejoindre le camp des Alliés, s'était vu désavouer par Londres et par Paris. Cependant, Alexandre II avait finalement accepté les propositions du comte Esterhazy, le 16 janvier 1856 et signé des préliminaires à Vienne le 1er février. Convoqué à Paris le 25 février, le Congrès (auquel Cavour fut admis, grâce au concours des 13.000 hommes du corps piémontais de La Marmora, prêté aux Alliés, le 26 janvier 1855) conclut l'essentiel de ses travaux le 30 mars, en proclamant la neutralisation de la mer Noire, la liberté de navigation sur le Danube ; en adoptant le principe que tout blocus doit être effectif et que le pavillon couvre la marchandise (ce qui correspondait aux buts de guerre de l'Angleterre) et en faisant admettre par, la Turquie l'autonomie des principautés danubiennes et la liberté du culte pour les communautés chrétiennes, ce qui était bien le moins, puisque c'était là le prétexte de l'intervention française.

... ET EN CHINE

Dans ce domaine d'ailleurs, la France n'allait être payée que d'ingratitude. Elle eut beau s'associer plus tard au bombardement de Canton, en 1857, qui permit la signature du traité de Tien-Tsin, le 27 juin 1858, puis, avec de faibles contingents, il est vrai, à l'expédition de Chine, au débarquement de l'amiral Hope à l'embouchure du Pei-ho (1er août 1859), à l'assaut des forts de Takou (21-22 août), à l'entrée à Tien-tain, le 24, à la déroute des Tartares et au forcement du pont de Palikao (le 21 septembre), qui précédèrent l'occupation et l'incendie du Palais d'Été, ordonné par lord Elgin (18 octobre) et à la signature du traité des 24-25 octobre 1859, qui ouvrait aux Occidentaux six nouveaux ports, en plus des cinq anciens, alors que comparés aux intérêts anglais (trafics de l'opium, etc.) les siens se bornaient à peu près à la protection des missionnaires, on ne lui en sut aucun gré.

Lorsqu'elle se trouva amenée l'année suivante à remplir pour de bon son rôle de protectrice des Maronites, massacrés au Liban par les Druzes et les bachi-bouzouks (les Avril, 16, 25 et 29 mai 1860), à Beyrouth, Saïda, Hasbeya, Zahlé, Daïr-el-Kamar (21 juin) — 6.000 victimes — et à Damas le 9 juillet, où 130.00 Musulmans de Syrie se ruèrent au carnage de 20.000 chrétiens — 5.000 victimes — l'on vit sir Henry Bulwer, l'ambassadeur de choc de Palmerston, successeur de lord Straford à Constantinople, couvrir les Druzes et se prévaloir des mesures expéditives de répression décrétées par Fouad pacha en Septembre (11 exécutions dont celle du gouverneur de la province, 57 pendaisons, 83 condamnations à mort par contumace, 325 au bagne, 145 au bannissement) pour estimer inutile le maintien du corps français de 6.000 hommes chargé de rétablir l'ordre, sous les ordres du général de Beaufort (3 août) et exiger (à la suite d'une démarche effectuée, le 10 janvier 1861, par l'ambassadeur, lord Cowley, auprès de Thouvenel, ministre des Affaires étrangères) son rembarquement le 5 juin, sans aucune réparation valable pour les chrétiens, et sans autre garantie pour l'avenir que la nomination au Liban d'un gouverneur arménien, Daoud pacha (9 juin 1861).

AU SERVICE DE L'UNITÉ ITALIENNE

De sorte que la France se trouvant ainsi dindonnée, le seul bénéficiaire réel de la guerre de Crimée, avec l'Angleterre, parait bien avoir été Cavour, dont la mise pourtant avait été des plus modiques. Au cours de visites à Paris, le 23 novembre, en compagnie de Victor-Emmanuel, d'Azeglio, puis à Londres et de nouveau à Paris, le 7 décembre, il a fait le siège des deux gouvernements, de Napoléon III en particulier qui, séduit par les charmes de la comtesse de Castiglione, consent à établir, par l'intermédiaire de son ami le Dr. Conneau et du comte Arese, une liaison secrète et régulière avec ses amis italiens. L'habile diplomate se sert du Congrès comme d'une tribune d'où exalter l'unité italienne devant les puissances réunies. Entre les mains de Benedetti, qui remplit les fonctions de secrétaire, les plaintes s'accumulent : dossier contre le gouvernement pontifical, remis par Minghetti, de Bologne, le 10 mars, mémorandum du comte Walewski, les 11 et 12 mars, suivi d'une note officielle le 27 et d'une discussion en séance, le 8 avril, en attendant que le représentant de l'Angleterre, lord Clarendon, dresse le réquisitoire final, dont la vigueur surprend (16 avril). Le Piémont n'a-t-il pas mis beaucoup de bonne volonté pour se faire bien venir de l'Angleterre ? Multipliant les preuves d'anticléricalisme en abolissant, le 9 avril 1852, les immunités écclésiastiques, puis en expulsant les archevêques de Turin et de Cagliari, et trois ans plus tard, d'accord avec Rattazzi (ex-membre de la *Jeune Italie*, président de la Chambre en 1852 et ministre en 1854, sécularisant les biens de 600 communautés religieuses, sous le prétexte de relever les traitements du Bas-Clergé (9 janvier-2 mars 1855) alors que les prélats offraient de prélever sur leurs dotations les sommes nécessaires (26 avril). Faisant mine de démissionner, Cavour était revenu au pouvoir pour faire voter la loi, le 28 mai 1855.

Ancien animateur du journal *« Il Risorgimento »* en 1847, député en Juin 1848, ministre de l'Agriculture en 1850, appelé à succéder à d'Azeglio et à Cesare Balbo, le 4 novembre 1852, Camille Benso, comte de Cavour (1810-1861) sait cultiver l'amitié de l'ambassadeur britannique, sir James Hudson et redouble d'avances alléchantes à la Cité. Il s'empresse de proclamer la liberté du commerce et de traiter avec Londres la construction de la voie ferrée de Turin à Gênes. Certes, quand il s'agit d'emprunts, il se montre plus coriace, critique le banquier Nigra, qui n'a réservé aux Italiens que 8 m. de frs sur les 62 de l'indemnité de guerre à l'Autriche, imposée par la paix de Milan, le 6 août 1850, lui retire les Finances, parce qu'il s'apprête à concéder à Rothschild, *« ce juif qui nous étrangle »* les deux-tiers d'une seconde émission de 6 m. de rentes (pour un capital de 120 millions de frs) et qu'il laisse un déficit de 68 m., prend lui-même son portefeuille en Avril 1851 et conclut l'opération (3,6 m. de Livres), à de meilleures conditions avec le danois Hambro, de Londres, au grand dépit de ses rivaux, dont les manœuvres contre les rentes sardes échouent lamentablement en Janvier 1852. Mais il ne les élimine pas pour autant, traite avec James, à 94, 50 les 2 m. du tiers restant, et négocie avec Alphonse au début de Mars 1853, en jouant de la concurrence de Fould et du Crédit Mobilier. Et si, pour éviter les conditions draconiennes des loups-cerviers de la finance, il place entièrement en Italie son emprunt de 50 m. à la veille du conflit avec l'Autriche, il n'en accueille pas moins dans son cabinet le jeune avocat Isaac Antom, secrétaire dont il se défie (*« Je n'ai pas plus tôt prononcé un mot qu'il m'a trahi, avant même d'être sorti de mon cabinet »*, dit-il de lui), et l'aïeul de Profumo (la vedette du scandale Christine Keeler).

Ces gages suffisent à lui rallier les membres modérés des hautes Ventes et des loges, pour qui l'unité italienne doit primer la révolution. Suivant l'exemple de Rattazzi, le marquis

Pallavicini, Manin (le juif de Venise) et le sicilien La Farina, ancien adepte de la *Jeune Italie*, se rapprochent de lui (12 septembre 1856) et forment le triumvirat dirigeant de la *Sociéta Nazionale* (Avril 1857), principal instrument de la pénétration sarde par la propagande et les émeutes. À la suite de contacts établis par le marquis Migliorati, dans les États romains en 1856, avec les chefs des *carbonari* et de la *Ligue du Sang*, Garibaldi et Mazzini lui-même, en Mai-Juin 1857, ont promis leur concours. N'ont-ils pas tous un ennemi commun, l'Autriche, qui, pour l'instant fait montre de beaucoup de patience et de modération. En visite en Italie, à la fin de 1856, l'empereur François-Joseph a multiplié les démonstrations bienveillantes, proclamé l'amnistie, annoncé l'arrivée à Milan, pour le 15 janvier 1857 d'un vice-roi connu pour ses dispositions libérales, l'archiduc Maximilien (le futur empereur du Mexique). Vains efforts de conciliation.

Car la sentence est prononcée. Désignant la prochaine victime *« Delenda est Austria »* écrit Mazzini dans ses Instructions de 1851 (*« Journal des Débats »*, 16 mai 1851). Certes, il faudra faire appel au bras séculier pour l'exécuter. Dans une première phase, Napoléon III se chargera d'expulser les troupes autrichiennes de la péninsule, en attendant que Bismarck parvienne à faire crouler la couronne impériale du front des Habsbourg. Mais, fidèle à ses méthodes, Mazzini n'en poursuit pas moins son action terroriste en Italie (assassinat du duc Charles Hl de Parme, le 23 mars 1854, de Milano en 1856 ; coup de main avorté sur Gênes, le 29 juin 1857), ses constitutions de comités de chambardement à Londres (Comité central européen ; *« Commune révolutionnaire »* — déjà — avec Félix Kyat ; Comité révolutionnaire universel avec Garibaldi, Herzen, Bakounine, Kossuth, Türr et Klapka en 1858) et ses attentats en France, destinés à secouer la nonchalance de Louis-Napoléon et à lui rappeler ses engagements de *carbonaro* (Follet, dans la nuit du 8 au 9 juin 1853 ; le belge de Meren, à l'Opéra-Comique le 5 juillet 1853 ; l'italien Pianori, aux Champs-Élysées, le 28 avril 1855 ; encore un Italien, Tibaldi et deux acolytes, arrêtés le 6 août 1857) et, brochant sur le tout, les bombes d'Orsini et de ses trois complices qui, à l'entrée de l'Opéra, le 14 janvier 1858, font 156 victimes, dont 8 tués.

Cette fois, c'en est trop. Nommé ministre de l'Intérieur, le général Espinasse applique sans ménagement la loi de Sûreté générale votée le 19 février, opère 4000 arrestations et proscrit 300 récidivistes. Cependant le comte Walewski adresse à Londres, d'où procèdent, le plus souvent à travers la Belgique, terroristes et bombes *« made in England »* — huit en six ans — le 20 janvier, une note formelle de protestation. Attaqué aux Communes lors de la discussion de *l'Alien Bill* le 19 février pour avoir négligé d'y répondre, Palmerston se retire. Des conservateurs, lord Derby, lord Malmesbury, flanqués de l'élégant *dandy* Disraeli, le remplacent (très provisoirement d'ailleurs, car les élections en Mai 1859, dans lesquelles Kossuth prendra une part surprenante, leur étant défavorables, ils démissionneront à leur tour et Palmerston reprendra le gouvernail le 10 juillet 1859). Mais, oh scandale ! — le jury britannique, le 17 avril, acquitte le réfugié français Bernard, véritable organisateur du complot. Peut-être n'est-il pas inutile de remarquer que, le jour même où éclataient les engins d'Orsini, le premier coup de pioche du canal de Suez était donné par Ferdinand de Lesseps, le protégé, de l'Élysée. Fallait-il voir, là aussi, un avertissement donné à Louis-Napoléon, qui s'était toujours passionné — c'est tout à son éloge — pour les grands canaux interocéaniques, depuis le temps où, du fort de Ham, il avait tenté d'intéresser les Rothschild au percement d'un canal au Nicaragua ?

L'Empereur déborde pourtant de bonne volonté. Vis-à-vis de l'Angleterre, lorsqu'il confie ses projets contre l'Autriche au prince Albert (à Osborne en Août 1857), lorsqu'il envoie à Londres le maréchal Pelissier comme ambassadeur et lorsqu'il accueille les souverains britanniques à Cherbourg (24 août 1858). Vis-à-vis de l'Italie, car s'il parle rarement de son indépendance, il y pense toujours, il s'en ouvre à l'ambassadeur piémontais (3 décembre 1852), au comte Arese (8 février-20 mars 1853). Et même vis-à-vis d'Orsini, qu'il fait visiter en prison par le préfet Pietri, qu'il désirerait gracier — mais qu'il devra exécuter le 13 mars car les élections du 15 novembre 1857 ont renforcé les positions catholiques en France — non sans recueillir son testament du 21 février : *« Délivrez l'Italie et l'on renoncera aux attentats »* (9 mars) ; testament que Jules Favre, défenseur des terroristes, s'apprête à lire à la Chambre et que publiera le 31 mars, la *« Gazette officielle du Piémont »*. S'étant vu confirmer par les dirigeants des sectes la mission qui lui est dévolue et le délai qui lui est imparti pour l'accomplir (deux ans), Louis-Napoléon mande sans plus tarder ses émissaires personnels le Dr. Conneau et le préfet de police Piétri à Turin en Juin 1858 pour prier Cavour de le rejoindre à Plombières. L'entrevue a lieu le 21 juillet : il y est convenu qu'une insurrection à Modène avec demande de rattachement au Piémont servira de prétexte à la guerre contre l'Autriche et qu'en outre les fiançailles du prince Napoléon avec la princesse Clothilde, fille de Victor-Emmanuel (le mariage sera célébré le 30 janvier 1859) scelleront l'alliance qui sera conclue en Décembre entre les deux pays. Ces conventions demeureront soigneusement dissimulées au ministère, tandis que Palmerston, venu fin Novembre à Compiègne, en compagnie de lord Clarendon, les approuvera vivement.

Cependant, au dernier moment, le cabinet *tory* hésite. Inquiet des réticences de la Russie, lord Malmesbury fait proposer par lord Cowley ses *bons offices* à Paris et à Vienne (28 février 1859). De fait, le tsar, le 15 mars, propose la réunion d'un congrès, et les puissances n'osent refuser d'y participer. Mais Cavour n'en poursuit pas moins ses préparatifs, lance un emprunt de 30 m., mobilise l'armée piémontaise (9 mars), autorise Garibaldi à lever des corps francs (17 mars). Il sait pouvoir compter sur *l'Empereur des Français*, dont la presse, par la plume d'Edmond About, dans le *« Moniteur »* fait campagne contre le gouvernement pontifical, monte en épingle le *scandale* du petit Edgar Mortara, de Modène, enlevé par les gendarmes pontificaux et baptisé à Bologne, en Juin 1858, et diffuse la brochure *« Napoléon III et l'Italie »*, qui prône hautement le principe des nationalités. Les foudres mouillées du comte Walewski qui, le 18 avril, exige *officiellement* le désarmement du Piémont, ne l'intimident nullement. Par contre, il s'empresse de saisir l'occasion que lui tend l'Autriche, en lui remettant, le 23 avril, un ultimatum semblable. Il le repousse et c'est la guerre, déclarée par la France, le 3 mai.

L'avant-veille, Giulay, qui dispose de 200.000 Autrichiens, dont un corps de manœuvre de 105.000 hommes, a franchi le Tessin. Mais c'est un timoré, qui n'ose foncer sur Turin et qui, par sa lenteur permet la concentration de ses adversaires (50.000 Sardes et 100.000 Français, dont deux corps venant de Suze et deux autres de Gênes) sans mérite essayer de les battre en détail. Les Français en profitent pour repousser de Montebello, le 20 mai, une forte reconnaissance autrichienne (22.000 hommes) lancée sur la rive droite du Pô, et les Sardes pour dégager Palestro, le 30. Le 1er juin, Novare est atteint et, le 4 juin, une bataille aveugle s'engage pour le franchissement du double fossé du Tessin (canal et rivière) derrière lequel les Autrichiens se sont retirés ; alors que les premiers occupants des ponts sont pris à revers, l'acharnement de Mac Mahon à Magenta emporte te succès qui ouvre aux Français les portes de Milan (8 juin) et la route de Brescia atteinte le 18. Restée forte de 160.000 hommes, l'armée autrichienne évacue la rive droite du Pô et les Romagnes pour se reformer derrière le Mincio. Elle vient de réoccuper les hauteurs de Castiglione, lorsque, sur un front de 16 kms entre le lac de Garde et Medole, les Franco-Sardes, le 24 juin, viennent buter contre elle. Tandis qu'au nord les troupes piémontaises piétinent, l'assaut donné à la tour de Solférino assure aux Français une position dominante au centre et l'arrivée des renforts amenés par Canrobert sauve dans la plaine le corps de Niel, jusque-là fort malmené par les contre-attaques de Wimpfen. C'est encore une victoire, bien que chèrement achetée : 13.000 tués ou blessés, 9.000 disparus chez les Autrichiens ; 3.100 tués ou disparus. 8.500 blessés parmi les Français ; 1.900 et 3.500 pour les Sardes. En outre, l'armée française, atteinte de typhus, compte 2.5.000 malades et ses pertes totales sont de 20.000 hommes, dont 5.500 tués au combat.

Et voilà que, renonçant à pousser plus loin ses avantages, Napoléon III mande un aide de camp, le général Fleury, à Vérone proposer à François-Joseph une entrevue, qui a lieu à Villafranca, le 11 juillet et aboutit à la signature d'un armistice stipulant la cession de la

Lombardie à la France, cession confirmée par le traité de Zurich, le 10 novembre. À quels mobiles a donc pu obéir l'Empereur ? Lassitude, crainte d'une concentration prussienne sur le Rhin, ou souci de ne pas constituer de ses propres mains sur les Alpes un État trop puissant, en réalisant l'unité italienne au seul profit de la Maison de Savoie, et préférence pour une solution fédérative qui, tout en ménageant le Pape, permettrait d'installer le prince Napoléon à Florence et le prince Murat à Naples ? Si tels étaient ses projets, en tout cas il dut y renoncer et s'incliner devant l'opposition de Manin (retour du Congrès de Genève) à Paris et celle de Palmerston qui, toujours flanqué de lord John Russell, avait repris le pouvoir à Londres, le 10 juillet 1859.

... SANS AUTRE BÉNÉFICE...

Mais au fond, ni Palmerston, qui n'entendait pas laisser la France dominer la péninsule, ni même Cavour, qui manifestait bruyamment son dépit, en démissionnant du ministère le lendemain de Villafranca, n'avaient rien à regretter de la décision de l'Empereur. N'avait-il pas rempli sa mission essentielle, en éliminant l'armée autrichienne ? Maintenant, ne valait-il pas mieux que, lui aussi, se retirât ? Une telle éventualité n'avait-elle pas été envisagée, avant même le début des hostilités ? *« Si l'Autriche, après la prise du Milanais, consentait à en être dépossédée, alors on conclurait la paix avec elle »*, portaient, selon le prince Napoléon et le général polonais en exil Mierolawski, les instructions communiquées, le 7 décembre 1858, au hongrois Daniel Irangy, compagnon de Kossuth, chargé d'inciter à la désertion en faveur de la légion de Klapka, les contingents magyars au service de l'Autriche.

Avec la bénédiction de Palmerston et la neutralité bienveillante de Louis-Napoléon, Cavour et sa *Societa Nazionale* peuvent commencer la deuxième phase de l'opération, qui consiste à miner et à désagréger les divers états pour les amener ou les contraindre à accepter leur rattachement au Piémont. Prudemment, Victor-Emmanuel n'ayant signé du traité de Zurich que la clause portant cession de la Lombardie, n'a pris aucun engagement de respecter l'intégrité de ces états. Sous le couvert d'un cabinet modéré formé par le général La Marmora, avec Dabormida aux Affaires étrangères, les commissaires sardes déploient partout une grande activité. À Florence, Buoncompagni, secondé par Carletti, Riccasoli et autres, s'empare des monuments publics, tandis que l'armée demeure concentrée face aux Autrichiens ; si bien qu'une Assemblée toscane proclame le 16 août la déchéance du duc de Lorraine et, le 20, le rattachement de la Toscane au Piémont. Cantelli, Palliéri, sous l'autorité du romagnol Farini, agissent de même à Parme, où le général Trotti a consigné les troupes dans la citadelle. À Modène, le duc François IV s'étant enfui, Zini et Carbonnieri, appellent Farini comme gouverneur, et comme Louis-Napoléon a demandé le rappel des commissaires sardes, on feint de lui donner satisfaction ailleurs, mais on monte une manifestation pour retenir Farini et le tour est joué. Le 15 septembre, les représentants des deux duchés demandent également à Turin de les annexer. Palmerston, au nom de la non-intervention, protège l'intrigue piémontaise.

Mais, dans les États pontificaux, l'opération sera-t-elle aussi simple ? Bologne, à son tour, s'agite : Maxime d'Azeglio, avant de partir, y a concentré des forces ; le 24 septembre, les députés des Rômagnes, réunis à Monza, proclament leur volonté de réaliser l'unité italienne. Là encore, les sentiments intimes de Napoléon III ne sont pas douteux : il reçoit leurs délégués à Paris, le 3 août, en compagnie d'Arese, avec de bonnes paroles. Il a approuvé la brochure de son directeur de la Librairie, maître de la censure, le vicomte de La Guéronnière, *« le Pape et le Congrès »*, parue fin 1859 et celle intitulée, *« La France, Rome et l'Italie »*, qui la suit de près. Mais il se heurte à l'opposition de plus en plus violente des catholiques français, de Mgr.

Dupanloup, de Mgr. Pie, de Louis Veuillot (dont « *l'Univers* » sera supprimé le 30 janvier 1861), et des milieux du « *Correspondant* » (créé en Janvier 1843), de Falloux, d'Albert de Broglie et de Cochin, qui tentent de regrouper les libéraux. Alors l'idée lui vient d'écrire au pape pour lui suggérer de prendre lui-même l'initiative des concessions, de proclamer *motu proprio* l'autonomie des provinces révoltées, Romagne et Légations, d'envisager un arrangement qui sauvegarderait en apparence la souveraineté du Vatican (lettre du 30 décembre 1859, publiée en France, le 11 janvier 1860, mentionnée par Thouvenel le 12 février 1860 et signalée par Cavour à la Chambre piémontaise, le 25 mai 1860)... Pie IX, naturellement, refuse et maintient ses positions, le 19 janvier, dans une encyclique, tandis qu'à Paris, l'empereur remplace le comte Walewski par Thouvenel, plus souple à son gré (4 janvier 1860), et que Victor-Emmanuel, le 20, rappelle Cavour au ministère.

... QUE NICE ET LA SAVOIE

Car, avant d'aller plus avant, il s'agit de tenir les promesses faites à Napoléon III pour obtenir son concours. Le journal « *la Patrie* », le 25 et 27 janvier, une manifestation à Chambéry, le 29, et une communication au Corps législatif, le 1er mars, suivie d'une note du 13, remise par Benedetti à Turin, le 20, réclament l'annexion à la France du comté de Nice et de la Savoie. Fidèle à la parole donnée à Plombières, Cavour s'incline et signe le 24 mars le traité de cession, qu'un plébiscite confirme les 15 et 20 avril. De son côté, à la suite de démarches effectuées à Paris par Nigra le 8 février et par Arese, le 20, l'Empereur a consenti à ce que la Toscane revienne à un prince de la maison de Savoie ; en fait, après un nouveau scrutin, le 15 mars, elle est annexée par le Piémont. Cependant l'affaire romaine piétine toujours, une manifestation montée par Carletti, le 19 mars, dans la Ville Éternelle, ayant échoué lamentablement, elle entre provisoirement en sommeil tandis que les émigrés romains se regroupent à Florence.

L'offensive se développe alors dans le Napolitain, où elle revêt un caractère un peu différent. Car les intrigues du représentant piémontais, Villamarina, qui achète les généraux, ne peuvent suffire à en assurer le succès et Victor-Emmanuel ne saurait ouvertement déclarer la guerre à François II, parce qu'il se refuse à l'*union* avec le Piémont. Un incident s'est d'ailleurs produit lorsqu'en 1858 les autorités napolitaines ont *cueilli* un agitateur républicain, Pisacane, fraîchement débarqué du navire anglais « *Cagliari* ». Le concours des révolutionnaires de Mazzini et des partisans de Garibaldi est en effet aussi nécessaire pour mener à bonne fin l'opération que la couverture active du gouvernement et de la flotte de Sa Gracieuse Majesté. La Sicile donne le signal de l'insurrection, à Palerme et à Messine. Les sociétés ouvrières, créés par Mazzini après 1848 et fortement influencées par Bakounine (elles comptent à cette époque environ 111.000 membres dans toute la péninsule) y ont constitué des foyers de révolte. Pour leur porter secours, il suffit de puiser parmi les quelque 25.000 volontaires concentrés en Italie centrale dont Garibaldi prendra la tête. Tandis qu'un régiment régulier (à part son colonel le prêtre apostat Nicotera), embarque de Livourne, sous la chemise rouge. Mais l'appui du Piémont lui est entièrement acquis : VictorEmmanuel et Cavour financent son équipée, le général Medici et Riccardi, gendre de Farini, achètent les navires, armes et munitions sont fournis par le gouverneur du fort Talamore, etc. Et celui de la Grande-Bretagne, davantage encore.

Partie de Gênes, dans la nuit du 5 au 6 mai, la petite flotte portant les *Mille* se présente devant marsala le 11. Deux navires napolitains l'y attendent, qui font mine de s'opposer au débarquement. Mais deux navires anglais, dont « *l'Argus* », se trouvent là à point nommé pour les neutraliser. Sans être autrement inquiété, Garibaldi repousse les troupes napolitaines, le 15 mai à Calatafimi et marche sur Palerme, où il entre le 27. C'est aussi sur un vaisseau anglais, l'*Hannibal*, que le général Lanza signe, le 30 mai, l'armistice, et lorsque les napolitains ayant été de nouveau battus à Milazzo, devant Messine, le 20 juillet, Thouvenel propose qu'une flotte franco-britannique barre le détroit et protège la côte de Naples, c'est encore lord John Russell qui s'y oppose. Tant et si bien que Victor-Emmanuel s'alarme, délègue pour contrôler la Sicile La Farina avec 2.000 hommes de renfort commandés par le général Medici — mais le condottiere le renvoie —, charge l'amiral Persano, commandant de la flotte sarde, de susciter un mouvement à Naples, pour enlever l'initiative aux exaltés, mais, devant les chemises rouges, l'armée napolitaine se débande et la capitale est occupée le 6 septembre. Alors, tandis que Garibaldi y mène la *dolce vita* avec lady White et groupe autour de lui tout l'état-major de l'Internationale, Mazzini, Saffi, Mordini et Mario, devant le spectre de la République bientôt proclamée dans l'Italie méridionale, Victor-Emmanuel prend peur. Il importe qu'à tout prix, pour contenir la révolution dans les Deux-Siciles, ses troupes parviennent à franchir le barrage des États pontificaux. En déléguant Farini et le général Cialdini, puis le comte Arese à Chambéry, le 28 août, Cavour s'emploie à obtenir l'accord tacite de Napoléon III : « *Faites, mais faites vite !* » répond l'Empereur qui, tel Pilate, éludant ses responsabilités, s'embarque à Marseille pour proclamer, entretemps, en Algérie, « *l'empire arabe !* ».

Sans perdre une minute, le 8 septembre, La Farina allume l'émeute dans l'Ombrie et les Marches, le 11 Cavour exige la dispersion des corps étrangers au service du Pape — des zouaves pontificaux du général Lamoricière, organisés depuis le 1er avril 1860, qui, au nombre de 14.000, dont 7 à 8.000 combattants, tiennent surtout Ancône — et, sur les talons de trois colonnes de partisans lancés sur Pérouse, Urbino et Pesaro, 33.000 Piémontais envahissent les États pontificaux, avec Della Rocca en Ombrie et Cialdini dans les Varches. Occupant les hauteurs de Castelfidardo, ce dernier coupe la route du littoral aux pontificaux, qui tentent de se replier sur Ancône (17-18 septembre). (Au cours de l'engagement, un agent sarde introduit dans les rangs des zouaves, Biambilla, abat froidement le général de Puimodan). Trompés par un télégramme de l'ambassadeur de Gramont au consul de cette ville (11 au 12 septembre). 4.000 zouaves ne capitulent que le 28 septembre ; Napoléon III peut rentrer d'Algérie, la route de Naples est désormais ouverte aux Piémontais. Le 2 novembre, Capoue se rend aux troupes sardes, le 7. VictorEmmanuel fait son entrée à Naples, où il nomme Farini lieutenant-général ; Garibaldi se retire à Caprera et François II se réfugie à Gaète, où une escadre française le protège jusqu'au moment où une protestation de lord John Russell (25 décembre) la contraint de se retirer, le 19 janvier 1861.

Alors, la flotte de l'amiral Persano écrase la ville, qui capitule le 13 février. Sur la voie de l'unité italienne la maison de Savoie vient certes d'accomplir un très grand pas, mais, au moment où meurt Cavour, le 5 juin 1861, l'union des cœurs est loin d'être réalisée. Dans le Napolitain surtout, où l'esprit d'indépendance demeure vivace, les représentants piémontais. Farini, secondé par Carletti, Nigra et plus encore Cialdini ont la main lourde : des villages pillés et incendiés 18.000 fusillés ou massacrés, 30.000 exilés, 14.000 incarcérés en une seule année, 80.000 *épurés*. Apparemment, les libérateurs n'ont pas été accueillis seulement par des acclamations. Ni par les traditionalistes, ni par les révolutionnaires.

REMOUS MAÇONNIQUES À PROPOS DE ROME

Avant d'aborder à nouveau la question pontificale — « *Rome sera la capitale de l'Italie* », a déclaré Cavour —, Victor-Emmanuel doit d'abord constituer provisoirement autour de Florence le royaume d'Italie et, après avoir accordé aux Israélites l'égalité des droits, réorganiser sa FrancMaçonnerie. Alors que nombre d'anciennes loges avaient été rattachées à des obédiences étrangères notamment celles de Gênes et de Livourne au Suprême Conseil de Paris, la loge *Ausonia* de Turin, fondée avec des représentants de Reggio et de Bologne, fin 1859, assume le rôle de LogeMère en groupant autour d'elle la plupart des ateliers italiens. Nigra ayant refusé à deux reprises cette haute dignité, le Convent du 26 décembre 1861 désigne Cordova pour la Grande-Maîtrise. Proclamé *Premier Maçon d'Italie* Garibaldi, nommé Grand Commandeur du rite écossais, lui succèdera deux ans plus tard. L'Ordre compte alors 67 loges dans la péninsule et 10 à l'étranger. Avant de mourir à Pise le 11 mars 1872, Mazzini, abandonné successivement par ses amis ralliés à la maison de Savoie et par les adeptes de l'Internationale, tentera de ressaisir quelque influence, en 1867-68, en chargeant Moriundo de noyauter certains ateliers (la loge *Dante Alighieri* de Turin, par exemple) et d'en inciter d'autres à s'unir au Grand-Orient de Palerme, de tendance révolutionnaire, pour faire prévaloir le programme de *l'Alliance républicaine universelle*, sa dernière création fondée à New-York en Janvier 1867.

En France non plus, la campagne pour l'unité italienne n'a pas été sans provoquer des remous dans les hautes sphères de la Franc-Maçonnerie, reconstituée dès 1152. Déçu dans ses ambitions dans le Napolitain, voici que le prince Murat (Grand-Maître depuis le 9 janvier 1852) émet au Sénat un vote favorable au pouvoir pontifical : c'est un scandale, ses frères se *couvrent*, exigent sa démission du Grand-Orient en 1860. Le prince Napoléon (initié aux *Amis de la Patrie* en 1848), Grand Commandeur du Suprême Conseil, brigue naturellement sa succession, mais Napoléon III, soucieux d'écarter la candidature de son trop bouillant cousin, nomme par décret du 11 janvier 1862 le maréchal Magnan comme Grand-Maître, après lui avoir fait conférer, dans la même journée, les 33 grades que comporte cette dignité suprême. C'est le moment d'ailleurs où Persigny, ministre de l'Intérieur, envisage sérieusement la reconnaissance officielle de la Franc-Maçonnerie par l'État.[30] Cependant que, pour intimider les catholiques, il dénonce l'activité de la Société de Saint Vincent de Paul, fondée par Ozanam en 1833, provoque contre elle une campagne des journaux maçonniques *« le Siècle »*, la *« Presse »*, *« l'Opinion nationale »* et réclame, le 18 octobre, la dissolution des Conseils provinciaux et du Conseil Suprême de la Société coupables d'avoir tenu leurs assises à Lusignan le 22 septembre 1861. Afin d'enlever tout prétexte à cette montée soudaine d'anticléricanisme, ceux-ci se dissolvent d'eux-mêmes le 22 novembre.

Car une polémique violente oppose à Paris défenseurs et adversaires de la Papauté : le 1er mars 1861, pendant trois heures, au Sénat le prince Napoléon s'est déchaîné contre la Rochejacquelein, contre les Bourbons, contre le Pape, à tel point qu'il s'est attiré, le 13 avril, une verte riposte du duc d'Aumale. Le 13 mars, l'orateur catholique Keller s'élève contre un passage incriminant le pape et sa *résistance à de sages conseils* dans une motion officielle. Le 13 avril, le prince Napoléon est chargé de proposer à Cavour le retrait des troupes françaises, contre l'engagement du Piémont de ne pas attaquer le Pape. Mais Napoléon III n'en élude pas moins les demandes de Riccasoli, le trop anglophile et trop raide successeur de Cavour, présentées par Arese le 30 juin 1861, qui insiste pour que cesse l'occupation. Le dialogue reprend cependant entre les deux nouveaux ambassadeurs des Tuileries, très favorables à l'unité italienne, La Valette et le cardinal Antonelli au Vatican et, à Turin, Benedetti et le nouveau chef du gouvernement piémontais, Rattazzi qui, fort insinuant de caractère, tente lui-même de gagner l'Empereur à sa cause à Compiègne, au début de Mars 1862. Soucieux de ne rien brusquer, Victor-Emmanuel n'hésite pas à barrer la route d'Aspromonte à Garibaldi, qui menace la Ville Éternelle (29 août 1862). Le condottiere rouge, blessé, est fait prisonnier.

---

[30] Proposition rejetée par l'Assemblée, le 9 Juin 1863, par 123 voix contre 64. Les loges sont d'ailleurs en régression : de 330 en 1852 (plus 130 chapitres et 27 conseils), elles sont réduites à 169 en 1858 (plus 62 chapitres et 13 conseils).

L'INSURRECTION POLONAISE ÉTOUFFÉE

Est-ce à dire que le nouveau roi d'Italie se retourne à présent contre les révolutionnaires ? Bien au contraire, car s'il s'estime tenu à la prudence à Rome comme en Vénétie, il n'en encourage pas moins leurs entreprises contre l'Autriche et la Russie. Par l'intermédiaire de l'ingénieur Diamilla Muller, des contacts pris avec Mazzini en 1863 et des pourparlers à Londres en Mai 1864 en vue de fournir subsides et armes au colonel Zega en Serbie, à Klapka et à Türr, qui préparent une insurrection en Hongrie, au colonel Frygezi en Moldavie, mais le prince Couza, alerté par Napoléon III, détient Frygezi en Septembre 1864, et l'intrigue tourne court. Sauf en Galicie, où, d'accord avec le Centre révolutionnaire polonais, les Italiens ont accepté de soutenir le général Bulewski. La révolte s'est en effet rallumée dans la malheureuse Pologne. Sous la forme de manifestations d'abord : le 25 février 1861, jour anniversaire de la victoire de Grochov (répondant à l'appel de Beruscz Laisels et de Marcus Jastrov, les hétérodoxes participent en grand nombre), il y a quarante victimes et, le surlendemain dix tués et soixante blessés ; le 2 mars, 100.000 personnes suivent l'enterrement des victimes. Une seconde fois, malgré la promulgation le 26 mars d'un oukase de réformes, qui crée un Conseil d'État, des Conseils municipaux et des assemblées locales, mais dissout en contre-partie la *Société agricole* du comte André Zamoyski, les 7 et 8 avril, des cortèges entonnent l'hymne de Dombrowski et l'on relève 50 morts et plus de 100 blessés. Et une troisième fois encore, le 15 octobre 1861, pour la commémoration de la mort de Kosciusko, le lendemain la troupe pénètre dans les églises et détient 2.000 personnes. Et, bien que le grand-duc Constantin, nouveau vice-roi, passe pour libéral et que le marquis Wielopolski ait obtenu, le 24 niai 1862, quelques concessions pour les hétérodoxes d'acquérir certains immeubles et de s'établir dans les villes, de nouveaux troubles se produisent. Le comte Zamoyski est exilé. Pour échapper à la conscription, les jeunes constituent des bandes d'insoumis, d'où une nouvelle insurrection va surgir. Répondant à un manifeste du Comité national, les révoltés se concentrent en trois groupes principaux de 2.000, 3.000 et 8.000 hommes.

Cette fois les puissances s'inquiètent. Mais désirant s'attirer la reconnaissance de la Russie, Bismarck fait bande à part : en son nom, Alvensleben signe, le 8 février une convention pour faciliter la répression à la frontière, et il refuse de s'associer à l'envoi de notes séparées mais concomitantes, adressées le 17 avril à Pétersbourg par les États occidentaux, à l'instigation de lord John Russell qui, lui, n'a pas attendu pour protester, dès le 20 février, avec énergie. Répliquant sur le même ton, Gorchakof a dénoncé le 26 avril, *« les instigations permanentes à la révolution cosmopolite »*. Dans l'orchestre, le prince Napoléon a naturellement joué sa partie, en intervenant au Sénat avec sa fougue habituelle. Les chancelleries tentent cependant de s'interposer, adressent à la Prusse, les 17-18 juin, des propositions d'arrangement en six points, que Gortchakof rejette, comme il repousse l'idée d'une conférence générale (13 juillet) ou d'un Congrès, suggérée par Napoléon III (5 novembre). Réprimée avec une grande cruauté par Mouraviev en Lithuanie (où les hétérodoxes s'étaient tenus à l'écart du mouvement) ses chefs tués, l'insurrection meurt. Au 1er janvier 1864, elle se solde par 33.800 tués, 1.468 pendus, 18.622 déportés. Une fois de plus, l'ordre règne à Varsovie.

AU PROFIT DES CRÉANCIERS DU MEXIQUE

Dans toute cette affaire, la France dont l'isolement grandit, a joué un rôle des plus effacés. Elle est occupée ailleurs. Au moment où Bismarck s'apprête à prendre l'initiative contre l'Autriche, Napoléon III s'est laissé prendre, au Mexique, dans un véritable guêpier. Au début pourtant l'aventure ne dépassait pas les proportions d'une démonstration internationale au profit de prêteurs étrangers dont les créances se trouvaient en péril. Depuis le départ de Santa Ana à la Vera Cruz le 14 août 1855, l'anarchie régnait dans cette ancienne possession espagnole, objet des convoitises de ses puissants voisins *yankees*. À tel point, que les flibustiers — américains cette fois — tentaient de prendre pied en Amérique centrale, tel Walker au Nicaragua et le *roi de Sonora*, le comte de Raousset-Boulbon, sur le littoral mexicain. Après avoir chassé Santa Ana, les bandes révolutionnaires conduites par l'avocat indien Juarez à l'assaut des églises et des grands domaines avaient imposé la sécularisation des biens du Clergé (pour une valeur de 300 m. de pesos), et le vote d'une constitution libérale, le 11 mars 1857, et contraint à la démission et à l'exil, en Décembre 1858, le président Comoforte, élu en Septembre 1857, qui, avait tenté de freiner le désordre en s'appuyant sur l'armée. Puis elles s'étaient à nouveau insurgées, à Guadalajara, contre les généraux Zuloaga et Miramon, Fort de l'appui des États-Unis, où il s'était réfugié en 1853, Juarez appuyé par la Maçonnerie du rite d'York, tenta de négocier les accords MacLane-Ocampo, véritable abandon des positions mexicaines, et, prêchant la réforme marcha de la Vera Cruz sur Mexico, en répandant des flots de sang. Chassant Miramon, tombé le 24 décembre 1860, le dictateur rouge fait son entrée dans la capitale le 11 janvier 1861, tandis que les généraux Marques et Méjia poursuivaient la résistance. Et les exactions continuèrent. Non content d'avoir fait saisir un convoi anglais d'argent à Tampico en Septembre 1860 il arrêta le paiement des indemnités prévues par les conventions passées avec l'Angleterre (1842, 1851), la France (1853, 1858) et l'Espagne (1853, 1859), dont il expulsa le ministre Pacheco, en même temps que le Nonce et le représentant du Guatemala.

Soucieux à la fois d'éviter une intervention indépendante de l'Espagne et de ménager la susceptibilité des États-Unis, qui offraient de garantir la dette mexicaine, lord John Russell se résigna à accepter une action commune des puissances, réduite à la défense des intérêts économiques étrangers et à la saisie des douanes de Tampico et de la Vera Cruz (convention de Londres, 31 octobre). En exécution de cet accord, 6.000 Espagnols débarquèrent à la mi-décembre 1860 dans ce port, suivis au début de Janvier par 2.500 Français et 700 Anglais. Mais les arrière-pensées des uns et des autres étaient fort divergentes. Les Britanniques, avec un contingent symbolique, n'obéissaient qu'à des préoccupations mercantiles. Haut-dignitaire maçonnique, le général Prim, espagnol, nourrit des ambitions personnelles, organise sa propre presse, renvoie Miramon à la Havane et tente d'écarter le général Almonte, débarqué le 5 mars avec 4.000 hommes de renforts français, qu'il considère comme un rival éventuel. Puis il renonce : soit que l'entreprise lui paraisse sans espoir, soit qu'il en ait reçu consigne de ses supérieurs, et, soutenu par sir Charles Wyke, négocie avec Doblado la convention de la Soledad (19 février 1862), qui reconnait l'indépendance du Mexique et tolère la présence de contingents étrangers, hors des terres chaudes du littoral, dans la zone de Cordova et d'Orizaba, en attendant l'évacuation des corps britannique et espagnol, concertée à Orizaba, le 9 avril.

L'AVENTURE DE MAXIMILIEN

Que vont faire les Français, qui ont refusé d'avaliser ces accords ? L'amiral Julien de la Gravière, le général Lorencez, qui dispose de 6.000 hommes et bientôt, après l'arrivée du général Forey, de 27.000 fin Novembre, et surtout le ministre Dubois de Saligny qui, très impressionné par l'anarchie régnante, prône vivement auprès de Thouvenel et de l'Empereur la politique d'intervention, que les réfugiés Guttierez de Estrada, le général Almonte, l'archevêque de Mexico, Labastida et le ministre José Hidalgo supplient l'Impératrice de faire prévaloir ? En se laissant engager dans l'aventure, Napoléon III cède-t-il à son vieux rêve de 1846, le percement d'un canal inter-océanique au Nicaragua ou ailleurs, à la pression des affairistes, de Morny, et de son associé Jecker, au charme d'Eugénie, au désir de donner aux catholiques, si mécontents de sa politique italienne, une satisfaction lointaine qu'il estime peu coûteuse, à la nécessité de sortir de son isolement en se rapprochant de l'Autriche, ou simplement à un besoin de prestige et de *grandeur* ? De fait, le choix de l'archiduc :Maximilien, napoléonide, fils présumé du duc de Reichstadt et de Sophie de Bavière, demi-frère que François-Joseph, jalouse à la fois pour ses succès et redoute pour ses idées libérales et son appartenance à la Maçonnerie écossaise, qu'il souhaite éloigner de la Hofburg ; est bien de nature à plaire à Vienne. Par ailleurs, le choc entre le Nord et le Sud, la guerre de Sécession, qui paralyse provisoirement les États-Unis, crée une occasion favorable à une intervention européenne.

Mais la main de l'étranger n'est guère propice à l'apaisement d'une lutte civile. Les concours cependant ne manquent pas. Le 16 avril 1862, le général Almonte constitue un gouvernement provisoire. Le 20 avril il recueille l'adhésion des généraux Mejia et Marquez. Mais les colonnes françaises se heurtent devant Puebla à une résistance acharnée, du 5 au 8 mai, Zaragoza et ses 12.000 hommes repoussent leurs assauts au Cerro de Guadalupe. Elles reviennent, à Orizaba, où elles dispersent les Mexicains qui tentent de les surprendre et, reprenant le siège, le 17 mars 1863, enlèvent de haute lutte (elles comptent 1.100 hommes hors de combat) les forts, les couvents, les blocs de maisons transformés en autant de bastions âprement défendus. Ortega ne rend la place, le 17 mai, qu'après la défaite infligée par Bazaine à San Lorenzo, le 8 mai, à Comonfort, qui tentait de secourir la ville. Le 7 juin, Mexico accueille les Français comme des libérateurs, ce qui est de bon augure et facilite la constitution d'un triumvirat : général Almonte, général Salas, archevêque Labastida. Une assemblée, où siègent 250 notables, offre le trône à l'archiduc Maximilien (3 octobre 1863).

Pour que ce dernier l'emportât, il faudrait que la France ne lui ménageât pas son appui. Or, c'est à ce moment qu'en pleine course, elle change d'attelage. Drouyn de Lhuys, qui a succédé à Thouvenel aux Affaires étrangères, n'écarte pas dans ses instructions l'éventualité d'une négociation avec les Mexicains, le peu sûr Montholon remplace Saligny et l'inquiétant Bazaine le général Forey, promu maréchal (1er octobre 1863). Et la convention de Miramar, conclue le 10 avril 1864, soutient le nouvel Empereur à la manière d'une corde qui l'étrangle, prévoit la réduction progressive du corps expéditionnaire français, de 34 à 25.000, puis à 20.000 hommes, jusqu'en 1867 (la Légion étrangère seule devant être maintenue six ans dans le pays) et prétend imposer au gouvernement mexicain des charges accablantes, seulement calculées en fonction du panneau publicitaire dont se serviront les banquiers pour attirer les *gogos*. Il faudrait aussi que Maximilien, qui, débarqué à la Vera Cruz le 28 mars, a fait son entrée à Mexico le 12 juin, obnubilé par son idéal libéral et les conseils de ses amis maçons *écossais*, ne déçoive pas les catholiques, ne se querelle pas avec le Nonce, et ne pouvant conclure un concordat, ne prétende pas régler lui-même le sort des biens sécularisés. Et naturellement, ses avances aux radicaux plus ou moins dissidents restent vaines. De telle sorte qu'il se trouve entre deux selles et ne parvient ni à implanter son autorité, ni à constituer une armée solide, capable de relever en temps utile les contingents étrangers dont il dispose (1.500 hommes de la Légion belge et 6.000 Autrichiens, en plus des troupes françaises), le jour où ceux-ci s'éloigneront. Pourtant les juaristes, chassés de la Guadalajara le 5 janvier 1864, puis acculés au nord à la frontière américaine et vaincus au sud, à Oaxaca, où Porfirio Piaz s'est vaillamment défendu du 15 janvier au 9 février 1865, semblent avoir perdu la partie.

... S'EFFONDRE AVEC LA DÉFAITE SUDISTE

Mais le moment propice est bientôt passé. La défaite des sudistes, la prise de Richmond, le 6 avril 1865, la capitulation du général Lee le 9, suivie de celle de Johnston, sonnent le glas de Maximilien. Déjà, de Londres des armes américaines ont été expédiées par Howell et Zirman aux bandes de Juarez. Maintenant, ce sont des réfugiés sudistes venus du Texas, de Brownsville, qui renforcent en armes, en munitions, en combattants, Escobedo qui bloque Matamoros (Octobre 1865), où Mejia résistera jusqu'au 23 juin 1866. Alors, devant le refus des États-Unis de reconnaître l'empire du Mexique, en échange du départ des troupes françaises, Napoléon III, inquiet de la tournure prise par les évènements en Europe, ne pense plus qu'à retirer son enjeu au plus vite, annonce sa résolution aux Chambres le 22 janvier 1866, publie au *« Moniteur »*, le 5 avril, son programme d'évacuation en trois étapes, sur une année, de l'automne 1866 à l'automne 1867, tout en réclamant, sur les instances de Fould, le versement de la moitié du produit des douanes et le remboursement anticipé de l'emprunt. Rien ne peut plus fléchir l'Empereur, ni l'échec du baron Seillard à convaincre Maximilien de se retirer, ni une suprême démarche du général Almonte, ni le désespoir et les accès de folie de l'impératrice Charlotte de Belgique (8 juillet 1866), qui séjourne à Paris du 1er au 23 août. Au contraire, à la mi-octobre, il donne mission à son aide de camp, le général de Castelnau, de ramener le malheureux archiduc. Ce dernier hésite, quitte sa résidence de Chapultepec pour Orizaba (21-27 octobre), mais se ravise et décide à la conférence du 26 novembre de regagner Mexico, oit il rentre le 5 janvier 1867 ; en vain Castelnau l'a-t-il supplié à Puebla, le 22 décembre, de renoncer, Bazaine, jouant double jeu, l'a d'abord poussé à résister, avant de lui conseiller d'abdiquer (le 6 janvier) ; puis il a rompu avec son gouvernement, le 28 janvier, et l'a complètement abandonné, détruisant ses munitions et vendant ses chevaux, dépouillant de la nationalité française les volontaires qui restaient (ce qui leur vaudra d'être fusillés), avant d'embarquer ses troupes, entre le 5 février et le 11 mars.

Sur les talons des contingents étrangers en retraite, les juaristes réoccupent Tamico, en Juillet, et peu après Tuxpan, Guadalajara le 12 décembre, San Luis de Potosi, le 23. Venant du sud, comme Porfirio Diaz, qui reprendra Puebla en Avril 1867, du nord comme Escobedo, ou de l'ouest comme Corona, les lieutenants de Juarez convergent maintenant vers le centre du pays. Maximilien, qui a rejoint Mejia, Miramon et Mendez à Queretaro le 19 février, s'y laisse enfermer avec 10.000 hommes, tandis que Marquez regagne Mexico avec la cavalerie pour tenter de tenir tête à Porfirio Diaz. Le 15 Mai, à la veille d'une sortie, le colonel Lopez, en qui le jeune empereur avait eu le tort de mettre sa confiance, introduit l'ennemi dans la place. Alors s'exerce, implacable, la vengeance de Juarez, qui va rentrer à Mexico, le 15 juillet 1867. Sourd aux interventions des diplomates, le ministre de Prusse Magnus, le prince de Salm-Salm et autres, Escobedo réunit un simulacre de cour martiale, le 13 juin et sur l'ordre de son chef, qui fait traîner l'exécution jusqu'au 19, livre au peloton Maximilien, Miramon et Mejia. Encore est-ce à grand'peine que l'amiral autrichien Tegethoff parvient à récupérer la dépouille de l'archiduc, dont l'enterrement n'aura lieu que le 18 janvier 1868. Triste dénouement d'une entreprise des plus troubles, dont Napoléon III ne sort guère grandi.

AYANT SACRIFIÉ L'AUTRICHE...

Dans l'intervalle, sans que la France bougeât, s'est réglé le sort de l'Autriche. Cette rupture d'équilibre, l'empereur des Français la considère d'une œil indifférent, sa vieille fibre de carbonaro ne s'éveille que pour assurer à l'Italie la possession de la Vénétie. Parce qu'il est *l'homme des sectes*, il a versé le sang des Français, au délit des Alpes, pour réaliser l'unité d'un voisin ingrat et gênant, et parce qu'il est *l'homme des sectes*, il travaille de ses propres mains à parfaire outre-Rhin, l'unité d'une Allemagne, que scellera bientôt dans la défaite, le sang des

Français. Pour lui, l'ascension de la Prusse est inscrite dans la tradition révolutionnaire et dans le sens de l'histoire. Prisonnier à Ham, ne s'est-il pas engagé vis-à-vis du duc de Brunswick, à prêter son appui à cette grande œuvre, s'il parvenait au pouvoir ? Empereur des Français, malheureusement, il tient parole. Multiplie les conseils, et les prévenances : au Congrès de Paris en 1856, à propos de la principauté de Neuchâtel ou du duché de Bade, en Juin 1860, à Compagnie, où Guillaume, qui va ceindre la couronne le 2 janvier 1861, lui rend visite en compagnie de Bismarck, ambassadeur à Paris. Hélas, que n'a-t-il la pénétration, le jugement, le sens pratique, la persévérance dans les desseins, bref les qualités d'Homme d'État d'un Cavour ou d'un Bismarck ? À Compiègne, comme à Biarritz, du 4 au 11 octobre 1865, le nouveau chancelier allemand a tôt fait de comprendre qu'une seule affaire tient au cœur de l'Empereur : le sort de la Vénétie. Aussi remet-il dans sa poche les offres de compensation destinées à payer la neutralité de la France.

Le hobereau poméramien que son souverain a appelé à la chancellerie le 24 septembre 1862 cache en effet sous des dehors de butor, la finesse et la cautèle de son collègue italien. Chargé par Guillaume I$_{er}$ de mâter le Landtag (déjà dispersé le 11 mars 1862 pour avoir refusé les 4 m. de thalers nécessaires pour porter le contingent annuel de 40 à 63.000 hommes, comme le réclamait le général von Moltke), Bismarck, persuadé que *« les grandes questions de notre époque seront résolues... par le fer et par le sang »* (30 septembre), et que *« la force prime le droit »*, n'hésitera pas à dissoudre à nouveau le 27 mai 1863 l'Assemblée élue le 6 mai de l'année précédente et, le 25 janvier 1864, la suivante (élue le 28 octobre 1863) et à passer outre aux rejets successifs des crédits militaires par des majorités massives de 250 voix en Juillet 1863, 275 le 22 janvier 1864 et 258 encore, en Mai 1865. Qu'importe l'Assemblée, comme la Fortune, est femme : après Sadowa, acclamant son vainqueur, elle lui accordera quitus de ses irrégularités budgétaires, par 230 voix contre 75, en Août 1866. Il est vrai que le chancelier, s'il a la main rude et révoque un millier de fonctionnaires en quatre ans, sait aussi donner des gages aux puissances du jour. Élevé par une mère, adepte de Swedenborg et de Messmer, nourri de Spinoza, Voltaire, Hegel, Feuerbach et Strauss, ce ne sont ni les convictions religieuses, ni les scrupules politiques qui l'étouffent : sceptique et cynique, faisant *« bon marché de ta doctrine »* (au Reichstag en 1871), il prône en 1861, le plan Radowitz qu'il condamnait dix ans plus tôt, vante au comte Bernstorff, ministre des Affaires étrangères, les mérites du suffrage universel (le 8 octobre 1863 et le 19 avril 1866) et ne néglige aucun des appuis qu'il juge nécessaires au succès de sa *Real-politik*.

Sa presse est financièrement contrôlée par des Israélites de Hambourg. Son parti au Parlement, le groupe national-libéral, aura pour président un converti, Édouard Lasker. Ses collaborateurs, ses soutiens politiques, il les choisit volontiers parmi les agitateurs pangermanistes de 1848, de toute origine, le Dr. Loewe, Ludwig Bamberger, ou les Becker, Bennigsen, Miquel, Gervinus, Gneist, Sydel. Ce dernier devenu président du *Verein Deutscher Freimaurer* qui, depuis 1861, réunit sous une seule direction les diverses obédiences, lui apporte le soutien sans réserve de la Franc-Maçonnerie allemande. Il ménage ses relations avec les socialistes, s'entretient avec leur chef, l'hétérodoxe *honteux* Ferdinand Lassalle, pendant l'hiver 1863-64 et, s'il ne s'accorde pas avec lui sur l'institution immédiate du suffrage universel, ni sur la création de sociétés de production subventionnées par le gouvernement, il n'en retient pas moins comme secrétaire intime Lothar Bucher, qui sera l'exécuteur testamentaire du maître du socialisme d'État. Mis à part Frotscher, plus réticent, les chefs du parti, Dammer et surtout Schweitzer, consentiront à appuyer la Prusse en 1866 dans ses visées pangermanistes (d'après Bebel, 26 septembre 1878). Et il établit même des contacts avec Mazzini, auquel il adresse en 1867 (en réponse à une note du 17 novembre 1866) un *mémorandum* sur la communauté d'intérêts qui lie naturellement l'Italie, rivale de la France en Tunisie et pour la maîtrise de la Méditerranée, à la Prusse, dont les visées portent uniquement sur la Baltique et sur le Rhin.

« Delenda est Austria » a écrit Mazzini, *« Venger la honte d'Olmütz »* et *« terrasser l'Autriche »*, comme l'avoue Bismarck au hongrois de Scheer-Thosz en Octobre 1862, chasser les Habsbourg de l'empire pour se retourner ensuite contre la France, le chancelier n'a pas d'autre objectif, depuis qu'il représentait son pays à la Diète de Francfort en 1851, avant de remplir les fonctions d'ambassadeur à Saint-Pétersbourg, puis à Paris. Mais il consent à collaborer avec Vienne dans l'affaire des Duchés, ne serait-ce que pour faire la preuve, aux yeux des États de la Confédération et de son propre souverain, Guillaume I$_{er}$, que cette collaboration est impossible. Bien que la succession de Danemark ait été promise au prince Christian de Glücksbourg par la convention de Londres du 8 mai 1852 et que le prince d'Augustembourg, père, ait alors renoncé à ses droits moyennant 1,5 m. d'indemnité, à la mort du roi Frédéric VII, survenue le 15 novembre 1863, la Diète germanique n'en avait pas moins soutenu, le 7 décembre, les prétentions du fils d'Augustembourg, et fait occuper par des contingents saxons et hanovriens les duchés de Holstein et de Lauenbourg. Sur quoi

Bismarck, ayant obtenu de lord Wodehouse, le 12 décembre, liberté de manœuvre, avait lancé un ultimatum à Copenhague le 16 janvier 1864, et fait pénétrer le 30 les 60.000 Austro-Prussiens de Wrangel dans le Holstein d'abord, dans le Jutland ensuite. Réduits à des effectifs moitié moindres, les Danois avaient vaillamment résisté à Düppel jusqu'au 18 avril mais, le 28, Fredericia était tombée et, le 14 juillet, les duchés de terre ferme avaient été complètement perdus.

L'Angleterre ayant hésité à engager sa flotte, une conférence traîna à Londres du 25 avril au 25 juin et se borna à recommander comme frontière future la ligne de la Slei. Après quoi, un armistice et des préliminaires ayant été signés les 18 juillet et le 1$_{er}$ août, le traité de Vienne imposa le duc Frédéric d'Augustembourg comme souverain du Danemark, amputé des duchés, soumis à un condominium austro-prussien. Tandis que les syndics de la Couronne persistaient à proclamer les droits de Christian II de Glücksbourg et la Diète de Francfort à recommander (par 3 voix contre 6, le 6 avril 1865) la remise des duchés au duc d'Augustembourg, une convention avait été conclue à Gastein, le 14 août 1865, prévoyant le partage des duchés : le Holstein revenant à l'Autriche, le Sleswig et le Lauenbourg ce dernier moyennant 12.5 m. de frs.) à la Prusse, avec la rade de Kiel et le contrôle du canal de la Baltique.

... À L'AMBITION DE BISMARCK...

Mais Bismarck, qui a mis les Chambres en vacances le 22 février 1866 et obtenu le 28, grâce à de Moltke, à Manteuffel (venus des duchés) et à von der Goltz (venu de Paris) — et malgré l'opposition du prince-royal — l'appui du Conseil, prépare activement sa guerre. Napoléon III lui-même l'aide à mettre l'Italie dans son jeu. Négligeant les avertissements de Drouyn de Lhuys et l'opposition de Thiers (3 mai 1866), malgré la signature d'une convention commerciale de l'Italie avec la Prusse (la Marmora — d'Usedom, 4 août 1865), il ignore l'offre du comte Malagazzi d'acheter la Vénétie pour 1 milliard (9 octobre 1865), celle de Nigra de dédommager Vienne dans les provinces danubiennes insurgées et celle de l'Autriche de payer la neutralité française par la cession de cette province (12 janvier 1866), et pousse le comte Arese à conclure pour trois mois une alliance avec la Prusse (8 avril 1866).

Cependant Manteuffel occupe Kiel le 8 juin, et le Holstein, le 10. Brusquant les choses Bismarck réclame le même jour la réforme de la Confédération, avec l'élection d'une assemblée au suffrage universel et l'élimination de l'Autriche. Comme la Diète refuse par 9 voix (celles de la Bavière, du Hanovre, de la Saxe, du Würtemberg, des deux Hesse, des duchés de Bade et de Brunswick-Nassau) contre 6, il lance un ultimatum au Hanovre et à la Saxe et, le

16 juin, en appelle aux armes, la campagne est rondement menée. Moltke, qui sait n'avoir rien à craindre de la France, a pu impunément dégarnir les provinces rhénanes, de sorte que le destin des états de l'Allemagne du nord est vite réglé : défaits à Langensalza, les Hanovriens, le surlendemain capitulent (17-19 juin), Cassel et Dresde sont occupées le 18. Le 23 juin, 250.000 Prussiens articulés en trois corps, de l'Elbe à la Silésie, convergent vers la Bohême. Le 3 juillet, à Sadowa, les 200.000 Autrichiens de Benedek, dominés par le tir plus rapide de l'infanterie prussienne et débordés sur leur flanc droit par le prince royal de Prusse, amorcent, sous la protection de leur artillerie, une retraite qui se termine en déroute (31.424 hommes, hors de combat, contre 9.172 Prussiens, et 20.000 prisonniers). Prague est occupée. L'armée italienne a bien été écrasée le 24 juin, à Custozza sur le Mincio par l'archiduc Albert, fils de l'archiduc Charles, elle n'en a pas moins rempli son office en retenant dans la péninsule des forces autrichiennes dont la présence sur le champ de bataille principal a cruellement fait défaut.

Par contre, l'armée française n'a joué aucun rôle : lorsque le 5 juillet, l'Impératrice, Drouyn de Lhuys et le maréchal Randon tentent tardivement de convaincre Napoléon III de la nécessité de concentrer 80.000 hommes sur le Rhin pour imposer sa médiation armée, l'on voit soudain paraître au Conseil, sans qu'il y ait été convoqué, la Valette, haut-dignitaire maçonnique, dont l'intervention suffit à dissuader l'Empereur de bouger. De son côté, le prince Napoléon, le même jour conseille à Bismarck, par la truchement du magyar Scheer-Thosz, de ne pas arrêter trop tôt les hostilités. Conseil superflu en vérité, le chancelier de Fer, qui a pensé à tout, menace en effet l'Autriche d'un mouvement insurrectionnel à Budapest. *« Si nous sommes vainqueurs, la Hongrie sera libre ! »* avait-il promis, dès Octobre 1862 à cet émissaire hongrois. De fait, il encourage les efforts d'un groupe de personnalités, qui tentent dès 1861 de reconstituer des loges (Édouard Carolyi, Stephane Esterhazy, Julien Teleki, Bela Bay, Cornaronv, les comtes Théodore et Coloman Czaki), délègue von Bernhardi auprès du général Türr, qui a créé en 1863 un Grand-Orient en Italie, avec Kossuth comme G∴M∴ honoraire, reçoit l'un des comtes Czaki à Berlin en Juin 1866 et prête son appui à la légion organisée en Italie par le général Türr et, en territoire prussien par le général Klapka.

Mais, Vienne s'étant inclinée, l'insurrection m'aura pas lieu. Bismarck soucieux avant tout d'éliminer l'Autriche de l'Allemagne et de la réduire au rôle de brillant second plutôt que de l'abattre ou de se l'aliéner tout à fait, cédant aux démarches de Benedetti (laissé sans instructions), les 11 et 12 juillet, consentira le 22 à une trêve, confirmée le 26 par les préliminaires de Nikolsbourg et, le 23 août, par le traité de Prague, et n'imposera aux Habsbourg qu'une indemnité de 40 m. de thalers (bientôt réduite de moitié), sans aucune cession de territoire (à part celle des duchés danois).

AU PLUS GRAND PROFIT DES
« F∴M∴ » ET DES HÉTÉRODOXES

Pour les francs-maçons hongrois et autrichiens, la défaite, de Sadowa n'en sera pas moins une victoire : le 6 octobre 1$68, une loge ouvrira ses portes à Pest (où en 1848, la loge Louis Kossuth n'avait connu qu'une existence éphémère), et deux obédiences se partageront désormais l'influence en Hongrie, une grande loge *johannite*, créée en 1870, groupera 20 ateliers quatre ans plus tard, sous le Grand-Maître Joannovics, ministre des cultes, tandis que dix-huit loges écossaises se réuniront en 1873 sous l'autorité du général Türr et de Théodore Czaki. La diplomatie allemande ne manquera pas de trouver, au cours des décennies suivantes, parmi eux, des alliés fidèles. Tenus à plus de prudence, bien que le ministre saxon Beust ait supprimé le 19 janvier 1868 l'obligation pour les fonctionnaires du serment de non-appartenance à des sociétés secrètes, les maçons autrichiens (auxquels le professeur Lewis avait tracé la voie en fondant en 1848, à Vienne, la loge *Saint-Joseph*) choisirent pour centre de leurs activités la ville de Neudorf, en territoire hongrois, et, pour mieux tourner la loi, constituèrent en 1872, non pas des ateliers proprement dits, mais des associations fraternelles, groupés sous la dénomination d'*Humanitas* (il en existera 10 en 1874) et une société rivale, dite, *Cercle internationale des Francs-Maçons*.

Ayant ainsi neutralisé ses adversaires, Bismarck allait avoir les mains libres pour organiser l'Allemagne à son gré. Faute d'avoir posé des conditions préalables à sa neutralité, la France était mal venue de réclamer après coup, des compensations. C'est pourtant ce que fit Napoléon III. La seule satisfaction qu'il obtint — malgré la défaite infligée le 20 juillet 1866 à la flotte de l'amiral Persano à Lissa — fut la cession de la Vénétie, qui lui tenait tant à cœur. Vexée de ses insuccès, l'Italie ne lui en sut d'ailleurs aucun gré. Mais il n'essuya que des fins de non-recevoir lorsqu'il en vint à réclamer timidement quelques territoires rhénans, Mayence (23 juillet-début Août : refusés à Benedetti, le 7 août), puis la constitution d'un État-tampon neutre (son émissaire, le danois Hansen, s'étant fait évincer, Drouyn de Lhuys démissionna), ou même une simple rectification de frontière : Landau, Sarrelouis, Sarrebruck, Luxembourg et quelques districts en Belgique — projet dont Benedetti eut l'imprudence de remettre une copie au chancelier allemand. Non seulement Bismarck refuse tout pourboire à la France, mais il utilise les indiscrétions du *« Siècle »* (10 août) pour alimenter une violente campagne contre elle et ameute de telle sorte les chancelleries que le Tsar renonce à toute idée de convoquer un congrès (18 août) et que, devant l'hostilité de la Grande-Bretagne, Napoléon III devra se contenter d'une simple satisfaction morale, l'évacuation de la citadelle de Luxembourg par la garnison prussienne (8 avril 1867) et la neutralisation du Grand-Duché (7-11 mai 1867). Et Bismarck agitera l'épouvantail des revendications françaises pour rallier au pangermanisme les Allemands les plus tièdes à l'égard de l'hégémonie prussienne. L'annexion du Hanovre, de la Hesse, du Nassau et de la ville libre de Francfort, reconnue par le traité de Prague, s'en trouvera d'autant facilitée, ainsi que la conclusion, les 13, 17 et 22 août, de traités d'alliance avec les royaumes de Bavière et de Würtemberg et le grand-duché de Bade. Beau travail en vérité, dont le sectaire La Valette osera encore tirer vanité, en faisant l'apologie du principe des nationalités, si cher à l'Empereur, dans une circulaire datée du 16 septembre.

NAPOLÉON III, EMPÊTRÉ DANS L'AFFAIRE ROMAINE

L'opposition, heureusement, n'est point aussi aveugle. Continuant à jouer les Cassandre, Thiers avertit l'Assemblée *« qu'il n'y a plus une faute à commettre »* (14 mars 1867). Pourtant Napoléon III, écartelé qu'il est entre les deux tendances contradictoires que représentent les exaltés — on serait tenté d'écrire les écervelés — le prince Napoléon, La Valette et autres, et les modérés, de Moustier, nouveau ministre des Affaires étrangères et le maréchal Niel, successeur de Randon à la Guerre, ne cesse d'atermoyer et de louvoyer dans l'affaire romaine. À la suite d'une démarche de Persigny et de Maxime d'Azeglio en Italie en Mars 1865 —, pour tenter de créer à Rome un municipe libre sous la suzeraineté pontificale, le général Fleury s'est rendu à Florence le 15 novembre 1866, pour préparer l'évacuation de la ville par les troupes françaises (11 décembre 1866). Bien qu'une légion d'un millier de volontaires, créée à Antibes, soit venue renforcer les quelque 8 à 9.000 hommes dont dispose le pape, le 22 septembre 1866, Garibaldi n'en croit pas moins l'occasion bonne. Que le premier ministre Ricasoli, qui avait voulu combler le déficit en obligeant le Clergé à verser en quatre ans 600 m. sur ses biens, ait été remplacé au printemps de 1867 par le modéré Rattazzi, ne suffit pas à l'arrêter dans ses desseins. Rentré de Caprera fin Février 1867, il s'intitule *gouverneur* de Rome et lance le

20 juin deux cents de ses chemises rouges sur Terni. Mais ses violences et ses outrances de langage à Genève où, les 8 et 9 septembre, en compagnie de Bakounine, à l'occasion du *Congrès de la Paix*, il déclare la guerre au Pape et aux tyrans, lui valent d'être arrêté et de nouveau relégué — très provisoirement — à Caprera. Nigra n'étant pas parvenu à fléchir Napoléon III à Bayonne, le 11 octobre, Rattazzi à son tour démissionne, laissant la place au général Cialdini et au général Manabrea, le 27 octobre, qui se trouvent déjà dépassés par les évènements. Car Garibaldi, rentré le 20 à Florence, ne renonce pas à son entreprise. Cependant que l'Empereur tergiverse, prépare l'embarquement d'un nouveau corps expéditionnaire le 17, pour l'ajourner le 18 et le 21, l'effectuer le 24, ordonner le départ pour la nuit du 25 au 26 et y renoncer le 26, jusqu'au moment où l'amiral de Gueydon, excédé, met à la voile et débarque les troupes à Civita-Vecchia le 29... les garibaldiens se sont infiltrés dans la ville, où ils ont fait sauter une caserne le 22, ont occupé le 26 Monte Rotondo et se sont avancés, au nombre de 9.000 jusqu'au Tibre. Les 3 et 4 novembre, 3.000 pontificaux et 2.000 Français les chassent de Mentana, sous le feu des chassepots, qui leur infligent un millier de pertes. L'aventure a lamentablement échoué. L'armée piémontaise prête à profiter des évènements, n'insiste pas et se retire, le 5 novembre.

ISOLÉ DEVANT LA PRUSSE

Répondant à Thiers, le 4 décembre, Rouher, le *vice-empereur* est certainement trop optimiste en affirmant que : *« Jamais l'Italie ne s'emparera de Rome »* mais, pour l'instant, le gouvernement impérial, qui a profité de l'affaire pour écarter La Valette du ministère de l'Intérieur, a un souci de moins. D'autres préoccupations plus graves, l'assaillent à présent. En premier lieu, l'insuffisance de son armée, qui s'est révélée incapable d'aligner 80.000 hommes sur le Rhin, à l'heure où l'armée prussienne démontrait, à Sadowa, sa supériorité. En cas de conflit, que pourrait opposer la France isolée en Europe, à la nouvelle armée allemande en formation ? Une armée de métier, héritée de la loi Soult du 21 mars 1832, alimentée par un contingent annuel porté de 80 à 100.000 hommes, accomplissant 7 ans de service, contre une armée *nationale* d'un million d'hommes recrutée par circonscriptions territoriales et grossie des importantes réserves de la *landwehr*. Les études, les projets vont leur train. Le *« Moniteur »* du 12 décembre 1866 fixe l'objectif à atteindre : un effectif de 800.000 hommes, complété par des éléments de *gardes mobiles*. En Mars 1867, le conseil d'État précise le programme du gouvernement : service de cinq ans dans l'active et de quatre dans la réserve. Mais, lorsque la loi est votée, le 14 janvier 1868, le Corps législatif n'a accepté pour la formation de la *garde mobile* que de courtes périodes d'exercice.

Tandis que le général Trochu s'est fait connaître par son ouvrage sur *« L'armée française en 1867 »*, l'opposition radicale se signale par des vues ineptes sur la question. Fidèle à ses origines (son vrai nom est Schweitzer), Jules Simon préconise naturellement le système des milices suisses (19 décembre 1867). Mais... les autres ! Pour un peu ces démagogues, rêvant des volontaires de 93, prétendraient que, moins il est armé et encadré, plus le *peuple est redoutable !* À quoi bon réserver sur l'emprunt du 1er août 1866, 162 m. pour moderniser l'artillerie et fabriquer des mitrailleuses ? *« Le matériel !... Les hommes ! Vous les auriez du jour au lendemain »*, déclare Garnier-Pagès. Et Jules Ferry, à la veille même du conflit, le 30 juin 1870 : *« S'organiser en pleine paix pour une grande guerre serait coupable folie ! »*. En veine de démagogie, le Corps législatif diminue les crédits de 14 à 5 m. et retarde l'organisation de la garde mobile, tandis qu'il octroie si libéralement les congés de longue durée que les effectifs se trouvent réduits d'un tiers en 1868. Une vague de pacifisme déferle sur le pays : au sein de la *Ligue internationale de la Paix* créée par Jean Dollfuss, Michel Chevalier et Frédéric Passy, militent, en 1868 déjà, pasteurs protestants et rabbins, en compagnie de l'abbé Deguerry et du Père Hyacinthe. Apôtre de l'*Ancien Testament* et du rapprochement des religions, ce dernier, imprudemment chargé par Mgr. Darboy de prêcher à Notre-Dame, jettera son froc de carme aux orties, le 20 septembre 1869. Mieux inspiré, Michel Chevalier lance en même temps l'idée d'une Fédération européenne.

FACE À UNE OPPOSITION RENAISSANTE

Remarquons aussi que, depuis quelques années, l'on assiste à un véritable foisonnement d'Alliances universelles et d'Internationales en tous genres, dont nous étudierons le développement dans les chapitres suivants. L'anticléricalisme et la lutte des classes sont à la mode. À l'Assemblée, l'opposition démocratique relève la tête. Si les élections des 30-31 mai 1863, contrôlées par Persigny, ont amené 200 candidats officiels au Corps législatif, l'avocat Marie n'en a pas moins été élu en province, tandis qu'à Paris, le nombre de ses élus est passé de 5 à 18, y compris Jules Simon, le jeune avocat Ernest Picard, et même à 20, avec Garnier-Pagès et Carnot, vainqueurs dans un scrutin complémentaire, le 21 mars 1864. Le glissement à gauche est encore plus sensible les 23-24 mai 1869 : le centre gauche gagne 20 sièges, la gauche démocratique en occupe 30 (Garnier-Pagès, Jules Simon, Ernest Picard, Jules Favre, Eugène Pelletan) et 6 députés de la jeune relève radicale (Léon Gambetta, Jules Ferry, Raspail, Bancel) représentent l'extrême-gauche. Le cabinet a perdu 900.000 voix, l'opposition en a gagné 1.400.000. Sensible à ce mouvement d'opinion, le gouvernement impérial consent à assouplir ses méthodes. Le 23 juin 1863, il écarte Persigny du ministère de l'Intérieur et désigne comme son interlocuteur avec l'Assemblée un ministre d'État (Billaut d'abord, Rouher ensuite, le 18 octobre). Accorde aux Chambres, le 19 janvier 1867, le droit d'interpeller le cabinet et, le 12 juillet 1869, en réponse à un manifeste signé de 116 députés, le droit au Corps législatif d'élire son bureau, de fixer son règlement, de présenter des amendements, de voter le budget par chapitres et de connaître des tarifs douaniers, et au Sénat de délibérer des affaires publiques comme le faisait la Chambre des Pairs (4-20 avril 1870). Le 6 septembre 1869, un sénatus-consulte donne naissance à *l'Empire libéral* que représente le cabinet constitué par Émile Ollivier, le 2 janvier 1870. Le 8 mai 1870, un plébiscite accorde encore à l'Empire 7.358.736 « *oui* ». mais l'opposition se manifeste par 1.571.939 « *non* » (surtout à Paris et dans les grandes villes), et 1.894.681 abstentions.

Visiblement l'opinion se montre de plus en plus rétive. Le contrôle sur la presse a dû être relâché ; une nouvelle loi, mise en discussion le 31 janvier et votée le 9 mars 1868, a remplacé l'autorisation préalable par une simple déclaration, maintenu le cautionnement, mais ramené le timbre de 6 à 5 centimes à Paris et 2 en province. Réduite d'abord au « *Siècle* » de Mr Ravin et aux articles prudents et spirituels de Prévost-Paradol, dans le « *Journal des Débats* » de Mr de Sacy ou dans son « *Courrier du Dimanche* », l'opposition s'était déjà renforcée de la « *Presse* », du « *Temps* » de Nefftzer (25 avril 1861) et de « *l'Opinion nationale* » de Guéroult (socialiste, septembre 1859). Maintenant l'on assiste à une floraison de feuilles de combat (140 en quelques mois, 900 en 1869) : « *l'Avenir national* » de Peyrat, « *la Tribune* » de Pelletan, « *l'Électeur libre* » de Picard, « *la Réforme* » de Vermorel, « *le Rappel* », placé sous les auspices de Victor Hugo (4 mai 1869, tirage 40.000), « *le Réveil* » du révolutionnaire Delescluze, « *le Réfractaire* » de Jules Vallès, « *le Pilori* » de Salmon, dit Victor Noir, « *le Père Duchêne* » de Vermesch (descendant d'une famille hétérodoxe d'Amsterdam), « *le Diable à Quatre* » d'Édouard Lockroy, « *la Lanterne du marquis* » Henri de Rochefort-Luçay (30 mai 1868 ; tirage 40.000), subventionné par Villemessant, directeur du « *Figaro* », remplacée en 1869 par « *la Marseillaise* », avec Flourens.

Millière et Rigault (tirage 50.000). Si bien qu'en résumé, la presse gouvernementale compte 42.000 lecteurs et celle de l'opposition 128.000.

ET À DES PRÉPARATIFS DE RÉVOLUTION

L'agitation sociale reprend. Dans ce domaine, le Second Empire s'est efforcé de contrôler les sociétés de Secours mutuels, qui versent des indemnités aux grévistes, et dont il se réserve de nommer les présidents (décret du 26 mars 1852), comme il choisit les présidents et vice-présidents des Conseils de Prud'hommes ; loi du 1er juin 1853). En outre, il exige des travailleurs, même à domicile, la possession d'un livret (loi du 22 juin 1854). Sur l'intervention du prince Jérôme Napoléon, qui maintient des contacts avec les milieux de l'Internationale, par l'intermédiaire du publiciste Armand Lévy, Tolain a obtenu que les délégués ouvriers envoyés à Londres pour l'Exposition fussent librement choisis (19 juillet-15 octobre 1862). Mais son appel, publié le 17 octobre 1861 dans *« l'Opinion nationale »* : *« Pourquoi ne pas nous dire plutôt, vous êtes libres, organisez-vous faites vos affaires vous-mêmes : nous n'y mettrons pas d'entraves »* n'a pas été entendu. Ou si peu. Étudiée par Morny avec le concours d'Émile Ollivier, la loi du 25 mai 1864 révise les articles 414 à 416 du Code Pénal et tolère en principe les coalitions, sauf les violences ou manœuvres frauduleuses tendant à agir sur les salaires ou à s'opposer au libre exercice du travail, mais elle omet d'instituer une procédure de conciliation obligatoire et ne satisfait personne : la gauche votera contre. Cependant, des coopératives se fondent : 12 de consommation entre 1864 et 1866 et 35 de production, de 1863 à 1867. Et des chambres syndicales ouvrières, réclamées depuis le 30 mai 1862, reconnues le 30 mars 1868, se créent : 67 voient le jour entre 1868 et 1870.

Mais les conflits du travail se multiplient et présentent parfois un caractère révolutionnaire. Manifestation pour Baudin, entraînant l'arrestation des Gaillard, père et fils, de Quentin, d'Abel Peyrouton et de Delescluze, dont le procès, le 13 novembre 1868, servira de tribune à Gambetta, Arago et Crémieux pour dresser un violent réquisitoire contre le coup d'État de 1852. Démonstration en souvenir de Manin, les 2-4 novembre 1867, suivie de poursuites contre les quinze membres du bureau de Paris de l'Internationale, remplacés par des fanatiques, révolutionnaires, mais anti-étatistes, le relieur Varlin, le teinturier Benoît-Malon et autres. Échauffourées à Paris, consécutives à l'échec de Rochefort aux élections, entre les 7 et 11 juin 1869, donnant prétexte à 1.200 arrestations. Grèves sanglantes à Saint-Étienne, les 15 et 16 juin 1869 (10 morts), à Aubin, les 7 et 8 octobre (14 morts et 20 blessés), au Creusot, le 19 janvier 1870. Cortège monstre (80 à 100.000 personnes) aux obsèques de Salmon, dit Victor Noir, tué d'un coup de pistolet par le prince Pierre Bonaparte (troisième fils de Lucien) engagé dans un duel contre Rochefort. Flourens s'efforce d'en faire sortir l'émeute et reprend l'agitation entre les 7 et 10 février, à la suite de la condamnation à six mois de prison (le 22 janvier) du virulent polémiste de *« la Marseillaise »*.

Depuis que la loi du 25 mars 1868 a rétabli la liberté de réunion, en l'entourant de restrictions assez illusoires, l'activité des clubs a repris. Les futurs meneurs de la *Commune* s'y font la voix : Napoléon Gaillard, Abel Peyrouton, Ferré, Duval, Briosne, Ranvier, Raoul Rigault. Demeurés jusque-là squelettiques (*« la masse ouvrière lui échappait »* avouait Fribourg ami de Tolain et d'Eugène Varlin), les effectifs de l'Internationale, dite des Travailleurs se gonflent tout-à-coup de révolutionnaires de tout poil, membres des sociétés secrètes républicaines, à mesure que les intellectuels à la Blanqui, professionnels du chambardement, s'infiltrent dans son état-major. Fort opportunément. Tridon a remis à la mode *« Hébert et l'hébertisme »* (1865). Au moment où ses dirigeants, le 24 avril 1870, lancent un manifeste contre le plébiscite, qui entraînera, le 5 juillet, 34 condamnations, dont celles de Varlin, Malon, Murat, Johanard,

Pindy, Gombault, Héligon à un an de prison, l'Internationale compte en France 245.000 inscrits. Ce qui frappe, dans son organisation d'alors (printemps 1870), c'est qu'elle a renoncé au cadre professionnel des métiers pour adopter un dispositif insurrectionnel par quartiers, permettant la concentration rapide des émeutiers. C'est aussi que les sociétés de résistance, groupées en communes, se fédèrent autour des grands centres, Paris, Rouen, Lyon, Marseille, prêtes à constituer le moment venu, une Fédération nationale. Tout étant ainsi soigneusement préparé et mis en place, somme toute l'on n'attendait plus que la guerre et la défaite pour déclencher la révolution et proclamer la *Commune*. « *Quoique l'initiative révolutionnaire doive partir de la France* — portaient les instructions émanant le 1er *janvier 1870, d'Eugène Dupont, secrétaire pour la France du Conseil général de l'Internationale* — *l'Angleterre seule, ajoutait-il en bon marxiste, peut servir de levier pour une révolution sérieusement économique* ». Pouvait-on ignorer qu'en Espagne le secrétaire particulier de Bismarck, Lothar Bucher, disciple de Lassalle, ex-membre de l'Internationale, s'activait précisément à allumer l'incendie ?

MACHINATION DE LA CANDIDATURE HOHENZOLLERN

Quel décret du Destin condamnait donc le Second Empire à se précipiter tête baissée sous un prétexte futile dans un conflit fatal ? Certes depuis Sadowa, la menace du pangermanisme pesait lourdement sur le pays. Au début de 1868, Benedetti, ambassadeur à Berlin, avait lancé un cri d'alarme. En vain, le colonel Stoffel, attaché militaire, multipliait-il les avertissements. Mais la guerre était-elle *inévitable*, comme l'écrivait le brillant Prévost-Paradol dans la *« France nouvelle »*, pendant l'été 1868 ? Tout, au contraire, conseillait de l'éviter et le déséquilibre des forces et l'isolement de la France.

Napoléon. III aux abois cherche désespérément un allié. Mais il a vidé son personnage et n'est plus utile aux meneurs du jeu. *L'homme des sectes* à présent, c'est Bismarck. L'Angleterre même abandonne celui qui fut jadis son *Prétendant*, depuis que, bravant les avertissements de Lamartine, il a osé porter la pioche sur un point crucial de la route des Indes, l'Impératrice Eugénie, flanquée de son inséparable rabbin de confesseur Bauer,[31] inaugure en grande pompe le canal de Suez (16-24 décembre 1869).

---

[31] Paul Bauer est né à Pesth où son père est rabbin. Il suit des cours de peinture et d'histoire de l'art à l'université de Vienne. Il participe à la Révolution autrichienne de 1848 à Vienne. Après la révolution, il va étudier le droit à Heidelberg. Après avoir exercé toutes sortes de métiers, dont celui de peintre. Bernard Bauer se convertit au catholicisme et reçoit le baptême en septembre 1852. Vivement impressionné par un sermon prononcé le 24 avril 1854 à Paris en l'église Saint-Sulpice par un frère carme, Augustin-Marie du Saint-Sacrement qui était lui-même un juif converti, il se fait carme déchaux.
L'abbé Marie-Bernard Bauer carme est prêtre séculier à Paris où il se distingua surtout comme orateur ; il publia quelques-uns de ses sermons. En 1866, il prononce le sermon du mariage du prince Czarioryski et de mademoiselle de Caraman Chimay, à l'église des missions étrangères. Il devint en 1867 l'un des confesseurs de l'impératrice Eugénie et à ce titre est le chapelain de la Villa Eugénie à Biarritz.
Le 22 mars 1867 il prononça dans l'église de la Madeleine à Paris un discours intitulé : *La Pologne devant l'histoire et devant Dieu* et le 8 décembre de la même année, en l'église Saint-Thomas-d'Aquin, un autre discours : *Les martyrs de l'Europe, au dix-neuvième siècle*. Les deux discours furent publiés ensemble chez E. Maillet en 1868 et vendus au profit de l'Œuvre des Dames polonaises. L'empereur Napoléon III lui accorde la nationalité française en janvier 1868. Le mois suivant, il est nommé protonotaire apostolique *ad instar participantium* par le Pape Pie IX, confirmé par décret impérial du 29 février.
Lors de l'inauguration du canal de Suez le 17 novembre 1869, il parla après un imam et évêque orthodoxe de Jérusalem en exprimant son espoir que le christianisme et l'islam, deux religions avec des racines com munes, mais qui s'étaient violemment affrontées dans l'histoire, pourraient se réconcilier devant ce canal qui unissait « *le splendide Orient et le merveilleux Occident* ».
Pendant la guerre de 1870 il est aumônier en chef des ambulances de la Presse. Après la chute du Second Empire, il quitta l'Église, fit don des cadeaux de l'Impératrice (bijoux religieux, habits) aux Missions étrangères. Il rompit ses

La candidature d'un Hohenzollern au trône d'Espagne, prétexte à une guerre franco-allemande, ne vient-elle pas à point nommé pour laver cet affront fait à Sa Majesté l'Impératrice des Indes ? Un moment interrompues sous les ministères du général Narváez (1847-1851) et Bravo Murillo (16 janvier 1851-13 décembre 1853), les luttes intestines avaient repris en Espagne, avec leur cortège habituel de rivalités entre obédiences maçonniques, de mouvements militaires (28 juin 1854, 22 juin 1866), d'émeutes (17 juillet 1854, 8-10 avril 1865), d'exactions anticléricales et même de troubles sociaux en Andalousie (la Loja, fin Juin 1861). En fin de compte, les troupes gouvernementales s'étant débandées au pont d'Alcolea, sur la route de Cordoue, le 28 septembre 1868, la reine Isabelle II avait dû chercher refuge à Pau, et le général Prim, appuyé par le général Serrano, avait formé le 8 octobre un gouvernement provisoire de coalition maçonnique, avec Manuel Ruiz Zorrilla (l'un des principaux lieutenants du Grand Commandeur Carlos Mañan y Clark à la tête de la F∴M∴ reconstituée), et Praxedes Mateo Sagasta (procédant de *l'Oriente lusitano*, de l'obédience portugaise). Mais les élections de Janvier 1869 ayant envoyé aux Cortès une majorité monarchique, et leur candidat de prédilection, le duc de Montpensier, ayant été exilé pour avoir tué en duel son beau-frère l'infant don Enrique, le 12 mars 1869, ces *unionistes* cherchaient un roi.

Certains songeaient à Ferdinand de Portugal, un Cobourg. C'est alors que Bismarck conçut la machination qui allait servir de prétexte au conflit cherché avec la France ; la candidature au trône d'Espagne d'un Hohenzollern catholique, Léopold de Sigmaringen, apparenté aux Beauharnais et aux Murat, marié depuis 1862 avec Antoinette de Bragance-Bourbon (sœur de Louis Ier de Portugal) et frère de Charles Ier de Roumanie. À partir de Mars 1869, les contacts se multiplient ; visites à Bismarck, à deux reprises ce mois-là, de l'ancien ambassadeur espagnol à Berlin. Rances y Villanueva, mission à Madrid en Avril du général von Bernhardi auprès d'un député influent aux Cortès, Eusebio Salazar y Mazzaredo, ex-secrétaire d'ambassade à Berlin. Ce dernier, malgré l'attitude peu encourageante du général Prim, rencontré à Vichy en Septembre, n'en accomplit pas moins le 5 octobre une démarche à Sigmaringen, en compagnie du baron von Werthern, ex-ambassadeur prussien en Espagne, qui en rend compte deux jours plus tard à Bismarck, à Varzin. Résultat : le général Prim se décide à offrir officiellement la couronne à Léopold, le 1er février 1870. Mais, ni les candidats éventuels, Léopold et Frédéric, ni leur père Antoine, appelés à Berlin par Guillaume Ier, ne manifestent d'empressement à accepter cette proposition {15-25 mars 1870). Dépité, Bismarck charge son secrétaire particulier Lothar Rucher de reprendre l'affaire en Espagne, le 6 mai, puis auprès du Kronprinz et de Léopold — qui revient sur son refus, le 23 mai — , et de nouveau à Madrid, le 7 juin, pour régler la manœuvre et emmener Salazar avec lui, le 14, afin d'obtenir à Sigmaringen, le 19, l'accord du candidat récalcitrant. De retour, le 28, Salazar apporte l'acceptation de Léopold à Rivero, ministre de l'Intérieur et à Ruiz Zorrilla, président des Cortès.

La rumeur de ce qui se tramait s'étant répandue à Madrid, ce fut un beau tapage. Considérant comme une provocation cet essai de reconstitution de l'Empire de Charles-Quint au profit de la Prusse, le gouvernement impérial réagit avec vigueur. Par la bouche de son ambassadeur auprès de Prim, le 2 juillet, du premier secrétaire d'ambassade à Berlin auprès du sous-secrétaire d'État von Thiele, le 4 et le 6, et par l'organe du ministre des Affaires étrangères, duc de Gramont, qui fit au Corps législatif une déclaration tranchante. Devant une

---

vœux et se maria en 1899 avec Élisabeth Marie Lévy. Il participa à la scénographie de l'opéra de Reynaldo Hahn, *La Carmélite* à l'Opéra Comique en 1902.
Il mourut le 14 mai 1903 à son domicile parisien de la rue Marbeuf. Il fut enterré au cimetière du Père-Lachaise. Il avait été nommé chevalier de la Légion d'honneur par décret du 22 février 1871. Il était également Grand'croix de l'ordre d'Isabelle la Catholique et Commandeur de l'ordre de Charles III. Bernard Bauer est l'oncle du commandant Maurice Weil et du journaliste Jacques Saint-Cère.

opposition aussi nette, tandis que Benedetti sollicite à deux reprises, à Ems, les 9 et 11 juillet, de Guillaume I$_{er}$ qu'il intervienne auprès de son cousin pour l'amener à renoncer, le cabinet espagnol mande le général Dominguez auprès de Léopold (le 10 au soir) et, le matin du 12 juillet, le prince Antoine, père du candidat, adresse au général Prim la réponse attendue, retirant son acceptation (avec copie à Olozaga, ambassadeur d'Espagne à Paris). Incident réglé ? Que non pas, il rebondit, par la faute des bellicistes qui, à Paris, s'imaginent sauver l'Empire par une victoire, Cramont, ancien ambassadeur à Vienne, désireux de venger Sadowa, 80 à 90 exaltés du Corps législatif, des journalistes du genre Clément Duvernois, du *« Figaro »*, Girardin, de la *« Liberté »*, Edmond About, du *« Soir »* ceux du *« Pays »* et de la *« Patrie »*, prêts à flatter le chauvinisme populaire. La coterie de Saint-Cloud prétend exiger de Berlin des *garanties* et fait remettre à l'ambassadeur von Werther un schéma de réponse à présenter à son souverain. En face de cette mise en demeure. Guillaume I$_{er}$, qui a reçu Benedetti le 13, avant de savoir la position définitive de son cousin, se vexe et se borne à faire communiquer à l'ambassadeur qu'il a pris connaissance du désistement de Léopold et qu'il l'approuve. Il n'en faut pas plus pour permettre à Bismarck de travestir en refus brutal la réponse de son souverain, la fameuse dépêche d'Ems, afin qu'elle produise *« sur le taureau gaulois l'effet du drapeau rouge »*.

TÊTE BAISSÉE DANS LA GUERRE !

De fait, le taureau fonce aveuglément. Aux Tuileries, le 14 juillet les fanfaronnades du général Leboeuf (qui a succédé à Niel, mort en Août 1869) remportent l'adhésion du Conseil à la mobilisation ; à Saint-Cloud, à six heures, l'on envisage encore de réunir un Congrès, mais, à onze heures du soir, c'est la guerre qui est décidée. Aux Chambres, le lendemain, Thiers objecte que c'est rompre *sur une question de susceptibilité* et réclame compte Buffet et Jules Favre, communication des dépêches échangées. Mais Enfin Ollivier conclut le débat avec désinvolture : *« Nous acceptons notre responsabilité d'un cœur léger ! »*. Un premier crédit de 50 m. est alors voté, suivi d'un autre de 500, le 18 juillet. Le 19, la déclaration de guerre française est notifiée à Berlin.

Du moins la France s'est-elle ménagée des alliances ? Hélas, dans ce domaine, l'on n'a pas dépassé le stade des velléités. L'on a bien tenté de sa rapprocher de Vicone à Salzbourg, le 1$_{er}$ août 1867. Napoléon III a rencontré François-Joseph, qui lui a rendu sa visite à Paris, le 23 octobre. Boulier a pris contact en 1869 avec le chancelier Beust, un protestant saxon fort hostile à Bismarck, mais qui redoute les réactions dit chancelier russe Gortchakof. Promu ministre des Affaires étrangères en Mai 1870, le duc de Gramont, ex-ambassadeur en Autriche, est allé plus loin ; l'archiduc Albert est venu en France (Mars 1870). le général Lebrun est allé à Vienne (du 6 au 30 juin), d'ambitieux plans stratégiques ont été dressés (diversion sur le Danemark, pénétration en Europe centrale), dont les moyens d'exécution tactique font cruellement défaut. Envoyé à Pétersbourg à la fin de 1869, le général Fleury s'est heurté à l'entente solide qui unit Russes et Prussiens. À Florence, Victor-Emmanuel exige pour prix de sa neutralité la possession de Rome, bientôt évacuée par le corps expéditionnaire français. Quant à Londres, tout ce que La Valette a pu obtenir de lord Clarendon (1$_{er}$ février 1870) a été une démarche platonique de lord Loftus à Berlin, tendant à arrêter la course aux armements, et puis le secrétaire au Foreign Office est mort le 2 juillet et, au dernier moment, la publication par le *« Times »* de la note Benedetti sur la Belgique n'a fait qu'accroître l'hostilité de l'opinion contre Paris (25 juillet). Autant dire que la France se trouve réduite à ses seules forces, en face d'un adversaire qui n'a cessé d'augmenter les siennes.

Dès le 15 décembre 1866, Bismarck a organisé la Confédération de l'Allemagne du Nord, avec un Reichstag élu au suffrage universel, et un *Bundesrat*, où, sur 43 délégués des États, la Prusse en compte 17. En Juillet 1867, il a resserré les liens du *Zollverein*, de l'Union douanière, étendue aux États du Sud et institué un Parlement douanier. Et, si quelque résistance s'est manifestée en Bavière où, à la suite d'élections autonomistes, fin 1869, le prince de Hohenlohe a dû céder la place au comte de Bray, et au Würtemberg, où le ministre de la Guerre a plié bagage, les États du Sud, alliés de la Prusse, n'en ont pas moins accepté de placer leurs contingents respectifs sous le commandement du Prince royal, le duché de Bade le 16 juillet, la Bavière le 19, le Würtemberg le 21. De sorte que 2 corps bavarois et 1 corps mixte badois-wurtembergeois viennent renforcer la Garde et les 12 corps prussiens, formant en tout une armée allemande de 519.000 hommes, maintenus dans les garnisons et les dépôts. Cette masse, dont la mobilisation, relativement lente, se termine le 26 juillet, est échelonnée en profondeur, la 1ère armée du maréchal Steimetz (60.000 hommes) à droite, autour de Trêves, la 194.000 hommes sous le prince Frédéric-Charles, au centre, et la IIIème, celle du prince royal (130.000 hommes), à gauche, vers Landau, forment la première ligne ; autour de Mayence trois corps ont été rassemblés, prêts à bloquer l'attaque française en direction de Stuttgart, à laquelle s'attend von Moltke... et qui ne se produit pas.

AVEC UNE ARMÉE MAL PRÉPARÉE

Que s'est-il donc passé ? Sans même compléter ses effectifs et son matériel, l'armée active française, forte de 200.000 hommes, s'est portée en hâte à la frontière. Concentrée dans le plus grand désordre, elle manque de tout (sauf des fameux boutons de guêtre du maréchal Leboeuf), et d'abord d'artillerie, d'états-majors, d'intendance, de services sanitaires, etc. Mal articulées, ses grandes unités, alignées sans profondeur (22 divisions, 7 corps d'armée) se révèlent incapables d'une offensive sérieuse. En Alsace, sous Mac Mahon, au moment où elles s'apprêtent à remonter vers le nord, elles se font bousculer à Wissembourg (4 août) et à Froeschwiller (6 août). malgré la bonne tenue des troupes sous le feu, par des forces très supérieures en hommes et en artillerie (8.000 contre 30.000 ; 40.000 contre 100.000) et perdent 20.000 hommes. En Lorraine, après une pointe sur Sarrebruck, Bazaine, incapable d'accrocher à Forbach un adversaire imprudemment engagé, se replie sur la Nied avec 160.000 hommes (6 août), en avant de Metz. Franchissant la Moselle en amont (11 août) la IIème armée allemande occupe Pont-à-Mousson le 13 et menace de le déborder. Napoléon III lui enjoint alors de faire retraite sur Verdun. Mais il n'ose pousser à fond le 14 contre le corps de von der Goltz sur le plateau de Borny, évacue le 15 la rive droite et, ne sachant profiter de sa supériorité de moyens pour foncer au lieu de protéger ses arrières à Gravelotte se laisse barrer la route de Verdun, le 16, par un audacieux bond en avant d'Alvensleben, celle de Mars-la-Tour dans la bataille incohérente de Rezonville (où 140.000 Français s'opposent à 90.000 Allemands, dont la cavalerie se sacrifie), celle de Conflans par sa retraite du 17, alors que la témérité de von Manstein pouvait être exploitée, et la dernière, celle de Briey, le 18, parce qu'à Saint-Privat et à Roncourt, où la Garde prussienne s'est fait décimer, il a laissé écraser Canrobert, en refusant d'engager Bourbaki et la Garde impériale. Le 19, il se retrouve enfermé dans Metz. Incorrigible intrigant, obéissant *« peut-être (à) des considérations plus particulières que l'intérêt de la France »* (Moltke à Stiehle, 5 septembre), *« il caresse l'espoir qu'une armée française encore constituée rétablirait l'ordre... et... contribuerait à l'avènement d'un pouvoir régulier et légal avec lequel des relations pourraient être reprises »* (sa note du 10 octobre 1870). Mais ses émissaires échouent, aussi bien Régnier (en Angleterre le 14 septembre et de nouveau le 8 octobre), auprès de l'Impératrice, qui, en *doublant* Jules Favre à Ferrières, le 20 septembre, ne fait que renforcer le jeu de Bismarck, que le général Bourbaki (retenu par le prince Frédéric-Charles, après s'être rendu à Chislehurst le 2 octobre), et que le général Boyer (reçu par Bismarck les 14 et 15 octobre et par l'Impératrice le 22 à Chislehurst) qui tente vainement d'offrir par l'intermédiaire de Th. Gautier fils, le 24, et de l'ambassadeur Bernstorff auprès de Bismarck le 25, la neutralisation de l'Alsace, la cession de la Cochinchine et une indemnité de 2 milliards. Opposé à tout ravitaillement de la place de Metz, le chancelier rejette ces propositions le 25, ainsi que le roi Guillaume, le 26. Alors, il ne reste plus à Bazaine qu'à capituler, le 27 octobre, avec ses 173.000 hommes. (Condamné à mort le 8 décembre 1873, sa peine ayant été commuée en internement, il s'évadera de l'île Sainte-Marguerite, le 10 août 1874).

Laissant la Ière armée du prince Frédéric-Charles investir Metz, Moltke avait repris aussitôt sa marche sur Paris, sur un front de 75 kms avec deux armées, la IIIème, du prince royal à gauche (118.000 fantassins, 20.000 cavaliers, 525 canons) et la IVème, récemment formée sur la Meuse et confiée au prince de Saxe (70.000 fantassins, 16.000 cavaliers et 288 canons) à droite. Seule l'armée de valeur inégale (environ 120.000 hommes, dont les deux-tiers d'active — 9 divisions ramenées d'Alsace — et 470 canons) reformée au camp de Châlons par Mac Mahon, qui a pris le commandement le 17 août, couvre la capitale, où l'Impératrice exerce la Régence et s'oppose au retour de Napoléon III, tandis que le comte de Palikao a succédé le 11 août à Émile Ollivier et que, sur les instances du prince Napoléon, le général Trochu s'est vu confier la défense du camp retranché, avec 10.000 hommes de troupe, 14.000 gardes mobiles et 30, puis 80.000 gardes nationaux. Mais quelle mission donner à l'armée de Châlons, suprême espoir de l'Empire ? Barrer la route de Paris, ou dégager Bazaine de Metz ? Émanant de Palikao et de Roulier, ordres et contre-ordres se succèdent. De Reims, où il a récupéré le 7ème corps, Mac Mahon, le 21 août, doit d'abord se replier sur la capitale, mais le 23 c'est vers Montmédy qu'on l'envoie, en direction de Metz ; et, lorsqu'à la nouvelle de la jonction des deux armées allemandes et de l'inaction de Bazaine, il décide le 28 de se replier sur Mézières, Palikao lui intime l'ordre contraire de passer la Meuse. Trop tard. Averti du mouvement des Français par une dépêche transmise de Londres, Moltke fait couper à Stenay la route de Montmédy et occuper Beaumont, le 30 août, par les Saxons. L'armée française, qui a franchi difficilement le pont de Mouzon, se replie sur Sedan, où elle se laisse enfermer parce qu'elle a négligé d'occuper les hauteurs et de faire sauter les ponts, et aussi, parce que Mac Mahon blessé, ses lieutenants sont en désaccord, Ducrot insistant pour s'échapper, même de nuit, vers Mézières, tandis que Wimpfen, qui exhibe une lettre de commandement de Palikao, s'entête à *percer* vers Montmédy. Mais la IIIème armée allemande ayant complété au sud et à l'ouest l'investissement de la place, commencé par la IVème, à l'est, 200.000 hommes et 400 bouches à feu écrasent toute résistance. Les Allemands ont perdu 9.000 hommes, les Français 17.000 hommes (dont 3.000 tués et 21.000 prisonniers). Napoléon III et Wimpfen capitulent avec 83.000 hommes, le 1$_{er}$ septembre 1870.

LA RÉPUBLIQUE, NÉE DE LA DÉFAITE...

« Les armées de l'Empire sont battues ». La nouvelle tant attendue est célébrée comme un triomphe par l'opposition républicaine, qui, depuis plusieurs mois, tient *synagogue* chez l'avocat Adolphe Crémieux, rue de la Sourdière, sur l'ancien emplacement des Jacobins. Là se réunissent tous les *Jules :* Favre, Schweitzer dit Simon, Grévy, Ferry, ainsi qu'à l'occasion Blanqui et Delescluze. Dans la nuit du 3 au 4 septembre, tandis que Thiers propose l'institution d'une commission de *Défense nationale*, Jules Favre présente une motion de déchéance. Le lendemain, pour forcer la solution, une *journée* s'organise. Chargé du service d'ordre, le général Caussade retire les troupes, les municipaux et la police protégeant le Corps

législatif, dont le président Eugène Schneider a confié la lieutenance à Palikao et la régence à une commission de cinq membres. Alors, les gardes nationaux spécialement recrutés à Montmartre et à Belleville par Blanqui, Delescluze, Milliére et Félix Pyat, s'infiltrent parmi leurs collègues des barrages et livrent passage à 700 clubistes, qui font irruption dans l'Assemblée. Tandis que Gambetta proclame la République et qu'Ernest Picard entreprend de calmer les esprits, Jules Favre entraîne tout ce monde dans le traditionnel cortège à l'Hôtel de Ville, où Flourens et les principaux meneurs les attendent. Du bref colloque qui s'instaure, sort un gouvernement provisoire, dit de la *Défense nationale* présidé par le général Trochu et formé par les députés de Paris, avec Gambetta à l'Intérieur, Crémieux à la Justice. Picard aux Finances ; Garnier-Pagès et Grévy s'étant présentés avec six de leurs collègues, désignés par 200 députés qui viennent d'adopter la proposition de Thiers, on leur fait place dans la combinaison, et ils se taisent. Cependant de Kératry s'installe à la préfecture de Police et Étienne Arago, à la Mairie. Promu ministre des Affaires étrangères, Jules Favre se débarrasse de Thiers, en l'expédiant dans une vaine tournée des chancelleries, qui le conduit à Londres, les 9-13 septembre, auprès de Gladstone, à Vienne le 21 (où François-Joseph a versé des larmes à la nouvelle des défaites françaises), à Pétersbourg le 27, et de nouveau à Vienne, le 11 octobre, et à Florence, le 13 (dans l'intervalle, les Piémontais ont occupé Rome le 22 septembre). Mais, personne ne s'intéresse au sort de la France et la *Ligue des Neutres* observant la plus stricte indifférence, n'envisage d'aucune façon d'imposer une médiation. C'est un échec.

EN AGGRAVE LES CONSÉQUENCES...

Le 19 septembre 1870, les Prussiens sont devant Paris, qu'ils investissent. Il ne reste plus qu'à négocier. Jules Favre le sait bien, qui se rend à Ferrières, chez les Rothschild, où Bismarck a établi son quartier général Mais l'accueil qu'il y reçoit le glace. Faut-il continuer la lutte ? Organiser la résistance en province ? (23 septembre). Persistant à demeurer à Paris, ce qui est probablement une faute, le gouvernement délègue à Tours (où Crémieux se trouve depuis le 10 septembre), Gambetta, accompagné de Spiller et du polytechnicien Freycinet, avec mission de rallier les troupes disponibles, d'encadrer 80.000 hommes de la garde mobile et d'en lever 250.000 autres. Les moyens ? La Banque de France refuse d'imprimer des billets non-garantis (le cours forcé a été institué le 12 août et le plafond de la circulation limité à 2.400 m.) ; elle n'en consent pas moins des avances, 415 m. sur les 959 de crédits ouverts du 4 septembre 1870 au traité du 22 janvier 1871. Par ailleurs, l'on impose des Bons du Trésor en paiement des fournisseurs et en remboursement des déposants des Caisses d'Épargne. Mais il faut recourir à l'emprunt. Déjà, le 23 août, il a été procédé à une émission de 800 m., pour 750, à 60,60. À présent, c'est la banque Morgan qui consent, le 25 octobre, un prêt de 208,9 m. au taux réel de 7,23%. Beaucoup de ces ressources seront scandaleusement gaspillées, par les commissions de la *Défense nationale*, les justifications de 75 m. de dépenses demeureront introuvables et l'on ira jusqu'à acheter au rebut des canons de la Guerre de Sécession (Billing, Saint-Laurent) (rapport de la Cour des Comptes du 31 août 1876).

Les pourparlers en vue d'un armistice ont pourtant repris au retour de Thiers, rentré à Tours le 21 octobre. Du 1er au 4 novembre, ce dernier s'entretient à Versailles avec Bismarck, qui réclame évidemment l'Alsace (où un gouverneur général, le comte de Bismarck-Bohlen a été nommé dès le 14 août), mais seulement une partie de la Lorraine (« *Je tâcherai de vous faire rendre Metz* ») et une indemnité de 3 milliards. Cependant, la négociation avorte. C'est que les choses vont mal à Paris. Pour y organiser la résistance, le général Trochu dispose alors de 68.000 hommes de troupes (dont 18.000 ramenés de Sedan par le général Vinoy), de 60.000

matelots et contingents divers militarisés, d'environ 100.000 *mobiles* et d'une cohue de gardes nationaux, dont l'effectif s'est gonflé de 90 à 384.000 hommes, parce qu'on y a incorporé tout le monde, y compris 10.000 repris de justice. Ces éléments hétéroclites et peu sûrs, les meneurs de la révolution ont tôt fait de les encadrer. Dans chaque arrondissement surgissent des *Comités de Vigilance*, bientôt coiffés par un *comité Central*. Le 31 octobre, Flourens, Delescluze et Blanqui conduisent, au cri de *Vive la Commune !* une manifestation à l'Hôtel de Ville ; le gouvernement provisoire en réchappe, grâce à l'intervention de quelques unités bourgeoises de la garde nationale, rameutées par Ernest Picard, mais l'alerte a été chaude. Le 3 novembre, un plébiscite approuve le mouvement par 557.976 *« oui »* contre 68.638 *« non »* ; certes, les abstentions sont nombreuses, mais des artisans, des petits bourgeois ont apporté leurs voix aux extrémistes ; les maires d'arrondissement, élus le 6 dans cette foulée, sont également très avancés.

Cependant, dans l'ensemble du territoire, la situation militaire apparaît bientôt comme désespérée. Malgré la valeur des chefs et le courage des combattants, les armées improvisées du gouvernement de la *Défense nationale* ne peuvent tenir devant un ennemi très supérieur. Celle de la Loire, la plus nombreuse (70 et jusqu'à 160.000 hommes), sous d'Aurelles de Paladine, enlève bien Orléans le 10 novembre, mais elle est battue à Beaune-la-Rolande le 28 et repoussée à Fontainebleau les 1er et 2 décembre par le prince Frédéric-Charles, qui dispose de 180.000 hommes, et reprend Orléans, le 4. Les faits d'armes de Chanzy, de Bourbaki et de Faidherbe se soldent aussi par des échecs. Comme les tentatives de sortie de la garnison parisienne, sur Champagny, les 30 novembre et 3 décembre, sur le Bourget le 21 décembre et, le 19 janvier 1871, la ruée *torrentielle* de 50.000 hommes sur Busenval, annoncée à grands sons de trompe, qui efface la réputation d'*homme fort* du général Trochu et entraîne son remplacement par le plus discret et plus efficace général Vinoy. Hélas, la prolongation de la résistance n'aura fait qu'accentuer la défaite et durcir les conditions de l'ennemi. Le bilan définitif, à présent, s'établit ainsi : 135.000 tués, 143.000 blessés, 400.000 prisonniers en Allemagne, 100.000 internés en Suisse ; environ 250.000 hommes dispersés, en face de 800.000 Allemands. Inutile de continuer la tuerie et les privations du siège de la capitale.

Jules Favre se rend à Versailles, du 23 au 28 janvier, pour y conclure un armistice englobant non seulement Paris mais la province, et comme seul un gouvernement légitime peut valablement négocier, les électeurs sont appelés à désigner d'urgence, le 8 février 1871, une assemblée qui se réunira, dès le 13 février, à Bordeaux, où la délégation de Tours a dû se replier le 8 décembre. Tandis que Gambetta, jusqu'au-boutiste impénitent, aux prises avec Jules Simon, se retire le 6 février (il n'en sera pas moins élu dans 10 départements), le corps électoral se tourne massivement vers les hommes et les partis qui ont vainement tenté d'éviter la guerre : Thiers est élu dans 26 départements ; il apparaît comme un sauveur. Le 17 février, l'Assemblée, où siège pourtant une majorité monarchiste (200 légitimistes et 200 orléanistes sur 786 députés, dont 675 présents) lui confie le titre insolite de *chef du Pouvoir exécutif de la République française*. Soucieux de renforcer son autorité, il forme un cabinet de coalition, où toute l'ancienne opposition est représentée, où Jules Favre, Jules Simon, Ernest Picard côtoient deux militaires, deux anciens orléanistes, Dufaure et Lambrecht, un légitimiste et un bonapartiste repenti (19 février), tandis que Jules Grévy, démocrate prudent (*« Je ne veux pas que la République fasse peur »*, avait-il déclaré en 1848), préside l'Assemblée. Puis il affronte Bismarck, le 21 février. De crainte que la Conférence de Londres, réunie à la suite de la dénonciation par la Russie de la clause du traité de Paris portant neutralisation de la mer Noire, ne dégénère en Congrès, ce dernier s'est arrangé pour en interdire l'accès à Jules Favre. Contre les exigences du chancelier de Fer, Thiers se défend pied à pied, obtient de conserver Belfort, en échange d'une entrée symbolique à Paris qui tient à cœur à Guillaume Ier et, soutenu par Alphonse de Rothschild contre Bleichröder et Henckel de Donnersmarck, la réduction de l'indemnité prévue, de 6 à 5 milliards, filais il a cédé sur Metz. Sur ces bases, les préliminaires, signés le 26 février, seront ratifiés le 1er mars, par 546 voix contre 107 par l'Assemblée qui, de Bordeaux, décide le 10 mars de se transférer à Versailles le 20.

DÉBOUCHE SUR LES EXCÈS DE LA COMMUNE

Dans la capitale ainsi découronnée, cette blessure d'amour-propre (« *Ce serait pousser Paris à se donner un gouvernement à lui* », a averti Louis Blanc) aggravée par la réception méprisante réservée par leurs collègues aux élus socialistes de la Seine, les Rochefort, Delescluze, Tridon, Malon, Millière, Pyat et... Garibaldi, *couverts du sang des guerres civiles* est durement ressentie. Elle s'ajoute aux souffrances d'un siège de cinq mois, à l'humiliation de la défaite, concrétisée par le défilé de 30.000 Prussiens aux Champs-Élysées (du 1er au 3 mars, jusqu'à la Concorde) et à la crainte d'une restauration monarchique (que Thiers s'efforce pourtant de dissiper en dissuadant le duc d'Aumale et le prince de Joinville de siéger à l'Assemblée, et en multipliant les assurances « *de ne pas préparer... une solution exclusive, qui désolerait les autres partis* », le 10 mars). Elle s'ajoute aussi à des griefs plus terre-à-terre. Toujours le 10 mars, l'Assemblée a eu la malencontreuse idée d'abroger le moratoire sur les effets de commerce et les loyers, institué pendant la guerre (13 août, 13 novembre 1870) ; conséquence, du 13 au 17 mars, 150.000 protêts. Et d'exiger un certificat d'indigence pour le maintien de la solde quotidienne de 30 sous perçue par les gardes nationaux parisiens.

Mettant à profit une situation des plus troubles, les révolutionnaires ont tôt fait d'exploiter ces rancœurs vivaces et les privations d'une population ouvrière qui vit dans des taudis et dont les salaires n'ont augmenté que de 30% de 1858 à 1870, alors que le coût de la vie s'élevait de 45%. L'armée, en pleine démobilisation, compte à peine 30.000 hommes ; 250.000 soldats et *mobiles* battent le pavé. Tandis que sur 350.000 gardes nationaux, 100.000 des plus aisés quittent la capitale, des garibaldiens en chemises rouges débarquent à la guerre de l'Est et un ramassis de repris de justice (10 à 12.000) et de réfugiés étrangers s'infiltre dans cette milice. Un véritable arsenal se constitue : 2.000 canons, 450.000 fusils distribués, des bombes entreposées (on en découvre 12.000 à la mairie de Montmartre le 22 janvier). Bien que Jules Favre ait refusé à Bismarck leur désarmement, 200 bataillons de cette garde nationale populaire redoutant d'être licenciés, se fédèrent le 15 février, désignent à leur tour un Comité central, manifestent dans la nuit du 24 au 25 février et les jours suivants, au Vauxhall, à la Bastille, et s'emparent des canons disponibles à Passy ou place de Wagram, qu'ils transportent, les premiers au parc Monceau, les autres (227) à Montmartre et à Belleville.

Qui donc dirige ces préparatifs révolutionnaires ? Les gardes nationaux fédérés ? Les agitateurs jacobins professionnels ? L'internationale ? La question a fait couler beaucoup d'encre. Mais à quoi bon chercher les preuves d'une union officielle ? Ne cohabitent-ils pas depuis le 5 septembre ? Le quartier général des uns et des autres se trouve au Temple, au n.° 6 de la place de la Corderie. Une entente entre eux est conclue le 10 mars. Les fédérés, les *30 sous*, sont évidemment les premiers à entrer en action. Le 15 mars, leurs 215 bataillons désignent un nouveau Comité central composé de 26 extrémistes. Rentré à Paris le même jour, Thiers ordonne au général Lecomte, le 18 mars, de récupérer à Montmartre les canons enlevés. L'opération s'effectue d'abord normalement, 70 pièces sont ramenées mais, comme les attelages manquent, on laisse les autres sur place, à la garde de troupes de ligne, qui bientôt fraternisent avec les émeutiers. Alors le drame commence. Enlevés par une équipe d'insurgés aux ordres du capitaine Simon Meyer, le général Lecomte et le général Clément-Thomas, ancien commandant de la garde nationale, qui se trouvait là, en civil, séquestrés au comité militaire du XVIIIe, 6 rue des Rosiers, sont froidement passés par les armes. Provocation calculée pour rendre la guerre civile inévitable ? Le même agitateur brandira le drapeau rouge, le 22, lorsqu'une manifestation des *Amis de l'Ordre* sera dispersée par une fusillade, qui couche au sol quinze tués et de nombreux blessés. Faut-il s'étonner, dès lors, que Jules Favre réponde à une première délégation, le soir même, et à Clémenceau et à deux autres députés-maires, le 21 : *« On ne discute pas avec des assassins ! »* et que l'Assemblée, le 23, évince les maires de Paris, qui tentent de s'interposer pour éviter le conflit ?

Tandis que des émeutes, vite réprimées par l'armée, éclatent à Lyon, du 22 au 25 mars, à Saint-Étienne, du 24 au 27, à Marseille, à l'appel de Gaston Crémieux, du 23 mars au 4 avril, et à Limoges, le 4 avril, les dirigeants du Comité central, maîtres de la capitale depuis que, le 18 au soir. Thiers a décidé d'en retirer les troupes (10 à 15.000 hommes) afin de les reprendre en main, convoquent les électeurs pour désigner, le 26 mars, leurs 90 représentants à la Commune. Cette fois, la plupart s'abstiennent : sur 485.000 inscrits, 299.990 seulement participent au scrutin, de sorte qu'à part 15 modérés et 7 radicaux, qui n'oseront siéger, les extrémistes, auxquels l'Internationale a donné officiellement son adhésion le 23 mars, dominent le Conseil. Il y a là 32 jacobins, 13 membres du Comité central, 17 de l'internationale et quelques socialistes. *« Le tour du prolétariat est arrivé »* titre, le 21 mars, le *« Journal officiel »*. Qui sont ces prolétaires ? Beaucoup d'entre eux comptaient au nombre des 80 agitateurs incarcérés après l'émeute du 31 octobre, mais ils ont recouvré la liberté. Le sinistre Blanqui, le millionnaire Tridon, Gustave Flourens, professeur au Collège de France, maniaque de la Révolution, l'éternel conspirateur Félix Pyat, l'agitateur impénitent Charles Delescluze, l'insurgé inspiré Jules Vallès, le philosophe marxiste Édouard Vaillant, le chapelier cubiste Arthur Arnould, le marchand Émile Clément, le bourreau cynique et sadique Raoul Rigault ? Vingt-cinq ouvriers certes figurent sur cette liste, entre autres le relieur Eugène Varlin, le ciseleur Thiesz, le teinturier Benoît-Malon, le fondeur Duval, le comptable Jourde. Des étrangers aussi, et jusque dans les cadres de l'armée fédérée.

Répondant à l'appel du *général* Duval, la garde nationale populaire, qui réunit environ 160.000 hommes, est commandée par un ancien capitaine, Gustave Cluseret, américain d'origine française, appartenant à l'Internationale, assisté comme chef d'état-major d'un résistant authentique jusqu'au-boutiste, le jeune polytechnicien Louis Rossel, capitaine du génie, et par un ancien sous-officier, le *général* Bergeret. C'est eux qui mènent le 3 avril — trop tard pour surprendre l'armée déjà réorganisée par Mac Mahon et portée à 120, puis 140.000 hommes et 53 batteries (organisés en 4 Corps, sous Ladmirault, Cissey, Félix Douay et Clinchant) — grâce à l'appoint de 10.000 prisonniers libérés d'Allemagne — une double attaque contre Versailles. Après avoir occupé Courbevoie la veille avec 3.000 hommes, la colonne du Nord (15.000 hommes) avec Bergeret, lancée vers Rueil, est dispersée par la mitraille du mont Valérien (réoccupé par le général Vinoy, après que Thiers eut commis l'erreur d'ordonner l'évacuation des forts, le 18 mars), et son chef en second, Flourens, est sabré à l'avant-garde. Au centre, les 20.000 hommes d'Eudes (un aide-pharmacien raté), tiennent une journée dans Meudon, avant de se replier sur les forts d'Issy et de Vanves tandis que, plus au sud, sur le plateau de Chatillon, ses 3.000 hommes s'étant débandés. Duval est fusillé. C'est un échec. Courbevoie est perdu. Le Commandement passe alors à Rossel, assisté d'étrangers : à droite, à Neuilly, le général Dombrowski, vétéran des révolutions européennes, et son frère, colonel, comme chef d'état-Major ; au centre, à Issy et à Vanves, l'italien la Cécilia ; à gauche, à Montrouge. Bicêtre et Ivry, un autre polonais Wroblewski. Ils tentent d'améliorer leurs effectifs, de les *écrémer* en formant 80.000 hommes en *compagnies de marche*, mais, de même que, pendant le siège, il était difficile de recruter 6.500 volontaires parmi tant de piliers de cabaret, à présent une vingtaine de mille à peine tiennent les lignes du camp retranché, du 3 avril au 24 mai. Thiers, qui n'est pas dépourvu de sens militaire, choisit lui-même l'emplacement des batteries, et, l'un après l'autre, fait tomber les forts d'Issy le 9 mai, Vanves le 14 enlevés par Vinoy et Cissey.

Prudents, les dirigeants de l'Internationale ont attendu que les Fédérés soient maîtres de la capitale pour saisir les leviers de commande ; Léo Frankel, (un hongrois descendant d'Abrabanel, étroitement lié à Karl Marx), au travail et aux échanges, Theisz aux postes, Varlin et Jourde aux finances et, au ravitaillement. Pour vivre, ils ont exigé de la Banque de France un million, plus 9.4 m. dûs à la ville, et 7.292 m. d'avances. Alphonse de Rothschild leur a généreusement octroyé 500.000 frs, aussi les 150 immeubles qu'il possède à Paris sont-ils strictement respectés par les plus véhéments des insurgés, qui détruisent l'hôtel de Thiers. Leur œuvre sociale est cependant négligeable : remise de trois termes de loyer, prorogation des échéances, plafond des traitements fixé à 6.000 frs, suppression du travail de nuit dans les boulangeries. Ces socialistes font figure de modérés, à côté des jacobins auxquels ils s'empressent de passer les rênes, le 1$_{er}$ mai, dès que la situation parait irrémédiablement compromise.

La presse a beau être bâillonnée depuis le début, guillotinée en plusieurs charrettes, les 19 avril, 11 et 18 mai, et pratiquement réduite au *« Cri du Peuple »* de Jules Vallès (100.000 ex.) et au *« Père Duchesne »* de Vermesch (60.000 ex.), des élections partielles, dans onze arrondissements, le 18 avril, marquent suffisamment la désaffection de la population : sur 258.000 électeurs, 53.000 votants. Un Comité de Salut Public de cinq membres se constitue le 2 mai : Antoine Arnaud, Léo Meillet, Ranvier, Charles Gérardin, Félix Pyat. Ce sont des forcenés, que secondent Delescluze, dictateur de la milice, en remplacement de Rossel, le 9 mai et Raoul Rigault, *préfet* de police. Ce dernier, non content des mesures anticléricales édictées par la Commune, séparation de l'Église et de l'État (1$_{er}$ avril), suppression du budget des cultes, interdiction de l'enseignement libre, confiscation des biens, s'est déjà fait la main en arrêtant le très libéral Mgr. Darboy et en saisissant (sur les indications de Simon Dacosta), des otages dont une centaine de prêtres (4 et 5 avril). Procureur de la Commune, singeant Fouquier-Tinville, le voilà à présent qui les décrète d'accusation (19 mai) et qui s'apprête à les fusiller, le 24 et dans la nuit suivante (y compris le pacifiste abbé Deguerry). Sentant l'entreprise perdue, en vain la Franc-Maçonnerie tentera-t-elle de sauver son aile marchante révolutionnaire. En vain, la *Ligue républicaine pour les Droits de Paris* propose-t-elle ses bons offices, le 25 avril. En vain à la suite d'une manifestation à la Commune de 2.000 F∴ M∴ réunis le 27 avril au Châtelet par Hoquet et Thirifocq, un cortège de 6.000 Logeards a-t-il planté les bannières de 55 ateliers sur le rempart pour solliciter une suspension d'armes, les 29 et 30 avril.

ET SA RÉPRESSION SANGLANTE

Thiers, avant le dernier assaut, a déjà négocié avec les hautes instances maçonniques, lorsqu'il s'est agi de liquider l'insurrection lyonnaise : sur la base du maintien de la République, en échange des mains libres pour la répression. Et, pour vider l'abcès, il aura la main dure. Introduits par la porte de Saint-Cloud, 70.000 Versaillais s'infiltrent dans la ville, le 21 mai, mais, craignant les embûches et les mines, ils ne pénètrent que lentement jusqu'au centre de la capitale et se heurtent le 23 mai, à 500 barricades et à une résistance farouche, organisée par quartiers. Tandis que la plupart des meneurs échappent (sur 79, huit seulement y laisseront la vie), que Rigault et Ferré font fusiller 480 otages, les 24 et 25 (dont Mgr Darboy et le banquier Jerker) et qu'en face, le général de Gallifet en fait autant des fédérés pris les armes à la main, une lutte sans merci s'engage, qui ne prendra fin que le 29, après la chute des derniers bastions de Belleville, de la Mairie du XI$_{ème}$ et du Cimetière du Père Lachaise, par la capitulation du fort de Vincennes. Dans un Grand Soir de cauchemar et d'Apocalypse, qui embrase les nuits des 23, 24 et 25 mai. Paris brûle. Saisis d'une rage de destruction, qui répand les explosions et les incendies, les Brunel, les Bergeret, les Eudes, les Ranvier, les Ferré, livrent aux flammes les Tuileries, le Conseil d'État, la Cour des Comptes, le Palais de la Légion d'Honneur, le Château d'Eau, l'Hôtel de Ville.

Lorsque sous la pluie battante, un jour livide se lève le 27 et que la fusillade se tait, le 29, le bilan du massacre s'établit ainsi : 17 à 20.000 victimes, 35.800 prisonniers acheminés sur Versailles et sur les ports, près de 47.000 arrestations et poursuites, 13.000 condamnations, dont 200 à mort et 26 suivies d'exécution capitale, 3.417 déportations, 1.169 détentions en forteresse, 251 peines de travaux forcés. De son côté, l'armée a perdu 3 généraux, 83 officiers et 977 hommes tués ou disparus, et 430 officiers et 6.024 soldats blessés.

La conclusion, Gambetta, de sa grande voix de tribun démagogue, la tire au Havre, le 18 avril 1872, de façon inattendue : *« Il n'y a pas de question sociale ! »*. De fait, le progrès social, en France, en sera retardé d'un demi-siècle. Tandis qu'un Versaillais au grand cœur, Albert de Mun, bouleversé par ce spectacle, jure de consacrer sa vie à éviter que de pareilles horreurs se reproduisent.

Mais, des deux défaites subies par la France, débâcle militaire et faillite sociale, profiteront surtout aux financiers cosmopolites d'Europe centrale et les fidèles disciples de Karl Marx. Aussitôt d'ailleurs les meneurs de jeu révisent leurs plans, substituant à la formule de révolution générale (1848) et de guerre-révolution (1870-71), celle du trinôme *« crise-guerre-révolution »* et d'un cycle de trois guerres mondiales, qui doivent marquer le XXe siècle. Promoteurs du *World Revolutionary Movement*, Giuseppe Mazzini et le général américain Albert Pike conçoivent et exposent ce plan dans la correspondance qu'ils échangent le 22 janvier 1870 et le 15 août 1871.

Le premier, fauteur invétéré d'Internationales et de révolutions est bien connu de nous. Quant à son interlocuteur, bien que né à Boston (en 1809) et formé à Harvard, c'est un Sudiste qui a été gouverneur des territoires indiens et commandant des auxiliaires recrutés parmi eux par la Confédération (qu'il fallut bientôt débander pour mettre fin à leurs pilleries). Mais c'est surtout un haut-dignitaire de la Franc-Maçonnerie : 33ème degré et disciple au début du célèbre occultiste le G∴ M∴ Mackey, il est devenu Souverain Grand Commandeur du Rite écossais pour le Sud, puis il fonda sa propre obédience *Luciférienne*, le *New Reformed Palladian Rite*, destiné à inspirer et contrôler le Mouvement révolutionnaire mondial, soumis à l'autorité de trois Suprêmes Conseils à Charleston (Caroline du Sud), Rome et Berlin et 23 Conseils subalternes, bientôt reliés entre eux (avant Marconi) par un réseau de sept *Arcula Mystica* (radios) ; entre Charleston, Rome (où le G∴ M∴ Lemmi, du G∴ O∴ italien succédera à Pike), Naples, Berlin, Washington, Montevideo et Calcutta (où depuis le milieu du XVIe siècle, les Rose-Croix supérieurs possédaient un collège).

Après enquête, nous avons pu établir que cette correspondance se trouve conservée aux Archives du Rite Écossais à Temple House (Washington D. C.), mais *off limits* (c'est-à-dire de consultation interdite), bien que la lettre d'Albert Pike ait été exposée une fois à la *British Museum Library* de Londres. Nous en sommes donc réduits à publier ci-dessous, en manière de conclusion de ce premier volume et d'introduction au suivant, les extraits résumés ou cités par le Commodore William Guy Carr, dans son livre *« Pawns in the Game »* (1967), p. xv. Cet officier de marine canadien faisait partie de l'équipe formée par l'amiral britannique Sir Barry Domville, ancien chef de la *Naval Intelligence*, retraité en 1936 et plus tard incarcéré par Winston Churchill, comme antibelliciste.

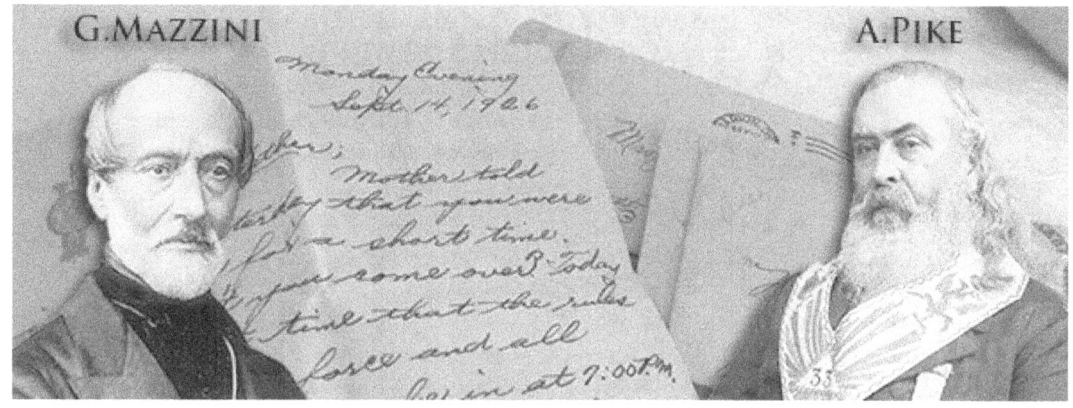

Voici ces textes :

... The First World War was to be fought so as to enable the *Illuminati* to overthrow the powers of the Tzars in Russia and turn that country into the stronghold of Atheistic-Communism. The differences stirred up by *agentur* of the *Illuminati* between the British and German Empires, were to be used to foment this war. After the war ended, Communism was to be built up and used to destroy other governments and weaken religions.

World War Two was to be fomented by using the differences between Fascists and Political Zionists. This war was to be fought so that Nazism would be destroyed and the power of Political Zionism increased so that the sovereign state of Israël could be established in Palestine. During war two International Communism was to be built up until à equalled in strength that of united Christiandom. At this point à was to be contained and kept in check until required for the final cataclysm. Can any informed person deny Roosevelt and Churchill did put this policy into effect ?

... La première Guerre Mondiale devait être livrée afin de permettre aux Illuminés de renverser le pouvoir des Tsars en Russie et de faire de ce pays une forteresse du Communisme athée. Les divergences suscitées par *l'agentur* (medias des Illuminés) entre les Empire britannique et allemand devaient servir à fomenter cette guerre. À la fin, le Communisme devait être édifié et utilisé pour détruire les autres gouvernements et pour affaiblir les religions.

La Seconde Guerre Mondiale devait être fomentée en profitant des divergences entre les Fascistes et les Sionistes politiques. Cette guerre devait être livrée de telle sorte que le Nazisme soit détruit et que le Sionisme politique soit assez fort pour instaurer l'état souverain d'Israël en Palestine. Pendant la second Guerre Mondiale, l'Internationale Communiste devait devenir assez forte pour équilibrer la Chrétienté. Elle serait alors contenue et tenue en échec jusqu'au moment où l'on aurait recours à elle pour le cataclysme social final. Quelle personne informée pourrait nier que Roosevelt et Churchill ont réalisé cette politique ?

World War Three is to be fomented using the differences the a*gentur* of the *Illuminati* stir up between Political Zionists and the leaders of the Moslem World. The war is to be directed in such a manner that Islam (the Arab World including Mohammedanism) and political Zionism (including the State of Israel) will destroy themselves. While at the same time the remaining nations once more divided against each other on this issue, will be forced to fight themselves into a state of complete exhaustion physically mentally, spiritually and economically. Can any unbiased and reasoning person deny the intrigue now going on in the Near, Middle and Far East is designed to accomplish this devilish purpose ?

On August 15, 1871. Pike told Mazzini that after World War Three is ended, those who aspire to undisputed world domination will provoke the greatest social cataclysm the world has ever known. We quote his own written words (taken from the letter catalogued in the *British Museum library* London) :

« We shall unleash the Nihilists and Atheists, and we shall provoke a formidable social cataclysm which in all its horror, will show clearly to the nations the effect of absolute atheism, origin of savagery and of the most bloody turmoil. Then everywhere the citizens, obliged to defend themselves against the world minority of revolutionaries, will exterminate those destroyers of civilization and the multitude, disillusioned with Christianity whose deistic spirits will be from that moment without compass (direction) anxious for an ideal, but without knowing where to render its adoration will receive the true light through the universal manifestation of the pure doctrine of Lucifer, brought finally out in the public view, a manifestation which will follow the destruction of the Christianity and atheism, both conquered and exterminated at the same time. »

La Troisième Guerre Mondiale doit être fomentée en profitant des divergences suscitées par *l'agentur* des *Illuminés* entre les Sionistes politiques et les dirigeants du Monde islamique. Elle doit être menée de telle manière que l'Islam (le Monde arabe musulman) et le Sionisme politique se détruisent mutuellement. Tandis que les autres nations, une fois de plus divisées sur cette affaire seront contraintes à se combattre jusqu'à complet épuisement physique, moral, spirituel et économique. Quelle personne raisonnable et impartiale pourrait nier que les intrigues en cours au Proche, au Moyen Orient comme en Extrême Orient ne préparent pas l'accomplissement de ce dessein infernal ?

Le 15 Août 1871, Pike dit à Mazzini qu'à la fin de la Troisième Guerre Mondiale, ceux qui aspirent à dominer le monde sans conteste provoqueront le plus grand cataclysme social que le monde ait jamais connu. Nous citons ses propres termes (empruntés à sa lettre de la *British Museum Library* à Londres) :

« Nous allons lâcher les Nihilistes et les Athées et provoquer un formidable cataclysme social qui, dans toute son horreur, montrera clairement aux nations les effets d'un athéisme absolu, origine de la sauvagerie et du plus sanglant chambardement. Alors, tous les citoyens, obligés de se défendre contre la minorité révolutionnaire mondiale, extermineront les démolisseurs de la civilisation et les masses déçues par le Christianisme, dont l'esprit déiste, laissé à partir de ce moment sans boussole à la recherche d'une idéologie, sans savoir vers qui tourner son adoration, recevra la vraie lumière grâce à la manifestation universelle de la pure doctrine de Lucifer, enfin révélée aux yeux de tous, manifestation qui suivra la destruction du Christianisme et de l'athéisme, simultanément soumis et détruits. »[32]

---

[32] Les intrigues de la *loge Propagand-2* sont une illustration actuelle de cette action *gnostique*.

Le Nid
Francfort-sur-le-Main
La maison Rothschild
dans la Judenstrasse

Retour sur bénéfice

La Banque centrale européenne a son siège à Francfort-sur-le-Main, en Allemagne, conformément à la décision du 29 octobre 1993 prise d'un commun accord par les gouvernements des États membres au niveau des chefs d'État ou de gouvernement. Voici un gage donné à Berlin que la BCE marchera dans les pas de la Bundesbank dont le siège est également à Francfort.

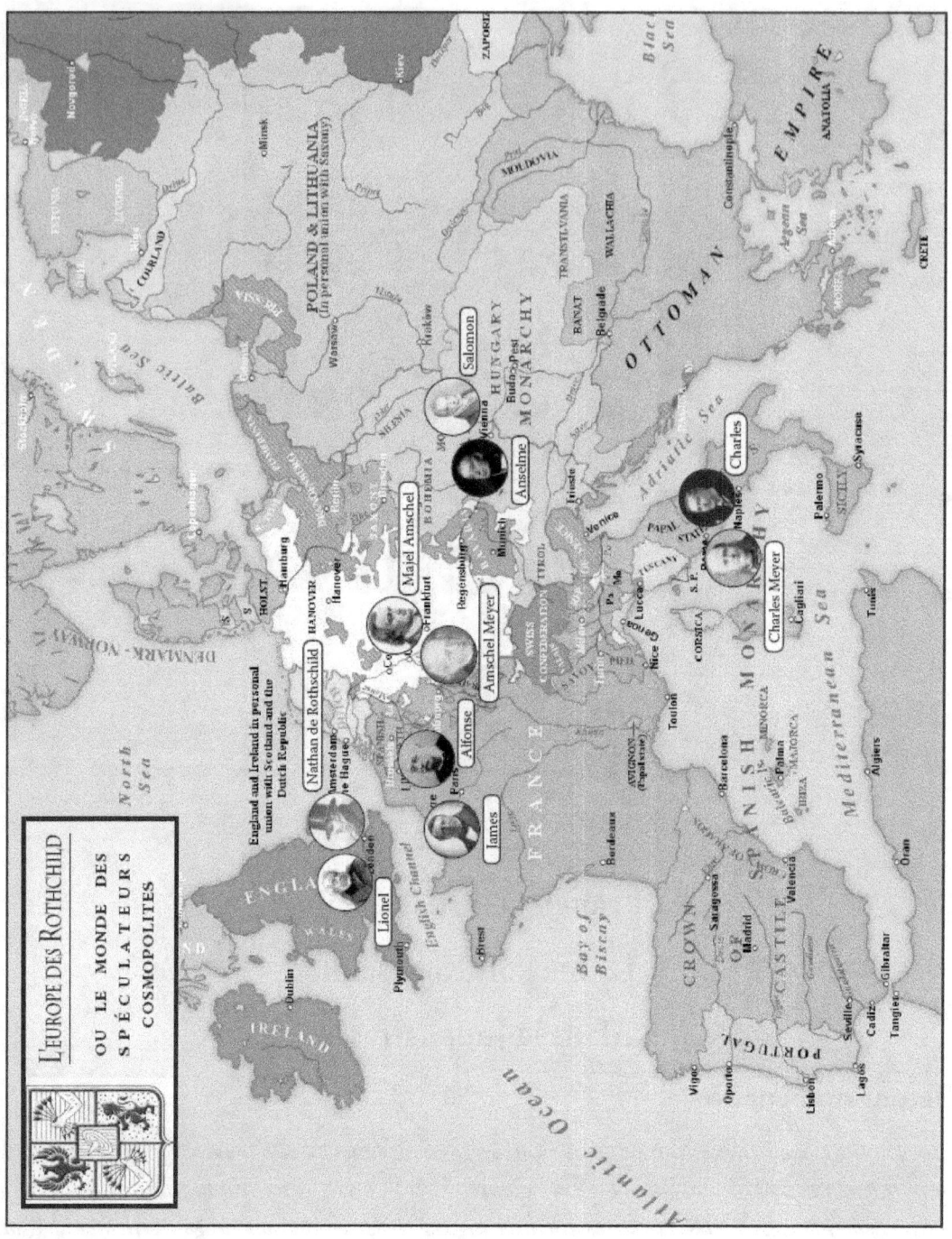

LA FACE CACHÉE DE L'HISTOIRE MODERNE

Proclamation de l'empire allemand à Versailles
Peint. Anton von Werner, 1885 Coll. Bismarck-Museum, Friedrichsruh

LA FACE CACHÉE DE L'HISTOIRE MODERNE

Jules Favre — Henckel von Donnersmarck — Alphonse de Rothschild — Léon Gambetta

Adolphe Thiers — Jules Simon — Jules Ferry — Jules Grévy

Charles-Louis Havas — (Paul) Julius de Reuter — Wilhelm Friedrich Wolff — Jules-Isaac Mirès

Léon Say — Enrico Cernuschi — *Capitaine* Dreyfus — Émile Combes

BIBLIOGRAPHIE

> « *Et vous connaîtrez la vérité,*
> *et la vérité vous rendra libres* »,
> Jean *8 :2.*

Première partie

Aguado, Bleye
    Manual de Historia de España ; (Barcelona, Espasa Calpe 1954).
Amador de los Rios
    Historia de los Hebreos espagñoles.
Ambroise, C.
    Les Moines au Moyen âge.
Andreades, Andreas Michael
    Les Juifs dans l'Empire byzantin.
    Essai sur la fondation et l'histoire de la Banque d'Angleterre, 1694-1884 ; (Paris, 1911).
Angebert, Jean-Michel
    Hitler et la tradition cathare ; Robert Laffont (Paris, 1971).
Anthony, Ph.
    Hoënë Wronski philosophie de la Création ; Seghers (Paris, 1971).
Arnold, Paul
    Histoire des Rose-Croix ; Mercure de France (Paris, 1953).
    La Rose-Croix et la Franc-Maçonnerie ; Maison et Larose (1970).
Avenel, Georges d'
    Histoire économique 1200-1800, 4 Vol. ; Imprimerie nationale (Paris, 1894-98).
Avermaete, Roger
    Guillaume le Taciturne 1533-1584 ; Payot (Paris, 1939).
Azevezdo, J. Lúcio de
    O marques de Pombal ; (Lisboa, 1922).
    Historia de Portugal, 5 vol. ; (1939-44).
Babinger, Franz
    Mahomet II ; le Conquérant et son temps (1432-1481) ; Payot (Paris, 1954).
Bacon, Francis
    Nova Adatis.
Bailly, Auguste
    Byzance ; Arthème Fayard (Paris, 1939).
    Richelieu ; Arthème Fayard (Paris, 1934).
    Mazarin ; Arthème Fayard (Paris, 1935).
    Florence des Médicis ; Hachette (Paris, 1942).
    La Sérénissime République de Venise ; Arthème Fayard (Paris, 1946).
    Le Règne de Louis XIV ; Ernest Flammarion (Paris, 1946).

François Ier ; Arthème Fayard (Paris, 1954).

Baron, Salo Wittmayer
Histoire d'Israël, vie sociale et religieuse – Trad. de V. Nikiprowetsky, 5 vol. ; Presses Universitaires de France (Paris, 1961-64).

Barroux, Robert
Dagobert, roi des Francs ; Payot (Paris, 1938).

Bastide, Charles
Ses théories politiques et leur influence en Angleterre : les libertés politiques, l'Église et l'État, la tolérance ; (Paris, 1907).

Bense, Johann Frederik
The Anglo-Dutch Relations from the Earliest Times to the Death of William the Third ; (1899)

Bertrand, Louis
Louis XIV ; Arthème Fayard (Paris, 1923).

Bieler, André
La pensée économique et sociale de Calvin ; Georg (Genève, 1959)

Blaze de Bury, Yetta
Un divorce royal Anne Boleyn ; Perrin (Paris, 1890).

Boisset, Jean
Calvin ; Seghers (Paris, 1964).

Boissonade, Prosper
Le travail dans l'Europe chrétienne au Moyen Age ; Félix Alcan (Paris, 1930).

Bonald, Joseph Marie Jacques Ambroise vicomte de
Samuel Bernard, banquier du Trésor Royal et sa descendance ; Carrère imprimerie (Rodez, 1912).

Booth, Edwin
Luther ; Payot (Paris, 1934).

Bordonove, Georges
Les Templiers ; Arthème Fayard (Paris,1963).

Bouthoul, Betty
Le Vieux de la Montagne ; Gallimard (Paris, 1958)
Le grand maître des Assassins ; Armand Colin (1936).

Bouvier-Ajam, Maurice
Histoire du travail en France des origines à la Révolution ; Librairie générale de Droit et de jurisprudence (Paris, 1969).

Brandi, Karl
Charles Quint, 1500-1558 *et son temps ;* Payot (Paris, 1939).

Brehier, Émile
Histoire de la Philosophie, 4 vol. ; Félix Alcan (Paris, 1929-1930-1932).

Brion, Marcel
Frédéric II de Hohenstaufen ; Tallandier (Paris, 1978).

Broglie, Isabelle de
Le Duc de Beaufort Roi des Halles ou Roi de France ; Fasquelle (Paris, 1958).

Browne, Lewis
La Vie des Juifs, N. R. F. Gallimard (Paris, 1937).

Burckhardt, Jacob
La Civilisation de la Renaissance en Italie ; Plon (Paris, 1958).
Burgon, John William
The life and times of sir Thomas Gresham, 2 vol. ; Robert Jenning (London 1839)
Canu, Jean
Louis XIII et Richelieu ; Arthème Fayard (Paris, 1944).
Carlavilla, Mauricio (Karl, Mauricio)
Los Protocolos de los Sabios de Sion y la Subversión Mundial David Nuñez, prôl. Mgr. Jouin « Nos » ; (1963).
Carlyle, Thomas
Olivier Cromwell, sa correspondance, ses discours, 3 vol. ; Mercure de France (Paris, 1910-14).
Cartier, Jean-Pierre
Histoire de la croisade contre les Albigeois ; Bernard Grasset (Paris, 1968).
Charpentier, John
L'Ordre des Templiers ; Éditions du Vieux Colombier (Paris, 1944).
Chastenet, Jacques
Élisabeth Ière ; Arthème Fayard (Paris, 1953).
Cheneviere Marc Édouard
La Pensée politique de Calvin ; Labor et Fides (Genève, 1937).
Chesterton, Gilbert Keith
Petite Histoire d'Angleterre ; Ccès G. et Cie (Paris, 1922).
Chevalier, Jacques
Les Deux Réformes dans « Études sur la réforme » ; Cadences nouvelle édition (1949).
Chochod, Louis
Histoire de la magie et de ses dogmes ; Payot (Paris, 1949).
Cohen, Gustave
Écrivains français en Hollande dans la première moitié du XVIIe ; Payot (Paris, 1951).
Histoire des Sforza ; Payot (Paris 1951).
Cordier, Pierre-Marie Chanoine
Jean Pic de La Mirandole ou la plus pure figure de l'humanisme chrétien ; Debresse (Paris, 1957).
Cousin, Victor
Philosophie de Locke ; Didier et Cie (Paris, 1873).
Cresson, André
Francis Bacon, sa vie, son oeuvre avec un exposé de sa philosophie ; Presse universitaire de France (Paris, 1948).
Daniel-Rops
Histoire de l'Église du Christ ; vol. I à XIV ; Arthème Fayard (Paris, 1945-66).
Darmestetter, James
Les Prophètes d'Israël ; Calmann Lévy, (Paris. 1892).
Dauphin-Meunier, À.
La Banque à travers les Âges, 2 vol. ; La Banque de France (Paris, 1937).
Dedieu, Joseph (Abbé)

Le rôle politique des protestants français 1685-1715 ; Bloud & Gay (Paris, 1920).
Defrance, Eugène
Catherine de Médicis, ses astrologues et ses magiciens-envoûteurs ; Mercure de France, (Paris, 1911).
Delamare, George
Le maréchal d'Ancre ; Arthème Fayard (Paris, 1946).
Delvolve, Jean
Essai sur Pierre Bayle : Religion, critique et philosophie positive ; Alcan (Paris. 1906).
Deschamps, N. (Chanoine) & Jaunet Claudio
Les Sociétés secrètes et la Société ou Philosophie de l'histoire contemporaine, 3 vol. ; Oudin Frères (Paris, 1883).
Ekrem, Rechid
La vie de Khaireddine Barberousse ; Gallimard (Paris, 1931).
Encausse, Gérard dr. (Papus)
Cabbale, tradition secrète de l'Occident ; Chacornac (Paris, 1903).
Encyclopedia Judaica
— (Mexico, 1948).
Erlanger, Philippe
Marguerite d'Anjou, reine d'Angleterre ; Émile Paul (Paris, 1931)
Louis XIII ; Gallimard (Paris, 1946).
Le Régent ; Gallimard (Paris, 1949).
George Villiers. duc de Buckingham ; Gallimard (Paris, 1951).
Diane de Poitiers, déesse de la Renaissance ; Gallimard (Paris, 1955).
Fairfax, Downev Davis
Soliman le Magnifique ; Payot (Paris, 1930).
Febvre, Lucien
La religion de Rabelais ; Albin Michel (Paris. 1947).
Un destin : Martin Luther ; Presses Universitaires de France (Paris. 1952).
Fliche, Augustin
Histoire de l'Église, 8 vol. (*sur Réforme grégorienne*, T.I et sur *Hildebrand*, dans « *Moyen Age* », 2ie série, T.XXI ; Boud et Gay (Paris, 1937).
Fornairon, Ernest
Le mystère cathare ; Ernest Flammarion (Paris. 1964).
Francis, John
Histoire de la Bourse d'Angleterre ; (Paris, 1854).
Funck-Brentano, Frank
La Renaissance ; Arthème Fayard (Paris. 1949-50).
Gagnebin, Bernard
Olivier Cromwell, protecteur d'Angleterre ; Labor (Genève, 1941).
Gaillard, Gabriel-Henri
Histoire de François Ier, roi de France, 4 vol. ; (Genève, 1766-69).
Galahad Sir
Byzance ; Payot (Genève, 1949).
Gautier-Vignal, Louis
Érasme ; Payot (Genève, 1936).

Pic de la Mirandole ; Bernard Grasset (Genève, 1938).

Gautier-Walter, André
La Chevalerie et les aspects secrets de l'Histoire ; La Table ronde (Paris, 1966).

Gilles, René
Les Templiers sont-ils coupables ? : Leur histoire, leur règle, leur procès ; H. Guichaoua impr. de m. Dauer (Paris, 1957).

Connard, René
Histoire des Doctrines monétaires ; Sirey (Paris. 1935).

Goyau, Georges
Une Ville-Église Genève – 1535-1907, 2 vol. ; (Paris, 1919).

Graetz, Hirsch dr.
Histoire des Juifs ; trad. Wogne el Bloch. tomes IV, V et VI ; À. Lévy (Paris, 1882-97).

Grant, Robert
La Gnose et les origines chrétiennes ; Le Seuil (Paris. 1964).

Grousset, René
Histoire des Croisades et du royaume franc de Jérusalem, 3 vol. ; Plon (Paris, 1934-36).

Guenon, René
Études sur la Franc-maçonnerie et le Compagnonnage ; Éditions traditionnelles (Paris, 1964).

Guiraud, Jean
Histoire de l'Inquisition au Moyen âge, 2 vol. ; Picard (Paris, 1935).

Hackett, Francis
François Ier ; Payot (Paris, 1937).
Henri VIII ; Le Club du Meilleur Livre (1960).

Hammer, Joseph
Histoire de l'Ordre des Assassins ; Club français du Livre (1961).

Hanotaux, Gabriel
Le cardinal de Richelieu, 3 vol. ; Firmin-Didot (Paris, 1893-1903).

Heindel, Auguste et Max
Histoire des Rose-Croix et des origines de la Franc-Maçonnerie ; Diffusion J. E. P. (1966).

Hauser, Henri
Les débuts du capitalisme ; Félix Alcan (Paris, 1927).

Henderson, Daniel
La reine Marie Tudor – 1516-1558 ; Payot (Paris, 1934).

Henriques, Henry Straus Quixano
The Return of the Jews to England.

Henry-Bordeaux Paule
Louise de Savoie, Régente et Roi *de France ;* Plon (Paris, 1954).

Héritier, Jean
Catherine de Médicis ; Arthème Fayard (Paris, 1940).

Hyamson, Albert Montefiore
A History of the Jews in England ; Methuen (London, 1928).

Imbart de la Tour, Pierre

Les origines de la Réforme, 4 vol. ; Hachette (Paris, 1905-35).
Luther et l'Allemagne, dans « Études sur la réforme ».

Jewish Encyclopedia the
12 vol. ; (New York-London, 1901-06).

Jullian, Camille
Histoire de Bordeaux : Des origines au XVIe siècle ; Feret et Fils (Bordeaux, 1895).

Kayserling, Meyer
Christopher Colombus ; Longmann (New-York, 1894).

Kuhner, Hans
Dictionnaire des Papes ; Correa Buchet-Chastel (Paris, 1958).

Lapie, Pierre Olivier
Olivier Cromwell ; Ernest Flammarion (Paris, 1949).

La Jonquiere, À. Vicomte de
Histoire de l'Empire ottoman, 2 vol. ; Hachette (Paris, 1914).

Lavisse, Ernest
Histoire de France depuis les origines jusqu'à la Révolution, 18 vol. Hachette (Paris, 1910)

Lavisse, Ernest et Rambaud, Alfred Nicolas
Histoire générale ; Hachette (Paris, 1909).

Leisegang, Hans
La Gnose ; Payot (Paris 1951).

Léonard, Émile Guillaume
Histoire du Protestantisme ; Presses Universitaires de France (Paris, 1960).

Lesourd, Olivier (Collectif)
Les géants de la politique : Guillaume III d'Orange, 3 vol. ; Lesourd Olivier (Paris, 1946).

Levis-Mirepoix, duc de
François Ier ; Amiot-Dumont ; (Paris, 1953).

Lods, Adolphe
Israël : des origines au milieu du VIIIe siècle ; La Renaissance du Livre (Paris, 1930).

Lorris, Pierre
La Fronde ; Albin Michel (Paris, 1961).

Loth, David
Philippe II – 1527-1598 ; Payot (Paris, 1933).

Lucas-Duhreton, Jean
Les Borgia ; Arthème Fayard (Paris. 1952).
La Renaissance italienne ; Amiot-Dumont (Paris, 1953).

Luths, Herbert
La Banque Protestante en France, de la Révocation de l'Édit de Nantes à la Révolution, 2 vol. ; S.E.V.P.E.N, (Paris, 1959-1961).

Madaule, Jacques
Le drame albigeois et Le Destin Français ; Bernard Grasset (Paris, 1968).

Malek, Henri
Le grand Condé ; Albin Michel (Paris, 1947).

Malvezin, Théophile

Histoire des juif à Bordeaux ; Charles Lefebvre (Bordeaux, 1875).

Marion
François Ier et Soliman ; (1853).

Marques-Rivière, Jean
Histoire des Doctrines ésotériques ; Payot (Paris, 1940).
Les Rituels secrets de la Franc-Maçonnerie, d'après les archives du Grand Orient et de la Grande Loge de France ; Plon (Paris, 1941).

Martin, Germain et Bezançon
La grande industrie sous le règne de Louis XIV ; (Paris, 1899).
Histoire du Crédit en France sous la règne de Louis XIV ; (Paris, 1913).

Martin, Olivier
Les Cours de Droit ; (1928-29)

Martin Saint-Léon, Étienne
Le Compagnonnage, sonhistoire, sescoutumes, sesrèglementsetsesrites ; Armand Colin(Paris, 1901).
Histoire des corporations de métiers depuis leurs origines jusqu'à leur suppression en 1791 ; Félix Alcan (Paris, 1922). Presses Universitaires de France (Paris, 1941).

Maulde-La-Clavière, René de
Les Origines de la Révolution française au commencement du XVIe siècle : la veille de la Réforme ; Émile Leroux (Paris, 1889).

Menasseh ben Israel's
Mission to Oliver Cromwell ; by Lucien Wolf (London, 1901).

Menard, Pierre
L'essor de la Philosophie politique au XVIe siècle ; Vrin (Paris, 1969).

Michelet, Victor-Émile
Le Secret de la Chevalerie ; Bosse (Paris, 1928).

Mongredien, Georges
Le grand Condé ; Hachette (Paris, 1959).
Colbert – 1619-1683 ; Hachette (Paris, 1963).
Louis XIV ; Albin Michel (Paris, 1963).

Naudon, Paul
Histoire générale de la Franc-Maçonnerie ; Presses Universitaires de France (Fribourg, 1981).
Les Loges de Saint-Jean et la philosophie ésotérique de la connaissance ; Dervy (Paris, 1957).

Olagne Ignateio
Les Arabes n'ont jamais envahi l'Espagne ; Flammarion (Paris, 1969).

Ostrogorsky, Georges
Histoire de l'État byzantin ; Payot. (Paris. 1956).

Pagel Walter
Paracelse Introduction à la médecine philosophique de la Renaissance ; Arthaud (Grenoble, 1963).

Palmer
Les anabaptistes, dans « Études sur la réforme ».

Pastor, Ludwig von

Histoire des papes depuis la fin du Moyen Âge ; Plon d'Argences (1962).

Pfandl, Ludwig
Philippe II : une époque un homme un roi ; Hachette, (Paris, 1942).

Pinay, Maurice
Complot contre l'Église ; Editions Mundo Libre (Mexico, 1968).

Pirenne, Henri
Histoire des anciens Pays-Bas et de la Belgique, 7 vol. ; (Bruxelles, 1920-32).

Pirenne, Jacques
Les grands courants de l'Histoire universelle, 7 vol. ; (Neuchâtel, 1944-56).

Plattard, Jean
François Rabelais ; Boivin, (Paris, 1932).

Poliakov, Léon
Les Banquiers juifs et le Saint-Siège du XIIIe au XVIIe siècle ; Calmann Lévy (Paris, 1967).

Pollitzer, Marcel
Les Amazones de la Fronde et le quadrille des intrigants ; Aubanel (Paris, 1959).

Probst-Biraben, Jean Henri
Les mystères des Templiers (idoles, alphabet secret) ; dans *Mercure de France,* 15-11-39) ; (Nice, 1947).

Quillet, Jeannine
Les clefs du pouvoir au Moyen Age ; Flammarion, (Paris, 1972).

Reuben-Sgradi, Reicher
L'Ordre des Assassins ; Jérôme Martineau (1967).

Richings, Mildred Gladys
Le service secret de la couronne d'Angleterre depuis le Moyen Age jusqu'à nos jours ; Payot, (Paris, 1935).

Rilliet, Jean
Calvin ; Arthème Fayard (Paris, 1963).

Romier, Lucien
Les origines politiques des guerres de religion, 2 vol. ; Perrin (Paris, 1913-14).
Le royaume de Catherine de Médicis : la France à la veille des guerres de religion, 2vol. ; Perrin (Paris, 1922).

Roth, Cecil
A short history of the Jewish people ; Macmillan and Company (London, 1936).

Rougier, Louis
La Réforme et le Capitalisme moderne ; Revue de Paris (sept. 1928).

Saint-Aulaire, Auguste-Félix-Charles de Beaupoil, Comte de
Richelieu ; Dunod, (Paris, 1932).
Louis XIV – 1643-1715 ; Paris, Arthème Fayard (Paris, 1930).

Saint-Yves d'Alveydre, Joseph Alexandre marquis
Mission des Juifs ; Calman-Lévy (Paris, 1884).
La France vraie ou mission des Français ; Calmann Lévy (Paris 1887).

Sayous, Édouard
Les deux révolutions d'Angleterre (1603-1689) et la nation anglaise au XVIIe siècle ; May & Motteroz (Paris, 1891).

Sedir, Paul (Leloup Yvon, dit)
  Histoire et Doctrine des Rose-Croix ; Bihorel (Rouen, 1932).
Schick, Léon
  Un grand homme d'affaires au début du XVIe siècle, Jacob Fugger ; éd. s.e.v.p.e.n. (Paris, 1957).
Schnürer Gustave
  L'Église et la civilisation au Moyen âge, 3 vol. ; Payot (Paris, 1933-38).
See, Henri
  Histoire économique de la France ; Librairie Armand Colin (Paris, 1948).
  Le XVIe siècle ; Presses Universitaires de France (Paris, 1950).
  Les idées politiques au XVIIe siècle ; Giard (Paris, 1923).
Serbanesco, Gérard :
  Histoire de l'Ordre du Temple et les Croisades, 2 vol. ; Byblos (Paris, 1969).
Sieveking, Heinrich
  Die Hamburger Bank ; (La Haye, 1934).
Gravestins, Siriema baron de
  Guillaume III et Louis XIV, 8 vol. ; (Paris, 1868).
Sombart, Werner
  Les juifs et la Vie économique ; (Leipzig, 1918 Paris, 1923).
Stairling, Taylor
  Olivier Cromwell – 1599 1658 ; Payot (Paris, 1934).
Strohl, Henri
  L'évolution religieuse de Luther jusqu'en 1515.
  L'épanouissement de la pensée religieuse de Luther jusqu'en 1520.
  Luther, sa vie et sa pensée ; Oberlin (Strasbourg, 1954).
Swarte, Victor de
  Samuel Bernard Un banquier du Trésor royal au XVIIIe siècle ; 1651-1739 ; (Paris, 1893).
Tanon, Célestin Louis
  Histoire des Tribunaux de l'Inquisition en France ; Larose & Forcel (Paris, 1893).
Tawney, Richard Henry
  La religion et l'essor du capitalisme ; Marcel Rivière (Paris, 1951).
Terrasse, Charles
  François Ier, 3 vol. ;Bernard Grasset (Paris, 1971).
Themanlys, Pascal (Moyse, Pascal)
  Grands d'Israël, des pharisiens à nos jours, chap. XXVI Manasseh ben Israël ; (1938)
Trevelyan, George Macaulay
  Histoire sociale de l'Angleterre ; Payot (Paris, 1956).
Truc, Gonzague
  Florence et les Médicis ; Bernard Grasset (Paris, 1936).
Vaissière, Pierre
  Henri IV ; Arthème Fayard (Paris, 1928).
Valdeôn Baruque, Julia
  Los judíos de Castilla y la revolución Trastámara Consejo Superior de Investigaciones Científicas ; (Valladolid, 1968).

El Reino de Castilla en la Edad ; Media International Book Creation (Madrid, 1968).

Van Dillen, J. G.
The Bank of Amsterdam ; van Dillen (The Hague, 1934).

Van Gelder, Hermann Arend Enno
Histoire des Pays-Bas du XVIe siècle à nos Jours ; Armand Colin (Paris, 1936).

Vassiliev, Alexandre Alexandrovitch
Histoire de l'Empire byzantin, 2 vol. ; Picard (Paris, 1932).

Vigne, Marcellin
La Banque à Lyon, du XVIe au XVIIe siècles ; À. Rey (Lyon, 1903).

Vioux, Marcelle
Anne de Boleyn, avec 28 bois originaux de Paul Baudier ; Arthème Fayard (Paris, 1955).

Vicéns, Jaume Vives
Historia económica y social de España y America ; Editorial Vicens-Vives (Barcelona, 1974).

Wade, Charles Edward
John Pym ; HardPress Publishing.

Walsh, William Thomas
Isabelle la Catholique – 1451-1504 ; Payot (Paris, 1932).

Walter Gérard
La révolution anglaise – 1640-61 ; Albin Michel (Paris, 1963).

Watson, E. W.
Le protestantisme en Angleterre, dans « Études sur la réforme ».

Weber, Max
Sur les Origines puritaines du capitalisme ; (Tubingen, 1904-05).

Welter, Gérard
La ruine de Byzance ; Albin Michel (Paris, 1958).

Whiteside, Béatrice & Hutin, Serge
Paracelse – L'homme, le médecin, l'alchimiste ; Table ronde (Paris, 1966).

Young, Georges
Constantinople, des origines à nos jours ; Payot (Paris, 1948).

Zakarias, Hanna
De Moïse à Mohamed, l'Islam, entreprise juive, 4 vol. ; Ed. du Scorpion (Cahors, 1955 à 1965).
  • *Tome I — (1955)*
Livre 1 – Conversion de Mohammed au judaïsme.
Livre 2 – Les enseignements à Mohammed du rabbin de La Mecque.
  • *Tome II — (1955)*
Livre 3 – Composition et disparition du Coran arabe original et primitif. Livre 4 – Lutte du rabbin de La Mecque contre les idolâtres et les Chrétiens.
  • *Tome III — Édification de l'Islam arabe ; 1963*
Livre 5 – Les matériaux qui entreront dans l'édification de l'Islam arabe. Définitions Livre 6 – L'Islam arabe en formation. Les arcs-boutants : Infidèles, Juifs, Chrétiens.
  • *Tome IV — Epilogue ; 1964*

Livre 7 – Mohammed en plein épanouissement Livre 8 – L'Islam
Voici le vrai Mohamed et le faux Coran ; Nouvelles Éditions latines (1960, 1961).

DEUXIÈME PARTIE

Anchel, Robert
    Napoléon et les Juifs ; Presses Universitaires de France (Paris, 1928).
Aubry, Octave
    La Révolution française ; Flammarion (Paris, 1933).
    La Révolution et l'Empire ; Flammarion (Paris, 1934).
    Napoléon ; Flammarion (Paris, 1961).
Bainville, Jacques
    Louis XVI ; Plon (Paris, 1939).
    Bonaparte en Égypte ; Flammarion (Paris, 1933).
    Le dix-huit Brumaire ; Hachette (Paris, 1925).
    Napoléon, 2 vol. ; Plon (Paris, 1933).
    L'Allemagne, 2 vol. ; Plon (Paris, 1939).
Baron, Haym Salomon
    Immigrant & Financier of The American Revolution ; Bloch. (New-York, 1929).
Barruel, Augustin (Abbé)
    Mémoires pour servir à l'Histoire du Jacobinisme, 5 vol. ; Fauche, (Hambourg, 1791-99 et 1803).
Barthou, Louis
    Danton – Les Grands révolutionnaires ; Albin Michel (Paris, 1932).
    Mirabeau ; Hachette (Paris, 1913).
Bastid, Paul
    Sieyès et sa pensée ; Hachette (Paris, 1939).
Bellessort, André
    Essai sur Voltaire ; Perrin (Paris, 1926).
Berteloot, Joseph
    Les Franc-Maçons devant l'Histoire, vol.1–*Origine et diversité ;* Monde Nouveau (Lausanne, Paris, 1949).
Bibi, V.
    Metternich der Damon ; Osterreichs (Leipzig, 1936).
Bigot, Robert
    Les Bases historiques de la Finance moderne ; Armand Colin (Paris, 1948).
Billy, André
    Diderot ; Arthème Fayard (1932).
Blavatsky, Helena Petrovna
    Les Origines du rituel de l'Église et la Maçonnerie ; Adyar (Paris, 1913)
    La Doctrine secrète, 5 vol. ; Adyar (Paris, 1955-71).
Bonneville, Nicolas de
    Les Jésuites chassés de la Maçonnerie, et leur poignard brisé par les Maçons ; Orient de Londres (1788)
Bord, Gustave

La Franc-maçonnerie en France, des origines à 1813, vol. 1 *Les ouvriers de l'idée révolutionnaire* (1688-1771) ; Nouvelle Librairie nationale (Paris, 1909).

Bouchary, Jean
Les manieurs d'argent à Paris à la fin du XVIIIe siècle, 3 vol. ; Marcel Rivière (Paris, 1939-1943).
Les compagnies financières à Paris à la fin du XVIIIe siècle, 3 vol. ; Marcel Rivière (Paris, 1940-42).

Carcassonne, E.
Montesquieu ; Presses Universitaires de France

Calish
The Jews who stood by Washington ; (Cincinnati, 1936).

Cartier, Raymond
Pierre le Grand ; Hachette (Paris, 1963).

Castelnau, Jacques
Le Clubs des Jacobins (1789 1795) ; Hachette (Paris, 1948).

Castelot, André
Varennes, le Roi trahi ; André Bonne Editeur (Paris, 1951).

Chastenet, Jacques
William Pitt ; Arthème Fayard (Paris, 1941).

Chérel, Albert
Un Aventurier religieux au XVIIIe siècle, André-Michel Ramsay ; Perrin (Paris, 1926).

Chevalier, Jean-Jacques
Barnave ou les deux faces de la révolution ; Presses universitaire de Grenoble (1979).
Mirabeau, un grand destin manqué ; Hachette (Paris, 1947).

Chiappe, Jean-François
La Vendée en armes, 3 vol. ; Perrin (Paris, 1982).

Clavel, François-Timoléon Bègue
Histoire pittoresque de la franc-maçonnerie et des sociétés secrètes anciennes et modernes ; Pagnerre (Paris, 1843).

Cohen, Georges
The Jews in the Making of America ; Stratford (Boston, 1924).

Coston, Henry
La Conjuration des Illuminés ; Publications Henry Coston (Paris, 1979).

Cresson, André
Diderot, sa vie, son oeuvre, avec un exposé de sa philosophie ; Presses Universitaires de France (Paris, 1949).
Voltaire, sa vie, son oeuvre avec un exposé de sa philosophie ; Presses Universitaires de France (Paris, 1948).

Crétineau-Joly, Jacques
Histoire de la Vendée militaire, 4 vol. Plon (Paris, 1840-1851).

Dacio, Juan
Dictionnaire des Papes, préface de Vintila Horia ; France-Empire (Paris, 1963).

Des, Griffin
Fourth Reich of the Rich ; Emissary Publ. (1978).

Doubnov, Simon

Histoire moderne du Peuple juif, 2 vol. Payot (Paris, 1933). (*Original russe et traduction allemande en 10 vol. depuis les origines.*)

Douvez, Jacques
De quoi vivait Voltaire ? ; Deux-Rives (Paris, 1949).

Droz, Jacques
L'Allemagne et la révolution française ; Presses Universitaires de France (Paris, 1949).

Dülmen, Richard van
Der Geheimbund der illuminaten ; Frormann (Stuttgart, 1975).

Eckert, Ch.
La Franc-Maçonnerie dans sa véritable signification (traduction Gyr.) ; (Liège, 1854).

Engel, Léopold
Geschichte des Illuminaten Ordens ; (Berlin, 1906).

Faucher, Jean-André & Ricker Achille
Histoire de la Franc-Maçonnerie en France ; Nouvelles Éditions Latines (Paris, 1967).

Faÿ, Bernard
L'esprit révolutionnaire en France et aux Etats-Unis à la fin du XVIIIe siècle ; Édouard Champion (Paris, 1925, New York, 1927).
Franklin, the Apostle of Modern Times ; Little, Brown and Company (Boston, 1929).
The Two Franklins : Fathers of American Democracy ; Little, Brown and Company (Boston, 1933).
George Washington, Republican Aristocrat ; Houghton Mifflin (Boston and New York, 1931).
Louis XVI ou la fin d'un monde ; Amiot-Dumont (Paris, 1955).
La Franc-maçonnerie et la révolution intellectuelle du XVIIIe siècle ; La Librairie française (Paris, 1961).

Ferval, Claude
La Jeunesse de Mirabeau ; Arthème Fayard (Paris, 1936).

Fleichsman, Hector
Napoléon et la Franc-Maçonnerie ; J. Dumoulin (Paris, 1908).

Friedman, Lee Max
Early American Jews (Haym Salomon) ; Harvard (1934).

Frost, Thomas
The Secret Societies of the European Revolution 1776-1876, 2 vol. ; Tinsley Brothers, (London, 1876).

Gaston-Martin
La Franc-Maçonnerie française et la préparation de la révolution ; Presses Universitaires de France (Paris, 1926).
Manuel d'Histoire de la Franc-Maçonnerie française ; Presses Universitaires de France (Paris, 1932).

Gaxotte, Pierre
La Révolution française ; Arthème Fayard (Paris, 1928).
Le Siècle de Louis XV ; Arthème Fayard (Paris, 1933).

Frédéric II ; Arthème Fayard (Paris, 1938).
Louis XV ; Plon (Paris, 1938).
Histoire de l'Allemagne ; Flammarion (Paris, 1963).

Gignoux, Claude Joseph
Turgot ; Arthème Fayard (Paris, 1945).

Godechot, Jacques Léon
Les Révolutions, 1770-1799 ; Presses Universitaires de France (Paris, 1963).
La grande nation, l'expansion révolutionnaire de la France dans le monde, 1789-1799, 2 vol. ; Aubier (1956).
La vie quotidienne en France sous le Directoire ; Hachette (Paris, 1977).
L'expansion française : Chronologie commentée, 1787-1799 ; Perrin (Paris, 1988)
La Contre-Révolution : Doctrine et action, 1789-1804 ; Presses Universitaires de France (Paris, 1961).

Gougenot des Mousseaux, Roger (Le Chevalier)
Le Juif, le judaïsme et la judaïsation des peuples chrétiens ; Plon (Paris, 1886).

Graham-Summer, William
The Financiers of the American Revolution, 2 vol. ; (New York, 1891).

Hauterive, , Ernest d'
La police secrète du premier empire ; bulletins quotidiens adressés par Fouché à l'empereur, 5 vol. ; R. Clavreuil, Perrin (Paris, 1903, 1922).

Houssaye, Henry
1814 ; Perrin (Paris, 1888).
1815, la première Restauration, le retour de l'île d'Elbe, les Cent jours ; Perrin (Paris, 1893).

Hutin, Serge
Gouvernements invisibles et Sociétés secrètes ; J'ai Lu. (Paris, 1971).

Jolly, Pierre
Turgot ; les Œuvres Françaises (Paris, 1944).

Keim, Albert
Diderot ; Pierre Lafitte et Cie (1913).

Lacour-Gayet, Georges
Talleyrand ; 4 vol. Payot (Paris, 1933-34).

Lacour-Gayet, Robert
Calonne Financier, réformateur, contre-révolutionnaire 1734-1802 ; Hachette (Paris, 1963).

La Fuye, Maurice de
La Fayette, soldat de deux patries ; Amiot-Dumont (Paris, 1963).

Lantoine, Albert
Histoire de la Franc-Maçonnerie française ; Nourry (Paris, 1925 à 1935)
Tome I : La Franc-Maçonnerie, chez elle ;
Tome II : Le Rite écossais ancien et accepté ;
Tome III : La Franc-Maçonnerie dans l'État.

Lavaquery, Eugène
Necker, fourrier de la Révolution ; Plon (Paris, 1933).

La Varende, Jean de

Cadoudal ; Éditions Françaises d'Amsterdam (Paris, 1952).

Lebeson, Anita Libman
Jewish Pioneers (1492-1848) in America ; Behrman's (New York, 1931).

Lefebvre, Georges
La Révolution française ; Presses Universitaires de France (Paris, 1963).

Le Forestier, René
Les plus secrets Mystères des Hauts Grades dévoilés ; Dorbon, (Paris, 1913).
Les Illuminés de Bavière et la franc-maçonnerie allemande ; Hachette et Cie (Paris, 1914-21).

Leroy, Maxime
Histoire des Idées sociales en France, 2 vol. ; N. R. F. Gallimard (Paris, 1946).

Levinger, Lee Joseph (Rabbi)
A history of the Jews in the United States ; Union of American Hebrew Congregations (Cincinnati, 1930).

Lucas-Dubreton, Jean
Napoléon ; Arthème Fayard (Paris, 1942).
Napoléon devant l'Espagne – Ce qu'a vu Goya ; Arthème Fayard (Paris, 1946).

Ludwig, Emil
Napoléon ; Club des Libraires de France (Paris, 1960).

Luquet, Georges-Henri
La Franc-Maçonnerie et l'État en France au XVIIIe siècle ; Vitiano (Paris, 1963).

Madelin, Louis
Histoire du Consulat et de l'Empire, 6 vol. ; Robert Laffont (Paris).
• *Tome I : La jeunesse de Bonaparte-L'ascension de Bonaparte-de Brumaire à Marengo-Le Consulat ;*
• *Tome II : L'avènement de l'Empire-Vers l'Empire d'Occident (1806-1807)-L'affaire d'Espagne (1807-1809)-L'apogée de l'Empire (1809-1810) ;*
• *Tome III : La crise de l'Empire (1810-1811)-L'Empire de Napoléon-La nation sous l'empereur-La catastrophe de Russie ;*
• *Tome IV : L'écroulement du grand empire-La campagne de France-L'interrègne impérial-Les cent-jours. Waterloo ;*
• *Tome V : L'avènement de l'Empire ;*
• *Tome VI : Vers l'Empire d'Occident.*
Joseph Fouché, 2 vol. ; Plon (Paris, 1901)

Maistre, Joseph de
La franc-maçonnerie. Mémoire inédit au duc de Brunswick, 1782. Introduction de Dermenghem ; Rieder et Cie (Paris, 1925).

Marion, Marcel
Histoire financière de la France depuis 1715, 6 vol. ; Arthur Rousseau (Paris, 1914-31).
• *Tome I : 1715 – 1789 ;*
• *Tome II : 1789 – 1792 ;*
• *Tome III : 20 septembre 1792 – 4 février 1797, La vie et la mort du papier-monnaie ;*

- *Tome IV : 1797 – 1818, La fin de la révolution, le Consulat et l'Empire, La libération du Territoire ;*
- *Tome V : 1819 – 1875, Les gouvernements de suffrage restreint et les gouvernements de suffrage universel à tendances conservatrices ;*
- *Tome VI : 1876 – 1914, La troisième république jusqu'à la guerre.*

Martin, Claude
José Napoléon Ier Rey intruso de España ; Ed. nacional (Madrid, 1969).

Mathiez, Albert
La Révolution française, 3 vol. ; Armand Colin (Paris, 1922, 1924, 1927).
La révolution et les étrangers cosmopolitisme et défense nationale ; La Renaissance du Livre (Paris, 1918) ;
La réaction thermidorienne ; Armand Colin (Paris, 1929).
Études Robespierristes La corruption parlementaire sous la Terreur ; Armand Colin (Paris, 1917)
Études Robespierristes La conspiration de l'étranger ; Armand Colin (Paris, 1918).

Maurois, André
Histoire de l'Angleterre, 2 vol. ; Hachette (Paris, 1963).
Histoire des Etats-Unis, 2 vol. ; Albin Michel (Paris, 1959).

Missoffe, Michel
Metternich (1773 1859) ; Arthème Fayard (Paris, 1959).

Montesquieu, Charles de Secondat Baron de
De l'Esprit des lois – Texte établi avec introduction, notes et relevé de variantes par Gonzague Truc.

Morris, U. Schappes
The Jews in the U. S. 1654-1875 ; The Citadel Press (New York, 1950).
The Jews in the U. S. 1654-1958 ; The Citadel Press (New York, 1958).

Moura, Jean
Saint-Germain ; dans *Revue hebdomadaire ;* (11-18 aout 1934).

Naudon Paul
Histoire et rituels des hauts grades maçonniques, Le rite Ecossais Ancien et accepté ; Dervy (1966).

Naville, Pierre
Paul Thiry d'Holbach et la philosophie scientifique au XVIIIe siècle ; Gallimard (Paris, 1943).

Payard, Maurice
Le financier Gabriel-Julien Ouvrard, 1770–1846 ; Académie nationale de Reims (Reims, 1921, 1958).

Pascal, P.
Histoire de la Russie jusqu'en 1917 ; Presses Universitaires de France (Paris, 1963).

Pritchard, Samuel
Masonry dissected ; (London, 1730).

Rain, Pierre
La Diplomatie française, 2 vol. ; Plon (Paris, 1950).
Tome I : D'Henri IV à Vergennes ;
Tome II : De Mirabeau à Bonaparte.

Rat Maurice
Christine de Suède ; Del Duca (Paris, 1958).
Robison, John
Proofs of a Conspiracy in 1797 ; T. Dobson & W. Cobbet (Philadelphia, 1798), rééd. The Britons.
Roland de La Platière, Jeanne-Marie
Mémoires de Manon Philipon, dite Madame Roland ; Perroud Cl. & Plon (Paris, 1905).
Roux, Jean-Paul
La Turquie ; Payot (Paris, 1953).
Sack, Benjamin Gutelius
History of the Jews in Canada ; Canadian Jewish Congress (Montréal, 1945).
Saint-Pierre, Michel de
M. de Charette, chevalier du roi ; La Table Ronde (Paris, 1977).
Serbanesco, Gérard
Histoire de la Franc-Maçonnerie universelle, son rituel, son symbolisme, 5 vol. ; Dervy-Livres. (1963-1970).
Soboul, Albert
La Franc-Maçonnerie et la Révolution française ; Soc. Etudes Robespierre (1969).
Sorel, Albert
L'Europe et la Révolution française, 8. vol. ; Plon (Paris, 1885 à 1904).
- *Tome I : Les mœurs politiques et les traditions ;*
- *Tome II : La chute de la royauté ;*
- *Tome III : 1792-1793 – La guerre aux rois ;*
- *Tome IV : 1794-1795 – Les limites naturelles ;*
- *Tome V : 1795-1799 – Bonaparte et le Directoire ;*
- *Tome IV : 1800-1805 – La trêve, Lunéville et Amiens ;*
- *Tome VII : 1806-1812 – Le Blocus continental, le grand empire ;*
- *Tome VIII : 1812-1815 – La coalition, les traités de 1815 ;*
- *Tome IX : Table alphabétique.*

Spinoza, Baruch
Tractatus theologicopoliticus ou *Traité des autorités théologique et politique ; (1670).*
Sumner, William Graham
The Financier& thefinancesofthe American Revolution, 2 vol., Dodd, Mead, and Co.(New York, 1891).
Valloton, Henry
Catherine II ; Arthème Fayard (Paris, 1955).
Pierre le Grand ; Arthème Fayard (Paris, 1959).
Marie-Thérèse, impératrice ; Arthème Fayard (Paris, 1963).
Vandal, Louis-Jules Albert de, comte
L'avènement de Bonaparte, t. i La genèse du Consulat. Brumaire. La Constitution de l'an VIII. t. ii La République consulaire, 1800 ; Nelson (Paris, 1902).
Vincent, Jacques
La vie privée de Talleyrand ; Hachette (Paris, 1940).
Walter, Gérard

Marat ; Albin Michel (Paris, 1933).

Robespierre, t. i La montée vers le pouvoir. t. ii Le bilan d'une dictature ; nrf Gallimard (Paris, 1936-1939).

Les Origines du Communisme, judaïquechrétienne grecquelatine ; Payot (Paris, 1931).

Webster, Nesta Helen

World revolution ; the plot against civilization (La révolution mondiale, le complot contre la Civilisation) ; Constable and company ltd. (London, 1921).

TROISIÈME PARTIE

Allemagne, Henry-René d'
Les Saint-Simoniens ; (Paris, 1930).

Aubry, Octave
Napoléon III ; Arthème Fayard (Paris, 1929).
Le Second Empire ; Arthème Fayard (Paris, 1929).

Beau de Lomenie
Les Responsabilités des Dynasties bourgeoises de Bonaparte, 4 vol. ; Denoël (Paris, 1948-64).

Bertaut, Jules
Le roi bourgeois ; Bernard Grasset (Paris, 1936).
1848 et la IIe République ; Arthème Fayard (Paris, 1937).

Bertier de Savigny, Guillaume
La Restauration ; Flammarion (Paris, 1955-63).
Metternich et la France après Vienne ; Hachette (Paris, 1968-70).
Révolution de 1830 ; Armand Colin (Paris, 1970).

Bertrand, Giles
Histoire de la maison Rothschild, 2 vol. ; Droz (Genève, 1967).

Bertrand, Louis
Lamartine ; Fayard (Paris, 1940).

Blanc, Louis
Histoire de Dix ans ; (1841-44).
Histoire de la Révolution de 1848 ; (1880).

Bouvier, Jean
Les Rothschild ; Club français du livre (Paris, 1967).

Castelot, André
La duchesse de Berry ; Perrin (Paris, 1963).

Castillon du Perron, Marguerite
Louis-Philippe et la Révolution française, 2 vol. ; Perrin (Paris, 1963).

Chaminade, Marcel
La Monarchie et les puissances d'Argent ; (1933).

Charletty, Sébastien
Histoire des Saint-Simoniens ; Hartmann (1921).

Corti, Egon César, comte de
La Maison Rothschild, 2 vol. ; Traduction de Pierre Raffegeau (Leipzig, 1928) – Payot (Paris, 1929-30).

Crétineau-Joly, Jacques-Augustin-Marie
    L'Église romaine en face de la Révolution, 2 vol. ; (Paris, 1860).
Dansette, Adrien
    La IIe République et le Second Empire ; Arthème Fayard (Paris, 1942).
    Les origines de la Commune de 1871 ; Plon (Paris, 1944).
    Louis-Napoléon à la conquête du pouvoir ; Hachette (Paris, 1961).
Dautry, Jean
    Histoire de la Révolution de 1848 en France ; Hier et aujourd'hui (1948).
    1848 dans le Monde ; Editions de Minuit (1948).
Disraeli, Benjamin
    Coningsby ; (Londres, 1849).
Dolleans, Édouard
    Histoire du Mouvement ouvrier, 2 vol. ; Armand Colin (Paris, 1947).
    Le Chartisme (1831-1848) ; Rivière (1949).
    Histoire du Mouvement ouvrier et socialiste (1750-1918) ; Editions ouvrières (Paris, 1950).
    Histoire du Travail en France, 2 vol. ; Domat (1953-55).
Dominique, Pierre
    La Commune de Paris ; Hachette (Paris, 1962).
Droz, Jacques
    Restauration et Révolution (1815-1871) ; Presses Universitaires de France (Paris, 1953).
Duvergier de Hauranne, Ernest
    Les États Unis pendant la guerre de Sécession ; Calmann Lévy (Paris, 1966).
Fourcassié, Jean
    Villèle ; Arthème Fayard (Paris, 1954).
Gide, Charles & Rist, Charles
    Histoire des doctrines économiques depuis les physiocrates jusqu'à nos jours, 2 vol. ; Ed. J.-B. Sirey (1959).
Grandmaison, Geoffroy de
    Napoléon et l'Espagne, 3 vol. ; Plon (Paris, 1925-31).
    L'expédition française en Espagne en 1823 ; Plon (Paris, 1928).
Halevy, Daniel
    La fin des Notables, 2 vol. ; Bernard Grasset (Paris, 1930-37).
    La République des Ducs ; Bernard Grasset (Paris, 1937).
    La République des Comités ; Bernard Grasset (Paris, 1934).
Halevy, Elie
    Histoire du Peuple anglais (1815-1932), 8 vol. ; Hachette (Paris, 1974).
La Fuente, Vicente
    Historia de las Sociedades secretas ; (Madrid, Prensa cat. 1933).
La Hodde, Lucien de
    Histoire des sociétés secrètes et du parti républicain de 1830 à 1848 ; (1850).
    La naissance de la république en Février 1848 ; (1850).
Lavois, René de
    Histoire de la Presse française, 2 vol. ; (Paris 1965).

Lucas-Dubreton, Jean
    Louis XVIII ; Albin Michel (Paris, 1925).
    Restauration et Monarchie de Juillet ; Hachette (Paris, 1925).
    Casimir Périer et la Révolution de 1830 ; Bernard Grasset (Paris, 1930).
    Lamartine ; Flammarion (Paris, 1951).
    La Constituante de 1848 ; Œuvres Libres.
    M. Thiers ; Arthème Fayard (Paris, 1948).

Malo, Henri
    M. Thiers ; Payot (Paris, 1932).

Maurois, André
    Histoire d'Angleterre, 2 vol. Albin Michel (Paris, 1963).
    Histoire des Etats Unis, 2 vol. (1959).

Menéndez, Pelayo
    Historia de los Heterodoxos españoles ; (Madrid, 1932).

Morton, À. L. & Tate, George
    Histoire du Mouvement ouvrier anglais ; *Cahier libre* n° 39-40 ; François Maspero (Paris, 1963).

Muret, P.
    La prépondérance anglaise (1715-63) ; Peuples et Civ. (1937).

Philip, André
    Histoire des faits économiques et sociaux de 1800 ; 2 vol. ; Dubier-Montaigu (1963).

Pietsch, Max
    La Révolution industrielle ; Payot (Paris, 1963).

Renouvin, Pierre
    Histoire des Relations internationales (1815-71) ; Hachette (Paris, 1954).

Roux, Louis-Amédée-Joseph-Marie marquis de
    La Restauration ; Arthème Fayard (Paris, 1930).

Saint-Marc, Pierre
    Le maréchal Marmont, duc de Raguse ; Arthème Fayard (Paris, 1930).

Salvador, Joseph
    Paris, Rome, Jérusalem ou la question religieuse au XIXe siècle, 2 vol. ; Michel Lévy Frères, Libraires-Éditeurs (Paris, 1860).

Sanchez, Luis Alberto
    Historia general de América ; Ercilla (Santiago de Chile, 1956).

Sombart, Werner
    L'apogée du Capitalisme, 2 vol. ; Payot (Paris, 1932).

Sousa, António Sérgio de
    Historia de Portugal ; Labor (1929).

Tersen, Georges
    Simon Bolivar ; (1961).

Thureau-Dangin, Paul
    Histoire de la Monarchie de Juillet, 7 vol. ; (1897-1904).

Tirado y Rojas, Mariano
    La masonería en España, 2 vol. ; (Madrid, 1892-93).

Las Traslogias ; (1895).
Toussenel, Alphonse
Les juifs, rois de l'époque, 2 vol. ; École sociétaire (1845).
Trochu, Louis-Jules Général
L'armée française en 1867 ; Amyot Editeurs (Paris, 1867)
Vallée, Oscar de
Les manieurs d'argent Études historiques et morales, 1720-1882; Michel Lévy Frères (Paris 1882)

www.ingramcontent.com/pod-product-compliance
Lightning Source LLC
Chambersburg PA
CBHW080719300426
44114CB00019B/2428